ISBN 978-0-428-61489-8
PIBN 11211383

EINNECCIO ALLA CATTEDRA

OSSIA

LEZIONI DI DRITTO DI NATURA, E DELLE GENTI

SULLE TRACCE

DI

GIOVANNI GOTTLIEB EINNECCIO

DEL SACERDOTE NAPOLITANO

PASQUALE VENTER.

PRIMA EDIZIONE NAPOLITANA

VOLUME I.

NAPOLI
STAMPERIA STRADA SALVATORE N.° 41.
1852

D. PIETRO NASELLI ED ALLIATA

Della Congregazione dell'Oratorio di S. Filippo Neri di Palermo, de' Principi di Aragona, de' Grandi di Spagna di prima classe, già Vescovo di Piazza, ora Arcivescovo di Leucosia, Gran Priore, e Gran Croce del R. Ordine Costantiniano, Gran Croce dell'Ordine di Cristo dell'Impero Brasiliano, Grande Uffiziale del Real Ordine della Legione di Onore, Abate di S. Antonio di Vienna, Abate Commendatario di S. Filippo di Argiro, Cappellano Maggiore e Prelato Aulico Ordinario di S. M. Ferdinando II. Re del Regno delle Due Sicilie ec. ec.

Eccellenza Rev.ma

Era ben dicevole, che al primo mio Mecenate, qual è appunto l'E. V. Rev.ma, fossero dedicati i primi frutti delle mie giovanili fatiche, offrendole questi sette volumi di dritto di natura, e delle genti. Tanto più che zelatore indefesso di quella felicità, cui mira l'adempimento intiero di un tal dritto, caldeggiasse le mie fatiche all'ontutto dirette a promuoverla.

Il rispetto e la divozione, che nutro per l'Ecc. Vostra Rev.ma, e l'egregie doti del Vostro magnanima cuore non potevano in alcuna guisa farmi porre in obblio il sacro dovere della gratitudine.

Accolga adunque l'Ecc. Vostra Rev.ma colla solita benignità quest'omaggio della mia sincera stima, ed inalterabilmente mi creda

Di Vostra Ecc. Rev.ma

Divotissimo servitore obbligatissimo
PASQUALE VENTRE

PREFAZIONE

~~~~~

L'eterna legislazione a caratteri indelebili scritta nel cuore dell'uomo non è anteriore, nè posteriore all'uomo stesso: ma ei l'uomo tostochè riceve in dono spirare le aure vitali con seco stesso la porta, dovunque in sè stesso la rinviene, e sempre in mezzo di un tribunale imparziale costituito, la sanzione sente di ogni singola sua azione, che a bene od a male vuol'essere imputata. Perciocchè, facciam uso de' sublimi sensi di Cicerone [1], questa trascendentale legislazione non vidde la necessità di esser vergata su pagine, o redatta in grossi volumi; onde fosse stato mestieri attendere l'oracolo di un legislatore: oppure il di lui volere raggiungere mercè quei, che per lunghe veglie sudando. su i dettati articoli, alla fin fine venendo a capo di dare nel segno poscia nitida la cognizione porgessero agli altri, quali amorose madri che imboccano il cibo a' lor pargoletti, onde si abbiano vita. Senza scritta, senza araldi, senza precettori, senza sistemi, senza parole Ella s'è fatta compagna indissolubile dell'uomo, sua guida, sua non peritura felicità: e la in ricevendo dalla natura la scorge tostochè scorge ch'ei vive; la conosce tostochè conosce ch'ei è uomo; e di lei è imbevuto tostochè la necessità gli corre di satisfare agli essenziali suoi doveri. Tal'è la origine del dritto di natura, di cui non v'è storia da tessere, nè tempi da stabilire, nè variazioni da segnare: ma l'uomo è per sè stesso una storia abbondevolissima di un tal dritto, la sua esistenza ne fissa il cominciamento, la natura invariabile ne segna la costanza. Nel verecondo tempio della natura pongasi l'uomo in possesso del suo essere, e la naturale legislazione, il dritto di natura è contemporaneamente stabilito: l'uomo non può non sentire la di lei autorevole voce.

[1] Pro Milon cap. 4.

Ma ciò non ostava, che la norma del cuore umano, la natu-
rale legislazione si fosse vergata su carta, pronunciata per bocca
de' dotti, ristretta in somma in un sistema scientifico. Conciosiac-
chè come al pittore è dato su tela delineare i colori, non che le
forme del cuore umano: così al moralista non era vietato ridurre
in sistema gli atteggiamenti, le tendenze naturali di questo cuore
medesimo, e la volontà del Legislatore eterno, i suoi dettati, le
chiamate, le ripulse, le insinuazioni scolpite nel cuore dell'uomo,
all'uomo stesso rammentare, onde non deviasse giammai dal suo
scopo, rispettasse quella legge che in sè stesso contempla, i do-
veri adempisse che continuamente lo richiamano all'altissima sua
vocazione. Ed ecco il perchè dagli Stoici in poi vediamo colti-
vato questo studio sacro all'uomo sotto la nobile categoria de'do-
veri per tal guisa, che più il tempo a noi incalzando, più alla
giornata fu dato vedere i dotti impegnati a compilare comentari
sul dritto di natura, abbenchè con diverso fine, e con diverso e-
sito. E se tu brami una compiuta storia di questi compilatori,
cortesemente a noi risparmiando il non leggier peso, potrai sod-
disfarti in Giovan-Francesco Buddeo [1], in Giovan-Federico Lu-
dovico [2], in Cristiano Tommasio [3], ed in altri molti, cui se
aggiungi quei pochi, che fiorirono dopo le loro età, ti avrai fatto
capitale di una perfetta compiutissima storia del dritto di natura.

Bisogna però essere equi, e dar le palme ad Ugone Grozio,
come colui che il primo a ragion vuolsi aver emendato lo studio
di questo dritto co' suoi libri intitolati De Jure belli, et pacis.
Erasi in vero un tale studio quando confuso con altre scienze,
quando lasciato in preda di una fastosa oratoria, quando posto
al servaggio delle dottrine or di Platone, or di Aristotele, quando
innestato ad altre giurisprudenze, e quando asperso di vari er-
rori di maniera, che sospirava del continuo alla sua natia li-
bertà. La ottenne; ma furono le gloriose fatiche del Grozio, le
quali se ebbero caccia da non pochi oppositori, furono però di
gran lunga onorate da immensi comentari, che su di esse viddero
luce. La comparsa del Grozio diede tuono allo studio di questa
scienza, ma per vero non frenò l'intiera base di esso. Partiva da
incompleto principio, la socialità; e porgeva un vuoto non indiff-

---

1 Selecta juris naturae, et gentium.
2 Delineatio historiae juris divini.
3. Historia juris naturae paullo plenior.

ferente, il trascuramento del dritto privato. A questo trovò rimedio Samuello Puffendorf coll'immortale opera De jure naturae,
et gentium: ma a quello non fu così facile rimediare. Imperocchè molte scritte uscirono in luce, e molti compendi si viddero
girar per le scuole, ognuno pigliando la cosa pel suo verso senza
mai dare nel segno.

Con tai duci nello studio del dritto di natura non più riesciva
difficile da quei immortali volumi compilarne tali, che commodamente si avessero potuto affidare agli addiscenti. Perlochè insti-
tuzioni di varia sorta si vollero compilare ad uso delle scuole,
studiandosi ognuno di meglio giovare la famiglia de' studenti. Se
non che queste contemplando il chiarissimo Giovanni Cottlieb Ein-
neceio, e vedendo, com'ei dice nella sua prefazione, che non sempre commode riescano sì agli addiscenti, che a' maestri per uno
svariato motivo, che ci lice qui trasandare, concepì il pensiere
di compilare i suoi elementi di dritto di natura, e delle genti
per uso de' suoi uditori. Tanto gli venne in animo, e l'effetto
oltrepassò la sua aspettazione. Ei si costituì tra moralisti il sommo non a solo nostro giudizio, ma anche di quell'assennato Ro-
selli, che volle vergare la sua filosofia sulle tracce di questo insigne naturalista. E per vero non fallimmo nel giudizio quantunque volte tu attendi alla sodezza de' principì, al rigore della dimostrazione, alla maestria di proporre e sciorre le più difficili
quistioni a talchè il più delle volte ti sarà dato osservare una
sola sentenza riuscire definizione sollenne della quistione, al metodo con cui produce le teorie, ed a cento e mille altre cose, che
non la ventura, ma il più profondo giudizio spinsero il sommo
moralista ad arricchire la compendiosa sì, ma precisa eloquen-
tissima sua instituzione. Giudizio sollenne de' nostri pensamenti
sia, che da più di un secolo questa immortale opera va per le
scuole, per le accademie, per le università a giovamento comune
degli uditori. Dotte penne vollero rischiararla, ed ognuno si a-
scrisse a gloria por mano su quelle pagine, che finora ne' emu-
li, ne' superiori ebbero a riconoscere.

Vero è, che due gravissimi incommodi presentano i suoi elementi; la troppa cioè restritezza di espressione, effetto del profondo suo ingegno; e pochi errori nocivi alla fede, effetto della
sua gran bile contra il Cattolicismo. Pel primo i maestri continuamente ànno a sudare sulla retta interpetrazione de' sensi del-

l'opera; e non poche volte darebbero in furia, se un giudizioso rispetto all'uomo sommo non li rattenesse: gli addiscenti costretti a raccorre indefessamente i sudori de' loro maestri, il solo amore del sapere li sostiene pazienti a. seguirne le tracce. Pel secondo abbenchè varie dilucidazioni, non che confutazioni appositamente sono state soggiunte, ed in verità non a tutti gli errori; pure sono di tal natura, che non a pieno soddisfano tutte: v'è bisogno di molta cautela per parte de' precettori nel darli la caccia, e non poca pena produce agli stessi nell'indossare questo doveroso incarico. Perlocchè se amica, e cattolica mano fosse venuto a porgere nelle scuole questo regalo sì a' maestri, che a' discepoli, volea dire la retta ed estesa intelligenza degli elementi del chiarissimo Einneccio spoglio da qualsiasi errore, certo non avria fatto cosa di picciol conto, e mi lusingo universalmente gli avrebbero a saper grado.

Tant'è, e tale si fu il mio scopo nell'imprendere a dilucidare i prelodati elementi. Veramente è ancor tremula quella mano, che ardì posarsi su quelle sapientissime pagine: il cuore ancor mi palpita in petto in pensando, che giovane tuttora verde negli anni miei, non mai escito in pubblico, senza proteggimento di alcuno, mi volessi tra sapientissimi alzar cattedra, sviscerare le fatiche dell'Einneccio, ridurle a miglior critica. Ma non per accattar lodi, o mettermi nel rango de' dotti; sibbene il solo pensiere di altri giovare, e d'altrui gli stenti se non in tutto, in buona parte almeno sgravare, mi rese ardito in tale impresa. Bramava di ravvivare nella gran famiglia dell'uomo le naturali conoscenze, massime in tempi oltremodo pericolosi, ed ovviare, per quanto m'era dato, a quel gran torrente di mali, di cui tuttora risente la umana società.

Rammentava poi a tempo la scrupolosità dell'immortale Vico, il quale arrestossi, com'ei narra nella sua vita, dall'annotare le opere del Grozio sol perchè non era dicevole ad un cattolico por mano ad opera di eretico autore. Ma il suo esempio non valse sul mio animo: grandissimo era il grido dell'universale su gli elementi dell'Einneccio, e già andavano per le mani di tutti. Era oltremodo dicevole ad un cattolico proporre nella lor purezza gli schietti principî della naturale legislazione, porgendo a tutti il commodo di non poter deviare dalla fede della natura. Qual più glorioso officio per un cattolico adoperarsi pel bene de' suoi fratelli? e se

gli altri non unisoni alla sua vera credenza, qual meritoria o-
pera mostrar loro a dito l'errore, e la menzogna?

Tanto più prendeva coraggio, chè vedeva nel chiarissimo Ein-
neccio il vuoto delle attuali quistioni, le quali certamente non po-
tevano cadere in pensiere al sommo moralista, come quelle che
non davano motivo di contesa a' suoi tempi. Era necessario sog-
giungerle all'immortale sua fatica, aggiornandole nella più severa
critica, onde completo riescisse lo studio della natura dell'uomo,
e della umana società. Quali tutte cose con meco stesso pensando
dal passaggio che di repente mi convenne fare da una vita at-
tivissima adoperata per l'altrui cultura ad un'altra angosciosa, e
circondata da mille ozi, presi animo a fugare ogni scrupolo, sor-
montare ogni difficoltà, addirmi ad una indefessa fatica, presen-
tare in somma all'assennato pubblico questa mia opera. Se feci bene
o male per me non mel saprei dire: il tutto che mi so è, che un
desiderio cocente di adoperarmi all'altrui vantaggio, utilmente im-
piegare il tempo, fu il solo ed unico scopo, che ardire m'inge-
nerò, forze mi aggiunse, pazienza donommi e costanza. Vengo ora
all'idea generale del mio lavoro qualunque sia l'altrui pensare su
di esso.

La ragionevolezza delle invitte dimostrazioni, con cui poneva
a base di tutta la naturale legislazione la Volontà di Dio il dot-
tissimo Samuele de Coccei, necessariamente doveva indurci ad ab-
bracciarne il sistema, mettendo in non cale ogni altra preten-
sione, che voleva far rivivere le antiche frascherie degli Scola-
stici. Perlocchè proponendoci un tal punto di partenza di repente
ci accorgemmo unico mezzo a conoscere cotesta fecondissima Vo-
lontà essere il desiderio ardente, non meno necessario di esser
felice; desiderio, che l'uomo porta scolpito in seno, e non può ap-
pagarlo se non quando intieramente l'à soddisfatto in Dio. Po-
nemmo adunque per principio conoscitivo di tutto il dritto di na-
tura la Felicità, cui l'uomo anela; e non andammo errati in que-
sta rilevantissima scoverta, come facile ci fu il persuadercene;
giacchè da un tal principio vedevamo scaturire tutt'i dritti e
doveri dell'uomo, e del cittadino, ciocchè manifestissimamente
può scorgersi da tutto il progresso dell'opera. Conciosiacchè ad
ogni momento ei l'uomo sospira al suo fine, e per questo il bene
opera, e dal male si allontana: ed in qualunque stato vuoi ri-
guardarlo per tal desio Dio rispetta, sè stesso perfeziona, i suoi

simili riconosce apprezzando i lor dritti, compassionando le loro indigenze. Le stesse umane società si reciprocano affetti e pensieri, guarentigie e difese, giustizia ed amore ; perchè a segno si pongono raggiungere il grande obbietto della loro mente.

Maggiormente ci godeva l'animo nel ritrovamento di un tal principio, quando che producendoci per immediata conseguenza l'amore, neppure per un pelo ci veniva a slontanarci dalle teorie del ch. Einneccio, di cui volevamo scrupolosamente seguire le tracce, malgrado non potessimo adottare il suo principio, ch'è l'amore. Infatti l'uomo bramando la sua felicità, che solo per amore può ottenerla, immantinenti si rivolge ad amare il triplice ordine di oggetti, che lo circondano; ed a Dio dà la vera Religione, a sè stesso il sodo immegliamento, agli altri e giustizia, e riconoscenza. Per la qual cosa posto l'uomo anche nella civile società, questa largheggia amore per lo scopo della sua felicità, ed un nodo fratellevole la stringe reciprocandosi affetti, e si prepara un riposo non perituro, oggetto delle sue operazioni, adempiendo a tal modo gli eterni voleri del suo Fattore.

Su tali basi equilibrammo l'intiera nostra opera, la quale credemmo opportuno dividerla in sette volumi, ed eccone il motivo. Ogni scienza deve avere principî tali, che servano di lume all'intiera trattazione, che si propone per oggetto; perciocchè ogni scienza deve abbracciare la sua ontologia, senza cui verrebbesi ad ammassare confusione sopra confusione. Certamente il dritto di natura essendo una scienza non può trascurare la sua ontologia, la quale deve abbracciare tutti quei generici principî, da' quali tutte le verità debbonsi derivare. Or questa ontologia del dritto di natura la consecrammo noi nel primo volume, in cui, come facemmo palese, racchiudevamo gl'intieri prolegomeni dell'istesso dritto. Avanti: poichè un triplice ordine di doveri assistono l'uomo; doveri cioè teologici, di proprio interesse, e di socialità; e questi ultimi andando distinti in perfetti, ed imperfetti, fu mestieri serbar distinzione nelle cose da trattarsi. Avvegnacchè i doveri perfetti di socialità possono non supporre un fatto dell'uomo, e questo stesso fatto supporre, onde distinguonsi in assoluti ed ipotetici; i primi abbracciando il precetto di non offendere alcuno, i secondi di dare a ciascuno quello che gli è proprio. Perciocchè riducemmo sotto un sol colpo di vista nel secondo volume i doveri teologici, e di proprio interesse, non che i perfetti ed assoluti che non suppongono

un fatto dell'uomo, e gl'imperfetti di socialità. E per quello riguar-
dava i doveri perfetti ipotetici, poiché questi possono emergere dal
dominio, oppure dai patti: così fu che i primi assegnammo al terzo
volume, ed i secondi al quarto volume. In tal modo esaurimmo
l'intera trattazione del dritto di natura. Facendo poi passaggio a
quello delle genti, abbenché communemente riducesi ad un sol vo-
lume; pure è manifesto, che non tutte le teorie ivi ammassate a
rigore si appartengono all'istesso dritto; giacché l'uomo nella so-
cietà non rinviensi nel solo rapporto di una nazione coll' altra,
ma nello stato di società è prima considerato nella propria fa-
miglia, poi questa in relazione ad altre famiglie, ed in infine le
molteplici famiglie costituenti una nazione in reciprocanza con-
sideransi con estere nazioni. Perlocché la società presentando dritti
e doveri, costituisce dapprima un dritto sociale privato, indi pub-
blico, ed infine delle genti. Or queste cose avendo presenti fummo
addotti a presentare il triplice dritto in tre distinti volumi ; e
perciò nel quinto volume trattammo del dritto sociale privato: nel
sesto volume del dritto sociale pubblico: e finalmente nel settimo
volume del dritto delle genti. Tal' essendo la divisione generale
dell'opera non ci rimane, che dir poche cose sul metodo, che in
essa di ragione c' è piaciuto serbare.

E primieramente essendo stata nostra intenzione di sviluppare
gl'immortali elementi del ch. Einneccio, ci abbiam fatto dovere
di scrupolosamente seguire l'ordine de'suoi paragrafi, notandoli
appositamente con numero romano al principio, che ne impren-
davamo lo sviluppo. Fummo fedelissimi, per quanto crediamo, ai
suoi principî, dimostrazioni, ed opinioni, salvo solo quando il
ch. Einneccio deviava dal vero, oppure le sue opinioni si disco-
stavano dalle nostre: e sempreché di ciò s'è presentata occasione
abbiamo avuto la cura di farlo chiaramente conoscere. Sicché me-
mori del precetto di Orazio [1].

. . . . *Su la parola*
. *Non addotto a giurar di alcun maestro,*

abbiamo fatto uso di piena libertà nel proporre lo sviluppo dei
principî del dritto di natura, per altro serbando tutto il rispetto
al sommo moralista. Tutto ciò poi che del nostro vi abbiamo ag-

---

[1] L. Ep. 1. 14. Nullius addictus iurare in verba magistri.

giunto, è stato somma nostra cura di talmente innestarlo alle teorie del ch. Einneccio, che l'abbiamo fatto apparire un continuato suo insegnamento. Né in ciò fare abbiamo trascurato le regole della sana critica, spogliandoci, come crediamo, assolutamente di ogni affetto di parti: ma quello abbiamo detto, che un coscienzioso retto ragionare volea, e sapea suggerirci. Lo stile infine di che ci siamo serviti, lo abbiamo cercato adattare alla materia. Fuori ogni ampollosità, e di molti fiori di oratoria ci proponemmo parlare al cuore dell'uomo. Epperò ognuno nel leggere queste lezioni rammenti, che sono state dettate ad uso d'insegnamento; per cui si figuri di sentire piuttosto che di leggere, essendo l'orecchio un giudice meno severo dell'occhio.

Intanto prevediamo a tempo l'accusa, che ci si vorrebbe menar sopra, e di cui va continuamente accagionato il ch. Einneccio, avendone noi maggiormente dato motivo. Ella consiste appunto primamente nell'immischiare in una trattazione di dritto di natura, la quale dovrebbe arrestarsi alla sola retta ragione, un frequente uso d'altrui autorità: secondamente di autorità dedotte dal dritto Romano: terzamente di autorità dedotte dalla sacrosanta Scrittura, da noi meritamente riprodotte su migliore lezione. Verissimo: ma chi giudica in tal modo par che non abbia raggiunto il fine del ch. Einneccio, e molto meno il nostro. Mettiamoci alla giusta difesa. Pel primo le svariate autorità de' profani scrittori non sono adoperate per dimostrare i principj naturali, ma solo per mostrare il consenso degli uomini; cioè la natura parlante. Pel secondo la filosofia de' Giusperiti Romani essendo somma, e naturale nelle loro decisioni, è adoperata, oltre pure all'addotto motivo, in conferma di quanto la ragione suggerisce. Pel terzo infine la sacrosanta Scrittura è posta in mezzo per far scorgere l'armonia della ragione colla fede. Dopo tali motivi certamente non è da censurarsi come il procedere del ch. Einneccio; così pure il nostro. Del resto segregano cotestoro da quel ch'è naturale tutto ciò, che di positivo vi abbiamo soggiunto, e certamente soddisferanno la lor difficile contentatura.

Ciò non ostante prevediamo per quali difficili pruove ci converrà passare: altri sul conto nostro smozzicando per invidia; altri per dabbenaggine; altri per nostro bene. A'primi chiudiamo le nostre orecchie: a'secondi porgiamo benigna compassione: a'terzi saremo oltremodo grati, e ci protestiamo a tutt'uomo di voler trarre profitto da'loro saggi avvisi.

Ma tropp'oltre avendo distesa questa nostra prefazione, chiediamo scusa a'nostri leggitori, ed insieme li preghiamo a volerci compatire in ogni qualunque nostra cosa, avendo sempre presente la intenzione, che avemmo di giovare. Vivete felici.

Napoli 24 Luglio 1852.

INTRODUZIONE

SULLA NATURA, E COSTITUZIONE DEL DRITTO
DI NATURA, E DELLE GENTI.

······

LEZIONE I.

IDEA GENERALE DELLA LEGGE DI NATURA

————◦◦◦◦———

§ 1. *È da contemplarsi la legge di natura — sua neces-*
sità, ed utilità — suo fine —Ch' è la legge di natura —
Si dimostra la possibilità — si epiloga la dimostrazio-
ne — la necessità — questa non oppone alla libertà uma-
na — la esistenza contra Spinosa, ragione prima — se-
conda — terza — ed ultima.

1. Usciti appena dal sublime profondo studio delle scienze metafisiche di repente siamo introdotti nel recondito tempio della natura, figlia primogenita del cielo, da cui con
istudiate cure allevata, a tutt' uomo con indicibile schiettezza e senza traviamento a' suoi amatori largheggia le in-
genite dovizie, gli ubertosi divisamenti. Epperò vuol' essere
studiata: perciocchè con troppa sensatezza del di lei studio
potrà ripetersi quello, che della esperienza ripeteva Pindaro, quando la diceva il fanale degli uomini. Mi togli la
guida, e ben presto addiverrò ramingo, e l'assennato oprare mostrando luce all' uomo ne' pensieri, nelle azioni, fuor
via lo metti senza di esso, non più circospetto nelle azioni, infelice infine l'avrai renduto nella mortale carriera del-

la vita. Ed è ella l' indefessa cura del proprio animo agli
atti suoi riflessi che con taciturna voce gli uomini ammaestra non mai bene cominciarsi se non dal Cielo, e poscia
dalla natura la quale pure dal cielo viene addottrinata.

2. Se dunque, giovani studiosi, finora nutricaste a tutta possa la ragione generale, primo fondamento delle scienze morali; è cosa oltremodo dicevole vi applichiate allo studio di quella scienza, che come ape industriosa raccoglie
quel succo tutto, il quale puossi avere da una ben regolata ragione, dir volea, la Scienza de' dritti, e de' doveri
naturali: scienza, la quale non è fuor di voi, ma dentro
voi stessi ripone l'accessibile santuario: scienza, che a preferenza di ogni altra, dopo quella di Religione, senza torto avrete a nomarla la più necessaria insieme e la più utile.
E per dirmi il vero se mettiamo a rassegna le scienze tutte, ben presto le ravvisiamo, quali necessarie, quali utili
alla cultura dello spirito umano; ma nè quella necessità,
nè quella utilità abbracciano, che in sè stessa racchiude la
scienza in parola. Conciosiachè di esse alcune mirano alla
cultura dell'intelletto; altre impongono leggi a' sensi: epperò la scienza de' dritti, e doveri naturali dell'uomo è la
sola che l' intelletto ed i sensi sguardando, l'una e l'altra
cultura abbraccia per siffatta guisa, che tutta all'uomo rende
la perfezione di natura. E come no, se la prelodata scienza
due parti abbraccia; la cognizione cioè dell' uomo, e la
scienza del regolamento: mercè la prima l' uomo tende ad
esser felice; sendo che fornito di una mente immortale medita sè stesso, da cui fa dovizia de' più nobili pensieri, e
chi sia, che può, dove tender debbe in un baleno investiga:
mercè la seconda impara a rispettare il simile con filantro-
pica virtù; giacchè una regola infallibile con dolce modo
lo manduce a seconda di quella legge dell'universo, la quale, abbenchè eterna nella feconda mente di Dio, pure par-
tecipata a suo modo al mondo nella creazione, detta all'uomo i proprï dritti, e la conveniente maniera di uso gli ad-
dita, per cui il sacro dovere egli l'uomo apprende di rispettare scrupolosamente gli altrui dritti.

3. Una tale sublimità di scienza, notiamo a tempo i bei sensi di Aristotile, non vuolsi da noi la più profonda meditazione? Trattasi di essere onesti uomini, buoni cittadini; ed anzichè escir di peso alle umane società, il meglio scegliere per rendere proficua la nostra opera a vantaggio delle stesse. Lungi adunque il piacere, il divagamento, le puerilità, e facendo da senno l'utile nostro, l'utile altrui instancabilmente andiamo frugando nelle masserizie del raggio puro a noi concesso dalla divinità, volea mostrare l'umana ragione; profittiamo delle leggi morali, che con noi stessi portiamo, e che formano in natura la sacra legislazione degli esseri ragionevoli, soli capaci di un premio o di una pena; perchè soli serbati ad una vita avvenire.

4. Ma già preveggo in voi un desio non da curiosità spinto; sibbene dall'ardore stesso per la felicità, di conoscere cosa si fossero queste leggi morali. Ebbene non indugerò punto a dirvelo; però fa mestieri sulle prime rammentarvi quello che nella metafisica apparaste, che Dio cioè per un eccesso di sua bontà dalla non esistenza volle chiamare all'esistenza le cose tutte, dissipando quel tetro caosse, che le avvolgeva, onde manifestassero la sua gloria accidentale: manifestazione, che niente in Lui, sibbene a vantaggio e bene delle creature tutta ridonda; avvegnacchè Dio non che beatissimo, è sufficientissimo a sè stesso, e niente a proprio vantaggio poteva acquistare. Crea dunque per tal fine il mondo, e gli effetti tutti che lo compongono, e con ammirevole ordine ripartisce le cose tra loro per guisa, che tre ordini vuole risultassero; ordini distinti sì tra loro, ma tutti tendenti allo stesso fine, cioè alla manifestazione della sua gloria accidentale. Or a ciascuno di questi tre ordini assegna leggi proprie, e sanziona inalterabile la loro durata: e poichè ci abbiamo l'ordine fisico, metafisico, e morale, leggi fisiche assegna all'ordine fisico, di cui è oggetto la scienza fisica; leggi metafisiche assegna all'ordine metafisico, di cui è oggetto la scienza metafisica; leggi morali infine assegna all'ordine morale, di cui è oggetto la scienza che ci occupa.

Ciò premesso, le leggi morali sono certe regole, oppure stabilimenti, a norma de' quali debbono determinarsi le azioni libere degli esseri ragionevoli, onde conseguirsi il fine dal Creatore prefisso. E queste leggi morali sono possibili? son necessarie? son realmente esistenti? Ecco tre proposizioni a dimostrarsi pria d'interessarci dello sviluppo della cennata definizione.

PROPOSIZIONE I.

LA LEGGE MORALE È POSSIBILE.

5. *Dim.* La legge morale, detta ancora legge naturale, legge di natura, sarebbe possibile se non involgesse la contradizione: giacchè vuolsi possibile quello tutto, ch'è fuori il contraditorio. Or qual contradizione puossi mirare nella legge di natura, se costantemente la troviamo uniforme tanto alla natura di Dio, quanto alla natura dell'uomo?

E che sia uniforme alla natura di Dio, ciò rilevasi perchè è analoga alla bontà, sapienza, governo, ed onnipotenza di Dio stesso. Imperciocchè in forza di una diffusione dell'infinita sua bontà Dio donò all'uomo una mente immortale, mercè cui conoscer poteva quelle perfezioni tutte, le quali erano proporzionali alla sua natura, e compatibili alla sua essenza, che si degnò manifestargli; perciocchè la legge morale è analoga alla bontà di Dio.

È ella pure analoga alla sapienza di Dio; dappoichè è proprio della sapienza, che se il fine vuolsi, i mezzi non debbonsi trascurare: or Dio à voluto il fine, cioè l'uomo felice a tal che gl'infuse in cuore un desio ardente, che lo spinge alla felicità: doveva pure all'uomo porgere i mezzi, mercè cui avesse conseguita la sua felicità. E tali mezzi sono le leggi morali, di cui dall'adempimento fedele l'uomo va glorioso nel possedimento dell'Essere infinito, in cui gli sarà lecito bearsi.

È ella inoltre la legge morale analoga al governo di Dio. Conciosiachè Ei creò nel mondo tre ordini fisico, metafisi-

co, e morale : il primo a motivo-degli esseri inorganizzati;
il secondo a motivo degli esseri organizzati ; il terzo infine
a motivo degli esseri ragionevoli. E siccome al primo diede
leggi fisiche ; al secondo leggi metafisiche ; così non era dicevole, che per un'ordine superiore di esseri, si fossero
promulgate leggi tali, che a norma di esse i ragionevoli
avessero potuto livellare le proprie azioni? Or come un'ordine morale vi esiste, la bisogna richiedeva un complesso
di leggi regolatrici di un tal'ordine. Ed ecco la uniformità
della legge morale al governo di Dio. Finalmente la legge
morale dice uniformità alla onnipotenza di Dio. Imperocchè
a tre ordini diede Dio l'esistenza per essere glorificato ; e
l'ordine suppone leggi a tal guisa, che se per gli esseri
inorganizzati, ed organizzati potette dettar leggi ; per gli
esseri poi ragionevoli, che formano il capo lavoro delle sue
mani, e che a meraviglia annunziano le sue glorie, per
questi, dico, non poteva dettar leggi? Diciamo piuttosto che
stante tanta uniformità della legge morale alla bontà, sapienza, governo, ed onnipotenza di Dio, ella è abbastanza possibile per appellare alla sua esistenza, come in appresso si
vedrà.

In quanto poi si fosse ancora uniforme alla natura del-
l'uomo è chiaro dal desiderio irresistibile, che l'uomo à di
esser felice. Avvegnacchè puossi giungere sicuro alla meta
senza batter la via? E mi si direbbe l'uomo pervenire alla
sua felicità senza una regola delle sue azioni, senza mostrargli il bene per abbracciarlo, il male per fuggirlo : in somma senza una legge morale? Se è possibile una felicità per
l'uomo, è possibile ancora una legge morale troppo voluta
dalla costituzione dell'uomo stesso.

6. Sparse a tal foggia le fila di una possibilità di legge
morale, poniamo adesso sotto una sola sguardatura l'intiera
dimostrazione fin qui prodotta. Ed in fatto la legge morale
sarebbe possibile, se non fosse contradittoria. La legge morale sarebbe contradittoria se non fosse uniforme sì alla natura di Dio, che alla natura dell'uomo. Or da tutto il fin
qui dimostrato riluce a sufficienza, che la legge morale non
*

è contradittoria, essendocchè analoga rinviensi alla natura di Dio, e dell'uomo. Adunque la legge morale è possibile. Esaminiamo ora la sua necessità.

PROPOSIZIONE II.

LA LEGGE MORALE È NECESSARIA.

7. *Dim.* Necessario vuolsi tutto ciò, il di cui opposto riesce impossibile; quindi la legge morale non sarebbe necessaria all'uomo, se questi sapesse dirigere da sè solo le sue azioni. Nel fatto è la forza della legge morale quella, che mostra all'uomo il bene per seguirlo, oppure il male per fuggirlo; l'uno rappresentandogli come perfettibile della natura, l'altro come distruttibile della stessa. È fuori dubbio adunque la necessità di una legge morale.

Oltreacchè come il fine suppone i mezzi; così non potrà mai aversi il fine senza l'adoperamento de'mezzi; ond'è che i mezzi sono necessarï assolutamente pel conseguimento del fine. Senza la legge morale l'uomo non potrà giammai conseguire quel fine, a cui incessantemente aspira, cioè la propria felicità. Egli inutilmente gelerebbe, fuori proposito suderebbe, inutili anderebbero i suoi stenti sul gran pensiere della felicità, se qual fiaccola non gli precedesse innanzi la legge morale. Se dunque tal'è l'indole della legge di natura, che per lei si possa appagare la brama dell'umano cuore, stenteremo dippiù a crederla necessaria nelle difficili vie della umanità?

8. Epperò quando diciamo la legge morale essere necessaria all'uomo pel conseguimento del suo fine, non intendiamo fare la menoma lesione alla di lui libertà. Conciosiachè la necessità della legge morale non punto tocca la libertà dell'uomo, attribuito per cui egli l'uomo è uomo, e senza cui sarebbe distrutta la di lui essenza; dappoichè sotto l'impero della legge morale l'azione dell'uomo è illesa; onde liberamente ci agisce; sì perchè la determinazione alla legge parte dalla spontanea volontà all'annunzio del bene,

per cui è fatta ; si perchè è nella scelta della stessa volontà la elezione del bene , oppur del male a segno tale che la facoltà all'opposto , come sogliono parlare le scuole, rimane intatta in potere della volontà ; ciocchè basta a non distruggersi la essenza dell'uomo restando privo della sua libertà. Osservare il bene che gli si mostra per esser felice, e seguire il male che gli s'inculca fuggire per non precipitarsi nel baratro della infelicità, *non è questo un'atto di un'essere libero ragionevole?* « *Veggo la ragion di bene, e l'approvo; ciò non ostante mi determino al male* [1] » l'è vera diceria , che ogni nodo toglie a qualsiasi opposizione alla libertà umana nell'ambito della legge morale. Passiamo intanto alla terza proposizione.

PROPOSIZIONE III.

LA LEGGE MORALE ESISTE.

9. *Dim.* Se un ordine esiste , leggi del pari che lo governano debbono esistere; essendochè la correlazione de' termini di ordine, e di legge in niuna certa tale maniera può scompagnarsi. Or negare la esistenza di un ordine morale pe' ragionevoli, è dare una mentita all'intiera metafisica ; e bisognerebbe esser matto per negare leggi morali esistenti di un ordine morale anche esistente.

Ma quello noi dicevamo essere una pazzia, è tutta la realtà nell'empia sfrontatezza dell'iniquo Spinosa. Egli giunse tant'oltre ad affrontare Dio, e la natura, che si trastullò negare la esistenza di ogni legge morale , sia naturale, sia divina. Posta dunque la immorale ipotesi di Spinosa, in un baleno eccoti distrutta ogni legislazione , avvilita ogni onestà, abborrita ogni giustizia; giacchè per lui niun azione di sua natura potrà dirsi giusta, od ingiusta; e se ciò vero riuscisse la umanità saria un semenzaio di discordie, un brulicame di vizii, una sentina di disonestà !! E tant'odio po-

[1] *Video bona , proboque , deteriora sequor.*

trà nutrirsi in cuore per la sua stessa specie ! Ammira per
poco lo Spinosa le mosse che contro lui c' è forza prendere , e poi si ostina nel fatuo suo sentire.

Un Dio vi esiste , il quale va glorioso in essendo Creatore dell'uomo. Dunque vi debb' esistere una legge morale obbligatoria per tutti gli uomini. Nella specie allorquando Dio
creò gli esseri , loro assegnò leggi proprie, le quali si mostrano proporzionate alla lor natura. A' corpi celesti regala
una mutua attrazione , un moto , una rivoluzione intorno le
loro orbite : a' corpi terrestri dona una gravità , una inerzia , una solidità : alle piante concede una vegetazione , e
lo sviluppo vuole de' loro prodotti : a' bruti dà forza di ri-
prodursi nella loro specie, e segna inalterabile la loro conservazione. Ecco tante leggi , che regolano a meraviglia il
regno della natura. Or per l'uomo poi , che tra gli esseri
di natura è 'l più nobile , essendo l'opera più bella escita
dalle mani del suo Fattore, e che in sè racchiude come in
picciol quadro tutto il vasto, vastissimo regno della natura ;
per l'uomo, dico, si astenne Iddio dal dettargli una legge,
che lo collocasse in quella felicità , per cui l'aveva creato?
È certamente un paradosso l'assurda ipotesi di Spinosa.

10. Ma fingiamo per poco che Dio all'uomo non avesse
promulgata una legge , ci sarà lecito per ventura rintrac-
ciarne la causa. Or per quanto ci lambiccassimo il cervello
non possono altri essere , che tre i motivi, pe' quali s'indu-
cesse la non esistenza di una legge morale. E per verità l'uomo non poteva avere una legge regolatrice delle proprie a-
zioni, allorchè Dio o non potette promulgarcela, o non seppe insinuarcela, o non volle donarcela. Nel primo caso Dio
non più sarebbe esistito ; perchè fatto impotente : e ciò pugna contro l'istessa ipotesi di Spinosa, il quale ammette la
esistenza di Dio. Nel secondo caso si torna allo stesso ; giacchè posto un Dio esistente , a Lui conviensi una sapienza
infinita , cui niente può fare ostacolo. Nel terzo caso finalmente è cosa ridicola l'immaginare, che un'Essere infinito
dotato di una volontà santissima voglia produrre il male morale , come nel caso : e che dippiù volendo assolutamente un

fine, non voglia poi ponere i mezzi, che a tal fine conducono. Avrebbe dovuto lo Spinosa negarci il principio, per non vedersi astretto dalla necessità della nostra conseguenza.

11. Che anzi contro lui rincalzando le stesse mosse, francamente senza tema d'inganno diciamo, che Dio potette, seppe, volle, e dovette dare all'uomo una legge morale regolatrice delle umane azioni. Imperciocchè quell'Essere che per epigrafe à l'onnipotenza stende dovunque gli piace la forza del braccio suo, e solo il contradittorio gli fa impossibilità. Posto dunque l'uomo nella meravigliosa catena degli esseri, allorchè abbisognava di una legge, ch'era mestieri far sequela nell'ordine mondiale, non fu orbo pel principio dell'impotenza, il quale non aveva luogo a posarsi. Ella intanto la divina onnipotenza perchè mai capricciosa; ma tutte le cose dispone in una indicibile soavità con infinita sapienza, posto che poteva Dio dettare all'uomo una legge morale, ne conseguita che sapeva pure dettarla. Era invero un'opera di somma armonia, e non si direbbe mai abbastanza il difficile della impresa; ma chi poteva assegnar limiti a colui, che impera la natura tutta, la quale non cessa l'ammirabile suo corso dietro le interminabili dispute dell'uomo? Che poi Dio volle dare all'uomo una legge morale basterà sguardare i singoli rimorsi di una coscienza accusante, che pone inappellabile tribunale nel cuore dell'uomo. A che le angosce, la vergogna, il timore, il pianto, e certo e poi mille altre faccende, che vogliono frenare l'uomo se Dio non avesse voluto sterpare il male di passione con una legge quanto giusta, altrettanto onesta? Perlocchè diceva ad Abramo, il quale viveva nella legge di natura. « Io il Dio onnipotente: cammina alla presenza mia, e sii perfetto [1]. » Tolta a Dio la volontà di promulgare la legge morale, ben presto avremmo a formarci della divinità una mostruosa idea; e la virtù giocondissima della onestà avremmo subito a bandirla dalle umane società. Mostruosa conseguenza! sarebbe poi l'uman genere inferiore agli stessi

[1] *Ego Deus omnipotens: ambula coram me, et esto perfectus.* Gen. 17 1.

bruti , i quali alla fin fine ànno pure un freno necessario ,
che modera i loro moti.

12. Quello poi che vie maggiormente cale si è , che Dio
à dovuto dettare una legge morale alla umanità intiera, che
desidera di esser felice. E primieramente non puossi negare
che Dio in essendo Creatore dell' uomo vanta su lui per e-
quità un dominio assoluto ; e conseguentemente l' uomo gli
deve servitù , ubbidienza, fedeltà. Mi dite per vita vostra se
mai può esistere impero e dominio senza leggi ? O Dio à
dovuto rinunciare alla sua dominazione sull' uomo ; oppure
à dovuto promulgare la legge morale. E come può Dio non
dominare sull' uomo , se la servitù e la dipendenza scaturiscono essenzialmente dall' idea di Creatore ? In secondo luogo poi la legge è necessaria per rendere l'azione giusta per
tale guisa , che non v' è giustizia dove non v' è legge : sarà
quindi ingiusto Dio , se lo metteremo nella indifferenza di
promulgare una legge morale. Ma chi non raccapriccerebbe
alla enunciazione sola di tai cose? Finalmente toglietemi la
legge , e non vi sarà più freno alle passioni. Non avrebbe
dovuto dettar Dio la legge morale se l' uomo avesse creato
senza passioni ; nel qual caso l'uomo stesso sarebbe stato
un tronco incapace di premio, e di pena. Ma Dio volle creare l'uomo colle passioni , le quali perchè potevano trasgredire i limiti della onestà, certamente dovette munirlo di una
legge, a norma della quale infrenava i suoi violenti trasporti,
onde non

« . . . . *Il naturale istinto,*
« *Già scosso il fren, si slancerà* . . . . ¹

come l' ebbe a conoscere l' istesso Orazio nella tumultuosa
folla delle sue passioni. Ci risponda adesso il signor Spinosa , se la legge morale esista nel mondo , nel mezzo della
umanità ? Per noi ci mettiamo fine alla invitta dimostrazione,

¹ *Tam vaga prosiliet frenis natura remotis*
Lib 2. Sat. 7. v. 74.

riverenti contemplando l' organismo della stessa legge morale intessuto dalla mano eccelsa dell' Eterno, e volendo progredire nella di lei cognizione volentieri poniamo mano allo sviluppo della definizione sopra proposta (4). Ma a ciò di proposito riserberemo la lezione seguente.

LEZIONE II.

SVILUPPO DELLA DEFINIZIONE DELLA LEGGE MORALE.

§ 13. *Santità della legge morale — essa mira le libere azioni dell' uomo, le quali sono buone, o cattive — se mai mira le azioni indifferenti — Che cosa è la conservazione, la distruzione, la perfezione, e la imperfezione — l' uomo a piacere può fare il bene ed il male — necessità di una norma regolatrice delle umane azioni — questa dev' essere retta, certa, costante, obbligatoria — idea della obbligazione, la quale è interna ed esterna — ambedue non possonsi scompagnare — idea di dritto e di dovere; e l' uno e l' altro è perfetto, ed imperfetto — Legge, decreto, sanzione — Scopo della legge morale è la felicità, di cui si espone la pretta nozione.*

13. La santità di Dio necessariamente richiedeva, che santa fosse quella legge, che dettò all' uomo pel regime delle sue azioni, essendochè del continuo mira all'immegliamento della specie umana, la quale fedelmente tenendo dietro una tal legge non potrà giammai deviare dal suo fine, e quindi non esser felice. È fuori dubbio, che l' uomo va dovizioso del corredo di una tal legge, e riuscirebbe più facile negare la esistenza del Sole, anzichè la di lei esistenza, come abbastanza cen convincono le antecedenti dimostrazioni. (9 e seg.) Se non che qual fosse questa legge, proferimmo innanzi la definizione (4), la quale riproduciamo ora di nuovo per isvilupparla a motivo di ammirarne la eccellenza insieme e la santità.

14. Fu definita infatti la legge morale « Certe norme, oppure stabilimenti, in forza de' quali debbonsi determinare le azioni libere degli uomini, per conseguirsi il fine dal Creatore prefisso. La legge morale adunque à di mira le azioni libere degli uomini. Ora di tutte le azioni umane alcune (§. I. [1]) sono Buone, altre sono Cattive; attesochè un bene, oppure un male contengono relativamente all'uomo. Per vero è Bene per l'uomo tutto ciò che conserva, e perfeziona l'uomo stesso; in conseguenza l'azione si dirà Buona quantunque volte tende a conservare, e perfezionare l'uomo. Il mangiare è necessario all'uomo per conservare le sue forze, onde florida fosse la salute del corpo; dunque l'azione di mangiare è buona, perchè contiene un bene per l'uomo ch' è appunto la sua conservazione in ordine alla vita. È Male poi per l'uomo tutto ciò, che distrugge e deteriora l'uomo stesso; in conseguenza l'azione si dirà Cattiva quando tende a distruggere e deteriorare l'uomo. L'uccisione toglie all'uomo l'esistenza, ch'è una perfezione; dunque l'azione dell'omicidio è cattiva, perchè contiene un male per l'uomo.

15. Si potrà però avere un'azione, la quale non sarà nè buona, nè cattiva; e che perciò v'à detta Indifferente, la quale può definirsi per quell'azione, che non produce nè conservazione, nè distruzione; e quindi nè perfezione, nè imperfezione. Or di queste azioni indifferenti spontanea si offre l'inchiesta, se realmente esistano?

A dire il vero noi in ogni azione due cose dobbiamo osservare; il soggetto cioè dell'azione, ch'è l'agente il quale produce l'azione; e l'oggetto dell'azione medesima, ch'è l'essere su cui cade l'azione. Or in quanto all'oggetto dell'azione, negargli la indifferenza in taluni casi è pugnare colla realtà medesima delle cose; giacchè veramente certe azioni nè migliorano, nè disturbano l'oggetto: così il tocco di una pietra è per certo un'azione; ma di grazia questo tocco della mia mano in cl.c à migliorato la pietra mede-

---

1 Cominciamo a seguire l ordine del chiarissimo Emmeccccio.

sima; oppure in che l' á divenuta peggiore ? Per niente al
certo. Vi accorgete dunque della indifferenza delle azioni
negli oggetti. Per rapporto poi al soggetto dell' azione una
tale indifferenza non dovrà ammettersi per modo, che riuscirà vera la proposizione. « *In morale niente è indifferente* [1].»
Imperciocché ogni azione di qualunque natura si fosse deve
tendere a conservare, o a distruggere l'uomo: ossia gli re-
cherà una perfezione, oppure una imperfezione. Un' azione
sembra indifferente perchè non bene si analizza il rapporto
che à coll'uomo. Pigliate nel riflesso l'azione di camminare—
essa sembra a prima vista indifferente — e pure se la mettete in relazione coll'uomo perderà la sua indifferenza ; giacché può essere buona se rifocilla le forze all'uomo, e potrà
essere cattiva se lo mena alla stanchezza. Se un febbrici-
tante nel calore della febbre si ponesse al cammino , voi
per certo gli direste cattiva l'azione del camminare, perchè
gli aumenta il malore.

16. Le azioni adunque dell'uomo solamente possono essere buone o cattive in quanto che gli arrecano conservazione e perfezionamento ; oppure distruzione ed imperfezionamento (14). E qui va al proposito lo sviluppo de' termini
entrati nelle definizioni. In fatti (§. II.) per Conservazione
dell' uomo debbasi intendere la durazione, non che la continuazione della propria esistenza : al contrario dicasi della
Distruzione dell'uomo. Inoltre per Perfezione dell'uomo s'intende l' essenza dell' uomo stesso , e tutto ciò che tende ad
accrescere e migliorare la di lui integrità: come al proposito rifletteva Simplicio quando diceva « *È proprio della perfezione avere non solo i primi, ed i medi, ma ancora gli
ultimi gradi* [2]: » al contrario dicasi della Imperfezione del-
l'uomo. Gli esempi sopra addotti (14) potranno dilucidare a
sufficienza le proposte definizioni.

17. Tali cose premesse, poichè l'uomo naturalmente una
forza sente in sè, (§. III, §. IV) che lo spinge ad amare il

1 *In moralibus nihil indifferens.*
2 *Non prima tantum et media habere , sed extrema quoque, proprium est
Perfectionis* — ad *Epict. Enchir. cap. 34 p. 176.*

bene, ed abborrire il male; giacchè, giusta l'Angelico Dottor S. Tommaso, ei è fatto pel vero vero, e pel vero bene; perciò è, ch'ei medesimo dovrebbe sempre nelle sue azioni operare il bene ripugnando a tutta possa il male. Ma qui è il nodo della operazione umana. Tutte buone sarebbero le azioni dell'uomo, se non vi fossero de'beni e de'mali apparenti, i quali mentre si appresentano alla volontà per tali, tali nella realtà non sono; giacchè il bene apparente è un vero male, il quale o distrugge, o rende l'uomo peggiore; ed il male apparente è un vero bene, il quale o conserva o rende migliore l'uomo stesso. Una tale lusinghiera apparenza è quella che l'uomo tragge in un volontario errore; dappoichè dotato egli l'uomo di libertà, mercè cui all'ombra dell'inganno il più delle volte gli è dato pigliare il vero bene per male, e viceversa, come conferma il testè lodato Simplicio chiamando la libertà della volontà con quelle parole « *Libera natura dell'animo, la quale per propria volontà, e senza coazione, or abbraccia il bene vero, or l'immaginario* [1].

Or poichè la Libertà è la facoltà all'opposto, come definì S. Tommaso [2]; cioè la facoltà di scegliere una delle due cose possibili, talchè l'uomo in forza di essa può scegliere il bene a preferenza del male, e viceversa: ne conseguita fuori dubbio, che l'uomo liberamente per l'apparenza delle cose può produrre il bene, oppure il male: e spesse fiate in questo stesso procedere cangiar sentiero, talchè

> . . . . . *Disvuol ciò che volle*
> *E per novi pensier cangia proposta*
> *Sì che del cominciar tutta si tolle* [3].

Per la qual cosa in niun modo può negarsi, che di tut-

---

1 *Ad Epictet. Ench. cap. 34, pag. 184. Liberam animi naturam, quæ suapte voluntate et absque coactione alias verum bonum amplectitur, alias Imaginarium.*

2 *1 P. Q. 64 art. 2.*

3 *Dante* — Poema dell'Inferno.

te le azioni libere dell'uomo certe sono buone, certe altre
sono cattive. « *É cosa molto stravagante*, sono le belle parole di M. de la Chambre, *il fare una serie quistione, se
mai l'uomo sia padrone delle sue azioni, talchè possa sò-
spenderle, oppure continuarle; o se mai abbia il potere di
determinarsi ad agire o non agire qualche cosa; in somma
se sia libero nelle svariate sue operazioni. Tutte le cose concorrono insieme a fissare in noi la esistenza di questa facoltà, il sentimento interno in sè stesso, ed in tutti gli uomini; le idee di bene, e di male; i caratteri dell'odio, e
dell'amicizia, ogni economia delle leggi, le pene, ed i
premi* ». Sentimenti son questi veramente degni della immortalità!

18. Donde ognun ben vede quanto sgraziatamente possa
riuscir facile all'uomo deviare dal suo fine, e colle sue a-
zioni porsi in opposizione allo stesso, cui pur dovrebbe al-
certo uniformarle. Ma è nello sviamento stesso, ch'egli mira alla felicità, e vuol'essere felice anche quando sceglie il
male; come dunque fare? Ecco la necessità della legge morale (7): onde l'uomo non deviasse dal suo fine, cui potessero uniformarsi tutte quante le sue azioni assolutamente fa
mestieri una Norma, a vista della quale ei potesse livellare
le sue azioni libere. Il perchè dicemmo la legge morale (14)
una norma, in forza della quale si debbono determinare le
azioni libere degli uomini. In conferma sentitelo pure da E-
pitetto, il quale così ragiona « *Credi forse, che tutte le cose
sian ben fatte; perchè sembrano tali a chi l'à fatte? Ma come
può essere che le cose tra loro opposte siano ben fatte?
Quindi, perchè una cosa possa tenersi per buona, non basta che tale sia sembrata ad alcuno, mentre nel pesare e
misurare le cose di gran rilievo non ci contentiamo solo
di vedere, ma in tutte vogliamo usare una certa regola.
E che, forse nelle cose, di cui parliamo, non v'è regola
più eccellente di quella, che a noi così sia sembrato? E
può credersi che niuna regola certa vi sia, o vi possa*

essere su di ciò, di cui tanto bisogno v'è nel corso della vita umana? [1]

19. Questa Norma, di che l'uomo abbisogna per dirigere le sue libere azioni, non è (§. V), che il Criterio evidente del bene e del male ; cioè la distinta cognizione del bene e del male, talchè l'uomo al raggio di tanta luce non può per vero deviare da quel sentiere , che lo mena alla felicità. Per la qual cosa i caratteri costitutivi di una tal norma debbono essere, 1. che sia retta; 2. che sia certa ; 3. che sia costante ; 4. che sia obbligatoria.

Bisogna che la norma delle libere azioni dell' uomo sia Retta ; cioè tale che manoduca senza errore l' uomo alla desiderata felicità. Se tale non fosse, abbisognerebbe di essere ella stessa diretta: ciocchè farebbe sconcezza. Più, bisogna che sia Certa; cioè tale che su di essa non si muova punto dubbio alcuno. Se potesse venir mena , l' uomo anzichè trovare la sua felicità, troverebbe infelicità; ciocchè formarebbe indicibile miseria. Inoltre bisogna che sia Costante; cioè tale che sia sentita da tutti gli uomini nel modo stesso , in tutti i luoghi , in tutti i tempi , in tutti gli stati; come molti uomini nel tempo stesso dal medesimo sito guardando il sole, tutti non veggono, se non la stessa stessissima cosa. Perciocchè tale norma essendo la stessa eterna ragione , ed immutabile volontà di Dio, al par di essa è retta, certa, e costante per modo che non va soggetta a cambiamento, diminuzione, od accrescimento di sorta alcuna, come meglio sarà sviluppato in appresso. E tutti e tre questi caratteri costitutivi della cennata norma li scorse l'istes-

---

[1] *Omnia ac recta esse existimas pro eo , cuique visa fuerint ? At qui fieri potest, ut pugnantia inter se sint recta ? Itaque ut aliquid recte se hubeat, satis non est , ita alicui visum esse , quum ne in gravibus quidem librandis mensurandisque rebus nudis visis simus contenti , sed in omnibus Regulam quamdam adhibeamus. An ergo in his, de quibus loquimur , Regula nulla erit eminentior , quam quod nobis ita aliquid videatur ? Sed qui fieri potest , ut certa Norma nulla sit vel pervestigari non possit , qua in vita humana nihil est magis necessarium? Apud Arian. lib. 2. cap. 2.*

so Lucrezio tuttocchè immerso nell'epicureismo, quando cantò:

Alfin, siccome operando un'architetto
Nelle fabbriche sue torta la riga,
Falsa la squadra e zoppo l'archipendolo;
Forza è poi che malfatto e sconcio in vista
Curvo, obliquo, inchinato, e vacillante
Riesca ogni edificio, e più minacci
» Imminente caduta, anzi sorgendo
» Da bugiardo ingannevoli giudizi
» Rovini in tutto e alfin s'adequi al suolo [1]

Finalmente bisogna che sia obbligatoria ; cioè tale , che debba contenere motivi sufficienti, mercè cui la volontà dell'uomo (§. VI) fosse adescata a liberamente determinarsi giusta la datagli norma. Or i motivi che allettano la volontà dell'uomo a farlo liberamente operare sono le rappresentanze di bene, e di male: rappresentanze tali, che l' uomo si determina a seguire il bene per amore , a fuggire il male per odio.

20. Intanto questa norma dall'essere obbligatoria fa sorgere l' idea della obbligazione , la quale ci apre un vasto campo di svariate dottrine. Ed infatti la Obbligazione è il nesso de' motivi coll' azione libera dell' uomo. Mettete una rappresentanza , sia di bene , sia di male , e ponete pure l'azione libera dell'uomo, il quale dietro uno di quei motivi si è determinato ad operare; voi avrete isso fatto la obbligazione. La quale può essere Interna , ed Esterna attesa la fonte, donde derivano i cennati motivi; dappoichè (§. VII) se tai motivi che determinano la volontà ad agire li fissi nel-

[1] *Si parva est regula prima.*
Normaque si fallax rectis regionibus exit,
Et libella aliqua si ex parte claudicat hilum:
Omnia mendose fieri atque obstipa necessum est.
Parva, cubantia, prona, supina atque absonu tecta,
Jam ruere ut quaedam videantur velle, ruantque,
Prodita judiciis fallacibus omnia primis.
De nat. rer. lib. 4 v. 515.

la stessa bontà, o malizia dell'azione, allora avrai, che la Obbligazione sarà Interna: ma se li fissi nella volontà di un essere, il quale gli altri dominando, sotto premio, o sotto pena comanda e proibisce certe determinate azioni, ed allora avrai, che la Obbligazione sarà Esterna. In forza della obbligazione interna le azioni sono buone, ed in forza della obbligazione esterna le azioni sono giuste. Quantevolte agisci, perchè credi senza errare, che la tua azione ancorchè dalla legge non comandata ti produca una perfezione, farai in tal caso un'azione onesta, e quindi buona: che sè agisci, perchè la legge tel comanda, opererai da giusto, e giusta sarà la tua azione. E qui non sarà ingrato l'osservare, che siccome son termini correlativi *dritto* e *dovere* a talchè il dritto in uno suppone il dovere nell'altro, e viceversa; così posto in un'essere il dritto di comandare, quelli che gli sono soggetti ànno il dovere, ossia la obbligazione di secondarlo, ed ingiusti addivengono se non ubbidiscono.

21. Ma qui muovesi il dubbio, se mai all'uomo per farlo bene operare, e conseguire la sua felicità, sia bastata una norma congiunta colla sola obbligazione interna; oppure era giuocoforza che si fosse accoppiata anche la obbligazione esterna? Muoviamo prima dalla obbligazione interna. (§. VIII.). Dessa per verità sarebbe stata valevole a far rettamente operare a quell'uomo, il quale aveva ricevuto per dono la ragione, se in retaggio il suo cuore si avesse serbata la virtù. Imperciocchè il solo nome di virtù all'uomo virtuoso è di tanto freno, che solo basta a non fargli trasgredire i limiti del giusto, e dell'onesto; e tali erano i primitivi uomini di cui va detto, che senza la forza di una legge esterna imperante, tuttavia rettamente operavano. « *I primi uomini*, disse Seneca, *ed i loro discendenti seguivano incorrottamente la natura, e tenevano la medesima per guida e per legge* [1].

---

[1] *Primi mortalium, et ex iis geniti, naturam incorrupte sequebantur, eamque habebant et ducem, et legem.* Ep. 90 Cui aggiungi Ovidio Metamorph. lib. 1. v. 90. Tacito ann. 5. 26 e Sallustio Catil. cap. 9.

Ma chi degli uomini rinserra in cuore tanto candore da non aver bisogno di una legge che al ben oprare lo spingesse ? Per verità la interna obbligazione è mestieri vada congiunta colla esterna ; dappoichè in tal caso se la sola obbligazione interna bastasse, perchè questa nasce dalla bontà o malizia delle azioni (20), avendoci a dismisura beni e mali apparenti, l'uomo il più delle volte prenderebbe il male per bene, e viceversa; per cui verrebbe malamente ad operare. È mestieri adunque che un'Essere vi fosse, il quale proibisca le azioni cattive , e comandi le azioni buone; acciò quello non può ottenere la retta ragione , almeno il timore del pericolo sia ultima spinta ad averlo , e l'uomo si ristà al suo dovere. Ed in ciò fare si produce la obbligazione esterna.

22. Or dalla obbligazione in generale (20) nascono i dritti , ed i doveri ; giacchè ogni legge induce in alcuni un dovere di operare a norma del suo dettame, ed a tal dovere corrisponde un dritto , che gli altri ànno di esigere da quelli la commissione delle azioni comandate dalla legge, e le omissioni delle azioni dalla legge proibite. Intanto dicesi Diritto la necessità morale di operare , o di esigere qualche cosa da taluno; dicesi poi Dovere la necessità morale di eseguire l'azione a norma della legge. Or tanto il dritto , quanto il dovere può essere Perfetto , ed Imperfetto (§. IX.)

Il dritto perfetto è quello , che per far adempire il dovere può costringere l'altro colla forza : l'imperfetto è quello, che à la facoltà di chiedere, ma non di pretendere l'adempimento del dovere. Così i dritti di Dio sono tutti perfetti, e l'uomo è perfettamente obbligato alle sue leggi in ordine alla osservanza di. esse : i dritti degli uomini alcuni sono perfetti, altri imperfetti, stantechè può l'uomo il suo simile costringere, oppur no, all'adempimento de' doveri. Al contrario il dovere, ossia la Obbligazione è Perfetta quando l'essere, cui siamo soggetti, ci obbliga col comandare o proibire un'azione, mettendoci innanzi e pene e premî: è Imperfetta quando l'istesso essere ci obbliga senza coazione alla virtù ed alla onestà.

23. Allorquando un'essere, che gli altri a sè assoggetta, espone la sua volontà col comandare o proibire alcune azioni proponendo premì e pene , la sua volontà si chiama Legge. La quale à con sè la obbligazione perfetta, che s'induce (22) collo stabilimento de'premì e delle pene; in conseguenza tale obbligazione produce due cose, il Dettame, ossia Decréto , e la Sanzione. Il decreto non è altro che la volontà del legislatore nel promulgare la legge; cioè è la proposizione la quale serve di norma alle libere azioni degli uomini: la sanzione poi è il premio, o la pena stabilita dalla legge ; e che forma una parte interessante della legge medesima per modo che, senza di essa l'uomo, salva la libertà, non viene costituito in una morale necessità di uniformarsi al comando nell'operare. In fatti dice la legge « Sii temperante » se a'temperanti non fosse in premio promessa la felicità , ed agl' intemperanti la infelicità, chi più curerebbe la temperanza ? qual regno di orrore non avrebbe luogo ?

Da questa doppia parte essenziale della legge c' è dato rilevare il genere e la differenza specifica della stessa legge. Imperciocchè il genere consiste nell'essere la norma retta certa e costante , ossia consiste nel dettame o decreto : la differenza specifica consiste nell' essere obbligatoria, ossia nella sanzione. Quindi una legge per meritare un tal nome à bisogno di dettame, e di sanzione.

24. Ragranellando adesso le sparse idee sulla legge morale diamo l'ultimo sviluppo pel complemento della sua idea. Ella la legge morale è una vera legge ; perchè dirigendo le azioni libere degli uomini forma la proposizione di legge, con cui lor comanda quello che debbono pratticare, e proibisce quello, da cui debbonsi astenere; per cui a stretto diritto ella è una vera norma regolatrice delle azioni umane. Alla fedeltà degli uomini pone per meta la felicità; e viceversa la infelicità minaccia agli uomini che trasgredi-

scono i di lei precetti ; onde con ciò forma una sanzione quanto terribile, altrettanto degna' di amore e di riverenza.

La felicità che promette può riguardarsi sotto un duplice aspetto; o in ordine a questa vita momentanea, o in ordine alla vita vegnente eterna nella durata, infinita nel possesso. Giusta i sensi di S. Tommaso la felicità in questa vita consiste nella minoranza de' mali ; talchè quello è più felice, quello che minori mali soffre , e l'osservante della legge morale soffre minori mali , perchè più abbonda di virtù.

Ma ei non deve giammai arrestarsi ai beni particolari , i quali solo debbono essere intermedi al gran Bene che anela, ed intanto la natura dell'uomo vi sente impulso; perchè in Esso trova una vera ragione di bene. Quindi non formerà mai felicità in questa vita il piacere rovinoso , il sordido interesse, o la schifosa animalesca sensibilità. Formar di queste cose tanti sistemi morali, e da essa ricavarne i doveri che assistono l'uomo, è un avvilire, un distruggere l'umana ragione, e dire l'uomo bruto, non più ragionevole. Tale infatti è la mostruosa morale di Gioja, il quale fa dipendere la felicità in questa vita dal soddisfare i piaceri [1], e doveva pur troppo vergognarsi quando ci lasciò scritto: » *I filosofi fecero vani sforzi per definire il piacere e il dolore. Sensazioni dolorose son quelle che tentiamo di prolungare. Il tempo che dura la sensazione si chiama momento felice se questa è piacevole, infelice se dolorosa. Il bene è la somma de'momenti felici, il male degl'infelici. La felicità è la somma dei beni restanti dopo la sottrazione de'mali, la infelicità è l'opposto. Facendo cessare un bisogno non solo si fa cessare il dolore che l'accompagna, ma si produce un piacere: così chi mangia non solo si libera dalla sensazione dolorosa della fame, ma gusta il piacere delle vivande e produce una sensazione di ben essere che si diffonde per tutta la macchina. Siccome è impossibile distruggere tutt'i bi-*

1 *El. di filos. cap. I.*

sogni, e ogni bisogno soddisfatto frutta piacere, troveremo più vantaggio nel crescere facoltà che nel diminuir bisogni. Invece dunque di consigliare astinenza dalle cose, consigliamo aumento nelle facoltà per conseguirle. Nel calcolo de'piaceri e dei dolori, oltre la durata, si tiene conto della intensità; i piaceri presenti si distinguono dai futuri ec. » Tal'era ancora l'idea della presente felicità, che s'immaginò Genovesi [1] quando ebbe a sognarla riposta nella immunità da'dolori del corpo, e dalle afflizioni dell'anima, e nella viva costante apprensione di tale immunità.

Ma egli il cuore umano presenta un vuoto infinito, il quale soltanto Dio può appagarlo e riempirlo; perciò è che l'osservante della legge morale non può contentarsi della felicità di quaggiù, e come straniero in terra anela il possesso del Creatore, cui senza inganno mena la legge morale, ch'è una norma retta, certa, costante, ed obbligatoria (19); e che in fine in Cielo ottiene il suo perfetto risultato. Perlocchè la vita avvenire forma ancora il grande oggetto della felicità presente per maniera che, una morale che non guarda il tempo avvenire rende l'uomo infelice in terra. Ed è stato questo il principio, per cui certi moralisti l'ànno sbagliato nel dare il carattere vero alla felicità presente; giacchè ànno voluto astrarre la vita avvenire dalla presente ad esempio di Puffendorf [2]: e così è successo a Romagnosi urtando nel più grosso epicureismo nella idea di felicità [3]: a Burlamacchi [4] il quale definì la felicità « *La soddisfazione che nasce nell'anima dal possesso del bene* » e disse bene tutto ciò » *che conviene all'uomo per la sua conservazione, perfezione, commodi e piaceri :* a Damiron [5] in fine, ed altri i quali ànno voluto adottarsi lo stravagante principio del Puffendorf.

Felici, se ascoltate le voci della natura; ma infelici per

---

1 *Lib. 1 cap. 1, part. 5 del drit. e del dor.*
2 *Jur. nat. et gent. lib. 2, cap. 3 §. 19.*
3 *Int. al dr. pub §. 248.*
4 *Princip. del dr. nat. part. 1, cap. 2, §. 1.*
5 *Mor. tom. 1 pref. pag. 11.*

un tardo pentimento se i suoi dettami sprezzerete. Tende-
te ad esser felici finchè non giungiate al possesso della
vera Felicità in Cielo, e nel tendervi consisterà la perfezione
dell' uomo in terra, e tendervi senza punto deviarne, che
val quanto dire: *l'uomo allora sarà perfetto quando ogni
sua operazione sarà dirizzata all' acquisto del bene infinito.*

Ecco quanto si contiene nella idea della legge morale ;
ma come ogni legge deve avere il suo Legislatore ; così
posta la esistenza della legge morale (9), ella per necessità deve avere un autore.

Or chi sia questo Autore, ecco l'oggetto della lezione
ventura.

LEZIONE III.

AUTORE DELLA LEGGE MORALE.

§ 25. *La legge morale suppone un legislatore — le leggi
sono naturali e positive — i premî quindi, e le pene
son naturali e positivi — due requisiti essenziali nel
legislatore, e necessaria promulgazione della legge —
il legislatore della legge morale è Dio — assurda ipotesi di Leibnitz, e poca accortezza di Einneccio —
Dio dettò all' uomo la legge morale: forza della voce
dritto — la dettò promulgandola per mezzo della retta
ragione — Errore degli Ebrei — due fonti, donde l'uomo
attinge la cognizione della legge morale — ella dunque
non è innata all' uomo — salvi i primi principï morali.*

25. Che la legge morale esista (9) è un fatto, che in
niuna guisa può contrastarsi, se pur non vogliasi rinunciare
ad ogni buon senso ; ed in essendo realmente una legge ,
già dice una volontà che gli altri impera o colle dolci attrattive del premio, oppure colla severità della pena (23).

Al suo tribunale niuno sfugge, e senza appello vuolsi la di lei esecuzione. Il di lei adempimento fa i buoni cittadini , perchè ella buoni educa gli uomini ; ma il conculcamento della stessa rendendo gli uomini malvagi , li fa tristi cittadini. Se dunque la legge è una volontà , questa suppone un' essere che vuole : conseguentemente suppone ogni legge un legislatore ; perlocchè la legge morale induce la esistenza di un'essere, il quale l'abbia voluto promulgare, e quindi suppone un Legislatore, un suo autore. Trattando noi della esistenza della legge morale (9), supponemmo certo il suo Autore senza brigarci di consolidare un tal fatto; perchè altra era la nostra mira: ora però fa mestieri darci intieramente alla dimostrazione della esistenza dell'autore di lei , supponendo per un fatto certo la esistenza di essa.

26. È prima di ogni altra cosa giova mettere a rassegna le leggi tutte, onde facilmente rilevarsi l'autore della legge morale. Tutte le leggi o sono Naturali, o sono Positive. Dicesi Naturale quella legge , che seco à uniti premi e pene naturali: così la temperanza è una legge naturale, la quale porta con sè la salute a' temperanti , le malattie agl'intemperanti. Dicesi poi Positiva quella legge, la quale, oltre i premi e le pene naturali, à con sè aggiunti ancora i premi e le pene stabilite dal supremo legislatore: così il Principe promette le dignità, gli onori agli uomini virtuosi, le carceri, l'esilio, la morte agli uomini scellerati. Or tali premi e pene perchè esistono per arbitrio del Principe, elleno sono obbligazioni positive , le quali per certo non nascono naturalmente dalle azioni; ma succedono invece alle azioni, perchè così è piaciuto al Principe stesso.

27. Posta dunque la legge naturale o positiva, i premi e le pene dovranno ancora essere naturali o positivi. Sono naturali , se l'azione immediatamente vien punita dalla natura; oppure vien premiata dalla stessa: come nell'esposto esempio della temperanza (26). Sono poi positivi, se dipendono dall'arbitrio del Legislatore: come sopra ancora osservammo (26). Perlocchè c' è dato riflettere, che una legge naturale può divenire positiva, se a'premi e pene ·naturali si aggiun-

gono anche quelli, che dipendono dall'arbitrio del legislatore. Così « *Non uccidere* » è una legge naturale, cui, oltre i premî e le pene naturali, Dio vi pone la privazione del regno de'Cieli, ed i Principi temporali vi mettono le carceri, l'esilio, la morte.

28. Classificate a tal modo le leggi, sorge spontanea questa dimanda: Chi può fare la legge? La risposta non soffre alcun dubbio, allorchè dirassi che quegli solo può fare la legge, il quale à una potestà legislativa, ed insiemamente à una potenza esecutrice. Pel primo richiedesi, che colui il quale dà la legge abbia un'autorità su' i sudditi, cui la legge impone. Pel secondo richiedesi, che colui il quale dà la legge abbia una forza di mettere premî e pene, onde i sudditi eseguano la sua legge. Quindi dal detto chiaro emerge, che ogni qualsiasi legge due cose suppone nel suo Autore; una potestà cioè legislativa, ed una potenza esecutrice. Si arroge, che come la legge è la volontà del legislatore (23): così per obbligare una tal volontà bisogna si rendesse manifesta a' sudditi; perchè la legge senza sudditi è una chimera. Ond'è che la legge per produrre la sua obbligazione dev'essere promulgata a' sudditi. Ciò detto di ogni qualvogliasi legge, poichè nostro scopo qui forma la sola legge morale naturale; perciò è che di questa ci accingiamo ad investigarne l'Autore.

29. La legge morale (5) è legge di natura ($. X); in conseguenza l'Autore della legge morale dev'essere l'Autore della natura. Poichè ogni legislatore può dettare leggi nel solo ambito del suo dominio, là potrà dettar leggi l'Autore della natura fin dove si estende il suo dominio. La natura à vigore in tutt' i tempi, in tutt' i luoghi, e su tutto il genere umano; conseguentemente l'Autore della natura stende il suo dominio a tutt' i tempi, a tutt' i luoghi, e su tutto il genere umano. Si trova fra tutt' i contingenti un'essere, il quale possa vantare un tal dominio? E non si dirà a ragione che il solo Dio è 'l Creatore, non che il Padrone assoluto e dell' ordine e della natura? Ogni cosa da Lui dipendendo, a Lui medesimo si assoggetta; talchè Egli solo vanta un do-

minio assoluto su tutto il creato. Perlocchè Egli solo può promulgare leggi a tutto il mondo, ed agli esseri tutti che lo compongono ; e quindi imporre premi e pene a suo talento senza che alcuno gli contrasti l'assoluto dominio. Dio adunque come Autore della natura va fregiato di tutta la potenza legislativa, e di tutta la potenza esecutrice di maniera che, Egli solo è'l Legislatore della natura, e perciò l'Autore della legge morale.

30. Tanto esigeva l'alto dominio, ch' Egli per necessità vanta sulle creature : dominio, cui Egli in niuna certa tal guisa può cedere senza distruggere l'infinita sua sapienza e bontà, e senza rendere le creature ricolme d'indicibili miserie, come abbastanza fu dimostrato (12); giacchè Egli non fa, che sempre il meglio per le sue creature, come osservò Democrito presso Strabone allorchè disse: « *Deriva dalla natura, che il migliore comandi* »[1]. Per la qual cosa di gran lunga andò errato Leibnitz ne' suoi Efemeridi Annoveresi al mese di luglio del 1700 quando opponendosi al dottissimo Samuele de Coccei, il quale in una dotta dissertazione sul principio del dritto di natura unico, vero, ed adequato, aveva posto per principio della legge morale la volontà di Dio, diceva « *potersi fingere che una creatura potesse giungere a tanta forza da non potersi più costringere dal Creatore, da cui fu prodotta; ed in tal caso allora si dovrà avere come manomessa simiglievolmente a' figli, i quali possono giungere a tanta potenza, che più non possono essere costretti da' loro genitori, dai quali sono stati generati*[2]. Ebbene allora dovrà fingersi la ipotesi, che la creatura possa giungere ad acquistare una forza infinita; che sarebbe lo stesso il dire, la creatura cessa di essere creatura. In tal caso dove più l'idea di Creatore per aver luogo la voluta manomissione? Si cumuleranno contradizioni sopra contradi-

1 *Natura evenit, ut, quod melius est, imperet Serm. 47 pag. 323.*

2 *Object. 7. Si fingeretur creaturam tantarum virium esse posse, ut a Creatore semel producta, deinde non posset cogi: eam habendam fore pro manumissa, uti liberi possint eo pervenire potentia, ut a parentibus, a quibus generati sint, cogi non possint.*

zioni: come lo stesso succede nelle altre finzioni che immagina il lodato Leibnilz contra la dottrina del de Coccei, come, ad intralasciare le altre, sarebbe la seguente: *Se fingasi un certo genio cattivo, il quale à un sommo dominio sulle cose, non lascerà di essere cattivo, ingiusto, e tiranno dal perchè è irresistibile* [1]. Ma piano, diciamo al dotto Filosofo; giacchè convienci fissare questo dilemma: o Dio esiste, o non esiste; se esiste, dunque non può immaginarsi il voluto genio cattivo, il quale per altro avvolge le più luttuose conseguenze; siccome, a tacere le altre, la esistenza di un male infinito pugnante colla esistenza di un bene infinito. Se pongasi Dio non esistere, ed allora neppure può esistere questo genio cattivo; giacchè come ponsi di una forza irresistibile, si pone nella ipotesi fornito di una forza infinita, e fu invittamente dimostrato in Metafisica contro i Manichei, che il male infinito come principio irrestibile de' mali non poteva esistere. Più, posta la non esistenza di Dio, neppure le rimanenti cose potrebbero esistere; conseguentemente la creazione dovrebb' essere un sogno. Or come potrebbe il finto genio produrre mali, ingiustizie, barbarie, se queste son tutte cose relative alle creature?

Quello però che più ci muove in tal punto è una incauta proposizione messa fuori dal chiariss. Einneccio nel ribeccare queste finzioni Leibnitziane. Ei dice, che posta la non esistenza di Dio, si deve porre ancora la non esistenza tanto del cattivo genio, quanto delle create cose, *fuorchè la retta ragione*; quasichè per esistere la ragione non fosse necessaria la esistenza di Dio. E che dunque la ragione umana non balena l'eterna Ragione di Dio? È ella pure un'anellonella gran catena del creato, il quale non esistendo neppur ella avrebbe potuto esistere. Non ci dilunghiamo di vantaggio in una verità troppo manifesta, e ci basterà solo l'aver segnata la innavvertenza dell'uomo illustre severchiamente amante della ragione umana.

---

1. *Si fingeretur, malum quemdam genium summam rerum potestatem habere, non ideo, quod irresistibilis esset, desinet ille sit malus esse, et injustus, et tyrannus.*

31. Dio adunque è l' Autore delle leggi morali (29) ; e poichè alcune azioni umane le à comandate, promettendo un premio: altre le à proibite, minacciando una pena; ne conseguita che, avendo dato all' uomo la legge morale, in pari tempo gli à imposto una obbligazione perfetta (23), da cui l' uomo non potrà sfuggire senza dichiararsi un ribelle alla maestà divina del suo Legislatore. Intanto essendo la legge morale una norma sicura delle libere azioni umane (19), una tal norma è fuori dubbio riposta nelle leggi. Ora quel corpo, che in sè riunisce tutte queste leggi, è quello che dicesi Dritto. Laonde l' indicata voce non altro vuol esprimere, che un corpo di leggi dello stesso, e medesimo genere, ed è essa relativa alla legge, ed alla obbligazione esterna; talchè non si danno leggi senza dritto, nè obbligazione esterna senza dritto; vale a dire, senza una riunione di leggi, che ànno il medesimo scopo. E che sia così l' origine stessa della voce dritto ci rende persuasi, qualora procede dal verbo comandare, e tanto è dire dritto, quanto comando : or la legge è quella, che impera, e comanda. Ma ciò altrove sarà lungamente discusso.

32. La legge morale per essere obbligatoria à bisogno di promulgazione (28), e Dio stesso avrebbe un bel comandare o proibire, se una tal legge, ch' è la stessa sua volontà, non l' avesse fatta nota agli uomini. Se dunque quel corpo di leggi, che tutto riguarda il genere umano (29) ed in ogni tempo ed in ogni luogo ed in ogni stato, l' uomo non da altri l' à potuto ricevere, che dal solo Autore Supremo della natura, il quale è Dio, conviene osservare in che modo ne abbia ricevuto la manifestazione.

E certamente Dio in due modi (§. XI.) può comunicare all' uomo i suoi pensieri, immediatamente mercè la rivelazione, e mediatamente mercè la retta ragione. Ma Dio non à promulgato all' uomo la legge morale per mezzo della rivelazione; avvegnacchè nel caso una tal rivelazione dovrebb' esistere, qualora con certezza conosciamo che giammai à esistita; altrimenti dovrebbesi produrre: nè esiste, altrimenti dovrebbesi mostrare : nè esisterà, perchè la promulgazione della legge morale è stata già fatta fuorchè per la rivelazione. Dunque Dio à promulgato all'uomo la legge morale per mezzo della retta ragione. È ella infatti la retta ragione la facoltà mercè cui l'uomo distintamente può conoscere il nesso delle verità universali, contemplare l'ordine della natura, infine conoscere tutt' i suoi e dritti e doveri. Perlocchè a proposito Cicerone diceva della legge morale nell'orazione a difesa di Milone « *È poi questa legge non scritta, ma nata, da noi non imparata, non ricevuta, non letta: ma dalla natura stessa attinta, succiata, espressa; nella quale non siamo stati ammaestrati, ma nati, non istituiti, ma imbevuti* » [1]. E l'Apostolo stesso scrivendo a' Romani [2] fuori ogni quistione pone la presente verità ; giacchè prima dice la legge morale, « *Il tenore della legge scritto ne' loro cuori* » [3] e dipoi la conferma appellando gli stessi Romani ad una tal legge col dire, « *Testimone anche la loro coscienza, ed i pensieri che a vicenda tra di loro si accusano, od anche si difendono* » [4].

33. La sbagliano quindi a meraviglia gli Ebrei, quando spacciano la legge morale naturale ricavarsi dai sette precetti dati a Noè (§. XVI) [5] : e Giovanni Seldeno in particolare si è tutto ingegnato nel mostrare la derivazione sì del dritto di natura, che delle genti da' sette cennati precetti [6]. Di grazia sulle prime ci mostrano gli Ebrei, come i precetti dati a Noè, e che essi serbano per tradizione, sieno stati dati allo stesso per rivelazione, o per l'organo della retta ragione ? Se nel primo modo, ed il torto è dalla parte loro, perchè ci mostrano in secondo luogo co-

---

1 *Est enim haec non scripta, sed nata lex, quam non didicimus, accepimus, legimus : verum et natura ipsa arripuimus, hausimus, expressimus, ad quam non docti, sed facti, non instituti, sed imbuti sumus.* Cap. 4.

2 2 *15.*

3 *Opus legis scriptum in cordibus suis.*

4 *Testimonium reddente illis conscientia ipsorum, et inter se invicem cogitationibus accusantibus, aut etiam defendentibus.*

5 Perturbiamo qui per poco l'ordine del chiarissimo Einneccio per non interrompere la serie delle nostre idee.

6 *De jure naturae, et gentium secundum disciplinam Hebraeorum.*

me, quando, e dove esista tal rivelazione? Essi ci risponderanno esistere nella tradizione. Ebbene dovrà essere una
tradizione sicura ; altrimenti non potrà produrre una obbligazione certa una legge incerta, come ci suggerisce S. Tommaso [1]. Ma qual cosa più incerta di una tale tradizione?
Veggasi Buddeo su tal proposito [2]. Ed ancorchè si ammetta
per vera una tal tradizione, com'essi proveranno oggi giorno, che quello conoscono i posteri di Noè, e che nel comando o nella proibizione ànno relazione co' precetti in parola,
l'ànno essi conosciuto per la testè cennata tradizione? Diversità di popoli, diversità di costumi, diversità di credenza mette
tutta al più la cosa in un profondissimo dubbio ; perlocchè
ogni cosa mena a credere tai leggi dettate a Noè non furono leggi positive, ma leggi naturali, ed eccoci al secondo
riflesso del proposto dilemma. Se nel secondo modo, ed anche il torto è per la parte degli Ebrei ; giacchè allora la legge
morale non riconosce per sua fonte, ed origine la rivelazione ;
sibbene l'umana ragione amministrata dall'Autore della natura, il quale è ugualmente Autore e della ragione e della
rivelazione.

Del resto non neghiamo, che la rivelazione non à distrutto
la ragione, e quindi la legge morale ; ch'anzi diciamo la
rivelazione à consolidata la legge morale, e come di base
vi à fondata sopra la legge di carità ; giacchè Cristo legislatore della legge Vangelica apertamente manifestò i suoi
sensi, quando disse, « *Non vi deste a credere, che io sia
venuto per isciogliere la legge: non son venuto per iscio-
glierla, ma per adempirla* » [3]. E se tutt'altramente fosse
avvenuto il Dio della verità, dell'ordine, e della perfezione
sarebbe stato il Dio della contradizione, ciocchè per niuna
guisa poteva, o potrà giammai esistere. Ma vediamo ora nel
modo l'eccellente promulgazione della legge morale.

34. In varia guisa l'uomo perviene alla cognizione della

1 1. 2. q. 19 art. 1 ad 3.
2 *Nella sua Int. all ist. fil. degli Ebrei p. 13 e 15.*
3 *Non veni solvere legem, sed adimplere. Matt. 5. 17.*

legge morale promulgatagli per l'organo della retta ragione (32). Primamente osservando la contingenza degli esseri
mondani, la quale in un baleno lo assorge alla dipendenza
da una Causa Prima. Secondamente riflettendo alla forza con-
servatrice , che anima il mondo, la quale propria è di Dio
solo. Terzamente dall'epilogo di questi riflessi concludendo
Dio essere l'Autore non che Signore della natura , a Lui,
deduce in conseguenza, doversi amore, fedeltà, ubbidienza:
ed ecco una prima fondamentale legge della natura. In quarto
luogo riflettendo a sè stesso scorgesi avente una forza, che
il sospinge a tener dietro al bene , abborrire il male : ed
ecco una seconda fondamentale legge della natura. In quinto
luogo sente in sè una legge ribellante de'sensi, e di repente
si avvede la ragione fatta per dominare, i sensi per ubbidire : ed ecco una terza fondamentale legge della natura.
Finalmente sguarda fuori sè, e gli esseri a sè simili mira,
e la uguaglianza di natura notando esigere uguaglianza di
doveri, molto bene impara a non offendere chicchessia ; a
tutti dare quello che lor è proprio: ed ecco una quarta fondamentale legge della natura. Il complesso , la somma, infine la sposizione ciò forma in breve della legge morale ;
legge per eccellenza nomata Etica; legge che l'uomo a prima giunta riconosce per poco seriamente metta a calcolo la
rettitudine della sua ragione.

Dal che emerge tanto il senso interno, quanto il senso
esterno formare le due ubertosissime fonti, donde l'uomo
attinge la cognizione di tutta quanta ella è la legge morale.
Imperciocchè Dio Autore della natura à scolpito nel cuor
dell'uomo un certo senso morale, il quale manifestasi al di
fuori l'uomo stesso per la vergogna, per lo abborrimento
della falsità, pel tedio della offesa, e così via via discorrete.
Pel senso esterno vede tanti altri sè egli l'uomo ne'suoi simili , i quali tendono all'istesso fine della felicità, per cui
spingesi a mostrarli amore.

35. Dunque si dirà innata nell'uomo la cognizione della
legge morale? Precipitosa conseguenza non legittimamente dedotta dalle premesse ; conciosiachè quello si acquista ragio-

nando sotto la tutela sì dell'attenzione, che della riflessione non può giammai essere innato in noi. Or tant'è della legge morale (§ XV): infuse Dio nel nostro cuore certi semi delle verità morali, i quali allorquando non sono ottenebrati dalla violenza delle passioni immediatamente producono molte altre verità in forza della riflessione; ed in tal senso disse l'Apostolo la legge morale essere stata scolpita ne' nostri cuori, « *Il tenore della legge scritto ne' loro cuori* »; [1] giacchè la notizia di questi principii primi al calcolo della riflessione ingenerano nell'uomo stesso la cognizione degli atti si buoni, che rei; sì giusti, che ingiusti.

Per altro questi semi morali sono una certa facilità di comprendere alcuni primi assiomi morali, i quali piuttosto li chiamiamo innati, perchè non sono effetti del raziocinio, anzi cause produttrici dello stesso; ed all'ombra de' quali l'umana ragione senza maestro, senza studio, senza fatica infine rileva le più alte verità morali tendenti al nobile scopo dell'Autore della natura; cioè la Felicità; e tal direzione è quella che forma la moralità dell'azione, di cui parleremo in appresso.

E che tal fosse la realtà delle cose, come in contrario spiegheremmo persone rozze, idiote, e fin gli stessi fanciulli astenersi dalla ingiustizia, e dalla reità sol perchè tra seco stesse ragionano su di una moralità di azioni, che sollecita le spinge al necessario fine proposto dal Creatore? Essendo dunque « *la morale*, usiamo le belle parole del Taparelli, *all'uomo più necessaria, che gli alimenti, epperò egli ebbe dalla provvida man creatrice al retto giudizio morale un'impulso spontaneo ed urgente; e veggonsi tutto dì persone inette a speculare metafisicamente attissime ad operare, ed anche a speculare praticamente* » [2].

36. Se nonchè questi principii primi ed universali, quali sarebbero — Dee farsi il bene — Dio deve adorarsi — Il prossimo non deve ledersi — ed altro, essendo innati, su cui

1 *Opus legis scriptum in cordibus suis*; Rom. 2. 15.
2 Tom. I. cap. 4 par. 81.

poggia l'intiero edificio della legge morale, non riuscirà
oscuro per l'uomo di qualunque entità si fosse ragionare sul
giusto, e sull'ingiusto delle sue azioni libere. Avvegnacchè
la promulgazione di una tal legge Dio l'à fatta col dare al-
l'uomo la retta ragione (32); e l'uomo stesso fornito di riflessione e di libertà può a talento determinarsi ai precetti
morali; e dovrà determinarsi, se brama il suo proprio interesse, il quale, contro Kant diciamo, è veramente virtù;
perchè non si limita agli acquisti suoi propri malmenando
il simile: che anzi, nel caso espresso, il bene del simile
prende per finale scopo; dappoichè io che voglio ed opero —
opero e voglio nel giudizio di volere ed operare socialmente:
altrimenti l'uomo dovrebbesi considerare isolato nel mondo,
ciocchè forma una chimera combattuta da quanti mai si vis-
sero nelle belle età del mondo. Diciamo una volta per finirla — Gli esseri intelligenti conoscono il fine, il bene, e
l'ordine — Dunque possono praticare la legge morale; debbono praticarla; onestamente la praticano gli uomini giusti,
e dabbene. Discussa a tal modo la presente teoria è d'uopo
ravvicinarci un pò più alla trattazione, che ci riguarda; e
perciò fa mestieri dare più precise nozioni sul Dritto di Natura, il quale come forma la legislazione di tutto quanto il
genere umano; così ne compila la più sana morale dirigitrice,
riformatrice, santificatrice dell'uom ragionevole. Ogni cosa
nella lezione che siegue fedelmente adempiremo.

LEZIONE IV.

PRECISA IDEA DEL DRITTO DI NATURA , E SUE SPECIE.

§ 37. *Tal' è 'l dritto qual' è la legge — Definizione del dritto di natura — e della Giurisprudenza sì naturale, che divina — Il dritto di natura è Precettivo, e Permissivo: e che possa l' uomo sotto di essi — se mai Dio possa dispensare nella legge di natura — se l' ateo abbia un dritto di natura, e falsità della opinione di Einneccio.*

37. Un corpo di legge dello stesso genere va nomato Dritto (31) : or le leggi possono riguardare diversi fini ; giacchè possono considerare gl'individui circondati da differenti circostanze, per cui non tutte le leggi sono sempre adattate a tutte le bisogne degl'individui stanziati in differenti stati : ond'è che variando la condizione dell'uomo fa mestieri adattargli differente dritto. Per la qual cosa se le leggi sono naturali, il Dritto si dirà di Natura : se civili, Dritto Civile : se spettanti le società, Dritto Sociale ; e così mano mano discorrete. Ma poichè le leggi morali sono lo stesso, che le leggi naturali (5) promulgate all' uomo per mezzo dell' organo della retta ragione (32), il complesso di tali leggi formerà il Dritto di natura (§. XII.) ; conseguentemente come Dio è l' Autore della legge morale (29), è Egli ancora l' Autore del Dritto di natura. Donde emerge chiarissimo, che tutto il detto nelle tre antecedenti lezioni à strettissimo legame con un tal dritto, e forma una diceria tutta propria dell' istesso Dritto di Natura. A tal foggia introdotti da vicino nella trattazione che ci riguarda, è uopo sulle prime investigarne la natura, onde non traviassimo dal vero nella intiera tessera delle cognizioni morali.

38. Cosa dunque è il Dritto di Natura ? Varia è la definizione che gli si può assegnare ; ma una tal diversità è soltanto nelle parole, le quali alla fin fine presentano lo

stesso e medesimo sentimento. Infatti può definirsi: *Il com-*
plesso, la riunione di tutte quelle leggi, che Dio à pro-
mulgato all'uomo per mezzo della retta ragione. E questa
definizione si è fatta sorgere dall'intrinseco significato della voce dritto (31). Che se poi vogliasi riguardare la forza, che la legge naturale à sugl'uomini come di parlargli
di un qualche oggetto, o di tutti gli oggetti uniti insieme
nel proposto fine, si potrà così definire il dritto di natura:
« *La scienza delle leggi naturali*. Infatti per Aristotile
la scienza è *la cognizione mediante le cause* [1]; » cioè
la facoltà di discorrere intorno a qualche soggetto : e la
legge morale, ossia il dritto di natura, discorre delle a-
zioni libere degli uomini, i quali da esso apprendono che
debbano, che non debbano fare ; cioè la morale, la quale è la scienza dell'atto umano. Finalmente questa morale
naturale manifestandosi all'uomo per la retta ragione (32),
insegna all'uomo stesso tanto i dritti, che i doveri suoi naturali ; perciò è che va anche benissimo definito il Dritto
di natura : « *La scienza de' dritti, e de' doveri natura-*
li dell'uomo ». In qualunque modo adunque vogliasi definire il dritto di natura riguarderà sempre la legge morale subiettivamente nell'uomo diretto al grande oggetto della
felicità, ch'è Dio (24).

Intanto riflettendo sull'epitome della legge morale la quale da tutti generalmente vien chiamata con ragione Dritto
di Natura ; possiamo anche denominarla con tutto fondamento Codice Eterno, come pel primo piacque denominarla al dotto Giuseppe Capocasale, il quale fu smozzicato a
torto dai saccenti ; chè appena la soglia avevan vista di
tale nomenclatura di leggi. E per dirmi vero, la parola codice vuol schiettamente mostrare quel volume, in cui sono
registrate le leggi. Riunisci in un sol corpo una quantità di
leggi dirette all'istesso fine, e senza torto mel chiamerai
Codice. Di grazia ora, non è la legge la stessa volontà del

1 *Cognitio per causas.*

Legislatore ? dunque di quella natura sarà la legge , ch' è la stessa volontà del Legislatore. Il Legislatore della natura è fuori dubbio Dio (29) , di cui la volontà è eterna , ed immutabile ; dunque la legge di natura dovrà pure all'istesso modo essere eterna ed immutabile. Ma il dritto di natura è appunto quel volume , in cui si riassumono le immutabili eterne leggi della natura ; è dunque a ragione appellato Codice Eterno : titolo che onora Dio mostrando il profondo regime che versa sull' uomo ; e che onora l' uomo stesso mostrando l' alta dignità , cui Dio l' estolle manoducendolo colla legge morale.

39. Se non che la natura vuol' essere studiata nelle sue leggi (1), e Dio stesso la ragione ci concesse pel fine d'investigare siffatte leggi (36), a tal che può dirsi col Tasso :

« *Chi non gela , e non suda , e non s' estolla*
- *Dalle vie del piacer , là non perviene* [1].

Grazie però a' dotti , i quali si sudarono sulla svariata molteplice nomenclatura della legge morale , riunendo in un sol corpo e le cause e gli effetti , ed i principî e le conseguenze di una tal legge di maniera che, ci risparmiarono quella grossa fatica di andar mendicando per via di raziocinî le verità , che pur ci sarebbero state concesse ; ed in forma di una completa scienza ce la presentarono quale oggidì la scorgiamo in tante amene institutioni. Con tutto ciò vi vuole la nostra applicazione su tali libri tramandatici dai nostri padri e maestri : onde sotto un colpo d' occhio avessimo l' intiera legislazione morale. Per la qual cosa lo studio di queste leggi considerate come una scienza si chiama Giurisprudenza , la quale è Naturale , o Divina. La giurisprudenza naturale è l' abito prattico di conoscere e di applicare colla retta ragione la volontà del Legislatore alle varie azioni , che si presentano. La giurisprudenza poi divina

1 Cant. 17 st. 61.

è quella che si versa nello spiegare il dritto promulgato da Dio per mezzo della retta ragione, e farne una convenevole applicazione relativamente alle azioni. Quindi è che il presente nostro scopo forma una giurisprudenza divina; giacchè spontanei abbiamo assunto l'incarico di dilucidare quelle leggi, che Dio diede alla ragionevole natura dell'uomo, e facciamo il possibile porla a calcolo nelle azioni mostrando al genere umano quali dritti l'assistono, quali doveri lo chiamano al grande disimpegno del suo fine.

40. Frattanto il Dritto di Natura nella esposta idea (38) ci si presenta sotto una doppia specie in quanto che è Precettivo, o Permissivo (§. XIII.). Il dritto naturale precettivo è quello, che comanda le azioni buone, e proibisce le cattive. Il furto, a mo' di esempio, è un'azione cattiva; e la lode di Dio è un'azione buona appartenente alla religione, che a Dio si deve. Ambedue le cennate azioni si appartengono al dritto naturale precettivo; ma con questa differenza, che la prima da esso è proibita, la seconda comandata. Il dritto poi naturale permissivo consiste nel non disturbare gli altri nell'uso della propria libertà, e del proprio dritto. Così si appartiene a tal dritto appropriarsi le cose, le quali sono derelitte dal proprio padrone; giacchè Dio in tal caso nè un precetto, nè un divieto à fatto di rendercene padroni, soltanto ce l'à permesso.

Ciò detto conviene osservare, che l'uomo sotto la tutela del dritto naturale precettivo non può vantare impero di sorta alcuna, e quindi circa esso non può spacciare libertà morale, quasichè fosse nel suo arbitrio operare a norma o contro la legge senza offendere la legge stessa; perchè un tal dritto induce nelle azioni una eccezione la quale dice la singola azione opposta alla legge non potersi produrre dall'essere intelligente; il resto poi essere nel suo arbitrio riposto. Per vero quando Dio proibì a' nostri primi genitori di mangiare i frutti dell'albore della scienza del bene, e del male; questi soli frutti non potevano mangiare, il resto poi dell'Eden era nel loro arbitrio usarne a piacere. Fingete,

che Dio avesse tolto il divieto, allora perchè niuna eccezione vigeva nell' Eden, la libertà de' nostri progenitori a
talento poteva usare del cennato albore [1]. Ottimamente adunque diceva Cicerone. « *Non si può togliere da questa legge cosa alcuna, nè annullarsi qualche altra, nè concel-
larsi del tutto* [2] ». La ragione si è; perchè un tal dritto
è immutabile come quello, ch' è una participazione della
legge eterna, la quale è immutabile come la volontà stessa
di Dio. Più, la sua permanenza si fonda ancora sulla natura delle azioni, che comanda o proibisce, le quali per
loro natura, o perchè così riguardate, sono buone o cattive; perciò necessariamente cadono sempre, ed in ogni tempo sotto l' impero della legge (§. XVII.) Ond' è, che alle
testè citate parole Cicerone soggiûnge: « *Neppure possiamo o dal senato, o dal popolo, essere assoluti di questa legge. Essa non richiede nè comentario, nè interpetre. Nè altra legge vi sarà a Roma, altra in Atene, nè
una avrà per ora vigore, ed un' altra nel prosieguo:
una sola legge obbligherà tutte le nazioni in tutt'i tempi;
ed un solo sarà il comune maestro, di noi tutti uno il
padrone, Iddio, inventore, interpetre, e promulgatore di
questa legge* [3] ».

Non così poi va la faccenda pel dritto naturale permissivo;
giacchè l' uomo sotto un tal dritto può fare uso di tutta la
sua libertà; mentre esso non fa altro che stabilire una regola, all' ombra di cui ognuno potrà cedere al suo proprio
dritto per mezzo di patti, promesse, o tolleranza; ed i Sommi
Imperanti ne potranno scemare una parte per mezzo delle
loro leggi, come sarà osservato a suo luogo. La ragione si
è, perchè un tal dritto può mutarsi essendo stato lasciato

1 Gen. 3. v. 5.

2 *Huic legi nec abrogari fas est, neque derogari ex hac aliquid licet, neque
tota abrogari potest. L. 1, de Rep. 3, apud Lactant. Instit. Div. lib. 4, cap 8.*

3 *Nec vero aut per Senatum, aut per populum, solvi hac lege possumus.
Neque est quaerendus explanator, aut interpres ejus alius. Nec erit alia lex
Romae, alia Athenis, alia nunc, alia posthac; sed et omnes gentes, et omni
tempore, una lex continebit, unusque erit communis quasi magister, et imperator omnium, Deus, ille legis hujus inventor, disceptator, lator.*

alla piena volontà dell'uomo; come nel fatto succede allorchè cedo ad altri il mio dritto per forza di patto. Epperò qui è da osservarsi che una tale mutazione è impropria; non in quanto cioè la volontà di Dio si cangiasse approvando quello che prima non permetteva; ma in quanto si cambia la circostanza, sotto cui il dritto permissivo non più approva quello che prima permetteva; per cui la materia del dritto resta sempre salva. È permesso il deposito, e vuolsi che si rendesse al Padrone quando lo chiede; ma non deve restituirsi se il padrone lo chiedesse per offendere il simile; ed ecco che la fedeltà nel deposito è sempre riguardata, la sola circostanza è quella che muta aspetto in quanto che si oppone alla retta ragione.

Rilevasi però dal detto, ch'esso ancora il dritto naturale permissivo induce obbligazione; perchè se concede un dritto in uno, tal dritto sarebbe inconcepibile se nell'altro non vi fosse obbligazione (22). Infatti se Dio permette agli uomini il dritto di appropriarsi le cose derelitte dal proprio padrone, gli altri debbono rispettare un tal dritto; e quindi dice sempre ingiusti i furti, le rapine, le frodi, ed altro. Insomma il dritto naturale permissivo lasciato in balìa di tutto il genere umano, dice a tutto il medesimo genere umano la più alta obbligazione di non disturbare giammai l'uso dell'altrui libertà.

41. Ma qui può farsi la quistione, se mai possa Dio dispensare nella legge naturale come Autore della natura? Or noi in tale quistione prenderemo a guida S. Tommaso, di cui esponendo i nobili sentimenti son queste le orme[1]. E sulle prime per dispensa vuolsi intendere la esenzione dalla legge: dessa può essere diretta, se Dio esentasse dalla legge morale qualche uomo non distruggendo la stessa legge pel rimanente degli altri uomini; oppure indiretta, se tal'esenzione Dio producendo o distrugge la materia della legge soggetta al suo dominio; o distrugge quelle circostanze, in forza

---

[1] 2. Q. 100 art. 8.

di cui la legge morale produceva la obbligazione ; perlocchè
cessa di obbligare quell' uomo, a favore di cui si è fatto
il cambiamento.

Ciò detto, nel primo modo Dio affatto non può dispensare
senza operare contra l'infinita sua bontà, e giustizia; e senza
distruggere quel regime santissimo, che per necessità deve
vantare sulle creature. Conciosiachè il comando, e la proibizione della legge naturale in quanto è consentaneo alla ragione retta, è un comando e proibizione necessaria, che
rende la cosa intrinsecamente buona o cattiva ; perciocchè
distrutta una tal legge si direbbe buono il cattivo, e viceversa; e Dio cadrebbe nella più assurda contradizione facendo
una volta buona l'azione per la legge, ossia per la sua volontà, ed altra volta cattiva per la sua dispensa. Ma chi queste
cose può profferire di Dio senza raccapricciare ?

Nè può dispensare nel secondo modo, allorquando trattasi
di precetti immutabili, i quali avendo vigore in ogni caso
inducono necessità di comando o di proibizione; giacchè riguardano il bene comune, il fine dell' uomo, la giustizia,
la virtù. A tal modo verrebbe Dio a distruggere l' infinita
sua giustizia; ciocchè mai potrà aver luogo. Quindi non potrà
dispensare l' uomo dal prestargli una religione, dal fare bene
al suo prossimo, e così via discorrete.

Epperò l' indiretta dispensa può aver luogo in que' precetti,
la di cui materia è in potestà di Dio stesso, come l' osserviamo in più casi esposti dal citato Dottore, e che quì appresso noteremo ; ed allora, notate, non è il dritto di natura' che si cambia, o si distrugge in quel caso ; ma sibbene è la materia su cui aggiravasi il dritto naturale che
viene a mutarsi ; talchè per le circostanze cessa di essere
materia del lodato dritto, il quale a tal riguardo la comandava o proibiva.

In tal maniera è giustificato il comando della uccisione del
figlio di Abramo; giacchè Dio autore della vita e della morte
dell' uomo, come tale comandò ad Abramo l' offerta della
vita del figlio ; e quindi non santificò l' omicidio sempre in
sè stesso cattivo.

È giustificato ancora l'altro comando, che Dio diede ai
Giudei di pigliarsi le spoglie degli Egiziani; giacchè come
padrone assoluto di ogni cosa, delle cose stesse può a talento disporne; perchè sue assolutamente; e quindi il furto
resterà sempre maledetto.

Si giustifica pure la dispensa nella poligamia; giacchè questa è proibita; perchè opposta al retto governo della famiglia; perchè induce una disuguaglianza di dritto e di dominio su' i corpi de' coniugi; e Dio dispensando al primo
supplisce colla sua grazia, al secondo spartendo il dominio
tra più mogli come Padrone assoluto di ogni cosa.

Finalmente si giustifica la dispensa accordata a' Giudei
sullo scioglimento del matrimonio mercè il libello del ripudio; giacchè Dio come Autore della natura, e Padrone assoluto sì delle creature, che de'loro dritti, poteva annullare
un matrimonio mercè il libello del ripudio, e farne contrarre
un secondo senza alcuna opposizione della legge di natura,
la quale proibisce un secondo matrimonio quando il primo
sta fermo nella sua validità. Fin quì il cennato Dottore. Ma
tai cose saranno meglio discusse nelle singole trattazioni, cui
in appresso apparterranno.

42. Facciamoci però adito ad una seconda quistione ($.XIV.),
se cioè l'Ateo abbia un Dritto di natura? Per riuscirne è
cosa dicevole fissare più verità, cui non potendosi far ostacolo faranno volentieri ammettere le conseguenze. E per prima posto in terra l'uomo dall'Autore della natura, egli desidera sulla terra il vero bene (24), il quale è'l bene onesto
conosciuto per la retta ragione; giacchè per essa i mezzi
conosce tendenti al fine, e l'ordine che passa tra gli stessi
mezzi: perlocchè ogni altro bene sia di utile, sia di dilet-
tevole gli subordina sempre come mezzi al fine, ch'è'l bene
onesto. Per seconda l'uomo, o la umanità, abbenchè coll'a-
strazione della mente possa in generale riguardarsi; pure
dell'uomo non possiamo avere verace idea se non in quanto
lo consideriamo in concreto: perciocchè il cennato bene onesto nella concretazione riguardato si assidе tra le relazioni

sociali ; stantechè l'uomo non isolato vive, ma tra 'l mezzo
de' suoi simili, e tutti dipendenti dall' Autore della natura.
Ora il bene onesto sotto tal categoria riguardato è quello,
che forma la giustizia. Per terza una natura, una ragione,
un' ordine in fine non possono stare senza leggi (4), e queste senza Legislatore (25): or dalla esistenza della legge nasce
la giustizia (20). Per quarta finalmente dove manca la esistenza
di una legge, manca pure la produzione di azioni giuste di
maniera che, quell'uomo cui la legge non rifulge non potrà produrre azioni giuste, qualora manca di obbligazione
esterna nascente dalla volontà di un Legislatore: epperò essendo quest' uomo ragionevole sente i legami di una obbligazione interna, che vuole si operasse a norma della retta
ragione, donde può benissimo rilevare questa o quell'azione
tornargli di utile, e come tale buona per lui (20).

Tai cose premesse mettiamo l'Ateo al riverbero delle cennate verità, e diamo la soluzione alla quistione. Egli l'Ateo
in quanto è uomo è stato da Dio creato, e posto in terra;
dunque vuole, e deve volere il bene onesto, perchè tale è
la natura dell'uomo. Egli l'Ateo non è uomo astratto, sibbene concreto ne' rapporti di società; dunque se vuole per
natura il bene onesto, deve volere il bene giusto; perchè
non è in potestà dell'uomo distruggere le naturali tendenze
dell'umana essenza. Ma giustizia senza leggi è un bel gergo
di parole; dunque l'Ateo à una legge di natura. Quindi è
falsa la opinione che porta il chiarissimo Einneccio col negare all'Ateo un dritto di natura attuale, poggiandosi sul
falso falsissimo principio, che non vi sia dritto di natura,
dove non vi sono sentimenti di religione, e quindi non si
ammetta la esistenza di Dio. Imperciocchè a quell'uomo profondo nella vasta cognizione del dritto naturale ci rincresce
far osservare, che la esistenza del dritto di natura non dipende dall' idea di ammissione di una Divinità; ma sibbene
dalla reale esistenza di una ragione umana, la quale argomenta per necessità assoluta la esistenza di un'Essere necessario, che piacque chiamarlo Dio. Or la ragione umana esi-

sterà se vi è l'uomo, e chi mai negherà l'Ateo essere un nomo? Dunque avrà una ragione; dunque non potrà smentire un Creatore; dunque sentirà la forza di una legge; dunque è governato dal dritto di natura. E poi un' Ateo teoretico, il quale per intrinseci motivi nega la esistenza di Dio, è un impossibile metafisico; mentre la vita, il moto, il pensiere, ogni cosa lo spinge ad alzare le sue luci al Cielo, e benedire quell' Essere, il quale una luce si abita inaccessibile [1].

Concediamo all'erudito Einneccio, che se Dio non esistesse, non più vi sarebbe giustizia, o ingiustizia di azioni, per cui Dio stesso disse ad Abramo: « *Io il Dio onnipotente: cammina alla presenza mia, e sii perfetto* [2] » e l'Apostolo scrisse : « *Chi a Dio si accosta fa di mestieri che creda, ch'Egli è, e rimunera quei che lo cercano* [3] » infine Cicerone à lasciato scritto: « *Non so, se tolta la divozione di Dio, vengono ancora a togliersi la fede e la società dell' uman genere, e, sola pregevolissima virtù, la giustizia* [4] ». Ma pure dev'Egli concludere, che se Dio non esistesse, neppure l'Ateo esisterebbe: e posto che esiste dice necessità assoluta all' esistenza di Dio. Egli l'Autore della natura poteva esistere senza l'uomo, poichè a Sè stesso sufficientissimo; ma egli l'uomo non poteva in niuna guisa esistere senza l'Autore della natura, perchè impotentissimo per sè stesso. Nelle recitate autorità si vede benissimo la esistenza di Dio per la giustizia che impone attesa la volontà sua precipiente ; ma non si dice l'uomo poter esistere senza un divino Legislatore della natura. E quello che più muove nelle parole di Cicerone troppo toccanti si è, che tolta la religione nello stesso tempo è tolta la società degli

[1] I. Tim. 6. 16.
[2] *Ego Deus omnipotens: ambula coram me, et esto perfectus. Gen. 17. 1.*
[3] *Credere oportet accedentem ad Deum quia est, et inquirentibus se remunerator sit* Heb. 11. 6.
[4] *Haud scio an pietate adversus Deos sublata, fides etiam et societas humani generis, et una excellentissima virtus, Iustitia, tolluntur. De nat. Deor. 1. 2.*

uomini e quindi la giustizia; e non dice, come giammai poteva dire, *tolta l'idea di religione;* e questo vuol significare che come la religione è effetto di Dio, così tolto l'effetto è tolta la causa stessa; cioè Dio stesso, il quale tolto non può sussistere nè società di uomini in concerto, nè giustizia. Pare dunque, che il dotto moralista si combatte colle stesse sue armi, ed anzichè avvalorare la sua opinione la spoglia di ogni assoluta probabilità.

A tal modo sviluppata la natura del dritto naturale, il quale gli uomini tutti occupa, e finanche gli atei malgrado fossero pertinaci, non ci rimane che notare le differenze degli altri dritti da quello di natura. Trattazione l'è questa al pari delle altre necessaria a premettersi allo sviluppo delle leggi morali; cioechè nella veguente lezione faremo con quella precisione che ci è data, mettendo pure a calcolo le quistioni occorrenti in tal materia.

LEZIONE· V.

DIFFERENZA DEGLI ALTRI DRITTI DA QUELLO DI NATURA.

§ 43. *Esistenza di un dritto civile — differisce per più capi dal dritto di natura — Errore della scuola Epicurea — il dritto di natura non è contrario al dritto civile — I bruti non ànno dritto di natura — Erronea definizione di Ulpiano — se la legge eterna sia la stessa legge naturale — se il dritto di natura sia lo stesso che il dritto delle genti — Divisione della intera opera.*

43. Una svariata collezione di leggi troviamo sparsa nel mondo sì presso gli antichi, che presso i moderni popoli. La Grecia vanta la saggezza delle sue leggi; e Roma produce il talento de' suoi Giusperiti. Gli Ebrei avevano i libri santi, donde attingevano e proposizioni di leggi, e forme di giudizi, e pene, ogni cosa tendente al buon esito della lor nazione allora giacente in forma regolare, e fuori ogni

maledetto. Oggi giorno ogni società esistente sulla faccia
della terra à un Codice tutto suo proprio, con cui cerca
dirimere le liti, guarentire i dritti, produrre il bene socievole, fugare i delitti : in somma fermare nell' interno la
pace, nell' esterno allontanare ogni disturbo. A dir tutto in
breve in ogni tempo l' umana ragione à fatto gli ultimi suoi
sforzi per non far trasgredire alla umanità i suoi doveri ;
e riporre la società umana fra tali rapporti, che anzi la
dissoluzione, la conservazione ed il progresso si ponesse
sempre sott' occhio. Ecco intanto la esistenza del Dritto civile, il quale mostra a chiare note la sapienza dell' uomo,
siccome il Naturale appalesa l' infinita scienza di Dio. Perlocchè non sono essi ambidue i dritti la stessa cosa, abbenchè si proponessero l' istesso soggetto a regolare ; cioè l'uomo : in conseguenza fa mestieri notare le differenze, che
tra loro vi esistono (§. XVIII.)

44. E sulle prime è naturalissima la varietà tra 'l dritto
di natura, ed il dritto civile, ove vogliasi riflettere, che il
primo vanta Dio per Autore, il secondo l' uomo stesso ; giacchè Dio creando l' uomo, e donandogli la ragione, in pari
tempo gli fece regalo della legge morale, e quindi l' uomo
si ebbe il dritto di natura ; ma il dritto civile trovò gli uomini già esistenti ; e poichè formavano una società, a vantaggiare i di loro interessi, quelli, che tale società rappresentavano credettero opportuno dettar leggi.

Oltreacchè c' è dato assegnare una seconda varietà, quantunque volte pongasi mente al modo, con cui i differenti
dritti sono stati promulgati. Avvegnacchè il dritto di natura
è stato da Dio promulgato per mezzo della retta ragione (32),
fuori voce, e fuori scritto ; perlocchè diceva Cicerone : « *È*
per verità una vera, costante, e sempiterna legge di
natura la propria retta ragione, esistente in tutti gli
uomini, la quale li chiama al dovere col comandare, e
li allontana dal delitto col proibire [1] ». E troppo degne

_____

[1] Lib. 1 de Rep. III apud Lactant. Inst. div. lib. 1 cap. 8. *Est quidem*

di memoria sono le parole di S. Agostino quando dice:
« *Non v' è uomo per quanto perverso si voglia , il quale*
mettendo a calcolo il suo raziocinio, non si avvegga, che
Dio parla nella sua coscienza. Chi poi scrisse ne' cuori
degli uomini la legge naturale , se non Dio? Della qual
legge dice l' Apostolo : allorquando poi le nazioni , che
non ànno legge , naturalmente fanno quello , ch' è pro-
prio della legge , questi non aventi legge, essi si costi-
tuiscono. legge a loro stessi, i quali fanno vedere scritto
ne' loro cuori il tenor della legge [1] ». Ed in che modo
la legge di natura si dice scritta nel cuore dell'uomo fu già
altrove sviluppato (35). Non così poi il Dritto Civile, il quale
soltanto in due modi può promulgarsi, o mediante la viva
voce, come soleva avvenire ne'principi delle grandi società,
così in Grecia, così in Roma, e via discorrete: o mediante
la scrittura, come si osserva oggigiorno presso tutte le colte
nazioni.

Più, notiamo una terza differenza: il dritto di natura riguarda tutti gli uomini , e là non stende il suo vigore ove
non à luogo la retta ragione; è quindi mira tutt' i tempi,
possede tutt' i luoghi , abbraccia tutti gli stati e condizioni
degli uomini , i quali lo portono con loro stessi giusta la
bella frase del Salmista « *La luce della tua faccia, o Si-*
gnore, è impressa sopra di noi [2] ». Il Dritto Civile poi
è adattato secondo le varie repubbliche a tal che, varia attesa la diversità de'popoli; e quindi non è lo stesso in tutti

vera lex recta ratio Naturae congruens , diffusa in omnes , constans , sempi-
terna , quae vocet ad officium jubendo ; vetando a fraude deterreat.
1 Lib. 2 de Serm. Dom. in monte. *Nulla est Anima quantumvis perversa,*
quae tamen ullo modo ratiocinari potest, in cujus conscientia non loquatur Deus.
Quis enim scripsit in cordibus hominum naturalem legem, nisi Deus? De qua
lege Apostolus ait: cum enim gentes, quae legem non habent, naturaliter. quae
legis sunt , faciunt , hi legem non habentes, ipsi sibi sunt lex , qui ostendunt
opus legis scriptum in cordibus suis
2 Ps. 4. *Signatum est super nos lumen vultus tui , Domine.*

i luoghi, in tutt'i tempi, ed in tutte le circostanze degli uomini socievoli.

Finalmente avvanziamo l'ultima diversità riguardatasi la materia di ambidue i dritti. Imperciocchè il dritto di natura abbraccia tutte le libere azioni degli uomini sì buone che cattive; sì interne che esterne: ma il dritto civile abbraccia soltanto le azioni indifferenti non solo, ma anche le azioni esterne a tal riguardo, che ogni repubblica deve aver di mira due cose, la commodità cioè de'popoli che governa, e la salvezza dello stato : per cui Cicerone egregiamente diceva : « *Tutte le leggi si debbono rapportare al vantaggio della repubblica ; e debbono essere interpetrate dall' utile comune, non dal modo come sono scritte, il quale consiste nelle lettere. Nello scrivere le leggi i nostri maggiori furono di tal virtù e sapienza dotati, che niente altro si àn proposto che la salvezza ed il benessere sociale ; nè dessi volevano scrivere cosa che fosse nociva, e se mai l' avessero scritta, subito che se ne accorgevano, stimavano doversi annullare la legge. Imperocchè niun vuole, che le leggi fossero salve per causa di loro medesime, ma della repubblica* [1] ».

45. Da queste segnate distinzioni c'è dato rilevare quello, che già antecedentemente (42) abbiamo riflettuto ; cioè il dritto di natura fa l'uomo onesto spingendolo al bene onesto, e sotto tal forma piglia le redini del governo relativamente alle libere azioni dell'uomo. Per la qual cosa egli l'uomo a norma della retta ragione operando procacciasi il bene, il quale gli arreca dell'utile, e del grandissimo utile.

---

[1] *Omnes leges ad commodum reipublicae referre oportet, et eas ex utilitate communi, non ex scriptione, quae in litteris est, interpretari. Ea enim virtute et sapientia majores nostri fuerunt, ut in legibus scribendis nihil sibi aliud, nisi Salutem atque Utilitatem Reipublicae proponerent, neque enim ipsi, quod abesset, scribere volebant, et si scripsissent, quum esset intellectum, repudiatum iri legem, intelligebant. Nemo enim leges legum caussa salvas esse vult, sed reipublicae.* De Invent. 1. 58.

Quindi grandissimo fu l'errore della scuola Epicurea eredi-
tata dal suo maestro Epicuro, quando disse che la sola utilità era quella che dava luogo al dritto di natura, come
chiaramente l'espresse Orazio in questi versi :

« *Nè come il ben da quel che ben non sia*
Natura scerne, e ciò ch' è da fuggirsi
Da ciò ch' è da seguir....
La stessa utilità, che di giustizia
E d' equità quasi può dirsi madre 1 ».

Infatti se tutto quello ch'è utile venisse comandato dal dritto
di natura, allora il più delle volte Dio vorrebbe comandato
il male. Imperciocchè non dite voi utile all'avaro la sua ricchezza; oppure al nemico la disfatta del suo rivale? Ed è
onesta, e quindi consentanea alla ragione sì l'avarizia, che
la ruina e la vendetta dell'inimico? Posto l'utile per principio donde rilevasi il dritto di natura, verranno santificate
le più inique azioni. Non tutto quello che mi può giovare
mi è lecito; ma tutto ciò che mi è lecito, questo mi giova,
son queste le formali leggi della natura: « *È un guadagno*
ogni azione, la quale è conforme alla natura 2 », diceva l'Imperatore Marco Antonio. La volontà di Dio infinitamente giusta, vuole il giusto; e la retta ragione non opposta a tale volontà vuole pure il giusto; e tanto Dio, quanto
la retta ragione vogliono la giustizia, perchè un bene vantaggioso all'uomo stesso. L'utile adunque deve aver per base
la giustizia, la quale manca dove manca il bene onesto, ch'è
il fine proprio dell'uomo. Ma su tal proposito potranno riscontrarsi Grozio 3, Puffendorfio 4, e finalmente Samuele de

1 *Nec natura potest justo secernere iniquum;*
  Atque ipsa Utilitas Justi prope mater et aequi. Serm. 1. 5.
2 *Emolumentum est omnis actio, naturae consentanea* 7. 74.
3 *Prol. jur. bel et pac.* § 6.
4 *De jur, nat. et gent.* 2 3. 10. 11.

Coccei [1], i quali con somma destretta, ed erudizione ànno debellato l'errore degli Epicurei. Concludiamo colle parole di Cousin [2]. « *Notate bene, che la obbligazione riguarda il bene da fare, e non bada punto nè alla facilità con cui si fa; nè alle conseguenze che ne derivano.... Il piacere e la pena, i vantaggi che conseguono dall'azione sono oggetto della sensibilità; il bene e la obbligazione morale sono nozioni della ragione.... Suppongasi pure che l'utile sia sempre unito col bene morale, saranno però sempre distinti; nè mai per la sua utilità la virtù si direbbe obbligatoria, mai per tal motivo non otterrebbe ammirazione, e venerazione... Se il bene fosse l'utile, l'ammirazione eccitata dalla virtù sarebbe sempre in ragione della sua utilità. Or la cosa va tutto al rovescio: sarà pregiudizio della natura umana, ma ella ammira tutt'altro che la utilità. Non v'à atto virtuoso, che possa riuscire al mondo così utile, com'è utile la influenza del sole. Eppure chi mai ammirò la virtù del sole? chi provò per lui quei sensi di venerazione che c'ispira un atto benchè sterilissimo di virtù?.... Si può dunque utilizzare un'atto senza ammirarlo, si può ammirare senza utilizzarlo.... Altrimenti la virtù non sarebbe che un negozio ben calcolato. Or la umanità domanda a'suoi eroi ben altro merito, che il merito di un bravo negoziante. Anzi l'utilità non che crescere la nostra ammirazione pel virtuoso, a parità di circostanze la diminuisce* ».

46. Ritornando al dritto Civile (§. XIX.) quantunque differisca dal dritto naturale; pure questo non gli è contrario, anzi gli è di base e di fondamento. Conciosiachè una legge civile per ottenere rettamente il suo fine dev'essere giusta riguardo all'ordine eterno, utile riguardo al bene sociale, convenevole riguardo a'mezzi; e per ciò fare non debbe contrariare la retta ragione nutricata dal dritto di natura per mano dell'Eterno Legislatore. Per la qual cosa ci è dato os-

---

1 *De princ. jur. nat. et gent. sect.* 2. § 9 e seq.
2 *Lez.* 20 St. della filof.

servare, che il Dritto Civile à fatto sue molte leggi naturali,
e vi à apposto le più severe pene. Tali sono le leggi del
furto, dell'omicidio, della incontinenza, e così via discorrete; ed allora sono più equi tali dritti, e più correggono
i costumi, e più mantengono in freno i cittadini, quanto
più s'immedesimano col dritto di natura; quanto più cercano
dedurre le nuove proposizioni dalle proposizioni del dritto di
natura. S'innalza alle stelle il Dritto Romano governante
quasi l'intiero mondo allorchè fioriva la repubblica, e perchè? Sentiva di molta moltissima equità naturale. I sommi
imperanti meglio governano i popoli dalla provvidenza alle
lor cure affidati quanto si amicano la natura, che i scaltri
pubblicisti, i quali non sempre son mossi da patrio interesse,
da amore per la umanità. E sia pur detto di passaggio, il
signor di Montesquieu se fossesi imbevuto di una tal verità
nel suo Spirito delle leggi anzichè farsi trascinare dal torrente delle dottrine repubblicane, egli al certo non avrebbe
baratta l'umana libertà, la virtù, e la giustizia, incatenan-
dole piuttosto che sbrigliandole, come avrebbe fatto se avesse
sempre avuto di mita le immacolate leggi della natura. Ma
ebbe più volte a contradirsi, e sul letto di morte vidde l'errore, e lo maledisse; epperò forse troppo tardi, la cancrena
era già per consumarsi. Non s'ingannò quindi il sig. Haller
quando chiamandolo leggiero e sofistico a torto ebbe a meritarsi la riputazione degli uomini: sentenza riconosciuta pure
dal signor de Bonald, ed in certo modo anche da Stewart
malgrado l'incantesimo avuto per lui. Si, si, diciamolo per
non più ripeterlo, se il Dritto Civile vuol conseguire il suo
fine, vuol felicitare i popoli, vuol produrre le dovizie nei
regni, che stringa stretta l'amicizia col dritto di natura.

47. Ma prima di conchiudere questa trattazione giova produrre due quistioni: la prima, se mai i bruti vengono governati dal dritto di natura; la seconda, se mai la legge
eterna sia la stessa legge naturale. Soddisfacendo alla prima (§. XX.) diciamo, che il dritto di natura è una morale,
la quale si appartiene alle operazioni volontarie; dunque sup-

pone una volontà, e per conseguente una libertà, ed un' intelletto. Le dimostrazioni psicologiche fanno chiaramente vedere che gli animali bruti mancano di tali facoltà: sibbene l'istinto è quello, che li determina per necessità ai piaceri sensibili, e loro soddisfazioni. Come dunque possono esser governati da una norma, la quale provenendo dalla eterna Ragione di Dio suppone, e vuole un'essere ragionevole, che la conosca, e l'abbraccia? Il dritto di natura fu proprio promulgato all'uomo, e per regolare il solo uomo « *Imperocchè Giove à posto codesta legge agli uomini. I pesci, le fiere, e gli augelli, che si divorino scambievolmente, perchè privi di giustizia. Ma agli uomini diè la giustizia, la quale è la più bella di tutte le cose.*[1] ». Con quale insensataggine adunque il signor Damiron [2] obbliga gli uomini in coscienza a studiare i costumi degli animali, ed aver cura della loro educazione? È possibile che il cavallo, il bue, il cane, l'asino infine ammaestrano l'uomo co'loro modi? Essi i costumi sono operazioni umane, le quali vogliono l'intelletto, la volontà, e libertà, ed il tutto suppone un fine ragionevole, che certo certissimo manca negli animali.

48. Con tutto ciò emerge chiarissimo lo sbaglio di Ulpiano [3] nel definire il Dritto di natura per quello, « *che la natura à insegnato a tutti gli animali* [4] »; giacchè una tal definizione abbraccia tanto l'animale ragionevole, cui proprio e solo è il Dritto di natura; quanto l'animale bruto, il quale non è capace di una morale direttrice di azioni. In egual modo errò Cuiacio [5] quando disse: « *Quelle cose che fanno i bruti per istinto naturale, le medesime se sono fatte dagli uomini, che*

---

[1] *Namque hanc hominibus legem posuit Saturnius.*
Piscibus quidem, et feris, et avibus volucribus.
Se mutuo ut devorent, quando quidem Iustitia carent;
Hominibus autem dedit justitiam, quae multo optima est.
         Esiodo op. et dier. v. 247. e segg.

[2] Mor. t. 1. 122.

[3] Lib. 1. § 3. De just. et jur.

[4] *Quod natura omnia animantia docuerit.*

[5] *In Not. prior. ad Inst. p. 7 tom. 2.*

Einneccio Vol. I.   5

sono dotati di ragione, *si dice che le fanno per drillo delle genti* [1]. Ma piano — quello fanno i bruti, che la necessità li conduce a fare; se ànno fame, niente li trattiene alla vista del .cibo : non così l'uomo ; una. ragione governandoli quello fanno, ch' è consentaneo alla stessa ; se ànno fame, sanno contenersi alla vista del cibo, e l'amore della. vita li conduce ove la retta ragione si prefigge. Troppo è avvilire l'uomo col ridurlo alla condizione stessa de' bruti, e con ciò la più grave offesa si arreca all'Autore della natura. Ma tali sentimenti sono gli stessi del Damiron sopra citato.

49. Facciamo ora passaggio alla seconda proposta (47) quistione. La legge eterna S. Agostino chiama « *Ragione divina*, *ossia è la volontà di Dio*, *la quale comanda che si conserva l'ordine naturale*, *e proibisce che si disturba* [2] ». ossia comenta S. Tommaso [3] : è la direzione, che l'eterna Ragione di Dio impiega in tutt' i movimenti delle creature per farne risultare il bene comune dell' Universo. La legge poi naturale, ossia il Dritto di natura, è la partecipazione, oppure la notizia di questa legge eterna, che Dio propone all' uomo per mezzo della retta ragione, con cui gli mostra il bene per abbracciarlo, ed il male per fuggirlo. Dunque son cose diverse, oppure le stesse? Se riguardiamo la sostanza di ambedue le leggi siamo costretti confessare la legge eterna essere la stessa legge naturale ; giacchè ambedue sono la stessa Volontà di Dio, la quale è indivisibile attesa la semplicissima unità di Dio stesso. Epperò se le riguardiamo nel modo di esistenza in Dio, e nell' uomo, ci converrà dire con S. Tommaso [4] esser cose tra loro ben diverse. Imperciocchè quantunque l'una e l'altra legge a chiare note ci mostri l'eterna Ragione di Dio, la quale dirige le azioni, ed i movimenti della creatura ragionevole; pure poichè Dio è quegli

1 *Quae bruta faciunt incitatione naturali, ea si homines ratione faciant , jure gentium eos facere.*

2 *Divina ratio , vel voluntas Dei ordinem naturalem conservari jubens , perturbari vetans. Lib. 22. cont. Faust. cap. 27.*

3 1. 2. q. 93. art. 1.

4 1. 2. q. 91 art. 2.

che dirige, l'uomo è diretto, l'Eterna Ragione riguardata nel primo piglia il nome di legge eterna, riguardata nel secondo piglia il nome di legge naturale. Quindi è, che come Dio vuole l'utile per l'uomo; l'uomo poi lo vuole pel suo medesimo perfezionamento, ed a tal modo forma in determinate circostanze l'eroismo.

50. Il dritto di natura adunque essendo uno sbrillo luminosissimo dell'eterna Ragione di Dio prende a regolare gli uomini tutti, i quali bramano di esser felici. Or gli uomini possono riguardarsi (§ XXI.) individualmente, e componenti una o più società: in ciascun di questi casi quel corpo di leggi, ossia Dritto, che ne prende la tutela, acquisterà un diverso nome. Infatti quel corpo di leggi, che riguarda le azioni libere di ciascun uomo preso individualmente si appella Dritto di Natura: che se poi un corpo di leggi riguarda le libere azioni degli uomini appartenenti ad una società, si appella Dritto Sociale, il quale in quanto à cose communi a tutte le nazioni si vuol pure chiamare Dritto delle Genti.

Qui però è da osservarsi, che il Dritto delle genti giusta le riflessioni di Vinnio 1 può essere Primario e Secondario, Affermativo e Negativo. Il dritto delle genti Primario è lo stesso che il dritto di natura, ambedue noti per la retta ragione; ambedue inducenti la stessa obbligazione a ciascun uomo; ambedue contenenti gli stessi precetti per cui Giustiniano lo definì. « *Quel dritto, che la ragion naturale stabilì tra tutti gli uomini* 2. Perlocchè s'ingannano a partito coloro (§ XXII.), i quali vogliono il dritto delle genti differente dal dritto di natura: tutta al più una differenza può mettersi soltanto nell'oggetto che si prefiggono; giacchè il dritto di natura riguarda gli uomini separatamente presi nella loro individualità, ed il dritto delle genti riguarda gli uomini uniti insieme nella gran società dell'universo. Veniamo ora al secondario.

1 Inst. 1. tom. 2.
2 *Ius, quod naturalis ratio inter omnes homines constituit. Inst: lib. 1. tit. 2.*

Il dritto delle genti Secondario, detto pure Positivo, è quel dritto ben differente dal naturale ; poichè è proprio un tal dritto, il quale non è stato da Dio stabilito, nè promulgato per mezzo della retta ragione, per cui non è comune a tutto il genere umano, e come tale non è immutabile, sendo che molte cose vi sono le quali non possono adattarsi a tutti gli uomini, e quindi a tutte le nazioni. Tali sarebbero i dritti del matrimonio, i dritti della patria potestà, i dritti de' legati, ed altre cento e mille cose della stessa natura. Perciocchè può benissimo definirsi per quel dritto, il quale le nazioni incivilite si stabilirono tra loro esigendolo sì l' uso, che le umane necessità [1]. Quindi calcando più da vicino la diversità dal dritto naturale ci è lecito far notare, che il dritto di natura riguarda il fine ultimo dell' uomo, ed il cennato dritto delle genti riguarda il fine ultimo della società : il primo è scolpito nel cuore dell' uomo a caratteri indelebili, il secondo è introdotto dall' uso, e dal bisogno de' popoli : il primo mira all'intrinseca onestà delle azioni, il secondo alla utilità ed interesse delle umane società. Abbenchè poi tanta diversità vi fosse tra i due cennati dritti ; pure amichevolmente cospirano tra loro ; giacchè il dritto positivo delle genti fu introdotto dietro forte spinta del dritto di natura, il quale bramando gli uomini felici desiderava tutto quello, che non avesse ostacolato tale felicità ; e poichè certe cose non definiva, e che pure dicevano necessità per gli uomini congregati in società, li spinse a convenire tra loro in negarsi o concedersi l' uso di alcune determinate cose.

Di quà è nato, che il dritto positivo delle genti va distinto in Affermativo, e Negativo. Il primo è quello che comanda alle nazioni ; il secondo è quello che proibisce alle nazioni medesime. Così al primo si appartiene l' accettazione de' legati, i patti di pace, il dritto di tregua da concedersi a' vinti per seppellire i loro morti, il dritto di sepoltura, la divisione de' patrimoni, e così via discorrete : al secondo si appartiene la proibizione di avvelenare le armi ed i fonti a danno

1 *Inst. Civ. lib. 1. tit. 2. § 2.*

del nemico, di non spiccare sicari per uccidere a forza d'inganno gl'inimici, ed altre cose di simil fatta.

In ultimo è da osservarsi, che come il dritto positivo delle genti è mutabile ; così molte cose che prima le nazioni accoglievano, oggigiorno le ànno ripudiate, e viceversa. Così la pruova canonica non è più in uso mentre prima era di dritto delle nazioni cristiane : come pure l'abbruciar vivi gli eretici, ed altre cose di simil fatta.

51. Ecco adunque quei prolegomeni del dritto di natura contenenti le più essenziali nozioni per introdurci facilmente nella sua sublime trattazione. Devendo però noi trattare di un tal dritto fa mestieri presentare la statistica intera dell'opera (§ XXIII). Ella si occuperà prima del Dritto di natura, e poi del Dritto delle genti. De'quali il primo sarà da noi diviso in quattro volumi, ed il secondo in tre delle presenti lezioni. Qual poi sarà l'ordine e la materia degli stessi il non mai abbastanza lodato volume del profondo moralista Einneccio somministrandocele, man mano verranno a farsi note.

LEZIONE VI.

§ 52. *Tessera del trattato delle azioni — Che importa azione,*
sua prima distinzione, e che importa passione — le azioni
sono interne, ed esterne: come pure le passioni sono, o non
sono in nostra potere — quali passioni governa il dritto di
natura — le azioni sono volontarie, e non volontarie: le
prime sono libere ed invite, e le seconde naturali, o coat-
te — deliberate, indeliberate, ed involontarie — quali azioni
governa il dritto di natura — quali principî costituiscono una
libera azione — definizione dell' intelletto, e sua divisione —
definizione della volontà, e sua divisione — atti della volon-
tà eliciti ed imperati — differenze di libertà.

52. Oggetto nobilissimo del Dritto di natura, fu detto da
noi, essere le libere azioni degli uomini (14): ond' è che come chiamiamo materia tutto ciò, intorno a cui una cosa si
aggira; le libere azioni degli uomini formano senza dubbio la
materia delle leggi naturali. Ecco il perchè (§ XXIV.) appena entrati nella sublimissima trattazione della legge morale
ci si presentano le umane azioni, di cui fa mestieri esporne
la natura, i principî, la divisione. E poichè a riuscir felicemente in ogni trattazione è dicevol cosa dar principio dalla
definizione, per certo non increscerà se cominciamo dal presentare l' intrinseca nozione dell' azione.

55. E per vero , togliendo le idee da Storchenau 1 , il vocabolo astratto Azione derivato dal suo concreto Agire è il far esistere una cosa che prima non esisteva ; giacchè per agire 's' intende far sì che una qualche cosa sia mentre prima non era ; oppure , che equivale allo stesso , indurre una mutazione nello stato della cosa (§ XXV.). E qui giova osservare , che la voce azione nell' indicato modo induce un senso generalissimo ; perchè può intendersi tanto dell' esercizio di qualunque facoltà , quanto dello scioglimento di qualunque forza inerente alla causa che agisce , sia communicata alla stessa da una causa esterna. Quindi scorgesi , che l' azione o è creatrice se dà l' esistenza alle cose possibili : oppure è modificatrice se nuovi modi di esistere , oppure nuovi accidenti , ossia modificazioni , induce nella sostanza già esistente.

Intendiamo qui parlare dell' azione modificatrice , la quale fuori dubbio esiste nell' uomo , causa seconda , a tal ch' egli è dotato di forza attiva come vera causa efficiente ; dal che dimostrare ci asteniamo essendosene in metafisica molto discorso contra gli Occasionalisti, di cui fondatore fu il P. Malebranchio, cui aderirono i Cartesiani, e non pochi filosofi francesi ; massime quelli che professano Teologia , non escluso l' istesso P. Calmet. Ultimamente fecero le parti degli Occasionalisti il signor Didèrot , l' abbate Para , e certi italiani scrittori in Teologia.

L' azione però non è moto , lo diciamo contra il chiarissimo Einneccio , perchè il moto è modificazione della materia , mentre l' azione è modificazione dello spirito sostanza unica e semplice ; in cui il barone Galluppi 2 i vocaboli di moto , e di tendenza li vuole eliminati; e con troppa ragione avvegnachè se l' azione fosse un movimento , il pensiere ch' è azione dello spirito sarebbe ugualmente un moto ; e quindi la materia sarebbe pensante , cui rifugge non solo l' antica , sibbene anche la moderna filosofia se tu n' escludi i Materialisti. La quale con ragioni veramente solide à mostrato il pensiere non

1 *Ont. sex.* 3 *cap.* 3 *par. 126 e segg.*
2 *Filos. Mor. cap.* 2 § 9.

essere un moto, come può vedersi in tutt' i moderni trattatisti. Ci rincresce ancora del Taparelli, di cui spesse fiate
dobbiamo tenere onorata memoria, il quale 1 indirettamente
favorisce la opinione dell' Einneccio quando ammette nello spirito umano le voci di moto e di tendenza: è vero non nel senso de' materialisti, come abbastanza si spiega; ma nel senso
che porge nell' azione le stesse circostanze del moto. Per le
addotte ragioni è assai pericolosa nelle conseguenze la sua
opinione.

All' azione si oppone la Passione, la quale è la mutazione
dello stato della cosa in forza di un' azione, che emerge da
un' altro: così quando il corpo di sua natura inerte si muove
per arbitrio dell' animo, abbiamo un' azione dell' anima, ed
il corpo al contrario soffre una passione; perchè nel suo stato
d' inerzia s' induce un cambiamento.

54. Poste adunque le vere nozioni tanto dell' azione, quanto della passione, è da sapersi che le azioni possono essere
sì interne, che esterne; come pure le passioni possono essere, e non essere in nostro potere. Facciamoci a sviluppare siffatte tutte distinzioni. Le azioni Interne sono quelle che non
eccedono l' ambito del nostro spirito; ossia che succedono dentro il nostro spirito, di maniera che a lui solo sono note:
così io penso, io voglio, io eliggo; son queste tutte azioni
interne. Le azioni poi Esterne son quelle, che partono dal
nostro spirito, e si esercitano o sul nostro corpo, o su di
altre sostanze che ci circondano: così io cammino, io batto:
nel camminare il mio spirito vince l' inerzia del mio corpo;
nel battere un' altro il mio spirito induce una mutazione nel
corpo altrui.

Per le passioni, (§ XXVI) si dicono essere in nostro potere quando noi le possiamo ripellere; ossia quando noi possiamo impedire l' azione della causa posta fuori noi, la quale
c' induce passione. Così il caldo è per certo una passione,
perchè l' azione del fuoco si esercita sopra di noi: or possiamo
noi evitare il caldo allontanandoci dal fuoco, e possiamo

1 Tom. 1. cap. 1. par. 2. not. 3.

ancora sentire il caldo avvicinandoci al fuoco medesimo. Si
dicono poi non essere in nostro potere quando non le possiamo allontanare : così nella stessa passione di caldo, nel tempo
estivo camminando, o stando, è impossibile non sentirsi caldo.

55. Dalle premesse ci è dato dedurne (§ XXVII), che il
Dritto di natura non dirige le passioni, le quali non sono in
nostro potere ; perchè intorno ad esse non abbiamo esercizio
di libertà, la quale sola è diretta dal mentovato dritto (14).
Al contrario poi tiene governo delle passioni, le quali sono
in nostro potere. E si osserva qui, che in tal caso non sono
propriamente le passioni quelle che dirige il dritto di natura ; sibbene sono le libere azioni, mercè cui possiamo far resistenza, oppure presentare qualche sussidio alle cennate passioni. Egli intanto il dritto di natura in simili emergenze non
fa altro che mostrarci le obbligazioni, ed il modo sì di resistenza, che di soccorso. Esemplifichiamo la cosa a maggior
chiarezza. L' ira è una passione, la quale sorge in noi dietro
affronti ricevuti, e per non sentire tali moti si dovrebbe ri-
nunziare alla natura umana ; dunque l' ira non è regolata dal
dritto di natura. Ma possiamo noi frenare una tal passione,
armarci di mansuetudine, perdonare l' offesa, voler bene al
nostro inimico : ed ecco quello che la legge di natura c' insegna ; dunque le libere azioni dirette alla compressione dell'ira
sono regolate dal dritto di natura. Aveva perciò ragione Cicerone quando diceva : « *Tutte le malattie e disturbi dell'animo provvengono dal disprezzo della ragione* 1 »; giacchè siamo
noi preda delle passioni per propria volontà non volendo badare ai lumi della ragione, e sentire la voce della natura. On-
d' è che altrove diceva l' istesso Cicerone « *Quell'istesso autore, interpetre, e legislatore di questa legge si allontanerà, e
disprezzerà la natura di colui, che non ubbidirà alle sue voci. Con questo solo pagherà il più gran fio, ancorchè gli sia
riuscito scampare le rimanenti pene, che credonsi* 2.

1 *Animorum omnes morbos et perturbationes ex adspernatione ratio-
nis evenire. Tusc. Quaest. 1. 5.*

2 *Ille legis hujus inventor, disceptator, lator, cui qui non parebit,*

56. Se dunque il dritto di natura à per solo scopo dirigere le nostre libere azioni (14), rassegniamo queste all'alto suo dominio (§ XXVIII.). In generale parlando tutte le azioni dello spirito umano sono di due sorte: possono essere dipendenti dalla volontà umana ; e perciò sotto la potestà della stessa ; oppure non dipendenti dalla umana volontà , nè sono sotto la di lei potestà ; sibbene provvengono dal fisico meccanismo che regna nell'uomo. Le prime si dicono Volontarie , le seconde non Volontarie. Facciamocele a sviluppare.

Le azioni Volontarie sono quelle , di cui gli Stoici dicevano farsi coll'avvertenza , ossia cognizione dell'intelletto ; e perciò dipendono dalla volontà, e si fanno perchè si vogliono. Io cammino , perchè voglio camminare : io seggo , perchè voglio sedere , son queste azioni volontarie. Le azioni poi non Volontarie sono quelle , di cui gli stessi Stoici dicevano farsi senza la cognizione dell'intelletto ; e perciò non dipendono dalla volontà , nè la volontà ci prende parte. Tali sarebbero la circolazione del sangue , la secrezione degli umori , ed altre. Ora le azioni volontarie sono di due specie : (§ XXIX) altre sono Libere , altre sono Invite. (Lo diciamo anticipatamente contra il chiarissimo Einneccio , come in appresso sarà sviluppato (77)). Si dicono Libere, oppure Umane, o Morali, quelle che si fanno col pieno esercizio della libertà; come voglio camminare , e cammino : si dicono poi Invite , e quindi ancora Umane, o Morali , quelle producono l'azione per timore di un male minacciato da una violenza esterna ; così mangio carne nel giorno di venerdì per timore di Tizio , il quale mi minaccia la morte se non la mangio. Al contrario le azioni non Volontarie sono anche di due specie : alcune sono Naturali, dette ancora Fisiche, o Necessarie ; altre sono Coatte. Le prime sono un'effetto necessario della natura dell'uomo , e dell'intima unione dell'anima col corpo , detta Commercio ; come la circolazione del sangue , il formicoloso moto

---

ipse se fugiet , ac naturam hominis adspernabitur. Hoc ipso luet maximas poenas , etiamsi cetera supplicia, quae plectuntur , effugerit. Lib. 1 de Rep. 5. presso Lattans. Inst. Div. lib. 4. cap. 8.

degl'. intestini, ed altre. Le seconde sono quelle, che dipendono dalla forza di un altro essere per modo, che il forzato è un puro materiale istromento in mano del vero agente, ch'è la causa principale. Così se uno usando tutta la sua forza, cui non può resistersi, afferra il braccio di un'altro, e gli fa incensare l'idolo, l'azione dicesi coatta.

57. Ritornando alle azioni volontarie libere (56), esse possono essere ancora Deliberate ed Indeliberate, attesochè nell'azione vi concorra, oppur no, la previa considerazione sul dovere; se mai cioè possono farsi. Così sento messa nel giorno di domenica, perchè mi avveggo tal cosa richiedere da me il precetto della Chiesa; quindi è deliberata la mia azione di sentir messa: al contrario senza badare al giorno di vigilia mangio carne, la mia azione è indeliberata.

A tutta questa teoria di azioni dovranno aggiungersi le azioni Involontarie, che son quelle le quali succedono contro la volontà, nè la volontà le vuole; anzi s'impegna ad impedirle: tale sarebbe, a mo' di esempio, il mangiar carne in giorno di digiuno, non rammentando l'istesso digiuno, che si ama; ed altre di simil fatta.

58. Posta tutta questa serie di azioni, naturale è il dimandare: Quali azioni riguarda il dritto di natura? Un tal dritto le azioni può riguardare direttamente, oppure indirettamente. È fuori dubbio, ch'esso direttamente riguarda le sole azioni libere, ed eccone la ragione: ogni legge o comanda o proibisce, in forza di che propone premi e pene; ma quando l'uomo non può agire, frustraneo è 'l comando, inutile la proibizione; e sappiamo che le sole azioni libere sono capaci di un premio o di una pena. Non direste ingiusta quella legge che sotto pena di morte ordinasse al cieco di vedere? e dite pure che le sole libere azioni direttamente son regolate dal dritto di natura. Riguarda poi indirettamente le azioni fisiche e necessarie in quanto ch'è in nostro potere ajutare, promuovere, e non disturbare la loro efficacia; oppure impedire la loro violenza, ed il danno che ci potrebbero arrecare. Infatti la digestione del cibo è un'azione fisica, che noi possiamo ajutarla con la temperanza, e promuoverla con cibi analo-

ghi al nostro stomaco : or queste sono azioni libere, le quali essendo regolate dal dritto di natura, quelle ancora indirettamente viene a regolare. Per la qual cosa Democrito presso Plutarco si scagliava contro i suicidi col dire : « *Se il corpo accusasse l'anima della ingiustizia di un danno fattogli, essa non potrebbe cansare di esserne condannata* 1.

59. Adunque il dritto di natura pigliando necessario governo delle sole azioni morali libere ci conviene adesso sviscerare i radicali principi di ciascuna libera azione. E sulle prime giova osservare in generale (§ XXX.), che come le azioni libere cadono sotto la nostra potestà (56) a tal che possiamo noi farle o non farle : così essendo la libertà un'attributo della nostra volontà, come si è dimostrato in metafisica, le stesse libere azioni dipendono dal di lei cenno. Or si sa che la volontà niente appetisce o avversa se non dietro i lumi dell'intelletto ; ossia motivi, da' quali eccitata liberamente poi si determina a seguire, oppur no, i lumi dell'intelletto ; perciocchè se l'intelletto una cosa le rappresenta come buona, come giusta, oppure come utile, essa la volontà come tale la vuole ; e viceversa ributterà una cosa come cattiva, ingiusta, nociva, se come tale ce l'avrà rappresentata l'intelletto. Ce ne conferma in ciò vie maggiormente Simplicio quando dice, « *Costa però che preceda la opinione, la quale è una certa cognizione governata dalla ragione e degna dell'uomo. La quale volontà versando in quelle cose, che sono o ci sembrano di esser buone o male, si desta per certo in noi la propensione o l'avversione, ne siegue l'appetizione. Pria però che si desideri qualche cosa, e desiderata si abbracci, o si voglia sfuggir quella, ch'è contraria alla cosa desiderata, o che si abborrisca, fa d'uopo che si rifletta bene nell'animo* » 2. Dalle

1 *Si corpus animam damni injuria dati accusaret, hanc, quia condemnetur, effugere posse. De sanit. tuenda pag. 135.*

2 *Constat autem, opinionem, quae est cognitio quaedam, a ratione gubernata, dignaque homine, antecedere. Quae quum in eorum aliquo versatur, quod nobis bonum malumve est; aut esse videtur, omnino Propensio aut Aversatio commovetur, Adpetitio sequitur. Prius enim quam adpetas rem desideratam, et amplectaris, aut eam declines, quae est*

quali tutte cose ognuno ben vede, che per aversi un'azione, la quale libera si fosse, debbono insieme concorrere l'intelletto, la volontà, e la libertà. Ed ecco I tre radicali principî di ogni libera azione. Ci conviene adesso, da lor pigliando il punto di partenza, esporne le natie nozioni.

60. L'intelletto è la facoltà dello spirito umano, con cui distintamente percepisce, distingue, e ragiona le cose (§ XXXI). In metafisica si disse, che l'atto va distinto dalla facoltà; perchè l'atto è l'esercizio della facoltà medesima : perciocchè l'atto dell'intelletto è la intellezione, così detta dagli Scolastici ; ed all'atto dell'intelletto si appartiene la formazione delle idee universali, la unione o separazione delle stesse, il giudizio delle stesse, infine il raziocinio, ricavando cioè da due noti giudizî un terzo giudizio, ch'era ignoto. Ora l'intelletto è Puro ed impuro : il primo non à seco congiunta una qualche confusione provveniente dal senso e dalla immaginazione ; il secondo à seco questa cennata confusione. Però la confusione nascente dalla immaginazione non cangia la natura dell'intelletto in quella della immaginazione, e viceversa : in conseguenza diciamo contra Einneccio, che la facoltà dell'intelletto in niun caso può chiamarsi Immaginazione. Avvegnachè, se in qualche caso l'intelletto fosse immaginazione, allora perchè questa si appartiene al senso, tutte le facoltà dell'anima umana si ridurrebbero a quella di sentire. Ecco in campo la scuola sensualista fondata da Condillac, ed energicamente sostenuta da Elvezio, Lancellin, Cabanis, e Tracy: scuola che farà sempre orrore agli uomini conscienziosi non abbondanti nel loro senso. Passiamo alla volontà 1.

61. Prima di porgere la definizione della volontà fà mestieri alcune cose premettere, onde la poca accurata definizione del ch. Einneccio non ci faccia urtare in qualche scoglio. E per vero dire nell'animo nostro bisogna considerare tre facol-

rei desiderata contraria, vel adverseris, animo propendeas aut abbor-reas, oportet. Ad Epitect. Ench. cap. 1 pag. 8.

1 Qui ci conviene perturbare per poco l'ordine del chiarissimo Einneccio a fine di rendere completo il trattato delle azioni.

tà ; cioè l'Appetito ragionevole , l'Avversione ragionevole, e
la Libertà. Il primo è uno sforzo dell'animo verso un'oggetto
che si rappresenta come buono : la seconda è uno sforzo del-
l'anima verso un'oggetto che si rappresenta come male. In
questi sforzi l'animo nostro non è libero , come risulta dalle
dimostrazioni metafisiche, ove pigliasi argomento contra Wolffio per dimostrare che l'appetito ragionevole non è la volontà , a cui si appartiene la libertà , di cui in appresso sarà
diffusamente sviluppata la natura. Ciò posto la volontà (§ LI.)
è la facoltà dell'anima , con cui puoesi determinare ad eliggere il bene che appetisce, e fuggire il male che avversa ;
determinazione fatta senza concorso di un principio efficiente
esterno. Quindi si osserva la poca aggiustatezza della definizione del chiarissimo Einneccio , il quale dice : « *La volontà
è la facoltà della nostra mente con la quale appetiamo il bene , ed avversiamo il male* ». Ove la volontà potrebbesi di
leggieri confondere coll'appetito e coll'avversione ragionevole;
mentre sappiamo che l'uomo in forza della sua libertà tante
volte elige il male per bene, e viceversa : ciocchè in niuna
guisa potrebbe fare sotto l'appetito e l'avversione ragionevole. Intanto come nell'intelletto (60) ; così pure nella volontà
l'atto è distinto dalla facoltà : e l'atto della volontà è doppio
in quanto che o elige il bene che appetisce, e dicesi Volizione ; o fugge il male che avversa, e dicesi Nolizione.

Epperò si noti , che la Nolizione (§ LII.) è una positiva
azione per modo, che il non volere *nolle* va distinto dal disvolere *non velle* ; in conseguenza la nolizione è una pura negazione della volizione ; oppure una privazione di azione effettiva. Infatti volere e disvolere importa una contrarietà , la
quale ammette uno stato di mezzo, qual'è la indifferenza.
Consultiamo la esperienza, e ben presto ci sarà dato a credere , che il più delle volte un'oggetto nè lo eligiamo , nè lo
fuggiamo ; perchè si stima indifferente. Presenterai all'uomo
saggio il dominio di un vasto impero, è per lui cosa indifferente ; e perciò come tale non lo desidera, perchè sa non
esser nato re ; nè l'avversa, perchè considera il gran bene ,
che potrebbe arrecare : intanto si giace nella indifferenza , e

quindi nella inazione della sua volontà, perchè nè lo vuole, nè lo disvuole, appetendolo o rifiutandolo. Addolomino rapportato da Curzio nelle gesta di Alessandro 4. 11. si dilettava nel suo orto badando solo a farlo proficuo, nel cui mentre la sua mente non vagheggiava idea alcuna di regno per modo, che nè lo desiderava, nè lo sprezzava; ma quando s'intese salutato re, e si mirò vestito di porpora, il regno, che non appetì, non disvolle. Nello stato adunque prima del regno egli Addolomino era nella indifferenza. Ma opporre al volere non è uno stato ozioso; giacchè si avversa quello, che pria potea essere di piacere : onde scorgesi la positiva azione della nolizione, la quale molto bene fu detta da Errico Koechler 1 *Nolontà*, oppure *Reclinazione*. Così Eleazaro 2 per niente volle fingere di mangiare la carne porcina, malgrado la minaccia della morte. Positivamente egli avversava la violazione della legge.

62. Gli atti della volontà possono essere Eliciti, ed Imperati. Si dicono eliciti tutte quelle azioni della volontà, le quali immediatamente dipendono da essa, come da un principio attivo; e tali sono soltanto le volizioni e le nolizioni. Si dicono poi imperati tutte le azioni della volontà, le quali partendo da distinte facoltà dell'anima si eseguono al cenno della volontà; e tali sono il discorrere, il camminare, il meditare, lo scrivere. Quindi rilevasi che tutti gli atti della volontà quando sono imperati dipendono sempre da qualche atto elicito della stessa per modo, che senza l'atto elicito non può aversi l'atto imperato. Tu scrivi, ma ti è stato bisognevole prima determinarti a scrivere; cioè prima di metterti a scrivere ài avuto la volizione di scrivere, ch'è l'atto elicito. Diciamo infine della libertà.

63. Gli Scolastici distinguevano una doppia specie di libertà, (§ LIII.) l'una detta Libertà dalla coazione, ovvero Spontaneità; l'altra detta Libertà dalla necessità di natura, chiamata pure libero arbitrio, libertà d'indifferenza, e di elezio-

1 *Ex. jur. nat.* § 167.
2 2 *Macc. cap. 6.*

..ne. La libertà dalla coazione è la facoltà di determinarsi ad un certo fine prima conosciuto senza esservi concorso di forza esterna. Quindi una tale libertà propriamente consiste nella privazione di una forza esterna determinante : ed impropriamente dicesi libertà , come apparirà da quello che diremo in appresso. Più , è comune tanto all' uomo , quanto al bruto animale; il quale sotto la forza esterna alle volte insolentisce: così se il bue non vuole più protrarre il cammino si gitta a terra, e riuscirà alle volte impossibile al conduttore farlo camminare. Infine l' uomo senza essere spinto da chicchessia in generale ama il bene , ed odia il male. La volontà dunque dell' uomo è fornita di una spontaneità.

La libertà dalla necessità di natura, che S. Tommaso chiama forza elettiva 1 , è la facoltà di scegliere uno tra due possibili come meglio piace. L' è questa una vera libertà , che compete al solo uomo , ed essa consiste nella privazione di qualunque forza determinante non solo esterna , ma anche interna , e con essa l' umana volontà agisce sì spontaneamente, che col pieno dominio delle sue facoltà. Un' attributo adunque il più glorioso della volontà dell' uomo forma la libertà , la quale è fondata nella somma nobiltà , che lo spirito umano si gode a preferenza di ogn' altra creatura ; giacchè egli solo è fatto pel possesso di un Bene sommo, ed infinito : e si fonda ancora nella meravigliosa forza di conoscere, che l' istesso spirito dell' uomo si gode ; forza che giunge a penetrare la ragione di bene, e la ragione di male, percependone del primo tutto il vantaggio, del secondo tutto l' orrore ; per cui senza preferenza l' uno ama, l' altro avversa a tal che perviene alla sua felicità segnata nel proprio cuore.

Ma è reale un tal attributo nell' uomo? Ecco il gran quesito a soddisfare ; per cui ci è mestieri produrre più chiare idee sullo stesso nella lezione che siegue.

1 1. P. Q. 62. art. 8.

LEZIONE VII.

CONTINUA L'ISTESSO ARGOMENTO , OVE SI DICE DELLA LIBERTA'

§ 64. *Per l'atto morale è necessario la volontà libera* : *definizione della libertà — divisione della stessa — Oppositori della libertà umana.* — *La esistenza della libertà si dimostra dal sentimento interno — dal sentimento esterno — dal consenso universale de' popoli — Non distrugge la libertà il temperamento — non le passioni — si riconferma colla servitù morale — nè 'l costume — nè la forza esterna — Per la libertà si ottiene la virtù, od il vizio ; definizioni di ambidue.*

64. Tre dicemmo essere i principî di ogni morale azione (59); l'intelletto cioè , la volontà, e la libertà. Imperciocchè all'intelletto si appartiene presentare i motivi , alla volontà determinarsi , alla libertà infine la scelta. La libertà infatti è necessaria che sia congiunta colla volontà nell'azione morale ; giacchè possiamo avere la volontà spoglia dell'esercizio di un tale suo attributo : come quando nel sonno profondo senz'antecedente motivo proferissi bestemmia non essendo uso a tale peccaminoso atto : allora l'atto abbenchè volontario , pure perchè non libero non è capace di premio, o di pena. Per aversi dunque l'atto morale non basta alla volontà la sola spontaneità ; ma vi bisogna la indifferenza nella scelta, ossia la libertà, da cui piglia la sua principale moralità l'umana azione. Perciocchè essendo di tanta importanza la libertà, a porgere più chiara la sua nozione ci piace presentare la definizione, che di essa ne dà l'illustre Storchenau [1].

Ella invero la libertà vien definita : *La stessa volontà : in quanto posti tutt' i requisiti ad agire può l'oggetto percepito volere o non volere , volere o disvolere , volere questo od al-*

[1] Psicolog. p. 1 sez. 3. cap. 2. §. 115.

Einneccio Vol. I. 6

tro oggetto. Donde rilevasi la franchigia da ogni necessità, come sopra esponemmo (54) : giacchè per essa l'atto primo
prossimo completo a piacere si congiunge , o si toglie dal-
l'atto secondo. Per la qual cosa s'ingannò Romagnosi quando
definì la libertà 1 « *L'attività dell'essere intelligente in quanto
ne' suoi atti è esente da ostacoli* ». S'ingannò pure Gall 2 ,
quando asseriva che l'uomo nelle sue azioni era determinato
dalla sua organizzazione ; sarebbe questo un'operare per necessità , la quale distrugge la vera idea della libertà.

65. Dalla esposta definizione ne emerge una triplice idea distinta di libertà; cioè libertà di Contradizione, libertà di Contrarietà, libertà di Specificazione. La prima è la facoltà di volere o non volere , e costituisce la essenza della vera libertà ;
giacchè la vera essenza della libertà consiste nel serbare la volontà il potere alle cose opposte. Così ò fame, veggo il cibo,
posso mangiare ; ed intanto non voglio mangiare. La seconda
è la facoltà di volere o disvolere , ossia di fare il bene o il
male tralasciando l'ordine del fine : ciò indica un difetto ed
una imperfezione di libertà , non già perfezione della stessa:
Così offeso dal mio rivale anzichè perdonarlo com'era in dovere , ne cerco la vendetta. La terza finalmente è la facoltà
di voler questo , od altro oggetto, serbando però sempre l'ordine del fine; e questa riguarda propriamente lo stato della
libertà , e costituisce un'attributo della stessa ; giacchè fa sì
che più o meno mezzi si adoperassero per ottenersi più facilmente il fine. Così debbo viaggiare, lo posso a piedi, o a cavallo ; intanto scelgo viaggiare a cavallo.

66. Distruttore della umana libertà sulle prime si mostra il
sistema degli Armonisti , il quale vuole le azioni dello spirito
umano essere in una serie continuata per modo , che lo stato
antecedente in sè contenga la ragion sufficiente dello stato conseguente. Ecco una necessità di natura nelle azioni dello spirito umano. In secondo luogo la distrugge la necessità morale immaginata da Baumeistero , Boemio, e Clarck ; la quale

_____

1 Int. al dr. pub. p. 2. cap. 1. par 115.
2 Funz. del cervell. tom. 1. §. 269.

ripone ne' motivi dell'intelletto a segno, che posti tali motivi, l'azione non può tralasciarsi. In terzo luogo la distrugge il sistema di Damiron, che vuole l'uomo privo di essa sotto la prescienza divina, ed in certi momenti, che chiama fatali sì per l'uomo, che per la società. In quarto luogo finalmente la distruggono tutti quei filosofi, i quali ànno ridotto l'uomo a vegetare come una pianta, o a muoversi come una macchina, o a ridurlo col sensismo simiglievole ad una bestia. Ma son tutti questi orrendi attentati contra la natura, a cui favore parla eloquentemente il senso intimo, la costante esperienza, ed il consentimento universale de' popoli. Principiamo dal primo.

67. Attendiamo a noi stessi per toccar, direi, con mani la nostra libertà, la quale non è una illusione, ma un fatto reale; qualora osserviamo che noi vogliamo a piacere, dove più ci sentiamo trasportati, alle volte anche contro i nostri propri sentimenti: ributtiamo spesso spesso quello che pria volevamo, ed in questo, usiamo le parole di Cicerone, « *L'animo si accorge di muoversi, di che accorgendosi, di quell'unica cosa si accorge, ch'ella si muove per forza propria, non di altri* [1] ». Un tale fatto di coscienza produce tanta fisica certezza, che bisognerebbe negare la propria esistenza per porlo in dubbio. Come dunque Tommaso Reid asseriva il potere non essere oggetto della coscienza, se il fatto mostra la potenza, e come il primo è sguardato dalla coscienza, perchè non può esserlo ancora la seconda? Saggiamente diceva il Taparelli [2]: « *Ogni lingua, che nomina virtù o vizio, merito e demerito, lode e biasimo, premio e pena, coscienza e rimorso; ogni comando e legge che si promulga, ogni consiglio che si domanda, ogni pentimento che si esprime, ogni supplizio che s'infligge, ogni magistrato che si costituisce, tutto parla in favor della libertà umana, tutto ci mostra qual sia l'intimo sentire non pur del volgo ma del filosofo anche il più ostina-*

---

[1] *Sentit animus se moveri, quod cum sentit, illud unum sentit, ex vi sua, non aliena moveri.* Quaest. Tusc. lib. 1. cap. 23.

[2] Tom. 1. cap. 3. §. 47.

lo *a negarla* ». Che risponderà a queste sensate parole Spinosa co' suoi paradossi, Hobbes colle sue assurdità, e cento e mille altri colle loro favole?

68. Se non che la esperienza esterna vuol vendicata per sè l'istessa inconcussa verità. Conciosiachè tu miri il fanciullo ricalcitrare a' detti del genitore, ne teme la provvida verga che lo corregge: il giovane deviare dal retto sentiere malgrado sguarda il precipizio che gli sovrasta: e la povertà ama piuttosto che seguire gl'impulsi della verace virtù. Questi amare la continenza ad onta di tutt'i solletichi di una natura corrotta; quello volare a' chiostri sprezzando il fasto superbo del mondo, da cui circondato potrebbe cogliere le più verdi palme: e questi e quello tu osservi la dirigersi ove il geniale piacere di onestà li trasporta. L'ozio vincesi colla fatica, la fatica si tempra coll'ozio: la ricchezza si mesce colla spesa, questa colla prudenza: si teme per non esser ripreso, si riprende per non far trasgredire i limiti del dovere. In somma tutto mira al proprio bene, che per certo sarebbe distrutto se non fossevi la forza di scegliere radicata nella umana volontà; per cui risulta, diceva Aristotele, « *esser riposto nel nostro arbitrio fare il bene, ed il male* [1] ». Per la qual cosa molto al nostro proposito si addice quello, che ripeteva Aulo Gellio: « *Tolta la libertà, tutta la vita umana viene sconvolta, indarno si propongono le leggi, indarno si adoperano le riprensioni, le lodi, i vituperi, le esortazioni; nè più i premi, e le pene sono stabilite a' buoni, ed ai cattivi per alcun giusto motivo* [2].

69. Finalmente l'universale consenso de' popoli, se tutt'altro mancasse, come voce di natura, al dir di Cicerone, una prova irrefragabile formerebbe a favore della umana libertà. Infatti diceva S. Agostino: « *E che forse avrò io a leggere difficili libri, onde imparassi, che niuno sia degno di ripren-*

---

1 *In nostro arbitrio esse bona, malaque facere.*

2 *Sublata libertate omnis humana vita subvertitur, frustra leges dan-ur, frustra objurgationes, laudes, vituperationes, exhortationes adhibentur, neque ulla justitia bonis proemia, et malis supplicia constituta sunt, Noct. Attic. lib. 6. cap. 2.*

.sieno , e di pena , il quale o vuole ciò , che la giustizia non gli proibisce di volere, e non faccia ciò, che può fare ?. E forse non cantano, queste cose , ed i pastori ne' monti , ed i poeti ne' teatri , e gl' ignoranti ne' circoli, ed i dotti nelle biblioteche, ed i maestri nelle scuole, ed in tutto il mondo tutti gli uomini? 1 ». Gli stessi filosofi , quali furono Platone , Pitagora , Aristotele, Epicuro , e molti altri di cui lungo sarebbe il catalogo, i quali malgrado assoggettavano l'uomo al fato , pure vindicarono la libertà dell' uomo stesso. Cicerone , fa meraviglia, non potendo conciliare la prescienza divina colla libertà umana, malamente si appose negare la prescienza a Dio per dare all'uomo la libertà. Ma per vita vostra chi altro se non la natura poteva infondere in tutte le nazioni sì nobile sentimento ? Ebbene la natura induce alcuno in errore ? Eh ! ripetiamolo coll' Autore stesso della natura : « L' appetito di esso sarà sotto di te ... e tu lo signoreggerai 2 ».

70. Epperò potrebbesi dire , che il Temperamento ostacola la libertà dell'uomo (§ LIV.) Ma che cosa è desso mai questo temperamento ? È una certa costituzione del corpo umano attesa la stretta unione che passa con lo spirito , donde risulta negli uomini diversa perspicacia, diversi abiti corporali , diversa agilità, diverse propensioni, diversi costumi. Questo temperamento però non è lo stesso in tutti gli uomini ; giacchè diversifica a misura il sangue si mescola svariatamente con diverse parti eterogenee , e tutta la diversità può raffrenarsi in questi quattro temperamenti generali; collerico cioè, melancolico , flemmatico , e sanguigno, i quali non vanno mai isolati nell' uomo, ma un primo è sempre innestato con un secondo; a talchè non avrai giammai un perfetto sanguigno, od un perfetto collerico ; ma ben sempre ti si presenterà un melan-

1 Etiamne libri obscuri mihi scrutandi erant, unde dicerem, nominem vituperatione, supplicioque dignum , qui aut id velit, quod justitia velle non prohibet , aut id non faciat, quod facere potest ? Nonne ista cantant , et in montibus pastores , et in theatris poetae, et inducti in circulis , et docti in bibliothecis , et magistri in scholis : et in orbe terrarum genus humanum ? Lib. de dual. anim. cap. 2.

2 Sub te erit appetitus... Et tu dominaberis illius. Gen. cap. 4.

conico-sanguigno, oppure un sanguigno-melanconico, e così via discorri del resto. Suole anche il temperamento chiamarsi natura, come può osservarsi ne' volgari detti degli uomini, i quali vedendo qualcuno solito ad agire a dispetto, gli si dice, *che brutta natura che dì*; ovvero, *che brutto naturale è il tuo*. Ma per quanto reo si voglia immaginare un temperamento può sempre vincersi dalla umana libertà. Imperciocchè quantunque stretta fosse la unione, che passa tra l'anima ed il corpo; pure non è tale che volesse distruggere la essenza di ambedue le sostanze. Mi togli la libertà all'anima e mi distruggi l'anima stessa; giacchè essenza senza attributi, e viceversa, non può stare: è questa una verità troppo nota in metafisica. Ammesso il temperamento l'animo mio si gode la forza di governarlo, ed a suo genio dirigerlo ove più gli aggrada, onde diceva Orazio:

.... *L'animo reggi,*
  Chè, servo se nol fai, fassi tiranno 1.

Il flemmatico ritarda nelle sue azioni, e pigro in tutte le cose si mostra: pure se nell'inverno esce un bel sole sa vincere la sua pigrezza, e malgrado il freddo vuol godersi il beneficio della natura con belle passeggiate. Il giovane, perchè sanguigno mostrasi, da per tutto è irrequieto; eppure ove la virtù lo chiama, o la presenza del superiore, o l'utile proprio il vuole, tu lo vedi intere ore fermo al suo posto, e ti rassembra uomo piuttosto attempato, che godente la verde età nel più bel aprile della vita. Come dunque il temperamento scema, ed isterilisce la libertà?

71. Ma si potrebbero soggiungere gli Affetti a danno della libertà (§ LV.); eppure non vi è uomo che non possa domare le sue passioni. Eglino gli affetti sono atti veementissimi dell'appetito e dell'avversione sensitiva, in quanto che dal-

---

  1 ... *Animum rege, qui nisi paret,*
  Imperat......
             Ep. lib. 1. ep. 2.

l'unione del senso e della fantasia succedono nell'anima le più grandi rappresentanze sia di bene, sia di male. Qui non parliamo dell'atto primo della passione, il quale per certo non è in potestà del nostro animo d'impedirlo; ma intendiamo parlare degli atti successivi della passione, i quali esistono sotto l'impero della libertà, e per cui diceva Ovidio: « *Ti opponi al principio del male; onde poi invecchiato non riesca inutile la medicina* 1 ».

E per vero dire i premi, e le pene annesse alle leggi ben inutili riuscirebbero, e privi di ogni ragionevole fondamento, ove l'umana volontà non potesse padroneggiare le passioni. Il rivale non offende l'inimico, perchè teme il carcere; eppure l'odia senza mai estinguere nel suo seno questo micidiale fuoco. E le mani si rode, ed i capelli si strappa, e le vesti si lacera, segni tutti evidentissimi, che non ostante affetto dall'ira potrebbe vindicarsi, pure non lo fa per secreti motivi. Ma necessariamente dovrebbe vindicarsi se sotto la forza dell'ira fosse spoglio di libertà. Il cane si arrabbia, e più non riconosce il padrone; perchè non può resistere alla forza dell'interno impeto.

72. Uno stato peggiore di affetti di quello sia la Servitù Morale non può immaginarsi; e pure l'uomo in tale stato si gode la sua libertà, malgrado fosse schiavo delle sue passioni. Infatti la Servitù Morale consiste nello stato dell'anima, in cui ella tempestata dalle passioni si fa determinare nell'azione dalle confuse immagini de' sensi, e della fantasia. In tale stato l'uomo resosi peggiore delle bestie non à più riguardo nè al decore, nè alla nobiltà propria. Ma che non può egli l'uomo fornito di libertà?

Già nulla è omai difficile
Ai figli della terra 2.

1 *Principiis obsta; sero medicina paratur,*
Cum mala per longas invaluere moras.
Romed. Amor. v. 91.

2 *Nil mortalibus arduum est.*
Orazio. Od. lib. 1. ode X.

Se per poco metta a calcolo la sua ragione, e medita le sue aberrazioni, tosto cerca infrangere que' ceppi che avvinto l'allontanano dalla sua felicità. Così fingete in un ladro la maggior forza di desio·nel volersi pigliare l'altrui: tal forza sarà annichilita, ove il ladro seriamente ragiona sul suo delitto, pensa allo squallore del carcere, alle pene cui si assoggetta, infine allo stesso patibolo, cui potrebbe andar soggetto. Quel giovane, il quale marcisce nell'ozio e nel piacere distruttore della vita, se giunge a riflettere quanti beni si procaccia coll'applicazione allo studio, e col badare al suo decore, in un baleno l'osservate, che la molle vita odia, ed indefesso attende a' suoi doveri. Datemi sotto la forza delle passioni un momento di serenità, ed ogni servitù si cangerà in libertà, ogni vizio in virtù, ogni languore nella più vigorosa forza. Ond'è che diceva Epitteto presso Arriano: « *Qual cosa può vincere mai il desiderio? Un altro desiderio. E qual cosa poi una inclinazione, una propensione? Per certo un'altra inclinazione, e propensione* 1 ».

73. Lo stesso dicasi del Costume, il quale è una propensione radicata nel nostro animo attesa la frequenza degli atti. E per quanto fosse invecchiato dal lungo uso, ed anche cangiato in natura, come il più delle volte sembra avvenire, non si assoggetta la volontà; sibbene questa lo domina, lo distrugge, od in parte lo ritiene. « *È difficile cangiar quella usanza, in cui lungamente dimorasti. Epperò molti rinverrai, i quali accortisi del mal abito cangiarono in meglio i loro costumi* 2.

Dove per vero sono più i costumi della vetusta Grecia, e di Roma le sue maniere rispettate da un mondo intero allor

---

1 *Ecquidnam adpetitionem vincere potest? Alia adpetitio. Ecquidnam inclinationem ac propensionem? Profecto alia inclinatio, ac propensio.* 1, 17.

2 *Usus quo fueris diu,*
Mutare ingenium grave est.
Multos invenies tamen,
Qui mores moniti suos
Mutarunt melioribus.

Aristofane in Vespis.

conosciuto ? È un mirabil vedere tutto dì come le costumanze
si avvicendano ! Se i costumi non si assoggettassero a tali vicende ben si potrebbe insinuare il loro dominio sulla volontà.
La storia è zeppa piena di esempi per mostrare costumi an-
tichissimi essere stati ributtati dalla umana libertà.

74. Quella però che sembra fare qualche peso contro la libertà, sarebbe la Forza Esterna (§. LVI.); ma essa non giunge a privare la volontà della sua libertà. Intanto bisogna distinguere una doppia forza esterna, l'una superiore alla nostra forza, l'altra inferiore per modo che serbiamo la facoltà
di opposizione. Nel primo caso la volontà resta priva dell'esercizio esterno della sua libertà; ma ritiene sempre la facoltà
coll'esercizio interno della stessa libertà. M' impedisci di andare al tempio per adorare il mio Dio : non posso resistere
a' tuoi ostacoli, ma non mi togli che internamente l' adbrassi.
Anzi quanto maggiore è la resistenza, tanto più splende la
forza della libertà. M' imporrai negare il mio Dio, e quanto
maggiore è la tua empietà, tanto più cresce la mia fede in
Dio. Tanto è vero, che l' atto di volontà non può estinguersi
per la forza esterna. *Ma, mi dirà taluno*, diceva in conferma il più volte citato Epitetto, *colui che propone innanzi
agli occhi miei il timore della morte, egli mi costringe. Per
certo non è quel che ti sovrasta la causa; che ti costringe,
ma perché ti sembra meglio fare qualche cosa di quelle, che ti
vengono imposte, ché andare incontro alla morte: perlocché
è la tua ragione quella, che ti costringe, ossia una volontà,
che supera l'altra volontà [1] ».* Ed Orazio alla sua volta diceva:

> *Non popolo furente
> Di stragi autor : con fiere sopracciglia
> Non truce sire, a cui la forza è dritto
> Può l' uom giusto crollar saldo in sua mente [2] .*

[1] *At, inquies quis, qui mihi mortis proponit metum', me cogit.
Profecto non, quod imminet, in causa est, sed quia tibi satis videtur,
aliquid eorum facere, quam mortem oppetere. Quare tua te opinio cog-
git, id est, voluntas vicit voluntatem.*

[2] *Non civium ardor prava jubentium,
Non vultus instantis tyranni
Mente quatit solida.*   Od. lib. 3. od. 3.

Nel secondo caso l' uomo potendo resistere, abbastanza fa vedere la libertà nel pieno suo esercizio opponendosi alla forza. T' incontri col ladro, ti riesce impaurirlo; malgrado le sue armi, ten disbrighi da valoroso: potevi per altro acconsentire alle sue brame. In somma se la volontà cede alla forza esterna l'è perchè vuol cedere: ma quando risoluta vuol far pruova della sua irresistibile forza, nè la sgomenta la più imponente ribellione, nè mille acciai del più fiero tiranno, sibbene

Impavido gli abbissi avrà per tombe 1.

75. Cosiffattamente esposti i principi di ogni umana azione, allorquando essi tendono al fine, cui ragionevolmente, ed irresistibilmente aspira l' uomo, si avrà la rettitudine morale, e quindi il bene; donde risulta il nome di Virtù. Al contrario deviando dal fine dell' uomo si produrrà il difetto morale, e quindi il male; donde risulta il nome di Vizio. La virtù dunque ed il vizio vogliono ugualmente l' intelletto, la volontà, la libertà; giacchè l' intelletto è quegli che propone i mezzi al volere, la volontà vi si conferma, e liberamente pone all' opra quanto l' è stato dettato.

Intanto la Virtù è la tendenza al fine dell' uomo; così la castità è una virtù, perchè serbando la legge morale, la quale vuole la perfezione dell' uomo sì nel corpo, che nello spirito, mena l'uomo al possesso del sommo Bene. Il Vizio poi è l' allontanamento dal fine dell' uomo: così la impurità la quale distrugge l' uomo, e proibita dalla legge morale, fa sì che l' uomo non ottenga il possesso del sommo Bene. Or poichè tutto quello, che mira al fine della legge morale, dalla stessa vien comandato, e forma quindi un dovere per tutti gli esseri ragionevoli; (40) sarà chiaro quelle azioni essere virtuose, le quali sono in dovere, e vengono comandate dalla legge: come pure quelle azioni sono viziose, le quali vengono proibite dalla legge, e trasgrediscono il proprio dovere.

1 *Impavidum ferient ruinae*
Hor. Od. lib. 3. od. 3.

Come dunque saltò in testa al Soave 1 di porre la virtù soltanto nelle azioni le quali o non erano comandate dalla legge; oppure ch'erano superiori al dovere? Di grazia, dimandiamo a lui, la continenza è una virtù? e certamente risponderà di sì; perchè egli stesso professandola l'aveva per tale, e la continenza è dovere imposto dalla natura, ma non superiore al dovere. Più, a niuno si è detto—ponetevi a scrivere, e componete libri; perciò il far libri non sarebbe un'atto virtuoso; ed in conseguenza non sarebbe stato virtuoso l'Abbate Genovesi colla produzione delle sue opere; virtuoso il Cav: Nevvton colle sue fisiche produzioni: virtuosi cento e mille altri, che ànno arricchito col loro ingegno la repubblica delle lettere. Ma quando tai cose si sono intese? Chi ardì mai profferirle? Ingenuamente però confessiamo, che se l'uomo giungesse a tanta forza di animo di produrre anche il bene a lui non comandato, e che il dovere da lui non esigesse, sarebbe un'eroe, il quale cerca la propria perfezione anche con mezzi straordinari; e le sue azioni sarebbero ancora virtù; perchè vie più tendono al suo fine, il quale maggiormente sarebbe facilitato, ed in maggior copia si attirerebbe le feconde rugiade del Cielo.

1 Et p. 2. sez. 3.

LEZIONE VIII.

CONTINUA L' ISTESSO ARGOMENTO ; OVE SI DICE
DELLA MORALITA' DELLE AZIONI

§ 76. *La volontà è divisa in antecedente, e conseguente—Azio-*
ne spontanea , invita , coatta , e mista — giusta , ed ingiu-
sta — donde risulta la moralità delle azioni , sua specie —
si dimostra l' intrinseca moralità delle azioni — opposizione
degli avversari , e sua risposta — opposizione ricavata dal-
l' Apostolo, e sua risposta — moralità delle azioni oggettiva,
e soggettiva — l' oggetto indifferente donde piglia la sua mo-
ralità., la quale se intrinseca all' oggetto dà più forza al-
l'azione , e questa non perde la sua bontà interamente se in
prosieguo si congiunge ad un fine cattivo.

76. Proponemmo le teorie spettanti la volontà (61 e segg.)
causa efficiente delle nostre libere azioni : ora diciamo delle sue
specie. E per vero la volontà va distinta in Antecedente , ed
in Conseguente (§ LVII.). Si dice Antecedente quella, che si
determina ad agire senza por mente a tutte quelle riflessioni,
che potrebbero nascere nel tempo che si fa l' azione : così Dio
senza riguardare le particolari circostanze dell' uomo si dice
che lo vuole nella pace ; e quindi Dio vuole la pace con una
volontà antecedente. Si dice Conseguente quella, che determina farsi l'azione secondo le circostanze, che si presentano nel
tempo dell'azione : così Dio con volontà conseguente vuole la
guerra ; perchè non potendo l' uomo godersi di quella pace ,
ch' Ei vuole si godesse con volontà antecedente, a motivo di
essa vuole la guerra.

Dal detto quindi risulta , che la volontà antecedente non
guarda le circostanze nell' azione , le quali soltanto son guar-
date dalla volontà conseguente. Un padre di famiglia , a mò
di esempio, con volontà antecedente vuole, che tutt'i figli
si assidessero alla sua mensa ; perchè non guarda le mancan-

ze, che potrebbero commettere i figli, e per cui dovrebbero esser privati di cibo: ma badando a'quei figli che non bene si son condotti nella scuola, con volontà conseguente vuole che questi non si assidessero alla sua mensa.

77. La volontà come fonte e causa di ogni nostra azione, la quale è nel nostro potere (54), ad essa deve riferirsi tutto: ciò che pensiamo, diciamo, facciamo. Qual sia poi la categoria delle azioni dipendenti dalla volontà, già antecedentemente la segnammo (56 e 57). Or poichè la volontà può essere fornita di spontaneità, oppure di libertà (63); perciò è che alla esposta categoria di azioni soggiungiamo, che le azioni Spontanee (§ LVIII.) son pure di pertinenza della volontà riguardata nel suo atto. Per vero spontanea si dice quell'azione, la quale parte dalla volontà, e tende ad un fine, che prima la volontà conosceva. L'amore che io porto alla mia felicità è provveniente dalla mia volontà, e tende a rendermi felice: intanto questo amore in me è inestinguibile, ed io non posso non volerlo; dunque non è un'amore libero: ma io la voglio sotto la forza stessa del suo ardore; dunque è un'amore spontaneo. Tali sarebbero pure le azioni de' beati in Cielo tendenti ad amare il loro sommo Bene.

Si consideri nella spontaneità la sola privazione della forza esterna, mentre contiene la necessità di natura, come può osservarsi negli esposti esempi. Infatti chi è colui, il quale esternamente mi urta a tendere alla mia felicità? Certamente niuno. Dunque l'azione spontanea va priva di coazione, altrimenti sarebbe non volontaria; perciocchè possiamo benissimo l'azione spontanea chiamarla pure Ultronea in quanto che proviene dal principio volontario.

Non così deve dirsi delle azioni sì Invite, che Coatte, di cui altrove parlammo (56); giacchè le prime dipendono dalla volontà fornita della sua libertà; le seconde dalla volontà non dipendono, ed in conseguenza le invite sono volontarie, le coatte sono non volontarie. Quindi malamente si appone (§ LIX.) il chiarissimo Einneccio quando per altri seguire chiama volontarie le azioni coatte, non volontarie poi le azioni invite. Imperciocchè sotto la coazione l'agente si conduce come lo stromento in mano dell'artefice non potendo resistere all'impeto della forza maggiore, che esteriormente si produce. Non così sotto la mala voglia, in cui l'agente è padrone di sè stesso, e fa l'azione perchè vuol farla. Chi mi dice che non posso rinunciare al timore, che mi s'incute? Mi posso volentieri soffrire la morte anzichè soddisfare le altrui brame. Lunga distanza adunque vi passa trà 'l coatto, e l'invito; e l'azione coatta quindi deve dirsi non volontaria, l'invita volontaria.

All'azione invita deve rifondersi come una certa sua specie l'azione che va detta Mista, sosteniamo pure contra il chiarissimo Einneccio per esser fermi nel nostro vero principio. Imperciocchè, come apparirà dalla definizione che qui appresso daremo, nell'azione mista vi concorre la volontà, la quale non à luogo nella vera coazione! abbenchè la libertà non si godesse del pieno perfetto suo esercizio come può vedersi da'detti di Lucrezio:

> Già veder puoi come quantunque molti
> Da violenza esterna a lor malgrado
> Sian forzati sovente a gire innanzi,
> E sospinti e rapiti a precipizio;
> Noi non pertanto un non so che nel petto
> Nostro portiam, che di pugnarle intorno
> Ha possanza, e di ostarle [1].

È poi l'azione Mista quella, che l'uomo volontariamente fa, ma certo non farebbe, se non vi fosse qualche urgente necessità. Il mercatante si trova in alto mare assalito da fiera tempesta, per cui a serbare la vita gli è necessario alleviare il peso della nave col getto delle sue merci nel mare: egli calcola la vita colle merci, e trova maggior guadagno nel ser-

---

[1] Iamne vides igitur, quamquam vis extima multos
Pellit, et invitos cogit procedere saepe,
Praecipitesque rapit, tamen esse in pectore nostro
Quiddam, quod contra pugnare obstareque possit.

De rer. nat. lib. 2. v. 277.

bare la prima che la seconda ; onde volentieri le butta in mare : ma vi sente del dispiacere ; perchè a niuno piace forzatamente privarsi del suo. Noi però non vediamo precisa necessità di far distinzione tra l' azione invita e mista ; che anzi nella realtà osserviamo che sono azioni identiche, checchè altri ne volessero pensare ; giacchè come nell' azione invita se si togliesse il timore, o la necessità che l'agente potrebbe superare , o disprezzare , l' azione non si farebbe. Osservasi al proposito quello che abbiamo detto altrove (56). Passiamo innanzi nella classificazione delle azioni.

78. Ogni azione procedente dalla volontà può essere Buona, o Cattiva, in quanto che procura la perfezione, o la Imperfezione dell' uomo (14). Che se poi l' azione buona vien comandata dalla legge si dirà Giusta ; se la cattiva vien proibita dalla legge si dirà Ingiusta. Or come l' azione giusta è virtù, la ingiusta è vizio (75) ; così la giustizia entra in ogni buona azione uniforme alla legge, e la ingiustizia entra in ogni cattiva azione difforme alla legge [1]. Posta adunque l' azione giusta poniamo pure l' azione virtuosa , ed al contrario posta l'azione ingiusta poniamo pure l'azione viziosa, ossia il Peccato.

Dall' esposto rilevasi il Peccato essere un'azione contraria alla legge ; e può stare che sia di Commissione, o di Omissione. Il peccato di commissione si à quando la ingiustizia è positiva ; cioè facendo quello, che la legge proibisce, come il furto. Il peccato di omissione si à quando l'ingiustizia è negativa ; cioè non facendo quello che la legge comanda , come chi non rispetta i genitori. Quindi chi opera secondo la legge osservandola , si dice Giusto ; chi distrugge la legge trasgredendola , si dice Ingiusto.

79. Dal che le azioni libere dell'uomo sono buone o cattive ne nasce la bontà, o la malizia delle stesse azioni, atteso l'uso o l' abuso che l'uomo fa della sua libertà ; perciocchè ci abbiamo la così detta Moralità di azioni , la quale non è altro che la bontà stessa o malizia delle azioni. Un'azione quindi si dirà moralmente buona se tende a conservare , e perfezionare

[1] S. Tom. 2. 2. q. 58. art. 6.

l' uomo, ed il suo stato ; come la cultura dello spirito : viceversa si dirà moralmente cattiva se tende a distruggere , e
rendere imperfetto l' uomo ed il suo stato ; come la dissolu-
tezza , il suicidio , ed altro. (11).

Questa moralità di azioni può essere Intrinseca , ed Estrinseca. Sarà intrinseca , se la bontà o malizia si contiene nella
stessa azione : estrinseca se la bontà o malizia la riceve dalla
volontà del Legislatore per modo che, il Legislatore è quegli ,
che a talento connette all'azione la bontà o la malizia. Or qui
sorge una celebre quistione tra Puffendorfio , e dopo lui l'Abbate Genovesi , e la rimanente schiera de'Naturalisti ; se mai
cioè si dia moralità intrinseca di azioni. Puffendorfio e Genovesi sono per la negativa , tutti gli altri Naturalisti sono per
l' affermativa , e troppa ragione assiste al lor sentimento.

80. È fuori dubbio che la moralità delle azioni dipende dalla natura delle stesse azioni ; poichè analizzando la lor natura
ci è dato benissimo scorgere come alcune tendono a conservare l' uomo, altre a distruggerlo per siffatta guisa che, un'a-
zione per sua natura sarà buona, ed un' altra sarà cattiva. Infatti la cultura dello spirito per sè stessa è un'azione che l'uomo vantaggia , e lo rende migliore ; mentre il suicidio è un
azione al certo, che l' uomo distrugge , e lo rende peggiore.
Se dunque tal' è la natura di certe azioni, v' è bisogno forse
di una legge, che la prima chiami buona , e la seconda cattiva? Sibbene la lor natura le mostra tali e non altre, aventi
caratteri così propri da non potersi mascherare ; perlocchè
son da chiamarsi intrinsecamente tali. Concediamo a' contrarī
che certe azioni sono buone, o cattive per una moralità estrinseca , perchè comandate o proibite ; ma da ciò non conseguita che una moralità intrinseca di azioni non esistesse ; dappoichè l' Autore della natura certe azioni vedendole buone le
à comandate , certe altre vedendole cattive, qual buon Padre,
le à proibite.

81. Se non che, direbbero i fautori della opposta sentenza:
la legge di natura è una legge eterna, e gli esseri soggetti
a tal legge sono temporali : non potrà quindi capirsi l'azione
di questi esseri anteriore alla legge, ma questa l'è alle azio-

ni. Ecco dunque la sola estrinseca moralità fissata nella esistenza delle azioni. Piano, rispondiamo noi, e ci rincresce oltremodo ricordare ad uomini così celebri, che come la legge
è eterna, così anche le essenze degli esseri sono eterne : ed
in conseguenza la legge non è anteriore, ma sibbene contem-
poranea alle essenze degli esseri. Più ; la legge suppone un
ordine ; l'ordine suppone gli esseri e le loro azioni da regolarsi dalla legge : dunque la legge, deve dirsi ; suppone le
azioni senza cui riuscirebbe inutile. Poichè dunque la legge
di natura esisteva abeterno nella mente di Dio, le azioni pure
degli esseri nella eternità erano presenti a quella fecondissima
Mente. Per la qual cosa Egli l'Autore della natura considerando che alcune azioni di lor natura perfezionavano l'uomo, immantinenti le comandò : altre perchè il rendevano peggiore sì
fece a proibirle, ed ecco una moralità nuova aggiunta alle a-
zioni, moralità che piace nomarla estrinseca. Ma la esistenza
di una intrinseca moralità di azioni è così indubitata, che per
metterla in dubbio bisognerebbe addivenir cieco al fatto che
si presenta.

82. Quello che nella presente quistione potrebbe fare maggior peso si è la lettera dell'Apostolo scritta a' Romani, dove
sembra di proposito favorire la opinione de' nostri contrari :
ma se bene si rifletta niente diverso dal nostro insinua il mentovato Dottore. E per vero vediamo dapprima quali sono le
sue parole : Egli dice : « *Sino alla legge il peccato era nel
mondo, ma il peccato non s'imputava, non essendovi legge* 1 ».
Dunque la imputazione venne dalla legge ; e come la imputazione seco porta la moralità, la quale partendo dalla legge è
estrinseca ; così le azioni acquistarono la loro moralità dalla
legge stessa. Soggiunge: « *La legge poi subentrò, perchè abbondasse il peccato* 2 »; a tal che ove la legge non vi fosse
stata, il delitto, ossia il peccato, non avrebbe avuto luogo ;
quindi la sola legge à fissata la ragion di moralità. Finalmen-

1 *Usque ad legem peccatum erat in mundo, peccatum autem non
imputabatur, cum lex non esset. 5. 13.*

2 *Lex subintravit, ut abundaret delictum. 5. 20.*

Einneccio *Vol. I.*

le , e ch' è più imponente nel proposito degli avversari, conchiude : « *Io non ò conosciuto il peccato , se non per mezzo della legge ; imperocchè io non conosceva la concupiscenza , se la legge non avesse detto ; non desiderare. Ma il peccato, presa occasione da quel comandamento , cagionò in me ogni cupidità* 1. » Or se la concupiscenza , ossia il pravo desiderio , l'azione turpe , e tutto ciò , che si oppone alla pudicizia fosse intrinsecamente male , si avrebbe dovuto conoscere anche prima della legge. Dove dunque esiste la moralità intrinseca dell' azione ? Ad essere equi, par s'imboccasse agli avversari, la sola estrinseca moralità delle azioni deve a tutto senno ammettersi.

Cederemmo anche noi le armi a' nostri oppositori, e volentieri abbandoneremmo la nostra opinione all' ombra dell' autorità del gran Dottore delle nazioni , se per poco Egli avesse voluto insinuare la sola moralità estrinseca delle azioni, distruggendo la intrinseca. Ma non è così , per cui a mostrare vie più la verità della nostra sentenza ci facciamo partitamente a rispondere a' cennati luoghi mostrandone il verace sentimento. E per riguardo al primo, ivi l'Apostolo parla dell' abbisso di mali ; in cui precipitossi l' uomo a segno tale , che fu tale e tanta la forza del vizio, che addormentata la coscienza , giudice delle nostre azioni, non più sentiva i rimorsi della stessa. Perlocchè abituato nel delitto, schiavo giacendosi sotto lo stesso, il vizio cangiossi in natura facendo il male senza più accorgersene non più pensando alla imputazione. Ma finchè non fosse stata data per Mosè una legge , che frenava il delitto, egli dice l'Apostolo che il peccato esisteva nel mondo ; dunque pria vi esisteva una legge naturale capace a poter frenare i delitti della umanità. Or posta la legge di natura già è ammessa la intrinseca moralità delle azioni, giusta quello che sopra (81) segnammo.

Per riguardo al secondo la nostra sentenza resta vie più

---

1 *Peccatum non cognovi, nisi per legem : nam concupiscentiam nesciebam, nisi lex diceret : non concupisces. Occasione autem accepta, peccatum per mandatum operatum est in me omnem concupiscentiam.* 7.7.

conferita ta ; giacchè non si dica che la legge segnò la idea
del delitto, ma quel delitto, che già esisteva per intrinseca
forza, vedendosi con nuovi ceppi ligato venne maggiormente
a ripullularsi per la cattivezza dell'uomo, che voleva infrangere ogni giogo. E qui ritornando le poc'anzi prodotte riflessioni:

Per riguardo al terzo infine quantunque non può dubitarsi
che l'Apostolo parlasse della legge di natura; pure intende
parlar di quelli, i quali non ancora son pervenuti all'uso della
ragione, in forza della quale acquistano la cognizione della
legge naturale (52): ma colla ragione conoscendo la legge,
e quindi il peccato, vengono insiemamente a conoscere quello
ancora, che per propria natura peggiora l'uomo, e lo allontana dalla perfezione, nel che si ripone la intrinseca moralità di azione (79). E che sia così l'istesso Apostolo, il quale
non poteva essere contradittorio a sè stesso, scrivendo agli
stessi Romani [1] disse esser peccato tutto ciò, che non era
secondo il giudizio della retta coscienza; « *Quello, che non
è secondo la fede* [2] ». Dunque per l'Apostolo la legge segna il difetto dell'azione; ma la legge non è legge quando
comanda il contrario alla retta ragione: dunque per l'Apostolo la legge deve seguire il giudizio della ragione. Ciò posto, il semplice giudizio della ragione prescindendo dalla legge è di perfezionamento dell'uomo; per cui la legge poggia
sulla nozione di perfezionare l'uomo, e ciò che naturalmente
è buono, è intrinsecamente buono. La legge dunque deve poggiare sulla intrinseca bontà, o malizia delle azioni. Ed ecco
nel più vantaggioso aspetto la intrinseca moralità delle azioni,
la quale vindicata da tutti gli attacchi dei contrari dà vantaggiosa certezza della sua esistenza: onde volentieri ci facciamo a sviluppare l'idea stessa della moralità.

83. Ella può essere Oggettiva, e Soggettiva, atteso che la
bontà o malizia proviene dalla cosa, oppure dall'uomo: e quando
è oggettiva non può perdere la sua mora'ità nel soggetto: viceversa quando è soggettiva stando la indifferenza nell'oggetto

[1] 14. 3.
[2] *Omne quod non est ex fide.*

a talento può pigliare la moralità. Esemplifichiamo la cosa a ragione di chiarezza. La pudicizia è un'azione morale oggettiva ; l'uomo casto è un soggetto morale buono: quindi dall'uomo casto non può scompagnarsi la pudicizia, la quale sarà sempre intrinsecamente buona anche nell'uomo impuro se per pochi momenti la praticasse. Ma il camminare è un'azione indifferente in sè stessa riguardata, e l'uomo che produce una tale azione a talento può disporne della moralità ; giacchè se cammina per conservare la pudicizia, l'azione del camminare sarà buona morale ; se per fomentare l'impudicizia sarà cattiva morale.

Donde rilevasi che in ogni moralità di azioni debbono concorrere tre principî fondamentali ; l'oggetto cioè intorno a cui si versa l'azione, il fine per cui si fa l'azione, e le circostanze che accompagnano l'azione, se pur ve ne fossero ; giacchè per S. Tommaso l'azione può stare anche senza le circostanze. Per la qual cosa l'azione sarà moralmente buona se tutti e tre i principî sono buoni : sarà moralmente cattiva se uno almeno di essi è cattivo ; dappoichè dicono le scuole: « *Il bene risulta dall'intierezza della causa, il male da qualunque difetto* [1] ». Tu adori Dio nel tempio, l'azione è moralmente buona ; perchè la causa è intera, essendo l'oggetto buono il quale è Dio, il fine buono il quale è la riconoscenza del supremo dominio di Dio sulle creature, infine la circostanza buona la quale è 'l buono esempio che porgi agli altri. Ma tu l'adori per vanità, l'azione è moralmente cattiva pel solo fine cattivo che ti prefiggi, quantunque l'oggetto e la circostanza fossero buoni.

84. Allorquando l'oggetto è buono, l'azione piglia la sua moralità dall'oggetto ; non così quando è indifferente l'oggetto. In tal caso l'azione piglia la sua moralità dal fine, e poi delle circostanze [2]. Ed infatti nelle azioni succede quello, che à luogo nelle cose naturali : queste dalla forma che acquistano pigliano un posto nella loro specie, e quelle dall'oggetto debbono acquistare la loro bellezza, oppure deformità : ma

1 *Bonum ex integra causa, malum ex quocumque defectu.*
2 S. Tomm. 1. 2. §. 18. art. 2. 3. 4.

quando manca nell'oggetto una tal perfezione le circostanze debbono concorrere a farcela acquistare ; come gli accidenti nelle cose naturali molto contornano le stesse ove manca la tutta perfezione. Non ignoriamo il fine tra le circostanze occupare il primo luogo , per cui ove non giunge per sè l'oggetto suppliscono le circostanze , e massime il fine a render proficua l'azione.

Se non che soggiunge il citato Dottore [1] più sbrillare l'azione nella sua moralità ove nell'oggetto rinviene una moralità intrinseca ; allora succederà come a due fiaccole che insieme unendo i raggi più splendida sarà la luce. Lo stesso ripetasi ove la moralità fosse cattiva, come abbiamo dal testè citato Dottore [2]; ed allora succederà pure come a due fogne che unendo insieme le morbose evaporazioni più ingrato sarà l'odore.

Da ultimo non sarà fuori proposito notare coll'istesso S. Dottore [3], che se l'azione nel suo cominciamento è buona, e poi si mesce con un fine cattivo , non perderà intieramente la sua bontà , ma sempre ne riterrà qualche parte. Così intenerito da' gemiti dell'infelice mi accingo a porgergli aita , perchè considero i miei doveri verso il simile; ma nel mezzo dell'azione per farmi vedere galante , uomo di cuore , buon cittadino, prosegue la mia azione ; certamente l'atto della limosina è moralmente buono, cattivo poi il gonfiamento del cuore. Sarà tutta distrutta la mia elemosina ? Finchè non divenisse cattiva aveva la sua bontà. Ma queste cose possono bastare in ordine alla moralità delle azioni. Adesso è tempo ormai di considerare gli aberramenti sì dell'intelletto , che della volontà nelle stesse umane azioni ; onde prepariamo la vegnente lezione tanto per l'errore , quanto per la ignoranza.

1 Art. 4. 6.
2 Q. 19. art. 7.
3 Q. 22. de malo art. 4.

LEZIONE IX.

CONTINUA L'ISTESSO ARGOMENTO, OVE SI DICE
DELL'ERRORE, E DELLA IGNORANZA.

§. 85. *Qual è l'errore, quale l'ignoranza — l'ignoranza è lo-*
devole o vituperevole — s'è pure l'errore — l'uno e l'altra è
vincibile, ed invincibile — antecedente, concomitante, e con-
seguente: e l'ignoranza può essere di dritto, o di fatto — se
circa il dritto di natura vi possa essere ignoranza invinci-
bile di dritto, o di fatto — l'azione libera è distinta dall'a-
zione libera morale — ch'è la colpa, quale il dolo, e sue
specie.

85. Ogni libera azione vuol procedere sì dall' intelletto, che
dalla volontà (80), onde costituirsi quell' atto, che da' moralisti vien detto umano; ed allorchè è diretto al proprio fine
dell' uomo sarà retto, e quindi stabilirà l'atto virtuoso (75).
Ma non sempre tanto l' intelletto, quanto la volontà si dirigono al nobile scopo del Creatore attesi i mali ed i beni apparenti, da cui è circondata l' umanità (17) : perciocchè spesso sbaglia l' intelletto, più spesse fiate devia la volontà; sicchè à luogo l' errore, e la ignoranza, di cui qui è mestieri
intessere lungo discorso. (§ XLVII.)
E principiando dall' Errore diciamo, che uno erra quando
porta una confusione di giudizi; conseguentemente di un' oggetto se ne forma una idea oscura, confusa, ed inadequata,
la quale in sostanza pugna colla vera idea dell' oggetto; come
quando il bianco si piglia per nero, e viceversa. L'Errore a-
dunque può definirsi per l'idea, o giudizio, raziocinio contrario alla natura reale dell' oggetto. Se di alcun uomo dabbene concepisca sinistra idea senz' alcun fondamento, io per certo
m'inganno sulla di lui condotta, e perciò concepisco un' errore relativamente a lui. Or poichè la formazione delle idee,
de' giudizi, e de' raziocinj si appartiene all' intelletto (80), da

lui senza dubbio si rileva la fonte fecondissima dell'errore. Se io non avessi malamente appreso l'uomo dabbene, non giudicherei falsamente di lui. Le false idee adunque mi menano a falsi giudizi; ed in conseguenza a formare erronei raziocini: quali tutte cose ànno tra loro strettissimo legame, come si disputò in metafisica.

Per riguardo poi alla Ignoranza, si dice ignorare quando manchiamo d'idee relativamente ad una cosa: così ignoriamo se nella Luna vi fossero abitatori; perchè non abbiamo cognizione di que' reconditi, nascondigli del benefico pianeta, che pur conosciamo. Quindi la ignoranza può definirsi la semplice privazione della cognizione; ciocchè coincide con quello diceva S. Tommaso [1], essere cioè la privazione della scienza in colui, ch'è capace di averla. L'uomo rozzo ignora le sublimi verità di matematica; perchè non l'à mai apparate; ma potrebbe conoscerle, se si addicesse alle scienze matematiche. Or è certo, che la cognizione, e quindi la scienza si appartengono all'intelletto (60); per cui è dato inferirne, che la ignoranza riconosce ancora l'intelletto, come sua fonte, ed origine. Se dunque tanto l'errore, quanto la ignoranza son causate dall'intelletto, in che modo la volontà vi prenda parte, talchè l'azione proveniente dall'errore, o dall'ignoranza si renda colpevole, sarà questo manifesto da tutta la presente diceria.

86. Intanto possiamo avere, che l'errore e la ignoranza in un uomo sieno vituperevoli sotto certi rapporti; e possiamo avere ancora, che non sieno vituperevoli sotto altri rapporti (§XLVIII, § XLIX). Infatti vi sono cose, le quali deformano l'uomo, e lo rendono peggiore della bestia; e chi non dirà all'intutto essere cosa buona ignorare siffatte cose, anzichè saperle? « *Niente si appetisce di quello, che s'ignora* [2]»; giacchè la ignoranza di tali cose fa sì, che la natura dell'uomo non fosse solleticata a far sperimento di quello, cui nella confusione del giudizi per la corruzione della natura si sente spinta, e freni ben forti vi abbisognano per contenerla nel proprio dovere. Con

1 1. 2. q. 86. art. 2.
2 *Ignoti nulla cupido.*

ragione dunque non ogni ignoranza è degna di biasimo ; che
anzi il più delle volte è lodevole , come quella degli Sciti, di
cui a lode parla Giustino: « *Che recò loro più vantaggio la i-*
gnoranza de' vist, che ai Greci la cognizione delle virtù 1. E
Quintiliano pure 2 altamente lodava i Tedeschi dei tempi suoi,
dal perchè quasi ignoravano l'infame vizio della impudicizia :
« *Non conobbero tal vizio i Germani , e presso l'Oceano*
vivesi più santamente 3 ». Per vero gli uomini ignoranti di
talune cose fanno più bene di quello se le conoscessero; giacchè non agiscono con prevenzione, si tolgono i sospetti, regna più buona fede , meno si desidera, più schietto e 'l pensiere , più retto il camminare. Finchè certe mode non erano
use in certi paesi la candidezza si leggeva sulla fronte degli
abitanti ; ma introdotte per motivo di mal' intesa civilizza-
zione, Dio sa quanti mali abbiamo a deplorare e ne' costumi , e nelle famiglie , e negli averi ; in somma nella intiera
società : perlocchè aveva ragione di dire Terenzio: « *Gl'igno-*
ranti , e gl'imprudenti fanno più bene in un sol giorno , che
in molto tempo non fu fatto mai dai saggi 4 ».

Non così poi quando la ignoranza si versa circa i principj
del bene e del male, del giusto e dell'ingiusto ; giacchè allora è di gran lunga vituperevole. Aspirare alla felicità con
forti stimoli della natura (24), e non apprendere i modi come
alla stessa pervenire, è mettere in non cale il proprio essere.
E chi in tal fatto potrà l'uomo giustificare dalla colpa ? È
mestieri apprendere quello che più proprio si addice alla felicità , e dalla stessa allontana : è mestieri conoscere quello la
legge ci comanda , oppur ci proibisce. Nè riesce difficile l'ap-
prendimento di tali cose ; giacchè basta riflettere sul proprio
cuore , e si saranno apprese. La legge morale la portiamo con
noi stessi (34), e non abbisogna lunghi giri per rinvenirla ,

---

1 *Quod in iis tanto plus profecerit vitiorum ignorantia, quam in Grae-*
cia cognitio virtutis. Hist. 2. 2.

2 Declam.

3 *Nil tale novere Germani , et sanctius apud Oceanum vivitur.*

4 *Ignorantes imprudentesque plus boni uno die faciant, quam solen-*
tes antea umquam. Hecyr. 5. 4. v. 32. segg.

nè astruse discussioni per raggiungerla. Mettete a calcolo la vostra ragione, frenate le proprie passioni, investigate realmente la propria felicità, e sarete felici.

87. Quello fin qui abbiamo detto della ignoranza può anche benissimo applicarsi all'errore. Desso pure è lodevole, oppure vituperevole. Bandire dalla mente tutto quello, che potrebbe offendere la propria felicità vera, per certo non può negarsi essere cosa buona; dunque prendere il bene per male, e viceversa il male per bene: più, il giusto per l'ingiusto, e viceversa l'ingiusto per giusto, non si saprà perdonare a quell'uomo che vuol' essere felice. L'errare circa i principî della propria felicità per dare ascolto alla voce delle passioni, è cosa oltremodo vituperevole. Vergognoso sarebbe per un medico perito sbagliare la malattia del suo infermo per agire troppo in fretta: e dite lo stesso per lo sbaglio che l'intelletto commette in ordine alla felicità. Ma se poi l'errore non è relativo alla felicità, esso non sarà vituperevole, e potrà stare che merita anche lode. Un'uomo rozzo addetto al suo mestiere, se sbaglia circa le astruse verità matematiche non potrà dirsi vergognoso il suo errore: anzi sarà lodevole quante volte per procacciarsi il vitto, badare alla sua famigliuola, e tutt'altro non cerca di uscire dall'errore.

Da tutte queste segnate cose può facilmente rilevarsi, che l'errore poggia sulla ignoranza; ma l'ignoranza non porta seco sempre l'errore. Infatti chi erra fa osservare la mancanza della vera cognizione, almeno nell'atto che opera; ma chi ignora può alla ventura operar bene, o male; dappoichè manca non solo della vera, ma anche della falsa cognizione. Ma una tal verità risulterà maggiormente dalle cose, che saremo per dire.

88. Premesse tali cose saranno chiare le distinzioni sì dell'errore, che della ignoranza. Ed in fatti essi possono essere o Vincibili, o Invincibili (§ L.). Saranno vincibili se l'uomo facendo uso delle proprie facoltà possono evitarsi: saranno invincibili se l'uomo facendo uso delle proprie facoltà in niuna guisa possono evitarsi. Il quadrato della ipotenusa è uguale a quelli de' cateti, è un teorema noto a' soli dotti; ma l'uomo

di campagna per quanto si lambiccasse il cervello non potrà mai giungere alla cognizione di una tal verità : la ignoranza quindi attuale in lui è invincibile. La terra è un pianeta più piccolo del Sole, e l'uomo idiota non vi presterà credenza; ma se si applicasse alle dimostrazioni astronomiche, di cui alla fine può essere suscettibile, egli tosto si ricrederebbe; dunque il di lui errore è vincibile.

La ignoranza, e quindi anche l'errore, invincibile (giacchè quello dicesi della ignoranza può commodamente dirsi anche dell'errore, e qui lo notiamo per non più ripeterlo) può esser tale in sè stessa e non nella sua causa ; e può esser tale in sè stessa e nella sua causa. Il primo caso si à quando l'uomo aveva la forza di evitarla, e non l'à fatto per leggierezza ; e come qui vi cade la imputazione, come diremo a suo luogo ; perciò impropriamente si dà il nome d'invincibile, in quanto che nello stato, in cui si pone l'uomo resta privo di cognizioni. L'uomo, che volontariamente si ubbriaca, volontariamente si destituisce di sensi: epperò quantunque poteva evitare la ubbriachezza ; pure ubbriacato non à più la facoltà di uscire da questo stato di obbrobrio ; perlocchè la descritta ubbriachezza è invincibile in sè stessa, e non nella sua causa. Quindi è che Aristotele facendo menzione della legge di Pittaco contra gli ubbriachi, i quali erano assoggettati a doppia pena*, produce quest'assennata riflessione : « *Contra gli ubbriachi si è stabilita una doppia pena ; imperocchè il principio della ubbriachezza è in loro medesimi : poichè potevano essi non divenire ubbriachi. La ubbriachezza infatti è la ragione della loro ignoranza* 1 ».

Il secondo caso poi si à quando l'uomo in niun conto poteva la ignoranza evitare ; come quando uno innocentemente cadesse nella pazzia. Allora la ignoranza è inevitabile in sè ; perchè l'uomo non può superarla ; è invincibile nella sua causa ; perchè l'istesso uomo non à voluto la pazzia, nè era in sua potere il volerla, od il non volerla.

1 *Inebrios duplex poena constituta est : principium enim in ipsis est. Nam situm in iis erat, ne ebrii ferent. Ebrietas autem causa inscientiae est. Nicomacheor. 3. 7.*

Da questa doppia idea d'ignoranza, e di errore sorge l'altra differente ne'soli vocaboli; cioè Volontaria ed Involontaria. L'errore, o la ignoranza è Volontaria, se l'agente è la causa efficiente di essa, come nell'esposto esempio dell'ubbriaco; è Involontaria, se l'agente non è la causa efficiente della stessa, come nell'addotto esempio della pazzia.

89. L'errore e la ignoranza può essere ancora Antecedente, Concomitante, e Conseguente, come abbiamo da S. Tommaso. † L'Antecedente, detta ancora Efficace per la forza che dà all'atto, è quella che precede ogni determinazione della volontà, e fa produrre all'agente quello, che l'agente stesso giammai avrebbe fatto, se non vi fosse stata in lui la ignoranza o l'errore, che gli annebbia la mente. Così un cacciatore per non ammazzare qualche uomo adopera ogni morale diligenza, e tirato il colpo mentre crede di aver ucciso una bestia, rinviene un'uomo morto. Eccolo subito preso da pentimento, conseguenza necessaria della ignoranza antecedente, la quale quantunque sia causa dell'azione; pure perchè l'atto non era bramato dalla volontà, è esso involontario.

La ignoranza poi Concomitante è quella, che accompagna la determinazione della volontà, e fa produrre all'agente quello, che l'agente stesso non dovrebbe fare, ma che anche l'avrebbe fatto se si fosse tolta da lui la ignoranza, o l'errore. Così l'istesso cacciatore, tirando un colpo mentre crede di aver ucciso una fiera rinviene aver ucciso un suo nemico, il quale se l'avesse conosciuto in questo mentre anche l'avrebbe ucciso. Eccolo subito darsi all'approvazione del mal seguito, conseguenza necessaria della ignoranza concomitante, la quale non è causa dell'atto, se non in quanto al suo materiale, come parlano le Scuole; e perciò l'atto non essendo dipeso dalla volontà, ma essendo stato approvato dalla stessa, si dice l'azione non volontaria. Quindi rilevasi che tanto la ignoranza od errore antecedente, quanto concomitante, sono ignoranze ed errori invincibili (86).

† 1. 2. q. 76.

Finalmente la ignoranza Conseguente è quella, che segue la determinazione della volontà; e perciò l'agente volontariamente agisce. Così il mentovato cacciatore senza voler fare alcuna diligenza circa l'ombra, che gli si presenta, tira il colpo, ed ammazza un'uomo.

Dippiù, la ignoranza sia vincibile sia invincibile nel modo espresso, può essere ancora di Diritto, e di Fatto. La prima riguarda la legge, la seconda l'azione. È una legge il non dir bugia anche per giovare il mio simile: nella ipotesi ch'io ignorassi una tal legge, la ignoranza per me sarebbe di diritto. Ma io conosco una tal legge, non so però se qualche volta avessi detto questa bugia, allora per me la ignoranza è di fatto.

90. Or qui potrebbesi fare un dubbio, se mai cioè in ordine al Dritto di Natura possa darsi ignoranza invincibile sia di diritto, sia di fatto. Per la ignoranza di fatto non può cadere difficoltà alcuna che vi possa esistere ; essendochè noi non siamo sempre padroni delle nostre facoltà, come il più delle volte ci è dato conoscere nelle più frequenti azioni non serbarne affatto memoria di alcune di esse. La ignoranza dunque di fatto debbe ammettersi in ordine alla legge morale. Ma quello che più interessa è la ignoranza invincibile di diritto, e per non dare in qualche errore tutto il Diritto di natura lo possiamo considerare sotto tre generali aspetti. Può egli contenere principî primari ed universalissimi delle azioni morali, come sarebbero Dio deve adorarsi, il bene abbracciarsi, il male fuggirsi, ed altre cose di simil fatta. Può egli contenere verità, che immediatamente si ricavano da questi principî generali : come benedire Dio, non ingannare il simile, non distruggere la propria vita, e così via discorrete. Può egli finalmente contenere verità, che mediatamente si ricavano da' principî universalissimi : come astretto qualcuno da grave necessità non gli è lecito rubare, anche per giovare il prossimo è interdetto il falsiloquio, ed altre cose dello stesso genere. Posta questa triplice distinzione diciamo che in ordine a' principî primi non può, nè devesi ammettere ignoranza invincibile ; giacchè sono verità scolpite nel nostro cuore a ca-

ratteri indelebili (34), e di cui Cicerone diceva (32): « *È poi questa legge non scritta , ma nata* 1 ». Bisognerebbe dunque distruggere l'umana ragione per abolire la idea di una tal legge nell' uomo. Per riguardo poi alle verità immediatamente dedotte da' primi principî, desse neppure possono essere avvolte tra le ombre di una invincibile ignoranza ; giacchè sono effetti necessarî di una causa necessaria , e. come questa non può ignorarsi , così neppure quelli. Infatti se potesse ignorarsi invincibilmente , che il suicidio non fosse una cosa mostruosa , si dovrebbe in pari tempo invincibilmente ignorare la propria perfezione , cui l'uomo incessantemente è tenuto procurare a sè stesso : ma questa perfezione forma un principio universalissimo della legge morale , di cui non à affatto luogo la ignoranza invincibile pel dimostrato : neppure dunque questa stessa ignoranza può aver luogo nelle verità immediatamente dedotte da' principî primi. Finalmente la ignoranza invincibile può aver luogo in quelle verità , che mediatamente, cioè per mezzo di un discorso del raziocinio , si rilevano dai primi principî del Dritto di Natura. Conciosiachè non tutti gli uomini , fu dimostrato in matefisica, sono dotati dell'istesso ingegno, tutti non ànno l'istesso acume di pensare , non tutti possono addirsi alle scienze ; perciocchè non tutti gli uomini possono così facilmente comprendere certe verità , le quali richieggono quando un buon pensatore , quando un buon fondo di scienza. Sa per esempio l'idiota, che la bugia non può dirsi, perchè deteriora la sua natura : ma crede in qualche caso esser lecita come per salvare la propria vita , mentre non sa ragionare che anche in tal caso la bugia deteriora la propria natura. A vista di questa ignoranza S. Agostino diceva: « *Non ti s'imputa a colpa quello , che a malincuore ignori , ma quello , che trascuri di conoscere, e per cui l'ignori.* 2 »: mentre dovrebb'essere incolpata questa non osservanza della legge , se circa essa non si desse ignoranza invincibile.

---

1 *Or. pro. Mil. Est. haec Lex. non scripta , sed nata.*

2 *Lib.* 3 *de lib. arb. cap.* 19. *Non tibi deputatur ad culpam, quod invitus ignoras, sed quod negligis quaerere, quod ignoras.*

91. Dalle varie premesse rileviamo, che la cognizione di ogni libera azione si appartiene esclusivamente al solo intelletto, di cui è proprio conoscere la verità, o la falsità dell'oggetto; il consenso poi, ossia la esecuzione dell'azione esclusivamente si appartiene alla sola volontà, di cui è proprio fare il bene e il male dietro la cognizione dell'intelletto. Tali cose debbonsi intendere per modo che non possiamo avere giammai libera azione ove manca la cognizione dell'intelletto oppure questa posta manca il consenso della volontà. Perchè i fanciulli portano tanto amore al racconto delle favole? perchè il loro intelletto se le rappresenta come buone a regolare la vita; e perciò non ostante conoscessero esser false, pure per l'indicato principio la loro volontà ne vuole il racconto: Ed ecco una vera azione libera ne' fanciulli.

E poichè ci siamo avvaluti de' fanciulli nel centrato esempio giova qui far distinzione tra libera azione, ed azione libera morale; giacchè in essi si può rattrovare la prima, non già sempre la seconda. Infatti l'azione libera per aversi basta che vi siano insieme la cognizione dell'intelletto, e l'approvazione della volontà: ma per l'azione libera morale vi bisogna che queste due cose sieno secondo la coscienza dietro i dettami della legge. Or i fanciulli, e qui intendiamo parlare di quelli che non ancora sono pervenuti al perfetto uso della ragione, non sono capaci di calcolare la coscienza livellandola alla legge come ci porge del continuo la esperienza; perciocchè potranno essi liberamente volere, ma non sempre moralmente volere. Perlocchè essendo privi di un tal raziocinio (Not. al § XXXII.) finchè non acquistano l'uso della ragione, non possono esser capaci di una direzione provveniente dal dritto di natura; e quindi sono incapaci di scernere il retto dal difettoso nelle azioni, come Dio stesso Autore della legge naturale (29) ci assicurava pel Profeta Giona: « *I quali non sanno discernere dalla mano destra, e la sinistra* 1 »; nè sanno eliggere il bene e fuggire il male, come dice Dio stesso presso Isaia: « *Prima che il fanciullo sappia rigettare quel ch'è cat-*

1 *Qui nesciunt quid sit inter dexteram et sinistram suam. 4, 11.*

tivo, ed eleggere il buono 1 ». L' Autore adunque della natura
per altissimi suoi fini, cui a noi non è dato investigare, è
permesso ne' fanciulli siffatta naturale ignoranza ; la quale atteso lo sviluppo della ragione va mancando in essi fino alla
totale distruzione. E come non tutto in una volta la ragione
si manifesta nell' uomo nel suo sviluppo; perciò è che abbiamo detto ; che non sempre moralmente agiscono i fanciulli.
Eglino però possono produrre delle imperfette azioni morali a
misura che si accostano al perfetto uso della ragione, come
la stessa esperienza tutto giorno ci ammaestra ; giacchè di
giorno in giorno vanno acquistando coscienza delle loro azioni. Ma quando un tal senso morale in essi avesse cominciamento, ecco quanto è stato negato all' uomo di perfettamente
conoscere.

Lo stesso giudizio de' fanciulli debbe portarsi pe' furiosi, e
mentecatti, i quali in tale stato sono paragonati a' fanciulli ;
talchè per essi niuna imputazione esisterà qualunque si fossero le loro azioni, purchè non abbiano dato causa ad una tale
specie di malattia ; oppure non operassero ne' lucidi interval-
li, in cui son padroni di loro stessi. Ma queste cose saranno
sviluppate a suo luogo. Aristotele intanto corregge la fin qui
esposta verità sì pe' fanciulli, che pe' furiosi e mentecatti,
quando così dice : « *Niuno può esser chiamato ingiusto per
aver commesso certe cose, nella trasgressione delle quali non
è egli direttamente la causa, ma la ignoranza. Per verità questa è una ignoranza naturale, come quando i fanciulli incon-
sapevoli uccidono i genitori. Questa naturale ignoranza non fa
chiamare i fanciulli ingiusti per la reità dell' azione, che è
commessa. Infatti la stessa causa della ignoranza fa sì, che
commottono queste cose ; ond' è, che chiamarli ingiusti non si
possono* 2 ». In quelli poi che hanno il perfetto uso della ra-

1 *Antequam sciat puer reprobare malum, et eligere bonum.* 7. 16.

2 *Quorum quis non est causa, sed ignorantia, ut delinquat : ob ea
neutiquam injustus est. Est enimvero ejusmodi ignorantia naturalis,
veluti quum nescii infantes patres caedunt. Haec nimirum naturalis
inscitia non facit, ut ab actione infantes dicantur injusti. Ipsa si quidem haec faciendi causa est inscitiae, ideo ne injusti quidem dicun-
tur. Mor.* 1. 34.

gione l'atto libero è lo stesso atto morale; giacchè essi ogni
loro libera azione debbono sempre conformarla alla legge di
natura.

. 92. La perfetta rettitudine adunque delle azioni dipende dalla piena cognizione dell'intelletto, e dalla piena approvazione
della volontà, la quale sceglie trà i lumi dell'intelletto quello,
che più uniforme si appalesa per conseguire la propria felicità. Or tanto l'intelletto, quanto la volontà possono per difetto deviare dalla proposta rettitudine; ed in tal caso il difetto dell'intelletto si dice Colpa, quello della volontà si dice
Dolo.

. La Colpa da' Giuristi vien detta di tre specie, Lata, Leggiera, Leggierissima. La Colpa lata, che dicesi pure tutta
colpa, si à quando l'intelletto per niente esamina l'azione. La
Colpa leggiera si à quando l'intelletto alla rinfusa esamina l'a-
zione. La Colpa leggierissima si à quando l'intelletto omette
qualche diligenza nell'azione, che un'uomo diligentissimo suole adoperare. Esco di stanza, fo girare la chiave della mia
bussola senza osservare se chiusa, o aperta fosse restata, la
colpa è lata se la cennata bussola rimanesse aperta: ma ò ur-
tato la bussola, e mi sono accorto ch'era chiusa senza badare
se fosse restata ben chiusa come non era, la colpa è leggiera:
infine sicuro di aver ben chiuso mentre era per uscire di casa,
non sono tornato a meglio diligenziare se fosse stata realmente
ben chiusa, la colpa è leggierissima. Passiamo al Dolo.

Il Dolo può essere di proposito, e di fatto; il primo si à
quando l'intelletto sbaglia nel giudicare, e la volontà approva
l'azione. Così un mercatante malgrado conoscesse la falsità di
un brillante lo vuol vendere per vero. Il secondo si à quando
l'intelletto si accorge di aver errato, e la volontà vuol seguire l'abbaglio: così il mercatante vende il falso brillante per
vero, perchè credeva esser tale; ma dopo la vendita accor-
tosi dell'errore, la volontà l'approva senza voler risarcire il
danno accagionato.

Finalmente i Giureconsulti romani distinguevano il dolo buono dal dolo cattivo, attesa la industria altrui a smerciare le
sue cose era diretta pel proprio vantaggio, oppure per ingan-

nare gli altri ; ma ciò piuttosto si appartiene al Dritto Civile, di cui non è nostro scopo parlare.

Eccoci alla fine del trattato delle azioni umane, desse erano conoscenze necessarie per valutare la bontà, o malizia ; come pure la giustizia, od ingiustizia di ogni qualsiasi libera azione ; e poichè un' azione è pure il giudizio della nostra coscienza, perciò siamo indotti a soggiungere al trattato delle azioni quello della coscienza.

LEZIONE X.

COSCIENZA, E SUE SPECIE

§ 93. *Il ragionare sulla rettitudine delle azioni dà la coscienza — che importa la sinderesi — che cosa è la coscienza — essa è un perfetto sillogismo — è buona, o cattiva — teoretica, e prattica — antecedente, o conseguente — stimolante, richiamante, avvertente — la coscienza avvertente è inseparabile dalla prudenza — infine la coscienza è retta, ed erronea.*

93. L' uomo è fatto pel vero obbiettivo, se con Kant non vogliamo distruggere ogni fondamento reale di buon ragionare, e necessariamente tende ad esser felice in forza della propria natura (24); perlocchè del continuo va in cerca della verità. La quale rinviene mercè l' intelletto (§ XXXII.), il quale non potendo essere discordante dalla mente del Creatore, essendo una e sola la verità, rettamente può giudicare del fine del Creatore medesimo, in cui si ripone la di lui felicità. Poichè dunque l' intelletto certe azioni le scorge necessarie al conseguimento dell' indicato fine, altre ricalcitranti allo stesso, e tutto ciò per la coerenza o disconvenienza, che ànno alla legge, mezzo del proposto fine ; quelle le giudica giuste, queste le dice ingiuste. Una tal rettitudine morale egli l' intelletto presenta alla volontà a fine la secondasse se vuol essere felice : la volontà pertanto accorgendosi dell' aggiustatezza del giudizio dell' intelletto proveniente dal confronto dell' azione

colla legge, senz' altrui spinta si determina a seguire la giustizia dell'azione, confacente al dovere ch'ella à di seguire i dettami della legge conosciuti per la rettitudine dell'intelletto. Donde ci è dato rilevare, che la volontà per produrre un'azione libera, e quindi morale, à bisogno di un raziocinio dell'intelletto, mercè cui l'azione paragonandosi colla legge ne emerge la giustizia, o la ingiustizia dell'azione medesima, e si produce il dovere individuale morale. Or tal raziocinio dell'intelletto è quello, che propriamente si dice Coscienza (§ XXXIII).

Introdotti a tal modo a parlare della coscienza, prima di esibirne la definizione, giova premettere alcune cose sulla stessa.

94. Precedentemente dicemmo l'Autore della natura aver infuso nella mente dell'uomo alcuni semi di verità morali generali (34), per cui all'ombra dell'intelletto si sveglia in lui un sentimento morale relativamente alle sue azioni; e come questi principi sono astratti, perchè generali : così ancora producono una obbligazione astratta, tutta ristretta in un vero empirismo di pratica. Infatti è un principio generale morale — Dio come Autore dell'uomo deve adorarsi — Lo conosco per forza della contemplazione del mio intelletto, il quale dice pure — Dunque è proprio dell'uomo adorare il suo Dio — Ecco una obbligazione astratta ; perchè la bontà o malizia dell'azione si enuncia non nel concreto, sibbene nell'astratto ; mentre dal principio generale non concludo — Dunque io debbo adorare Dio — Or la cognizione di questa obbligazione in astratto riguardata è quella che dicesi Sinderesi, la quale per niente si vuol confondere colla coscienza. Conciosiachè la prima riguarda la obbligazione astratta, la seconda la obbligazione stessa ma in concreto ; giacchè in forza dello stabilito principio per la coscienza conchiudo — Io debbo adorare Dio.

È dunque la Sinderesi un'àbito pratico, che naturalmente à l'intelletto umano di conoscere le prime verità della legge morale, inclinando l'uomo a fargli fuggire il male, ed abbracciare il bene. Quindi la sinderesi dirige le azioni in generale senza mai scendere all'atto pratico singolare, nel che fare si applica la coscienza. E come la sinderesi si applica intorno alle prime verità morali, le quali sono infallibili : così ella non potrà mai cadere nell' errore : tutto altrimenti succede nella coscienza, come da qui a poco osserveremo.

Dalla sinderesi però nasce la coscienza, come l' effetto dalla sua causa ; giacchè il fatto particolare livellato col noto principio generale avuto dalla sinderesi produce l'atto di coscienza nella conseguenza, come appresso insegneremo. Infatti la sinderesi per abito conosce — Dio come Autore dell' uomo deve adorarsi — il fatto particolare coscienzioso è — Io sono uomo — Adesso sorge l'atto della coscienza dicendosi nella conseguenza — Dunque debbo adorare Dio. Quindi rilevasi, che la sinderesi è l' abito di conoscere le prime verità morali ; la coscienza poi é un'atto, che applica il fatto particolare alla verità nota per la sinderesi.

95. Tai cose premesse siamo nel caso di definire la coscienza. Ella in verità è un giudizio prattico, che l'intelletto forma sulla moralità delle nostre proprie azioni. L'animo nostro per la sinderesi che dovunque porta non può sfuggire un tal giudizio, il quale lo stringe in tutt' i modi senza mai poterlo mascherare (93) ; la forza delle passioni potrà solo tempestarlo, assopirlo, distruggere non mai ; e si dovrebbe distruggere la natura dell'uomo per negargli la esistenza. Per la qual cosa era una empietà del Sig. Tolando, e di tutt' i suoi seguaci il dire che, i preti, ministri de' sacri altari, per fare uno spauracchio negli animi incauti vanno immaginando coscienza. È la natura stessa dell' uomo che parla, e l' empio impallidisce sul suo delitto, il dabbene teme avventurare i suoi passi ; il mal fatto riprende ed un perno, direi, ficca nella mente che tragge, il ben fatto consola, e piace la rimembranza. Chi dunque siffatte cose impresse nel cuor dell' uomo ? E vi vuole si dica al cattivo, all' incauto, al dabbene, che una coscienza esiste? La sentono tutti, la portano tutti, ognuno ne sperimenta i buoni oppur tristi effetti.

96. Ella però la coscienza (§. XXXIV.), giusta la esposia definizione, contiene sempre in sè un perfetto sillogismo costante di tre formali proposizioni, di cui una racchiude la legge, l'altra il fatto particolare, la terza la moralità che sentenzia dell'azione, e quindi contiene il giudizio della co-

scienza. Infatti il mio intelletto, cui è dato per la sinderesi facilmente conoscere la equità della legge morale, di questa stessa legge tosto viene in cognizione, mettendo a calcolo le proprie forze, forma il primo termine di quel sillogismo che dovrà formarsi. Passa innanzi colla sua cognizione, e viene a cenoscenza del fatto, che vuol prodursi, o che già è stato prodotto, e forma il secondo termine del cennato sillogismo. Questi due termini li paragona tra loro; e se tra essi scorge convenienza, in un baleno detta la obbligazione proveniente dalla legge, e chiama giusta l'azione (93), ed in tal modo formerà il terzo termine completando il sillogismo: nel qual paragone è riposta la coscienza (95). Il tutto chiaramente si può vedere nella coscienza, che Giuda ebbe dopo aver tradito il suo Maestro [1]. Fa male chiunque tradisce il sangue di un innocente — ecco la legge morale generale — Ma io ò tradito il sangue di un' innocente — ecco il fatto particolare di Giuda — Dunque io ò fatto male — Ecco la coscienza, la quale con sè porta la sentenza, con cui si decide della moralità dell' azione. Nel quale sillogismo voi osservate tre idee, tre termini, tre proposizioni secondo tutto il rigore logico; e quindi osservate perfezione tanto nella materia quanto nella forma dell' argomentazione, a tal che non rimane dubbio essere la coscienza un perfetto raziocinio.

97. Data la verace idea della coscienza fuori ogni laguna di errore esaminiamo le sue differenti specie. E sulle prime la coscienza può esser Buona, o Cattiva, (§: XXXV.) attesochè assolve eppur condanna nella conseguenza del sillogismo. Infatti assolve quando l'azione è congrua alla legge; condanna quando l' azione è discrepante dalla legge medesima — Dio deve adorarsi dall' uomo — io sono uomo — dunque debbo adorare Dio : ecco una coscienza buona, la quale approva l' atto di adorazione di Dio; perchè lo trova uniforme alla legge morale; per cui diceva S. Giovanni, che quelli ànno una buona coscienza, « Se il lor cuore non li condanna [2]. » Al contrario dicesi della coscienza cattiva, la

1. Matt. 27. 4.

2 1. Epist. 3. 21. Si cor suum non reprehenderit nos.

quale condanna l'azione dell'agente. — Chiunque è reo di omicidio fa un male — Io son reo di omicidio — Dunque ò fatto un male : ecco una coscienza cattiva, la quale condanna la mia azione di omicidio, perchè la trova nel raziocinio contraria alla legge morale ; per cui lo stesso S. Giovanni diceva che quelli anno una coscienza cattiva, « *Se il cuor lor li condanna* 1. » A vista di queste cose l'Apostolo chiamava gli atti della coscienza « *I pensieri, che si accusano, ed anche si difendono* 2; » giacchè la buona coscienza non ammette delitto, soltanto lo ammette la rea coscienza ; perlo chè la prima non à che rinfacciarsi, come lo può la seconda: onde a proposito cantò Giovenale; « *La prima vendetta è questa, che niun malvaggio può essere assoluto nel tribunale del suo cuore : quantunque l'ingiusto favore avesse corrotto il voto del Pretore* 3 ». Pertanto la coscienza buona va sempre congiunta colla fiducia ; dappoichè osserva l'azione uniforme alla legge, e produce compiacimento e tranquillità, non avendo mai di che pentirsi della di lei giustizia : onde diceva Orazio

> . . . . *Al cor rimorso*
> *Mai non sentir, nè impallidir per colpa* 4.

Al contrario poi la coscienza cattiva va sempre congiunta col timore ; perchè trova sempre l'azione difforme alla legge ; perciocchè produce angustie, e pentimenti.

98. Dalle idee di coscienza buona o cattiva sorge la distinzione di coscienza Teoretica e Pratica, atteso l'intervento, o la mancanza della determinazione della volontà. Infatti se la coscienza giudica in generale della bontà o malizia delle azioni, e come tali degne di essere abbracciate, o fuggite, ella

---

1 3. v. 20. *Si reprehenderit nos cor nostrum.*

2 *Cogitationibus accusantibus, aut etiam defendentibus.* Rom. 2. 16.

3   *Prima haec est ultio, quod, se*
Judice, nemo nocens absolvitur : improba quamvis
 Gratia fallaci Praetoris vicerit urna.
                         Sat. 13 v. 2. seq.

4   *Nil conscire sibi, nulla pallescere culpa* E. lib. 1.

sarà Teoretica. Ma se esaminate tutte le circostanze che concorrono nell'azione, per la volontà si determina doversi eleggere, o fuggire, ella sarà Prattica. Bisogna sentir la messa in giorno di festa, è una sentenza teoretica di coscienza ; perchè essa non dice, debbo io sentir la messa. Ma poichè chi sente la messa in giorno di festa, soddisfa alla legge del superiore, adempie i doveri di un buon cristiano ; dunque voglio sentir la messa nel giorno di festa, l'è questa una coscienza prattica. Per l'adempimento della legge morale la teorica non dev'essere scompagnata dalla prattica ; altrimenti la legge morale sarebbe un'astrazione troppo frivola, che in niuna guisa inclinerebbe la umanità al retto e saggio operare. È buona la coscienza teoretica, e fa gli uomini dotti ; ma la prattica è quella che fa gli uomini virtuosi, i quali soli pervengono all'acquisto del sommo Bene, fonte ed origine di ogni felicità nell'uomo.

99. Più, la coscienza può essere Antecedente, e Conseguente (§ XXXVI.) Si dice Antecedente se prima di fare l'azione, l'intelletto raziocinando confronta l'azione possibile colla legge esistente. Sii temperante, mi dice la legge : di cui memore giudico se posso aggiungere altro cibo alla mia ordinaria mensa senza infrangere i limiti della temperanza per guisa che, se resta salva la temperanza aggiungo altro cibo, in contrario me ne astengo. L'è questa una coscienza propria degli uomini saggi e virtuosi, i quali soli in tutto quello che vanno a fare, vogliono sempre conoscere la volontà dell'Autore della natura, e non v'è azione per indifferente, o di picciol momento da altri stimata, in cui essi non pongono le loro riflessioni per iscorgere se mai vi sia offesa alcuna di Dio nel farla ; per cui si dicono godere una delicata coscienza (§ XXXVII). Al proposito molto bene la descriveva Plutarco : « Alle cose già dette aggiungi se ti piace un segno non piccolo, vale a dire, che chi avvanza nella giustizia, stima che non v'è peccato piccolo, ma con premura sfugge, e si guarda da tutti 1 ». Si dice poi Conseguente,

1 Id quoque, si lubet, ad praedicta adjunge signum non exiguum, quod recte proficiens nullum jam peccatum exiguum putat, sed omnia studiose vitat et cavet. De prof. virt. sent. pag. 85.

se dopo fatta l'azione l'intelletto raziocina se buona o cattiva. Mi trovo a lato del mio nemico, lo rimproccio delle sue scortesi maniere, e di repente ne prendo le vendette: ciò fatto per intimo senso considero se doveva, oppur no vendicarmi. L'è questa una coscienza propria di tutti, e specialmente degli uomini scellerati, i quali agendo sempre a norma delle loro passioni, van considerando il fatto dopo averlo seguito, e giammai si prendono la briga di esaminarlo prima di venirne alla esecuzione. Antioco, per mo' di esempio, dopo aver assassinato il tempio di Gerusalemme, venne in profondo pensiere delle sue empietà, e proruppe in quelle terribili parole: « *Io mi ricordo de' mali fatti da me in Gerusalemme* 1 ».

100. Ella però la coscienza antecedente (§ XXXVIII.) può suddividersi in Stimolante, Richiamante, ed Avvertente. La chiamiamo Stimolante, se serve di sprono ad operare ; perchè conosce l'azione comandata dalla legge : tal'era la coscienza di Moisè e di Zeffora sua moglie, con cui memori del precetto della circoncisione erano spinti a circoncidere il loro tenero figliuolino 2. La chiamiamo Richiamante, se serve di freno ad operare ; perchè conosce l'azione proibita dalla legge : tal'era la coscienza di Davide, con cui era richiamato dalla uccisione di Nabale ; perchè trova proibita la uccisione dell'ingrato 3. Finalmente la chiamiamo Avvertente, se serve di avvertimento a far uso della prudenza, consultando la ragione nell'operare ; perchè conosce l'azione permessa dalla legge : tal'era la coscienza di S. Paolo, quando avvertiva i Corinti 4 a non mangiare quella carne, ch'essi sapevano essere stata immolata alle bugiarde Divinità ; non perchè era loro proibito, ma perchè gli altri ne potevano prendere scandalo.

101. Dalla nozione della coscienza avvertente risulta, che ella siegue sempre le regole della prudenza, la quale consiste nel porre i mezzi più acconci al fine determinato ; conseguen-

1 *Reminiscor malorum, quae feci in Jerusalem.* 1. Mac. 6. 12.
2 *Ex* 4. 24.
3 1. Reg. 25. 35. seq.
4 1. Cor. 10. 28. seq.

temente può dirsi una coscienza prudente; dappoichè l'una e l'altra tostochè pigliano sede nello stesso uomo non potranno deviare dal fine della felicità, ch'è il fine unico dell'uomo. Conciosiachè ove tra loro pugnassero l'uomo sarebbe infelice, la volontà dell'uomo stesso non troverebbe pace: sarebbero allora due linee che mentre partono dal medesimo centro non giungerebbero alla medesima circonferenza, ciocchè forma un assurdo. Per la qual cosa s'ingannò a partito il barone Galluppi, quando nella sua Filosofia morale 1 si avventurò dire, che spesso avveniva la prudenza essere in contradizione colla coscienza. Dalla quale proposizione son manifestissimi due troppi grossolani assurdi: il primo, esservi il caso in cui sarebbe imprudenza operare giusta i dettami della coscienza: il secondo, esservi il caso in cui la prudenza obbligasse ad operare contra la coscienza. Ma di grazia non ci venne da Dio la coscienza per potere operare a norma della legge? e quando la coscienza è retta non è un mezzo per soddisfare a' propri doveri, e quindi acquistare la felicità? È un mezzo dunque, e questo efficacissimo, la coscienza per giungere all'acquisto del bene, fine dell'operare umano: or chi pone i mezzi per espletare il fine è un far uso della prudenza. Operare quindi secondo i giusti dettami della sapienza è la massima prudenza, che possa adoperarsi nell'operare. Dippiù la prudenza è una virtù in quanto che è una buona disposizione della nostra mente per soddisfare al dovere; e la coscienza è fondamento di ogni virtù; giacchè per essa giudichiamo delle disposizioni della nostra mente. Se la prudenza fosse in opposizione colla coscienza il fondamento ricalcitrerebbe all'edificio, e ne verrebbe come la distruzione di ogni virtù; così pure della prudenza: e nella pugna o rimarrebbe la prudenza senza coscienza, ciocchè è impossibile pel dimostrato; o la coscienza senza prudenza, ciocchè è un paradosso, mentre l'uomo coscienzioso è l'uomo prudente. Ci fa somma meraviglia adunque come un filosofo tanto profondo, ed un moralista tanto coscienzioso abbia potuto in tal guisa travedere; mentre

1 cap. 3. S 48. pag. 217.

troppo chiare sono le parole dell'Apostolo, con cui vuole che si agisca sempre con prudenza ; cioè moderare la coscienza col sale della prudenza: « *Tutto mi è permesso ,' ma non tutto espediente. Tutto mi è permesso*, *ma non tutto è di edificazione* 1 ». Nella rettitudine di coscienza si abbia sempre di mira la prudenza, ed in questa si consulti sempre la coscienza.

102. La coscienza in oltre può dividersi in Retta ed in Erronea (§ XXXIX.). È retta se il raziocinio formato dalla coscienza non pecca nè nella materia, nè nella forma ; ossia, se il giudizio emesso sulla moralità delle azioni è conforme alla legge : ciocchè importa essere un giudizio emesso secondo le regole della prudenza (101). Così è retta la coscienza di quel Principe, il quale dice : Ognuno il quale, giusta la mia legge, uccide un'altro è degno di morte : ma Tizio à ucciso il suo simile ; dunque è degno di morte. Quindi la coscienza retta da principî veri ne deduce vere le conseguenze ; giacchè poste le premesse del raziocinio non false; le circostanze dell' azione anche non false, il giudizio della coscienza dev' essere necessariamente vero. In somma la coscienza è retta quando si osservano esattamente le regole di un buon raziocinio secondo i Logici.

È erronea se il raziocinio formato dalla coscienza pecca o nella materia, o nella forma ; oppure in ambedue. Questo avviene quando nelle premesse del raziocinio si pone falsa la legge, o false le circostanze dell' azione ; oppure quando non si serbano le regole di un buon raziocinio secondo i logici : in tutti questi casi la coscienza risulta falsa ; giacchè si fonda nella falsità. Così i Giudei peccavano nella materia del raziocinio di coscienza, quando così pensavano 2: È lecito incrudelire verso i genitori quante volte quello potrebbe giovarli si offrisse a Dio : ma noi offriamo a Dio quello che togliamo ai genitori ; dunque non pecchiamo : ove si osserva, che la premessa maggiore era falsa, stantechè una tal legge non poteva

1 *Omnia mihi licent, sed non omnia expediunt. Omnia mihi licent, sed non omnia aedificant.* 1. Cor. 10. 22. seq.
2 Matt. 15. 5. Mar. 7. 11.

giammai esistere come diametralmente opposta alla legge di
natura, e sol dettata dall'avarizia de' Farisei. Dell'istesso calibro era la coscienza di Abimelecco 1 quando così la discorreva intorno a Sara che voleva godere : È lecito aver commercio con una donna non maritata : ma tal'è Sara ; dunque
posso aver commercio con lei. È vero che Abimelecco voleva
possedersi Sara senza fare la menoma onta alla religione ; ma
poggiava su di un falso supposto nella persona di Sara, la
quale era già ligata in matrimonio ; perlocchè posto uno sbaglio di giudizio circa la circostanza del fatto la religione veniva oltraggiata. Quindi la premessa minore era falsa nel raziocinio proposto. Un'esempio della coscienza erronea peccan-
te nella forma del raziocinio ce lo porgono i Farisei medesimi 2 quando da vere premesse di legge, e di fatto, erro-
neamente conchiudevano a danno del prossimo. Infatti era vera la legge che in giorno di sabato non poteva faticarsi, ed
era pure vero il fatto che ajutare un'uomo bisognevole era
una fatica ; ma non dovevano poi dedurre, che in giorno di
sabato si doveva piuttosto lasciar perire l'uomo, che porgergli soccorso a motivo di non offendere il precetto divino. La legge di natura nella collisione, come diremo in appresso, deve
preferirsi ad ogni altra legge ; e quindi nella verità della legge divina doveva distinguersi la necessità, o la carità ; in somma il bisogno della umanità, il quale reclamava alla legge
di natura ; e quindi imponeva una ragionevole eccezione nella
legge divina, la quale non restava oltraggiata per la fatica
ne' casi urgenti, o permessi dalla ragione.

La coscienza erronea intanto può essere vincibile od invincibile atteso è l'errore, di cui altrove favellammo (88), e per
cui qui ci dispensiamo dal ripetere le stesse cose.

Restano altre specie di coscienze, le quali formeranno l'oggetto della seguente lezione.

1 Gen. 20. 2.
2 Matt. 12. 10. seq.

LEZIONE XI.

CONTINUA L'ISTESSO ARGOMENTO, OVE SI RISOLVONO VARI DUBBI INTORNO LA COSCIENZA.

§. 105. *La coscienza è certa, o probabile.— opinione di Ermeneccio circa il probabilismo — la coscienza è dubbia, o scrupolosa — libera, o serva — addormentata, destata, tranquilla, rimordente, ed irrequieta — se mai la coscienza sia norma regolatrice delle umane azioni — se possa operarsi secondo la coscienza erronea.*

105. Poichè sotto le varie forme, con cui la nostra coscienza si mostra, s'indica il vario modo, con cui ella suole ragionare ; perciò è, che la forma di coscienza risulta dalla specie del raziocinio, il quale potendosi conformare alla legge, oppure dalla stessa discrepare ; o giudicare nell'astratto dell'azione, oppure nel concreto, e ciò prima o dopo di eseguire l'azione ; la coscienza sarà Buona o Cattiva, Teoretica e Prattica, Antecedente e Conseguente. Or di queste specie tutte di coscienza avendo diffusamente parlato nell'antecedente lezione, ci è mestieri nella presente menzionare le rimanenti sue specie, onde rendere completa la di lei trattazione.

Ed infatti la coscienza può essere Certa e Probabile. (§. XL.) Si dice certa se il raziocinio poggiando su principî certi non include timore alcuno dell'opposto. Tale sarebbe la coscienza di quel Principe, il quale condanna un suo suddito convinto di omicidio (102). Qui però non vuel confondersi la coscienza certa colla coscienza retta ; giacchè ogni coscienza certa è retta, ma non ogni coscienza retta è certa ; e la differenza che passa tra loro è la stessa che passa tra la verità e la certezza, di cui a lungo si è parlato in metafisica. Passiamo per altro alla coscienza probabile, di cui più cose occorre segnare secondo la genuina idea de'moralisti. Si dice probabile quella coscienza, la quale nel suo raziocinio teme dell'opposto; cioè i principi su cui poggia non sono di tal natura veri, che non potessero essere anche falsi. Quindi è, che la coscienza probabile non è la coscienza certa; sibbene una coscienza verisimile, la quale non può dirsi dubbiosa, di cui parleremo in appresso; perchè dà il consenso nell'azione; nè lo sospende come nel dubbio: Per esemplificare la coscienza probabile fingete, che il Principe abbia promulgata una legge, con cui ordina, che chiunque portasse armi venghi posto in arresto. Or' ponete pure, che altri volendo interpretare una tal legge dicessero, sembrare che il Principe non voglia estendere la sua volontà a quelli, che si trovano in luoghi molto difficili, e pericolosi. Trovandomi in un tal caso poggiato su questa opinione porto le armi, agirò allora con una coscienza probabile.

Epperò la probabilità à i suoi gradi per modo, che una opinione potrà essere più o meno probabile attesa la forza delle ragioni; oppure il peso dell'altrui autorità; perlocchè la coscienza ancora sarà più o meno probabile. E siccome la probabilità può fondarsi su ragioni intrinseche ricercate dalla natura della cosa, e sarà intrinseca probabilità: oppure può fondarsi sul sentimento degli uomini dotti, e sarà estrinseca probabilità: così pure la coscienza probabile sarà tale intrinsecamente, oppure estrinsecamente, attesi i motivi su cui poggia. Per la qual cosa poco accorta è la definizione del chiarissimo Einneccio data alla coscienza probabile, quante volte dice, ch'ella raziocina sulla sentenza probabile degli altri; giacchè in tal caso sarà distrutta ogni coscienza probabile per probabilità intrinseca; cioncchè in niun modo può, e devesi ammettere.

104. La coscienza probabile fondandosi su di un raziocinio, che crede conforme alla legge, ella può rinvenire il vero, e delle volte può sbagliare; giacchè non à per la parte sua la certezza. Perciocchè ella alle volte porta con sè la rettitudine del raziocinio, ed alle volte la falsità dello stesso in guisa che, la coscienza probabile non è sempre in opposizione alla coscienza retta; ma il più delle volte è la stessa coscienza ret-

ta. In allora si verifica una tale opposizione! quando per la parte sua à la falsità, e nel fatto è una coscienza falsa; avvegnacchè succede la forza de' sofismi essere tale, che allucinando la mente si prende la falsità per una vera realtà, e ciò per difetto della mente, e non già della cosa, di cui la natura non potrà giammai capglarsi. Ma stanti queste cose possiamo noi agire colla coscienza probabile? La soluzione di tale difficoltà quanto prima sarà da noi esibita per non ingenerare confusione nelle teorie. Soltanto in anticipazione rispondiamo al chiarissimo Einneccio, che troppa meschina è la idea, ch'egli si à formata del probabilismo, volendolo insuffi, ciente a dirigere le nostre azioni. Conciossiachè, ei dice, una tal coscienza non sempre è retta, certa, e costante, e quindi può farci alle volte malamente operare. Più, una tal coscienza si fonda sull'altrui autorità, la quale spesso è fallace; perchè dall'Apostolo abbiamo che « *Ognuno segua il proprio parere* ». Ma circa il primo motivo, egli erra; perchè quando una coscienza è veramente probabile, allora si à la prudenza nell'agire (100. 101.); e se per l'azione fosse mestieri sempre la certezza, o mai, o ben poche volte si dovrebbe operare. Erra circa il secondo motivo; sì perchè ci abbiamo anche la probabilità intrinseca (103); sì perchè quando più persone convengono nella stessa cosa si à la certezza Morale. L'Apostolo voleva dire del proprio sentimento, a cui non deve alcuno fidare se non quando le ragioni, che assistono non sono più che chiare, e forti; perchè ognuno facilmente si può ingannare per la tendenza, che si à all'amor proprio. Queste cose possono bastare per ora; giacchè in appresso saranno meglio discusse. Epperò non deve farci meraviglia la sentenza del chiarissimo Einneccio, il quale si trovava sul principio dell'accanita guerra contra il probabilismo, e per cui egli lo chiama un domma nuovo de' casisti: guerra non per anco interamente terminata a' tempi nostri; ma possiamo dire con franchezza esser sostenuta a favore del probabilismo da molti sublimi ingegni Italiani, cui ci è dovere venerare: nè

---

1 *Unusquisque in suo sensu abundet.* Rom. 14. 5.

alieno sarebbe dalla stessa venerazione il chiarissimo Einneccio se vivesse in questi nostri tempi. Riflettiamo intanto sulle
altre specie di coscienza.

105. La coscienza può essere Dubbia e Scrupolosa (§ XLI.)
Si dice dubbia se i motivi di probabilità sono uguali si per
l'una che per l'altra parte. E qui la coscienza dubbia va distinta dalla coscienza probabile ; giacchè sotto la probabilità
l'animo nostro liberamente dà il consenso all'azione ; ma sotto il dubbio sospende un tal consenso non appigliandosi ad
alcun partito. Avrete forse una legge quistionata da' Giuristi
per modo che, tanto per l'affermativa quanto per la negativa le ragioni sono di un'egual merito ; la risoluzione del vero
si rende incerta, e quindi dubbiosa : in tal caso non si sa uno
determinare ad agire senza molto chiarire la cosa controversa,
e si avrà la coscienza dubbia, pessimo stato dell'animo nostro ; giacchè alle volte son così acuti certi dubbi, che quasi,
direi, inchiodano l'animo nostro nel nostro petto, e non di
leggieri lo cruciamo. È poi la coscienza Scrupolosa, se per
cose di picciol conto ed insussistenti si soffrono inquietitudini,
dubbiezze, timori. Tal sarebbe la coscienza di colui, che per
aversi imboccato una mica di pane in giorno di digiuno crede
aver commesso un grande errore. Un tale stato dell'animo è
troppo affliggente, e per troppo essere osservanti della legge
ci mettiamo nel pericolo di non osservare la legge medesima.
Egli lo scrupolo, da cui n'è derivata la coscienza scrupolosa,
è come quel ciottoletto, il quale incautamente essendosi in-
tromesso nel calzare, ei crucia, e c'impedisce il libero cammino ; perciocchè Servio diceva, « *Lo scrupolo è una pie-
truzza di poco volume, che premuta arreca dolore, ond'è,
che fu detta scrupolo* 1 ». Ed Apuleje mette lo scrupolo in opposizione di una gran cura, ch'egli chiama lancia, volendoci
dinotare, che lo scrupolo anche bastevolmente affligge il nostro animo 2. Evitiamo adunque una tanta afflizione del nostro

1 *Scrupus proprie est lapillus brevis, qui pressus sollicitudinem creat,
unde etiam Scrupulus dictus. Ad Aen. 6. v. 256.*

2 Scip. Gentil. ad Apul. Apol. p. 150,

spirito, e rendiamoci superiori a noi stessi. Da ultimo non vuolsi qui confondere lo scrupolo col dubbio; giacchè la coscienza dubbiosa non consentisce all'azione che si dovrebbe, oppur non si dovrebbe farè, mentre rimane sospesa di giudizio tra le due parti della contradizione; ma la coscienza scrupolosa poggiata su motivi tenuissimi dà l'assenso alla negazione dell'azione: ed in ciò va pure distinta dalla coscienza probabile (103).

106. Oltreacchè la coscienza va anche ben distinta in Libera, e meno Libera, ossia Serva (§ XLII). La prima si à quando la coscienza ragiona senza passione; cioè quando trovasi nello stato di libertà morale. La seconda quando ragiona nello stato di schiavità morale; ed in tal caso impropriamente la diciamo coscienza; perchè non più i lumi dell'intelletto, ma la forza delle passioni è quella che dirige le azioni. È vero, che l'uomo in tale stato si gode la individuale sua libertà; ma difficilmente la esercita sotto un'emporio di tribolazioni. Gli stoici la prima la dicevano dell'uomo virtuoso, e ciò intendevano quando profferivano « *Il solo saggio è libero* »; la seconda la dicevano dell'uomo vizioso, e si esprimevano, « *Ogni stolto è servo* ». E per dirsi il vero la sincera veritiera libertà consiste nel fare il bene, essendo difettosa quella libertà che si addice al male (65); talchè l'uomo virtuoso è l'uomo veramente libero, chè fa retto uso delle sue facoltà; non così l'uomo vizioso.1. Troppo preziose sono le parole di Seneca dirette al nostro proposito: « *Chi per mezzo della virtù è passato alla libertà, sprezza, e discaccia i vizi, e con gran coraggio grida: io non sono per ubbidire a' pravi appetiti, io non mi sottometto al giogo: dippiù mi avvanzo a ricercare ciò che richiede maggior virtù. Non è da rendersi effeminato l'animo. Se mi farò vincere dal piacere fa d'uopo cedere ancora al dolore, al travaglio, alla povertà. Vogliono esercitare in me l'istesso impero l'ira, e l'ambizione 2* ». E su queste parole

---

1 Cic. Paradox 5.

2 *Qui se per virtutem in libertatem vindicavit, is spernit calcatque vitia, magnoque animo clamat: Non sum imperata facturus, jugum*

di Seneca riflettendo Lipsio soggiungeva: *« Ecco da quanti pa-*
droni egli è campato! Aggiungi la libidine, l' avarizia, ed al-
tri vizj, ed avrai per dirla con vero nome, una ciurma di
tiranni. Misero quello schiavo, ch' è soggetto a costoro! For-
tunato e felice, chi seppe sottrarsi [1] ». E piacesse al Cielo, che
la vera libertà volesse regnare negli uomini! libertà di virtù,
libertà di soggezione alle leggi, libertà di edificazione, di distruzione non già.....!!

107. Finalmente la coscienza si divide in Addormentata, Destata, Tranquilla, Rimordente ed Inrequieta (§ XLIII. § XLIV.).
La coscienza Addormentata è quella, che si è resa incapace
di ragionare sulla giustizia, od ingiustizia delle azioni. L' è
questa la peggiore specie della coscienza serva, di cui poc'anzi favellavamo (106); e dessa propriamente è chiamata da S. Paolo
lo [2] coscienza Cauterlata; giacchè l'uomo in un tale stato
manca di coscienza sì antecedente che conseguente; perciocchè
rendesi senz' alcun rimorso insensibile ne' suoi delitti simiglievolmente alla carne cancrenosa, la quale perde ogni sensibilità. Quindi non a l' uomo in tale stato più orrore per le sue
ingiustizie; ma di ogni erba facendo un fascio, come suol dirsi, mescola il sacro col profano a norma degl' impulsi delle
sue sfrenate passioni da cui pienamente è dominato.

È poi Destata, ossia Risvegliata, quella coscienza, la quale
scossa da qualche accidente (come pericolo, malattia, danno,
miseria, ed altre) dallo stato deplorabile del vizio, in cui gia-
ceva immersa, rientrando in sè stessa comincia a ragionare
sulla giustizia, od ingiustizia delle sue azioni. Quindi mercè
tale coscienza l' uomo principia a far riflessione sulla passata
vita malamente spesa nel delitto; per cui ella è una certa spe-

---

non recipio: immò, quod majore virtute faciendum est, excutio. Non
est molliendus animus. Si voluptati cessero, cedendum est dolori, ce-
dendum labori, cedendum paupertati. Idem sibi juris in me esse volet
et ambitio et ira, Epist. 51.

1 *Ecce quot dominos ille jam effugis? adde libidinem, avaritiam,*
alia vitia: turbam habebis, ut vero nomine dicam tyrannorum. Miserum
mancipium, qui his subjicitur! erectum et liberum, qui evasit. Malu-
duct. ad phil. Stoic. lib. 5. Diss. 12.

2 1. Tim. 4. 2.

cie di coscienza conseguente (99), ed è molto valevole per far
rientrare l'uomo ne'suoi doveri, e fargli abborrire la trascu-
ratezza del passato.

Si dice Tranquilla quella coscienza, la quale esaminando
l'azione la trova uniforme alla legge. Rimordente, se trova
l'azione difforme alla legge. La prima è specie della coscienza
buona (97), e della coscienza certa (103): la seconda è specie della coscienza cattiva (97). Due stati non capricciosi, ma
reali son questi del nostro animo, il quale poichè anela la felicità la coscienza riposa, e si bea innanzi tempo allorchè osservante si scorge della legge, dalla cui osservanza conosce
dipendere la propria felicità. Da questo stesso pensiere di felicità tocco l'animo nostro si angoscia quando non opera secondo la legge ; e tali sono i rimorsi che sente, e che per
quanto si sforza sopirli, ben inutile gli riesce ogni qualunque
ritrovato. Su tali acutissimi rimorsi di coscienza poggiavano le
spaventevoli fiaccole delle Furie inventate dagli antichi, e di
cui fa menzione Cicerone nelle sue orazioni 1 ; avvegnacchè se
l'empio in questa vita non fosse agitato da tali furie troppo beata riescirebbe la sua empietà. È un fatto certo adunque il rimorso della coscienza, cui il solo fanatismo potrebbe riluttare ; eppure il signor Tolando con altri empi della stessa sua greggia ardiscono rinnegarlo, ricorrendo alle pene imposte a' delitti dalle umane società, che vogliono causa-
re tali schiamazzi nelle coscienze umane. Ma piano, se così
fosse i sommi imperanti, i quali non sono sottoposti alle pene comuni al resto delle società, ne' loro delitti dovrebbero
essere tranquilli. E perchè Nerone, racconta Svetonio 2, giorno e notte non poteva darsi pace? E prima di lui Saulle
si disperava ; Antioco faceva vani proponimenti ; e cento e
mille altri gemevano sotto le gemmate loro corone? Erano i
rimorsi della coscienza, che li trafiggevano. E se questi ancora si volessero negare col rispondere che tutto si temevano
dalla parte del popolo, ch'essi governavano; di repente noi

1 Pro Sext. Rosc. Amer.
2 Cap. 34.
Einneccio Vol. I.   9

ripigliamo da quelli che confinati sul letto di morte non avevano più che temere ; eppure temono, si affliggono , piangono
per delitti a loro soli noti. Talmente veri sono i rimorsi della coscienza ! Per tutti valga Chilone Spartano rapportato da
Gellio, il quale prossimo a morire così favellò : « *Io per certo
in questo momento non m'inganno ; non ò commesso delitto
alcuno , la cui rimembranza possa partorire qualche afflizione,
all' infuori di quel solo* 1 ». Si potranno negare colla bocca i
rimorsi della coscienza ; ma per certo non si cancelleranno dal
cuore umano.

Finalmente la coscienza Irrequieta , ossia Ansiosa , è figlia
della coscienza dubbia (105), e si à quando l' uomo non si sa
che fare tra i tanti dubbi, che gli sopraggiungono alla mente.

Or fra tutte le varie specie di coscienza fin qui segnate è
da osservarsi, che non tutte sono distinte coscienze, ma molte
sono effetti immediati della stessa coscienza , i quali si manifestano per la volontà, come principio delle nostre azioni (59).
Le specie reali di coscienza sono la bontà o la cattivezza sia
antecedente sia conseguente, la rettitudine o la erroneità, la
certezza o la probabilità, la dubbiezza infine o la scrupolosità. A tal modo soddisfatto alle varie specie di coscienza , fa
mestieri occuparci in alcune difficoltà pertinenti alla stessa.

108. E dapprima si cerca sapere, se mai la coscienza possa
essere la norma regolatrice delle umane azioni ? Senz'attenerci all' altrui sentimento inchinevole all' affermazione pur
troppo mal fondata, ci serviamo nella nostra risoluzione di
questo quanto breve altrettanto stringente argomento (§ XLV).
Fu detto da noi antecedentemente (19), che la norma regolatrice delle umane azioni è quella , la quale si mostra retta ,
certa , e costante : or la coscienza talvolta è erronea, e quindi
non retta; talvolta è probabile , e quindi non certa ; talvolta
è dubbia, e quindi non costante. Dunque la coscienza non può
essere la norma regolatrice delle umane azioni. Inoltre la nor-

1 *Ego quidem certe in hoc tempore non fallo me , nihil quidquam
esse commissum a me , cujus memoria rei aliquid pariat aegritudinis,
nisi profecto illud unum. Noct. Att. lib. 3.*

ma serve di guida , non già è guidata; altrimenti sarebbe una
contradizione nel medesimo tempo per quell' oggetto in cui si
volesse insita la luce mentre è opaco : or la coscienza è guidata dalla legge ; giacchè questa applica a'fatti particolari (96):
dunque non è guida per sè stessa regolatrice delle umane azioni. Finalmente non può passarsi sotto silenzio la bella sentenza di Seneca : « *Non esservi sozzura senza proprio amante ,
nè errore senza il suo patrono* 1 » ; cioè l' uomo vizioso sia
nell' intelletto sia nella volontà tiene come tanti idoli i suoi errori , le sue passioni a segno tale che , in delle volte crede
falsamente un suo dovere lo sfogo delle cupidigie. Or la norma tra gli altri suoi caratteri dev' essere obbligatoria (19) ; e
quindi la coscienza posta per norma delle umane azioni allorquando è aggravata da' delitti obbligherebbe al torto morale.
E chi tai cose sentendo non appella a' sentimenti della natura,
che continuamente reclama la giustizia , l' onestà ; il dovere ?
Troppo evidente è dunque la coscienza non poter essere la norma regolatrice delle umane azioni. So bene , che il Dottore
Angelico 2 chiama la coscienza una norma prossima delle umane azioni ; ma ivi debbesi intendere per l' ufficio piuttosto che
à la coscienza , anzichè per la direzione che si possedesse la
coscienza stessa giusta il dimostrato. Conciosiachè è fuori dubbio, che la coscienza mostra il fatto alla legge, ed emette sentenza sull'azione dopo il confronto colla legge medesima ; dunque la legge mostra il modo di operare alla coscienza ; e perciò è regolata dalla legge : e per certo il regolato non può
esser regola nel medesimo tempo. Piace al S. Dottore chiamarla norma , regola , in quanto ch' è il principio, donde immediatamente parte la conoscenza della moralità delle nostre azioni dirette dalla legge (Lez. VIII.) morale, sola norma regolatrice delle umane azioni.

109. In secondo luogo cercasi sapere, se mai puossi operare secondo la coscienza erronea ? Fu detto (102) una tal co-

1 *Nullam esse foeditatem sine suo amatore , nullum errorem sine
patrono.*
2 1. 2. q. 71. art. 6.

scienza alle volte essere invincibile, altre volte vincibile; perciocchè quando la coscienza poggia su di un'errore invincibile, il suo errore non è volontario, e l'azione giammai si stimerà cattiva, essendo in realtà opposta alla legge; giacchè invincibilmente si crede il bene male, ed il male bene. Ma la difficoltà riguarda piuttosto la coscienza erronea vincibile, la quale in due modi può aversi, o ponendo una legge falsa, od applicando falsamente una legge vera.

Ed in ambi i modi non può operarsi secondo la coscienza erronea; giacchè sempre si commette un'azione cattiva la quale indirettamente nella volontà porta una ferita alla legge morale in forza di un falso raziocinio. Così pecca colui, il quale nel giorno di vigilia non digiuna; perchè crede non esser vigilia, mentre l'è in realtà: come pure pecca quel ladro, il quale malgrado conoscesse il furto esser vietato dalla legge, per le sue ovvie necessità stima esser dispensato dalla legge. Per la qual cosa errava Limborchio 1, quando diceva doversi seguire la coscienza erronea; avvegnacchè l'errore in tal caso si verrebbe a dommatizzarsi, e per niente si avrebbe il disprezzo della santità della legge. Colui che si fa dominare dalla coscienza erronea vincibile non vuole l'azione com'è in sè stessa, ma come l'apprende; cioè dove più la volontà lo spinge, e mentre dovrebbe seguire la volontà del Legislatore, siegue volentieri il proprio capriccio, ed in ciò vuolsi riposta tutta la malizia dell'azione. Diffusamente i moralisti hà discorsa una tal materia, cui volentieri rimettiamo i nostri lettori.

Sieguono altre soluzioni spettanti la coscienza, e che noi le serbiamo alla ventura lezione.

---

1 Theol. Christ. lib. 5, cap. 2. §. 8. seq.

LEZIONE XII.

COMPLEMENTO DE' DUBBI INTORNO LA COSCIENZA.

§. 110. *Disturbo morale nell' azione fatta secondo la coscienza erronea vincibile — se mai possa agirsi contra la coscienza erronea — se nella coscienza dubbia — o nel dubbio specolativo, sia positivo o di dritto, o di fatto — se colla coscienza probabile — il vero probabilismo non è opposto alla retta ragione — non si oppone alla volontà del Legislatore della natura — è voluto dallo stesso — non è un domma nuovo in fatto di ragione — regole da tenersi nello stato di probabilità — infine se possa operarsi colla coscienza scrupolosa.*

110. In ogni qualsiasi azione a giudicare della sua moralità debbesi sempre aver riguardo al suo oggetto (83), il quale secondo le scuole può essere materiale, se riguardasi in sè stesso come materia dell' azione; oppure formale, se riguardasi in ordine al fine, cui dirigesi. Il furto infatti tende a togliere ingiustamente l' altrui roba; quindi la roba d' altri è l' oggetto materiale del furto: l' ingiusto toglimento poi di siffatta roba è l' oggetto formale del furto medesimo. Or poichè dalla qualità dell' oggetto dipende la specie dell' azione, questa potrà essere ancora materialmente e formalmente buona, attesochè è tale riguardata in sè stessa, ed in ordine al fine che muove l' agente ad operare. Possiamo intanto avere, che una azione sarà materialmente cattiva, ma formalmente buona, come avviene in colui che opera per una coscienza invincibilmente erronea; giacchè il fine che muove costui ad operare è uniforme alla legge eterna di Dio, il qual fine soltanto cade sotto il premio, ossia sanzione della legge (25), e non mai l' azione che materialmente è cattiva.

Queste cose premettevamo a fine di maggiormente far conoscere il disturbo morale, che succede nell' agirsi secondo la coscienza erronea vincibile (109). Ivi, posta l' azione material, mente cattiva , il fine dell' agente è sempre riprovevole , e quindi cattivo ; dappoichè vuole quello che l' Autore della legge morale non vuole , ed egli lo vuole perchè à mancato di diligenziare l'azione prima di produrla , cui l'obbligava la stessa legge di natura. Noi siamo talmente disposti dalla natura , dice il chiarissimo Einneccio (Nota al § XLV.) , che facilmente tralasciamo l' azione quando siamo convinti della sua cattivezza ; ma non così succede quando siamo convinti in coscienza della bontà e giustizia dell' azione medesima. Per la qual cosa non possiamo perdonarla a colui , che volontariamente impegnato nell'.errore crede poi· operare in coscienza : dovrà astenersi dall'azione, .istruirsi meglio della legge, seriamente riflettere su' i fatti, e non esporsi alla violazione della legge morale.

111. Ma è lecito operare contra la coscienza erronea ? E quì pure fa mestieri distinguere la coscienza erronea vincibile dall' invincibile per rendere adequata la risposta.

E per quello si appartiene alla coscienza erronea vincibile giammai è lecito operare contro la stessa ; giacchè in tal caso vi sarebbe il disprezzo della legge , e quindi un male. Infatti l' agente contra una tal coscienza giudica la sua azione opposta alla immutabile legge di natura , e liberamente agisce ; perciocchè operando verrebbe ad operare il male. da lui creduto : nel che si ripone il disprezzo della legge ; dappoichè la volontà per S. Tommaso 1 è tenuta a seguire il giudizio dell' intelletto nelle sue azioni. Così un' uomo che con coscienza erronea vincibile credesse un peccato far bene all' Eretico , quantunque sia questa un' azione lecita , egli pecca facendo bene all' eretico medesimo.

Per quello poi si appartiene alla coscienza erronea invincibile neppure è lecito operare contra la stessa ; avvegnacchè liberamente verrebbe a volere e fare quello , che invincibilmente si giudica esser cattivo. La legge di natura — Fuggi il male — invincibilmente non può ignorarsi (90); perlocchè creduto un' oggetto esser male, in coscienza non può eliggersi

1 1. 2. q. 19, art. 15.

Sapientemente adunque diceva l'Apostolo « *E peccato quello, che non è secondo la coscienza* 1 ».

Quegli intanto, che soffre di coscienza erronea cerchi il possibile di vincere una tal coscienza, e se dessa è vincibile sii prudente nelle sue azioni , onde non si esponghi a violare la legge. Laonde nella coscienza erronea vincibile faccia uso di consiglio presso gli scienziati, ponderi con molta riflessione le ragioni che assistono il fatto , e non per ventura si ponga ad operare.

112. E nella coscienza dubbia, si può operare ? (§ XLVI.) Noi abbiamo il dubbio essere di varie specie ; positivo cioè e negativo, specolativo e prattico, di dritto e di fatto. Il dubbio positivo è quello , che à ragioni di egual peso per l' una e l' altra sentenza: negativo se queste ragioni mancano, oppure se vi sono ànno tanto poco peso come se non vi fossero. Il dubbio specolativo è quello che riguarda in generale la moralità delle azioni, senza discendere alla prattica ; come se uno dubitasse se mai fosse lecita l' usura nella grave necessità : prattico se riguarda l'azione da farsi ; come se uno stante nella grave necessità dubitasse se mai possa fare l' usura. Il dubbio di dritto è quello che riguarda la legge , il precetto, la consuetudine : di fatto se riguarda il fatto posto contra la legge. Poste tali distinzioni sul dubbio in generale, dapprima diciamo che non può operarsi colla coscienza dubbia ; giacchè si mostrerebbe sempre un disprezzo alla legge esponendosi al pericolo di poterla violare , mentre non si sa se l'azione sia buona, o cattiva. Conseguentemente va molto bene sospendere per poco l'azione per indagare la verità a fine di non agire temerariamente ; ciò vale detto specialmente contro Gerardo Gottlieb 2. Ecco infatti come parlava Cicerone : « *Laonde fanno bene coloro , che vietano di farsi qualche cosa, la quale si dubiti se sia giusta, od ingiusta. Imperocchè 'a verità riluce da sè stessa : il dubbio suppone il sospetto di*

1 *Omne , quod non est ex fide , peccatum est :* cioè le parole *ex fide* s' intendono *ex conscientia.* Rom. 14. 23.

2 Tizio Obs.29. ad Puffend. de off. hom. et civ. lib. 1. cap. 1. S. 6.

poter fare una ingiustizia **1** »*.* Volea dire Cicerone, che agire
nel dubbio è ledere la volontà del Legislatore della natura ;
perchè si agisce senza investigare una tal volontà, la quale
da noi dev' esser conosciuta per poter bene agire, giusta i
detti dell'Apostolo: « *È peccato quello , che non è secondo la
coscienza* **2** »*.*

Epperò gli antichi ci danno questa regola: « *Bisogna camminare con cautela nelle cose dubbie* **3** »; da cui poi ne nascono
queste altre due regole particolari. La prima, se la legge è
permissiva, o proibitiva, non si deve mai operare nel dubbio, ma usar cautela. La seconda, se la legge è precettiva,
si deve operare. Ciò vaglia detto contra quelli, che dicevano:
« *Non devesi agire con coscienza dubbia* **4** » ; giacchè in materia di azione la sospensione del giudizio non seco porta la
sospensione di azioni, ma si cerca prudenza nell'agire stante
la nota sentenza: « *Nelle cose dubbie sempre dev'eliggersi la parte più sicura* **5** »*.* Ma qual sia la parte più tutta nel dubbio
poste le differenti sue specie, ecco quanto ci facciamo a sviluppare.

113. Allorquando il dubbio è specolativo, questo necessariamente porta con sè anche il dubbio prattico ; giacchè qui
parlasi di legge di natura, la quale dipende dalla volontà di
Dio, e non già dal dubbio dell'intelletto umano. Laonde se
la coscienza prattic amente dubbia non piglia per sè una circostanza, ossia ragione tale, che per essa si distrugga il dubbio specolativo non potrà mai agire ; perchè non tiene per sè
la parte più sicura, ed in tal caso agendo si esporrebbe al
pericolo di violare la legge, ciocchè mai è lecito: « *Chi ama
il pericolo, perirà in quello* **6** »*:* e S. Tommaso chiama lecito

---

1 *Quocirca bene praecipiunt, qui vetant quidquam agere, quod du-
bites, aequum sit, an iniquum. Aequitas enim lucet ipsa per se, du-
bitatio cogitationem significat injurias. De Off. L. 9.*

2 *Omne, quod non est ex fide, cioè ex conscientia, peccatum est.*
Rom. 14. 23.

3 *In dubiis cautius incedendum.*

4 *Conscientia dubia nihil agendum.*

5 *In dubiis tutior pars est eligenda.*

6 *Qui amat periculum peribit in illo. Eccl. 5.*

quello, che non vien proibito da qualche legge, ciocchè non costa nel dubbio: « *Dicesi lecito quello, che non viene proibito da alcuna legge* 1 ». Tutto questo devesi intendere anche del dubbio positivo, sia di dritto, sia di fatto; giacchè vi concorrono le stesse circostanze. Soltanto del dubbio negativo devesi riflettere, ch'esso può avere un fondamento, ed allora non si può mai agire con tale dubbio; oppure non à fondamento alcuno, ma piuttosto è un sofisma che si presenta alla nostra mente, ed allora bisogna non curarlo; giacchè quando non abbiamo giusti motivi a dubitare dell'azione, non dobbiamo sospendere l'istessa azione. Ma veniamo ora ad una quistione intricatissima, qual'è appunto quella del Probabilismo; e si cerca sapere.

114. È lecito operare colla coscienza probabile? Qui bisogna distinguere il vero dal fallace probabilismo; giacchè il primo non ci fa deviare dal nostro fine, come il secondo senza dubbio ce ne allontana. Or il vero probabilismo è quello, che poggia su di un fondamento sodo; il fallace poi nasce dalla mancanza di un tal fondamento. Parlando qui del vero probabilismo fa mestieri riflettere, che Dio ogni cosa lasciò nel libero arbitrio dell'uomo ove nè comandò, nè proibì per guisa che, ove non si scorge legge di natura, ivi v'è piena libertà di azione, di cui l'esercizio non si rende illecito; giacchè S. Tommaso diceva: *Quello dicesi lecito, che non viene proibito da alcuna legge 2* ». Se dunque per la retta ragione non vengo io in cognizione della legge; oppure se credo la stessa non esser chiara ben fermandosi il mio dubbio, chi ardirà censurarmi illecita l'azione, perchè fatta a pro del genio vallato da non disprezzevoli riflessioni? Diceva S. Tommaso: « *Niuno è ligato per mezzo di qualche legge, se non mediante la scienza di quella legge* 3 ». Per la qual cosa a giudicare sen-

---

1 *Illud dicitur licitum, quod nulla lege prohibetur. In 4. Sent. Dist. 15. q. 2. art. 4. ad 2.*

2 *Illud dicitur licitum, quod nulla lege prohibetur. In 4. Sent. Dist. 15. q. 2. art. 4. ad 2.*

3 *Nullus ligatur per praeceptum aliquod, nisi mediante scientia il-lius praecepti. Op. de ver. q. 17. art. 5.*

za prevenzione in tal materia è dicevol cosa muovere da più
punti, onde la risoluzione del proposto quesito non sembrasse
precipitosa, massime a quelli che sono amanti del troppo smodato rigore.

PROPOSIZIONE I.

IL VERO PROBABILISMO NON È OPPOSTO ALLA RETTA RAGIONE.

115. *Dim.* Pugna colla retta ragione tutto ciò , che induce
falsità , contradizione , impossibilità ; ma il vero probabilismo
niente di questo induce : dunque il vero probabilismo non pugna colla retta ragione ; e perciò non è opposto alla stessa.

Infatti quello che dalla retta ragione provviene non può esser falso ; altrimenti l'Autore della natura senza fine ci a-
vrebbe regalata una tal facoltà. Il vero probabilismo si fonda
sulla retta ragione ; qualora si addimestica con principî certi;
oppure con verità, che affatto pugnano colla retta ragione :
che anzi dalla stessa gli vengono communicate. Oltreacchè se
il probabilismo fosse in contradizione colla retta ragione non
dovrebbe seguire i lumi della stessa , ove la legge tace pel
retto regime delle azioni. Due mostri seguirebbero in tal caso , ambidue immaginarî ; l'uno , che una facoltà pugnereb-
be con sè stessa ; l'altro, che la medesima facoltà tradirebbe
sè stessa. Finalmente anzichè chiudere la strada della direzione al sommo Bene, vie più la facilita la teoria del vero probabilismo , e dolce appalesa il giogo de' doveri, gradito il sentiere della virtù. Se non che potrebbero rispondere i contrarî : in tal caso si mette l'uomo nel risico di offendere l'Autore della natura ; ebbene attendano alla seguente

PROPOSIZIONE II.

IL VERO PROBABILISMO NON SI OPPONE ALLA VOLONTA DEL LEGISLATORE DELLA NATURA.

116. *Dim.* Questa proposizione è una conseguenza immediata dell' antecedente ; giacchè la volontà di Dio manifestandosi

all'uomo per la retta ragione (32), il vero probabilismo non opponendosi alla retta ragione pel dimostrato (115), neppure si oppone alla volontà di Dio. Intanto all'esposte ragioni ci è lecito soggiungere le seguenti.

La opposizione alla volontà di Dio à luogo quando una tal volontà costa, e l'uomo agisce contro di essa : ora nel vero probabilismo la volontà di Dio non certamente costa; dunque il vero probabilismo non si oppone alla volontà di Dio. E per vero la volontà di Dio nell'ordine della natura si manifesta pel comando, oppure per la proibizione, che intima alla retta ragione, la quale viene obbligata alla volontà del suo Autore per la manifestazione della stessa volontà per tal modo, che ove questa volontà non è chiara la retta ragione è nella piena libertà delle sue azioni. Ecco come parlava Lattanzio : « È proprio di un'uomo stoltissimo voler ubbidire a'comandi di quelli, di cui dubitasi se mai sieno veri, o falsi 1 ». La ragione umana adunque ove non vede chiara la volontà di Dio, non può essere obbligata dalla stessa ; e dove non v'è obbligazione non vi può esistere opposizione di volontà, la quale sola fa il delitto : ma il vero probabilismo à luogo nel dubbio, in cui giace l'uomo relativamente alla sufficiente promulgazione della legge ; e vedendosi non astretto da ligami certi legali si fonda ove più crede riporsi il vero : e come questo suppone stare nella libertà, si fa dovere aderire alla sua libertà anziché alla legge, la quale non costa giusta il trito adagio : « Nessuno si presume obbligato nel dubbio 2 ». Anzi soggiungiamo

PROPOSIZIONE III.

IL VERO PROBABILISMO È VOLUTO DALL'AUTORE DELLA NATURA.

117. Dim. L'Autore della natura vuole il bene dell'uomo ; giacchè a lui diede una tendenza specialissima di pervenire al

1 Stultissimi hominis est praeceptis eorum velle parere, quae utrum vera, aut falsa sint dubitatur. Lib. 5. Inst. 1. 21.
2 In dubio nullus praesumitur obligatus.

bene: ora il vero probabilismo sceglie quello ch'è bene per l'uomo; dunque il vero probabilismo è voluto dall' Autore della natura. Che sia così, riflettasi per poco all'uomo posto in un dubbio, il quale presenti uguali ragioni e per la legge e per la libertà, allora l'uomo o dovrebbe cessare di operare, e si priverebbe di un bene, ciocchè non è voluto dall' Autore della natura: o dovrebbe dirsi astretto da una legge, la quale non essendo sufficientemente promulgata, non è certa, e come tale non può indurre obbligo alcuno secondo l'Angelico Dottore il quale dice: « *Onde a questo, che la legge ottenga la forza di obbligare, ciocchè proprio è della legge, è mestieri che si applichi agli uomini, i quali debbonsi regolare secondo essa. Or tale applicazione si fa mediante ciò, che si deduce a notizia di essi in forza della stessa promulgazione. Onde l'istessa promulgazione è necessaria a tal fine, onde la legge abbia la sua forza 1* »; e ciò neppure è voluto dall'Autore della natura; altrimenti avrebbe fatta chiara la sua legge. Se dunque l'uomo non può cessare dal fare il bene non essendo obbligato dalla legge nel modo di farlo; poichè un tal bene è voluto dall'Autore della natura, Egli stesso vuole il probabilismo vero.

Da S. Bonaventura Dottore anche esimio ci abbiamo: « *Devesi cansare la coscienza troppo larga, e troppo stretta; giacchè la prima ingenera la presunzione, la seconda la disperazione: similmente la prima spesse fiate dice il male bene, al contrario la seconda il bene male 2* ». Il vero probabilismo evita il rigore, e lo scandalo; quali cose perchè volute da Dio, Egli stesso non può non volere il vero probabilismo. E per vero il rigore toglie quante volte raddolcisce la vera libertà

---

1 *Unde ad hoc, quod lex virtutem obligandi obtineat, quod est proprium legis, oportet quod applicetur hominibus, qui secundum eam regulari debent. Talis autem applicatio fit per hoc, quod in notitiam eorum deducitur ex ipsa promulgatione. Unde promulgatio ipsa necessaria est ad hoc, quod lex habeat suam virtutem. 1. 2. q. 90 art. 1.*

2 *Cavenda est conscientia nimis larga, et nimis stricta: nam prima generat praesumptionem, secunda desperationem: item prima saepe dicit malum bonum, secunda e contra bonum malum. Com. Theol. ver. lib. 2. 1. 32. n. 5.*

amante del vero e del buono: il lassismo, ossia lo scandalo toglie quante volte si fa regolare dal giusto e dall'equo senza mai trasgredire i limiti della rettitudine. Chi dunque negherà la volontà di Dio nel probabilismo a vista di sì urgenti motivi? Se non che ci rinfacceranno il probabilismo essere un domma nuovo ?

PROPOSIZIONE IV.

IL VERO PROBABILISMO NON È UN DOMMA NUOVO IN FATTO DI RAGIONE.

118. *Dim.* È nuovo quel domma in fatto di ragione, che mai dalla stessa è stato conosciuto, almeno prima che si fosse inventato: ma il vero probabilismo è stato sempre riconosciuto dalla umana ragione; dunque non è un domma nuovo. Il vero probabilismo per essere stato sempre riconosciuto dalla umana ragione è mestieri riflettere, ch'esso nasce dalla coscienza probabile, per cui posto nell'uomo un tale stato di coscienza è necessità porre anche il modo di regolarsi sotto l'impero di una tal coscienza. Or la coscienza probabile è tanto antica quanto l'uomo; dunque dacchè l'uomo à esistito à avuto il modo di regolarsi sotto la coscienza probabile. Inoltre il vero probabilismo è un'effetto della ragione, la quale sempre à esistito nell'uomo: più, il vero probabilismo nasce dalla dubbiezza della legge, la quale in ordine alle remote sue conseguenze non si manifesta sempre all'istesso modo a tutti gli uomini, i quali variano e per ingegno, e per età: ora gli uomini sono stati sempre tali; dunque il vero probabilismo à sempre dovuto esistere nell'uomo; e perciò non è un domma nuovo in fatto di ragione.

Dal che ci è dato rilevare non essere stato il P. Medina, oppure il P. Mercato quegli che inventò il probabilismo; ma soltanto essi, e tutt'i Teologi dal secolo 16 in poi diedero al probabilismo una forma metodica formandone una scienza a parte dello spirito umano simigliantemente a' Greci, i quali furono i primi a trattare delle scienze filosofiche, come può osservarsi presso il celebre Andres. Ma di queste cose a lungo ne discorrono i trattatisti di Teologia Morale, e massime S. Alfonso de' Liguori nella sua celebre Dissertazione sul probabilismo. Intanto avendo premesse siffatte teorie in ordine al probabilismo ci diamo cura adesso di rispondere al proposto quesito (114); se mai cioè sia lecito operare colla coscienza probabile.

119. Ognuno bisogna che giammai sia temerario nelle sue azioni; perlocchè come la opinione probabile potrebbe alle volte esser falsa, così bisogna usare tutta la possibile cautela, onde non si faccia un' azione cattiva: Laonde allorquando la nostra coscienza è nello stato di probabilità, è necessario che per poco si sospenda l' azione finchè siamo chiariti della verità; ed in tal caso bisogna aver presenti le seguenti regole:

1. Nel concorso di due opinioni, l'una più probabile a vantaggio della libertà, e l' altra probabile a vantaggio della legge, possiamo seguire la favorevole per la libertà.

2. Nel concorso di due opinioni, l' una più probabile per rapporto alla legge, e l' altra probabile per rapporto alla libertà: se possiede la legge dobbiamo seguire la favorevole per la legge; se possiede la libertà possiamo seguire la favorevole per la libertà.

3. Nel concorso di due opinioni egualmente probabili e per la legge, e per la libertà, si segua la regola seconda. La ragionevolezza di queste esposte regole si desume dalle dimostrazioni finora esibite sul vero probabilismo. Con queste regole si agirà sempre bene, e niuno giammai si pentirà della sua azione.

120. Finalmente a completare l' intiera trattazione in ordine alla coscienza fa mestieri sapere, se mai possa operarsi colla coscienza scrupolosa. Gli scrupoli tra le altre cause sogliono nascere dal temperamento, come dalla melanconia, dalla freddezza del cervello, dalla freddezza della complessione, e così via discorrete; e come questi vizi possono vincersi perchè il temperamento può domarsi (70): così pure gli scrupoli possono superarsi. Per le quali tutte cose niun' ostacolo si pone ad operare colla coscienza scrupolosa; giacchè questo è 'l vero modo da bandire gli scrupoli, i quali a retto pensare non

distruggono il giudizio sulla giustizia delle azioni ; sibbene af-
fascinano la mente con tante mettezze, che ridicolo a sufficienza mostrano il giudizio della mente stessa. Fermezza ví
vuole nella coscienza scrupolosa , ed ogni cosa sarà posta a
salvamento: e se per poco lo scrupoloso si blandisce, ben presto avrete a vederlo , o non più curante di legge alcuna , o
talmente diffidente di sè stesso, che si abbandona a'più tristi
effetti. La esperienza troppo fatale in più casi à fatto deplorare la perdita di molti immersi nel luttuoso trambusto dello
scrupolo.

Falso è poi il sentimento di alcuni, i quali vogliono lo scrupolo provvenire dalla sola ignoranza , quasi che altra causa
non riconoscesse. Conciosiachè se così fosse gli uomini saputi
non dovrebbero andar soggetti ad una tal vicenda di mente ;
nè in essi dovrebbe aver luogo una certa forza di temperamento , quasi che in essi la umanità non fosse umanità. Pare
non aver bisogno di maggior confutazione un tal sciocco pensare ; giacchè basta riflettere per poco la società umana per
esser convinti del contrario.

Eccoci alla fine del trattato della coscienza, il quale in realtà
non è che un'appendice alla trattazione delle umane azioni ;
avvegnacchè la coscienza è un'azione del nostro intelletto (95).
Or tutte le azioni, che noi facciamo a norma della legge debbono partire da un principio, che noi ci facciamo sempre presente nell'agire ; giacchè come esseri intelligenti dobbiamo
agire per un fine. Qual sia questo principio da cui muoviamo , ecco il profondo oggetto delle nostre seguenti investigazioni.

CAPITOLO II.

NORMA DELLE UMANE AZIONI ; E VERO PRINCIPIO
DEL DRITTO DI NATURA.

LEZIONE XIII.

SI STABILISCE LA VERA NORMA REGOLATRICE
DELLE UMANE AZIONI.

§. 121. *La norma regolatrice delle umane azioni è distinta dal principio del dritto naturale — ella è riposta in Dio — si concilia la dissensione, se mai sia riposta nella volontà, o ragione di Dio, e si numerano i di lei caratteri per dirsi riposta nella volontà ; e propriamente nella volontà obbligatoria — la legge divina è positiva, o naturale ; ed ambedue affermativa, negativa, e permissiva : idea del dovere, del lecito, e dell' illecito : la legge precettiva contiene in sè la proibitiva, e viceversa : idea della legge perfettiva — la legge permissiva è una vera legge — onestà, e giustizia delle azioni : si confuta l' Autore delle Osservazioni Annoveresi — la giustizia divina è distinta dalla umana : le pene sono naturali, e positive — mezzo di conoscersi la norma delle umane azioni.*

121. Discorrendosi da noi antecedentemente della legge morale fu dimostrato ad evidenza, che le libere azioni degli uomini avevano bisogno di una nòrma (18), la quale doveva avere con sè i seguenti caratteri ; cioè insiememente doveva essere retta, certa, costante, ed obbligatoria (19). Dalla idea di obbligazione ne nasceva spontaneamente, che una tal norma necessariamente doveva congiungersi con una obbligazione

esterna (21). Tutte siffatte cose diffusamente da noi svolte , qui poste di nuovo sott'occhio, (§. LX.) ci richiamano a riflettere dove esista una tal norma regolatrice delle umane azioni ; avvegnacchè inutile riescirebbe ogni altra ricerca se per poco s'ignorasse il punto di partenza di una legge cotanto interessante pel genere umano.

Prima però di entrare in siffatta ricerca è forza non confondere il Principio del dritto di natura colla Norma in parola. Conciosiachè la norma vuolsi come il fine, cùi giungesi mercè la cognizione del principio del dritto di natura, il quale principio senza dubbio è la Volontà di Dio , come risulterà dalle seguenti dimostrazioni ; perlocchè la norma ci fa conoscere tal volontà, la quale produce la esterna obbligazione, di cui altrove favellammo (20). In somma la norma è 'l principio della obbligazione ; cioè quello per cui noi siamo tenuti alla osservanza della legge : il principio poi del dritto di natura è 'l principio di conoscere una tal norma , qual mezzo necessario per giungere alla di lei cognizione ; cioè è quella proposizione in forza della quale noi subito veniamo in cognizione di quella legge., cui siamo stretti con forte vincolo di una obbligazione. Quindi rilevasi , ad usare i termini delle scuole , che la norma è 'l principio di essere, ed il principio del dritto di natura è 'l principio di conoscere. Lo facciamo evidente da un fatto rilevato dalle umane società, dove il principio della obbligazione per tutt'i cittadini nasce dalla volontà del sommo imperante , la quale è la norma , che dirige le singole azioni degli stessi cittadini. Or una tale volontà non può indovinarsi ; ma è giuoco forza i cittadini un mezzo si avessero , mercè cui venissero in cognizione di essa ; ed il mezzo senza dubbio sono le leggi promulgate, le quali formano il principio conoscitivo della volontà del sommo imperante. A tal modo dite pure della legge di natura promulgata per la retta ragione (32), ove l'umana ragione due cose riconosce , e la legge che dicesi norma ed il modo di giungere prestamente alla cognizione di questa norma, che dicesi principio del dritto di natura.

122. Siffattamente discussa la proposta differenza , esaminia-

mo francamente dove sia riposta la norma regolatrice delle
umane azioni. Ed infatti (§. LXI.) ella può esistere dentro,
o fuori l'uomo : or dentro l'uomo non può esistere ; deve dunque esistere fuori l' uomo stesso. E che sia così , se una tal
norma esistesse dentro l'uomo, ella potrebb' essere l'intelletto,
la coscienza , oppure la volontà. Ma una tal norma non può
essere l' intelletto ; giacchè ad evidenza conosciamo esser soggetto ad errore (85) ; e perciò non sempre è retto , certo , e
costante , qual dev'essere la norma regolatrice delle umane
azioni (19). Del pari una tal norma non può essere la coscienza ; mentre questa alle volte è cattiva (97); altre volte è erronea (102) , o probabile (103) , o dubbia (105) : quindi non
sempre è retta , certa , e costante come vuol' essere la norma
regolatrice delle umane azioni (108). A tal modo neppure la
volontà può essere la norma in parola ; avvegnacchè ella non
sempre eligge quello ch'è buono, e fugge quello ch'è male (85),
attesi i beni ed i mali apparenti ; ed in conseguenza non sempre è retta , certa , e costante. Adunque non essendo norma
regolatrice delle umane azioni l'intelletto , la coscienza , e la
volontà , una tal norma non esiste dentro l' uomo.

Epperò fuori l' uomo due cose esistono (§. LXII.) ; le cose cioè create , e Dio autore non che padrone assoluto di tutto il creato. Or le cose create non possono essere la norma
regolatrice delle umane azioni ; conciosiachè una tal norma è
forza fosse congiunta colla obbligazione esterna (21) ; cioè con-
tenesse motivi sufficienti, i quali dipendessero dalla volontà
di un' essere, che comanda, o proibisce sotto premio e pena.
E chi non sa, che le cose create son prive di volontà ; e quindi vanno sfornite di quella obbligazione , la quale è richiesta
in una norma regolatrice delle umane azioni ? Per rinvenire
adunque una tal norma fa mestieri ricorrere a Dio autore della natura. Infatti la esistenza della legge di natura (29. e segg.)
dominante su tutto il genere umano, ed avente vigore in tutti
i luoghi, ed in tutt'i tempi , arguisce la esistenza di Dio come
Legislatore della natura , avente un' alto dominio su tutti gli
uomini di ogni luogo, e di ogni tempo. Perciocchè in forza di
questo dominio può benissimo comandare , e proibire le azio-

ni degli uomini, cui può apporre que' premi, e quelle pene, che più gli vanno a genio. È egli dunque Dio la vera norma regolatrice delle libere azioni degli uomini.

123. Qui però nasce una quistione tra' Naturalisti, se mai questa norma consista nella eterna Volontà di Dio, oppure nella eterna sua Ragione. Senza darci carico delle ragioni addotte sì per l'una, che per l'altra sentenza, ambedue possonsi conciliare a siffatto modo. La legge di natura per quello riguarda la promulgazione fatta da Dio agli uomini per mezzo dell'organo della retta ragione, consiste nella Volontà di Dio: per quello riguarda i premi e le pene assegnati da Dio alla legge di natura, consiste nella eterna Ragione di Dio stesso. Abbenchè tal conciliazione dirime ogni quistione; pure è troppo sensata la sentenza del gran Samuello de Coccei, il quale in una sua eruditissima dissertazione [1] con forti argomenti fissò la Volontà di Dio essere la norma regolatrice delle umane azioni; conseguentemente il principio di ogni umana obbligazione, e la fonte di ogni giustizia. E che tal sentimento sia il più plausibile, osserviamo se i caratteri assegnati alla norma regolatrice delle umane azioni convengono alla Volontà di Dio.

La norma regolatrice delle libere azioni dell'uomo (S. LXIII.) dev'essere in primo luogo retta; e la Volontà di Dio è retta, essendochè Egli è un'Essere infinitamente buono, e saggio; quindi non può volere, se non quello che veramente è buono. In secondo luogo dev'esser certa; e la Volontà di Dio anzi è certissima; avvegnacchè à manifestato a tutti gli uomini la legge di natura per mezzo della retta ragione. In terzo luogo dev'essere costante; e la Volontà di Dio è costante; poichè non può mutarsi, siccome non può mutarsi Dio stesso. In quarto luogo finalmente dev'essere obbligatoria; e la Volontà di Dio è obbligatoria; perchè à stabilito alle leggi premi e pene, cui nessuno può sottrarsi senza sottrarsi dal giusto di Lui dominio; ciocchè è impossibile avendo giustissimi motivi di esigere dall'uomo il dovuto rispetto. Se dunque la Volontà di Dio è retta certa costante ed obbligatoria, chi negherà Lei

---

[1] Diss. 1. quaest. 2. S. 6. seq.

R

essere la vera norma regolatrice delle libere azioni dell'uomo ?

Epperò qui per Volontà di Dio non intendiamo ogni sua volontà ; ma la sola Volontà obbligatoria ; cioè quella , la quale si versa circa le libere azioni da farsi , o tralasciarsi dagli esseri intelligenti creati ; mentre ci abbiamo presso i Trattatisti di Teológia naturale , tra quali massimamente Ruardo Andala 1, e Wolfio 2, i quali acconciamente dimostrano, che la Volontà di Dio primieramente si versa circa Sè stesso e le infinite sue perfezioni , e poi circa gli esseri contingenti o che sieno passati , o che sieno futuri : qual Volontà è quella che propriamente vuol chiamarsi obbligatoria.

124. Adunque la Volontà obbligatoria di Dio (§. LXIV.) in quanto che agli esseri ragionevoli comanda o proibisce sotto premio o pena, è quella che noi chiamiamo Legge divina, la quale è Positiva , o Naturale. Si dice Positiva quella, la quale è stato all'uomo promulgata per mezzo della rivelazione ; si dice poi Naturale quella , la quale è stata all'uomo promulgata per mezzo della retta ragione. Or la legge può comandare , proibire, permettere ; perciò se la legge comanda si dirà Affermativa ; se proibisce Negativa; se infine permette Permissiva. La legge precettiva dichiara l'azione moralmente necessaria ; cioè che debba farsi dall'uomo sempre che voglia vivere da uomo. La legge proibitiva dichiara l'azione moralmente impossibile ; cioè che debba dall'uomo tralasciarsi se vuol vivere secondo la natura. La legge infine permissiva dichiara l'azione possibile ; onde l'uomo gode la libertà di farla, oppure di ometterla secondo che gli detta il piacere , salve però sempre la sua natura , e tutte le leggi.

La legge precettiva tutto quello che comanda dicesi Debito, e le azioni alle quali ci obbliga diconsi Doveri. Quello che la legge proibitiva ci vieta dicesi Illecito. Tutto quello poi che la legge permissiva ci permette dicesi Lecito. Così amare Dio è un dovere; perchè l'amore verso Dio ci viene precettato : odiare l'inimico è cosa illecita ; perchè ci viene proibito: pi-

1 Theol. nat. Part. 2. cap. 8. §. 6. e seq.
2 Theol. nat. part. 1. cap. 3.

gllare certi particolari mezzi per conservare il proprio individuo è cosa lecita ; perchè vien permesso.

Ogni legge precettiva contiene in sè una legge proibitiva.;
imperciochè la legge precettiva rendendo l'azione moralmente
necessaria, la sua opposta viene a dichiararla moralmente impossibile. Infatti la legge precettiva dicendomi — Ami il tuo
Dio—in pari tempo proibisce odiare un tal Essere per Sè stesso amabile. Dicasi lo stesso della legge proibitiva., la quale
in sè contiene una legge precettiva. Infatti la legge proibitiva
vietandomi di odiare l'inimico., in pari tempo. m'indica. di
amarlo ; ciocchè forma la legge precettiva.

Abbenchè ogni legge precettiva mira alla perfezione dell'uomo ; pure quando comanda anteporsi il meglio al buono, allora propriamente è ella una legge di perfezione, e commodamente può chiamarsi legge Perfettiva.

125. Coerentemente alla legge permissiva può muoversi la
seguente difficoltà; se mai cioè ella merita. il nome di legge,
talchè sia una vera legge. Ragioni per l'affermativa, e per la
negativa si producono ; ma a dir vero in tal disparità di sentimenti l'affermazione debba sostenersi. Infatti si. dice da quelli, che negano essere una vera legge la permissiva, che quella
legge merita realmente il nome di legge, la quale contiene
dritti e doveri : or la legge permissiva ne'dritti contiene ne'
doveri ; non merita quindi il nome di legge. Ma ecco un grande sbaglio a parer nostro; essendochè la legge permissiva contiene realmente dritti e doveri per tal guisa che, ella si mostra una vera legge. E non è ella la legge permissiva quella,
che all'uomo concede dritti nel libero esercizio delle sue azioni ? Mentre l'uomo a placimento può eseguire una qualche
azione permessagli dalla legge, ànno gli altri l'obb'igo di
non impedirlo nel libero esercizio ; e si sa benissimo che
l'idea di dovere in uno è relativa all'idea di dritto nell'altro (20.)., È tale poi l'obbligo negli altri di non impedire
il libero esercizio dell'uomo in quelle cose, che gli vengono
permesse, che se per poco cercano impedirlo, la legge permissiva gli concede un nuovo dritto ; di non tollerare cioè che
gli altri l'impedissero, e con questo gli regola il così detto

Dritto di difesa. Se la legge permissiva tale non fosse dove rivangarebbe i suoi dritti ? O questi sarebbero chimerici , o ella sarebbe una vera legge ; ma negare la realtà a' dritti provvenienti dalla legge permissiva è un rinunciare al buon senso , un dare un' addio al sentimento comune degli uomini , i quali credono giustamente di rimuovere tutti gli ostacoli, i quali loro impediscono di esercitare tutte quelle azioni , che lecite reclama la legge permissiva. Oltreacchè la legge permissiva impone all' uomo doveri , i quali possono ricavarsi dall' intiero apparato delle leggi naturali. Infatti la legge precettiva ordina all' uomo — Conservi la tua salute — ma non gli assegna i mezzi , con cui debba conservarla : dove nel silenzio entra la legge permissiva , e dà licenza all' uomo di adoperare tutti quei mezzi , che crede più propri per la ordinata conservazione ; e nel dargli una tale facoltà insiemamente gli impone il sacro dovere di non abusare de' mezzi conducenti alla perfezione della propria salute. Se dunque è legge quella, che contiene doveri , perchè mai un tal nome vuolsi negare alla legge permissiva ? Per la qual cosa ritorcendo l' argomento degli avversari diciamo : Quella dicesi legge, la quale contiene dritti e doveri : ora, pel dimostrato, la legge permissiva contiene dritti e doveri ; dunque è fuori dubbio , ch'ella meriti il nome di legge ; conseguentemente nel fatto ella è una vera legge.

126. Premesse siffatte cose in generale relativamente alla legge divina sia positiva, sia naturale ; poichè qui noi discorriamo di sola legge di natura, perciò è che in ordine ad essa ci è dato riflettere (§. LXV.), che la osservanza delle leggi naturali rende l' uomo onesto ; giacchè dicesi Onesto quell'uomo , il quale uniforma le sue azioni alle leggi naturali (78) , le quali altre non sono che l'istessa Volontà di Dio (122, e seg.) E poichè tale Volontà è 'l principio di ogni giustizia (123), l' uomo il quale agisce a norma di essa si rende Giusto ; e perciò l' uomo onesto è l' uomo giusto. Infatti la Giustizia generalmente riguardata è l' abito perpetuo , e costante di uniformare le azioni alla legge ; e poichè la legge è la Volontà di Dio , (123) ogni azione sia umana sia divina è Giusta sempre ch' è uniforme a tal Volontà.

Da queste premesse ci è dato riprendere l'errore di quelli, i quali dicono, che in Dio non vi sarebbe giustizia se per poco si ammettesse, che la Volontà di Dio è 'l principio del dritto di natura, come oppose contro Samuello de Coccei l'Autore delle Osservazioni Annoveresi, il quale dice: « *Da queste dottrine ne dipendono altre ancora pericolose, quali son quelle che poco fa sono state senza considerazione da taluni spacciate, come a dire: che non vi sia la giustizia di Dio. Emperocchè se il dritto altro nome è che il comando del Creatore, o di quegli, che da Lui facoltato può costringere, ed obbligare; è chiaro in conseguenza che nello stesso Dio cessano le ragioni di giustizia non essendovi chi potesse costringerlo, e potendo egli con ogni dritto condannare un'innocente, e rendere beato un malvaggio. Il che ammesso per quanto riguarda la giustizia, durerà il timore, ma l'amore finirà verso Dio* 1 ». E che manifesta sia una tal falsità di dire tosto apparisce dal che la uniformità delle azioni alla legge, ossia alla Volontà di Dio, fa splendere la giustizia ; ed avendo Dio promulgata la legge naturale all'uomo per mezzo della retta ragione (32), l'uomo mettendo a calcolo questa stessa ragione benissimo si accorge, che Dio comanda, o proibisce per modo, che può operare il bene, ed avversare il male ; e cosiffattamente uniformandosi alla Volontà del divino Legislatore ammette in sè la giustizia, la quale è riverberata dalla somma Giustizia di Dio. Laonde essendo Dio Legislatore della natura (29) un'Essere infinitamente saggio e buono, Egli non può non volere il bene, ed avversare il male; ed in conseguenza per sua essenza è portato a premiare il giusto, e punire il malvaggio ; stantechè Egli agisce sempre secondo, e mai contra la sua Volontà. Se dunque Dio vuol premiare il giusto, e punire l'ingiusto, quale

---

1 *Periculosa etiam alia ex his dogmatibus consequuntur, qualia in quibusdam minus circumspecte jam dudum sunt jactata, veluti nullam esse ipsius Dei justitiam. Nam si jus est nihil aliud quam jussum Creatoris, vel ejus, qui potentia sua cogere potest, manifestum est, in ipso Deo justitiae rationes cessare quum cogi nequeat, et posse eum jure damnare innocentem, beare sceleratum. Quibus admissis, in justitiae consideratione restabit timor Dei, amor cessabit. Obs. 3.*

giustizia od ingiustizia nasce dal fare o non fare quello che la
sua Volontà precede, ne siegue benissimo che posta la divina
Volontà come principio del dritto di natura, ossia come norma regolatrice delle umane azioni, la Giustizia di Dio anziché
distruggersi abbondevolmente rifulge. Concediamo volentieri che
questa ragione di giustizia cessi per rapporto a Dio; giacché
Questi com'Essere ad ogni altro superiore non può assoggettarsi a legge di sorta alcuna; ma da ciò non deriva ch'Egli
non sia Giusto. Avvegnacché dà sempre il premio a chi lo
merita, o la pena a chi spetta; ed abbenché ciò facesse senza
esser costretto, ma per sua propria volontà; pure perchè la
sua Volontà tiene sempre con sè la equità a tal modo, che a
niuno fa torto, manifestamente appalesa la sua essenziale Giustizia. Ciò è tanto vero, quanto che gli stessi sommi imperanti, i quali al certo non son sottoposti alle loro leggi, allora gli chiamiamo giusti quando a' loro cittadini concedono il
proprio gius secondo le leggi da loro promulgate. E perchè
non vuolsi dire anche Giusto Dio quante volte dà il proprio
gius agli uomini, i quali agiscono secondo la sua Volontà;
cioè secondo la legge promulgatagli per la retta ragione? Or
attesa la sua Volontà perchè sempre vuole quello ch'è giusto,
ed è conforme alla sua natura infinitamente perfetta, non vi
è mai pericolo, che riprovi il giusto, ed accolga lo scellerato. È evidente adunque che posta la Volontà di Dio per norma
regolatrice delle umane azioni la sua giustizia à più ferme basi.

127. Soltanto qui è da notarsi la differenza che passa tra
la giustizia Divina ed Umana (§. LXVI.). Imperciochè la Giustizia Divina consiste nell'uniformare Dio le sue azioni alla sua
Volontà senza coazione e senza legge. La giustizia poi Umana
consiste nell'uniformare gli uomini le loro azioni alla volontà
di un'altro essere, ma colla coazione e colla legge. Quindi è
che la Giustizia Divina non à obbligazione esterna; qualora la
giustizia umana à tutta la esterna obbligazione; perlocchè la
giustizia Divina senz'alcun rinfaccio d'ingiustizia può condannare a quelle pene, che a Lei piacciono, tutti que' i quali
non le esibiscono il dovuto ossequio, e rispetto nell'osservanza della legge naturale.

Una tal pena va distinta in Naturale , e Positiva 1 ; giacchè
la Pena è quella , che si dà all'azione cattiva provveniente da
quella passione , la quale produce un male nell'individuo; e
questa pena dicesi Naturale se immediatamente siegue l'azione
cattiva : così l'intemperante subito vien colpito da una pena
naturale ad oggetto della sua intemperanza; cioè le malattie ,
i dolori , ed altro. Dicesi poi Positiva , se Dio l'à riserbata
dare secondo la sua sapienza , e giustizia.: così l'istesso intemperante oltre le cennate pene avrà riserbata altra pena positiva in forza della sua trasgressione (27). Epperò la pena
naturale è nota agli uomini tutti, ed agli stessi Atei ; giacchè
tutti son governati dal dritto di natura (42). Non così poi per
le pene positive, le quali non essendo definite dalla legge naturale, l'umana ragione non può conoscerle se Dio stesso non
ce le manifesti : ciocchè facilmente viene ammesso da tutti
quei , che non negano una provvidenza in Dio. Ecco infatti
come parla Senofonte « *Credi tu forse, che gli Dei avrebbero
impressa negli uomini l'idea di poter eglino premiarli e punir-
li , se nel fatto nol potrebbero fare ? e che gli uomini, di continuo delusi, non abbiano qualche volta conosciuta, e sperimen-
tata alcuna di queste cose ? 2* ».

128. La Volontà di Dio fin qui fu osservato essere la norma regolatrice delle umane azioni (§. LXVII.) ; epperò avendosi a conoscere una tal Volontà per essere gli uomini osservanti della legge di natura, spontaneamente sorge il dimandare , come si può facilmente venire in cognizione di una tal
norma , Volontà indifettibile dell'Eterno Legislatore della natura ? Ecco la gran ricerca , che à sgomentato tutti quanti i
Naturalisti facendoli andar vagando per mil e vie senza rinvenire il vero, come apparirà in appresso. Intanto non può dubitarsi, che la Volontà di Dio sia stata all'uomo promulgata
per mezzo della retta ragione (32) , la quale à il potere in
forza di raziocinio da certe verità d'lurne per via di conse-

1 Koechler Exerc. jur. nat. §. 362. et s. I.

2 *Num arbitraris , Deos hominibus opini nem indituros fuisse, quod
et beneficiis et poenis adficere possint, si non revera id possent? et homines , perpetuo deceptos , horum nihil umquam sensisse.* Memorab.
Soer. 1. 4. 16.

guenze altre verità alle prime subordinate; perciocchè può
darsi una verità, una proposizione, dalla quale raziocinando
per legittima illazione può conoscersi qual cosa sia consentanea alla Volontà di Dio, per tal modo che scorgendosi la di
lei giustizia può farsi dall'uomo. Quindi può darsi una proposizione, la quale essendo nota alla retta ragione, insiemamente sia alla portata di tutto il genere umano; cioé che tutti
gli uomini naturalmente la conoscano e senza studio, e senza
fatica, e senza ricerche; giacchè a tutti gli uomini incumbe
conoscere subito la Volontà divina. Or essendo una tal proposizione il mezzo di conoscere la Volontà di Dio, essa da' Naturalisti si appella Principio Conoscitivo del Dritto di natura (121).

Concludiamo la presente lezione col far osservare, che il
principio del dritto di natura non essendo lo stesso che la
norma regolatrice delle umane azioni (121), allorchè il dottissimo Samuele de Coccei pose per principio della legge di natura la Volontà di Dio, pigliò il vocabolo di principio in un
senso improprio; volendo cioè significare per principio la norma stessa, come abbastanza fece conoscere nella sua Dissertazione 1, ove è tutto inteso a distinguere la Volontà di Dio dal
mezzo di conoscere questa stessa Volontà: cosa che sarebbe inutile se avesse inteso pigliare la Volontà di Dio per principio
assoluto del dritto di natura. Quindi inutilmente il sig. Giacomo Fed. Lodovici si sforza opporsi al de Coccei. Ciò stando,
quante volte assieme col de Coccei abbiamo detto la Volontà
di Dio essere il principio del dritto di natura, l'abbiamo sempre inteso dire nel senso, che tal Volontà era la norma regolatrice delle umane azioni, come apparisce dal detto, e maggiormente sarà chiaro dallo stabilimento che faremo in appresso
del principio del dritto di natura.

1 Diss. 1. quaest. 8.

LEZIONE XIV.

CARATTERI DEL PRINCIPIO CONOSCITIVO DEL DRITTO DI NATURA , E VARIA SPOSIZIONE DI SISTEMÍ.

§. 129. *Si numerano i caratteri essenziali del principio cono-scitivo del dritto di natura — necessità, ed unità di un tal principio, varie sentenze — si risponde alle stesse — Primo sistema , e sua confutazione — Secondo sistema, e sua con-futazione — Sistema di Cicerone, e sua confutazione — Si-stema di Seldeno , e sua confutazione — Sistema di Hobbes, e sua confutazione.*

129. La ricerca di un principio, il quale è come lume nella intiera legislazione morale naturale , è una ricerca interessan-te ; giacchè dice non solo all'uomo felicità , ma alla stessa senza tema lo drizza. L'adempimento della Volontà di Dio fa l'uomo felice ; ma com'esserlo se non si conosca una tal Vo-lontà ? Fa dunque mestieri rinvenire questa fiaccola , la qua-le ci mostra che cosa Dio vuole da noi ; che noi dobbiamo fare per giungere a quella felicità , cui ognuno inevitabilmente è sospinto, e cui in tutte l'ore si aspira (24).

Siccome un tal principio dev'essere una proposizione tale , che da essa ricavasi l'intiera legge morale (128): così prima di stabilirla è forza assegnare i caratteri, i quali ci serviran-no in appresso come una pietra di paragone , alla quale do-vranno provarsi le tante proposizioni messe fuora da' Natura-listi , onde vedere se in realtà meritano il nome di principio conoscitivo delle leggi morali naturali.

Infatti quella proposizione per cui si conosce la Volontà di Dio , e che chiamasi Principio Conoscitivo del dritto di natu-ra , deve avere i seguenti caratteri (§. LXVIII.); cioè dev'es-sere Vera , Certa , Evidente, Adequata , Proporzionata a tutto il genere umano. Sviluppiamoli tutti.

Dapprima il principio conoscitivo delle leggi morali naturali dev' essere Vero, val quanto dire non dev' essere falso, oppure immaginario ; giacchè le conseguenze, che debbonsi dedurre da un tal principio debbono essere tutte vere, e sode : trattasi nientemeno della propria felicità, la quale è vera non falsa, stabile non effimera.

Inoltre dev' essere Certo ; essendo la certezza di tal natura, che dando l' assenso ad una proposizione l' opposto per niente si tema, come insegnano i Logici. La proposizione dunque che vuol stabilirsi in dritto di natura come suo principio deve godere una tal certezza; giacchè certa è quella felicità che vuol farci conoscere coll' additarci la Volontà di Dio.

Più, dev' essere Evidente ; cioè indimostrabile a tal che a dito indica la Volontà di Dio essendo una proposizione per sè stessa chiara ; altrimenti se la luce per mostrarci la via abbisognasse di altra luce non sarebbe più luce : in tal caso sarebbe principio e non lo sarebbe, ciocchè indica una contradizione ; dappoichè sarebbe principio in quanto ci mostra la Volontà di Dio, e non sarebbe principio in quanto dipende la sua notizia da altre verità. Il desiderio di felicità è evidente al cuor dell' uomo ; dunque evidentemente l' uomo deve conoscere il mezzo di rapire la sua felicità.

Oltreacchè dev' essere Adequato in quanto che da esso debbonsi ricavare tutt' i doveri dell' uomo, e del cittadino per maniera che, l' uomo in qualunque stato, o condizione rattrovasi mercè questo principio di repente conosce che debba fare per esser felice, oggetto della osservanza, ch' ei porge alla legge di natura.

Finalmente dev' essere Proporzionato a tutto il genere umano ; cioè tutti gli uomini di qualunque entità fossero a prima vista potessero conoscerlo. Così la esistenza di Dio è una verità tale, che niuno può ignorarla a tal modo, che l' Apostolo diceva: « Non è lontano da ciascun di noi 1 » ; sicchè per stupido fosse un' uomo, e privo di lettere, dal di dentro e dal di fuori di lui stesso si accorge che Dio esiste. Anche il principio conoscitivo dev' essere alla portata di tutto il genere

---

1 *Non longe est ab unoquoque nostrum. Act.* 17. 27.

umano a tal modo, che óna proposizione fosse, la quale si conoscesse egualmente dall' uomo rozzo, che dallo scienziato. Mercè tal carattere ogni peccato contro la legge di natura si rende inescusabile; giacchè tutti possono conoscere la Volontà del supremo Legislatore della natura.

Ecco i caratteri indicativi del principio conoscitivo del dritto di natura; con essi facilmente ci è dato rinvenirlo non solo, ma squittinare ancora i tanti principî ammessi inutilmente da' Naturalisti.

130. Ma l'è necessaria una tal ricerca ? Noi già la dicemmo interessante (129), quindi fuor dubbio necessaria: segniamo però le svariate sentenze.

Alcuni, come gli Epicurei, i Fatalisti, ed i Materialisti, negano la esistenza di un tal principio; giacchè essi distruggendo la libertà dell' uomo, insiemamente vengono a distruggere la esistenza della legge morale, la quale esistendo può ancora esistere il principio conoscitivo di essa.

Altri, come Burlamacchi, Finetti, Droz, dicono inutile la ricerca di un tal principio ; giacchè per conoscere le verità secondarie non v'à bisogno di sapere la verità prima, ossia il principio donde gli altri in secondo luogo emergono.

Altri, come Buddeo con l'istesso Burlamacchi, Finetti, dicono che come tre sono i doveri che assistono l' uomo ; così tre principî debbonsi ammettere; e questi sono, la Pietà, l'Amor di sè, la Socialità.

Altri finalmente dicono necessario un principio conoscitivo del dritto di natura, ma discordano tra loro nell' assegnarlo con precisione: così Puffendorf ammette per principio la Socialità, Tommasio la conservazione e la felicità della vita presente, Capocasale il principio di contradizione, e così via discorrete degli altri come apparirà in appresso.

131. Se non che a' primi rispondiamo, che la esistenza delle leggi morali nascendo dalla esistenza dell' ordine morale, (5. 7. e segg.), è un fatto innegabile come osservammo (9. e segg.); perciocchè in niuna guisa può negarsi la esistenza di un principio, il quale è un mezzo di conoscenza per la legge morale. Che poi un tal principio realmente esista, sarà

un fatto da noi fissato in appresso. A' secondi rispondiamo, che sarebbe inutile la ricerca di un tal principio, ove la Volontà di Dio per altro mezzo potesse esser nota : ciocchè fin oggi non ancora è stato dimostrato ; e quello da essi in compruova si soggiunge muove per certo le risa; in allora le conseguenze potrebbonci esser note senza la cognizione della causa, ch'è lo stesso dire, sarà uno filosofo senz'apprendere la filosofia, o medico senz'apprendere la medicina. A' terzi rispondiamo, che tanti principî conoscitivi debbonsi ammettere, quanti sono i sistemi da cui componsi la legge di natura, la quale formando un sol sistema perchè una è la Volontà di Dio, un sol principio conoscitivo si debbe ammettere. Dippiù la legge morale è una conseguenza necessaria dell'ordine morale, e reciprocamente si danno la cognizione; in conseguenza tanti principî di conoscenza della legge morale son necessarî nell'ammissione, quanti son dovuti a serbare l'ordine morale. Or l'ordine morale è uno ; dunque un solo dev'essere il principio conoscitivo. È vero che molte verità della legge morale ànno tale evidenza, che bisognerebbe rinunciare alla ragione per negarvi l'assenso, e tra le altre meritano un tal posto le tre cennate, Pietà, Amor di sè, Socialità ; ma esse ànno tale evidenza in forza del principio conoscitivo della legge morale, in cui evidentemente si contengono. Lo stesso risponderemo ancora al barone Galluppi, il quale 1 asseriva, ch'era impossibile dedurre da un sol principio conoscitivo tutt' i doveri dell'uomo, e del cittadino, per cui venne ad ammetterne due ; cioè Dovere, e Felicità, lusingato dal falso principio del Kant, il quale sosteneva, che ove vi era proprio interesse non poteva stare la virtù. Finalmente a' quarti risponderemo col mettere ad esame i loro principî per vedere se contengono i caratteri sopra esposti (129), e nel trovarne uno cui tali caratteri convengono, essendo gli altri tutti ripudiati necessariamente, dovrà col fatto cessare ogni lite suscitata da' Naturalisti, di cui la maggior parte era piuttosto animata da spirito filantropico verso la propria spe-

1 Fil. Mor. §. 34.

cie. Ci conviene dunque mettere in chiaro i tanti principi volati conoscitivi dalla legge morale.

152. E dapprima certuni àn voluto per principio conoscitivo delle leggi morali la seguente proposizione: (§. LXIX.) La convenienza delle nostre azioni colla Santità di Dio. Or questa proposizione in primo luogo è inevidente; giacchè per raggiungerla è forza prima dimostrare la esistenza, non che la essenza di Dio, donde si viene in cognizione della sua Santità, e poscia esaminare se le nostre azioni convengono colla Santità di Dio stesso. Perciocchè una tal proposizione, anzichè da essa far emergere le rimanenti verità, molte ne suppone a tal che non è il primo anello nella gran catena delle verità morali. Ed ecco una grande oscurità riposta nella sola idea della Santità di Dio, come già anticipatamente lo dimostrarono Puffendorf [1], e Tommasio [2].

In secondo luogo è ella Inadequata; dappoichè da essa non possonsi ricavare tutt'i doveri dell'uomo e del cittadino. Imperciochè Dio non à uguali, nè superiori a Sè; dunque non à doveri di gratitudine co' benefattori, di rispetto co'superiori, di reddizione di credito cogli altri, e così dite del rimanente: or l'uomo à questi doveri: come dunque ricavarli dalla idea della Santità di Dio?

In terzo luogo aggiungiamo, ch'ella non è proporzionata a tutto il genere umano; giacchè l'Ateo il quale non riconosce Dio in niun modo potrebbesi convincere colla Santità di Dio stesso, ch'egli in conseguenza non ammette? ma l'Ateo è retto dal dritto di natura (42.); in conseguenza deve avere un principio. È chiaro dunque la enunciata proposizione non meritare il nome di principio conoscitivo. Epperò siffatta enunciazione ebbe luogo a riguardo di un detto di S. Agostino: « La somma della Religione consiste nell'imitarsi quegli, che si adora [3] »; il quale è ottimo in fatto di Religione: ma pel dimostrato mal si addice al principio conoscitivo delle leggi naturali.

1 *Specim. Cont. 4. 4.*
2 *Fund. jur. nat. et gent. l. 6. 11. seq.*
3 *Summa Religionis est imitari, quem colimus.*

133. Altri pongono per principio conoscitivo questa proposizione: Deesi fare tutto ciò, che di sua natura è giusto (§. LXX). Onde rilevasi che il principio conoscitivo del dritto di natura si ripone nella giustizia, ed ingiustizia delle azioni. Prima di tutto giova riflettere, che nella cennata proposizione si rinviene una vergognosa petizione di principio secondo i Logici; giacchè si pone per principio quello che si vuol conoscere mediante il principio, e quindi il principio si à pe' suoi effetti, e gli effetti pel principio; ciocchè forma una cosa ridicola. Ciò detto di passaggio, più ragioni c' indicano la insussistenza del cennato principio. La prima perchè falso; conciosiachè per dirsi giusta un' azione importa obbligazione provveniente dalla legge, e non già dalla natura dell'azione (20.); conseguentemente l' azione giusta importa moralità estrinseca di azioni, (79 e seg.) e non già intrinseca, la quale fuori dubbio esistendo, come diffusamente dimostrammo (80.), come rilevarsi poi dalla esposta proposizione? Anzi tale intrinseca moralità di azioni, posta la sola legge, è distrutta; ciocchè non devesi ammettere. La seconda perchè inevidente; qualora à bisogno di dimostrazione per conoscere la uniformità, o la difformità dell'azione alla legge, e quindi per dirsi giusta, od ingiusta l' azione. La terza perchè inadequato; non ricavandosi da lui tutt' i doveri dell' uomo e del cittadino; perchè ove mancasse la legge nel precetto nella proibizione egli l' uomo non più sarebbe tenuto a guardarsi come uomo, e sottentrerebbe allora il capriccio, empio torrente di malvessazioni: ma la intrinseca moralità di azioni l'obbliga a sorvegliare sul suo cuore, bandirne ogn' insolenza. In somma tutta la morale si ridurrebbe alla sola legge, qual mostruosità!! La quarta finalmente perchè improporzionato a tutto il genere umano. Infatti se dimandasi qual cosa sia giusta, ovvero ingiusta, ognuno sarebbe rimandato alla legge la quale in più cose à bisogno di riflessione, di studio, di fatica. E sono mai tali cose alla portata sì dello scienziato, che del rozzo, il quale pure è governato dalla legge di natura, ed à tutto il dritto di conoscere la Volontà di Dio? In niuna guisa è da ammettersi la cennata proposizione per principio conoscitivo delle leggi morali.

184. Cicerone pose per principio delle leggi naturali(§.LXXI.) il Consenso delle nazioni, ma delle più culte come altri hanno voluto, e la Custodia delle società « *In ogni cosa il consenso di tutte le nazioni deve tenersi come legge di natura* 1 » pel primo, e pel secondo veggasi qui sotto 2. In appresso un tal principio fu approvato anche da Grozio, il quale parlando del consenso delle nazioni così dice : «. *Per provare questo dritto ò fatto uso delle testimonianze de' filosofi, degli storici, de' poeti, ed infine degli oratori, non perchè debbasi a costoro ciecamente credere (poichè non di rado le sette favoriscono la propria causa); ma perchè quando molti in diversi tempi e luoghi tengono per certa la stessa cosa, debbesi allora riferire la medesima ad una causa universale, che nelle nostre quistioni altra non può essere, che una retta conseguenza nascente da'principi della natura, od un qualche comune consenso. La prima indica il Dritto di natura, il secondo quello delle Genti* 3 ». Ciò posto, noi per ora ci daremo soltanto carico del consenso delle nazioni, che poi in appresso avendo occasione di riflettere sul principio di Grozio e Puffendorf discorreremo della custodia delle nazioni, seconda parte del principio conoscitivo ammesso da Cicerone. Frattanto un tal principio non regge per varie guise ; poichè egli non sempre è vero ; stantechè sappiamo che tutte le nazioni anche le più culte convenivano nell'ammettere la idolatria, il furto, l'incesto, e cento e mille vizi i quali tutti da essi erano divinizzati, mentre la legge di natura altamente li riprova come illeciti, e quindi come vere ingiustizie. Leggasi su tal proposito la storia de' Greci e

1 *Omni in re consensio omnium gentium lex naturae putanda est.* Tusc. Disp. 1. 13.

2 De Leg. 1. 5. de Offic. 1: 16.

3 *Usus sum ad juris hujus probationem testimoniis philosophorum, historicorum, poetarum, postremo et oratorum, non quod illis indiscrete credendum sit, (solent enim sectae argumenta caussas servire) sed quod, ubi multi, diversis temporibus, et locis, idem pro certo affirmant, id ad causam universalem referri debeat, quae in nostris quaestionibus alia esse non potest, quam aut recta illatio ex naturae principiis procedens, aut communis aliquis consensus. Illa jus naturae indicat, hic jus gentium.*: De jure bell. et pac. proleg. §, 40.

de' Romani, ed ognuno resterà trasecolato da tutte quelle nefandezze, che il consenso universale degli uomini ammetteva,
posciachè abbandonossi a'vizî. Dippiù è inevidente, come l'istesso Grozio lo 'confessa quando dice: « *È più esteso il dritto
delle Genti; cioè quello, che è ricevuto la facoltà di obbligare
ciascuno dalla volontà di tutte le nazioni, o almeno di parecchie. Vi è aggiunto di parecchie; perchè fuori del dritto di
natura, che suole chiamarsi anche delle genti, non v'è altro
che possa esser comune a tutte le nazioni. Anzi sovente in una
parte della terra osservasi un dritto delle genti, che non v'è
altrove, come diremo a suo luogo trattando della prigionia, e
del postliminio 1* ». Dunque gli uomini onde potessero conoscere in che convengono le nazioni, dovrebbero impegnarsi in
una minuta ricerca; e perciò avrebbero bisogno di studio non
solo, ma ancora di girare l'universo. Or come non tutti possono studiare, non tutti possono intraprendere lunghi viaggi,
allora questi sarebbero scusati dalla inosservanza della legge
di natura. Gli stessi che tanto potrebbero, finchè non giunga-
no al conoscimento del consenso universale delle nazioni, anche sarebbero scusati dalla inosservanza della stessa legge di
natura. Ma la legge di natura rende l'uomo inescusabile; perchè scolpita nel cuore dell'uomo a caratteri indelebili (35).
Oltreacchè l'ammesso principio è inadequato; perchè da lui
non ricavansi tutt'i doveri dell'uomo e del cittadino, mentre sappiamo dalla storia in quali dissensioni fossero state le
nazioni su tali doveri. Infatti sappiamo cose mostruosissime
insegnarsi verso la Divinità, e, come poc'anzi segnavamo, i
più nefandi vizî essere portati in trionfo. Tali cose ammesse,
come più sanzionare la idea sacra de'doveri assistenti l'uomo?
Finalmente non è proporzionato a tutto il genere umano stante
la poc'anzi segnata impossibilità di moltissimi, per non dire

---

1 *Latius autem patens est jus gentium, id est, quod gentium omnium, aut multarum, voluntate vim obligandi accepit. Multarum ad-
didi, quia vix ullum jus reperitur, extra jus naturale, quod ipsum
quoque gentium dici solet, omnibus gentibus commune. Immo saepe in
una parte orbis terrarum est jus gentium, quod alibi non est, ut de
captivitate ac postliminio suo loco dicemus. L. 1. 15.*

di tutti , a potersi cerziorare del consenso universale di tutte
le nazioni. Tutt' altro potrà insinuarci un tal consenso fuorchè
la legge inviolabile della natura. Facciamoci intanto a riflettere
sul principio di Seldeno.

135. Egli, come già osservammo (33), pretendeva il
dritto di natura provvenire da' sette precetti dati a Noè ; in
conseguenza poneva per principio conoscitivo (§. LXXII) la
Tradizione Ebraica dipendente da questi sette precetti. Or è
noto lo sforzo di molti Scrittori nel porgerci la inverisimi-
glianza di siffatta tradizione , la quale, anche dato e non concesso che esistesse, pure perchè incerta non può formare il
principio conoscitivo delle leggi morali. Oltreacchè non può ammettersi per tale qualora è ancora inevidente, inadequato ,
ed improporzionato al genere umano. È inevidente ; giacchè
per conoscerlo è forza usar del raziocinio essendo stato rive-
lato , e non promulgato per la retta ragione: ed ecco in campo
una dimostrazione, la quale ci mena alla conoscenza del principio conoscitivo della legislazione naturale. È inadequato ;
ciocchè a sufficienza si conosce dal contesto intiero dell' opera
di Seldeno. È infine improporzionato a tutto il genere umano;
perchè non tutti ànno l' agio, o la forza di acquistare, oppure conoscere una tal rivelazione spacciata da' soli Giudei ;
mentre il principio conoscitivo del dritto di natura dev' esser
noto a tutto il genere umano. Alla fin fine , posto anche chè
tutti gli uomini lo conoscessero, sarebbe sempre un principio
noto per la rivelazione, e quindi di dritto divino positivo ; e
non già per la retta ragione, e quindi di dritto divino naturale.

Non pertanto soggiungiamo, che Seldeno senz' avvedersene è caduto nello stesso errore , sibbene in diversa guisa, di
Cicerone e di Grozio, i quali facevano (134) derivare il dritto
di natura dal consenso delle nazioni, mentr' egli lo fa derivare dalla rivelazione. Mille volte ripetiamo , che la natura
dell' uomo è quella che ingenuamente deve fornire l' uomo
stesso del principio conoscitivo di quella legge naturale, che
lo governa ; e non già l' altrui autorità, come il consenso
delle nazioni ; oppure la rivelazione, come i precetti voluti

di Noé. Ambidue quindi gli esposti principî son troppo lontani dal vero.

136. L'Inglese Tommaso Hobbes 1. stabilì questo stravagantissimo principio (§ LXXIII.): Il Dritto di tutti sopra tutti, ossia la potenza irresistibile ; donde per prima legge di natura ne ricava il doversi cercare la pace esterna finchè vive la speranza di ottenerla , quale finita tosto mettersi in piedi la guerra. Fatalissimo principio , se pur merita un tal nome, cui moltissimi ànno fatto le loro delizie nel seguirlo ; e non può immaginarsi altro principio più distruttivo della umane società. È per vero riflettendo alle sue assurdità , dapprima si mostra falsissimo , qualora poggia su di un falso supposto; perocchè egli suppone che tutti gli uomini nascono nemici , quindi lo stato naturale dell' uomo una guerra. E che tale sia la falsa sua supposizione basta sguardare la considerazione ch' egli fa dell' uomo riconoscendolo nel predominio delle passioni, guidato da una necessità indispensabile provveniente dall' istinto , e dalle propensioni. Or come questo è falso (67, e seg.) : così pure falso è l'ammesso principio. Infatti dicesi stato naturale dell'uomo quello in cui egli l' uomo stesso vive secondo le leggi della natura; e vivere secondo tali leggi è vivere in pace , in guerra non già. Più , ammesso l' infame principio di Hobbes, dove più andrebbero a parare le leggi tutte? l' uomo vien guidato dalla forza, dalla ribellione , dalla insolenza ; addio dunque ordine, pene , premî , perfezione , e che so altro?

Che diremo poi della sua inevidenza , e della mancanza del resto de' caratteri costitutivi del principio conoscitivo delle leggi morali? È ben' inutile una tal ricerca quantunque volte è un principio , il quale anzichè perfezionare l' uomo a tutta possa lo distrugge. Soltanto ci piace riflettere in generale che la legge di natura dev' essere retta certa e costante (19), e posto il principio di Hobbes non più sarebbe retta ; perchè i dritti dell'uomo verrebbero misurati dalla sola forza, ed i doveri dalla sola debolezza : non più certa ; perchè, posta la

1 De Civ. cap. 2, § 2.

forza per dritto l'imbecillità per dovere, l'uomo vivrebbe insicuro e disturbato intorno sì a' dritti, che a' doveri, e regnerebbero i soli uomini malvaggi, i quali ànno sempre il destro di far valere le loro ribalderie: ed ecco in campo la favola di Fedro [1], allorchè il lupo per sacrificare l'agnello gli accagionava il disturbo delle acque dalla sola sua malizia prodotto: onde poi si cantò, non so da chi,

> Contro degl'innocenti
> Trovano i rei pretesto:
> È sempre l'uomo onesto
> Preda del malfattor!
> Dell'assassin, del fiero
> Vittima è 'l passaggiero;
> Ed in ogni arte umana
> V'è un lupo che ci sbrana
> Con nostro gran dolor. [2]

Infine la legge di natura non più sarebba costante; perchè essa dovrebbe cambiare a misura cambia la scena della forza, e della debolezza. Oh! che fecondità di assurdi nel sistema Hobbesiano. Merita piuttosto di esser compianto anzichè dilungarci nella confutazione; dappoichè questi tali non furon mai Moralisti, sibbene nemici acerrimi e della umanità, e delle società.

1 Fab. 1. 1.
2 Sic nocet innocuo nocens, causamque nocendi
Invenit. Heu, regnant qualibet arte lupi!

LEZIONE XV.

CONTINUA LA SPOSIZIONE DE' SISTEMI.

§. 137. *Sistema di Albert, e sua confutazione — Sistema di Grozio e Puffendorf, e sua confutazione — Sistema di Pallavicino e di Bodino, di Leibnitz, di Romagnosi, e di Shute, e sua confutazione — Sistema di Wollaston, e di Volffio, e sua confutazione — Sistema di Rousseau, e sua confutazione — Continua — Sistema del Taparelli, e sua confutazione.*

137. La ricerca di un principio conoscitivo del dritto di natura quantunque si fosse interessante (129); pure à logorato sufficientemente il capo a' Moralisti, come vedemmo nell'antecedente lezione. Riflettendo ora di vantaggio su gli altri principi posti in campo dagli stessi, ci si offre quello di Valentino Albert (§ LXXIV), il quale essendo Professore di Teologia in Lipsia, e volendo conciliare la Teologia colla filosofia, cercò fissare questa proposizione: La integrità della natura, ossia lo stato d'innocenza. Ma una tal proposizione non merita affatto il nome di principio conoscitivo delle leggi morali naturali; giacchè manca di tutt'i caratteri costitutivi di un tal principio (129). Ella infatti la integrità della natura nello stato in cui trovasi l'uomo non più è vera, vi fu e per brevissimo tempo ne' nostri progenitori, ma tutta di repente svanì qual'ombra al Sole. È una proposizione incerta; giacchè la ragione niente ne conosce, la tradizione poco si diffonde, e la S. Scrittura è sì ristretta in tal proposito, che quasi niente ci somministra. Avremo a convincere non che obbligare il Deista, il Politeista, il Naturalista istesso, e come il faremo se questi incontanente si appellano alla ragione, fuori della quale non riconoscono altro fonte delle loro cognizioni? Se non che è pure inevidente; qualora la integrità della natura abbisogna di esser lungamente dimostrata con tutt'i privilegi

che si godeva, e tal dimostrazione non solo è da farsi a' Pagani, sibbene anche a' Cristiani. Infatti per quello riguarda i Cristiani sono assai note le quistioni mosse intorno alle guarentigie di un tale stato attesa la troppa restrittezza di dire de' libri santi; come ognuno può scorgere in tutte le opere Teologiche, ove con diffusione trattasi di tale stato; ed ove pure si osservano i tanti errori surti incontro allo stesso dopo il tremendo schisma fatto dalla Chiesa di moltissimi cattivi cristiani per opera di Lutero e di Calvino. Per quello poi riguarda i Pagani, siccome questi un tale stato l'avevano sotto la favola del secolo di oro: così la tradizione era quella che loro dava una notizia; tradizione varia secondo le varie inclinazioni del cuore umano. Essi intanto vagheggiavano come le altre, così pure questa falsità oscurissima alla loro mente.

Qui però bisogna essere accorto ad una bestemmia profferita dal ch: Einneccio, il quale in odio della Religione Cattolica Romana ardì paragonare la favola del secolo di oro a quelle cose che i Dottori Cattolici dicono su la immagine di Dio impressa nell' uomo, quasichè una tale immagine fosse una favola, un'idealismo. Ecco le sue parole (Nota al § LXXIV): « *Questi si compiacciono di altre finzioni, che in certa guisa rassomigliano la cristiana dottrina intorno alla immagine di Dio* » 1, e parla qui delle cose che professavano i Gentili in opposizione al Giudaismo. Per non dire della tradizione, (che come protestante non ammetteva) la scrittura stessa, donde i Dottori Cattolici ân rilevate le cose dette intorno alla immagine di Dio scolpita nel cuor dell'uomo, dovrà farlo tacere confessando non esser favole, ma realtà esistenti nello spirito dell' uomo. Epperò non essendo del nostro instituto parlare di cose appartenenti alla Teologia, ci basterà aver solo notato l'errore del Luterano Calvinista per procedere innanzi nella confutazione del principio di Albert.

Il quale è ancora inadequato come quello, che non porge i doveri tutti dell'uomo e del cittadino; avvegnacchè nello stato

---

1 *Hi aliis commentis, quae doctrinas Christianas de imagine Dei quodammodo similia sunt delectantur.*

d' innocenza Adamo non aveva contratti, guerre, ed altre cose
di simil fatta ; stanlechè beavasi nella sua naturale felicità.
Or questi doveri assistono l' uomo nello stato presente ; come
dunque ricavarli dall' esposto principio ? Finalmente da tutte
queste cose finora esposte ognuno rileverà quanto improporr
zionato fosse un tal principio a tutto il genere umano. Imperciocchè le tanto celebri dissenzioni tra Giudei, Pagani, Cristiani, ed eretici, fanno sì che molta fatica vi bisognasse per
discifrare un punto contanto interessante : bisogna aver notizia di tradizioni : bisogna aver notizia de' libri santi : e queste cose àn bisogno di tempo , di studio , di fatica , di spese , e di molto acume intellettuale. Di grazia son tutte queste cose per tutti? E non è egli il principio del dritto di natura , che vuol' essere non solo conosciuto , ma subito conosciuto dalla umana ragione ? Non è la osservanza della legge
morale tale , che ognuno vuole inescusabile? Come dunque il
Sig. Albert concilierà queste cose ? Dovrà ricercare altronde
un principio conoscitivo di legge morale naturale, fuorchè
dalla Teologia rivelata.

138. Grozio, e Puffendorf stabilirono per principio la Socia-
bilità (§. LXXV.): principio riconosciuto anche da Cicerone (134) , da Seneca [1], da Giamblico [2], e da altri molti, come attesta l' istesso Puffendorf [3], e Giov. Errico Koe-
elero [4]. Essi intanto non convengono nell' assegnare il modo ,
con cui vengono gli uomini obbligati a custodire la società ;
giacchè di essi alcuni dicono essere la natura stessa dell' uomo
quella, che gli spinge alla socialità : altri dicono essere un comandamento di Dio imposto alla natura umana di essere socievole : altri finalmente dicono , che la sola necessità à fatto
gli uomini socievoli. Comunque però sia il dottiss. Samuele de
Coccei [5] à dimostrato diffusamente, che quantunque gli uomini
fossero socievoli ; pure un tal principio come principio cono-

1 De Benef. 4. 18.
2 In Protrep. Cap. 20.
3 De jur. nat. et gent. 2. 3. 18.
4 In Grot. proleg. 48 et seq.
5 De princ. jur. nat. Diss. 1. quaest. 2, § 9 et seq.

scitivo della legge morale non è nè vero, nò evidente, nè a-
dequato. Non vero; perchè l'uomo posto fuori società, e
quindi romito agli altri, il quale deve pensare a sè solo,
non avrebbe una legge di natura. Non evidente; perchè gli
stessi suoi promulgatori discordano nell'assegnare il modo,
con cui l'uomo è obbligato alla società. Non adequato; perchè i doveri Teologici, e di proprio interesse non ànno affatto luogo nella idea di società. Alle quali cose soggiungiamo
soltanto, ch'egli è pure improporzionato al genere umano,
come abbastanza lo fanno conoscere gli stessi suoi difensori
con le loro controversie a tal che, se essi quistionano su la
maniera socievole, di qual necessità non si addimostra lo sviluppo per la gente idiota e non avvezza al genere di dimostrazione? La Socialità è buon principio; ma non è principio
conoscitivo della legge morale.

158. Sforza Pallavicino seguito ancora dal Bodino 1 pose per
principio conoscitivo l'Ordine Cosmico inteso da Dio nel creare il mondo (§. LXXVI.). Leibnitz seguito ancora da molti,
fra quali il celebre Tommasio, adottò per principio conoscitivo la Utilità del genere umano; ossia l'uomo deve fare
tutto quello, che lo mena alla conservazione, e felicità della
vita presente; quindi deve far di tutto per rendere la vita
quanto più lunga si può, ed allontanare la morte per quel
ch'è possibile. L'istesso Romagnosi 2 poco si discostò da Leibnitz quando disse: « *I fondamenti reali di lui* (parla dell'or-
dine morale) *sono esseri sensibili, i quali non possono agire
che a vista della propria felicità; epperò non possono avere altra legge impulsiva che una volontà generale di sentire aggradevolmente, e più aggradevolmente che possono sia in intensità
sia in durata.... Per lo che ripugna che esister possa alcun
morale dovere, che osti a ciò che realmente torna meglio...nè può
avvenire che il bene privato debba con giustizia cedere al pubblico*.
Finalmente l'Inglese Giovanni Shute indicò per principio co-

1 Diss. de jure mundi.
2 Introd. al dritto pubbl. univ. parag. 263.

noscitivo la Teocrazia morale. Ma riflettendo su gl'indicati principj, quelli del Pallavicino e del Shute sarebbero ottimi, principj non degni di esser disprezzati se con essoloro vi fosse la
tanto desiderata evidenza. Infatti essi sono a meraviglia dimostrati dai loro Autori per maniera che, formano l'effetto
di varie dimostrate proposizioni; ciocchè mostraci ancora l'im-
proporzionamento per tutto il genere umano, altro carattere
del principio conoscitivo (129). Come l'ordine cosmico, e la
Teocrazia naturale volete si capissero dagl'idjoti, quante volte
sono scopo di acute dimostrazioni? Per quello riguarda il principio di Leibnitz, a tacere gl'innumerabili assurdi che provvengono da lui a tal che, manca di ogni carattere di un vero
principio conoscitivo del dritto di natura, soltanto ci piace
mostrare a dito la sua falsità. Conciosiaché l'uomo, fu dimostrato (24), non è fatto per quaggiù; ma ella la legge morale
lo vuole posseditore dell'Eterno Legislatore della natura, in cui
appaga, e solo può appagare le sue brame. S'egli l'uomo si
fa arrestare sulla terra, come pretende Leibnitz co' suoi seguaci, eccolo dato in braccio si all'Epicureismo, che all'Egoismo; mentre cercando i piaceri terreni va solo pensando a
tutto quello, che produce il suo prò senza prendersi briga del
resto. Or se la legge di natura avesse queste tendenze, dove
più la idea della santità di lei? dove più la contentezza del-
l'uomo sola da potersi ottenere nel bearsi nel felice riflesso
del suo Dio? Velenosi principi son questi di corruzione e di
empietà, non già di sana morale: principj di ribellione che
ànno corrotto le umane società nel cielo più sereno di lor
pace.

140. Più sfacciatamente cercarono d'incrudelire verso la umanità isso fatto fingevano di secondarla, Epicuro e Lucrezio,
i quali posero per principio conoscitivo il Piacere. Essi furono seguiti dal sig. de la Mettrie, il quale lo chiamava Arte di
godere; dal Marchese d'Argens, il quale lo chiamava Felicità;
e da Elvezio, il quale lo colorò col titolo di Fisica Sensibilità.
Ma che razza di principj son questi? Dire all'uomo — Fa
quello che vuoi e ti piace — eccoti sbrigliata la più sfrenata
voluttà, e l'uomo ridotto a peggior sfacciataggine del giumento

senza onore , senza pudore , senza onestà , fondamenti inconcussi della legge morale !! Povera umanità a qual vile condizione ridotta da vili vilissimj uomini ! E forse vergognandosi
abbastanza l' infame Autore del sistema sociale, ch' è lo stesso
dell' altro sistema detto della natura, di usurpare simiglievoli
vocaboli , pose in iscena l'. Amor proprio qual principio della
intiera Legislazione morale. Certo egli non era così dabbene
da significare l'amor proprio ordinato ; e quand' anche l'avesse
inteso, senza però mai concedercelo , esso è retto e governato dalla legge; e perciò non può essere principio di conoscenza della stessa legge. Supposto dunque l' amor proprio disor-
dinato, in un baleno l' uomo balzato fuori ogni ordine , e
quindi pronto a commettere ogni nefandezza, distrutta la onestà delle azioni ; ed il sol capriccio regolando l'uomo, il mondo di breve addivenuto un recettacolo di fiere. Questi erano i
celebri pensatori chiamati illuminati del secolo 18. Veramente
illuminarono quell' errore che non tutti abbastanza sapevano ,
e fecero sì che tutti bevessero all' istessa immonda tazza di
Babilonia.

141. Ma ristoriamo un poco il nostro spirito con sensate verità ammesse da uomini che meglio sapevano apprezzare la
loro specie. Egli infatti l' Inglese Guglielmo Wollaston pose
per principio la Verità reale, con cui diceva: Debbonsi trattare le cose per quelle che sono : ed il dottissimo Volffio ammi-
se la Perfezione, ossia l' Armonia delle azioni, con cui voleva
dire: Devesi fare tutto ciò che tende a perfezionare l' uomo.
Ambidue i cennati principi, i quali si reciprocano sol differen-
do nelle parole, sarebbero ottimi principi conoscitivi del dritto di natura, se per poco avessero la evidenza, e la propor-
zionalità riguardo a tutti gli uomini (129). Infatti l' assennata
proposizione della verità reale egli il Wollaston la fa discendere da un bellissimo intreccio di nove proposizioni , talchè il
suo principio nella serie forma la decima proposizione. Più ,
cotesta proposizione è una conseguenza della legge, e non già
un principio per conoscere la legge istessa; giacchè trattar le
cose per quelle che sono è lo stesso che esaminare la eleggibi-
lità, ed ineleggibilità delle azioni ; qual cosa suppone per ne-

cessità la cognizione della legge. Per quello riguarda Volffio , egli stesso à fatto vedere la inevidenza del principio stabilito ; qualora io ricava da molte proposizioni da lui dimostrate tanto nella Metafisica, quanto nella Filosofia pratica universale.

Ma ambidue i cennati principj sono improporzionati a tutto il genere umano. Conciosiachè l'idiota , il quale pure viene obbligato dalla natura , come potrà avvezzarsi a quelle dimostrazioni , che richiedevano l'ingegno sì di Wollaston , che di Volffio ? In tal caso si renderà inescusabile innanzi al tribunale della natura? Ma egli è un tribunale che non ammette scuse, non ammettendo accettazione di persone; e come il dotto, così pure il rozzo vuole osservante di quella legge, la quale è nota pel solo lume della ragione (32.) , e basta essere uomo per godersi un tal dono naturale. Son quest' i due potentissimi motivi, pe' quali non possono ammettersi come principj conoscitivi della legge morale i due cennati principj.

142. Rousseau pose per principio del dritto di natura la Libertà ed Uguaglianza naturale poggiandosi sul falsissimo supposto, che tutti gli uomini per natura sono uguali ed indipendenti da chicchesia. Questa stravagante proposizione abbraccia tali assurdi , che neppure merita di esser confutata : ma siccome à troppo serpeggiata nelle umane società, di cui le conseguenze si son fatte palese alla giornata, e de' torbidi accagionati possiamo dire con verità

        « Che io stesso il vidi , e parte io stessa fui
        Del suo caso infelice. 1:

così fa mestieri sviscerarla brevemente per onore della verità. E per prima la voce Natura può significare due cose , o la differenza specifica degli esseri umani; oppure l'ordine universale delle cose. Più , la Uguaglianza umana può trovarsi in due cose, o nella natura specifica in astratto considerata; op-

1 . . . . quaeque ipse miserrima vidi,.
    Et quorum pars ipse fui :
            Virg. Æn. lib. 2. v. 5. 6.

pure nell'ordine che il Creatore à fissato nel creare l'universo. Finalmente la Indipendenza naturale può intendersi in doppio senso astratto e concreto: nel primo la umanità astratta
nella specie à il dritto di seguire i lumi della propria ragione; nel secondo la umanità nell'individuo è libera nel pensare. Tai cose premesse, l'ordine universale delle cose non à
fatto gli uomini uguali; dappoichè ove ciò fosse tutti gli uomini dovrebbero essere ugualmente belli, dotti, sani, virtuosi, coraggiosi, e via discorrete: anzi l'istesso ordine à
voluto diversità negli uomini a tal guisa, che

Per troppo variar natura è bella.

La uguaglianza dunque potrebbe stare nella umanità specifica
astratta, ciocchè è una chimera; perchè dire uomo astratto è
dire niente: e per dire qualche cosa bisogna dire l'uomo in
concreto; cioè uno dotto si ravvisa e l'altro ignorante, uno
amante della virtù e l'altro dedito a'vizi, uno gioviale e l'altro misantropo, uno coraggioso e l'altro vile, e così direte
percorrendo tutta la specie umana ne' diversi individui che la
compongono. Ecco dunque una Disuguaglianza naturale; cioè
posta dalla natura la diversità individuale per quello riguarda la naturale costituzione degli uomini stessi. Per la qual
cosa, se vogliasi rettamente giudicare, gli uomini naturalmente
sono disuguali riguardati i loro singoli individui.
    Posta questa naturale disuguaglianza naturalmente sorge pu-
re la disuguaglianza de' dritti e doveri dell'uomo, il quale ove
riguardasi in astratto niuno può ostacolare i lumi della propria ragione, allorchè tende al bene; ma ove riguardasi nel-
l'individuo come sempre deve riguardarsi; perchè un'uomo è
sempre un'uomo, e non già la umanità, il suo dritto può essere
ragionevolmente impedito dal dritto altrui allorchè vengono in
collisione, di cui in appresso si parlerà. La libertà di pensare nella
specie può fare il suo corso finchè non offende i dritti altrui, i quali
al pari de' propri debbono essere rispettati, e nell'impedimento
non restano annullati, solo sospendono l'attività. Allorquando un

dritto mio fa ostacolo al dritto di un'altro, questi può benissimo sospendere l'attività del mio dritto; giacchè sarà un maggior bene; oppure potrà stare il mio dritto essere effimero, e che io allucinato creda tendere al bene, ove ciò non è. Or come l'è questa una verità naturale: così pure naturale è la dipendenza tra gli uomini. Il servo vorrà scuotere il giusto giogo del suo padrone, gli si ostacola il giusto dritto del padrone stesso, e sarà quindi egli dipendente dal suo padrone: ma in tale impedimento sospesa l'attività del suo dritto, potrà sempre esercitarlo ove ingiusta padronanza l'affligge. Tutto il male di Rousseau è stato perchè egli à voluto confondere la indipendenza colla libertà, falsamente immaginandosi che la vera libertà non soffre giogo; mentre dimostrammo diffusamente (64. e seg.) che la vera libertà consiste nella perfetta osservanza delle leggi, per cui siamo dispensati dal ripetere le stesse teorie.

143. Sviluppata a tal guisa la stravaganza de' principi di Rousseau, sarà facilissimo scorgere la mancanza de' caratteri tutti costituenti il principio conoscitivo del dritto di natura nel suo fissato principio. Egli infatti è un principio falsissimo, qualora considera l'uomo isolato e fuori società; e perciò indipendente dalla legge e dalla obbligazione: ma è osservato (142) che ogni uomo à dritti e doveri acquistati nella società: e per tali dritti e doveri egli è dipendente dalla legge. S'inganna quindi il Sig. Rousseau quando suppone tutti gli uomini nati dalla terra a guisa di porri, spogli di ogni relazione, misantropi, fuorviati, e che so io. Dippiù è inevidente come troppo vaga la sua proposizione, la quale abbisognando di equilibrio fa mestieri insinuare la faccenda con lunghe dimostrazioni, onde mostrare la origine, ed il luogo ove risegga questa fantoccerìa. Finalmente è inadequato; poichè da esso non altro possonsi ricavare che soli dritti e doveri di umanità, detti connati; ma in niun modo si possono conoscere i dritti acquisiti, ed i doveri contratti, i quali senza dubbio assistono l'uomo considerato nel concreto (142), in cui solo dee considerarsi.

Si arroge, che la sua proposizione contiene il più malizioso equivoco, quantunque volte interpretandola materialmente dai dritti e doveri connati si vuol far passaggio a' dritti acquisiti e doveri contratti. Ecco una grande seduzione nascente dall'abuso del nome di Libertà ed Uguaglianza. Ella la libertà non vuolsi pigliare nel senso morale in quanto ch' è la volontà dell' uomo regolata dalla legge, e da questa limitata; ma nell' assoluto senso filosofico (64), dove sta tutto lo sbaglio. Come pure la uguaglianza non vuolsi soffermare al solo astratto; sibbene vuolsi spargere nel concreto. Ogni Naturalista di buon senso à sempre ripudiate siffatte stravaganze. Concluderemo adunque nelle azioni comandate o proibite dalla legge l' uomo non poter seguire il suo arbitrio; sibbene l' arbitrio e la determinazione della legge se vuol vivere da uomo, e far buon uso della sua libertà; non che raggiungere quella felicità, cui per natura anela. Falsa, falsissima dunque è la libertà spacciata dal Rousseau riposta nell' illimitato arbitrio di fare tutto quello che piace. È libertà, dirò meglio libertinaggio, che calpesta ogni legge, distrugge ogni dritto, cancella ogni obbligazione: a tal modo dissipate saranno le società, la fine dell' uomo sarà oltremodo deplorabile; perchè privo si vedrà del possesso del sommo Bene, di cui non adempì il giusto volere.

144. Il dottissimo Taparelli pose per principio conoscitivo delle leggi morali questa proposizione 1 : Dee farsi il bene. Grazioso senza dubbio è un tal principio morale, e meriterebbe il nome di principio primo se fosse evidente, come l' istesso Autore ne mostra la mancanza quando ci porge la dimostrazione così concepita. *Scienza che cosa è? è facoltà di discorrere intorno ad un soggetto : « La Cognizione mediante le cause 2 ». Or la facoltà di discorrere sul soggetto A, non è certamente quella di discorrere sul soggetto B. Ogni scienza dunque deve avere un suo primo obbietto, intorno al quale ella dee ravvolgere ogni sua dimostrazione. Ogni sua dimostrazione dovrà dunque partire dalla definizione di quest' obbiet-*

1 P. 1. § 102.
2 *Cognitio per causas.*

to o espressa o sottintesa. La definizione dell' obbietto scientifico rinchiude dunque necessariamente il primo germe, il primo principio di ciascuna scienza. La morale è la scienza dell' atto umano, cioè dell' atto della volontà libera; la volontà è la tendenza al bene, il suo atto naturale essenziale è tendere al bene; dunque il primo principio morale è questo — Si dee tendere al bene, ossia, fare il bene. Ove osservasi che una tal proposizione è l' effetto di molte altre; e perciò manca di quella evidenza propria del principio conoscitivo delle leggi morali. Ci rincresce oltremodo non poter seguire in tal caso le orme di sì profondo moralista; giacchè nella ricerca della verità è d' uopo esser schietto, e non farsi sedurre dall' altrui autorità.

LEZIONE XVI.

CONTINUA LA SPOSIZIONE DE' SISTEMI.

§. 145. *Passaggio — Sistema di Capocasale, e sua confutazione — opposizioni, e risposte — altra opposizione, e risposta — Sistema di Galluppi, e sua confutazione — continua la stessa confutazione — Sistema di Burlamacchi, Buddeo, e Finetti, e sua confutazione — Sistema di Genovesi, e sua confutazione — Sistema di Einneccio, e sua confutazione — di quale uso sia la rivelazione per un Naturalista.*

145. Una legge esistente, la quale obbliga i sudditi, vuol'essere conosciuta per l' adempimento della obbligazione; e per aversi una tal conoscenza tra gli uomini, un modo dev' esistere per raggiungerla; altrimenti inutile sarebbe ogni proposizione di legge. Or che la legge morale esista l'è un fatto, di cui in niuna maniera può dubitarsi (9.); e ch' ella sia stata promulgata all' uomo individualmente per l' organo della retta ragione, è anche un fatto incontrastabile (32.). Dunque l' uomo deve avere un mezzo per facilmente conoscere questa legge; cioè è possibile una proposizione, mercè cui l' uomo venga in

cognizione della legge morale (128.). Epperò qual sia una tal proposizione, che nella gran catena delle verità morali forma il primo anello, e quindi sia il primo principio morale, è quello per cui i Naturalisti molto si dibattono tra loro. Già buona parte di essi furono antecedentemente esaminati, e scorgemmo le lor proposizioni non meritare il nome di principio conoscitivo delle leggi morali : rimane ora proporre il resto delle loro opinioni. Useremo intanto la stessa imparzialità , che bramiamo per noi stessi , nell'esaminare i loro principî, e per venire al fatto.

146. Giuseppe Capocasale , accorto Filosofo dello scorso secolo , stabilisce per principio conoscitivo delle leggi morali il principio di contradizione consistente in questa proposizione — Non è possibile, che una stessa cosa nel medesimo tempo sia, e non sia, sia vera e falsa, sia buona e cattiva — Da ciò ne forma un postulato esprimente questa verità prattica — Si dev'evitare ogni contradizione — Abbenchè una tal proposizione sia vera certa evidente ed adequata ; pure non essendo proporzionata a tutto il genere umano non può formare il principio conoscitivo della legge morale. Come infatti l'uomo rozzo potrà scernere le cose contradittorie , se non à studio, e capacità bastante per tale conoscenza ? Si avrà allora un bel dire a costui — Eviti la contradizione — che questi si prenderà beffa del nostro dire. Intanto la legge di natura lo stringerà senza poter venire a capo di un mezzo per chiaramente ravvisarla ; ciocchè in niuna guisa potrà ammettersi.

Ma noi soggiungiamo, che il principio di contradizione non può essere il principio conoscitivo della legge morale, e per ciò dimostrare fa mestieri ricordare anticipatamente alcune verità logiche intorno alla categoria delle proposizioni. Ci abbiamo , che una proposizione può essere teoretica e prattica ; e dicesi Teoretica quella, che indica il nesso che passa tra 'l soggetto e l'attributo ; prattica poi quella che afferma potersi o doversi fare qualche cosa. La prima se non à bisogno di dimostrazione si dice anche Assioma ; la seconda se pure non à bisogno di dimostrazione si dice anche Postulato. Esemplificando la esposta teoria dirò — L'uomo è fatto per la felicità

— enuncio una proposizione teoretica', da cui deducendone —
L'uomo sarà felice — formo un' assioma. Come pure se dico—
L' uomo deve conseguire la propria felicità — enuncio una proposizione prattica , donde deducendone — L'uomo vuole la felicità— formo un postulato. Ciò posto, le verità potendo essere
speculative e prattiche', tanto nell'ordine fisico e metafisico ,
quanto morale , ambedue possono essere necessarie ; dunque
come pe'primi due ordini , così anche pel terzo vi dev'essere un principio primo, da cui tutte le altre verità derivano.
Or doppia specie di verità , doppio principio richiedono , da
cui derivano. Infatti il principio di contradizione è principio
conoscitivo delle verità speculative e prattiche necessarie sì
dell'ordine metafisico che fisico ; il principio poi della legge
morale è principio conoscitivo delle verità sì speculative , che
prattiche necessarie dell' ordine morale. E siccome i cennati
ordini son ben distinti tra loro ; così i cennati principi son ben
distinti tra loro, se mai non vogliamo rovesciare l'ordine tutto delle cose.

147. Se non che tre cose potrebbonsi opporre alla nostra dimostrazione. 1. Ogni principio delle leggi morali si può enunciare speculativamente ; e perciò a tal modo è dipendente dal
principio di contradizione. 2. Tanti principi debbonsi ammettere quante sono le verità: or la verità è una; dunque un sol
principio , e questo di contradizione è quello che devesi ammettere. 3. Tanti principi debbonsi ammettere quanti sono gli
ordini delle verità : ma son tre ordini ; dunque tre debbono
essere i principi conoscitivi.

Rispondiamo alla prima difficoltà col dire , che quantunque
ogni principio delle leggi morali si potesse enunciare speculativamente ; pure debbesi dire non dipendente dal principio di
contradizione. Imperciocchè il principio conoscitivo delle leggi
morali se teoricamente soltanto si riguardasse, allora a nulla
servirebbe, stantechè necessariamente deve scendere alla pratica ; ciocchè non è necessario nelle altre verità puramente
teoretiche. Così il cerchio è rotondo; per esser tale niente importa se descrivasi, oppur no : ma se l'uomo rappresentasi la
felicità , e questa non cercasse colle opere , al certo giammai

sarebbe felice. Bisogna dunque dire, che il principio delle leggi morali in teoria riguardato à uno strettissimo ligame colla pratica ; e perciò non dipende dal principio di contradizione, come quello che riguarda altra regione di verità.

Rispondiamo poi alla seconda difficoltà col dire, che la verità è una riguardata in generale, e non già nelle sue diverse e distinte specie, come può osservarsi. Perlocchè anche in generale riguardata come procede dall'essenza di Dio, il quale è Uno ; così non è regolata da alcun principio fuorchè dalla immutabile Volontà di Dio stesso : altrimenti Dio dipenderebbe da un principio, e questo di contradizione ; ciocchè è falso. I principi donde dipendono tutte le altre verità come subordinata, sono da riguardarsi fuori Dio , e fuori Dio le verità pigliano differenti direzioni, quali speculative, quali prattiche, quali necessarie , quali contingenti ; e perciò ricevono diversi principi attesa la natura che loro assegnò l'ordine universale delle cose posto dal Creatore.

Rispondiamo alla terza difficoltà col dire, che i principi conoscitivi non debbonsi ripetere dalla distinzione , e quindi dal numero degli ordini delle verità ; sibbene dalla essenza delle verità stesse. Come l'ordine metafisico e fisico abbraccia verità , che scambievolmente possonsi conoscere dal principio di contradizione, ecco il perchè un solo è 'l principio universalissimo, da cui dipendono ; nè possono da altro dipendere, come a sufficienza s'è dimostrato da' Metafisici. Ma le verità morali, son tali , che , costituendo un'ordine di verità tutto lor proprio, àn bisogno di altro principio , com'è chiaro. Questo maggiormente risulterà da quanto saremo per dire da qui a poco.

Dalle premesse adunque senza dubbio deve concludersi , che il principio di contradizione non può essere il principio conoscitivo delle leggi morali ; sì perchè riguarda le verità necessarie, puramente speculative ; sì perchè non può adattarsi alle verità prattiche senza disturbare l'ordine delle cose.

148. Epperò qualunque sarà il principio conoscitivo delle leggi morali , non gli ripugnerà il principio di ragion sufficiente ammesso per la serie delle verità contingenti. Impercioc-

chè l' uomo per raggiungere quella felicità ; cui ardentemente
anela (24) , deve operare a norma del suo impulso , e della
sua tendenza ; quali azioni potrebbe farle e non farle attesa la
sua libertà (67) , nel che riponsi la contingenza.' Or di ogni
azione può dimandarsi il perché, la ragione sufficiente ; essen-
doché ogni essere intelligente quando agisce sempre per un
fine agisce. Così soccorro l' indigente — di questa mia azione
se dimandasi il perché , sarà appunto perchè desiderava la
felicità del mio simile. Il principio adunque di ragion sufficiente è connesso col principio conoscitivo delle leggi morali ; ma
l' uno non è l' altro , nè l' uno dipende dall' altro.

Abbiamo detto , l' uno non è l' altro ; giacchè il principio
conoscitivo delle leggi morali riguarda le verità pratiche necessarie (146) , ed il principio di ragion sufficiente riguarda
la contingenza delle cose. Per vero le azioni, che l' uomo deve mettere per conseguire il suo fine , l' uomo stesso le conoscerà per mezzo del primo principio morale ; e finchè non le
opera non potrà mai dirsi a lui, perchè così ài fatto ? Ma tostochè avrà consumata l' azione , allora si può dimandare il
fine , ossia la ragion sufficiente della sua azione.

Abbiamo soggiunto ancora , l' uno non dipendente dall'altro ;
giacchè ove vi fosse dipendenza non più sarebbero principi
primi nella serie delle verità. Il principio primo morale riguarda le verità pratiche necessarie, ed il principio di ragion
sufficiente riguarda la contingenza delle azioni ; perciocchè tanta distanza vi passa tra l' uno e l' altro , quanta , direi , v' è
tra la terra ed il cielo. Epperò bisogna confessare , che l' un
principio in niuna guisa può distaccarsi dall'altro ; dappoichè
la loro stretta unione dipende dall' ordine universale delle cose ; e come questo non può distruggersi essendo tale la Volontà di Dio , così quelli non possonsi scompagnare.

Prevediamo intanto la difficoltà , che a tempo ci si potrebbe fare ; cioè, il principio di ragion sufficiente mediatamente
dipende dal principio di contradizione ; dunque anche il principio conoscitivo delle leggi morali dipende mediatamente da
quello di contradizione. Eppure non è così ; imperciocchè ad
evitare ogni altra difficoltà diciamo, che quì non intendesi par-

lare di esistenza di azioni, alla quale è dovuto il principio di
contradizione sia mediatamente sia immediatamente, e ciocchè
à luogo anche nelle azioni morali; giacchè se un'azione morale è buona o cattiva, nel medesimo tempo non può essere
cattiva e buona; ma soltanto, s'intende parlare di conoscenza
di azioni, ed il modo di conoscerle diciamo essere appunto il
principio conoscitivo del dritto di natura; il quale pel dimostrato non è 'l principio di contradizione, nè quello di ragion sufficiente. Del resto ancorchè si volesse intendere la esistenza dell'azione morale per certo è prima la conoscenza, e
poi la esistenza stessa in tal caso; giacchè l'uomo prima si
determina ad agire, e poi agisce; e ripetiamo che il mezzo
di conoscere le azioni morali è 'l solo principio conoscitivo proprio della legge morale. Pare dunque la cosa a sufficienza essere sviluppata; per cui ci diamo a riflettere su di altri
principi.

149. Il Barone Galluppi, in filosofia miracolo del secolo nostro, pone, come dicemmo (131), due principi conoscitivi della legge morale; cioè Dovere, e Felicità. Supponendo qui le
cose già dette (131), soltanto soggiungiamo, che la sua teoria è inadeguata; giacchè i doveri verso i simili non possono
dedursi, ed egli stesso, l'illustre Autore ce ne mostra la difficoltà quando oltremodo si sforza [1] a meraviglia ridurre i doveri dell'uomo verso sè stesso a' doveri verso i simili. A tal
modo l'illustre Autore rende il suo principio di Dovere, su cui
intendiamo far sempre le nostre riflessioni, falso ed inevidente; falso perchè egli pretende obbligare l'uomo a procurare la
propria felicità col solo mezzo di giovare gli altri; inevidente
perchè à bisogno di uno smoderato sviluppo. Ed acciocchè non
credasi esser gittate alla ventura queste due riflessioni, cerchiamo di svilupparle per quanto è possibile cogli stessi sentimenti del signor Galluppi.

Che significa i doveri di proprio interesse essere lo stesso
che i doveri di socialità? [2] Significa lo stesso che l'uomo non

_____
1 Filos. mor. §. 64.
2 Filos. mor. §. 64.

può esser felice se non procuri l'altrui felicità [1]. *Riguardi costantemente*, son sue parole, *e senza eccezione ogni uomo come un' altro te stesso*. Ecco la falsità del suo principio ; conciosiachè si vorrebbe per altrui un' amore maggiore del proprio , il quale non potendosi avere dall'uomo, sarà falso il suo
dovere. Egli l'uomo deve fare il commodo altrui quando non
vien meno il proprio ; e procurare l'altrui vantaggio quando
non deteriora sè stesso ; quindi il proprio interesse è da preferirsi all' interesse altrui. Ma questo non persuadeva il Galluppi, come osservammo altrove (151) ; giacchè egli sedotto
dalla morale di Kant, diceva : « *Questa prudenza non diviene virtù se non quando à il bene degli altri per iscopo finale [2]* ». Falso; poichè l'interesse proprio è virtù quando tende
alla felicità per tal modo, che posso trascurare il vantaggio
del mio simile , se questi ostacolasse la propria felicità. Falsità , che risulta ancora dal riflettere, che ove non corre il vantaggio del simile non sono obbligato a procurare il mio; ciocchè vale lo stesso di non curarmi del proprio imperfezionamento
sol perchè non v' è occasione di giovare gli altri. Quindi l'uomo per ventura rincolato ne' monti, o per momenti trovandosi
in qualche deserto , ove non à mezzi di avvicinare i suoi simili , non dovrebbe tendere alla sua felicità ; perchè non può
giovare il simile. Ci perdonerà l' uomo troppo insigne se diciamo questa una stravaganza , a cui per certo egli non pose
tutta quella forza di riflessioni, che in mille guise à fatto sbrillare ne' parti del suo fecondo intelletto.

Abbiamo detto ancora che il suo principio di Dovere era inevidente ; avvegnachè avendo detto : « *L' uomo ama per sè
stessa la felicità come ultimo fine , e come fine ultimo vuole il
dovere [3]* », bisogna conoscere qual sia questo dovere , e quali
doveri assistono l' uomo ; ed ecco preparata una dimostrazione , la quale ripugna al principio conoscitivo delle leggi morali (129).

1 Fil. mor. §. 31.
2 Fil. mor. §. 154.
3 Fil. mor §. 34.

450. Epperò le ultime cennate parole ci mettono nel dovere di appalesare un'altra verità distrutta dall'illustre Autore coll'ammissione di due ultimi fini. Ed invero il fine ultimo dell'uomo non può non essere che un solo a tal che o è uno, o nessuno; quindi o dovrà essere il dovere, ed a lui sarà subordinata la felicità; oppure sarà la felicità, ed a questa sarà subordinato il dovere. Imperciocchè l'ultimo fine dell'uomo che cosa è? È quello, in cui l'uomo riposa avendolo raggiunto senza più desiderare; dunque tutti gli altri fini che questo riposo non producono all'uomo saranno sempre subordinati all'ultimo fine. Or questo fine ultimo è posto fuori l'uomo; altrimenti l'uomo nello stesso tempo sarebbe riposo e tendenza; ciocchè è contradizione. Dunque l'uomo ottenendo quello ch'è fuori di sè, una volta riposa alfine perchè sempre desiderò. Poniamo ora col Galluppi due fini ultimi per l'uomo, dovremo allora necessariamente cadere in contradizione; giacchè questi due fini o l'uomo li ottiene in una sola volta, oppure l'uno dopo l'altro. Se ottenendone uno deve aspettare di ottenere l'altro, sarebbe l'uomo in permanente riposo, e non lo sarebbe, ciocchè forma una manifesta contradizione; giacchè lo sarebbe pel fine ultimo già raggiunto, non lo sarebbe pel fine ultimo da raggiungere. Tutti e due in una sola volta non può ottenerli; perchè il dovere morale è necessità morale che risulta da un fine necessario; dunque per necessità deve anteporsi il dovere alla felicità, e l'uomo per esser felice deve esser prima doveroso; cioè deve prima disimpegnare il proprio dovere; ciocchè ci mena al primo assurdo notato. Comunque la cosa vogliasi riguardare, essendo contraditoria la dottrina del Galluppi, rimane chiara la unità del fine ultimo dell'uomo: unità metafisicamente; perchè l'umana volontà tende al fine ultimo, cioè la felicità; unità fisicamente; perchè uno è l'impulso in tutti gli uomini al fine ultimo, cioè la felicità: unità infine moralmente; perchè l'ordine morale à per oggetto l'ultimo fine, cioè la felicità, il sommo Bene (24), il quale solo può dare un vero, immutabile, e permanente riposo alla volontà dell'uomo.

451. Lo stesso può ripetersi sotto differente rapporto a'Si-

gnori Burlamacchi, Buddeo, Finetti, ed altri, i quali ammettevano tre principî conoscitivi del dritto di natura ; cioè Pietà, Amor di sè, Socialità (131) ; e senza recar tedio col ripetere le cose già dette, soltanto qui soggiungiamo che ancorchè tre principî dovessero ammettersi ; pure i cennati non potrebbero essere principî conoscitivi del dritto di natura ; sì perchè mancano di evidenza ; sì perchè non sono proporzionati al genere umano. E pel primo, ciocchè è conseguenza non può esser principio, e per certo le tre verità Pietà, Amor di sè, e Socialità, son conseguenze di quest'altra verità, che l'uomo deve fare il bene a Dio col dargli la religione, a sé stesso coll'amarsi, agli altri col custodire la società ; ed a far tutto questo vi bisognanò non indifferenti dimostrazioni. Pel secondo, l'uomo idiota non potrà giammai subito capire quello che agli uomini dotti è costato molta fatica per discifrare, come nel caso chiaramente si appalesa. La legge di natura, lo abbiamo più volte ripetuto, e lo diremo sempre che occorre, vuol'essere subito conosciuta, subito osservata, e senza eccezione di persone. Il mezzo dunque di conoscerla vuol'essere naturale ; cioè posto dalla natura nella potestà di ogni uomo di maniera, che ogni uomo è inescusabile in faccia alla legge di natura.

152. L'Abbate Genovesi pone per primo principio morale il Dritto; onde enuncia questa proposizione 1: Serba i dritti di ciascuno, e se gli avrai violati, studiati di rimetterli nel primo grado. Ella è questa una proposizione vera certa adequata, ma inevidente ed improporzionata a tutto il genere umano, per cui non può formare il principio conoscitivo della legge morale. Infatti il cennato Abbate impiega undici paragrafi per giungere allo stabilimento del suo principio; giacchè dimostra prima le proprietà naturali di ciascuno, poi fa vedere che sono queste proprietà, indi espone come la legge di natura vuol serbati i dritti di ciascuno per modo che premia chi li rispetta, e castiga chi li offende, e finalmente passa a stabilire il principio della legge morale. Di grazia dimandiamo al signor Abbate, l'uomo idiota è capace di un sì bello intreccio

1 Dic. lib. 1. cap. 3. par. 14.

di dimostrazione ? Ed allora come farà questo disgraziato ? Dovrà esser punito senza poter conoscere la legge ? Certamente il signor Abbate rispondendo di no a tutte le nostre dimande, dovrà dirci che la sua proposizione non è 'l principio conoscitivo della legge morale.

153. Veniamo ora al principio stabilito dal chiarissimo Einneccio, il quale lo tolse dalla benevolenza fissata da Cumberland. Egli invero 1 pone per principio conoscitivo delle leggi naturali l' Amore, in quanto che l'uomo per esser felice deve amare Dio, il suo simile, sè stesso. Or questa proposizione del chiarissimo Einneccio se avesse la evidenza meriterebbe senz'altro il nome di principio primo morale, e ci duole non poterlo seguire per essere giustamente amanti del vero. E che sia inevidente egli stesso ce ne somministra abbondevole argomento, quando cerca dedurre la sua proposizione da due capi: primo dalla volontà divina, secondo dalla rivelazione. Ed infatti (§. LXXVII.) dimostra, che la volontà divina volle creare gli uomini, onde fossero felici, e per renderli tali, soggiunge (§. LXXVIII.), loro diede la legge di natura, acciò osservandola avessero ottenuta quella felicità, per cui li aveva creati. Or come la felicità consiste nel possesso del sommo bene, conchiude (§ LXXIX), e nella carenza del male: così è chiaro, che Dio colla legge di natura volle, che ci godessimo il bene, e ci tenessimo lontani dal male: ma godiamo il bene per l'Amore; dunque l'Amore è il principio conoscitivo della legge di natura. La seconda dimostrazione deducendola dalla rivelazione (Nota al §. LXXIX.), Ei dice che la rivelazione invittamente c'inculca l'amore per farci essere felici; e lo dimostra coll'autorità di S. Matteo 2, di S. Luca 3, e dell'Apostolo scrivendo a'Romani 4, a'Colossesi 5, a Timoteo nella prima lettera 6. Ma l'amore, su cui pog-

1 Cap. 2. §. 79.
2 22. 37.
3 10. 27.
4 13. 9. 10.
5 3. 14.
6 1. 5.

giа la S. Scrittura è una legge positiva, con la quale ci s'induce un dovere di amare Dio, noi stessi, ed i simili; ma non è un principio conoscitivo delle leggi naturali; ed un tale amore lo lasciamo a' Teologi di svilupparlo; giacchè al Naturalista conviene seguire le orme della ragione.

154. Con questo però non intendiamo dire al chiarissimo Einneccio quello che malamente rinfacciava a' Filosofi italiani il signor Cousin [1] quando loro diceva, ch'erano ancora ne' lacci della Teologia; giacchè siamo intimamente persuasi, che tutte le leggi della natura non possiamo conoscerle colle sole forze naturali; ma il più delle volte riceviamo lume dalla rivelazione, di cui l'autorità fa il più gran rispettoso peso sul nostro animo. Imperciocchè l'uomo, per la fede conosciamo, non è più quello che per la prima volta uscì dalle mani del suo Creatore; ma mille vizi deturpandolo fanno sì che i lumi della ragione non più sono sì limpidi e veraci quali gli donò il Creatore medesimo. Ella la ragione se fossesi soffermata nella sua primiera purezza senza stento, senza dubbio, ma con ferma certezza avrebbe potuto tutta svolgere la legislazione naturale senza far ricorso ad altro mezzo. Ad un tal bisogno soccorrendo l'infinita carità del Legislatore della natura di repente volle donare all'uomo la rivelazione, di cui alla salutare ombra l'uomo cammina con sicurezza ne' dettami del suo raziocinio, e facilmente gli è dato a franca mano rinvenire i doveri tutti, che l'assistono. Ci rafferma in tal pensiere il dotto Taparelli allorchè dice: « *Lungi da noi il pensiere di asserire che la ragione dell' uomo conosca nel fatto la legge tutta di natura con le sole sue forze;* . . . . . , *Ma a che dunque insegnarsi il dritto di natura, domanderà taluno, se a conoscerlo non può il naturale raziocinio arrivare? — Molti confondono queste due proposizioni: Il dritto di natura può dimostrarsi con la sola ragione — Il dritto di natura si conosce colla sola ragione — Ma in verità il divario è immenso, essendo talora assai più arduo trovare le verità che dimostrarle* . . . . . *Ma quando la verità è ignota o dubbia, quanto è*

---

1 Int. lez. 13.

difficile colla sola ragione il rinvenirla, l' assicurarla? Ogni errore ci lascia incerti, se sia errore di tesi o di raziocinio: ogni obbiezione può essere una verità o un sofisma . . . . . la filosofia cattolica à obblighi inestimabili alla rivelazione, da cui in molti articoli ella à la certezza assoluta, prima ancor di trovare la dimostrazione 1 ». Leggasi ancora quello che altrove abbiamo segnato (35 , e segg. 20.). Per la qual cosa volevamo dire al chiarissimo Einaccio, che il principio conoscitivo dev'esser tale, che l' umana ragione senz' altro appoggio da sè sola lo conosca ; e sia di tanta evidenza, che immediatamente mena l' uomo alla conoscenza della legge di natura per quanto è possibile ; dappoichè ove l'umana ragione non può giungere colle sue forze naturali di riscontro trova la rivelazione, la quale lo assiste onde non deviasse dal vero, e dal retto. Per tal motivo abbiamo creduto fare la proposta digressione, ed anche per opporre a que' che vantansi del nome di spiriti forti, di uomini illuminati, i quali pigliando la ragione per la comune misura del vero, e del giusto, vanno facendo le più sacrileghe onte alla rivelazione. Son questi come cani che bajano alla luna, e nel progresso dell' opera sarà facile il ravvisare di quanto bisogno fosse la divina rivelazione.

Se dunque le proposizioni fin qui esposte non possono servire di principio conoscitivo delle leggi morali, è giuocoforza rinvenire una proposizione, la quale faccesse sì necessario uffizio nella intiera legislazione morale. Or qual sarà questa proposizione, ecco quanto sarà l' oggetto della veniente lezione.

1 Part. 1. cap. 5. par. 105. Nota.

LEZIONE XVII.

SI STABILISCE IL VERO PRINCIPIO DEL DRITTO DI NATURA.

*§. 155. Il principio conoscitivo del dritto di natura esiste —
questo è la Felicità dell'uomo — da cui risulta il fondamento
di tutt' i doveri — la falsità del principio di Leibnitz è posta in maggiori bedute — il triplice ordine de' doveri nasce
dall' enunciato principio — il principio dell' amore conseguenza del principio della felicità — nozioni dell' amore, e del-
l'odio, e loro conseguenze — l' amore, e l' odio non sono cose
contradittorie — doppia fonte di amore verso il simile, che
produce doveri perfetti — non che imperfetti — oggetto del-
l'amore di umanità, e di beneficenza — e nell' amore di beneficenza l'ebbe non agisce contra ragione.*

155. Molte proposizioni sono state esaminate da noi nelle
antecedenti lezioni, le quali si volevano per principio conoscitivo del dritto di natura; ma tali non erano; sia perchè
false; sia perchè non evidenti, od inadequate; sia perchè infine non erano proporzionate a tutto il genere umano. Scono-
sciute adunque tante proposizioni, qual sarà il principio conoscitivo delle leggi morali? Il principio in parola per verità
esiste, ed in lui concorrono tutti que' caratteri che soli possono costituirlo tale. Imperciocchè la legge morale esiste (9) regolatrice delle umane azioni; dunque l' uomo deve avere il
mezzo, e questo sicuro di venire in cognizione di essa; perchè deve operare a norma di quel fine, cui lo diresse il Creatore della natura. Ora il mezzo di conoscere una tal legge è
appunto il principio conoscitivo di questa legge stessa (128);
perciocchè dev' esistere un tal principio fornito di tutti quei
caratteri, che tale lo ingenerano (129); e siccome qui trattasi di verità prattiche; così dev' essere un postulato; cioè una
proposizione prattica indimostrabile per la sua evidenza (146).

156. Adunque il principio conoscitivo della legge morale sa-

rà la Felicità dell'uomo ; ossia il desiderio ardente che l'animo, à di esser veramente felice. Quindi è ch'esso verrà enunciato a tal guisa : Si deve fare tutto ciò, che fa conseguire la propria Felicità. Ecco il principio conoscitivo della intiera naturale legislazione , il quale fa sperare l'uomo secondo la sua natura. Desso è un principio Vero per necessità ; perchè altrimenti l'uomo sarebbe disperato : Certo ; perchè l'uomo dovrebbe dubitare della sua stessa natura per metterlo in dubbio : Evidente ; perchè si rinviene nella natura stessa dell'uomo, il quale a caratteri indelebili lo contempla scritto nel suo cuore : Adequato ; perchè da esso ricavansi tutt' i dritti e doveri dell'uomo , e del cittadino, come sarà fatto osservare in appresso : Proporzionato infine a tutto il genere umano ; perchè tutti gli uomini hanno un desiderio per la felicità.

A tal modo enunciato il principio conoscitivo delle leggi morali, di repente acquistano evidenza tutte le proposizioni fissate da' Naturalisti su tale oggetto , e quindi la perfezione di Volffio, la verità reale di Wollaston, l'ordine di Pallavicino ; la Teocrazia di Shute ; l'amore di Dinnecato, e tutte le altre proposizioni, le quali erano inevidenti : e si troveranno adesso cangiati di nome, ma non di sostanza.

157. Dallo stabilito principio e'è dato ricavare questa conseguenza, fondamento di tutt' i doveri — L'uomo deve conseguire la propria felicità — Infatti (§. LXXVII.) la esistenza dell'uomo suppone la esistenza del Creatore non solo ; sibbene il fine che il Creatore à avuto nel crearlo. Questo fine che il Creatore si prefisse nel creare l'uomo esiste nell'uomo stesso per modo, ch'egli l'uomo è tale quale il Creatore lo concepì , e volle che fosse , cioè felice ; e la felicità per lui forma ogni ragion di bene. A tal fine gli donò l'intelletto, onde potesse conoscere Dio , la natura , ed ogni vero bene che a Dio lo conducesse : gli donò la volontà , onde amasse Dio è quello che a Lui mena : gli donò infine il corpo per produrre tutte quelle azioni, che gli potranno far acquistare la vera felicità. Tutto ciò il Creatore lo concepì e lo volle per bene del solo uomo ; giacchè Egli essendo felicissimo niente poteva acquistare ; ma volle che l'uomo entrasse a parte della sua

felicità. Per la qual cosa egli l'uomo operando a norma della sua naturale costituzione ; cioè dietro l'istinto della felicità, viene ad operare secondo la Volontà di Dio (128). Perciocchè gli promulgò per la retta ragione (32) la legge di natura, la quale è la stessa immutabile sua Volontà (125); ed in questo si è distinto (§. LXXVIII.) da tutt'i legislatori umani, i quali in promulgando le loro leggi, riguardando il bene de'loro cittadini, riguardano anche il bene ed il vantaggio proprio. Il Legislatore della natura non avendo di che temere, di niente essendo bisognoso, concepì, volle, ed operò tutto a vantaggio dell'uomo a fine di renderlo felice fuori ogni miseria, fuori ogni timore. Sicchè l'uomo operando secondo la Volontà di Dio, le sue azioni saranno buone e giuste; e quindi degne di premio, il quale consiste nel possesso del sommo Bene (24): al contrario operando in opposizione al suo fine, egli è cattivo ed ingiusto; perchè opera contra la Volontà del suo Creatore, e perciò in pena avrà la infelicità; cioè la privazione del sommo Bene.

158. Dal che maggiormente risulta la falsità del principio ammesso da Leibnitz, ed altri (139); perchè in tal caso il dritto di natura riguardando la sola vita presente in niuna maniera potrebbe obbligare il genere umano; e quindi esso fatto non più sarebbe obbligatorio, come dimostrò il dottissimo Samuele de Coccei.1. Imperciocchè come ognuno può rinunciare alla utilità della vita presente: così ognuno potrebbe rinunciare al dritto da natura. Chi obbligherebbe l'uomo ad operare per una vita che al certo finirebbe, e con lei ogni vantaggio, ogni bene, ogni desiderio? La fatica, il sudore, i trapazzi di ogni mortale muoverebbero il riso a chiunque avesse fior di senno. Ma al dritto di natura non si può rinunciare senza rinunciare alla Volontà di Dio; perchè quello facciamo a norma di tal legge, lo facciamo perchè Dio lo vuole, e lo comanda; nè poteva Dio altrimenti volere e comandare (11). Ond'è, che il dritto di natura è obbligatorio non solo per una obbligazione interna; ma più per una obbligazione esterna (21), cui è annessa

1 Diss. 3. q. 2. par. 9. e segg.

una realtà di premio, o di pena (28). Perlocchè l'uomo può rinunciare al dritto di natura, non facendo la Volontà del Legislatore della natura ; ma giammai può rinunciare alla pena, che segue il trasgressore della legge di natura.

159. Se dunque è Volontà di Dio che l'uomo fosse felice (§. LXXIX.), e la vera felicità consiste nel possesso del sommo Bene (24) ; egli l'uomo per conseguire la propria felicità fa mestieri , che colle sue libere azioni , con cui entra nell'ordine morale, continuamente manifestasse le divine perfezioni, mostrasse di conoscere il suo Creatore, s'impegnasse a promuovere la propria perfezione, copiasse in sè per quanto è possibile la perfezione del suo Creatore , e dirigesse infine tutte le sue facoltà al fine del Creatore medesimo , impiegandole a quell'uso per cui sono state donate. Ed ecco i tre doveri che assistono l'uomo: doveri nascenti dal principio conoscitivo (156) , e dalle prime verità surte da esso (157) : doveri cioè verso Dio nascenti dal dover conoscere il suo Creatore : doveri verso sè stesso nascenti dal dover procurare la propria perfezione : doveri verso i simili nascenti dal dover imitare la divinità nelle sue perfezioni , e far buon uso delle sue facoltà , dirigendole al fine del Creatore medesimo.

Tutti siffatti doveri poggiano su queste tre leggi fondamentali :

L'uomo deve a Dio un culto di sommo amore , ossequio, e servitù , che mostri la sua totale dipendenza e gratitudine al Legislatore della natura.

L'uomo è obbligato a procurare quella tutta perfezione, che dipende dalle sue forze, salve le leggi tutte della collisione.

L'uomo è obbligato a procurare l'altrui perfezione come la propria.

Ecco le tre leggi, onde sarà facile rilevare i dritti, e doveri tutti dell'uomo , e del cittadino, come in appresso sarà eseguito. Intanto a vista di queste cose si potrà mai negare il nome di principio conoscitivo delle leggi morali allo stabilito principio? (156). Diremo dunque non più insussistente la ricerca di un tal principio (130) , oppure impossibile ; ma essa interessante , ed il vero principio esistente , qual'è appunto la Felicità dell'uomo.

160. Pertanto l'uomo desiderando di esser felice (157), ove segua il suo impulso, quello fa, che senza dubbio lo mena ad un tale completissimo riposo ; in conseguenza con sincerità si porta ad amare il suo Creatore, sè stesso, i suoi simili; giacchè il bene si possiede per amore. Per la qual cosa rilevasi che l'Amore è una conseguenza prossima del principio conoscitivo delle leggi morali ; e poichè il Legislatore della natura ci vuole felici, ci vuole ancora amanti. Ed ecco il motivo perchè nelle rivelate carte, per usare la espressione di Agostino, ad ogni pagina ci s'inculca un tale amore. « *Amerai il Signore Dio tuo con tutto il tuo cuore, e con tutta l'anima tua, e con tutto il tuo spirito........ Amerai il prossimo tuo come te stesso* 1 ». A questo si soggiunge presso l'istesso Evangelista: « *Da questi due comandamenti pende tutta quanta la legge* 2. » Imperciocchè chi ama consegue la sua felicità, e quegli consegue la propria felicità, che avrà osservata puntualmente la legge : onde l'Apostolo chiamava l'amore, scrivendo ai Romani, la somma della legge, ovvero il complemento della legge: « *A' adempiuta la legge — Il complemento della legge* 3 »: come pure, « *Il vincolo della legge* 4 »: e finalmente, « *La fine del precetto* 5 », Oh ! se un tale amore custodisse i cuori degli uomini, dove più tanto libertinaggio, tante nefandezze, tante ingiustizie ! Una fratellevole verace concordia stringendo gli uomini tutti, ne formerebbe di essi un sol cuore, una sola mente, un solo spirito ! Ma quanto non è da deplorarsi la diserzione di un tal vincolo di carità ? Le umane società lugubri cel mostrano, le famiglie in braccia dello scisma cercano sollievo, i singoli uomini muovono pietà !!

161. Ma che cosa è questo Amore ? È un predominio di piacere nascente dall'altrui felicità (§. LXXX.). Al contrario l'Odio è un predominio di piacere nascente dall'altrui infelicità.

1 *Diliges Dominum Deum tuum, ex toto corde tuo, et in tota anima tua, et in tota mente tua .... Diliges proximum tuum, sicut teipsum.* S. Matteo 22. 37.

2 *In his duobus mandatis universa lex pendet.* v. 40.

3 *Legem implevit; Plenitudo legis.* 13. 8. 10.

4 *Vinculum perfectionis.* Coloss. 3. 14.

5 *Finis praecepti.* Tim. 1. 5.

Dalle quali definizioni ci è dato rilevare, che tanto l'amore, quanto l'odio tra loro convengono nel genere; essendochè
ambidue sono un gaudio: differiscono poi tra loro in riguardo all'oggetto; giacchè l'amore à di mira l'altrui felicità, e
l'odio la infelicità altrui. Intanto oggetto dell'amore sono i
genitori, i figli, gli amici, i concittadini, ed ogni altra cosa di simil fatta.

. Compimento dell'amore è la Commiserazione; come pure
compimento dell'odio è la Invidia. La prima consiste in un
predominio di dispiacere nascente dall'altrui infelicità; la seconda consiste in un predominio di dispiacere nascente dall'altrui felicità. Veggo il povero cencioso, cogli occhi bagnati di
lagrime, mal reggendosi sulle piante per la fame; ahi misero! egli squarcia il mio cuore, mi sprona a fargli del bene;
ecco la commiserazione. Che se poi incrudelisco verso di lui,
lo sprezzo, dal perchè mutò fortuna, rascingò le sue lagrime, agiata serba la vita; ecco la invidia. Son paradossi per
chi non è uomo; giacchè frequentemente ci è dato vedere in
mezzo alla umanità chi ride su gli altrui infortuni, e chi se
ne commuove: quando addentarsi l'altrui gloria, quando sollazzarsi dell'altrui ruina. In somma un reciprocarsi di beni e
di mali tutto giorno ci è dato osservare. Eh! ricordano al fine gli uomini che sono uomini, e diretti al gran possesso del
Dio della felicità eterna nella durata, infinita nella intensità;
perciocchè limite al loro cuore sia l'amore, la commiserazione, in una parola il ben fare: l'è questa la caratteristica di
quell'uomo che sente il peso della umanità, in cuore il so-
spirato fine della felicità.

162. Dalle premesse emerge, che l'amore e l'odio non sono cose contradittorie, come vuole il ch. Einneccio (§. LXXXI.);
sibbene cose contrarie. Conciosiachè diconsi contradittorie quelle cose, di cui una esistendo l'altra necessariamente deve
rimanere esclusa. Se l'uomo vive, egli necessariamente non è
morto; e viceversa s'è morto, egli necessariamente non è
vivo: dunque la vita e la morte sono cose contradittorie. Se
l'amore e l'odio fossero cose contradittorie, ne dovrebbe seguire per necessità che tutti dovremmo amare, oppure odia-

re : ma in moltissimi casi la esperienza ci fa osservare, che noi tante volte una persona, una cosa, nè l'amiamo, nè la odiamo : ciocchè non potrebbe aver luogo se l'amore e l'odio fossero cose contraditterie. Se dunque son cose contrarie, la esclusione di una non porta con sè la inclusione dell'altra, com' è dimostrato. Vero è però, che quando noi amiamo una persona nel tempo stesso dell'amore non possiamo odiarla: ma ciò non dipende dalla natura de'cennati affetti ; sibbene dal che nel medesimo tempo far non possiamo due azioni diametralmente opposte tra loro. Avvegnachè l'atto dell'amore non è atto di odio, e viceversa ; dunque se amo, nel mentre che amo, non posso odiare : dall'amore posso passare all'odio rattristandomi di quello, che prima mi formava oggetto di piacere ; ma per questo passaggio debbo necessariamente cessare dall'atto di amore.

165. Tali nozioni ricavate dalla idea dell'amore, e dell'odio (161) ; poichè l'uomo deve conseguire la propria felicità, e per ciò ottenere tra le altre cose è mestieri amasse il suo simile (157, 159); sarà facile osservare ch'egli dev'evitare tutto ciò, che può rendere infelice il suo simile. Or ci abbiamo (§. LXXXII) che in due modi si può promuovere l'altrui infelicità, o col togliere al simile quello che à per natura ; o col togliere al simile quelle perfezioni che si à acquistato. Nel primo caso ci abbiamo il *Laedere*, ossia l'offendere : nel secondo caso il *Denegare*, ossia il togliere il proprio a qualcuno. Così togliere un membro al simile è renderlo infelice, e quindi fargli una offesa contra natura : ma se a lui si oscura la gloria che si à acquistata collo studio, è anche renderlo infelice, ma non contra natura ; lo priviamo di una cosa, cui aveva tutto il dritto a possedere.

Se l'uomo è tenuto ad amare il suo simile (159), egli non solamente non deve lederlo, ma è tenuto ancora a dargli, nè toglierli tutto quello che gli si spetta: onde diceva Seneca ; « *Quanto poco è 'l non far male a chi devi tu far bene?* »[1] Finchè uno si limita a soltanto non nuocere il simile, per

---

1 *Quantulum est, si non nocere, cui debeat prodesse ?* Ep. 95.

certo non soddisferà tutta la legge di amore , la quale costa
di due parti ; non nuocere cioè , e giovare il simile. Il fermarsi al solo non nuocere eviterà soltanto la taccia di scellerato ; ma non potrà dirsi uomo virtuoso. La legge o si adempie in tutto , o è ben' inutile serbarne una parte : la osservanza della legge fa l'uomo virtuoso (75) , e quegli . soltanto
lo sarà, che adempie anche la doppia parte del precetto verso
il simile. Per la qual cosa Leibnitz [1] pel simile stabilisce tre
gradi di dritto di natura ; dritto stretto , equità ossia carità,
e pietà. Allo stretto drit'o riferisce il non ledere chicchessia;
alla equità o carità riferisce il dare a ciascuno il suo dritto;
e qui la sbaglia , perchè questo appartiene al dritto stretto ,
e quindi non alla sola giustizia distributiva , ma sopratutto
alla giustizia commutativa , come in appresso sarà diffusamente osservato. Finalmente alla pietà riferisce quelle cose , che
si appartengono alla onestà delle azioni. L' uomo intanto dovendo al suo simile niuna ingiuria, sia nella natura per quello riguarda le perfezioni ricevute dalla natura; sia nello stato
per quello riguarda le perfezioni da sè stesso acquistate, gli deve egualmente la giustizia, la carità , la pietà.

Or questi due doveri essenziali all'uomo pel conseguimento
della sua felicità; cioè il non ledere il simile, e dargli quello
che gli spetta , ambidue insieme costituiscono il così detto A-
more di Giustizia, il quale al certo è l'infimo ed ultimo grado
dell'amore istesso. Dicesi ancora amore di stretto dritto; perchè l' uomo in niun modo può dispensarsi da' due cennati doveri verso il suo simile.

164. Oltreachè l' amore non si restringe solo a quello che
per giustizia si deve (§ LXXXIII) ; ma come non è avaro ,
e va per la bocca di tutti, che vuol manifestarsi ne' fatti,
con sè porta che l' uomo dia al simile qualche cosa del
suo proprio , ove scorge tanto richiedere il conseguimento
della propria felicità (157). Ora in due modi possiamo dare
il nostro proprio agli altri , o col nostro discapito , o senza
nostro discapito. Se vantaggiamo il simile senza nostro detri-

1 *Praef. Cod. jur. nat. dipl. par. 7.*

mento, l'Amore si dice di Umanità: come dare un pò di acqua all'assetato, insegnare la via a chi è smarrito, accendere il lume al vicino, e così via discorrete. Se vantaggiamo il simile con nostro detrimento, l'Amore si dice di Beneficenza, di cui Seneca ne compose un libro intiero chiamandolo *de Beneficiis*: come dare al povero una piccola moneta, spogliarsi de' proprii beni per allevare la gioventù, e così del resto. Ed ecco la differenza che passa tra i vocaboli di Umanità, e di Beneficenza; la prima non esige nostro discapito nel prestare al simile quello che gli giova, e per cui Cicerone diceva: « *Tutte le cose comuni negli uomini sembrano esser come quelle, di cui parla Ennio; cioè che una cosa può trasferirsi in molte altre dello stesso genere: « L'uomo, che » compagnevolmente mostra la via allo smarrito, fa, che quasi il lume accenda dal lume suo: ciò pertanto splenda a sì » stesso, mentre l'accese a quello ». Con questo sol paragone viene ad insegnare, che quando si può fare cosa alcuna senza proprio danno, si deve fare anche ad uno che non si conosce. Dal che sorgono quei doveri comuni; cioè permettere che l'altro accenda il suo fuoco dal nostro, quando ne à bisogno; soffrire che si attinga l'acqua dalla propria sorgente; suggerire fedeli consigli a chi è nel dubbio, e li desidera; ed altre simili cose, che sono utili a chi le riceve, e niun danno arrecano a chi le dà. 1 ».* La seconda esige nostro discapito quando vogliamo giovare il nostro simile, per cui importa beneficarlo.

---

1 *Omnia communia hominum videntur ea, quae sunt generis ejus, quod, ab Ennio positum in una re, trasferri in multas potest:*

> *Homo, qui erranti comiter monstrat viam,*
> *Quasi lumen de suo lumine accendat, facit:*
> *Nihilominus ipsi luceat, quum illi accenderit.*

Una ex re satis praecipit, ut, quidquid sine detrimento possit commodari, id tribuatur vel ignoto. Ex quo sunt illa communia: pati ab igne ignem capere, si qui velit: consilium fidele deliberanti dare: quae sunt iis utilia, qui accipiunt, danti non molestia. De Offic. 1, 16.

Ambidue questi Amori formano un sublime grado di tal genere; ma l'amore di beneficenza costituisce tal grado di Amore, che a ragione può dirsi Eroismo, il quale è una saggiezza indicibile, mentre vantaggia sè stesso a meraviglia e gli altri; procurando come la propria, così pure l'altrui felicità.

165. Finalmente chi definì la Sapienza negli uomini per la facoltà di discernere quelle cose, che si appartengono come alla nostra, così pure all'altrui felicità, certo non punto s'ingannò. Or l'amore tanto di umanità, quanto di beneficenza ci hanno operare quelle cose, le quali a tanto ci menano; diremo dunque saggio quell'uomo, il quale nutre il suo cuore con questo eterno pabolo di carità. E questa saggiezza è appunto quella che c'insinua il Salvatore divino in più luoghi delle sacre Scritture quando ci vuol perfetti a simiglianza del Padre suo, il quale come al giglio del campo, così all'uomo provvede di vestito: e come all'uccello in aria, così all'uomo provvede di alimento. Ci ordinò le regole di collisione quando ci disse: « *Fate limosina di quel, che vi soverchia* 1 »; c'indicò la maniera di altrui soccorrenza dicendoci: « *Dio ama l'ilare donatore* 2 », inibendoci la coazione, o qualunque tedio nel riguardare il nostro simile: infine ci consigliò l'amore di beneficenza con quelle divine parole; « *Se vuoi esser perfetto . . . . vendi quanto hai, e . . . . . seguimi* 3 »: parole dirette a tutta la umanità, che forte in petto si sente il cuore di agiarsi soltanto all'ombra salutare della Croce.

Si ardirà adesso chiamare illusione la generosità rinchiusa nell'amore di beneficenza? È tale per chi crede il bene essere il piacere o l'utile; e quindi limita tutta la idea di felicità a questa sola momentanea terra. Il bene, ed il vero bene è 'l bene della mente, il quale non è altro se non l'ordine posto dalla mente infinita del Legislatore della natura. Il quale ordine tanto più fa forza sulla mente del saggio pensatore, quan-,

---

1 *Quod superest, date eleemosynam.* Luc. 11. 41.
2 *Hilarem datorem diligit Deus.* 2. Cor. 9. 7.
3 *Si vis perfectus esse, ... vende quae habes, et . . . . sequere me.* Matt. 19. 21.

to più grande è l'eroismo con cui sull'altare della carità si sacrifica l'interesse, ed il piacere. Gli animi volgari perchè mancano di questa sublime intuizione di ordine non possono persuadersi di sì sublime atto di beneficenza, e le loro dimostrazioni per quanto sottili fossero appena giunte alla ragione non possono scendere nel cuore ad allevare gli affetti ; perchè snervate di eroismo, prive di unzione, senza mira al fine dell'eterno Legislatore della natura.

166. Se non che l'eroe nell'amore di beneficenza rinunciando al piacere ; od all'interesse, non mica rinuncia al proprio bene. Imperciocchè egli non è un'egoista interessato, come nel sistema degli Epicurei tanto antichi, quanto moderni, ove si pone l'eroe amante dell'ordine perchè ne spera piacere ; e quindi si cerca calcolare l'interesse ; ma egli è un vero filantropo che saldo mantiene sempre il proprio bene. Egli infatti ama gli altri ; perchè sprezza il piacere individuale, ch'è puro epicureismo : e sprezza il piacere ; perchè ama l'ordine ch'è vera carità tanto per sè quanto per gli altri. Sacrifica le sostanze, il riposo, le commodità, il più delle volte la vita stessa, per possedere il vero bene dell'ordine, cui ardentemente anela la volontà : dunque nel far perdita rinviene acquisto maggiore. Or può dirsi rinunciare al bene proprio colui, che senza proporzione acquista beni infinitamente maggiori ? Togliamo le nebbie delle passioni dalla nostra mente, e ci sarà dato vagheggiare l'eroismo in tutta la sua estenzione. Sprezziamo le agiatezze di questa terra, e ci sarà dato con più forte impeto volare al vero bene dell'ordine morale, in cui riponsi ogni ragione di bene ; la sua bellezza ci trasporterà fuori noi stessi, la sua pace ci farà tediosa la vita, la sua armonia ci farà immemori della fatica, e del trapazzo.

Tai pensieri non possedendo la mente di non pochi Naturalisti (154), àn reso l'uomo quando ateo, quando apostata, quando un perfetto egoista. La sola analisi ne' ragionamenti morali il più delle volte riesce pericolosissima, come nel caso; la sintesi deve sempre accompagnarla per non uscir di strada ; e l'astratto deve poggiare sul concreto per non ridurre la scienza di Dritto di Natura ad un puro idealismo, che a niente giove.

rebbe; giacchè ella è una scienza del cuore, la quale vuol domata gli affetti, vuol purificata la volontà, vuole infine menare l'uomo al suo sommo incomprensibile Bene.

LEZIONE XVIII.

ALTRE NOZIONI ESSENZIALI DERIVANTI DAL VERO PRINCIPIO CONOSCITIVO DEL DRITTO DI NATURA.

§. 167. *Che importa la voce giustizia — che l'amore di giustizia — e l'amore sì di umanità, che di beneficenza — In che differisce l'amore relativamente all'oggetto amato — Che cosa è l'amore di ubbidienza, di amicizia, e di benevolenza — natura dell'amore di divozione, e di ubbidienza — dell'amore di amicizia — disuguaglianza di perfezione negli uomini — natura dell'amore di benevolenza — oggetti dell'amore, e primo fondamento de' doveri verso Dio — secondo fondamento de' doveri verso noi stessi — terzo, ed ultimo fondamento de' doveri verso i simili; e se gli Angioli, ed i bruti sono oggetto del nostro amore.*

167. Dal vero, e stabile principio conoscitivo delle leggi morali, ch'è la Felicità (156) cui aspira l'uomo, dicemmo per legittima necessaria illazione venirne l'amore (160), il quale fu segnato vergersi tra la giustizia, la umanità, e la beneficenza (163, 164). Or fissata questa triplice specie di amore è mestieri più cose riflettere sulla genuina lor natura (§. LXXXIV.).

E per quello riguarda l'amore di giustizia sulle prime ci piace segnare la forza del vocabolo giustizia, che meglio non sapremmo farlo che colle parole dell'Abbate Genovesi 1. Egli adunque così dice: « *La parola giustizia, giustezza, equità, equalità, è parola di rapporto di combaciamento tra misurato e misura, non altrimenti che quando si dice giusta mezza canna, giusto un piede, un miglio. Dunque v'intervengono tre cose, regolo, regolato, misurato ec. combaciamento* » e dopo

---

1 Diceos. lib. 1. cap. 9. nota al §. 1.

di averne fatta vedere la origine greca soggiunge « *I latini àn
definita la giustizia, volontà costante di dare a ciascuno il suo
jus. Il senso di questa definizione è profondo e meraviglioso.
In tutta la morale si vogliono distinguere tre cose jus, giustizia, legge. Il jus è la norma della giustizia: la legge è custo-
de e vindice del jus. Jus è l'abbreviato di jussum, e jussum
è dall'antico jussor, usato da Catone; jussor è sinonimo a
cogor o coagor, esser premuto; onde jussum e jus è in proprietà un succo sostanziale, un brodo sostanziale. I francesi
ànno ritenuta quest'antica idea di jus, per succo sostanziale. Fu poi per un piccolo cambiamento chiamato jus tutto quello, ch'è proprio e sostanziale di ciascuno. Dunque ogni proprietà di un'uomo sia nata con esso, sia acquistata legittimamente, è un jus. Il justum fu detto da' medesimi popoli per
un combaciamento di che che sia con la sua norma, nel medesimo senso, che aequum, eguale . . . . . . I latini presero
per norma delle azioni e non azioni il jus. Un'azione eguale
e combaciantesi al jus fu detta justa, aequa: una non eguale, nè combaciantesi, injusta, iniqua. Il combaciamento astrattamente fu chiamato justitia, aequitas; l'opposto injustitia, ini-
quitas. Filosofia mirabile, e vera ».*

Dunque la idea di giustizia nasce da quella di ordine, ch'è
il prodotto del desiderio della felicità. Siamo giusti in quanto
vogliamo esser felici, e tali siamo in quanto amiamo il simile con un'amore non maggior del nostro; sibbene come il nostro. Ecco la verace idea della giustizia confirmataci dal dottissimo Taparelli [1], che dice: *Dall'idea del dritto nasce spontaneo la idea di giustizia sociale. Un'animo retto ammira l'ordine e lo ama in sè e negli altri, e per conseguenza inchina
a custodirlo, facendo sì che al dritto corrisponda esattamente
l'adempimento del dovere. Questa abituale inclinazione a rag-
guagliare le partite suol dirsi giustizia.*

168. Se dunque la giustizia è combaciamento, ordine, dovere corrispondente al dritto, dobbiamo serbare indenne il nostro simile, se veramente l'amiamo, in quello che à, ed in

1 Part. 2. cap. 3. S. 353.

quello che acquista. Laonde si disse, che per l'amore di giustizia (163) ognuno è tenuto a non ledere, e dare agli altri quello che loro spetta per modo che, sarà uno scellerato quegli, che un tale amore nega al suo simile, il quale à tutto il dritto di richiamarlo al dovere, e se occorre anche colla forza; giacchè son dritti liquidati fuori ogni dubbio, o quistione. Quindi sarà facile rilevare, che nell'amore di giustizia vi esiste una obbligazione congiunta colla coazione (22); ma la coazione porta dovere perfetto; dunque nell'amore di giustizia essendovi perfetta obbligazione, perfetto è 'l dovere di prestarlo al simile. È questa forma la prima natura dell'uomo, la quale perchè buona, non travia dalla legge di natura, la quale tutta è nel sentimento interno, e quindi non è nè idea, nè potenza, ma un fatto perenne; perlocchè Seneca quelli che seguivano una tal natura li chiamava Buoni: « *Esser buoni secondo la legge* 1 ».

169. Per quello poi riguarda l'amore di umanità, e di beneficenza, esso nasce dalla debolezza, e dal bisogno dell'uomo. Imperciocchè gli uomini non nascono nemici tra loro, come a molti venne in sonno di dire; sibbene con una necessaria dipendenza non che essenziale di un'uomo dall'altro: e come la natura versò in seno dell'uomo sentimenti pietosi; così la cennata dipendenza a far splendere l'ordine vuol'essere fomentata, e condita dall'amore, il quale ogni cosa assopisce, tutto mostra dolce, ogni peso fa riuscire sopportabile; giacchè

> . . . *Mente nutre benevola*
> *Con chi è in bassa fortuna ogni mortale* 2.

Per la qual cosa i bisogni del simile naturalmente ci muovono a mostrargli il nostro amore, con che acquistiamo virtù; e niente acquistiamo se crudeli verso essi mostriamo visceri di bronzo. Quindi dipendendo dal nostro arbitrio il riguardare il simile ne' suoi travagli, il simile non può imporci forza per

1 *Ad legem boni esse.*
2 *Eschilo Supp. v. 498.*

riscuotere quello, cui la natura rese l'uomo inclinevole, ma per vizio l'uomo soffocò tali pietosi sentimenti. Or come quando il dovere da esigersi non porta coazione, esso è imperfetto (22); così nell'amore di umanità e di beneficenza standovi un dovere imperfetto, vi esiste una obbligazione imperfetta; cioè il simile richiederà da noi questo amore: 1. se vogliamo; perchè non può indurci forza: 2. se possiamo; perchè non può essere amato più di noi. Con questo non devesi intendere che l'uomo è libero a prestare un tale amore, talchè ove noi mostrasse niuna lesione verrebbe a fare alla legge di natura; ma vuolsi soltanto intendere che il simile a stretto dritto non può ripeterlo da noi; cioè non può usarci forza ove non gli si mostra, come diremo in appresso.

Epperò l'uomo veramente saggio (105), che solo à di mira l'ordine posto dal Legislatore della natura non bada a questa diversità di dritto sociale posto dalla stessa natura, talchè non si trastulla della indigenza del suo simile; ma filantropo gli mostra il cuore, le viscere di pietà rinfusegli dalla natura rifonde nella natura del suo simile. Ecco come parlava Seneca: » *Molte cose vi sono che non danno nè legge nè azione, le quali vengono ammesse mercè la consuetudine della vita umana, preferibile ad ogni legge. Non v'è legge, che comanda di non palesare i segreti degli amici: non v'è legge che comanda di mantenere la parola anche al nemico. Qual legge ci obbliga di dare ciò, che abbiamo promesso altrui? Mi lagnerò ciò non pertanto del segreto svelato, e mi sdegnerò contro chi non à mantenuto la promessa, e la parola* 1 ».

Da tutto il fin qui detto ci è dato benissimo scorgere, che i doveri dell'uomo altri sono Perfetti, ed altri Imperfetti, attesochè tali sono i dritti, com'è dimostrato.

---

1 *Multa legem non habent, nec actionem, ad quae consuetudo vitae humanae, lege omni valentior, dat aditum. Nulla lex jubet amicorum secreta non eloqui: nulla lex fidem etiam inimico praestare. Quae lex ad id praestandum nos, quod alicui promisimus, alligat? Querar tamen cum eo, qui arcanum sermonem non continuerit, et fidem datam, nec servatam, indignabor. De benef. 3. 21.*

170. Fin qui dell'amore fu detto in generale : scendendo ora al particolare, e classificando gli esseri che ci circondano, avremo da segnare altre specie di amore (§. LXXXV.). Infatti tutti.gli esseri che ci circondano a tre sole specie. possiamo ridurli, o essi sono a noi superiori, o eguali·, e inferiori ; dunque ad ognuna di queste specie possiamo rivolgere il nostro amore ; giacchè noi amiamo sempre quello che à ragione di bene (161), e scorgendolo negli altri di qualunque condizione fossero, produce in noi un piacere. Così amiamo Dio; perchè lo sappiamo un' Essere perfettissimo : amiamo gli altri anche a noi inferiori ; perchè in essi o scorgiamo le stesse nostre perfezioni, o posseggono virtù che attirano la nostra attenzione. Per la qual cosa l' amore acquista differenti denominazioni atteso l'ordine degli esseri che riguarda ; e per conseguenza se l'amore riguarda gli'esseri a noi superiori, si dice Amore di Obbedienza, oppure di Devozione ; se riguarda esseri a noi uguali, si dice Amore di Amicizia : infine se riguarda gli esseri a noi inferiori, si dice Amore di Benevolenza.

171. Posti questi tre ordini di amore è uopo accuratamente definirli per iscorgerne più da vicino la loro natura (§.LXXXVI). Ed infatti l'amore di devozione, oppure di obbedienza, è quell'amore, che porgiamo ad un'essere di noi più eccellente, e più perfetto, attesochè e questa maggiore eccellenza, e questa maggiore perfezione talmente ci riempie di piacere, che la nostra mente s'inchina a prestargli venerazione ed ossequio. L'amore poi di amicizia è l'amore che porgiamo ad un'essere uguale a noi, attesochè ·la di lui felicità produce in noi lo stesso piacere, che produce il riflesso della nostra felicità. Finalmente l'amore di benevolenza è l'amore che porgiamo ad un'essere inferiore a noi, in cui scorgiamo minori perfezioni delle nostre, attesochè la di lui felicità produce in noi tal piacere, che c'impegna o a serbarcela sana e salva; oppure ad accrescercela per quanto possiamo, e per quanto egli n'è capace.

Tutti questi amori ànno differente scopo nel nostro animo ; avvegnachè nel primo caso essendo noi stimolati dalla eccellenza, e dalla felicità dell'essere superiore per modo che, stimiamo doversi rispettare e secondare nelle cose sue, veniamo

spinti ad amarlo per imitarlo : nel secondo caso essendo noi
dilettati dalla felicità dell'essere uguale, mirandola simiglievolmente che la nostra, veniamo spinti ad amarlo per com-
piacerci : nel terzo caso essendo presi dalla scarsezza della felicità dell'essere inferiore, per cui ne cerchiamo l'aumento, veniamo spinti ad amarlo per gratificarlo.

Epperò come l'uomo veramente virtuoso è quegli che mira il vero bene dell'ordine, cui tende l'umana volontà (165):
così il vero amore deve sempre aver di mira un tal ordine ;
altrimenti sarà vizioso, e gli uomini farà o ippocriti, o capricciosi, cui dalla natura son riserbate le più acerbe pene,
come quelli che disturbano l'ordine morale, e ne abbiettano
la perfezione.

172. A tal modo distribuito l'amore (170), riflettendo partitamente su di esso ci è dato osservare, (§. LXXXVII.) che
nell'amore di obbedienza due cose si riguardano ; la cognizione cioè dell'essere superiore, e che un tal' essere voglia da
noi l'amore. Per verità poichè conosciamo le perfezioni di un
essere a noi superiore, ci facciamo a rispettarlo ; essendochè
la venerazione, oppure l'onore, è la stima delle perfezioni, le
quali si rinvengono in un'altro. Più, conoscendo che un tale
essere vuole da noi l'amore, noi facciamo quello che gli aggrada ; e quindi gli prestiamo ubbidienza, la quale è la condiscendenza della nostra mente nel fare tutto quello che il superiore per dritto può esigere da noi, e nell'intralasciare tutto quello che ci proibisce. Così noi veramente amiamo Dio quando siamo penetrati dalle infinite sue perfezioni, ed obbediamo
a'suoi comandi perchè ci precetta essere amato da noi.

· Ciò posto, l'amore di devozione cresce in ragion diretta
della perfezione dell'essere a noi superiore. Quindi più amiamo
il superiore atteso che in lui è maggiore la copia delle perfezioni, più grande la eccellenza. Per la qual cosa l'amore di
devozione dovuto a Dio, almeno nella intenzione, e come dicono le scuole appreziativamente, dev'esser maggiore di ogni
altro amore dovuto agli altri esseri a noi superiori ; conciosiachè in Lui la perfezione esiste in modo infinito, per cui ogni
comando deve sempre riuscire grato, come in appresso distintamente sarà sviluppato.

173. Dall' esposto sull' amore di amicízia (171) sarà facile il concludere (§. LXXXVIII.), che natura e radice di questo amore è la uguaglianza ; la quale può essere o di natura, o di perfezione (142); dappoichè gli uomini tutti ànno la stessa natura ; e perciò gli stessi dritti e doveri connati *a* questa natura individualizzata nell' essere concreto possono concorrere tali perfezioni, che si rendono communi o a tutti, o a' più : in ambidue i casi se si avrà la uguaglianza delle perfezioni nel genere, risulterà la eguaglianza di natura : se nella specie, risulterà quella delle perfezioni.

Stante adunque la uguaglianza di natura si avrà la uguaglianza di doveri (142) ; perciocchè gli uomini debbonsi amare reciprocamente con un' amore di amicizia, di cui a fomentare, e mai deviare dal fine del Creatore, si debbono aver sempre presenti queste due regole : la prima « *Non fare agli altri quello, che non vuoi sia fatto a te* 1 »; la seconda « *Fa agli altri quello, che vuoi sia fatto a te* 2 ». Di queste due cennate regole la prima à per fondamento l' amore di giustizia (163), e la seconda à per fondamento l'amore di umanità e di beneficenza (164).

174. Se non che quantunque la uguaglianza di natura sempre l'abbiamo in tutti gli uomini ; pure la uguaglianza di perfezione non sempre possiamo averla in tutti gli uomini (142); giacchè in certi uomini possono concorrere tali accidenti che in altri non ànno concorrenza, come la esperienza abbastanza fa osservare. Per la qual cosa ove si uniscono la eguaglianza di natura e di perfezione siamo tenuti ad amare i nostri simili con un amore di amicizia (173) ; ma ove si rattrova la eguaglianza di natura, e non di perfezioni, allora potendo concorrere due casi, un diverso amore ci obbligherà. Infatti il nostro simile può essere o più perfetto di noi, o meno perfetto di noi: nel primo caso gli dobbiamo l' amore di obbedienza, e di devozione (170) : nel secondo caso gli dobbiamo l' amore

---

1 Quod tibi non vis fieri, alteri ne feceris.

2 Quod vis tibi ab alio fieri, id alio feceris. Matt. 7. 12. Luc. 6. 31. Tob. 4. 16.

di benevolenza (170). A render chiara una tale inconcussa teoria ci serviamo dapprima dell'esempio di un Principe che gli altri impera. In lui due cose osserviamo la umanità, e l'altezza del trono ; come uomo è a noi uguale , come re è a noi superiore ; dunque nel primo caso deve serbare i nostri dritti , i quali son comuni con lui e tutta la umanità ; perlocchè non potrà a torto ucciderci , danneggiarci , opprimerci , calunniarci , ed altre cose che formano i doveri connati della umanità : in somma in tutte le sue azioni deve mostrarsi un'uomo; ciocchè Plinio altamente lodò in Trajano quando disse: « *Che si ricordi non meno di essere uomo , che di comandare agli uomini 1* ». Quindi deve prestare a'suoi sudditi un' amore di amicizia poggiante sulla naturale uguaglianza. Nel secondo caso; poichè su di noi si eleva per tanti capi , che a suo luogo saranno numerati , deve da noi esigere rispetto e venerazione non che ubbidienza in quelle cose che à dritto di comandarci ; perlocchè gli dobbiamo un'amore di obbedienza e devozione attesa la maggiore perfezione che à su di noi.

Sarà un mendico quello che sclama dappresso ? ebbene, come meno perfetto di noi, potendolo soccorrere , gli dobbiamo un amore di benevolenza, il quale per certo è più perfetto di quello di amicizia ; perchè più si rende operativo. Ma passiamo da ultimo all' amore di benevolenza già cennato da noi in quest' ultimo esempio del povero.

175. Natura e radice di un tale amore, com'è chiaro, appunto è la disuguaglianza delle perfezioni(§ XLXXXIX). Per tal riguardo siamo tenuti a giammai ledere , nè negare il proprio dritto al nostro simile ; altrimenti avrà luogo l' infame massima di Hobbes , che dimostrammo essere contra natura (136). Anzi dovendo promuovere la felicità di lui, dobbiamo fargli del bene, mettendo anche a repentaglio il nostro interesse (165, e seg.). Ed in ciò vi bisogna molta prudenza ; poichè il più delle volte avviene , che si cada nel vizio opposto , qual' è la soverchia liberalità , che a ragione suol dirsi Prodigalità.

---

1 *Ut non minus hominem se , quam hominibus praesesse , meminerit.* Paneg. cap. 2.

E per essere oltremodo sinceri, l'eroismo (165 e seg.) è virtù massimamente prezzabile; ma niuna legge lo precetta talchè ove la ragione nol consigli , l'ordine morale neppure lo vuole ; giacchè ogni virtù morale vuol'essere condita dalla prudenza, la quale mancando si sovverte ogni ragion di beneficio , e sarà un male, per cui diceva Ennio : « *Stimo vituperevoli i benefici pratticati fuori proposito* 1.

Se ciò non fosse vero nelle umane società cesserebbe ogni ordine , e non vi sarebbe più che un cumulo di capricciosi fanatici , quindi un'ammasso di pezzenti ; e ciò fuori dubbio è oltremodo pericoloso. Siamo eroi, ma prudenti; siamo benefici, ma ragionevoli ; onde non diasi luogo a disturbi morali , che molto infestano la umanità. « *Se l'uomo ,* diceva l'Abbate Genovesi* **2** , *è per natura bisognoso dell'altro uomo, e l'uno compassionevole dell'altro , donde nasce , dirà taluno , che noi ci facciam di tanti mali , per modo .che sembra esser l'uno nato nemico di sè , e dell'altro ? Rispondo , che le cagioni, per cui gli uomini incrudeliscono contro agli altri uomini, son dapprima più tosto insite miserie , che malvagità , che poi pel mal governo della ragione o nostra , o di quei , che ci governano, diventano malvagità, e scelleraggini* ». Perlocchè possiamo concludere , che bisogna soccorrere il simile,, ma con discrezione, ove tutt'altro ci consigliasse la retta ragione, e possiamo francamente dire , ove non ci chiamasse il Creatore all'eroismo. Quindi accortamente diceva Seneca : « *Soccorrerò l'infelice, ma di maniera che io stesso non addivenghi infelice. Darò al pezzente, ma di maniera, che io stesso non appezzentisca* » 3. Prudenza mirabile , ma sconosciuta il più delle volte !

176. Ravvicinando vie più gli esseri che ci circondano , e a cui dobbiamo volgere il nostro amore (170), se mai vogliamo conseguire la propria felicità (160), troviamo che vicinissimi a noi sono, come oggetto del nostro amore, Dio , noi stessi , e gli altri (§. XC.).

1   *Benefacta male locata malefacta arbitror.*
2 Diceos. lib. 1. cap. 8. §. 2.
3 *Suc curram perituro , sed ita ut ipse non peream. Dabo egenti, sed ita ut ipse non egeam.*

A Dio dunque come Creatore universale di tutte le cose dobbiamo un' amore : ma Egli è un' Essere Perfettissimo (§. XCI.) per maniera che non possiamo affatto raggiungere il subbisso degl' infiniti oceani delle sue perfezioni : che anzi quanto noi abbiamo tutto è da Lui, e la esistenza, e la conservazione, ed ogni nostra perfezione a talchè, ogni nostra cosa dipende dall' assoluto suo cenno come dal superiore universale di tutte le cose. Dunque s' Egli è l' Essere infinitamente perfetto, e che infinitamente supera tutti gli altri, a Lui dobbiamo un' amore di devozione, e di obbedienza (172). Perlocchè gli dobbiamo un sommo rispetto, una somma venerazione, una somma obbedienza, la quale a tutto conto vuol' esigere da noi avendocene fatto il più alto precetto : «. *Amerai il Signore Dio tuo con tutto il tuo cuore, e con tutta l' anima tua, e con tutto il tuo spirito* 1 ». E da ciò nascono i doveri tutti di Religione (159), come fu osservato.

177. A noi stessi dobbiamo ancora un' amore come i più vicini che ci possiamo considerare dopo Dio (§. XCII). Infatti non vi è uomo che non abbia perfezioni; e se tutt' altro mancasse la esistenza propria, e la conservazione formano grandi perfezioni ; e perciò grandi felicità per l' uomo stesso : e noi certamente siamo portati ad amare quello che à ragione di bene (160). Laonde dobbiamo, per esser felici, conservare, promuovere, ed accrescere le nostre perfezioni; ciocchè forma i doveri di proprio interesse (159), come fu cennato.

Intanto nel fomentare l' amore verso noi stessi non dobbiamo smemorare l'amore, che per giustizia dobbiamo a Dio; giacchè « *Che poi è la religione*, diceva Cicerone, *se non la giustizia inverso gli Dei?* 2 » E s'è giustizia ogni altro bene sarà sempre minore, e come tale non deve anteporsi al maggiore; perchè nella collisione vuol sempre essere il maggiore preferito, tale essendo la Volontà di Dio; cioè conseguissimo il proprio bene, la felicità (157).

---

1 *Diliges Dominum Deum tuum, ex toto corde tuo, et in tota anima tua, et in tota mente tua.* Matth. 22. 37.

2 *Quid enim est pietas, nisi justitia adversus Deos* ? Lib. 1. *de nat-*

178. Agli altri finalmente come nostri simili (§. XCIII.) dobbiamo un' amore , il quale fu segnato di amicizia , o di benevolenza (170). Perciocchè siamo tenuti ad amarli come tanti
noi medesimi, volendo, o non volendo per essi ciò che vogliamo , o non vogliamo per noi stessi. Donde poi ànno origine i
doveri di Socialità appoggiati sulla regola antecedentemente
segnata (159).

A completare intanto tutta questa teoria risguardante l'amore, due cose rimangono a sapersi (resid. del §. XC.) ; se cioè
gli Angioli , ed i bruti debbono essere ancora oggetto del nostro amore.

Per quello riguarda gli Angioli , la sola retta ragione a sè
stessa lasciata niente ne può conoscere ; giacchè sono spiriti
che mica possono percepirsi da'sensi , e niente l' è stato promulgato dal Legislatore della natura. Epperò la rivelazione di
essi ci assicura , e da cui possonsi rilevare molti doveri. Ma
è questo interesse del Teologo , non già del Naturalista.

Per quello poi riguarda gli animali bruti non v' è dubbio ,
ch' essi niente di comune ànno cogli uomini per modo , che
l'uomo niun dovere à verso di essi. Quindi abbastanza ridicola era la sentenza di Pittagora , e di Porfirio, i quali attribuendo agli animali bruti il senso la memoria e la ragione
venivano a fondare una società tra essi e gli uomini stessi ,
per cui ammettevano doveri negli uomini verso di essi. Ma falso il principio , com' è dimostrato in metafisica , falsa riesce
ancora la conseguenza.

Non neghiamo però che l' uomo spessissimo porge agli animali bruti un' amore di benevolenza ; ma ciò nasce da un certo affetto che gli animali bruti mostrano all' uomo : ma non
possiamo mai dire che uccidendoli, o facendo di lor pasto abu-
sassero di quella facoltà che loro è concessa, come in appresso sarà diffusamente sviluppato.

L'amore dunque degli uomini verso gli animali bruti è a-
more volontario, non doveroso ; come ci conferma ancora Plutarco in Catone allorchè dice : « Ciò non pertanto osserviamo, che la benevolenza à un campo più esteso della giustizia.
Imperciocchè noi possiamo cogli uomini soltanto far uso della

Einneccio Vol. I.   14

*legge , e della giustizia : la beneficenza , e la gratitudine non
di rado la estendiamo anche agli animali irragionevoli , come
quella che sgorga a guisa di un copioso fonte , dalla mansuetudine. Non è infatti che di un' uomo mansueto il somministrare il cibo a' cavalli consunti dalla fatica , ed allevare i cani ,
ed averne cura non solo dalla loro prima età, ma ancora nella
loro vecchiezza* 1 ».

Ecco discussa (§. XCIV.) la gran lite tra i Naturalisti per
rapporto al principio conoscitivo delle leggi morali di natura.
Egli è la felicità dell' uomo (156), da cui immediatamente derivano le grandi leggi dell' amore (160 e segg.); dappoichè
è egli un principio cui soltanto convengono i caratteri tutti del
principio conoscitivo (129). Perlocchè senza più intrattenerci in
una cosa più chiara della luce del giorno, c' è uopo rivolgerci ad altre interessanti cognizioni della naturale Legislazione.

___

1 *Atqui benignitati videmus , quam justitiae , latiorem patere campum. Lege enim et justitia uti erga solos homines valemus : beneficen-
tiam et merita porrigimus nonnumquam et ad bruta animantia, quippe
emanante , velut ex largo fonte , munsuetudine. Pertinent namque , e-
quorum labore confectorum alimenta et canum non incunabula modo ,
sed et senectutis cura ad mitem hominem.* In Cat. maj. p. 339.

CAPITOLO III.

APPLICAZIONE DELLA NORMA ALLE AZIONI, E DIFFERENZA DELLE STESSE AZIONI.

LEZIONE XIX.

NATURA DELLA IMPUTAZIONE.

§. 179: *Ufficio della imputazione — definizione della stessa — la imputazione è un perfetto sillogismo — si conferma da un fatto dedotto da Livio — in che differisce dalla coscienza — ella porta con sé giurisdizione, la quale è naturale, o delegata — la imputazione è divina ed umana — ed essa produce la stima, la lode, l'onore, la gloria, il merito: e viceversa il disprezzo, il biasimo, il disonore, l'infamia, e il demerito — in che son riposte la vera gloria, e la vera infamia — alla imputazione siegue il premio, o la pena — donde nasce la ragion di premio nella imputazione per riguardo al legislatore — merito nella mercede di premio.*

179. Era par troppo vera quanto bella la massima di Pittagora quando diceva: « Il non disquilibrare il perno della bilancia, è appunto quello che dicesi equo e giusto ». Volea dire (§. XCV.) che noi abbiamo la giustizia nelle nostre azioni, quando queste si uniformano alle leggi (78) per modo che, discostandoci per poco dalla legge di repente barcolliamo nella giustizia, ed immediatamente veniamo agitati nella coscienza; per cui diceva Lucrezio: « *È difficile che viva tranquillo, e contento quegli, che colle sue opere viola i patti communi della pace* [1] ». Per la qual cosa esistendo la legge (9), ed esisten-

---

1 *Nec facile est placidam ac pacatam degere vitam*
   Qui violat factis communia foedera pacis.

do pure le libere azioni degli uomini (67 e segg.), non sarà
cosa difficile lo scorgere quale azione si uniforma alla legge ,
e con sè porta un premio ; e quale azione discorda dalla legge medesima , e con sè porta una pena. Or quello che ci fa
conoscere se un'azione è uniforme oppur no alla legge , e
quindi se merita un premio od una pena, è appunto la Imputazione. Quindi dopo aver esaminata la natura delle libere a-
zioni; non che la natura della norma regolatrice di tali azioni,
fa mestieri parlare della imputazione : e per procedere con ordine in questa necessaria trattazione , occorre dar cominciamento dalla definizione.

180. La Imputazione è l'applicazione della legge al fatto
(§. XCVI.). Ecco come dice al proposito il dottissimo Taparelli : « L'attribuir che facciamo l'atto libero al soggetto che
vi si determinò dichiarandolo autore, suol dirsi imputazione 1 ».
Infatti attendendo alla forza della voce Imputare non vuole altro dirci che addebitare un'altro di qualche cosa , per cui il
credito di uno si pone a debito di un'altro ; perciocchè va per
la bocca di tutti, allorquando si dev'esigere una qualche cosa , io l'imputo a te ; volendo dire , mi sei debitore, onde
Seneca diceva : « Io questo non te lo addebito come speso al
tuo conto 2 ». Or quello che riusciva commodissimo ad esprimere il dato ed il ricevuto , ossia il credito ed il debito , essendosi osservato riuscire ancora adattatissimo per esprimere
l'applicazione della legge al fatto, si è voluto ancora ritenere
coll'istesso vocabolo d'imputazione nelle libere azioni ; giacchè
l'azione si addebita sempre al suo libero autore, e la legge
giusta misura delle azioni, queste pone al livello , e ne cerca
mallevadore l'istesso libero autore.

181. Dal detto emerge, che la imputazione suppone due cose;
la legge cioè , ed il fatto. Imperciocchè dalla cognizione della
legge e del fatto si viene in cognizione se mai l'azione merita
premio, oppure pena ; e quindi si viene a pronunciare la imputazione. Perlocchè ella la imputazione riesce un perfetto sil-

1 Par. 1. cap. 6, §. 127.
2 Hoc non imputo in solutum de tuo tibi. Ep. 8.

logismo, di cui la proposizione maggiore è la legge, la proposizione minore è l'azione, la conseguenza è la sentenza, con
cui si assolve o si condanna, dando premio o pena. Ecco un
breve esempio del sillogismo contenuto nella imputazione. Chiunque ruba, vada nelle carceri ; ecco la legge — ma Tizio à rubato ; ecco il fatto — dunque Tizio vada nelle carceri ; ecco
la sentenza.. Ove scorgesi che i giudici, ministri della giustizia, imputano Tizio dopo che ànno avuto la cognizione della
legge riguardante il furto, e la cognizione dell'azione di Tizio,
ch'è un fatto di furto.

182. Ma un bello esempio di questo sillogismo contenuto nella
imputazione lo troviamo presso Tito Livio [1] in persona di P. Orazio, il quale, come si sa, aveva ammazzata la sorella. Per
tutt' i rei di omicidio esisteva in Roma questa legge, che dicevasi di perduellione ; cioè dovevano essi aver ligate le mani
e bendato il capo ; poi dovevano essere bastonati; infine essere
appesi ad un'albero fuori, o dentro il pomerio. Successo il
fatto di P. Orazio nacque quistione se mai egli doveva esser
trattato come reo di omicidio, oppur no. I Duumviri stabiliti
dal re Tullio Ostilio per giudicare il reo di omicidio erano per
l'affermativa, e quindi imputavano il fatto ad Orazio; per cui
uno di essi disse: « *P. Orazio, io ti giudico reo di perduell o-
ne : va, Littore, legagli le mani* [2]. » Il popolo al contrario era
per la negativa, e quindi non imputava il fatto ad Orazio. Una
tal diversità d'imputazione ne' duumviri e nel popolo nasceva
da un diverso raziocinio con cui si persuadevano. Infatti i Duumviri ragionavano così : Ognuno che con premeditazione dolosamente ammazza un'uomo, questi come reo di omicidio deve
aver ligate le mani, bendato il capo, dev'essere flaggellato,
infine sospeso ad un'albero morire. Ecco la legge. Ma P. Orazio con premeditazione e dolosamente à ammazzata la sorella.
Ecco il fatto. Dunque dev'essere trattato come reo di omicidio.
Ecco la sentenza. Ma P. Orazio il quale aveva fatto ricorso al
popolo si trovava in migliori circostanze per la sua causa. Im-

1 L. 26.
2 *P. Horati, tibi perduellionem judico. l., lictor, colliga manus.*

perciocchè il popolo intenerito dalle lagrime del padre di Orazio considerava, che se Orazio aveva ammazzata la sorella,
l'aveva fatto perchè questa era nemica della patria; giacchè
essendo ella amata da Curiazio, piangeva la morte di un
nemico della patria, e quindi ragionava così: Non è reo di
omicidio chi uccide un nemico della patria, e quindi non deve
subire le pene del reo di omicidio come perduelle. Ecco la legge. Ma P. Orazio uccidendo la sorella uccise un nemico della
patria. Ecco il fatto. Dunque non deve trattarsi come i rei di
omicidio, perchè non fu tale.

Or da questo fatto ognuno si accorge benissimo del ragionare completo che à luogo nella imputazione; mentre vede che
i duumviri imputavano, ossia attribuivano la reità ad Orazio,
ed il popolo non ce la imputava; e gli uni e l'altro facevano
uso di un sillogismo applicando la legge al fatto. È vero dunque che la imputazione è un perfetto sillogismo (181).

185. Tali cose ordinate intorno alla imputazione; poichè
anche nella coscienza si rinviene un perfetto sillogismo (96.),
non vogliamo confondere la imputazione colla coscienza, e viceversa (§. XCVII.); ed appunto qui notiamo la differenza che
passa tra loro, onde non inciampare in un'errore molto pre-
giudizievole in morale. Infatti la coscienza è un sillogismo
che giudica della giustizia ed ingiustizia delle nostre proprie
azioni; la imputazione poi è un sillogismo che giudica della
giustizia ed ingiustizia delle azioni altrui. Quindi per la coscienza ognuno dalla natura è costituito giudice di sè stesso; al
contrario per la imputazione un'altro è costituito giudice delle
azioni altrui. Il primo è un tribunale naturale, ove ognuno à
dritto di profferir sentenza; il secondo è un tribunale ordinato, in cui quegli à dritto di sentenziare, ch'è spedito a giudicare gli altri. Or come non tutti ànno questa missione, risulta che non tutti possono metter bocca su' i fatti altrui.

Come dunque avviene, che ognuno facilmente si pone alla
vendetta degli altrui fatti per rinvenirne anche i peli, come suol
dirsi, per poi alla ventura spacciar sentenze? Questo è quel
maledetto prurito che ànno gli uomini di giudicare le altrui
azioni senza esserne stati costituiti giudici per modo, che tra-

scurati affatto son da rinvenirsi molti sul conto della propria coscienza, attentissimi poi a fare i conti agli altri ; e quel che è peggio, il più delle volte di una festuca ne formano una trave. Eh ! rammentiamo le giuste minacce del Salvatore divino: « *Non giudicate, affine di non essere giudicati. Imperocchè secondo il vostro giudicare, sarete giudicati; e colla misura onde avrete misurato, sarà misurato a voi* 1 » : ciocchè è ripetuto anche presso S. Luca 2 e l'Apostolo 3, il quale nell'istessa lettera 4 ci lasciò sentimenti troppo degni della fratellevole dilezione, allorchè disse : « *Chi sei tu, che condanni il servo altrui ? Egli sta ritto, o cade pel suo padrone : ma egli starà ritto ; perchè potente è Dio per sostenerlo* 5 ». Quindi esortava i fedeli a non esser frettolosi a giudicare gli altri: « *Per la qual cosa non vogliate giudicare prima del tempo, fintantochè venga il Signore; il quale rischiarirà i nascondigli delle tenebre, e manifesterà i consigli de' cuori* 6 ». Ed acciocchè qualcuno non ci voglia tacciare di troppa religiosità, di che sempre ce lo riputeremmo a gloria, preveniamo i loro velenosi morsi con dire loro, che l'è questa una verità non solo insinuataci dalle sacre carte: sibbene anche la ragione umana, face splendidissima delle umane azioni, vuol tenere per ingiusti e ribaldi tutti quegli uomini, i quali fanno lor gradito trattenimento il denigrare la fama, l'onore, la gloria altrui. Ci dicano di grazia, che cosa volea significarci quel lepido favoloso racconto degli antichi, con cui ci rappresentavano l'uomo avente sugli omeri due tasche, delle quali una pendente alla parte deretana era piena di vizi propri, e l'altra calando giù pel petto

---

1 *Nolite judicare, ut non judicemini. In quo enim judicio judicaveritis, judicabimini : et in qua mensura mensi fueritis, remetietur vobis.* **Matt.** 7. 1.

2 6. 37.

3 Rom. 2. 1.

4 14. 4.

5 *Tu quis es, qui judicas alienum servum ? Domino suo stat, aut cadit : stabit autem : potens est enim Deus statuere illum.*

6 *Itaque nolite ante tempus judicare, quoadusque veniat Dominus : qui et illuminabit abscondita tenebrarum, et manifestabit consilia cordium.* 1. Cor. 4. 5.

era piena de'vizi altrui ? Se essi non indovinano il significato, l'accorto Fedro li toglierà d'impaccio lor dando questa interpretazione :

Ecco perchè gli errori tuoi non vedi :
Altri fallisce appena , e tu 'l riprendi **1**

Se dunque l' umana ragione avvalorata pure dalla rivelazione apprende il mostruoso della mormorazione , gli uomini saranno così dappochi da farsi soverchiare dal proprio capriccio ? Ma ciò basta per un preliminare d'imputazione, è uopo adesso esaminare quali fecondi dottrine in sè racchiude la idea della stessa imputazione.

184. Noi abbiamo che chi imputa attribuisce un fatto ad un altro come autore dello stesso (180) ; quindi se l' imputare è un giudicare , la imputazione è un giudizio delle altrui azioni (183). Or chi giudica abbisogna, che abbia una giurisdizione ; cioè una potestà sulle persone a sè soggette. La giurisdizione intanto può essere naturale e delegata, in quanto che o è insita alla persona che giudica senz' averla da altri ricevuta; ovvero è stata communicata da altri alla persona che giudica.

Ciò posto, Dio solo à una giurisdizione naturale , cui è proprio giudicare di tutte le azioni libere degli uomini, sieno interne , sieno esterne ; giacchè ogni potere, ogni giurisdizione non l' à potuto ricevere da altri non essendo alcuno a Lui superiore: anzi ogni potere ed ogni giurisdizione come dalla fonte emerge da Lui solo. Tutti gli altri , fuori Dio , ànno una giurisdizione delegata in quanto che il potere ch' essi possono vantare l' ànno ricevuto da Dio. A tal modo i Principi ànno una potestà delegata di giudicare le azioni esterne *degli* uomini; giacchè l' ànno ricevuta da Dio, onde sta scritto: » *Per* *me regnano i regi* » **2.**

___

1   *Hao re videre nostra mala non possumus :*
   Alii simul delinquunt , consortes sumus.

   Fab. 4. 9. v. 4.

. **2** *Per me reges regnant.* Prov. 8. 15.

185. Dal detto emerge (§. XCVIII.), che come la legge o è Divina, o è Umana, in quanto ch'è promulgata da Dio o dai Principi: così la imputazione, ossia l'applicazione delle leggi alle azioni può essere o Divina od Umana. Sarà Divina, se Dio è quello che applica la sua legge alle azioni tanto interne che esterne degli uomini; e perciò tale imputazione da'Moralisti dicesi fatta nel Foro Divino. Sarà Umana, se i Principi sono quelli che applicano la loro legge alle sole azioni esterne degli uomini; e perciò la imputazione dicesi fatta nel Foro Umano.

Abbiamo detto che i Principi imputano le sole azioni esterne degli uomini; giacchè non possono penetrare i reconditi pensieri del cuore umano, cognizione sola propria di Dio, il quale come tutto sa, così vede pure che cosa pensa l'uomo; perciò e detto: » O Dio, che penetri i cuori, e gli affetti « 1; ed in questo son convenuti anche gli antichi Filosofi guidati dal solo lume della ragione, come Talete Milesio, Socrate, la scuola di Platone, e di que'tutti che un pò più degli altri sollevandosi dalla terra ànno più d'appresso seguite le tracce di questo sublimissimo Essere, che chiamasi Dio. Le testimonianze di questi Filosofi potranno leggersi presso Uezio 2, il quale vi adoperò molta cura nel raccoglierle. Ecco il perchè fondatissima troviamo la imputazione di pensieri, che fece il Salvatore divino interpretando la legge Mosaica; giacchè Egli essendo un Dio aveva tutto il dritto di richiamare gli uomini anche ne' pensieri alla osservanza della legge divina; perciò sanzionava: » Avete sentito che fu detto agli antichi: Non fare adulterio. Ma io vi dico, che chiunque guarda una donna per desiderarla, à già commesso in cuor suo adulterio con essa » 3.

Abbiamo soggiunto » azioni esterne degli uomini », e vogliamo intendere de' loro sudditi; giacchè ogni potestà legislativa riguarda sempre quelli, su cui si estende il dominio (28). Perlocchè avendo i Principi da Dio una tal facoltà, essi a tutto

1 Scrutans corda, et renes, Deus. Ps. 7. 9.
2 Quaest. Alnetan. 2. 2. 16. §. 111. seq.
3 Audistis quia dictum est antiquis: Non moechaberis. Ego autem dico vobis: quia omnis, qui viderit mulierem ad concupiscendum eam, jam moechatus est eam in corde suo. Matth. 5. 27. 28.

dritto la possono esercitare su tutti quelli, che sono affidati
alle loro paterne cure. Quindi s'ingannano a partito coloro,
che vogliono una tal potestà i Principi riceverla da' sudditi per
modo che, questi come possono detronizzarlo, così pure possono privarli di una tal facoltà. Sarebbe lo stesso che dire il
servo da più del padrone, il figlio da più del padre; cioè ro-
vesciato l'ordine della natura. Per ora ci basta, senza mai ripeterlo abbastanza, il rammentare: » *Per me regnano i regi* » 1;
giacchè quando parleremo della Monarchia saranno ben discusse
queste cose colla critica di una sana ragione.

186. Dall'imputare che si fa un'azione morale al soggetto ne
nascono le idee di stima di lode di onore di gloria e di merito; oppure di disprezzo di biasimo di disonore d'infamia e di
demerito (§. XCIX.). Son queste tutte cose effetti reali della
imputazione. Conciosiachè noi abbiamo, che la legge o comanda o proibisce le azioni per modo, che le buone comanda proponendo un premio, le cattive proibisce minacciando una pena (124). Or poichè la legge è un fatto, e dall'applicazione
di questo fatto alla legge nasce la imputazione (180); perciò è
che applicato il fatto alla legge se risulta la uniformità, come
allora risulta un bene, e quindi una perfezione del soggetto,
nasce tosto nella mente la idea di stima per l'operante: al
contrario se risulta la difformità, come allora si avrà un male, e quindi una imperfezione dell'operante, subito nasce nella
mente la idea di disprezzo per l'operante medesimo.

Questo bene, o questo male imputato al soggetto morale come autore dell'azione si suole esprimere co' vocaboli di lode,
o di biasimo; per cui chi bene opera si dice che merita lode;
chi male si dice che merita biasimo. Intanto l'atto stesso del
bene oppure del male è quello che chiamasi onore pel primo,
disonore pel secondo. Paolo confessò il suo maestro in faccia
alle nazioni; dunque fece un'azione uniforme alla legge divina; e quindi l'azione gli fu imputata a bene nel foro divino:
perciocchè operò con onore acquistandosi la lode di tutto il
mondo per la stima di lui concepita. Al contrario Guida negò

1 *Per me reges regnant.*

il suo maestro; dunque operò contro la legge divina ; e perciò fu disprezzato appunto perchè la sua azione meritò biasimo da tutti essendosi vilmente disonorato.

Da ciò rilevasi che la vera stima , la vera lode, ed il vero onore , si ripone nella perfetta osservanza della legge : come pure il vero disprezzo ; il vero biasimo, ed il vero disonore, consiste nel non osservare la legge. Ridicola dunque è la stima, la lode, l' onore, che certuni vogliono riporre in cose che sono contra natura , come nella vendetta , nel suicidio , nel duello, ed in altre cose di simil fatta ; giacchè il giudizio allora è vero quando è secondo la natura retta , la quale tende al bene vero: e come l'azione è figlia del giudizio , questo retto, quella pure sarà retta quando tende alla perfezione dell' uomo , e quindi alla rettitudine dell' ordine morale.

187. Per quello riguarda la gloria , dessa non altro vuole significare che la pubblicità dell' occulto giudizio di lode. Allorquando la imputazione riesce al bene dell'operante , ed un tal bene si predica per la bocca di tutti, ecco nata la gloria. L'ottimo operare di Paolo nel proposto esempio si è andato , e si va tutt'ora da tutti predicando per modo che gli stessi cattivi applaudiscono le opere di lui ; l' è questa quindi una gloria per Paolo. Dunque la vera gloria si vuol sita nel vero bene dell' ordine morale ; e quegli si acquista la vera e permanente gloria , che agisce a norma del suo naturale desiderio di felicità.

Al contrario come l' infamia si oppone alla gloria ; così ella si ripone nel vituperevole giudizio del male pubblicato dagli altri. Si fa un male ad un soggetto morale , si predica da per tutto , resta egli infamato. L'iniquo operare di Giuda nel proposto esempio à fatto trasecolare generazioni intere a tal guisa che ognuno con isdegno pone bocca sull' iniquo fatto: ecco un'infamia per lui. Dunque la vera infamia nasce dal disprezzo della legge morale ; perciocchè non sarà giammai infame colui che per disimpegnare gli essenziali suoi doveri è posto alla berlina da' malvaggi.

E tanto la gloria quanto l' infamia sono permanenti o passaggiere in quanto che non si cancelleranno dall' ordine morale; oppure dallo stesso saranno depennellate. L'uomo che consegue la propria felicità à per sè una gloria permanente alla presenza degli altri che toccarono l'istessa meta : quelli che smarriscono la propria felicità avranno per sè stessi una permanente ignominia dagli uomini onesti e di buon senso.

188. Allorquando per la imputazione la legge si applica al fatto volontariamente ammesso, allora chi imputa dichiara l'effetto della legge. Imperciocchè il Legislatore ordinando pronuncia un premio: ossia dice, chiunque osserva la mia legge avrà un premio : come ancora proibendo à pronunciata una pena ; ossia à detto, chiunque trasgredisce la mia legge avrà una pena (28). Così il Legislatore della natura agli osservanti della legge morale in premio promette la Felicità, a' trasgressori in pena minaccia la infelicità. Dunque la imputazione è la dichiarazione di quell' effetto che la legge assegna all' azione ; ossia è la dichiarazione del premio e della pena. Ma il premio che si dà all'azione buona concorde alla legge si dice Merito ; la pena che si dà all' azione cattiva discorde alla legge si dice Demerito ; dunque la imputazione dichiarando il premio o la pena, sotto altri vocaboli dichiara il merito, oppure il demerito.

Or chi à merito ritrae un vantaggio ; come quello che à demerito ritrae un disutile; perciocchè l'uomo osservante della legge morale avendo un premio consegue un vantaggio ; e perciò dicesi meritevole: al contrario va la faccenda per l'uomo trasgressore della legge morale. Quindi il vero merito si acquista coll' operare uniformemente al fine universale dell'ordine morale, ch'è la Felicità.

189. Epperò vuolsi essere accorto, che come il premio nasce dalla beneficenza del Legislatore; stantechè Egli non è tenuto a dare premi: così le azioni fatte a norma della legge, e che perciò diconsi giuste, in sè stesse non sono meritorie ; mentre ognuno osservando la legge à posto quello che gl' incumbeva, e quindi à fatto il suo dovere; giacchè diceva il Salvatore : « *Quando avrete fatto tutto quello, che vi è stato comandato, dite : Siamo servi inutili: abbiamo fatto il debito nostro* 1 ».

1 *Cum feceritis omnia quae praecepta sunt vobis, dicite: servi inutiles sumus: quod debuimus facere, fecimus.* Luc. 17. 10.

Allorchè poi il Legislatore vuol dare un premio promettendolo, i premi son meriti in ragion della imputazione, non già del Legislatore, il quale li concede per una mera sua grazia; giacchè niuno gli può imporre un siffatto dovere. Ciò vale tanto per rapporto al Legislatore della natura, quanto per rapporto a' Legislatori umani. Imperciocchè in ordine al primo ogni merito dell'uomo non può essere mai di stretta giustizia; perchè non vi è alcuna uguaglianza tra loro, ma quanto l'uomo à tutto lo riceve da Lui; sibbene posta una promessa di premio, che dicesi anche ricompensa e mercede, acquista l'uomo stretto dritto in faccia alla promessa, non già al Legislatore, il quale non era tenuto ad emettere tale promessa. Così l'uomo osservante della legge morale a stretto dritto non potrebbe pretendere da Dio la felicità; ma la pretende posto il decreto della stessa felicità; e questa chiede non per dovere del Legislatore, il quale non ne à; sibbene in forza del decreto emanato liberamente dalla Volontà di Dio.

In ordine a' secondi; cioè a' Legislatori umani, essi ànno il dovere di custodire inviolabilmente le società per modo, che ne debbono rendere conto strettissimo all'Autore della natura, di cui questi sono i sentimenti: « *Giudizio rigorosissimo si farà di quei, che sovrastano* ». Perlocchè ànno tutto il dritto di usare que' mezzi tutti che sono più conducenti a tal nobile scopo, e i cittadini sono nel più alto dovere di osservare i loro voleri. Per la qual cosa niuna stretta giustizia vi esiste, per cui i Principi sieno tenuti a premiare gli osservanti delle loro leggi; giacchè incumbe ad ognuno serbare l'ordine pubblico essendo il vantaggio universale insiememente un prò individuale. Eppe-rò quando si pone il decreto di premio, esso appresterà all'agente un dritto a chiederlo; poichè vi esiste una libera promessa provveniente da liberalità.

Tutt'altramente va la cosa trattandosi di pene, di cui essendo chiaro il discorso pel detto antecedentemente (21. e 23.) crediamo qui astenerci di parlarne di vantaggio.

190. Se non che da ultimo soggiungiamo alla proposta teo-

---

1 *Judicium durissimum his, qui praesunt, fiet.* Sap. 6. 6.

ria de' premi, che malgrado la ricompensa conceduta alle azioni devute dall'operante ; pure l'azione dell'operante non perde il suo merito rimpetto a quegli che cercò compensarla colla mercede. Imperciocchè il soddisfacente uscì di obbligo verso il soddisfatto per l'intrinseco dell'azione, cui nient'altro deve ; ma per le estrinseche circostanze rimarrà sempre il salariato un'ottimo operario, come se avesse usata molta diligenza, incontrati estremi pericoli, mostrata sensata prudenza, e così via discorrete : siffatte cose per vero anno tutta la ragione di merito, esigono lode, acquistano gloria. L'idea di ordine presidente al mondo morale non vuole giammai atterrata la virtù; ma quanto più energica, più vuole splendesse a sostenimento maggiore della integrità morale ne' singoli individui.

LEZIONE XX.

CONTINUA L'ISTESSO ARGOMENTO, OVE SI DICE
DELLA INTERPETRAZIONE DELLA LEGGE.

§. 191. *Sviluppo della definizione della imputazione — requisiti essenziali in chi imputa — si specificano le circostanze, che possono occorrere in un'azione — le quali abbenché non tutte ànno luogo nell'azione interna, tutte però concorrono nell'azione esterna — varie specie di circostanze — come procede la imputazione nel dubbio, ed oscurità della legge — qual'è la interpetrazione giuridica — se à luogo nella legge di natura — regole per la buona interpetrazione di legge — si confermano da un'esempio del Salvatore — Varie specie d'interpetrazioni — ma ogni detta interpetrazione dipende dalla ragione della legge — altre specie d'interpetrazioni.*

191. Non può muoversi quistione alcuna sulla natura della imputazione ; giacchè ella in realtà è un perfetto sillogismo (184); qualora ragionando applica la legge al fatto, e dice giusta oppure ingiusta l'azione, e degna quindi di premio o di pena. Essendo queste cose certe pel dimostrato nell'antecedente le-

zione, possiamo adesso sul bel principio di questa porgere una completa definizione della imputazione, la quale niente più lasci a desiderare.

Ed infatti (§. C.) la imputazione è un raziocinio, col quale il fatto altrui con tutte le sue circostanze si paragona colla legge sia divina sia umana ; donde si dichiara un tal fatto meritare oppure demeritare l' effetto proposto dalla legge, sia buono sia cattivo. L' è questa una definizione perfetta della imputazione, e com' ella non è altro se non che l' epilogo di quanto antecedentemente abbiamo detto ; così sarà facile osservarne la ragionevolezza nello sviluppo.

La imputazione si dice un raziocinio ; e pur tale, essendo la coscienza si avrà con questo il genere della definizione, di cui la differenza specifica risulterà dalle rimanenti parole ; le quali sono tali aggiunti che alla sola imputazione possono convenire (183).

La imputazione è un raziocinio ; perchè applicando la legge al fatto assolve, o condanna gli altri fuor di noi posti (181 e seg.). Ella ragiona sul fatto altrui ; altrimenti sarebbe coscienza e non più imputazione (183). Un tal raziocinio lo compone colle idee di un fatto e di una legge a tal modo che, se la legge è divina, la imputazione dicesi fatta nel foro divino; se umana la imputazione dicesi fatta nel foro umano (185). Abbiamo soggiunto « *donde si dichiara »;* dappoichè la imputazione ragionando sulla legge e sul fatto nel paragone che istituisce viene a sentenziare se mai il fatto altrui è conforme o difforme alla legge ; e perciò con questo produce una dichiarazione di sanzione della legge medesima (188). Finalmente da questa dichiarazione pende la idea di merito, oppur demerito (186), a vista di cui si avrà l' effetto proposto dalla legge sia buono, cioè il premio ; sia cattivo, cioè la pena.

192. Ma nella proposta definizione abbiamo detto, che la imputazione paragona « *il fatto altrui con tutte le sue circostanze.* Dunque possiamo inferirne, che chi imputa a ben disimpegnare il suo officio, avendo a ciò dritto, non basta che sappia la legge ed il fatto altrui, è necessario ancora che conosca le circostanze tutte che accompagnano quel fatto, ch'egli pone

all' ombra della legge. Conciosiachè è vero (85) che l'azione
può stare senza le circostanze ; ma queste poste di molto influiscono nell' azione stessa ; giacchè molte volte avviene che
una sola circostanza concomitante l'azione , essa sola la rende
più o meno rea , ed alle volte del tutto le fa cambiare di a-
spetto. Di grazia non direte voi ogni cosa esser comune nella
estrema necessità a tal che , il pigliarsi l'altrui è conservazione del proprio individuo, e non già furto ? Dunque la estrema
necessità à fatto totalmente cambiare di aspetto l'azione di pigliarsi l'altrui. Ma che cosa à prodotto questo cambiamento ?
La circostanza della estrema necessità aggiunta ·all'azione di
pigliarsi l'altrui. Tanto è vero che chi imputa deve conoscere
le circostanze che accompagnano il fatto altrui ; avvegnachè
se non si fosse conosciuta la circostanza della estrema necessità nel proposto esempio, al certo l'imputante avrebbe condannato di furto il soggetto morale.

193. Ma quali sono queste circostanze, che possono influire
nell'azione? Ordinariamente vengono comprese in questi detti :
« *Chi , che , dove , con quali mezzi , perchè , in che modo ,
quando* 1 ».

Quis , Chi , vuol significare la persona ; e quindi il nome ,
la patria , l'età , il sesso , la condizione dello stato , ed altre
cose di simil fatta. Così Cicerone per mostrare Antonio da niuno
riconosciuto per console dice: « *Ciò nega D. Bruto comandante,
console designato , cittadino nato della repubblica* 2 : ove segna
le qualità di Decio Bruto.

Quid , Che , vuol significare l'oggetto dell'azione. Così Cicerone volendo mostrare l'amore dovuto a'figli piglia argomento dalle bestie: « *Se gli animali amano i loro figli , quale condiscendenza non dobbiamo noi nutrire pe'nostri figli* 3 » : ove
l'oggetto dell'azione, ossia dell'amore de'genitori, sono i figli.

---

1 *Quis , quid , ubi , quibus auxiliis , cur , quomodo , quando.*

2 *Negat hoc D. Brutus imperator , consul designatus , natus reipublicae civis etc.* 4. Philip. 4.

3 *Si ferae partus suos diligant , qua nos in liberos nostros indulgen-
tia esse debemus?* 2. de Orat. 40.

Ubi, Dove, vuol significare il luogo dove si fa l'azione. Così Cicerone esagera l'azione di Antonio dalla circostanza del luogo, quando dice: « *È poi cosa orrorosa non solo a sentirsi, ma anche a vedersi quella di stanziarsi nella cappella della Concordia armati, ladroni, sicari, di un tempio farsi un carcere; aperte le porte della Concordia i Senatori sentenziare mentre i ladroni scorrevano tra le scranne del senato* 1 ».

Quibus auxiliis, Con quali mezzi, vuol significare i mezzi esterni, co' quali si esegue l'azione. Così Cicerone nella difesa di L. Flacco fa vedere i mezzi, che questi adoprò per salvare la patria, quando dice: « *O quella notte, la quale quasi adducesti eterne tenebre a questa città, essendo chiamati i Galli alla guerra, Catilina alla città, i congiurati al ferro ed al fuoco: io piangente supplicando il cielo e la terra scongiurava te piangente, o Flacco: raccomandando io alla tua ottima e specchiatissima fedeltà la salvezza di Roma, e de' cittadini! Tu, o Flacco, allora pretore imprigionasti i messaggi della comune ruina, tu scopristi la peste inclusa nelle lettere della repubblica: tu informasti me ed il senato degli uomini perniciosi, e de' mezzi di salvezza* 2 ».

Cur, Perchè, vuol significare il fine che si prefigge l'operante nella sua azione; fine che si manifesta nell'azione medesima. Così Didone presso Virgilio aveva compassione degli altri perchè essa stessa si era trovata nelle disgrazie:

---

1 *Illud vero deterrimum non modo auditu, sed etiam aspectu in cella Concordiae collocari armatos, latrones, sicarios, de templo carcerem fieri; apertis valvis Concordiae, cum inter subsellia senatus versarentur latrones, Patres Conscriptos sententias dicere*. 5. Philipp. 7.

2 *O nox illa, quae pene aeternas huic urbi tenebras attulisti, cum Galli ad bellum, Catilina ad urbem, conjurati ad ferrum et flammam vocabantur: cum ego te, Flacce, coelum terramque contestans flens flentem obtestabar: cum tuae fidei optimae, et spectatissimae salutem urbis et civium commendabam! Tu tum, Flacce, praetor communis exitii nuntios coepisti! tu inclusam in litteris reipublicae pestem deprehendisti: tu periculosorum indicia, tu salutis auxilia ad me et ad senatum attulisti.*

Sì che natura e sofferenza e pruova
De' miei stessi travagli ancor me fanno
Pietosa e sovvenevole a gli altri 1

Quomodo , In che modo, vuol significare la maniera particolare, con cui si fa l'azione; come se per passione, per ignoranza , od altro. Così Virgilio ci mostra la singolare compassione, che abbiamo pe' parenti temendo che non vogliano succedere ad essi gli stessi mali, di cui vanno soggetti gli altri;
compassione che nasce in noi pel vincolo di parentela, per cui
siamo frettolosi a badare alle loro faccende. Ecco le sue parole:

. . . . *Stupido rimasi.*
E di Priamo pensando al caso atroce ,
Mi si rappresentò l'image avanti
Del padre mio ch'era a lui d'anni egualc.
Mi sovvenne l'amata Cerusa,
Il mio picciolo Iulo, e la mia casa
Tutta a la violenza, a la rapina
Ad ogni ingiuria esposta . . . . . . -

Quando , Quando , vuol significare il tempo, in cui l'azione
si esegue. Così Cicerone per la circostanza del tempo aggrava
il vomito di Antonio; perchè fatto nel tempo che il popolo
Romano era nel senato: « *Tu con coteste fauci, fianchi, e*
gladiatoria robustezza di tutta la persona, tanto vino tracan-
nato avevi nelle nozze di Ippia, che di meno far non potevi di
vomitare nel seguente giorno al cospetto del popolo Romano...
Or in cielo di popol Romano il maestro della cavalleria nego-
zio pubblico maneggiando, cui sarebbe stato atto laido mandar

1   *Non ignara mali miseris succurrere disco.*

1. Aened. v. 633.

2   *Obstupui, subiit cari genitoris imago ,*
Ut regem aequaevum crudeli vulnere vidi,
Vitam exhalantem: subiit deserta Creusa,
Et direpta domus : et parvi casus Juli.

2. Aeneid. v. 560. et seq.

*rutti, vomitando egli, co'bocconi del preso cibo di vin putenti
il grembo suo si empie, e tutto il tribunale* 1 ».

194. Se non che queste sette circostanze ci è dato osservar-
le in ogni esterna azione; abbenchè nelle interne non sempre
tutte concorrono; giacchè può mancarne qualcuna, come, per
mò di esempio, sarebbe quella *Quibus auxiliis*, Con quali mezzi,
potendosi fare l'azione interna senza concorso di mezzi esterni.
E poichè la teoria delle circostanze è oltremodo necessaria per
la retta imputazione; perciò è che noi le vogliamo porgere
sotto un sol colpo d'occhio in un fatto preso dalla storia di
Fleury 2. Ivi raccontasi che l'Imperadore Teodosio era molto
sdegnato contro il popolo di Antiochia; e come lo sdegno del-
l'Imperatore poteva di molto pregiudicarlo, così cercavasi il
modo di raddolcirlo; perlocchè il Patriarca Antiocheno per nome
Flaviano pensò bene di porre in opera ogni suo impegno per
sedarlo. Vi pose mano, e felicemente vi riuscì : Teodosio non
più furibondo, ma benigno si addimostrò verso la gente di
Antiochia. Ecco un fatto in persona di Flaviano, in cui
concorrono tutte e sette l'esposte circostanze. Conciosiachè
chi sedò lo sdegno di Teodosio? Flaviano, *Quis.* Lo sdegno
di chi sedò il Patriarca Flaviano ? dell'Imperadore Teodosio,
Quid. Dove il detto Patriarca disarmò la collera dell'Imperadore? in Costantinopoli nel palazzo Imperiale, *Ubi.* Di quali
mezzi si servì per rendere più umano Teodosio? Le umili
suppliche, le reiterate istanze, l'istessa sua personale visita
fatta all'Imperatore, *Quibus auxiliis.* Ma perchè quel venerando Vescovo volle tanto disagiarsi? La ribellione di Antiochia poteva produrre la distruzione degli Antiocheni, *Cur.* Ma
qual motivo più lo spinse a trasferirsi presso l'Imperatore ?
Tanto egli fece mosso dalla carità che nutriva pel gregge af-

---

1 *Tu istis faucibus, istis lateribus, ista gladiatoria totius corporis
firmitate tantum vini in Hippiae nuptiis exhauseras, ut tibi necesse
esset in populi Romani conspectu vomere postridie, ... in coetu vero
populi Romani, negotium publicum gerens, magister equitum, cui ru-
ctare turpe esset, is vomens, frustris esculentis, vinum redolentibus,
gremium suum, et totum tribunal implevit.* 2. Philip. 25.

2 St. Ecc. lib. 19. n. 16.

fidato alle sue cure , *Quomodo*. In fine in qual momento si
spinse a correre all'Imperadore? Quando temeva più furibondo
lo sdegno , *Quando*. Come abbiamo esaminato l'azione del Patriarca Flaviano; così dessa può servire di norma per esaminare
ogni altra azione. Imporciocchè sempre avremo chi agisce , che
cosa opera, dove lo fa , con quali mezzi lo fa , perchè lo fa,
mosso da qual principio , finalmente in che tempo lo fa.

495. Antecedentemente segnammo , che ogni azione poteva
essere buona o cattiva (14) ; dunque le circostanze influendo
in ogni azione influiscono tanto nell' azione buona, quanto nel-
l' azione cattiva. Per la qual cosa esse potranno la bontà , o
malizia dell'azione accrescere, diminuire, o cambiarne la specie; per cui le circostanze dell' azione vanno distinte in Aggra-
vanti, Diminuenti, o Cambianti la specie dell'azione. Così rubare al mendico un tozzo di pane che formava il suo alimento,
fuori cui avrebbe a stare l' intiero giorno digiuno ; l' è questa
una circostanza aggravante. Ma io questo tozzo di pane l'ò tolto
ad un ricco, per cui era indifferente l'averlo od il non averlo;
l' è questa una circostanza diminuente. Soltanto qui si vuol riflettere da più sulle circostanze le quali mutano la specie del-
l' azione ; giacchè queste raddoppiano sempre la bontà , o la
malizia delle azioni: così in pubblico dire delle villanie al Principe; una tale azione contiene due malizie, l' una della offesa
del Principe , l'altra di aver data l'ansa agli altri di poterlo
anche villaneggiare.

Tutto ciò à luogo tanto nelle azioni interne, quanto nell' e-
sterne. Ma detto abbastanza delle circostanze, ritorniamo alla
imputazione, donde siamo partiti.

496. La imputazione infatti a rettamente procedere richiede
la cognizione non solo della legge e del fatto (181) ; ma ancora la cognizione di tutte le circostanze che accompagnano il
fatto medesimo (192). Or può stare che della esistenza della
legge si dubita ; oppure certamente esistendo la legge non è
per sè stessa chiara (§. CI.). Nel primo caso non si può procedere all'a imputazione; perchè il dubbio sulla esistenza della
legge produce la legge stessa dubbia; ed è assai consentaneo
alla ragione che una legge dubbia, e quindi incerta, non possa

produrre una obbligazione certa, e quindi certa una imputazione 1. Nel secondo caso poi essendo oscura la legge, prima di procedere alla imputazione fa mestieri adoperare ogni diligenza per uscire dalla oscurità della legge medesima mercè giuridica interpetrazione. Ed eccoci introdotti nella necessaria dottrina della interpetrazione della legge, di cui fa uopo parlarse con distinzione.

· 197. E prima di ogni altra come nella oscurità della legge devesi far uso di una interpetrazione giuridica; così bisogna conoscere che cosa ella si fosse. La interpetrazione giuridica è ben definita per la distinta rappresentazione della mente del Legislatore; rappresentazione avuta dalle parole, o da altri segni dello stesso legislatore. Una legge infatti può rendersi oscura per due motivi; o perchè le parole sotto cui contiensi son troppo concise; oppure son troppo oscure: in ambidue i casi dalle parole stesse sotto cui contiensi la legge bisogna rilevare la volontà del Legislatore: oppure ciò non potendosi perchè forse le parole son troppo oscure, allora dobbiamo ricorrere ad altri segni, che il Legislatore à manifestato, e che ànno relazione colla legge medesima, e da essi possiamo accorgerci che cosa abbia voluto significare il Legislatore colla sua legge. Tutto ciò è quello, che dicesi interpetrare giuridicamente una legge. Così presso S. Matteo troviamo registrata questa legge di Cristo in ordine al matrimonio: « *Chiunque rimanda la propria moglie, eccetto per cagione di adulterio, la fa divenire adultera; e chi sposa la donna ripudiata commette adulterio* » 2. Ecco una legge oscura per le parole; giacchè non si dice se in causa di adulterio il matrimonio restasse sciolto anche in quanto al nodo maritale. Or posta questa oscurità di legge la mente divina di Cristo deve interpetrarsi o dalle sue parole, o da altri suoi segni; e le une e gli altri concorrono a farcelo rappresentare. E dapprima per le parole; giacchè da tutto il contesto di esse due cose si ricavano: 1. che il marito non

---

1 S. Alf. de'Lig. Theol. mor. lib. 1. tract. 1. de consc. cap. 3. §. 55.

2. *Omnis qui dimiserit uxorem suam, excepta fornicationis causa, facit eam moechari, et qui dimissam duxerit, adulterat.* Matt. 5. 32.

può abbandonare la moglie : 2. che il marito può abbandonare la moglie in causa di adulterio. In maniera che non
si dà licenza al marito della donna adultera di prendersi altra donna, ma soltanto di abbandonarla ; dappoichè la eccezione posta nella legge à relazione alla voce *dimiserit*, come a
lei più prossima, e non già alle parole che seguono, le quali
in buon senso fanno sempre vedere il nodo maritale esistente
in qualunque caso si mandi via la moglie. In secondo luogo pe'segni; giacchè l'istesso Legislatore essendo un Dio non poteva essere
contradittorio a sè stesso: or nel Genesi aveva detto:« *E i due saranno sol una carne... Non divida pertanto l'uomo quello, che Dio
à congiunto* » [1] ; e fu questo il motivo per cui da una delle
coste di Adamo formò Eva per mostrarci la indissolubilità del
matrimonio. Ma queste cose le lasciamo volentieri a' Teologi ;
piuttosto avendo fatto vedere il modo come interpetrarsi la
legge oscura per procedere alla imputazione, ci facciamo ora
a dimandare, se la interpetrazione possa aver luogo nella
legge di natura ?

198. La risposta dovrà esser negativa quante volte attendiamo alla definizione della interpetrazione (197) ; giacchè nella
promulgazione del dritto di natura non ànno luogo nè parole,
nè altri segni ; ma la ragione, cui è promulgata (32), è 'l
solo mezzo di apprenderla senz' aver bisogno d'interpetrazione. « *La sola facoltà di ragionare*, diceva Arriano, *conoscendo essa sè stessa comprende che cosa ella sia, quanto possa e
quanto vaglia se si applica in soccorso delle altre facoltà* » [2].

Se dunque l'interpetrazione non à luogo nel dritto di natura, ella à tutto il vantaggio nelle leggi positive, o queste
sieno divine, od umane. Dal che non debbesi inferire essere
ben' inutile nel nostro istituto far parola della interpetrazione ;
avvegnachè come la legge di natura è fondamento di ogni al-

---

[1] *Erunt duo in carne una... Quod ergo Deus conjunxit, homo non
separet.* Gen. 2. Matt. 19. 6.

[2] *Sola facultas ratiocinatrix, ipsa semel ipsam intelligens adprehen-
dit, quid ipsa sit, et quid possit, et quanti sit praetii, si se ceteris facultatibus adplicarit.* Ad Epitect. Diss. 1. 1. p. 4.

tra legge , in cui v'è bisogno più volte della interpetrazione ; perciò è cosa utile , che il Naturalista anticipatamente abbia queste cognizioni. Del resto comunque sia disbrigateci da ogni difficoltà , dirittamente ci mettiamo sul cammino della interpetrazione.

199. La quale essendo quella , che ferma la legge (197) , e la toglie da ogni difficoltà , colui che interpetra la legge bisogna che attendesse a più cose, le quali sono come basi della stessa interpetrazione , onde non fallisce nella impresa. (§. CII.) Infatti deve in primo luogo attentamente considerare che vogliamo significare quelle parole , sotto cui si asconde la legge; e perciò deve riflettere al significato proprio di ciascuna parola della legge medesima. In secondo luogo deve riflettere sulla connessione che le parole hanno tra loro ; ed a ciò fare istituisca un parallelo tra quelle che antecedono, e quelle che seguono. In terzo luogo deve investigare la natura di ch'è la cosa intorno a cui si aggira la legge. Finalmente deve aver di mira il fine ; ch'ebbe il Legislatore nella circostanza , che promulgò la legge ; ed insiemamente attendere alla ragione , che è assistito il Legislatore medesimo nel promulgarla. E questa ragione di legge , la quale forma l'anima della stessa legge , è quella che a preferenza di ogni altra cosa l'interpetre deve aver presente ; giacchè la conoscenza della sola ragione della legge gli avrà fatto compiere la maggior parte del cammino, e, direi , interpetrare tutta la legge.

200. E che sia così, una interpetrazione di legge fatta dal Salvatore contro i Giudei, ricavandola dalla ragione della legge ci convincerà dell'esposto. Egli il divin nostro Salvatore era calunniato da' Giudei , dal perchè nel giorno di sabato si esercitava nelle opere di carità, massimamente esigendole la necessità. Al che loro rispondendo divinamente disse : « *Il sabato è stato fatto per l'uomo , e non l'uomo pel sabato* [1] ». Volea dire , che il sabato era stato comandato per esercitarsi l'uomo negli atti religiosi; ma non già per distruggere,

1 *Sabbatum propter hominem est factum , non homo propter sabbatum.* Marc. 2, 27.

o rendere infelice l'uomo. Bella ragione invero di legge divina! Quindi dalla esposizione di una tal ragione ne veniva in conseguenza che nel giorno di sabato potevano farsi quelle azioni di soccorso, che l'uomo toglievano da qualche infelicità.

Se l'esempio di Cristo al certo non è sterile, attendino soprattutto gl'interpetri delle leggi alla ragione delle stesse; e se la ragione di legge rinvangata dal Salvatore chiuse la bocca a'Giudei perchè ebbero a vedere il senso vero della legge; la ragione di legge rinvenuta dagl'interpetri darà per certo il vero senso della legge. Tant'è'l vantaggio di questa regola, che a ragione vogliamo dirla divina.

201. Intanto la interpetrazione può essere di varie specie, Estensiva cioè, Restrittiva, e Dichiarativa (§. CIII.). Essa è Estensiva quando le parole della legge sono poche, ma la ragione di essa comprende molto: ossia, se le parole della legge in qualche caso par che non si potessero adattare; pure la ragione della legge può benissimo applicarsi a quel caso. Fingete, per esempio, che una legge dica così: « *Chiunque ruba cento ducati, vada nelle carceri* »; per una interpetrazione estensiva tal legge è applicabile ancora a quelli che rubano oggetti del valore di cento ducati. Così pure Cristo [1] estensivamente interpetrò le leggi riguardanti l'adulterio, e l'omicidio, come può commodamente osservarsi.

Dippiù ella è Ristrettiva quando le parole della legge sono molte, ma la ragione della legge comprende poco: ossia, se le parole della legge sembrano voler convenire a qualche caso; pure la ragione della legge in quel caso libera la persona dall'obbligo della stessa legge. Così nel proposto esempio (200) il Salvatore restrittivamente interpetrava la legge del sabato, come si è osservato.

Finalmente ella è Dichiarativa quando spiega la legge; cioè se tante sono le parole quanta è la ragione della legge.

202. Dal detto emerge, che ogni interpetrazione di legge sia estensiva o restrittiva, sia dichiarativa, dipende assoluta-

[1] Matt. cap 5.

mente dalla ragione della medesima legge (199). Quindi se cessa la ragione di legge, cessa insiememente la interpetrazione della legge medesima; e per conseguenza la legge resta distrutta. Il fare de' Farisei rapportato dall' intiero Vangelo ci vuole istruiti di una cotale verità quanto certa, altrettanto necessaria per la conservazione delle leggi. Eglino si volevano giusti pel solo osservare le tradizioni de'Rabbini poco curandosi della ragione di legge, per cui avveniva ch'essi non osservavano la legge; perchè veniva distrutta con quelle capricciose interpetrazioni de' loro maestri. Che si voleva significare quel lavare attentamente le tazze, pagar le decime, far limosine, digiunare, e tutt'altro, se le loro coscienze erano imbrattate de' più gravi peccati? Con ragione il Salvatore li assimigliò a' sepolcri, i quali racchiudendo i più putidi insetti fanno al di fuori le più belle mostre. La legge dunque non esiste, ove si disturba la ragione della legge medesima: simiglievolmente all' uomo, il quale cessa di vivere quando da lui fugge l' anima che lo regge.

205. Oltreacciò abbiamo, che la interpetrazione della legge può essere ancora Autentica, Usuale, e Dottrinale (§. CIV.). Si dice Autentica, se l' istesso Legislatore è quegli, che interpetra la sua legge; ed allora la sua volontà è'l fondamento della interpetrazione, la quale si tiene spesso come una nuova legge. Così Dio nell'antico patto 1 aveva stabilita questa legge pe' Giudei; cioè che allorquando il padre moriva e non lasciava superstite alcuno agnato, i beni del padre passassero alla figlia erede universale. Ora una tal legge a richiesta di Mosè venne ad interpetrarla così: 2 Cotesta figlia, cui sono spettati i beni paterni, deve unirsi in matrimonio con quelli che sono della sua stessa tribù quante volte vuole impegnarsi in un tale stato. Qui due cose osservansi: 1. che la interpetrazione è autentica; perchè fatta dallo stesso Legislatore: 2. che tale interpetrazione ebbe forza di legge; perchè i beni di una tribù non volevano immischiarsi co'beni di un'altra tribù; ciocchè era la ragione della legge.

1 Num. 27. 8.
2 Num. 36. 5. 6.

Si dice Usuale, se la interpetrazione viene da quelli, cui spetta piuttosto eseguire la volontà del Legislatore ; come i giudici, i ministri, od altri, cui spetta per incarico applicare la legge al fatto. In tal caso la prattica del foro è'l fondamento della interpetrazione. Così nell' antica legge allorquando il fratello del defunto non voleva sposarsi la moglie superstite, questa si cavava dal piede la scarpa innanzi ai seniori 1. Or per consuetudine nel foro l'istesso rito si venne ad applicare nel ripudio della eredità, ove uno rinunciando la eredità cavavasi dal piede la scarpa, come si osserva presso Ruth 2.

. Finalmente si dice Dottrinale, se la interpetrazione si fa da' dotti conoscitori della legge, i quali vanno sotto il nome di Giusperiti. Allora il fondamento di questa interpetrazione sono le regole sopraccennate (499). Ci si presenta un esempio di tale interpetrazione presso Esdra; giacchè si legge : « E il secondo giorno si congregarono i capi delle famiglie di tutto il popolo, i Sacerdoti e i Leviti presso Esdra scriba, affinchè esponesse loro le parole della legge 3 ». Tanto si doveva per una succinta teoria d'interpetrazione di legge; chi ne bramasse di più conoscere può familiarizzarsi con que' che diffusamente ne hanno trattato. Frattanto noi nella seguente lezione ripiglieremo l'ordine delle idee riguardanti la imputazione.

---

1 Deut. 25. 7.

2 4. 7.

3 *Et in die secundo congregati sunt principes familiarum universi populi, Sacerdote et Levitas, ad Esdram scribam, ut interpretaretur eis verba legis.* Esdra. 8. 13.

LEZIONE XXI.

§ 204. *La imputazione è da farsi all' agente —cessa la impu-*
tazione dove non v' è agente — tutt' altro succede nella impu-
tazione de' meriti — quando la imputazione è da farsi all'a-
gente — se ne' casi fortuiti — se ne'difetti fisici —se negli atti
di furore, di pazzia, e di ubbriachezza — se negli atti di
sonno — se la ignoranza, o l' errore sono da imputarsi —
casi, in cui sono sempre imputate — se la ignoranza, o l'er-
rore di fatto sono da imputarsi — se quando sono di dritto—
quali azioni debbonsi imputare — se le azioni spontanee, od
ultronee.

204. Le idee di una ragionevole imputazione essendo stato
sufficientemente sviluppate nelle due prossime antecedenti lezioni, ragione vuole che le teoriche dottrine si venissero ora
a livellare colla pratica, riuscendo pur troppo vero, che quegli
custodisce fedelmente la legge, che osserva praticamente la
legge stessa.

Or per ridurre in pratica la imputazione è giuocoforza muovere dalle circostanze accompagnanti un fatto, le quali debbono esser note a colui, che cerca imputare l'altrui azione
(192). Ciò presupposto non v' è dubbio alcuno, che tra tutte
le circostanze influenti in una qualche azione, la prima e più
interessante sia quella della persona che opera (§. CV.) di
maniera che, ogni giudice nell'imputare non altro punto di
partenza deve prefiggersi, che dimandare chi abbia commessa
l'azione. Per la qual cosa ravvicinando noi la imputazione dimandiamo per prima a chi sono da imputarsi le azioni? L'a-
zione è un'effetto proveniente da una causa; dunque a chi
devesi l'effetto, devesi pure l'azione. Or l'effetto sempre alla
causa s'imputa; l'azione adunque in egual modo deve sempre
imputarsi alla causa, da cui fu prodotta. Laonde ogni causa,

ossia autore di azione è quegli, che in primo luogo si soggiace alla imputazione ; purchè però godesi dell'esercizio della
umana libertà, la quale richiedesi per dirsi umana l'azione (64);
e quindi soggetta alla imputazione.

205. Se dunque la imputazione à luogo quando dell'azione
alcuno ne fu l'autore (204.), può risultare chiarissimo ch'essa
cessa ove non esiste l'autore dell'azione. Conciosiachè la imputazione vuol due termini, la legge cioè ed il fatto (181.)
per tal modo che, ove uno di essi manca, ella non può sussistere : laonde mancando l'autore dell'azione, manca il fatto,
ed in conseguenza deve mancare la stessa imputazione. Così
Cicerone non voleva imputato Dejoterio, perchè non esisteva il
fatto, di che volevasi accagionare. Ecco le sue parole: « *Costui
adunque non solo uscito di pericolo per mezzo tuo, ma ancora fregiato di grandissimo onore, vien accusato, che voleva
ammazzarti in casa sua. Qual cosa al certo non puoi sospettare, se non quando lo giudichi un'uomo furiosissimo* 1 ».

Intanto si vuole avvertire, che nella imputazione si debbe
bandire ogni prevenzione, ed ogni precipitoso giudizio; giacchè
tali cose se non sempre, non di rado però ci fanno attribuire
delle azioni a quelli, che giammai ci ànno avuto causa; donde
poi ne risultano mille sinistri effetti. Un retto sillogismo suppone un retto pensare; essendo quindi la imputazione un vero retto sillogismo, (181.) vuol serbare sempre la rettitudine
ne' giudizi.

206. La imputazione deve aver per certo l'autore dell'azione, cui sempre si attribuisce (205), ma ciò à luogo ne' delitti; giacchè per rapporto a' meriti, questi possono imputarsi
tanto all'autore dell'azione, quanto agli altri che non sono autori della medesima. Così vediamo nelle umane società, che
i meriti de' padri s'imputano anche a' figli, donde à origine
la nobiltà delle famiglie, di cui in ordine a'Tedeschi così parla

---

1 *It igitur non modo a te periculo liberatus, sed etiam honore am*·
plissimo ornatus, arguitur, domi te suas interficere voluisse. Quod tu,
nisi eum furiosissimum judicas, suspicari profecto non potes. Or. pr
Dej. 5.

Tacito: « *L'insigne nobiltà, ed i gran meriti degli antenati, facevano conseguire il favore del Principe anche a' giovanetti, che da quelli discendevano* 1 ». Così pure da questa imputazione di meriti de' padri a' figli ànno origine i regni ereditari, di cui parla Polibio: « *Questa è la vera origine del regno, questo e 'l suo principio. Imperciocchè i sudditi non solo per lungo tempo conservano l'impero a' medesimi loro principi, ma bensì alla loro schiatta, persuasi che discendendo essa da tali uomini, e da' medesimi educata, dev'essere ancora uguale di animo e di volontà* 2 ».

Se non che questa imputazione di meriti succede per grazia, e non già per giustizia, come ottimamente segna Pufendorf 3; stantechè niun dritto può vantarsi su quello, cui niuna azione si è impegnata, nè possono per giustizia gli altrui meriti imputarsi nella propria persona. Si dovrebbe supporre antecedentemente un decreto, un patto, o tutt'altro, da cui potrebbe provvenire un tal dritto: ma ove queste cose mancano, sarà sempre una mera grazia, e quindi gratuitamente i meriti degli altri s'imputano a noi stessi. Questo era per rapporto all'autore del fatto cui sempre deve dirigersi la imputazione.

207. Ma non sempre chi fa un'azione è padrone delle facoltà volute nell'azione medesima per maniera che, in tal caso l'azione non può imputarsi al suo autore (§. CVI). Infatti fu dimostrato antecedentemente (59. e segg.) che ogni azione per dirsi morale, che importa lo stesso dirsi umana, vi abbisognano l'intelletto la volontà e la libertà; per conseguenza ove manca l'esercizio di questa facoltà per necessità deve mancare la causa libera, la quale tolta si toglie la imputazione. Perlocchè possiamo avere un agente che produca la sua azione

1 *Insignis nobilitas, aut magna Patrum merita Principis dignationem etiam adolescentulis adsignabant.* De mor. Germ. cap. 13.

2 *Haec veri regni origo, hinc ortus. Non solum enim ipsis, sed et soboli, per longum tempus imperium subditi conservant, persuasi, talibus viris prognatos, et a talibus educatos, animis quoque et voluntatibus pares eos futuros.* Histor. 6. 5.

3 De jur. nat. et gent. lib. 9. 2,

senza cognizione dell' intelletto ; oppure questa stando non è
nel suo potere impedire l'azione : in tal caso non si potrà
giammai dire la sua azione fatta a modo umano; cioè tale che
possa conseguire un premio od una pena. Insomma l'azione
di un tale agente malgrado sia causa dell'operato, non cade
sotto le bilance della imputazione.

Posta questa inconcussa dottrina ne emerge , che tutte le
passioni, le quali non sono in nostro potere (54.) ; come pure
tutte le azioni necessarie naturali dette non volontarie (56.),
queste sieno buone sieno cattive non possono imputarsi alla
causa che le à prodotte; giacchè l'agente nel produrle mancava
di cognizione dell' intelletto , o pure di libertà ; e perciò non
operò azioni umane , su cui soltanto può cadere la imputazione.

Epperò in ordine alle azioni naturali non vengono esse imputate allorchè riguardansi in loro stesse, non già riguardate
nel modo con cui debbonsi eseguire dall'agente. Imperciocchè
la retta ragione vuole tutta la prudenza ed il decoro nell'e-
seguirle per modo che , rifugge da quella imprudenza e sfacciataggine con cui sogliònsi alle volte eseguirsi da certuni. L'u-
mana volontà è vero non può impedire quelle cose , che in
noi succedono in forza di un puro meccanismo (56.); ma può
benissimo , e deve impedire quello che mai va scompagnato
dal rossore naturale.

208. Dicasi lo stesso (207.) di tutti quegli eventi fortuiti
rimpetto a noi ; ma che ànno loro fecondissima origine dal-
l'ordine della provvidenza. Essi non dipendono dalla volontà
dell'uomo , sibbene dalla Volontà di Dio ; in conseguenza non
possono imputarsi all'uomo che agisce, mostrandosi in tal caso
un puro istromento nelle mani di Dio stesso.

Ma ciò debbesi intendere quantunque volte l'agente per niente
à avuto mano ne'cennati effetti ; cioè non sia stata la sua trascuraggine quella, che li abbia prodotti, sembrando per l'ordinario doversi attribuire agli ordini della provvidenza; giacchè
« *Chi mai è così sciocco*, diceva Tacito, *che voglia attribuire
a colpa le mancanze de'venti e delle onde?* 1 ». Certamente non

---

1 *Quis adeo iniquus, ut sceleri adsignet , quod ventus et fluctus de-
liquerunt ?* Ann. 14. 3.

può essere accagionato l'industre pilota di aver dato alle onde l'affidatagli merce essendo soverchiato dalla tempesta. Ma

> È folle quel nocchiero,
> Che cerca un' altra stella,
> E non si fida a quella,
> Che in porto lo guidò 1.

Perlocchè soffrendo naufragio tutta la imputazione deve subire, essendo stato il suo capriccio, e non il destino quello che lo spinse a naufragare.

209. Finalmente dalle premesse (307.) ci è dato ancora rilevare, che tutt' i difetti fisici non possono, nè debbonsi imputare all'uomo. Imperciocchè la imputazione deve sempre aver luogo ove l'azione è umana: in contrario avrà luogo la compassione, la meraviglia, e tutt' altro, non restando mai accagionato l'agente in faccia a qualsivoglia legge. Ma ciò resta vero quando l'agente non rattrovasi in colpa; giacchè tali difetti succedendo per sua malizia, come in tal caso v' è tutto il concorso della volontà; così senza dubbio sono a lui impatati. Recidersi un membro, a mò di esempio, per non essere arrollato nelle milizie della patria, è certo un opporsi al bene di ordine morale; e quindi una colpa da cadere sotto la imputazione, per cui diceva Fedro:

> . . . . . ma tu stolto il danno
> D' avversa sorte accusi. È vergognoso
> Alfin ciò all' uomo, che il suo fallir gli adduce 2.

Che se poi l'agente restasse amputato, o perchè così venuto dalla natura, o perchè sinistro evento l'afflisse, o infine per aver combattuto a difesa della patria in una guerra giusta; allora

---

1 Metastasio, Egeria Fest. Teat:
2 Sed quid fortunae, stulte, delictum arguis?
   Id demum est homini turpe, quod meruit pati.
                                    Fab. 3. 11. v. 5.

il difetto fisico non gli si potrà imputare: che anzi formerà per lui immortale gloria, da cui infiammato à sprezzato ogni pericolo, la morte stessa.

210. Tutta la quistione però può muoversi relativamente alle azioni, che l'agente produce nell'atto del furore e della pazzia, del sonno o della ubbriachezza. Tutte siffatte azioni son elleno da imputarsi all'agente? Rispondiamo colle teorie antecedentemente esposte (88.); e quindi allora le cennate azioni non sono da imputarsi all'agente, quando egli non ci à posta volontaria causa; perchè si stimano fortuite, e senza concorso dell'umana volontà. Ma allorquando l'agente vi ebbe colpa, per cui cadde ne' cennati errori; abbenchè nell'atto non sieno azioni umane, pure tale fu la causa posta volontariamente, in cui almeno in confuso si previddero que' stravaganti effetti. Perlocchè a tal modo tutti gli effetti del furore della pazzia del sonno e della ubbriachezza sono e debbonsi senza dubbio imputare nella causa all'agente. Dappoichè come da volontaria causa volontari effetti ne sorgono: così da libero autore libere azioni debbono provvenire: or la libertà è fondamento della impntazione (207.); sarà dunque imputato all'agente tutto ciò, ch'egli inavvertentemente commette ne' proposti stati, avendolo innanzi tempo avvertentemente preparato nel libero, ma vizioso pensiere.

211. E relativamente a'sonni crediamo soggiungere poche cose; essendochè sono frequentissimi a succedere, ed in ogni sorta di persone. Egli invero il sonno è un'effetto della nostra fantasia, e sogliamo sognare quello, cui abbiamo maggior tendenza: ed a tal proposito son troppo noti i bei sensi del Metastasio:

> Ah! che 'l fuggir non giova. Io porto in seno
> L'immagine di te: quest'alma avvezza
> D'appresso a vagheggiarti, ancor da lungi
> Ti vagheggia, ben mio. Quando il costume
> Si converte in natura,
> L'alma, quel che non ha sogna, e figura.

> Sogna il guerrier le schiere ,
> Le selve il cacciator ;
> E sogna il pescator
> Le reti , e l' amo.
> Sopito in dolce oblio ,
> Sogno io pur così
> Colei che tutto il dì
> Sospiro , e chiamo 1.

Quello adunque facciamo nel giorno, facilmente ci si riproduce nella notte ; giacchè essendo allora tutte le cose in silenzio , e noi stessi godendoci del riposo non più distratti dagli oggetti esterni, andiamo commodamente vagando ne' vasti campi della fantasia , come accuratamente ci vien descritto da Claudiano , quando dice :

> Ogni pensier , ogni opera ,
> Che si commette il giorno ,
> Quando si dorme placido
> In mente fa ritorno.
> Sogna l' amante tenero
> Torre al suo ben carezze :
> Il mercatante i cambi ,
> L' avaro le ricchezze 2.

Perlocchè , se facciamo del bene , il bene sogniamo nella notte ; se il male, sogniamo pure il male nella notte : e tanto più facile sarà il sonno ad aversi , quanto più forte è stata la sensazione nel giorno , e più è durata in noi la impressione. Diremo dunque passaggiero il sonno della notte , se esso è l' effetto di quello che abbiamo voluto quando di noi stessi

1 Artasers. att. 1. sc. 6.
2   Omnia , quae sensu volvuntur vota diurno ,
        Pectore sopito , reddit amica quies.
        Furto gaudet amans , permutat navita merces ,
        Et vigil elapsas quaerit avarus opes.
            In sextum cons. Honorii Aug. praef. v. 1.

cravamo padroni? Avvezziamoci a ben operare nel giorno per non essere funestati nella notte, in cui se per ventura avremo de' sonni, perchè li soffriamo non potranno esserci imputati.

212. Vediamo adesso quale imputazione nasce dalle azioni, che provvengono dalla ignoranza, e dall'errore, di cui a lungo parlammo nella lezione nona. E sulle prime giova ricordare, che (§. CVII.) tanto l'errore, quanto la ignoranza, possono essere Incolpevoli e Colpevoli (86.), Invincibili e Vincibili, Involontari e Volontari (88.). Presupposte tali cose, poichè è certo che ove non c'è libero concorso di volontà nell' azione, questa non può cadere sotto la imputazione (204.); perciò sarà vero che tanto la ignoranza quanto l'errore allorchè sono incolpabili, invincibili, ed involontari, non sono in alcun modo imputati; giacchè diceva Aristotile altrove pure citato (91.): « *Niuno può essere chiamato ingiusto per aver commesso certe cose, nella trasgressione delle quali non è egli direttamente la causa, ma la ignoranza* 1. Certamènte non potrà imputarsi all'uomo di campagna, nato piuttosto per grossolane fatiche, se mai non attese allo studio.

Ma quando la ignoranza e l'errore sono colpevoli, vincibili, e volontari, sono sempre imputati; perchè all'azione la volontà liberamente vi concorre. Così direte imputata la ignoranza a colui, il quale volontariamente si è reso inetto al sapere; dappoichè fin da che era fanciullo per niente volle profittare delle occasioni di sapere.

213. Epperò circa la ignoranza e l'errore si vuol tenere per fermo, che tutte le azioni provvegnenti da essi son sempre imputate ne' seguenti casi, ne' quali si chiamano sempre colpevoli e volontari, salva qualche straordinaria eccezione.

Primo, quando l'azione per sè stessa è illecita: come se si trattasse d'impudicizia, di suicidio, di omicidio, ed altro. Così Giuda 2 avendo abusato di Tamarra sua nuora, per questo non era scusato del delitto dal perchè non l'aveva rico-

---

1 *Quorum quis non est causa, sed ignorantia, ut delinquat: ob ea neutiquam injustus est.*

. 2 Gen. 38. 15. 16.

nosciuta per sua parente. Quindi, troppo ingiusta era la sentenza degli Areopagiti riferita da Aristotile 1, i quali assolvevano quella donna, la quale, avendo dato il filtro amatorio a qualche giovanetto, l'aveva ammazzato; e poggiavano su tal motivo il loro giudizio: « *Perchè ciò aveva fatto, non di proposito, nè a caso pensato: sibbene lo aveva fatto per cagione dell'amore, quantunque poi tornato le fosse male il disegno 2* ». Ma avrebbero avuto ragione, ove il filtro amatorio in sè stesso non fosse un male, per cui darlo fosse cosa buona. Laonde diceva benissimo il Giureconsulto Paolo: « *Coloro i quali danno a bere qualche cosa o per farne seguir l'aborto, o per conciliarsi l'altrui amore, quantunque non facessero ciò con dolo, pure perchè questa cosa è di cattivo esempio, quelli che sono di condizione bassa sieno condannati alle miniere, i più distinti poi, sequestrata una parte de' loro beni, debbono essere relegati in una isola: che se con quella bevanda fosse perita od una donna, od un'uomo, gli autori di questo delitto siano condannati a morte 3* ».

Secondo, quando l'azione ancorchè buona, od indifferente, è fatta in un luogo, in un tempo, oppure in un modo illecito. Scherzare colla spada in mezzo a gran popolo; oppure spronare il cavallo in pubblico mercato, se qualcuno resta offeso, la ignoranza par che non giovi; giacchè l'azione è fatta in un luogo, ed in un tempo illecito. Se qualche vignajuolo recidendo un'albero, che porge alla via pubblica non gridasse, per cui l'albore cadendo ammazzasse qualche uomo, la costui morte gli è certamente imputata; perchè l'avrebbe evitata se avesse gridato: l'azione dunque è fatta in un modo illecito. A tal riguardo presso i Romani in forza della legge

1 Mag. Moral. 1. 17.

2 *Quod non consulto et cogitato id fecisset; amoris enim caussa dedisse, verum a proposito aberrasse.*

3 *Qui abortionis aut amatorium poculum dant, etsi dolo non faciant tamen quia mali exempli res est, humiliores in metallum, honestiores in insulam, amissa parte bonorum, relegantur: quod si eo mulier aut homo perierit, summo supplicio adficiuntur? L. 38. S. 2., D. de poenis.*

Aquilia' venne in uso il grido « *Guarda* 1 », affine di evitare ogni disastro che avrebbe potuto accagionare ogni azione fatta in luogo tempo e modo illecito.

In questi esposti casi l'agente è tenuto ad intralasciare l'azione per tal modo, che la ignoranza o l'errore non potranno giammai coonestarla giusta il detto.

214; Ma la ignoranza e l'errore (§. CVIII.), fu detto per l'addietro (89.), possono essere di Dritto e di Fatto. Or per quello riguarda la ignoranza e l'errore di fatto può scusarsi l'agente dalla imputazione quante volte per lui non sia che abbia dato luogo a mancamento sia di prudenza sia di accortezza. Un fatto per vero può avvolgere tali circostanze che viene impossibile anche agli uomini i più prudenti poterle penetrare; in tal caso la loro ignoranza, od errore, si rende invincibile; e per conseguenza la mancanza essendo involontaria non può imputarsi a colpa (212.). Un generale di armata il quale à cercato sempre cattivarsi la benevolenza dei soldati, esperto nell'arte della guerra, superiore di forza al suo nemico, fidanzoso affida la battaglia, se nella zuffa essendo tradito da' suoi perde la battaglia medesima, possono mai imputarglisi i sinistri effetti della perduta guerra? Il tradimento era una circostanza che giammai poteva prevedersi da chicchessia, e per certo l'accorto comandante se l'avesse potuto prevedere non si sarebbe rischiato con tanto suo discapito. Vedete bene che la invincibile ignoranza ed errore di fatto sfugge per necessità ogni imputazione.

215. Per quello poi riguarda la ignoranza e l'errore di dritto; poichè il dritto può essere di natura, o civile, differente sarà la soluzione del caso in parola. Nel dritto di natura, fu dimostrato (90.), non può darsi ignoranza di dritto; giacchè esso è stato da Dio promulgato per mezzo della retta ragione; quindi basta aver la ragione per avere nel medesimo tempo la conoscenza delle leggi naturali.

Due cose però si vogliono avvertire nella presente ricerca; la prima, che ciò va inteso pe'principi primi del dritto di na-

_____

1 *Cave.* Inst. §. 4. 5.

tura, come anche delle conseguenze che immediatamente procedono da' principî primi ; giacchè benissimo puo darsi ignoranza od errore per rapporto a quelle conseguenze che diconsi emergere da'primi principî mediatamente (00.); la seconda, che la ignoranza e l'errore circa il dritto di natura senz'alcun dubbio deve ammettersi in quelli che o per l'età, o per la stupidità non possono persepire la legge ; giacchè ove manca l'esercizio delle facoltà intellettuali, vi manca la possibilità della cognizione, e quindi della legge. Per la qual cosa i fanciulli, i stupidi, non sono obbligati dalla legge di natura ; e qualunque cosa operassero contra di essa non gli potrà giammai essere imputato ; giacchè le loro azioni si dicono di uomo, ma non già umane, come distinguono i Moralisti.

Finalmente in ordine al Dritto Civile allorquando è stato sufficientemente promulgato la ignoranza di lui non scuserà mai dalla imputazione ; giacchè è regola dello stesso dritto : « A niuno è lecito ignorare quella legge, che lo riguarda [1] ».

246. Ma riflettendo sulla diversa specie di azioni (§. CIX.) c'è facile osservare quali azioni cadono sotto la imputazione; giacchè richiedendosi per la imputazione, che l'azione fosse umana (207.), quelle azioni tutte sono impatate in cui vi concorre la libera volontà ; poichè le sole libere azioni sono degne di premio e di pena a tal modo che, maggiore sarà la imputazione ove concorra maggiore cognizione dell' intelletto, e più energica libertà ; e ciò tanto nella trasgressione quanto nell'adempimento della legge. Per la qual cosa tutte le azioni essendo volontarie, involontarie, e non volontarie (56.), sono imputate tutte le azioni libere sieno positive, sieno negative, e tra loro sono più imputate le deliberate, meno imputate le indeliberate (57.). Quindi contra il ch. Einneccio (56. 77.) diciamo che sono imputate le azioni invite, perchè volontarie ; e non già le azioni coatte, perchè non volontarie ; sibbene la imputazione cade sul solo cogente quando il coatto è opposto tutta la resistenza: Che se poi il coatto è opposto minor resistenza di quello era tenuto, l'azione più o meno

1 *Nemini licet proprium jus ignorare.*

sarà anche a lui imputata attesa la resistenza. Nè ci muove il caso propostoci dal ch. Einneccio per confermare la falsa sua dottrina, del magistrato che forzava pagare il debitore ingiustamente moroso. Imperciocchè in esso nasce la obbligazione di pagare non dal perchè il coatto è libero, ciocchè forma una contradizione ne'termini; ma perchè il magistrato facendo uso del suo dritto richiama il debitore a dare quello in cui liberamente consentì prima di essere tradotto in giudizio: quindi la promessa ch'emettesi innanzi al magistrato non è principio di obbligazione, ma è continuazione di quello che prima già esisteva.

Se dunque il coatto non può indossare obbligazione; perchè manca di esercizio di libertà (77.), com'è vero che chi non à dritto non può indurre obbligazione, essendo correlativi i termini di dritto e di dovere (20.); così è vero pure che chi non à dritto di usarmi forza non può generarmi una obbligazione. Perlocchè per niente è tenuto a pagare quegli che promise del danaro al ladro, il quale gli fece violenza nella persona; onde diceva Marziale:

> Che fia se, mentre tien sulla mia gola
> Il tagliente rasojo, il mio barbiere
> La libertà mi chiegga e le sostanze?
> Tost'io prometto: chè non è 'l barbiere
> Che chied' allora me: mi chiede un ladro:
> Ed ogni cosa col timor s'impone.
> Ma se nel proprio stuccio avrà riposto
> Il suo rasojo il mio signor barbiere,
> Bentosto gambe spezzerogli e braccia 1.

---

1   Quid si me tonsor, dum curva novacula supra est,
   Tunc libertatem divitiasque rogat?
   Promittam, nec enim rogat illo tempore tonsor,
   Latro rogat: res est imperiosa timor.
   Sed fuerit curva quum tuta novacula theca:
   Frangam tonsori crura, manusque simul.
                                   Epigr. 11. 50. v. 5.

217. Finalmente come la imputazione richiede il volontario atto (207.); così le azioni. tanto Spontanee ; quanto Ultronee, essendo volontarie (77.), esse sono assoggettate alla imputazione. Conciesiachè ellено guardano un fine , scelgono i mezzi conducenti all'istesso fine; insomma padroneggiano nell'agente la libera elezione. Mi metto al cammino per visitare la mia villa : ma chi mi spinse, oppure mi usò forza ? Niuno : fa la mia volontà la quale spontaneamente volle condurmi al luogo della delizia, osservare i miei interessi. Dunque la mia azione spontanea è livellata alla legge, ed ecco la imputazione (180).

LEZIONE XXII.

SIEGUE LA DISCUSSIONE DE' CASI DELLA IMPUTAZIONE.

§. 218. *Se debbonsi imputare le azioni nate dal temperamento — se gli affetti — l'abito — o la consuetudine — eccezione del foro umano — contradizione di Aristotile — quale imputazione corra sotto la forza esterna — quali cose costituiscono l'azione esterna — imputazione per la causa fisica, e morale — ma non sempre uguale in ambedue — la imputazione cresce a misura si aumentano le circostanze personali — si scende alla prattica — epilogo d'imputazione per le circostanze personali.*

218. Non sappiamo abbastanza ripeterlo che per aversi un' azione morale libera vi bisognano l'intelletto e la volontà (207); giacchè la imputazione richiede azioni umane, in cui l' uomo è tutto padrone di sè stesso. Perlocchè è una verità incontrastabile che tutto ciò, che impedisce l' esercizio della umana libertà, toglie di mezzo la imputazione in qualunque foro esistesse. Or, ciò posto, sarà facile il rispondere alla presente dimanda: Son soggette alla imputazione (§. CX.) le azioni fatte per forza di temperamento, per violenza di affetti, per abito, infine per consuetudine ?

Dapprima rispondiamo per le azioni fatte sotto la forza del temperamento, e diciamo ch'esse senza dubbio cadono sotto la imputazione ; giacchè il temperamento è retto dalla volontà (70) ; e per quanto piede abbia pigliato nel cuore umano non potrà mai schiacciarlo : dominerà da tiranno , ma egli l' uomo può sempre frenarlo : e se non trova opposizione per parte della umana libertà l' è perchè alla volontà piace secondare i di lui moti. Lo possiamo chiaramente vedere in S. Francesco Sales, il quale era di temperamento bilioso, e pure tanto seppe frenarlo, che addivenne sì mite e dolce, che chiunque leggerà le sue opere , vedrà in ogni verso sparsa la dolcezza. Or se il temperamento fosse indomabile per niuna guisa il Sales a-vrebbe potuto riuscire a domare il suo. Mettiamoci alla pruova , e vinceremo quelle naturali ruvidezze , que' cupi tratta-menti , quel difficile rispondere , quel subito riscaldarci , e che so io ; ma tutto spirerà dolcezza , ed amore.

219. In ordine poi agli affetti (71. 72.) per quanto tenaci si fossero ànno sempre a sperimentare il dominio della volon-tà, per cui il tribunale della imputazione n'esigerà il più mi-nuto conto ; giacchè noi stessi ci facciamo infelici , per cui diceva Metastasio :

> Felice età dell' oro ,
> Bella innocenza antica ,
> Quando al piacer nemica
> Non era la virtù !
> Dal fasto , e dal decoro
> Noi ci troviamo oppressi ,
> E ci formiam noi stessi
> La nostra servitù. 1

È egli dunque l'abuso della umana libertà, il quale ci fa de-viare dal bene di ordine universale, e ci abbandona ne'più tem-pestosi mari del disordine. S. Agostino profondissimo Filosofo già l'aveva detto: « Ogni tralignamento dell'uomo, che a ragione

1 Demof. Att. 2. sc. 8.

vuolsi pure chiamare vizio , consiste nel voler noi usare di quello, che dovrebbe dilettarci , e dilettarci di quello che dovremmo usare » 1. E certamente l'abuso della libertà come provveniente dalla volontà è castigato dall'Autore della Natura , il quale vuole intatta la sua legge , eseguit' i suoi ordini. Passiamo all' abito.

220. L'abito si vuol riporre nella frequenza degli atti dello stesso genere per maniera che , chi agisce per abito si dice agire per costume (75) , il quale alle volte piglia tanta forza nel nostro animo , che sembra convertirsi in natura , e l'uomo stesso agendo più non avverte a quel che fa. Pigli tu l'abito di maledire? ed anche nel bene t'induci a maledire senza pensare alla cattivezza della maledizione. Or è fuori dubbio che tutte le azioni , le quali si fanno per abito sono imputate all'agente ; giacchè l'abito à principio da atti volontariamente ammessi , che poi per troppo frequentarsi l'animo nostro si accostuma agli stessi senza più badarvi : e come non li ritratta , così gli atti posteriori vestono la natura degli anteriori. S. Agostino dato in preda degli errori de'Manichei nella sua prima gioventù nella sua stessa persona ci fa vedere la feroce natura dell' abito 2. Egli dapprima fa vedere come s'induce l'abito , e dice il principio essere la propria volontà : « *Io era ligato non dal ferro altrui , ma dalla mia ferrea volontà* » 3 : ove notisi che l'abito indurisce come il ferro , che cosa ? la volontà. Avanti : « *L'inimico si era impossessato della mia volontà, per cui mi aveva costrutta una catena, con cui mi aveva stretto* » 4; cioè l'abito lo rese schiavo del suo volere. Finalmente: « *Surse la concupiscenza dalla cattiva volontà, e mentre servo alcun si rende di essa, nasce l'abito, cui non facendosi forza, si pone in mezzo la necessità* » 5 ;

1 *Omnis humana perversio est: quod etiam vitium vocatur ; fruendis uti velle atque utendis frui.*

2 Conf. lib. 8. cap. 5.

3 *Ligatus eram non alieno ferro , sed mea ferrea voluntate.*

4 *Velle meum tenebat inimicus, et inde mihi catenam fecerat, et constrinxerat me.*

5 *Ex voluntate perversa facta est libido , et dum servitur libidini , facta est consuetudo , et dum consuetudini non resistitur, facta est necessitas.*

occo come l'abito invecchiandosi diventa natura. Ma S. Agostino sappiamo che superò i suoi cattivi abiti, e ruppe quelle ferree catene che lo avevano avvinto in terra, e si pose al cammino dell'ordine morale. Dunque l'abito è sotto l'impero della volontà, e quindi soggetto alla imputazione.

Certamente i primi atti voi li dite imputati; perchè l'abito s'induce a propria voglia: ebbene, debbono restare imputati anche gli atti secondari; cioè quelli che si fanno sotto la maggior forza dell'abito senza essere avvertiti dall'agente; giacchè son questi imputati nella causa liberamente posti. La esperienza ci fa notare tutto giorno che i costumi i più invecchiati spesso per la umana libertà cambiano di aspetto; e se il costume è un abito, le azioni provvenienti dall'abito son figlie della libertà, la quale sola essendo soggetta alla imputazione (218.), vedesi chiaro che anche le azioni nate dall'abito debbono necessariamente imputarsi.

221. Finalmente dicasi lo stesso della consuetudine, la quale secondo S. Isidoro non è che un'abito avente forza di legge: « È un certo dritto introdotto da' costumi, il quale tiensi per legge, quando manca la legge 1 ». Epperò si vuole avvertire che contra la legge di natura non può stare consuetudine di sorta alcuna, come egregiamente dimostra S. Tommaso 2; giacchè è sempre un'abuso, il quale indica la perversa corruzione del buon costume. Quindi l'immodesto vestire, la oscenità delle parole, e cento e mille altre cose che vantansi come di consuetudine ne' paesi, nelle città, ne' regni, come che contra la legge di natura non possono giammai seguirsi, essendo altrettante corruzioni, che come trabocchetti fanno inciampare gl'incauti nel delitto, e scacciano quella calma, che propriamente induce la legge di natura, cui mirando il Metastasio ebbe a cantare:

1 *Ius quoddam moribus institutum, quod pro lege suscipitur, cum deficit lex.* Lib. 6. etymolog. cap. 3.

2 1, 2. q. 97. art. 3. ad. 1.

La ragion, se dà legge agli affetti;
La virtù se ministra i diletti :
Che serena, che placida calma !
Che sincero, che vero goder ! 1

222. Tant'era a dirsi pel foro sì divino, che umano relativamente alle azioni che ànno luogo per forza di temperamento, di affetti, di abito, e di consuetudine. Se non che
nel foro umano spesso suole avvenire che trova più compassione quell'agente, il quale à operato perchè sopraffatto da
un più triste affetto e giusto dolore, che quegli che non ebbe
tali motivi, abbenchè ingiusti, nel produrre la rea azione. E par
che non la sbagliasse il foro umano nel così procedere in fatto
di passioni; giacchè diceva Aristotile 2 esser più facile resistere al sensuale piacere, che ad un più triste affetto: e certamente maggiore imputazione vi dev'essere ove v'è maggior
esercizio di libertà, la quale meno apparisce sotto la forza di
un più triste affetto, che sotto la forza di un'affetto meno
triste. Per la qual cosa si dirà più reo Nerone, che uccise la
madre, che Oreste il quale uccise Clitennestra druda del padre suo : « Or sì, dice Euripide, ch'è uccisa colei, che tradì
il letto di mio padre 3 ». Ambidue operarono il male morale,
cui era forza di resistere, ma minor resistenza si richiedeva
in Nerone, che in Oreste; giacchè Nerone era combattuto da
un'affetto meno triste, qual'era la barbarie, e quindi mancava di affetto filiale: Oreste poi era combattuto da un'affetto più triste, qual'era la infamia del padre, e quindi sentiva gran dolore. Perlocchè nel foro umano atteso il più o
meno di resistenza che devesi usare a vincere le passioni, risulta la più o meno imputazione.

223. Ma abbenchè ciò fosse vero; pure l'istesso Aristotile
dimenticandosi di quanto aveva detto di sopra, ed entrando

1 Algid. al Riv. sc. II.
2 Nicomach. 3. 12. 3. 15. 7. 7. Mag. Moral. 2. 6.
3 *Nunc enim, quae, prodidit lectum mei patris, est interfecta.* Orest.
v. 937.

nella più grossolana contradizione con sè stesso disse : « *È più difficile ripugnare al piacere , che all' ira* 3 ». Ciò riesce falso quantunque volte si consideri , che l' esser privo di piacere è un male privativo, e spesso suol'essere un male apparente ; qualora il sentir dolore è un male positivo, e spesso suol' essere un vero male. Infatti chi non sente piacere è privato di un solletico , che la forza della fantasia rappresenta come un bene, il quale non diretto al bene di ordine morale è un vero male , che tristissime conseguenze accagiona , come la troppo fatale esperienza ci mostra a dito. Imperciocchè il vero bene, è quello che conserva l' uomo , e giammai gl'induce pentimento. Ma chi sente il dolore à realmente ad affligersi pel male vero che accagiona , quando il dolore proviene da un motivo di ragione , salve le regole di collisione, di cui in appresso si farà parola. Colui che soffre l' amputazione di un qualche membro deve sentire l'asprezza del ferro, ed avere il cordoglio di vedersi privo di un membro. È vero dunque, che meritava più imputazione Nerone, che Oreste (222); giacchè la imputazione ne' mali e ne' beni si vuol sempre misurare dalla maggiore o minore resistenza fatta dall' agente. Ma passiamo innanzi a considerare la forza esterna.

224. La quale (§. CXI.) fù dimostrato non privare dell'esercizio interno di libertà (74.) quell' uomo , che la soffre superiore alle sue forze. In tal caso la necessità assoluta è quella, che lo spinge materialmente a fare qualche cosa contra la legge ; ma per certo la volontà non consente alla forza che gl' impone necessità. Or l' azione è imputata ove concorre la volontà (207.) ; dunque sotto la forza esterna assoluta non à luogo la imputazione. Per la qual cosa voi direte non esser mica imputate tutte quelle azioni, che i carnefici ingiungevano a' primi Cristiani nelle più terribili persecuzioni , come sarebbero, entrare ne' templi degli Dei per prestargli l'atto empio di adorazione, trattenersi nei lupanari per macchiare il candore della vita, andar per le strade nudi nati, ampu-

---

3 *Difficilius esse voluptati repugnare, quam irae.* Lib. 2. ad Nicom. cap. 2.

tare i propri membri, e cento e mille altre stranezze cui inor-
ridisce l' animo al solo rammentarle. La forza de' carnefici era
alla loro superiore, e tale da opprimere anche l'uomo il più
fermo di animo, ed il più nerboruto di corpo: ma intanto la
volontà loro non concorreva a quelle nefandezze; ch'anzi
le rinfacciavano con animo imperterrito agli stessi giudici.
Eglino morirono, ma le palme e le corone riuscivano per
essi più gloriose, e la morte gli era gioconda; perchè li con-
segnava in seno della eternità.

> Agli occhi degli Eroi la morte è bella.
> Chi nel cammin d'onore
> Stanca sudando il piede,
> Perchè io gli son mercede,
> Lieto è del suo sudor.
> Per me spargendo il sangue,
> Non palpita, e non langue
> Fra cento rischi e cento
> Contento il vincitor.

Al proposito c' insinua il celebre Metastasio [1].

Risulta quindi dal detto, che trattandosi di operare contra la Religione, oppure il bene commune, la giustizia, per
niuna guisa è lecito cedere alla forza esterna, come lo è lecito
in alcuni casi, che menzioneremo in appresso parlando della
necessità. Perlocchè qualunque sia il dolore che potesse provvenire ne' nostri corpi, qualunque il danno cui si dovesse andare incontro, non si dovrà mai cedere ad esempio degli Eroi
della Cristiana Religione. Era questa una verità di tanta luce
ripiena, che gli stessi scrittori pagani ne viddero la maestà,
come rileviamo tra gli altri da Giovenale, il quale così dice:

> . . . . . E se ti avvien che alcuno
> T' appelli a testimon di dubbio fatto,
> Imperi anche Falaride che il vero

1 Il temp. dell' Etern.

Tradir tu voglia, e col rovente toro
Posto d'innanzi a spergiurar l'astringa,
Inconcusso resisti e viltà credi,
Anzi misfatto l'antepor per tema
Salvezza ad onestate, e per la vita
Perder quel ben che sol di vita è prezzo 1.

225. Antecedentemente abbiamo detto, (204.) che le azioni debbonsi sempre imputare al suo autore, il quale è la causa che le produce. Or tutte le azioni possono essere azioni puramente interne, le quali per aversi non v'è bisogno di alcun movimento del nostro corpo; ma richieggono soltanto l'intelletto e la nostra libera volontà, come altrove osservammo (204). E possono essere azioni esterne, di cui qui intendiamo parlare (§. CXII.), e che per aversi vi bisognano tre cose; cioè l'intelletto, la volontà libera, e la facoltà locomotiva. Infatti voglio soccorrere il mio simile; l'è questa un'azione esterna la quale per perfezionarsi da me vi bisogna: 1. che io conosca il mio simile essere in bisogno; ecco la cognizione dell'intelletto: 2. che io voglia soccorrerlo; ecco l'atto libero della volontà: 3. finalmente che io metta mano nella borsa, stendo il braccio, e così realmente soccorro il mio simile; ecco la facoltà locomotiva, cioè il moto fisico del mio corpo.

Epperò le stesse azioni interne alle volte ànno con sè stesse congiunto qualche movimento del corpo a talchè la facoltà locomotiva non è espressamente nel suo pieno esercizio, ma pure vi à qualche parte, come usar parole, indicare coll'esempio, e così via via discorrete. In tal caso le azioni interne son dette così in un senso largo a differenza di quelle che strettamente si dicono interne, da noi sopra menzionate.

226. Dalle sparse idee ne sorge, che a prodursi un'azione

---

1   *Ambiguas si quando citabere testis,*
   Incertasque rei: Phalaris licet imperat, ut sis
   Falsus, et admoto dictet perjuria tauro,
   Summum crede nefas, animam praeferre dolori.
   Et propter vitam vivendi perdere caussas.
                                        Sat. 8. v. 80.

esterna sia presa nello stretto o largo senso , vi bisognano le forze del corpo , le quali ci mostrano la efficacia, o la inefficacia della volontà ; distinzione ammessa da V. C. Errico Koehlero 1. Imperciocchè ove ci sforziamo col nostro corpo a produrre una qualche cosa, oppure a sospendere ed impedire un qualche effetto , facciamo vedere che la nostra volontà efficacemente voleva: ma ove non possiamo giungere colle forze del nostro corpo a produrre , o sospendere od impedire qualche cosa, facciamo vedere che la nostra volontà inefficacemente voleva. Or la causa che l'azione produce colle proprie fisiche forze , si dice Causa Fisica : quella poi che l'azione produce a solo modo di premozione ; cioè promovendo l'azione coll'esempio, col consiglio, colle minacce , od altro , si dice Causa Morale. Dunque ogni azione esterna può prodursi in due modi fisicamente , e moralmente.

E poichè ogni azione deve sempre imputarsi al suo autore, a colui cioè che l'avrà prodotta (204); ogni azione sarà sempre imputata alla causa fisica , oppure alla morale ; o infine nel concorso ad ambedue , purchè però nel tempo dell'azione godevansi dell'esercizio della umana libertà (64.). Mi son determinato a commettere il furto , mi addosso la scala per salire , mi metto al cammino , giungo al luogo , commetto l'azione di furto, la quale conosceva essermi vietata dalla legge: il furto dunque mi sarà imputato come a causa fisica dell'azione , mentre la mia volontà efficacemente l'à voluto.

Ma il furto mi è stato consigliato dall'amico per danneggiare un comune nostro inimico ; all'amico rio consigliere del furto verrà pure imputata l'azione di furto come a causa morale, la quale pure efficacemente à voluto il danno del simile.

227. Non sempre però abbiamo una uguale imputazione nella causa fisica e nella causa morale ; giacchè la imputazione dipende dal concorso, ossia dalla efficacia che si è usata nell'azione. Infatti possiamo avere un' egual concorso nell'azione tanto per parte della causa fisica, quanto per parte della causa morale, ed allora ugualmente si dovrà imputare l'azione si

1 Exerc. jur. nat. §. 508. seq.

all' una, che all' altra; dappoichè ambedue ànno dato causa al l' azione con uguale impulso. Giuda tradì il suo maestro, ma i Giudei furon quelli che l' uccisero; egualmente fu imputato l' orrido Deicidio a Giuda causa morale ed a' Giudei causa fisica; giacchè la efficacia era uguale in essi a trucidare il più santo tra gli uomini.

Può stare ancora che la causa morale abbia spinto maggiormente la causa fisica a produrre l' azione, ed allora la imputazione dovrà essere maggiore nella causa morale, minore nella causa fisica; giacchè ov' è più la forza, ivi maggiore è la tendenza che si avrà all' oggetto. Nel caso in parola la causa morale spinge con più forza la causa fisica attesa la maggiore inclinazione che à verso l' azione la quale vuolsi produrre. Così pecca più il padrone che il servo quantevolte il padrone minacciando morte al servo l' induce a rubare. E pecca più il padre che comanda al figlio di abbracciare uno stato contra la sua vocazione, che il figlio stesso il quale l' abbraccia.

Finalmente la imputazione è da farsi maggiormente alla causa fisica che alla causa morale, allorquando questa vi à avuto minor concorso; come sarebbe quando approva soltanto la risoluzione della causa fisica. Per esempio, Tizio risoluto di rubare, Sempronio gli approva la ria azione col dirgli « Fai bene ».

228. A completare intanto le riflessioni sulla principale circostanza, che si deve riguardare in un fatto, quale circostanza fu detto essere per l' appunto la persona (204), occorre per la imputazione considerare le prossime circostanze, che possono accompagnare la persona medesima (§. CXIII). Infatti di ogni persona può riguardarsi la qualità, la dignità, la condizione: rapportandosi la qualità all' età, al sesso, alla parentela, alla dottrina; la dignità al grado che occupa nella società, se laico o sacerdote, se giudice o privato; la condizione infine allo stato naturale in cui può trovarsi la persona, se ricca o povera, se nobile o plebeja. Ciò posto, la imputazione volendo presente tutte siffatte circostanze, allorquando all' istessa azione concorrono più persone, s' ella è buona, la imputazio-

ne sarà minore per colui che operò perchè stretto in parentela, governato dalla prudenza, dal dovere, dall'età, infine dalla dignità: maggiore sarà per colui che non era stretto da queste circostanze. Al contrario se l'azione è cattiva, sarà maggiore la imputazione per chi à fatto male al parente, aveva più prudenza, era nel dovere di far bene, aveva più età, infine era costituito in dignità: sarà poi la stessa azione meno imputata a colui, che non era retto da tali circostanze.

La ragionevolezza dell'esposte differenze si fonda primo su che la imputazione dipende dalla cognizione dell'intelletto, e dalla efficacia della volontà (204); onde sarà maggiore o minore attesa la maggiore o minore cognizione dell'intelletto ed efficacia della volontà: secondo su che il dovere per chi v'è soggetto dice giustizia, e per chi non v'è soggetto dice piacere; e la giustizia è ben differente dalla carità, e dall'amicizia, come sarà osservato in appresso: terzo su che ognuno che à maggiori requisiti è più tenuto dell'altro che ne manca in faccia alla legge, essendo più la strettezza de' legami che lo vincolano coll'ordine morale.

229. Epperò essendo interessante una tal teoria in fatto d'imputazione, ci piace per minuto ragionarla nelle singole circostanze addotte (228). E primieramente avrete che qualcuno à fatto bene al suo consanguineo, l'altro l'istesso bene à fatto all'estraneo: volendo bilanciare la imputazione, per esser equi, avrete a dire il bene del primo essere di minor peso del bene del secondo; giacchè il primo operò perchè era tenuto per giustizia ad operare, ed il secondo operò perchè spinto dalla carità, la quale in ragion di merito richiede maggiore imputazione. Infatti Seneca [1] distingue il bene che si fa al proprio sangue dal bene che si fa all'estraneo, ed il primo lo chiama dovere, il secondo beneficio. E trattandosi di male il primo mancherebbe al proprio dovere, e quindi maggiore la imputazione; il secondo alla carità, e quindi minore la imputazione. Un figlio maltratta il padre, e l'istesso figlio maltratta pure il servo: per esser giusti direte, che l'ingiuria fatta al padre è più

1. Dé benef. 3. 16.

grave della ingiuria fatta al servo; giacchè il figlio doveva al padre la pietà, la quale per certo non la doveva al servo. E se si fosse trattato di regalare al padre ed al servo, è più imputato il regalo fatto al servo che al padre; giacchè verso il padre il figlio era tenuto, qualora non lo era verso il servo. Laonde il Salvatore divino ammirò più lo zelo del Centurione verso il suo servo, che quello della Cananea verso la figlia.

230. E per riunire tutte insieme le rimanenti circostanze che possono concorrere nella persona, è più imputato il male all'uomo prudente che all'imprudente, più al dotto che allo stupido, più al vecchio che al giovane od al fanciullo, più al nobile che al plebejo, infine più al grande per la dignità che al privo di dignità. Imperciocchè (228) il ligame che li stringe al bene morale è maggiore in essi che negli altri, avendo più cognizione, maggiori doveri, più estesi rapporti. Perlocchè diceva S. Geronimo: « *È grande la dignità de'sacerdoti, ma è più grande la loro ruina se peccano* 1 ». E Salviano: « *Quanto è più decoroso lo stato, tanto è più criminosa la colpa. Quanto è più onorevole la persona del delinquente, tanto è maggiore la reità del delitto. Il furto certamente in ogni uomo è un delitto vergognoso; ma egli è percerto più condannabile in un Senatore, che in una persona di bassa condizione* 2 ». E poco dopo soggiunge così: « *È più grave il peccato, che si commette da chi professa la santa religione. Quanto è più grande la prerogativa, tanto è più grave la colpa* 3 ». Una verità l'era questa nota agli stessi gentili, come ce ne convince Giovenale allorchè dice: « *Ogni vizio dell'animo tanta maggior reità in*

---

1 *Grandis dignitas sacerdotum: sed major ruina, si peccant.* In Ezech. 2.

2 *Criminosior culpa est, ubi honestior status. Si honoratior est persona peccantis, peccati quoque major invidia. Furtum in omni quidem est homine malum facinus, sed damnabilius absque dubio senator furatur, quam infima persona.* Lib. 4. de gubern: Dei p. 118.

3 *Atrocius sub sancti nominis professione peccamus. Ubi sublimior est praerogativa, major est culpa.*

*sè racchiude ; quanta maggiore dignità v' è in chi lo commet-
te ; »*

> *Omne animi vitium tanto conspectius in se
> Crimen habet, quanto, qui peccat, major habetur* 1.

Al contrario è meno imputato il bene a'primi, che a'secondi; giacchè vuolsi maggiore imputazione ove maggiore è la efficacia della volontà, la quale si trova più ne' secondi, che nei
primi (228). Che un ricco dia un' obolo ad un povero, che
gran fatto à egli operato, quali stenti à dovuto provare ? Ma
che ciò faccia un' altro povero, à dovuto risicarlo dal poco che
aveva, se n' è dovuto egli stesso privare, si à fatta una gran
violenza. È certo dunque che la efficacia della volontà è più
ne' secondi, che ne'primi. Or la efficacia della volontà è quella
che dà più o meno peso alla imputazione a bene. Un' azione
buona adunque sarà più imputata a'secondi che a'primi. Ciocchè ragionevolmente debbesi pure ripetere nella imputazione
a male.

Ecco quanto poteva dirsi in ordine alla prima circostanza
di un fatto, ch' era la persona (204) : or come ogni fatto oltre tale circostanza ne abbraccia altre molte (193) ; così è
mestieri esaminare le rimanenti circostanze nella ventura lezione.

1 Sat. 8. v. 140.

LEZIONE XXIII.

SI COMPLETANO I CASI DELLA IMPUTAZIONE.

§. 234. *Passaggio — ch' è la occasione, e sue varie specie — imputazione nella occasione. — quando ricercarsi, quando fuggirsi — difficoltà, e sua risposta — quando tralasciare la occasione di bene è imputato a colpa — due casi d' imputazione nella omissione delle azioni — più chiaramente si sviluppa il primo — ed il secondo — si dice del timore, e sue specie — se le azioni fatte per timore sono imputate — se nel timore, che previene l' uso della ragione — se le sensazioni, immaginazioni e moti di concupiscenza, debbonsi imputare.*

234. Ogni imputazione per essere veràmente tale, e produrre la giustizia nel sentenziare non ragiona di leggieri sul fatto, ma, direi, vuole sviscerato il fatto stesso, che vale quanto dire vuol conoscenza non solo del fatto, ma ancora di tutte le circostanze che accompagnano il medesimo fatto (191). Laonde per avere giusta idea della imputazione è forza esaminare minutamente tutte le circostanze che influiscono in un fatto, come la persona, l' oggetto, il luogo, il tempo, le forze sufficienti, di cui tutte sopra menzionammo (193). Finora fu sviluppata la principale circostanza che rinviensi nell' azione, cioè la persona: ora è tempo sviluppare le rimanenti circostanze che ànno luogo nell' azione medesima (§. CXIV.); l' oggetto cioè, il luogo, il tempo, e le forze sufficienti, di cui il concorso costituisce quella che dicesi Occasione. Perciocchè di questa parlando si saranno soddisfatte tutte le circostanze che in ultimo accompagnano un'azione. Quindi sulle prime spontaneamente possiamo dimandare: Sono imputate le azioni, le quali provvengono dalla occasione? A soddisfare una

tale inchiesta è dicevol cosa premettere alcune necessarie nozioni riguardanti la occasione.

252. Si dice Occasione tutto ciò, che ci alletta all'azione; perlocchè se il luogo sarà propizio a farci produrre l'azione, il luogo sarà una occasione a farci operare: potrà essere l'oggetto il quale di sua natura ci commuove a farci operare, oppure per l'agente si rende di tale piacere, che lo fa operare, l'oggetto sarà per l'azione una occasione: lo stesso dicasi del tempo, e delle forze sufficienti; come se il favor della notte, oppure la luce del giorno, gli stromenti adatti, la buona salute, e così mano mano discorrete del resto. In somma ogni cosa che ci dà motivo ad operare, mostrandoci grata la stessa operazione, e che questo adescamento la cosa stessa lo contiene, oppure è tale per la favorevole disposizione di colui che opera, vuolsi dire occasione.

Epperò ella può spingerci in doppia sorta a farci operare, remotamente cioè, e prossimamente, per cui piglia le denominazioni di Remota e Prossima. Nel primo caso ella è tale, che da essa non si spera facilmente l'azione: nel secondo caso è tale, che da essa con tutto fondamento si spera l'azione. Leggo un buon libro, da tale lettura se ne sperano buoni pensieri in me, per cui tale lettura è una occasione prossima ad avere buoni pensieri. Ma veggo un libro posto sor l'altrui tavoliere, se ne potrà mai sperare ch'esso m'ingenererà buoni pensieri? Certo che no: dunque un tal libro è per me una occasione remota a ben pensare.

Ma ella la occasione prossima può essere Volontaria e Necessaria in quanto ch'è l'agente che la ricerca, oppure non può fuggirla. Debbo fare una composizione, e poichè manco di libri all'oggetto corro ad una qualche pubblica biblioteca, dove ricercando i libri necessari pel mio fine mi riesce compilare la scritta; dunque la biblioteca è una occasione prossima volontaria della mia composizione. Tutt'altro dicasi della necessaria; giacchè se mi trovo a viaggiare con altri, i quali continuamente discorrono di affari di negozio, mi riesce impossibile di non sentire i loro discorsi. Il fin qui segnato si applica come al bene, così pure al male; tanto alla produzione, quanto allo intralasciamento dell'azione; giacchè nel primo caso ambidue sono azioni, nel secondo à luogo l'istesso genere, giusta S. Tommaso 1.

233· Tali cose premesse siamo nel caso di rispondere al proposto quesito (231). Ed infatti tutte le azioni provvenienti dalla occasione sono sempre imputate. Se voi togliete di mezzo la occasione, non vi esisteranno più azioni: ma le azioni son soggette alla imputazione; dunque la occasione è un motivo d'imputazione. Sviluppiamo il presente argomento per dare poi più precisione alla data risposta.

Senza la occasione più non si opererebbe, ne dubitate forse? Ebbene, ogni azione per aversi abbisogna dell'intelletto e della volontà (204): or l'intelletto propone motivi (60), la volontà si determina ad agire dietro i motivi dell'intelletto (17); dunque ogni azione è prodotta pe' motivi. Che cosa sono questi motivi se non la occasione sia buona sia cattiva? Togliete dunque la occasione, e sarà distrutta ogni azione. Allorquando l'azione è fatta pel libero consenso della volontà cade sotto la imputazione; la quale à per ufficio sentenziare delle azioni all'ombra della legge (181); e per certo la legge deve governare le sole libere azioni (7). Ogni azione adunque liberamente fatta, poichè sempre provviene dalla occasione, è dessa soggetta alla imputazione per maniera, che se l'azione fatta è buona la imputazione sarà a bene; se cattiva la imputazione sarà a male. Ond'è che l'Apostolo diceva: « *Imperciocchè è necessario per tutti noi di comparire davanti al tribunale di Cristo, affinchè ciascuno ne riporti quel ch'è dovuto al corpo, secondo che à fatto o il bene, o il male 2* ».

234. Scendendo ora al particolare della occasione siccome essa può riguardare il bene od il male: così riguardando il bene ella deve sempre ricercarsi; giacchè come diremo in appresso l'uomo deve in ogni occasione ricercare la perfezione di

1 1 2. q 97. art. 6.

2 *Omnes enim nos manifestari oportet ante tribunal Christi, ut referat unusquisque propria corporis, prout gessit, sive bonum, sive malum.* 2. Cor. 5. 10.

sè stesso, onde pervenire al fine del Creatore ch'è la felicità.
Perlocchè pecca quante volte per sua trascuraggine si fa sfuggire la occasione di operare il bene. Potrai, a mò di esempio, escreitarti nelle opere vantaggiose al tuo simile, non ne senti discapito, la occasione ti è posta davanti, se la trascuri peccherai contra la legge di natura, la quale ti affida il vantaggio del prossimo. Se poi la occasione riguarda il male più cose deggionsi osservare attese le esposte distinzioni (232). Ed infatti allorquando la occasione è remota non siamo tenuti a scansarla; giacchè ci riesce impossibile, e niuno è tenuto a fare quello che non può fare in niuna guisa. Ogni cosa che ci circonda potrebbeci essere di occasione di peccare, e se ogni cosa volessimo fuggire, non dovremmo più essere abitatori di questo mondo: ciocchè è contro la volontà del Creatore. Che se poi la occasione è prossima al male, o che sia volontaria, o che sia necessaria, a tutt' uomo si deve fuggire; dappoichè è fine del Creatore che l'uomo conseguisse la propria felicità, ch'è 'l fine universale dell'ordine morale (157), e la felicità non può conseguirsi se non mediante quelle azioni, le quali sono secondo la mente santissima del Creatore medesimo (ibid); cioè mediante la prattica del bene e la fuga del male, a cui spingendola perversa occasione, come il male così pure la occasione al male deve fuggirsi. Per la qual cosa la occasione prossima di peccare c'è sempre imputata come male: onde nell'Ecclesiastico ci si dice: « Chi ama il pericolo, vi perirà 1 ». Pigliasti colle buone que' vizi cui tu dovevi giurare eterna una guerra? e presto o tardi sarai schiavo degli stessi, e col solo esporti a questa schiavitù ti sei reso reo delle minacce del Legislatore della natura; la imputazione a male ti piombò sul capo.

235. Epperò potrebbe dir taluno: Nella necessità ognuno vuol' esser trattato con benignità; giacchè non la spontanea tendenza, sibbene l'impero della circostanza lo mena a produrre l'azione. Pare quindi che la necessaria occasione vuol tene-

---

1 *Qui amat periculum, peribit in illo.* cap. 3. 27,

re la persona al coverto della imputazione. Se tanto soffrisse
l'ordine morale anche noi vorremmo usare della benignità ; ma
l'ordine morale non soffre la menoma lesione in ordine al suo
bene. Egli o è tutt'ordine, o per niente ordine ; ma giammai
un'ordine imperfetto, il quale poi argomenterebbe imperfezione nello stesso Creatore. Allorchè trattasi d'intrinsèca azione mala , questa porta sempre un disturbo nell'ordine , morale , e
quindi una imputazione; perciocchè qualunque fosse la necessità non ci sarà lecito di sturbare l'inviolabile ordine morale.
Ma noi soggiungevamo che non solo il disturbo dell'ordine morale, ma ancora il pericolo di questo disturbo non esclude la
imputazione per qualunque necessità esistesse ; giacchè chi si
espone al pericolo è risoluto almeno nella causa che pone di
volere il disturbo medesimo, per cui non si dice soltanto che
chi è nella cattiva azione pecca , ma anche chi si espone a
commettere una tale azione, « *Chi ama il pericolo* ₁ »; cioè
la occasione, la quale è ben distinta dall'azione che ne conseguita, come il cielo và distinto dalla terra. Infine rammentiamo che qualunque fosse la necessità potrà questa dovunque e-
stendere le sue forze; ma giammai sulla volontà , la quale è
libera dalla necessità di natura, come si dimostrò in metafisica; ed è anche libera dalla necessità esterna, come per lo addietro (74) , chiaramente esponemmo. È da fuggirsi adunque
senza indugio la occasione di peccato ancorchè fosse necessaria; perlocchè ridicolu a sufficienza e degna piuttosto di compassione riusciva la scusa che Cherea adduceva presso Terenzio , allorquando era caduto nel delitto per la pressante occasione , che si era presentata : « *E dovrei io forse lasciarmi*
scappare una tanto bella occasione presentatamisi , così breve ,
tanto desiderata ₂ ?

236. Ritornando alla occasione di fare il bene (234) , il trascuramento della stessa è imputato allorchè l'azione si tralascia per propria colpa ; non già perchè manchi il destro di

1 *Qui amat periculum.*

2 *An ergo occasionem mihi ostentatam , tantam , tam brevem , tam*
ptatam , tam insperatam , amitterem ? Eunuch. 3. 5 v. 56.

poter fare il bene. Conciosiachè la volontà umana è principio come dell'azione, così pure della omissione; giacchè per tralasciarsi di fare qualche cosa bisogna che la volontà lo suggerisca a tal modo, che la persona si trattenga di fare quello che dovrebbe operare. Ed essendo certo che cade sotto la imputazione tutto ciò, che liberamente provviene dalla volontà (·204·); è chiaro, che datasi la occasione, e trascuratasi liberamente l'azione, à luogo la imputazione (254). Ma non così quando il bene non si fa perchè manca la occasione di produrlo; giacchè in tal caso non è la volontà che impedisce l'opera buona, ma è la mancanza del mezzo, per cui non posso conseguire il fine. Avrò i talenti i più squisiti della natura, molti ànno bisogno di sana istruzione; ma come farmi se gl'inimici mi tengono sotto ceppi senza mia colpa? Mancami dunque la occasione; cioè il tempo, il luogo, l'oggetto, ed altro, per smerciare le mie cognizioni; e perciò il tralasciare che fo della istruzione non m'è mica imputato. Per la qual cosa il Salvatore divino 1 condannò il servo negligente perchè avendo la occasione di trafficare il suo talento, si contentò piuttosto di starsene colle mani alla cintola.

Donde ne risulta, che sono sempre marcati di colpa dalla legge di natura tutti quelli, che potendo fare il bene per sè stessi, oppure per gli altri, vivono spensierati del loro fine; in conseguenza capricciosamente piuttosto amano la infelicità che la felicità. Ma son premiati anzi dalla legge di natura tutti quelli, che volendo fare il bene non lo possono appunto per la mancanza della occasione; giacchè il Legislatore della natura in tal caso se non altro mira il loro retto fine, che certamente è degno di lode.

237. E poichè siamo introdotti a parlare della omissione delle azioni, la quale per l'ordinario avviene sempre contra la legge, la quale comanda l'azione; perciò non sarà fuori proposito a motivo d'imputazione notare due casi circa la cennata omissione. Ed invero (§. CXV.) possiamo noi tralasciare le azioni, o perchè avendo sufficiente forza a produr-

1 Matt. 25. 14. seq.

le, pure una legge negativa ci fa ostacolo alla produzione : o
perchè avendo soverchia debolezza non possiamo per la mancanza delle forze produrre l'azione, che una legge precettiva
c'impone. Or tanto nel primo quanto nel secondo caso non ci
si potrà giammai imputare l'intralasciamento dell'azione. Imperciocchè ove la occasione esiste, e l'azione s'intralascia,
tal mancamento è imputato quante volte c'è nostra colpa (236).
Nelle ammesse ipotesi qual mancamento può accagionarsi alla
persona che non agisce, s'ella non agisce o perchè la legge cel
vieta, o perchè è impossibilitata a produrre l'azione? Niuna
imputazione adunque vi esisterà. Perlocchè non mi si potrà imputare se non è provato al duello il mio nemico per vendicarmi
delle offese; giacchè ostava la legge: non mi si potrà imputare di
non aver fatto de'grandi edifici di pietà; giacchè mi mancavano
le forze. La imputazione si fonda sulla volontà, la quale mancando, cessa ogni imputazione. Ma più da vicino riguardiamo
i due proposti casi, e per quello riguarda il primo.

238. L'ostacolo all'azione può provvenire dalla natura, dalla legge, o da' buoni costumi per maniera, che ove uno di questi tre impedimenti si verifichi non è incolpata di negligenza
la persona. Provviene dalla natura, quando l'uomo si trova
ristretto tra i limiti della sua essenza, la quale per Volontà
del Creatore fino ad un certo punto può estendersi, più oltre
l'è negato. Far miracoli per propria forza è negazione di
natura; dunque se l'uomo non fa miracoli gli sarà imputata
una tale omissione? Certamente no, giacchè non era in potestà dell'uomo far prodigi, l'impedimento per necessità venne
dalla natura.

Provviene dalla legge, quando questa limita l'uomo a produrre
certe azioni, altre cen vieta. La volontà del legislatore deve
sempre raggirarsi intorno al bene comune delle umane società; e poichè un tal bene comune richiede che certe azioni non
si facessero dagli esseri socievoli, questi son tenuti ad ubbidire a' cenni del legislatore; perchè ciò facendo vantaggiano sè
medesimi. Così se un pupillo a piacere potesse contrattar
debiti senza un manifesto suo vantaggio, niente più certo che
i suoi beni sarebbero dilapidati, e le società avrebbero un muc-

chio di pezzenti , una masnada in conseguenza di fuorusciti , una sentina infine di vizi. Per ovviare a questi mali la legge à proibito di far mutui a' pupilli. Chi dunque non presti ai pupilli un tal' atto gratuito sarà molestato dalla imputazione nella sua omissione? Mai no; la legge è l' egida della giustizia.

Provviene finalmente da' buoni costumi; giacchè è impegno della umanità tutta che il decoro regnasse nelle famiglie, la pace generalmente fosse di scudo ad ognuno, e tai cose non potendosi avere se non mediante il buon costume, ecco perchè la natura stessa spinge ognuno ad avere rossore nel suo volto, fuggire pericolose occasioni, e per dirla in brieve la famiglia del buon costume, ch' è la famiglia della natura, vuole certe azioni in niuna guisa si producéssero. E tale omissione perchè virtuosa non potrà essere imputata a male.

239. Per quello riguarda il secondo, standovi una legge fisica che impedisce la persona a produrre certe date azioni, cui la forza non gli è bastante, nella omissione non à luogo la imputazione. Epperò in tal caso due cose si vogliono avvertire: 1. che la mancanza della forza non dev'essere per colpa della persona che non può agire; 2. che la persona la quale sapeva non poter agire non abbia avvedutamente per inganno promesso la sua impossibile azione. Infatti la imputazione a male à luogo dove v' è colpa, la quale può stare soltanto dove v' è 'l concorso della volontà : or nella prima eccezione abbiamo, che la persona colposamente non agisce; giacchè volontariamente s' è privato di forza, la quale era bastante a fare quell' azione che non fa; dunque v' è la imputazione in tale omissione. Così è degno di tutto il castigo quel debitore il quale a fine di non soddisfare il suo creditore à scialacquato tutt' i suoi beni, per cui s' è costituito nella impotenza di più pagare il suo debito.

Inoltre per l' istesso principio, che la imputazione a male à luogo dove v' è la colpa, si scorge la ragionevolezza della seconda eccezione. Imperciocchè chi agisce per altri ingannare, fa quello che la legge gli proibisce; e nel voluto inganno non riuscendo quello che si prometteva, sapendosi che non poteva

riuscire, non è un disprezzare la legge medesima? In' allora
non è la mancanza della forza che ci rende colpevoli; ma è
la corruzione della volontà che si attira sopra la imputazione.
Così meritamente sarebbe condannato dal Principe colui, che
fingendosi Alchimista andrebbe spacciando mille fole per farla da scroccatore, ed un tale esempio lo troviamo presso Tacito [1] in persona di Cesellio Basso.

240. Fin qui della occasione. È tempo ora di segnare poche cose in ordine al timore, il quale spontaneamente ci offre
la ricerca, se mai le azioni fatte per timore sono soggette alla
imputazione. Alla risposta premettiamo. Il timore va definito
un tremore della mente concepito per un pericolo imminente,
o futuro. Veggo vacillarmi la terra sotto i piedi stando in
casa, dico questo è tremuoto — misero me! — dove andrò a
salvarmi dalle ire della natura? Ecco uno sbalordimento della
mente, nato in me alla vista del tremuoto, ch'è un male imminente.

Egli intanto il timore vuol' essere Intrinseco ed Estrinseco;
il primo à luogo quando la ragione individuale è quella che
suggerisce il timore: così giudico dovermi astenere da qualche cibo, da cui temo provvenirmi qualche danno. Il secondo
à luogo quando una causa esterna è quella che incute timore:
così il timor della morte minacciata dal giudice al reo. Or
questo timore estrinseco può essere Giusto ed Ingiusto: dicesi
giusto ove la incussione provviene da colui, che aveva il potere
d'incuterlo; come il giudice nell' esposto esempio: dicesi ingiusto, ove la incussione provviene da colui, che non aveva
il potere d'incuterlo; come il ladro ingiustamente minaccia
la morte al passaggiero per ricattarlo.

Finalmente in generale il timore può essere Grave, Leggiero, e Panico. Il timore grave si à quando il pericolo è imminente, od il male che si teme è grave; come la morte: ed in
tal caso per tutti è tale, onde si dice che cade pure nell'uomo di coraggio. Il timore leggiero si à quando il pericolo, e
il male che si teme è leggiero; tal sarebbe la perdita di po-

---

che manete in una persona facoltosa. Finalmente il timore panico si à quando il pericolo è insussistente, od il male che si
teme è di picciol conto; tal sarebbe il timore di spiacere quel
superiore, che tiene ottimo regime di noi. Date tutte queste
nozioni in ordine al timore volentieri possiamo rispondere alla
proposta inchiesta. Ed infatti :

241. In generale parlando il timore per quanto grave si
fosse giammai distrugge il volontario atto della mente. Ecco
come ci suffraga S. Tommaso : « *Il peccato di lui relativamente vien diminuito; perchè à meno di volontario a riguardo
del timore, con cui si agisce ; dappoichè s'impone all'uomo
una certa necessità di fare qualche cosa a cagione del timore
imminente* 1 ». Se dunque il timore diminuisce, ma non toglie, l'atto libero della mente, l'azione fatta sotto il timore
a ragione è imputata all'agente. Quindi riesce manifesto l'errore di Puffendorf 2, il quale insegna che l'azione fatta per timore non devesi imputare. Epperò dovrà serbare questa gradazione di equità ; cioè quanto maggiore è 'l timore, tanto
minore è la imputazione; giacchè questa segue la natura del-
l'atto volontario, il quale va scemando a misura cresce la
paura. Per la qual cosa maggiormente sono imputate tutte
quelle azioni, le quali son fatte per timore leggiero; e maggiore imputazione a preferenza di ogni altra meritano quelle
azioni, le quali son fatte per timore panico. Il timore della
morte, dell'esilio, od altro di simil genere, è maggiore della
perdita di un fondo, di una mano, od altro di simil genere;
e questo è maggiore del timore di dar disgusto al padre : or
mettete la ragione inversa per la imputazione, e questa troverete giusta come quella è giusta.

242. Ma può stare, che il timore è così forte che previene
ogni uso di ragione, impedisce quindi ogni libero atto della
volontà : or come la imputazione vuol per fondamento la libertà (239); così l'esercizio di questa mancando, manca pure

1 *Diminuitur secundum aliquid ejus peccatum, quia minus volunta-
rium est, quod ex timore agitur; imponitur enim homini quaedam necessitas aliquid faciendi, propter timorem imminentem.*

2 Iur. Nat. et Gent. lib. 1. cap. 8.

la imputazione. Perciocchè le azioni tutte fatte in tale stato non soffrono imputazione alcuna nè al bene, nè al male, qualora si debbono dire operazioni piuttosto di puro meccanismo.

Lo stesso però non può dirsi quando vi entra la volontà (241); perlocchè colui che spinto dal timore agisce contro la Religione, lo Stato, la giustizia, questi non potrà giammai sfuggire i rigori della imputazione; giacchè il male intrinseco è tale che niun colore vale a dargli dipintura di onestà. L'è dunque un precetto della natura soffrire ogni qualvogliasi male anziché produrre tal sorta di mali. Tutt'altro che potrebbesi dire in ordine al timore volentieri lo lasceremo a'Teologi morali. Intanto per metterci fine su i casi della imputazione soggiungiamo soltanto qualche cenno sulle sensazioni, immaginazioni, e moti di concupiscenza.

243. Le sensazioni e le immaginazioni per sè stesse non sono imputate quante volte non sono in nostro potere; perchè allora sono effetti necessari della natura: ma quando da noi sono procurate ànno tutta la imputazione; dappoichè allora sono effetti liberi della volontà. Così nella stagione estiva non posso impedire in me la sensazione di caldo; ma posso però impedire la triste sensazione che ricevo nel teatro fuggendo lo stesso: quindi nel primo caso non v'è imputazione, nel secondo v'è tutta la imputazione. Dicasi lo stesso per la immaginazione; giacchè avendo avuto un tempo una qualche sensazione a me non imputata, questa riproducendosi per la fantasia senza mia volontà, per certo non mi si potrà imputare. Ma nel sonno mi si riproducono per la immaginativa tutte le cose sentite, o viste nel teatro, e che io cercai amicarmele nel male, ogni cosa riprodotta nella immaginazione viene a me giustamente imputata. Dal che si scorge, che le sensazioni e le immaginazioni sono sempre a noi imputate quante volte avevamo il dovere d'impedirle, e non le abbiamo impedite. Ma veniamo da ultimo a'moti della concupiscenza.

Tali moti non sono che sensazioni violenti e nocive, le quali son figlie di una natura corrotta, che tende a disturbare l'ordine morale, ed impedire la consecuzione del fine del Creatore per rapporto alla felicità, cui l'uomo aspira. Essi alle volte prevengono ogni uso di ragione , ed alle volte son figli della volontà , per cui a ponderare senza errore la loro imputazione , bisogna aver presenti le seguenti regole :

1. Quando sono atti indeliberati, i quali prevengono ogni uso di ragione e di libertà, e che si dicono Atti-primi, allora tutte le azioni che indi ne seguono non sono imputate ; perchè sono azioni involontarie.

2. Quando diminuiscono l' uso della ragione e della libertà, e che si dicono Atti Secondo-primi, oppure Deliberati, allora tutte le azioni che indi ne seguono sono imputate con questa differenza; cioè gli atti Secondo-primi ànno una notabile diminuzione d'imputazione; gli atti poi Deliberati avranno maggiore imputazione atteso il maggiore impeto , con cui si fa il male, e quindi atteso la maggiore deformità dell'azione.

LEZIONE XXIV.

DIFFERENZE DELLE AZIONI ALL' OMBRA DELLA LEGGE.

§. 244. *Oggetto della legge nel dirigere le umane azioni —*
l'azione paragonata colla retta ragione è buona, o cattiva—
completa definizione dell' una, e dell' altra — si considera
la materia e la forma dell' azione si intrinseca, che estrin-
seca buona o cattiva — l' azione paragonata colla legge è
giusta, od ingiusta — la virtù è l'effetto della giustizia —
il peccato è l' effetto della ingiustizia — esso produce un di-
sturbo in tutto l'ordine morale — impossibilità dell' uomo di
reintegrare l'ordine morale — pena che conseguita da un tal
disturbo, la quale è eterna—il Legislatore della natura può
tutto riordinare, e la pena cancellare — vuole dall' uomo
l' amore nella giustizia delle azioni — qual' è l'azione onesta,
e disonesta — la giustizia espletrice differisce dall' attributri-
ce — Epilogo generale.

244. Non v'à dubbio, che la legge pone un gran freno alla
troppo volubile natura dell' uomo, ed infrenando le umane a-
zioni (17. e seg.) gli dona quella onestà che ben si addice al
suo gran fine, ch'è la felicità (156), da cui deviando mi-
sera mena la sua vita come abbastanza ci mostra la esperienza:
ed il disturbo che produce dell' ordine morale lo mena ad essere per sempre infelice, come da quì a poco dimostreremo.
La bontà, o reità delle proprie azioni incontra tosto un giudizio, che inappellabilmente lo dichiara degno di premio, oppur di pena (191); per cui avrà luogo il piacere od il pentimento. Queste idee fatte presenti alla mente dell' uomo dabbene lo tengono fermo e tenace nel disimpegno de' suoi doveri;
e desse stesse fan pure impallidire l'uomo malvaggio, il quale
se vi prestasse scria riflessione, non così di leggieri scote-
rebbe il giogo e della natura, e della legge. Intanto la na-

tura vuole l'uomo onesto, la legge lo vuol perfetto, e l'una
e l'altra si danno mano per rendere l'uomo felice ; il quale
se alla felicità non tende, è la malvagità del cuore che lo
precipita nel baratro delle disavventure, e non già la Volontà
del Creatore.

Tali cose per le lunghe dimostrate per l'addietro ci menano
insensibilmente a farci riflettere nel tempio della natura qual
forza ànno le umane azioni livellate alla legge per maniera,
che veniamo a conoscere dalle varie denominazioni delle azioni quali effetti sanno e possono produrre nell'universale ordine morale. Ecco il perchè in ultimo luogo, dopo trattato della imputazione, ci occupiamo di questa utilissima cognizione,
già altrove di passaggio pennellata. E per metterci alle mosse
principiamo dalla natura, per poi discendere alla legge.

245. Ogni azione infatti può paragonarsi o con la retta ragione, o con la legge di qualunque sorta si fosse. Or paragonata
con la retta ragione (§. CXVI.) ella piglierà il nome di Buona,
o di Cattiva (14 e segg.), atteso che sarà secondo, o contra
la stessa retta ragione. Infatti Dio a tal fine la ragione concesse all'uomo, onde tra le verità avesse conosciuto l'essenziale
ligame, che le forma ordinate. Quindi conosce la convenienza,
che le verità ànno tra loro, e la ripugnanza pure, che possa
fare opposizione alle stesse verità; ripugnanza che non può e-
sistere tra le verità medesime, altrimente la verità non sarebbe
tale: ma ripugnanza che parte altrove, e non forma serie nel-
l'ordine delle verità. Dippiù concesse Dio all'uomo la ragione,
onde vedesse qual cosa gli giovasse, qual cosa gli nuocesse, a
tal che l'uomo pel solo dono della ragione è intimamente e
naturalmente obbligato a tutto ciò, che reca perfezione alla sua
natura ; e per l'istessa obbligazione, è tenuto a fuggire tutto
ciò, che deteriora la sua natura medesima. In una parola la
natura dell'uomo è tale, che obbliga l'uomo stesso a far bene, a deviare dal male : ed in contrario la ragione umana sarebbe una chimera, la natura umana sarebbe una troppo barbara matrigna ; cose cui non si sa, non si vuole, nè si può
consentire dall'uomo stesso, come insegna la metafisica. Per
tal riguardo l'uomo naturalmente rifugge i patimenti e la mor-

te stessa, ove li scorge nocivi alla integrità del suo essere, per
cui riceve dalla natura i più cocenti desideri diretti alla ' propria conservazione. '

246. Se dunque l' umana ragione obbliga l' uomo a fare quello, che consente nel vero, e gli serba la conservazione del proprio essere, abborrendo tutto quello, ch' è falso; sorgerà adesso più limpida la cognizione dell'azione sì Buona che Cattiva.
Imperciocchè l' azione Buona è quella, ch' è secondo natura;
cioè uniforme alla obbligazione interna, e quindi alla retta ragione: l' azione poi Cattiva è quella, ch' è contra natura; cioè
difforme alla obbligazione interna, e quindi contraria alla retta
ragione. Dove scorgesi, che l' uomo nello stato puramente naturale (il quale è soltanto ideale) a fare il bene ed a fuggire
il male, non à coazione di sorta alcuna (18); ma il solo lume
della ragione, gli onesti sentimenti della natura son quelli, che
gl'irraggiano il vero, e ne pretendono la consecuzione, salva la
libertà.

Epperò dall'azione buona provvenendone perfezionamento al-
l' uomo, perchè si conserva nel suo essere; e dall' azione cattiva provvenendone imperfezionamento all' uomo stesso, perchè
si deteriora nel suo essere (16); ella l' azione Buona è perfettiva dell'uomo, e la cattiva è imperfettiva dell' uomo stesso;
e con altro linguaggio si dicono la prima intrinsecamente buona, la seconda intrinsecamente cattiva (79, e segg:). Or come
in fatto morale non si ammette indifferenza di azioni relativamente al soggetto (15); così è chiaro che in natura tutte le
azioni sono intrinseche buone, od intrinseche male.

247. Ma allorquando l' azione è intrinseca Buona, è tale
materialmente e formalmente, come dicono i Moralisti; cioè è
buona materialmente in quanto la sostanza dell' azione è buona: come sarebbe il fare l'elemosina, è un' atto materialmente
buono in sè stesso riguardato. È buona poi formalmente in quanto il fine dell' azione è buono : come sarebbe fare l' elemosina
per acquistare la vita eterna, è un fine buono, per cui l'azione
acquista la bontà formale. La materia e la forma concorrono
nell'azione quando è buona per modo, che l'una dall'altra non
può scompagnarsi; perchè, come dicemmo (83), il bene prov-

viene da una causa perfetta per ogni verso. Non così poi va
la faccenda per l'azione intrinseca mala, la quale per esser
tale basta che le manchi o la materia, o la forma (83); giacchè è sufficiente entrare un difetto nell'azione per renderla
zoppicante, e quindi cattiva. Per la qual cosa i digiuni, le
limosine, le macerazioni; in somma le penitenze che ostenta-
vano i Farisei erano materialmente buone; ma perchè erano
fatte da essi col fine di piacere agli uomini, per carpirne le
loro lodi, e non già col fine di piacere a Dio; perciò formalmente cattive si appalesavano, e quindi anzichè riceverne un
premio, ne accattavano una pena. Diceva bene adunque File-
mone presso Stobèo, quando definiva il giusto così:

> Non è var: non è dabbene
> Chi ostentar vuol la bontà:
> Ma è colui, ch'essendo buono
> Sua bontate occulterà [1].

Tant'era per parte della natura; vediamo per parte della
legge, la quale segue la natura, e di cui quì è nostro principale scopo.

248. Già dicemmo (78) per la legge le azioni pigliare le
denominazioni di giuste, oppure ingiuste: e le prime esser
virtù, le seconde peccati (§. CXVII.). Alla esposta teoria
adunque quì poche cose soggiungiamo, e dapprima come la
legge morale si fonda sulla natura; perchè l'Autore della natura è l'Autore stesso della legge morale: così questa dirà
giusta l'azione buona fatta uniformemente a'dettami della legge; e dirà ingiusta l'azione cattiva fatta difformemente a'dettami della legge medesima. Quindi come l'azione giusta nasce
dalla osservanza della legge, la quale modera l'ordine morale,
e dà la virtù; così la virtù conserva l'ordine morale. Al contrario come l'azione ingiusta nasce almeno dal disprezzo ma-

---

[1] *Non, quisquis illa quolibet praestat modo,
Sed qui, dolosi nescius fuci, integra
Probitate justus esse, non credi, studet.*
Serm. 9.

teriale della legge, per cui si à il peccato: così questo produce il disturbo dell'ordine morale. Ecco i due notabilissimi effetti che si producono all'ombra della legge mercè la diversità delle azioni umane ; effetti che voglionsi seriamente considerare , onde chiudere la bocca a molti saccenti, i quali ardiscono mettere bocca fino al cielo, e voglionsi ridere della santità delle leggi morali.

249. E principiando dal primo effetto ch'è la virtù la quale conserva l'ordine morale , francamente diremo, che importa all'uomo osservare la legge morale se pure gli preme la sua felicità. Conciosiachè l'ordine morale , e quindi la legge morale, è un mezzo per giungere al fine ; e la legge morale regola il bene di ordine universale a talchè come la calamita si slancia sempre verso il polo ; così ella à di mira sempre la conservazione dell'ordine. Or come il bene di ordine si mantiene coll'istesso bene, il quale in fatto di azione è virtù: così la conservazione dell'ordine morale avendosi per la osservanza della legge morale , si avrà mediante la virtù. Come il guerriero non si cinge le tempia di alloro se non dopo date le più vive pruove della sua destrezza ; così l'uomo non giunge al suo fine (24), se non dopo la fedeltà provata sotto la legge. Egli l'ordine morale è come una scala situata nel tempio della natura , in cima della quale presenta il grande obbietto di sè stesso , ed ivi non mena se non sormontata la scala stessa ; cioè serbatosi intatto dall'agente mercè sue virtù, infine gli regala il riposo delle ardenti brame del cuore la Felicità. La giustizia adunque delle umane azioni fa l'uomo pervenire al possesso del suo gran fine ; fine noto per la ragione, e per la stessa mostra la necessità della giustizia nelle umane azioni. Ma quello che più interessa è 'l secondo effetto, il quale nasce dal peccato ; cioè vedere il disturbo prodotto nell'ordine morale mediante la ingiustizia delle azioni.

250. L'uomo peccando produce un disturbo nell'ordine morale. Imperciocchè ordine vuol dire perfezione, ed ordine morale vuol dire perfezione morale. La perfezione si ripone nella tendenza che le parti tutte ànno al fine del loro artefice; quindi la perfezione morale consiste nella tendenza, che tutte le crea.

ture ragionevoli ànno al fine del loro Creatore. La tendenza al
fine è la osservanza delle leggi poste per conseguirsi il fine
medesimo ; quindi la tendenza al fine nell' ordine morale importa osservare le leggi tutte conservatrici di un tale ordine.
Or ponete che una parte non tenda al suo fine , voi nel tempo
stesso ponete una imperfezione nel tutto, che vuol dire un
disturbo nella macchina provveniente dal che la parte non osserva quelle leggi , che l' artefice l' impose. Così fingete che
in un orologio una ruota non serba l' uffizio, cui la destinò
l' artefice , voi avrete subito a scorgere che il fine dell' artefice non si ottiene , qual' era indicare le ore; e quindi osser-
verete un disturbo nell'orologio stesso; cioè una non tendenza
al fine. All' istesso modo può., e devesi dire nell' ordine morale allorquando un' essere ragionevole produce una reazione
a sì fatto ordine ; la perfezione è arrestata, la tendenza è impedita , le leggi conculcate ; e ciò che importa ? Un disturbo
nell'ordine morale. Or tal disturbo si avvera pel peccato.

251. Ma questo disturbo succede in tutto l' ordine morale.
Infatti ci serviamo delle dotte parole del Taparelli : « *Suppo-
nete che nel sistema celeste un solo astro traviasse, ove andrebbero gli altri? quante perturbazioni soffrirebbero nel loro corso
ed in tutte le reciproche loro distanze, ed attrazioni?* 1 » Dunque se l' ordine morale è un' ordine ,. esso deve risultare da
un' aggregato di parti , di cui una alterata tutte le altre sono
alterate. Allorquando nell' orologio una sola ruota non bene
esegue il suo officio non corrispondente al fine dell' artefice ,
voi non osservate l' alterazione nella sola ruota disestrata ;
sibbene il disturbo v' è fatto palese in tutto l'orologio. E perchè tanto si vuol concedere nell' ordine fisico , e nel morale si
dura fatica a concederlo ? Per certo la colpa , la ingiustizia,
il peccato, porta un disturbo nell' ordine morale (250), e tal
disturbo o è reale e si diffonde a tutto l' ordine morale , o è
ideale e non si diffonde a tutto l' ordine morale: nel primo
caso abbiamo che l' alterazione parziale influisce sul totale ;
nel secondo poi abbiamo il peccato essere un'effetto di accesa

1 Part. 1. cap. 6. S. 136.

fantasia : ma se così fosse non dovrebbe accagionare un'interno tumulto, un'eterno rimorso che non cancellasi se non cancellata la colpa. Sarà dunque il parziale disprezzo della legge causa fecondissima di un disturbo universale nell' ordine universale morale. Che anzi soggiungiamo esser tale questo disturbo che rifonde la sua malignità anche nell' ordine fisico ; qualora c' è dato osservare che le creature tutte quasi poste in confusione pel disturbo morale sviando dal fine del Creatore urtano maggiormente la ruina dell' uomo morale. L' umana ragione abbandonata a sè stessa non può raggiungere una tale verità ; epperò la rivelazione, donde l' attingiamo, chiaramente ce la manifesta per bocca dell' Apostolo, il quale dice: « *Imperciocchè il mondo creato è stato soggettato alla vanità non per suo volere, ma di colui che lo à soggettato* 1 »: ciocchè vuolsi significare, che le creature le quali erano fatte per servire all' uomo come di scalino per giungere a Dio, contro il loro fine pel tempestoso effetto del peccato son riuscite di un mezzo per sviare l' uomo dal suo Dio. Ecco la gran ferita che il peccato accagiona all' ordine morale; e per conseguenza anche all' ordine fisico. Ma ritorniamo co' lumi della ragione a svolgere le rimanenti ruine, che una colpa produce per l' abuso della umana libertà.

252. La parziale alterazione influendo su tutto l'ordine morale (251) fa sì, che riesca impossibile all' uomo di poter rimettere l'ordine morale stesso. Conciosiachè la reazione morale è di tal natura, che avvenuta non può non essere avvenuta, simiglievolmente a qualunque altro fatto possa succedere in natura. Rotta la corda alla cetra, potrassi sostituirne un'altra ; ma la corda rotta non può non esser rotta : si potrà accomodare, ma una volta fu rotta. L'alterazione in un orologio sarà sempre avvenuta anche dopo l' artefice avrà rimessa di nuovo la semmetria nella macchina. Il fatto adunque non potrà non esser fatto. Una volta prodotta l' alterazione nell' ordine morale, questa non può essere medicata dalla forza

1 *Vanitati enim creatura subjecta est non volens, sed propter eum qui subiecit eam.* Rom. 8. 20.

dell'uomo; ed ancorchè, nella impossibile ipotesi, fosse donato di una forza infinita, neppure potrebbe far sì che il disturbo accagionato nell'ordine morale non fosse successo; giacchè la contradizione non può essere effetto della onnipotenza, cui diametralmente ripugna. Potrà la onnipotenza restituire l'ordine morale, come diremo in appresso; ma allora tutt'altro succede, restando però sempre il fatto sempre fatto.

253. Ogni disturbo morale porta con sè una pena (188); or come il peccato disturba l'ordine morale (250), così è soggetto ad una pena. È sanzione morale che chi disturba l'ordine morale per tanto tempo fosse punito dall'ordine stesso, per quanto tempo dura il disturbo accagionato all'ordine. L'ordine morale fuori dubbio è disturbato dall'uomo (250); quindi l'uomo per tanto tempo dovrà soggiacere alla pena, per quanto tempo durerà il disturbo dell'ordine morale. Ma il disturbo dura sempre; perchè l'uomo il fatto non può fare che non sia fatto (252). Dunque la pena dovuta al peccato durerà sempre; cioè l'uomo sarà sottoposto ad una pena eterna. Che risponderanno adesso i libertini contra la eternità delle pene, se la ragione stessa, di cui essi menano tanto vanto, non solo ce l'insinua, quand'anche ce ne convince? Non saranno più racconti senili, spauracchi di preti, effetti di riscaldate fantasie! Essi stessi quando non potevano trastullarsi dippiù di Dio, della Religione, della umanità intera, ci ànno fatto vedere abbastanza i terrori che sperimentavano nell'incontrare una tal funesta eternità! Veggasi la fine di un Voltaire, di un Rousseau, di un d'Alambert, e di cento e mille altri, orridi mostri in mezzo alla dolente umanità, e poi si verrà a contradire all'umana ragione, se mai si à coraggio, la eternità della pena dovuta all'uomo pel disturbo accagionato al l'ordine morale.

254. Se non che un tal disturbo può riordinarsi, e la pena eterna può cancellarsi dal Legislatore della natura, non facendo che il fatto non sia fatto, ciocchè gli è impossibile (252); ma creando nell'uomo colpevole un nuovo ordine morale per via di giustificazione, come c'insegna la rivelazione. « *Torrò dalla vostra carne il cuore di pietra, e darovvi un cuore di*

carne. E il mio spirito, diceva Dio per bocca di Ezecchiello, *porrò in mezzo a voi, e farò che camminiate ne' miei precetti* 1 ». Perlocchè S. Prospero così disse: « *Muta, e riforma nell'interno la mente, e formando un nuovo vaso dal rotto per forza di creare* 2 ».

La giustificazione adunque importando creazione, che anzi una creazione maggiore di quella del mondo al dir di S. Agostino, ne avviene che l'ordine morale si riordina a tale segno, che l'allontanamento dal sommo Bene, fine dell'ordine morale universale, si converta nel maggiore avvicinamento all'istesso Sommo Bene; per cui l'uomo non più straziato dai suoi aberramenti, si gode nella pace la più soave giocondità. Imperocchè piace al Legislatore della natura insieme Autore fecondissimo della grazia e della giustificazione, che le sue creature siano con Lui unite, separate non già; e per produrre questa unione di nuovo, fatta scioperatamente la separazione dall'uomo, gli è forza impegnare la sua onnipotenza. « *Senza dubbio*, diceva S. Agostino, *Ei à l'onnipotentissima forza d'inchinare i cuori umani, dove gli aggrada* 3 ». Ecco adunque gli effetti che produce la ingiustizia di quell'azione, che si oppone alla legge di natura, base e fondamento di ogni altra legge positiva. Ma è tempo ora di livellare questa stessa giustizia od ingiustizia di azioni alla fecondissima conseguenza della legge, qual'è l'amore.

255. Egli il Legislatore della natura volendo la giustizia nelle nostre azioni, perchè ci vuole felici, nel medesimo tempo ci vuole amanti (160); cioè nutrissimo un'amore per la felicità; perlocchè ci obbliga senz'alcun dubbio a questo ne-

---

1 *Auferam cor lapideum de carne vestra, et dabo vobis cor carneum, et Spiritum meum ponam in medio vestri, et faciam ut in praeceptis meis ambuletis. Ex. 36. 26.*

2   . . . *Mutans intus mentem, atque reformans*
      Vasque novum ex fracto, fingens virtute creandi.
                 Carmin. de Ingrat. cap. 4.

3 *Sine dubio habens humanorum cordium, quo placeret, inclinandorum omnipotentissimam potestatem. Lib. de Correp. et Grat. cap 14.*

cessario amore (§. CXVIII.); giacchè senza di esso non tendiamo ad esser felici , scopo della osservanza della legge. Or questo amore segnammo (163 e 164) essere di una triplice sorta , di giustizia cioè , di umanità , e di beneficenza ; attesochè piglia di mira i diversi rapporti , che l' uomo à col suo simile. Perlocchè le umane azioni pigliando forza dall' amore nella osservanza della legge , oppure dall' amore discostandosi nel disprezzo della legge medesima vengono ad acquistare varie altre denominazioni , che quì brevemente esporremo. Infatti la giustizia od ingiustizia delle azioni sopra menzionata (248) è quella che propriamente riguarda l' amore di giustizia ; avvegnacchè chi ama soddisfa la legge , ed ama perchè vuol riposo al desiderio del cuore di esser felice : quindi se l' azione è giusta perchè uniforme alla legge , devesi dire ch' è tale perchè uniforme all' amore di giustizia. Non ledo il dritto del prossimo , ecco la osservanza della legge ; ma perchè non lo ledo ? perchè l' amo : e perchè gli mostro questo amore? perchè gli è dovuto. Dunque la osservanza della legge è effetto dell' amore di giustizia : ma ella mi produce l'azione giusta ; dunque l'azione è giusta , perchè si associa all' amore di giustizia. Serbate in senso opposto l' istesso ragionamento per la ingiustizia dell'azione ; per cui direte ingiusta un'azione contraria alla legge , in quanto che si oppone all'amore di giustizia , il quale à strettissimo ligame colla legge stessa per modo che , questo tolto quella si distrugge , e viceversa.

256. Riguardando l'amore di umanità , o di beneficenza , le azioni provvenienti da essi voglionsi acquistare diverso nome. Avvegnacchè ogni azione , la quale è fatta in forza di questo amore sia di umanità , sia di beneficenza , propriamente si dice un' azione Onesta. Così onestamente opera e chi insegna all'altro la via , e chi dà la limosina al povero : ambidue furono guidati dalla forza dell' amore , di ch' eran presi inverso il proprio simile. Al contrario ogni azione non investita dall' amore di umanità , o di beneficenza , ossia fatta in opposizione di questo amore , vuolsi propriamente chiamare Disonesta, Turpe , e più analogamente Inumana , Barbara. Così barbaro è

colui che potendo nega la limosina al povero ; perchè incrudelisce verso il suo proprio simile: e direte anche barbaro colei che negò la guida al disgraziato errante. La legge di natura non è una legge pura matematica , la quale si arresta al pensiere e non più ; ma è una legge di fatto , per cui richiede assolutamente l'opera dell'agente ; in contrario si sente offesa , scaglia i suoi fulmini, priva l'uomo del suo fine. Ecco il perchè vuol'essere congiunta con un'amore non puro ideale; ma con un' amore operativo , di fatto , e che mostra effetti fecondi di bene.

257. Dalle premesse (255 e 256) naturalmente sorge la nozione insieme e la differenza che passa tra la giustizia Espletrice, e la giustizia Attributrice; distinzione venutaci per opera di Grozio. Imperciocchè la prima, contenendo una obbligazione perfetta, riguarda l'amore di giustizia, e quindi tutte le azioni giuste : la seconda contenendo una obbligazione imperfetta riguarda l'Amore tanto di umanità , quanto di beneficenza , e quindi tutte le azioni oneste. Quale distinzione secondo il linguaggio di Aristotile si rifonde nella giustizia Universale , e Particolare, di cui l' una riguarda nelle azioni tutta la legge, la seconda poi particolarmente il dritto proprio di ciascuno. Ma di tale giustizia a suo luogo diffusamente sen parlerà ; ci basti per ora averne dato la semplice nozione.

258. Eccoci alla fine di un preliminare del dritto di natura, come benissimo può riguardarsi tutto il fin qui detto. Statuimmo la necessità di una legge di natura (7) facendone osservare la sua vera essenza (14); e l'autore ne mostrammo (29), e le specie di questa legge (40) considerata nel suo complesso sistematico, assieme colla distanza che vanta dalle altre leggi (44 e segg.), le quali non sono naturali, con tutta premura cercammo segnare. Furono esaminate nella loro essenza le azioni tutte provvenienti dall'uomo e come fisico , e come morale (52 e segg.), porgendo il principio donde muovano (121 e segg.), ed il mezzo onde conoscere siffatto principio dell'intiera legislazione morale naturale (156). Perciocchè come di conseguenza fu notata la necessità di uniformare le azioni

alla legge (191 e segg.). Siffatte cose a rigore matematico, come ci sembra, poste nel loro vero, c' è dato di poter entrare in materia del Dritto di natura, ed esaminare quali dritti competono all' uomo, e quali doveri l' assistano; dalla conoscenza , ed adempimento de' quali è dato all' uomo stesso alla fin fine bearsi nell' Eterno, ed Infinito Legislatore della natura.

FINE DEL 1.° VOLUME

INDICE

INTRODUZIONE

SULLA NATURA, E COSTITUZIONE DEL DRITTO
DI NATURA, E DELLE GENTI.

sono buone, o cattive — se mai mira
le azioni indifferenti — Che cosa è la
conservazione, la distruzione, la perfezione; e la imperfezione — l' uomo
a piacere può fare il bene ed il male
— necessità di una norma regolatrice
delle umane azioni—questa dev'essere
retta, certa, costante, obbligatoria —
idea della obbligazione, la quale è interna ed esterna — ambedue non possonsi scompagnare — idea di dritto e
di dovere; e l'uno e l'altro è perfetto,
ed imperfetto — Legge, decreto, sanzione — Scopo della legge morale è la
felicità, di cui si espone la pretta nozione 25

Lezione III. — *Autore della legge morale.*

§ 25. La legge morale suppone un legislatore — le leggi sono naturali e
positive — i premi quindi. e le pene
son naturali e positivi—due requisiti
essenziali nel legislatore, e necessaria
promulgazione della legge — il legislatore della legge morale è Dio — assurda ipotesi di Leibnitz, e poca accortezza di Einneccio— Dio dettò al-
l' uomo la legge morale: forza della
voce dritto — la dettò promulgandola
per mezzo della retta ragione—Errore
. degli Ebrei —due fonti, donde l'uomo
attinge la cognizione della legge morale — Ella adunque non è innata al-
l' uomo — salvi i primi principi morali 37

CAPITOLO I.

DÈLLA NATURA, ED INDOLE DELLE AZIONI UMANE.

CAPITOLO II.

DELLA NORMA DELLE UMANE AZIONI, E DEL VERO PRINCIPIO DEL DRITTO DI NATURA.

Lezione XVII. — *Si stabilisce il vero principio cono-*
scitivo del dritto di natura.

§ 155. Il principio conoscitivo del dritto
di natura esiste — questo è la Felicità
dell' uomo — da cui risulta il fondamento di tutt' i doveri— la falsità del
principio di Leibnitz è posta in maggiori vedute— il triplice ordine de'doveri nasce dall'enunciato principio —
il principio dell'amore conseguenza del
principio della felicità — nozioni del-
l'amore, e dell'odio, e loro conseguenze — l'amore, e l'odio non sono
cose contradittorie —doppia fonte di
amore verso il simile, che produce
doveri perfetti — non che imperfetti—
oggetto dell'amore di umanità, e di
beneficenza — e nell'amore di beneficenza l'eroe non agisce contra ragione. 188

Lezione XVIII. — *Altre nozioni essenziali derivanti dal*
vero principio conoscitivo del dritto
di natura.

§ 167. Che importa la voce giustizia—
che l'amore di giustizia — e l'amore
sì di umanità, che di beneficenza —
in che differisce l'amore relativamente
all'oggetto amato — Che cosa é l'amore
di ubbidienza, di amicizia, e di benevolenza — natura dell'amore di di-

CAPITOLO III.

DELL'APPLICAZIONE DI QUESTA NORMA ALLE AZIONI, E DELLA DIFFERENZA DELLE MEDESIME.

Lezione XIX. — *Natura della Imputazione*.

§ 179. Ufficio della imputazione—definizione della stessa. — la imputazione
è un perfetto sillogismo—si conferma
da un fatto dedotto da Livio—in che
differisce dalla coscienza—ella porta
con sè giurisdizione, la quale è naturale, o delegata—la imputazione è
divina ed umana—ed essa produce la
stima, la lode, l'onore, la gloria,
il merito: e viceversa il disprezzo, il
biasimo, il disonore, l'infamia, ed il
demerito—in che son riposte la vera
gloria, e la vera infamia—alla imputazione segue il premio, o la pena—
donde nasce la ragion di premio nella

Lezione XXII. — *Siegue la discussione de' casi della Imputazione.*

La presente opera è sotto la garenzia delle leggi.

Gli esemplari non firmati dall' Autore o dall' Editore si reputano contraffatti.

CONSIGLIO GENERALE

DI

PUBBLICA ISTRUZIONE

Napoli 14. Gennajo 1853.

Vista la domanda del Tipografo Agostino Grimaldi con che ha chiesto di proseguire dal foglio 5 in poi l'opera intitolata — *Einneccio alla Cattedra, ossia Lezioni di Dritto di Natura e delle Genti* — del Signor Ventre.

Visto il parere del R. Revisore Sig. D. Giuseppe Canonico.

Si permette che la suddetta opera si continui a stampare; però non si pubblichi senza un secondo permesso, che non si darà se prima lo stesso R. Revisore non avrà attestato di aver riconosciuto nel confronto esser l'impressione uniforme all'originale approvato.

Il Presidente
FRANCESCO SAV. APUZZO
Il Segretario Int.
GIUSEPPE PIETROCOLE

EINNECCIO ALLA CATTEDRA

ossia

LEZIONI DI DRITTO DI NATURA, E DELLE GENTI

SULLE TRACCE

GIOVANNI GOTTLIEB EINNECCIO

DEL SACERDOTE NAPOLITANO

PASQUALE VENTRE

PRIMA EDIZIONE NAPOLITANA

VOLUME II.

NAPOLI

STAMPERIA FLORIANA VICO DONNAROMITA N. 13.

1852

ESPOSIZIONE SISTEMATICA

DE' DOVERI, CHE ASSISTONO L'UOMO

CAPITOLO IV.

DE' DOVERI DELL'UOMO VERSO DIO.

LEZIONE XXV.

PRELIMINARE.

§ 259. *La voce dovere riguardata nel senso grammaticale — chi fu il primo ad usarla — riguardata nel senso filosofico, e morale — insufficienza della definizione degli Stoici — i dovere suppone la legge — non può imporsi a sé stesso — cessa distrutta la legge — riguarda quelli, cui mira la legge — è perfetto ed imperfetto — naturale, cristiano, civile — può riguardare Dio, noi stessi, gli altri — ordine, con cui debbansi trattare i doveri.*

259. Una scienza nobilissima riguardante il fatto umano morale, ella è la scienza del Dritto di Natura; perlocchè applicati finora a sviscerare gli svariati principi appartenentisi ad essa, fa mestieri introdurci nella scienza medesima. E poichè il Dritto di Natura (38) è 'l complesso delle leggi naturali mora-

4

li; la scienza della legge insegnando all' uomo i dritti e doveri suoi; sarà fuori ogni dubbio, che il Dritto di Natura insegna all' uomo morale quali dritti l' investono, e quali doveri l' assistono. Or come fu sviluppata la idea (22) di dritto, è necessario ora sviluppare quella di dovere; dappoichè giammai produrrà vantaggio una scienza ove vivesi nella ignoranza dei suoi vocaboli.

La voce Dovere infatti (§. CXIX.) è una voce italiana corrispondente nella natura all' altra detta Obbligazione. Ella vuole la sua fecondissima origine da' Greci, i quali la esprimevano colle voci *to deon*, e gli Stoici più segnalati Filosofi nella Grecia vennero ad esprimerla colle voci *to Katekon*, a tal che la parte Filosofica riguardante i doveri morali era una parte interessante ne' loro sistemi, come ci viene assicurato da Diogene Laerzio [1], il quale si prese la cura di mettere sotto un colpo di occhio tutta la teoria de' doveri esposta ed insegnata dagli Stoici. E di questi stessi libri Stoici trattanti de' doveri morali ce ne fanno molta fede Zenone [2], Cleante [3], Sfero [4], e Plutarco [5] il quale ci rammenta un libro riguardante i doveri morali fatto da Crisippo, di cui troviamo anche menzione presso Panezio, Cicerone [6], e Possidonio ricordato dall' istesso Cicerone [7]. In somma il *deon* dei Greci, ed il *katekon* degli Stoici fu traslatato dagl' Italiani nella voce di Dovere, o di Obbligazione.

260. Epperò prima della traslazione Italiana, com' era naturale, fu dato luogo a quella de' Latini, i quali fino a Cicerone Principe della latinità non avevano un vocabolo proprio, che gli avesse espressata al vivo la voce dovere. Cicerone adunque fu il primo tra' latini, che gratificando la latinità, usurpò il vocabolo *Officium*, Dovere. E per vero volendo comporre un

1 Lib. 7. segm. 108 seq.
2 Lib. 7. 4.
3 Cap. 7. 175.
4 Lib. 7. 178.
5 De repug. Stoic. p. 1015.
6 De off. 3. 2.
7 Ad Attic. 16. 6.

libro da inviare a suo figlio a fine di ammaestrarlo intorno a quelle cose che appieno lo rendevano morigerato , e quindi buon cittadino , pensò intitolarlo *de Officiis* ; cioè de' Doveri. Ma prima di cacciar fuora la coniatura di un tal nuovo vocabolo pensò bene di seriamente consultarsi co'suoi amici intorno a ciò. Et lo fece, e la nuova voce ritrasse approvazione per modo, che addivenne comunissima fra i latini. Infatti ecco com' egli risponde ad Attico : ¹ « *Riguardo al titolo , che domandi , non dubito che il katekon sia lo stesso che officium , perchè tu non me ne suggerisca un altro. Ma il titolo più soddisfacente è de Officiis* ² ». Adunque la parola Dovere , Obbligazione presa grammaticalmente provviene coerentemente da quella de' Greci *deon* , degli Stoici *katekon* , e de' Latini *Officium*.

261. Ma punto a noi non interessa la grammatica , quello che ci occupa è la Filosofia Morale delle voci ; perlocchè c' è forza conoscere nel senso filosofico morale, che vuolsi significare la parola Dovere (§. CXX.); giacchè l'atto umano bisogna adesso considerarlo nel concreto lasciando ogni astrazione , di cui a sufficienza abbiamo usato ne' preliminari del Dritto di Natura. La voce Dovere adunque presa nel senso filosofico o morale importa un' azione da farsi secondo la legge. E qui bisogna riflettere , che alla legge è congiunta la obbligazione esterna (20), la quale va distinta in perfetta ed imperfetta atteso il dritto che all' altro concede (22) ; in conseguenza il dovere rapportandosi alla legge, insiemamente devesi rapportare alla obbligazione esterna ; onde se il dovere è un'azione da farsi secondo la legge , è anche , ciocchè vale lo stesso, un'azione da farsi secondo la obbligazione esterna. Per la qual cosa a vista di tali nozioni possiamo benissimo definire il Dovere così: È un' azione da farsi in conformità della legge attesa la obbligazione esterna sia perfetta, sia imperfetta.

262. Or da tale rettissima definizione rileviamo la poca aggiustatezza degli Stoici nel definire il dovere. Imperciocchè ,

1 *Quod de inscriptione quaeris , non dubito , quin catecon officium sit nisi quid tu aliud. Sed inscriptio plenior de Officiis.* Ad Attic. 16.

6

come rilevasi da Diogene Laerzio [1] e da Cicerone [2], dicevano essere il dovere, *Un'azione della quale si può rendere una ragione almeno probabile perché sia fatta* [3]: oppure, *Un'azione che a farla si persuade la ragione* [4]. Dove si osserva che pe'Stoici tutte quello che nel fatto aveva una ragion sufficiente, ossia era fatto con motivi, era un dovere. Ed ecco l'inganno; giacchè i motivi all'azione possono essere interni ed esterni (20), ed i motivi interni col dovere non hanno alcuna sorta di ligame: il solo motivo esterno è quello che richiede il dovere, ossia la obbligazione esterna. In conseguenza pecca la definizione Stoica facendo entrare nella idea di dovere anche il motivo interno. Ma pecca ancora dando al definito più larga estenzione di quella non abbia la definizione medesima; giacchè la definizione del dovere non deve oltrepassare i limiti della umanità in concreto riguardata; ed intanto il definito Stoico va vagando tutto il create, che certo non è tutta umanità. Infatti se il dovere fosse quello, di cui si vale a rendere una ragion sufficiente, poichè di ogni cosa che esiste si può dare una tal ragione, ne verrebbe, che il dovere assisterebbe come l'uomo, così anche i bruti, i vegetabili, i minerali; in somma tutto il regno della natura. Allora il Dritto di Natura come regolerebbe l'uomo, dovrebbe anche regolare tutto il resto della natura, che non è uomo; ciocchè fu dimostrato falso (47). E che tale sia stata la idea degli Stoici ce ne assicura Laerzio medesimo quando dice: « *Il dovere poi, dicono, riguarda i vegetabili non che gli animali. Nel fatto anche in questi esseri vi si osservano certi doveri* [5] ». Ma quando mai i bruti, i vegetabili, e tutto ciò che non è uomo, hanno avuta una obbligazione morale non dico esterna, ma almeno interna? Se per contrarre obbligazione v'è forza della ragione (47), la quale sola può essere regolata dalla legge; tanto è

1 7, 107.
2 De Fin. 3. 16.
3 *Quod cur factum sit, probabilis ratio reddi possit.*
4 *Quae ratio facienda suaserit.*
5 *Officium autem pertingere, ajunt, ad plantas etiam et animantes. Notari namque et in his officia.* 7. 107,

dire i bruti col resto del creato capaci di morale obbligazione, quanto è dire ch'essi anno una ragione da poter scernere i motivi del bene e del male; ciocchè fu dimostrato falso
in metafisica. Più, una legge morale per conseguenza dovrebbero possedere, e per cui verrebbero a rendersi simiglievolis-
simi all'uomo. Ma chi queste cose sentendo non reprime le
risa? Egli adunque il dovere si appartiene esclusivamente al-
l'uomo, come quegli che solo è fornito di ragione, ed è regolato da una legge morale.

Da ciò poi non vogliamo si deducesse la falsa conseguenza,
che il dovere morale non abbia la sua ragion sufficiente sia
certa, sia probabile; ch'anzi pur troppo la riconosce. Imperciocchè la ragion sufficiente che assiste il dovere è per l'appunto tutto ciò che spinge l'uomo a commettere, oppure intralasciare le azioni. Infatti il furto è opposto alla legge, che
all'uomo promette una felicità (24); l'uomo veramente morale conosce il suo dovere, e quindi che il furto non debbe
commettersi: ma perchè tralascia una tale azione? certamente
pel motivo della felicità; dunque la felicità è la ragion sufficiente del dovere umano in generale riguardato.

263. Esaminato fin qui il dovere tanto nel senso grammaticale (259, 260), quanto nel senso filosofico e morale (261),
c'è lecito adesso ragionare sulla esposta definizione del dovere (261), onde rilevarne interessanti verità in fatto morale,
che ci occupa (§. CXXI.). E per certo il dovere fu segnato
un'azione da farsi in conformità della legge (261): dunque il
dovere suppone la legge; ch'anzi riconosce la ragion sufficiente della sua esistenza nella legge stessa. Imperciocchè il dovere è figlio della obbligazione esterna (262): la obbligazione
esterna è figlia della legge (21): la legge è la volontà del
Legislatore; (23) in conseguenza il dovere esiste perchè il
Legislatore l'à imposto a' sudditi. Perlocchè non può concepirsi, nè darsi un dovere senza legge: e viceversa, non può
darsi legge senza dovere. L'uomo non sarebbe tenuto ad evitare il furto, se la legge non gli dicesse—Non rubare—ma perchè la legge di Natura tanto gl'impone, ecco subito nato il
dovere per l'uomo di non rubare. Come dunque non può dar-

si vista senza occhi, o vita senza esistenza; così non può darsi dovere senza legge. Ma soggiungevamo pure non potersi dare legge senza dovere ; dappoichè se a convalidare il motivo interno fu necessario il motivo esterno (21) , se voi t ogliete anche questa esterna obbligazione a che più servirebbe la legge? Sarebbe allora un trastullo da fanciullo, e svagherebbe ad ogni momento l'umana ragione contrastata da mille affetti, che ne bramano la sconfitta.

264. Epperò come il dovere è un' effetto necessario della legge (263); così vi bisogna la legge per imporre un tal dovere. Imperciocchè la legge è la volontà di un essere manifestata a' suoi sudditi (25) ; per conseguenza il dovere suppone sempre un'altro essere, il quale à l' impero su quello, cui indossa il dovere. Or noi non abbiamo l' impero su di noi stessi, a tal che non siamo sudditi di noi stessi; quindi come non ci possiamo far leggi, così non ci possiamo imporre deveri da noi stessi. Per la qual cosa sarà chiaro, che non è affatto dovere quello che nasce dalla propria volontà, e che l' uomo prescrive a sè stesso, non standovi alcuna legge che glielo comandasse. A tal riguardo s' ingannò Origene quando di proprio genio si castrò col ferro come dice S. Girolamo 1; oppure in forza di medicamenti come vogliono altri presso S. Epifanio 2; giacchè niuna legge sia naturale, sia positiva, impone all'uomo questo mostruoso dovere. E quantunque Origene una tal legge la supponeva in S. Matteo 3; pure Uezio 4 ci assicura che in proseguo l'istesso Origene confessò la cattiva interpretazione ch'egli adoperò su quel luogo dell'Evangelista. Se dunque il dovere fosse l' effetto della volontà de' privati , e non già di quella del superiore , in allora tanti sarebbero i Legislatori , quanti gli uomini stessi; e qual confusione non regnerebbe in mezzo alla umanità ? Trattandosi poi di legislazione naturale , l' uomo verrebbe ad arrogarsi i dritti dell' istesso Autore della natura; cosa oltremodo ripugnante alla sua finita essenza.

1 Ep. 65.
2 Haer. 64. 3.
3 19. 12.
4 Origenian: 1. 1, 13. p. 8.

265. Oltreacchè il dovere supponendo la legge (265) come l'effetto suppone la causa, cessando la legge per necessità deve cessare il dovere medesimo. Imperciocchè quando si toglie la causa è distrutto l'effetto: la legge essendo causa del dovere effetto, tolta la legge si toglie anche il dovere, non standovi più allora ragion sufficiente dell'azione. Il digiuno obbligherà per quel giorno che vige la legge di digiunare; il giorno appresso non imporrà dovere di digiuno all'uomo; perchè non v'è legge di digiunare. Quindi se qualcuno non avesse digiunato nel giorno definito dalla legge, non sarà tenuto in appresso a soddisfare alla legge del digiuno già trascorsa. Così pure la legge della circoncisione, o dei sacrifizi della vetusta legge, obbligava gli Ebrei, non già i Cristiani [1]; perchè colla venuta del Salvatore cessando le ombre, ed avendo luogo la luce, fu abolita la legge antica per riguardo a'sacrifizi, ed alle legali ceremonie. Quindi se un Cristiano si facesse ora circoncidere, oppure immolasse a Dio i vetusti sacrifizi, agirebbe contra il suo dovere non avendo legge alcuna che presentemente a ciò l'obbligasse. La cessazione adunque della legge fa cessare il dovere medesimo che dalla legge nacque; e da ciò trae origine nel foro umano le diversità di giudicare secondo i diversi tempi, in cui hanno vigore diverse leggi; giacchè quello prima era proibito in appresso è stato fatto lecito: e viceversa, ora è proibito quello che in altro tempo era lecito. Varietà l'è questa che in niun modo può aver luogo nella naturale legislazione, come fu osservato altrove (19).

266. Dalla definizione del dovere (261) c'è dato in ultimo rilevare che quando una legge è promulgata per certe determinate persone, il dovere è proprio soltanto di quelle persone, cui à avuto di mira la legge. Perciocchè se avviene che due persone concorrono allo stesso azione comandata dalla legge, l'una dicesi aver soddisfatto al suo dovere, e l'altre aver agita contra il suo dovere. Infatti non tutte le leggi non fatte per tutti, certe riguardano i maritati, altre i celibi, altro i negozianti, altre riguardano altri. Or certamente la legge fatta

1 Gal. 3. 23. 25. 3. 4. 4. 5. 5. 2. Col. 2. 20. Heb. 9. 9. 10.

pel maritato non impone dovere al celibe; nè quella del celibe
impone dovere al maritato. Ma se nella legge di matrimonio
concorrono il maritato, ed il celibe, sì avrà che il maritato soddisfa alla sua obbligazione perchè la legge il comandava; ed il
celibe agirà contra il suo dovere perchè altra legge lo gover-
nava di maniera, che la legge del matrimonio pel maritato è
affermativa, pel celibe nel caso suo è negativa. Ciocche abbiamo detto del celibe e del maritato è applicabile in tutta la sua
estenzione a tutta la società umana; giacchè ove distruggasi
una tale economia del dovere, ognuno mettendo la falce nella
messe altrui, e volendo raccorre ove mai seminò, le più tristi
turbolenze ne seguirebbero, le più orride scene avrebbero commodissimo il luogo. L'Autore della natura pose la legge per
fomento di ordine, non già per disseminar discordie, e promuovere disordine; ma ogni cosa bilanciò nel numero, nel peso, e nella misura: ciocchè importa ognuno debba starsi al suo
grado, attendere alla propria obbligazione, disimpegnare i proprî doveri. L'istesso è da dirsi delle leggi umane.

Ma quello che v'è dippiù nella proposta verità si è che le
due concorrenti persone ambedue erano oggetto della legge, e
pel differente modo di operare, l'una soddisfa, e l'altra no,
al suo dovere. Pigliate due che occupano la carica di giudice;
avrete che l'istessa legge ugualmente ad ambidue impone i
più sacrosanti doveri nell'inviolabile tempio della giustizia. Ma
c'è dato osservare che l'uno non accetta persona di qualunque grado si fosse, non si fa corrompere da' doni, riguarda
il dritto del debole, rintuzza la ingiustizia del malvaggio, e che
so io: in somma esercita la sua carica con tutta quella puntua-
lità che la legge gl'impone. L'altro al contrario di ogni erba facendo fascio, la carica che occupa è per lui il più triste mercato a danno altrui: in somma il nome è di giudice,
ma il mestiere è di bandito. De' due chi dite che custodisce
la legge? Certamente il primo. Dunque direte che stando la
stessa legge il primo soddisfa al suo dovere, ed il secondo a-
gisce contra il suo dovere.

267. Il dovere è effetto necessario della obbligazione nata dalla
legge (263); e quindi nascente dalla esterna obbligazione, tale

dev' essere il dovere qual' è la obbligazione. Or la obbligazione fu segnata di doppia specie (22), perfetta cioè ed imperfetta; dunque il dovere dovrà essere ancora perfetto ed imperfetto (§. CXXII.). E per vero dire il dovere Perfetto è quello che nasce dalla obbligazione perfetta. Così serbare i patti, non ledere alcuno, rifare i danni accagionati, ed altre cose di simil fatta, son tutti doveri perfetti. Il dovere poi Imperfetto è quello che nasce dalla obbligazione imperfetta. Così dare la limosina al povero, insegnar la via a colui ch' è fuori strada, consigliare il dubbioso, oppure l' ignorante, rialzare il caduto, ed altre cose di simil fatta.

Sulla materia de' doveri sieno perfetti, sieno imperfetti, molto n' à detto Cicerone [1], ed uno sviluppo confacente sarà dato in appresso mano mano parlando del triplice ordine di doveri che assistono ogni uomo. Intanto per ora sarà bastante il dire che il dovere perfetto à origine dalla legge; il dovere poi imperfetto à origine dalla virtù. E quando diciamo che il dovere imperfetto à origine dalla virtù non intendiamo escludere la legge stessa; sibbene la coazione, come a lungo parlammo nella materia della obbligazione perfetta ed imperfetta (22). La virtù nasce anche dalla legge (75); ma per certe azioni possiamo essere costretti ad operarle, per certe altre non possiamo essere costretti ad operarle (234), abbenchè trascurandole quando possiamo senza dubbio veniamo a peccare contra la legge (237). Ma non vogliamo qui ripetere quello che già abbiamo detto, e che a ragione devesi supporre in ogni progresso di dovere. Intanto all'ombra della legge continuando a considerare il dovere, ci sarà fruttoso di molte altre verità.

268. Tutte le leggi sono o Divine od Umane (26), e la legge Divina è Naturale o Positiva (§. CXXIII.). Or come il dovere nasce dalla legge (263); così attesa la diversità delle leggi risulta ancora la diversità de' doveri. Infatti se i doveri nascono dalla legge divina naturale si chiameranno Doveri Naturali: come sarebbero, a cagion di esempio, adorare Dio con tutti gli atti preceduti dalla vera religione, rispettare i genitori, respingere la forza e l' ingiuria che si vuol recare alla pro-

[1] De Offic. 3. 12. seq.

pria persona 1. Se i doveri nascono dalla legge positiva divina si chiameranno Doveri Cristiani: come sarebbero, per esempio, imitare Gesù Cristo, portare la sua croce, rinnegare sè stesso, soffrire pazientemente le ingiurie che ci vengono dagli altri, esercitarsi nella mortificazione, ed altri di simil fatta. Finalmente se i doveri nascono dalla legge umana si chiameranno Doveri Civili: come sarebbe, per cennarne alcuni, pagare i tributi, i dazi, non edificare contra la forma antica, aggiungere agli atti pubblici le rispettive dovute sollennità, osservare i fatali del tempo in ciascuna lite, e cento e mille altri della stessa specie.

Epperò scopo de' doveri Cristiani è proprio de' Teologi morali; come quello de' doveri Civili è proprio de' Civilisti, detti ordinariamente Legali. A noi si appartiene soltanto trattare de' doveri naturali, come quelli che trattiamo della legge naturale ridotta in sistemi. Quindi tacendo i doveri cristiani e civili, nelle prossime lezioni ci metteremo sulle mosse di trattare i doveri naturali con quella proprietà che richiede l' importanza della materia, e che a noi sarà dato. Trattasi di vedere chi è l' uomo, quali le sue tendenze, chi lo regge, quali i suoi rapporti, quali infine le sue vicende. Ognuna di queste trattazioni richiede tutto l' uomo; dappoiché dal retto sentire su di esse dipende la felicità, od infelicità dell' uomo stesso. Per ora accennate soltanto queste sublimissime teorie badiamo a soggiungere l' ultima nozione circa il dovere in generale riguardato, e che ci apre la strada a poter considerare in particolare il triplice regno de' doveri.

. 200. Per verità il dovere può considerarsi in ordine al suo oggetto (§. CXXIV.); onde tanti saranno gli oggetti del dovere, quanti sono gli oggetti stessi da cui l' uomo è circondato. Or l'uomo è circondato da un triplice oggetto, Dio cioè, Sè stesso, ed i suoi Simili; dunque egli l' uomo à doveri verso Dio, verso sè stesso, e verso i simili. E che questi sieno i soli doveri morali cui l'uomo è tenuto, e fuori i quali non altri ve n' esistono, se non vogliamo rinunciare ai lumi

1 L. 2. L. 3. D. de just. et jure.

della retta ragione., dobbjamo finalmente persuadercene ; dap poichè il dovere è relazione morale , cioè suppone un dare a chi à un dritto di ricevere, e fuori Dio, noi stessi, ed i simili , niun' altro essere à dritto di ricevere, e quindi a niun altro essere l' uomo deve : altrimenti saremo costretti profes sare le stesse stranezze del Damiron (47), il quale voleva l' uomo stretto con vincolo morale anche cogli esseri bruti.

I doveri adunque verso Dio, doveri di un'ordine superiore, ci stringono in relazione morale con Dio stesso, in cui rattro viamo il centro della propria felicità. I doveri verso Sè stesso, doveri di un'ordine interiore, ci stringono in relazione mòrale con noi stessi non facendoci deviare dal centro della propria felicità. I doveri infine verso i Simili , doveri di un' ordine esteriore, ci stringono in relazione morale con tutti quelli , che si appartengono alla stessa nostra specie, porgendoci un mezzo di più facilmente giungere alla propria felicità. Il di simpegno adunque di questo triplice ordine di doveri è per l' uomo morale una fonte inesausta di ogni bene : che anzi gli procaccia il possesso dell' istesso Bene Sommo , cui con tanto ardore essendo passaggiero in terra sospira.

270. Ma con qual' ordine tratteremo noi di questi doveri ? I Naturalisti tutti non sono tra loro di accordo su tal punto co me può commodamente osservarsi dall' ordine, con cui li van no sponendo. Wolffio infatti 1 tratta prima de' doveri dell' uo mo verso sè stesso; indi de' doveri verso i simili ; finalmente de' doveri verso Dio: giacchè si persuade che l' uomo nel con siderare i suoi doveri, il primo che gli si presenta è sè stes so, poi riviene i suoi simili, e da ultimo risale a Dio. Ma che che ne sia di questo metodo di trattazione ci piace riflettere a tal modo. Debbe occupare il primo luogo quegli che tra gli esseri è 'l più eccellente, di essi tiene il governo, provvede infine alle loro bisogne : questi per altro è Dio, Essere infi nitamente eccellente, e che merita per ogni riguardo la pre ferenza su gli altri esseri; perchè giusta i detti di Platone, Egli solo è 'l vero Essere, gli altri sono non esseri avendo

1 De jure nat. et gent. part. 1.

imprestata la loro esistenza. Per la qual cosa dovendo noi trattare de' doveri morali , in primo luogo tratteremo dei doveri che l'uomo à verso Dio , e che diconsi pure doveri Teologici : in secondo luogo tratteremo de' doveri che l' uomo à verso sè stesso, e che diconsi pure doveri di proprio Interesse ; giacchè dopo Dio non possiamo non considerare immediatamente noi stessi : in terzo luogo finalmente tratteremo de' doveri che l'uomo à verso i suoi simili, e che diconsi pure doveri di Socialità. Ciò facendo seguiremo ancora la sentenza comunissima de' Naturalisti , la quale non è a sprezzarsi per gli addotti riflessi , come anche per l' autorità di moltissimi che a dritto ci commuove.

Ecco dunque l' ordine che seguiremo nella trattazione dei doveri ; trattazione , che , sul bel principio l' avvisiamo , non vuolsi essere sterile in noi , ma operativa in modo , che ci conduca al possesso giocondissimo della eterna felicità, la quale sola è concessa a colui ch' esattamente disimpegna quaggiù i suoi sacri , inviolabili , sublimissimi doveri.

LEZIONE XXVI.

NATURA, E PERFEZIONI DI DIO.

§ 271. *Necessità di un punto di partenza nella trattazione de' doveri — il principio della felicità è la fonte de' doveri teologici — primo dovere dell'uomo è conoscere Dio — modo di acquistare una tal conoscenza — necessità di prattticare tali mezzi — la ignoranza, e l'errore non si ammette in ordine alla conoscenza di Dio — non può conoscersi Dio senza conoscersi la sua essenza — in che si ripone questa essenza — da essa emerge la cognizione delle divine perfezioni — e prima la esistenza — si fanno note le rimanenti perfezioni — epilogo delle perfezioni.*

271. Il desiderio della umana felicità formando la naturale costituzione dell'uomo è in morale un gran punto, donde partono immense obbligazioni, le quali tutte vogliono l'intiero uomo indissolubilmente ligato con loro stesse per modo, che o l'uomo nega il suo naturale desio e rimane svincolato dai naturali ligami; o appetisca il suo naturale desio e da' naturali ligami trovasi vincolato. Or come il primo riesce per tutt'i lati impossibile, nel fatto risulterà il secondo, per cui il principio della umana Felicità (159) sarà fecondissima origine di tutt'i doveri morali.

Sulle prime trattando noi de' doveri che l'uomo à verso Dio; cioè de' doveri Teologici (§. CXXV.), sarà facile rilevare che siffatti doveri debbonsi ricavare dal principio conoscitivo delle leggi morali, che dicemmo essere la Umana Felicità (156). E poichè una tal felicità nel suo desiderio forma la costituzione naturale dell'uomo, e riguarda un'Essere che à tali perfezioni, che noi possiamo ammirare, comprendere non mai; perciò è che i doveri tutti verso Dio debbonsi ricavare sì dalla natura dell'uomo, che dalle perfezioni squisitissime di questo Essere, che va sotto il nome di Dio. Esaminiamo infatti la cosa com' è ella in sè stessa.

272. L' uomo desidera di esser felice per modo che, non può ammorzare questa face ardentissima che gli brucia in mezzo al cuore, e per tale impetuosissimo desiderio egli deve conseguire la sua felicità (157), a talchè per conseguirla deve rinvenire un' Essere, il quale sia eterno nella durata, infinito nella intensità; giacchè egli l' uomo dev' esser felice, ma per sempre: egli l' uomo dev' esser felice senza rimaner vuoto alcuno nel suo cuore, e quindi deve riempire tutto il suo desiderio (156). La natura dunque dell'uomo spinge fuori ogni credere l' uomo stesso a rinvenire questo Essere, che solo possa satollare le sue brame; quindi gli è essenziale conoscerlo, e conoscendolo gli è essenziale aver notizia del cumulo infinito delle di Lui perfezioni.

Or la cognizione delle divine perfezioni spinge l' uomo naturalmente ad amare Dio con un' amore, che noi sopra (172) chiamammo di Devozione e di Obbedienza, mercè cui penetrato l' uomo stesso dallo splendore delle stesse divine perfezioni, e scorgendo l' infinito divario che passa tra lui e l' Oggetto che ama, si determina a prestargli quel culto, che un tal Essere Sommo merita, ed a ragione pretende dall' uomo stesso.

Ecco dunque in qual modo i doveri teologici debbonsi ricavare dalla natura dell'uomo, e dalle infinite perfezioni di Dio. Di questi doveri principieremo la trattazione solo affissandoci sulle perfezioni di Dio, tacendo la natura dell' uomo per due riguardi; sì perchè le infinite perfezioni di Dio bilanciano l' innato desiderio di felicità, presupposto nella natura umana; sì perchè le stesse perfezioni a meraviglia argomentano qual fosse la natura dell' uomo, quindi quali distanze, quali dipendenze, quali tendenze infine la natura umana in sè stessa reclama.

273. E pigliando le mosse dalle infinite perfezioni di Dio; poichè primo dovere dell' uomo si è conoscere Dio (272.); giacchè diceva Lattanzio: « *Prima importa conoscere Dio, e poi adorarlo* [1] »; egli l' uomo non potrà giammai conoscerlo

1 *Prius est Deum scire, consequens colere.*

se non venga in cognizione delle perfezioni di Lui. Per la qual
cosa è dovere dell' uomo (§. CXXVI.) di mettere tutta la sua
opera, onde acquistasse una notizia esatta delle divine perfezioni; notizia che dev' esser viva, che deve sempre aumentare, che deve infine partorirgli certezza ed evidenza. Facciamoci a spiegare questi caratteri della proposta notizia delle divine perfezioni.

E dapprima dev' essere una notizia viva per doppia ragione; sì perchè dev' essere una notizia che porge rette idee della divinità; sì perchè dev' esser congiunta coll' amore verso
la divinità istessa. Una notizia torta della divinità qual vantaggio produrrebbe all' uomo, se non vizî, scelleraggini, ruine, come bene ci addimostrano Roma e Grecia pagana? si vuole che l' uomo conosca Dio, ma che lo conosca per quello E-
gli è. Dippiù, la vivezza della notizia delle perfezioni di Dio
importa, che giungesse al cuore: fermarsi alla sola mente è
notizia sterile, smorta, producente ruina. O Dio si conosca per
restarne penetrato dall' altezza della sua maestà, o meglio non
si conosca per non essere innanzi a Lui come i putti nel santuario, i quali ammirano, ma senza mai intendere quello che
fingono di ammirare. Oltreciò la notizia che dobbiamo avere delle perfezioni divine dev' essere una notizia, la quale cercassimo di sempre accrescerla di giorno in giorno; imperocchè fatti contemplatori veridieri di un' oceano che non à fondo, quanto più in esso c' immergiamo, tanto più c' è dato
vederne la profondità. Egli l' Essere perfettissimo è tale che
più lascia a considerare di Sè stesso, quanto più l' uomo s' immagina raggiungerlo: la sua perfezione in somma è infinita, la
quale non capendo nella mente finita dell' uomo ammette nel-
l' uomo stesso tutta la possibilità de' gradi in' ordine alla conoscenza. Quindi l' uomo attratto dall' infinito baleno che gli
splende dovunque, qualora daddovero viva è la notizia che à
di Dio, cercherà senza dubbio di addentrarsi in Lui per quanto gli concedono le imbecilli forze, le quali sembrano ringio-
vinirsi a misura si accresce la notizia stessa. Finalmente u-
na tal notizia deve partorire all' uomo certezza ed evidenza;
ed è questo un gran dovere che continuamente l' assiste; giac-

chè dal fermamente credere le infinite perfezioni di Dio , dipende il principio di ogni sua felicità. Aver certezza di queste perfezioni importa , che per niuna guisa , in niun tempo, e per qualunque circostanza non si ponesse in dubbio alcuna di esse : quindi incumbe all' uomo fare ogni suo sforzo per pervenire a questa certezza. Aver poi evidenza di queste perfezioni importa non già che penetrassimo la inaccessibile loro luce , ciocchè è impossibile ; ma importa che la nostra mente fosse arricchita di tanta luce in vagheggiarle , che sicura riposa sotto la loro ombra , come nocchiero dorme in seno al tranquillo mare.

274. Epperò una tal notizia co' suoi descritti caratteri (273) in varie guise possiamo acquistarla ; cioè colla ragione , colla contemplazione delle creature , colla osservazione delle opere giornaliere dell' Eterno. La possiamo raggiungere colla ragione ; dappoichè ella è un dono che l' Eterno fece all' uomo affine di fargli investigare le verità. Quantunque volte pone a calcolo le sue maravigliose forze, meravigliose opere produce: che quindi dal riflesso della sua natura , delle sue vicende , de' suoi fini, può di repente venire in cognizione di un'Essere , che non à la sua natura , nè le sue vicende , nè i suoi fini ; ma è l'Essere fornito di tanta possibile perfezione, che abbaglia chiunque troppo volesse inoltrarsi nella sua luce. Di grazia non fu la ragione quella, che indusse le nazioni tutte a confessare le divine perfezioni ? E non fu l' istessa facoltà quella, per cui le stesse nazioni dissero un Dio esistere ? Argomento tanto valutato da Cicerone [1], da Massimo Tirio [2], da Eliano Varrone [3], finalmente da Seneca [4], e che in vero è un argomento il quale fa vedere quanta forza si abbia l'umana ragione per venire in cognizione del suo Autore ; onde l'Apostolo diceva : « Quello che di Dio può conoscersi , è in essi manifesto [5] ». Questa stessa ragione riversando i suoi lumi

[1] Quaest. Tusc. 1. 13. De nat. Deor. 2. 2.
[2] Dissert. Platon. 38.
[3] Hist. 31.
[4] Epist. 117.
[5] Quod notum est Dei , manifestum est in illis. Rom. 1 49.

sulle creature rinviene un secondo mezzo per conoscere le di. vine perfezioni ; giacchè le creature com' effetti che suppongono una Causa Prima, ogni loro virtù la debbono riconoscere illimitata nella loro primordiale Causa, come diffusamente si dimostrò nella Teologia Naturale; perciocchè l'istesso Apostolo soggiungeva : « *Le invisibili cose di Lui, dopo creato il mondo, per le cose fatte comprendendosi, si veggono : anche la eterna potenza ed il divino essere di Lui, onde siamo inescusabili 1* ». Finalmente le opere di sapienza e di provvidenza divina, che tutto giorno ci si pongono sott'occhio sono anche un mezzo efficacissimo per risalire fino a Dio ed ammirare le infinite sue perfezioni. Infatti il corso delle stelle, le loro rivolazioni, l'avvicendarsi de' giorni e delle notti, il reciprocarsi delle stagioni, far nascere il sole così sopra i buoni che sopra i cattivi, pascolare tanti milioni di uomini, aver cura anche de' più minuti insetti, non son queste tutte opere che richiamano l'attenzione dell'uomo, e lo elevano al loro Autore? In somma la ragione umana, le creature, le opere divine, son tanti mezzi adatti per farci acquistare una ricca notizia delle perfezioni divine.

275. Se dunque è dovere dell'uomo aver notizia delle divine perfezioni (273), ed a lei si può giungere con vari mezzi (274), sarà chiarissima la illazione, che l'uomo è tenuto ad usare tutti que' mezzi, ch'essendo in suo potere gli fruttano la notizia delle divine perfezioni. È suo dovere quindi mettere a calcolo la sua ragione per averne i più felici risultati in ordine a Dio: contemplare continuamente le creature che lo circondano per risalire a Dio ed ammirar di Lui le divine grandezze : infine non trasandare circostanza, in cui abbia occasione di meravigliare sulla sapienza, e provvidenza di Dio stesso. Nè a ciò fare deve impegnare lunghi giri, od elette ricerche; ma un principio dentro lui stesso gli dà l'agio di essere contemplatore filosofo secondo la sua capacità ; un prin-

---

1 *Invisibilia enim ipsius, a creatura mundi, per ea quae facta sunt, intellecta, conspiciuntur : sempiterna quoque ejus virtus, et divinitas; ita ut sint inexcusabiles.* Rom. 1 20.

cipio'fuori lui stesso, ma prossimamente a lui vicino gli somministra i più eletti materiali per concepire insieme ed effettuare la gran catena delle verità, ch'egli deve professare in ordine all'Essere Supremo, Autore di tutta la Natura, Legislatore Supremo dell'eterno Codice della natura medesima (29). Se dunque l'uomo indispensabilmente deve conoscere le divine perfezioni, indispensabilmente deve adoperare i mezzi che lo menano a tale cognizione per guisa che, trascurare questi mezzi è per lui un gran peccato contra la legge di natura.

275. Dalle premesse emerge ancora, che qualunque ignoranza od errore in ordine a Dio, è una ignoranza od errore che non ammette scusa di sorta alcuna. Imperciocchè se l'uomo mette a calcolo i mezzi, di che l'Autore della natura l'à fornito (275), non può non conoscere le grandezze dell'istesso Autore. Egli a tal fine (274) gli concesse mezzi naturali esistenti in lui stesso; onde senz'aver bisogno di altri, ma colle sue stesse forze venisse al disimpegno di questi altissimi doveri. A tal riguardo l'Apostolo 1 chiamava inescusabili tutti quelli che ignoravano, oppure erravano intorno alle perfezioni di Dio; giacchè per la ragione e per la esistenza delle creature, non che degli stessi effetti divini (274), commodamente l'uomo può arricchirsi di un tal tesoro di cognizioni. Quindi condannata viene dalla legge di natura tutta la Gentilità, che di Dio malamente pensava fino ad attribuirgli i più nefandi vizi: era in essa colposamente deviata l'umana ragione.

Epperò qui si vuole e debbesi intendere di quei soli tra gli uomini, i quali ànno il perfetto esercizio della loro mente; poichè in tal caso solo può aver luogo la impugnazione (207). Pe' fanciulli, pe' mentecatti, pe' furiosi, e per tutti gli altri di tal genere va differentemente la faccenda; nè la legge di natura è talmente austera che voglia esigere dove manca la forza di soddisfare. È della equità naturale aver visceri di compassione per questi disgraziati, e l'Autore della natura,

1 Rom. 1, 2).

Padre. universale di tutti gli uomini., per certo non mostrerà
ad essi truce il suo volto.

277. E poichè tutte le perfezioni di Dio poggiano sur la sua
Essenza : così dovendo l' uomo aver notizia delle divine perfezioni (273), bisogna conoscesse dapprima la Essenza di Dio
infatti che cosa sia Dio, forma questo un quesito cui giammai
si potrà a pieno soddisfare ; giacchè Dio è l' Essere che si
gode una essenza infinita per modo, che il solo infinito potrà
comprenderlo ; e se per poco potess' esser compreso dall' essere limitato, qual' è l' uomo, senza dubbio avrebbe distrutta
la sua essenza. Diciamo quindi con l'Apostolo, ch'Egli abita una
luce inaccessibile alla mente umana ; ed in conseguenza quegli soltanto può vedere nella sua pienezza siffatta luce ; che
abita questa luce stessa, e questi è 'l solo Dio. Per la qual
cosa Dio solo può comprendere che cosa sia Dio, richiedendosi per tale atto una forza infinita. Ma dovendoci parlare di
Dio, perchè è dovere dell'uomo il conoscerlo, bisogna alla fin fine
conoscere che cosa sia Dio: come dunque si farà? Senza sgomentarci se c'è impossibile investigare la essenza di Dio, possiamo benissimo a Lui assegnare una essenza metafisica; cioè
formandola noi stessi mercè l' astrazione della nostra mente,
e da essa poi commodamente si potranno ricavare tutte le divine perfezioni non distinte giammai tra loro, essendo ogni
perfezione Dio stesso, soltanto distinte pel solo nostro modo
di pensare. A tal modo pustelleremo la debolezza della nostra
mente non restando all' ontutto in una assoluta perfetta oscurità in una materia tanto interessante pel Moralista.

278. Adunque la essenza metafisica di Dio è riposta nell'Aseità, ossia nell' essere Dio un' Ente da Sè ; perlocchè esiste
per una necessità della sua infinita natura a tal modo, che
non può non esistere. Tanto c' insinuò Egli stesso di sua
propria bocca allorchè interrogato dal condottiere Mosè su la
risposta da dover dare a Faraone nel caso gli avesse interrogato chi mai l'avesse spedito, disse : *Io sono quegli, che
sono* 1 ». Per tal riguardo il divino Platone diceva, che il solo

_____
1 *Ego sum, qui sum.* Ex. 3. 14.

Dio meritava il nome di Essere, e tutti gli altri erano a chiamarsi Non Esseri. Questa necessità quindi di esistenza considerata in Dio costituisce la essenza metafisica di Dio stesso, la quale vien da noi pensata, non mai capita. La essenza poi fisica di Dio stesso, e che risulta dal cumulo delle infinite sue perfezioni, da noi in niuna guisa può assegnarsi; giacchè dovremmo comprendere Dio per tanto eseguire; ciocchè riesce impossibile alla creatura ragionevole di maniera, che neppure l'istesso Dio può renderlo possibile; perchè dovrebbe fare illimitata nel limite l'anzidetta creatura; ed ecco in piedi una contradizione ripugnante alla natura divina.

Emerge quindi dal detto, che abitando Dio una luce inaccessibile, non gli possiamo dare una definizione reale: soltanto sarà sua definizione nominale la seguente: Dio è un'essere perfettissimo ch'esiste per necessità di sua natura; cioè la ragione sufficiente della sua esistenza ripone nella sua essenza.

279. Dalla nozione della divina essenza (278) rileviamo senz'alcuno indugio tutte le divine perfezioni (277); giacchè essendo Dio l'Essere Necessario, in Lui vi debbono esistere senz'alcun limite le realtà tutte possibili ed esistenti, come a lungo fu dimostrato in Metafisica. Perlocchè è dovere dell'uomo, (§. CXXVII.) come antecedentemente cennammo (273), di avere rette opinioni di quell'Essere, che à conosciuto, e che forma l'adeguata sua felicità, cioè Dio; per cui diceva Epitetto: « *Sappi che il primo e principal culto religioso verso gli Dei immortali consiste nell'aver buoni sentimenti di loro, e credere ch'essi esistono, e regolano con bontà e sapienza l'universo* 1 ». Conciosiachè i doveri verso Dio debbono nascere dalle perfezioni di Dio stesso (272), e queste dalla giusta idea che ci formiamo del medesimo Dio (278) per maniera, che rovesciasi tutto l'edificio de' doveri teologici ove ci formiamo false idee del vero Dio, come successe all'antichità, la quale giunse a tale baldanza fino a divinizzare gli stessi vizi. S'in-

---

1 *Religionis erga Deos immortales praecipuum illud esse scito; rectas de iis habere opiniones, ut sentias, et esse eos, et bene justoque administrare universa.* Enchirid. Cap. 37.

gannano dunque, e peccano contra la legge di natura tutti coloro, i quali falsamente credono, che tutta la religione consista nel condurre una buona e regolata vita, checchè poi si pensi da ciascuno di Dio, poco loro interessare. No, ugual dovere è per l'uomo uniformare le sue azioni alla legge non solo, ma ancora i suoi pensieri; giacchè l'Indifferentismo è assolutamente proibito dalla stessa legge di Natura: mentre Dio o è l'Essere Necessario, e di Lui ognuno rettamente deve pensare; o non lo è, ciocchè è falso (278), ed allora è indifferente pensare di Lui come si vuole.

280. Ma quali sieno queste rette opinioni, che dobbiamo avere di Dio, è noto (273, 279) ch'elleno son site nel dare a Dio quelle realità, che si consentano con la sua infinita natura; imperciò tali perfezioni dobbiamo attribuirgli, quali rettamente discendono dalla sua essenza metafisica (278). Or dall'essere Dio un'Ente da Sè, la esistenza è un primo attributo che risiede in Lui, e per conseguenza è un dovere indispensabile dell'uomo di credere intimamente, e senz'alcun dubbio, che Dio esista; onde diceva Cicerone: « *Qual cosa chi metta in dubbio, io al certo non intendo, perchè lo stesso non possa dubitare, se mai il sole esista, o niuno esita* [1] ». Epperò la esistenza di Dio abbastanza in Metafisica fu dimostrata con argomenti fisici, metafisici, e morali, a talchè siamo qui dispensati di ripetere le stesse cose, ed ivi fu osservato come l'umana ragione dietro i suoi lumi possa venire in cognizione della esistenza di quest'Essere riflettendo su le umane cose: onde l'Apostolo [2] disse inescusabili tutti coloro, che si versano nella ignoranza di un tal'Essere esistente. Soltanto qui ci piace aggiungere un argomento ricavato dalla natura stessa dell'uomo; imperciocchè egli l'uomo (271) per costituzione naturale desidera un'Essere, il quale abbia in sè ogni ragione di bene: or tal'Essere bisogna sia eterno nella durata, ed infinito nella intensità per modo che, l'uomo tosto l'abbia con-

---

1 *Quod qui dubitet, haud sane intelligo, cur non idem, sol sit annullus sit, dubitare possit?* De Nat. Deor. 2. 2.

2 Rom. 1. 20.

seguito nient'altro gli resta a desiderare. E questo Essere per l'appunto è Quegli che noi chiamiamo Dio; imperciò la sua esistenza viene altamente reclamata dalla natura stessa dell'uomo. Laonde diceva Plutarco, che se girate tutta la terra, potrete trovare città senza fortificazioni, senza lettere, senza re, senza case, senza monete: ma nessuno trovò una città priva di templi e di divinità, che non abbia preghiere e giuramenti ed oracoli. L'Ateismo adunque teoretico, di cui è parola in appresso, è una chimera, e senza appoggio, persuaderà gl' insensati. La esistenza di Dio è un punto morale radicato nell' intimo senso di ciascun' uomo,

281. Conosciuta la Essenza (278) e la Esistenza di Dio (280), come in un vasto campo cі si presentano alla mente tutte le rimanenti perfezioni divine. Infatti Dio è l'Essere Necessario; dunque in Lui si contiene la ragione sufficiente di tutt'i contingenti, i quali o sono nello stato di esistenza, o in quello di pura possibilità. E poichè dare la esistenza alle cose possibili richiede una forza creatrice: così Dio godendosi di una tal forza Egli è l'Autore ed il Creatore di quanto osserviamo; cioè delle cose tutte: è perciò dovere dell' uomo di riconoscerlo come tale, dovendo avere rette opinioni di Lui (279). Peccavano quindi contra una tal legge di natura tutti que'Filosofi sì antichi che moderni, i quali volevano eterna la esistenza delle cose, come Leucippo, Epicuro, Lucrezio, Maupertuis, Boulanger, Elvezio, Voltaire, Rousseau, e cento e mille altri indegni per vero del nome di Filosofo.

Ma se le creature tutte dal niente chiamate alla esistenza per la sola forza Creatrice di Dio, fossero state abbandonate a loro stesse, certo sarebbero ritornate in quel niente, donde furono estratte. Ma Dio che voleva la vera esistenza delle creature, come il fatto naturale apertamente ci mostra, volle sorreggere questa esistenza donata alle creature; perlocchè è un atto positivo e diretto dalla divina Volontà quello di mantenere le creature nella esistenza. Or tale atto di Volontà è quello che propriamente dicesi Conservazione; Dio dunque è'l Conservatore universale delle cose. E poichè nelle varie creature scorgonsi le forze o le quasi forze, di cui la conservazione propriamente vuolsi dire Concorso ; l' è chiaro che Dio concorre a tutte le azioni delle cause seconde. Dalle quali cose emerge, che indispensabile è all'uomo il dovere di riconoscere Dio come Conservatore delle cose sì per rapporto alla esistenza in generale, che per rapporto alle forze particolari delle creature.

Oltreaché una Teocrazia naturale appare in tutto il mondo scorgendo fini nelle creature, onde compongono un sistema universale ; fini che tendono al gran fine del Creatore, a manifestazione del quale come mezzi si ebbero la creazione la conservazione il concorso. È la direzione de' mezzi e delle azioni al fine è quella che forma il governo, in mezzo a cui chi dirige vuolsi chiamare Governatore e Rettore. L' uomo quindi à da riconoscere per suo dovere Dio come Governatore e Rettore di tutto il mondo.

Finalmente da tutte queste cose fin qui segnate riluce l'alto dovere dell'uomo riposto nel riconoscere Dio qual Provveditore di tutte le cose. Infatti Dio à creato, conserva, e concorre alle azioni delle creature, regge e governa il creato medesimo : requisiti tutti per una Provvidenza. Dunque la Provvidenza di Dio non solo generale, ma anche particolare esige la riconoscenza dell' uomo. È poi la Provvidenza la cura che Dio à delle cose create. Per la qual cosa peccano contra queste leggi di natura, sia direttamente, sia indirettamente, tutti i Fatalisti, i quali negando la provvidenza in Dio fanno ancora opposizione alle altre sue perfezioni : i Deisti, i quali negavano a Dio la provvidenza delle cose vilissime, come indegna di Lui.

282. A riunire intanto secondo il corto nostro modo di vedere in Dio tutte le rette opinioni, di cui l'uomo à il dovere di professare in ordine alla Divinità (280), diciamo che Dio essendo l' Essere necessario, e quindi Perfettissimo (278), è Egli un' Essere Semplice, Eterno, Indipendente, Incomprensibile, Onnipresente, Uno, Intelligente, Saggissimo, Prescio, Onniscio, Liberissimamente Volente, Onnipotente, Verace, Giusto, e, volendo tutto esprimere quello che giammai possiamo raggiungere, Egli Dio è l' Essere infinitamente Ottimo.

Nella Teologia Naturale furono esattamente dimostrati con la ragione tutti questi divini attributi, per cui qui siamo dispensati dal calcare le stesse tracce ; soltanto per ogni dimostrazione valga quella desunta dalla idea del perfettissimo , che rattrovasi in Dio; perlocchè dev' Egli abbracciare tutte le possibili ed esistenti realità, e quindi perfezioni in grado sempre illimitato ; ciocchè porta l' infinito. Per la qual cosa peccano contra la legge di natura gli Antropomorfiti i quali davano un corpo a Dio ; i Dualisti i quali ammettevano due principî ; i Politeisti i quali come i porri moltiplicavano le divinità; Cicerone e Socino i quali negarono la prescienza in Dio; gli Epicurei i quali rinfacciavano a Dio i mali che succedono nel mondo ; cui si uniscono ancora i Manichei ; ed ogni altro che invece di rettamente pensare di un tale sublimissimo Essere, gli va attribuendo mostruose , ridicole, o strane invenzioni. Ma se di Dio diciamo piuttosto quel che non è , per servirmi dell' espressioni di S. Agostino, che quello ch' è , come mai poi ardiamo metter bocca sull' oceano infinito delle sue perfezioni , e voler ragionare infino ad entrare in sindacato con Lui? Che se « È meglio ignorare Dio, che sapere [1] », diceva l' istesso S. Agostino, ci basterà quanto finora abbiamo cennato su le perfezioni di Lui per tema di deviare dal retto sentiere , e di essere occecati da quella luce splendidissima per troppo volerci in essa addentrare. Piuttosto poniamo mente a tutto quello, che Dio vuole e dev' esigere dalla creatura ragionevole, attesa l' infinita eccellenza di natura, ch'Egli godesi in seno della Eternità.

A Deum melius est nescire quam scire.

LEZIONE XXVII.

SI PROSCRIVE L'EMPIETA', E SI FISSA L'AMORE DOVUTO A DIO.

§ 283. *Chi dicesi empio — chi bestemmiatore — l' empietà , e la bestemmia son due vizi contra la legge di natura — l'uomo deve manifestare la gloria di Dio — questa manifestazione è bene dell' uomo — doveri verso gl' ignoranti , traviati , empi, e bestemmiatori — e s' essi possono castigarsi con pene, e supplisi — è impossibile la esistenza di un' ignorante teoretico di Dio — l'istesso giudizio si rifonde su l'ateo teoretico negativo. — l' uomo deve amare Dio — questo amore dev' essere sommo — doppio motivo perchè l' uomo deve darlo a Dio — che importa beneficare Dio — come invocarsi il nome di Dio — benevolenza di Dio verso l' uomo.*

283. La idea di dovere è relativa a quella di dritto (20); se dunque l' uomo à doveri verso Dio, è naturalissimo che Dio vantasse dritti su lui. Or l' uomo i suoi doveri verso Dio li attinge come da inesausta fonte dalle perfezioni tutte di Dio stesso (272): ogni perfezione divina dunque sarà un dritto, che Dio vanta sull' uomo. Che anzi come l'uomo non può esonerarsi da tali doveri senza cessare di essere da Dio dipendente ; così Dio non può fare a meno di esercitare i suoi dritti sull' uomo senza cessare di essere un Dio Creatore. Per la qual cosa essendo la divina esistenza quella che a preferenza di ogni altra cosa deve l' uomo riconoscere in Dio (280); questa stessa esistenza sarà un primo dritto che Dio vanta sull' uomo per modo che, (§ CXXVIII.) dicesi Empio colui che nega Dio, ed in conseguenza le perfezioni di Lui. Tal

sarebbe l'Ateismo, vizio esecrando, che non ammette idea
alcuna di Dio negandone ogni esistenza; per cui l'Ateo le-
dendo il dritto di Dio pecca villanamente contra la legge di
natura.

284. Ma posta la esistenza di Dio necessariamente debbonsi
porre tutte le divine perfezioni; perlocchè desse formano (283)
altrettanti dritti che Dio stesso vanta su gli uomini di maniera, che dicesi Bestemmiatore colui, che ardisse attribuire
imperfezioni a Dio. Tali erano i Pagani, i quali, come rilevasi da' loro poeti, ammettevano per Dio un Giove vendicatore, un Mercurio ladro, una Venere impudica, e mille altre
simili stranezze che la fervida fantasia de' lor poeti, o le truci
loro passioni vagheggiavano ideare. Per la qual cosa troppo
giuste erano le mosse che lor contra pigliarono non solo i
Cristiani Scrittori, ed Apologisti della Religione del Cristo,
come Giustino Martire, Atenagora, Tertulliano, Cipriano,
Lattanzio, Eusebio, ed altri molti; ma ancora con somma
nostra meraviglia gli stessi scrittori pagani retti da un miglior sentimento inverso la divinità, come a tacer di molti
scorgesi in Sofocle rapportato da Giustino Martire 1, da Eusebio 2, e da altri. Ecco dunque com' egli dice:

> Uno soltanto è Dio;
> E da sue mani uscìo
> Il cielo, il firmamento,
> La terra, il mare, il vento,
> Fra noi v'è pur talora
> Chi folle i numi adora,
> Come per certo spasso,
> Scolpiti in legno in sasso;
> Oppur nell'oro espressi,
> O su l'avorio impressi;
> Con sacrifizi e voti
> Festeggia i dì devoti

1 Paraenes. ad Graec. p. 17. De Monarch. Del p. 104.
2 Praepar. evang. p. 348.

Ed egli in tal maniera
Esser pietoso spera 1.

283. Dal detto emerge, che tanto l'Empietà, quanto la Bestemmia son due peccati contra la legge di natura, e che non
ammettono scusa di sorta alcuna. Imperciocchè la esistenza e
le perfezioni di Dio l'uomo in un modo a sè confacente le
raggiunge (274) per maniera, che non può addursi ignoranza, od errore invincibile intorno ad esse: come rilevasi ancora dall'Apostolo 2, e per cui 3 acramente si scagliava contra
i Romani per le tante nefandezze che esprimevano ne'loro Numi, e che le facevano poi di pubblica ragione, sia nelle immagini, sia nelle statue. Tanto più ciò corre per tutti coloro,
che ostinatamente professano l'empietà per effetto delle loro
sfrenate passioni a tal che imperterriti negano qualche attributo di Dio, e sogliono dire Lui non curarsi delle faccende di
quaggiù; perchè non seconda le ree loro inclinazioni. Perciocchè prorompono in mille bestemmie, che fan mancare gli spiriti a chiunque le ascolta. Ma che forse, lor diciamo, sgomentasi Dio alle loro stranezze? e non sa pigliare le giuste
ire contra queste insolenze? Egli il Nume amabile vuol'esser
temuto, come diremo in appresso, ed il momentaneo stupido
sfogo dell'uomo non servirà che a maggiormente accendere il
fuoco del suo sdegno. L'empietà, e la bestemmia son due
errori che tosto faranno ricredere i più protervi, allorquando
cioè intuona l'ora dell'effetto della imputazione naturale, ed
allora il pentimento riuscirà assai sterile perchè troppo tar-

1.   *Unum profecto Numen, unus est Deus,*
    Qui condidit coelum, et solum terras patens,
    Marisque fluctus, vimque ventorum gravem.
    Plerique nostrum mente sed capti, Deum
    Simulacra nobis, ceu mali solatium,
    Cum saxea atque acerna consecravimus,
    Tum et aureas eburneasque imagines.
    Has victimis placamus: His festos dies
    Agimus: pios hoc esse nos rati modo.

2 Rom. 1. 20.
3 Rom. 1. 21. 22. 23.

dato. L'empietà infine e la bestemmia si scorgeranno due mali realmente positivi ; giacchè è scritto : « *Dio odia l'empio*, *e la sua empietà 1* » ; ed altrove : « *Quei che lo maledicono*, *andranno in perdizione 2* ».

286. Riunendo adesso quanto fin qui s'è detto sulle divine perfezioni, c'è dato scorgere nella più facile naturale conseguenza il gran dovere che l'uomo à di promuovere la Gloria di Dio (§. CXXIX.). Infatti il fine per cui l'Autore della natura à creato l'uomo s'è stato la felicità, che deve godersi l'uomo stesso (24) ; felicità la quale è riposta nel possesso pieno ed adequato dell'istesso Autore della natura (24). Or non potendosi possedere se non quello che si conosce, è chiaro che l'Autore della natura creò l'uomo a fine che conoscesse le infinite sue perfezioni. Quali perfezioni essendo infinite debbono per necessità contenere tanta eccellenza, che di repente si attirano tutta la meraviglia per parte dell'uomo che le contempla. La contemplazione di queste infinite perfezioni attesa la bontà infinita di Dio deve avere tanto contento e piacere, che l'uomo quasi immobile rimane pel torrente del gaudio, che si sente trasfuso in seno per la concepita meraviglia. Or la esperienza a sufficienza ci assicura che quando un'essere si diletta delle perfezioni di un'altro essere ne vuol dar subito notizia agli altri, acciò questi si dilettassero al par di lui delle concepite perfezioni dell'essere posto in contemplazione, e per lui avessero l'istessa stima, ch'egli ragionevolmente ne nutre. Se dunque l'uomo deve soddisfare al fine del suo Autore ; cioè deve acquistare una notizia viva delle perfezioni di Lui (275), le quali son di tal natura che niente di meglio possono contenere ; come una tal notizia incredibilmente lo diletta, così da per tutto deve manifestarla. Ma nella manifestazione delle perfezioni divine è riposta la Gloria di Dio : l'uomo dunque da per tutto deve manifestare questa Gloria. Ed ecco il gran dovere che l'uomo assiste in ordine alla divinità ; dovere interessante da cui pende la felicità dell'uomo stesso, e per cui

---

1 *Odio sunt Deo impius, et impietas ejus.* Sap. 14. 9.

2 *Maledicentes ei disperibunt.* Psalm. 36. 22.

a dilucidarlo più cose ci occotrono segnare, onde fossimo sempre saldi nella verità.

287. Ed infatti la promozione della gloria divina, di cui qui è parola , è intesa per la sola gloria accidentale di Dio ; giacchè la sostanziale non può promuoversi dall'uomo per due riflessi ; sì perchè questa è insita a Dio e non dipende dalla creatura ; sì perchè non può essere capace di aumento e di diminuzione senza rendere variabile Dio stesso , ciocchè è impossibile. Trattandosi adunque di sola gloria accidentale, questa per niente influisce a bene di Dio; altrimente sarebbe soggetto alla variazione, com' è chiaro ; ma tutto il bene è parte della creatura che la promuove ; dappoichè è diretta a far conoscere Dio anche agli altri , per cui l' uomo disimpegnando il suo dovere adempie la legge , onde in premio ottiene la felicità (24) , essendo impossibile che chi promuove la gloria di Dio non amasse Dio stesso, e chi lo ama non adempisse la sua legge , e por conseguenza fosse infelice. A tal riguardo tutte le divine perfezioni reclamano all'uomo il più alto dritto come di essere vagheggiate ; così pure di essere aggiornate nella mente altrui per opera di colui , cui già toccò in sorte di renderscle famigliari. Conciosiachè è fuori dubbio che al vero amante riesce impossibile tacere dell'oggetto amato, ed in tutte l' ore vuole che un tale oggetto fosse applaudito con lui dall'universale. Perlocchè se l' uomo veramente dilettasi delle perfezioni dell' augusto Autore della natura ; fecondo è 'l suo labbro a promuoverne la gloria; quindi a predicarne le perfezioni, esaltarne i pregi , spanderne le dolcezze.

288. Conseguentemente abbiamo che l' uomo è tenuto ad istruire gl'ignoranti, ridurre i traviati sul retto sentiere della virtù , gl' empi infine indurre ad aver la pietà per un Nume cotanto sublime, e la bestemmia aver di mira fosse distrutta in terra. Pe' primi deve usare tutta la carità , e la pazienza per togliere le tenebre che offuscano il loro intelletto , e deve qual tenera madre istillare in essi il latte della vera pietà; perlocchè s' ingannano a meraviglia coloro che trascurano un sì nobile impiego , non credendosi ad esso obbligati. La cultura dell' ignorante è legge di natura , la quale, come si osserve-

rà , obbliga tutti gli uomini. Pe' secondi ; cioè pe' traviati , non bisogna mai stancarsi , nè avvilirsi a' loro ingiusti tratta- menti , come per l'ordinario sogliono pagare il bene. che lor cercasi insinuare. A misura il loro vizio. piglia forza bisogna accrescere le nostre buone insinuazioni, la quali fatte a tempo, à luogo , e condite colla prudenza , non potranno non riuscire fruttuose. Per gli empi infine ed i bestemmiatori bisogna far uso di solide dimostrazioni e forti esortazioni , ma in diversa guisa attesa la diversità del vizio ;. gi acchè ambidue ledono la legge di natura sotto differenti rapporti.

289. Ma quì può farsi la quistione, se mai gl' ignoranti , i. traviati , gli empi, ed i bestemmiatori , de' quali tutti qui è parola, possono castigarsi con pene e con. supplizi. Il ch. Ein- neccio porta opinione di no , e vuole che soltanto con dimo- strazioni ed esortazioni energiche. si facciano ravvedere , ed a sostenimento della sua opinione così ragiona (Not. al §. CXXIX.) La ignoranza e l'errore sono vizi dell' intelletto, e non già della volontà (85): or l'intelletto per convincersi della ve- rità richiede ragioni, argomenti, insomma dimostrazioni , e non già il ferro, il fuoco., in una parola la forza; dunque contra de' cennati trasgressori della legge naturale non possonsi, nè debbonsi usar pene, e castighi. In compruova adduce l'au- torità di Clemente Alessandrino, il quale dice che quegli stessi i quali vanno sotto il nome di Atei ordinariamente sono : « Uo- mini temperanti , e dediti ad una vita oscura, e che sono i più accorti degli uomini nel conoscere la impostura comune de' loro tempi intorno agli Dei 1 ».

Ma con tutto il rispetto al ch. Autore, di cui seguiamo fedelmente le pedate, portiamo noi contraria opinione; e quindi diciamo che debbonsi castigare con pene e supplici quando la retta ragione lo consiglia pel bene del particolare, ovvero pel bene dell' universale, che senza dubbio al particolare debbesi preferire. E che sia così, non ardiamo sulle prime oppugnare la proposta ragione del ch. Einneccio, la quale è vera veris-

1 Viri temperantes et modeste viventes, et reliquis hominibus ad pro- videndam vulgarem circa Deos imposturam acutiores. In Protrept.

siasi in sè sola considerata ; ma soltanto aggiungiamo in sostegno della nostra opinione , che finchè l'errore si arresti al solo intelletto non si può usare pena contro il trasgressore; giacchè , come fu detto (91) , per la perfetta azione contra la legge si richiede anche la volontà. Ma fatto uso di tutt'i mezzi di convincimento , ed il trasgressore non si convince , chi proibisce che si faccia uso della sferza , come suol dirsi? Imperciocchè in tal. caso vi concorre tutta la malizia della volontà per trasgredire la legge; poichè i mezzi di conoscere la sublimità dell' Essere perfettissimo sono naturali (274) , e l' usare ulteriori schiarimenti, ossia mezzi , è un dippiù che anzi suffragare la malizia , la rende più colposa.

290. E poi non possiamo persuaderci come mai possonsi dare questi teoretici ignoranti della perfezione universale dell' Autore della Natura. Conciosiachè ogni cosa parla e dice l'Essere Necessario necessariamente racchiudere in Sè come in un' infinito Oceano tutte le possibili realtà (279): la ragione, la coscienza , in somma tutto l' uomo inculca all' uomo stesso questa svariata infinita perfezione del Creatore della natura, e dell'uomo. E datasi in astratto questa invincibile ignoranza, è naturale in conseguenza che si dia in generale ignoranza invincibile del Dritto di Natura ; ciocchè fu da noi tenuto per una vera chimera (90). Se dunque impossibile si mostra una siffatta teoretica ignoranza , fa mestieri dire colposa la ignoranza di colui che non sa le perfezioni dell'Autore della Natura , colposo il traviamento, colposa infine l' empietà e la bestemmia : e chi sarà che ardisca negare la pena alla colpa , la quale è figlia della volontà ? E ciò negato si porranno le più potenti sbarre alla finzione , al fanatismo , alla corruzione ; ed eccoti allora una gran famiglia di vizi impuniti ; le società che si reggono all'ombra come della esistenza , così pure delle infinite perfezioni di Dio, andare in rovina ; in somma sbrigliata la licenza ed il mal vivere. Una retta morale certamente non può consentire a siffatti disordini , e se vuol reggere la umanità con la dolcezza , vuol pure temperarla co' castighi , onde l' umana società restasse ferma come sul suo perno.

291. Del resto a riflettere separatamente sull'Ateo, il quale è 'l vero Empio, non c'è ignota la quistione agitata dagli eruditi se mai son possa dare un vero teoretico negativo; cioè quegli che intimamente sia persuaso e per principio che Dio non esista; e sappiamo che la più sana parte degli eruditi per le ragioni da noi poc'anzi addotte (288, 289) meritamente ributta una tale esistenza come puramente speculativa. Per la qual cosa l'autorità del Padre Clemente Alessandrino per niente può suffragare la opinione del ch. Einneccio; giacchè ivi parlasi di quei che non volevano professare il politeismo, e non già di quelli che non ammettono alcuna Divinità. Ed ancorchè di questi cotali si volesse menzionare è da dirsi essere stata una finzione di onestà, di rettitudine; giacchè non può mai stare una vera onestà e rettitudine senza la idea che vi esista un Dio. Cel mostrano a sufficienza. i Panteisti della scuola Ionica che fissarono nell'antichità le basi dell'Ateismo, riprodotte ne' tempi moderni dal Sig. Tolando, e dall'Autore del Sistema della Natura, i quali tutti a meraviglia ci dicono chi fosse l'Ateo, di che è capace, quali infine sono le sue opere. Adunque all'errore dell'intelletto accoppiandosi ancora la colpa della volontà, conchiuderemo senza dubbio potersi usare il ferro, il fuoco; in una parola le pene ed i castighi, dopo aver usate le dimostrazioni e l'esortazioni contro tutti quelli, i quali ignorano le perfezioni dell'Autore della Natura; oppure non agiscano a seconda di queste perfezioni medesime, oppure negano la esistenza dell'istesso Autore; infine gli attribuiscono delle imperfezioni. L'uomo è fatto per Dio (24), Dio può conoscere (276), Dio deve conoscere (280): in tutto questo è riposta la sua Felicità, cui ardentemente anela.

291 bis.. Tostochè l'uomo acquista una perfetta cognizione di Dio vien' egli spinto a porgergli una Religione, la quale è riposta negli atti di sommo amore, ossequio, e servitù; perciò a parlare di questo nuovo dovere, che l'uomo à verso Dio, occorre dapprima sviluppare i tre atti che lo compongono. E per quello riguarda l'Amore (§. CXXX.) non v'à dubbio alcuno essere un dovere dell'uomo quello di amare Dio; dovere nascente come tutti gli altri dalla conoscenza di Dio

.stesso. Imperciocchè la volontà ama quello che s'è conosciuto per mezzo dell'intelletto; ma che s'è conosciuto come avente in sè delle perfezioni le quali producono una compiacenza per l'oggetto, cui mira la volontà. E per certo l'umano intelletto conoscendo l'infinita perfezione di Dio porge alla volontà un pabolo indicibile di compiacersi di questo Essere perfettissimo, in cui rinviene la vera ragione di bene (286). Ora il gaudio percepito per l'altrui perfezione e felicità vuolsi dire Amore (161). Se dunque l'uomo deve conoscere Dio (280), e nella conoscenza rinviene diletto, sarà chiaro che deve amare Dio stesso.

292. Ma deve a Dio un sommo amore a tal ch'è obbligato amarlo con tutte le forze dello spirito, con tutto l'affetto del cuore: « Con tutto il tuo cuore, è registrato nelle sacre pagine, e con tutta l'anima tua, e con tutto il tuo spirito 1 ». Dappoichè la volontà con tanto più empeto si slancia ad amare l'oggetto noto per l'intelletto, quanto più perfetto l'istesso intelletto conosce l'oggetto. Or come l'intelletto conosce Dio qual'Essere perfettissimo (278), e che solo può formare la felicità dell'uomo (24): così la volontà deve amarlo a preferenza di ogni altro oggetto. Per la qual cosa emerge ch'egli l'uomo è tenuto ad evitare tutto ciò, che possa essere di dispiacere a Dio; ossia ch'è contrario alla sua natura; e quindi alla sua volontà; giacchè il vero amore, a detta di Cicerone, consiste nell'idem velle e nell'idem nolle; vuol dire chi ama fa tutto quello che piace all'oggetto amato, e si guarda molto bene dal porgere il menomo disgusto all'oggetto amato. Or l'uomo deve a Dio un'amore, ed un sommo amore; deve dunque volere quello che Dio vuole, non deve volere quello che Dio non vuole; cioè non deve l'uomo in alcuna guisa dispiacere al suo Dio. Ond'è che diceva Senofonte: « Chi altro dunque più rettamente, e religiosamente può venerare gli Dei, che facendo quelle cose, le

1 Ex toto corde tuo, et in tota anima tua, et in tota mente tua. Matt. 22. 37. Luc. 10, 27.

quali *abbiano comandate?* [1] » Il gusto di Dio è da ricercarsi in tutte le cose.

293. Ma questo sommo amore lo deve l'uomo a Dio per un doppio motivo. Primieramente perchè Dio è buono in Sè stesso; giacchè essendo Egli l'Essere perfettissimo racchiude in Sè tutte le possibili perfezioni (278) in grado infinito : e tra le perfezioni vi esiste la bontà, per cui Dio dicesi Buono (282). Secondariamente è buono relativamente all'uomo ; perchè diceva Platone il bene essere diffusivo di sè stesso : e qual diffusione maggiore può darsi in ordine all'uomo, se Dio l'à ricolmato per sola sua bontà di tanti beni, e di tanti doni ? Epperò amare Dio con un'amore sommo soltanto in vista di Dio buono in Sè stesso ; cioè amarlo per l'infinito oceano di perfezione che in Sè contiene, l'è un tale amore quello, che gli Epicurei, i Sadducei, chiamavano Amore puro di Dio, e che diede campo alla celebre quistione su tale amore; quistione che se il tempo non venne ad assopirla, Francesco Salignac Fenèlon cercò di nuovo suscitarla, e che molto dipoi agitò gli animi. Non è nostra intenzione entrare nella presente quistione ; ma soltanto di passaggio vogliam riflettere, che considerarsi la bontà di Dio dalla creatura ragionevole senza riflesso della stessa bontà verso le creature è un'astrazione che sembra non avere alcun fondamento, se dalla considerazione della creatura si giunge al Creatore [2]. Concediamo però che amare Dio per solo riguardo del bene che fa alla creatura è un'amarlo per interesse ; ma a rettamente giudicare non si potrà negare, che amarlo primariamente per Sè stesso, e secondariamente poi per le creature, sia anche un'amore puro. Lasciamo intanto volentieri la presente quistione a'Teologi mistici, onde non deviare dal nostro scopo.

294. Qui però deve notarsi una elegante sentenza di S. Tommaso e di S. Agostino, che l'amore cioè consiste nel beneficare. Or l'uomo deve a Dio un sommo amore (293); dunque deve

---

1 *Qui ergo possit aliquis rectius et religiosius Deos colere, quam ea, quae jusserint, faciendo ?* Lib. 4. Cap. 3. S. 16.

2 Rom. 1. 20.

beneficarlo, ossia fargli del bene. Questo far bene a Dio non importa che Dio ne avesse bisogno quasi che mancasse di perfezioni, mentre Egli è l'Essere perfettissimo (278); ma importa esigenza per parte della natura dell'uomo, il tutto ridondando a vantaggio del solo uomo. Per la qual cosa il far bene a Dio consiste nel promuovere la gloria di Dio (286 e segg.); nell'adempire i suoi voleri (292): nel disimpegnare i propri doveri: insomma far bene a Dio significa vivere da onesto uomo, e da buon cittadino, e queste cose certamente come dicono tutt'i doveri dell'uomo; così pure dicono tutto il vantaggio per l'uomo stesso. Chi ama sa che importa amore, e chi ama pensa ad opera a norma dell'oggetto amato.

295. Finalmente il sommo amore che l'uomo deve a Dio essendo quello di obbedienza, ovvero di Divozione (176), sarà chiaro, che un tale amore spinge l'uomo ad avere per Dio non solo la tenerezza di un vero figlio verso il padre, ma ancora tutto il rispetto, e la venerazione per lo stesso Iddio. Perlocchè questo amore spingendo l'uomo a venerare Dio, lo spinge pure ad invocare il nome santissimo di Dio con tutto il rispetto, e con tutta la venerazione: invocarlo nel caso di bisogno, e quando ne risulta l'onore, la gloria, e la venerazione per un tal tremendo Nome. Laonde son degni di tutta la riprensione, e peccano contra la legge di natura coloro, che fuori il caso di ajuto invocano un tal Nome, e lo profferiscono per ischerzo, o per disperazione, e come per moda a guisa di ornamento di discorso. Maggiormente son degni di vitupero quelli che inveiscono contra un tal nome, lo strapazzano, lo ingiuriano, e tacciamo per riverenza tutto il resto dell'abuso che vediamo succedere tra gli uomini. Oh! ricordassero almeno i benefici che ricevono nel momento istesso che odiano un tal Nome!! Epperò tutti quelli che ànno senno, e fomentano il vero amore verso Dio, benedicono il nome di Lui, e ne vantano la potenza, la bontà, la misericordia. Eràn questi gli stessi sentimenti, che il divino Platone esprimeva in tai detti: « *Tutti quelli, che ànno senno nel principio di qualunque loro opera sia grande, sia picciola, invocano Dio* 1 ».

1 *Omnes, qui mentis compotes sunt, in operis cujuslibet sive magni, sive parvi exordio Deum invocant.* In Timaeo p. 1046.

Ma tali riflessi ci menano insensibilmente alla conoscenza dell'altro dovere, che l'uomo à verso Dio; cioè dell'ossequio, di cui sarà parola nella veguente lezione.

296. A conchiudere intanto il dovere dell'amore che l'uomo à verso Dio, non sarà fuori proposito soggiungere, che un tale amore è da Dio all'uomo pagato con amore, che suole dirsi di Benevolenza (170). Conciosiachè è proprio dell'oggetto amato riversare i suoi affetti all'amante, e Dio che non si fa vincere in grandezza dalla creatura, non potrà esser privo di questa qualità che rifulge nelle creature. Egli è 'l sommo Bene, verità conosciuta dagli stessi Gentili, cui apparteneva Cleante, il quale presso Clemente Alessandrino così dice: « Se un qualche bene vi sia, desideralo, e così pensi di lui. È ordinato, giusto, santo, pio, valente di sè, vantaggioso agli altri, bello, decente, retto, costante, che sempre poi dà; privo di timore, di dolore, di ogni affanno, che giova, benigno, stabile, amico, amabile, e da dirsi degno di onore. Ed è glorioso, non superbo, che à cura di tutti, piacevole, e forte, Antico del tempo, schivo di colpa, sempre immobile. Ahi! quanto vile è colui, che crede giungere al vero suo scopo senza la guida di tali opinioni 1.

Dunque Egli Dio à una somma benevolenza per le sue creature, massime ragionevoli: e loro vuol spargere siffatta benevolenza, a motivo di che loro concesse una Ragione, con cui apprendessero i fini tratti del suo Amore, li sentissero, li apprezzassero. Ond'è che diceva S. Giovanni « Dio è carità:

---

1 Si quale sit bonum, rogas, ita accipe.
   Est ordinatum, justum, et est sanctum, pium.
   Sui potens, commodum aliis, pulcrum, decens,
   Rectum atque constans, semper autem conferens.
   Expers metu, dolore, curis omnibus,
   Iuvans, benignum, stabile, amicum, amabile,
   Honore dignum, confitendum,
   Et gloriosum, non superbum, quod gerit
   Curam omnium, placens, et viribus valens.
   Aevi vetus, culpae inscium, semper manens.
   Ah vilis ille, opinionem qui adspicit,
   Tanquam duce huc venturus ad veri scopum!

e chi sta nella carità, sta in Dio, e Dio in lui [1] ». Anzi ci
previene col suo amore; dappoichè la esistenza, la conservazione, i doni naturali, la provvidenza, e cento altri benefizi,
ch' Egli ci dona senza niuna nostra spinta, ma per sua mera
liberalità, non sono per certo anticipate finezze del suo amore?
Tacciano quindi i miscredenti d'insultare quest' Essere grande
nella natura, ricco nel beneficare: ma piuttosto si diano a
venerarne l' altezza, a baciar quella mano che li benefica, facendo spuntare il Sole come sul giusto, così pure sul malevolo. Tant' è la forza del suo cuore inverso l' uomo !!

Ciò detto in ordine all'amore può bastare per un Naturalista, che procede nelle sue investigazioni all' ombra della ragione; tutt'altro, ed anche sublimissimo, che vi resterebbe
a dire, come parto della rivelazione, volentieri lo lasceremo
a' Dommatici.

---

[1] *Deus caritas est, et qui manet in caritate, in Deo manet, et
Deus in eo.* 1. 4. 16.

LEZIONE XXVIII.

ESISTENZA, E NECESSITA' DELLA RELIGIONE.

§ 297. *L'uomo deve a Dio un sommo ossequio — non che una somma servitù — il timore verso Dio dev'essere filiale, e non servile — in che si ripone la religione — l'uomo deve a Dio la religione — la vera religione — che cosa è la superstizione, e sue specie — deve fuggirsi — se differisce dall'Ateismo — torti, che fa la superstizione — l'uomo deve la vera religione al solo vero Dio — e si deve da tutto l'uomo — si definisce il culto interno, ed esterno — si ribattono gl'Ippocriti — conseguenze del culto interno — l'avvilimento de' buoni, e la prosperità de' cattivi non deve sminuire nell'uomo la fiducia in Dio.*

297. La Religione è 'l complesso de' sommi tre doveri dell'uomo verso Dio (291), di amore cioè, di ossequio, e di servitù. Or finora avendo parlato del sommo amore, che l'uomo deve a Dio com' Essere Perfettissimo, conviene in ultimo parlare dell'ossequio e della servitù; onde da vicino contemplare la Religione. E per quello riguarda dapprima l'ossequio, esso (§. CXXXI.) consiste in una perfetta dipendenza, che l'uomo deve da Dio; cioè impegnarsi nel fare tutto quello, ch' Ei comanda; ed intralasciare tutto quello, ch' Ei proibisce per modo che debbe aver presente Lui tutto vedere, e tutto conoscere, essendo presente (282) in ogni luogo, penetrando fino i nostri più reconditi pensieri. Ciò posto al sommo Bene si deve un sommo ossequio, com'è chiaro : ma Dio è il sommo Bene (296); dunque a Dio si deve un sommo ossequio. E poichè l'ossequio verso Dio principalmente è dovuto a motivo della eccellentissima presenza di Dio stesso; perciò è che atteso Dio c'è presente lo dobbiamo sempre venerare, concependo di Lui la più alta stima che c'è possibile. Per la

qual cosa i tanto celebri Newton e Clark, erano molto circospetti nelle loro azioni essendo oltremodo penetrati da una tal presenza, cui porgevano un sommo ossequio; per cui dimandati perchè così agivano, essi tosto rispodevano: « Iddio ci vede; Iddio c'è presente ». Facciamoci dapprima penetrare dalla presenza divina, e poi ci sarà facile concepire inverso Dio un sommo ossequio.

298. Per quello poi riguarda la somma servitù che l'uomo deve a Dio stesso, ella si ripone nel timore che l'uomo deve avere per Lui; giacchè chi veramente ama non solo rispetta l'oggetto amato, ma ancora teme di dargli disgusto. In conseguenza il timore di Dio per l'uomo costituisce un dovere, che nasce dalla infinita giustizia di Dio stesso (282), la quale non soffre il male impunito, ned il trasgressore senza infamia. L'uomo adunque deve temere Dio, ed è questo il segno, ed il principale effetto dell'amore. Ed infatti, l'uomo deve amare Dio con un'amore sommo e di preferenza (292): ma chi ama teme disgustare l'oggetto amato; dunque l'uomo deve temere Dio; ma chi teme Dio serve a Dio: è chiaro che se l'uomo deve temere Dio, il quale essendo un Bene sommo (296), a Lui deve una somma servitù.

299. Intanto il sommo timore, o somma servitù porta che si abbia una gran premura di piacere all'oggetto amato ch'è Dio, di prestargli una esatta obbedienza, infine che siasi premuroso di non trasgredire i suoi comandamenti a fine di non dispiacerlo. Epperò un tal timore dev'essere Filiale, e non già Servile; cioè dev'essere quel timore che il figlio porta al padre, e non già quello che il servo porta al padrone. Perciocchè il timore filiale consiste in un'amore ardentissimo, che seco porta non dare dispiacere di sort'alcuna, a differenza del servile che consiste nell'astenersi dal violare i precetti per non incorrere nella pena comminata, ed è congiunto coll'odio, od almeno è spoglio dell'amore. Se dunque è un dovere dell'uomo temere Dio (298), dev'egli temerlo alla foggia di figlio, e non mai a quella di servo. E per maggiormente calcare un tal dovere che assiste l'uomo non è fuori proposito distinguere nel timore servile un timore semplice-

mente servile, ed un timore servilmente servile, per usare
la frase della scuola. Il primo à radice nell'amore, ma non
è tutto amore; il secondo è affatto privo di amore. Il primo
dispone all'amore filiale; il secondo allontana l'amor filiale.
Or come il timore di Dio deve partire dall'amore, il timore
semplicemente servile abbenchè vantaggioso per l'uomo; pure
non giunge a soddisfare il dovere che l'uomo assiste. Perlocchè fa mestieri a tutto conto, che l'uomo onde dia a Dio una
somma servitù deve prestargli un sommo timore informato dal
più puro amore verso Lui; e perciò dal timore deve sempre
allontanare ogni timore servile.

300. A tal modo sviluppati i tre essenziali doveri, che
l'uomo deve prestare a Dio; cioè un sommo amore (292), un
sommo ossequio (297), ed una somma servitù (298), siamo
nel caso di entrare nella sublime trattazione della Religione,
come dal principio cennammo (291). Imperciocchè la Religione è riposta nel culto di sommo amore, di sommo ossequio, e di somma servitù. Ora pel dimostrato questi tre atti
l'uomo deve a Dio; dunque l'uomo deve a Dio la Religione. Ecco
il perchè i doveri Teologici vengono ancora chiamati doveri di
Religione, i quali, diciamo ai miscredenti, non sono una invenzione degli uomini politici per sorreggere le umane società; sibbene son fatti reali di ragione dipendenti dalla incontrastabile
esistenza di Dio Autore dell'uomo. Epperò a procedere ordinatamente in questa sublime materia, avremo più cose a dimostrare: e propriamente l'uomo deve a Dio la Religione, gli
deve la vera Religione, la vera Religione la deve al solo vero
Dio, infine la vera Religione si deve al vero Dio da tutto
l'uomo. Di ognuna di queste verità ne formeremo una proposizione, onde più commodamente abbattere i tanti errori, che
anno cercato di avvilire o distruggere la vera Religione del
Dio vivente.

PROPOSIZIONE I.

L'UOMO DEVE A DIO LA RELIGIONE.

301. Dim. L'umano intelletto conosciuto Dio, e le sue infinite perfezioni, per necessità ravvisa Dio Creatore del mondo (281), ed in conseguenza dell'uomo stesso. Or colui che crea è causa di quegli ch'è creato; dunque l'umano intelletto riconosce Dio come causa, l'uomo com' effetto. Perlocchè dice l'uomo dipendente da Dio come l'effetto dalla sua causa. Ora in questa dipendenza è riposta la Religione; dunque l'uomo deve a Dio una Religione.

Più, l'umana volontà aspira a Dio come a suo sommo Bene, da cui pende la sua felicità. (24). Or aspirare a Dio è tendere a Dio stesso; ed il tendere dice dipendenza: dunque l'uomo per la volontà dipende da Dio. Ma in questa dipendenza è riposta la Religione; dunque l'uomo deve a Dio la Religione.

Finalmente ciò ch'è essenziale alla natura umana, l'uomo in niuna guisa può distruggerlo. Or l'esistere e l'operare secondo natura; cioè dipendere da Dio come Creatore, e da Lui stesso dipendere come dal sommo Bene, son due atti essenziali della natura umana; dunque l'uomo in niuna guisa può distruggere questi due atti. Ma in essi si ripone tutta la Religione; dunque è essenziale all'uomo dare a Dio la Religione. Or ciò ch'è essenziale all'uomo forma la natura dell'uomo stesso. Adunque per natura l'uomo deve a Dio la Religione.

Dove adesso andranno a campare gli Atei? La loro stessa natura li condanna spingendoli verso Dio come lor Superiore. Avranno essi un bel negare la esistenza dell'Esser Sommo; ma come negheranno i sentimenti di quella natura, che con sè stessi portano dovunque, ad ogni momento si fan sentire, sempre reclamano le loro obbligazioni? È un sogno, un fantasma, una verissima illusione l'Ateismo. Passiamo innanzi.

PROPOSIZIONE II.

L' UOMO DEVE A DIO LA VERA RELIGIONE.

302. Dim. Dio è la Verità per essenza ; giacchè Egli è 'l Sommo Vero , essendo il sommo Bene , e come tale l' Essere perfettissimo (278). Dunque à tutto il dritto di esigere sempre dagli uomini il vero ; conseguentemente sempre abborrire il falso. Or la verità nella sola vera Religione può rattrovarsi; giacchè la sola vera Religione esprime la vera natura dell'uomo (301); dunque l' uomo deve a Dio la vera Religione.

* Peccano adunque contra la legge di natura ingannando la propria individuale natura i Politeisti , gl'Ippocriti, ed i Superstiziosi. I Politeisti ; giacchè componevano la lor Religione di un' ammasso mostruoso di virtù e di vizj , giungendo la lor pazzia a tal segno fine a porgere le più nefande azioni come atti doverosi di Religione. Gl'Ippocriti; giacchè fingendo Religione sacrificano a'loro capricci, ed alle lor passioni. Finalmente i Superstiziosi , di cui qui è uopo farne una speciale menzione.

303. La Superstizione consiste in un culto vizioso, assurdo, e ridicolo, il quale prestasi alla Divinità. Or giova dapprima riflettere , che un tal culto non è effetto del timore servile (§. CXXXII.), come certuni ànno opinato. Conciosiachè il timore di qualunque specie si fosse (299) non porta che l'uomo non avesse rette opinioni della divinità ; sibbene che l' uomo schivi la colpa per timore della pena; o che abbia niun'affetto alla colpa come nel timore semplicemente servile ; o che abbia un tale affetto alla colpa medesima come succede nel timore servilmente servile : mentre la Superstizione si forma della divinità opinioni assurde , come succedeva nel Politeismo (302); oppure dà alla divinità un falso culto, di cui qui propriamente vuolsi tener parola. Oltreacchè il timore de' castighi fa sì che il deviato a poco, a poco rientrasse in sè stesso, e deponendo il timore ripigliasse l'amore; giacchè conoscendo Dio giusto (282), e la giustizia porta premiare la virtù pu-

nire il vizio, conosce pure che Dio è buono (278) per modo che, à dato i mezzi per uscire dal delitto. Perciocchè comincia ad entrare nella fiducia, poscia nella speranza, infino nell'amore. E per certo tali opinioni non sono assurde; sibbene rette a segno, che ci fanno a pieno scorgere il timore divino servile non esser causa della superstizione. La quale può essere interna od esterna: sarà interna, ove il vizioso culto non si esprime con segni esterni, ma tutto si ferma nella sola mente: sarà esterna, ove si esprime con segni esterni. Così un Quakero sarà un superstizioso interno, e l'Ippocrita sarà un superstizioso esterno: ma di questi si dirà a suo luogo.

304. Se dunque l'uomo deve a Dio la vera Religione (302), egli soprattutto deve fuggire la superstizione come una cosa troppo mostruosa (303), qualunque ella fosse sia interna, sia esterna (§. CXXXIII.) E poichè la superstizione è madre fecondissima di molti vizi, incumbe ad ogni uomo dabbene, se vuol odiare questi vizi, odiare la superstizione medesima. Per la qual cosa ogni uomo dabbene, il quale è per certo l'osservante della legge di natura, dev'evitare con ogni cura lo smodato affetto alle cose create, riflettendo che le creature sono stato fatte per lui, ma non egli è stato fatto per le creature, sibbene per Dio (24): ed improporzionatamente amare le creature sarebbe una certa tal quale specie d'idolatria, figlia genuina della superstizione. Così pure deve sbandire dalla sua mente ogni errore, che renda ingiuria alla Divinità, come fingersela avara, facilmente pieghevole a'doni, ed altre cose di simil fatta; giacchè di Dio è dovere dell'uomo aver sempre rette opinioni (293). Oltreacchè deve abborrire la Magia, la quale si à quando uno si prefigge di far cose maravigliose in forza di un patto e di una cooperazione del demonio. Deve abborrire la Divinazione, la quale è la significazione delle cose occulte in forza di un patto col demonio sia espresso, sia tacito. È espresso il patto, quando s'invoca il demonio sia colla bocca, sia colla mente a fine di sapere le cose occulte: è tacito poi quando si adoperano mezzi che non ànno valore alcuno per significare le cose occulte, come sarebbe l'uso del setaccio per conoscere chi sia stato il ladro. Deve astenersi da

ogni culto fittizio come quello che in sè stesso è ridicolo. Finalmente deve aborrire ogni assurda opinione, colla quale si
crede che il solo culto esterno spoglio di ogni amore e timore
possa piacere a Dio: ma di ciò si parlerà a suo luogo. Ecco
intanto i principali effetti della superstizione, cui tutti gli altri possono ridursi, come può commodamente osservarsi presso
Buddeo 1.

- 305. Epperò ella la Superstizione poco o nulla differisce
dall' Ateismo (301); dappoichè lo stesso è non adorare Dio,
che prestargli un culto vizioso il quale gli fa sommo oltraggio, oppure dare ad altri quel culto che solo è dovuto al vero
Dio, come succede nel Paganesimo. Infatti adorare la creatura
pel Creatore è un distruggere il Creatore medesimo: oppure
dargli un culto mostruoso è un non dargli il culto di sommo
e vero amore, di sommo e vero rispetto, nel che riponsi la
vera Religione (291). Per la qual cosa ogni paragone tra l'a-
teismo e la superstizione muoverà sempre il riso, oppugnando
ambidue colle stesse forze la vera Religione, come dimostra
Buddeo 2 contra l'ateo Pietro Bayle. Quindi alla quistione agitata tra Bayle e Buddeo se mai recava più danno alla Religione
l'ateismo oppure la superstizione, saggiamente risponde Baumeistero, che una tal quistione si riduce a dimandare se sia
peggior cosa morir di laccio oppure di forca; qualora nell'uno
e nell'altro caso sempre si muore. Adunque è da dirsi l'Ateismo e la Superstizione esser di tal natura, che di essi niente
di peggio può darsi.

306. A tal modo la Superstizione è da rinnegarsi quale vizio esecrandissimo; giacchè offende Dio, com'è dimostrato,
(302) è dispregia a meraviglia l'umana società potendosi dire
con verità: « Un grande stuolo di mali è possente ad introdurre la superstizione 3 ». E che sia così l'è un fatto evidentissimo ch'ella ammiserisce l'uomo per tal modo, che ponen-
dolo in obblio della sua altissima dignità, lo assoggetta a mille

1 De Ateis. et superst. cap. 8. et 9.
2 De atheis. et superst. cap. 4. §. 5. p. 340. seq.
3   *Quantum religio possit suasisse malorum!*

ridicolaggini , rendendolo quando stupido , quando inumano , quando laido, e quando cento e mille altre cose che benissimo possono osservarsi nelle storie delle diversità de' culti e delle cerimonie. Or è fuori dubbio che il male dell'uomo ridonda a male della società; poichè la società risulta da uomini. Onde ammiserito l'uomo, la società è da mille mali accagionata; per cui avviene quello che diceva Giovenale :

> *Antica nimistanza , odio immortale ,*
> *Insanabile piaga e ribollente*
> *Arde tuttor fra due contigue terre*
> *Tentira ed Ombo : la primaria causa*
> *N' è un divoto furor che l' una gente*
> *Odia i numi dell' altra , e tien per fermo*
> *Soli soli esser Dei quei ch' ella adora* t.

Ma troppo dilungatoci in ordine alla superstizione ci facciam passaggio alla terza dimostrazione ; cioé

PROPOSIZIONE III.

L' UOMO DEVE LA VERA RELIGIONE AL SOLO VERO DIO.

307. Dim. A colui soltanto è dovuta la vera Religione, che solo è causa ed autore dell'uomo. Ora il solo vero Dio è causa ed autore dell'uomo (281). Dunque al solo vero Dio l'uomo deve la vera Religione. Oltreacchè come la vera Religione racchiude atti perfetti (292 e segg:) ella sola è dovuta all'Ente per-

---

1   *Inter finitimos vetus atque antiqua simultas ,*
   Immortale odium , et nunquam sanabile vulnus.
   Ardet adhuc Ombos et Tentyra. Summus utrimque
   Inde furor vulgo , quod numina vicinorum
   Odit uterque locus , quum solos credat habendos
   Esse Deos , quos ipse colit.

                            Satyr. 15.

fettissimo. Or il solo Dio è l' Essere perfettissimo , com'è dimostrato in Metafisica. Dunque la vera Religione l' nomo la deve al solo vero Dio. Onde risulta che anche per questa parte i Politeisti peccano contra la legge di natura ; giacchè adorando le creature vilipendevano il vero Dio, cui solo era dovuta l' adorazione. Infatti adorazione dice riconoscenza di una superiorità infinita; superiorità la quale nasce soltanto da'motivi sopra addotti : e come nel solo vero Dio à luogo una tale superiorità ; perchè Egli solo è 'l Creatore , ed il Governatore dell' universo , e quindi l' Essere perfettissimo: così a Lui solo è dovuto l' atto di adorazione , di cui componsi la Religione. Per la qual cosa adorare altri fuorchè il vero Dio, produce un male morale , che i Moralisti chiamano di una metafisica assurdità.

PROPOSIZIONE IV.

LA VERA RELIGIONE AL SOLO VERO DIO SI DEVE DA TUTTO L' UOMO.

308. Dim. Dio è autore di tutto l' uomo, e tutto l' uomo dipende dal vero Dio ; dunque tutto l' uomo deve dare a Dio la Religione. Or tutto l' uomo risulta da uno spirito e da un corpo ; dunque l' uomo e collo spirito e col corpo deve dare al vero Dio la vera Religione; giacchè ambedue le sostanze son dipendenti dal vero Dio. Ma nella dipendenza dello spirito da Dio consiste il culto interno , nella dipendenza del corpo da Dio consiste il culto esterno. Dunque l' uomo internamente ed esternamente deve adorare il solo vero Dio. Ecco quanto importa darsi la Religione vera al vero Dio da tutto l' uomo: e siccome questo doppio culto, ossia adorazione dice per l'uomo la più alta necessità, e molti nocevolissimi errori ci fanno onta perciò è mestieri che separatamente ne mostrassimo la necessità più da vicino che sia possibile : onde osservando tutto l' uomo dipendente da Dio, potessimo sicuramente conchiudere che tutto l' uomo deve adorare il solo vero Dio.

309. Tutta la somma della Religione è riposta nella doppia dipendenza che l' uomo à da Dio (308); dipendenza per parte dello spirito , e dipendenza per parte del corpo. Or la dipendenza dello spirito è riposta nella volontà, ed il suo atto dicesi culto interno : la dipendenza del corpo è riposta nel fisico , ed il suo atto dicesi culto esterno. Quindi il culto interno è adorazione , ossia religione interna , la quale come saremo per dimostrare non può confinarsi nella volontà senza potersi esternare pe'movimenti del corpo : il culto poi esterno è la espressione dell' adorazione , ossia religione esterna , la quale si fa nota a tutti quei che osservano i movimenti del nostro corpo.

Dal detto emerge che il culto interno consiste ne'sentimenti di un sommo amore, di un sommo ossequio, e di una sommo servitù (291), che l'uomo internamente nutre verso la Divinità. Il culto poi esterno consiste negli atti esterni pe'quali si appalesano gli atti interni di culto , e quindi consistono nelle cerimonie religiose. Così genuflettere innanzi al vero Dio, è un atto esterno di adorazione corrispondente all'atto interno del sommo rispetto , che nutriamo pel vero Dio. Tali cose premesse senza indugio dimostriamo la necessità dell' uno e dell' altro culto.

310. E per quello si appartiene al culto interno, egli l'uomo deve darlo al vero Dio , contra gl'Ippocriti lo diciamo. Conciosiachè Dio è l'Essere perfettissimo (278), e per conseguenza un puro purissimo spirito , il quale non ammette ombra di miscela, di materia, di corpo. Dunque deve adorarsi con lo spirito ; giacchè l' adorazione dice relazione a Dio, perchè dinota dipendenza (308 , 309), e la relazione dev'essere analoga al soggetto con cui si stringe , per quel ch'è possibile. Or nell' atto dell' adorazione dello spirito è riposto il culto interno (309); dunque l' uomo deve a Dio un culto interno. Più, se l' adorazione è dipendenza (308), Dio deve adorarsi con quella parte che da Lui dipende. Or lo spirito dell' uomo dipende da Dio , perchè Creatore (281); dunque l'uomo deve adorarlo con lo spirito, in cui riponendosi il culto interno è chiaro, ch'egli l'uomo deve dare a Dio un culto interno.

Einneccio Vol. II.

311. Or come il culto interno è conseguenza immediata della perfetta religione interna : così questa non può esser perfetta senza partire dall' idea di un' Essere perfettissimo, qual'è Dio. Quindi la perfetta religione interna per necessità abbraccia in ordine a Dio le idee (§. CXXXIV.) della onniscienza, sapienza, potenza, e bontà (282); idee che spontaneamente ci menano a porre fiducia in Dio, ed abbandonarci nella sua provvidenza. Imperciocchè se Dio tutto sa , conosce pure i nostri bisogni ; ed avendo una sapienza infinita può apprestare rimedi opportuni agli stessi nostri mali , senza mai poter venire meno perchè tutto può , e vuole farci del bene. Per la qual cosa dal culto interno nasce nell' uomo il dovere verso Dio di riporre in Lui ogni pia fiducia ; giacchè l' Essere che meritamente adora essendo onniscio, sa le sue afflizioni; essendo sapientissimo, sa soccorrerlo; essendo potentissimo, può ajutarlo; essendo infine beneficentissimo, vuole ajutarlo. Pensieri son questi potentissimi di Religione interna , senza cui l' uomo sarebbe disperato, qualora ad ogni momento viene assaltato da' mali di passione , e da' mali fisici. Conseguentemente l' uomo senza mai sgomentarsi à il dovere importantissimo di sostenere ogni traversia, ogni tribolazione, ogni avversità, e deve pazientemente sostenere siffatte cose tutto aspettandosi dalla infinita Provvidenza del misericordiosissimo Iddio, il quale sa l' uomo consolare in ogni sua afflizione, come ci viene assicurato per mezzo dell'Apostolo 1. Perciocchè il Savio c'impone ad attendere sempre da Dio la calma de' nostri mali : « *Voi che temete il Signore , sperate in lui ; e la misericordia verrà a racconsolarvi* 2 ».

312. Dagli stessi inconcussi principi di fiducia nell' infinita provvidenza di Dio (311) c'è dato rilevare senza tema alcuna di errore, che non deve punto l'uomo avvilirsi allorquando scorge i buoni avviliti, ed il più delle volte essere il trastullo dell' altrui malizia; ed al contrario i cattivi prosperati, e, quasi

---

1 2. Corint. 1. 4.

2 *Qui timetis Dominum, sperate in illum, et in oblectationem veniet vobis misericordia.* Eccl. 2. 9.

direi, andar baldanzosi delle loro scelleraggini. Imperciocchè la bontà e la giustizia di Dio è tale, che saprà benissimo dare a ciascheduno quello che gli si spetta, e tempo verrà e non andrà a lungo che le lagrime saranno cangiate in riso, ed il riso al contrario sarà cangiato in pianto. « *Ed in quel giorno della vittima del Signore*, ci fa sentire Dio per bocca del Profeta Sofonia, *io visiterò i principi, e... tutti quelli, che sono vestiti di abito straniero* 1 ». Per la qual cosa vivendo certi e convinti della divina provvidenza non bisogna giammai mormorare contro essa; dappoichè la cortissima nostra intelligenza non potrà mai investigare le altissime vie di quella inesausta infinita sapienza, e bontà, la quale sa sempre da' mali stessi ricavarne i beni, ed ogni cosa drizzare sempre a vantaggio dell' uomo, il quale forma oggetto del suo specialissimo Amore. In una parola deve l' uomo vivere in un' abbandono perfetto nel suo Dio. Ecco infatti come a proposito parlava Epitetto: « *Stimo meglio volere quel che Dio vuole, che quello vogl' io: mi accosterò, e m' avviticchierò a Lui, come servo, e pedissequo, con Lui appetisco e desidero: insomma voglio quello, che Dio vuole* 2 ».

Se l' uomo intanto avesse questa tendenza in Dio, aprirebbe a tal foggia il suo cuore a Dio stesso, egli per certo non viverebbe angustiato, la vita non gli sarebbe di peso, le tribolazioni infine non l'opprimerebbero. Miriamo adunque in Dio, in Lui poggiamo ogni nostra fidanza, ed a Lui senza ingannarci daremo la vera e perfetta Religione, senza la quale c'è impossibile pervenire a quel fine, cui ardentemente aneliamo (24).

Tanto riguardava il culto interno, il quale solo non può bastare per onorare Dio perfettamente; perchè non è tutto l' uomo che si dà a Dio, ma una parte, come fu osservato (308). Egli dunque è necessario ancora il culto esterno, il quale ve-

1 *Et erit in die hostiae Domini, visitabo super principes, et . . . omnes, qui induti sunt veste peregrina.* 1. 8.

2 *Melius arbitror quod Deus vult, quam quod ego: adjungar, et adhaerebo illi, velut minister, et assecla. Cum illo appeto, cum illo desidero: ac uno verbo quod Deus vult, volo.*

ramente esprime il vero fondo del cuore umano (309); perciocchè è giuocoforza mostrarne la necessità, l'intimo ligame che à coll' interno culto, infine la veracità dello stesso.
Ecco tanti oggetti , di che fa mestieri occuparsi la ventura
lezione , in cui per quanto ci sarà dato verremo sponendo le
singole circostanze del culto esterno , cercando del pari di abbattere tutti quegli errori , i quali fànno tentato di svellerle
fin dalle radici, o troppo esaltarlo , od infine mascherarlo. I
Deisti quindi, i Farisei, i Quakeri, ed i Macchiavellisti, si attendano senza meno la loro sconfitta all'ombra della verità.

LEZIONE XXIX.

§ 313. *Necessità del culto esterno — falsa pretesa dei Deisti — si riconferma dalla stretta armonia dello spirito col corpo — nuova pretesa de' Deisti, si ribatte — si riconferma dal bisogno della società — si conclude contra di essi — conseguenze del culto esterno — necessità delle orazioni vocali — altre conseguenze del culto esterno — falsità del Politicismo — mire e sistema del Macchiavelli — i Principi debbono dare a Dio una intiera religione — non possono fingerla a' loro popoli — la vera religione è base del trono.*

313. L' uomo dovendo dare al vero Dio la vera Religione, (308) è mestieri che gli esibisse un culto non solo interno, ma anche esterno, come cennammo (309): e dimostrata la necessità del culto interno (310), rimane a mostrarsi quella del culto esterno (§. CXXXV.), contro cui pugnano i Quakeri, ed i Deisti. Ed infatti Dio com' è 'l Creatore, ed il Conservatore dell' anima umana, l'è ancora del corpo umano. Or l'uomo per la creazione della sua anima deve a Dio un culto, e questo interno (310); dunque in forza della creazione del suo corpo anche deve a Dio un culto per maniera, che deve adorare il vero Dio non solo colle potenze dell' anima, ma ancora cogli atti del corpo, appalesandogli con essi i sentimenti della propria anima. Ma in questi atti esterni del corpo consiste il culto esterno (309); è chiaro dunque che l'uomo deve il culto esterno al vero Dio. Ma prima di procedere innanzi sentiamo che cosa vogliono dirci i Deisti, i quali non sono giammai mancati in tutta l'epoca del mondo.

214. Essi vogliono dapprima dedurre la inutilità del culto esterno dal perchè Dio non à bisogno di esso, come nel fatto rispose un certo Filosofo rapportato da Luciano per nome De-

monace, il quale essendo stato accusato com' empio perchè niun sacrificio aveva offerto a Minerva, così disse: « *Non credeva, ch' ella abbisognasse de' miei sacriflzi* 1 ». Epperò diciamo a' signori Deisti, ch' eglino s'ingannano a partito, e mentre credono aver riportata vittoria, ànno a prendere la più vergognosa fuga. Infatti sulle prime ci piace così contra loro ritorcere il proposto argomento. Il culto esterno riesce inutile per l' uomo ; perchè Dio non à bisogno di esso. Ora Dio neppure à bisogno del culto interno dell' uomo ; dunque anche il culto interno riesce inutile per l' uomo stesso. Che diranno adesso i Deisti, i quali menano tanto vanto sulla necessità del culto interno? E poi a prendere diretta parte contra le loro insensataggini fa mestieri riflettere, che non debbesi misurare Dio dall' uomo, ma l'uomo da Dio (ciocchè forma l' equivoco della obbiezione). Imperciocchè Dio come l' Essere ottimo (282) di niente può aver bisogno; il bisogno è tutto dell' uomo, il quale dice in tutto quello che à continua dipendenza da Dio, la quale induce culto. Ci dicano di grazia: se alcun riccone à fatto qualche prestito, dal perchè non à del bisogno perciò non gli si deve restituire il dato? Ci risponderanno senza dubbio, che in tal caso la restituzione è dovere. Ebbene anch' è un dovere dell'uomo dare a Dio il culto esterno; giacchè Dio è 'l Creatore, l' uomo la creatura; Dio il padrone, l' uomo il servo : e la relazione ordinata vuole che la creatura veneri il Creatore, il servo rispetti il padrone; ed ecco la necessità di un culto esterno; necessità che risulta dalla natura stessa dell' uomo, come immediatamente dimostriamo.

315. Ella infatti è una necessità dell'uomo, che i sentimenti dello spirito debbansi leggere a chiare note ne' movimenti del corpo, tal' essendo l' ordine fisico di natura atteso lo strettissimo rapporto che passa tra lo spirito ed il corpo dell'uomo, come s' è dimostrato in Metafisica. Se dunque i sentimenti dell' animo nostro in fatto di religione sono veraci e sinceri, debbonsi per necessità esteriormente manifestare ne' movimenti

---

1 *Neque enim illam oblatis a me sacrificiis indigere, putabam.* In Dimonacte p. 861. tom. 1.

del corpo. Or questa manifestazione è per l'appunto quella che costituisce il culto esterno (309): questo culto adunque è figlio genuino del culto interno. In qual maniera poi i signori Deisti possono riuscire a distruggere il culto esterno, se l'interno non può stare senza l'esterno? Un figlio che ama di molto suo padre in niuna guisa può celare il suo amore; perlocchè tutte le volte slanciasi verso il padre, l'abbraccia, lo carezza, si strugge per lui, ed a chi contradice il padre si oppone, e vendica le ingiurie fattegli ; insomma ogni cosa lo spinge a rendere sensibile il suo amore verso il genitore. Una vera Religione senza culto esterno non può reggere ; ed un vero culto esterno sorge spontaneo dal culto interno; giacchè son'essi due anelli ma una sola catena, due fonti ma una sola la scaturigine per guisa che, come il culto interno non può stare senza l'esterno, così al contrario il culto esterno non può stare senza l'interno. Per la qual cosa il Fariseismo (303) è una finzione di religione; per cui il Salvatore chiamò i Farisei Ippocriti , e sepolcri imbiancati ; giacchè à una esteriore apparenza buona , ma il di dentro è tutto vizioso.

316. Dunque può fingersi un culto esterno, risponde il Deista , ed allora a che sarà buono ? Meglio è eliminare ogni culto esterno per evitare ogni illusione , anzichè dirlo utile e si permetterà la finzione. Vuol troppo abbracciare questo sofisma de' Deisti ; avvegnacchè chi mai può negare che anche in fatto di religione si dia finzione da uomini di perduta vita, se il Salvatore ebbe a rinfacciare i Farisei (315) i quali erano di tal tempra? Ma allora qual culto si avrà ? certamente non è un vero culto esterno , il quale non parte dall' interno, che non esiste. E poi anche la finzione non potrà troppo per le lunghe menarsi ce ne assicura la esperienza; si dovrà fare violenza , si dovrà usare molta vigilanza per non far scappare l' interno : ma per poco si manchi nell'accortezza , ecco ogni arte andare a vuoto. Lo ripetiamo per sempre, l'esterno è necessità della natura interna , non può occultarsi, non può sopprimersi. Del resto il culto esterno non può giammai eliminarsi per tema della finzione ; giacchè è un dovere che il Creatore à imposto alla creatura. Fu osservato (344) che la

relazione tra Creatore e creatura è relazione di ordine. Or l'ordine è voluto dall'Autore della natura come quegli che non può volere il disordine; dunque vuole il culto esterno della creatura. Come dunque si estirperà il culto esterno dalla natura dell'uomo? Ci distruggano prima l'uomo, e poi sarà facile facilissimo a' Deisti distruggere il culto esterno.

317. Se non che il bisogno della intiera società umana esige che a Dio si dia il vero culto esterno, ed è questo un terzo motivo donde risulta la necessità del culto in parola. Attendiamo per poco a'cardini ehe sorreggono il grande edifizio della società, e troveremo ch'ella si mantiene per gli atti di umanità, di fedeltà, di gratitudine: atti son questi che per esser proficui debbono partire da un fondo puro, e da un'amore vero pel proprio simile. Or l'amore al simile porte dall'amore a Dio, come dimostreremo in appresso; dunque gli atti di umanità, di fedeltà, e di gratitudine, partono dall'amore di Dio. Questo amore oltreacchè dev'esternamente manifestarsi (313), non può occultarsi dall'uomo stesso (315); gli atti quindi su cui fondasi la società umana son tali che se non si manifestassero, un perenne disturbo regnerebbe tra gli uomini. Fingete per poco che i mentovati atti fossero supposti nella religione puramente interna senza darsi luogo alla esterna, qual'orrida misantropia non si avrebbe a scorgere? qual continuo sospetto non regnerebbe? quanti rancori non si porrebbero in campo tra gli uomini? Gli uomini son simili bisognosi gli uni degli altri; dunque necessitano di soccorso: son simili deboli; dunque vogliono espressa la fedeltà: son simili infine benefici a vicenda; dunque vogliono cortesie. Il culto esterno assicura la società per gli atti di umanità, di fedeltà, di gratitudine; dappoiché in allora ella vive sicurissima, che colui il quale vede penetrato da'sentimenti della Divinità, è uomo che ama il simile, gli rende guarentigia, sente il peso de'benefici; giacché tali sono i caratteri della legge di natura.

318. Con qual fronte potrà dirci il Deista, ch'è sufficiente alla società una religione puramente interna, e che con questa sola la vita umana si serba abbastanza tranquilla? [1] Una

1 Tommasio Jurisp. div. 2. 1. 11. seq. et Introd. in Ethic. 3. 37 scq.

delle due o egli intende che vuol dire società, oppur non l' intende: nel primo caso ci maravigliamo del poco conto che fa dell' uomo membro essenziale della stessa società; nel secondo caso per non anticipar dottrine, ci basterà ripetergli le parole del Taparelli. *Il culto esterno è necessità, è bisogno, è dovere dell' individuo; è interesse, è necessità, dovere della società la cui unità consister dee principalmente nella cognizione d' intelligenza e di volontà... L' abolizione dunque del culto pubblico, incominciata dal protestantismo, compiuta dall' indifferentismo, ed esaltata da molti come un perfezionamento sociale, come una sociale libertà, altro non è veramente che una solenne professione della dissoluzione de' vincoli sociali, un gran passo retrogrado verso la barbarie, e un naturale effetto della discordia delle intelligenze. Tristo effetto di più trista cagione, che se merita compassione presso popoli ridotti a non aver più unità di credere, non merita certamente nè la invidia nè gli elogi de' popoli più felici che conservano tuttavia il più saldo vincolo di sociale unità, la religione 1.* Belle parole gravide invero de' più profondi sensi ! A questa lezione breve sì, ma troppo sonora, apprenda il Deista dove mena la sua falsa filosofia, e che mentre cerca vantaggiare Dio l'uomo la società, colla distruzione del culto esterno Dio lede, l'uomo ingiuria, la società distrugge.

319. Veniamo ora alle conseguenze del culto esterno, le quali si rendono importantissime pel conseguimento del gran fine, cui tende l'uomo. E per vero come la Religione si fonda nell'amore, e chi ama non può fare a meno di non mostrare all' esterno i segni dell' amor suo; così (§. CXXXVI.) compiacendosi l'uomo della perfezione insieme e felicità somma ed infinita dell' Essere che adora, e che solo forma la sua beatitudine, di repente si vedrà circondato dal dovere di parlar sempre di Dio con sommo affetto, celebrando continuamente con tutto il possibile rispetto le sue lodi. Imperciocchè è un ordine ragionevolissimo quello di drizzare il cuore e la mente a Dio, essendo Egli la prima Verità, il sommo tra' i beni, e

1 Part. 1, §. 227.

la mente umana inchina al. vero , ed il cuore brama il bene;
per conseguenza l' uomo riposa nel suo Dio quando gli affetti,
ed i pensieri gli manifesta. Un tal riposo vedendo l'uomo contemplatore esimio delle perfezioni infinite del suo Dio, il labbro gli scioglie, conseguenza immediata. delle faci di amore ,
che chiude in seno, e vuole che tutti come lui l'amassero, ed
il rispettassero. Per la qual cosa il sincero affetto inverso Dio
schiude all'uomo un secondo dovere , ch' è quello di portare
i simili del pari ad amare e rispettare Dio, impegnando e parole ed azioni , mercè cui gli altri o s'invogliassero a questo
amore , od accrescessero la forza di questo amore medesimo,
fondamento della Religione. Quanto grande adunque non è 'l
peccato contra la legge di natura per coloro che usurpano il
nome di Dio nè giuramenti senz' alcun bisogno (295); e quel
ch'è peggio colla falsità spergiurando? Dio è santo, santo è 'l
suo nome, e nelle cose sante deve adoperarsi. Peccano del pari
contra la legge di natura tutti quelli, che o colle parole o colle
azioni induceno i simili ad allontanarsi dall' amore , e dal rispetto che devesi a Dio. Egli è l'Essere amabile, merita da tutti
di essere amato, ed è un suo dritto cui non può rinunciare
senza rinunciare alla propria essenza; ciocchè forma un' intrinseco impossibile.

320. Dagli stessi principî è facile dedurne la necessità delle
orazioni vocali contra i Protestanti, i quali ànno profferito
molto male contra di esse; appunto perchè ignoravano il gran
vantaggio ; oppure, diciamo meglio, non attendevano a' lumi
della retta ragione per restarne convinti. E ci gode moltissimo l' animo che loro opponiamo il ch. Einneccio, che alla fine
sgraziatamente professava l'istessa lor falsa Religione, il quale
dal fissato principio di amore verso Dio ne deduce il. dovere
di cantare inni a lode di Dio ; cioè profferire vocali orazioni.
E di fatto gli atti esterni di Religione dicono necessità sociale
per doppia ragione; sì perchè fondano la tranquillità nella società (317); sì perchè spingono gli altri ad amare Dio (319);
cui è tenuto ogni uomo. E per certo le orazioni vocali sono
espressioni del cuore e degli affetti, per cui si appartengono
al culto esterno, il quale com'è necessario all' uomo pel dis-

impegno de' propri doveri verso Dio (315) ; così pure son necessarie le orazioni vocali. Infatti dovendo l'uomo tirare gli altri all'amore di Dio e colle parole e colle azioni (319), li deve spingere ancora colle orazioni vocali le quali producono due beni , allontanano le distrazioni che ingenerano le mondane occupazioni , e spingono più gagliardi gli affetti del cuore.

321. Oltreacchè dovendo l' uomo prestare a Dio un timore filiale congiunto ad un sommo ossequio (298 , 299), egli è tenuto in pari tempo a mostrare esteriormente questi veraci sentimenti; sì perchè il vero culto interno non può stare senza l' esterno ; sì perchè è tenuto a spingere gli altri ad amare Dio (319). Per la qual cosa l' uomo è tenuto (§. CXXXVII.) ad uniformare tutte le sue esterne azioni alla legge di natura, la quale è la Volontà del suo vero Dio (123) ; ed in conseguenza dev' essere accorto sia nel pensare , sia nel dire , sia nell'operare, di non dargli il menomo disgusto , avendo sempre dinanzi agli occhi l' onnimoda presenza di Lui , il quale vede fino i più reconditi sentimenti del cuore umano (297). Ond' è che Talete Milesio presso Clemente Alessandrino interrogato da un certo : « È forse nascosto a Dio l' uomo nel far opere ingiuste? » Egli così rispose: «Neppure se pensa di farle [1] ». E non potranno non commuovere le troppo sublimi parole di Epitteto a tal proposito: « Per la qual cosa , Ei dice, quando chiuse le porte e le imposte , voi giacerete nelle tenebre , guardatevi dal dire che siete soli. Non lo siete nel fatto. Non lo siete per certo, poichè sta Dio dentro di voi [2] ». Perciocchè l' uomo allorquando è penetrato dal sublime pensiere della presenza di Dio , egli è 'l vero uomo , ed il vero cittadino. È 'l vero uomo; stantechè agisce a norma della Volontà di Colui , che adora: è'l vero cittadino; stantechè si rende il vero filantropo in mezzo a' suoi ; onde fu ben sciolto il nodo alla qui-

---

[1] Num lateat Deum homo injuste agens? Immo ne cogitans quidem. Strom. 5. p. 594.

[2] Quamobrem , clausis januis ac valvis, quum in tenebris consederitis, nolite dicere, vos solos esse. Non enim estis. Non certe estis, sed Deus intus est. Apud Arrian. 1, 14.

stione quando si disse , che una società di Atei era assolutamente impossibile.

322. Se dunque è presente in ogni luogo (321), non è egli
un sommo oltraggio insieme ed un sommo dispregio allorchè
si finge pietà? Dio non è l'Essere che possa trastullarsi: « *Iddio
non si schernisce* 1 »; o tutta Religione , o nulla Religione ;
fingere religione è una illusione che vuolsi usare con Dio; illusione che trascina l'uomo nel sommo dei mali, nel male morale. Quanto dunque non sarà infame il sistema del Politicismo
inventato da Niccola Macchiavelli a danno, e distruzione de'popoli ? E per mostrarne tutta l'assurdità ci sia permesso trat-
tenerci alcun poco sull'indicato sistema , permettendoci pure
di anticipare a maggior chiarezza qualche dottrina , che propriamente è di spettanza ad altro ordine di verità. Comince-
remo intanto dal rio proposito dello scrittore.

323. L'odio esacerbato al trono , e la pensata rovina dei
Principi mossero il Macchiavelli in Firenze a compilare il famoso libro intitolato, Il Principe, ove rapacissimo lupo sotto
pelle di agnello mentre si mostra esteriormente piucchè mai
attaccato alla persona de'Principi, nasconde il più mortale veleno contra di essi. Base dell'infame suo sistema è 'l Politicismo, ed in fatto di religione esonera i Principi dal renderla
a Dio: epperò loro impone il dovere di covrire la empietà col
manto esteriore della Religione a fine di eludere i popoli loro
soggetti ; ed a ciò l'induce per solo motivo di raffinata poli-
tica , come pretende. A raffermarci nelle stravaganti assurde
pensate del Macchiavelli è dicevol cosa profferire testualmente
le sue stesse parole. Ecco adunque come parla rivolto al Principe : « *Non v'è bisogno , che Tu abbia tutte le qualità , che
ò detto , ma solamente che tu mostri averle. Tu devi com-
parir clemente , fedele , affabile , intiero , e religioso , di maniera che a vederti , e ad udirti si creda , che tu non abbia
che bontà , fedeltà , integrità , dolcezza , e religione. Ma quest'ultima qualità è quella che importa più di ogni altra di avere
esteriormente* ». Da queste parole ben si ravvisano e la empietà

---

1 *Deus non irridetur.* Gal. 6. 7.

ed il veleno, che si voleva diffondere. So benissimo che certuni a discolpa del Macchiavelli più pagine ànno vergato, ma
al proposito ripetiamo i detti di Ovidio:

Una cattiva lite addiverrà peggiore a motivo della difesa 1.

Perlocchè esposta a tal modo l'infame teoria Macchiavellia-
na, è mestieri notarne le assurdità; onde restar più salda la
verità, che da tutto l'uomo si deve a Dio (308) la vera Religione.

324. Gli assurdi infatti del Macchiavelli nel proposito che
ci riguarda possono esser due: primo, che i Principi come tali
non sono tenuti a dare a Dio una Religione; secondo, che i
Principi come tali per fine soltanto politico son tenuti esteriormente a fingere religione innanzi a' popoli. L'uno e l'altro assurdo cerchiamo confutarlo con due distinte proposizioni,
e per prima

PROPOSIZIONE I.

I PRINCIPI COME TALI SON TENUTI A DARE A DIÓ UNA RELIGIONE INTIERA.

Dim. Chi è un Principe? È un'uomo; dunque à le sue
necessità, i suoi bisogni, i suoi doveri (318): necessità provveniente dalla individuale sua natura; bisogno nascente dalla
speciale sua condizione; dovere risultante dalla sua relazione.
Ora questi tre rapporti spingono ogni uomo a dare a Dio una
intiera Religione. Il Principe adunque per niuna guisa potrà
esentarsi dall'essenziale dovere di Religione.

Chi è un Principe? È un membro della società umana;
dunque l'interesse, la necessità, ed il dovere della società (318)
reclama da Lui la tutta Religione verso Dio: interesse che
vuole il fine; necessità ch'esige esistenza; dovere che grida

---

1   *Causa non bona patrocinio pejor erit.*

Trist. lib. 1. v. 26.

riconoscenza. Ora per questi tre rapporti ogni membro della
società umana è necessitato a dare a Dio l'intiera Religione.
Il Principe adunque deve dare a Dio la tutta Religione.

Ma infine ci si permetta dimandare di nuovo : Chi è un
Principe ? È un uomo socievole posto da Dio a capo di tutta
la società, investito di alti poteri, insignito di alta eccellenza,
« *Per me regnano i regi* 1 »; dunque maggiore dev' essere in
essi la riconoscenza inverso Dio attesa la maggioranza de'doni.
Or negli atti di riconoscenza verso Dio si ripone la Religione;
dunque anzichè escludere i principi dal dovere di Religione ,
son'essi tenuti a dare a Dio una maggior Religione. Perciocchè i Principi debbono adorare il vero Dio non solo cogli
atti sinceri dello spirito , ma ancora cogli atti spontanei del
corpo esprimenti i sentimenti dello spirito.

Or ci dica il Macchiavelli , donde si potrà rilevare la eso-
neranza di un tal dovere per rapporto a'Principi? Dire il Principe non obbligato a dare a Dio la Religione, è lo stesso che
dire il Principe essere un' uomo meno uomo ; cioè zero. Qual
chimera! E l'istesso Macchiavelli scorgendo la impossibilità
del suo principio in altre sue opere cadendo manifestamente
nella più vergognosa contradizione non a potuto fare a meno
di ravvisare un tal dovere nei Principi ; ciocchè indarno à
formato l'ippomoclio de' suoi difensori. Ma veniamo all' altra
proposizione.

PROPOSIZIONE II.

I PRINCIPI COME TALI NON POSSONO FINGERE RELIGIONE
A' LORO POPOLI.

325. Dim. Nell' ordine politico che cosa è un Principe? Ci
risponderà il saggio Plinio: « *La vita del Principe è una censura, e dessa perpetua* 2 ». Il Principe infatti essendo il primo

1 *Per me reges regnant.* Prov. 8. 15.
2 *Vita Principis censura est, eaque perpetua.*

nell'ordine politico tutti gli occhi son rivolti verso lui , e di esempio si stabilisce a tutto il resto della società. Se dunque il Principe è irreligioso , immorale sarà ancora tutto il popolo. Roma era bellicosa sotto Romolo guerriero , devota sotto Numa , ribelle sotto Tarquinio Superbo. Fingete il Principe ippocrita a detta di Macchiavelli , e tutto il popolo sarà ippocrita ; cioè un covile de' più feroci vizi addiverrà la società. In tal caso dove andrà a fiatare il Principato ? Nè vale tutta l'astuzia a nascondere la empietà del Principe ; giacchè bellamente ripeteva l'Anti-Macchiavello : « *Si sa fino a qual segno il Pubblico è curioso: è un' animale che tutto vede , che tutto sente : e che divulga tutto ciò , che à veduto , tutto ciò , che à sentito. Se la curiosità di questo Pubblico esamina la condotta de' particolari , è per divertire il suo ozio; ma allorchè giudica del carattere de' Principi , è per suo proprio interesse. Così i Principi sono esposti più degli altri uomini ai discorsi , ed ai giudizi del mondo. Eglino sono come gli astri , verso de' quali un popolo di Astronomi à dirizzato i suoi cannocchiali , ed astrolabi ; i Cortigiani che gli osservano , fanno ogni giorno le loro osservazioni : un gesto , un colpo d'occhio , uno sguardo gli tradisce : ed i Popoli a loro s'avvicinano colle congetture. In una parola , siccome il Sole per poco può nascondere le sue macchie , così per poco i gran Principi possono palliare i loro vizi , è 'l fondo del loro carattere agli occhi di tanti osservatori* ».

326. Ma su quali basi egli il trono si poggia? La Religione : secondo motivo di dimostrazione. Il trono si sostiene per amore , e per le paterne cure che il Principe mostra a'sudditi ; amore che nasce spontaneo da'puri affetti di una verace Religione. Or togliete questo amore , queste cure paterne , e la insolenza de'sudditi insorgendo produrrà il peggio di quello possa immaginarsi. Il regno della confusione abbatterà ogni qualvogliasi ordine , e la mancanza di questo produrrà istantanea distruzione. E distrutta ogni pubblica felicità , ogni repubblica , il trono sarà ito nella polvere ; vinta è dunque la causa dell'astuto Macchiavelli ! ! Epperò egli non dovrà più fiatare ; dappoichè la Religione consolidando i troni , eglino i

Principi sincera debbono mostrarla a' popoli affidati alle lor
cure dalla Provvidenza, persuasi che come la loro, cosi pure
la esistenza della intiera società dipende immediatamente dalla
professione veridiera della vera intiera Religione. Corrisponda
il cuore al labbro, la destra al pensiero, nutricati ne' veraci
sentimenti della primogenita figlia del Cielo, ed ogni suddito
penderà fedele dal labbro del suo Principe; giacchè concludiamo colle belle parole di D. de l'Hôpital : « *La Religione à*
maggior forza sugli animi degli uomini di quello che ànno tutti
i loro affetti; ed i nodi, con cui Essa liga gli uomini,
senza paragone, sono più forti di tutt' i ligami della Società.

A tal modo vindicata la Religione dalle astuzie de' Macchiavellisti non altro ci rimane, che segnare pochi altri doveri di
Religione a complemento generale della presente teoria, e che
formeranno l'oggetto della vegnente lezione.

LEZIONE XXX.

SI COMBATTONO GL'INDIFFERENTISTI, E SI MOSTRA LA INSUFFICIENZA DELLA RELIGIONE NATURALE.

§ 327. *La vera religione è una — assurdità dell'Indifferentismo — prima ragione — seconda ragione — terza ragione — la società reclama la necessità della religione—necessità della preghiera, e del ringraziamento — de' sacri Templi — del Sacerdozio — dovere de' popoli di alimentare i Sacerdoti — necessità de' giorni sacri — insufficienza della religione naturale, prima ragione — seconda ragione — terza ragione— necessità della rivelazione, ch'ella sia, e qual dovere assista l'uomo in ordine ad essa — bontà di Dio nel rivelare, e gratitudine dell'uomo verso Lui.*

327. L'uomo è fatto pel vero; sendo che è opera del sommo Vero, per cui arrossisce nell'errore e nella menzogna: e come ogni vero procede dal sommo Vero; così pure ogni vero è mezzo sicuro di pervenire al sommo Vero. Poichè egli l'uomo anela di esser felice (24); cioè di possedere Dio, ch'è il sommo Vero; anela in pari tempo tutto ciò che veramente è mezzo di giungere a Dio. Essa la Religione essendo l'unico mezzo, con cui possa raggiungersi Dio (304), l'uomo a conseguire la sua felicità deve dare a Dio la Religione, la quale oltre di essere un vero, à per oggetto il sommo Vero, scopo del cuore umano.

Or la verità è una; perchè il principio donde provviene è Uno (282): conseguentemente la vera Religione, unico mezzo di salvezza per la umanità, in concreto considerata non può non essere che Una. Per la qual cosa ogni altra Religione opposta alla vera per necessità dev' esser falsa, essendo tale la natura delle cose contradittorie, che posta una di esse vera, utte le altre dabbono essere necessariamente false,

328. Al riverbero di tali verità con qual coraggio ci verrà dicendo l'Indifferentista ogni Religione essere buona? Tu sarai Pagano, l'altro Giudeo, questi Protestante, quello Cristiano, e così via discorri, ad'ognuno' sarà lecito abbracciare quella Religione che più gli aggrada, e ne avverrà che più verità saranno tra loro nel modo più scandaloso contradicenti; qualora la verità non può opporsi alla verità; essendo una la verità (327). Bisogna dunque confessare che l'Indifferentismo è la cosa più assurda che possa esistere nel mondo, ed è veramente indegna pel nome di Filosofo. Eppure fautore di una tale mostruosità si fu il Signor Rousseau tanto vantato da'miscredenti, ed il Signor Droz presso i sofisti di Francia meritò i più larghi encomi per le difese che assunse a favore di questa tolleranza. È quindi mestieri chiudere la bocca agl'Indifferentisti sdradicando il male fin dalle sue radici.

329. L'uomo è un'essere dipendente di sua natura a tal che ogni suo bisogno, ogni sua necessità, non potrà giammai soddisfarla in sè stesso; ma è mestieri che un'altro Essere posto fuori di lui si rendesse tutto a lui stesso. Perlocchè quest'Essere tutto all'uomo, e che non è l'uomo, per necessità dev'essere il principio donde dipende tutto l'uomo nel suo essere morale; principio in cui per necessità debbonsi rifondere tutte quelle verità, le quali dicendo all'uomo la più alta importanza morale, appagano l'uomo stesso di maniera, che raggiuntolo niente più gli resti a desiderare. Or tal principio dev'esser vero; dappoichè l'uomo è in realtà desideri, necessità, bisogni da soddisfare: dev'essere stabile, onde l'uomo non torni da capo nelle sue spinte: infine dev'essere uno, in contrario non sarebbe tutto all'uomo morale. La unità di principio porta inseparabilmente la unità di dipendenza all'uomo; e la dipendenza formando la Religione (309), la unità di dipendenza porta inseparabilmente la unità di Religione. Or la unità di Religione è riposta nella vera Religione: l'uomo dunque non può abbracciare qualunque Religione, ma la sola vera come quella che esattamente esprime la sua dipendenza dall'Essere, ch'è tutto a lui; ed in conseguenza l'Indifferentismo è contra natura.

330. Ma posto che il dovere di professare la vera Religione

non fosse condizione naturale dell' uomo; sibbene il solo capriccio costituisse un tal dovere: di maniera, che fosse lasciato in
grado dell' uomo abbracciare quella religione che più gli andasse a sangue; allora dovrebb' essere vera la conseguenza,
che ogni qualunque idea in' ordine alla Divinità sarebbe sempre lecita per l' uomo secondo natura. Imperciocchè non può
negarsi, che la diversità delle Religioni induce diversità ancora di opinioni relativamente alla Divinità, e sappiamo che certe religioni ammettono della Divinità le cose le più assurde e
mostruose, come può facilmente osservarsi nel Politeismo. Or
l' uomo in ordine alla Divinità deve avere le più rette opinioni (275); giacchè l' è questo un principale dovere morale, da
cui tutti gli altri procedendo, dipende con sicurezza la sua
felicità. Dunque l' uomo non può professare alla rinfusa qualunque Religione, ma quella sola che porge in ordine alla Divinità le più aggiustate nozioni, e questa è la sola vera Religione.

331. Per altro vogliamo menar buono per poco agl' Indifferentisti, che ogni dottrina è indifferente in fatto di Religione.
Ebbene dovranno consentirci che niuno dev' esser disturbato
nell' esercizio della sua Religione; perchè nella loro ipotesi
ogni Religione è buona (328); e quindi agisce secondo natura
il Politeista, il Maomottano, il Cristiano, ed altri. Per tal
maniera niun grido dovrebbe farsi sull' esercizio della particolare altrui religione; stantechè ognuno à raggiunto il proprio
scopo. Perchè dunque tanto scrivere, tanto schiamazzare, tanto
inveire contra i sistemi religiosi, che predominano in terra ?
È dunque una manifesta contradizione dell'Indifferentista quella
di buccinare dapertutto la indifferenza della dottrina religiosa,
e poi scagliarsi contra quelli che non la vogliono abbracciare:
Di grazia, se à per anco fior di senno, può dirsi buona e
quindi vera quella dottrina la quale è avvolta nella più mostruosa distruzione di sé stessa? Certamente che no. E se tale
è la epigrafe dell' Indifferentismo, è tempo ormai di chiudere
all' ontutto le orecchie à suoi vaneggiamenti.

Che se volesse ripigliare l'Indifferentista con lo spacciare la
impossibilità di rinvenire il vero, ci muoverà a pietà di lui

la nuova contradizione più grossolana della prima, in cui cade:
Conciosiachè in tal caso neppure l' Indifferentismo à raggiunto
il vero, ed intanto per esso tanto vogliasi vaneggiare? E poi
se fosse così ogni sapere, ogni studio, ogni fatica, sarebbe un
continuo vuoto, l'uomo sarebbe il trastullo di sè stesso, tante
bajate si renderebbero le rivelazioni dell'umano intelletto. Sembra un sogno l'Indifferentismo, cui prestar fede è una vera
assoluta puerilità, da cui ogni uomo morale a tutta ragione
deve tenersene lontano per non ismarrire lo scopo del suo
proprio cuore.

332. Se dunque l'uomo è tenuto a dare a Dio una Religione (301), e questa vera (302), egli è tenuto a darcela non
solo in quanto è uomo, ma anche in quanto è socievole. Imperciocchè Dio à creato l'uomo socievole per siffatta guisa,
ch'egli senza la società, come sarà in appresso diffusamente
sviluppato, non può esistere, nè può continuare ad esistere.
Per la qual cosa non solo i propri bisogni, ma quelli pure
della intiera società lo debbono vie maggiormente spingere a
riporre in Dio ogni fidanza, come Quegli che sa mortificare e
consolare tutti quelli che di cuore l'invocano, come alla giornata c'è dato manifestamente osservare. La sbagliano dunque
a meraviglia coloro che credono non doversi pubblicamente
professare la vera Religione; dappoichè se la società si serba
intemerata per le rette nozioni religiose, queste non appale-
sate, è distrutto ogni vincolo sociale. Il perchè si rende assolutamente ipotetica la società degli Atei come quella che manca
di base sociale, cioè la Religione; ed ogni altra società poco
vantaggerà attesa la minore rettitudine in fatto di religione.
Gli Apologisti religiosi ne sapranno fondamente rendere minuto
dettaglio: per noi ci basterà l'averlo cennato; giacchè è nostro scopo segnare i doveri di religione per quanto ne detti la
retta umana ragione.

333. Epperò l'uomo dovendo sotto qualunque rapporto rendere a Dio la vera Religione (332) in Lui mettendo ogni sua
fiducia (311), non è dicevol cosa che dessa vie più si aumen-
tasse ove il suo bisogno lo richiedesse, e se continuo il bisogno continua debb'essere la fiducia? Or chi può ignorare i

bisogni che circondano l'uomo? bisogni gravi, pressanti, continui !! Per la qual cosa (§. CXXXVIII.) non può negarsi, che sia un dovere indispensabile dell'uomo quello di continuamente porgere preghiere al suo Dio, onde si degnasse ajutarlo nei suoi travagli. E se pubblici sono i bisogni, è mestieri che anche pubbliche fossero le preghiere, le quali a preferenza delle private muovono via più la Divinità; dappoichè come la forza riunita fa maggiore violenza; così l'affetto, e la fiducia moltiplicata in tal guisa, fanno più presa sul cuore dell'Altissimo.

All'istesso modo dicasi del ringraziamento poscia ottenuto il beneficio, scopo della preghiera. Esso dovrà essere privato o pubblico, atteso privato o pubblico fosse stato il beneficio. Vi va di tutto il ragionevole esser grato a' benefizi, e la prima gratitudine è 'l ringraziamento. Ecco dunque indispensabili doveri dell'uomo di parlare ed in privato ed in pubblico continuamente di Dio, come il solo che sa può e vuole ajutarci, e come il solo cui è dovuto ogni nostra gratitudine.

334. Or come per disimpegnare un pubblico culto vi bisognano luoghi adattati per un' affare di tanta importanza, e questi luoghi non possono altri essere che i sacri Templi, ove si propizia la Divinità con preghiere, sacrifizi, ringraziamenti: così la retta ragione senza ostacolo alcuno scorge la necessità delle Chiese. Questi sacri Templi, come luoghi appartenenti alla Divinità con dritto esclusivo di ogni altro, è necessario che da per tutto mostrassero decoro, maestà, e splendore. Quindi è mestieri che fossero custoditi con somma cura, e la pulitezza e gli ornamenti stillassero devozione, non che amore nell' animo di quelli, che vi entrano per pregare. Più, bisogna accedere a questi luoghi con tutto l'ossequio, la modestia, il raccoglimento, per modo che qualunque profanazione è un delitto contra la Divinità, la quale con forti voci fa sentire a tutti: « Stale in timore dinanzi al mio santuario 1 ». Perciocchè peccano contra la legge di natura tutti quelli, che nelle Chiese commettono indecorose azioni, vivono distratti, se la passano a discorrere, ed altre cento e mille rie azioni

---

1 *Pavete ad sanctuarium meum.* Lev. 26. 2.

commettono, per cui di essi a buon dritto può dirsi: « La mia casa sarà chiamata casa di orazione; ma voi l'avete fatta spelonca di ladri 1 ».

335. Abbiamo detto (335) che attesi i bisogni, ed i favori che l'uomo ricavé dalla Divinità, son necessarie le preghiere ed i ringraziamenti quali sono i bisogni ed i benefici per modo che, se questi sono continui anche quelli debbono essere continui. Epperò siccome l'uomo in società à varie occupazioni; così non può continuamente pregare e ringraziare: intanto quello che non può farsi da una società si rimette ai suoi Deputati; e perciò che l'uomo rimette il continuo pregare non che ringraziare a' Deputati della società, i quali sono appunto i Sacerdoti, Ministri dell'Eterno, che mediatori si rendono tra Dio ed il popolo, destinati a raccorre i voti dei popoli per offrirli a Dio medesimo.

Una tal necessità del Sacerdozio conosciuta per la retta ragione induce del pari le più sublimi qualità in tutti quelli che ànno a disimpegnarne le altissime funzioni. Ed infatti come i Sacerdoti debbono essere sempre dappresso alla Divinità per propiziarla del continuo, lor principale dote debb'essere la santità, onde fossero accetti a Dio, ed il popolo avesse fiducia in essi; perciò è scritto: « Siate santi, perché santo son io 2 ». Ed a questa dote indissolubilmente dev'essere congiunta la scienza della dottrina, onde ben sapere propiziare la Divinità, e raffermare sempre più i popoli nelle loro religiose idee, per cui dicesi nelle sacre pagine: « Le labbra del sacerdote ànno il deposito della scienza, e dalla bocca di lui apparerassi la legge 3 ». Per le quali tutte cose meritano ogni riprensione que' Sacerdoti, i quali si abbandonano al vizio mettendosi nella circostanza di essere abbandonati dall'Altissimo, il quale lor minaccia: Abbiam medicata Babilonia, e non è guarita,

---

1 Domus mea, domus orationis vocabitur: vos autem fecistis eam speluncam latronum. Matt. 21. 13.

2 Sancti estote, quia et ego Sanctus sum. Lev. 11. 44.

3 Labia Sacerdotis custodient scientiam, et legem requirent ex ore ejus. Mal. 2. 7.

abbandoniamola 1 » : come pure quelli che trascurano d'i-
struirsi, e contro cui sta minacciato : « Per che tu rigettasti la
scienza, per questo io ti rigetterò, affinchè tu non eserciti il
mio sacerdozio 2 ». In tal modo si renderanno la ruina come
lor propria, così anche de'popoli. « Onde qual'è il popolo, tal
sarà il sacerdote 3 ».

336. Poichè dunque i Sacerdoti sono i deputati de'popoli
presso Dio (335), è abbastanza chiaro che debbano esser mantenuti a spese degli stessi popoli. Infatti chi mai potrà negare
che i deputati sono mantenuti a spese di quelli che li manda-
no? I Sacerdoti a supplicare, non che a ringraziare le Divinità, son mandati da'popoli attese le svariate urgenze, che
affliggono le umane società; perciocchè funzionano da deputati
presso la Divinità, onde a spese de'popoli debbono essere
mantenuti. Ella è naturale equità di dare la mercede a chi
fatiga: « È dovuto all'operajo la sua mercede 4 »; e chi serve
all'altare è mestieri fosse pasciuto dall'altare medesimo; giacchè è registrato : « Chi è mai che militi a proprie spese? E
quelli che servono all'altare, coll'altare anno parte 5 ».

In egual modo i popoli son tenuti a mantenere le Chiese;
giacchè chi è tenuto al fine (334), è tenuto senza dubbio anche a'mezzi che conducono ad un tal fine. Elleno le Chiese
àn bisogno di essere ben custodite, bene adornate, e che ivi
vi fosse tutto quel decoro, ch'è proprio di luoghi cotanto
sublimi. Or come ciò può effettuarsi senza la concorrenza
della pietà de'popoli? È adunque un trastullarsi della legge
di natura spacciarsi per uomini di onore, ed intanto non a-
dempirne i più sacri doveri. La propria natura, l'interesse
socievole, richiama ognuno a spremere le proprie borse pel
sollievo del Sacerdozio e del Tempio! !

1 *Curavimus Babylonem, et non est sanata : derelinquamus eam.*
Ier. 51. 9.

2 *Quia tu scientiam repulisti, repellam te, ne Sacerdotio fungaris*
mihi. Os. 4. 6.

3 *Et erit sicut populus, sic sacerdos.* Os. 4. 9.

4 *Dignus est operarius mercede sua.* Luc. 10. 7.

5 *Nemo militat suis stipendiis?* 1. Cor. 9. 7. *Qui altari deserviunt*
cum altari participant. 1. Cor. 9. 13.

557. Epperò gli uomini abbenchè per le loro occupazioni socievoli non possono continuamente pregare o ringraziare la Divinità (555); pure di tanto in tanto son tenuti indispensabilmente di allontanarsi dalle occupazioni, e consecrarsi interamente al culto divino pubblico, riducendosi ne' Templi per offrire a Dio sacrifici a fine di pregarlo, placarlo, o ringraziarlo; ond'è che questi giorni destinati a tale uffizio giustamente voglionsi chiamare Sacri; giacchè indicano la consecrazione degli uomini a Dio. Ed ecco che alla necessità de' sacrifizi, de' Templi, e de' Sacerdoti, l'umana ragione immediatamente soggiunge quella de' Giorni Sacri; e ciò forma tutto quello che può ella conoscere intorno alla Religione affidata a' suoi propri lumi. Perlocchè non sa, nè può essa determinare quale debba essere il culto esterno, nè con quali riti o ceremonie debba eseguirsi; conseguentemente per questo capo la religione naturale si mostra insufficiente a dare a Dio un vero culto; insufficienza che risulta ancora dalla debolezza dell'umana ragione di formarsi un sistema perfetto di religione. E per mettere in chiaro una tal verità per certo non increscerà la sposizione della seguente proposizione.

PROPOSIZIONE.

LA RELIGIONE NATURALE SOLA NON BASTA A DARE A DIO UN VERO CULTO, E FAR CONSEGUIRE ALL'UOMO LA VERA FELICITÀ.

558. Dim. La Religione naturale si arresta alla sola naturale ragione dell'uomo, di cui mostrata la debolezza e la insufficienza tosto risulta la insufficienza della Religione in parola. E per porgere una solida dimostrazione della insufficienza della umana ragione non sappiamo far meglio che porgere le stesse parole dell'Angelo delle Scuole, il quale così dice: « *La verità in ordine a Dio investigata per mezzo della ragione, perverrebbe all'uomo da pochi, e mediante lungo tempo, e con miscela di molti errori: tuttavolta l'intiera salvezza dell'uomo, la quale è riposta in Dio, dipende dalla cognizione* di una tal verità [1]. Ciò posto, la Religione dice tutto l'interesse per l'uomo; dappoichè ella mena l'uomo sicuramente al suo fine, cui non giungerebbe se si fermasse ai soli limiti della ragion naturale. Conciosiachè la Religione essendo un mezzo per addivenire l'uomo felice, dev'esser perfetta nel suo sistema, e tal perfezione per mezzo della ragione potrebb'essere l'effetto di pochi, dopo molto tempo, e non senza errori.

E dapprima un sistema perfetto di cose riguardanti la Religione pochi potrebbero formarselo da sè stessi; giacchè trattandosi di esercitare il proprio raziocinio nella ricerca delle verità, que' soli potrebbero in ciò riuscire, che avvezzi a tali ricerche sentono disposto il proprio animo. E qui spontaneamente si offre la esclusione del volgo, delle donne, de' fanciulli, e degli uomini stessi colti dediti a' vizi: quali tutti sono improporzionati a far sottili scabrose ricerche, come succederebbe in fatto di Religione; perlocchè vi accorgete che a ben pochi si riduce la faccenda. Ma questi stessi pochi, cui toccherebbe in sorte una sincera volontà d'istruirsi in materia di Religione, vi perverrebbero dopo lunghissimo tempo; giacchè i bisogni della vita, per la esperienza sappiamo, non poco tempo ci rubano alle serie occupazioni. Quindi le continue distrazioni nascenti da tali bisogni ritardando le necessarie ricerche religiose, ritardano del pari la cognizione di un perfetto sistema di Religione. Ed anche quando vi si è giunto da questi pochi una masserizia di errori riempirebbe le lor menti; avvegnacchè l'uomo è quasi sempre in contrasto colle passioni, e co' pregiudizi di educazione e di autorità, in cui spesso spesso urta per non avere chi a tempo il freni. Svolgete per poco la storia delle Religioni affidate al lume naturale della ragione, e troverete che si disse lecito quando la vendetta, quando l'omicidio, il furto, l'adulterio, e quando cento e mille altre stravaganze.

1. *Veritas de Deo per rationem investigata, a paucis, et per longum tempus, et cum admixtione multorum errorum homini proveniret: a cujus tamen veritatis cognitione dependet tota hominis salus, quae in Deo est. 1. P. q. 1. art. 1.*

359. Dunque un sistema di Religione mediante la ragione potrebb'essere rinvenuto da pochi, dopo lungo tempo, e con moltissimi errori. Or la Religione dice interesse di tutti; e perciò tutti la debbono conoscere: dice interesse pressante di tutti; e perciò tutti debbono subito conoscerla; dice interesse unico di tutti, e perciò tutti debbono conoscere la vera Religione. Dunque l'umana ragione è insufficientissima nelle cose di religione; quale insufficienza non presentando una religione perfetta a Dio, si vede chiaro che la Religione naturale per sè stessa è insufficiente a dare a Dio un vero culto, ed all'uomo la vera felicità. L'è questa una verità conosciuta dagli atei, che cercano portare alle stelle la naturale religione affine di deviare l'uomo dal suo nobilissimo fine. Infatti ecco come parla il Sig. Rousseau, di cui i contrari non potranno giammai dubitare, dopo aver consultati i Filosofi i quali a preferenza di ogni altro avrebbero potuto riuscire nel proposto impegno, e pure ei li trovò, « Che credevano saper tutto, ma nulla provavano, e che a vicenda si beffavano. . . . Concepì che la insufficienza dello spirito umano è la prima causa di questa prodigiosa diversità di sentimenti, e che l'orgoglio è la seconda ». Pare che niente di più preciso possa desiderarsi nella materia che ci riguarda.

340. Si arroge che per aversi una completa Religione è mestieri la cognizione de' misteri; conoscere la natura divina, non che le proprietà divine, e queste tutte cose son troppo impervie alla umana ragione, e sappiamo quanti errori si sieno sparsi per la insufficienza della medesima. Per la qual cosa l'uomo vergerebbe in una continua perplessità ed incertezza, la quale lo renderebbe abbastanza infelice se non avesse modo di subito uscirne. « Tanto è lontano, diceva Cornelio Nipote riferito da Lattanzio, che io stimi la filosofia essere la maestra della vita, e la produttrice di una vita beata, chè niuno abbia più bisogno di maestri di vivere, che molti di quei, i quali si versano in essa col disputare 1 ». Se dunque è

1 Tantum abest, ut ego magistram esse putem vitas philosophiam, beatasque vitas effectricem, ut nulli magis opus sit magistris vivendi, quam plerisque, qui in ea disputando versantur.

tale la situazione della umana ragione, è da ripetersi con Platone: *Bisogna attendere che qualcuno venga ad istruirci della maniera, con cui dobbiamo comportarci verso gli Dei, e verso gli uomini.* Ed ecco indotta la necessità della rivelazione, con cui scorgiamo che Dio solo pel potere assoluto che à sul genere umano (29) può dare una Religione completa, in forza della quale egli l'uomo può dare a Dio un vero culto, ed egli stesso può conseguire la propria felicità.

341. La Rivelazione, infatti essendo un discorso di Dio vuolsi essere un'azione, con cui Dio immediatamente, e per sè stesso manifesta all'uomo i suoi pensieri. Quando dunque Dio parla, l'uomo bisogna che consenta alla parola di Dio, e come questa infinitamente supera l'umano intendimento, così l'uomo ove non giunga a penetrare i pensieri di Dio, non deve nè ributtarli, nè dubitarne; giacchè se Dio è che parla, Egli merita tutto il nostro rispetto, tutta la nostra umiliazione. Che Dio poi possa parlare, e che nel fatto abbia parlato, son queste verità, le quali si son dimostrate in Metafisica, e diffusamente sono esposte nella Teologia dommatica, per cui volentieri qui le supponiamo come vere, onde non vi sia chi voglia rinfacciarci che noi la vogliamo fare da Teologi piuttosto che da Filosofi; mentre se il tempo cel consentisse non temeremmo le loro sferzate; giacchè i doveri naturali dell'uomo si ricavano non solo dalla natura dell'essere morale, ma ancora dalla natura dello stesso essere che opera in atto. Laonde tacciamo anche qui le tante opposizioni, che i miscredenti ànno opposto alla rivelazione: come sarebbe, che Dio non poteva parlare all'uomo, non doveva parlargli per suo onore, non doveva parlar misteri, ed altre molte stoltezze, che fanno stomaco anche col solo classificarle. Soltanto a conclusione pochi detti vogliamo segnare sulla gratitudine, che l'uomo deve a Dio.

342. Ella la rivelazione è necessaria all'uomo (340); l'umana ragione la faceva sperare stantechè Dio creò l'uomo non per perderlo, ma per fargli raggiungere il suo fine (24): Egli infine Dio non era astretto da alcun dovere di parlare all'uomo. Or ciò non ostante Dio espone i suoi pensieri all'uo-

mo, per cui egli l' uomo si rende certo della sua felicità; gli
porge un' ammaestramento completo, con cui niente altro gli
resta a desiderare in ordine al suo fine: qual dunque non
debb' essere la riconoscenza per questo Dio? Diceva il grande
Alessandro, che se un' uomo l' avesse ammaestrato, egli una
riconoscenza gli avrebbe dato da figlio, e più che figlio. Or
che non avrebbe detto, se l' ammaestramento l' avesse ricevuto da un Dio? Egli adunque Dio ammaestra l' uomo per
bene tutto dell' uomo stesso, ed è dovere assoluto che questi
fosse riconoscente col suo Dio; cioè lo riamasse, gli rendesse
gratitudine per gratitudine, disimpegnasse i doveri tutti che lo
assistono in ordine a questo Dio d' infinita gratitudine.

Eccoci intanto alla fine de' doveri teologici; doveri nascenti
dall' indole stessa dell' uomo, e da cui niun' uomo può dispen-
sarsene senza oltraggiare il suo Creatore, e distruggere la propria felicità. Questi doveri, che troviamo scritti a lettere cubitali nel nostro cuore, disimpegniamo in tutte le ore se vogliamo appagare le brame del nostro cuore; giacché nel riconoscere il nostro Dio si ripone ogni nostra pace, il riposo
de' nostri affetti, la fuga di ogni nostro male.

CAPITOLO V.

DE' DOVERI DELL' UOMO VERSO SÈ STESSO.

LEZIONE XXXI.

AMORE, E PERFEZIONE DI SÈ, CUI L'UOMO DEVE MIRARE.

§ 343. *Dal principio della felicità emergono i doveri di proprio interesse — genuina idea dell'amor proprio, Dio vuole che l'uomo si amasse — in che riponsi un tale amore — è necessario conoscere sè stesso, ed i simili — conoscere il proprio stato, il quale è interno, ed esterno — si ribatte un'errore di Socrate con altri filosofi — falsa opinione di Eineccio, si confuta — si numerano i mancamenti ne' doveri all'ombra delle regole di collisione — dovere dell'uomo di perfezionarsi nella vita — dritti dell'uomo in ordine alla vita — abusi da evitarsi nella conservazione della vita — l'uomo dev'evitare la morte per quanto gli è possibile — procurarsi la morte è contra natura — dar la vita per la felicità è secondo natura: si definisce il suicida.*

343. Dopo Dio l'uomo immediatamente incontra sè stesso (269); perlocchè dopo aver trattato de' doveri che l'uomo assistono verso Dio, è mestieri trattare de' doveri che l'uomo assistono verso sè stesso (270): quali doveri diconsi pure di proprio interesse, oppure Etici. Or questi doveri senza dubbio debbono emergere dal nostro stabilito principio delle leggi morali (156); dappoichè è egli il mezzo per cui l'uomo possa venire in cognizione delle obbligazioni, che il Creatore si compiacque addossargli (157). Infatti l'uomo per costituzione na-

turale desidera di esser felice a modo, che libero non è in
tal desiderio, essendogli essenziale; in conseguenza il desiderio di felicità è immutabile nell'uomo stesso. Or se così
va la cosa nell'uomo, egli deve far tutte quelle cose che lo
conducano ad una tal felicità; ed insiemamente deve allontanare da sè tutte quelle cose, che lo rendono infelice Da una
tal legge fondamentale di natura si vede chiaro che l'uomo per ottenere la felicità in parola deve amare sè stesso :
ond'è che s'egli vuol'esser felice, deve voler bene a sè stesso,
e giammai odiarsi. Ed ecco un primo dovere indispensabile ed
essenziale all'uomo riguardante l'uomo stesso; dovere che immediatamente nasce dal principio di felicità; e com'è fecondo
di moltissimi altri doveri; così è chiaro che tutt'i doveri di
proprio interesse come da lor fonte scaturiscono dallo stabilito
principio delle leggi morali, cioè la Felicità.

344. Se dunque l'uomo a sè stesso deve un'amore, che
vuolsi chiamare Amor proprio (§. CXXXIX.), è dicevol cosa
significare la giusta idea di un tale amore. E per vero esso
non è altro che un'affetto mercè cui l'uomo s'impegna per
quanto più può a conservare ed accrescere le proprie perfezioni a fine di conseguire la propria felicità. Or come qui intendiamo parlare di un'amor proprio ordinato, il quale sempre è sottoposto alla legge; così facciam riflettere, ch'esso
non è nè ingiusto, nè contrario alla Volontà divina. Esso infatti non è ingiusto; è l'effetto di un comando della legge di
natura, la quale ordina all'uomo di conoscere le proprie perfezioni, e quindi custodirle; ciocchè importa amarte: non è
contrario alla Volontà divina; dappoichè Dio vuole che l'uomo
amasse sè stesso. Conciosiachè Egli à voluto che l'uomo fosse
felice (157), e poichè si costituisce tale quantunque volte con
indefessa cura custodisce le proprie perfezioni, e queste le metta
a giustissimo traffico; perciò volendo Dio la felicità dell'uomo, comanda l'amor proprio all'uomo stesso. Per la qual cosa l'uomo viola un comandamento divino, allorchè non si a-
ma; cioè, non conserva e non accresce la propria perfezione.
Nè questo amore pregiudica all'amore che devesi a Dio (292
e segg.); giacchè Dio stesso lo comanda; e poi sempre man-

tiensi sottoposto al sommo amore diretto a Dio, da cui piglia origine, ed a cui come al suo fonte si rivolge.

345. Dalle sparse nozioni dell' amor proprio, che l' uomo deve a sè stesso, ci è dato rilevare senz'alcuna difficoltà (§. CXL.), che l' uomo onde disimpegnasse appuntino il dovere di amore per quindi soddisfare alla Volontà divina (344), deve sempre fare tutto quello, che mentre da una parte conserva la propria perfezione, dall' altra poi è capace di accrescere la stessa. Vuolsi, dire avendo sempre di mira il fine sublimissimo del Creatore cercasse per quanto più può smenovare i mali di quaggiù e viver felice; felicità che ottiensi per l' esercizio della virtù non in generale riguardata; sibbene nel particolare confacendosi alla vita dell' individuo nella sua classe considerato. Ecco in che riponsi il vero amor proprio, e che ci dà la vera idea della sua natura: osservanza della legge, acquisto di virtù, custodia delle individuali perfezioni, tendenza al bene universale di ordine morale, è quello che propriamente vuol significare l' amore, che l' uomo deve a sè stesso; amore nascente da volontà retta di bene operare, la quale edifica, non mai distrugge, essendo l' uomo creato per essere superiore alle cose di quaggiù. Errano quindi tutti coloro, che credano amar sè stessi veramente allorquando gratificano ad ogni lor piacere, ad ogni lor movimento, ad ogni loro sensualità. È questo vivere da Epicurei, nemici della legge di natura, distruttori del proprio essere.

346. Epperò l' uomo non potrà giammai amarsi se prima non venga a conoscere sè stesso, ond' è un principalissimo dovere riguardante ogni uomo quello di Conoscere sè stesso: Conciosiachè l' amore nasce dal compiacimento della perfezione e della felicità (161), ed un tal compiacimento non può esistere se la perfezione e la felicità stessa non venga in cognizione dell' amante; perlocchè l' uomo conoscendo l' emporio delle sue perfezioni, il sublime fine cui è diretto, in somma conoscendo tutto sè stesso, i suoi moti, le sue tendenze, verrà spinto ad amarsi per modo che, tutto l' ammirabile tessuto che l' investe lo riempie di un compiacimento; che di repente gl' ingenera un' amore per sè stesso.

.. Ma qui vuolsi'essere accorto l'uomo ; giacchè gli è pur troppo difficile conoscersi; sendochè l'amor proprio facilmente si rende mascherato, per cui del continuo lo inganna facendo cambiare il genuino aspetto alle cose. Laonde lusingando gli nasconde le proprie miserie, gli fa difendere i vizi, e siffattamente lo porta a credere, ch' egli vivesse a norma della natura. È mestieri adunque, onde l'uomo non cada sotto i ceppi di questa mostruosa lusinga, che guardasse i suoi simili, i quali debbongli servire come uno specchio, in cui mirandosi al vivo scorge la sua immagine ; perchè ravvisa in essi e la stessa natura, e le stesse proprietà essenziali. In conseguenza è dovere indispensabile dell'uomo ; ed il primo tra i doveri etici, Conoscere gli altri a sè simili.

A tal modo l'uomo impegnato nella cognizione del suo simile verrà a conoscere sè stesso, e conoscendosi si ama con quell'amore che proprio si addice alla sua natura; amore che l'impegna sempre più a crescere nella perfezione, e nella felicità, onde raggiungere il bene universale di ordine. Impegnamoci adunque a conoscerci ; giacchè un tale impegno forma un nostro interessante dovere, ed è causa per cui fossimo felici vivendo da buoni cittadini.

. 347. Poste queste cose, l'uomo per conoscere sè stesso è necessario che conoscesse il proprio stato (§. CXLI.). Si dice stato dell'uomo la di lui considerazione, sotto date circostanze. Ora l'uomo può considerarsi e nello stato interno, e nello stato esterno. Il primo è la considerazione delle parti essenziali dell'uomo ; cioè Anima e Corpo. Il secondo è la considerazione di tutte quelle cose ; che ànno rapporto coll'uomo, ma che sono fuori dell'uomo stesso. Per la qual cosa poscia il dovere che l'uomo à di conoscere sè stesso (346), « Conosci te stesso 1 », immediatamente sorgono gli altri doveri ; cioè « Conservi te stesso 2 », e » Perfezioni te stesso 3 »; perlocchè l'uomo è obbligato a perfezionarsi in quel ch'è ; cioè

1 *Nosce teipsum.*
2 *Serva teipsum.*
3 *Perfice teipsum.*

nell'anima nel corpo e nelle facoltà interiori, ossia Intelletto
e Volontà : e deve perfezionarsi in quel che à.; cioè conservarsi una buona fama, il commodo, acquistarsi una vera a-
micizia, ed altre cose di simil fatta. In una parola l'uomo
deve considerarsi e perfezionarsi tanto nello stato interno,
quanto nello stato esterno. Per la qual' cosa a procedere con
ordine in tutta la presente diceria, tratteremo prima de'doveri
che riguardano la Mente, e quindi l'Intelletto e la Volontà ;
poi tratteremo de' doveri che riguardano il Corpo ; infine dei
doveri che riguardano lo Stato esterno dell'uomo.

348. Nella classificazione de' doveri etici abbiamo significata
una parte, la quale s'interessa esclusivamente del corpo del-
l'uomo (347), e ciò industriosamente l'abbiamo fatto per ribeccare l'errore di Socrate con altri filosofi antichi, i quali
negavano il corpo essere una parte essenziale dell'uomo ; ma
lo volevano uno stromento, di cui l'uomo si serviva per operare le sue azioni ; come chiaramente rilevasi dal pensare di
Simplicio : « *Che se l'uomo comanda al corpo, il corpo però
non comanda a sè stesso; è noto che l'uomo non è corpo, per
la stessa ragione neppure tutti e due presi insieme nel medesimo tempo* [1] ». Come pure un'altra parte di doveri l'abbiamo
riserbata a bella posta per lo Stato esterno dell'uomo (347),
onde ribeccare l'errore degli stessi poc'anzi cennati, e di cui
l'istesso Simplicio ce ne somministra una pruova irrefragabile
quando dice: « *Colui che à cura del corpo, non à cura del-
l'uomo, nè di quelle cose che riguardano all'uomo ; ma del-
l'istromento : colui poi che attende al denaro ed altri oggetti
di simil natura non à cura nè dell'uomo, nè dell'istromento,
ma di quelle cose che servono all'istromento* [2] ». Con le quali
Parole si vede che i cennati Filosofi antichi credevano le cose

1 *Quod si homo corpori imperat, ipsum vero corpus sibi non imperat,
hominem corpus non esse, constat ao ne utrumque quidem simul, eadem de caussa.* In proem. comment. ad Epitct. p. 6.

2 *Qui corpus curat, non hominem, neo ea quea sunt hominis, curat, sed instrumentum, qui vero pecuniae, et id genus aliis rebus studet, neo hominem curat, nec hominis instrumentum, sed aequas ipsi
instrumento serviunt.* In proem. comment. ad Epitect. p. 6.

Einneccio Vol. II.

esterne, le quali costituiscono lo stato esterno dell'uomo (347), non aver relazione alcuna coll'uomo stesso. Noi però non intendiamo qui istituire una confutazione contra questi gravi errori, pensando il contrario giustamente colla universalità; ma soltanto di volo diciamo, che il corpo è parte essenziale dell'uomo, come ci viene indicato dal commercio strettissimo che passa tra le due eterogenee sostanze, siccome diffusamente fu dimostrato in Metafisica, a tacere i tanti argomenti che ci confermano nel retto pensare. Le cose poi esterne ànno relazione coll'uomo stesso pel duplice motivo; sì perchè il corpo non essendo stromento, ma parte essenziale dell'uomo, servono all'uomo stesso; sì perchè l'uomo sarebbe infelice nella sua vita se non avesse immediata relazione colle cose esterne, le quali nel fatto soccorrono alle necessità di lui. Ma insistere di vantaggio su tali cose par venisse meno la dignità di un vero Filosofo; perciocchè è uopo averle per certe, ed investigarne i doveri per le rispettive perfezioni.

349. Prima però di venire al particolare dettaglio di questi doveri tutti (347) giova conoscere, che l'uomo (§. CXLII.) deve tutti adempire i prelodati doveri per modo che, non deve intralasciarne l'adempimento di un solo. Ma spesse fiate avviene ch'egli rattrovasi in tali circostanze, che per adempire certi doveri è costretto intralasciarne altri; stantechè i doveri medesimi vengono tra loro in collisione. Ora in tale stato è necessario, ch'ei preferisca il dovere più importante a quello, ch'è meno importante. Tutto sta poi nella collisione scorgere qual sia il più importante dovere.

Il ch. Einneccio vuole che quando vengono in collisione i doveri dello spirito con quelli del corpo, debbonsi preferire quelli dello spirito, il quale è più nobile del corpo. Ad una tale proposizione in niuna maniera sappiamo acquietarci, come quella che così in generale enunciata apparisce bastevolmente falsa. Conciosiachè la perfezione dello spirito si à colle virtù intellettuali, quella poi del corpo colle virtù morali, e queste senza dubbio sono a preferirsi a quelle nella collisione. Così se per apprendere lo studio di filosofia non potessi esercitarmi nella divozione, avrei a preferire la divozione allo studio

filosofico. Sibbene in più di un caso i doveri dello spirito debbonsi preferire a quelli del corpo, come l'uso e la sperienza
ci potranno far osservare. Infatti se viene in collisione la perfezione della volontà colla perfezione della vita, si deve preferire la prima alla seconda; perchè la prima riguarda i doveri
verso Dio, e l'uomo quanto è, e quanto à, tutto l'à ricevuto
da Dio medesimo, e l'à ricevuto in ordine al fine pel quale
è stato creato.

Venendo poi in collisione la perfezione della volontà colla
perfezione dell'intelletto, è da preferirsi la perfezione della
volontà; perchè riguarda i doveri verso Dio. Come pure nella
collisione la perfezione della volontà deve preferirsi alle sostanze
per la ragione poc'anzi addotta ; in forza della quale si dirà
pure lo stesso in ordine alla stima ed alle commodità.

350. Esposte intanto in generale le regole di collisione tanto
necessarie pel retto disimpegno de' propri doveri, non sarà
difficile anche in generale scorgere i mancamenti, che soglionsi
commettere contra la legge di natura. Imperciocchè se casi vi
esistono, ne' quali la perfezione dello spirito debba preferirsi
a quella del corpo (349), non direte voi che si pecca contra
la legge di natura quantunque volte tutta la cura si spende
pel corpo, e quella dello spirito si pone all'ontutto in dimen-
ticanza? Tal sarebbe quel negoziatore il quale tutto intento ai
traffichi per aumentar ricchezze, per niente pensa a porre lo
spirito nell'importante disbrigo de'doveri che l'assistono. Dite
pure lo stesso di quelli, che quali Epicurei vivendo par che
in capo non avessero altro pensiere se non quello d'ingrassare
il proprio corpo, e menano i loro giorni come se uno spirito
non li reggesse. Al contrario darsi tutto alla coltura dello spirito, e trascurare il corpo, è pure un peccato che non si vuol
perdonato; giacchè come lo spirito a perfezionare, così pure il
corpo a conservare, ci sono stati donati dall'Autore della natura. Solo quegli bene agisce, che non trascurando il corpo
ama daddovero il proprio spirito.

Chi rattemprò l' utile col dolce. . .
. . . . *vinse il partito* 1.

A raccorre tutto in breve, si deve sempre congiungere il più nobile col meno nobile, la coltura dello spirito con quella del corpo , salve le eccezioni che potrebbero aver luogo , e di cui a volo sopra menzionammo (349). A tal guisa merita tutta la lode colui che dedito allo studio della teologia, perchè scorge superargli del tempo , in cui possa acquistare altre cognizioni utili allo stesso studio teologico, si dà premura far tesoro delle stesse, e così congiunge il necessario al meno necessario. Ma ciò basta detto in generale, avendo ancora molto detto al proposito Wolffio 2, discendiamo volentieri a particolarizzare i doveri di proprio interesse giusta la segnata categoria (347), e dapprima segniamo i doveri, che riguardano tutto l' uomo.

351. Tutto l' uomo invero risulta dalla unione dell' anima e del corpo , onde (§. CXLIII.) dicesi uomo. Ora è un suo dovere quello di perfezionarsi , non che conservarsi in tutto ciò ch' è , ed in tutto ciò che à (347); conseguentemente deve conservarsi e perfezionarsi sì nello spirito, che nel corpo. Ma dalla unione dell'anima col corpo risulta la vita ; è perciò un dovere dell' uomo quello di perfezionare la sua vita; cioè mantenere intatta per quanto più può la cennata unione. E poichè la integrità di essa porta con sè l'allungamento della vita , facilmente si scorge il gran dovere che à l' uomo verso sè stesso di prolungare la sua vita per quanto gli è dato. Per la qual cosa lo spirito della legge di natura tendendo a rendere l'uomo felice, non gli offrirà siffatta felicità se non a condizione che ei fosse tutto intento a conservarsi ne' suoi giorni ; e quindi l' impegno di vivere per quanto più si può, è un impegno consentaneo non solo alla legge di natura , ma ancora dalla stessa precettato ; giacchè è un' impegno che immediatamente

---

1   *Omne tulit punctum , qui miscuit utile dulci.*
                          Horat. Art. Poet. v. 345.
2 Philos. mor. §. 225. seq.

nasce da quell'amore, che l'uomo secondo natura déve a sè stesso (344).

352. Epperò chi à un dovere insiemamente vanta un dritto su tutto quello, che porta il disimpegno del dovere medesimo, e ciò per la correlazione delle idee di dritto e di dovere (20). Se dunque l'uomo à il dovere di prolungare la sua vita per quanto più gli è dato ('351), à pure il dritto su tutte quelle cose che tendono a conservare la vita medesima. Imperciocchè se tal dritto fosse negato all'uomo, troppo ingiusta sarebbe la legge morale, la quale in tal caso pretenderebbe l'impossibile dall'uomo ; ciocchè in niuna guisa può asserirsi stante la giustissima Volontà di Dio, donde piglia il suo principio la legge di natura (123). Perlocchè egli l'uomo può usare tutti quei mezzi che son più conducenti al miglioramento della vita, pel quale ottenga il prolungamento della stessa; e chiunque si opponga a tale dritto commette senza fallo una manifesta ingiustizia, e nel tempio della natura è altamente responsabile pel troncamento de' giorni accagionato al simile. Or siccome la vita si prolunga col cibo, colla bevanda, col vestito, col tetto, e con altre cose di simil fatta ; così ogni uomo à dritto al cibo, alla bevanda, al vestito, al tetto, e così discorreta del resto: e giustamente l'uomo facendosi dritto a siffatte cose non dev'egli essere disturbato nell'esercizio de' suoi dritti, massime riguardanti la vita. Onde ne son venuti i vocaboli di barbaro, crudele, disumano, ed altro, allorquando ingiustamente si viola il dritto di vita che l'uomo essenzialmente possiede. La vita che à l'uomo è 'l più prezioso dono, che l'uomo stesso possasi godere in natura, e per conseguenza il più gran male che si possa fare all'uomo in natura stessa è l'ostacolare alla sua vita.

353. Se non che l'uomo tanto dritto vanta pel disimpegno del suo dovere, quanto è conducente al disimpegno medesimo di maniera che, il dippiù è illecito, e sarà moralmente impossibile (124). Se dunque l'uomo à dritto di conservare la sua vita per renderla al possibile lunga (352), tanto dritto possiede quanto si ricerca per ottenere la conservazione in parola. Perlocchè l'uomo non dovendo abusare del suo dritto deve

avere della moderazione nell'esercizio dello stesso; e quindi deve aver sempre presenti l'età, il sesso, la condizione, i mezzi infine che dalla natura gli sono stati offerti. Donde risulta in primo luogo, ch'egli non deve ledere i dritti altrui per esercitare il proprio: ciocchè è contra natura, come sarà in appresso diffusaménte sviluppato. Risulta in secondo luogo, che la retta ragione, e non già il capriccio, o la forza di fantasia, deve regolare il dritto in parola; altrimenti ci faremmo ogni cosa lecita, e tutto crederemmo tendere alla conservazione della nostra vita. Finalmente risulta in terzo luogo, che l'uomo vivendo in società deve uniformarsi alla gradazione della società medesima in ordine a'soci; perciocchè ne'mezzi di conservazione della vita quelli possono adoperarsi, che si confanno al grado che tiensi nella società; altrimenti il più rovinoso disordine verrebbe a desolare la società, la quale distrutta è distrutto l'uomo stesso, come diremo in appresso. Quindi peccano contra la legge di natura tutti quelli, che sotto pretesto di conservare ed allungare la vita, spendono più del loro grado e delle loro forze, ed a tal modo cercano secretamente di alimentare il fasto, la vanagloria, l'orgoglio. La legge di natura è schietta, per cui non ammette alcun furbo violatore della stessa.

354. Ci abbiamo intanto che ogni legge precettiva contiene in sè la proibitiva dell'opposto (124). Or la legge che dice all'uomo conservare la sua vita è una legge precettiva (347); dunque deve contenere la sua proibitiva dell'opposto. Ed una tal legge proibitiva si è appunto di non fare tutto quello, che può smenovare, oppure distruggere la vita; e come la vita cessa colla morte, così l'uomo deve fare quanto più può per evitare la morte, che forma la sua distruzione.

È poi la Morte la disunione dell'anima dal corpo: ed abbenchè dopo morte l'anima seguitasse a vivere; pure non più reggendo il corpo non si avrà quello che dicesi Uomo. Per la qual cosa come la vita in natura è per l'uomo il più prezioso dono (352); così la morte è 'l maggior male che l'uomo possa sostenere in natura. Sbagliava quindi Metastasio, quando accennando alla forza delle passioni ebbe a cantare:

Non è ver che sia la morte
Il peggior di tutt' i mali ;
È un sollievo de' mortali
Che son stanchi di soffrir.

355. Donde emerge, che l' uomo à il dovere di allontanare da sè la morte nel possibil modo che può; e per conseguenza peccano contra la legge di natura tutti coloro i quali usano cose nocive alla vita, abbreviandola o distruggendola indirettamente ; e molto più ancora quelli che direttamente si procurano la. morte per qualunque sia il loro motivo, il quale sarà sempre ingiusto all'ombra della natura. Falso dunque, falsissimo era il dovere ch'Egesia voleva indossare agli uomini di procurarsi la morte colle loro proprie mani, e nemico implacabile della umanità a chiare note si fè vedere quando pe'suoi seducenti argomenti indusse moltissimi a gittarsi capricciosamente nel mare e morire [1]. Era una sua pazzia quella di mostrare pesante la vita, dolce e piacevole la morte ; qualora la vita per qualunque travaglio possa sopraccaricarsi, è sempre raddolcita da quella grande speranza di dovere alfin incontrare una felicità, la quale non sarà giammai per mancare: onde ad Egesia, e con lui a tutt' i forsennati, che violentemente si troncano i giorni, sia bene ripetuto :

Non esser d'uomo saggio , anche se lo giurasse il folle Oreste [2].

356. Vuolsi però quì avvertire, che come l'uomo tutto quello che à, l'à ricevuto in ordine al fine propostosi dal Creatore (24); così egli è tenuto a sacrificare ogni cosa in ordine al fine medesimo. Laonde se la vita è data in ordine al fine, in tal caso di collisione è ben sacrificata, e la morte anzichè essere un male, è un vero bene. Imperciocchè nella collisione di due beni è sempre il maggiore da preferirsi al minore , e questi in faccia al bene maggiore è piuttosto da dirsi male

1 Cic. Tusc. Quaest. 1. 34. Valer. Max. 8. 9.
2   *Non sani esse hominis , non sanus juret Orestes.*

che bene. Quindi è che i martiri non prodigalizzavano la vita, ma della vita facevano il maggiore degli acquisti, quando la davano pel fine di entrare a parte di quella felicità, ch'è scopo della legge di natura ; perciocchè essi sostenendo i più atroci tormenti, e la morte stessa venivano ad operare secondo natura. E l' Apostolo stesso , il quale per associarsi al suo divino maestro si desiderava la morte , per niente agiva contra natura, stante la fermissima speranza di eterna felicità, da cui era sostenuto. Allora la vita è malamente data quando è contra il fine della legge, la quale perchè vuole la conservazione e quindi la felicità dell' uomo , e non già la distruzione e quindi la infelicità dello stesso, benedice quelle azioni le quali tendendo colla privazione della vita a rendere l'uomo possessore della eterna felicità ; danno all' uomo stesso la vera vita. In conseguenza mentre il martire, di cui poc'anzi era discorso, bene agisce meritando il premio della legge ; malamente agisce poi colui che violentemente e non in ordine al fine si priva della vita, e per cui merita i più severi castighi della legge medesima.

Or colui che per capriccio si toglie la vita dandosi in preda della morte vuolsi chiamare Suicida , il quale pel dimostrato è un torbolento violatore della legge di natura. Ma la ingiustizia del suicidio è mestieri che fosse da noi esposta con tutta quella precisione che merita una materia sì interessante, attes'i tanti difensori che lo vorrebbero inculcato dalla natura stessa; per cui la riserbiamo per intiero nella lezione vegnente, onde avessimo tutto l'agio di mostrarne la deformità.

LEZIONE XXXII.

QUISTIONE SUL SUICIDIO.

§ 357. *Motivo, donde parte il favore pel suicidio — il suicida è l'uomo ingiusto — il suicidio è proibito dalla legge di natura, prima ragione — seconda ragione — terza ragione — quarta ragione — quinta ragione — sesta ed ultima ragione — prima obbiezione e sua risposta — seconda obbiezione e sua risposta — tre casi di morte non sono suicidio — se 'l condannato a morte possa uccidere sè stesso — è suicida pur anche chi pone mezzi onde si abbrevia la vita — questi non apprezzano il gran beneficio della vita.*

357. Una stessa natura regnando in tutti gli uomini vi dovrebbero essere senza dubbio gli stessi sentimenti in tutti di maniera, che quello è obbrobrioso e di terrore in uno, l'istessa impressione dovrebbe produrre nel resto degli uomini. Eppure la faccenda va tutt'altramente; qualora c'è dato osservare quello in uno reca diletto, nell'altro produce lo più nojoso fastidio, e l'obbrobrio, il vitupero, la deformità infine per questi, reca onore, lode, bellezza per quelli. Nè a rintracciar la causa di tanta diversità di opinioni ci riesce difficile colpire il segno quantunque volte si accagiona il tumulto delle passioni, che combattono la ragione, e vogliono dominarla. Se tutti gli uomini fossero spogli delle sedacenti passioni, che deviano dal retto sentiere e deturpano la natura, e si facessero ugualmente governare dalla rettitudine del raziocinio, tutti la sentirebbero nell'istessa guisa, e quello che di natura sua è vituperevole, da tutti gli uomini sarebbe vituperato; giacchè una è come la natura, così pure la legge che governa questa natura medesima. E di quì nasce la difesa da certi prodotta a vantaggio del suicidio, la quale incontrando le più forti difficoltà per parte dei veri pensatori, che soli si voglio-

no custodire la in temerata legge di natura, à prodotta la tanto celebre quistione in Dritto di Natura , tutta rannodandosi in questa semplice inchiesta: « È egli lecito per dritto di natura il Suicidio? » Volerlo negare è lo stesso che rendersi schiavo del più vergognoso capriccio, cui obbligandoci la natura a re- sistere , ci facciamo un dovere quanto indispensabile , altret- tanto sacro nel richiamare i traviati sul cammino della giusti- zia mostrando a' Suicidi il gran torto ch'essi commettono nel- l'impiegare la mano a propria distruzione , qualora gli fu dato per propria conservazione.

358. E per metterci sul cammino del vero niente è più chiaro a dimostrare quanto la maniera indoverosa, con cui il suicida agisce contra sè stesso (§ CXLIV.) Ogni suicidio, di- ceva Platone , è una ingiuria al Legislatore della natura : ed a rinvangarne il perchè c'è dato riflettere , che nel caso di suicidio l'uomo si rende padrone di quella vita, di cui il solo Legislatore della natura ne vanta un' assoluto dominio ; per- ciocchè a torto dritto usurpa la giurisdizione dell'Autore della natura, per cui gli arreca la più atroce ingiuria. Ma con ciò che pretenderà l' uomo ? Pretenderà la sua infelicità : e nel fatto si rende infelice; sì perchè privasi del più bel dono na- turale; sì perchè incontra i più severi gastighi dell' ordine morale. Perlocchè a buon dritto è egli un vile creandosi la propria infelicità per non prestar vassellaggio alla legge di natura ed esser felice. È una viltà , diceva Aristotile, il voler morire per non aver forza da sostenere il dolore , e la igno- minia. Quindi avrebbero mostrato più coraggio un Catone , una Lucrezia , un Bruto , un Pomponio Attico , e cotali al- tri moltissimi col soffrire pazientemente , anzichè sì barbara- mente trucidarsi. Con qual fronte poi l'apologista del suicidio il Sig. Rousseau nella sua nuova Eloisa 1 venga a porci nel più lusinghiero apparato la maggior barbarie che l' uomo possa usare contra sè stesso ? Avrebbe dovuto alla fine sen- tire in sè stesso le voci di una troppo parlante natura ; e le sentiva invero quando nella stessa cennata opera cadendo nella

1 Nouv. Hél. tom. 2. lettre 21 et 22.

più vergognosa contradizione piglia le armi contrarie e confuta le sue imposture. Ma ella, si fu una troppa ridicola confutazione quantunque volte la perdona ad un Catone, ad un Bruto, ed altri. O l'uccidere sè stesso è un' intrinseco male per tutti, o per niuno: in ambidue casi niuno dev' essere assoluto, o niuno dev' esser condannato. A guardarci da ogni impostura, e seguendo le vere voci della natura, ci fa forza stabilire così la nostra proposizione.

PROPOSIZIONE.

OGNI SUICIDIO, COME COSA INTRINSECAMENTE MALA, OPPONENDOSI ALLA LEGGE DI NATURA, È ASSOLUTAMENTE PROIBITO.

359. Dim. La spietatezza non solo, ma anche il delitto che in sè contiene il suicidio a chiare note ci argomenta, che se fosse lecito, la più manifesta contradizione risulterebbe sì dalla parte del Creatore, che dalla parte della creatura ragionevole. E per principiare da Dio ci facciam lecito dimandare il fine pel quale Egli creò l'uomo fregiandolo di tanti sublimi doni; e certamente in risposta ci dovremo sentir dire, che Dio creò l'uomo a fine di manifestare la sua gloria accidentale, come diffusamente si è dimostrato in Teologia naturale. Or bene, il fine dell'uomo argomenta tendenza alla esistenza, ed ogni ripugnanza pone nella non esistenza; ch'è quanto dire, il Legislatore della natura vuole che l'uomo vivesse, che l'uomo continuasse a vivere, che l'uomo infine conservasse la sua vita; onde in terra avesse un promulgatore delle infinite sue perfezioni, un servo che fedelmente gli prestasse ossequio. Ponete adesso il suicidio permesso dalla legge di natura, sarebbe lo stesso che dire, Dio non vuole quaggiù un promulgatore, nè un servo. Dunque allora Dio sarebbe contradittorio a sè stesso, ed avrebbe inutilmente creato l'uomo. Se queste cose senza nota di empietà possono dirsi di Dio, certo avranno la meglio i difensori del suicidio. Ma per dire queste cose di Dio, Ei non dovrebbe essere quello ch'è (282); nè l'uomo

dovrebbe godersi la ragione per raggiungere il fine del suo Creatore (291, e segg.). Epperò passiamo alla contradizione che risulta da parte dell'uomo.

300. È una legge di natura, e legge fondamentale, che l'uomo amasse sè stesso (343, e segg.); amore che sel deve a vista di tante perfezioni, da cui è circondato. È poichè naturale è un tale amore nell'uomo, ne risulta ch'egli naturalmente abborre la distruzione e la morte di maniera che, in ogni uomo è essenziale il principio resistente la propria distruzione. Pel suicidio abbiamo ingenerato nell'uomo un'odio talmente mortale, che giunge a distruggere quella unione, da cui sorge l'uomo stesso. L'amore e l'odio son cose contrarie (162) che nello stesso stante non possono stare insieme, e massimamente nella stessa individuale natura. Avremo pertanto, che o l'amore è essenziale alla natura dell'uomo ed il suicidio è vizio; oppure sarà l'odio essenziale alla natura umana, ed il suicidio è una virtù. Or pel dimostrato. (343, e segg.) è essenziale alla natura umana l'amore di sè stesso; dunque il suicidio è un vizio infame cui ripugna la natura dell'uomo, come distruggente la stessa di lui natura. E non si sa che la legge di natura vuol proibito ogni vizio che peggiora l'uomo, massime allorchè tende a distruggerlo? È egli adunque il suicidio opposto alla legge di natura. Per la qual cosa l'uomo non à alcun dritto di togliersi la vita; ma deve dipendere ne'suoi giorni dalla volontà del suo Legislatore, il quale da Socrate nel suo Fedone vien paragonato ad un capitano, da cui dipende muovere dal suo posto la sentinella; giacchè dice: « *Noi siam qui posti dagli Dei quasi sentinelle* ».

361. Se non che è un dovere (311) dell'uomo di avere in Dio somma fiducia, abbandonandosi fra le braccia dell'infinita sua provvidenza per modo, che non debbe farsi schiacciare dai mali. Or che fa il suicida? Dispera della provvidenza divina, e si avvilisce sotto il peso de'mali. A tal modo tronca quì in terra i disegni del Creatore che in lui avevano a compirsi; tronca il filo de'supremi decreti dell'Eterno che su lui avevano a svilupparsi; mette infine per viltà un'argine irremovibile a quei destini, che dovevano bearlo. E tutte siffatte

cose non dicono il più alto dovere di religione che l'uomo
debbe al suo Dio? Insiemamente non direte la più alta violazione della legge di natura, a cui l'uomo si vuol seggetto,
ed ubbidiente? Dopo tutto questo si ardirà dire uno sfogo,
uno sgravamento, infine una felicità il suicidio, e non opposto alla legge di natura? O Dio esiste, e gli si deve una vera Religione (302); o il suicidio non sarà il più infame vizio
opposto alla legge di natura. Ma come può aver luogo il secondo se il primo non può non esser vero? *Rettamente, o Cebete*, diceva Socrate nel suo Fedone, *parmi detta esser. noi in
cura, e sotto il dominio de' numi: sembra a te pur così? A
me pure*, disse Cebete. *Or se alcuno de' tuoi schiavi senza tuo
ordine si uccidesse, non te l'avresti male? non ne faresti vendetta potendo? Certamente. Dunque non con minor ragione
sembra detto, niuno doversi uccidere, finché un nume non ve
lo costringa, come oggi a me accade*». Perlocchè avremo a
conchiudere anche per questo capo essere una viltà, e non
già una fortezza di animo, l'ammazzare sè stesso; giacchè tras-
grediscansi i doveri più sacri della natura.

362. Ma la società stessa, di cui altrove sarà parola, reclama la vita dell'uomo. Conciosiachè ella à dritto a conservarsi, à dritto di usare dell'opera de' soci, infine à dritto di
esercitare la giustizia vendicativa pe' delitti. Or pel suicidio si
reca una ingiuria al dritto di conservazione; perchè se fosse
lecito, presto o tardi verrebbero a sparire le umane società: si
reca un danno al dritto di usare dell'opera socievole; perchè
l'opera di ogni socio è fuori dubbio vantaggiosa alla società; lo sarà però più o meno attesa l'industria, la capacità, l'attitudine del socio medesimo: si espone infine a pericolo il dritto di vendicare i delitti; perchè in tal caso ogni
socio per scampare la pena farebbe uso del proprio dritto uccidendosi, ed allora dove più la idea della virtù, su cui debba fondarsi tutta quanta ella è la gran mole della società? E
siccome la società intiera non può non protestare contra siffatte violazioni, che attaccano la sua essenza: così non può
non protestare contra il suicidio. Or la lagnanza della società
è la lagnanza degl'individui sociali; e di questi la lagnanza,

è ·la ·stessa di quella della natura. È chiaro dunque che per la
società ·la natura protesta contra il suicidio, e certamente non
protesterebbe se non avesse tutta· la opposizione possibile al
suicidio medesimo. Ci persuaderanno tutt'altro i difensori del
suicidio, ma non. potranno giammai giungere a covrire la 'insolenza che nel suicidio racchiudesi.

365. Impertanto invitiamo i difensori del suicidio a rispondere, se fidano, a questo breve, ma stringente argomento.
L'uomo è tenuto ad amare il suo simile come sè stesso per
guisa, che non deve fargli il menomo male; dunque maggiormente è tenuto ad amare sè stesso come gli altri. Or l'amore
di giustizia porta, che noi non uccidessimo gli altri a noi simili; dunque neppure dobbiamo uccidere noi stessi. E qui
anticipatamente si avverta, che siccome l'amore di giustizia
nasce da una espressa legge di natura; così il suicidio vien
proibito per una espressa legge della stessa natura; giacchè
ogni legge precettiva contiene la sua proibitiva dell'opposto (124);
conseguentemente è la legge di natura quella, che protestan-
do contra il suicidio·, viene formalmente a proibirlo come
quello, che direttamente si oppone a' suoi ordini. Per la qual
cosa s'ingannava a partito Plinio allorquando diceva·, che la
natura non per altro ci apprestava i veleni, che per amore,
affinchè quando la vita addivenisse. di peso si possa uscire
quasi· dormendo da essa. Ma noi senza troppo infastidirci nel
confutare questa ·patentissima falsità dl ·Plinio, crediamo averlo abbastanza ribeccato quando ·gli opponiamo le sue stesse
parole. Imperciocchè interrogato una volta: *Chi è 'l più infelice?* francamente rispose: *Quello che si studia di esser troppo felice.* Dunque è infelicissimo colui che per via di veleni
si uccide; perchè cerca di· esser felice col lasciare il peso della vita; e per conseguenza se la natura per amore avesse ap-
prestato'i veleni all'uomo, allora per amore ·lo vorrebbe infelicissimo; e se tanto per amore che non farebbe per odio?
Niente adunque di più assurdo del suicidio.

364. Finalmente si arroge la grave ingiuria che il suicidio
arreca al Creatore col rendere frustraneo il suo nobilissimo fine; a cui chiama l'uomo; cioè la Felicità. Imperocchè non

v'à dubbio , che l' uomo debba agire a fine di conseguire la
sua propria felicità (157), la quale ottiene mercè la osservan-
zà della legge di natura. Or ogni suicida pel dimostrato agisce in opposizione alla legge di natura ; dunque ogni suicida
anziché esser felice rinviene la sua propria infelicità. Ma il
Creatore aveva dato l' essere al suicida per farlo rinvenire la
sua propria felicità : il suicida dunque rende casso , e nullo
il fine del suo Creatore; e per conseguenza il suicidio in niun
modo può stare in accordo colla legge di natura. Si vergo-
gnerà intanto il divino Platone vedendosi caduto nella più men-
zognera contradizione, quando scagliatosi contra il suicidio veniva poi a soggingere , che l' uomo poteva togliersi la vita
quando questa si rendeva insopportabile , standovi in tal caso
un' espresso , o tacito consenso del Monarca dell' Universo.

365. Ma sentiamo che ci dicano in contrario i nemici del
genere umano favorendo il Suicidio. Essi sulle prime ardi-
ranno dirci il suicidio esser permesso dalla legge di natura ;
giacchè allorquando vengono in collisione due mali è dicevole
eliggersi il minore a preferenza del maggiore. Or talune volte
avviene che la vita per certi si rende tanto infelice ed insopportabile, che meglio è 'l morire che vivere, ed è minor male
la morte che una vita infelice. Chi dunque non vede che la
natura stessa insinua a togliersi la vita ? Ma piano , rispondiamo agli avversari : quì vi bisognerebbe un maggior criterio per scernere , che il toglimento della vita in caso d' infelicità temporale è un male maggiore della stessa morte; dunque la natura in tal caso non può insinuarci il morire. E per
dirmi il vero la vita è la esistenza che l' uomo possiede , la
quale per certo secondo i metafisici è una identità essenziale;
in conseguenza privandosi l' uomo della vita viene a dichiarare non necessaria la esistenza e privasi del maggior bene
naturale , onde commette il maggior male. Oltreachè se l' uomo col privarsi della vita avesse tutto a terminare con lui ,
allora il suicidio sarebbe cosa indifferente, o per lo meno un
male minore rimpetto ad una vita infelice: ma quì è 'l punto;
giacchè a non essere Epicurei dopo la morte ben altro vi resta per l' uomo, e come il suicidio è 'l maggior male , così

induce nell'ordine morale il maggior disturbo , il quale non potendosi equilibrare dall'uomo durerà sempre (252) ; conseguentemente l'uomo sarà sempre assoggettato alla pena del disturbo morale (253) ; perchè sempre si troverà nella impotenza di rimettere l'ordine morale. Come dunque il suicidio si potrà dire un male minore, e tale da preferirsi ad una vita infelice, se mena l'uomo ad una maggiore e sempre durevole infelicità ? Sibbene meglio è vivere infelice , che morire ; perchè alla fin fine è sempre un bene la vita , e bisogna saper vivere per non dire, che conviene all'uomo anticipare il fato per non essere infelice. La sola forza delle passioni saprà farci pensare in differente guisa (357) ; ed allora non è la natura , ma il capriccio quello, che insinua recarci la morte colle stesse proprie mani.

356. Ma ripigliano : O la vita è un beneficio, o è un peso: se beneficio, volentieri possiamo rinunciarci ; se peso, possiamo sgravarcene. In ogni modo la natura affatto affatto si vieta toglierci la vita sempre che ci venga a genio. Sì, è vero che la vita è un beneficio, ma in ordine alla natura è legge, la quale vuole che sia da noi fedelmente custodita qual sacro inviolabile deposito. Or come non possiamo esentarci dalla legge di natura senza recare somma ingiuria all'Autore stesso della natura : così non possiamo rinunciare al benefizio della vita senza trasgredire le leggi più sacre del deposito , ed in conseguenza senza insultare il Legislatore medesimo della natura. In quanto poi la vita à i suoi pesi non debbe recar meraviglia di sorta alcuna ; dappoichè se anche i Sovrani lasciano alle volte la vita a' rei con qualche peso , perchè non lo possa l'Autore della Natura? Il quale se talune volte ci affligge , oppur permette che fossimo angustiati quaggiù, il tutto dispone al maggior nostro bene , e ci converrà sempre ogni cosa pazientemente tollerare ; sì perchè a tal modo si adempie la sua Volontà ; sì perchè tempo verrà e non tardi che saprà benissimo cangiare il lutto in riso , le lagrime in gioja. Comunque però sia in essendo la vita un beneficio depositato nell'uomo, egli l'uomo in niuna guisa potrà abusarne ; perciocchè gli è sempre vietato prodigalizzare questa vita per capriccio , per indolenza , od altra ingiusta causa.

367. Epperò tre casi di morte non si vogliono ridurre al suicidio, andando per essi diversamente la faccenda: 1. quelli che si uccidono perchè traviati di mente: 2. quelli che si offrono spontanei alla morte per impulso divino : 3. quelli che per praticare le austerità si riducono a morire. E principiando da' primi la legge di natura condanna la morte volontaria, non già quella che manca de' requisiti i quali costituiscono l'atto morale, e per cui può dirsi volontario (64). I traviati di mente, frenetici, furiosi, non incrudeliscono contra sè stessi volontariamente, ma per un' aberrazione della mente stessa ; e perciò la morte che alle volte si danno non viene ad essi imputata. Nè in questi tali la natura concorre ad un atto così barbaro ; giacchè ove fosse istinto, dovrebbe in tutti succedere l' istesso atto ; ciocchè noi vediamo se non in molti pochi. Per quello riguarda i secondi, questi siccome agiscono per un' impulso ineffabile della grazia ; così è Dio stesso qual padrone della vita che da essi richiede la vita stessa per manifestare sempre più la verità. Così abbiamo certi martiri; i quali senza esser perseguitati, spontaneamente corsero in braccia de' loro carnefici. Cotestoro son da dirsi piuttosto passivi nell'incontrare la morte anzichè attivi ; e per conseguenza invece di riportar confusione dalla morte, ne riportarono le più belle lodi dal Dio della verità. In ordine a' terzi finalmente (lo ripetiamo in modo singolare a certi moralisti protestanti i quali si son beffati delle austerità, e delle penitenze) diciamo che il dovere di conservare la vita è sempre subordinato al gran dovere di conseguire il fine dell' ordine morale ; perciocchè o le austerità sono smodate, o sono moderate : se le prime, e queste succedono ne' Santi per uno impulso straordinario della grazia, e quindi di essi va detto quel tutto, che poc' anzi dicevamo in ordine a' martiri : se le seconde, e queste anzichè distruggere la vita, vie più la conservano; qualora ammettano la sobrietà, la quale è di regime alla vita. E poichè non è del nostro istituto troppo dilungarci in tale materia, ci basterà dire in ultimo luogo, chè oltre questi tre segnati casi eccezionali, ognun' altro che volontariamente si toglie la vita coll' uccidersi o direttamente, o in-

direttamente , sarà egli un Suicida , e sapendo la malizia del suicidio violerà la legge di natura, per cui avrà da sperimentarne le più severe pene.

368. Soltanto quì potrebbesi muovere il seguente dubbio; se mai cioè colui , il quale essendo stato di già condannato a morte per delitti , possa prevenire la pena uccidendosi da sè stesso. Al quale dubbio sarà chiara per sè stessa la soluzione, quantunque volte si rifletta all' indubitato principio , che la vita è un benefìcio depositato nell' uomo , del qual benefìcio l' uomo non può disporre da sè stesso , ed a suo proprio talento. Per la qual cosa il dannato alla morte per delitti deve attendere la morte a vista delle sue colpe, e giammai gli sarà permesso togliersi la vita colle proprie mani senz' addivenire un suicida ; dappoichè in faccia alla giustizia vendicativa la sua morte sarà giusta pel bene comune; ma in faccia alla infelicità , di cui egli si crede aggravato , è sempre ingiusta la sua morte , e produrrà un male morale , il quale per ogni conto deve sempre posporsi ad ogni male fisico , che possa aggravare l' uomo. È egli il suicidio di tal natura , che mica può rinvenire colore, da cui possa nascondersi la propria infamia ; in conseguenza come un male di passione deve a tutta forza fuggirsi dall' uomo.

369. Da tutte le fin quì sparse idee in ordine al suicidio senza indugio c' è dato conchiudere (§. CXLV.), che l'uomo deve fedelmente custodire tutto il suo essere per modo che , non deve porre la menoma causa di alterazione in tutto sè stesso ; altrimenti innanzi al tribunale di natura sarà reo di tutto quel danno , che spontaneamente si accagiona, e per cui o con violenza , o con tardanza viene a produrgli la morte ; giacchè l' azione è sempre da imputarsi a colui che ne fu l'autore (204). Per la qual cosa non solo è suicida chi repentinamente si toglie la vita ; ma ancora quegli, che mette opera , donde si abbrevia la vita , violando a tal guisa quel geloso deposito , che l' Autore della natura gli affidò richiedendone il più stretto conto. Quindi peccano contra la legge di natura tutti quei che intemperanti abusano di cibo o di bevanda alterando il loro fisico a modo , che si espongono ai

più intollerabili mali. All'istesso modo ledono la legge di natura quelli, che si espongono a strabbocchevoli fatiche da indebolire stravagantemente le forze come del corpo, così pure dello spirito: quelli che si danno in preda del lusso snervandosi da fanciulli senza badare alla gran dignità, ove è chiamato l'uomo: quelli che bestialmente si sfogano nella libidine senza più serbare quel pudore, che l'uomo discerne dal bruto: quelli che non curano la propria salute volendo stupidamente fare i spiriti forti: finalmente quelli, che si espongono a'pericoli senza esservi chiamati nè dalla necessità, nè dall'impiego; ma solo ad oggetto di far mostra ridicolissima di futile coraggio.

370. Questi cotali se ponessero mente al gran beneficio ch'è la vita, certo non l'abbrevierebbero a siffatto modo; nè a tanto furore giungerebbero di perdere infine loro stessi. La natura ci gratificò, e vuol'essere rispettata, e non vilipesa: la natura fondò in noi stessi un'alto suo dritto, ed il vuolc intangibile: la natura infine ci assegnò il gran dovere di serbare intatta la vita, e c'è mestieri custodirla in tutt'i momenti della stessa. Quella vita adunque che rattrovasi nel nostro uso, questa cerchiamo di prolungare per quanto c'è fatto dritto, e non la deterioramo, se vogliamo gircene in seno del grande scopo dell'Autore della natura. Chiudiamo quindi i nostri orecchi a tutte le ciance de'falsi apologisti del suicidio; giacchè sono uomini immeritevoli di un tal nome, nemici della umanità, sprezzatori della legge di natura.

Tant'era a dirsi in ordine a'doveri che abbracciavano tutto l'uomo; e poichè l'uomo può riguardarsi sì nello stato interno, che nello stato esterno (347); perciò da noi separatamente deve riguardarsi la duplice perfezione, che all'uomo incumbe nello stato individuale che lo circonda. E principiando dal primo, com'esso abbraccia l'intelletto, la volontà, ed il corpo; così è forza che della relativa perfezione di cia cuno dettagliatamente ne segnassimo i doveri.

LEZIONE XXXIII.

DOVERI RIGUARDANTI LA PERFEZIONE DELLO STATO INTERNO DELL' UOMO.

§ 371. *Quali cose abbraccia lo stato interno dell' uomo —.ch'è l' intelletto dell'uomo, e dove riponsi la sua perfezione —l'uomo deve perfezionare il suo intelletto — due cose lo perfezionano, — si sviluppa la prima — si sviluppa la seconda — per questa si propongono varî mezzi — questi mezzi non sono tutti per tutti — passaggio da' generali a' particolari doveri perfettivi l'intelletto — conoscere la propria vocazione — che cosa è la vocazione, la quale è differente negli uomini — elezione del proprio stato — contra i protestanti si mostra la sublimità dello stato religioso, prima ragione — seconda ragione — oggezione, e risposta — vantaggi socievoli dello stato religioso.*

371. Giunti al gran dovere, che l' uomo à di perfezionare sè stesso (347), ed in cui racchiudonsi tutt'i doveri di proprio interesse, fa mestieri porre alquanto più di riflessione nello sviluppo di esso; e poichè l'ampiezza dello stesso fa riuscire impossibile tutti in una volta menzionare i diversi oggetti cui mira, diverse trattuazioni all'uopo è mestieri istituissimo. E sulle prime giova rammentare quello, che poco anzi da noi dicevasi in ordine all'uomo (347), ch' egli cioè poteva riguardarsi sì nello stato interno, che nello stato esterno; perciocchè è forza che l' uomo si perfezionasse sì nell' uno, che nell' altro. Or lo stato interno, si soggiungeva, abbracciava l' intelletto la volontà ed il corpo; dunque l' uomo à un triplice interessante dovere di perfezionare il suo intelletto, la sua volontà, infine il suo corpo. Ma come riuscire in questa a lui tanto necessaria perfezione, ecco quello che forma l'oggetto della presente lezione.

372. E cominciando dal perfezionamento dell' intelletto (§ CXLVI.) non è fuori proposito esordiare dalla sua definizione. Ed infatti egli l' intelletto è la modificazione dell' io pensante, ossia la facoltà dello spirito, con cui percepisce le cose, giudica, e ragiona delle stesse. Suo oggetto è 'l vero ed il bene, a tal che l' umano intelletto è fatto abitualmente per conoscere la verità, ed insiememente conoscere il suo bene. Per la qual cosa tanto la verità, quanto la bontà delle cose a vicenda concorrono a renderlo sublime, non che perfezionarlo: e tanto più in ciò riescono, quanto più lucida è la verità, quanto più grande è 'l bene che si affaccia alla mente. Onde riesce chiaro, che la perfezione dell' intelletto si ripone nella cognizione del vero, e del bene. E come no, se l'intelletto è la facoltà propria, che il Creatore destinò nell' uomo pel conoscimento, e senza cui non molto dissimile sarebbe dal tronco, dalla pietra, dalla statua; ed il conoscimento si rende perfettivo per quello solo, che in sè contiene qualche ragione di perfezionamento; ciocchè è 'l vero, è 'l bene, mentre ambidue porgono nella conoscenza qualche cosa di reale, e di positivo. Togliete dunque il vero, togliete il bene, e l' umano intelletto non avrà più come spaziarsi nella perfezione, ogni cosa verrà ad essergli nunzio fatale di sua ruina, il suo deterioramento a gran giornate produrrà le sue mostre.

373. Or l' uomo essendo tenuto a perfezionarsi in quello ch' è (347); val quanto dire, dovendo accrescere le proprie perfezioni, senza dubbio dovrà acquistare, conservare, ed accrescere la perfezione del proprio intelletto, come quello che forma una nobilissima sua proprietà. Siccome poi l' intelletto si perfeziona coll' acquisto sì del vero, che del bene (372): così è un dovere indispensabile dell' uomo stesso quello di avvezzare il proprio intelletto al discernimento del vero dal falso, e del bene dal male. A tal' effetto egli à ricevuto l' intelletto dal Creatore, acciò fosse capace di rintrac-

ciare l'ordine delle cose, onde poi potesse amare, e promuovere quest'ordine medesimo, e siffattamente satisfare quegl'immutabili i mpulsi, cui la natura lo spinge (24). Se l'uomo possedendosi l'intelletto non fosse tenuto all'immegliamento dello stesso, si farebbe esistere la più mostruosa contradizione, e l'intento del Creatore di bel genio si darebbe per frustraneo : ora il primo per sè stesso non può esistere ; perchè l'impulso irresistibile di natura che in sè l'uomo sente non può nascondersi dall'uomo stesso : il secondo deve avere il suo effetto ; perchè non v'è ventura nella mente infinita del Creatore. Dunque risulta dalla negazione delle due impossibili ipotesi, che sia tenuto l'uomo ad attendere alla perfezione del proprio intelletto.

374. E questa perfezione due cose importa per l'uomo, allontanare cioè tutto ciò che la impedisce, ed esercitare la mente a procacciarsela. Impediscono la perfezione dell'intelletto le passioni, i pregiudizi, l'alterazione della fantasia. E per vero quando arde il cuore, e ferve il sangue, non si veggono le cose che per traverso e sotto densissimo velo ; in allora lo spirito a tutt'altro inteso fuorchè al suo bene non medita la propria nobiltà. Non minor forza ànno i pregiudizi ad ottenebrare la mente anzichè dischiararla ; giacchè l'animo convinto di una qualche cosa o per propria forza, o per l'altrui, riesce difficile disingannarlo senza un miracolo : e spesso spesso succede che vale più un pregiudizio in fatto di errore, che una lampantissima verità, in ordine ad un'animo affascinato, e stravolto. La fantasia del pari allorquando si rende sbrigliata, di repente piglia, come suol dirsi, lucciola per lanterna, e di quante ruine suol'esser madre fecondissima ognuno ben può ravvisarlo in sè stesso. Stanti dunque queste tre fatalissime origini dello imperfezionamento dell'intelletto, egli l'uomo, cui la legge di natura precettagli la perfezione dello stesso, deve a tutta possa ammorzare le passioni, distruggere i pregiudizi, regolare la fantasia. Per tal guisa dovrà sospendere ogni giudizio sotto la forza delle passioni, de' pregiudizi, della riscaldata immaginazione, ed attendere miglior tempo ; oppure l'altrui avviso prudente dovrà essergli di sprono ad agire.

375. Ma non basta atterrare gli ostacoli che impediscono la perfezione dell' intelletto, è mestieri ancora che la mente serena si esercitasse, onde risultarne la perfezione dell'intel-. letto (374). La quale siccome è riposta nella cognizione del vero e del bene (372) : così è dovere dell' uomo di tutto impegnarsi, onde acquistasse tale chiarezza di mente, ossia proprietà, che facilmente gli fosse dato distinguere il vero dal falso, il bene. dal male in tutte le idee, che gli si affacciano alla mente; oppure cerca rintracciare in una continuata serie di raziocini. Per la qual cosa l'esercizio del proprio intelletto mena al perfezionamento dell' intelletto medesimo ; e qui vuolsi intendere quell' esercizio, ch' è a seconda del fine del Creatore, per cui mal si appongono coloro, che credono esercitare il proprio intelletto con una continua serie di sofismi. Questi anzichè schiarire l' intelletto, vie più l' ottenebrano : simiglievolmente a colui che pretenderebbe guarire la propria ferita col sempre allargarla ; verrà punto che esacerbata produrrà cancrena, e quindi la morte. L' umano intelletto vuol essere esercitato con modi saggi e prudenti, non già ridicoli ; altrimenti il tempo perduto farà deplorare la propria ruina.

376. E siccome non sempre è dato all' uomo ristretto in sè stesso poter discernere con franchezza il bene dal male, il vero dal falso pel perfezionamento dell' intelletto (375); così è giuocoforza usasse tutti que' mezzi, i quali sono propri a manodurlo a tale discernimento. Or tali mezzi commodamente possono ridursi a tre; istitutori, libri, esperienza, i quali uniti insieme ci danno tutto l' agio di conoscere le utili verità, i precetti tutti riguardanti sì il bene, che il male. Egli adunque l' uomo è in dovere pel perfezionamento del suo intelletto di ascoltare la viva voce de' maestri, i quali meglio degli altri sanno imprimere la verità, e coltivare l' intelletto degli addiscenti. Epperò in ciò fare sia canto l' uomo nello scegliere a maestri quelli che a pieno conosce esser probi, morigerati, scienziati ; e poi pendere dal loro labbro, loro porgendo tutto quel rispetto, che gli si deve come in luogo di secondi padri ; giacchè generano lo spirito nella sapienza. Inoltre l' uomo deve continuamente svolgere i libri, che sono

altrettanti maestri, ma morti ; frequentemente deve averli per
le mani ; meditarli infine giorno e notte , onde attingere in
essi il vero sapere , che mena alla vita. Per la qual cosa come
non ogni cibo è adattato allo stomaco umano , così non ogni
libro è capace ad istruirci nel verace sapere : vi sono de' pa-
scoli velenosi, volea dire, de'perversi libri dati fuora dalla malizia, o corruzione degli uomini, non per addottrinare i simili ; sibbene per deturparne la cognizione ed il costume, e questi si debbono fuggire peggio della serpe. Dobbiamo noi leggere e meditare per perfezionare il nostro intelletto, non già
per deteriorarlo ; ciocchè sì pretende fare co' cattivi libri. Finalmente la esperienza è madre fecondissima delle verità e delle
operazioni ; questa rende l' uomo gran maestro nella vita , ed
a questa fa mestieri l' uomo si associasse, onde formarsi un
gran corredo e di verità, e di beni. Sia però la sperienza
sorretta dalla sana logica, onde non deviare dal propostoci
fine : nè siamo tenaci nella stessa se non quando più volte
sperimentato lo stesso ne abbiamo ottenuto la convinzione.
Ecco come l' uomo può giungere facilmente alla cognizione del
vero , e del bene, rendendosi accorto in tutte le sue azioni.

377. Epperò non tutti possono far uso de' mentovati mezzi
per ingentilire il proprio intelletto (376), stante la posizione
di lor condizione, la quale pone un' irrevocabile impedimento
a conoscere tutto ciò ch' è utile. Come dirsi, a mò di esempio , ad un agricoltore che frequentasse i licei, svolgesse dei
grossi volumi, attendesse alle umane faccende, se col sudore
della increspata fronte appena giunge a procacciarsi il necessario per la esistenza? Sarebbe per un cotale richiedere l' impossibile, cui l'umana ragione mica vi consente. Pertanto sarà
bastante per cotestoro apprendere quel tanto che sarà sommamente necessario per raggiungere l'intento del Creatore, e ciò
solo per essi perfezionerà la facoltà di pensare, verificandosi
ancora a parola quel sapere di sobrietà voluto dall'Apostolo,
e che dice necessario ad ognuno: « *Convenga esser saggi, ma
di essere moderatamente saggi* [1] ». Onde troppo bene diceva
Sofocle : « *Il sapere è 'l mezzo più opportuno a conseguire la*

[1] *Oportet sapere , sed sapere ad sobrietatem.* Rom. 12. 3.

felicità 1 ». La cognizione del fine, a cui ci chiama il Creatore della natura, è l'unica cosa necessaria che dobbiamo sapere, tutto il resto poi è utile.

378. I doveri fin qui cennati relativamente alla perfezione dell'intelletto ben possono appellarsi doveri generali perfettivi dello stesso; giacchè riguardano (§. CXLVII.) tutti gli uomini, i quali, niuno escluso, debbono ugualmente disimpegnarli; stantechè si fondano sulla umana ragione, la quale com'è comune a tutti gli uomini, obbligano in pari tempo tutti gli uomini medesimi. Ma oltre di questi doveri generali, vi esistono ancora de' particolari, i quali obbligano certi determinati uomini, e non già tutti gli uomini; dappoichè si fondano sulle forze del giudizio, dell'intelletto, e della memoria; quali cose variano a misura che variano gli uomini: ecco il perchè non tutto si può addire a tutti, ma a quei soli, cui convenendo simili circostanze, simili abitudini, convengono simili doveri. Ond'è che per certi dati uomini ben sja un genere certo di vita, che per altri male si starebbe; e come non tutti gli uomini sono diretti dal Creatore per la stessa via, così nasce la necessità di abbracciare differenti doveri per le differenti vie che restano a battersi da'differenti uomini, tutti poi convenendo nel gran fine inteso dal Creatore. Quindi a dischiudere questi particolari doveri nel sentiere della perfezione dell'intelletto fu uopo ci accingessimo.

379. Non v'à dubbio, che ogni uomo deve coltivare il proprio intelletto (373), ed in tal coltura non deve intralasciare almeno quelle cose, che sono necessarie pel conseguimento del fine propostosi dal Creatore (377). Or certamente il Creatore non dirige gli uomini tutti al fine universale per l'istessa via (378), come apparisce dalla diversa indole, dalla diversa forza di pensare, da' diversi fini subordinati che statuisce su di essi: perlocchè è necessario che l'uomo per raggiungere il bene di ordine universale ponga mente al fine subordinato, cui lo chiama il Creatore; e perciò attenda inoltre alla sua inclinazione, al suo ingegno. Queste considerazioni dicono la

1 *Sapere ad beatitudinem praecipuum est*. In Antigone. v. 1321.

più alta premura per parte dell'uomo individuale, onde si accorga a qual genere di vita, che dicesi stato, la divina Provvidenza lo chiami, e giusta lo stato possa occuparsi seriamente a perfezionare il proprio intelletto. Egli infatti un medico mal coltiverebbe il suo intelletto se anzichè approfondirsi nella medicina si occupasse tutto nella legale; giacchè lo stato, cui dalla Provvidenza è stato chiamato, è per l'appunto di esser medico, e non già avvocato. Risulta quindi, che ciascuno è obbligato ad esaminare la propria indole, le proprie forze dell'ingegno, il proprio particolar fine, onde addirsi in quella coltura d'intelletto, che ben si confà allo stato, cui è chiamato dal Creatore.

380. Or fare ciò importa conoscere la divina chiamata, ossia la propria Vocazione. È dunque la vocazione una volontà divina in ordine al genere di vita, che debbesi eliggere dall'uomo; volontà fattaci nota mediante le doti di animo e di corpo, che il Creatore compiacesi concedere all'uomo. Se dunque l'uomo è in dovere di esaminare le individuali prerogative che lo circondano (379), è fuori dubbio che à pure il dovere di conoscere la particolare sua vocazione. Conciosiachè l'esercizio dell'intelletto forma un' adequato dovere allorquando tendendo al fine comune adopera i mezzi che manoducano a questo fine: e siccome un mezzo necessario è la vocazione propria, questa trascurata, è trascurato del pari il fine comune; giacchè il fine non può ottenersi senza i mezzi tendenti allo stesso. Per la qual cosa il Creatore infondendo nella umanità uno stesso appetito di bene, non infuse in tutti gli uomini le stesse propensioni, l'istesso talento, le stesse forze: segno evidentissimo, che non volle gli uomini tutti all'istesso fine comune per gli stessi mezzi; ma qual provvido regolatore a ciascuno assegnò uno stato differente, onde nella varietà risultasse un'ordine maggiore, e tutti consentendo ai suoi giustissimi voleri giungessero al possesso della gran ricompensa promessa in dono alla ubbidienza. Perlocchè è dell'interesse dell'uomo applicarsi al discernimento della propria vocazione, di cui Persio seguendo i retti lumi della ragione ebbe a dire:

Quanto alla patria dar ti sia concesso ,
Quant'a parenti , ed in qual posto il Nume
Nell'umana repubblica t' à messo ,
Questo impara 1.

331. Dal detto emerge, che conosciutasi dall'uomo la divina vocazione, non altro stato gli è mestieri scegliere, se non quello cui si accorge di essere stato chiamato, ed in questo a tutta possa deve cercare la propria perfezione dell'intelletto. Per la qual cosa peccano contra la legge di natura tutti coloro, che imprudentissimamente si affidano ad uno stato, in cui non sono chiamati; e massimamente se agiscano per vil compiacenza, od altre interessate mire, sprezzando a tal modo la santità insieme e la giustizia della divina Volontà. Non minor disprezzo commettono quelli, che s'intrudono in uno stato di cui mica non possono disimpegnare i doveri; l'è questo un tentare il Legislatore della natura, il quale per niente è tenuto a sorreggere questi sciagurati. E di quà provvengono i tanti mali, cui alla giornata siamo costretti deplorare ; mali che talmente ingigantiscono, che per forza tolgono ogni respiro alla vita. S'impegni ognuno nello stato destinatogli dalla natura, e se celibe o casato', se erudito o artigiano, se laico o religioso, ad altro non ponga mente che al fine ultimo che l'attende ; giacchè ogni esercizio dell'intelletto è utile allorquando mira il bene di ordine universale.

382. Ma come nella distribuzione delle vocazioni abbiamo numerato anche lo stato religioso (381) ; così è mestieri intrattenerci alcun poco su lo stesso stante la soverchia rabbia de'protestanti, i quali non cessano di declamare contra di esso chiamandolo inutile, ozioso, di danno piuttosto alle umane società. E su le prime fa mestieri esaminarne la sublimità, la quale vuolsi indagare dalla nobile propensione al fine, che sorregge un contemplativo evangelico. Imperciocchè tanto più

1   *Quem te Deus esse*
Iussit , et humana qua parte locatus es in re,
Disce.   Sat. 3. v. 71.

nobile è lo stato, quanto il mezzo più si avvicina al fine; e soggiungerò franco, con quanta più sicurezza fa pervenire al fine; poichè la perfezione dell'intelletto è dovere·in faccia al necessario conseguimento del fine, l'esercizio del qual dovere mi dà l'adequatezza nella perfetta cognizione del fine e dei mezzi. Or ci dicano per vita loro i protestanti se mai la contemplazione allontana, o più avvicina a Dio, per poi dirci lo stato contemplativo inutile ed ozioso? Contemplare la divinità è innanzi tempo un certo tale che possedere la divinità medesima, e lo stato del contemplativo è stato di ·un'anticipato possesso del fine universale. L'uomo deve scegliere quello, ove più conosce Dio chiamarlo (380); come dunque si vorrà sprezzare la vocazione di un contemplativo? È odio dunque di Religione, e non già amore di verità, quello scagliarsi contra di un tale stato.

383. E poi non sarà mai ozioso quell'uomo, che segue i voleri dell'.Eterno; anzi sarà il maggiore operativo che possa immaginarsi. Conciosiachè la volontà di Dio come sempre opera, non può non volere che l'azione, la quale nella contemplazione, massime della divinità, maggiormente spiega la sua energia, come quella ch'è diretta al miglior obbietto dell'intelletto. Tal'è nel fatto la occupazione dell'intelletto di un contemplativo evangelico, che vuolsi per isdegno un'ozioso. Egli dato·a miglior pensiere è tutto affaccendato del suo Creatore, e ne'suoi lumi si strugge, e nelle sue attrattive si sfoga a tal che dì e notte non lascia mai quel perfezionamento, a cui l'intelletto umano à dovere di tendere. Se infine il contemplativo evangelico vuolsi un'ozioso per aver seguita la sua vocazione, e perchè non saranno tanti oziosi del pari gli avvocati che sudano nel foro, i magistrati che invecchiano sulle scranne, i soldati che gelano sul campo? Se la seconda è una follia il·pensarlo, perchè non lo è anche la prima?

384. So che si risponderebbe non essere i contemplativi evangelici di alcun vantaggio alla società; sibbene di danno, e di sciupamento. Ma quì il bene socievole vuolsi riguardare soltanto nelle mire materiali, ciocchè è un'inganno, un'errore. Non so se faccia più danno che bene alla società quel

mercatante che in mezzo alle frodi, e spergiuri, immette le più recondite merci, e cerca vantaggiare il commercio, di quello sen stia in casa sua, e morigerato produca l'esempio delle sue buone azioni. Il bene dunque socievole risulta più dalla morigeratezza de' costumi socievoli, che dall' affluenza de' beni materiali. Or nel caso, posta la ipotesi vera com'è verissima, risulta il contemplativo evangelico a meraviglia un cooperatore del bene socievole, e per conseguenza l'individuo abilissimo alla società. Egli infatti dedito al migliore operare d'intelletto (382, 383) gode il vero impero sul senso ribelle, e del continuo l'amore di virtù, base e fondamento di ogni società, infonde negli animi di ogni socio, che attentamente si fa a guardarlo. Perlocchè son da desiderarsi in mezzo alle umane società anziehè infuriare contra di essi. Ecco invero come parla, a conferma del vero, il dotto Taparelli 1. *Se dalle cure della terra, dalle attrattive del senso, dagl' impeti della fantasia e delle passioni sottraendosi un giovine, dedichi a costo de' sacrificî più sensibili tutta la propria esistenza a ben comprendere, ed a ben regolare l'ordine di ogni sua azione all' unico termine, cui dee drizzarla, chi sarà non dico il filosofo, ma l'uom ragionevole che osi biasimarne l'intento? Conviene o non aver idea della necessità ed importanza del fine, come il bruto; o calpestarne come furioso le leggi. E chi sono costoro che in tal guisa o istolidiscono o delirano? son quei dessi che non rifinano di esaltare a cielo il chimico che analizza un sale, l'erudito che svolge un codice, l'astronomo che contempla una cometa ... senza darsi forse la menoma briga di quell'ordine che nel mondo morale dee reggerne i passi e assicurarne la felicità! Ingegni sublimi che strappate alla natura i suoi veli e ne scoprite gli arcani, sia pur lode a' vostri studî, e tolga il cielo che io ve ne contenda il premio di meritata lode. Ma se è giusta a voi la corona pel sudor della fronte, quanto è indegno il contenderla a chi più onoratamente sudò, inteso a studî non che più sublimi per l'obbietto, più profittevoli pe' loro effetti allo spirito regolatore dell' uomo!* Fin quì il Taparelli.

1 Par. 1. cap. 20. §. 264.

385. Che se anche al materiale della società si volesse considerare l'evangelico contemplativo, di volo saremmo costretti far marcare l'abbondanza ch'essi prestano agli altri e di ajuti corporali, e di limesine, e di pronte rinuncie di beni, e di cento e poi mille altri vantaggi che la brevità del tempo c'impone a tacere. Le loro largizioni se pongonsi a livello col resto degli altri soci appariranno a mille doppie maggiori a tal che se venisse genio istituire geometrica proporzione, di repente si avrebbe a sguardare la gran sproporzione che v'intercede. Cessino alfine una volta i clamori contra il chiostro e la Religione, e le parole e gli scritti, insomma il tempo s'impieghi ad un miglior uso se non vuolsi slogicare in mezzo alla più fitta luce.

Nè ci si rinfacci che allora tutti volerebbero a' chiostri, e le società resterebbero deserte; giacchè sarebbe questa una falsa supposizione figlia della riscaldata fantasia, mentre ognuno deve seguire la propria vocazione, la quale non è la stessa in tutti (380). Ed ancorchè la stessa fosse in tutti, essendo tale la volontà del Creatore, chi sarebbe così ridicolo che osasse sindacarla? Perlocchè stando tutto il torto per parte de' contradittori, ci basterà quanto fin qui segnammo intorno al primo passo di perfezione, che debbe rifulgere in ogni individuo.

LEZIONE XXXIV.

SIEGUONO GLI STESSI DOVERI PERFETTIVI
LO STATO INTERNO DELL' UOMO.

§ 386. *Qual' è l'ufficio della volontà — quale la sua tenden-*
za — che cosa la perfesiona — regole, che l'uomo deve pro-
porsi in questa perfezione — come regolarsi nella collisione—
si continua — si confuta la falsa opinione, che vuole ripor-
re la felicità ne' beni di quaggiù — si propongono i mezzi
adatti al perfezionamento della volontà — si continua — pel
corpo deve l'uomo conservare la vita — serbare la integrità
del corpo — badare alla salute del corpo — mezzi per la sa-
lute del corpo — s'è lecito pigliare medicine preservative.

386. Lo stato interno dell' uomo abbracciando l' intelletto ,
la volontà, ed il corpo (347), abbraccia un triplice ramo
di doveri, come già notammo (371); perlocchè dopo aver
parlato de' doveri riguardanti l' intelletto (Lez. XXXIII.), fa
mestieri tosto soggiungere quelli spettanti la volontà ed il corpo.

PERFEZIONE DELLA VOLONTA'.

E cominciando dalla volontà , dessa appunto essendo quella
che dà compimento all' atto (59), viene a rendere adequato
il disimpegno di ogni dovere nell' individuo procacciandogli
quella felicità, che in terra lo rende contento , colassù lo bea
nel torrente inesausto del sommo Bene ; tutto insomma volge
l' uomo al suo miglior essere tostochè batte il calle della virtù
e della onestà non calpestando i dettami della sana , retta , e
certa coscienza. Per la qual cosa a parlare giustamente della
perfezione di questo essenziale attributo dell' uomo , bisogna
muovere dalla natura della volontà sindacandone le tendenze,
gli impulsi , le vie.

387. Ella infatti la volontà dell'uomo, anche giusta le cose antecedentemente notate (59 e seg.), è fatta pel bene, talchè essenzialmente ella è inclinata a scegliere tra più beni sempre l'ottimo in prattica, e per sua natura è inclinata a fuggire il male (§ CXLVIII.). E ciò è anche vero quando sè stessa dà in preda de' falsi piaceri, momentaneamente li crede beni, e come tali in apparenza crede preferirli a quei, che crede di minor conto a saziare sue brame: ma tostochè squarciasi il denso velo dell'inganno, le più amare doglie la occupano, i più duri pentimenti l'assaltano; segno certo che la natura della volontà umana è tale, che il bene ed il vero bene brama, ed il male à in sommo orrore. Questa natura della volontà spontanea si determina (61) dietro i lumi dell'intelletto, il quale fa solo le veci di accesa fiaccola nelle risoluzioni libere della volontà, a simiglianza di colui che risoluto cammina seco portando un fanale: onde si è dato luogo a quel verissimo detto, « *Niente è voluto se pria non è conosciuto* 1 »; cioè la volontà non agisce senza i lumi dell'intelletto, mà questi lumi non determinano, o spingono la volontà ad agire; altrimenti verrebbe distrutta ogni sua libertà (63). L'intelletto adunque rappresentando buona o cattiva una tal quale cosa, la volontà inclinando al bene sgomentasi al male, e quindi quello volentieri eligge, questo a tutta possa fugge. Ecco le inclinazioni naturali, e le vie spontanee, che segue la volontà dell'uomo.

388. Or com'è perfettibile tutto ciò che seconda la retta natura mantenendone le inclinazioni, ed abbellendone le facoltà, non ci sarà difficile adesso conoscere quello che perfeziona la volontà. Ella infatti inclina al bene (387); dunque tutto ciò che à ragione di bene è alla portata di avvantaggiarla: ella rifugge il male (387); dunque tutto ciò che à ragione di male, imperfeziona la volontà. Donde chiaramente risulta che la perfezione della volontà è riposta nel desiderio insieme e godimento del bene, e nella fuga ed odio al male. Ti rappresenterà l'intelletto còn distinzione essere la mortificazione una

1 *Nil volitum nisi praecognitum.*

virtù , per cui tu possi raggiungere l' eterno fine, e t' induci a mortificarti ; la mortificazione sarà un modo di perfezionare la tua volontà. Imperciocchè analizzando la natura della mortificazione di repente v' è dato conoscere ch' ella reprime i sensi., ed un giusto nobile servaggio viene a serbarsi alla ragione ; perciocchè ravvisi la mortificazione secondare la natura della volontà , la quale vuole il bene , ed abborrisce il male.

389. Ma in cotesto perfezionamento di volontà v' è bisogno di molto accorgimento per parte dell' agente, onde deve avere più cose innanzi agli occhi. E primieramente come la volontà non agisce senza i lumi dell'intelletto (387) ; così bisogna aver tutta la cura nell' apprendere il bene , ed il male. Conciosiachè la volontà a perfezionarsi fa scelta de' beni reali che le vengono distintamente rappresentati dall' intelletto : come pure fugge i mali reali che dall' intelletto stesso le vengono distintamente rappresentati (386), per maniera che lo sbaglio della volontà è tutto dipendente dall' errore dell' intelletto : e viceversa trattandosi di verità. Per la qual cosa primo dovere dell' agente il quale à di mira la perfezione della sua volontà, si è quello di non contentarsi di una cognizione qualunque delle cose , ma di osservare attentamente quali cose sieno buone e conducenti al fine del Creatore ; e quali cattive che allontanano dal detto fine ; onde le prime proponesse alla volontà come degne di abbracciarsi , e le seconde come degne di fuggirsi. Ed è questa quella cognizione detta dai moralisti viva ed efficace ; viva cioè in quanto piglia le cose nella giusta stima delle stesse ; efficace in quanto son forti motivi a far determinare la volontà nelle sue operazioni. Con questa viva ed efficace cognizione del bene e del male si può avverare quel coscienzioso operare della umana volontà , la quale agendo in allora il bene, quello fa, ch'è vero bene, e fuggendo il male, quello non fa , ch' è un vero male ; onde a meraviglia progredendo nella giustizia , e nella onestà , per niente devia da quel fine assegnatole dal Creatore.

390. Epperò i beni ed i mali spesso collidonsi (349); onde per non arrestare il corso al perfezionamento della volontà ,

egli l'agente à un secondo dovere di saper fare la scelta tra essi, operando come l'industriosa ape che sempre il miele fa suo accattito malgrado varia fosse la natura de' fiori. Imperciocchè è fuori dubbio (349), che nella collisione de' beni, il minore posto in faccia al maggiore risulta come un male, per cui il bene maggiore a preferenza del minore debb'eliggersi. Del pari nella collisione de' mali, il minore essendo un bene trascurandosi il maggiore, vuol' essere a preferenza prescelto; giacchè in tal caso esso mena a fruire un bene di maggior rilievo che ben si conduce a perfezionare la volontà. Stanti tali cose sarà troppo codardo colui, che dovendo ovunque cercare il perfezionamento della propria volontà, si mostri contento di far qualunque il suo bene, e di fuggire qualunque sia il suo male. Piuttosto a far bene il suo dovere bisogna che attendesse al miglior de' beni reali che gli si affacciano alla mente, e questi gl'incumbe eliggere a preferenza di ogni altro bene ; giacchè la natura non richiede dall' uomo un perfezionamento qualunque di sua volontà, ma quello che più si addice al fine da conseguirsi. Perlocchè come stolto è da dirsi quel nocchiero, che potendo raggiungere il porto all'ombra de'benefici raggi del Sole, s'è contentato di raggiungerlo nel bujo della notte : così pure dovrà dirsi dell'operatore a vantaggio della volontà. Per simil ragione non basta all' agente fuggire qualunque sia il male che deteriora il sereno della volontà, ma quello a preferenza che ci raddoppia le corone, ci aumenta le vittorie. Concorrerà, a mo' di esempio, la perdita della vita, e la perdita della innocenza, ti sarà dovere lasciare la prima per serbare la seconda non potendosi insieme conservare l'una e l'altra ; giacchè la perdita della vita in tal caso ti rende partecipe di un bene maggiore, qual' è il possesso del sommo Bene.

391. Ed insistendo vie più sulla collisione de' beni, c'è dato rilevare un terzo dovere perfettivo della volontà ; cioè come tra' beni sempre l'ottimo deve scegliersi, così non essendovi bene maggiore del Bene sommo, ch'è Dio, nella collisione deve sempre l'agente, se vuol perfezionare la sua volontà, preferire Dio Bene sommo a qualunque altro siasi be-

ne. Imperciocchè oggetto della volontà è 'l bene (387), cui tendendo riceve la sua perfezione ; in conseguenza quanto maggiore è 'l Bene, tanto maggiore è la perfezione che risulterà per parte della volontà : or come del bene sommo non può immaginarsi bene maggiore ; così la volontà tendendo a Lui, non può desiderare, nè ottenere perfezione maggiore. Per la qual cosa correndo per l'uomo il dovere di perfezionarsi nella volontà per quel modo maggiore che gli è dato, non potrà meglio procacciarsi una tal perfezione che correndo sempre inverso il sommo Bene, preferendolo in ogni incontro a tutt'altro bene. In ciò pure refrigera quelle accese vampi, che gli bruciano in cuore, ed agisce conseguentemente a seconda della sua natura, la quale non si vede paga, nè rattrova quiete, se non fissandosi in quell'eterno Sole di ogni bene, e di ogni casto piacere.

592. Donde c'è dato rilevare senz'alcun indugio quanto malamente si apponevano coloro, che volevano riporre la felicità umana ne' beni di quaggiù, e di cui altrove lungamente parlammo (24). Ella l'umana volontà se di tempra non divina, à l'istinto di tendere a Dio, ed in Lui solo appagare le brame, ed in Lui solo tenersi felice. I beni di quaggiù se avvolti in mille ambascie, se circondati da mille pene, e sol capaci di distrarre l'umana volontà dal suo sublime scopo, essi non son fatti per saziare la volontà. Saranno mezzi per condurre a Dio ; imperciò non potranno ottenere giammai la natura di fine, e di fine ultimo dell'uomo. Queste riflessioni mancate a tempo agli antichi filosofi morali, ed a più di uno de' moderni, fecero urtare in pessimi scogli elevati ingegni nelle cose filosofiche. I quali non sapendo determinare, e per meglio dire, non volendo determinare il vero fine dell'uomo, conoscevano per altro la necessità di determinarne alfine uno, e si mostrarono talmente discordanti tra loro, che S. Agostino numera più centinaia di fini ultimi stabiliti da' filosofi. Quale stravaganza !! E l'istesso Platone tuttochè stimato divino miseramente naufragò in tale oceano, e non si sapendo dove affissarsi stimò riunire i beni tutti terreni, e nel loro possesso creare l'umana felicità, come ei

assicura Cicerone 1. Ma quale stravaganza maggiore ! Queste
tutte opinioni non sostravano il perfezionamento della volontà,
cui deve tutto dì l'uomo attendere; sibbene la infelicità di lei:
il vuoto infinito dell'umano cuore anzichè restare appianato,
più profondi scavava i suoi abissi. Grazie però sien sempre
rese alla Filosofia illustrata dalla Religione, che accompagnan-
do i naturali istinti della umana volontà, la collocò in quel
seggio che ben le si conveniva, e mostrandole la veracità del
sommo Bene, all'ombra di Lui cercò educarla, indirizzarla,
infine metterla al più onorato riposo. Tenda dunque incessantemente l'uomo a perfezionare la propria volontà; ma non più
dimentichi che a gran copia la rinviene quando cerca procacciarsela coll'acquisto del sommo Bene, il quale com'è 'l principio di ogni brama della volontà; così pure ne dev'essere la
fine ed il possesso.

393. Se non che come al fine non può giungersi senza l'a-
dopramento de'mezzi; così l'uomo avendo il gran fine di perfezionarsi nella volontà (387), gli è pure mestieri mettere
in opra tutti que' mezzi che troppo acconci mostransi per un
tal conseguimento (§. CXLIX.). Or questi mezzi non saranno
altri che quegli stessi, i quali vengono prescritti dalla retta
ragione di coloro, che si affaticano per ottenere la vera e permanente felicità. Avvegnacchè l'umana ragione, chiamata da Ci-
no da Pistoja *Alta imperatrice; e dal Petrarca* *La reina*
che la parte divina tien di natura e 'n cima siede. *per tal
modo ci fu donata dall'Autore della natura, acciò potessimo
investigare tutto ciò, che ben si addice alla naturale irresistibile tendenza del nostro cuore. E la retta ragione a quelli
che bramano la perfezione della loro volontà sulle prime precetta di attendere alla riforma generale della propria vita:
sterpare quindi tutto ciò che il costume imperversa, induce
cattive abitudini, sequestra il bene od il progresso dello stesso: indurre perciò ogni buon seme di virtù, ed ogni morigeratezza di costumi. Quale riforma ottenutasi vasto campo si
schiude all'uomo di badare alla perfezione della volontà, e

1 *Quaest. Acradem. 1. 6.*

cosiffattamente conseguire quel fine , cui il suo cuore tende , ed a cui l' Autore della natura creollo.

394. Conseguentemente deriva dalla proposta riforma , che egli l' uomo debb'essere tutto occupato nel tenere la sua volontà subordinata alla ragione ; e per non far sì che la volontà da libera si rendesse moralmente serva (72) , è giucoforza domare l' impero delle passioni , le quali a seconda del lor costume pigliano sempre il bene apparente per bene reale, ed il male reale per male apparente ; onde schiavo rendono l' uomo de' lor capricci , e delle lor catene. Per la qual cosa l' uomo occupato dalle passioni è nella impossibilità di formar dritto il suo giudizio, ma ogni cosa pigliando pel loro storto verso lo mettono nella necessità di non poter mai adempire al suo dovere. Or l' uomo che al dovere non corrisponde certamente è costituito fuori strada in ordine al suo fine , e questo è quel tanto che si pretendeva dalle passioni. Ma l'uomo che deve conseguire il suo fine, e per cui si occupa a riformare la sua vita (393) , deve sul bel principio pigliarsela contra le passioni , cercarne la distruzione , mettersi nella serenità della mente , la quale in niuna maniera può stringere società colle passioni , che producono nell' uomo ogni male. Quindi è che l' uomo continuamente devesi impegnare ad estirpare i vizi in sè stesso , e farlo a buon tempo onde le passioni non si cangiassero in natura ; giacchè se per poco si arresta , e non dà il colpo alla radice , egli è rovinato giusta i sensi di Papinio :

Non allentar il freno
Quando ti bolle il core,
Che molto nel furore
Il tempo gioverà.
Che l' ira in ogni cosa
Sempre sarà dannosa
E poi pentir si fa ! 1

1   *Ne fraenos animo permittere calenti :*
Da spatium , tenuemque moram , mala cuncta ministrat
Impetus.   *Stat. Thebaid. Lib. 10. v. 626.*

cioè adottando a spiega le belle parole di Seneca : « *La ragione stessa che deve tenere il freno , avrà vigore quando è
sciolta dagli affetti. Se si mette d'accordo con quelli, e si gua-
sta , non si può moderarli , mentre prima avrebbe potuto vin-
cerli. Imperciocchè agitata una volta la mente , e scossa , rimane in servizio di chi la spinge 1 ».*

Adunque se vogliamo perfezionare la nostra volontà inchiniamo la nostra vita a seconda del gran fine , cui ci chiama
il Creatore ; ed imperciò assoggettiamo alla ragione l'appetito
nostro sensitivo , soggiochiamo gli affetti, e sul primo nascere reprimiamo ogni nostro vizio. Tant' era in ordine alla volontà , passiamo ora a riguardare il corpo.

PERFEZIONE DEL CORPO.

395. Tutt' i doveri , che riguardano la perfezione del Corpo (§ CL.) ànno un triplice oggetto ; la vita cioè , la integrità, e la sanità dello stesso ; perlocchè distintamente fa uopo
discorrere di questa triplice sorta di doveri che l' uomo assistono per legge di natura.

E principiando dalla vita, l' uomo è tenuto a conservarsela
per quanto più può mantenendo nel suo corpo tale armonia ,
che tutte le sue parti sieno capaci a produrre tutt' i movimenti sieno necessari, sieno spontanei ; giacchè in questa mirabile simmetria è propriamente riposta dalla natura la perfezione del corpo. E poichè il corpo à urgente bisogno di un
cibo e di una bevanda giornaliera ; perciò a conservare la vita
è dovere dell' uomo di mangiare e di bere ogni giorno. Ma
di queste cose ne faccia quell' uso , che da esse ne risul-
ti la vita, non già la distruzione della stessa ; perlocchè al
proposito Cicerone presentava un' ottima regola per non trasgredire il proprio dovere in una cosa molto pericolosa ; cioè
« *Mangiare, e bere tanto, che le forze si ristorino, non si op-*

_____

1 *Ratio ipsa , cui fraeno traduntur , tamdiu potens est, quamdiu di-
ducta est ab adfectibus. Si miscuit se illis , et inquinavit, non potest
continere , quos submovere potuisset. Commota enim semel , et con-
cussa mene ei servit , a quo impellitur.* De ira 1. 7.

primano 1 ». Quindi peccano contra la legge di natura tutti
quelli che abusano di cibo, o di bevanda; giacchè essi gua-
stano la vita, non già la perfezionano co' loro eccessi. Badino
cotestoro, che il Creatore non fece l'uomo pe' cibi e per le
bevande; ma siffatte cose per l'uomo, acciò ne usasse attese
le bisogne della vita. Perciocchè non sarà fuori proposito qui·
porgere due ottimi avvisi, l'uno di S. Bernardo, e l'altro di
S. Agostino, a tutti quelli che bramano la perfezione del proprio corpo, la quale può ledersi nel mangiare e nel bere. Egli
infatti S. Bernardo diceva: « *Alzati da tavola con appetito* 2.»;
val quanto dire, a mantenere la vita, ed insieme prolungarla,
fa uso de' cibi a tal modo, che sempre ti resti qualche altra
cosa a desiderare. S. Agostino poi voleva che ognuno si al-
zasse dalla mensa come se potesse applicarsi a leggere, o scrivere. Ottimi avvisi son questi, ed è interesse di ognuno, che
sente la giustizia della legge morale, fedelmente porli in
pratica.

396. In riguardo poi alla integrità del corpo è dovere del-
l'uomo serbarlo tutto ed in ogni sua parte a quella foggia medesima, con cui l'Autore della natura cen fece grazioso dono.
Laonde non sarà mai lecito all'uomo mutilare il suo corpo,
sfregiarlo, o indurvi imperfezione di sorta alcuna; e di cia·
scuna imperfezione, sfregio, o mutilazione, dovrà renderne
strettissimo conto al Legislatore della natura. Peccano quindi
contra la legge di natura tutti quelli che maliziosamente, o
per colposa negligenza, fan sì che i loro corpi restassero privi
di qualche membro; oppure subissero qualche imperfezione,
qualunque si fosse la loro natura. In quelli poi, che per mancanza di sviluppo della ragione non possono per anco pretendere da loro stessi la perfezione del loro corpo, ogni imperfezione viene imputata a'loro genitori, cui incumbe tutto l'obb-
bligo di fedelmente custodire i corpi dei loro figli, come a
suo luogo diffusamente sarà sviluppato. Ci basterà per ora no-

1 *Tantum cibi et potionis adhibendum, ut reficiantur vires, non opprimantur. In Cat. maj. cap. 11.*

2 *Recede e tabula fame.*

tare, che i genitori. non sono gli arbitri de' corpi de'loro. figli; e per conseguenza debbono indefessamente badare alla loro nutrizione, conservazione, e progresso : ciocchè importa riguardare i corpi de' propri figliuoli come gli stessi corpi propri. A tal modo si viene da. essi ad ovviare a quella catastrofe di mali, che sgraziatamente siamo costretti deplorare in certi infelici, che per empietà de' genitori sembrano esser nati per menare una stentata infelicissima vita.

597. Finalmente in quanto alla sanità del corpo è tenuto l'uomo a giammai infermare il corpo per sua colpa; e se per ventura cadesse nella malattia è tenuto con ogni possibil cura guarirlo nel maggiore possibil modo. Per la qual cosa peccano contra la legge di natura tutti quelli, che troppo esercitano il loro corpo trattandolo qual vile giumento per guisa, che lo fanno infermare. Ciò pertanto non impedisce che il corpo si mantenesse esercitato con proporzionate fatiche ; giacchè è dell'interesse della buona salute che il corpo si rendesse sempre agile, e le sue forze si accrescessero per quanto è possibile. Vuolsi però aver sempre di mira la condizione e lo stato di ciascheduno a talchè non tutto è lecito, e quindi permesso a tutti ; mentre tocchiamo con mani che la natura benigna con tutti, non a tutti poi concesse la stessa robustezza, la stessa forza, la stessa destrezza. Perciocchè altra essendo la gagliardia di forza nel facchino, altra nell'artigiano, altra nel militare, altra nell'uomo di lettere, altra in altri ; si vede benissimo che non tutti possono adoperare il loro corpo per le stesse fatiche ; ma ciascuno riflettendo al proprio stato, ed alla propria condizione, quelle fatiche imprendesse, quelle forze esercitasse, quel progresso infine di forze medesime disimpegnasse, che ben si addice alla propria vita per rendere e mantenere sempre agile il proprio corpo. E questa stessa discrezione di azioni, e di esercizio, vuolsi massimamente riguardare in ordine alla età per modo, che considerassimo non esserci lecito fare nella vecchiezza quello che ben si conveniva alla nostra giovanile età. Onde Cicerone parlando del vecchio attempato dice, ch'egli « *Non desidera le forze di un giovinetto ; non altrimenti che il gio-*

vinetto non ne desidera quelle del toro , o dell' elefante [1] » : e
poco dopo confermando il fin quì da noi detto soggiunge :
« *Devesi combattere come contro una malattia , così contro la
vecchiezza. Si deve aver conto della salute, si deve far uso di
moderati esercizì, mangiare e bere tanto che le forze si ristorino, non si opprimano* [2] ». Eppure poichè questa misura non
vuolsi sempre serbare con sè stesso, c'è dato di continuo osservare i più tristi effetti in mezzo alla umanità. Ma vediamo
infine con quali altri mezzi debbasi serbare la sanità del corpo.

398. Ella infatti si mantiene con un giusto e ragionevole
riposo , per cui l' uomo è tenuto riparare col sonno la stanchezza delle membra. Più , la sanità del corpo si mantiene col
proteggere il corpo medesimo dalle ingiurie dell' atmosfera ; e
quindi è tenuto l' uomo proccurarsi il vestito, onde ricoprire
la sua nudità colla decenza delle vestimenta ; è tenuto ancora
proccurarsi un letto , onde difendersi dalle ingiurie dell' aria.
Dalle quali tutte cose emerge chiarissimo quanto male operano
quelli , che si privano del necessario riposo, oppure si danno
a tale oziosità di sonno che quasi istupidiscono ; quelli che
maliziosamente si snudano o per altri ingannare , o per altri
allettare facendo a tal modo vil mercato del loro corpo; quelli
infine che vagabondi si rendono per eccesso delle loro passioni. Tutti costoro quai nemici del loro corpo avranno giustamente a pentirsi dello sprezzo indiritto alla legge di natura,
la quale vuole l' uomo felice subordinandolo alla ragione; non
già infelice servendo al proprio capriccio.

399. Da ultimo per rapporto alla sanità del corpo potrebbesi dimandare se mai fosse lecito prendere medicine preservative? Si dicono preservative quelle medicine, che si prendono da colui ch' è sano di corpo, ma per timore di cadere in
qualche infermità. Or queste medicine quando non v' è neces-

1 *Non vires desiderat adolescentis, non plus, quam adolescens tauri
aut elephantis.* Cat. maj. cap. 9.
2 *Pugnandum tamquam contra morbum, sic contra senectutem. Ha-
benda ratio valetudinis, utendum exercitationibus modicis, tantum cibi
et potionis adhibendum, ut reficiantur vires , non opprimantur.* Ibid.
Cap. 11.

sità, od altro ragionevol motivo, vengono proibite dalla legge di natura ; dappoichè esse son proprie ad alterare il nostro fisico , conseguentemente a farci cadere in qualche malattia , la quale sempre siamo tenuti mantenere lontana dal nostro corpo.

Ecco quanto riguardava lo stato interno dell'uomo : ora fa mestieri esaminare lo stato esterno , di cui è parola qui appresso.

LEZIONE XXXV.

DOVERI RIGUARDANTI LA PERFEZIONE DELLO STATO ESTERNO DELL'UOMO.

§ 400. *Esistenza dello stato esterno dell'uomo , e quali cose lo compongono — che s'intende per commodo , cui l'uomo deve mirare — patrimonio , facoltà , ed oggetti donde risultano — l'uomo deve procacciarsi un commodo — gli è lecito farsi ricco, ed in qual maniera — due vizi nella ricchezza , che l'uomo deve fuggire : si dice prima dell'avarizia — che cosa è la prodigalità; deve fuggirsi dall'uomo — la ricchezza deve conservarsi con prudenza — sulla limosina; la natura umana è limosiniera — la limosina deve accompagnarsi colla prudenza — la limosina appartiene alla legge precettiva — come debba intendersi il superfluo da darsi a'poveri — abbominio all'ozio, causa della povertà — abbominio al giuoco, scialacquo delle ricchezze.*

400. Le qualità individuali costituenti l'uomo son quelle , che a buon dritto ci danno lo stato interno dell'uomo (347). Or se l'uomo ci fosse possibile immaginarlo isolato in mezzo a' suoi ; oppure , ch'è quello che più cale, non avesse tali bisogni che di sovente avesse a far ricorso agli esseri posti fuori di sè , facilmente potrebbesi mandar buona la non esistenza di uno stato esterno dell'uomo stesso : stato se non es-

senziale all' uomo; pure di gran lunga a lui necessario in maniera, che senza esso al più presto dovrebbe far ritorno alla
non esistenza, da cui sbucò per solo gratuito volere dell'Eterno Fattore. Mettiamoci un po' a sperimentare i fatti nostri, e
di repente saremo convinti di quanto diciamo. Ecco il perchè
dopo la trattazione dello stato interno è mestieri immediatamente far passaggio a quella dello stato esterno dell' uomo,
di cui giova rammentare, ch'esso riponsi in quelle tutte cose
esistenti fuori l' uomo, ma che con lui ànno un facile rapporto (547). Or queste tutte cose costituenti lo stato esterno
dell' uomo facilmente le possiamo ridurre a quattro; cioè Commodo, Stima, Fortuna, ed Amicizia; perciòcchè di ciascuna
distintamente teniamo un discorso proprio.

401. E dapprima viene il Commodo (§ CLI.). Per esso si
intendono tutte quelle cose, le quali possono servire alla conservazione dell' uomo, all' agiatezza della sua vita, infine alla
perfezione del suo stato. E siccome l' uomo è tenuto conservare, non che perfezionare sè stesso (344), ed il suo stato (349, e segg.): così è fuori dubbio obbligato procacciarsi
quel commodo che necessario si rende per la consecuzione di
siffatte cose. Infatti ogni fine suppone i mezzi senza cui frustraneo riesce. Egli l' uomo oppresso dalla povertà; val quanto dire, privo del necessario commodo, non può sostentare la sua vita, o al più non può procacciarsi quella specie
di vitto che ben si confà colla sua complessione: come pure
non può darsi una modula nella fatica, che possa proporzionarsi alle sue forze, ed alla sua complessione, non che al suo
stato. Si arroge del pari che la mancanza del commodo rende
ordinariamente sventato l' intelletto, mal costumata la volontà; onde si rende vero che ne' poveri la ignoranza fa terrore,
la colluvie de' vizi immette spavento: ogni cosa figlia genuina
della mancanza de' mezzi almeno necessari per la conservazione, non che perfezionamento di sè stesso. Pertanto l' uomo,
come antecedentemente in più luoghi è stato dimostrato, deve
vivere allontanando da sè la morte, riguardare gelosamente la
sua mente, aver pietà del suo corpo. E tutti siffatti doveri
come potrà l' uomo disimpegnarli senza mezzi, senza commo-

do ? Sarà lo stesso che pretendere un fine senza l'adopramento de'mezzi. Se dunque i mezzi son necessari, egli l'uomo è tenuto a procacciarseli : ciocchè importa il dovere di badare al proprio commodo, acciò per la mancanza de' mezzi non riducasi a tale stato, che facilmente possa lasciare la sua vita.

402. Tutte le cose poi che costituiscono il commodo (401) vanno sotto il nome di Asse, oppure Patrimonio ; quindi tanto è dire Commodo, quanto Asse o Patrimonio. Il quale si può costare di beni stabili che non possono altrove trasferirsi, come una casa, un territorio: o di beni mobili che possono altrove trasferirsi, come una libreria, un forziere : o di beni fungibili che si consumano coll'uso, come un paniere di frutta, un'agnello: o di beni infungibili che non si consumano coll'uso, come un fondo, una pietra. E le cose che costituiscono il patrimonio vanno dette ancora Facoltà, le quali se soverchiamente abbondano piace chiamarle Ricchezze. Or le cose costituenti Facoltà certe sono necessarie, certe utili, e certe voluttuose. Si dicono cose Necessarie quelle senza cui non si può vivere, come il cibo, il vestito, il tetto. Si dicono cose Utili quelle che servono a menare una vita più agiata, come la carrozza, il cavallo. Si dicono infine cose Voluttuose quelle che servono al godimento della vita e per prendersi piacere, come una villa, un'addobbato appartamento. Quegli che à le cose necessarie, utili, e voluttuose, si dice Ricco, e se abbonda nelle cennate cose vuolsi chiamare Straricco, Riccone. Quegli che à le cose necessarie ed utili, si dice Commodo. Quegli che à le sole cose necessarie, si dice Povero. Che se infine a qualcuno mancano pure le cose necessarie, si chiama Indigente, oppur Mendico.

403. Tai cose premesse come di preambulo a'doveri concernenti il commodo dell'uomo, non ci sarà difficile scendere alla cognizione degli stessi doveri. Ed infatti l'uomo deve procacciarsi un commodo (401) attesa la propria perfezione, cui sempre deve aspirare ; dunque à egli un dovere indispensabile di procurarsi le cose necessarie utili e voluttuose (402); sibbene con quest'ordine che siegue. Dapprima debbesi procacciare le cose necessarie, poscia le utili, infine se gli rie-

sce possibile anche le voluttuose, salvo però sempre ogni dovere. Conciosiachè, le cose necessarie servano la vita, le utili la rendono agiata, le voluttuose la presentano piacevole (402); e certamente l'uomo pria di ogni altra cosa deve badare a mantenersi in vita, e poi a rendere la vita quanto più può aggradevole. In ciò fare deve sempre contenersi ne' limiti dei suoi doveri; val quanto dire, non deve offendere il dritto altrui; e la giustizia deve sempre serbare in tutte le sue azioni per maniera, che i modi di procacciarsi il commodo, debbono esser tutti modi onesti e giusti; giacchè debbono servire come tanti mezzi per giungere al gran fine del Creatore, il qual fine come poggia sulla giustizia, e sulla onestà attesa la santità infinita del Creatore medesimo; così del pari i mezzi debbono avere gli stessi fondamenti per parte della creatura ragionevole. Per la qual cosa, la sbagliano a partito tutti coloro che attaccati alla terra par che non satrano altro pensiere che della sola terra, ed in conseguenza purchè commoda, e a dismisura commoda fosse la lor vita, si fanno lecito ogni mezzo per ingrassare a danno del simile.

404. Se dunque all'uomo è lecito con mezzi onesti e giusti procacciarsi le cose necessarie utili e voluttuose (403); gli sarà pure lecito farsi ricco. Epperò qui vuolsi avvertire, che la ricchezza non debbe servire qual fine; ma come un mezzo per giungere al fine, cioè alla felicità, cui l'uomo anela; ciocchè sarà sviluppato da qui a poco dopo mostrata la legittimità della ricchezza. E per vero dove c'è giustizia di mezzi, ivi c'è giustizia di azioni: or quando si presenta all'uomo la occasione di farsi ricco per certi mezzi, che in niuna guisa vengono proibiti dalla legge di natura, perchè debba dirsi cattiva, e quindi illecita l'azione? La legge di natura permette all'uomo di farsi ricco; perchè non proibisce l'agiatezza della vita: e dove non v'è proibizione della natura non standovi precetto, è fuori dubbio che à luogo la permissione. In niun modo adunque la ricchezza è illecita quantunque volte per vie giuste si perviene ad essa, e si fa servire come mezzo di pervenire alla naturale felicità dell'uomo.

405. Se non che due vizi voglionsi lontani dal possesso della ricchezza non vietata dalla legge di natura; l'avarizia cioè, e la Prodigalità. E per quello si appartiene alla prima non può dubitarsi essere un vizio odiosissimo nelle umane società non solo, ma ancora distruttivo delle naturali brame che sorreggono l'umano cuore. Imperocchè l'avaro pone la sua felicità nelle ricchezze, e proponendosele qual suo unico fine, non v'è mezzo iniquo che si voglia, che non tenta porlo in opera a fine di arricchire. Perlocchè l'avaro non a motivo dell'agiatezza della vita cerca accumulare ricchezze; sibbene a motivo della stessa ricchezza, e sovente vittima della sua infelicità, c'è dato osservarlo spilorcio nelle stesse cose necessarie alla vita per non sconciare le sue sostanze. Insomma a farla brieve l'avaro coi fatti mostra palesemente che ove trattasi di far bottino non v'esista virtù che possa rattenerlo, onde par che dica sempre: « O cittadini, cittadini, prima devesi andare in cerca del danaro, e poi della virtù 1 ».

Quindi ognun ben vede quanto grave peccato contro la legge di natura sia l'avarizia; conciosiachè, come poc'anzi accennavamo (404), la cura di acquistare la ricchezza dev'essere soltanto per l'acquisto dell'agiatezza della vita; e quindi un mezzo, non già un fine a potervi giungere, onde disimpegnare tanti quei doveri che si appartengono all'uomo per conseguire il fine del Creatore. Ond'è che il Salvatore diceva: « Se le ricchezze vi vengono in copia, non ponete in esse il cuor vostro 2 »; val quanto dire, avere il cuore distaccato dalle ricchezze, le quali ci fanno deviare dal nostro fine allorquando si attirano il nostro affetto facendoci precipitare nell'avarizia.

406. Per quello poi si appartiene alla seconda, ella la Prodigalità consiste in un'imprudentissimo sciupamento delle proprie sostanze a tal che senza ordine, senza scopo, senz'assennamento, si dilapidano le ricchezze. Siccome l'avaro pecca per difetto, il prodigo così pecca per eccesso. Ella la legge

---

1   O cives, cives, quaerenda pecunia primum,
       Virtus post nummos.
2 Divitias si affluant, nolite cor apponere. Ps. 61. 10.

di natura ci ordina la conservazione non che la perfezione del proprio individuo, e come un mezzo c'è l'agiatezza della vita, cui giova moltissimo la ricchezza (404); così ci obbliga a serbare fedelmente quella ricchezza, che ci à fatto lecito acquistare, onde non ci costituissimo nella mendicità, in cui a stento può attendersi al proprio perfezionamento. Per la qual cosa il dovere di conservare le ricchezze giustamente acquistate dice il più alto interesse per l'uomo, rimeritandogli il più sublime guiderdone che possa attendersi dal Legislatore della natura. Il quale santo e giusto essendo nelle sue sanzioni, tali pure vuole le creature ragionevoli nella obbedienza, di che son capaci a prestarla; perciocchè non andandogli a sangue la soverchia ricerca delle sostanze, neppure vuole lo sciupo delle stesse. E se a tanto ponessero mente gli uomini non saremmo costretti a mirare tutte giorno tanta mendicità nelle umane società, la quale fa inorridire ogni buon pensatore scorgendo le tristi conseguenze, cui precipitosamente mena, ed il più delle volte con impossibilità di porvi rimedio.

407. Se non che il ricco non dev'esser così tenace nella conservazione delle ricchezze, che voglia alfine sprezzare le regole della più sana prudenza, di cui altrove parlammo (175). Imperciocchè la conservazione della ricchezza per l'uomo giusto ed onesto importa tal limite, che non si riducesse alla mendicità; che non derubasse gli altri; che non si esponga ad essere il balzello de' suoi nemici; che non benefichi infine a spese de' figli, o della famiglia: tutte siffatte cose sono una ingiustizia. Ma esse evitando colla conservazione della ricchezza, non osta che l'uomo giusto ed onesto, ciocchè forma anche il buon cittadino, prudentemente dispensasse le sue ricchezze, avendo presenti quelle belle immortali parole di Orazio:

« *No, che a Cremete simile,*
Il mio pensier non erra,
Che quanto aveva il misero
Lo seppelliva in terra;

> *Nè com' erede stupido*
> *Ciò che s' acquista a stento*
> *Permette che si prodighi ,*
> *E si disperda al vento* 1 »:

Perciocchè la prudente dispensa delle facoltà vuole, che colla ricchezza propria si soccorressero gli amici ed i bisognosi, e si avesse tutto il riguardo per la propria parentela. Quale giustizia fondata nella prudenza vien sempre reclamata dalla natura del genere umano, dalla condizione dei patti sociali, infine dall' indole di patriotta, che ognuno deve acquistarsi ben rimeritando della patria stessa, da cui immensi benefici ne riceve in tutte l' ore. Ed ecco il gran dovere di misericordia che dev' esercitare ogni giusto ed onesto uomo ; dovere che come ordinariamente va sotto il nome di limosina, ed essendo della più grande importanza pel perfezionamento proprio; così fa mestieri che più cose ne dicessimo, onde vedere la voce viva della natura, la quale incessantemente ci sprona alla misericordia.

408. Ella infatti la voce Limosina pretende a buon dritto la sua origine dal fonte greco *Eleeo*, che importa aver misericordia, compassione, pietà ; e non altre cose vuolsi significare sempre che va per le bocche degli uomini. È dunque la limosina un' atto della nostra volontà, con cui c' inchiniamo a soccorrere realmente gli altrui bisogni. Può intanto la limosina pigliarsi in un duplice senso, largo e stretto come suol dirsi. Presa nel senso largo abbraccia qualunque opera di misericordia distinta da'Teologi in corporale e spirituale. Presa poi nel senso stretto abbraccia quelle azioni soltanto che riguardano quelle piccole largizioni, le quali soglionsi fare per sovvenire gli altrui bisogni. Queste cose notate è da rammentare sulle prime che la natura umana è un' impasto di pietà a talchè ella non può reggere agli altrui mali senza re-

---

1   *Haud paravero ,*
     Quod aut avarus et Chremes terra premam ,
     Discinctus aut perdam ut nepos.
                    Epod. 1. v. 34.

starne commossa. Di grazia perchè raccapricciamo al racconto degli altrui mali ; spesso diamo lagrime agli occhi in scorgendo le altrui bisogna; abbrividiamo nel male altrui; ci sentiamo tirati a far del bene ; ci facciamo sovente mezzi per sovvenire i patimenti altrui ? perchè, ripeto, queste cose anche contra nostra voglia abbiamo a sostenere, e spesse fiate non potendo gli altri soccorrere, voltiamo il viso, sospiriamo, singhiozziamo, e cento e mille altre cose abbiamo a sperimentare ? Tutto questo essendo figlio genuino della natura umana ci mostra a chiare note , che la stessa natura è fondata nella pietà. Dunque la nostra natura è limosiniera, ed è troppo sfacciata la malizia di coloro, che o sopprimano , o tendano a distruggere questi umani sensi inspiratici da essa ; ed invece viscere di bronzo presentano a' lor simili travagliati. Ma la natura può trovar contraddittori, distruttori non già.

409. Epperò gli atti della natura vogliono essere l' effetto della virtù, e non già della debolezza , o della inconsiderazione ; perciocchè la limosina in generale riguardata vuol' esser condita dalla prudenza. La quale insinua ad ognuno che quelli sperimentassero i nostri benefici, quelli che sono impotenti a soccorrere sè medesimi , e tale stato soltanto merita tutta la nostra considerazione insieme e compassione. Avvegnacchè potendo gli altri porgere sollievo a'loro mali, o col lasciare l'ozio, o abbandonare i loro vizi, certamente non ànno alcun dritto a chiedere la nostra compassione, e noi compassionandoli assiem con essi verremo a lacerare le sante leggi della natura , mettendo maggior legna su quel fuoco, che a dritta ragione dovrebb' essere smorzato, abbattuto , distrutto. Perlocchè avremo compassione, e la limosina serba tutta la sua dignità , allorquando non il vizio o la malvagità mena l'uomo nel bisogno ; ma quando cause fisiche , ed anche morali abbenchè ritrattate indussero il simile a non poter soccorrere sè stesso. Quindi meritamente soccorrerai il deviato pentito dei suoi delitti, lo storpio , il giumbo, il cieco, e così via via discorri, E troppo belli sono al proposito i proverbi della plebe raccolti dal Genovesi [1], onde fa osservare che nascoro dalla

[1] Diceos. lib. 1. Cap. 8. S. 16. nota.

legge stessa della Natura; *Ajutati che ti ajuterò: Dio ajuta coloro che si ajutano*. Ed in vero la nostra natura inclinando sempre al bene vuol mostrare le sue gajezze ove abbia a rifulgere la virtù, non già il vizio; e se talvolta traligna, Dio sa quanti crepacuori, sospiri, avversioni, ripugnanze, non soffre nel proteggere il vizio.

410. E questa limosina niuno creda esser consentito dalla natura per serbare il genio dell'individuo quasi che niun precetto imponesse. Imperciocchè è un principio stabile di Dritto di Natura, che quello vuoi per te, devi anche volerlo per gli altri (173), e come stando tu nel bisogno brami il soccorso altrui; così pure è naturale che il simile stando nel giusto e ragionevole bisogno tu per quanto puoi devi togliergli il ferreo giogo che l'opprime. Ove nella proposta legge si osserva tutto il comando; perciocchè la limosina è di legge precettiva, non già è un mero consiglio come disperatamente vanno appagandosi certi sciagurati, veri nemici della umanità. Attendano questi cotali alla voce universale della natura, che chiara parla presso tutte le nazioni, ed in pari tempo si assicureranno del dovere naturale imposto a tutti gli uomini dal Legislatore della natura medesima. In forza di questo precettivo dovere era invalsa la opinione presso i nostri padri, che i Dei mascherati viaggiavano da pezzenti, quasi che avessero voluto significarci essere un tal dovere di tanta importanza, che le stesse Divinità pigliavansi l'incarico di osservare chi lo poneva in prattica; oppur di esso qual conto ne avessero fatto gli uomini. Ond'è che il Genovesi 1 par confermasse questi veridici sentimenti con quelle immortali parole: « *La sorpresa di un'anima giusta è, trascorrendo la Storia de'popoli, vedere, ch'è la massima, o più tosto il senso di tutte le nazioni, e di tutte le persone, trovare, che fino i più truci assassini, i più carnivori uomini, fanno, per quel senso della natura, delle limosine* ». Dunque il far limosina è istinto naturale, e la natura essendo immutabile non può nello stesso tempo ordinare e non ordinare, come succederebbe se il fare la limosina fosse posto nell'arbitrio dell'uomo.

1 Diceos. lib. 1. Cap. 8.

411. Venendo poi alla limosina intesa nel senso stretto (408), le largizioni a farsi agl'indigenti richiedono la superfluità del nostro stato giustamente acquistato; giacchè tanto dritto esiste nell'altro quanto dovere è in me; or certamente il simile à dritto a pretendere quello che non necessita al mio stato; stantechè ò io l'obbligo di mantenermi in quello stato, in cui la Provvidenza si è compiaciuta fissarmi. Questa superfluità poi non dev'essere l'effetto della spilorceria; sibbene l'effetto della rettitudine di cuore, cui mirando il Salvatore disse: « *Fate limosina di quel che vi avvanza* 1 ». Perciocchè fa noia, e muove tutta la rabbia nel sentir dire da certi ricchi: « *Non abbiamo che dare: Non v'è per noi superfluo* ». Non so se trovandosi nella stessa posizione di un povero, ad essi piacerebbe l'istesso motto. Togliete, io conchiudo, alla vostra ambizione, togliete al vostro lusso, togliete alle vostre gozzoviglie, togliete, per dirlo in brieve, togliete a'vostri vizî, e di repente troverete di che alimentare i vostri simili, i quali alla fin fine ànno pur dritto a vivere come il resto degli uomini. Ci facciamo noi impotenti; perchè lo vogliamo; e chiudiamo il seno a'poveri, perchè non apprezziamo la forza della misericordia; e quali Neroni novelli ci dilettiamo alle lagrime, ai sospiri, alle grida degl'infelici indigenti. Tanto era a dirsi in ordine alla limosina.

412. Ritornando ora al proposto principio, che l'uomo deve attendere alla perfezione di sè stesso (401), ne conseguita ch'è pure obbligato ad allontanare da sè ogn'imperfezione; e siccome la povertà, la mendicità, l'indigenza, sono imperfezioni; così l'uomo è tenuto ad allontanarle da sè. Or poichè (§. CLII.) chi vuole il fine deve anche volere i mezzi; è perciò che se l'uomo vuole tenersi lontano dalla povertà, dalla mendicità, e dalla indigenza, deve adoperare i mezzi che sono conducenti a tanto ottenere: e questi mezzi sono la fatiga, e la fuga dell'ozio, rammemorandosi sempre ch'egli è nato per faticare giusta quel detto delle sacre carte: « *Nasce l'uomo*

---

1 *Quod superest, date eleemosynam.* Luc. 11. 41.

a' *travagli, come al volo gli uccelli* 1 ». Laonde peccano contro la legge di natura tutti coloro, che per marcire nell'ozio vengono schiacciati dalla povertà la più vergognosa; perciocchè son degni di tutta la riprensione a preferenza di coloro, quali malgrado faticassero e per niente influiscono alla miseria, cercando ogni occasione di ripellerla da essi, pure sono afflitti dalla indigenza o per pubbliche o private sciagure. Questi secondi meritano tutta la compassione, e senza dubbio riceveranno una mercede quantunque volte viveranno a norma della legge. Essi intanto debbono pazientemente tollerare la loro povertà, e prefiggersi l'esempio del S. Giobbe, il quale seppe con egual animo sostenere la ricchezza e soffrire la povertà senza perdersi affatto di animo. Ond'è come giusto ed onesto è quell'uomo che sa cattivarsi la ricchezza con mezzi leciti; così pure onesto e giusto è quell'uomo che sa tollerare la mendicità; giacchè tutta la giustizia e la onestà rifulge solo e sempre nel sottoporsi alla eterna Volontà del sapientissimo Legislatore della Natura. Perlocchè cantava Orazio lamentandosi della fortuna, giusta il suo solito:

Amica sorte piacemi
Se meco star la sento:
Se poi se 'n vola rapida
Neppur io mi sgomento.
I beni suoi rendendole,
La mia virtù mi resta:
E senz' orgoglio bastami
La povertate onesta 2.

413. Finalmente il dovere di custodire la ricchezza per non metter piede nella povertà (406) richiama l'uomo al dovere

1 *Homo nascitur ad laborem, et avis ad volatum.* Tob. 5. 7.
2 *Laudo manentem. Si celeres quatit*
Pennas: resigno, quae dedit, et mea
Virtute me involvo, probamque
Pauperiem sine dote quaero.
Carm. 3. 29. v. 53.

di evitare quelle cose tutte, che di lor natura inducano nella
povertà medesima. Ora il giuoco è un mezzo acconcissimo per
ridurre l'uomo nella mendicità, chi mai ardirà negarlo? E
non si vuole imperciò dar caccia allo stesso? Egli l'uomo se
vuole mantenersi nell'equilibrio delle sue sostanze con tutto
l'impegno deve allontanarsi dal giuoco. Concediamo per altro
un giuoco giusto ed onesto, cui si attende solo per rifocillare le abbattute forze; ma qui intendiamo parlare di quel
giuoco che rovinando lo spirito, rovina pure le troppo disgra-
ziate famiglie. Al che si arroge un secondo rovinoso cammino certissimo per la mendicità, qual'è appunto la lussuria,
in cui l'uomo nobilissimo per la dignità piglia per altro il carattere della bestia, e per alimentare inique Arpie presto o
tardi dovrà ridursi alla più infame delle povertà. Le quali cose
ci basterà averle notate a vole; giacchè alla giornata ci si
presentano i più tristi esempi, e se l'uomo vuol'essere osservante della legge di natura, e non guardare nelle mani altrui
che attenda a sè stesso, guardi gelosamente il deposito delle
sostanze affidatogli dalla Provvidenza, e fedele pedissequo delle
orme de'saggi si attenda presto o tardi l'immortale guiderdone promessogli dal Legislatore della Natura.

LEZIONE XXXVI.

SIEGUONO GLI STESSI DOVERI PERFETTIVI LO STATO ESTERNO
DELL' UOMO.

§ 414. *La stima è bene dell' uomo — che cosa è la stima —
l'uomo deve procacciarsi la propria stima — s'è meglio aver
la stima e non ottenerla, o non aver la stima ed ottenerla —
lode, onore, fama e sue specie — quali cose l'uomo deve
procacciarsele — attendere la opportunità per maggiormente
aumentarle — la virtù produce il vero onore — oltraggi che
fa la calunnia alle tre vite dell' uomo, guardarsene — si definisce la calunnia, e se ne assegnano le specie — qual norma devesi serbare nella calunnia manifesta — e nella calunnia speciosa — regole per schivare la calunnia.*

414. Egli è cosa certa, che l'uomo in ogni sua cosa debba
richiedere la propria perfezione (345); sicchè sia dentro sè
stesso, sia fuori sè stesso con ogni impegno deve richiederla
facendo come l'industriosa ape, la quale da ogni fiore fa in-
cetto del cibo troppo confacevole al suo instinto. E continuando il discorso coerentemente a quella perfezione, che deve richiedere nelle cose poste fuori di lui, al Commodo meritamente facciamo succedere la Stima (400), la quale con tutta ragione vuolsi tenere per quel gran bene, che l'uomo indefessamente debbe procurarsi; stante che privo di essa non
è che un membro morto in mezzo alla società, e per sè stesso un' infelice mancante di ogni corona, di ogni merito, di
ogni guiderdone. Perciocchè se in pregio tiene la sua vita, e
cerca non ledere la legge di natura, che della stima abbia
tutta la cura, rinvangando grandi beni dalla stessa, come da
qui a poco manifestamente sarà mostrato. E poichè non può
aversi cura di quello che o non conoscesi, o appieno non conoscesi, fa perciò mestieri iniziarci nelle primordiali nozioni

della Stima, onde rilevarne al baleno della ragione tutte quelle verità , che fanno parte del gran Codice della Natura in ordine ad essa.

415. Ed infatti la Stima non è altro che la buona opinione, ossia il giudizio vantaggioso , che gli altri ànno delle nostre perfezioni (§ CLIII.). Dunque per la stima due cose assolutamente richieggonsi , il possesso delle perfezioni, cioè le virtù sì intellettuali che morali, ed il giudizio vantaggioso degli altri. Perlocchè la stima si fonda sulla virtù , la quale se manca , tuttochè gli altri pensassero vantaggiosamente di noi, sarà ella falsa stima, e niun vantaggio potrà daddovero procacciarci. Intendiamo qui per altro di quei vantaggi che soli si confanno col gran fine dell' uomo, e che a buon dritto debbono richiamare tutta l' attenzione dell'uomo stesso ; giacchè gli altri vantaggi a questo fine non diretti sono chimere , e piuttosto danni possonsi appellare. Intanto l' uomo fa dritto a sè stesso nell'avvanzarsi nella virtù, e carpire l'altrui giudizio vantaggioso sul conto suo, e che egli sia a ciò tenuto, eccone una breve, ma invitta dimostrazione , cui avrebbero ad impallidire i sfaccendati poco o nulla curandosi del loro onore.

416. Sulle prime non si potrà mica negare il principio generale , che ove trattasi del vantaggio proprio imposto dalla legge di natura, l' uomo non può ritrarsi dallo stesso , che anzi onde procacciarselo deve fare quel tanto che da sè dipende. Perlocchè la stima essendo cosa molto vantaggiosa per l'uomo, come bastevolmente appare dalla sua definizione (415), e dipendendo dalle sue azioni potersela attribuire come quella che si ripone nell'acquisto delle virtù (415) , non vi sarà alcuno che talmente avesse smarrito il senno , che osasse negare il gran dovere che gli assiste, riposto nel procacciarsi la propria stima. E come no , se l'uomo è tenuto per legge di natura a conservare non solo , ma accrescere pure la propria perfezione (345), a ciò che potesse conseguire la propria felicità, la quale certamente si ottiene mediante l' acquisto delle virtù (157), e queste uniformando le azioni alla legge (75). Or di grazia su di che altro si fonda la Stima, se non in queste cose ? Togli la idea di una felicità avvenire,

ed avrai ben presto distrutta ogni idea di virtù; conseguentemente ogni idea di stima in mezzo alla umanità: ed allora volentieri avrai una famiglia di uomini senza pudore, senza freno, inchinevole ad ogni sorta di vizio. È dunque in strettissimo ligame col dovere di felicità quello di procacciarsi la propria stima, risultando come un mezzo efficacissimo di conseguire il proprio fine. Si aggiunge il dritto che la società pretende su noi che fossimo buoni e virtuosi cittadini, acciocchè potessimo servirla e collo splendore delle nostre virtù essendo di sprone agli altri a ben operare, e colla onestà delle nostre azioni provenendo da un fondo buono ne'vari disimpegni che ci affida. Or ogni dritto suppone dovere nell'altro a rimuovere ogni ostacolo nell'esercizio dello stesso (20.): conseguentemente fa mestieri di esercitarsi nella virtù per far sì che la società fosse libera nell'esercizio de'suoi dritti. E potrà mai esistere una cotal socievole libertà di dritto, ove gli altri non portassero vantaggiose opinioni su noi? E non saremo tenuti ad acquistarci stima presso gli altri nutricandoci nella virtù? La stima dunque è 'l perno, su cui si aggira tutta l'umana felicità, e troppa stolidezza sarebbe quella di pretendere la felicità senza darsi carico del dovere della stima.

417. Se non che a prevenire un dubbio che sarebbe capace di far sostare i timidi dall'intrapreso cammino della virtù, e gelarli in mezzo al corso, ci facciam debito rispondere ad un quesito che per ventura potrebbe arrecar molestia nella soluzione; qual cioè sia meglio aver la stima e non ottenerla; oppure, non avere la stima ed ottenerla? Abbenchè spesse fiate avviene che quegli meriterebbe la stima, sendochè va corredato di virtù tanto morali che intellettuali, ed un sinistro fato iniquamente ce la rapisce, a preferenza di colui che furbamente si covre col manto di agnello, e coglie quella stima che nè punto, nè poco potrebbe pretendere: pure è sempre cosa buona in fatto di stima l'averla qualunque sia il fondamento su cui poggia. Imperciocchè quello opera la vita naturale nell'uomo nello stato fisico, che la stima nella vita sociale, cioè nello stato morale; perciocchè l'uomo senza onore, e quindi senza stima, è morto mentrechè vive in mezzo

a'suoi. E qui pare abbia riguardato lo Spirito Santo allorquando ingiunge agli uomini in generale di tener cara quella stima da altri largheggiata: « *Tien conto del buon nome 1* ». Se però vuolsi distinguere tra i due enunciati problemi senza meno dovrà dirsi, che quantunque è buono sempre aver la stima; pure chi la merita e non l'ottiene, questi già osserva la legge; conseguentemente à un dritto alla felicità: ma quegli che non la merita e l'ottiene, come inosservante della legge, vive nella esclusione della eterna felicità. Per la qual cosa meglio sarà meritare la stima e non ottenerla, che possedere la stima e non meritarla. Si confortino adunque gli uomini dabbene avviliti, ed i virtuosi perseguitati, che alla fin fine se ingiustamente non sono riconosciuti dagli uomini, eglino per certo come che formano la gioja dell'Eterno Legislatore della natura, avranno pure un giorno a rasciugare le lagrime, la mestizia a cangiare in allegria, il tedio in gaudio, la sofferenza in riposo.

418. La Stima intanto manifestata con parole vuolsi chiamar Lode; onde si dice aver l'uno l'altro lodato allorchè dice di cotestui delle buone cose. Che se poi la stima viensi a manifestare co' fatti, si appellerà Onore; per cui diciamo che uno l'altro onora quando gli dà delle buone testimonianze della riverenza che per lui nutre attese le qualità buone, da cui è circondato. Infine se una moltitudine di persone pensa bene di qualcuno, e colle parole e co' fatti gli manifesta la stima che à per lui, si avrà allora la Fama. Così Roberto Re di Napoli era tenuto come un' oracolo di dottrina attesa la svariata, e molteplice sua cognizione; perlocchè era venerato dai dotti dei suoi tempi, encomiato alle stelle nella storia della letteratura, e non vi era persona sia vicina sia lontana che non cercasse di manifestargli la soddisfazione del proprio cuore. Il gran Roberto adunque si aveva ottenuta la Fama.

Ed ella la Fama può pigliarsi in buono ed in cattivo senso, attesochè ridonda a bene o male della persona, cui si attribuisce. Conciosiachè se tutti dicono bene di una qualche per-

---

1 *Curam habe de bono nomine.* Eccl. 41. 45.

sona, allora la fama è nel buon senso adoperata, come apparisce dall'esposto esempio del dottissimo re Roberto : se poi tutti dicono male di qualcuno, allora la fama è nel cattivo senso adoperata, come successe di Pietro Aretino, il quale e pel pessimo costume, e per la mordace lingua, fu obbrobrio della umanità a talchè di lui va nella bocca di tutti quell'epitaffio :

> Qui giace l' Aretin poeta Tosco,
> Che disse mal d' ognun, fuor che di Dio,
> Scusandosi col dir, Non lo conosco.

Infine la Fama può essere intiera ed interrotta. È intiera se tutti dicono bene o male di qualcuno, come può scorgersi nei due proposti esempi. È interrotta se la moltitudine si scinde in partiti, talchè certi dicono bene, e certi altri dicono male, come per l'ordinario succede in fatto di pubblica opinione.

419. Tai cose premesse essendo fuori dubbio vero che l'uomo in fatto di avvantaggiare sè stesso in ordine al bene morale universale sia tenuto a fare tutto quello, che dipende da lui (416); e siccome l'acquisto delle virtù intellettuali e morali produce la stima, e quindi la lode l'onore la fama ; così egli è tenuto ad acquistare le virtù tanto morali che intellettuali. Laonde è un dovere interessante dell' uomo quello di procacciarsi la lode, l'onore, e la fama buona (418); e tostochè se l'à procacciate far di tutto per conservarsele al modo stesso, che teniamo cura di serbarci nella vita naturale del corpo (417). Che se per ventura egli l' uomo per qualche ria azione è caduto nella disgrazia di diminuire, o perdere la stima o la pubblica opinione, egli non deve starsene colle mani alla cintola non curandosi di ogni sinistro pensare altrui sul suo conto, oppure giacer vittima del suo rossore ed avvilimento; ma coraggioso è tenuto a rialzarsi dopo la caduta, far sbrillare di nuovo in lui le virtù, e pugnando la viltà col coraggio, il vizio colla virtù, entrare un'altra volta in possesso di quella stima e pubblica opinione, di cui aveva fatto miserabile getto. Un nobile esempio di questo virtuoso coraggio

ce lo presenta Cornelio Nipote nella persona di Temistocle, il quale essendosi dégradato presso il popolo seppe tanto bene ingegnarsi presso lo stesso che riuscì ad acquistare la perduta stima. « *Quale sfregio*, Ei dice, *non lo avvilì, ma lo innalzò. Infatti avendo immaginato non potersi quello spegnere senza diligenza; si consacrò tutto alla repubblica, con massima diligenza servendo agli amici, ed all'acquisto della fama. Dal che ne avvenne che in poco tempo si rese illustre e famoso* 1 ». E lo stesso ci narra Svetonio 2 in persona di Tito Cesare, il quale arrossendo a' vizi della sua giovanezza cercò battere il sentiere della virtù, onde riacquistare l'onore perduto. Tanto è vero, che non è disperato il caso nella sopraggiunta ignominia; soltanto è mestieri che l'uomo voglia ubbidire ai suoi doveri, come cen fanno fede mille esempi rapportati da Valerio Massimo 3, e da Macrobio 4.

420. Se dunque l'uomo deve aver tutta la cura di serbarsi stimato presso gli altri (419), non dev' egli paurosamente starsene neghittoso nella già acquistata, oprando a guisa della formica che provvedendosi la state pel verno, in cui teme restar senza cibo, e poi resta assiderata nel verno medesimo; ma un dovere giusto lo spinge a sempre più progredire nella stima e nella fama, ove ragionevoli motivi si presentassero a ciò fare. Perciocchè insistendo su le tracce della sana ragione sia nei pubblici sia ne' privati affari quella destrezza debba esporre, che sempre risulta prudente, saggio, valoroso nelle sue imprese. Che anzi ove la opportunità gli è data di rendersi celebre in una qualche impresa, nè il gelo, nè il caldo, nè la fatica deve arrestarlo : è d'uopo tutto sacrificare ove la gran voce di natura c'invita pel nostro meglio in ordine al Sommo Bene. Finchè l'uomo vive non deve dire mai

1 *Quae contumelia non fregit eum, sed erexit. Nam quum judicasset, sine summa industria non posse eam extingui : totum se dedit reipublicae, diligentius amicis famaeque serviens,... Quo factum est, ut brevi tempore illustraretur.* Cap. 1.

2 Tit. Cap. 7.

3 6. 9.

4 Saturn. 2. 9.

basta nelle sue opere ; egli è soldato che milita sotto le nobili insegne del Legislatore della Natura, il quale se comanda, è giusto fosse dall' uomo secondato , ed il carattere d'inchinevole natura fa gli uomini saggi , prudenti , virtuosi ; e la società gioisce nella famiglia di tali cittadini , i quali con lei spartono gli onori e le glorie.

421. Dal detto emerge che l' onore è per fondamento la virtù , la quale sola nobilita l' uomo (418) ; imperciò la sola virtù è quella che l' onore vero produce all' uomo. Perlocchè è vera lusinga credersi onorato senz' aver virtù di sorta alcuna ; ma sol perchè o una illustre nascita, o la gloria degli antenati, sia quella che sorregga. Ma non è ella una sorte , cui mica concorre la volontà , quella che decide delle nascite, de' casati , degli antenati ? Immortali sono al proposito le voci del Metastasio 1 :

. . . . *I suoi produce ,*
Non è merti degli Avi. Il nascer grande
È caso , e non virtù. Che se ragione
Regolasse i natali , e desse i regni
Solo a colui , ch' è di regnar capace ,
Forse Arbace era Serse , e Serse Arbace.

Dunque la virtù è quella sola , la quale dà il vero nobile ch' anzi ove cresce la virtù , ivi cresce la nobiltà stessa camminando in ragion diretta della virtù. Onde riesce verissimo quell' adagio comune : « *È nobilissimo ogni ottimo* 2 ». Se la natura ogni uomo inchina alla grandezza , dappoichè ognuno brama di essere dall' altro distinto , corra ognuno dietro la virtù , ed avrà consummato il corso, rapita la gloria , acquistata la tanto agognata nobiltà. La quale se il caso ce la ottenne addiverrà veramente stabile congiungendosi colla virtù, e potremo a ragione distinguerci dagli altri , che ciecamente sieguono il volgare vizio, l' amore alla ignobilità, la gloria della confusione.

1 Art. att. 1. sc. 1.
2   *Optimus quisque nobilissimus.*

422. Ma il dovere di conservarci la stima (419) genera in noi un secondo dovere, ch'è quello di evitare qualunque cosa potesse farci deteriorare nella stessa, e diminuire quella fama che ci abbiamo acquistata. E siccome la Calunnia (§.CLIV.) à tutta la forza di farci peggiorare nella opinione altrui; così è nostro dovere guardarsi dalla stessa. E primieramente della calunnia facendo parola è uopo rapportare le tre vite, di che componsi l'uomo; cioè la Naturale riguardo alla esistenza fisica della duplice sostanza, da cui risulta tutto l'uomo: la Spirituale riguardo a quella vita soprannaturale, di cui è proprio dell'anima pascersi ne'doni e ne'favori della Divinità: infine la Civile riguardo alla opinione favorevole, che gli altri nutrono inverso il simile. E tutte e tre queste vite debbonsi gelosamente conservare da ciascun'uomo, ed anche accrescersi per quanto comportono le forze di lui per maniera che; svariati dritti si offrono all'uomo per la tutela e conservazione di esse, e tra gli altri il dritto a potersi difendere sempre che tentasi di offendere alcuna di esse. Imperciocchè se l'uomo à il dovere di conservare ed accrescere la propria perfezione, à insieme il dritto di usare di quelle cose che possono fargli disimpegnare il proposto dovere, com'è chiaro (20). Eppero della vita naturale abbastanza abbiamo detto parlando del suicidio (Lez. XXXII.): della vita spirituale non essendo nostro impegno volentieri la lasceremo trattare a'Teologi: ci resta soltanto a sermocinare della vita Civile, la quale altamente resta offesa mercè la Calunnia; quindi ragion vuole cominciassimo dalla sua genuina nozione.

423. Ed infatti la Calunnia consiste nell'attribuire all'altro uomo vizi ed imperfezioni che non à; conseguentemente la calunnia è un bugiardo discorso de'vizi e delle imperfezioni altrui. Ella però può essere Vera, ossia Manifesta, e Speciosa. Si dice Vera quando chiaramente si conosce che si vogliono attribuire falsi vizi ed imperfezioni ad un'uomo. Tal'era la calunnia che i Vescovi Ariani attribuirono a S. Attanasio fino a dedurlo nelle pubbliche loro adunanze per convincerlo de'loro capricci. Si dice poi Speciosa quando la calunnia à seco congiunta qualche probabilità di vero. Tali sarebbero

quelle calunnie escogitate da uomini tenuti in molta riputazione per opprimere qualche debole. Ciò posto, in generale parlando l'uomo deve difendersi dalla calunnia; giacchè egli deve crescere e non deteriorare in quella stima, che a lui impone la legge di natura (416), e certamente la sua stima è smozzicata dalla calunnia a segno spesse fiate, che va in pericolo di perdere all'intutto quella vita civile tanto preziosa nella esistenza socievole. Uomini perversi, di cuore corrotti, nemici giurati del loro simile, cercanti innalzare il proprio edificio sulle altrui ruine, non mancano giammai nella gran famiglia dell'uomo: e la custodia di un dovere spesso richiama l'opera di un secondo dovere, il quale deve dar dritti per custodire il primo. Per la qual cosa a far fronte all'altrui malizia a danno della nostra virtù ben ci compete indossare l'usbergo della virtù, onde farla balenare a traverso della iniquità. Epperò la diversità della calunnia, e delle persone che calunniano, induce svariate regole a norma delle quali l'uomo deve condursi in mezzo al gran fuoco di esse.

424. Bisogna dapprima osservare di qual specie sia la calunnia, se manifesta, o speciosa (423), onde scorgere se ben si addice la difesa. Conciosiachè se la calunnia è manifesta nè punto nè poco deve curarsi; dappoichè allorquando la calunnia è conosciuta per tale ella addiviene una ciancia, a ribattere la quale non vi bisognano grandi rimostranze per far risultare la innocenza. Così S. Attanasio infamato dagli empi Ariani non credette molto adoperare la sua eloquenza in faccia a quella canaglia; giacchè era abbastanza noto l'intrigo di che facevano uso. Se molta difesa vi bisognasse per ribattere una simil calunnia, allora sarebbe lo stesso che spendere molto oro per acquistare fragil vaso di creta. La nostra riputazione verrebbe piuttosto a macchiarsi che a risultare intiera coll'affaticarci di soverchio in simil faccenda; giacchè diceva Simplicio: « S'è giorno, il sole illumina la terra. Se alcuno giudica esser ciò falso, egli non reca alcun danno al fatto, il quale è conforme alla verità, ma ad esso lui ch'è imbevuto di questo erroneo sentimento. Così ancora, colui che contra ogni dovere ti maltratta con calunnia, e ti fa del ma-

le , esso viene a ricevere il nocumento , non però tu , cui non si reca verun danno e verun male 1 ». Perlocchè cerchiamo piuttosto di meglio basarci nella virtù , che ascoltare i lai di questi miseri cagnotti.

425. Che se poi la calunnia è speciosa, bisogna essere accorto nell'osservare la persona che la produce ; giacchè la diversità della persona induce diversi obblighi di conducimento nella difesa (423). Infatti la persona che calunnia può essere tenuta per virtuosa e che godesi di molto credito presso gli altri ; oppure può essere inetta e vile, la quale o poco o niun credito si gode presso gli altri. Nel primo caso è necessario che l'uomo a tutta possa si difendesse dalla calunnia ; giacchè allora la nostra stima e riputazione corre tutto il pericolo di scemarsi , oppure di struggersi, e ciò non solo presso gli uomini ignoranti , ma anche dotti. Per la qual cosa a disimpegnare il gran dovere di custodire la propria stima fa mestieri ribattere siffatte calunnie, che ottenebrano il bel sereno dei nostri giorni. Ciocchè fece l'Apostolo S. Paolo allorquando volle appellare a Cesare soperchiato dalle calunnie dei suoi concittadini , i quali erano tenuti in gran credito presso la loro nazione. Nel secondo caso poi fu mestieri non brigarsi della calunnia ; giacchè l'arte di questi faccendieri è ben nota presso il resto degli uomini , e come le lodi uscite di lor bocca non sono calcolate ; così del pari le calunnie. Imperciocchè essi o per la preponderanza delle passioni, o per la soverchia loro ignoranza, sono nella impossibilità di ragionare seriamente del male , o del bene del loro simile ; e spesse fiate, giusta il lor costume, sogliono pigliare la nuvola per Giunone, come suol dirsi. Badiamo però a non insultarli ; giacchè questi si rendono quali bestie feroci , e dalle parole sogliono subito passare a' fatti. Meglio è pazientemente sopportarli , che venire a contesa con essoloro, in cui veniamo a rifonderci di stima anzichè acquistarne.

1 Si dies est , sol super terram versatur. Hoc si quis falsum putet , non ipsum connexum damnum facit , cui sua constat veritas , sed is , qui falsum de eo sentit. Sic etiam qui secus, ac decet , te convicietur, aut male facit, ipse est, cui noceatur, tibi vero ne nocitum quid.m est, neque mali quidquam datum. Comm. ad Epict. cap. 64.

426. Dalle quali tutte cose c' è dato come in epilogo ridurre le seguenti regole riguardanti il modo di tenerci lontani
dalla calunnia. E per prima facciamoci famigliari le virtù spettanti tanto l'intelletto che la volontà ; giacchè a tal modo ci
acquisteremo la stima. Per seconda siamo famigliari con tutti,
e possediamoci la riputazione senz'alterigia , e senz'altrui
disprezzo ; giacchè come dispiace a noi l'altrui zotichezza, e
ci porge motivo ingiusto a dir male degli altri ; così pure a-
gli altri mirando la nostra stitichezza nel trattamento. Per
terza infine avvezziamoci a far bene a tutti quando lo possiamo , e non potendolo facciamo o direttamente , o indirettamente scorgere la nostra impossibilità ; giacchè i benefici ànno gran forza sul cuore umano, il quale abbenchè ricalcitras-
se agli stessi , pure gl'impongono un gran freno nel parlare
del benefattore. Questi sentimenti dettati dal cuore potranno
gran fatto resistere alle calunnie, le quali se ciò non ostante
per ventura venissero ad insultarci, è uopo in allora far uso
di una gran pazienza , comportandoci nel modo detto (424,
425), e del resto uniformandoci alla eterna Volontà del Legislatore della natura, il quale sempre il meglio per noi dispone
negli eterni consigli di sua infinita saggezza.

LEZIONE XXXVII.

SI COMPLETANO I DOVERI PERFETTIVI LO STATO ESTERNO DELL'UOMO.

§ 427. *Si definisce la fortuna — si distinguono le sue specie — la fortuna non dipende dall' arbitrio dell' uomo — come condursi nella fortuna prospera — come nell' avversa — rispettare la prospera, cercare di uscire dall' avversa fortuna — definizioni varie dell' amicizia — l'amicizia si piglia in senso generale o particolare : bisogna essere amico con tutti — base dell' amicizia è la virtù — doveri dell' amicizia — l'amicizia deve reciprocare soccorso — difficoltà di un vero amico.*

427. A compimento delle teorie riguardanti lo stato esterno dell'uomo non ci rimane a parlare che della fortuna e dell'a-micizia (400), le quali pure son situate fuori l'uomo, ma ànno tanto stretto rapporto con lui, che spesso la vita gli riesce di piacere o di noja dalle varie circostanze, in cui ambedue possono essere avvolte. Principiamo dalla prima.

La Fortuna, detta ancora Sorte, Caso, Fato, non altro vuol significare che il concorso di una o più cause naturali, le quali mentre non sono prevedute ànno la forza di produrre un qualche effetto. La persona su cui queste cause naturali produttrici dell'effetto ànno luogo, si dice Fortunata. Ond'è, che se qualcuno scavando un'edificio s'imbatte in un tesoro, per cui di repente arricchisce, vuolsi chiamare fortunato, ed il concorso delle cause che ànno avuto la forza di fargli rinvenire il tesoro si dice Fortuna, Sorte, ed altro.

Dal detto emerge quanto ridicola fosse la opinione del volgo

Einneccio Vol. II.   10

di personificare la fortuna; sendochè l'alterazione di una sconvolta fantasia può urtare in questi scogli, i quali son pericolosissimi al retto pensare , non che al giusto disimpegno dei proprj doveri , come potrà ognuno da sè stesso calcolare ove non voglia seguire le massime corrotte del volgo , il quale sempre debbe fuggirsi più della serpe in simili incontri.

428. Ella intanto la fortuna piace distinguerla in propizia ed avversa. Chiamasi Propizia la fortuna , se l' effetto prodotto dalle cause naturali è propizio, ossia vantaggioso all'uomo; come sarebbe nell'enunciato caso di sopra (427): e l'uomo secondato sempre dalla prospera fortuna si vuol chiamare ordinariamente Beato. Così Annibale mosso da Cartagine per sgomentare Roma , una vittoria un'altra cen preparava , ed in tutte l'ore le armi gli sorridevano ; perciocchè sempre arriso dalla fortuna fu beato finchè la tenne stretta pel ceffo. Al contrario chiamasi Avversa, oppure Contraria la fortuna , se l' effetto prodotto dalle cause naturali è svantaggioso per l' uomo ; ed allora un tal' effetto propriamente si dice Infortunio , Disgrazia, Guajo. Tal sarebbe un naufragio per un' accorto pilota; oppure la rotta di un' esercito per un' esperto comandante. Quell' uomo infine il quale è perseguitato dalla ria fortuna meritamente si dice Infelice, di cui Metastasio nella persona di Arbace cen à lasciato un rilevantissimo quadro allorchè dice :

No , che non à la sorte
Più sventure per me. Tutte in un giorno
Tutte , o Dio , le provai. Perdo l' amico ,
M' insulta la germana ,
M' accusa il genitor , piange il mio bene ;
E tacer mi conviene !
E non posso parlar ! Dove si trova
Un' anima , che sia
Tormentata così come la mia ?
Ma giusti Dei , pietà. Se a questo passo
Lo sdegno vostro a danno mio s' avanza,
Pretendete da me troppa costanza.

Vo solcando un mar crudele
Senza vele,
E senza sarte :
Freme l' onda ; il ciel s' imbruna,
Cresce il vento , e manca l' arte ;
E il voler della fortuna
Son costretto a seguitar.
Infelice ! in questo stato
Son da tutti abbandonato :
Meco sola è l' innocenza ,
Che mi porta a naufragar 1.

429. Dond'è dato ad ognune argomentare, che come qualunque ella sia la fortuna giammai è in nostro potere, ed in conseguenza non dipende dal nostro arbitrio. Conciosiachè la fortuna è riposta nel ricorso delle cause naturali non prevedute da noi (427); dunque non volute ; giacchè il consenso della nostra volontà tiene dietro la cognizione dell' intelletto a tal che ove queste cose mancano, manca la spontaneità stessa (89). Come dunque la fortuna potrà essere diretta dal nostro genio? Piuttosto soggiacere dobbiamo alla fortuna, la quale è diretta da Colui, che la natura dirige, ed impera. Per la qual cosa sotto l' impero della fortuna dobbiamo noi di buona voglia chinare la fronte rispettando sempre i voleri dell'Autore della natura, il quale quello sempre opera, che più volentieri c'inclina al termine felice di ogni nostro respiro. Dalla quale necessaria conoscenza ci sarà ora facilmente dato dedurre tutt'i doveri, che l'uomo assistono rattrovandosi sotto l'impero della fortuna.

430. Ed infatti l' uomo nella fortuna propizia non deve insuperbirsi quasi che di niente altro avesse a paventare ; giacchè possonsi cambiare le circostanze , e cadere nella fortuna avversa. E di questo strano cangiamento innumerevoli esempi ci presenta la storia, di cui tutti volerli narrare sarebbe un non finirla giammai ; ricorderemo solo un' Annibale, un Sci-

1 Artas. att. 1. sc. 15.

pione, un Belisario, un Chateaubriand...... Perlocchè peccano
contra la legge di natura tutti quelli, che nella prospera fortuna gli altri avviliscono, malmenano, tiranneggiano in guisa che, una truppa di nemici a proprio talento si van creando; dappoichè se imbattono nella fortuna avversa, dove più
andranno a riparare? Se in tale disgrazia non trovasi asilo
nemmanco presso gli amici a talchè riuscirà vero, che « *Se
sorte inchina, sparirà ogni amico* ¹ », che cosa non faranno i
nemici? Sarà questo il tempo da non poter più menare innanzi la vita, e questa sarebbe la maggiore tra le naturali disgrazie. Perciocchè è cosa dicevole consultare là umanità propria in mezzo alle carezze della fortuna, e non troppo darle
credito fondando in lei le nostre fiducie. Il tempo della prosperità è tempo di oculatezza, e vuole dalla parte dell'uomo
tutta quella prudenza che ben si esige ne' più importanti affari. Il tempo della prosperità è tempo d'invidia, e di livore,
e vuole tutta quella dolcezza che ben si richiede per raddol-
cire i più aspri malori. Il tempo infine della prosperità è tempo di crearsi allievi alla scuola della umanità, onde ciascuno
se voglia dispregiare il dinante non potrà per certo porre in
obblio almeno il dono che si possiede. Guardiamoci adunque
dalla prospera fortuna, massime allorquando troppo ci riboc-
ca il seno delle sue grazie.

451. Al contrario nella fortuna avversa l'uomo non deve
scorarsi; giacchè possonsi cambiare le circostanze e venire
nella propizia. L'avvilimento nella fortuna avversa è mancanza di virtù, la quale deve sempre sorreggere il cuore di ogni
uomo dabbene: ch'anzi la fortuna avversa è un mezzo da farci maggiormente virtuosi meglio conoscendo la propria debolezza, e la volontà dell'eterno Legislatore della natura. Nè
ella può aver tanta forza, ove noi non vogliamo, di rapirci
la candidezza del cuore, e la dirittezza del buon operare;
giacchè diceva con molto assennamento il Metastasio nel Sogno
di Scipione.

Si fortuna perit, nullus amicus erit :

. . . . *In ogni sorte*
L'istessa è la Virtù. L'agita, è vero,
Il nemico destin, ma non l'opprime;
E quando è men felice, è più sublime.
  Quercia annosa su l'erte pendici
  Fra 'l contrasto de' venti nemici
  Più sicura, più salda si fa.
Che se 'l verno le chiome le sfronda,
Più nel suolo col piè si profonda,
Forza acquista, se perde beltà.

Abbenchè non neghiamo che di certi è tanto il mal destino, che sembrino nati per le disgrazie, ogni cosa andandogli contraria, e de' quali ben può dirsi quello, che Cleonice presso il Metastasio [1] diceva in persona sua :

  Il mondo tutto a danno mio congiura:
    Noi equi agli affanni in seno :
    E dall'infausta cuna
    La mia crudel fortuna
    Venne finor con me :.

pure cotestoro non mica debbonsi avvilire; giacchè sono esposti alle più fine ripruove di amore del loro Creatore, e questi non sappiamo meglio confortare che colle voci del Divin Salvatore, il quale ci vuole avvertiti a non troppo brigarci delle cose di quaggiù, soltanto ci fa mestieri riporre le nostre fiducie nel suo celeste Genitore : « *Non vogliate adunque angustiarvi, dicendo : cosa mangeremo, o cosa beremo ?* . . . . *Ora il vostro Padre sa, che di tutte queste cose avete bisogno* [2] ».

432. Del resto comunque vada la faccenda per l'uomo, s'egli trovasi nella fortuna propizia deve far di tutto per non cade-

---

[1] Demet. Att. 2. sc. 7.

[2] *Nolite ergo solliciti esse, dicentes : Quid manducabimus, aut quid bibemus ?* . . . . *Scit enim Pater vester, quia his omnibus indigetis.* Matt. 6. 31. 32.

re in braccio della fortuna avversa ; e se nella fortuna avversa deve andare in cerca di tutt'i mezzi possibili c leciti , onde rinvenire la fortuna propizia. La ragionevolezza di ambidue questi doveri fondasi su quell'altro, che pure l'uomo assiste, di ricercar sempre ed in ogni cosa la perfezione propria, e l'accrescimento della stessa (345). Quindi come peccherebbe contra la legge di natura colui, che non rispettasse la propizia fortuna ; così anche quegli che amerebbe l'avversa fortuna. E veramente muovono rabbia tutti quelli che assaltati da ogni parte dal rio destino marciscono nell'ozio , e nella negligenza di loro stessi, quasi che faccia loro più bene la infelicità. In tal caso par si vorrebbe che il Legislatore della natura facesse prodigi per necessità , cui per niente è tenuto. E l'aspettazione di questi prodigi capricciosamente desiderati fa sì , che tutto giorno siamo assordati da interminabili lamenti, cause fecondissime di mille mali che serpeggiano nelle umane società. Faccia l'amore al proprio bene , che gli uomini alfine sorgano veggenti dal letargo di morte che l'opprime , e fidanzosi si diano alla fatica, cui ognuno a ragione vien condannato. Tanto si apparteneva alla Fortuna, passiamo ora all'Amicizia.

433. La quale è quell'unico bene , che sempre all'uomo sopravvive dopo i più tristi disagi, lo sorregge colle sue dolcezze, lo fomenta colle sue attrattive, infine gli porge un modello , abbenchè imperfettissimo, di quella unione che poscia il viver mortale si spera avere col Sommo de' Beni, oggetto indeficiente della sua felicità. Ella intanto l'Amicizia veniva definita da Cicerone : « Il volere, ed il non volere la stessa cosa [1] »: da Wolfio, Il reciproco amore , che passa tra due uomini : da Pittagora, Un'altro Io: da Aristotile infine, Una anima in due corpi. Ma tutte siffatte definizioni discordanti tra loro nelle sole parole , constantemente poi convengono nel fissare la essenza dell'amicizia , ciocchè importa. Avvegnacchè esse tutte concordano nel fissare l'amicizia nel reciproco amore , e quindi nella schietta scambievole unione de' sentimenti,

_____
1 Idem velle, et idem nolle.

delle volontà, degli affetti, del fine: unione ch' è la base ed
il fondamento dell'amicizia, ed a lei tanto essenziale, che se
viene distrutta, l'amicizia più non sussiste. Epperò noi avvalendoci dell'esposte definizioni possiamo commodamente proporre la genuina nozione dell'amicizia ne' seguenti termini :
L'Amicizia è 'l dolce ligame di amore, che stringe talmente i
cuori degli amici, che di due ne forma un solo. Un' esempio
nobilissimo dell'amicizia è dato ravvisarlo tra Davidde e Gionata, i quali neppure la tomba valse a separarli. Quindi l'a-
micizia per rapporto al saldissimo vincolo, o nodo, che seco
porta, va benissimo paragonata a due vampe che surte dallo
stesso incendio a vicenda bacionsi : a due ferri arroventati,
che l'uno all'altro sovrapposto riesce difficile distinguerli : o
infine a due rami che vengono innestati allo stesso tronco. Tanta è dunque la forza di unione che vuolsi supposta nella verace amicizia, vero conforto della umanità, e da Dio stesso
posta in terra a salvamento comune ne' disastri della vita.

434. Epperò ella l'amicizia può pigliarsi in un senso generale, ed in un senso particolare. Nel primo senso ricevuta
vuol riguardare la proibizione di quella indifferenza, con cui
spesse fiate si mira il proprio simile. Nel secondo senso poi
ricevuta vuol riguardare propriamente quella unione, con cui
due o più persone scambievolmente si reciprocano l'amore;
ed in questo senso presa l'amicizia a lei si appartengono le
nozioni sopra esposte (433). Dovendo noi riguardare l'amicizia nell'uno e nell'altro senso, fa mestieri segnare i doveri che
ad ambidue son propri, e che l'uomo obbligano al retto loro
disimpegno. E per quello riguarda l'amicizia nel senso generale presa è fuori dubbio, ch'ella debbasi fondare nell'amore (433), ed avendo per sè l'amicizia tal fondamento non può
ostacolarsi ch'egli l'uomo deve porgerla a tutti gli esseri a
sè simili. Di fatto egli l'uomo è obbligato ad amar tutti; perchè a lui simili e nella natura, e nelle proprietà (173): or
nell'amore è riposta l'amicizia; dunque l'uomo dev'essere
amico con tutti. E se qualcuno vi fosse, cui l'uomo non sarebbe tenuto a prestargli amicizia, si verrebbe a porre una
eccezione nella legge generale di natura; ciocchè ripugna per-

chè falso. Per la qual cosa quella indifferenza tanto portata in
trionfo dalla malvagità del cuore umano, con cui nè si odia,
nè si ama il prossimo, è ella espressamente proibita dalla
legge di natura. Imperciocchè la natura non à fatto gli uomini
egoisti quasi che il solo lor proprio interesse debba spingerli
all'azione, fuori del quale si debba vivere in una assoluta
inazione: sibbene à fatto gli uomini filantropici, dando loro i
più nobili sentimenti di pietà, di gratitudine, e di benevolenza. Assopire o distruggere nel fondo del cuore sì eccellenti sensi non è egli un'operare contro la legge di natura?
Ebbene non essere amico con tutti è dispregio della legge di
natura, e quindi peccato. Ma riguardiamo l'amicizia nel suo
secondo senso.

435. Siccome l'amore generale si distingue dallo speciale;
così pure l'amicizia generale dovuta a tutti gli uomini (434)
si discerne dalla particolare, all'ombra della quale c'è dato
scorgere la vera e falsa amicizia. Conciosiachè la vera amicizia è quella che di due cuori ne forma un solo (433), ed in
essa rifulge quel nerboruto amore, che ogni ostacolo supera,
ogni tema disprezza, ogni tenebra dilegua. La falsa amicizia
poi è quella che presenta una larva di amore, seconda la prosperità, fugge la tristezza, vende la fedeltà; onde diceva lo
Spirito del Legislatore della Natura: « *Perocchè avvi chi è*
amico quando gli torna conto, e non dura ad esserlo nel tem-
po della tribolazione 1 ». Or siccome noi segniamo i doveri
della vera amicizia; così non discorriamo della falsa amicizia,
la quale ben si rileverà da' caratteri della vera. Perlocchè primo dovere della vera amicizia è procacciarsi la virtù, gli amici, e rendersi sempre più virtuosi. E chi v'à che per poco
ne dubiti se riflettasi, che l'amicizia si fonda nell'amore (434),
ed il ligame dell'amore è la virtù? In allora quindi due
persone veramente si amano allorchè ambedue sono virtuose; conseguentemente due persone allora sono veri amici
quando scambievolmente si procurano la virtù. Si rafferma da-

---

1 *Est enim amicus secundum tempus, et non permanebit in die tri-*
bulationis. Eccli. 6. 8.

gli aurei detti di Cicerone , il quale ponderato i sacri doveri dell' amicizia diceva : « *Essendo la opinione della virtù conciliatrice dell' amicizia , egli è cosa difficile rimanere l' amicizia , se verrai meno dalla virtù* 1. Donde n' emerge , che se tra due persone si procura il vizio , son queste fuori dubbio cattivi amici ; l' amicizia è del tutto falsa.

436. Il progresso adunque della virtù volato a ragione qual base dell'amicizia (435), ben mostra qual grande bene si fosse l' amicizia. Perlocchè i veri amici presa in retaggio la virtù , si accorgeranno bene che quelle opere debbono rifulgere nell' amicizia , che son figlie genuine della virtù frutto verace della sapienza. Eglino imperciò i veri amici scambievolmente debbonsi tollerare i reciproci difetti come quelli che giammai possono mancare agli esseri ragionevoli attesa la corruzione , che in essi tenta sempre avere l' impero. Più , non debbono inorgoglire tra loro ; sendo che la superbia è vil residuo della stupidità ; ma l'uomo all'altro deve soggettarsi come discepolo al maestro ; dappoichè l'orgoglio non tende che a separare i cuori , distruggere i più bei semi della virtù , rendere l' uomo sprezzevole agli occhi altrui. Oltreacchè non debbonsi tra loro beffare , essendo dappocaggine quella di fare le proprie ricreazioni a spese dell' amico ; ma il rispetto, la stima, e la venerazione deve sempre armare i buoni amici. Finalmente non si debbono invidiare tra loro ; giacchè tra gli amici non può avverarsi il mio, ed il tuo, dicendo Cicerone: « *Tutte le cose son communi tra gli amici* 2 ». E poi l'invidia è'l retaggio delle anime vili ; qualora l' amicizia richiede le anime grandi per maggiormente dappoi nobilitarle. Per la qual cosa è mestieri i veri amici fossero candidi e sinceri a talchè tra di essi non vi debbono essere riserve, quasi che si dubitasse della sicurezza. Ciò però va sempre inteso ne' limiti della giustizia non esistendovi alcun danno del terzo. Oh ! quanto felice sarebbe la vita se fosse sorretta da tale amicizia.

1 *Cum conciliatrix amicitiae virtutis opinio sit: difficile est amicitiam manere , si a virtute defeceris.*
2 *Inter amicos omnia sunt communia.*

457. Se non che cennammo (435) essere stata l'amicizia fondata in terra dall'Autore stesso della natura; dappoichè Egli nel creare l'uomo gli associò un'ajuto a sè simile, e volle che l'amicizia fosse un sollievo della umanità, un refrigerio nelle pene, un'ajuto alla vita. Perlocchè emerge chiarissimo, che i veri amici son nel dovere di scambievolmente ajutarsi, non che soccorrersi; e ciò costantemente tanto nella prospera, quanto nell'avversa fortuna. Imperciocchè la virtù, ove è vera virtù, non è avara; nè neghittosa nel ben operare; ed ivi maggiormente sbrilla, ove più ostacoli le restano a superare. E siccome l'amicizia si fonda nell'amore; così un'amicizia a parola sarebbe quella che non porge il braccio alle bisogna dell'amico. E questi riguardar soltanto nella prospera fortuna, sarebbe un secondare l'amor interessato, che fecondamente genera l'egoismo. La virtù fa le maggiori sue mostre nel fuoco della tribolazione, e la disavventura di uno amico dice pure disavventura dell'altro; perlocchè mostra la amicizia la sua fedeltà e sincerità vie maggiormente in questi capricciosi vortici della fortuna. Così Gionata diede le più alte ripruove del suo cuore inverso Davidde, allorquando più gli si attaccò ove maggiormente lo vedeva a torto perseguitato dal suo padre. Amiamo dunque non le leggiadrie dell'amico, ma l'amico stesso: non i suoi favori, ma la mano che benignamente cel presta: non il suo riso, ma piuttosto le lagrime ch'è obbligato a spargere; giacchè tal'è 'l comandamento della giustissima legge di natura.

458. Dalle quali tutte cose c'è dato rilevare, che l'amicizia ne' fissati doveri si mostra un gran bene per l'uomo, o talchè possiamo con ragione enunciare troppo beato quell'uomo, cui toccò in sorte assidersi sul tripode sacro all'amicizia, e tra felici suoi cancelli menare innanzi la mortale vita. Epperò chi è costui, che a ragione può essere da noi tripudiato?. cui in seno gli potessimo versare le nostre gioje? che i fasti a cubitali lettere potessimo inscrivere negli annali della natura? Rara, rarissima, è la vera amicizia, ed il ritrovamento di un'amico vero, il quale in sè racchiude tutte le indicate qualità forma la cosa più stravagante del mon-

do ! La natura è immutabile (41) ; ma il cuor dell'uomo si volta a misura l'occupano le passioni. S'egli l'uomo dalla natura sempre si facesse imperare, grande grandissima sarebbe l'amistà in mezzo alla umanità : ma qui tutto lo scoglio della umanità stessa ; giacchè reso l'uomo schiavo de' suoi capricci , trastullo delle sue compiacenze, vittima de' suoi andirivieni appassionati , di leggieri questi ama , quegli odia, e nella pugna degli appetiti tradisce l'amore , raddolcisce l'odio , e spesso c'è dato osservare le amicizie più invecchiate cangiarsi in ostinati odj , gli uomini più viziosi far liga tra loro , abbandonare l'oppresso, tener dietro la opulenza ed il favore , e là correre ove più dolcezze si mirano spargere. Ma che razza di amicizia è mai questa ? E si dirà facile in mezzo a tanta corruzione rattrovare un vero amico, il quale voglia a noi congiungersi nel dolce bacio della virtù ? No, no, tutta la difficoltà v'esiste nel rinvenire un vero e buono amico ; ciocchè vuol tenere avvertiti gli uomini a non essere così facili a scindere il lor cuore agli altri, addottrinarsi nella sperienza guida del nostro vivere , dar luogo al tempo, il quale non uso ad ingannare è scopritore di grandi cose. Ond'è che lo Spirito Santo paragona il ritrovamento di un vero amico a quello di un tesoro: « L'amico fedele è una protezione possente : e chi lo trova, à trovato un tesoro 1 ». Tanta è la difficoltà !! Che se a qualcuno è dato in sorte imbattersi in un vero amico, ne faccia meritamente le sue gioje , e sel tenga caro quanto l'anima sua, avendo rinvenuto nel mondo la cosa più rara. Conciosiachè potrà egli a buon dritto gloriarsi di possedere una immagine viva della virtù, la quale sola potrà sorreggerlo in tutte le vicende della vita , la quale ad ogn'istante mostra sempre la sua instabilità.

Cosiffattamente poniamo termine alla lunga diceria riguardante lo stato esterno dell'uomo relativamente al gran dovere che gli assiste di continuamente badare al suo perfezionamento.

---

1 *Amicus fidelis , protectio fortis : qui autem invenit illum , invenit thesaurum.* Eccli. 6, 14.

LEZIONE XXXVIII.

IMPERO DELLA NECESSITA' IN FATTO DI COLLISIONE DE' DOVERI.

§ 439. *Si propone un dubbio di collisione tra'i doveri teologici e quelli di proprio interesse — si risponde al dubbio — non è sempre vero, che la necessità non à legge — quando riesce vero — necessità, e sue varie specie — altre specie di necessità — quando godesi il favore della necessità — si continua — se nella necessità minore — se nella rispettiva — anche quando è voluta dall'uomo — si ribatte un'esempio proposto da Enneccio — il capriccio non merita favore in tutte le necessità.*

439. Il disimpegno de'propri doveri, cui l'uomo è spinto a prestare verso sè stesso in forza della divina Volontà, la quale vuole che l'uomo si amasse con un'amore di preferenza al suo simile (344), l'è stato quello che finora ci à intrattenuto in varie teorie giusta l'ordine che ci prefiggemmo di seguire (347), e per cui nelle antecedenti lezioni abbiamo considerato la natura della mente del corpo e dello stato esterno, al quale triplice ordine di verità rannodavansi tutt'i doveri di proprio interesse. Ora (§. CLV.) dopo la discussione tanto de'doveri teologici, quanto di quelli di proprio interesse, può naturalmente sorgere un dubbio; se mai cioè i primi doveri vengono in collisione co'secondi come l'uomo debba regolarsi? Può egli trascurare i primi per dare esecuzione a'secondi? È questo un dubbio interessante, nella cui soluzione bisogna aver presenti le teorie già brevemente esposte (349), in ordine alla collisione de'doveri, e che quì supponghiamo per non dare nelle lunghe: e dallo scioglimento dello stesso dubbio c'è dato rilevare in quali casi posto l'uomo, può egli preferire il dovere di proprio interesse al dovere teologico: insomma quando

la necessità può vantare dominio sull'uomo, il quale senza lesione della legge e della coscienza può avvalersi del favore di lei chetandosi all'ombra della stessa. Ecco il perchè subito dopo la discussione de' doveri di proprio interesse soggiungiamo le eccellenti dottrine riguardanti la necessità, in cui può l'uomo trovarsi nello svariato disimpegno de' suoi doveri.

440. Rispondendo ora al proposto dubbio (439) c' è forza osservare, che quantunque l'uomo sia sempre tenuto a soddisfare a' doveri teologici, che a quei di proprio interesse; pure nella collisione non gli è mai permesso infrangere quell'amore, che per ogni lato deve al suo Creatore, il quale solo forma la sua indeficiente felicità. Imperciocchè è Egli l'Essere che per infinita eccellenza sopravvanza ogni altro essere, onde debbesi preferire ad ogni altro essere non escluso l'uomo stesso. Per la qual cosa nella collisione l'uomo deve sempre preferire i doveri verso Dio a'doveri di suo proprio interesse per modo che, è obbligato a perdere piuttosto la vita, la quale alla fin fine l'à ricevuta da Dio stesso, che violare i doveri teologici onde serbare intatt' i doveri di proprio interesse. Dal che chiaro emerge, che non sempre è vera quella proposizione che va per la bocca di tutti cioè; *La Necessità non à legge;* avvegnacchè nella espressa collisione in allora l'uomo dovrebbe preferire il suo all'amore che deve a Dio; ciocchè abbastanza si mostra falso.

441. E che sia così, poniamo per poco esser vero, che la necessità non abbia legge; cioè l'uomo costituito sotto l'impero della necessità debba alla stessa assolutamente ubbidire, in quali scogli non urteremo? I vizi tutti resteranno senza dubbio canonizzati, come successe nella credula Gentilità: e le virtù riceveranno un'anatema di maledizione. Infatti rattrovi tu una necessità maggiore di quella, in cui si rattrovarono i martiri della Religione Cristiana? Si trattava nientemeno o di perdere la vita, e quindi dare un sempiterno addio alle cose di quaggiù; o di dare incenso ad un'infame idolo. Eppure eglino stimarono niente perdere col perdere la vita, anzichè questa custodire e commettere l'orrendo delitto della idolatria. Non so se ti regge il cuore a dire stupidi tanti milioni di

martiri, che non ubbidirono alla necessità; ed avrai sì poco
senno a dirli barbari perchè incrudelirono verso loro stessi. E
se questi stupidi, o barbari, chi sarà il ragionevole, e l'u-
mano infra gli uomini tutti? Troppo propizia era ancora la
necessità, in cui si trovava Giuseppe insultato dalla moglie
di Putifarre, e coll'aver schivato il pericolo sarebbe stato stolto,
mentre per intrighi fè perdita della libertà. Ma chi mai à condannato Giuseppe di stolidezza, e come mai lo si potrebbe in
realtà? Stantechè egli dunque prudentissimamente si comportò, venne da tutti a bocca piena lodato. Non è dunque
sempre vero che la necessità non à legge, come contro la
legge stessa dommatizza la maggior parte degli uomini, a'quali
si appartiene Euripide quando diceva:

> Nell' estremo periglio il fren non regge:
> Dura necessità rompe ogni legge 1.

ed'anche Claudiano che non mostrava differente sentire con
que' detti:

> Chi all' orlo del perir ridotti sono.
> Se falliscon così, meritan perdono 2.

Ammettere ovunque l'impero della necessità oltre all'essere un
manifesto slogicare, come apparisce; mena pure in fatalissime conseguenze, come par chiaro dall'esposto.

142. Se non che una tal regola non è così assoluta che voglia ributtare ogni ragionevole eccezione, che all'uopo sta
bene adattare (§. CLVI.). Imperciocchè ella alle volte conseguita il suo effetto per modo che si rende vera, e per cui si
può enunciare anche nel fatto, che la necessità non à legge,
rendendo l'uomo superiore alla stessa legge. Tutto sta nello

---

1   *Quoties periclum est, ex mea sententia*
    Necessitati debet et lex cedere.
                    In fragm. ex. Hippolyt. obtect.
    Suprema pericula semper,
    Dant veniam culpac.
                    In Eutrop. lib. 2. v. 595.

scorgere quali sieno quelle circostanze, in forza di cui la verità della enunciata proposizione si rende manifesta, le quali circostanze debbonsi attentamente esaminare mettendo da banda ogni predominio di passione. Conciosiachè, come altrove notammo (192), le circostanze le quali influiscono in un'azione sono di tanta valentìgia da indossare differente veste all'azione stessa, e spesso farle cangiar natura; e le stesse circostanze possono esser tali, che quello non sarebbe stato lecito all'uomo in altra occasione, armato di esse può addivenire lecito, a talchè queste circostanze occupando l'uomo lo riducono sotto l'impero della necessità, del favore di cui a buon talento può giovarsi. Or queste circostanze possono desumersi da tre capi, dalla stessa Necessità, dalla natura della Legge, e della natura del Dovere: quali cose occorre distintamente sviluppare.

445. E principiando dalla prima (§ CLVII.). La Necessità è lo stato dell'uomo, in cui non può adempire la legge senza suo danno. Così la legge ecclesiastica proibisce l'uso delle carni nel venerdì e sabato; se qualcuno soffre tanta debolezza da non potere ubbidire a tal comandamento senza soffrirne del danno nel suo fisico, lo stato di cotestui vuolsi dire necessità. Al contrario si dice Favore della necessità la dispensa che l'uomo à dalla osservanza della legge: così nel proposto esempio se il medico ordina al malsano nelle forze l'uso delle carni nel venerdì e sabato, ei si gode il favore della necessità. Ciò presupposto, la Necessità vuol'essere Estrema, Maggiore, Minore. Si dice Estrema quando vi corre un'imminente pericolo della vita; e tal'era la necessità, in cui si trovavano i martiri o di morire, o di rinunciare alla fede Cristiana. Si dice Maggiore quando non vi corre un'imminente pericolo della vita, sibbene il pericolo è gravissimo; e tal'era la necessità, in cui si trovavano i Cristiani sotto l'empio governo di Giuliano Apostata. Imperciocchè l'empio Imperadore aveva fermo nell'animo di non più massacrare i Cristiani con la forza del ferro, come avevano fatto i suoi predecessori; ma però aveva come i suoi predecessori fermo nell'animo di abolire la Religione Cristiana: perciocchè a riuscire nell'intento a'Cristia-

ni proibì le lettere, gli onori, l'esercizio della milizia; val
quanto dire, la ignoranza e la infamia erano i due mezzi pericolosissimi di allontanare i Cristiani dalla lor credenza. Finalmente si dice Minore quando vi corre un pericolo molto minore
della vita, e potrà essere anche di leggier conto. Così per un
agiato che possa far uso di carrozza nella sua stanchezza, è
minore necessità quella di non proseguire il cammino a piedi.
Dall'esposto quindi emerge, che la necessità à sempre di mira un pericolo, ossia danno, il quale riferendosi alla vita sarà necessità estrema; fuori della vita attesa la grandezza del
pericolo, ossia danno, sarà necessità maggiore o minore.

444. Al che si aggiunge, che la Necessità può essere ancora Assoluta e Relativa, ossia Rispettiva. È Assoluta la necessità quando vi corre tal pericolo, che in niun modo può
evitarsi, se non col violare la legge. Così Daniello posto nel
lago de' leoni ci presenta un caso di assoluta necessità; giacchè egli per evitare sì rio tormento doveva abbandonare la
sua religione: sicchè formava la più iniqua violazione della
legge. È Rispettiva poi la necessità quando si à riguardo alla
circostanza, in cui si ritrova una persona per modo che, per
uno il quale si trova in quella circostanza la necessità non
può evitarsi, mentre un'altro potrebbe evitarla non rattrovandosi in quella stessa circostanza. Così Davidde, il quale fu
assaltato dalla fame nel diserto di Faran; rispettivamente a
non perdere la vita fù costretto mangiare i proibiti pani della
proposizione. Un'altro certamente che non si trovava come Davidde di dover fuggire a rompicollo l'aspetto di Saulle, anche assalito dalla fame, camminando più oltre avrebbe facilmente rattrovato del pane da mangiare. Perciocchè la necessità assoluta ben può stare colla necessità estrema (443), e
che la relativa attese le circostanze può stare con tutte e tre
le cennate necessità (443), estrema, maggiore, minore. Quindi a decidere delle necessità è uopo sempre attendere alle circostanze, che accompagnano il fatto di una qualche persona,
onde poi si possa decidere pel favore della stessa necessità,
di cui quì appresso è parola.

445. Premesse le varie specie della necessità (§ CLVIII.),

possiamo facilmente dedurre il godimento del favore della necessità. Ed infatti la necessità estrema gode il favore, ed al-
l'istesso modo lo godono la necessità maggiore ed assoluta. La
necessità minore non gode il favore al contrario della rispettiva, la quale di un tal favore a buon dritto fa uso, quante
volte l'uomo non siasi volontariamente costituito in una tale
necessità. Tutte siffatte proposizioni onde non apparire di essere state alla ventura emesse, e quasi sentenziando dal tripode come suol dirsi, ànno bisogno di un ponderato ragionevole esame; prima di cui giova osservare, che le proposte
differenze di favori sotto l'impero della necessità vanno sempre intese nel senso, che tra loro vengano in collisione i mali
fisici, oppure i doveri di proprio interesse con quelli di socialità; giacchè per rapporto alla collisione de' doveri di proprio interesse co' doveri teologici che debba dirsi sarà chiaro
da quanto soggiungeremo in ordine alla legge, secondo capo
donde desumonsi le circostanze di necessità (442) inducente
dispensa di legge. Più, vanno ancora intese nel senso che
l'uomo non siasi volontariamente posto nella necessità; perchè
allora anzichè godere il favore della necessità, sarà l'evento
senza dubbio a lui imputato. Giacchè è fuori quistione che
chiunque vuole la causa di un qualche effetto, l'effetto stesso è da lui voluto (204); onde siccome la causa gli è imputata; così pure l'effetto gli sarà imputato. Veniamo ora al-
l'esame delle proposte enunciazioni.

446. Sotto la necessità estrema l'uomo gode il favore della
necessità; giacchè ella la vita si vuol'essere un bene di tal
tempra, che tra beni fisici occupa il maggior luogo; in contrario ogni male fisico è sempre al di sotto della perdita della vita. Per la qual cosa nella collisione de' mali è sempre da
preferirsi la vita ove l'estrema necessità l'uomo spingesse a
barattarla per modo che, se della vita non dovesse tener conto
in tal caso egli l'uomo sarebbe un vero suicida di sè stesso:
ciocchè espressamente è proibito dalla natura (359, e segg.).
Direte adunque aver agito a norma della legge naturale quel-
l'uomo, il quale non potendo reprimere altrimenti la sua fame, esce nella pubblica piazza di nottempo, e dal primo

che incontra si piglia per forza quel tanto che gli necessita al bisogno, essendogli stato negato.

L' istesso favore godesi l'uomo allorquando rattrovasi sotto l' impero della sua necessità maggiore; giacchè vi sono certi mali fisici, i quali abbenchè non producessero la morte; pure sono più tormentosi della morte stessa di maniera che, scuotono il coraggio dell'uomo il più ardimentoso: come sarebbero i più acuti dolori, la mancanza degli occhi, la rescissione di un qualche membro, alcuna difficile dolorosissima chirurgica operazione, ed altre cose di simil fatta. E come nella collisione de' mali fisici è sempre il minore da preferirsi al maggiore; così può scegliersi uno a preferenza di un'altro, ove non basti il coraggio a sostenere il maggiore. Quindi non offenderà la legge di natura colui, che per non esser cieco, od altro, si rassegna pazientemente a morire, stimandolo minor male de' tormenti che avesse a sostenere.

Infine l' istesso favore corre per la necessità assoluta, sotto cui non v' è scampo di salvezza. Imperciocchè l'Autore della Natura vuol sempre il bene, e quindi la conservazione dell'individuo; non mai il male, e quindi la distruzione dell'individuo stesso. Or se la necessità assoluta fosse priva del suo favore, l'Autore della natura bramerebbe il male dell'individuo: ciocchè non può sussistere; sì perchè come santo non può odiare il male; sì perchè come giusto non può negare quel dritto che concesse all'uomo di scegliere tra due mali fisici sempre il minor male.

447. Non così poi debbesi discorrere della necessità minore, la quale oltre al non tentare la vita, neppure induce un grave male, che possa immediatamente porsi a lato della morte. Tra' i mali fisici se corre l' obbligo di dar la preferenza al minore in faccia al maggiore, quest'obbligo resterebbe distrutto ove il favore della necessità si volesse per ventura accordare anche alla necessità minore; ed in allora non altro si avrebbe a sguardare che una infinità di chimere, oppure di moscherini addivenire grossissimi elefanti. Infatti chiunque à sana mente potrebbe dir giusto il preferimento della morte in colui, che per soverchia delicatezza non permette in sè un

leggier taglio di un panareccio qualunque ? Se ciò restasse fermo, addio doveri, addio retto ragionare, addio buon senso : ogni cosa allora sarebbe involta nel più mostruoso capriccio. Ma la legge di natura come legge di ragione non può abitare che nel santuario del serio pretto ragionare, ed un bando perpetuo intima a tutt' i ribellosi dal godere i suoi privilegi. Ella permette il favore della necessità, ove questa è seria, e non già passaggiera, ed il più delle volte effimera ; altrimenti verrebbe detto vero senz'alcuna eccezione, che la necessità non à legge : ciocchè fu dimostrato falso (440). Quindi con tutta ragione dirai essere un ladro colui, che per menare una vita agiata piglia l'altrui frodolentemente, appiccandosi a certi motivi, che nella frivolezza per niente son dissimili al lavoro del ragnotela.

448· Allorquando però la necessità è rispettiva si vuol concedere con tutto fondamento il favore della necessità stessa. Conciosiachè l'uomo costituito in tal circostanza è dovere provvedesse alla sofferenza de' minori mali, che nella quantità gli si potrebbero affacciare alla mente, ritornando sempre l'istesso principio, ch'è 'l perno delle presenti dimostrazioni, che tra due mali fisici sempre il minore deve risultare nella scelta. Perciocchè la legge non può indurmi obbligazione nel bivio, in cui posso rattrovarmi, o d'incontrare il male maggiore ove non mi determino al minore, o questo abbracciando sarò libero dal maggiore. Quindi nel proposto esempio di Davidde (444), egli non era tenuto a chiedere altrove il pane; perchè poteva cadere nelle mani di Saulle rallentando il cammino per la debolezza nascente dalla fame ; abbenchè altri fuori il pericolo di Davidde aveva tutto il dovere di proseguire lentamente il cammino, ed altrove facilmente provvedersi di cibo.

Che se non fosse così la legge di natura non sarebbe, qual'è, una provvida madre dell'uomo ; sibbene acerba matrigna che lo strazierebbe ne' tristi cimenti della vita, e troppo a caro prezzo porgerebbe il premio promesso ai suoi osservanti. L'uomo al contrario facili motivi avrebbe di scuotere il giogo di una legge quanto dura, altrettanto irragionevole. Stanti tali cose qual confusione non regnerebbe in mezzo alla umanità? quale infelicità non circonderebbe l'uomo abbandonato ad una capricciosa natura? Ma son questi sogni non realtà, procurate contradizioni non esistenti falsità; giacchè il retto sano pensare vuole e deve accordare il favore della necessità a quell'uomo, che trovasi sotto l'impero della necessità rispettiva.

449. Epperò un tal favore l'uomo lo gode allorquando non s'è cavato di capo stabilirsi nella necessità rispettiva; dappoichè chi si espone al pericolo vuole il pericolo stesso; conseguentemente si rende causa di ogni danno possa accagionarglisi. Or l'effetto a buon dritto è imputato alla causa (204), per cui avendosi l'uomo colle sue proprie mani creata una necessità di violare la legge, è ben a lui tal violazione imputata senza meritare alcuna benignità dalla legge medesima. Infatti se l'uomo non avesse voluto incontrare il suo danno, come padrone degli atti suoi, non l'avrebbe incontrato, e poteva benissimo scansare ogni pericolo a salvamento della legge. L'à voluto perchè impegnato a danneggiarsi; non è quindi la legge, sibbene la ria sua volontà, che fuori proposito voleva innalzarsi sopra la legge, quella che gl'impone la necessità, da cui rileva la epigrafe di condanna, di favore non già. Così la Chiesa di Smirne nella lettera che contiene il martirio di S. Policarpo racconta di un certo per nome Quinto, ch'essendosi volontariamente esibito al martirio spingendo anche gli altri a seguire il suo esempio, quando si trovò alla presenza delle fiere fu preso da tale terrore, che rinnegando la fede giurò pel genio di Cesare offrendo sacrifici ai falsi Numi. La necessità di cotestui fu senza dubbio rispettiva, ma da lui voluta; perchè niuno l'aveva inquietato a subire il martirio, niuna persecuzione, niuna disfida, niun cimento v'era stato, per cui fosse stato costretto a far pruova della sua fede innanzi a' tiranni; perciocchè nella costituita necessità anzichè godere il favore della stessa a danno della fede, meritò tutta la condanna pel pericolo, cui volontariamente si espose. Perlocchè questa evidentissima imprudenza diede motivo a' Padri della Chiesa di Smirne di pronunziare quelle santissime parole: « *Noi dunque, o fratelli, non approviamo co-*

*oro che spontaneamente si espóngono al martirio, e tradisco-
no sè stessi, mentre tutt' altro s'inculca nell' Evangelo 1 ».* Altri esempi all' uopo possonsi raccogliere da Origene 2 confir-
mando sempre più la esposta dottrina.

450. Ma qui non possiamo menar buono, al ch. Einneccio il
primo esempio proposto in conferma della cennata dottrina (449),
e ch'egli ricava da Lattanzio 3 contorcendolo al suo senso.
(Nota al § 158.). Lattanzio infatti racconta di un certo, che
essendosi affisso l'editto di proscrizione cóntro i Cristiani, in
forza di cui aveva a suscitarsi una terribile persecuzione, questo tale acceso di zelo va per la pubbliche strade a strappare l'editto e lo riduce a minimi pezzi. Questo andamento fè
si che di repente cadesse in mano de' carnefici, e costantemente soffrisse i più duri tormenti. Or il ch. Einneccio vuole
che costui non meritasse il favore della necessità, in cui spontaneamente si costituì, fondandosi su quel motivo che sotto
la forza de' tormenti poteva cedere al suo coraggio, ed apo-
statare, nel qual caso avrebb'egli operato la peggior cosa
del mondo; cioè il male morale. Ma con buona pace di sì gran
moralista il cennato Confessore della fede non agì imprudente-
mente, nè a lui devesi negare il favore della necessità, qualora tutto venne a meritarlo. Imperciocchè aveva egli a distinguere gl'impulsi del proprio genio da quelli che vengono dallo Spirito di Dio, come avveniva ne' martiri, e di tali impulsi
non è dato a noi ragionare, sibbene ammirarli nel più profondo silenzio. È egli il Legislatore della natura che sospinge
gli uomini a produrre fatti eroici, ed allora conviensi attribuire agli stessi tutta quella prudenza, che agli occhi del
mondo sembra stolidezza; giacchè il bene migliore qual'è la
propria felicità si antepone al bene di ordine inferiore qual'è
la propria vita. Nè può temersi in tal caso di diserzione; giacchè quel Dio che spinge l'uomo con soavi impulsi a qualche
mirabile effetto, Egli stesso dà la forza a sostenersi fino al-

1 *Nos itaque, fratres, non probamus eos, qui ultro accedunt, ac se-
metipsos produnt, quum aliter praecipiatur in evangelio.*
2 Ad Jo. 11. 35. tom. 31.
3 *De mort persec.* Cap. 13.

complemento dell'azione. Ed ancorchè l'uomo disertasse per altissimi ed incogniti fini della Provvidenza ; pure la diserzione è a lui imputata, non già l'impegno nella valorosa azione ; giacchè il porsi nel cimento è stato esecuzione della Volontà di Dio, la quale per noi sempre il meglio opera. È dunque chiaro , che la imprudente, e nostra sola spontanea costituzione nella rispettiva necessità è quella , che in niun modo ci dà dritto al favore della stessa necessità.

451. Quello poi si dice in ordine alla necessità rispettiva coerentemente al suo favore, debbesi dire ancora in ordine a tutt'i favori delle altre necessità sopra espresse (446). Avvegnacchè ogni dispensa di legge richiede un fondamento ragionevole , non mai capriccioso ; e tale sarebbe appunto quello richiesto da colui che a suo bel genio si costituisce in una qualche necessità. Muoverebbe certamente rabbia quel povero, che per scroccare l'altrui à dilapidato tutt' i suoi averi. La povertà quindi di costui per quanto estrema si fosse fatta non volete imputarcela ? E se altrimenti si giudicasse sarebbe lo stesso che rovesciare l'ordine delle cose, e far sì poco conto della legge , e del Legislatore della natura , ch' equivarrebbe alla non curanza. Cerchiamo adunque a tutt'uomo di fuggire ogni sorta di necessità, ch'è 'l massimo de'mali della vita : che se malgrado le nostre cure inciampassimo nella necessità, con retta coscienza possiamo avvalerci del favore della stessa negli espressi casi. Una tal rettitudine di operare potrà forse in questa vita impietosire il Legislatore della natura, e ricolmarci di nuovo di beni, e di favori, restituendoci allo stato primiero fuori ogni ambascia e desolamento. E sotto l'impero della necessità non perdiamo di vista giammai il nostro gran fine, di cui la ricordanza allevierà senza dubbio i nostri mali, e non ci farà deviare da quel sentiere, che ci resta a battere. Tant'era in ordine alla necessità, sieguono la legge, ed il dovere, che formeranno l'oggetto della seguente lezione.

LEZIONE XXXIX.

CONTINUA L'ISTESSO ARGOMENTO RELATIVO ALL'IMPERO DELLA NECESSITA'.

§ 452. *Diversità di legge, e favore della necessità all'ombra della legge umana — si conferma — favore della necessità all'ombra della legge divina affermativa — purchè non viensi ad oltraggiare la divinità — i doveri teologici non possono godere il favore della necessità — si scende al pratico — in che modo possono goderlo quei di proprio interesse — come quei di socialità essendo la legge affermativa — e come se la legge è negativa — se a motivo di accrescere la propria felicità — continua.*

452. Vista la falsità del principio in generale enunciato, che la necessità non abbia legge (441), fu mestieri venire additando le origini donde lecitamente poteva desumersi il favore della necessità, e che segnammo la necessità stessa, la natura della legge, e la natura del dovere (442). Or squittinata nell'antecedente lezione il molteplice aspetto della necessità, fermando l'impero della stessa ove assennata ragionevolezza il richiedeva (Lez. 38); è tempo ormai che le nostre riflessioni volgessimo su la natura della legge e del dovere, onde scernere in quali circostanze possa meritamente aver luogo il favore della necessità.

E principiando dalla Legge (§. CLIX.), questa può essere Divina ed Umana, e sì l'una che l'altra può essere o Affermativa, o Negativa (26, 124). Or trattandosi di legge umana di qualunque natura si fosse, cioè sia affermativa sia negativa, ella si gode sempre il favore della necessità. E che sia così giova riflettere, che ogni legge umana à di mira sempre il bene comune, il quale da' particolari per niente dev'essere adulterato per maniera che, ove un tal bene avesse a soffrire lesione vi sottentra subito il peccato contra la medesima legge. Ma allorquando il bene comune non viene sturbato, a niuno è lecito subire la morte, o tutt'altro importante danno per rendere immacolata la legge, la quale in tai casi si rende a sufficienza frustranea, e quindi non obbligatoria. E se negli stessi casi si volesse dar valore alla legge, verrebbonsi a canonizzare i capricci del Legislatore, cui niuno è tenuto ubbidire per la medesima legge di natura. Posto dunque l'impero della necessità nel suo giusto senso sotto la forza della legge umana, chi sarà così mentecatto da insolentire contra l'individuo per salvare la legge stessa? Si vorrebbe allora la morte dell'uomo senz'altro scopo che quella di volerla. E niuno è tenuto a prodigalizzare la vita senza conducimento al bene comune. Veridicamente dunque si enuncia, che la legge umana sia affermativa, sia negativa, si gode sempre il favore della necessità. Si soggiunge poi esser ciò vero regolarmente parlando; giacchè possiamo avere de'casi, in cui sotto la legge umana non si gode un tal favore; come quando si trattasse del bene comune, de' buoni costumi, della Religione, e di altre cose di simil fatta; giacchè son questi beni che sempre, ed in ogni circostanza, debbonsi preferire a' beni particolari, ed è meglio assai questi sacrificare, che quelli barattare.

455. Si comprenderà adesso assai bene come un suddito ridotto al verde delle sue sostanze, non sarà in obbligo soddisfare alle pubbliche imposizioni, che per legge gli vengono imposte dal Sovrano. Conciosiachè egli è della naturale equità che un sommo imperante non ingiunga a'suoi di darsi preda della morte per ubbidire alle sue leggi. Non però è ciò vero quando pongasi in repentaglio la salvezza comune della repubblica, la quale come dice bene comune; così tutto è da sacrificarsi per esso (452). Ma ove tal salvezza non è per pericolare, tanto esercizio di dritto può mostrare il Legislatore, quanto gliene concedè la capacità del suddito. Certamente il Legislatore non à il dritto di disporre della vita del suddito a suo mal talento; ma allora disporne, e sol quando l'esige la pubblica salvezza dello stato, della nazione, dell'impero. Perloc-

chè sanzionata ogni ragionevolezza di favore nella pressante necessità, la quale non dovendo togliere il respiro all'uomo, gli concede l'ansa di farsi superiore alla legge umana; e per quel frattempo non le aure di libertinaggio, sempre infame, ma di una signorile libertà figlia della dipendenza sempre amata, da una parte sorreggono l'uomo a traverso della legge, dall'altra gli pongono innanzi il rispetto dovuto al Legislatore in quegli ultimi momenti della urgenza, per cui abbastanza parco si mostrava nell'uso de' suoi dritti. A tal fine diceva Grozio: « *Gli uomini sogliono e debbono far le leggi sottintendendo l'umana debolezza* 1 »: val quanto dire, cessa l'umana legge tostochè sottentra l'umana debolezza. Or la necessità è quella tale debolezza, che l'uomo rende incapace di soddisfare alla legge umana; dunque a parlar regolatamente (452) sotto la legge umana l'uomo gode il favore della necessità. Ma veniamo ora alla legge Divina.

454. Allorquando la divina legge è Affermativa può godersi il favore della necessità, purchè non vi sia oltraggio alla Divinità. Imperciocchè ci abbiamo allora non la volontà di trasgredire la legge; sibbene la mancanza della occasione per produrre l'azione a norma della legge; e sappiamo che la omissione dell'azione non può mai imputarsi a chicchesia ove manca la occasione di agire (236). Così il precetto di ubbidire i genitori l'è un precetto affermativo; giacchè impone una qualche cosa a fare: or se il genitore volesse ubbidienza dal figlio in cose che vertono a danno del figlio stesso, questi non è tenuto ubbidire al genitore non perchè non voglia ubbidirlo; sibbene perchè gli manca la materia su cui aggirasi la ubbidienza. Oltreacchè sotto la necessità la divina legge affermativa non resta distrutta con l'attuale negligenza, mentre può in altro caso, ed uscito da minaccioso impero della necessità, commodamente disimpegnarsi: quale disimpegno attribuisce all'agente tutta la premura verso la legge medesima. E senza dipartirci dal proposto esempio vediamo benissimo di un figlio

1 *Ferri ab hominibus leges solent et debent cum sensu humanae imbecillitatis.* De jure belli et pac. L. 4, 7. num. 2.

morigerato quali erano le spontaneità verso il suo genitore ;
giacchè fuori la proposta necessità egli sempre sorride al padre , ne interpetra i voleri , ne seconda le voglie : ecco un
disimpegno perfetto di quella legge , che gl' imponeva ubbidienza pel genitore. Finalmente Dio come l' Essere giustissimo (282) non comanda , nè può comandare all' uomo l' impossibile ; ma sempre quello ch' è secondo le forze dell' uomo
stesso : e sotto l'impero della necessità se dall' uomo pretendesse il disimpegno de' suoi voleri , vorrebb' esigere da lui
quello che l' uomo è impotente a dare; cioè l'impossibile, che
ripugna tanto alla forza dell' uomo , quanto alla santità e giustizia di Dio.

455. Ma abbiamo soggiunto (454) « *purchè non vi sia ol-*
traggio alla Divinità »; giacchè è Egli Dio un'Essere di tanta
eccellenza , che si vuol sempre preferire ad ogni altra creatura , ed anche a noi stessi per qualunque fosse la necessità
che ci spingesse alle spalle. Egli infatti è fuori dubbio vero ,
che sotto l' impero della necessità concorrendovi l' offesa del
sommo e sempre amabile Nume, vi esista dall'altra parte una
legge negativa , che ci proibisce di produrre una tale azione
sempre ripiena d'infamia , e come chiaro apparirà da quello
che diremo da qui a poco, ogni legge divina negativa affatto
concede il favore della necessità. Il Profeta Daniele a chiare
note ci mostra la evidenza della enunciazione [1]; dappoichè conoscendo che al solo vero Dio era dovuto ogni atto di sincera
adorazione , malgrado il decreto del re Dario , si contentò
piuttosto di essere gettato nel lago de' leoni anziché operare
contra la legge divina proibitiva l'adorazione delle creature, e
loro rivolgere le proprie inchieste. Qual necessità maggiore di
quella di un Daniello? ma qual più fedele osservanza alla legge divina negativa, che ributta ogni necessità venisse a farle
onta? E ciò era in rapporto alla legge, esaminiamo ora il dovere sotto l' impero della stessa necessità (442) , ove meglio
è sviluppata la natura della legge divina negativa.

456. Tutt' i doveri , come già antecedentemente segnam-

_____
[1] Dan. 6. 10.

mo (458), si rapportano o a Dio ; o a noi stessi, o agli altri (§ CLX.) , appellandosi i primi teologici , i secondi di proprio interesse , i terzi infine di socialità. Or livellandosi la legge divina negativa con tutti siffatti doveri più cose occorre chiarire: e principiando da'primi, cioè dai doveri teologici, su le prime c'è dato riflettere , che siffatti doveri nella trasgressione non possono andar scompagnati dalla lesione di onore , che devesi alla Divinità ; conseguentemente non possono godere in alcun modo il favore della necessità (454). Imperciocchè essi ànno sì stretto ligame con la divina essenza, che la trasgressione di essi ammessa come lecita, la divina essenza di repente avrebbe a cessare ; ciocchè metafisicamente riuscendo impossibile , resterà vera la negazione del favore della necessità. E per dir vero ammettiamo per poco la idolatria proibita dalla legge divina esser permessa sotto l'impero della necessità , ne verrebbe per legittima illazione che l'intrinseco male di sua natura immutabile addiviene un bene ; ch'è lo stesso dire, è male e non è male ; cioè una contradizione, la quale come permessa sotto l'impero delle necessità Dio stesso addiverrebbe contradittorio, cioè non Dio: ecco la mostruosa conseguenza! E correndo l'istesso raziocinio anche per tutt que' mali che non essendo intrinsecamente tali ; pure son vietati da Dio a riguardo del buon regime delle creature , come queste possono trasandare i suoi ordini senza recargli le più alte ingiurie ? Or quando la Divinità può restare oltraggiata dall'azione della creatura, all'intutto devesi omettere l'azione per qualunque fosse la necessità che opprimesse (455) ; giacchè l'onor divino deve sempre serbarsi a qualunque costo , anche della propria vita , essendo un bene di ogni eccezione maggiore, e cui niente possa uguagliarsi. I doveri adunque teologici all'ombra della legge divina negativa escludono ogni favore della necessità.

457. È chiaro adunque , che niuno potrà scusarsi sotto l'egìda della necessità di essere bestemmiatore, idolatra, spergiuro , od altro che vien proibito dalla legge divina ; giacchè la retta ragione abbastanza discerne la enormità di siffatti delitti, avendoli biasimati gli stessi gentili, come a pieno scor-

giamo da Giovenale, anche altrove menzionato (224), il quale dice :

> . . . . : E se ti avvien che alcuno
> T'appelli a testimon di dubbio fatto,
> Imperi anche Falaride che il vero
> Tradir tu voglia, e col rovente toro
> Posto d'innanzi a spergiurar l'astringa,
> Inconcusso resisti e viltà credi,
> Anzi misfatto l'antepor per tema
> Saltezza ad onestate, e per la vita
> Perder quel ben che sol di vita è prezzo 1.

Per la qual cosa in niun modo possiamo compiacere questi tali che sogliono sempre addurre il furore della circostanza, l'umana debolezza, e cento altri motivi, figli tutti menzogneri della malizia umana. Se non che usato tutto il giusto rigore contro questi malevoli, non dobbiamo dall'altra parte dimenticare gli alti sensi della umanità, e se mancarono di coraggio, e di perseveranza, nel ben fare, non siamo così duri a loro perdonare che quasi li volessimo schiacciare sotto i nembi del nostro sdegno (288); e se a calde lagrime piangono i loro errori, fa mestieri alle loro unir pure le nostre lagrime, e manifestargli i visceri della pietà, e della sensibilità nostra. Ricordiamoci che anche Pietro 2 rinnegando il suo divino Maestro seppe colle lagrime rammollirgli il cuore, e sperimentò largo perdono alle sue colpe. Ma queste cose appartenendosi a quelli piuttosto, che dirigono le anime alla via della salute, ci basterà solo di averle qui come di passaggio toccate, onde tosto passare a'doveri di proprio interesse.

1   *Ambiguas si quando citabere testis*
Incertaeque rei, Phalaris licet imperet, ut sis
Falsus, et admoto dictet perjuria tauro,
Summum crede nefas, animam praeferre pudori,
Et propter vitam vivendi perdere caussas.
                         Sat. 8.

2 Matth. 26. 75.

458. E di questi trattandosi possiamo avere una duplice collisione che ci spinge nella necessità, o viene in collisione il male fisico col male morale, oppure due mali fisici tra loro. Tali casi. esistendo non la ventura, sibbeno la retta ragione dev'essere la norma regolatrice delle nostre azioni. E questa presa a tutrice nella prima mentovata collisione di un male fisico col morale c'è forza sempre anteporre il primo al secondo (349); giacchè il male morale riguarda la imperfezione della volontà, la quale sempre deve allontanarsi dall'uomo a qualunque costo, come quella che ridonda ad ingiuria della Divinità, che sempre devesi dall'uomo rispettare (455, e seg.). Nella seconda collisione poi di due mali fisici tra loro è sempre prudenza anteporre il male fisico minore al maggiore. Imperciocchè il bene è sempre da preferirsi al male, e fu detto antecedentemente (447) che il male fisico minore è un bene in faccia al male fisico maggiore. Infatti non è meglio vivere senza un braccio, che trascurare la stessa amputazione e morire? L'è dunque in tal caso l'amputazione del braccio un bene posta in paragone col male maggiore; cioè la perdita della vita. Per la qual cosa male opererebbero quei cittadini, che anziché accettare la pace con gravi gravissime condizioni se occorrono, si contentano piuttosto subire la distruzione delle loro sostanze, e la ruina intiera del lor paese. La ostinazione troppo a lungo durata diviene furore, e questi non tende che a generale ruina. I mali fisici debbonsi saper calcolare, e se nell'equilibrio si devia non sogliono minacciare che ruina.

459. L'ultima osservazione cade su'i doveri che ci stringono verso gli altri, e questi possono essere avvolti da una duplice legge, o affermativa, o negativa (§ CLXI.). Or trattandosi de' doveri di socialità sottoposti ad una legge affermativa, di buon grado essi ammettono il favore della necessità sempreché l'impero della necessità pone in collisione i doveri che noi abbiamo con noi stessi con quelli che abbiamo cogli altri. E che sia così osservate, che la omissione dell'azione allora deve imputarsi al non agente quando v'è il concorso della volontà; cioè presentatasi la occasione di agire, e non s'è voluto agire (236): ma quando una tale occasione man-

ca, non può giammai la omissione dell'azione imputarsi ; perchè vi manca il consenso della volontà (236). Or nella specie avendo io a soddisfare a'miei doveri , e non potendo badare agli altri, a me manca la occasione di prestarmi per gli altri, e quindi se non sovvengo al debole non l'è perchè non voglio sovvenirlo ; sibbene perchè non è occasione di sovvenirlo. Mi trovo, per modo di esempio , in mezzo ad un'incendio assieme con un vecchio decrepito , ed in cui siamo minacciati della vita : epperò io posso salvarmi colla fuga , ciocchè non può l'attempato vegliardo. Volete voi dunque che io per ajutare il buon vecchio perisca assiem con lui ? Sarebbe troppa stranezza. Se il vecchio muore vittima del fuoco non ne sono io la causa; perchè a me mancava la occasione di ajutarlo: ed in conseguenza la morte di lui non può mica imputarsi alla mia trascuraggine che non esisteva ; nè alla mia barbarie che non aveva luogo ; nè alla mancanza della mia carità cui la necessità troppo imperiosa non accordava luogo. Oltreachè fu detto pure antecedentemente che noi non siamo obbligati ad amare gli altri più di noi stessi (178) : ciocchè importa che noi siamo tenuti a pensare prima a noi stessi e poi a' nostri simili; talchè nella collisione son sempre da preferirsi i doveri di proprio interesse a quelli di socialità ; giacchè l'ordinata carità principia da me dando luogo a quel detto: « *Il più vicino a me son'io stesso* [1] ». Laonde non sono io obbligato a morir di fame per dare a mangiare agli altri ; ma rifocillate le mie forze , quel che mi avvanza debbo porgerlo all'indigente , diceva il Salvatore: « *Fate limosina di quel che vi avvanza* [2] ». Nè conseguentemente a salvare l'altrui vita son tenuto a barattare la mia : ciocchè sarebbe anche contrario alla carità Cristiana, la quale non è in opposizione alla legge di natura [3]. Onde troppo bene diceva Seneca anche altrove menzionato (175): « *Darò al bisognoso tanto che io non abbia lo stesso bisogno ; soccorrerò colui che sta per perire in guisa che*

---

1 *Proximus egomet sum mihi.*
2 *Quod superest , date elemosynam.* Luc. 11. 41.
3 2. Cor. 8. 13.

io non perisca 1 ». E qui intendiamo riprodotte tutte quelle cose, che all'istesso proposito altrove notammo, onde non ripetere lo stesso fuori bisogno.

460. Al contrario stante la legge negativa (§. CLXII.) v'è bisogno distinguere due cose venendo in collisione i doveri di proprio interesse con quelli di socialità ; cioè la conservazione del proprio individuo, e l'accrescimento di questa stessa conservazione. Allorquando la collisione riguarda la nostra propria conservazione sotto l'impero della necessità si può e devesi godere il favore della stessa. Avvegnacchè noi non siamo tenuti-ad amare gli altri più di noi stessi (178), ond'è meglio veder morire che morire. Perciocchè ogni onesto motivo che reclama la vita è sempre da tanto sotto la forza della necesità da farci trascurare gli altri , come sufficientemente può apparire dal proposto esempio dell'incendio (459). Epperò se noi possiamo evitare questa necessità, dobbiamo soccorrere il simile a nostre spese trovandosi nella necessità ; giacchè in tal caso la necessità è voluta, non imposta, per cui il motivo che reclama la vita non è onesto, ma effimero, ed immaginato. La legge di natura non è legge di lusinga che possa adattarsi a' nostri capricci ; sibbene è legge di ragione , e di retta ragione, che custodisce la onestà, e la rettitudine delle nostre azioni. Oltreacchè l'espresso favore della necessità può godersi quando uguale è la disgrazia che ci abbraccia col nostro prossimo ; perchè allora l'uguale non pugnando contra l'uguale non abbiamo noi a preferire gli altri : ma quando ella è disuguale à il simile maggior dritto di noi alla vita, per cui a ragione ci viene negato il favore della necessità. Così se il mio simile a riguardo della fame è per morire sotto i miei propri occhi mentre io tengo da vivere fino all'indomani , mi corre l'obbligo di provvedere alla meglio alla vita del mio simile. Son queste leggi fondate su la più squisita equità naturale.

461. Che se poi la collisione riguardasse l'accrescimento

1 *Dabo egenti, sed ut ipse non egeam : succurram perituro, sed ut ipse non peream.* De Benef. 2. 15.

della conservazione del proprio individuo in quanto che si trattasse di promuovere la propria perfezione, ed ingrandire l'individuale felicità, in tal caso pretendere il favore della necessità sarebbe la massima delle stranezze correndovi l'impero della necessità nella cennata collisione de'doveri (460). Imperocchè porgendo soccorso agli altri se mi rimango nella mia conservazione, che impedisce ad essere riconoscente verso il mio simile? Al tutto sarà una diminuzione della mia naturale felicità; e non è meglio che una perfezione di meno io vantassi, che per questa possedere ingiungo al simile di lasciare la vita? In tal caso non altra collisione vi esiste che quella di un male fisico con un male morale; giacchè la perdita di un bene temporale è per verità un male fisico, qualora far perire il simile per nostra colpa è certamente un male morale. Or tra mali fisici è da scegliersi il minore (453), e tra il male fisico e morale deve sempre scegliersi il male fisico e soppiantare il male morale (456). Similmente nella specie non potendosi permettere la ruina del nostro prossimo senza renderci colposi della stessa ruina, c'è dovere contentarci avere minori perfezioni. Quindi se non peccherebbe contro la legge di natura colui che fatto naufragio a salvare la propria vita si afferra ad una tavola, da cui spinge l'altro che anche vorrebbe conseguire l'istesso scopo, non potendo la stessa ambidue sostenere: peccherebbe al certo colui, che senza offendere la religione avrebbe potuto giovare l'amico, ma l'à ingannato sperando di crescere nella propria felicità. E qual profonda barbarie innalzare il proprio edificio su le ruine altrui! Piacesse al Cielo che tali uomini non vi esistessero al mondo, i quali ànno cancellato i più nobili sensi della natura nel loro cuore, porgendoci un'assoluto trascendentale ritratto del più infame egoismo.

462. Ma a sgannare questi tali da una parte, ed infervorare dall'altra que' timidi potessero mostrarsi nel disimpegno di tali leggi della natura, fa mestieri soggiungere che nella proposta collisione (461) non si fa getto che di una perfezione o felicità minore per acquistare una perfezione o felicità maggiore, e certamente il più è da preferirsi al meno. Infatti il raggiungimento della sempre ed interminabile Felicità, oggetto

immancabile al cuore umane, l'è un bene degno da preferirsi a qualunque altro bene, malgrado la più estrema miseria avesse a soverchiare. La distruzione del male morale, unico ostacolo al possesso del Sommo Bene, è quella che ci mena a tanta ricchezza, in cui acquistiamo quelle perfezioni tutte, che quaggiù sol capaci siamo di ammirare, non già di narrare; e che pel possesso beano l'uomo a quella foggia, che smorzano ogni suo irresistibile desio. Certamente soccorrendo il simile sotto l'impero della necessità con poca lesione del nostro interesse ci fa praticare quella legge, che infallibilmente ci mena al beato possesso del Legislatore della natura; perlocchè una picciola privazione ci ricolma in mille modi, di infiniti beni, che nessuna proporzione possono sostenere coi beni di quaggiù. Qual'è ora dunque la perdita, od il detrimento che possa l'uomo incrudelire verso l'uomo? La più sana filosofia è la maggiore filantropia che possa l'uomo esercitare. So che tali dottrine a certi non vanno a sangue; ma essi debbono confessare loro malgrado, che il cuore ripugna alle loro spilorcerie; che il cuore rinfaccia la loro crudeltà; che infine il cuore li spinge per infelice sentire. Il difetto adunque non è nella legge di natura, che tutta pura vuol'essere; ma è radicale nella volontà dell'uomo, che cerca applaudire alle sue passioni. Purifichiamoci nella volontà, e di repente ci sarà dato mirare tutto il candore della santità della legge di natura, nel cui disimpegno ritroveremo la perfezione, e la nostra maggiore perfezione.

LEZIONE XL.

IMPERO DELLA NECESSITA' IMPOSTACI DALL' UOMO,
E RISOLUZIONE A VARI CASI DI NECESSITA'.

§ 463. *Due fini spingono l'umana malizia ad imporre neces-*
sità : si sviluppa il primo — si sviluppa il secondo — con-
tradizione di Tommaso — ne'casi di necessità molte cose son
meglio rimesse al giudizio di Dio — caso primo e sua solu-
zione — caso secondo e sua soluzione — caso terzo e sua so-
luzione — caso quarto e sua soluzione — caso quinto e sua
soluzione — caso sesto e sua soluzione — caso settimo e sua
soluzione — conclusione.

463. Fin quì abbiamo discorso della necessità in quanto che
ella veniva permessa dalla divina Provvidenza per altissimi,
non che occultissimi suoi fini : ma ella può anche provvenire
dalla malizia dell'uomo (§ CLXIII.); perciocchè è forza poche cose dicessimo su di essa, onde declinare i colpi, che
dalla stessa ci potessero pervenire.

E per vero due sono i fini perversissimi, che possono muovere un'uomo a ridurre l'altro uomo sotto l'impero della necessità, o per farlo morire, o per farlo cadere nel peccato.
Riguardando il primo fine, abbiamo troppa ragione di concedere il favore della necessità a quell'infelice, che forzosamen-
te si vuol ridurre a morte senz'altro motivo, che di satisfare il proprio capriccio. Avvegnacchè non siamo noi tenuti per
alcun riguardo ad amare il nostro simile più di noi (178).,
massime s'è tanto scellerato come nella specie. In tal caso è
meglio veder morire, che morire ; giacchè è sacro per ogni-
no il dritto di sempre reclamare alla vita, standovi un'onesto
motivo a serbarla intiera. E qual motivo più onesto di quello
allorchè trattasi di rintuzzare l'altrui barbarie, che vuol vittima la nostra vita sol perchè lo vuole? Far cosa grata a
questi scellerati è concorrere alla stessa loro scelleratezza, in

cui qual legge ci potrà mettere al coperto, e mandarci buona tanta insolenza? Per la qual cosa se cadiamo negli agguati de' ladri, da' quali non può restar salva la nostra vita, ogni idea di equità, tutta la ragionevolezza vi concorre che salvassimo noi stessi malgrado i masnadieri avessero a perire; giacchè è meglio il viver nostro anche a loro spese tuttochè lagrimose, Questa feccia di uomini indegnamente porta un tal nome, e sdegna la terra stessa a sostenerli; perlocchè frequentissimi sono i casi, che incontriamo nella storia della disfatta di tali uomini, e che per brevità tacciamo, mentre più fiate lor riesce fare iniquo macello de' simili.

464. Riguardando poi il secondo fine perverso dell' uomo, non c'è lecito concedere il favore della necessità a colui, che dall'altrui malizia è spronato al peccato. Imperciocchè è dovere di tutto soffrire anzichè commettere il male morale; ed il favore della necessità può godersi sempre che non risulta ingiuria alla Divinità, come già fu osservato (455). Or tutta la ingiuria provviene alla Divinità dal male morale; giacchè nega l'amore a quell' Essere, cui siamo debitori di ogni sommo amore (292, e segg.); conseguentemente il male morale, ossia il peccato, vilipende ed oltraggia il più amabile tra gli esseri, per cui non può aversi circostanza nella quale si potesse far lecito, essendo sempre riprovevole sotto ogni riguardo si considerasse. Per le quali tutte cose converrà sempre all' uomo sostenere ogni male sotto l' impero della necessità dagli altri insinuata, e se occorresse anche la morte; giacchè nella preponderanza son sempre beni, quelli che perdonsi; di minor calibro di quello che potrebbesi smarrire: ed i mali al contrario che soffronsi son sempre di minor peso di quello, cui si andrebbe incontro. Troppo bene adunque si comportò Giuseppe allorquando per declinare le rie voglie della moglie di Putifarre, piuttosto si contentò sperimentare tutto l' orrore di un carcere: mentre l' avrebbe sbagliata se per evitare ceppi e catene avesse ubbidito alla necessità impostagli dalla intemperante donna. Quindi è mestieri sotto un tal' impero di necessità continuamente gemere, e le luci affissre nel seno della Provvidenza, la quale non manca in tai incontri soccor-

rcre quelli , chè con fiducia l'invocano , e da lei si attendono un presto soccorso. Onde sarà dato di gloriosamente trionfare su i nostri nemici ; come concesse a Giuseppe : oppure di aumentare le nostre corone in mezzo a' più duri cimenti, dandoci quella forza , mercè cui ogni cosa con pace sosteniamo , come mostrò ne' martiri, eroici Cofessori della fede, a dispetto della incredulità.

185. Ecco quanto risguardava l'impero della necessità considerata nel vasto triplice regno e della stessa necessità (143, e segg.) , e della legge (452, e segg.), e del dovere (456, e segg.): e tutte le regole fin quì segnate nella vasta molteplice diramazione di essa (§ CLXIV.) son tali da poterci rettamente condurre nel disimpegno de' doveri a norma della legge di natura. Epperò elleno son tali che si uniformino appunti no alla retta e sana ragone, e molte di esse con troppo acume furono rinvenute dal celebre Tommasio , come può osservarsi 1. Se non ch'egli, Tommasio non fece uso di quei principî nel porgere le mentovate regole, chè noi abbiamo usato nel ragionarle, credendoli più propri a mostrarci la verità in una più vicina sede. Quantunque però la cosa così fosse per conto del dottissimo Tommasio ; pure non sappiamo per qual fato succedesse , ch'egli in altra sua fatica le stesse regole con tanto plauso enunciate sempre tra' i cancelli della legge di natura , le abbia voluto spogliare della naturale equità riducendole tutte ad una sola regola, o per meglio dire a niuna regola; cioè che tutte le leggi godono sempre il favore della necessità 2. A tal modo Egli distrusse tutte quelle eccezioni , che al sommo doverose si scorgono sotto l' impero della necessità, e senza le quali un' orrido miscuglio verrebbesi a fare del cielo e della terra , come suol dirsi. Ma quì non discendiamo sull' arena col dott. Tommasio, onde mostrargli la necessità di ammettere le eccezioni in una tal materia; sì perchè esse son figlie naturalissime della retta ragione , e quindi volute dalla legge di natura ; sì perchè dal ragionamento proposto in tutte le volte che ci vedevamo nell'obbligo

1 Iurisp. div. 2. 2. 143. seq.
2 Fund. jur. nat, et gent, II, I, 29.

di ammettere dette eccezioni si desume a sufficienza il torto, che a proprie spese si abbia accattato il venerando Moralista. Quindi aggiungere al già detto sarebbe consumare il tempo senza ragion sufficiente. Piuttosto è dicevole che per pochi istanti scendessimo al particolare della necessità.

466. Prima però di entrare in tale arringo non è fuori proposito avvertire, che i pratici casi di necessità proposti dal celebre Pufendorff, e da altri naturalisti, con molta proprietà, e che dietro la loro scorta saremo per darne le giuste soluzioni, son casi troppo strani, e che quantunque difficilissimamente possano avvenire; pure non debbansi tenere per assolutamente impossibili: d'altronde è sempre vantaggioso averne una qualche nozione, onde la stessa stranezza del caso nella impellente circostanza di soluzione non avesse a smarrirsi. Aggiungasi a tutto questo, che siccome altro è discorrere in teoria, altro venire alla prattica, come colui che sereno di mente ben forma sul tavoliere i suoi progetti, che più volte tutta la impossibilità scorge nel metterli in opra; così in tali casi non dobbiamo il tutto severamente giudicare. Dappoichè ben differente è colui che padrone del suo raziocinio commodamente discorre della giustizia od ingiustizia delle azioni, da quegli che sovrastato da imminente periglio, o necessità, non à tanto fior di senno da potersi ogni cosa calcolare di maniera che, se il primo nel caso del secondo si rattrovasse, oh! come presto cambierebbe sentenza giusta il bel pensiere di Terenzio:

È cosa facilissima
Quando stiamo bene
Fare da dotti medici
A chi sospira in pene.
Ma se in simile angoscia
Talun di noi va immerso;
Oh! questo poi è certissimo,
Si penseria diverso 1.

1 Facile omnes, quum valemus, recta consilia aegrotis damus,
Tu, si hic esses, aliter sentires.
Andr. l. 1. v. 9.

Donde con chiarezza n' emerge , che in tai casi molte cose
è meglio rimetterle al giudizio ed alla misericordia Divina, che
farci giudici inesorabili delle altrui sciagure ; giacchè Egli l'E-
terno in un modo infinito sa meglio di noi giudicare delle cose , e vederne le intrinseche ragioni. Ciò anticipatamente notato veniamo a' prattici casi.

CASO I.

467. Se qualcuno affetto in un membro da doversi recidere
per evitare la morte , può egli contentarsi di morire anziché
farsi recidere il membro , sol perchè non fida sentire il dolore ? (§ CLXV.);

R. L' uomo à con seco stesso due doveri, l'uno di prolun-
gàre la sua vita per quanto può (395); l'altro di procurare
la integrità del suo corpo (396). Or venendo in collisione la
vita e la integrità del corpo , è da più quella che questa ; e
siccome tra due mali fisici debbesi scegliere il minore a preferenza del maggiore (458): così è obbligato l' individuo in
parola a farsi recidere il membro affetto anziché morire. Tanto esige la osservanza de' propri doveri.

Ma di grazia non è questa una di quelle quistioni, che son
meglio rimesse al giudizio divino (466)? Conciosiaché nella
specie sorge difficilissima la quistione se mai sia ella una legge precettiva, e conseguentememte agisca contra il suo dovere
colui, che dubitando se vivo , oppure morto , esca dall'amputazione del membro, di cui gli acerbi dolori non fidando sostenere , in quel presentissimo dubbioso pericolo decida piuttosto darsi preda della morte, che apprezzare la vita. In simili
congiunture non è talmente certa la speranza della vita , che
di essa affatto possa dubitarsi, ed i dolori di un'amputazione
per lo più soglionsi tenere, specialmente dalle anime deboli e
vili, per peggiori della morte stessa ; onde verrebbesi in
tal caso tra due fisici mali a scegliere il minore. Soprattutto
se aggiungasi una decrepita età , una debolezza di corpo, una
disparità di opinioni tra medici, la poca destrezza, o capacità del chirurgo in tali operazioni, e così via discorrete, si

arà di così pertinace giudizio da dirsi migliore una vita incerta e da comprarsi. a sì caro prezzo , che viene peggiore di mille morti , che una sicura e placida morte? Per noi in questi tempestati giudizi non fidiamo cosa di certo affermare, ma fidanzosi ci piace meglio appellarci al giudizio divino.

CASO II.

468. Se qualcuno si rattrovasse nella estrema necessità della fame , può egli mangiare la carne umana ? (§. (CLXVI.)

R. Se l' umana carne è un cadavero, purchè abbia stomaco a mangiarsela , niente proibisce che lo possa; giacchè di due mali fisici sempre il minore debbesi scegliere (458) , e certamente miglior cosa s' è conservare la propria vita , che abborrire cosa tanto detestevole. Dicasi lo stesso di ogni altra cosa abbominevole , di cui l' uomo costituito in tale necessità avesse stomaco di cibarsi. Ma non può satollarsi della carne umana , allorquando per estinguere la fame si facesse ad ammazzare un suo simile ; dappoichè l' uomo non à dritto su la vita dell'altro uomo ; e quindi non può distruggere gli altri per conservare sè stesso.

Ma più strano è 'l caso che fingesi, se mai più persone assalite dalla fame possano tra loro gittare la sorte, onde ammazzare quegli, su cui cade la sorte stessa, e così satollarsi delle carni di lui? Caso che Tulpio [1] asserisce aver avuto luogo tra sette Inglesi , e riferito da Gaspare Zieglero [2]. Epperò la poc' anzi data risposta è confacentissima ancora al presente caso soggiungendo, che colui il quale spontaneamente si fa ammazzare per satollare l' altrui fame è un vero suicida; giacchè egli niun dritto vanta su la propria vita, sicchè a talento possa disporne (366). Per la qual cosa diceva benissimo il citato Zieglero: « *Non doveva alcuno far così poco conto della sua vita, che con la perdita di essa satollasse la fame degli altri. Nè dovevan gli altri incrudelire talmente verso il loro compa-*

1 Obs. med. 1. 43.
2 Ad Grot. de jure belli et pac. 2. 1. 3.

gno per provvedere alla propria fame ↓ ». Il celebre Puffen-
dorff [2] proponendosi l'istesso caso in tutto non consente con
noi; ma non occorre pigliar le mosse contro lui essendo troppo ragionevole la emessa soluzione.

CASO III.

469. Se fatto naufragio un naviglio, alcuno si afferra ad
una volta galleggiante sul mare per modo, che lui solo può
sostenere, potrà egli scacciare gli altri che pur vorrebbonsi
afferrare all'istessa tavola, ed esporli al sicuro pericolo di
morire? (§. CLXVII.)

R. Fuor dubbio gli è permesso; perchè meglio è salvare la
propria vita, che l'altrui. Perlocchè non potendo alcuno esser privato del proprio dritto, cotestui ripellendo gli altri
coll'esporli al certo pericolo di morire, fa uso del proprio
dritto.

Dicasi lo stesso se alcuni salvati dal naufragio su di una
scafa, ributtassero gli altri che su la stessa tentassero rifug-
giarsi, esponendosi a tal modo tutti al sicuro pericolo di morire. Imperciocchè è un bene maggiore conservare la vita di
poche persone, che non salvarne alcuna.

Dicasi infine lo stesso, se alquanti soldati ricovrati in una
qualchè città o castello fortificato essendo inseguiti da'nemici,
negassero l'adito agli altri commilitoni che più tardi giunti
chiedessero di entrare, per paura che non fossero sorpresi dai
nemici. Poichè è meglio salvare la vita di pochi, che tutti
morire. Qual' evento à avuto luogo in più persone: come in
persona di Pindaro rammemorato da Virgilio [3], e di altri menzionati da Freinshem [4]. Bisogna però qui notare che la sorpresa nemica dev'essere imminente a tal segno, che costitui-

----

1 *Nec debuit quisquam vitam suam tam vilipendere, ut ejus jactu-
ra alterius famem expleret. Nec reliqui etiam ideo in socium suum sæ-
vire debuerunt, ut stomacho suo consulerent.* Ibid. p. 189. seq.

2 De jur. nat. et gen. 2. 6. 3.

3 Aen. 9. v. 722. seq.

4 Ad Curt. IV. 16. 8.

sca una necèssità estrema , e che sieno tant' i nemici , che
non si possa sperare salvezza dalla difesa: al contrario in alcun
modo puossi negare l' adito agli altri commilitoni. E tal non
essendo il pericolo, in cui trovavasi Dario che fuggiva il grande Alessandro , egli non volle dare orecchio al consiglio di
quelli , che cercavano persuadergli di rompere il ponte del fiume Lico , e facendo splendere la sua umanità parlò quelle
memorandi parole : « *Voler piuttosto dar il passaggio a colo-*
ro che lo inseguivano, che toglierle a quelli che fuggivano 1 ».

CASO IV.

470. Può egli un carnefice ammazzare un reo consegnato-
gli dalla giustizia, e ch' egli certamente conosce di essere innocente? (§. CLXVIII.)

R. Quante volte il carnefice è certo della innocenza del voluto reo, e condannato a morte , non deve ammazzarlo; giacchè nella collisione del male fisico col male morale è sempre
da anteporsi il primo al secondo (455). Perlocchè trovasi
egli in tal necessità per malizia dell' uomo , e devesi contentare di soffrire piuttosto i più duri ed aspri tormenti , che
eseguire quell' attentato ridondante ad offesa ed ingiuria del
suo Creatore (464). Si arrege ancora, che nel supposto caso
il carnefice effettuando la uccisione verrebbe ad agire contro
la sua coscienza , ciocchè è vietato espressamente dalla naturale legge (98); ond' è che muove stomaco il dubbio del
Puffendorf 2, se mai la uccisione sia da imputarsi al carnefice
come azione propria sua , o pure esecuzione di un fatto di un
terzo, a talchè possa cadere imputazione su le cose inanimate
come alla spada, al coltello ec. È egli il carnefice che uccide ; dunque l' azione è sempre imputata alla causa capace di
produrre l' effetto imputabile (204); e com' egli agisce nel
proposto caso contro la coscienza , è reo delle accuse della

1 *Malle se insequentibus iter dare, quam auferre fugientibus.* Curt.
4. 16.
2 Iur. nat. et gent. L. 5. 9. VIII. 1. 5. 6.

coscienza. Ma non perdiamo tempo in questi riboboli del Puffendorf.

CASO V.

471. Alcuno inseguito a morte, e da questa campare si
affida alla fuga, se per la via trova impedimenti, come fanciulli, impotenti, od altri per modo che non può salvare la
sua vita se quegli ostacoli non fracassa, può a danno di essi
provvedere a sè stesso? (§ CLXIX.).

R. Non v'è dubbio alcuno che l'uomo non sia tenuto ad
amare gli altri più di sè stesso (178); conseguentemente al-
lerchè viene in collisione la propria vita con la vita de' simili,
egli s'a tenuto a conservare la propria anche a danno di
quella del simile. Per la qual cosa nella specie trovandosi l'uomo in tale necessità, che se la vita altrui volesse rispettare,
della propria dovrebbe fare grande scialacquo, egli è tenuto a
rispettare la sua malgrado gli altri venissero a perire senza
sua colpa.

E con maggior fondamento lo stesso par debba dirsi allorquando a danno del fuggente qualcuno avesse genio di chiudere la strada maliziosamente; perchè allora la necessità è imposta dall'uomo per far perire l'uomo (465). Che se questi
non lo faccia per nuocere, ma per ventura è d'impedimento,
che l'altro possa fuggire, ritorna il caso sempre allo stesso,
tuttochè allora la necessità fosse permessa da Dio. La propria
vita è sempre degna da preferirsi alla vita altrui. La sbaglia
quindi il Signor Albert, [1] quando dissentisce da noi poggiandosi sul ributtato principio delle leggi naturali, lo stato d'innocenza (137), in cui dice non esser mai permesso uccidere
l'innocente. Imperciocchè dimostrato il principio insussistente,
ogni altra conseguenza da esso dedotta cade da per sè stessa.
E poi l'espresso caso non può aver luogo nello stato d'integrità, per cui non si avvera la uccisione dell'innocente. Ma lasciamo le baje dell'Albert.

[1] Comp. Iur. nat. orthod. conform. cap. 3. §. 17. seq.

CASO VI.

472. Se uno astretto dalla estrema fame, o dall'estremo freddo, pigliasse l'altrui per uscire da tali necessità, commetterebb' egli un furto? (§ CLXX.).

R. No ; dappoichè nella estrema necessità tutte le cose sono comuni. Perlocchè sotto un tale impero è permesso pigliare l'altrui senza commettere furto di sort' alcuna ; perche venendo in collisione la propria vita con la maggior perfezione altrui, l'è certo che sia un bene maggiore conservare sè stesso. La sbagliano quindi coloro che vogliono nominar furto una soccorrenza tale alla estrema necessità ; ed essi senz' avvedersene cadono in una manifesta contradizione allorquando chiamano furto quel tanto, che uno si piglia sotto l' impero assoluto della necessità, e concedono non sia un' omicidio quando sotto l' istesso impero a conservare sè stesso l' altro uccide. E non è forse uguale la necessità, che in egual modo provviene dalla malizia dell' uomo ? Or come uguali sono i dritti, eguali debbono essere ancora i doveri: e se nel secondo caso l' uomo à dritto a conservare la propria vita, perchè non l' abbia anche nel primo caso ? conseguentemente non peccherà nel primo caso come non pecca nel secondo per concessione degli stessi avversari. E poi il furto deve poggiare sul dolo malo (92), e dev' esser fatto con animo di lucrare a danno degli altri : or nessun dolo malo, nè animo di lucrare v' esiste in colui, che cerca satisfare la propria pressantissima necessità. Più, quel tanto che si piglia per ammollire il grande rigore riesce così poco che anche i più poveri volentieri potrebbero donarlo, a talchè vengono in collisione due mali fisici, la perdita cioè quasi insensibile di beni temporali, con la perdita nientedimeno della vita, grandissimo bene naturale. Or si vorrà dire delitto lo sciupamento di un picciol bene per conservarne uno grandissimo ?

Epperò all' uomo, ch' è costituito sotto un tale impero di necessità, tanto gli sarà lecito pigliare, quanto è sufficiente per farlo uscire dalla stessa ; giacchè il dippiù è vizio, quindi un furto, il quale a ragione gli sarà imputato. Nè quel tanto che serve per soccorrere alla pura necessità, è mestieri che lo pigliasse con animo di restituirlo al padrone, come vorrebbe il nostro chiaris. Einneccio (Nota al § 170.); giacchè nella estrema necessità i beni sono comuni, cessando in tal caso ogni potestà di dominio, la quale è introdotta per dritto delle genti, come sarà sviluppato in appresso.

CASO VII.

473. È imputato a male a' naviganti, i quali, trovandosi nell' estremo pericolo di naufragare, pigliassero le altrui merci, e le buttassero in mare, onde alleviare il peso al naviglio, e siffattamente concepir speranza di porre al coperto la propria vita ?

R. Sarebbe una manifesta ingiustizia se si volessero accagionare quest'infelici ; dappoichè è regola indubitata che di due mali fisici sempre bisogna eliggere il minore (438). Perlocchè venendo in collisione la vita propria con le robe altrui, devesi sempre eliggere la perdita di queste a salvamento di quella. Quindi nella specie operano pel meglio que' naviganti, che posto l'imminente naufragio non sanno meglio cansar la vita, che gittando le altrui merci nel mare.

474. Fin quì l'assoluto impero della necessità, di cui i vorticosi capricci ci ammaestrarono in più casi. Ma non sono essi tutti che possono fingersi (§ CLXXI.); giacchè moltissimi altri, e quasi infiniti direi, possono aver luogo tra gli uomini ed essi non di tanta certa soluzione, che non dessero luogo a partiti, essendo tale la natura delle cose oscure e difficili. Ma volentieri li lasciamo a' trattatisti di Morale Cristiana, e che ordinariamente pel loro impegno vanno sotto il nome di Casisti ; giacchè a noi non è permesso di progredire più oltre attesa la lunghezza del cammino, che ci resta a fare. Vogliamo però sempre si ricordasse quel salubre avviso di sopra dato (466), e non inorgoglire nelle nostre cognizioni come se fossero tanti oracoli. Ricordiamoci che uomini siamo noi, i

quali giudichiamo , ed uomini son pure quelli, su cui giudichiamo. I sensi adunque ragionevoli di una non riprovevole
condiscendenza ci accompagnano sempre in tutt' i nostri giu-
dizì a favore del proprio simile , il quale à tutto il dritto di
non essere da noi oltraggiato in tutto quelló ch'è, ed in tutto
quello che à, come volentieri ci accingiamo a sviluppare nella
materia che segue.

DE' DOVERI DI SOCIALITÀ

PARTE PRIMA

CAPITOLO VI.

DE' DOVERI ASSOLUTI E PERFETTIVI VERSO GLI ALTRI, E SPECIALMENTE DEL DOVERE DI NON OFFENDERE ALCUNO.

—

LEZIONE XLI.

PARTIZIONE GENERALE DE' DOVERI DI SOCIALITA'.

§ 475. *Passaggio — fondamento de' doveri sociali — i quali sono perfetti ed imperfetti — definizione si degli uni, che degli altri — i doveri perfetti sono assoluti, ed ipotetici — e gli assoluti son pure connati, gl'ipotetici acquisiti — ordine di trattazione — i doveri sociali nascono dal principio di felicità, e primo dovere è trattare il simile come uomo — immediata conseguenza che ne deriva — introduzione a'doveri sociali perfetti assoluti — quale perfezione si deve al simile.*

475. Un triplice ordine di doveri assistono l' uomo , fu già da noi indicato (269) ; lo imperchè nelle varie antecedenti lezioni avendo parlato de' doveri che l' uomo stringono con Dio, e con sè stesso, vi rimane a parlare de' doveri che l' uomo

stringono con l'altro uomo, il quale è suo simile; e questi doveri piace a' Naturalisti chiamarli Doveri Sociali, oppure di Socialità; dal perchè riguàrdono l'uomo costituito in società, in forza della quale l'uomo contrae molteplici obbligazioni, da cui è chiamato al più alto disimpegno delle stesse. Per la qual cosa prima di esaminare la natura di tali doveri, ed e. sporli in bella serie, farebbe uopo porgere le genuine idee della società, sua origine, sue basi, sue diramazioni. Ma per non affastellare qui materie tanto importanti, e che richieggono, direi; uno smoderato sviluppo, crediamo oppurtuno qui supporle, e serbarle in appresso in una apposita trattazione, onde non disturbare l'ordine de' doveri da noi proposto (270), ed insiemamente additar subito de' doveri sociali le importan. ti conseguenze. Quindi per ora intrattenendoci su gli effetti piuttosto, che su la causa, c'è forza muovere dal fondamen. to de' doveri sociali.

476. Or volendo additare un tal fondamento (§. CLXXII.) è mestiere rammentare ciò che altrove per le lunghe dimo. strammo (142); cioè tutti gli uomini ànno la stessa natura specifica a talchè eglino sono uguali tra loro con quella ra. gionevole uguaglianza non figlia del capriccio, e delle passio. ni; sibbene della natura specifica umana, che in essi domina, come dimostrammo per l'addietro (142). Perciocchè agli uo. mini assiste indispensabile dovere, che a ragione li eleva so. pra gli animali bruti, di amarsi scambievolmente: quale amo. re reciprocato tra gli uguali, a buon diritto piaceva nomarlo Amore di amicizia (170): conseguentemente gli uomini son tenuti amarsi con un amore di amicizia, onde potessero otte. nere il premio proposto dal Legislatore della natura agli os. servanti della sua legge; cioè la felicità (171). Perlocchè il fondamento de' doveri sociali è la uguaglianza della natura, la quale in tutti racchiudendo la stessa brama di esser felice, tut. ti spinge a fratellevole amore, e compagnevole affetto. Donde emerge che la uguaglianza della natura seco portando la ugua. glianza de' doveri, sarà indubitato, che l'uomo è tenuto ad amare l'altro uomo come ama sè stesso. Infatti se tu togli questa base a' doveri sociali, di repente crollerà l'intiero edi.

ficio degli stessi doveri ; dappoichè farai l'uomo o un tronco, o un mostro su la faccia della terra. Lo farai un tronco;
cioè insensibile agli altri mali, indifferente, non curante il suo
simile; anzi incapace a saper sovvenire la indigenza della u-
manità. In tal caso credi tu ammonticchiare esseri stupidi a
comporre una società? Neppure ti passi per la immaginazione.
Nel secondo caso lo farai un mostro, che sempre tende ad in-
gojare gli altri nel furore della spietatezza; e tale istinto tutti
reggendo la più crudele guerra civile è posta in piedi, da cui
anziché attendere la conservazione della società, mirane le ruine. In ambidue i casi la famiglia del bruto può a ragione e-
levarsi su quella degli uomini ; giacchè quantunque senza discernimento, pure comporta una inclinazione, e questa forte,
di amare la sua specie, proteggerla, accudirla, serbarla intatta.
Tanto è vero che la base de'-doveri socievoli debb' essere l'a-
more provveniente negli uomini dall'irresistibile desiderio di
raggiungere la propria felicità: quale desiderio nello sviluppo
dell'amore socievole anticipatamente rende l'uomo felice in
terra.

- 477. Epperò l'amore di amicizia fondamento de' doveri sociali (§. CLXXIII.) come da sua fonte scaturisce tanto l'amore di giustizia, che l'amore di umanità e di benevolenza, come già dicemmo (163 e seg.). Val quanto dire, non recare al
simile la menoma lesione, e dargli tutto ciò che per dritto è
suo; ciocchè stabilisce l'Amore di giustizia: dare al simile qualche
cosa, che non arreca a noi alcun danno; ciocchè stabilisce l'A-
more di umanità: dare al simile qualche cosa che ci porta detrimento; ciocchè stabilisce infine l'Amore di benevolenza. Tali cose rammemorate come i doveri sociali poggiano sull'amore di amicizia (476), conseguentemente debbono poggiare tanto sull'amore di giustizia, quanto sull'amore di umanità, e
di benevolenza. Per la qual cosa l'immediata sorgente di tut-
t'i doveri sociali sono tutti e tre i cennati amori; ma con
una differenza che come tutti e tre i cennati amori non ingenerano nel simile gli stessi dritti; così i doveri sociali provvenienti dagli stessi non acquistano l'istessa forza, ma pel
differente impegno richieggono differente nomenclatura. E per

vero nell'amore di giustizia il simile à tale diritto, che possa l'altro costringere' a prestargli quelle tutte cose che gli son dovute; quale costringimento non può sperimentarlo nell'amore tanto di umanità che di beneficenza (164) : dond' emergeva la distinzione di dritto perfetto, ed imperfetto (22). Quindi se il dovere è figlio del dritto, tal'è 'l dovere quale il dritto per maniera, che dritto perfetto seco porta dovere perfetto : e viceversa dritto imperfetto seco porta dovere imperfetto. Or l'amore di giustizia produce dritto perfetto, e l'amore di umanità e di benevolenza dritto imperfetto; dunque i doveri sociali provvenienti dall'amore di umanità e di benevolenza son doveri imperfetti. Ed ecco la celebre distinzione de' doveri sociali in Perfetti ed Imperfetti, di cui è uopo rendere adeguato sviluppo.

478. Infatti dicesi Perfetto quel dovere (§. CLXXIV.), cui l'uomo perfettamente e per modo di coazione è obbligato; ossia quello che va congiunto con la coazione : ciocchè importa che gli altri ànno dritto di costringerci all'adempimento, ove non si soddisfacessero. Tali sono i doveri di giustizia, pe' quali l'uomo è obbligato a non rendere infelice il suo simile arrecandogli qualche lesione, e dare ad ognuno ciocchè gli spetta: quali doveri, come scorgesi, impongono all'uomo una certa necessità nel senso, ch' egli l'uomo per niuna guisa può sfuggirli. Dicesi poi Imperfetto quel dovere cui imperfettamente e senza coazione l'uomo è obbligato ; ma per solo effetto della virtù ad esso s'inchina ; cioè gli altri non ànno alcun dritto di costringerci all'adempimento di essi. Tali sono i doveri di umanità, e di beneficenza, che agli altri porgiamo per renderci virtuosi. Non beffare il prossimo, non rubargli, non privarlo del giusto impiego che si gode, non ingannarlo, non tradirlo, ed altro di simil fatta, son doveri perfetti di giustizia. Far la limosina al prossimo, additargli la via, istruirlo ignorante, alzarlo dalla caduta, ed altro, son questi doveri imperfetti. Quale distinzione di doveri perfetti ed imperfetti era ben nota a' Giureconsulti Romani, da cui l'abbiamo tolta, quando col giureconsulto Paolo li distinguevano col dire: « *Certe cose sono piuttosto effetto della volontà e del dove-*

re, che della necessità ». 1. Se non che giova riflettere col dotto Capocasale 2 , che i soli doveri di socialità vanno distinti in perfetti ed imperfetti , e tale distinzione è soltanto in riguardo agli altri, cui si debbono, non già in riguardo a loro stessi ; nel qual caso tanto per rapporto al Legislatore, quanto per rapporto a noi, son tutti perfetti all' istessa foggia che lo' sono i doveri e teologici e di proprio interesse. Perciocchè emerge , che i doveri sociali di umanità e di beneficenza dovuti a simili nostri sono perfetti in loro stessi riguardati, son poi imperfetti riguardati negli uomini , cui debbonsi.

479. Ciò prenotato, volendo riflettere alteriormente su i doveri perfetti (§. CLXXV) , che son doveri di giustizia (478) , essi possonsi commodamente dividere in doveri perfetti Assoluti , ed in doveri perfetti Ipotetici. E per render ragione di una tale distinzione è mestieri investigare la natura dell'amore di giustizia; giacchè esso due cose abbraccia, la prima di non ledere alcuno , la seconda di dare a ciascuno quello ch'è suo proprio ; cioè nella prima va incluso tutto ciò, ch'è naturale all' uomo , per cui ognuno è tenuto a non porgere al simile quella infelicità, che la natura gli à negata : nella seconda s' include quello che ognuno giustamente si à acquistato per un fatto suo proprio (477 , 478). Donde chiaro emerge, che la prima cosa abbracciata dall' amore di giustizia è cosa negativa, la seconda poi è positiva. I doveri intanto che sorgono dalla prima son doveri che nascono dalla natura stessa dell' uomo, e non ammettendo una ipotesi, un fatto, mercè cui l' uomo venisse in possesso di essi, egli l' uomo assolutamente li possiede come connaturali a lui stesso ; e perciò diconsi Assoluti. Al contrário i doveri che nascono dalla seconda son doveri provvenienti da una ipotesi data, ossia da un fatto che si suppone antecedentemente posto dall'uomo, il quale mercè il fatto suo è venuto ad acquistare un dritto; e perciò a vista di questa ipotesi formata vengono detti Ipotetici. Ecco

---

1 *Quædam voluntatis , et officii magis , quam necessitatis , esse.*
L. 17 § 3.- D. commodati.
2 Cod. Et. Lib. 1.

i motivi, donde sorge la nuova distinzione de' doveri perfetti sociali, di cui adesso fa mestieri porgerne le definizioni.

480. I doveri perfetti ed Assoluti di giustizia sono quelli che l'uomo può ripetere dall'altro uomo senza interporvi un qualche dritto, che si abbia acquistato per un fatto suo particolare. In conseguenza tali doveri non supponendo giammai un fatto antecedente si dicono ancora doveri Connati; cioè nati con l'uomo stesso. Così l'uomo per un dritto naturale esige dall'altro uomo di non essere ammazzato; giacchè non vi esiste un fatto antecedente, mercè cui abbia fatto acquisto di un tal dritto. I doveri poi perfetti ed Ipotetici di giustizia son quelli che l'uomo ripete dall'altro uomo interponendo un dritto, ch'egli si abbia acquistato in forza di un fatto suo particolare. In conseguenza siffatti doveri nascono sempre da un fatto antecedente che si suppone, come dal dominio, da' patti, da'contratti; e per un tal fatto fruice di un dritto si chiamano doveri Acquisiti. Così l'uomo può querelarsi contro l'altro uomo per un furto ricevuto; stantechè egli aveva il dominio della cosa furata; imperciò dal fatto antecedentemente posto sorge l'acquisto del dritto a ripetere il rubato. La epigrafe inscritta nel tuo cuore, *Non uccidere*, ti segna un dovere assoluto; e quella, *Non rubare*, ti segna un dovere ipotetico: sicchè i nomi son dati all'arbitrio dell'uomo, ma la legge fondamentale è della natura, cui l'uomo non può opporre. Per la qual cosa cade in errore Salmasio [1] quando inveisce contra i Giureconsulti romani, che ammettevano il furto come non cosa proibita dal dritto di natura [2]; giacchè s'egli avesse atteso alla distinzione poc'anzi data de'doveri sociali perfetti, avrebbe di repente conosciuta la ragionevolezza della romana sapienza. Ma in appresso avrà il Salmasio a vedere la cosa più chiara della stessa luce, per ora bastaci averlo di passaggio avvertito.

481. Tai cose premesse, prima di entrare nella trattazione de'doveri sociali, è necessario sporre come in un quadro ge-

1 De usur. cap. 9.
2 L. 1. S. 3. D. de furt. S. 1. Inst. de obl. quae ex delict.

neral e l' ordine tutto che saremo per tenere in questa ultima e nobilissima parte del dritto di natura, di che ci occupiamo (§. CLXXVI.). Tutt' i doveri sociali vanno distinti in perfetti ed imperfetti (477); ed i primi si suddividono in assoluti ed ipotetici (479); dunque sarebbe mestieri trattar prima de' doveri sociali perfetti sia assoluti, sia ipotetici; e poscia de' doveri sociali imperfetti. Or siccome abbiamo, che i doveri ipotetici ebbero origine dopo che s' introdussero il dominio, i patti, ed i contratti (480); così è chiaro ch' ebbero luogo dopo i doveri sociali imperfetti. Quindi ragion vuole, che prima di ogni altra cosa facessimo parola de' doveri sociali perfetti ed assoluti, poscia degli imperfetti, infine degl' ipotetici, e di questi occorre menzionare prima quelli ch' emergono dal dominio, e poscia quelli ch' emergono dai patti. L' intiero sviluppo di tutta questa proposta nomenclatura porrà termine alla scienza vastissima del dritto di natura. Noi intanto de' doveri sociali ipotetici non faremo parola che nel terzo e quarto volume di queste nostre lezioni: per ora ci applichiamo a sviscerare tanto i doveri sociali perfetti ed assoluti, quanto gl'imperfetti. E cominciando da' primi su le tracce dell'amore fondamento di tutt'i doveri sociali (476), pronuncieremo i singoli doveri che l'uomo assistono verso l'altro uomo, onde serbare illesa ogni ragione di giustizia, base di tutta la naturale legislazione.

482. Prima però di entrare nel particolare dettaglio de'doveri sociali assoluti e perfetti, in generale segniamo, che dire all'uomo —Sii felice —è impegnarlo nell'amore socievole; giacchè è lo stesso che ripetergli— Adempi la volontà dell'Eterno Legislatore della natura —or la volontà di questo Legislatore è di amare il simile a tal che non contento di averla espressata nel cuore dell' uomo, volle pure segnarla nelle divine carte con quelle voci: « Amerai il prossimo tuo come te stesso 1». Dunque l' uomo non può conseguire la propria felicità senza mostrare affetto pel suo simile. Laonde i doveri socievoli sono una conseguenza del nostro principio conoscitivo (156), ch'è

1 Diliges proximum tuum sicut teipsum. Matt. 22, 39.

il principio primo di ogni morale. Ora trattando de' doveri sociali, sarà un dovere generale che racchiude l'intiera famiglia de'cennati doveri quello di amare il proprio simile di maniera che, niun dovere sociale in particolare vi potrà esistere senza questo inestinguibile fomite dell'amore. Perlocchè siccome l'amore à sempre di mira il bene altrui come se fosse suo proprio ; così l'uomo dovendo amare il suo prossimo deve amarlo come un'altro sè stesso (§. CLXXVII.). E che sia così attenda ognuno a quella uguaglianza di natura che in tutt'i simili rifulge (476); uguaglianza risultante dalle parti costituenti la essenza dell'uomo medesimo. Imperocchè ogni uomo à un corpo che l'investe, un'anima che lo regge ; quindi uno stesso intelletto, una stessa volontà, una stessa memoria, fantasia, sensazione, e che so io : insomma tutti gli uomini ànno la stessa tessera, in forza della quale si distinguono da tutto ciò, che non va sotto il nome di uomo. Vero è che non tutti gli uomini tanto nelle potenze dell'anima, quanto nelle disposizioni del corpo, sono forniti delle stesse squisitezze, che dai Filosofi voglionsi chiamare gradi ; ma son queste differenze accidentali che niente influiscono a costituire le parti essenziali dell'uomo : sicchè tutti gli uomini ànno per ciascuno un'anima ed un corpo ; e quindi ànno la stessa umanità atteggiata ne'singoli individui per modo, che un'uomo è tale egualmente che un'altro uomo. Or egli l'amore brama la eguaglianza a segno, che più si accende ove più scorge avvicinarsi all'oggetto amato ; dunque l'uomo maggiormente è tenuto ad amare l'altro uomo in quanto che lo scorge a lui uguale ; onde tale de' essere l'amore quale la uguaglianza, la quale scorgendola la stessa nel simile, scorge in lui un'altro sè stesso ; perciocchè è egli tenuto a porgere all'altro uomo quell'istesso amore, che nutre per sè stesso, e ciò importa secondo la frase dei Moralisti — *Tratti il simile come uomo.*

483. Da questo generale dovere di socialità emerge come indubitato corollario, che ogni altra perfezione che noi scorgiamo avere superiore a quella del simile, non deve farci inorgoglire a segno che cercassimo deprimerlo facendone ridicola ostentazione, massime nelle cose che pur si appartenes-

sero al simile per dritto perfetto. Imperciocchè tra uguali non' v'è dominazione ; fuorchè quando un giusto motivo la indu- cesse, per cui gli uni debbono mostrarsi agli altri superiori per giusti titoli: ma in tal caso non si vuol deprimere la u- guaglianza naturale ; sibbene vuol custodirsi nel suo posto a norma della retta ragione. Laonde quando non v'è motivo a mo- strare qualche nostra prerogativa in faccia del simile, memori dell'amore che gli dobbiamo, c'è mestieri vivere nella prudente taciturnità di operazioni. In conseguenza per non ledere un tale amore facciamoci governare da questa regola —Quello che non vuoi per te, non volerlo nemmanco per gli altri — Cer- tamente ci dispiacerebbe che altri a noi uguali ci facessero le vane mostre di quello che c'.è comune ; ebbene prattichiamo lo stesso anche con gli altri. Una tal ragionevolissima regola à da servire di guida a tutta la trattazione de' doveri sociali , ed è tanto conforme alla ragione, che gli stessi Gentili l'ave- vano sott'occhio nelle loro operazioni; ed a tacere gli altri ci serviamo delle parole di Eliano Lampridio il quale cen fa fede per rapporto all'Imperatore Alessandro Severo cui fu molto a cuore. Ecco come dice : « *Egli spesso diceva ciò che aveva in- teso ed imparato da taluni tanto Giudei, che Cristiani, e co- mandava che per mezzo del banditore, quando dovevasi punire qualche reo, si proclamasse: Quel che per te non vuoi non fare ad altri. Quale massima si tenne da lui in tanto conto, che non solo nel suo palazzo, ma ne' monumenti pubblici ancora comandò che fosse scolpita* [1] ». Ed acciocchè non ci si rinfac- ciasse, che Alessandro una tale sentenza l'abbia appresa dai Cristiani, come può esser probabile, ripetiamo ch'ella non è tale, che dalla ragione co'suoi lumi non possa raggiunger- si ; giacchè infiniti luoghi degli antichi potremmo recita- re, e che qui per brevità tacciamo, in cui manifestamente essa si va ripetendo. A tale oggetto in modo particolare può

---

[1] *Clamabatque saepius , quod a quibusdam, sive Iudaeis , sive Chri- stianis audierat, et tenebat, idque per praeconem, quum aliquem emen- daret, dici jubebat : Quod tibi fieri non vis , alteri ne feceris. Quam sententiam usque adeo dilexit, et in palatio, et in publicis operibus , praescribi juberet.* Cap. 51.

riscontrarsi Simplicio 1, il quale ci porgerà valevolissimo un argomento.

484. Dal precetto quindi della natura — Non fare agli altri quello che non vuoi esser fatto a te stesso (483) — siamo insensibilmente introdotti nella materia de' doveri sociali perfetti ed assoluti (§ CLXXVIII.). Conciosiachè a quel modo non vogliamo essere disturbati nel pacifico possesso di tutto ciò che o per natura, o per altro giusto titolo ci possediamo, all' istesso modo non dobbiamo disturbare il simile nel possesso di tali cose. Insomma come non vogliamo esser lesi nelle nostre cose ; cioè vogliamo conservarci il nostro perfezionamento guardandoci dalla imperfezione e dalla infelicità ; così pure non dobbiamo ledere il nostro simile nelle sue cose , e quindi in egual modo dobbiamo cercare la sua perfezione e felicità. Infatti ogni legge proibitiva contiene la precettiva dell'opposto , come fu indicato (124); conseguentemente se l'uomo è obbligato a non ledere il suo simile come non vorrebb' egli stesso esser leso, è obbligato ancora a promuovere l'altrui perfezione come deve promuovere la sua propria. Perlocchè è tenuto ad allontanare dal simile ogni qualsiasi imperfezione , rispettare i suoi dritti , riguardare in una parola le sue cose tutte. A tal modo possiamo dirci veri Filantropi della umanità , zelanti caldeggiatori del suo bene, ed a buon dritto possiamo gloriarci di appartenere alla gran famiglia dell'uomo.

485. Ma specifichiamo questo perfezionamento dovuto all'altro uomo. E per ciò fare bisogna interrogare noi stessi in un tal riguardo senz'abbagliarci da alcuna lusinga. Qual perfezione, qual felicità, per me stesso io voglio? La perfezione della mente (372 e segg,); la perfezione della volontà (386 e segg.); e la perfezione della vita (351 e segg.). Dunque se tanto io voglio, o debbo volere per me stesso , lo debbo ancora volere per gli altri (483). Perciocchè debb'io promuovere la perfezione della mente, della volontà, e della vita del mio simile , e tanto più debbo intercessarmi a non ledere la parte riguardante lo spirito , quanto che scorgo l'anima so-

1 Ad Epitet. Enchirid. Cap. 37.

pravvanzare il corpo : elocchè diciamo massimamente contro quelli che ànno tutto l' impegno pel corpo e sue relazioni , e vivono poi in una colpevolissima trascuraggine per lo spirito: a talchè tali essendo le loro perverse massime usano gli stessi riguardi pel loro prossimo. Contro essi ragionevolmente alza la voce Epitetto e dice: « *Subito che riceviamo qualche danno nelle nostre possessioni , le quali appartengono al corpo , stimiamo immantinenti di aver fatto una gran perdita: ma quando ci avvengono dei danni relativamente alla volontà, non crediamo essercene avvenuto alcuno : infatti quando o uno corrompe un'altro, o vien' egli medesimo da questi corrotto , non soffre egli dolore o nella testa , o nell'occhio , o nella coscia, nè perde qualche proprietà di fortuna; che noi non altro che queste sole cose vogliamo illese. Anzi tra noi non si quistiona neppure di passaggio se sia preferibile la volontà pudica e fedele all'impudica ed infedele 1* ». Ecco adunque i tre capi , che perfettamente ci congiungono col nostro prossimo, da cui emergono svariati doveri sociali , che c' è uopo distintamente sviluppare. Epperò come la vita risulta dalla unione dell'anima e del corpo (351); così prima d'intrattenerci sul perfezionamento dell' intelletto , volontà , e corpo del simile , crediamo segnare i doveri riguardanti la vita , che sotto di sè abbraccia tutto l'uomo, ove avremo il destro d' internarci nella vasta quistione del dritto di difesa , che possa all' uomo convenire sotto la forza della collisione.

---

1 *Ubicumque in his , quae ad corpus pertinent, possessionibus aliquid damni acceperimus, illico jacturam nos fecisse arbitramur : sed in voluntatis proposito quum detrimenta nobis eveniunt, nihilominus tamen, damnum nos accepisse nullum , censemus : quandaquidem ei, qui corrumpit alterum , aut corrumpitur, nec caput dolet, nec oculus, nec coxa , sed nec fundum amittit, atqui aliud nihil volumus , quam ista. Inter nos vero disceptatio nulla est , ne mediocris quidem , utrum satius sit, voluntatem habere pudicam, et fidelem, an vero impudicam, et infidelem. Arrian. Diss. Epitect. 2. 10.*

LEZIONE XLII.

ESPOSIZIONE DEL DRITTO DI DIFESA.

§ 486. *Devesi rispettare la vita del simile — come rispettarla — chi dicesi omicida : specie dell' omicidio — si precisa la idea del dritto di difesa giusta — varietà di opinioni su la legittimità del dritto di difesa — esso è lecito nella ingiusta aggressione , prima ragione — aggessione e sua risposta — seconda ragione — terza ragione — condizioni per una giusta difesa, si sviluppa la prima — si sviluppa la seconda , e terza — si sviluppano le rimanenti — epilogo.*

486. I doveri socievoli perfetti due cose possono abbracciare , o quello ch' è all' uomo naturale , o quello che l' uomo giustamente à acquistato per un fatto suo proprio; di maniera che la prima formando doveri negativi rinchiusi nel precetto di non recare offesa ad alcuno, vindica i doveri sociali perfetti assoluti ; la seconda formando doveri positivi rinchiusi nel precetto di dare a ciascuno tutto ciò che gli spetta come suo proprio , vindica i doveri sociali perfetti ipotetici (479). Per ora favellando de' primi (481) , siccome non dobbiamo agli altri volere quello che per noi stessi non vogliamo ; giacchè il simile devesi da noi amare come noi stessi amiamo (483) : così è mestieri non offenderlo in quelle stesse cose , in cui la lesione per noi dispiacerebbe : val quanto dire , l'uomo non deve offendere l' altro uomo in tutto quello ch'è , ed in tutto quello che à. Or poichè il maggior bene che l'uomo si possedesse è la Vita (§. CLXXIX.), ne conseguita che l' uomo non deve arrecare la menoma imperfezione alla vita del suo simile ; dappoichè è ella la vita quella che sorregge ogni altra perfezione , che potesse aver luogo nell' uomo per guisa

che rispettandosi la vita di lui si viene insiemamente a rispettare tutte le altre perfezioni che in lui esistono. Ecco un
primo dovere sociale nella materia che ci riguarda , e che
meritamente richiama tutta la nostra attenzione per bel bello
esaminarlo.

487. La unione infatti dell' anima col corpo si dice Vita
(351) , e dalla separazione di una cotale unione risulta la
Morte (354). A quel modo dunque l' uomo non deve ledere
la sua vita con isfuggire la morte per quanto più gli è dato
(351 e segg.) , deve anche operare verso il suo simile. Perlocchè non deve porgere il minimo inciampo alla vita del simile , donde ne potesse provvenire alterazione alcuna nella
stessa; e perciò peccano contro la legge di natura tutti quelli , che inducono il simile nelle malattie ; oppure con medicine cercano di alterare la salute del prossimo, per cui viene a risentirne la vita. Non deve proccurare la morte al suo
simile sia col ferro , sia con le malattie , sia con farmachi ,
sia con altri mezzi che son capaci a produrre la morte; specialmente coll' esporre il simile a tali pericoli , in cui possa
facilmente lasciare la vita. Ciocchè è inteso non solo per quelli
che niun' impero vantano su gli altri ; ma anche per quelli
che a giusto titolo possono vantare un tale dominio, abusando nella circostanza della loro autorità non per satisfare al
bene comune, cui è dovere esercitare il loro impero; ma per
gratificare il loro capriccio esponendo il simile a' pericoli di
morte appunto per farlo morire , e di lui disfarsi. Quali ab-
bominévoli esempi ci son presentati da Polibio [1], da Diodoro
Siculo [2], da Giustino [3], da Curzio [4], da Pufendorff [5], infine dalla
stessa Sacra Scrittura [6] la quale del re Davide ci racconta
ch' egli aberrando dal retto sentiere della giustizia fec'esporre
Uria nella posizione più pericolosa dell'esercito a fine di farlo

1 1. 9.
2 Bibl. 14. 73. 19. 48.
3 Hist. 12. 5.
4 7. 2.
5 De jur. nat. et gent. 8. 2. 4.
6 2. Sam. 11. 15. et 12. 9.

morire , come successe, e così appropriarsi la moglie di lui; per cui altamente fu sgridato dal Profeta Natan: poscia pianse amaramente il suo delitto. La vita adunque del simile è da serbarsi intiera come la propria, e giammai c'è lecito per dritto di natura attentarcela col procurargli la morte.

488. Or chi proccura la morte al simile si dice Omicida ; e l' atto di morte accagionata vuolsi nomare Omicidio ; cioè uccisione di uomo. È poi l'omicidio di diverse specie, Volontario ed Involontario , Diretto ed Indiretto , Necessario e Casuale , infine Doloso. Si dice Volontario l' omicidio , quando uno toglie all' altro la vita , perchè lo vuole ; così se alcuno esce di casa per ammazzare un suo simile: quale omicidio dicesi ancora Diretto ; perchè il fine dell' agente è assolutamente diretto a togliere la vita al simile. Si dice poi Involontario l' omicidio quando uno toglie la vita al simile per un qualche accidente non preveduto: tale sarebbe l' omicidio di colui che passeggiando per larga strada in carrozza con le debite previgenze, avesse la disgrazia di arruotare qualche suo simile e farlo morire. In un tale omicidio non v' è concorso della volontà ; sibbene concorso di cause fortuite ; e perciò vuolsi anche appellare omicidio Casuale. Da cui va distinto l'omicidio Indiretto, detto pure misto-casuale, il quale è quello , chè vuolsi nella causa capace a produrre un tal' effetto. Così un fabbricatore che si ponesse a diroccare un soppenno senz' avvertire quelli che battono la strada , se le pietre cadendo al basso ammazzano qualcheduno, egli è reo d' omicidio non perchè avesse voluto ammazzare direttamente il suo simile ; ma perchè à posto la causa produttrice di un tale effetto ; ed in conseguenza l' omicidio dev' essere a lui imputato. Inoltre l' omicidio si dice Necessario allorchè uno toglie all' altro la vita nella giusta difesa ; come succederebbe nella giusta guerra difensiva ; oppure in persona del carnefice il quale ammazza il simile perchè comandato dalla giustizia. Finalmente l' omicidio si dice Doloso quando uno trama delle insidie alla vita dell' altro ; e tale omicidio conviene col volontario avente dippiù seco unite le insidie. Così volendo alcuno uccidere un' altro , e non potendogli riuscire a forza

aperta , usa con lui delle frodi ; come se gli si fingesse amico , se pigliasse delle imboscate, od altro di simil fatta.

A vista di queste differenti specie di omicidio allorquando v'interviene la ingiusta lesione del simile, ognuno ben scorge la parlante legge di natura, la quale vuole intangibile la vita del simile.

489. Epperò quantunque una tal legge di natura (§. CLXXX) di molto consentanea fosse alla retta ragione; pure non è tale che ci costringesse ad amare il simile più di noi, ma la stessa legge precettandoci ad amarlo come noi (482) , allorchè la nostra vita si trova soggetta ad una causa di decadimento ; cioè alla violenza degli assalitori, possiamo benissimo far uso della difesa ; ed anzichè far un sacrifizio della nostra vita , possiamo sacrificare l'altrui. Per la qual cosa se un'ingiusto aggressore viene a togliermi la vita ò tutto il dritto a difendermi , e stando ne' limiti di una giusta difesa posso a tutto dritto togliergli la vita; perchè egli attenta la mia vita. Conseguentemente il dovere che mi assiste , dovere di società universale, mi obbliga fintantochè non sopraggiunga il pericolo di perdere la propria mia vita. A tal modo introdotti nella celebre quistione di dritto di Natura sul dritto di difesa, prima di mostrarne la legittimità, fa mestieri porgere la schietta idea dello stesso. Ed infatti il Dritto di Difesa è 'l respignimento della forza con la forza. Non posso io altrimenti mettere al coperto la vita mia a rimpetto della tua forza che vuol togliermela, ti ammazzo per vivere a quella guisa, che rendendomi a te superiore nella forza, respingo la tua con la mia forza. Eccoti la vera idea del dritto di difesa.

490. Ma è lecito un tal dritto ?. nel fiero cimento di lasciare la propria vita deve l'uomo difendersi , oppure a costo della sua risparmiare quella di un'ingiusto assalitore ? Siamo in mezzo ad una discrepanza di opinioni dei Naturalisti, i quali poggiati su diversi principi diversamente la sentono.

E per vero certi poggiati su la legge proibitiva della natura di non offendere la vita del simile, portano opinione che l'uomo non debba togliere la vita all'inimico nella ingiusta aggressione ; perciocchè non debba difendersi. Ma è tale la insussistenza di un tal parere che al primo pronunciarsi reclama miglior partito, come in appresso sarà a pieno osservato.

Certi altri poggiati su la legge precettiva della natura di conservare ognuno la propria vita , opinano con molto buon fondamento , che nella ingiusta aggressione l' uomo debba difendersi; perciocchè lecitamente può togliere la vita all'ingiusto aggressore.

Altri finalmente sorretti da un principio di carità , che a noi qui sembra fuori proposito, vorrebbero protetta la vita dell' ingiusto aggressore , senza negare d'altronde la legittimità del dritto di difesa. Conciosiachè , essi dicono, il Legislatore della natura à imposto all' uomo la perfetta legge di conservare sè stesso , « *Conservi te stesso* 1 ». (347) ; dunque gli à permesso in pari tempo il dritto della difesa a modo che , difendendosi anche a costo della vita del suo avversario nella ingiusta aggressione , egli per niente lede la legge di natura (483). Ma , soggiungono, s' egli l' uomo in sì terribile momento abbandona la propria difesa , e la vita al suo simile risparmia a danno della propria, egli per certo commetterà un' eroismo degno invero d' indicibili beni , nobilissimi effetti dell' eccessiva sua carità. Imperocchè ove nel cimento in parola toglie la vita all' ingiusto aggressore , lo porrà vittima di una pena eterna frutto della sua ingiustizia (253); qualora risparmiandogli la vita due beni opererà nel tempo stesso ; concederà cioè al suo rivale uno spazio di penitenza , in cui potrà lavare la sua colpa; ed egli si assicurerà il possesso del sommo Bene a vista dell' eroismo della sua carità. Ammiriamo invero tanta cordialità espressa nella prefata sentenza !

491. Stante questa disparità di pareri (490), qual sarà la nostra opinione? Non temiamo affatto di errare se mostriamo adesione per la seconda , la quale oltre all' essere comunissima tra' i Naturalisti , porge tutta la ragionevolezza di una giustissima sentenza. Perlocchè a dimostrarne la verità ci facciam lecito dire così:

1 *Serva teipsum*,

PROPOSIZIONE

L'UOMO PUÒ, E DEVE DIFENDERSI ANCHE A COSTO DELLA VITA DEL SUO NEMICO NELLA INGIUSTA AGGRESSIONE.

Dim. Chi comanda il fine deve permettere i mezzi conducenti al fine medesimo; altrimenti ben' inutile sarebbe l'ordinamento del fine, il quale giammai potrebbesi sperare. Or il Legislatore della natura comanda all'uomo il fine, ch'è la conservazione di sè stesso, espresso in quella legge, « Conservi te stesso 1 » (347); dunque à dovuto permettere i mezzi, mercè cui l'uomo possa ottenere una tale necessaria conservazione. E nella ingiusta aggressione, di grazia, quali altri possono essere i mezzi per la conservazione dell'individuo, se non appunto la giusta difesa? L'uomo adunque in tal ria congiuntura può difendersi, e dovendo attendere al disimpegno della volontà del suo Legislatore, deve difendersi. Negar quindi all'uomo il dritto di difesa in questi alti momenti è un mancar di equità; anzi è uno slogicare di tutto modo.

492. Nè vale il dire, che in tal caso l'ingiusto aggressore va per sempre infelice attesa la sua iniquità (490); giacchè di questa infelicità la causa è tutta la sua malizia, la quale a non farla vie più ingigantire non debbo io permettere il sopperimento de'miei dritti. A tal modo i malevoli avrebbero un bel campo, in cui potrebbero disfare tutti gli uomini dabbene, i quali fanno argine al torrente malnato de'loro vizi. Perciocchè venendo l'ingiusto aggressore della mia vita, facendo io uso del mio dritto, debbo io difendermi anche a costo della sua; sendo che il dritto di difesa è inseparabile da' dritti che godesi tutta la umanità. A tal proposito troppo persuadente è l'argomento che usa il Genovesi 1, quando così dice: » Se avendo io un dritto, non è il dritto di difenderlo da chiunque vuole ingiustamente prenderselo, o distruggerlo; seguita che

1 Serva teipsum.
2 Diceos. Lib. 1. cap. 9. § 10.

chi vuol distruggerlo , possa farlo per suo dritto. Dunque il mio dritto è un dritto *meno un dritto* , cioè zero, contra l'ipotesi » Non so se con più precisione poteva dirsi il vero. Perlocche S. Tommaso, quel cigno della più sana Filosofia ripete : « *Non è necessario alla salvezza , che l'uomo tralasci l'atto di una giusta difesa per cansare l'altrui uccisione; perchè l'uomo à dovere di badare più alla vita sua , che alla vita dell'altro* 1 ». Dunque l'uomo nella ingiusta aggressione deve difendersi senza punto badare allo stato in cui possa trovarsi l'ingiusto assalitore relativamente a Dio ; altrimenti si darebbe luogo al bel ritornello poc'anzi esposto dall'Ab. Genovesi.

493. Oltreacchè l'uomo , insistendo sempre più sul mentovato dritto, non deve amare gli altri più di quello ama sè stesso (482); ed in conseguenza non deve rispettare la vita altrui a costo della sua: ciocchè sarebbe contrario alla ragione di ordine universale. Or nella ipotesi risparmiando la vita all'ingiusto aggressore verrebbe a dare agli altri più di quello deve a sè stesso; conseguentemente verrebbe ad accordare al suo avversario un dritto , che giammai gli può competere , perchè contra ragione. Imperciocchè l'aggressione, come ingiusta, non è contenuta nell'ordine, è perciò contraria all'ordine medesimo ; la difesa , come giusta , è contenuta nell'ordine , è perciò conforme all'ordine medesimo. Colla ostilità in parola che altro pretendesi ? se non annullare un dritto vero , qual'è appunto il dritto della propria conservazione ; e dall'altra parte acquistare un dritto effimero , qual'è appunto la distruzione ingiusta del proprio simile. Ecco una collisione perfetta di termini così violenti, che non ammette affatto tregua : in essa non vuolsi preferire quello ch'è dritto solido a preferenza di quello che non à titolo di dritto ? Può dunque l'uomo, anzi benissimo deve ammazzare un suo simile sempre che questi ingiustamente lo assale per trucidarlo; dap.

1 *Non est necessarium ad salutem , ut homo actum moderatae tutelae praetermittat ad vitandam occisionem alterius , quia plus tenetur homo suae vitae providere , quam vitae alienae*. 2. 2. quaest. 64. 7.

poichè nel caso non altro fa che difendere il suo proprio dritto, qual'è la esistenza della propria vita.

494. A tutto questo si aggiunge il dovere, che la società stessa impone all'uomo di difendersi nella ingiusta aggressione. Imperciochè non v'à dubbio, che la società vanta un dritto su ciascun individuo che la compone, come sarà osservato in appresso, di pretendere l'opera sua conducente al ben'essere della stessa. Sarà, per mò di esempio, un padre di famiglia, ed egli è tenuto a fomentare amore pe'figli, onde un tempo venga, in cui proficui esistessero al bene socievole. Sarà una persona pubblica, le cui funzioni vogliomi qual'organo di bene comune socievole, ed egli è tenuto a mantener saldo il suo impiego. Or ogni dovere suppone un dritto (20), e se la società esige dall'uomo il dovere di promuovere sempre il suo bene, accorda in conseguenza il dritto su tutte quelle cose che lo disturbano in questo suo dovere. Di maniera che se la società tal dritto non concedesse ad ogni individuo sia pubblico, sia privato, ella se non apertamente, almeno tacitamente verrebbe a permettere il più alto tradimento di quella giustizia, di cui va debitrice ad ognuno. E qual disturbo maggiore possa immaginarsi relativamente a'doveri individuali di quello si abbia nella ingiusta aggressione? L'uomo non può tradire i doveri di giustizia senza tradire l'amore che debbe nutrire per gli altri, e tradirebbe un tale amore di giustizia quantunque volte si facesse lecito darsi preda dell'ira capricciosa di un ribaldo, che si avventa contro la esistenza di lui. È chiaro dunque che nella ingiusta aggressione l'uomo è tenuto a difendersi anche distruggendo la vita del suo assalitore; ciochè si pretendeva da noi dimostrare (491).

495. Tutto sta adesso nel determinare i limiti della difesa in parola (§. CLXXXI.). E per verità a dirsi giusta è uopo fosse accompagnata dalle seguenti circostanze: 1. che, l'aggressione sia ingiusta; 2. l'uomo assalito si rattrovasse in un pericolo inevitabile della vita; 3. la difesa si faccia nel momento dell'aggressione; 4. si faccia senz'animo di vendetta; 5. infine si faccia coll'usare prima minori mali a danno del nemico. Parliamone distintamente.

Dapprima la difesa per dirsi giusta abbisogna l'aggressione ingiusta; giacchè contra il giusto aggressore non v'esiste
dritto alcuno di difesa. Sarebbe in tal caso opporre un dritto
attivo ad un dritto parimente attivo dello stesso genere; ciocchè forma una contradizione. Allorchè un'assalitore à dritto
di tormi la vita, à insiemamente il dovere di esercitare un
tal dritto a talchè, la mia resistenza sarebbe un'offendere il
dritto altrui, e la lesione di giustizia non costituendo un dovere, non può concedere un dritto. Quindi se il carnefice
dalla pubblica giustizia riceve il dovere di togliere ad altri,
ch'è reo, la vita; egli avendo il dritto di togliere la vita al
reo, questi non solo non à dritto di offenderlo, ma neppure
può usar violenza contra lui.

, 496. V'è dippiù bisogno del pericolo della vita; cioè che
l'assalito si trovasse in tali strettezze della vita, che questa
a campare non abbia altro mezzo che la difesa. Perlocchè la
sola necessità assoluta, oppure la necessità rispettiva (444),
son quelle che godono il favore della necessità aventi per sè
stesse il privilegio della difesa. Avvegnacchè in tali casi avviene
la stravagante collisione della vita mia con la vita del simile (446,
448), e certamente la mia è da preferirsi a quella del simile,
come colui che non debbo io amare più di me (483). Ciò pertanto è vero allorquando l'uomo non stabiliscasi in tali necessità per ria sua volontà; giacchè per le ragioni altrove esposte (449, 451) il capriccio non può mai far uso del favore della
necessità. Stanti però le necessità assoluta o relativa, e queste vallate di ragionevole fondamento, è lecito far uso della
difesa durante il loro impero: cioche importava dire, che la
difesa si facesse nel momento stesso dell'aggressione. Imperocchè ogni dritto deve durare quanto il dovere per modo, che
questo cessato quello svanisce. Il dovere di conservarmi la vita
contro l'ingiusto assalitore quanto l'assalto dura, il quale tolto
non più debbo pensare a guardarmi la vita contro lui. Dunque anche il dritto di difendermi contro l'ingiusto assalitore
durerà quanto l'assalto medesimo; perciocchè uscito dal pericolo di perdere la vita non mi sarà più lecito far delle offese

al mio nemico. L'è questo un'abuso di dritto, che costituendo un vizio, va sempre nemico della legge di natura.

497. Oltracchè la difesa è mestieri si faccia senz'animo d vendetta, onde posseggasi la giustizia, attesto l'amore c ognuno deve al proprio simile (482). Trattasi di garentire propria vita, non già di vendicare le ingiurie, mai co dritto all'uomo; sendo che di sua natura è anti-sociale. Coi vien frenare il delitto, non già abbominare il delinquente, quale vantando meco la stessa natura non perde giammai dritto di non essere da me odiato.

Finalmente la giusta difesa esige, che l'assalito da' minori mali proceda agli estremi contra l'ingiusto assalitore; giacchè la giustizia della difesa della propria vita poggia su l giustizia della collisione de'mali fisici. Or è verissimo che due mali fisici debba sempre il minore anteporsi al maggi se non vuolsi offendere la legge di natura (458). Potendo evitare l'altrui morte con minori mali a riserba della mia ta, perchè di questi non debbo far uso, e di repente d avvalermi de' mezzi i più violenti, che solo permettonsi estremi bisogni? « È cosa giusta con picciol danno spegne una gran lite 1 », diceva Teocrito. Per la qual cosa nel ingiusta aggressione bisogna vedere i dritti che vengono i collisione ne' vari casi che possono occorrere; giacchè è la na tura de'dritti e de'casi determinano la natura della difesa Ti potrai con la fuga salvare dalle mani dell'assalitore? n potrai ammazzarlo, devi fuggire; giacchè allora vengono i collisione il dritto mio di non essere disturbato dal luogo, ov mi trovo, ed il dritto della vita che à l'aggressore: certamente il dritto mio è inferiore a quello dell'assalitore. Potra leggermente ferirlo, o troncargli un membro, o disarmarlo o che so io? a queste cose ti conviene eseguire, non mai uc cidere l'aggressore, potendo a tal modo mettere in salvo la vita; giacchè qui la collisione di dritto della mia vita col dritto della integrità del corpo dell'avversario, fa riuscire il primo maggiore del secondo. Tutto questo costituisce quel ce-

1 *Par est, exiguo malo magnam litem tollere.* Eidill. 23.

lebre detto de' Giureconsulti Romani: « *Il dritto di giusta difesa* 1 »; cioè non dobbiamo eccedere ne' mezzi di difesa contra l'ingiusto aggressore ; ma dobbiamo usare prima tutt' i mezzi meno violenti per difenderci , ed in ultimo luogo possiamo ammazzarlo quando non abbiamo altro scampo per salvare la nostra propria vita.

498. A norma di tali condizioni (495) , che tutte insieme debbono concorrere nella quistione in parola , possiamo giudicare della giustizia di una difesa individuale , che a noi stessi dobbiamo (491) nel fiero scontro di un ribaldo , che insidia la nostra vita. Desse ci garentiscono nella santità del tribunale della natura, e niuna pena ci accagionano nell'esercizio de' nostri dritti. Troppa austerità con esse ci si viene a tributare ; ma estremi rimedi esigono estremi mali : trattasi per altro della distruzione della vita del proprio simile , la quale se non ci dev'esser cara più della nostra (482) ; epperò dobbiamo tenerla in conto come la nostra (483). Poichè dunque in generale abbiamo segnata la legittimità di una giusta difesa nel caso di una ingiusta aggressione, conviene ora scendere al particolare, onde esaminare i casi, in cui possiamo inchinare alla cennata difesa ; onde non crediamo che per qualunque ingiusto scontro, e per qualunque siasi cosa, ci fosse lecito dar di piglio al ferro, ed insensibilmente trucidare il nostro avversario. Ecco in che la seguente lezione vuolsi occupare, e lo faremo con quella stessa precisione, con cui è stato dato esporre il dritto di difesa in generale riguardato.

---

1 *Moderamen inculpatae tutelae.*

LEZIONE XLIII.

§ 499. *Quistione prima, riguarda le persone con cui possasi usare il dritto di difesa — si specificano le persone, e si vuol risparmiata la vita del Sovrano. — quistione seconda, riguarda il tempo da durare il dritto di difesa nello stato naturale — si considera il tempo nello stato civile — quistione terza, riguarda le cauzioni da adoperarsi nel dritto di difesa — s'insinua la fuga prudente come migliore cauzione — quistione quarta, riguarda le cose, su cui aggirasi il dritto di difesa — si specificano le cose, che possonsi assimigliare alla morte — quistione quinta, riguarda la pudicizia se mai può reclamare il dritto di difesa — mezzi per non eccedere i giusti limiti della difesa.*

499. Sviluppata nell'antecedente Lezione la vera natura di una giusta difesa allorchè per rio capriccio altrui siam posti in un pericolo ingiusto di perdere la propria vita, ci accingiamo ora a vedere quando spettaci una tal difesa contra quali persone, e per quali cose possiamo noi lecitamente adoperarla. Ciocchè dando luogo a varie quistioni nel dritto naturale, fa uopo proporle onde ciascuna si avesse la sua propria soluzione. E per venire al fatto:

QUISTIONE I.

CONTRA QUALI PERSONE POSSIAMO LECITAMENTE USARE IL DRITTO DI DIFESA?

R. Egli è indubitato (§ CLXXXII.) che l'uomo nella ingiusta aggressione à dritto alla vita dell'assalitore (491 e segg.);

dunque ogni qualvolta trovasi in pericolo della propria vita, purché non sia un pericolo da lui medesimo creato (498), è egli dritto alla vita di qualunque fosse l'assalitore. Perlocchè un tal dritto può esercitarlo contra tutti qualunque fosse la dignità, il vincolo, ed altro, che ad essi lo stringe; giacchè essendo ingiusti aggressori della vita altrui, come tali son sempre da riguardarsi nella circostanza di esser ripulsi.

500. Dal detto quindi sorge chiaro, che possiamo difenderci a conservazione della propria vita contra ogni superiore, e contra gli stessi parenti per qualunque si fosse il vincolo del sangue, che ad essi ci stringe. Vuolsi soltanto risparmiata la vita del Sovrano nella ingiusta aggressione, e meritamente; dappoiché il bene pubblico di una intera nazione merita il sacrificio della vita di un privato; e sappiamo con la propria esperienza quanti danni provvenissero ad una nazione per la morte violenta di un Sovrano. Conviene dunque nella ingiusta aggressione a posto della nostra vita rispettare quella del Sovrano, e questo è giusto. Similmente, ed è quello che maggiormente aggiunge, un tal dritto di difesa lecitamente possiamo usarlo contra i furiosi, i mentecatti, e contra tutti quelli infine che disposti ad assaltare un'altro, per errore ingiustamente aggrediscono la nostra vita. Ed è bella la ragione, che in tale incontro produce Grozio [1], quando dice, che il dritto di una giusta difesa non piglia la sua forza, e quindi la sua legittimità, dal peccato, e dalla ingiustizia dell'assalitore; sibbene dal dritto che noi abbiamo di respingere la forza con la forza allorquando trattasi di salvare la propria vita. Quindi venendo in pericolo la mia vita, per difendermi non debba esaminare se l'assalitore essendo ingiusto mi tenta a morte per malizia, o per ventura, se a senno o fuori senno; ma v'è per me il pericolo della vita, dal quale non posso uscire senza sacrificare la vita del mio assalitore? si; ebbene farò uso del mio dritto, e mi difenderò ammazzando l'ingiusto aggressore della mia vita. Troppo bene adunque Sofocle difendeva Edipo nella sua favola, il quale aveva am-

[1] De jur. bell. et pac. 2. 1. 3.

mazzato l'ingiusto aggressore della sua vita ignorando che questi era l'istesso suo padre, allorchè dice: « *Rispondimi a questa sola cosa che io ti chiedo. Se alcuno opprimendoti volesse di un subito ucciderti te, che sei innocente e giusto : dimanderesti tu se quegli che ti uccide fosse tuo padre, o subito corresti alla difesa ? Stimo che tu, se avessi amato la tua vita, subito saresti corso a distruggere chi voleva ucciderti, nè avresti badato in quel punto qual ne sarebbe il giusto dovere. In tal disavventura inciampai anch'io per una fatalità offertami da' nostri Dei; e se l'anima di mio padre tornasse in vita non potrebbe neppure lagnarsi di tale mia azione* 1.

QUISTIONE II.

QUANTO TEMPO PUÒ DURARE IL DRITTO DI DIFESA ?

501. R. Per rispondere adequatamente ad una tale quistione fa mestieri co' Naturalisti distinguere un doppio stato dell'uomo, naturale l'uno, civile l'altro ; giacchè in ambidue gli stati non è concesso l'istesso tempo alla giusta difesa. E principiando dallo stato naturale dell'uomo (§. CLXXXIII.), desso suppone l'uomo necessitato a far lega cogli altri senza la guarentigia di alcun superiore, o magistrato, che potesse badare agl'interessi della società, alla pubblica e privata sicurezza degl'individui socievoli ; tale sarebbe il vivere di quegli uomini selvaggi che addimesticati con le fiere sembrano sprezzare ogni nodo socievole vivendo anche contro loro voglia in mezzo ad una naturale società, e dati tutt'in loro balìa non

---

1 *Unum enim responde mihi, quod te interrogo.*
Si quis te, virum justum, statim hic
Opprimens occidere vellet : quaereresne,
Utrum pater is esset, qui te occideret, an vero statim ulciscereru?.
Extimo, siquidem vitam amares, auctorem caedis
Ulciscereris, neque, quid justum, circumspiceres.
In talia mala et ego incidi,
Diis impellentibus, de quibus ne quidem patris
Anima, si reviviscat, mihi contradictura esset.
In Oedipo Colon. v. 1032.

possono reclamare che a loro stessi in ogni qualsiasi lesione del proprio dritto. Or l'uomo costituito in sì fatto stato si deve godere il dritto della difesa da quel momento, in cui un' animo ostile principia ad attentargli la vita fino a che cessa la ostilità; di maniera che cessato l'animo ostile non è più lecito ammazzare il proprio simile, perchè cessa all'ontutto il pericolo della propria vita.

Ed infatti per tanto tempo dev'esistere il dritto della difesa per quanto tempo la vita propria trovasi in pericolo di perdersi; giacchè a riguardo della vita viene all'uomo conceduto il dritto della difesa (491 e segg.). Certamente nello stato naturale la vita è sempre in pericolo durante l'altrui animo ostile; dappoichè in tale stato mancano quei, da cui potessimo sperarci difesa. È dunque necessario che da noi stessi ci difendessimo insino a che l'ingiusto avversario non deponga la ostilità.

Una tal verità, come sarà osservato in appresso, forma la base ed il fondamento del dritto di guerra competente ad ogni nazione, che ingiustamente viene sturbata ne' suoi dritti da un'altra nazione: epperò la ostilità nazionale altrui dà tutto il dritto all'altra nazione finchè non si accetti una onorevole pace di respingere la forza con la forza. Ma di tali cose un ragionato discorso altrove riserbando, esaminiamo per ora il tempo della difesa nello stato civile.

502. Il quale l'abbiamo (§. CLXXXIV.) l'abbiamo allorquando gli uomini sono riuniti sotto l'egida delle patrie leggi, avendo a lor difesa comune i magistrati, i quali anno tutta la forza di reprimere i ribelli, far valere i nostri dritti, infine far rispettare tutte le cose nostre. Or in tale stato l'uomo costituito tanto tempo gli si acconda a potersi difendere a sue proprie spese, quanto tempo dura il cimento istantaneo, e presentissimo di perdere la propria vita. Conciosiachè fuori il cennato pericolo può benissimo reclamare a'magistrati il dritto della propria difesa, i quali in luogo nostro possono e debbono fare le giuste vendette a salvamento di quella vita, che cercasi attentare. Per la qual cosa la vendetta nell'offesa è una reità anti-sociale che mena allo scioglimento dell'ordine socievole; giacchè

se ad ognuno, fuori il caso di estrema necessità, fosse lecito di vendicare da sè stesso i torti, ne verrebbe in conseguenza che ognuno potrebbe fare il maggior male che può al suo avversario (ciocchè sarebbe contrario all'amore socievole (476): ne conseguiterebbe pure che sul simile si arrogherebbe quei dritti, che competendo alla società, mica gli competono; onde agirebbe contra la giustizia (479): seguirebbe infine che qualora una è nel principio la mano armata, ne verrebbero centinaja in appresso a vendicare i torti; giacchè sarà offeso un capo di una famiglia, collegio, rione, tutti appartenenti a queste piccole società si muoverebbero contra il vendicatore. In allora dove più l' armonia socievole tanto necessaria al ben' essere de' cittadini ?

È chiaro dunque che il dritto di natura non può mai legittimare le vendette, le quali saranno sempre indegne di un'onesto cittadino. Perciocchè diceva il dottissimo Ulpiano: « *È a noi permesso di respingere con le armi colui, che con le armi viene ad assalirci; ma ciò nell' atto stesso, e senza intervallo* [1] ». Ed il gran giureconsulto Paolo voleva confermato lo stesso nel caso in cui qualcuno non potendosi altrimenti difendere dall' ingiusto aggressore gli lancia una pietra per sopprimerlo, egli diceva non esser compreso nella legge Aquilia, « *Mentre ciò non è fatto per causa di vendetta, ma ad oggetto solo di difesa* [2] ». È fuori dubbio adunque che nello stato civile il dritto di difesa non dura quanto l' animo ostile del nostro ingiusto avversario; sibbene dura quanto il pericolo urgentissimo di poter perdere la vita.

---

[1] *Eum igitur, qui cum armis venit, possumus armis repellere, sed hoc confestim, non ex intervallo*. L. 3. § 9. D. de vi et vi arm.

[2] *Dum id tuendi duntaxat, non etiam ulciscendi caussa factum sit.* L. 45. § 4. D. ad leg. Aquil.

QUISTIONE III.

QUALI CAUZIONI DEBBONSI ADOPERARE NEL DRITTO DI DIFESA?

503. R. Una tal quistione (§ CLXXXV.) fu già da noi altrove accennata (497), ed in tal quale modo brevemente risoluta. Epperò qui a maggior chiarezza soggiungiamo, che allorquando un'infelice è stato avvisato qualche ribaldo ingiustamente ricercarlo a morte, non deve di repente avvanzare la
propria difesa con la morte dell'ingiusto assalitore; giacchè la
vita del simile per l'amore gli dobbiamo (476) deve da noi
rispettarsi per quel miglior modo che possiamo. Perlocchè è
mestieri che sfugga il suo avversario per quanto è in suo potere ; potrà trattenersi in casa senza uscire incontro al pericolo ; oppure appiattarsi in un qualche luogo , ch'egli crede
il più sicuro a poter evitare e sfuggire l'ingiusto aggressore
della vita. Che se malgrado tali precauzioni; oppure non avendo
il destro a poterle prattiçare , l'infelice trovasi in mezzo al
cimento, fa uopo non di repente volare alla nocisione dell'i-
nimico; ma principiare con qualche ferita, o mutilazione, per
indebolirlo a tal modo, che possa desistere dalla invasione.
Tostochè poi siamo riusciti a far cangiare pensiero all'ingiusto
assalitore della nostra vita , per niuna guisa ci sarà più lecito
il dritto di difesa ; giacchè cessato il fine per necessità , debbono cessare i mezzi. Or quando l'avversario non più ci tenta
la vita, sia che avvilito, sia che spossato , sia che principia a
mostrarci amicizia , dov'è più per noi il pericolo di perdere
la vita? Dunque non abbiamo più a difenderci. Perciocchè troppo bene osserva Aristide quando dice: « *I Tebani essendo
pronti ad ogni giusto trattato, e gli Spartani marciando spontaneamente*, *fecer sì che la buona caussa passasse da questi e
quelli* 1 ». Parecchi altri esempi dello stesso genere possono
vedersi presso Grozio 2 , e presso Puffendorf 3.

1 *Thebanis ad aequa omnia paratis , Lacedaemoniis vero ultro ten-
dentibus, bonam caussam ab his ad illos transisse.* In Leucòtric. 1.
2 De jur. bell. et pac. 2. 1. 18.
3 De jur. nat. et gent. 2. 5. 19.

504. Ma il miglior modo d'involarsi dall'ingiusto aggressore è la fuga, come saggiamente vuol avvertire Puffendorf 1. Imperciocchè troncare il male alla radice, come suol dirsi, è distruggere l'istesso male, e con l'affidarsi alla fuga l'assalito toglie i passi all'ingiusto assalitore, e gli risparmia sicuramente la vita, ch'egli non sa prezzare coll'affrontare ingiustamente il simile. Epperò l'assalito può e deve pratticare un tal mezzo, quando gli riesce sicura l'intrapresa; giacchè niuno deve privarsi di un dritto certo con un mezzo incerto. S'egli fuggendo avesse a perderci la vita, e trovasi imperciò in mezzo alle più dure circostanze di difendersi, potrà usare di tutti què'stratagemmi, che poc'anzi menzionavamo (503). Intanto vogliamo qui tenere ciascuno avvertito, che trattandosi della quistione del dritto di difesa, ella sia di quella natura difficile, di cui altrove dicemmo (466) esser meglio rimetterla al giudizio divino, che volerla noi fare da giudici inesorabili. Imperciocchè in quell'atto violento di aggressione chi può dirsi talmente padrone di sè stesso, che possa far uso di tutte le vie dell'umana prudenza? Massimamente se l'urto è istantaneo, ed il tempo che resta a difendersi è cortissimo, come suole avvenire nello stato civile (502). È quindi cosa prudentissima di non usare in tali casi di tutto quel rigore, che si potrebb'esigere, se migliori fossero le circostanze, che accompagnano una tale violenza.

QUISTIONE IV.

PER QUALI COSE SI PUÒ CONCEDERE ALL'UOMO IL DRITTO DI DIFESA?

505. R. I Naturalisti non sono tutti di accordo nel fissare le cose, a favore delle quali possa usarsi il dritto di difesa (§. CLXXXVI.). Alcuni tra essi portano opinione, che l'uomo possa usare un tal dritto non solo per la tutela della vita; ma anche per quelle tutte cose, che in qualunque modo tendono

---

1 De jur. nat. et gent. II. 5, 13.

alla conservazione di lui. Ma volendo noi essere amici del vero, dobbiamo sinceramente confessare che una tale opinione di gran lunga oltrepassa la naturale equità. Ella infatti posta come vera generalmente ne seguirebbe senz'alcuna difficoltà, che anche per una qualche picciola ingiuria fosse all'uomo lecito, ammazzare l'ingiusto offensore. E chi non risente a questa stravagante conseguenza? A serbare intanto una giusta regola, di naturale equità ci sarà lecito così sentenziare. L'uomo può far uso della giusta difesa in tutte quelle cose, le quali gli appartengono, e dall'insulto delle quali verisimilmente ne può seguire la morte, od altro, che alla morte stessa può paragonarsi. Per certo il dritto di difesa nella ingiusta aggressione si considera come un favore della necessità, in cui l'uomo rattrovasi; or un tale favore non solo godesi nella estrema necessità, come sarebbe il pericolo di perdere la vita; ma anche in tutte quelle cose che si stimano più intollerabili della morte stessa (446). Dunque l'uomo può difendersi non solo quando corre pericolo della vita; come pure se non si difendesse avrebbe a sostenere mali o uguali alla morte, o peggiori della morte stessa, abbenchè la vita non cessasse di esistere. Fissata tal regola, che noi troviamo ragionevolissima, si apre un vasto campo frutice di moltissime quistioni, che noi crediamo qui porgere soltanto le più importanti; giacchè tutto sta adesso a fissare quali sieno quelle cose, di cui la lesione si può assomigliare alla morte.

506. E su le prime diamo soluzione a quella quistione che vuol riguardare la salute del corpo. Egli l'aggressore è ingiusto quando tende a recarci nocumento nella salute; e siccome perduta questa andiamo incontro alla morte, così per essa giustamente possiamo avvalerci del dritto di difesa. Per la qual cosa non potendo in niuna guisa scansare gli ostacoli alla nostra salute se non colla morte del nostro avversario, sarà sempre meglio veder morire, che morire. Infatti non direte voi ribaldo quel servo, il quale del continuo insidia la salute del suo padrone con mezzi tanto illeciti, quanto iniqua è la sua caparbietà? Fingete che il padrone non possa disfarsi di un tal servo per conto alcuno, certamente avete a dirlo

iñgiusto aggressóre, e come tale milita a favor del padrone il
dritto della difesa, mercè cui , serbate sempre le regole di uoa
giusta prudenza (497) , può giungersi fiso al troncamento
della vita del famiglio iniquo. Dappoichè il favore della necessità milita anche per quello, che se non di repente ci fa preda della morte ; pure alla morte ci mena (466), come sarebbe
il caso in parola. Ma per quanto giusto fosse il dritto di difesa pel totale della salute del corpo , non così lo crediamo
giusto egualmente per la intierezza del corpo medesimo, come
vorrebbero alcuni Naturalisti , tra' quali anche il ch. nostro
Einneccio. La loro sentenza non inspira quella naturale equità,
che ben richiedesi nel dritto di difesa. Imperciocchè ricevere
uno sfregio sul volto, recidere un qualche membro del corpo,
cavare un'occhio , o fare tutt'altro che possa appartenere alla
integrità del corpo umano ; per tutte siffatte cose l'ingiusto aggressore non può mai dirsi aggressore della vita , oppure di quelle cose che tendono insensibilmente a torre la vita.
Or abbiamo dimostrato (448 , 491) che il dritto di difesa
può soltanto militare per la vita, o per tutto quello che possa
aver ragione di vita : altrimenti un aiente stimerebbesi la vita
del nostro simile ; ciocchè si oppone alla legge di natura (485).
Per tal ragione crediamo appartarci dalla sentenza de' cennati
Naturalisti. Ma la seguente quistione vuol' esser discussa con
un poco più di avvedutezza.

QUISTIONE V.

PER LA PUDICIZIA CI SI FA LECITO IL DRITTO DI DIFESA ?

507. R. Ecco una grave discussione tra moralisti, i quali
poggiandosi su diversi principî diversamente concludono nelle
loro sentenze. Alcuni, come S. Agostino [1], Tommasio [2], Buddeo [3], ed altri portano opinione, che l' aggressore della pu-

1 De lib. arbit. Lib. 5.
2 Jurisp div. 2 2. 114.
3 Theol. Mor. Part. 2. Cap. 3. Sect. 3. §. 20;

dicizia non debba trucidarsi, stantechè la virginità è tale una virtù dello spirito , che per qualunque forza volesse usarsi non può giammai togliersi , ove manca il consenso della volontà ; in conseguenza tutta la coazione può cadere soltanto sopra il corpo. Altri al contrario, come Samuele de Coccei, il nostro ch. Einneccio, ed altri opinano potersi ammazzare l'aggressore della pudicizia ; sendochè la perdita è irreparabile , e lo sfregio è sì grave che maggiore non può riceversi dalla persona onorata. In mezzo a questa diversità di pareri qual sarà il nostro sentimento ? Ci piace aderire ai primi , a favor di cui scorgiamo maggior ragionevolezza. Ed infatti nello sfregio della pudicizia due mali possiamo riguardare , l'uno che à di mira il corpo , l'altro che à di mira lo spirito , e per questo secondo può ripellersi la forza ingiusta dell'assalitore con la forza della volontà ; giacchè ivi non v'è colpa , ove non c'è libero consenso della volontà (59, 74). Tostochè la persona oppressa rilutta colla volontà alle infami voglie dell'aggressore à superato di già l'intento a segno, che maggior difesa di sè stessa non poteva ottenere; conseguentemente niun'altro dritto le resta a sperimentare su la persona dell'aggressore. Per quello riguarda il corpo, e che forma tutta la forza de' contrari , lo sfregio della pudicizia non giunge mai a togliere la vita , per la conservazione della quale soltanto abbiamo il dritto a difenderci anche a costo della vita dell'aggressore (491). Concediamo volentieri agli avversari, che ad una onesta vergine non si può arrecare sfregio maggiore di quello , che violentemente ingravidarla a talchè la perdita della virginità sia per sempre irreparabile, onde diceva Quintiliano: « *Ai trascinata una vergine a quel torto , di cui le guerre stesse recar non possono altro più grave* 1 »; ma volentieri anch'essi ci debbono concedere, che non è una perdita a morte, nè tale che alla morte possa paragonarsi. Imperciocchè l'onore non perdesi quando è conosciuta la violenza , nè la vergine in parola può arrossire ove mostrasi la sua resi-

---

1 *Puellam usque in eam injuriam traxisti , qua nihil gravius bella habent.* Declam. 340.

stenza. Come non è vergogna per un'esperto generale di armata perdere una vittoria per forza maggiore gli si opponga; così pure non è infamata una donzella la quale non abbia potuto resistere alla forza eccedente di uno stupratore, cui ella non aderiva nell'infame cimento. Merita quindi compassione, che anzi si accatta l'altrui lode nella resistenza opposta. Perdesi la verginità! ma Egli il Legislatore della natura saprà raddoppiare le corone ad un sì violento sacrificio; ma la innocenza non sarà smarrita; ma il candore di castità potrà sempre rifulgere nelle progressive azioni. Del resto la eccezione della pudicizia nel dritto di difesa al più è una eccezione troppo incerta standovi dall'una e dall'altra parte motivi forti sì, ma di molto preponderanti tra loro. Perlocchè da ultimo siamo spinti a confessare ingenuamente, che mal provvederebbe alla sua coscienza colui, che nella ingiustissima aggressione della pudicizia togliesse la vita all'assalitore. Che se in quegli estremi momenti di sommo amore alla virtù, ella la persona insidiata si abbandonasse agli estremi rimedi, e l'altrui vita sacrificasse a favore della sua pudicizia, non sapremmo formare un'assoluto giudizio della giustizia od ingiustizia di una tale azione; ma contenti saremo di rimettere il fatto all'imperscrutabile giudizio di Dio, il quale nella rettitudine della sua giustizia ogni cosa sa ponderare nella giusta stima (456): cioccè in più casi è a noi negato attesa la cortezza del nostro intendimento, e la forza delle passioni che sempre vuol dominare di noi.

508. Dall'esposte teorie ne' vari casi fin qui esaminati c'è dato rilevare primieramente, che il dritto di difesa devesi da noi adoperare con molta riserva, onde non urtare ne' pessimi scogli della imprudenza, e poscia dar luogo a pentimento, figlio legittimo del male operare. Secondariamente poi nell'atto della difesa ricordarci che siamo nomini, e non eccedere quei limiti che volentieri appellerebbero alla barbarie; giacchè quello contra cui pugniamo è pure un'uomo al pari di noi, e la sola aberrazione della mente è quella, che l'induce a sì torto operare. Terzamente infine evitare per quanto c'è possibile tali scontri, e non provocare gli altri a tal segno che

ridotti alla disperazione avessero poi a rivolgersi contra noi; giacchè sarebbe allora cercare da noi stessi il pericolo della nostra vita. Con tai riflessi inoltrandoci nella giusta difesa contro l'ingiusto assalitore avremmo custodita la legge di natura, la quale ci riguarderà sempre come rispettosi a' suoi ordini, e ci guadagneremo la compiacenza dell'Eterno Legislatore, da cui attendiamo il nostro guiderdone. Felice quell'uomo che sa essere temperante ne' suoi dritti, egli rispetterà i propri doveri, e non insultando al dritto altrui saprà bene sciogliere quelle obbligazioni, che un'amore naturale lo voleva stringere col suo simile in tutt'i rapporti socievoli che appariscono in terra.

LEZIONE XLIV.

DRITTO DI DIFESA A FAVORE ALTRUI, E QUISTIONE IMPORTANTISSIMA SUL DUELLO.

§ 508. *Si propone la quistione, se mai il dritto di difesa militi a vantaggio di un terzo — si risponde col dimostrare l'affermativa — conseguenze della data risposta — quistione sesta, riguarda il dritto di difesa circa l'onore, e la stima — maggiormente è proibita la vendetta a sangue freddo — duello, e sue specie — si combatte la ingiustizia del duello, prima ragione — seconda ragione — terza ragione.*

509. Finora la giusta difesa a tutela della vita s'è voluto riguardare nel proprio individuo contra quell'aggressore, il quale avendo il dovere di rispettare la mia vita fa la mia nascere il dritto di vendicarla a danno della sua sempre che cerca di togliermela. Ora è tempo rivolgerci ad un nuovo genere di quistione, in cui non il dritto nostro è violato; sibbene quello degli altri, i quali in pari tempo son troppo imbecilli a difendersi a tal che contro loro voglia si veggono

ridotti alla estrema necessità di perdere la vita, oppure di soffrire quel tanto, che se la morte non cagiona, alla morte suole assimilarsi per quel traseioo di mali, che suole occagionare. Quindi la presente quistione riguardando il dritto altrui, il quale creando in noi un dovere per la correlazione de' termini (20), è una quistione di dovere che pare voglia stringerci col nostro simile impotente a sperimentare il suo dritto. Per la qual cosa ella promuove l'interessante problema, se mai il nostro simile impotente a difendersi richiegga da noi il dovere di essere difeso nella ingiusta aggressione, sia vogliasi riguardare nello stato naturale, sia vogliasi riguardare nello stato civile? A satisfare un tal problema nella schiettezza de' termini crediamo dire:

PROPOSIZIONE

NELL'ALTRUI INGIUSTA AGGRESSIONE L'UOMO À IL DOVERE DI DIFENDERE L'ASSALITO IMPOTENTE A DIFENDERSI.

510. Dim. Le idee di dritto e di dovere ànno tra loro sì stretta unione, che ove uno esiste l'altro deve tener dietro per necessità (20); esisterà quindi nel mio simile il dritto a difendersi contra l'ingiusto aggressore; dritto che per la sua imbecillità non può sperimentare, in me vi dovrà essere il sacro dovere di garentire il suo dritto. Ed infatti chiunque à dritto per un fine lecito ed onesto, à dritto ancora su tutti quei mezzi che sono capaci a manodurre ad un tal fine: ciocchè importa sperimentare il proprio dritto, ossia esercitarlo. Or l'uomo pretendendo la vita altrui a scanso della propria nella ingiusta aggressione, egli pretende il giusto ed il lecito (494); dunque à dritto a tutti quei mezzi che sono sufficienti a fruttargli un tal fine. Nella ipotesi non si potendo da sè stesso difendere alcuno nella ingiusta aggressione attesa la propria imbecillità, dovrà egli barattare il fine impostogli dalla legge di natura, qual' è la conservazione della propria vita? Certamente avrà egli dritto a' mezzi altrove richiesti, i quali son da tanto da potergli far conseguire il fine. Ore il

simile oppresso dalla ingiusta aggressione potrà salvare la sua
vita se io mi metto alla sua difesa; dunque avrà egli tutto il
dritto a ricercare l'opera mia a suo vantaggio. Ma il dritto
in uno dice dovere nell'altro (20); dunque se il simile impotente a difendersi nella ingiusta aggressione à il dritto di
richiedere l'opera mia a suo salvamento, in pari tempo ò io
il dovere d'imprendere la giusta difesa nel capriccioso conflitto.

511. Dalla esposta dimostrazione (510) rileviamo, che a
buon dritto possiamo ammazzare l'ingiusto aggressore de'magistrati, de' nostri parenti, figli, amici, infine di tutti quelli
i quali sono impotenti a difendersi. Imperciocchè la vita di cotestoro cammina ad ugual passo con la nostra per maniera che,
come siamo tenuti a difendere la nostra vita ; così pure siamo tenuti a difendere la loro vita nella ingiusta aggressione,
dalla quale essi non possono sortire senza la forza del nostro
braccio; Epperò sogliomi qui produrre varie eccezioni comprese nella generale nozione di giustizia naturale. Ed in primo luogo un tal dovere cessa quando non è a ricavarsi alcun
prò dalla giusta micidiale difesa ; giacchè il mezzo dev'essere
sempre subordinato al fine, il quale cessando cessa pure il
mezzo medesimo. In secondo luogo l'istesso dovere cessa ove
ridondasse a danno proprio; poichè noi siamo tenuti ad amare il nostro simile come noi, ma giammai più di noi medesimi (482 e segg.). In terzo luogo finalmente cessa l'istesso
dovere allorquando dalla giusta difesa micidiale avesse a risentirne danno la comunità ; dappoichè è fuori ogni dubbio
certo, che il bene comune a tutti debba preferirsi al bene
de' particolari. Fuori tali eccezioni è ben doverosa per ogni
individuo l'altrui difesa micidiale standovi la impotenza a garentire la propria vita.

A tal modo disbrigatoci dalla presente teorica possiamo
intieramente applicarci alla tanto celebre quistione riguardante il duello ; quistione che nasce dal vedere se mai per
l'onore o per la stima ci possa spettare impunemente il dritto
di difesa giustamente micidiale. Quindi proponiamo dapprima
la cennata quistione, onde dappoi, essendoci insensibilmente

introdotti nelle capricciose ragioni dei duellisti, esaminare l'insussistente ridicolo fondamento del duello. E per vero ci facciam lecito interrogare:

QUISTIONE VI.

PER L'ONORE E PER LA STIMA NELLA INGIUSTA AGGRESSIONE C'È LECITO IL DRITTO DELLA DIFESA MICIDIALE?

212. R. Evvi dissensioni de' Naturalisti i quali divvidonsi sì per l'affermativa, che per la negativa sentenza (§ CLXXXVII), come può lungamente scorgersi presso Grozio 1. Imperciocchè certuni agguagliando l'onore e la stima alla stessa vita vogliono, che come per la conservazione della vita può lecitamente assumersi una giusta micidiale difesa, così la stessa può usurparsi per l'onore e per la stima. Altri poi non ponendo siffatte cose all'istessa scranna della vita di maniera che la perdita dell'onore e della stima non reputando simile alla morte, eppure peggiore della morte, vogliono che per l'onore e per la stima lecitamente non può usurparsi il dritto di micidiale difesa. E pare con tutto fondamento che così vada la cosa di maniera che tutto il torto esista per la prima sentenza. Conciosiachè quantunque sia vero che dopo la vita naturale vuol tenere il primo luogo la vita civile, pare per un'insulto fatto alla stessa ella non va a perdersi, sibbene ad aumentarsi sempre più allorchè pazientemente si tollera l'insulto ricevuto. Per vero una guanciata, una villania, una calunnia, non son da tanto a farci perdere la vita naturale, perchè chi mai è morto siffatte cose ricevendo? La vita civile può restare offesa nella urgente circostanza, ma seppure perdersi quantunque volte si dia luogo al tempo, in cui ogni falsità è sempre smascherata, e l'onorevole tolleranza in ogni giusto pensatore fa accrescere le palme e le corone al riflesso, che sappiamo tollerare quei ribaldi, e che al certo meritano ogni compassione ne' loro traviamenti. Perlocchè con qual dritto vogliamo a togliere la vita al nostro avversario, se anzichè le-

1 De jur. bell. et pac. 2. 1. 10.

darci ci giova invece? Sarà un' accendimento della nostra fantasia ; oppure uno sfogo del più indolente orgoglio quello di lordarci le mani nel sangue del simile che tende insidie al nostro onore, ed alla nostra riputazione ? Ma le passioni non possono essere giammai garentite dalla legge di natura. Si potrà dire una tal difesa appellazione a naturale soddisfazione, ma è vana sfuggita ; giacchè o siamo nello stato naturale , e per le ragioni poc' anzi addotte devesi lasciare un tal dritto di soddisfazione al Legislatore della natura : o siamo nello stato civile e dobbiamo lasciarlo a' competenti magistrati , cui incumbe il pensiero di ammansire gli scellerati (501, 502). In qualunque modo adunque non ci sarà giammai lecito vendicarci con le nostre proprie mani, ed è ella la vendetta, massime in simili incontri, sempre capricciosa , vile , anti-socievole, riprovata dalla legge di natura. Se non che una necessaria eccezione vuolsi qui produrre di riverbero alla enunciata regola, ed è che se la persona, la quale riceve uno sfregio nella stima, sia di sostegno al corpo civile, allora per tale sfregio l'offensore può riputarsi degno di morte. Imperciocchè in tal caso il bene comune come per lei si regge ; così l' autorità di lei degradata ne seguirebbe l'indebolimento delle leggi, lo scompiglio, e la ruina di una nazione. Ma pel sostegno del bene comune è doveroso che a tristo esempio si esponga chi ebbe l' audacia di tentarne il rovesciamento o la ruina. Sfregerai tu un Sovrano , gli dirai in faccia le villanie, meramente vai dipingendolo ? E ben ti stia la morte, la vendetta , la soddisfazione della offesa ; dappoichè assaltato l' onore di lui è di già rotto quel vincolo di venerazione, che il bene di tutti sorregge. Epperò cosa è dicevolissima, che il Sovrano ammenda cotestui pel braccio forte de' magistrati posti nella umana società a punire i delinquenti ; giacchè la storia non manca di esempi di quei sommi imperanti, i quali avendo voluto fare la vendetta con le proprie mani, hanno dovuto poscia durar molta fatica per accreditarsi presso i loro popoli.

513. Se dunque nell' atto della difesa diretta al nostro onore ci vien proibito dalla legge di natura vendicarla col sacrificio della vita dell'offensore (512), quanto più irragionevole

non sarà una tal vendetta fuori cimento, che a sangue freddo, come suol dirsi, capricciosamente piace prendere? Donde hanno avuto origine tutte quelle brighe, che sogliansi chiamare punti di onore, momenti di alto coraggio proprio di un cavaliere che bada e prezza la sua riputazione, in una parola Duello? Esecranda parola! sol capita dalla barbarie, da essere ignota in mezzo alla civiltà... *Stolido e funesto fantasimo del punto di onore*, son le parole troppo sensate del P. Taparelli [1], *nato fra barbari che sotto una rozza legislazione male assistiti da' tribunali, male avvezzi alla condotta, male informati del governo, della provvidenza, credettero diritto, onore, pietà, affidare alla spada le funzioni di magistrato supremo; questo pregiudizio sanguinario, combattuto sempre dalla cattolica chiesa anche in mezzo alla barbarie, e da tanti barbari moderni in mezzo alla civiltà, sostenuto come mezzo di difesa, riparazione di onore, eccitamento al valore...* Ed eccoci introdotti nella importantissima quistione del duello, la quale tanto più ci piace svolgerla da capo a fondo, quanto che aggigiorno è divenuta una moda vendicare il proprio onore col duello, facendosi un mezzo necessario a riparare i propri torti. Prima però di mostrare la insussistenza di una tal difesa crediamo mestiere aperne la sua genuina nozione, acciò così più sicuramente ci sarà dato rilevare la opposizione, che il duello fa alla legge di natura.

814. Il Duello, detto da' Greci, Monomachia, è un combattimento convenuto tra due o più persone a fine di dirimere una lite tra loro insorta, ed in cui si è di mira la perdita della vita, o qualche grave strapazzo nella stessa di alcuno di loro. Or siccome ogni lite può avere un motivo pubblico, o essere privato; così il duello può nascere o da una causa pubblica riguardante il bene comune; oppure da una causa privata riguardante il bene de' privati. E da qualunque causa potesse nascere il duello, potrà esso sempre aver luogo o per autorità pubblica, o per autorità privata. Quindi possiamo avere che ogni duello può farsi per autorità privata in causa privata;

per autorità pubblica in causa privata ; per autorità pubblica
in causa pubblica. Ecco di repente tre specie differenti di duello, di cui lungamente parla Gentili nella sua celebre opera *Dei
combati singolieri*. Il Duello di prima specie è quello che si
conviene tra particolari senza intervento di alcun magistrato;
tal sarebbe quel micidiale appuntamento che fanno due privati a fine di riparare le ingiurie. Il Duello di seconda specie è
quello, che pur conviensi tra particolari ; ma con l'intervento
di alcun pubblico magistrato; e tal sarebbe quel micidiale appuntamento che fanno due privati autorizzati dal Principe a riparare le rispettive ingiurie. Il Duello di terza specie infine è
quello, che s'istituisce a fine del bene comune ; e tale fu il
combattimento che Davidde ebbe col gigante Goliat, voluto dal
Re Saulle. Noi qui non parleremo del duello fatto in causa
pubblica per autorità pubblica, giacché di questo a lungo parleremo quando ci si presenterà la occasione di parlare della
guerra. Non qui parleremo del duello fatto per autorità pubblica in causa privata; giacché sarà discusso quando avremo a
parlare del dritto di vita e di morte competente a' Principi su
loro sudditi, qual dritto è soltanto lor dovuto quando il bene
comune lo esige. Tutta la nostra mira in ora è di ragionare sul
duello, che da' privati si ordisce per causa privata, e per mostrarne tutto l'errore ci vediamo costretti stabilire così il teorema:

PROPOSIZIONE

LA LEGGE DI NATURA IN NIUNA GUISA PUÒ LEGITTIMARE QUEL
DUELLO, CHE PER PRIVATA AUTORITÀ A' LUOGO IN CAUSA
PRIVATA.

535. Dim. La legge di natura può dire lecito tutto ciò, che
da essa non viene né comandato, né proibito (124). Ora il
duello per privata autorità in causa privata stabilito anziché
essere comandato dalla legge di natura, è da essa espressamente proibito. Dunque la legge di natura non può legittimarlo.
Infatti supponiamo per poco il duello in parola esser lecito
dalla legge di natura, dovrebbesi in allora dire essere il duel-

lo stabilito per privata autorità, in causa privata, una giusta difesa. Or questa giusta difesa in tal duello non à mai luogo, nè può averlo; imperciò non potrà esser mai lecito per dritto di natura Certamente la giusta difesa à luogo sotto l'impero della necessità a scanso della vita, nel quale caso, la natura accorda tutto il favore della necessità a colui, ch'è assalito (491); e tale impero nel caso in parola vuolsi fingere da una predominante forza di fantasia; non già che realmente esista. E per toccare con mani l'assunto da noi preso, esaminiamo per poco tanto la difesa, quanto la giustizia che deve accompagnarla.

Ella la difesa può aver luogo soltanto di rincontro alla resistenza: allorquando uno mi usa violenza, dalla quale non posso svincolarmi in altro modo che opponendo la forza mia, alla forza altrui, allora dicesi che mi difendo, e l'atto vuolsi appellare difesa. Quale atto acquista giustizia e nella causa e negli effetti dalla necessità, da cui viene accompagnato di maniera che, governato io dalla necessità di conservarmi nel proprio individuo, dovendo amare il simile come me, ma non più di me, lo consacro a danno dell'avversario che vorrebbe privarmene. Non sono queste nozioni contradette dagli stessi avversari, i quali peccano soltanto perchè malamente le applicano al caso loro. Ci dicano di grazia, qual difesa, e quale giustizia di difesa à luogo nel duello in parola? Se vogliono esser sinceri debbono francamente risponderci che nessuna di ambedue le cose si avvera.

Nel duello in parola non v'è difesa; dappoichè ella suppone resistenza, questa suppone ventura, questa infine suppone disuguaglianza. Or il duello convenuto per privata autorità in causa privata non ammette resistenza, ventura, disuguaglianza; dunque non è difesa. Non ammette resistenza; perchè ivi non l'assalitore viene contra di noi, ma viceversa noi andiamo in cerca dell'assalitore. Che cosa fanno i duellanti? Si vanno ad ammazzare in un luogo di appuntamento per vendicare, com'essi dicono, il proprio onore; dunque à sfogo di vendetta, infine a pericolo della propria vita. Perlocchè ivi non rinviensi una formale resistenza; sibbene si va incontro ad un verissimo pericolo di barattare la propria vita. Non ammette ventura; giac-

chè questa non conosce cause le quali si avessero potuto ant-
vedere; ma è un fulmine che piomba su la cervice dello sfig-
gurato. Qual ventura nel duello in parola può aver luogo, se
i duellanti si provocano, si sfidano, si apparecchiano a vicenda;
un luogo di conflitto viene da essi stabilito, testimoni e difensori si vengono statuendo? Tutto ivi è a sangue freddo,
poscia ricevute le offese, e si opera premeditata, l'azione non
bollore delle passioni. E dunque un caso voluto, pensato, posto nella esecuzione. Infine non ammette disuguaglianza; giacchè ivi le armi sono bilanciate, vicendevolmente pattuite; ciocchè importa lo stesso, che concedere all' avversario ogni possibile e miglior modo di farci resistenza; cioè di poterci ammazzare. Ma la difesa per esser vera difesa deve avere resistenza, ventura, disuguaglianza. Dunque il duello convenuto
per privata autorità in causa privata, non è vera difesa.

Ma concessesi per poco fosse vera difesa, ella come ingiusta neppure può aver luogo in mezzo alla umanità. Imperciocchè la difesa acquista la sua giustizia dalla necessità, in
cui possa trovarsi l'individuo di perdere la propria vita (491).
Or nel duello in parola non v' esiste questa voluta necessità
nè per parte della causa, nè per parte degli effetti. Ed infatti la causa che mena ad un tal combattimento ordinariamente è l'alterazione che puossi ricevere nell'onore, e nella
stima; or fu dimostrato (512), che tai cose non danno dritto
alla micidiale difesa. Gli effetti di un tale appuntamento non
appaiono meno ingiusti; giacchè non la necessità di conservazione, ma lo sfogo vilissimo della vendetta mette a risico
della vita. Si viene alla distruzione del proprio simile senz'affatto usare i mezzi di minor rigore voluti dalla legge di natura (503, e segg.). Infine si sfugge ogni altro mezzo di ri-
conciliazione col proprio avversario. Ma la legge di natura accorda il dritto su la vita del simile nella sola giusta difesa,
(494). Esso dunque il duello convenuto per privata autorità
in causa privata non può legittimarsi dal dritto di natura.

516. Oltreacchè la stessa legge di natura, altamente ci comanda di aver una la cura pel proprio onore, e per la propria stima (416). Se il duello in parola a tai cose ponesse

mento , e la forza di una tal legge accogliesse nel proprio cuore , il furioso duellante di repente si accorgerebbe della ingiustizia intrinsecamente rannodata nelle sue operazioni. Col duello cercasi riparare l'onore si va dicendo; ebbene che cosa è l'onore? È la manifestazione della stima (419) ; cioè gli altri ci manifestano i buoni concetti che per noi nutrono. Ad esser giusti tali pensamenti debbono proporzionarsi alla causa donde provvengano ; son quindi da proporzionarsi alla maniera con cui io opero. La mia operazione di duellare è ella giusta oppure ingiusta? Certamente ingiusta (515). Dunque gli altri avranno a pensare di me come di un'uomo ingiusto; conseguentemente come di un'uomo senza onore ; perchè senza senno espongo la mia vita al pericolo ; perchè senza cuore ammazzo il mio rivale ; perchè senza coscienza calpesto le leggi più sacre della natura. Vorrei conoscere da questi spiriti forti , e che gli stolti chiamano uomini di onore , se l'onore debba comprarsi con sì sanguinosi chirografi di scherno , e di obbrobrio? Anzichè il duello essere un mezzo per difendere l'onore, a ragione un mezzo si vuole per abbattere ogni onore. In tutto il duellante non farà altro acquisto dai suoi pericoli , che l'esser tenuto da bravo , e quindi temuto da chiunque non si sente animo e coscienza da poterlo affrontare. E con tutto questo avrà egli tanto faticato per acquistarsi la lode di uno scherano. E se questo possa chiamarsi onore , acquisto di onore , difesa di onore , e che so io, mi appello agli stessi furiosi , che si danno in preda di sì forsennato ritrovamento di barbarie.

517. Se non che il vero onore vuoi rispettar' i dritti dell'innocente, i quali se pur fossero risparmiati dal duello la parola, sarebbe ben meno il suo torto. Ma come fare se nella singolar tenzone con la uccisione dello sciagurato ordinariamente viensi ad accagionar ruina alla famiglia di lui , od a quanti altri pendevano da lui sbramando lor speranze. Questi tali al tuono di sì funesto fulmine serberanno più cuore per l'omicida, a lui porgeranno segni di affetti e di stima? Se ci piacciono le lusinghe avremmo ben voglia a travedere. In tal caso dunque la nostra stima, il nostro onore, non farà delle note-

voli perdite ? Dove più ripararle ? A chi appellare ? Ecco i
stravaganti mali rinchiusi nella infame azione del duello, degna di riprovarsi da chiunque è fior di senno. Diremo dunque franchi, svergognato il Duello, infami i Duellanti , e tali
da non essere più degni di esser sostenuti dalla terra madre
comune degli uomini.

Grazie però sian rese alla Chiesa Cattolica, che nutrendo un
cuor di madre a vantaggio de' suoi figli, avventò i suoi fulmini in Vaticano contra questi sciagurati per richiamarli al
dovere, e risparmiare a tal foggia tanto sangue , che la sola
iniquità fida di mirare imperterrita. Grazie del però sian rese
a quelle tutte civili società, che facendo eco sublime alla Chiesa nel santuario di lor ragione calcolando i danni inesprimibi-
li di questa barbara invenzione , si diedero a tutto potere a
perseguitarla, e con saggissime leggi mostrarono alla intiera
umanità quanto amore , quanta ragionevolezza, quanta equità
infine raccogliesse la lor segnata legislazione. E attendiamo
che gli uomini rientrando in loro stessi facessero miglior uso
di lor ragione , e tutti dalla terra eliminassero codesta pazzia, codesta barbarie, di veder sparso iniquamente il sangue
de' propri fratelli con le stesse lor mani. A tal uopo facciamo
i più fervidi voti al Cielo, e ne speriamo la Dio mercè larghissimo effetto.

LEZIONE XLV.

DOVERI RIGUARDANTI LA PERFEZIONE DELLA MENTE E DEL CORPO DEL NOSTRO SIMILE

§ 548. *Devesi studiare alla perfezione dello stato interno, ed esterno del simile — come procurarsi la perfezione dell'intelletto del simile — si scende al dettaglio de' mali, che si procurano contra l'intelletto del simile — si continua per parte di cattivi maestri — come procurarsi la perfezione della volontà; tanti che le si detagliano — continua specialmente per parte del cattivo parlare — si pigliano di mira i corruttori de' costumi — si conchiude per tutti che trascurano un tal dovere — non devesi arrecare lesione al corpo del simile — si conferma dalla pena del taglione, e ciò è secondo natura — epilogo.*

548. Proponemmo antecedentemente (484, 485) il solido fondamento di tutt' i sociali doveri, qual'era appunto di cercare la perfezione altrui come la propria. E siccome ogni uomo à il dovere di perfezionarsi in quel ch'è, cioè nella mente e nel corpo (371 e segg.); ed in quel che à, cioè nello stato esterno (400 e segg.): così ognuno deve procurare la perfezione del simile tanto nella mente e nel corpo, quanto nello stato esterno. Perlocchè spicciolatamente a trattare de' doveri sociali, fa mestieri tener conto dello stato sì interno, che esterno del proprio simile, il quale à sempre dritto di reclamare contra qualunque siasi lesione, pugna, o malversazione delle cose sue a quel modo, che noi stessi alzeremmo la voce se ci vedessimo offesi in queste tutte cose contra chiunque ardisse stendere la mano a nostro danno. Or poichè alla mente si appartiene l'intelletto e la volontà, principieremo a parlare del primo nella materia, che ci occupa:

PERFEZIONAMENTO DELL' ALTRUI INTELLETTO

519. La perfezione dell'intelletto si acquista con le virtù intellettuali (372); conseguentemente l'uomo a simiglianza del suo intelletto deve procurare la coltura dell'intelletto del suo simile (§ CLXXXVIII.). Quelle virtù intellettuali, che sono omogenee al conoscimento sì del vero, che del bene, queste a tutta lena deve l'uomo ingenerare nel suo simile. Or poichè ogni legge precettiva contiene la proibitiva dell'opposto (124), egli l'uomo scrupolosamente è tenuto a non recare la menoma lesione all'intelletto altrui; per maniera che, tutto quello è capace di recare qualche imperfezione, che la verità offendesse, ed il bene corrompesse, tutto questo sempre deve tenerlo lontano dal suo simile come contaggiosa peste avente in sè la più perniciosa acrimonia di una morte morale. Donde sorge che la non curanza di un sì importante dovere produce nella gran famiglia dell'uomo tutta quella strage, che del continuo c'è dato osservare sotto i propri nostri occhi. Di quà la corrazione nella incauta e troppo al vizio inchinevole gioventù, la vergogna, taciturnità nella canizie, per altro rispettabile, in questo spesso, fine degna di caldissime lagrime. Di quà quella scarsezza di pubblica onestà, che alla fin fine arrossar dovrebbe ognuno che rabbiosamente le si oppone, e fecondissima madre di orrende sciagure si asside arbitra in mezzo a'mali della umanità. Di quà infine pigliano scaturigine tutti quei traffichi d'impudentissima fronte quasi addivenuta socievole sol perchè a replicate percosse rompabbesi, dissiersi il modo socievole, che gli uomini avvitiechia, la natura tutta intesa a produrre i sodi vantaggi dell'uomo non selvatico da lei prodotto, ma propenso a mostrarvisi scotendo il giogo de'propri doveri. L'uomo è nato capace di ammaestramento, questo richiede, questo desidera, e là si appiglia ove cercasi piegare ne'primi albori dello sviluppo intellettuale.

520. Dalle sparse idee basterà rilevare a sufficienza la grave offesa arrecata alla legge di natura da quei tutti, i quali per

via di sofismi , mendaci, ed arguzie, il proprio simile tirano nell' errore allontanandolo dalla verità. S' è crudeltà non fargli bene , qual crudeltà maggiore non s' è quella di fargli male , ed il maggior male pregiudicarlo nell' intelletto ? Quel riempire la testa del proprio simile di stravaganti pregiudizi, alterate opinioni , massime corrotte, principi anti sociali , che cosa vuol significare se non precipitarlo nel colmo delle sventure, suggellare la propria iniquità? Son' eglino maestri della più fosca tenebria , e fabbricano del continuo le dissoluzioni della società gemente sotto il loro maledetto magistero. E qui vuolsi richiarre quel torrente inaudito di pestiferi libri ripieni delle più vergognose massime abbellite con tutti i ripieghi di una sedicente diceria , corrette nel manto di altrui giovare, e mal pentintiati dal fatto, che inutilmente s'invocava a difesa. Se minor prurito vi fosse di stampare , se minor licenza nello scrivere, e se maggiori fossero gli ostacoli ad una bugiarda voglia d' altri istruire, per certo minori sarebbero i mali che del continuo debbonsi veder circolare in mezzo alla umanità. Per le quali tutte cose altamente reclama la legge di natura contro quelli, che libri danno alle stampe, in cui contengonsi errori di qualunque specie si fossero. Se grandissimi furono i benefici, che a noi pervennero per la invenzione della stampa , non può negarsi che per la malvagità dell' uomo grandissimi sono i mali che da lei all' uomo stesso pervengono? La sola malizia il bene sa cangiare in male a danno comune! Peccano quindi contra la legge di natura tutti quelli che cooperano a simili produzioni ; e tal' i tipografi che stampano dottrine corruttrici dell' umano intelletto; e tal' i libvari, che per isgorda avidità di argento ne attivano lo smercio, e tali infine quei tutti, cui incumbendo ostacolare questo turgido torrente di mali, neghittosi si compiacciano vederne le sciagure , come se l' altrui male non pure fosse ruina propria.

521. Non minore è però il torto che fanno alla legge di natura quei precettori , cui meglio starebbe il nome di carnefici, i quali pare vanno lambiccandosi il cervello o per istupidire, o per ingenerare nell' intelletto de' loro addissensti ogni odio all' umano sapere. Che fanno con quel continuo timore

che incutono in essi per inghisarli al sapere? Crederanno forse che l'intelletto s'ingentilisce? Sì, resta inselvatichito, e stanco dal più gemere ama piuttosto la primiera libertà, il saper nullo. Un tedioso rincrescevole metodo d'insegnamento loro sommamente a cuore fa maledire il momento, in cui l'infelice allievo concepì il pensiero di svezzare l'intelletto dalla natia ruvidezza. E se li vedeste trattar come schiavi i miseri figliuoli alle barbare lor cure affidate, direste senza dubbio che anno perduto il bene dell'intelletto. Con fruste, e con palmate si vogliono cattivare la lor benevolenza, e come se l'intelletto fosse un pezzo di marmo, il quale ubbidisce alla mano dello scultore, vogliono indurlo nel tempio della sapienza. Infelici ignorano la natura dell'intelletto umano, e si vogliono affaccendare per guarirne le piaghe!! Dopo tutto questo ne conseguita, che i discepoli atterriti dalla gran via che gli resta a battere nel sapere, volentierissimi abbandonano ogni pensiere di educarsi negli studi, e tale abbominio concepiscono alla verità, che il solo nome li fa trasecolare. Un'illustre esempio cen à lasciato l'Imperatore Massimiliano I, in persona di Pietro che poi fu Vescovo di città Nuova, come cen fa fede Cuspiniano il quale ecco come dice: « Tosto che Massimiliano fu in età capace di apprendere letteratura, fu affidato a maestro Pietro, sotto cui con altri giovinetti condiscepoli, figli di parecchi nobili, attese per qualche tempo alla lingua latina. Ma poiché il precettore di lui era soltanto addottrinato nelle dialettiche sottigliezze, voleva farlo apprendere a forza di certi sofismi, ad imparare i quali quegli non era punto capace: più volte atrocemente battuto da essolui, che meritava piuttosto di essere battuto, perché le battiture sono convenevoli più a' schiavi, che a' liberi, ridusse finalmente il suo allievo a concepire odio piuttosto che amore alle lettere. 1 »

1 Ubi vero habilis per aetatem ad litteras addiscendas fuit Maximilianus, magistro Petro traditus, aliquot annis cum nobilium quorumdam filiis conturbernalibus Latinas didicit litteras. Sed cum ejus praeceptor, solis dialecticis argutiis doctus, sophismata illi inculcare vellet, ad quae capessenda aptus non erat: saepius atrociter verberatus

Epperò tali maestri formando l'abbominio alle lettere nei loro addiscenti, bensì formano del paro negli stessi il più duro pentimento nella tarda età di non averli rinvenuti migliori. Così l'istesso Cuspiniano ci assicura che Massimiliano in mezzo a' fasti della regia si pentiva oltremodo di non essere letterato per colpa del maestro, onde ne' conviti era solito dire agli astanti : « *Se ancora vivesse il mio maestro Pietro, quantunque noi dobbiamo assai a' precettori, lo farei pentire di avermi istituito* [1] ». Ma passiamo ad esaminare la volontà.

PERFEZIONAMENTO DELL'ALTRUI VOLONTA'

542. E per rapporto ad essa (§ CLXXXIX.), siccome la volontà si perfeziona con le virtù morali giusta il detto antecedentemente (388); così l'uomo è tenuto a proccurare tali virtù a bene della volontà del suo simile: quindi è tenuto ad allontanare da lui ogni lesione di volontà, che vuolsi chiamare corruzione. La quale è figlia genuina della corruzione dell'intelletto; dappoichè la volontà non agisce se non dietro i lumi dell'intelletto (83); perciocchè questo ottenebrato con degli errori, falsità, e pregiudizi, quella senza dubbio dovrà mostrarsi corrotta nella elezione degli atti suoi. Per la qual cosa peccano contra la legge di natura quelli che agli altri insinuando il male il lor cuore corrompono, rendendosi empi conduttori della ruina altrui. Per tal riguardo vengono ripresi dalla natura coloro che prendonsi il barbaro piacere di spingere, od adescare i propri simili ne' smodati piaceri opposti alla legge, o provocarli alla vergognosa voluttà, cui abborre la natura, e sol per vizio s'inchina a prendere il carattere della bestia. Infine qualunque sia il vizio, cui con belle mo-

---

eb eo, magis ipse verberandus, quam verbera servos doceant, non liberos, tandem effecit, ut litteras magis odio haberet, quam diligeret. pag. 603.

1 Si hodie praeceptor meus viveret Petrus, quamquam multa praeceptoribus debeamus, efficerem; ut se instituisse eum poeniteret.

sire ma ingannevoli, spiegano, allettano, eppure insiemano il simile, essi hanno da rendere il più stretto conto al Legislatore della natura, il quale a vista delle loro ribalderie scaricherà su' essi tutto il peso della pena minatagli.

523. Or, non meno con gli atti, quando con le parole e con gli esempi, possiamo produrre la corruzione de' nostri simili, dep; poichè essi hanno tal forza sul cuore umano, che in più fiate ne vogliono tenere un tirannico dominio, ed ordinariamente non avrebbonsi a sguardare tanti mali, in mezzo alla umanità se di repente avessero a seccarmi questi due fonti uberrosissi mi di ogn' iniquità. La giornaliera esperienza rende ognuno perito maestra de' mali socievoli, e piacesse a Dio che ciascuno non imparasse a proprie spese. E per dire delle parole, come senta a dirsi così pura, vuol dirsi, massime la tenera età at tentissima al male, poco accorta al bene, pende dall' altrui cattivo labbro piuttosto, che dal buono, e vediamo alla gior nata che pensa e parla come i malevoli ordinariamente pen sano e parlano. A tal modo cresciuti immaginate voi quali opere non debba produrre nell' adulta età, e sembra nel vi zio incaputire, e per forza dello stesso deporre le mortali spoglie. Qual dunque non è 'l danno che producesi col catti vo parlare? Con tutto ciò si pretenderà silenziosa la legge di natura? Ella resta altamente offesa da questi linguacciuti, i quali pare non siano nutriti che nella effeminatezza e nella disi onestà; sendo che non odonsi proferire che parole oscene, vergognose, o poco oneste. Il pudore è l'unica retaggio della natura, e per esso ognuno contiensi nel proprio dovere. Per quello poi riguarda gli esempi massimamente turpi, piace a noi piuttosto spandere in di essi un densissimo velo anzichè alzarvi cattedra; imperocchè il torrente del mal' esempio reca le più gravi ingiurie alla legge di natura. Se non che di pas saggio accenniamo, che i nostri simili più spesse fiate ope rano perchè veggono fare: e questo malnato principio di cor ruzione à sauciato, e continua a ferire la famiglia dell'uomo; giacchè la fantasia ne accende, ed i sensi tutti ribelli nemici dell' uomo mette in rivoluzione.

524. Soprattutto peccano gravemente contra la legge di na-

tura, quei tutti che avendo il sacro dovere di reprimere l'altrui
vizio, e mentre lo possono, aprono invece più libera la via
al vizio stesso. Questi corruttori degli altrui costumi hanno appresa tutta l'arte di nuocere i loro simili, e fosse il Cielo che
dalla terra sgomberassero, in allora non avremmo a deplorare
a calde lagrime que' tanti mali provvenienti da questa infame
non già indulgenza, ma espresso comando di generare il male.
Così fece Dionigi tiranno in Sicilia col figlio di Dione allorquando seppe che questi nel Peloponeso gli preparava un'aspra
guerra. In allora, dice Cornelio Nipote: « Comandò che il
figliuolo di costui fosse in modo educato, che condiscendendo-
glisi in ogni sua brama, s'imbevesse de' più nefandi vizi. Perlocché, fanciullo ancora e non giunto agli anni della pubertà,
era guidato alle meretrici, e faceasi immergere nel vino e nella
crapula, di talché non restavagli un momento di sobrietà e
temperanza. Il quale, dopo il ritorno del genitore, non potendo adattarsi ad un sistema di vita tutto opposto a quello
fin' allora praticato (perocché gli furono assegnati de' custodi
per allontanarlo dall'antica condotta), si buttò giù dalla som-
mità della casa, e così uscì di vita [1] ». Ecco dove mena la
colpevolissima trascuranza d'impedire la corruzione degli altri. Quello che prima era riducibile ad un semplice sguardo,
ad un semplice grido, fatto gigante riesce impossibile emen-
darlo, ed a gran passi accelerando la ruina, il precipizio inevitabile suggella la ruina. Questo arcano tirannico, giustamente così chiamato da Fostener [2], era ben noto a' Romani,
i quali contro ogni legge di natura venivano adoperandolo contro quelli che si dichiaravano lor nemici, oppure che non erano con certezza loro amici. L'è questo davvero un fatto che

[1] Filium ejus sic educari jussit, ut indulgenda cupiditatibus imbueretur cupiditatibus. Quamobrem, puero, priusquam pubes esset, scorta adducebantur, vino epulisque obruebatur, neque ullum tempus sobrio relinquebatur. Is deinde usque eo vitae statum commutatum ferre non potuit, postquam in patriam rediit pater (namque adpositi erant custodes, qui eum a pristino victu deducerent) ut se de superiore parte aedium dejecerit, atque ita interierit. Diod. cap. 4.

[2] in Tacit. Ann. lib. 1.

molto oscura la gloria Romana. Se il bene altrui è da promuoversi come il nostro (484 e seg.), non reclama a ragione il nostro simile contra gli attentati che soffre per nostra
pura malizia ? Se il codice naturale proibisce l'altrui corruzione, con quanta coscienza non impediamo l'altrui male? Ma
si avrà un bel dire a questi saturati uomini, i quali a corrompere l'altrui. volontà calpestano ogni legge di natura.

525. Finalmente peccano contro la stessa legge quei tutti,
che abbenchè si oppongano al vizio. del proprio simile; pure
non gli danno tutta quella caccia, ch'essi debbono e possono.
Imperciocchè non si dirà mai aver voluto smorzare il fuoco
colui, che non vi gittò sopra tutta quell'acqua, che in essendo in suo potere poteva adoperarvela. Dirai di quell'educatore, a mo' di esempio, aver tutta la colpa nella cattiva
educazione del suo 'allievo, quando questi si nutricò nel vizio
non perchè da lui non fu avvertito o corretto ; sibbene perchè fu snervato nel reprimerlo, nojoso nel rampognare, dis-
accorto nel fugare certe segrete cause del male. Che se un
tale allievo s'è dato preda all'ingannevole piacere, non è
colpa tutta dell'educatore ? Ingigantito il male riesce ben'inutile ogni avviso, e certamente il male non di repente diviene
gigante, ma come grande incendio ripete la sua origine da
tenuissimi principî o non a tempo repressi, o mal repressi.
Ella la volontà dell'uomo è di tal natura che vuole accorto,
fermo, e fedele il suo pedagogo. Non basta gridarle in faccia, v'è mestieri più spesse fiate adoperare tutta la forza
d'incanutita prudenza per distrarla dal mal fare, cui sempre
inclina malgrado i freni che le si oppongono. Bisogna che stia
sempre alla vedetta delle sue azioni chi à il dovere di altri
correggere, gridar forte al vizio, rendersi ancora petulante,
onde il vizio venisse cancellato fin nella sua più lieve orma.
Cosifattamente in questo, e nell'antecedente caso (524), non
avremo a renderci colpevoli delle altrui cattive azioni : giacchè opponendo tutta la nostra resistenza non verremo giammai
a cooperare a quel male, che solo si opera dagli altri per loro
micidiale malizia.

PERFEZIONAMENTO DELL' ALTRUI CORPO.

526. L'ultima parte costituente lo stato interno del nostro simile è appunto il Corpo (§ CXC.), il quale non merita minori riguardi dalla parte nostra; sendo che non può giammai fallare il principio universale di natura, che quello non vogliamo pel nostro corpo, neppure dobbiamo volerlo pel corpo del nostro simile. Donde per necessità fluiscono svariati doveri, cui la giustizia sociale impone a ciascheduno le più stretto impegno di amorevolezza. E dapprima insistendo sul mentovato principio sarà fuori quistione · che ogni uomo sia tenuto a non recare la menoma offesa al corpo dell'altro uomo; perciocchè tutte quelle azioni le quali in qualunque modo sono dannevoli all' altrui corpo, queste per legge di natura sono espressamente proibite. Quindi contra la stessa legge pecca colui, che batte, impiaga, ferisce, e mutila il corpo del suo simile: ed ancorchè tali cose fossero da giuoco, ivi essendo smodate a tal che addivengano giuochi da cani arrabbiati, non possono andare esenti dalle lagnanze della legge di natura. Conciosiachè la naturale legge non può dir lecite quelle tutte cose, che di lor natura arrecano una qualche imperfezione al nostro simile, mentr'ella espressamente ordina di promuovere per quanto è in noi l'altrui perfezione (485). In egual guisa trasgrediscono la stessa legge di natura tutti quelli, che affliggono il corpo del simile con la fame, co'ceppi, co'tormenti, o con altre cose di simil fatta, che peggiorano l'altrui corpo, rendendolo incapace ad esercitare le sue funzioni, oppure costituendolo infermiccio, od infine togliendogli il piacere di soavemente godere di quei giorni, che la Provvidenza si compiace concedergli.

527. La filosofia di un tal dritto si rinchiude nella non mai abbastanza ripetuta regola di natura, che l'uomo deve amare il suo simile come un'altro sè stesso (482); che quindi avendo il dovere di prestargli quelle tutte cose, che per sè stesso vuole, non dove usare a danno del suo simile tutto quello che a sè stesso riuscirebbe di dispiacere e di afflizione. Cer-

tamente non brameresti che un' altro facesse cattivo governo
del tuo corpo: ebbene non devi farlo all'altro; se anche con le
scherzo alcuno t'ingiuriasse nel corpo ten sentiresti offeso,
ragion vuole che da tale scherzo tenessi pure lontano il corpo del suo simile. Perlocchè la legge Cornelia presso i Romani
voleva punit' i delitti, che si commettevano anche per ischerzo. Un rescritto di Adriano imperatore punisce con la pena di
morte colui che lasciavasi castrare, e con la stessa pena vuol
puniti il chirurgo che si accingeva alla castrazione, ed il man-
dante che ordinava un tale atto. Ecco quanta stima non pretende da noi il corpo del nostro simile di maniera, che ben
degni di riprensione son quelli che trattano i simili da schiavi e peggiori di un bruto, pel quale spesse fiate si porgono
maggior' i riguardi che per l'uomo, e siffattamente assopi-
scono in loro stessi tutti quei generosi sentimenti, che la natura prodiga concesse a ciascheduno. A reprimere questi sna-
turati trasporti v'è stato bisogno in differenti stagioni di positive leggi, le quali l'uomo avessero richiamato alla ricordanza de' suoi doveri, e fortissime pene v'è stato uopo minacciare perocchè fortissima era la protervia cui l'uomo a danno
del suo simile si era abbandonato. Così parecchie antiche leggi
ponevano la pena del taglione per tutti coloro, che mutila-
vano un'altrui membro, come può scorgersi in più luoghi 1.
E poichè qui abbiamo menzionata la legge del taglione, non
sarà fuori proposito livellarla all'ombra della legge di natura.

528. Dessa consiste in rendere male per male. Avrai tolto
un' occhio, un'orecchio, od altro membro al tuo simile, per
la pena del taglione ti si dovrà anche togliere l'istesso occhio,
orecchio, od altro membro. Posta una tal definitiva idea della
legge del taglione, potrà benissimo farsi la quistione se mai
ella per legge di natura possa dirsi lecita, oppure no. E qui
fa d'uopo risguardare la persona, che si arroga un tal dritto;
giacchè la varietà della stessa fa emergere differente la soluzione del proposto problema Ed infatti la legge di natura

1 Exod. 21. 25. Lev. 24. 50. Gell. Noct. Att. 20. 3. Diod. Sicul. Bibl.
12. 17.

non potendo giammai autorizzare la vendetta, come anti-sociale (497), non può giammai permettere la pena del taglione com'esercizio di dritto di una persona particolare. Imperciocchè allorquando l'individuo nello stato suo particolare voglia usare della pena del taglione, è diretta tal pena a sfogare l'odio e la vendetta contra il suo rivale. Or un tale sfogo come figlio delle passioni non può mai concedere un giusto dritto su l'inimico; e mancando il dritto, cessa l'esercizio dello stesso. Perlocchè la legge di natura non potendo avvalorare quello che giustamente nega senza cadere in contradizione, non può dir lecita la pena del taglione nell'individuo
particolarmente riguardato; perlocchè ad un tale individuo
non è mica lecito avvalersi della cennata pena. Che se poi
l'esercizio di un tal dritto si lascia al potere de' Legislatori,
i quali nella loro saggezza scorgono essere un mezzo valevolissimo a frenare la piena de'delitti, chi ardirà negare la permissione della legge di natura? In allora non induce disordine la cennata pena; sibbene riduce l'ordine nella sua primiera via, e lungi dall'essere una vendetta anti-sociale è una
necessità dello stesso ordine sociale. Il bene comune nella sca-
denza de'doveri esige mezzi valevolissimi per serbare la sua
esistenza, ed i Legislatori che vegliano alla cura di lui, come diremo in appresso, ànno tutto il dritto di usare di quei
migliori mezzi che sono più conducenti al proposto fine, ed
al disimpegno de' proprj doveri.

529. Fuori tal caso ogni uomo deve rispettare il corpo del
proprio uomo, e non potendogli far del bene, almeno è tenuto a non fargli male, salve le regole di collisione. Tal'è
l'ordine dell' amore socievole; tal'è la rettitudine della giustizia, che il simile a buon dritto vuol'esigere dall'altro simile; e tali sono i sentimenti di quella natura che ogni uomo
porta con sè stesso. Estinguerli nel proprio cuore è un rinnegare l'essere di uomo, opprimere la dignità di socievole,
costituirsi fuori società: ciocchè formando una contradizione
oltre all' essere il bersaglio della umanità saremo esposti alle
ire del Legislatore della natura, il quale ben saprà vindicare
i torti che faremo a' nostri simili.

LEZIONE XLVI.

DOVERI RIGUARDANTI LA PERFEZIONE DELLO STATO ESTERNO DEL NOSTRO SIMILE.

§ 530. *Non devesi ostacolare l'altrui commodo — tre generi di persone nemiche dell'altrui commodo — devesi serbare la stima del prossimo — calunnia, ed ingiuria — son da abbominarsi — corruttori dell'altrui giudicizia, si oppongono alla legge di natura — ancorchè il simile vi consenta — continua — rispettare l'altrui fortuna — due specie di uomini nemici dell'altrui fortuna — non insidiare l'altrui amicizia — male di quei, che fomentano le perfide amicizie.*

530. Considerato lo stato interno dell'uomo (Lez. 45) simile all'altro uomo, ogni ragion vuole che attendessimo ancora allo stato esterno del nostro simile; giacchè tutte quella cose vogliamo per noi dobbiamo anche volerle per gli altri (483). Or siccome lo stato esterno dell'uomo risulta dal Commodo, dalla Stima, dalla Fortuna, e dall'Amicizia (400); così tali cose in ordine al nostro simile scrupolosamente c'è dovere custodire. A mettere intanto a rassegna le connate parti costituenti lo stato esterno del nostro simile principieremo dal Commodo.

Ed infatti il commodo conserva, perfeziona, e rende piacevole la vita (401); dunque l'uomo è tenuto a non recare il menomo disturbo all'altro uomo per guisa, che non deve sconciarlo nei fatti suoi. Quello che non vuoi per te, neppure dèvi volerlo per gli altri: vorresti a stento menar la vita, perdere quelle agiatezze che ti gustarono gravi sudori, appezzentire, e tutt'altro? No; ebbene fa col tuo simile lo stesso e ti sarai posto al coverto della legge di natura. Niuno nel suo proprio patrimonio brama di essere smenovato, ch'anzi ad evitare ogn' infelicità in tal genere di cose ognuno stenta, suda , e guardingo si rende in ogn' incontro a scanso sempre delle sue cose. E tale dev'essere ancora la brama che devesi nutrire in ordine al patrimonio del simile , il quale certamente riceverà delle infelicità quantunque volte si cerca lederglielo. Se questa natural legge scolpita nel cuore dell' uomo a caratteri indelebili fosse esattamente ascoltata dall' uomo stesso, di repente sparirebbe ogn' ingiustizia dalla faccia della terra , e non più vi sarebbe quell' interminabile spirito di litigare , oppure di succhiar vivo il sangue del proprio simile. Ma l' uomo non fatto per traviare declina sempre dalle vie della giustizia.

551. Dalle quali cennate cose tre generi di persone risultano a preferenza di ogni altra assai nemiche della legge di natura a tal che il lor peccato di molto offende il Legislatore della stessa ; gli assassini cioè , gli usurai , ed i frodolenti venditori. Pe'primi, qual dritto loro assiste di spogliare il simile de' suoi averi sia in tutto , sia in parte ; sia in pubblico , sia in privato ? Non è 'l dritto del più forte quello che regola la famiglia dell' uomo (136) ; sibbene la giustizia e tal equità moderata a norma della divina Volontà. Uomini senza cuore , perturbatori delle umane società , ben meritevoli di aspri castighi, voglionsi nomare. Pe' secondi, sanguisughe del proprio simile cercano impoverirlo , e quindi renderlo infelice senz' avvedersene. Sotto i più speciosi pretesti di umanità , e di beneficenza rubano a man franca il patrimonio altrui , e la loro ingiustizia sarà posta in appresso nella più piena luce ; giacchè dev' essere dell' impegno socievole di allontanare da ogni società questi falsi protettori della umanità. Sono veri egoisti, che su le altrui ruine cercano innalzare il proprio edificio pieno zeppo di ogni sorta d'iniquità , e che porta la epigrafe scritta col sangue umano. Pe' terzi finalmente non minore è 'l clamore, che possa emettere il simile a vista del'e angherie , che tutto giorno commettono, o frodando nei pesi, o smerciando roba non buona , od a capriccio ponendo quei prezzi che più vantaggiano i loro interessi. Oppressori del patrimonio altrui nullo scrupolo si danno nell'infelicitare il pro-

prio simile, e compratori indomabili dell'altrui necessità gioiscono ove l'altro è in pericolo di perdersi, e l'altrui bisogno forma il lor guadagno.

Cotestoro adunque quale danno non accagionano al proprio simile ? E se la giustizia non vuol'essere defrodata nelle sue vie, certo non vi sarà alcuno che possa assolversi ne'torti, che fanno al patrimonio del simile. Tant'era a dirsi in ordine al commodo, passiamo ora alla stima, cui à dritto il nostro prossimo.

552. La Stima conserva il giudizio favorevole che gli altri portano di noi (415); dunque verso il proprio simile siamo tenuti a giammai disturbarlo in quel giudizio, che a suo vantaggio si gode. Epperò la stima (§ CXCI.) può essere doppia, Semplice cioè, ed Intensiva. La prima si à quando uno passa per uomo dabbene a tal che di lui non si dice male di sort'alcuna : la seconda si à quando uno gode eccellenti virtù e meriti, a talchè di lui non solo non dicesi male alcuno, ma anche si dice bene. Quale stima intensiva cresce a misura che crescono i meriti e le virtù; conseguentemente potete avere che di uno si dice molto bene, e di un'altro minor bene ; ma sempre però nella stima intensiva richiedesi che di alcuno fondatamente si dica qualche sorta di bene.

Ciò premesso, l'uomo non deve ledere per verun conto il suo simile (484 e seg.); dunque non deve lederlo nella stima sia semplice, sia intensiva. Imperciocchè ognuno che à dritto ad una qualche cosa esige dall'altro il dovere di non essere disturbato nel pacifico possesse del suo dritto (20). Laonde peccano contra la legge di natura tutti quelli, che senza niuno appoggio malamente pensano del proprio simile. Ogni uomo da senno che fedelmente custodisce nel suo cuore la legge di natura pensa sempre bene, e vantaggiosamente del suo simile ; quindi niun sospetto, niuna agitazione, niuna malignità a danno dello stesso; giacchè come siffatte cose dispiacciono a detrimento del proprio individuo; così pure debbono dispiacere a detrimento dell'individuo altrui. Ogni ragionevolezza adunque esige che in quel modo le vogliamo lontane da noi, nell'istesso modo dobbiamo allontanarle dal nostro simile, il quale à ugual dritto alla propria stima.

553. Or l'altrui stima può ledersi e con la Calunnia o con
le Ingiurie (422 e segg.). Si nuoce l'altrui stima con le calunnie quando s'inventano cose false, di che si accagiona il simile: così di un'uomo dabbene se falsamente dicesi di essere
uno spergiuro, eccoti una calunnia, micidialissimo fuoco distruttore della buona opinione. Si nuoce poi l'altrui stima
con le ingiurie quando si mette a burla, oppure si maltratta
il simile sia con parole, sia con fatti: così dirai in faccia ad
un'uomo dabbene essere un ridicolo, un bigotto, od altro:
oppure alle spalle gli fai il fico, o ti ridi de' fatti suoi, od altro; son queste tutte ingiurie che degradano la buona altrui
opinione. Vuolsi intanto avvertire nelle ingiurie che queste
non sempre portano l'altrui danno quando quello che si fa o
si dice ben si comprende dagli altri esser fatto o detto non
per denigrare l'altrui stima o fama; sibbene per un trasporto
di scherzo atto a sollevare la brigata, od il proprio animo,
come ordinariamente suole avvenire tra gli amici. Soltanto
qui pigliansi di mira quelle ingiurie, che nate da malignità
di cuore vogliono trafiggere l'altrui buona opinione, e queste vengono riprese dal dritto di natura come quelle che inducono vizio, e sogliono sempre arrecargli dispiacere, onde
queste una colle calunnie erano dette da Simplicio: « *Affezioni
dell'anima opposte alla natura, anzi malattia e vist dell'anima* 1 ».

554. Ogni uomo onesto intanto à l'intrinseco dovere di a-
stenersi da questi due abbominevoli vizi (553) troppo nocivi
all'altrui riputazione. Imperciocchè la legge di natura vuole
l'uomo buono, e vantaggioso non solo per sè, ma anche per
gli altri; e certamente tale non si può essere quando con
truce malignità cerchiamo di offendere gli altri sia con la calunnia, sia con l'ingiuria. Dippiù non possiamo fare agli altri quello che a noi fatto sommamente dispiacerebbe; giacchè
gli altri come noi debbonsi amare (482), e certamente tanto
la calunnia, quanto l'ingiuria estremamente ci dispiacciono.

---

1 *Adfectiones animas, naturae contrarias, quin morbos, probra,
et vitium animarum.* Ad Epit. Enchirid. cap. 33. p. 247.

Perchè dunque arrecarle al nostro simile? Per la qual cosa peccano contra la legge di natura, e son tenuti a risarcire tutt' i danni accagionati al proprio simile, in primo luogo i Calunniatori, i quali troppo infami sono nelle umane società, e che cercano con tutto il torto scavare dinanzi al simile i più profondi precipizî, onde barattasse la propria vita civile. In secondo luogo tutt' i Burlieri, e Beffeggiatori, i quali sono indomabili carnefici della stima del simile, e prendendo di mira l' altrui riputazione forma questa il più sanguinoso sfogo delle loro vili vendette. Prepotenti alle volte vogliono ingrossare la propria opinione col tiranneggiare gli altri con degli insulti, che farebbero muovere fin le pietre. In terzo luogo finalmente tutt' i Maldicenti che da mattina a sera trombettano gli altrui occulti vizî pel malnato genio di loquacità, o di cattivo umore, o di miserando sfogo delle lor passioni. Omicidi debbonsi a tutto dritto costoro appellare; giacchè gli obbrobri rifondendo su l' altrui stima privano il simile di quell' onore, cui la natura diede uguale dritto a pretendere. Quanto felici non sarebbero le umane società se questa razza di uomini non vi esistesse!! Ma la mormorazione, la calunnia, e lo scherno pare oggidì esser divenute il trastullo degli uomini, ed a spese altrui vuolsi infamamente divertire il proprio spirito.

555. Si arroge alla lesione della stima pur anco il barattamento della Pudicizia (§ CXCII.). Conciosiachè l'uomo è obbligato a promuovere l'altrui perfezione come la propria; ed in conseguenza allontanare dal simile ogni imperfezione come nella cosa propria (484). Or ci abbiamo che la pudicizia è uno di quei beni, che molto voglionsi prezzare nelle umane società; sendochè da lei procede la morigeratezza de' costumi, la pace e la unione nelle singole famiglie, e la cosa pubblica senza inquietezza spinge il suo fine. Insomma è la pudicizia che le umane società accattando sempre novelle virtù mostrano quella floridezza, che il ribelle teme, l' esterno non osa disturbare. Perlocchè strettissimo dovere stringe ognuno degli uomini a rispettare la pudicizia del suo simile, e fugare dallo stesso tutto ciò che potrebb' esser capace di violare questo eccelso

candore sparso nel singolo individuo dalla casta natura madre amorevolissima di tutti. Per la qual cosa peccano contra la legge di natura tutti quei che con infami solletichi cercano trascinare gli altri ne' pestiferi piaceri della sciagurata Babilonia, e tendono mille insidie incantevoli reti del senso ribelle, onde tirare nel baratro della lubricità l'elette innocenti colombe. Dal che scorgesi chiaro, che per dritto di natura son proibiti tutti gli artifizî a danno della pudicizia; tutti gli stupri; tutti gli adulterî; e tutte insomma quelle nefandezze, cui la natura abborre, ma la rivoltosa carne accetta con micidiale gioja. Imperocchè son elleno tutte azioni di tal natura, che l'uomo rendono oltre modo infelice nell'altrui opinione; e molto più lo infelicitano nello spirito distruggendo nell'uomo quell'altissimo fine, che si ebbe il Creatore nel produrlo al mondo.

536. Epperò qui potrebbesi opporre, che una tale violazione di legge di natura cessa allorquando il nostro simile di buona voglia, e spontaneamente consente negl'infami nostri desideri; giacchè allora non à più luogo quell'assioma di natura: « *Quello non vuoi si faccia a te, non farlo agli altri* 1 », mentre ambidue consentono nella stessa cosa, e quello uno vuole per sè, l'altro anche lo vuole, e può volerlo per l'altro, perchè lo vuole per sè stesso. Ma più ragioni convincono il contrario, e manifestamente fanno scorgere la falsità del proposto sofisma. Conciosiachè in primo luogo l'uomo può volere per sè stesso tutte quelle cose che lo rendono perfetto, ed in conseguenza felice; perlocchè come siffatte cose deve volerle per sè stesso, così può e deve volerle pel suo simile. Fuori ogni dubbio certo si è, che la libidine non perfeziona l'uomo, anzi bruciandolo con le sue acrissime vampe lo mena alla distruzione del corpo assoggettandolo a mille mali che stravagantemente lo rendono schifoso fino a sè stesso; e lo mena del pari in ordine allo spirito ad esser privo del bene di ordine universale: ciocchè forma la maggior perdita che possa fare l'uomo. Se dunque l'uomo anche volendolo non gli è mai per-

---

1 *Quod tibi non vis fieri, alteri ne feceris.*

messo di rendersi infelice, come mai lo potrà in ordine al suo simile, ancorchè questi lo pretendesse? Resta saldo dunque l'assioma naturale: « *Quello non vuoi si faccia a te, non farlo agli altri* 1 ». Si aggiunge in secondo luogo il danno potentissimo che ordinariamente agli altri provviene nell'innestare le nostre turpi brame alle turpi brame altrui. Imperocchè vorrà il nostro simile essere infamato, ma certamente non lo vorranno essere i suoi parenti, gli sposi, i cognati, i quali ànno a soffrire degli scherni, de' dispiaceri; ed il più delle volte debbono accogliere nelle proprie famiglie delle risse, delle discordie, delle dissensioni. Or certamente queste cose come non si debbono volere per sè stesso; così non debbonsi volere neppure per gli altri, e per conseguenza l'assioma naturale: « *Quello non vuoi si faccia a te, non farlo agli altri* 2 », anche per questa parte resta nel suo pieno vigore. Finalmente in terzo luogo non può negarsi che la libidine è per sè stessa una corruzione, come abbastanza può scorgersi da' molteplici suoi micidiali effetti; dunque colui che si adopra a persuadere agli altri la libidine, gli persuade una corruzione. Or si può volere per sè la corruzione senza uscir di senno? No; dunque neppure per gli altri devesi volere; giacchè quello non vogliamo per noi stessi non dobbiamo volerlo per gli altri. Ecco dunque manifestamente appalesata la malvagità di tutti quelli, che spingono il prossimo nella libidine sia co' detti, sia co' fatti.

537. Onde si scorge, che solleticare il prossimo alla libidine è un grave male contra la legge di natura a tal che non potrà mai scusarsi colui, che adopra sì infami arti a danno del suo simile o che lo faccia violentemente, o che lo faccia col pieno consenso dell'istesso simile. Imperciocchè quello ch'è male la legge di natura non può dirlo bene pel consenso libero che vi si appone; giacchè il male a qualunque modo si commette sempre rende l'uomo infelice rubandogli quelle perfezioni, cui con tutto l'animo dovrebbe anelare. La libidine è

1 *Quod tibi non vis fieri, alteri ne feceris.*
2 *Quod tibi non vis fieri, alteri ne feceris.*

tal male di sua natura che in essendo sempre in continua opposizione col bene di ordine universale , sarà sempre 'contra
ragione , e perciò sempre contro la buona e retta coscienza.
Perlocchè come la spontaneità propria non può scansare il delitto : così pure la spontaneità altrui non scanserà dall'istesso
delitto ; anzi dove cessa la violenza e sottentra il libero consenso più enorme apparirà il delitto a tal che, come dice Li-
sia , gli umani legislatori con tutto fondamento ànno creduto
più gravemente punire quel delitto di libidine che vogliosa-
mente venivasi a commettere dall'uomo, e sensata si è la ragione che ne adduce quando dice : » *Che quei che inducono
la violenza erano in sè stessi consapevoli dell'odio che guada-
gnavano dall'obbietto della lor violenza : mentre poi quelli che
vogliono secondare il pravo desiderio con seduzioni, perverti-
scono talmente l'animo altrui, che giungono ad attirarsi verso
di sè la benevolenza tutta della moglie del loro simile , e si
rendono padroni quasi di tutta la famiglia, facendo anche incerta la prole , che vale quanto dire non sapersi se i figli appartengono all'adultero , od al marito* 1 »*. Cessino alfine gli
uomini d'insozzarsi ne'brutali piaceri, e cessino pure dall'indurvi gli altri ; giacchè alla fin fine non gli rimarrà che la
vergogna e la confusione , degno castigo delle loro infamie.

538. Venendo ora alla Fortuna (427 e segg.) , altro bene
appartenente allo stato esterno dell'uomo, com'ella è sempre
diretta dall'ordine della Provvidenza (429), non dev'essere
ostacolata dalla malvagità dell'uomo a danno dell'altro uomo.
Perlocchè l'uomo è tenuto a non impedire la fortuna del suo
simile a quel modo, che non la vorrebbe impedita per sè
stesso. Deve quindi porre dal canto suo tutti que'mezzi, onde
il simile avesse sempre ad incontrare propizia la sua fortuna.
Imperocchè è proprio dell'amore significare la sua forza con

1 *Quod eos, qui vim faciunt, odio haberi censuerunt, ab illis, quibus vis illata est : quum qui se insinuando persuadent , adeo animos
pervertant , ut aliorum uxores sibi reddant benevolentiores, quam ma-
ritis , et universam domum suas faciant potestatis , liberosque reddant
incertos, maritorumne sint, an adulterorum.* Orat. 1.

effetti efficaci, non mai sterili (161 e segg.); e tali sarebbero se l'uomo non cooperasse al bene dell'altro uomo, il quale à tutto i dritto di non essere sturbato nel giusto possesso delle sue cose. D'altronde se al simile si mostrasse avversa la fortuna, è dovere di ogni uomo a fargli superare un tale stato, impegnandosi per quanto può pel vantaggio altrui. Ma queste cose saranno lungamente discusse a suo luogo : basta per ora l'aver segnato il gran dovere di giustizia che ognuno accompagna di non rovinare l'altrui fortuna.

539. E qui due specie di uomini son degni di tutta la ripreasione della natura, contro cui agiscono, dimentichi dei propri doveri, gl'invidiosi cioè e gli amanti dell'altrui miseria. Per gl'invidiosi, i quali ànno a dolore l'altrui prospero successo, sta bene loro ricordare, che il simile devesi trattare come uomo (482), a tal che non volendogli fare del bene, ciocchè sarebbe un male condannato dalla legge di natura, che non pigliano almeno dispiacere del suo bene, che godesi senza loro opera. E poi qual tracotanza non è ella mai smacrarsi perchè gli altri felicitano senza nostro discapito? Sembra incredibile che tanto male umore allignasse nel cuor dell'uomo; e pure non solo vi alligna, ma quand'anche è causa che l'uomo si lambiccasse il cervello per distruggere le altrui prosperità, ed ogni impegno riponesse nelle opere di malizia per rovinare il suo simile. Pessimo peccato contro la legge di natura!!

Al contrario gli amanti dell'altrui miseria, uomini inumanissimi, si sollazzano nella povertà, e nelle disgrazie del simile, quasi che l'altrui ruina fosse mezzo di non scapitare nelle proprie cose. Ma tanta insolenza sorge dal nullo amore, che pur dovrebbesi nutrire pel proprio simile, il quale se si volesse riguardare come uomo, avrebbe da rinvenire sollievi ed ajuti nelle sue sciagure, anzichè crepacuori ed ingiurie nelle sue sventure. Ma veglia il Legislatore della natura come all'avversa fortuna, così pure alla iniquità dell'uomo, e sa con molta giustizia scambiare le altrui ribalderie. E ciò basta in ordine alla fortuna.

540. In ultimo luogo ricercando i doveri di amicizia verso

gli altri è dovere di ogni uomo di non molestare gli amici tra loro; sibbene fomentare per quanto più gli è dato secondo la retta coscienza la unità, e la concordia tra gli amici stessi; a tal segno che se questi disturbati è tenuto pel meglio che può a farli tra loro riconciliare, e non già promuovere vie più le discordie per eternare le inimicizie. Peccano dunque contra la legge di natura tutti quei susurroni, i quali spargendo zizanie tra gli amici n' esacerbano i cuori, e cosiffattamente rompono le più strette vantaggiose amicizie. Qual conto non debbono essi rendere al Legislatore della natura per la privazione di tanti beni che nascono dalle giuste amicizie, e di che digiunano il proprio simile? Non à egli dritto a ripetere compenso in tutti siffatti danni, che da mano nemica gli vengono accagionati? Certo che sì. Nelle umane società non avrebbero a lagrimarsi tante inimicizie, nè tante risse, tante discordie, tante liti avrebbero luogo, se cotesti parabolani non cercassero di covrirsi con la pelle di agnello, e sotto finzione di pace cercassero iniquamente rompere ogni vincolo di pace e di armonia. Uomini torbolenti amanti del disordine, e pugnanti contra l' ordine universale della natura vengono per anche ad usurpare il nome dignitoso di uomini! Lascino pure il simile godersi della sue quiete in braccia alla dolce amicizia, e se non sono da tanto a potergli fare del bene promovendo maggiormente la sua amicizia, che non gli próducano male col fargli assaggiare le amarezze della discordia. Non potranno coadjuvare al bene socievole fomentato dallo stabile fondamento dell'amicizia, ma non distruggano un tal bene con le loro angarie; che infine la loro malizia smascherata li renderà odiosi ed abbominevoli a quella stessa terra, che a maliacuore li sostiene.

541. Infine non meno nocevoli al bene socievole si appalesano quelli, che proteggono, oppur fomentano le perfide amicizie. Essi non fanno altro che somministrare legna al sempre ingrato fuoco, e quei vizi che avrebbonsi di repente a sradicare da mezzo della gran famiglia dell' uomo, con mano barbara li accarezzano, ed a mantenerli son troppo industriosi. Se l'uomo non è fatto che per la virtù, giusta i fini del Legisla-

tore della natura (24) à tutto il dritto di preténdere alla stessa ; conseguentemente gli altri ànno sacro náturale debito di garentire, distruggere non già siffatto dritto altrui. Ma traligna il più delle volte l'uomo come a danno proprio, così pure a danno degli altri ! e soventi fiate c'è dato scorgere uomini iniquissimi stringere tra loro fortissimi legami, onde macchinare continuamente ruine, stragi, ribellioni. Falsa amicizia tendente a più false conseguenze, di cui oggetto è trastullàrsi del proprio simile, ed esporlo alle più ridicole favole nocive come alle umane società; così pure opposte a quella natural legge, che fondandosi su la virtù, abborre ogni doppiezza, ogn' inganno, ogni qualsiasi malvagità. Ci sarà dato pure veder schiantati dalla terra questi fecciosi uomini nemici del proprio legnaggio? Così piacesse al Cielo! ma l'uomo peggiorò nel proprio essere, e vie più appalesa la sua malvagità a misura che si avvanza l'età sua, e la natura si avvicina al suo discioglimento.

LEZIONE XLVII.

PRECISA IDEA DEL DISCORSO, E DOVERI ESSENZIALI DELLO STESSO.

§ 542. *Non devesi offendere il simile cogli atti sì interni, che esterni — come si offende cogli atti interni, e come cogli esterni — si ribatte una falsa opinione in contrario al proposto dovere — opinione varia su la origine della favella — Dio autore del discorso — si conferma dalla natura della società — si espone in che senso Dio è autore del discorso — si confuta la pretensione di Pittagora — ch'è la favella, ed in quanti modi può manifestarsi — qual fine ebbe Dio nel darla all'uomo — come debba l'uomo usarla — deve parlare sempre il vero.*

542. La custodia delle altrui perfezioni a quel modo che le proprie debbonsi custodire, fomenta quell'amore, che gli uomini rende felici, e per cui le umane società tendono al bene di ordine universale stabilito dalla natura, o vogliamo dir meglio da Dio. Perlocchè il non disturbare il perfezionamento dello stato sì interno, che esterno del simile nostro, è quello che forma l'altrui felicità, il perfezionamento nostro individuale, la osservanza della legge di natura. Quali cose diffusamente esposte nelle precedenti lezioni ci manoducono insensibilmente alla intelligenza di due corollari (§ CXCIII.), che necessariamente emergono dalla sposizione finora fatta delle leggi di natura riguardanti lo stato interno ed esterno del nostro simile. Ed invero inviolabile è quella legge di natura, che ci precetta amare il nostro simile come noi stessi amiamo (482); ed in conseguenza dobbiamo promuovere la perfezione di lui come la nostra propria, a tal che non ci si fa permesso neppure col pensiero alterare un simile fraterno amore. Se dunque l'uomo deve amare l'altro uomo ne sorge legittimamente, che in niu-

na guisa deve offendere il suo simile con gli atti interni; che in niuna guisa ancora deve offenderlo con gli atti esterni. Ecco due necessari corollari, che la natura impresse a caratteri indelibili nel cuor dell'uomo, cui non può darsi mentita senza negare la propria individuale natura. Facciamoci però ad illustrarli com'è di dovere.

543. Il nostro simile si offende con gli atti interni; cioè coi pensieri, in quanto che sinistramente pensiamo di lui, oppure pensiamo di lui in una maniera poco vantaggiosa. Si offende poi con gli atti esterni; cioè colle parole, co'gesti, oppur coi fatti, in quanto che tralasciamo quello, che per natura, e secondo ragione siamo tenuti a prestargli. Tu pensi del tuo simile di essere un furbo, un ladro, uno spergiuro, qualora è una persona proba, e costumata, certo l'avrai offeso con gli atti interni; e se lo burli, l'inganni, lo malmeni, senza dubbio l'avrai offeso con gli atti esterni. Or l'offesa provveniente dal pensiere à sua origine ordinaria dall'invidia; giacchè com'ella piglia dispiacere dell'altrui prosperità, e felicità (539), muove a mille sinistri pensari che macchiano l'altrui virtuosa possidenza. E l'offesa provveniente da' gesti, parole, fatti, nasce dall'odio come da causa comune; giacchè esso in essendo il piacere dell'altrui infelicità (261) cerca sollazzarsi ove altri muojono nella tristezza, e nello squallore. Ma l'uomo è tenuto ad amare l'altro uomo come sè stesso (482); dunque nè con gli atti interni, nè con gli atti esterni dovrà giammai ledere il proprio simile: conseguentemente non dovrà mai per lui nutrire odio, invidia, disprezzo, a talchè i suoi pensieri debbono essere sempre vantaggiosi a prò di lui; ed i suoi gesti, le sue parole, i suoi fatti, debbono sempre inspirare amore e riverenza pe' suoi fratelli. Ogni picciol disturbo di sì fatti doveri porta opposizione a quella legge, che onninamente comanda l'ordine e la perfezione tra le sostanze intelligenti, e vuole che ciascuno rispettasse gli altrui dritti: « *Niuno devesi offendere* [1] » (484 e segg.).

544. E poichè v'ànno di quelli, che malamente si appongo-

[1] *Nemo laedendus.*

no falsando il dritto di natura e delle genti come quelló, che risguarda le sole azioni esterne senza pigliarsi alcuna briga delle interne; come per lo appunto giudicavano gli Ebrei, i quali ogni scrupolo si facevano nel pigliare l'altrui, nell'ammazzare il proprio fratello, ed altro, senza punto angustiarsi circa il pensiero di sì fatte cose; perciò è giuocoforza contra di essi vie maggiormente calcare la santità de' due proposti corollari (542). E per ragion spedita basterebbe qui citare quanto altrove (58) fu detto intorno alla sanzione, che il dritto di natura ferma per le azioni interne, dove fu cennato quanta sia ragionevole una tale naturale procedura. Ma tralasciando queste cose è fuori dubbio essere la Volontà di Dio la norma regolatrice delle umane azioni (125), a talchè è opposto alla legge di natura tutto ciò, ch'è opposto alla Volontà di Dio. Or potrà mai negarsi che l'azione ria interna fa opposizione alla Volontà di Dio? Certamente come una tal Volontà è la santità stessa per essenza, non può volere negli uomini se non quello, ch'è retto, giusto, e santo: così la cattivezza interna delle azioni pregiudica alla rettitudine delle leggi di natura. Fa dunque mestieri che una tal legge condannasse pure le cattive interne azioni. Oltreacchè il principio mercè cui veniamo in cognizione di tutte le leggi naturali è quell'ardente desio, che si à per la felicità (157): la felicità genera in noi il principio di amore verso Dio, verso di noi stessi, verso gli altri (160); conseguentemente fa sì che noi non solamente facessimo il bene sibbene desiderassimo, e dapprima conoscessimo un tal bene. Or tal cognizione il desiderio forma l'azione interna, la quale dunque sarà secondo ragione s'è a norma della medesima felicità; sarà contra ragione se ripugna alla felicità: ciocchè importa l'essere consentaneo, oppure ripugnante alla legge di natura. E vi sarà chi possa ignorare, che tutto ciò ch'è in opposizione alla legge di natura è condannato dalla stessa? E come si potrà adesso asserire che la forza della legge di natura non giunge fino al pensiere umano? Per ciò dire è forza si togliesse di mezzo la intiera naturale legislazione, la quale per vero il Legislatore della natura pigliando la spoglia umana a scanso di ogni equivoco volle raffermarla non solo nelle singole sue parti : ma segnatamente volle mostrare la sua valentigia anche per conto de' reconditi pensieri dell' uomo. Infatti ecco come parla presso S. Matteo: « *Avete sentito che fu detto agli antichi. Non fare adulterio. Ma io vi dico, che chiunque guarda una donna per desiderarla, à già commesso in cuor suo adulterio con essa* 1 ». E·l eccoti uno stesso Legislatore che pronunzia contrarie alla legge le cattive interne azioni : qual promulgazione sibbene positiva è in conferma della legge naturale, la quale da Lui fu confermata, e non distrutta, o alterata, od accresciuta co'precetti positivi; come sul principio Egli stesso pretestossi col dire : « *Non vi deste a credere che io sia venuto per iscogliere la legge . . . . . non sono venuto per iscoglierla, ma per adempirla 2* ».

Donde chiaro apparisce, che non dovendo l' uomo ledere il suo simile (484 e segg.), per niuna guisa giammai gli dovrà nè invidia, nè disprezzo, nè checchesia avversità, come cose che diametralmente si oppongono al dritto di natura. Per la qual cosa non solo deve tenere a bada tutti quei pensieri, che cogniti dal simile gli dispiacerebbero al pari che dispiacerebbero a lui stesso; ma ancora deve tenere a bada tutti quegli effetti, che son figli genuini di sì fatti sinistri pensieri. Quindi raffrenare i gesti, moderare le parole, condire con la prudenza i fatti per guisa che, i gesti le parole i fatti indicano al nostro simile qual sia l'amore, che per lui nutresi. Or poichè nel foro umano la lesione del simile nascente da parole o fatti ingiuriosi si stima degna d'imputazione; fa perciò mestieri intrattenerci alcun poco su questa specie di lesione, la quale ci porge abbondevolissima materia d'individuali doveri. E come dalle parole nasce il discorso, senz'avvedercene siamo introdotti a ragionare della importantissima trattazione naturale, che vuolsi appellare Favella, Discorso.

545. Su le prime giova fissare la origine del discorso tanto

1 *Audistis quia dictum est antiquis. Non moechaberis. Ego autem dico vobis: quia omnis, qui viderit mulierem ad concupiscendum eam, jam moechatus est eam in corde suo.* Cap. 5. v. 27. 28.

2 *Nolite putare quoniam veni solvere legem . . . non veni solvere sed adimplere.* Matt. 5. 17.

controvertita nelle scienze ideologiche, onde potessero esser sicure tutte le nostre conseguenze in ordine a' doveri che ne derivano. Ed infatti la favella è la espressione del nostro pensiere, come meglio sarà sviluppato in appresso; giacchè ad esseri forniti di materia, qual era l' uomo, la cosa spirituale non poteva manifestarsi che per mezzo di segni materiali. Una tale espressione non poteva essere effetto del caso, come gli stessi Epicurei consentono: aveva dunque a ripetere un principio, donde traeva la ricca sua prosapia. Tutto sta a determinare un tal principio; giacchè molteplice è la sentenza filosofica, che tutta riducesi a due capi, come chiaramente potrà scorgersi da quel che saremo per narrare; se mai cioè un tal principio sia l'uomo, oppure Dio autore della natura.

Gli Epicurei volevano che come l'uomo era nato dalla terra, così pure era nato senza favella. Epperò avendo percepiti certi suoni naturali, come dell'acqua, del fuoco, del bronzo, cercò imitarli a talchè rendendoli ordinati, e mirandone il non poco vantaggio che a lui ne provveniva, si formò un perfetto discorso. Dunque per gli Epicurei la favella è figlia dell'umana imitazione; conseguentemente per essi potevano parlare quelli che potevano imitare i suoni delle cose; qual cosa non verificandosi ne' sordi, questi non avrebbero a parlare: ciocchè si oppone alla esperienza. Qual diceria meglio abbozzata da Lucrezio corifeo degli Epicurei incontrò il genio del Condillac, del Tracy, e di molti altri, i quali conchiusero il principio della favella essere l'uomo, il quale contraffece i suoni degli oggetti per la naturale tendenza; che à alla imitazione.

Rousseau, Gebelin, la Maistre, Bonald, Lamennais con altri molti, sostengono il principio della favella essere Dio autore della natura, il quale infuse nell'uomo certi segni articolati, mercè cui potess' esprimere i concetti della sua mente agli altri suoi simili. Stante dunque la quistione su di un tal piede ecco lo schietto nostro sentire:

PROPOSIZIONE

IL DISCORSO È DA DIO AUTORE DELL'UOMO.

546. Dim. Se l'uomo da sè stesso si avesse formato un discorso, sarebbe mestieri supporlo dapprima in uno stato privo di segni; cioè parole esprimenti concetti della sua mente sieno astratti, sieno concreti, e poi nello stato fornito di favella adattata ad esprimere gli universali ed i singolari. Or supposto l'uomo nel primo stato è impossibile immaginare, ch'egli avesse pensato a formarsi una lingua per la espressione sì degli uni, che degli altri. Imperocchè ad esprimere gli universali era uopo che avesse in suo potere voci, che contenevano gli stessi universali, i quali com'erano astrazioni sussistenti dinanzi alla mente aveva a fermarle con voci proprie che non consentivano imitazione. Ma come far acquisto di tali voci, se mancavagli il potere nella causa? A piantare l'uso della parola, disse bene Rousseau, era molto necessaria la parola stessa. D'altronde un nembo di confusione l'avrebbe assalito se Dio in tal caso non avessegli provveduto di voci; giacchè non avrebbe potuto fermare, nè mostrare quello che alla mente era isolato, e slegato; ed in allora niuna communicazione di universali poteva effettuarsi dall'uomo. Troppo bene diceva al proposito l'abb. Rosmini-Servati: 1 « *Iddio donò all'uomo una lingua, quel Maestro Supremo gl'insegnò l'uso di alcune voci, nelle quali apparissero quasi sussistenti all'esterno le astrazioni insieme con esse contemplate; queste voci poterono chiamare a sè l'attenzione dell'umana mente, e costringerla ad affissarsi nelle qualità degli oggetti divise, essendo ella soggetta a questa stabile legge, di dover essere primieramente chiamata all' atto suo dagli oggetti esteriori che la colpiscono* ».

Per quello riguarda i singolari concetti della mente in pari guisa l'uomo giammai avrebbe pensato a formarsi voci particolari. Conciosiachè l'uomo primiticcio cibavarsi de' prodotti,

1 Teod. lib. 1. cap. 20.

che la terra spontaneamente gli esibiva , e certe azioni esercitava senza il ministero di una favella ; ciò nulla ostante soddisfaceva abbastanza i suoi bisogni. Or non v' à dubbio , che la invenzione è figlia del bisogno, e l'intelletto posto alle strette molte cose rinviene per uscire dalla necessità. Se l'uomo a soddisfare i suoi bisogni si pone non aver bisogno di una lingua , quando gli poteva sorgere il pensiere di aver bisogno della stessa a soddisfazione di certe necessità, cui bene porgeva rimedio senza lingua? Certamente non vi avrebbe mai pensato, ed in tal modo giammai si avrebbe avuto una favella. Privi di parola, aveva già detto Eutero, non potremmo neppure pensare a noi stessi. E non molto da noi lontano Beniamino Costant [1] scoraggiò i vecchi accademici del materialismo così pronunziando: « *Lo stato selvaggio non è quello della specie umana nella sua origine* ». Adunque *la invenzione del favellare*, son parole del testè citato Abbate [2], *non poteva essere proporzionata alle brevi forze dell' uomo , giacchè richiedeva nell' uomo universale sapienza.*

547. Si arroge, che senza una communicazione di segni non può reggere umana società , a tal che impossibile riuscirebbe come il principio, così pure la continuazione. Nella specie l'uomo di sua natura è socievole, come in appresso sarà dimostrato , e quindi tale nasce di maniera che distrutta la società è distrutto pure l' uomo. Conseguentemente è chiaro che fuori linguaggio l' uomo non può reggere in società. Si potrà ammettere un linguaggio di convenzione; ma tal linguaggio suppone la parola, dond' emerge ; giacche tutti ebbero a convenìre nella intelligenza de' segni; e vergognoso circolo nel ragionare si commetterebbe se segni si ponessero senza parola esprimenti la nozione del ricevuto segno. Or l' uomo primiticcio nascendo socievole e supponendosi per alcun poco senza favella sarebbe nel tempo stesso nella sfera di una società e fuori della stessa; troppa massiccia contradizione ! ! Più , nel primo stante fatto felice, sarebbe stato infelice nel seno stesso

1 Della relig. consid. nelle sue forme tom. 1. pag. 153. e 157.
2 cap. 21.

della felicità; contradizione più mostruosa della prima! Come dunque fare a scanso di tali errori? È mestieri uscire dalla natura, e far ricorso all'Autore della stessa riconoscendo per soprannaturale la origine della parola. *Lo spirito del Signore*, ecco come parla la Sapienza . . . . . *è quegli che à la scienza del favellare* [1]. Perciocché Dio in creando l'uomo tra gli altri doni gl'infuse pure quello della favella, e gli pose in bocca il discorso. Onde a meraviglia diceva Ballanche « *È sollenne follia, anzi empietà il dire che l'uomo inventò la parola, e creò le lingue* [2] ». E di ciò vuol farcene fede la sollenne impotenza di quel Cesare, che malgrado la vastità dell'impero romano, inutilmente tentò di accrescere di tre lettere l'alfabeto umano. Ci riconferma la meravigliosa attitudine di Leibnitz, il quale infelicement'ebbe a naufragare in tale assunto, e non altre leggi potette assegnare alla composizione di una lingua, che le già esistenti — Sì, sì, « *Le lingue di Oriente, e di Occidente*, conchiuse il celebre pubblicista Ortolan, *vengono da Dio, come quelle del Mezzodì e del Settentrione* ».

548. Epperò quando diciamo che il discorso è da Dio non vuolsi giammai intendere quel discorso, che oggigiorno regna tra le nazioni; giacché i trattatisti delle origini delle lingue ingegnosamente fanno abbastanza conoscere come dapprima s'introdusse la diversità nelle favelle, e dappoi com'ebbero luogo certe determinate favelle, le quali per l'ordinario furono l'innesto, o diciam meglio, il mescuglio di vari idiomi, che capricciosamente si andarono a formare un sol regno. Nè lo diciamo nel senso che la favella, di cui siamo in possesso dessa provvenga da Dio; giacché è fuori dubbio che noi l'apprendiamo grezza e povera da' nostri genitori, come questi l'appararono da' nostri avi; e che poi mercè lo studio, la riflessione, e le cure de' precettori, ricevè il suo ingentilimento, e e bella appare come rosa in sul mattino. Quando vuolsi il discorso da Dio è soltanto in ordine a' primi genitori, i quali adulti vennero al mondo senza riconoscere le servitù della in-

---

1 *Spiritus Domini* . . . . . *scientiam habet vocis*. Cap. 1.
2 Saggio sulle instit. civili.

fanzia , ed in tal senso Dio lor concesse il linguaggio , che
tali voci si ebbero , tali parole non appararono , mercè cui
era necessario esprimere que' concetti della mente, che a soddisfare i bisogni , a mantenere ordinata la nascente società di
famiglia , ad esprimere le impressioni dell'universo, era troppo mestieri si avessero, direi, in pugno. E tali preliminari del
discorso dati a soggezione dell'intelletto ben potettero in brieve tempo prolificare il centuplo: sicchè non riuscì dappoi difficile all' uomo progredire negl' insegnamenti ricevuti dal suo
Maestro Supremo. Conciosiachè le ottocento sessanta lingue ,
ed i cinquemila dialetti, numero approssimativo degl'idiomi
che furono, o si parlano ancora, è riflessione del dot. Balbi 1,
ànno tutte una connessione maggiore o minore con l'ebrai-
co , e tanto più decisa quanto più isolati e selvaggi sono i
popoli , e più fiacca e più scolorata , quanto maggiore è la
civiltà.

549. E tal favella la volle Dio sì propria dell'uomo (§ CXCIV.),
che per quanto si sviseeri la natura nelle più metafisiche osservazioni non si troverà giammai altro essere, con cui possa
l' uomo dividere la favella per guisa che , troppo beffardo in
tal materia mostrossi Pittagora 2, quando millantavasi capire
il linguaggio de' bruti , non che intrattenersi a parlare con
essi. Imperciocchè quei suoni articolati, che per naturale i-
stinto emettono gli animali bruti, come il ruggito, il belato,
il latrato, ed altri di simil fatta, in niuna guisa possono dirsi
un linguaggio , e ciò per due motivi. Il primo perchè gli animali bruti, siccome fu dimostrato in metafisica, son privi
d' idee distinte, ed il linguaggio è il segno più certo di siffatte idee; stantechè il provvido Autore della natura malgrado l'averci donato una mente, mercè cui potessimo percepire
le cose , paragonarle tra loro , ragionare delle stesse , onde
ci addentrassimo col pensiere nelle cose stesse , e per la cognizione le sviscerassimo ; pure a communicare agli altri questa nostra distinta cognizione delle cose ci volle donare la fa-

1 Nuov. Ann. de' viaggiat. tom. 32.
2 Iamb. vit. Pythag. cap. 13.

vella. Perlocchè ivi à luogo il discorso , ove hanno luogo le
idée distinti, le quali a ragione son negate agli animali bruti.
Il secondo perchè gli animali bruti non son forniti di quegti
organi, che l'uomo à necessari per la favella, od almeno non
godono quella perfezione che si posseggono quelli dell'uomo;
segno evidentissimo che l'Autore della natura non li destinò
per un discorso. È vero che co' loro suoni articolati esprimono i loro affetti , ed attesa la diversità degli affetti diversi suoni emettono , ed attesa pure la maggiore o minore perfezione degli organi meglio o peggio emettono i detti suoni a talchè in quegli animali , in cui nulla, o poca organizzazione
si osserva , nullo o poco suono articolato esiste , come
i pesci, le chiocciole , le ostriche , i tartufi , e simili ; ma
non possono giammai con distinzione esprimere le loro passioni: anzi tale e tanta è la confusione che esternano che solo
per analogia è mestieri raggiungerli. La favella adunque é del
solo uomo in guisa , che un tal donò non lo spartisce con
altri esseri a sè dissimili , e si ebbe tal dono appunto per
certiorare i suoi simili e de' suoi pensieri , e de' suoi affetti,
e delle sue inclinazioni.

550. Ma alla fin fine che cosa è mai questa favella? È un suono articolato ($ CXCV.), con cui chiaramente e distintamente
communichiamo agli altri i pensieri del nostro spirito. Or
per aversi un tal suono articolato son necessari i seguenti organi ; il polmone cioè , la trachea , il palato , la lingua , le
labbra , infine i denti incisori , i quali dovendo essere tutti
sani attesa la diversa modificazione che pigliano , danno diversi suoni, i quali esprimono i diversi pensieri , ed affetti
del nostro animo ; e quindi quando il piacere , quando il dolore , quando la tristezza, e quando cento e mille altre cose
di simil fatta senza il menomo equivoco di coloro che ascoltano.

Epperò quantunque il solo suono articolato sia quello che
nomasi Discorso ; pure la forza dell'umano ingegno è stata
tanta , che mediante la invenzione de' segni ben differenti dai
suoni articolati va a supplire l'istesso fine , che ottiensi pel
discorso. Ma questi segni non sono propriamente un discor-

so ; sibbene fanno le veci del discorso , e la lor famiglia ben
numerosa appalesossi in mezzo agli uomini. Imperciocchè egli
l'uomo a manifestare chiaramente, e distintamente i suoi pensieri agli altri alle volte à fatto uso di pietre , di animali, di
vegetabili, come frequentissimo uso sen trova presso gli
Egiziani : quando à fatto uso di geroglifici , di cui spesso
usano i Cinesi : quando di segni telegrafici, di cui oggigiorno
fanno uso tutte le colte nazioni. Alle volte ancora manifesta
i suoi pensieri col silenzio istesso ; quando colle mani, come
è frequentissimo tra'magnati Turci al riferire di Ricaut [1], essendo stato inventato da'muti un tal modo di farsi intendere: quando
con gli occhi, o co'piedi , come può vedersi nelle dissertazioni
di Mollero Altorffense. Intanto i principali segni , di cui sempre
l'uomo s'è servito sono stati due ; cioè la favella co' presenti,
e lo scritto con gli assenti. Comunque però si esprimano i
propri sentimenti debbansi sempre serbare le cose stesse, che
vanno dette in ordine al discorso.

551. Tali cose premesse abbastanza rilevasi, che Dio non
ad altro oggetto diede all'uomo la favella, che per sè, e
pe' suoi simili (550). Ed infatti la favella consiste nel manifestare il pensiere interno agli altri: or questa manifestazione
è inutile in ordine all'animale bruto che non pensa ; perchè
abbastanza conosce quel che l'uomo vuole per via di segni:
non è in ordine a Dio; perchè Questi sa abbastanza ed in un
modo infinito l'interno pensiere dell'uomo. Dunque è da dirsi, che l'uomo è ricevuto la favella in ordine a sè, ed ai
suoi simili. Per sè stesso, onde manifestasse agli altri gli
atti della sua volontà, e siffattamente soccorrere alle sue bisogna. Pe' suoi simili, onde questi fruissero il loro vantaggio,
e soddisfacessero lor voglie giuste (S. CXCVI.) Or Dio niente
agisce all'indarno ; essendochè Egli è un Essere fornito di
una infinita saggezza (282), la quale ogni cosa dirige ad
un fine ; l'è perciò che se all'uomo donò la favella a fine di
far intendere i suoi pensieri agli altri , destinò questa favella
medesima ad un più nobile fine ; qual si conviene alla sua

1 Cap. 7. p. 12.

essenza fondata nella giustizia. Tutto sta adesso vedere qual
si fosse un tal fine, il quale nella investigazione non ci riesce impossibile rinvenirlo. Infatti l'uomo è un essere all'ontutto dipendente dall'Autore della natura (29 e segg.) per modo
che quanto à, o possiede, tutto lo riconosce da Lui: d'altronde l'Autore della natura à sempre un fine nell'agire. Or
Dio è la Verità per essenza (283); vuole quindi la verità a-
mandola infinitamente, abborrendo per necessità la falsità. E
questo Dio dando all'uomo la favella per un fine, qual'altro
potrà essere questo fine, se non appunto la verità? Vuole
adunque Dio, che l'uomo parlando agli altri parlasse la verità atteso quel mutuo amore che a vicenda debbonsi gli uomini scambiare (482). Donde ne conseguita il primo essenziale
dovere nel discorso, che l'uomo cioè non debbe ledere alcuno de' suoi simili con la favella; anzi con la stessa debbe promuovere i vantaggi de' suoi simili, studiandosi come meglio
sappia farsi intendere.

552. E per ciò fare à egli l'uomo l'alto dovere (§. CXCVII.)
di usare quelle parole, e quella lingua, che a tutti sia nota,
e che comunemente sia ricevuta. Imperocchè se fine del discorso è di far intendere agli altri i nostri pensieri (550),
tali voci dobbiamo pigliare che ad esprimere certe determinate cose; certe azioni, certe passioni, sono comunemente
usurpate in uno stesso e medesimo senso. Laonde non voci
peregrine, non termini oscuri, non parole ambigue debbono
entrare nel discorso: e se l'impero della necessità spingesse
alcuno di far cadere nel discorso sì fatte disconvenienze, ben'è
mestieri che nel miglior modo possa spiegasse i suoi pensieri, onde commodamente potessero essere intese dagli altri.
Muovono adunque la risa, e calpestano la legge di natura tutti
quei, che per fare i saputi, o mostrarsi degli altri più dotti,
frammiscono nei loro discorsi voci che non sono affatto intese
dagli ascoltanti, i quali niun vantaggio possono ritrarre da
questa capricciosa e fuori tempo intrusa erudizione da loro
così nomata: Noi parliamo per farci intendere, ed è cosa oltremodo stupida produrre le azioni per non ritrarre il fine,
cui son dirette.

Ben vero però non vuolsi interdire un tal costume tra quelli che saggi appellansi buon' intenditori di sì fatte voci ; oppur quando le circostanze per la convenienza del tempo ân fatto lecito un simil parlare ; giacchè in allora non rendesi frustra- neo il fine del discorso ; ch' anzi argomenta sapienza, in co- lui , che a tal modo lo produce. Usiamo sempre le cose per quel fine che sono state ordinate dalla natura, e saremo sem- pre esatti osservatori della legge della stessa natura.

553. Finalmente dalle premesse senz' alcun dubbio chiaro ancora sorge , che l' uomo è tenuto (§ CXCVIII.) a par- lare sempre il vero sia che qualche cosa gli si dimandi per dritto perfetto , sia che per dritto imperfetto. L' è egli invc- ro il desio di esser felice quello che fomenta l' amore tra gli esseri ragionevoli (160) a tal guisa che , nel discorso aven- do di mira un tale scopo niuna lesione producessero negli al- tri ; sibbene intatti serbassero i dritti tutti de' simili , on- de ad essi niuna provvenisse di quelle infelicità che fabbri- casse la imperfezione di lui. Tu taci al tuo simile quello che à dritto di sapere da te ? certo l' avrai offeso privando- lo di quella cognizione che faceva il suo bene , e gli au- mentava il corredo delle perfezioni. Ma il nostro simile può avere un dritto perfetto a sapere il vero sempre che rima- nesse leso dal narrargli il falso, o dissimulando, od adul- terandogli la verità ; oppure tra noi vi fosse un patto, in forza di cui dovrebbe sapere il vero. Così avrai leso un tal dritto del prossimo quante volte sapendo che l' inimico tende insidie al tuo simile , ed essendo dimandato ài finto di non conoscerlo ; oppure l' ài persuaso il contrario a fine di farlo cadere nella rete. In simil guisa lederai l' istesso dritto del simile se prendi a deposito le cose altrui fingendo di non co- noscere i ladri che cercano addentarle ; oppure tenendoli in casa sotto colore di albergatori. Può avere ancora il nostro simile un dritto imperfetto a sapere il vero sempre che non la giustizia, ma la virtù ci spinge a promuovere l' altrui fe- licità come la nostra propria (22) ; come sarebbe indicare la via a chi nol conosce ; oppure rimettere nella strada chi la smarrì. Ed una tale distinzione di dritto perfetto od im-

perfetto non è tale in faccia la legge , sibbene per gl' individui (478), e qualunque sia il dritto porta sempre con sè una
obbligazione , la quale ci rende responsabili in faccia al Legislatore della natura, per maniera che bisognando al nostro
simile la notizia della verità, siamo sempre tenuti a schiettamente manifestarcela, sia che cel dobbiamo per giustizia , sia per
carità , o qualunque altro virtuoso motivo. Appare dunque
che non c'è lecito zittire la verità al simile che la dimanda;
• tanto più in tal caso non c'è giammai lecito dirgli il falso,
facendolo a tal guisa cadere nell' errore , ed arrecandogli dei
danni. Facciamo dunque agli altri quello che vorremo esser
fatto a noi stessi, e così avremo adempiuta quella legge, che
ci procaccia una eterna felicità, fine del Legislatore della natura.

LEZIONE XLVIII.

QUISTIONE SU LA BUGIA.

§ 554. *Verità , e sue varie specie : veriloquio e falsiloquio :
simulazione , reticenza , dissimulazione , e bugia — dritto
dell' uomo alla verità — opinioni de' Naturalisti intorno al
falsiloquio — è proibito dalla legge di natura, prima ragione — seconda ragione — terza ragione — quarta ragione —
quinta ragione — sesta ed ultima ragione — prima opposizione di Einneccio , e risposta — seconda opposizione di
Einneccio , e risposta — se l' uomo è obbligato a dir sempre la verità — conseguenze della esposta dimostrazione —
distinzione tra veracità e verità.*

554. La narrazione precedente riguardante i doveri che accompagnano ogni uomo nel parlare, ci mena immediatamente
alla discussione di una quistione , che à lusingato vari celebri Naturalisti facendoli pigliare lucciola per lanterna , come
suol dirsi ; se mai cioè il mendacio sia lecito per dritto di

natura. Prima però di scendere nell' arena c'è forza varie cose premettere per la retta intelligenza della quistione in parola.

. Ed infatti (§ CXCIX.) la Verità., astratto vocabolo di vero, si à quante volte l'attributo imposto al soggetto gli conviene; così se dico l'anima umana è immortale, dico cosa vera; perchè la immortalità convenendo alle spirituali sostanze conviene all' anima umana ; perciocchè il dire l' anima umana è immortale , è dire una verità. Or la verità è di tre specie, Metafisica , Logica , e Morale : la verità metafisica è la convenienza dell' essere con la propria essenza ; e come non può darsi essere senza essenza , così non può darsi falsità metafisica. La verità logica è la convenienza delle nostre idee cogli oggetti ; e come può avvenire che il nostro intelletto erri circa la conoscenza degli oggetti , così possiamo avere la falsità logica. Finalmente la verità morale è il discorso uniforme a' nostri pensieri , e questa verità dai Naturalisti comunemente si appella Veriloquio : la disconvevenienza poi de' nostri pensieri con le parole si dice falsità morale , od etica , oppure Falsiloquio : ciocchè forma materia delle nostre investigazioni.

Intanto possiamo avere che i fatti e le azioni sieno opposte a' nostri pensieri , e si avrà la Simulazione : possiamo avere ancora che richiesti a manifestare i nostri pensieri, tacciamo senza profferire parola alcuna, e si avrà la Reticenza, ovvero il Silenzio : e se gli altri ànno un dritto sia perfetto sia imperfetto (553) di conoscere i nostri pensieri, e noi non li palesiamo, si avrà la Dissimulazione : possiamo avere infine che uno manifesta i suoi pensieri ad un'altro con animo di fargli del male, ed indurlo nell'errore, e si avrà allora la Bugia , il Mendacio. Esemplificando le esposte teorie c'è dato osservare , che se dopo di aver mangiato alcuno mi dimanda se mai avessi mangiato, allorchè io franco gli rispondo di no, avrò commesso un falsiloquio, che suona lo stesso una bugia, un mendacio. Ma se io avendo poca stima di una qualche persona , nello scontro che ò con lei , principio ad imbrodarla , esibendole mille uffizi , cometterò una simulazione. Avanti: mi si dimanda dal viandante, È questa la via che mena alla città ? Senza rispondergli con indifferenza tiro innanzi i fatti miei, ecco un silenzio. Finalmente se alcuno alla presenza di altri m'interroga sul modo di condursi da buon cittadino, ed io per non soddisfarle diverto altrove il mio discorso fingendo di non aver capito, ecco una dissimulazione.

555. Allorchè tutte queste varie cose (554) le mettiamo alla pietra di paragone, ch'è l'amore dovuto ai propri simili, veggiamo chiaro che non possono effettuarsi senza ledere il nostro medesimo simile. Dove v'è dritto v'è pure dovere (20), ed il simile avendo dritto a non esser giammai leso nel nostro discorso (555), incumbe a noi il dovere o di manifestargl'i nostri pensieri tali quali li nutriamo nella nostra mente; oppure di giammai frodarlo nella espettazione di sentirsi parlare da noi. Per la qual cosa chi non vede la ingiuria che si arreca alla legge di natura col mentire, dissimulare, ingannare, zittire al nostro simile quello che o gli dovremmo dire, o dirceglielo ingenuamente e senza frodi, e senza inganni? Daresti una mentita al tuo onore traendo altrui nella notte dell'errore, e la tua riputazione verrebbe macchiata dall'inganno, dal silenzio, o dalla mentita porta al tuo fratello. Quello che per te non vorresti, neppure agli altri devi volerlo (483); e se tali sono i sentimenti che la verace natura t'infuse nel cuore, perchè tradirli, perchè assopirli, perchè infine dimenticarli? Tratti l'uomo come uomo (482), se uomo di onore voglia esser riputato: aver le vestimenta di onore, e non agire secondo natura è cosa vile, è un'azione da fanatico, è un non rispettare la propria natura. Quella verità che ricevemmo nel nascere, quella ingenuità che avemmo per fregio di natura, quel discorso che ci fu donato a discernimento dagli bruti, queste cose ci accompagnino fino alla tomba, e nelle svariate circostanze della vita palese le facciamo al nostro simile bisognoso oltremodo delle stesse.

556. Ma è qui che certi Naturalisti lusingando la umanità la traggono nell'errore con dottrine tutto opposte alla legge di natura. Imperciocchè il celebre Puffendorf tenuto dietro da altri Naturalisti, e con questi dal nostro chiarissimo Einneccio (§ CC.), considera il Falsiloquio (554) come un genere

che sotto di sè abbraccia due distinte specie, il falsiloquio
cioè propriamente detto, e la menzogna; e dice che il falsiloquio è un discorso contrario alla coscienza, il quale nè danno,
nè ingiuria, reca a chicchessia de' mostri simili; la menzogna
poi è un discorso contrario alla coscienza, il quale reca danno
e lede qualcuno. Quindi dalla esposta dottrina in conclusione
deduce, che per dritto di natura il falsiloquio è permesso,
la sola menzogna è proibita. Ove questa doppia specie di discorso contrario alla coscienza realmente esistesse dopo la invenzione del Puffendorf non sarebbe così facile il contradirlo,
e la verità di repente avrebbe a pigliare il primiero suo lustro: ma qui è il punto; giacchè il Puffendorf si mostrò a-
cuto nella sua invenzione, la novità sedusse lo stuolo che lo
tenne appresso; ma abbastanza capriccioso si manifestò nelle
sue conseguenze. Per la qual cosa è del nostro impegno e-
sporre la verità nella sua natia schettezza, e mostrare quanto
abbiano deviato da esso quei Naturalisti, che si ànno voluto
pertinacemente costituire protettori del falsiloquio; imperciò
siamo nel dovere di statuire così un teorema:

PROPOSIZIONE

PER LEGGE DI NATURA È PROIBITO OGNI FALSILOQUIO.

557. Dim. Quello tutto si oppone alla verità morale non
può non essere un male morale; dappoichè strugge quella
perfetta armonia che regnar debbe tra la parola ed il pensiero (554): or il falsiloquio qualunque sia la veste con cui
vogliasi ricoprire, massime da'Protestanti, è un male morale
perchè è in opposizione alla verità morale. Conciosiachè la
natura avendo fatto l'uomo parlante, lo à fatto tale per e-
sprimere il suo pensiero; conseguentemente lo à fatto uno,
non già doppio col mentire; ma gli à dato il naturale impulso di uniformare l'esterno all'interno, altrimenti tutto riuscirebbe una gabala in mezzo agli uomini, e gli uomini per
natura sarebbero stati fatti per ingannare. Ma questo neppure
può da noi immaginarsi stantechè un naturale ribrezzo inve-

stè l'uomo al pensiere di contrariare l'esterno con l'interno suo, e di repente un rossore che lo circonda, e gli salta in volto, l'accusa del malfatto contra i dettami della natura. Adunque il falsiloquio, o vogliam dire, la parola contraria al pensiero, è egli contro la natura dell'uomo; e perciò contra la legge di natura: in somma è un male in sè stesso riguardato, e che argomenta immoralità ed ingiustizia nelle umane azioni. Ora ogni male morale è proibito per legge di natura; giacchè ogni rettitudine non può accogliere alcun disordine qual'è il peccato. Dunque il falsiloquio è proibito per legge di natura. E questa proposizione la sentivano gli stessi fautori del falsiloquio, per cui s'ingegnavano a cambiar definizione, quasichè la mutazione di essa togliesse l'errore, ed a capriccio agevolasse la morale. Osservate a tal proposito il Grozio [1], il quale è stato il primo anello di questa mostruosa catena, non si poteva persuadere come i doveri sociali tutti potevano accozzarsi con la perfetta armonia della parola col pensiere, quasichè altro fosse l'autore della favella, ed altro quello de' doveri sociali, ed in tal guisa non si potesse ottenere in ambedue le cose quella necessaria uniformità.

558. Oltreacchè quant'opera l'Autore della natura, ch'è Dio, lo fa sempre secondo e non contra la sua natura; giacchè è proprio dell'essere fornito di ragione operare a norma della sua natura, osservandosi ciò pure negli stessi stupidi esseri, i quali operano sempre secondo il loro naturale istinto. Or Dio dando all'uomo la favella, se non vogliamo fargli onta di sort'alcuna dobbiamo dire che ce la regalò secondo l'infinita sua natura. Questa natura divina non è altra che la verità: Egli non può mentire, non può fingere senza distruggere Sè stesso; e negatagli la verità per essenza è un mettere Dio in preda de' più mostruosi errori, cui ripugna l'infinita sua santità. Se dunque tal'è la natura di Dio, Egli regalò all'uomo la favella in ordine alla verità, la quale è la radice ed il mezzo di tutto il suo bene. Tolta infatti la

1 De jure bell. et pac lib. 3. cap. 1. § 11.

favella conforme al pensiere è spenta per l'uomo ogni guida
nel maneggio de' suoi interessi ; è spenta ogni luce di vero
nella sua mente ; è spenta ogni prudenza nello scontro de' pericoli, e nel raggiungimento de'fini. Quali cose ove seriamente
fossero ponderate da' fautori del falsiloquio, avrebbero presto
a cambiare di sentiero avvedendosi de'gravissimi acciacchi del
lor frodolento sistema. Ma torniamo dove partimmo. La favella
ricevuta dalla Verità per essenza non può non essere data che
per la verità : or tutto ciò che si oppone alla verità per essenza è proibito dalla legge di natura come quello che tende
immediatamente allo scioglimento della stessa naturale legge.
Dunque la favella non conforme al pensiere è difforme alla
Verità per essenza, ed in conseguenza è proibita dalla legge
di natura. Ecco il falsiloquio proscritto senz'alcun scampo
per gli avversari.

559. Più, chiunque vuole un fine, debbe ancora volere i
mezzi per raggiungersi il proposto fine ; altrimenti ridicola
apparirà la intenzione come di colui che vorrebbe la guerra
senza preparare le forze, oppure innalzare un' edificio senza
provvedersi de' materiali. Or Dio vuole dall' uomo il fine, cioè
la verità morale ; deve dunque volere anche i mezzi, mercè
cui una tal verità possasi ottenere. Questi mezzi di sincera
communicazione de' nostri pensieri agli altri sono la favella,
la quale è un principal bene della natura umana guidata dalla
ragionevolezza. Dio dunque vuole che noi sempre parlassimo
il vero ; dappoichè l'intelletto umano aspirando al vero à sempre il dritto di esigere da noi quel tanto, in forza di cui
raggiunga il fine del suo Creatore, e non senza ingiuria può
essere spossessato di un tal dritto. Chi adesso potrà negare
che il Falsiloquio in essendo opposto alla verità spoglia l'uomo del prezioso dritto affidatogli dal sommo Vero di raggiungere la verità, e calpesta in noi il dovere di professare un
retto parlare segnato dalla ragione? Si dirà da' Protestanti col
Grozio che non sarà bugia dir qualche falsità ad un fanciullo;
oppure ad uno che non ne resta ingannato, benchè possano
ingannarsi gli astanti ; oppure a chi giova e non dispiace ;
oppure ad un' inferiore su cui vantasi qualche autorità ; op-

pur dirla per salvare un' innocente, e che so io 1. Ma diranno
quello ch' essi vorranno non si potranno mai negare, che il
falsiloquio essendo la discordanza delle parole co' pensieri è
sempre in opposizione alla verità, la quale come da Dio voluta fa il falsiloquio opposto al Legislatore della natura, ed
il bene per rapporto al simile non piglia origine dagli effetti
che produce o possa produrre ; sibbene dalla Volontà del Legislatore della natura. Il falsiloquio adunque non può non essere proibito dalla legge di natura.

560. Ma esaminiamo per poco l' istesso falsiloquio in ordine alla natura dell' uomo, e vediamo quale ingiustizia lo re-
goli. In fatti analizzando la natura dell' uomo c' è dato rinvenire, che tre sospiri rendono gemente il suo cuore, cui a
tutta possa si sforza far fronte ; « *Non soffrire, non morire,
non essere ingannato*. « *Non soffrire* 2 » l' uomo desidera ardentemente la sua felicità (24): «. *Non morire* 3 » l' uomo
è sommamente amante della sua vita : « *Non essere ingannato* 4 » l' uomo per niun modo vuol' essere ingannato ; e
quest' ultimo sospiro analizzando troviamo assurdissimo il falsiloquio, il quale se non si esprime per ingannare altrui, è
per sè stesso un' inganno. Egli l' uomo infatti tende alla verità naturalmente (559) per guisa tale, che rifugge ogni falsità, ogni inganno gli fa peso anche quando alla falsità ed
all' inganno contra ragione capricciosamente si affida. Si attenda un poco all' uomo, e subito resteremo convinti di una
tal verità. Or quello l' uomo non vuole per sè, la natura gli
impone di non volerlo ancora agli altri suoi simili. Dunque
s'egli l' uomo non vuol'essere ingannato — *Non falli* — neppure
deve ingannare gli altri. Or il falsiloquio per sè medesimo è
un' inganno ; giacchè per esso altro si dice, altro si pensa,
rendendo l' uomo a sè stesso contradittorio : come dunque
potrà addivenire lecito da quella natura che l' abborre ? .

561. Inoltre senza dipartirsi dalla stessa natura dell' uomo,

1 De jure belli et pac. lib. 3. cap. 1. § 11.
2 *Non pati, non mori, non falli. Non pati.*
3 *Non mori.*
4 *Non falli.*

non è egli vero , che il simile l' uomo debba amare come sè
stesso , ma non più di sè stesso (482) , per modo che venendo in collisione il suo bene con quello del simile , deve
preferire il suo al vantaggio del simile ? Ebbene , che cosa
fa il Falsiloquio ? Se altro non producesse in essendo per sè
stesso un' inganno (560) , è un male morale (557) , il quale
di sua natura tende ad imperfezionare l'uomo. In allora se
ad altri vantaggiare col falsiloquio si dovesse pretendere la
propria imperfezione, troppa dura sarebbe la legge di natura
col comandare di amare il simile più di noi stessi ; ciocchè
pretendesi nella ipotesi degli avversari , i quali per mostrarsi
troppo zelanti dell' amore fratellevole calpestano gl'individuali
dritti di ciascun' uomo. Ma tanto non è voluto dalla saggissi-
ma legge di natura , che anzi produce i più espressi divieti
in tal faccenda comandando di amare l'uomo come uomo, ma
non più dell' uomo. Dunque chi non vede la ingiustizia del
falsiloquio senza insieme vedere la proibizione dello stesso per
parte della legge di natura ?

562. Da ultimo la natura stessa della società vuole bandito
il falsiloquio da mezzo gli uomini. Avvegnacchè tutta quanta
ella è la società, la quale alla fin fine non è altra che communicazione d'intelligenze e di giudizi nella ben rego'ata concordia, si poggia su la favella, e reggesi per la buona fede,
la quale si suppone fondamento immancabile della stessa favella : favella e buona fede ambedue vincoli esterni , ma necessari , inseparabili pel sostegno e reggimento di una società. Or datemi il falsiloquio permesso, dov' è più la buona fede, il sostegno della società dove più sussiste ? La difformità
delle parole da' pensieri ; cioè la menzogna, o vogliam dire
falsiloquio, produrrà senza dubbio una differenza continua tra
soci , ch'equivale allo stesso, la società sarà sbarbicata fin dai
fondamenti ; perchè spezzato quel vincolo di unità , cioè la
communicazione delle intelligenze, per cui stretti avvilicchia-
vansi gli uomini fra loro, e che formava tutta la lor felicità. Perciocchè troppo preziose sono le parole del Taparelli [1],
allorchè dice : « *Il bene della società che serve di pretesto a*

1 Part. 2. cap. 4. nota al § 372.

*tal. dottrina è da lei interamente rovinato : giacchè ammessa
una volta potersi mentire, il commercio delle intelligenze è divenuto impossibile. E se a dì nostri è sì universale la mala
fede lo dobbiamo in gran parte alla favorevole accoglienza fatta
alle dottrine di Grozio ».*

583. Ma sentiamo per poco che risponda il ch. Eiunsecio
alla proposta dimostrazione. Egli dapprima vuol permesso il
falsiloquio dalla legge di natura semprechè vantaggia altrui
invece di danneggiarlo, e ciò fonda su quell' amore simile al
nostro che dobbiamo al simile ; giacchè come ci piace la no·
stra utilità , così pure dobbiamo procacciarla al nostro simile. Epperò qui non si avvede il ch. Autore trascinato dall' altrui inganno, ch'egli pone più nell'effetto che nella causa. Imperocchè dobbiamo amare il simile come noi stessi, ma non più
di noi stessi, e tanto succederebbe nel falsiloquio ridondante a
vantaggio altrui; perchè allora per proccurare l'altrui commodo
verrebbesi a proccurare la propria imperfezione (561)., ed in
conseguenza un'ingiuria al Creatore Legislatore della natura. Poniamo infatti che il falsiloquio faccia bene al simile, esso non
potrà giammai cangiar natura, dovrà essere sempre un'inganno;
conseguentemente un male morale , il quale se per accidente
produca bene non potrà non arrecare e danno all'agente, e fare
ingiuria al Creatore. Danneggia l' agente col fargli operare il
male morale, il quale di sua natura, e perciò necessariamente
deve cagionare imperfezione in chi l' opera come nel bugiardo. Fa ingiuria al Creatore, il quale per essenza essendo verace non può non volere la verità, ed infinitamente abborrire
la menzogna. Dicasi pur lo stesso quando il falsiloquio accidentalmente venisse a vantaggiare noi stessi , nel qual caso
ancora gli avversari lo vogliono per lecito. Per la qual cosa il
falsiloquio qualunque sia il bene che accidentalmente possa
produrre, di necessità è sempre proibito dalla legge di natura.
E qui ci fa molta meraviglia come l' istesso Cristiano Wolfio,
il quale à tanto proclamato la perfezione e l' armonia delle
azioni fino a stabilirla per principio di tutta la morale legislazione (141), abbia difeso sconsigliatamente il falsiloquio.
Di passaggio soltanto ci piace osservare, allorquando le azioni

esterne non corrispondono alle interne, come avviene nel falsiloquio, dove più allora l'armonia delle azioni? L'incantesimo dell'altrui autorità (562) ci tráscina ove non vogliamo
fino a farci assopire il lume stesso della ragione capace a
farci discernere l'errore!!

564. Soggiunge poi il ch. Einneccio (Nota al § CC.) l'ac-
caduto di S. Attanagio, di cui sostenendo aver mentito, vuol
confermato il suo errore. Ma la risposta del S. Dottore fu un
vero falsiloquio? A deciderne riproduciamo il fatto rapportato
da Teodoreto. [1] Era egli perseguitato il S. Dottore dagli Ariani per modo, che non altro scampo gli rimaneva a salvamento della vita fuorchè quello della fuga. La risolve e l'esegue, e per via di mare cerca mettersi al coperto delle ingiurie. Or avvenne che la sua nave s'incontrò co' messi del-
l'Imperatore per catturarlo, i quali mica conoscendolo gli si
fanno a dimandare — Conoscete quanto di quà dista Attanagio?—allora fu ch'egli destramente rispose — Non molto dista
di quà — A tal modo gli riuscì continuare la fuga; giacchè
gli sgherri si portarono innanzi per rinvenire l'abbandonata
preda — Concediamo agli avversarî che la data risposta giovò
di molto ad Attanagio, per contrario sarebbe stato il bersaglio del furore Ariano; ma volentieri neghiamo che si fosse
ella un falsiloquio. Conciosiachè Attanagio nè per poco, nè
per molto ingannò i suoi persecutori—gli si dimandava quanta
distanza passava tra essi ed Attanagio ignoto—e non era forse
vero che poco egli distava da quelli che l'interrogavano? E-
gli era forse obbligato a manifestarsi a' suoi nemici con tanto
discapito della fede? Come dunque la sua risposta formerà
un falsiloquio? Apprendano meglio gli avversarî la risposta
del S. Dottore, e vedranno nel pieno meriggio qual base formi al lor sistema. Del resto ancorchè la risposta di S. Attanagio
fosse un falsiloquio (ciocchè è provato falso), qual'onta farebbe la sua autorità contro la verità nota pel lume naturale
della ragione? Nessuna — e come veneriamo la sua autorità
nelle svariate dottrine che non poco decoro aggiunsero alla

[1] Hist. eccl. 3, 8.

fede; così non avremmo motivo di seguitare le sue orme per rapporto al falsiloquio.

565. E però sarà quì naturalissimo dimandare, se l'uomo sia sempre obbligato a dire la verità? Quantunque in niun caso sia permesso all'uomo di mentire; pure non sempre è tenuto a manifestare la verità; poichè dritto e dovere son termini relativi (120); ed in conseguenza à l'uno il dovere di manifestare la verità quando l'altro à il dritto di esigerla. Così un mercatante interrogato su la quantità delle sue ricchezze, niun male commette se tace: qual dritto abbiamo noi d'ingerirci ne' fatti altrui? Perlocchè quando il nostro discorso agli altri non giova, a noi, oppure ad altri, potrebbe nuocere, ci sarà sempre lecito tacere, e non manifestare la verità. Quindi in questi soli due casi è obbligato l'uomo a manifestare la verità; 1. cioè quando chi l'interroga à dritto di saperla, come i Genitori, i Superiori, i Giudici, ed altri di simil fatta: 2. quando il tacere la verità porterebbe una lesione nel dritto altrui, come quando interrogato se mai alcuno sia realmente ladro, sapendo il contrario non posso tacere senza ledere la costui stima, cui à dritto. S'inganna quindi a partito il ch. Einneccio (Nota al § CC.) quando sostiene che possa un comandante di esercito ingannare il nemico spargendo falsi od ambigui rumori; perchè come nemico non à alcun dritto perfetto ed imperfetto di esigere da noi la verità. Dappoichè il nemico non lascia di essere uomo, cui dobbiamo amore (482); e quindi niuna lesione fuor' i limiti di una vera giustizia debbiamo arrecargli. C'è lecito tacergli la verità pel danno che a noi possa avvenire; ma giammai c'è lecito ingannarlo, o mentirgli in faccia, stante l'assurdità che in sè contiene il falsiloquio (557, e segg.). Non così poi è da dirsi per tutti coloro, i quali nascondono la verità sotto favole, finzioni, parabole, simboli, enimmi, ed altre cose di simil fatta, a fine d'insegnare la verità agli altri, oppure meglio adattarsi alla loro capacità: son cose queste che si fondano sul vero, ànno per fine la verità, e producono la verità stessa che vuolsi communicare. Il Salvatore medesimo cèn à dato i più illustri esempi, allorquando le più sublimi verità a meglio farle

intendere le rinchiuse sotto parabole, finzioni, simboli; e
tamente il suo esempio muoverà chiunque vuol' esser
vante della legge di natura.

566. Da tutte le cose fin quì sparse c' è dato rilevare
z' alcun dubbio, che (§ CCI.) ogni dissimulazione è pro
per legge di natura (554), come quella che seco porta
manifesta ingiustizia o per riguardo a noi, o per
agli altri, essendo per sè stessa un'inganno. Che non
taciturnità, ossia Silenzio (554), per legge di natura è
bita ; giacchè ove quegli che dimanda non à dritto a
la verità con ragione possiamo tacerla (565). Che infine
il discorso arguto e finto per legge di natura non è probi
come apparisce (565) ; l' è però condannato dalla stessa l
ge ogni Mendacio, o Falsiloquio, od inganno (557, e segg
ciocchè ripetiamo di nuovo contra il ch. Einneccio, il q
fermo nel suo principio ricuoce quì di nuovo l' istesso ca
e facendo distinzione, come cennammo (556), tra mendac
falsiloquio, il primo vuole opposto alla legge di natura,
già il secondo. Si sforza pertanto (Nota al § CCI.)
vare la sua falsa opinione con l'autorità degli scrittori G
presso cui, dice, il vocabolo *Pseidos* è ambiguo potend
gnificare sì il mendacio, che il falsiloquio, e preso nel
mo senso i cennati scrittori lo condannano, non già
nel secondo senso. Ecco Demostene come parla pigliando
voce *pseidos* pel mendacio: « *Non esservi cosa con cui si
offendere più gravemente alcuno, quando col dire menzogn*
Ma Cariclea l' istessa voce *pseidos* pigliandola pel falsil
dice : « *Esser buono qualche volta il falsiloquio, quand
reca vantaggio a quelli, che se ne servono senza offendere
che lo ascoltano* [2] ». Ma con buona pace di sì gran mora
che potranno giovargli le autorità de' Greci, allorquando
contra ragione ? Siamo nella conoscenza della legge di na

1 *Nullam esse rem, quam gravius quis laedere possit, quam dice
mendaciis.* Heliodor. Aethiop. lib. 1. cap. 3. p. 52.

2 *Bonum esse aliquando falsiloquium, quum videlicet, ita juvet eo
tentes, ut interim audientes non laedat.* Heliodor. ibid.

la quale è nota sola pel retto lume della ragione, e non per l'autorità degli uomini (52); e per la ragione conosciamo che essendo il falsiloquio per sè stesso un'inganno, non potrà in ninn caso farsi lecito dalla legge di natura; ed essendo troppo chiara la cosa pel dimostrato (557, e segg.), volentieri ci asteniamo dal riprodurre le cose di già dette.

567. Se non che tutta la distinzione è da porsi tra la Veracità e la Verità (§ CCII.); giacchè dicèsi verace colui, che senza dissimulazione manifesta la verità a chi à dritto qualunque di saperla; mentre la verità non sempre siamo tenuti a manifestarla (565). Così il ricco, il quale avrà nascosto i suoi tesori, se allorquando il ladro li va frugando egli tace, od altrove rivolge il suo discorso, egli non sarà un menzognere; ma neppure sarà un'uomo verace; giacchè reticendo il vero non dice il falso. Perlocchè c'è dato conchiudere, che la veracità è sommamente da lodarsi come quella che manifesta la somma schiettezza del cuore umano; ma colui che tace la verità avendone giusti motivi non è da condannarsi quasi che operasse contra natura, ed a traverso de'suoi doveri. Infatti lo Spirito Santo loda quell'uomo che poco parla, e chiama saggio chi à la bocca nel cuore: come al contrario vitupera colui, che si diffonde in molte parole, e chiama stolto quegli che à il cuor su le labbra, volendo con ciò sommamente applaudire un giudizioso e prudente silenzio. D'onde rilevasi, che l'imprudente a parlare è condannato dalla legge di natura come colui che fuori tempo, e senz'alcun vantaggio, manifesta gl'interni pensieri del suo animo col rischio sicuro di pentirsi di aver parlato. Qual verità fu conta agli stessi Gentili in essendo un'effetto dell'umana ragione; giacchè a tacere degli altri diceva Simonide: « *Non aver avuto mai occasione di dolersi del silenzio, ma del parlare, spesse volte 1* »; e Talete: « *Il parlar poco è segno di anima prudente 2* ». A tal modo avremo esaurita l'intiera quistione su la bugia, mossa con tanto calore da' Naturalisti. Faccia il Cielo

1 *Numquam se poenituisse silentii, sermonis saepe numero.*
2 *Non multa verba prudentis animi indicium esse.*

intendere le rinchiuse sotto parabole , *

tamente il suo esempio muoverà chi

vante della legge di natura.

566. Da tutte le cose fin qui

z' alcun dubbio, che (§ CCI.

per legge di natura (554).

manifesta ingiustizia o p

agli altri , essendo per

taciturnità , ossia Sile

bita ; giacchè ove

la verità con rag

il discorso argr

come apparis

ge ogni M

ciocchè

fermo

e fa'

fa'

leg-

acio,

i fra-

*b specie
l'asseve-
asseverano
—, *s uso delle bene-
*maledizioni — *delle impreca-
*...i antichità al giuramento — quando è le-
...ure — si applica a qualunque specie di giuramento
— il giuramento assertorio nelle sue specie del dritto civile — è sempre da rispettarsi.

568. Le teorie del discorso, che ci menarono lungamente a
farci parlare del falsiloquio, son feconde in sè stesse di tanti
buoni semi, che la giustizia di una gran parte delle azioni e-
sterne dell'uomo a ragione si vogliono da esse ripetere. Infatti al discorso si appartiene l'Asseveranza, la quale moltissime
dottrine con sè congiunge (§ CCIII.) necessarie oltremodo
pel buon regolamento de' nostri costumi a norma della legge
di natura. Ella però vuolsi definire per una qualunque espressione, in forza della quale vogliamo dare ad intendere agli altri, che quello diciamo sia vero, e niuna falsità contenga. A
tal modo intesa l'asseveranza vien riguardata come un genere,
ed in tale stato deve necessariamente contenere delle specie che
vanno a popolare la sua famiglia. Sue specie sono la Contestazione, la Imprecazione, ed il Giuramento, di cui brevemente
bisogna dar ragguagli prima di diffonderci nelle dottrine generali dell'asseveranza.

869. La Contestazione è un'asseveranza, con cui chiamasi in testimonio la propria coscienza per assicurarsi l'altrui consenso. Modi di contestazione sarebbero tra gli altri i seguenti: *A coscienza mia — Di cuore — Da uomo di onore ti assicuro quel che ti dico.*

La imprecazione è un'asseveranza, con la quale l'uomo nello sdegno e nella forza delle passioni minaccia a sè, od agli altri qualche male quante volte la cosa non fosse talè, quale si asserisce. Così sarebbe una imprecazione se qualcuno dicesse: *Possa morir io*, oppur, *Possa morir mio figlio — Il ciel mi fulmini — Possa d'improvviso morire, se la cosa non è così.* Ma allorquando la imprecazione è diretta alla propria persona con voce sua propria da'Naturalisti vuolsi chiamare Esecrazione.

Finalmente il Giuramento è un'asseveranza, con cui chiamasi la Divinità in testimonio di quanto si asserisce. Così—*Quel che ti dico è certo come la esistenza di Dio — è vero quanto Dio — non mentisco per quest'acqua di Dio —* ed altro di simil fatta. Chi giura sul falso vuolsi nomare Spergiuro a tal che spergiurante dicesi colui che pretende contestare con giuramento la falsità che asserisce. Pertanto il giuramento può essere Assertorio, Promissorio, Esecratorio, e Comminatorio. Si dice Assertorio quando chi giura lo fa per la realtà delle sue asserzioni: così il giudice invita il reo a giurare in compruova di quanto dice, od è per dire: in tal caso lo spinge ad emettere un giuramento assertorio. Si dice promissorio quando chi giura lo fa per la realtà delle promesse: tal'è 'l giuramento che il Sovrano esige da' suoi soldati poscia che àn promessa fedeltà. Si dice Esecratorio quando il giuramento si adopera per corroborare le imprecazioni: così sarebbe colui che sdegnato dicesse—*Mi possa morir mio figlio per Dio se ti mentisco—*Si dice infine Comminatorio quando il giuramento si aggiunge alle minacce: così se alcuno dicesse — *Per Dio ti uccido prima che parta questo giorno.*

870. Altre specie di asseveranza possono essere la Benedizione, e la Maledizione. Per vero dire è la Benedizione quel discorso, col quale pregansi da Dio per un'altro cose felici. Quel padre di famiglia che apre il suo cuore dinanzi a Dio a prò

del figlio suo, e le prosperità di lui non vede fine di raccomandare, egli certamente benedice il figlio suo. Quindi la lode, la preghiera, il sacrificio, son tutte figlie della benedizione; e quei modi di parlare, che in sè contengono il desiderio di un qualunque bene a vantaggio del nostro simile, son essi tutti altrettante benedizioni. Così — *il Ciel ti prosperi* — *Dio t'ajuti* — *Fa buon viaggio* — *Felice sera* — *Buon giorno* — ed altri simiglievoli, di cui gran copia rinviensi presso le persone dabbene e di timorata coscienza. Al contrario poi la Maledizione è quel discorso, con cui vogliamo ad un'altro cose sinistre, ed infelici; e di queste moltissimi diversi modi ne abbiamo presso le persone di nulla o poca coscienza, e ch'è meglio ignorarle che saperle. Però giovan qui notare che tanto la benedizione, quanto la maledizione, come rivolgonsi a' nostri simili; così pure possono rivolgersi verso di noi stessi a tal modo che, di uno può dirsi che co' suoi detti s'è benedetto, oppur maledetto.

571. Permesse queste cose c'è dato esaminare, che cosa intorno ad esse ci abbiamo lecito per dritto di natura. E dapprima osservando in generale l'asseveranza (§ CCIV.), come dessa è posta dalla natura quale sbarra a tutela della verità, e contra ogni ombra di falsità (568), ognuno ben vede, che qualunque asseveranza fatta senza ragion sufficiente è certo temeraria. Dappoichè l'essere intelligente, sia nella parola, sia nell'azione, deve sempre aver proposto un fine, cui le dirige a tal che, si à sempre motivo di chiedere perchè così parla, perchè a tal foggia agisca. Allorquando asseveriamo, dobbiamo certamente avere un motivo a' sì fattamente caricare il discorso, in contrario la imprudenza non che la stolidezza gli salteranno in volto. Se dunque l'è così due soli casi possiamo avere, in cui lecitamente possiamo usare le asseveranze: il primo quando c'è sospetto in altri che noi mentissimo in quello che diciamo; giacchè allora è sufficientissimo motivo quello di mantenerci nella nostra giusta riputazione presso gli altri, i quali non possono guardare le interne disposizioni del nostro animo : il secondo quando ci troviamo stretti dalla necessità a tal modo, che gli altri possiamo indurre a credere a' nostri detti se non

mercè le asseveranze. Son tali alle volte le circostanze che accompagnano un discorso, che per la cresciuta mala fede negli uomini, quantunque dicessimo il vero, e non avessimo affatto affatto intenzione di altri ingannare ; pure gli altri per capricciosi timori non ci vogliono prestar fede dubitando di quello loro diciamo. Quale scampo, fuorchè l'asseveranza, potrassi avere in tal discapito del nostro discorso? Ove esista ragion sufficiente dell'operato, v'à pure prudenza e buona fede nell'agente; sicchè l'asseveranza prodotta nel mentovato caso non ci si potrà condannare dalla legge di natura.

572. Quantunque però l'asseveranza fondata su' motivi sufficienti sia consentanea alla legge di natura (571); priva al contrario di tal sufficienza è all'istessa legge discrepante. Perlocchè son da riprovarsi tutti coloro, che fuori necessità, od altro ragionevole motivo abbondano nelle asseveranze, e di esse ne formano quasi per uso un condimento del lor discorso. Per essere troppo facili ad asseverare, o fuori ragione asseverando, danno troppo fondato sospetto della verità del loro dire; giacchè là verità, suol dirsi, si raccomanda da sè stessa, e non à bisogno di altre raccomandazioni: e se fosse sempre vero il loro discorso non così di leggieri correrebbero agli ultimi mezzi per accreditarlo. Ma se questi peccano contra la legge di natura, qual peccato non sarà di quelli, che abusando delle asseveranze cercano altri ingannare, oppure ledere? L'arme più sacra concessa dalla natura a difesa della verità viene da cotestoro adoprata a ludibrio del simile e mezzana serva nelle loro iniquità! A tal foggia più presti si fanno a rovinare i dritti del prossimo, e maggior adito si schiudono a rubare l'innocente assenso del simile a'loro furbi detti; giacchè il simile se non avesse intesa l'asseveranza aggiunta al discorso non sì facilmente si sarebbe fatto portare a naso dall'altrui menzognere discorso; ma per la santità che la natura congiunse all'asseveranza, e quel natio rispetto che infuse ne'cuori degli uomini per queste venerande formole, si dà volentieri a credere quello che si dice, e neppure per fantasma immagina che asseverandosi vogliasi mentire, Ond'è che presso i Romani era usitatissima quella forma di asseveranza : « *Come*

conviene che si tratti tra uomini dabbene, affinchè io non sia raggirato e frodato per cagiona tua, e della tua parola 1 v; giacchè supponevano i Romani, com'era naturale, che quegli il quale parlava a fè sua, cioè in sua coscienza, e come oggi suole dirsi *su la propria parola di onore*, questi non era per mentire: conseguentemente avevano in grande orrore se alcuno l'altro cercava illaqueare interponendovi la propria parola di onore; cioè asseriva di dire il vero in fede sua. Ed alla santità dell'asseveranza, non che al credito che gli uomini sogliono prestare ad essa, ebbe luogo il tanto celebre giudizio di fiducia presso i Giureconsulti, e di essi può riscontrarsi quanto al proposito ne dice V. C. Francesco Car. Corradi 2. Ma queste cose bastano per l'asseveranza riguardata in generale; meglio è scendere a particolare discorso su le singole sue specie.

575. Imprima le contestazioni (569) debbonsi usare con quel sale di prudenza che la giustizia della causa, o la necessità delle circostanze, od altro ragionevol motivo richiedesse (571). Quindi lo spesso usarne, e fuori tempo, è un far sospettare della buona fede richiesta nel discorso, ed indica che poco o nullo appoggio abbia quello che si dice. Per la qual cosa sono da usarsi allorquando non si à altro mezzo per gli altri convincere; oppure in essendo la cosa di gran rilievo preme assaissimo al contestante che gli altri gli prestassero fede.

Per quello poi si appartiene alle benedizioni (§ CCV.) non v'à dubbio che siamo tenuti a sempre benedire gli altri nostri simili; giacchè come la benedizione nasce dal desiderio di veder gli altri prosperati (570), e quindi è figlia primogenita di quell'amore, che agli altri dobbiamo esternare (482): così ove vogliamo osservare la legge di natura non potendoci esentare da un tal dovere di amore, non ci possiamo del pari affrancare dal dovere di benedizione. Chi ama vuol pigliare diletto della perfezione che potrebbe provvenire nell'oggetto a-

---

1 *Uti inter bonos bene agere oportet, uti ne propter te fidemve tuam captus fraudatusve siem.* Cic. de Off. 3. 16.

2 De pacto fiduc. Exerc. 2. § 4.

malo, e fa mille voti ohde la felicità sbrillasse in lui per forma che, la desidera, e ne gode come sua propria fosse. Or benedire è desiderare cose buone agli altri ; benedire è bramare il simile felice ; benedire infine è amare il simile come un' altro sè stesso (570). Chi dunque non vede quanta bontà in sè raccolga la benedizione, ed insiemamente quale obbligo stringe ciascuno di schiudere i suoi labbri, e sciogliere la sua lingua a vantaggio del simile benedicendolo? Epperò ciò è inteso di quella benedizione, la quale è figlia verace dell' amore fratellevole ; e perciò di quella che principalmente si produce con animo schietto di desiderare cose felici a' nostri simili ; non già di una benedizione qualunque che senza esser mica condita dall' amore si profferisse piuttosto per uso, e per essere spinto dagli altri. Imperciocchè in tal caso le benedizioni non sono che vane ciance, parole senza spirito, stridori che servono piuttosto ad assordire la moltitudine che partorire buoni effetti, inganni che sogliono assaltare gl' incauti, ma rendono più guardinghi gli uomini prudenti. Di tal tempra sarebbero que' clamorosi ripetuti evviva, che dar soglionsi alle volte agli uomini illustri e potenti, e che nel fatto non sono se non vili adulazioni, e piacesse al Cielo che non fossero molte volte sfoghi i più infami di brutale odio, e non nascondessero il più mortale veleno per abusare degli stessi ! Non sempre l' esterno corrisponde all' interno, e spesse fiate serve a colorare il più tristo interno. « *Ma non dar troppa fede all' apparenza* 1 », e quando osservi smoderata la benedizione, o fuori tempo, o provveniente da animi inquieti, temi ancora tra le apparenze del bene, e statti in buona guardia ; giacchè i cachinni della volpe son segni certi di desiderata preda.

574. Per l' opposto dalle maledizioni dobbiamo sempre astenercene ; giacchè come conciliano il nostro odio verso gli altri (570) ; così anche conciliano l' altrui odio verso di noi, ed in tal guisa si viene a distruggere quello scambievole amore, che gli uomini si debbono a vicenda. Se n' eccettui però

---

1 *Nimium ne crede colori.*

il caso, in cui voglionsi permesse, quando cioè per un'effetto di compassione che per altri nutresi vengono a profferirsi. In tal circostanza non l'odio, sibbene la misericordia è la causa che ci spinge a così trattare il simile nostro, e l'istesso Legislatore della natura non tratta in diversa guisa gli uomini rubelli, che allontanansi da'suoi precetti, e loro minaccia maledizioni sempre che non facciano ritorno a Lui, mettendo a tal guisa a calcolo la sua pietà per non usare di repente la giustizia. E tale esempio corrobora senza dubbio le nostre maledizioni, le quali a dir vero son piuttosto un bene anzichè un male che auguriamo al nostro prossimo. Così se qualcuno dicesse — *Non possi vedere il giorno di dimane se mai avessi a commettere il peccato* — qual male si potrà osservare in sì espressa maledizione? Del resto comunque vada la cosa è ottimo avviso avvezzarci sempre a benedire anzichè a maledire; giacchè tali sempre siamo quali l'abito di operare ci avrà formato, ed avvezzandoci a maledire per la forza dell'abito verrebbe a pregiudicarci un tal modo di parlare.

575. In ordine alle imprecazioni, oppure esecrazioni (569), desse non possono non essere a buon dritto proibite dalla legge di natura, come quelle che si oppongono alla legge di amore dovuto agli altri, oppure a noi stessi. Infatti la imprecazione nutre odio per gli altri, e la legge di natura ordina amarli (482): la esecrazione nutre odio verso sè stesso, e l'istessa legge ordina all'uomo di amarsi (343). Come dunque conciliarsi insieme amore ed odio se cose sono di lor natura contrarie (162)? Interdiciamoci quindi la imprecazione e la esecrazione come tendenti alla nostra imperfezione, e la disperazione o l'ira subitanea, cause fecondissime di tali disordini; temperiamole col riflesso di quella eterna felicità, che a noi promette l'Autore della legge di natura (24). Epperò si può dare caso, e questo di una estrema necessità, in cui potrebbesi dir lecita la imprecazione o la esecrazione; ma è materia questa da discutersi piuttosto da' Teologi, che da' Naturalisti, per cui volentieri ad essi rimettiamo la faccenda. Soltanto di passaggio ci piace notare che in tal caso non vi sarebbe mutazione di legge di natura; sibbene avrebbe

luogo una regola di collisione (Lez. 38, 39), mercè cui il bene maggiore è da preferirsi al minore. Conseguentemente sarebbero permesse le imprecazioni, o le esecrazioni, sempre che trattasi della gloria del Creatore, di conseguire un gran bene nostro od altrui, di evitare un gran male; a far quali cose mezzi differenti non si avrebbero fuorchè le imprecazioni, o l'ese crazioni. A tal modo si spiegono molti esempi eroici avuto luogo nei tempi andati, e che per brevità non ci conviene produrre. Piuttosto scendiamo a' doveri, che riguardono il giuramento, l'azione più sacra nel recondito tempio della natura, e che l'uomo anima in mezzo alle traversie della vita

576. E per quello gl'interessa (§ CCVI.) non ignoriamo su le prime qual si fosse il rispetto che le nazioni tutte àn sempre nutrito per esso, a tal che con ragione presso i popoli è stato sempre tenuto come la cosa più sacra del mondo: troppo parlante è la storia in tal caso, per cui ci esentiamo dal produrre fatti particolari. Frattanto la santità del giuramento per l'asseveranza che contiene (569), ci vuole avvertiti rispettarne le leggi, calcolarne il peso, non usarne alla ventura. Imperocchè se pel dimostrato (571, e segg.) ogni semplice asseveranza è da usarsi con parsimonia tale, che non faccia rendere imprudente l'uomo onesto, e nol faccia discapitare in quella stima che deve conservarsi presso gli altri; quanta più parsimonia non richiedesi nell'uso del giuramento? E con ragione avvegnacchè in esso chiamasi a testimone l'Autore stesso della natura, di cui la essenza è santità, il nome è venerazione, la presenza è rispetto! L'uomo onesto che rispetta i suoi doveri, e nutre schietto amore per quest'Essere sempre amabile, e sempre venerando, sa esternargli tali sentimenti, che ben dimostrano la stima ed il rispetto, che gli professa. Perlocchè l'azione sacra del giuramento è talmente bilanciata nelle sua bocca, che tu gli diresti soverchia timidezza per la terribile invocazione di un tal Nome. Ma non si scorge mai soverchianza ove la natura è posta in equilibrio della sua giustizia; perciocchè il bisogno è da riguardarsi nell'uso delle cose, e mica il capriccio, o la tracotanza; quali cose toccanti l'estremo danno presto a vedere il difet-

toso nella procedura. Epperò quali sieno i momenti, in cui
lice adoperare il giuramento, ecco il gran problema già risoluto dalla ragione, e secondato universalmente dalle scuole.

577. Egl' il giuramento come la più temuta tra le umane
azioni, è da adoprarsi quando il bisogno, oppure il vantaggio lo esige; giacchè la Divinità come quella che dev' esigere dall' uomo tutta quanta ella è la venerazione ed il culto
(301, e segg.), non deve servire alle burrascate della umanità;
sibbene è quel dolce lenitivo che i cuori allegra, e l' asciutto
dente del ribaldo rintuzza. Perlocchè l' uomo avendo a far ricorso del continuo a Dio, massimamente lo deve invocare
quando le fralezze del simile mille modi si studiassero per
atterrarlo nel lago della infelicità, o del vitupero. Ma fuori
tali casi chi vi sarà così empio, il quale giurando negherà
aver fatta un' aspra onta alla Divinità, ed in conseguenza
calpestata la santità del giuramento? Quindi sarà lecito giurare, allorquando il giuramento è richiesto dal superiore, il
quale facendola da giudice, à tutto il dritto d' inquirere la
verità; oppure vien richiesto da altri, i quali ànno bisogno
di farsi certi del vero che narrasi, e temono fondatamente
che loro si dicesse il falso. Ciò fondasi su quella inviolabile
legge di amore (489), che agli uomini vicendevolmente impose la natura; giacchè come vorremmo per noi che il vero
ci si dicesse senza ombra alcuna di falso; così anche dobbiamo volerlo per gli altri, e certamente la santità del giuramento ogni ombra, ogni sospetto di falsità toglie dalla
mente de' nostri simili. Quali circostanze all' infuora ancorchè
si giurasse per cose vere non v' à alcun dubbio che la legge
di natura resti violata. E qual violazione maggiore non sarà
poi quella ed anche incalcolabile, in cui usasi il giuramento
per testimoniare cose false? Ardimento empio è chiamare la
Verità per essenza in testimonio della nera falsità! Son degni
adunque di gravissime pene tutti gli spergiuri derisori sacri-
legi della Divinità.

578. Quanto si è detto finora del giuramento (576, 577) à
luogo in ogni qualsiasi giuramento qualunque ne sia la forma, oppure la distinzione (569); giacchè è sempre il giura-

mento una invocazione della Divinità in compruova del vero; perciocchè le stesse regole ànno sempre luogo in ogni distinto giuramento. Quindi non vediamo di necessità, riguardata in sè stessa la natura del giuramento, dividerlo in assertorio, promissorio, esecratorio, e comminatorio; con tutte ancora le distinzioni che soglionsi fare nel dritto Civile, e di cui qui appresso ne daremo picciol saggio piuttosto per maggiormente erudire, che far smercio di legge naturale. Che anzi ove la cosa maturamente vogliasi considerare pare a dirsi, che ogni giuramento sia soltanto Promissorio, e che sia così di grazia ascoltasi. Chi giura, perchè giura? Per la verità, ch'egli crede estrinsecare in buona fede. Dunque codesta verità o che si pretende dal superiore, o dall'avversario, o dal proprio individuo, è sempre conseguenza del giuramento. Or non può pretendersi se non quello che si è promesso; giacchè v'è pretensione ove v'è dritto, e stante una promessa già si è stabilito un dritto. D'altronde gli altri pretendono da noi la verità, perchè abbiamo giurato di dirla; in conseguenza il giuramento è promessa di verità. Ma quel giuramento è promissorio che include una promessa (569), la quale avendo luogo in ogni giuramento, ben chiaro vedesi che ogni giuramento è Promissorio. Ognuno da sè potrà mettere a calcolo le varie distinzioni del giuramento, e tosto si convincerà della verità della nostra asserzione. Con questo però non intendiamo distruggere tutte quelle distinzioni di giuramento, le quali universalmente sono ricevute; giacchè quantunque il giuramento in ordine al principio e riguardata la sua natura sia uno; pure considerate le circostanze varie in cui può considerarsi meritamente riceve denominazioni proprie, come abbastanza fu osservato di sopra (569); e qui soggiungiamo, a mò di esempio, il giuramento promissorio si discerne dall'assertorio, perché il primo serve per confermare una semplice promessa, il secondo una semplice proposizione; quindi il primo riguarda un fatto futuro, il secondo un fatto passato. A tal modo discorrendo su la rimanente distinzione de' giuramenti ognuno si accorgerà con quanta delicatezza non fu essa prodotta.

579. Riguardatosi il dritto civile il giuramento , che propriamente dicesi Assertorio (569), è quello che piglia varie denominazioni dalle circostanze varie , in cui può trovarsi un
fatto , oppure il dovere individuale di colui che giura. Infatti può essere Testimoniale o Decisorio della lite : il primo
à luogo quando il giuramento si presta per un fatto alieno ,
il secondo per un fatto proprio. Or questo secondo giuramento
quando è dato per ordine del giudice a garenzia del fatto
stesso, piglia altra denominazione e piace chiamarlo Supple-
torio , oppure Purgatorio ; e tanto questo quanto il decisorio
della lite dicesi ancora giuramento Necessario. L'uso del foro
darà sufficiente contezza di sì fatti giuramenti mostrandone la
necessità e l'utile , che da essi n'emerge per la tutela dei
rispettivi dritti de' cittadini.

Inoltre vi abbiamo ancora il Giuramento nella Lite , ch' è
quello che si dà sopra la qualità della obbligazione : il Giuramento di Malizia , oppur di Calunnia , ch'è quello che si dà
sopra la coscienza del litigante : il Giuramento Volontario ,
ch' è quello che la parte dà all' altra fuori giudizio : infine il
Giuramento Giudiziale, ch'è quello che le parti danno in giudizio.

Or dalle premesse ognun ben vede , che tali sorte di giuramenti sono del tutto ignoti al dritto di natura come quelli
che pigliano la loro origine dalla sapientissima legislazione
Romana. Fu dunque la colta Roma inventrice di tutte le classificate denominazioni di giuramento, le quali perchè viste
consentanee alla ragione, e la natura del giuramento mante-
nevano illesa, anzichè abborrirle, si fecero a gara le nazioni
civilizzate dopo la caduta della potenza Romana di farle entrare a parte delle loro legislazioni. Quindi nè punto nè poco
muove le meraviglie se gli Ebrei ed i Greci non avevano in
uso quei modi varî di giuramento ; come pure tutte le altre
nazioni che in pari tempo fiorivano in terra. Imperocchè se
la gloria di tale invenzione è dovuta a' soli Romani , non era
possibile rinvenirle presso gli altri popoli, i quali per altro
conoscevano abbastanza la natura del giuramento, e lo stesso
applicavano a' varî bisogni della vita , ma svestito di quelle

Romane forme. In conferma del vero potrà riscontrarsi il Codice Talmudico [1], Maimonide [2], Seldeno [3], Giacomo Lidio [4]. Infine possono riscontrarsi Petito, e tutti gli scrittori di anticaglie,
i quali ànno trattato dell' uso che i Greci si facevano del giuramento ne'loro fori. È saldo però sempre che il dritto di natura per la sostanza non riconosca altro giuramento·che il promissorio (578), e le altre denominazioni rinvenute dal dritto
Civile non alterano per niente la natura del giuramento.

580. Queste cose di passaggio dette spontaneamente ci menano a riflettere, che come il giuramento, attesa la santità
della sua natura, sempre in ogni luogo e da tutti deve rispettarsi (576, 577); così il dritto civile serbando intatta la stessa
natura del giuramento sotto qualunque rito lo presentasse, ed
in qualunque maniera piacesse denominarlo (579), deve sempre in egual maniera rispettarsi. È la santità del giuramento
quella che sostiene la giustizia ne'tribunali, ed il foro addiverrebbe ben presto una cabala ove per poco vacillasse la forza
del giuramento. Per la qual cosa sceleratissimi son da riputarsi quegli uomini, che calpestando ogni ragione di giustizia,
e violando ogni santità di giuramento, ardiscono ne'fori sper-
giurare. Egli il Legislatore della natura se non piglia di repente le giuste vendette contra questi sciagurati, non sarà
lontano ch'essi avranno a pentirsi del mal' oprato; ed i clamori dell'innocente oppresso faranno tanta forza sul suo cuore, ch'Egli per onore della sua giustizia, e per proteggimento
dell'inerme, non lascerà invendicato il vilipeso suo Nome.

---

1 Tom. 4. ediz. Surenbus.
2 De jurejur. stampato da Diethm tro. Lugd. Bat. 1706.
3 De Synedr. Haebr. 2. 2.
4. De juramen.

LEZIONE L.

CONSEGUENZE DELLA DOTTRINA DEL GIURAMENTO ,
E SODDISFAZIONE.

§ 581. *Chi giura deve credere, che Dio esista a difesa della
verità — non deve usar riti ingiuriosi alla divinità —puossi
giurare a norma della propria religione — s' è lecita la restrizione mentale nel giuramento — devesi giurare pel lecito,
e per l'onesto— si riuniscono le ultime conseguenze spettanti
il giuramento — si spiega la idea della soddisfazione — obbligo di soddisfazione, ed ordine delle persone da dovere
soddisfare — si definisce la soddisfazione — l' offeso se mai
possa chiedere la soddisfazione — si definisce il danno, e si
assegna il modo da risarcirsi.*

581. Tutta la forza del giuramento è sita nella invocazione
della Divinità, la quale chiamasi per testimonio della verità,
che pretendesi dire a favore o proprio, o degli altri ; e perciò Dio entra nel giuramento per difesa , e per tutela della
verità stessa (576, e segg.). Per la qual cosa quelli possono
giurare (§ CCVII.), che ànno fermo nell'animo esistere una
Divinità, la quale possa garentire la esistenza della verità ;
dappoichè sarebbe cosa molto ridicola invocare la esistenza e
la guarentigia di quelli, che noi sappiamo non esservi. Allorquando si crede un Dio non esistere a tutela della verità ,
come si potrà invocarlo a difesa della verità medesima senza
dubbio per parte di cotestui è un villaneggiare la stessa Divinità. Chi dunque giura deve fermamente credere, che un Dio
vi esista a proteggimento del vero. Ecco una prima conseguenza immediato germe della nozione del giuramento , ed al
cui riverbero sono smascherati gli Atei, i quali non credendo
Dio esistere abusano poi del giuramento. Son'eglino tanti sper-

giuri , i quali per ingannare gli altri , e dissimulare la loro empietà abusano della più religiosa azione posta a scudo della verità. Con ciò recano alla Divinità stessa l' onta la più esecrabile ; giacchè si fanno puntello di essa mentre non le prestono credito di sort' alcuna. Quindi a simiglianza dello spergiuro (577 , 580), e più ancora l' Ateo per la enormità del suo delitto merita i rigori · della legge di natura, e gli uomini tutti son tenuti ad abborrirli peggio di ogni detestabile male.

Se dunque l'Ateo non può giurare , ognuno ben vede qual male commetta, colui, che osa deferire il giuramento a tal razza di uomini. Imperciocchè se la natura vuole la Divinità onorata e non vilipesa (297, e segg.); se vuole ancora la santità del giuramento si serbasse in tutto il suo rigore (576); in egual tempo vuole che non si usassero giammai quei mezzi , che a scherno ridurrebbero la Divinità , una favola formerebbero il giuramento ; giacchè ogni legge precettiva contiene in sè la proibitiva dell' opposto (124). Or l'Ateo che giura la Divinità vilipende , la santità del giuramento calpesta. Peccano adunque gravemente contra la legge di natura e l' Ateo che osa giurare , e quei tutti che ad essi deferiscano il giuramento.

582. Poichè l'uomo deve giurare allorquando le circostanze son tali , che lo spingono a far uso di quest' ultimo rimedio a difesa del vero (577); ne conseguita in secondo luogo , che deve sempre usare quella forma di giuramento , e quei riti , che non recano la menoma onta alla Divinità ; altrimenti il giuramento non avrebbe forz' alcuna. Infatti il giuramento è un' atto perfetto di religione , che vuolsi prestare alla Divinità ; giacchè chiamandosi Dio in testimonio della verità si crede assolutamente ch' Egli è la stessa verità per essenza ; perlocchè ristretto il giuramento a certe determinate formole, e vestito di certi determinati riti, queste formole e questi riti debbono espressare la grande idea che l'uomo deve concepire della Divinità. Or poste le formole ed i riti ingiuriosi alla Divinità, si avrà per Lei quella stima, che ben conviensi alla prima e somma Verità? o piuttosto si avrà dello scherno per Lei ? Certamente il giuramento il quale verge a danno della

Divinità ad ogni modo deve scansarsi dall' uomo ; conseguentemente la legge di natura vieta a ciascuno tutte quelle formole e riti di giurare, le quali anziché farci concepire Dio somma Verità, cel fanno concepire proteggitore della menzogna.

583. Ma stante la varietà di tante religioni su la faccia del globo, a qual regilione debba uniformarsi il giuramento? Quantunque il giuramento sia un' atto perfetto di religione (582) ; pure non è solo atto della sola perfetta religione. Imperciocchè nelle svariate tutte religioni possiamo avere che Dio si concepisca dagli uomini come prima e somma. Verità, e come tale vuolsi a testimoniare la verità. Perciocchè in tal caso riguardata la mente di colui che giura, e tutte quelle cose che scortano un tal giuramento, niente ingiurioso si scorge a danno della Divinità. Quindi è bene il dirsi che il giuramento può uniformarsi alla religione particolare di ciascheduno, purchè però la forma di giurare di tali religioni non ridonda a ludibrio del vero e solo Dio ; giacchè fù abbondantemente da noi dimostrato (454, e segg.) che quando lu nostra azióne venisse a recare ingiuria a Dio, neppure la estrema necessità potrà metterci al coverto di una tale ingiuria, e quindi dobbiamo abbandonare il nostro operare. Per la qual cosa ci abbiamo, che se un Giudeo viene invitato a giurare, egli potrà benissimo giurare secondo la formola della sua religione; perchè un tal giuramento niente contiene, che sia contrario a Dio, od alla verità della Cristiana religione, la quale è la sola vera, come fu dimostrato in metafisica. Non così poi se un giudice Cristiano facesse giurare un Turco per Maometto, che si tiene per sommo profeta del vero Dio; giacchè Maometto fu un' impostore, e come tale non poteva fare le veci di Dio in terra ; perlocchè si verrebbe a far testimoniare la verità da un falsario. Quindi non à alcun fondamento il dubbio del ch, Einneccio, (Nota al § CCVII.) mosso da lui a tal proposito dal perchè nella loro religione i Maomettani sentono egual peso a dire la verità o che giurano pel vero Dio, o che giurano per Maometto ; giacchè quantunque ciò sia vero ; pure il giuramento essendo adoprato per la verità dev' essere testimoniato dalla

verità stessa : ciocchè non presumesi in Maometto , il quale fu un falsario , ed un' impostore a danno de' suoi fratelli.

Dalle quali tutte cose rilevasi in primo luogo, che non può affatto giurarsi per quelle cose, che non imprimono nella mente idea alcuna di religione: come giurare pel cane, pel gatto, o simile ; giacchè il giuramento essendo un' atto di religione vuol per forma cose religiose. Rilevasi in secondo luogo, che abusano del giuramento quelli che giurano pei falsi Dei; giacchè fanno entrare la creatura in luogo del Creatore , e questo per certo reca ingiuria alla prima e somma Verità, ed a buon dritto possonsi appellare altrettanti spergiuri da esser puniti con severissimi castighi.

584. Dicemmo antecedentemente (577) che l' uomo aveva l' obbligo di giurare quando altri , che ne avevano dritto, lo richiedevano del giuramento. Or da tale verità (§ CCVIII.) possiamo benissimo ricavarne in conseguenza, che in tal caso il giuramento è pel bene di chi lo richiede, non già pel bene di chi lo fa ; conseguentemente il giuramento à da pigliarsi secondo che il richiedente à preteso riceverlo , e non già secondo la intenzione di colui che à giurato : altrimenti niente più facile a darsi appoggio alle frodi , ed agl' inganni con sommo discapito della inviolabilità del giuramento. Una tale inconcussa verità ci mena a detestare l' abuso di quelle mentali restrizioni , che gli uomini sciagurati vogliono far entrare ne'giuramenti per isfuggire la forza degli stessi con lesione del simile. Infatti è ella la mentale restrizione una certa maniera di parlare , che può agevolmente accogliere un duplice senso: qual duplicità se affatto riesce impossibile a conoscersi, la restrizione dicesi puramente mentale ; se dalle circostanze può facilmente raccogliersi , la restrizione dicesi mista mentale , oppure anfibologia. Che l'anfibologia in certi casi possa usarsi nel giuramento è materia già discussa da' Teologi morali , ed il dritto di natura non vi trova opposizione alcuna; giacchè dessa è una verità , ed il giuramento per la verità è stabilito dalla natura , per cui di questa restrizione mentale non intendiamo qui parlare. Piuttosto tutto il nostro discorso è diretto alla restrizione pura mentale, la quale sempre è

proibita dalla legge di natura. Imperciocchè per la menzogna
giammai è lecito giurare (577) : or la restrizione in parola
è una vera menzogna ; perchè non è secondo la mente di chi
cerca il giuramento , anzi del tutto contraria non potendo
in niuna guisa scorgere la intenzion e del giurante , il quale
a bella posta l'usa per non dire la verità richiesta. È chiaro
dunque che sacrilega è ogni restrizione pura mentale , ed in
conseguenza proibita dalla legge di natura.

585. In egual modo è pure proibito esigere da quelli , che
spontaneamente giurarono , cose turpi e contra ragione , persuasi che questi spergiuri non negheranno quello ch' essi di-
manderanno attesa la forza del giuramento; e perchè gli stessi
spergiuri eran certi che sarebbe stato accettato il loro giuramento. Così il padre che capricciosamente giurò in faccia al
figlio di niente negargli di quello che sarà per domandargli ,
malamente si comporterà il figlio se attesa la forza del giuramento gli domanderà di vivere in una infame tresca ; ed il
padre stesso avventurò il suo giuramento , perchè credeva
accettarsi dal figlio. Il giuramento non è vincolo d' iniquità;
ma vuol sorreggere la virtù, la quale ove manca non può tenere il giuramento, e colui che nella iniquità giurò venne ad
infrangere la santità dello stesso giuramento, ed in più guise
venne a ledere la legge di natura. Infatti la lese perchè giurò fuori necessità, e senza che alcuno gliene avesse fatto inchiesta (577); perchè si contentò di giurare senza esaminare
quali cose gli si potevano dimandare ; perchè infine si espone
al probabile pericolo di far servire il suo giuramento alla iniquità ; come avvenne ad Erode [1], il quale imprudentissimo a
giurare in faccia alla figlia di Erodiade pel compiacimento ,
che aveva conceputo nel vederla ballare , perchè si persuase
che costei avrebbe accettata la sua promessa, le giurò di darle
tutto ciò che voleva dimandargli , e quando intese che la testa di Giovanni era il voto di questa infame, ce la donò perchè aveva giurato. Ma quale obbligazione generava in lui un
tal giuramento posta l' iniquissima dimanda contraria alla na-

1 Matth. 16.

tura ed alla legge? Chi giura volendo contestare la verità dice possibilità di forze in sè stesso per raggiungere la stessa verità. Or quando nell'incauto e temerario giuramento si dimanda quello che non si può eseguire o perchè contra natura, o perchè contra legge, allora si dimanda il contrario della intenzione del giurante, e quello propriamente cui è impossibilitato ad eseguire. Laonde in tal caso se regesse il giuramento, questo sarebbe in conferma della falsità; ciocchè ripugna: sarebbe di sprono alla iniquità, e quindi perderebbe la sua santità; ciocchè è contradittorio: sarebbe infine un'inganno, da cui gli uomini non saprebbero più uscirne; ciocchè è contro la natura di Dio, e dell'uomo. Adunque giurasi, ma conosciutosi l'oggetto del giuramento, e giurasi pure pel lecito e per l'onesto quando siamo richiesti a giurare da chi ne à dritto per l'acquisto della verità.

586. Raccogliendo ora tutte le sparse fila in ordine al giuramento c'è dato rilevare (§ CCIX.) in primo luogo che colui il quale giura sia obbligato a fedelmente adempire tutto quello, che à giurato; perchè santo inviolabile è egli il giuramento. In secondo luogo che mediante le cavillazioni non si soddisfa al giuramento; perchè il giuramento dev'essere secondo la mente di chi lo richiede, e si dice Soddisfazione mediante la Cavillazione quando si soddisfa alle parole, e non già alla mente di colui che cerca il giuramento; ed in conseguenza è un vero inganno, di cui a proteggimento s'invoca la Divinità con manifesta ingiustizia, come sopra (584) abbiamo dimostrato. Per la qual cosa fu uno sfacciato spergiuro Attone Arcivescovo di Magonza, come raccontano Ottone, e Scoto 1, allorquando promise ad Alberto di Bamberga di restituirlo sano e salvo in castello; poi fingendo di aver fame lo condusse a prender cibo credendosi sotto un tal pretesto di aver adempito al giuramento prestatogli. Onde a ragione Ditmaro si meraviglia di un tale versipelle 2; giacchè gli stessi Romani, come abbiamo da Gellio 3, tuttochè gentili non la risparmiavano a quel prigio-

1 Ottone Frising. Chron. 6. 15. e Mariano Scot. all'anno 1406.
2 Ditmar Merseb. lib. 1.
3 Noct. Att. 7. 18.

niere, il quale avendo dato giuramento a'loro nemici, cercava poñ d'infrangere questo stesso giuramento coll'ingannarli. Perlocchè al prelodato Arcivescovo si possono commodamente applicare quelle parole di Cicerone che al proposito del costume de' suoi cittadini ripeteva «. « *Reputavasi di essere svincolato col giuramento. Ma malamente. Imperciocchè la frode stringe, e non iscioglie lo spergiuro. Fu dunque una sciocca astuzia, dolosamente imitatrice della prudenza. Onde il Senato decretò, che questo furbo ingannatore carico di catene fosse rimesso ad Annibale 1* ».* In terzo luogo finalmente che come Dio non vuole la trasgressione della legge; così chi giura per cose vietate dalla legge medesima, non è tenuto ad adempire. Perciocchè nulle è il giuramento di coloro, che si obbligano a fare cose turpi o disoneste, o direttamente dalla legge proibite. Che se tal diretta proibizione di legge non v' esista, in allora tiene il giuramento quando dalla parte del simile non v'è stato dolo malo, oppure ingiusta forza; giacchè l'inganno e la forza non possono esser protetti dalla legge come quelli che distruggono il libero consenso della volontà negli atti umani (59), ed il giuramento dev'essere un perfetto atto umano. Dalle quali dottrine fia qui esposte unite insieme a sufficienza s'intende che cosa vogliono significare con quell'assioma i Canonisti quando dicono: *Ogni giuramento deve serbarsi, che può serbarsi senza perdita della eterna beatitudine..* Imperocchè allora il giuramento produce tutta la sua obbligazione quando non v'è lesione nè per parte della legge, nè per parte de' nostri simili. Ma queste cose bastano in ordine al giuramento, esaminiamo ora le teorie riguardanti la Soddisfazione.

587. E per iniziarci nella stessa (§ CCX.) giova rammentare, che come l'uomo deve cercare la propria perfezione; così anche deve proccurare quella degli altri (484): similmente non bramando per sè la infelicità, neppure deve rendere infelice il suo simile; perchè l'uomo deve amare l'altro

---

1 *Liberatum se esse jurejurando interpretabatur. Non recte. Fraus enim adstringit, non dissolvit perjurium. Fuit igitur stulta calliditas, perverse imitata prudentiam. Itaque decrevit Senatus, ut ille veterator et callidus vinctus ad Annibalem duceretur.* De Off. 3. 32.

uomo come sè stesso (482). Or rendiamo infelice il nostro
simile quando appunto l'offendiamo; essendochè la voce *Laedere*
vale rendere infelice : conseguentemente l'uomo non deve ledere il suo simile ; cioè non renderlo infelice : quale lesione,
od infelicità potendosi avere con le parole, co'fatti, o col pensiere, come in più luoghi è stato fatto abbastanza chiaro, ne
conseguita che l'uomo non deve offendere il suo simile coi
pensieri sinistramente pensando di lui; nè con le parole ingiu-
riandolo, o mentendogli in faccia; nè co' fatti oprando a danno di lui. Ne' quali tre modi di lesione riceve sempre il simile la passione di danno ; perchè è sempre offeso in quei
dritti che la natura gli concesse pienamente esercitarsi a suo
vantaggio ; e perciò patendo danno resta offeso, e quindi diviene infelice. Quale infelicità maggiormente cresce in ragion
diretta del danno, allorchè ricevuto il danno non trova mezzo
di esserne risarcita ; dappoichè allora doppia si presenta la infelicità, cioè la lesione de' dritti, ed il non reintegramento
degli stessi. Che se l'uomo non deve rendere infelice l'altro
uomo, ogni ragione vuole che reso infelice per un fatto nostro, cioè ricevuto un danno, siamo obbligati a ripargli
questo danno nel miglior modo possiamo, e quindi prestare
un'indennizze alla lesione de'dritti altrui. E questo intennizzo
proprio dicesi soddisfazione, la quale secondo ragione è dovuta ad ogni danneggiato.

388. Chi dunque lede, ossia è cagionato danno al suo simile, deve senz'altro soddisfare, ossia riparare i danni ca-
gionati. Avrai rubato cento ducati : ebbene, per tal furto essendo stato reso infelice il tuo simile, dovrai soddisfarlo; val
quanto dire, sei obbligato intennizzarlo nel sofferto danno dei
cento ducati. Or certa essendo una tal vérità chi mai negherà che non prestandosi al simile una tal soddisfazione, gli si
venga a fare una nuova offesa, e tanto maggiore quanto fu
il danno che gli si arrecò (387)? Perciò è che tanta maggiore dovrà essere la soddisfazione, quanto maggiore il danno
accagionato al simile ; e tante soddisfazioni quanti danni sono
intravenuti. Avrai rubato il tuo simile e poscia bastonato? doppiamente sei tenuto a soddisfarlo e col restituirgli il tolto, e

col chiedergli scusa della ingiuria arrecatagli nel corpo con somma ingiustizia.

Ma saranno molti quelli che ànno danneggiato il proprio simile, ed allora tutti saranno tenuti a rifare i danni, e quindi soddisfare. Epperò se vuolsi sapere in che modo, ed in quale quantità, è materia troppo discussa da'Teologi, cui rimettiamo gli addiscenti; stantechè prolissa di molto riuscirebbe la diceria non propria del nostro scopo. Se non che a non restare affatto digiuni in tal materia diciamo in generale, che quello s'è detto per rapporto alla imputazione di un'azione commessa da molti, può benissimo applicarsi alla soddisfazione che da molti debba farsi. Or come di una tale imputazione altrove (179, e segg.) lungamente s'è da noi favellato; così volentieri qui ci asteniamo dal riprodurre le cose stesse per non riuscire fastidiosi, e senz'alcun frutto.

589. Rischiarate a tal modo le idee di danno e di soddisfazione, siamo ora nel caso di poter definire l'uno e l'altra. E principiando dalla soddisfazione (§ CCXI.) ella non è altro se non che la prestazione di tutto ciò, che la legge esige da colui, che recò ingiuria o danno ad un'altro. Or Grozio pronuncia la soddisfazione per quello importa abbracciare due cose, il risarcimento cioè de'danni, ed il pagamento della pena [1]. Imperciocchè, ogni legge perfetta vuole due cose: prima che s'intennizzi l'altro nel danno cagionatogli col fatto proprio; seconda che pel disprezzo della legge il ledente soffra qualche pena, essendo per certo restato offeso il Legislatore per mancanza di rispetto non usatogli col non praticare la sua legge. Quindi colui che offese il suo simile nell'onore, nella fama, nel patrimonio, od in tutt'altre, non solo è obbligato a risarcire i danni pel fatto proprio; ma ancora si deve aspettare una pena a vista della viziosità dell'atto praticato.

E che debba rifare i danni è questa una obbligazione secondo natura; obbligazione che Aristotile [2] la voleva derivata da un contratto involontario; Puffendorf [3] da che la legge,

1 De jure bell. et pac. 2. 17. 22. et 120.
2 Etic. e Nicom. 5. 2.
3 De jure nat. et gent. 3. 1. 2.

Non offendere in contrario addiverrebbe ben' inutile, ove il Legislatore non volesse il risarcimento del danno. Ma noi la vogliamo derivata con miglior fondamento dalla idea stessa della offesa; perchè non infelicitare il simile è il non usurpare i dritti dello stesso, è questo non lederlo. Chi dunque non soddisfa i danni non restituisce al simile i suoi dritti, e quindi la sua felicità; perciocchè pare che la obbligazione di risarcire i danni nasca dalla forza della lesione. Or così essendo come la legge di natura vuole non si disturbasse il simile nella sua felicità; così vuole ancora che disturbatolo si restituisse alla stessa; cioè si risarcissero i danni. Che debba poi il ledente subire una pena, ciò anche è fuori dubbio, e sarà discorso lungamente a suo luogo non essendo qui proprio il ragionarne. Intanto il risarcimento di danno e quello della pena non possono giammai scompagnarsi; dappoichè in ogni delitto avete sempre il simile ed il Legislatore lesi; il primo per la usurpazione de' suoi dritti, il secondo per la diminuzione dell'onore, che pure è un suo dritto. Dunque il simile pretendendo il suo vuole la indennizzazione de' danni; ed il Legislatore pretendendo il rapitogli onore, ed ossequio, vuole la pena per imparare il ribelle a non più insolentire sott'occhi suoi.

590. Se dunque la soddisfazione è risarcimento di danni, e la legge se vuol' esser perfetta deve precettarla (589), par qui naturale il dimandare, se mai sia permesso dalla legge di natura, che l'offeso richiegga soddisfazione per l'ingiuria ricevuta? Non può mettersi in quistione, che ogni offesa, sia lesione, va congiunta con la obbligazione della soddisfazione, com' è chiaro per l' antecedente dimostrazione. Dunque essendo stato io offeso, chi fu causa della lesione à il dovere indispensabile di soddisfarmi ne' danni arrecatimi. Or ogni dovere suppone dritto per la correlazione de'termini (90); poichè dunque mi deve soddisfare chi mi offese, ò a ragione il dritto di pretendere la stessa soddisfazione. Epperò tale soddisfazione è mestieri sia fatta nella uguaglianza naturale, ed in quei danni che à patito il nostro simile; cioè debb' essere tanta la soddisfazione, quanto fu il danno, e se questo fu

nella roba, nell'onore, nella stima, od in altre simili cose, quella nelle stessissime cose a buon dritto deve rendersi. Ma se il danno è stato in quelle cose, che troppo costerrebbe all'uomo volerle rifare nell'altrettanto, e barbara si mostrerebbe la natura se la uguaglianza di soddisfazione pretendesse in siffatti casi, allora è giuocoforza la soddisfazione sia al più prossimo possibile uguale. Avrai tolto un'occhio, un'orecchio, un braccio al tuo simile? non devi per soddisfazione dargli un tuo occhio, un tuo orecchio, un tuo braccio; ma basterà che gli compensi tutti quei danni, che il simile abbia potuto soffrire, o soffrirà nel tempo avvenire per questa tua ingiusta operata lesione.

Or poiché quantunque sia ciò consentaneo alla giustissima legge di natura; pure non può negarsi che la ragione sdegnata è troppo cattivo giudice nella causa propria. Perciocchè è vantaggiosa cosa non pigliar mai la soddisfazione con le proprie mani; ma ripeterla sempre per mano di un'altro, il quale non essendo predominato dalle passioni, non potrà ledere quella giustizia, che vuolsi serbare nella compensazione dei danni. Quindi se siamo nello stato civile, pigliamo sempre la soddisfazione de' danni per mano de' magistrati, i quali a tal' uopo sono stati costituiti dalla suprema Autorità per rendere a ciascuno il proprio dritto. Se poi siamo nello stato naturale, è bene eligere un' Arbitro dalle cui mani pigliamo la giusta soddisfazione a sola compensazione dei danni ricevuti. A tal modo ci mettiamo fuori pericolo di offendere quella naturale legge, cui è sommamente a cuore vendicare ogni dritto della umanità.

591. Passando ora alla definizione del danno (589) può commodamente dirsi: Il Danno è qualunque ingiuria che si reca ad un' altro. Dunque (§ CCXII.) il danno suppone sempre un fatto altrui, il quale va ad offendere i dritti del simile; quindi ove questo fatto ingiurioso manchi per necessità deve mancare l' obbligo della soddisfazione. Così i danni, che alcuno soffre per ventura non può imputarli che a sè stesso; dappoichè essendo allora l' ordine della provvidenza quello che a bene dell'uomo tali danni permette, niuno certo potrà im-

putarli a Dio , il quale è 'l padrone assoluto di dare , o di togliere il dato all' uomo, ch' è sua creatura. Or quando non possiamo imputare ad altri quello che soffriamo, è mestieri che noi stessi pazientemente soffrissimo tali danni : onde sapientemente fu detto da' Romani imparandolo dalla natura : « *Il padrone soffra il caso 1* ». Allorquando poi il fatto altrui ci reca ingiuria ne' nostri dritti , è questi obbligato a risarcirci in tutti quei danni, che ci avrà cagionato. Ma in che modo dovrà risarcirceli, ecco quanto brevemente in chiusura diremo.

La natura delle cose è tale, che dessa alterata per qualche danno, le cose lese o possono restituirsi nello stato in cui prima erano, od in tale stato non possono restituirsi. In ambidue i casi ecco i dettami della natura. Nel primo caso l'uomo è tenuto a restituirle nel primiero stato : frodasti, a mò di esempio, cento ducati al tuo simile ? altrettanti devi consegnargli di maniera che, per tale soddisfazione sei tenuto a spogliarti del proprio , ove li consumasti , per effettuare il necessario intennizzo. E quì notate che se il simile , per esser privato del suo avere , e per ricuperare lo stesso ebbe a far delle spese , e quindi soffrì de' danni, è cosa giustissima che di questi danni sia risarcito ; dappoiché tali danni son frutto dell' altrui ingiustizia. Nel secondo caso poi l'uomo è tenuto a sborsare l' equivalente (590) secondo la stima degli uomini prudenti, i quali in tal caso non tengono ragione del proprio e vero prezzo; ma piuttosto del prezzo di stima , il quale si tassa in ragione dell'affezione. Ma di ciò lungamente ne parla Puffendorf 2, il quale a sufficienza illustra l'esposta dottrina con gli esempi di omicidio, di ferita, di mutilazione , di adulterio ; di strupo , e di altri delitti. Perlocché ci risparmiamo di aggiungere di vantaggio, e diamo fine a quei doveri che chiamandosi assoluti riguardano la nulla offesa , che devesi prestare al proprio simile.

1 *Casum sentit dominus.*
2 De jure nat. et gent. 3. 1. 7. seq.

CAPITOLO VII.

DE' DOVERI IMPERFETTI VERSO GLI ALTRI.

———

LEZIONE LI.

DOVERI DI UMANITA'.

§ 592. *Ragione di trattazione — donde partono i doveri imperfetti di socialità — perché debbonsi prestare — ánno per
oggetto la felicità — l'uomo deve prestare i doveri di umanità, onde risulta barbaro nella negazione di essi — maggiormente risulta questa barbarie vista la natura dell'uomo,
e la consuetudine di prestare tali doveri — specialmente se
l'uomo abbondasse di beni — i quali son soggetti a deperimento — due vizî da evitarsi nella prestazione de' doveri di
umanità — se debbonsi prestare a'nemici nel caso che se ne
avvalessero contra di noi, o de'nostri amici — si considera
l'inimico nello stato naturale — nello stato civile — epilogo.*

592. Niuno prenda meraviglia, se di repente a' doveri perfetti assoluti sociali facciam seguire i doveri medesimi sociali
ma imperfetti, quasi che senz'alcun fondamento dimezzassi-
mo que' doveri che naturalmente sorgono dall'amore di giustizia (477), il quale due cose abbraccia; non offendere cioè
chicchessia, e dare a ciascuno quello che gli spetta. Imperocchè (§ CCXIII.) base e fondamento di tutt'i doveri sociali è, come dicemmo (477), l'amore di amicizia, donde
nasce quello sì di giustizia, che di umanità e di beneficenza; e come l'amore di giustizia abbraccia il non offendere
alcuno, ciocchè forma i doveri perfetti sociali ed assoluti;

ed il rendere a ciascuno il suo, ciocchè forma i doveri perfetti sociali ed ipotetici : così poichè questa seconda sorta di
doveri ebbe luogo posciachè s'introdussero il dominio, i
contratti, i patti (481), essi non possono svilupparsi senza
dire le cause che qua' loro effetti vogliono riconoscerli. Or
poichè prima d'introdursi tali cose in mezzo agli uomini, gli
uomini stessi sentivano nel proprio cuore la forza dell'amore
di umanità e di beneficenza ; perchè non potevano negare di
essere uomini, abbenchè il simile non poteva pretenderli a quella
foggia che pretendeva l'amore di giustizia (478); ecco il perchè stimiamo opportunissimo a' doveri sociali perfetti assoluti
di repente soggiungere i doveri sociali imperfetti (481), onde
rompere ogni velo, che potesse annebbiare quella luce, la
quale sbrilla nel cuore umano a vantaggio del proprio simile.
Senza dunque dilungarci di vantaggio nel render conto del nostro modo di trattazione, senz'altro ci mettiamo sul cammino
de' doveri sociali imperfetti.

593. Dessi per vero debbone muovere da un punto, donde
senz'alcun' intoppo possano scaturire (§ CCXIV.), ed un tal
punto di partenza è l'amore tanto di umanità, quanto di beneficenza (592), i quali son diretti a vantaggiare il simile,
cui dobbiamo sincero amore (482). E poichè sappiamo, che
il nostro simile non può costringerci all'adempimento di sì
fatti doveri, stantechè in lui manca quel perfetto dritto che
dice coazione (478); ciò non ostante più bello riluce l'amore
quanto più spontaneo si offre : e più ama la propria felicità
quegli, che più esatto osservator della legge naturale si mostra. S'egli il simile non può usarci forza nel disimpegno
di tali doveri, è però ella la legge di natura quella, che ci
ordina e con la umanità e con la beneficenza rispettare il proprio simile, come in appresso sarà abbondevolmente dimostrato. Adunque fondamento di tutt'i doveri sociali imperfetti
è l'amore di umanità e di beneficenza, e per cui vanno essi
distinti in doppia schiera, come di quì a poco si dirà.

594. Fu detto l'amore di Umanità esser quello, che noi
prestiamo al simile senz'alcun nostro detrimento ; e l'amore
di Beneficenza esser quello, che noi prestiamo al simile con

qualche nostro discapitó (164). Or poichè dobbiamo amare il nostro simile, e l'amore importa fargli del bene o che noi discapitiamo nelle nostre cose, o che non discapitiamo nelle stesse, attesa la occorrenza varia delle circostanze, in cui può rattrovarsi il simile, siamo tenuti a prestargli quando umanità, quando beneficenza. Donde rilevasi che l'amore di umanità e di beneficenza essendo il fondamento de'doveri imperfetti sociali (595), non senza ragione essi vanno classificati in doveri di Umanità, chiamati ancora doveri d'Innocente Utilità, ed in doveri di Beneficenza. I primi nascono come da lor fonte dall'amore di umanità; i secondi dall'amore di beneficenza. Ambèdue poi queste specie di doveri, come facilmente si osserverà nel progresso degli stessi, son necessari a prestarsi, onde commoda e piacevole si rendesse la vita del nostro simile. Conciosiachè ove si attenda a' bisogni che non di rado s'incontrano come nella propria, così nell'altrui vita, di repente è dato scorgere che di molte cose abbisogna l'uomo, e di esse n'è privo a tal segno, che troppo pesante gli riuscirebbe la vita, se non trovasse modo di poterle soddisfare nell'abbondanza di colui, che vien costituito fuori tale necessità. Conosci la via mentre l'altro posto nel viaggio l'ignora? questi sarebbe infelice se avesse a restare in mezzo alla pubblica strada, ed a tè sarebbe superflua in tal caso la cognizione della via, che necessita al tuo simile.

595. Epperò essendo tale la natura de'doveri sociali imperfetti a poter procedere con ordine ànno bisogno di una regola, dalla quale governati potessero con rettitudine spingere l'uomo al complemento della sua eterna felicità (§ CCXV.) Ed una tal regola è stata già da noi sviluppata allorquando ponemmo il principio conoscitivo delle leggi morali naturali (156, e segg.); giacchè desiderando l'uomo di esser felice, deve desiderare quelle tutte cose, le quali sono adatte per manodurlo a tal bramata felicità. Quindi deve amare quello ch'è capace di metterlo in possesso della stessa felicità: e come non può esser felice senz'amare gli altri come sè stesso; così è egli tenuto a prestare un tale amore a'propri suoi simili.

Donde rilevasi che deve prestare agli altri quello stesso vorrebbe prestare a lui medesimo: ciocché forma una regola ge-
neralissima di manoduzione nel disimpegno de' propri doveri
sociali, siano perfetti, siano imperfetti; dappoiché quando
l' uomo è giunto a tal grado di perfezione di non usurpare
gli altrui dritti, di rispettare l' altrui proprietà, e di soccorrere le necessità del proprio simile, allora potrà a buon dritto
chiamarsi osservante della legge di natura, e come tale può
vantare dritto a quella felicità, che il Legislatore della natura pose per termine alla osservanza de'precetti naturali (24).
Per la qual cosa non sarà adesso difficile rinvenire una regola
prattica, all'ombra della quale potessero livellarsi tutt' i doveri imperfetti sociali, e dessa è per l' appunto la seguente:
Fa agli altri quello che desideri farsi a te stesso: Lo sviluppo
progressivo de' doveri tanto di umanità, quanto di beneficenza, e che formano il complesso de' doveri sociali imperfetti,
farà a meraviglia vedere com' essi discendono dalla cennata
regola di natura, la quale come non potrà ignorarsi dall'uomo, così l' uomo non potrà scansarsi dal soccorrere le altrui
bisogna. Principiamo intanto da'doveri di umanità.

596. È principio indubitato in dritto di natura (595), che
l' uomo deve fare agli altri tutto quello, che vorrebbe gli altri facessero a lui medesimo: or l' uomo per certo vorrebbe
per sè stesso tutte quelle cose, che gli altri potrebbero fargli senza lor discapito. Dunque è tenuto ancora di fare agli
altri quelle tutte cose, che può fare senz'alcun discapito;
giacchè egli è tenuto ad amare il simile come sè stesso, ri-
guardandolo come un'altro sè nel rispettivo individuo (482).
Ma nel fare agli altri (§ CCXVI.) quel tutto, che niun detrimento gli arreca col prestarlo, consiste l'amore di Umanità
(594): è chiaro dunque che l'uomo è tenuto a prestare a'suoi
simili i doveri di umanità. Per la qual cosa a ragione son
dichiarati inumanissimi dalla legge di natura tutti quelli, i
quali, potendo, non ajutano il proprio simile con l'opera, e
col consiglio: non s'impegnano a tutt' uomo di conservare le
cose, le quali sono di pertinenza dell' istesso simile; giacchè
qual discapito sente l' uomo in prestare tai cose? E non vor-

resti anche tu che l'altro in simil guisa ti soggiovasse, allorchè il bisogno è per stringerti alle spalle? Ebbene, fa tu pure lo stesso agli altri, e ti mostrerai umano.

In ugual guisa chiamate barbari quelli che avendo il commodo e la forza il retto sentiere non insegnano a colui, che uscì di strada, o che l'acqua negano all'assetato, il fuoco all'assiderato, l'ombra allo sferzato dalla canigola, ed altrettali cose negano al proprio simile, mentre cel potrebbero prestare senz'alcun discapito, e senz'alcun' incommodo; o quand'anche vi fosse, e sì lieve questo disagio, che nelle viscere della carità niun peso produce stimandosi di niun conto per la sua leggerezza. Guardiamo l'uomo come uomo, e guardiamolo pure in noi stessi, e tosto avremo apparato il modo come ammollire il nostro cuore a suo vantaggio. I bisogni altrui sieno nostri, ed i nostri ci facciano saper grado gli altrui. Giammai alcuno è buon maestro se prima non imparò di essere buon discepolo; ed alla scuola della umanità non vi vorrà molto per addivenire gran maestro de'propri doveri.

597. Tanto più risulta contra natura questa inumanità verso il simile, che a prestargl'i doveri di umanità (596) non vi vuole gran fatto proprio, ed è tanto vero quello che asseriamo che gli uomini stessi inorridiscono allorchè li veggono negare, ed il più delle volte avviene che pigliano le mosse contra quelli i quali incrudeliscono contra la propria specie. Anzi non è fuori natura il vedere, che gli umani Legislatori ànno sanzionato tali doveri, e gli uomini stessi ove la legge non intravenne, da sè stessi se la formano mediante l'uso e la consuetudine di tali doveri. Or tanto non si sarebbe avverato se mai fosse stato di enorme peso il disimpegnare l'innocente altrui utilità, a tal che il più delle volte passano in perfetti que'che doveri erano imperfetti, tanta è la facilità di prestare questa benignità a'propri simili, la quale niuno, o al più leggierissimo incommodo arreca a chi la presta. Infatti era legge presso gli Ateniesi di maledire colui, che allo sviato non mostrava la via; per cui Difilo ebbe a dire: « *Non sai forse ch' è pur esecrabile chi non mostra la strada dirit-*

ta? **1** ». Presso i Romani ancora era legge, che ognuno poteva l'altro costringere ad esibire la cosa, mentre non era obbligato a ciò fare nè per patto, nè per delitto. Simiglianti leggi non mancano oggigiorno presso le più colte nazioni; sicchè ognuno ben vedrà quanto sia a cuore de'reggitori che gli uomini si mostrassero quali sono uomini, di cui la natura ripugna nella negativa di quelle cose, che vo'entieri possono prestare con semplicissimi atti. E per quello si appartiene alla consuetudine basta attendere agli usi della vita umana per restarne a pieno convinti. Così Ovidio ci mostra Giunone, cui essendo stato proibito usar dell'acqua, ella appella alla consuetudine mostrando in tal guisa il suo dritto acquistato sur di un tale elemento quanto necessario, altrettanto comune:

Perchè negate l'acqua, ch'è di uso comune **2**?

L'istessa consuetudine vuol indicare Seneca quando al proposito dice: « *È cosa ingiusta il non porgere la mano a chi è caduto. Questo dritto è comune a tutto l'uman genere* **3** »: ove chiamando tal dovere un dritto comune non può essere altro che la consuetudine introdotta per dritto delle genti. Per la qual cosa appare benissimo quanto falsa era la pietà de'Giudei, i quali sotto pretesto di non violare il sabato giungevano fino a negare l'ajuto a quegli, che sventuratamente cadeva nel fosso: onde meritamente furono ripresi dal Salvatore, il quale rinfacciando la lor crudeltà fece vedere che avevano più cuore per una bestia che per un'uomo; giacchè alla bestia che cade porgevano la mano senz'alcuno scrupolo del sabato.

598. L'estremo poi di una sì fatta inumanità è di coloro, i quali abbondando (§ CCXVII.) in qualche genere di cose

---

1 *An nescis, quod in execrationibus quoque sit, si quis rectam viam non ostenderit?*

2 *Quid prohibetis aquas? usus communis aquarum est.*

Metam. 6. v. 349.

3 *Iniquum est, collapsis manum non porrigere. Commune hoc jus generis humani est.* Controv. 1. 1.

vivono neghittosi a far del bene alla umanità, e con le stesse
non cercano di giovarla, mentre il dispensarle loro non porta
discapito alcuno, o quand'anche il portasse non è sì grave
che possa spingerli ad astenersi da questi buoni uffizi. Ma di
grazia quando vorremmo far bene al proprio simile? quando
forse il capriccio, o la simpatia ci spinge a mostrargli il nostro volto ridente? Se il bene di ordine universale da un tal
principio si volesse far dipendere, bisognerebbe dare ben
presto un'addio ad ogni rettitudine, ad ogni giustizia, ad
ogni onestà. Polchè un tal bene dipende dalla Volontà del-
l'eterno Legislatore della natura, in allora dobbiamo soccorrere il nostro simile quando ci à dato i mezzi di sovven-
zione, onde adempire questa sua santa Volontà. Or quando
meglio ci si manifesta una tal Volontà a vantaggio dell'indigente se non quando ci fa abbondare ne'mezzi della vita?
Dunque il Legislatore della natura ci fa del bene onde noi facessimo anche bene agli altri, i quali ne possono mancare.
Siamo persuasi che tutto quello abbiamo non è nostro, ma è
proprietà di Lui; conseguentemente dobbiamo essere buoni eco-
nomi de'suoi doni, e come vorremmo che gli altri tali si mostrassero verso di noi, non tardiamo ad esser pure tali verso
gli altri. Pessimo errore che fondasi nella maggiore barbarie
è quello, che abbondando di beni, li conserviamo a noi stessi
non muovendoci affatto ai clamori, ed alle affizioni del nostro simile. Ed ecco il precetto di carità, o vogliam dire della
limosina sanzionato dalla legge di natura: contro cui che a-
vranno a rispondere tutti quei ricconi, i quali non s'impegnano
a torre dal collo del simile il ferreo giogo dell'affizione che
il consuma? Non adducano più pretesti per isfuggire la verace taccia di avari, e quel ch'è peggio di barbari; giacchè non possono far ammutire quella voce parlante di natura,
ch'echeggia nel loro cuore.

599. Ma vi son pure di quelli, che abbondando in qualche
genere di cose, soggetto a deperimento, anzichè versarle in
seno della umanità si contentano piuttosto di farle corrompere,
bruciarle, gettarle nel mare, sotterrarle per modo che, come
niun vantaggio arrecano agli altri, così pure a loro stessi;

ed è questa una barbarie di ogni altra maggiore. Imperciocchè se avesse a spenderci qualche cosa per contentare il simile, avrebbe pure di che alimentare l'ingorda sua avarizia: ma deve buttare quello che à, perchè non può conservarlo; e qual crudeltà non è mai questa di negarlo agli altri, che alla fin fine dalla provvidenza sono affidati a' suoi beni, al suo soprabbondante, a quello che invece di essere pascolo de' vermi, può servire di alimento al più nobile degli esseri, cioè all'uomo? Diceva infatti Orazio se ad un Calabrese si presentasse un forastiere, che gran fatto opererebbe se lo facesse satollare di pere, di cui abbonda a meraviglia? Egli ne à tanta quantità, che il più delle volte deve darle pascolo dei porci per non poterle conservare: sarebbe dunque uno stolto ed un crudele se venisse a negarcele:

Ricco me già non festi in quella guisa
Che il Calabro sforzar l'ospite suole,
Di sue pere a mangiar. Mangiane in grazia.
Già ne presi abbastanza. Or a tuo senno
Prendine ancor. Molto cortese. Ai putti
Faraine non discaro un regaluccio.
Io gradisco il tuo don, nè più nè meno
Che se ne andassi carico. Fu pure
A tuo piacer. Di questo che rifiuti,
Gran corpacciata oggi ne lascia a' porci.
Largheggiator il prodigo e lo stolto
È in ciò che sprezza ed odia [1].

Eppure il cuor dell'uomo, cosa incredibile se l'esperienza non ce ne assicurasse! sa giungere a tanta inumanità da non

[1]   *Quo more piris vesci Calaber jubet hospes.*
Tu me fecisti locupletem. Vescere sodes.
Iam satis est. At tu quantumvis tolle. Benigne.
Non invisa feres pueris munuscula parvis.
Tam teneor dono, quam si dimittor onustus.
Ut libet: haec porcis hodie comedenda relinquas.
Prodigus, et stultus donat, quae spernit, et odit.
                                               Ep. 1. 7. v. 14.

volere in alcuna guisa riguardare il proprio simile! Ma che
dunque ? La stessa sua crudeltà sarà il suo proprio carnefice
statuito da quella natura stessa, la quale scioperatamente si
mira vilipesa.

600. E qui un doppio vizio contro natura c'è dato perse-
guitare in quelli, che se non vogliono in loro stessi assopire
i sentimenti veraci della natura, vogliono però la natura stessa obbligarsi col diffondere i loro beni. Il primo è di quelli,
che non stendono la mano se pria non vengono richiesti. Il
secondo è di quelli che non fanno del bene se non rendansi
a loro stessi obbligato il proprio simile. Or contra i primi va
ben detto la natura non esser cieca quasi che abbisognasse pitoccare pel suo sovvenimento, ma larga nel fine larghissima
ne' mezzi vuol tutt' i suoi figli fedeli imitatori delle sue operazioni. La esistenza, la vita, i doni naturali furono a noi
concessi senza pitoccare; ma li conoscemmo dopo che li avevamo già ricevuto. Ed i clamori del simile la Dio mercè li
sentiamo, le afflizioni le vediamo, le angustie le tocchiamo,
direi, con mani. Qual motivo adunque abbiamo di non prestarci se non richiesti? Sarà appunto per rimanerci obbligato
il nostro simile, il quale vedendo l'effetto delle sue suppliche
ci si professa ossequioso ? Or contra questi secondi è bene
dire che non solo sono iniqui quelli che potendo non fanno
del bene al simile ; ma ancora quelli che cel fanno con la mira di riscuotere dall'istesso simile applausi, obbligazione,
rispetto. Tutto quello che avete gratuitamente lo riceveste
dalla natura, e quindi gratuitamente dovete donarlo. Tutto
quello che avete è della natura ; dunque tutto alla natura
deve rifondersi. Non sono le nostre azioni quelle che possono
produrre il bene, si fu la natura, o vogliam dire, il Legislatore della natura quegli che ci donò la umanità, ed i mezzi
per mostrare questi sentimenti di umanità. Per la qual cosa
non dobbiamo millantare le nostre cose, nè a noi riferire tutto
il bene che facciamo al simile; sibbene la obbligazione, la gloria, l'onore, il ringraziamento è tenuto il simile a prestarlo
al Legislatore della natura. Onde diceva Terenzio : « *In niun*
modo stimò esser dovere di un' uomo libero, allorquando que-

sti niente merita, dimandare di esserne ringraziato (». Che se tali verità non fossero annuvolate dalla malizia dell' uomo, certamente non vi sarebbe nel fare il bene nè tanta sostenutezza, nè tanta esigenza. Eran quest' i doveri imperfetti di umanità: ma vediamo ora a chi debbansi giustamente prestare.

601. E dapprima non può muoversi quistione alcuna, che i doveri di umanità debbonsi prestare a tutti quelli, che ne ànno del bisogne; perchè il simile dobbiamo amarlo come noi stessi (482). Or tutta la quistione può muoversi nel vedere se tali doveri d' innocente utilità siamo obbligati a prestarli ancora a'nostri nemici nel caso, che avessero a servirsene contra di noi, o dei nostri amici (§ CCXVIII.). A risolvere una tal quistione interessantissima in dritto di natura, e che in appresso ci servirà di lume pel conoscimento di molte verità, che son proprie di dritto delle nazioni, ci fa mestieri risalire alle cause delle cose per non errare nelle conseguenze, che voglionsi della massima importanza pel conseguimento della eterna felicità. E per vero noi amiamo l' altro uomo perchè l' istesso amore vogliamo per noi, ed è fuori dubbio che siamo tenuti ad amarlo ugualmente che noi, ma giammai più di noi (482). Or nella mentovata ipotesi finchè l' inimico non è per abusarsi dei nostri doveri di umanità contro noi, od i nostri amici, come uomo dev' esser da noi amato; e perciò deve riscuotere i doveri di umanità. Imperciocchè la inimicizia non è tale che togliesse al nemico l' essere di uomo; e quindi l' inimico non cessa di essere uomo: a qual titolo merita ogni umanità, per cui bisogna aver compassione, diceva Aristotile: « Non de' costumi, ma dell' uomo, o se non del l' uomo, almeno della umanità ? »: ciocchè sarà diffusamente discusso nella veguente lezione. Ma quando egli l' inimico a nostro danno, o a danno de' nostri amici è per malamente

---

1 Neutiquam officium liberi esse hominis puto, quum is nihil promereat, postulare id gratias adponi sibi. Andr. 2. 1. v. 31.

2 Non mores, sed hominem, vel si non hominem, at saltim humanitatem. Apud Diogen. Laert. 5. 21.

servirsi de'nostri favori, niuna legge potrà proibire la nostra austerità contra di essi. Avvegnacchè far bene a chi il bene sa convertire in male contra del benefattore è un' invertire l'ordine della natura; perchè si verrebbe ad amare l'altro uomo più di sè stesso, anzi a danno di sè stesso, ciocchè è proibito (482). Infatti l'uomo desidera il bene per sè senza discapito per l'altro, e se dovesse amare il nemico con suo discapito, vorrebbe per l'inimico più di quello vuole per sè stesso, e ciò sarebbe una manifesta ingiustizia, cui non può non ripugnare la legge di natura. Adunque assolutamente parlando non siamo tenuti a prestare i doveri di umanità agli inimici quando di essi avessero da abusare contra noi, oppure contra i nostri amici.

602. Eppe rò quantunque ciò fosse vero in astratto considerando la cosa; pure riguardandosi lo stato, in cui possa ritrovarsi l'inimico per la diversità delle circostanze, da cui possiamo esser garentiti contra il furor nemico, non è sproporzionata alla regola generale (601) la eccezione, che c'è mestieri produrre per non deviare da quella rettitudine di operazioni tanto raccomandataci dalla legge di natura. Ed infatti l'uomo può riguardarsi nello stato di natura, dove mancano magistrati per reprimere l'altrui audacia; e può riguardarsi nello stato civile, dove vi sono magistrati, i quali ànno tutta la forza di mettere al dovere i ribelli. Or l'inimico considerato nello stato naturale non merita i doveri di umanità, giusta l'esposto (601); perchè non dobbiamo dare le armi in mano di colui, che con le stesse vuel ferirci. Così nello stato di guerra, in cui gli uomini si costituiscono nello stato naturale, come sarà detto a suo tempo, stando l'animo ostile negli avversari, giustamente lor si proibisce l'uso delle acque, oppur le stesse si corrompono a fine di non farcene usare, onde privati di questo necessario elemento facilmente si potessero arrendere; mentre lasciandocelo libero vie più potrebbero nuocere. Ma usciti dallo stato di ostilità, come allorquando son debellati, oppure non possono nuocere dippiù, come se son fatti prigionieri, o sono malati, od altro simile, è doveroso lor prestare gli uffizi di umanità; perchè

non lasciano di essere uomini tuttochè nemici (601). Nello stato di natura non si manifesta la crudeltà contra i nemici fintantochè questi possono nuocere con quelle stesse cose, che potrebbero essere di esclusivo lor vantaggio. La natura vuol l'esser giusta, e giammai ingiusta nelle sue ordinazioni.

603. Ma allorquando l'inimico vien considerato nello stato civile merita i doveri di umanità, cui a prestarli siamo tenuti. Imperocchè potrà nuoceroi con tali mezzi; ma abbiamo abbondevoli armi per farlo desistere dalla sua iniquità facendo ricorso a'magistrati, cui incumbe il sacre dovere di mantenere l'ordine pubblico, frenare i malevoli, garentire gli uomini dabbene. Perlocchè in tale stato non c'è lecito astenerci dal far bene per l'altrui malizia, la quale può benissimo debellarsi per l'altrui forza. L'uomo, la umanità, e non la inimicizia abbiamo presente in tale stato, giusta i sensi di Aristotile sopra cennato (601); conseguentemente dobbiamo ricordarci che all'uomo si deve amore, abbenchè di un tale amore ne fosse immeritevole; giacchè è il fine cui tendiamo quello che ci spinge a ben'oprare, non già le qualità individuali della persona. Perlocchè malamente agirono gli Ateniesi secondo che dice Plutarco [1], e si mostrarono sommamente barbari, allorquanjo odiarono gli accusatori di Socrate a tal segno, che loro proibirono di accendere il fuoco, se interrogavano non li rispondevano, pel bagno non facevano uso di quell'acqua, di cui essi si erano serviti: onde in breve li ridussero a tal disperazione, che si diedero la morte con le stesse proprie mani. Non può l'inimico in quanto ch'è uomo esser privato di que'dritti, che la natura larga dispensiera di favori fece dono a ciascun'uomo; e se non si secondano non si potrà cancellare l'infame epigrafe di barbari, di crudeli, di disumani.

604. Riepiloghiamo adesso i doveri di umanità, prima parte de'doveri imperfetti sociali. L'uomo deve all'altro uomo amore simiglievolmente lo desidera per sè stesso a tal guisa, che tutte quelle cose vuole per sè onde agiata fosse la sua

[1] De invid. et od. p. 538.

vita, deve anche volerle per gli altri sieno amici, sieno nemici, sieno indifferenti, onde agiata fosse pure la lor vita.
Che se occorra l' inimico abusasse a danno del donante de'benefici ricevuti, nello stato di natura ci dobbiamo astenere a
fargli del bene finchè duri la ostilità; nello stato civile poi
non dobbiamo curare il suo cattivo animo: che anzi dobbiamo far di tutto per non rompere quel vincolo di amore, che
il Legislatore della natura pose in mezzo agli uomini per rendere maggiormente piacevole la vita, e per darci un maggior
sprone di tendenza al proprio fine. E poichè un tale amore
pe'nemici soprattutto c' interessa, onde togliere dalle umane
società quella ruggine che insensibilmente le consuma, stimiamo nostro dovere formarne una dimostrazione di proposito,
ch'eseguiremo nella prossima lezione.

LEZIONE LII.

§ 805. *Odiare l'inimico è contro natura — la legge di natura vuole, che si amasse: prima ragione — seconda ragione — terza ragione — quarta ragione — all' inimico non devesi uno speciale amore — si precisano i doveri dovuti all'inimico — in qual circostanza gli dobbiamo segni particolari di amore — nello stato civile dobbiamo amare l' inimico malgrado abusasse de' nostri benefici a danno nostro: prima ragione — seconda ragione — in che modo debbansi prestare i doveri di umanità — caso di collisione nella scarsezza dei mezzi, che ci fa trasandare l' inimico.*

805. Un veleno mortifero serpeggia continuamente tra la gran famiglia dell' uomo, e cerca fissarsi nell' uman cuore a danno de' propri fratelli, è questo l' odio de' nemici, non che la vendetta che di essi vorrebbesi prendere fino alle volte di schiantarli dalla terra. Indegno, indegnissimo livore per un uomo di onore, e che ben considera i suoi doveri secondo ragione, lontano dal furore delle brutali passioni. Se l' odio avesse tanta forza da distruggere le inimicizie, e la vendetta purgasse le offese, pure non vorrebbesi fare tanta opposizione, quanta è necessaria a farsi: ma alla fin fine l' uomo che avversa il proprio fratello per ricevute malvagità non altro otterrà che rimorsi, crepacuori, pentimenti. Ecco tutto il frutto di un' operare all' ontutto opposto al buon senso, alla ragione, allo spirito giustissimo della legge naturale, la quale suggellò pure ne' suoi arcani:

> *Soffre pena assai funesta*
> *Un malvagio, a cui non resta*
> *Altro frutto, che il rossore*
> *Dalla sua malvagità 1.*

(1) Metas. Trionf. di Clelia sc. 13. att. 2.

Conseguentemente se la natura sa ben pigliare le giuste vendette di questi sciagurati, tanto può bastarci senza lordare le nostre mani in inutili vendette, ed in isfoghi, i quali non altro fine possono avere, che farci arrossire quai malvagi innanzi al Legislatore della natura. A persuadere intanto una tal verità tanto consentanea alla legge di natura, eppur tanto contradetta dagli uomini, ci vediamo nell'obbligo di dimostrare, che i nemici debbonsi sempre amare abbenchè contra noi rivolgessero il nostro amore. Eccone però un teorema.

PROPOSIZIONE

PER LEGGE DI NATURA DEVESI AMARE L'INIMICO, MALGRADO NELLO STATO CIVILE ABUSASSE DE' NOSTRI BENEFICI A NOSTRO DANNO.

606. Siccome lo statuito teorema abbraccia due parti, di cui la seconda è eccezione della prima (602); perciò è forza distinguere le dimostrazioni a scanso di ogni equivoco, che potesse aver luogo. Cominciamo dalla prima.

Dim. Chi è l'inimico? È una persona che odia la nostra felicità; se dunque è persona, egli l'inimico è un'uomo da noi non differente. Più, allorquando prestiamo agli altri i doveri di umanità, e quindi li amiamo, in vista di che li amiamo? Appunto perchè in essi v'è la identità della nostra natura, e giammai prestiamo siffatti doveri in vista de' loro meriti. Dunque se l'inimico è a noi identico nella natura, è questa identità di natura quella che ci spinge a far loro del bene. Ciò supposto, non possiamo uscire dal dovere di natura verso i nostri nemici, cioè dobbiamo amarli (§ CCXIX.). Infatti tutti gli uomini per natura sono eguali nel senso che ànno l'istessa identica natura (476): or l'uguaglianza di natura seco porta uguaglianza di doveri; dunque all'inimico que' doveri si debbono, che sono propri e connati a tutto il resto della umanità. L'uomo deve all'altro uomo amore a quella guisa che vuol' essere amato per sè stesso (482): l'amore non vuol' essere ozioso, ma vuol prodursi nelle opere; perchè « Amare importa beneficare [1] »: tra le produzioni di amore

1 Amare benefacere est.

vogliono essere annoverati i doveri di umanità; dunque l'i-
nimico dividendo con noi l'amore, perchè con noi divide la
uguaglianza della natura, deve aspettarsi da noi i doveri di
umanità. Per la qual cosa non dobbiamo negare al nostro inimico per l'amore che gli dobbiamo tutte quelle cose, di cui
noi abbondiamo, e che possiamo prestargli senza nostro discapito, o deterioramento. Dobbiamo quindi amarlo, che vale
beneficarlo; dappoichè la inimicizia è cosa accidentale, che
affatto affatto lede la natura dell'oggetto, cui solo è di retto
l'amore precettato dalla natura. Ond'è che Socrate, come ci
attesta Temistio, condannava sempre quella sentenza, con cui
volgarmente dicevasi: « *Doversi far bene agli amici, e male
agl'inimici* 1 ». Ed a tal proposito son troppo preziose le parole di Gerocle, che non meritano di esser passate sotto silenzio, con cui si dice : « *D'onde succede ancora che si dica
con ragione, che l'uomo dabbene non odia alcuno, e che non
esiste che il buono e l'amico. Imperciocchè quando egli ama
l'uomo dabbene, non crede esser nemico colui ch'è malvagio.
Se poi cerca di far società con l'uomo virtuoso, fra tutti ama
colui ch'è dabbene, e nelle leggi dell'amicizia imita lo stesso
Dio, il quale non odia alcuno, ma con particolarità abbraccia ed ama colui, ch'è buono* 2 ». Niente di più consentaneo
alla ragione poteva dirsi !

607. Ma portando innanzi le nostre riflessioni c'è dato di
vantaggio osservare il bene, che provviene all'uomo amando
il suo inimico. Conciosiachè è legge di natura che l'uomo
per quanto è in sè deve proccurare la sua propria felicità
(157), tal'essendo il fine, cui il Creatore l'à diretto. Or questa felicità l'ottiene in maggior modo col beneficare l'inimi-

1 *Amicis bene faciendum, male inimicis.* Orat. ad Valent. de bello
victis.

2 *Unde fit etiam., ut recte dicatur, virum bonum odisse neminem,
solumque bonum et amicum existere. Quum enim bonum diligit, non
eum, qui malus sit, putat inimicum. Sin autem virtute praeditum quae-
rit ad societatem, ex omnibus eum diligit, qui probus sit, atque in
amicitiae legibus Deum ipsum imitatur, qui nullum quidem solet odisse, sed eum potissimum qui bonus est, amplecti et diligere.* In aur.
Pythag. carm. pag. 60.

Einneccio Vol. II. 21

co. Per vero dire non amando l'uomo l'inimico, ma invece rendendogli odio per odio, male per male, in allora due sconci oppostissimi alla propria felicità verrebbe ad operare: il primo darebbe opera a maggiormente accendere quel fuoco, che già brucia nel cuore dell'inimico: il secondo metterebbe tutta quella causa, ch'è capace a distruggere quella pace, che pur troppo c'è necessaria pel disimpegno de' propri doveri. Ora pel primo si offenderebbe la legge di natura col volere il male altrui morale, e quindi egualmente si verrebbe ad imputare a sè stesso il male morale: col secondo pure si offenderebbe la legge di natura mettendo un forte obice alla esecuzione della stessa. Dunque non amando il proprio inimico si verrebbe ad impedire la propria felicità. Ma il Legislatore della natura vuole che l'uomo conseguisse la propria felicità; dunque vuole che amassimo il nemico. Ecco espressa la legge di natura, nella cui esecuzione vengono gli uomini a rivestirsi della stessa natura dell'Eterno Legislatore, il quale obbliando le offese che del continuo riceve dalle sue creature ama tutti, fa bene a tutti egualmente: onde le sacre pagine non mai contrariando la retta ragione cel mettono innanzi qual luminosissimo esempio da doversi seguire; giacchè è Egli colui, « Il quale fa nascere il sole suo sopra i buoni ed i malvagi, e fa scendere la pioggia sopra i giusti e gl'ingiusti 1 ».

608. Oltreacchè la speranza di far rientrare l'inimico nel suo dovere, e meglio pensare al riacquisto dello smarrito cammino alla felicità ci deve muovere a fargli del bene. Imperocchè è cosa nota in natura che la freddezza non stringe liga col calore; ma quelle sostanze si uniscono che tra loro sono omogenee essendochè non vi regna tra loro ripulsione che cercasse allontanarle. Togli la ripulsione degli animi nell'ordine morale, ed avrai l'avvicinamento degli animi stessi; una forza che vuol calcare altra forza presto o tardi l'un l'altra dovrà distruggere senz'alcun risultato; e se urti di

_____

1 *Qui solem suum oriri facit super bonos et malos, et pluit super justos et iniustos.* Matth. 5. 45.

troppo il tuo nemico l'avrai perduto, e non guadagnato alle tue brame. Per le quali cose essendo fatto l'animo umano pel bello e pel buono non tarderà di arrendersi al bello ed al buono. Or qual cosa più bella, dimenticare le ingiurie, deporre lo sdegno, opporsi a' sentimenti ribelli delle passioni? Qual cosa più buona pagare con gratitudine la ingratitudine, con bene il male, co' doveri insomma di umanità l'insano procedere dell'inimico? Avranno di necessità tanta forza questi buoni uffici sull'animo del nemico, che questi si dovrà arrendere, dovrà stringere amistia con noi, dovrà infine deporre ogni ostile animo contra di noi. In tal caso avremo guadagnato il gran bene dell'amicizia, ed insiememente avremo restituito l'inimico alla morale rettitudine, la quale non è nè il minore, nè l'ultimo bene, che deve l'uomo agognare. La storia dell'uomo a chiare note ci mostra, che giammai gli animi si avvicinarono in forza delle reciproche offese che servono a più suggellare le ostilità; oppure in forza di quella freddezza, che serve più ad inasprire gli animi che ammansirli; sibbene gli animi si son sempre avvicinati in forza de' buoni uffizi, de' complimenti, delle gentilezze. Così Davide non distrugge Nabal per le buone parole della moglie di costui; Faraone risparmia gli Ebrei perchè addolcito dai complimenti di Mosè; e così via discorrete di mille altri esempi di ostinate inimicizie. Togliete dal vostro animo ogni rustichezza, ogni ombra, ogni rancore, ed avrete visto il vostro nemico, il quale nel sentire il peso della umanità vostra, che gli versate in seno senz'alcuna riserva, di repente avrà a collegarsi con voi, e rinuncierà ad ogni pravo affetto, che in contrario vi nutriva.

600. Finalmente il nemico ove con occhio schietto e sereno voglia riguardarsi egli anziché addossarsi il nostro odio, merita tutto il nostro amore. Chi è mai alla fin fine un nemico? È un'uomo che giudica di noi allo scoperto, senza velo, senza lusinga: è colui che fuori mistero e patentemente mostra i nostri difetti, per cui ci porge il destro di potercene correggere. Dunque l'inimico a vero considerarlo è un vero amico. Non dite voi all'amico doversi prestare i doveri di

umanità ; e quindi non dke che l'amico devesi amare? Dunque l'inimico anche non volendo facendosi le parti di un vero
amico, per questo riguardo dev'essere da noi amato. Togliamo il velo alle nostre passioni e vediamo subito che cosa esse
sono, e presto ancora vediamo che cosa sono gli altri, contro
cui alteriamo la nostra natura, sì di leggieri neghiamo loro
quei doveri, che la natura c'impose largheggiare. L'inimico
nel suo animo ostile à delle doglianze con noi, le quali possono aver del fondamento, o di questo possono esser prive.
Nel primo caso è mestieri che noi ci ravvedessimo, e quella
ragione gli rendessimo che reclama alla giustizia. Nel secondo caso sarà un malinteso, un'accensione di fantasia, un'in-
grossamento di sangue, ed è mestieri che con l'amore si mi-
tigassero sì fatte malattie. Adunque comunque vada la faccenda è sempre un bene che l'inimico ci presenta, onde abbiamo sempre motivo a fargli del bene.

610. Quando però diciamo, che all'inimico per legge di
natura siamo tenuti a far del bene ; cioè amarlo col prestargl'i doveri d'innocente utilità, non intendiamo, che a lui
siamo tenuti prestargli doveri particolari che manifestano uno
speciale nostro amore verso lui ; sibbene doveri generali che
gli manifestano quell'amore, che comunemente siamo tenuto
prestare all'uomo in quanto è uomo. Imperciocchè dobbiamo
amare il nostro simile a motivo di torgli il pesante che potrebbe nascere nella sua vita, e niente dippiù ; il soverchio
è nostro beneplacito a cui la natura non ci obbliga ; perchè
non ci precetta amare il simile più di noi, nè ugualmente
come noi, ma soltanto a somiglianza di noi (482). Perciocchè a soddisfare il precetto di amore a prò dell'inimico avremo a sufficienza provveduto al nostro dovere, se gli prestiamo quelle gentilezze, che gli uomini son soliti vicendevolmente prestarsi a render commoda e piacevole la loro vita.
Quali gentilezze se non gli prestassimo, dice S. Tommaso 1
gli verremmo a mostrare un genio di vendetta, ed un'animo
ingiusto contra la sua natura : ciocchè pel dimostrato è espes-

1 2. 2. q. 25. art. 9.

samente proibito dalla legge di natura. Importa al nostro dovere amare l'inimico ; ma amarlo in quanto è uomo ; ma amarlo fino a non rendergli penoso la vita; ma amarlo fino a fargli sentire il peso del nostro amore.

641. Donde senz'alcun dubbio rilevasi , che all'inimico dobbiamo prestare tutti quegli ajuti, e quelle largizioni, che prestiamo, o siam soliti prestare a tutti gli altri che non sono nostri nemici. Quindi dobbiamo rispondergli quando c'interroga ; fargli della limosina ; istruirlo se lo ricerca ; non allontanarlo dalla compagnia, in cui ci troviamo ; somministrargli le cose in cui abbondiamo; salutarlo ove ci fosse tra gli altri questo costumevole uso ; ed altre cose di simil fatta , che i bisogni della vita , e l'uso degli uomini dabbene in maniera squisita ci ammaestreranno. Son questi doveri comuni di umanità, che non si possono negare al proprio simile senza negargli in pari tempo quell'amore , che a lui dobbiamo ; e se da essi volessimo astenerci, non potremmo però andare esenti da quella taccia di barbari e crudeli , che la natura pose in fronte a tutti gli uomini immemori del proprio simile. Se non che la carità precetta, che volentieri rimettessimo ogni ingiuria al nostro nemico , e tosto dimenticassimo tutte quelle offese ci abbia potuto arrecare : quindi siamo tenuti a reprimere tutt'i moti di collera, tutt'i sentimenti di vendetta , tutte le irascibilità che ci potessero insorgere contra di lui. Anzi è nostro dovere cercare i mezzi di ravvicinarci al nemico, e rompere con lui quel gelo che ci separa, formando a tal modo una sol società atta a mantenere il vincolo della pace, la quale è necessaria pel disimpegno de' nostri doveri.

642. Epperò se il nostro nemico si rattrovasse in tale circostanza , che abbisognasse di segni particolari del nostro amore, siamo tenuti in egual guisa a prestarceli. Nè in tal caso è un'amare il nostro nemico più di noi stessi , ma è un'amarlo come noi stessi; perchè se noi ci trovassimo nelle stesse necessità certamente vorremmo per noi stessi queste finezze di amore. Or quello che vuoi per te, ci dice la legge di natura , devi anche volerlo per gli altri (173); l'è dunque

giusto che l'inimico posto in circostanze critiche ricevesse quello stesso che per noi vorremmo, e che agli altri non negheremmo. Quindi nella necessità ci conviene alloggiare l'inimico, avvicendargli familiarità, insieme camminare, pernottare, cenare, ed altre cose che l'imperiosa circostanza può rendere necessarie al nemico fatto preda del bisogno. Conciossiachè la legge di natura vuole gli uomini che sieno amorosi, e ben'intenzionati del bene altrui, non già uomini zotici, misantropi, e senza viscere di pietà pe' bisogni de' simili. Sei tenuto a far bene all'inimico per rendergli grata la vita, ed una tale obbligazione ti accompagnerà sempre che il simile, anche tuo nemico, avrà bisogno de' tuoi favori. Per la qual cosa sono riprensibili coloro, che negano siffatti doveri a'loro nemici sotto la finta scusa, che ad essi non sono obbligati. Eglino non sono men crudeli di quelli che negano all'inimico le comuni finezze di umanità (611); giacchè l'uomo deve sempre esser soccorso dall'altro allorquando il bisogno, o la necessità l'investe in guisa, che non vi può soddisfare senza cedere alla stessa. A tal modo avremo soddisfatto la prima parte della nostra statuita proposizione; passiamo ora alla dimostrazione della seconda.

613. Dim. Le basi di una ben'ordinata società sono amore e giustizia, come chiaramente apparirà in appresso, a talchè son'essi quei due forti vincoli che sciolti, è disciolta ogni società. Dunque negli esseri socievoli per quanto è in essi vi dovrà essere sempre una costante tendenza all'amore ed alla giustizia. Or date per poco che l'offeso volesse vendicarsi del suo offensore negandogl' i doveri di umanità a vista del suo cattivo procedere, dove più regnerebbe l'amore e la giustizia? Non vi sarebbe amore; perchè questo è la concordia delle volontà, ed ove alberga non si riità ne'stretti limiti del cuore, ma tosto vuole apparire all'esterno, e diffondersi nelle opere. Non vi sarebbe giustizia; perchè la vendetta nello stato sociale lede l'autorità de' supremi magistrati, cui soli è dato inquirere su' i delitti, e pigliare le giuste misure di rigore. Più, questa stessa giustizia mancherebbe sotto la visiera della vendetta, perchè non riduconsi le cose allo stato primiero;

sibbene le discordie si aumenterebbero, e di un male se né
farebbero mille. Infatti lasciati in loro balia l'offeso e l'offensore, questi si farebbero il peggio che possono, e chi nel
conflitto avrebbe la peggio sarebbe tosto puntellato dal livore
de'suoi: al contrario quelli che appartengono al vincitore per
sostenere l'onore della vittoria non avrebbero alcuna difficoltà
di mettersi al cimento per lui. In tal caso ne risulterebbe una
battaglia aperta, la quale non avrebbe fine se non con la totale estinzione de'combattenti. Ciò posto la società potrebbe
pigliare sussistenza dalla ruina delle sue membra, oppure dalla
ingiustizia delle stesse? Se dunque vuolsi la società, deve
volersi l'amore a'nemici: ma la società non può non volersi;
perchè come sarà detto a suo luogo l'Autore della natura à
creato l'uomo socievole; dunque nello stato civile dobbiamo
amare il nemico; e quindi a lui prestare i doveri di umanità
non ostante che degli stessi venisse ad abusarsi contra di noi;
dappoichè alla società conviene frenare il delitto.

614. A maggior conferma del fin qui mostrato amore dovuto a' nemici è necessario soggiungere, che la proposta distinzione di stato naturale e di stato civile (602) à luogo soltanto per rapporto all'esterne manifestazioni dell'amore; giacchè per rapporto all'interno la stessa ragione che milita per
lo stato civile, del pari milita per lo stato naturale. E per
convincercene fa d'uopo rammentare che il principio di amore dovuto al nemico poggia su la identità di natura, la quale
non cambia, nè può cambiare per qualità accidentali, quali
sono appunto quelle di uno stato sia naturale, sia civile. Se
dunque l'istesso è l'uomo in ambidue gli stati, sia pur nemico, deve serbare gli stessi dritti e gli stessi doveri. Lo
stato di nimicizia non fa altro che produrre una collisione di
dritti, la quale mi dà solo il potere di usare di tutti quei
mezzi, mercè cui potessi venire rientegrato dal nemico nella
lesione prodottami sia nella stima, sia nell'onore, sia in tutto
quello che volete essendo secondo ragione. Ma questo potere
su l'uso de' mezzi non distrugge, nè può distruggere in me
il dovere di amare l'inimico, e quindi di rinunciare alla vendetta, di non odiarlo, di non far tutto quello in somma che

lede intrinsecamente la umanità. Imperocchè l'inimico in quanto ch'è uomo à sempre il dritto verso di me a quelle cose tutte, che non possono scompagnarsi dalla natura umana; in conseguenza esiste sempre in me il dovere di soddisfare ad un tal dritto dell'inimico. Potrò io nello stato naturale negare al nemico i segni esterni dell'amore, e quindi i doveri di umanità, volendosene l'inimico abusare contro di me (602); ma giammai mi sarà lecito odiarlo, o per lui internamente nutrir vendetta. Sicchè vedrà ognuno la difesione dell'inimico essere assolutamente proostata dalla legge di natura senza poter produrre scampo di sort'alcuna; ond'è che chiunque vuole il male di chi gli à fatto male mostra sentimenti contrari alla natura dell'uomo, e scioperatamente si vuol rendere superiore alla stessa natura, mentre si crede autorizzato a trasgredire il proprio dovere sol perchè l'inimico trasgredisce il suo.

615. A conchiudere intanto la nobile trattazione de' doveri di umanità sol ci resta a dir qual cosa sul modo con cui tai doveri debbano prestarsi. Imperocchè (§ CCXX.) non son tali che alla rinfusa debbano versarsi in seno della umanità, ma con giudizio e prudenza son da dispensarsi; seodochè emergono da un'amore ingegnoso, e non già capriccioso. Quindi la dispensa di tali doveri vuol esser condita di quella sapienza, di cui è proprio immetterci in quella felicità, cui agogniamo, come altrove dicemmo (24). Perlocchè all'ombra di questa sapienza ci fa mestieri discernere quali cose son più proprie per giungere alla felicità; e quindi discernere quali persone, e tra queste quali vincoli vie meglio ci spingono a distribuire quelle cose, di cui abbondiamo. Per vero riconoscendo tali doveri per lor fonte l'amore, questi come non è uguale per tutti nè suoi gradi, così non può essere uguale per tutti nella sua manifestazione. Ma ivi più propende l'amore, ove più care ci sono le persone, e di queste cresce l'amabilità a misura che più il sangue, la carne, o l'affetto a noi le stringe; perciò a queste maggiormente si espande l'amore, e vuol serbare maggiore affezione: conseguentemente a queste ci fa mestieri versare più in copia la umanità

a preferenza delle altre, che con noi non ànno nè gli stessi vincoli, nè gli stessi rapporti. Per la qual cosa trattandosi di far bene ai nostri simili è dovere dare più all' uomo dabbene che allo scellerato, più all' amico che all' inimico, ed a preferenza di tutti siamo in dovere di dare più a' parenti che all' estraneo, e tra parenti dobbiamo avere in maggior riguardo quelli che ànno con noi più forti vincoli di sangue, che quei ne ànno minori e più da noi si allontanano. Ond' è da compiangersi la cecità di coloro, che mentre tutto zelo si mostrono per gli estranei, son poi tutto gelo pe' propri parenti, e volentieri li lasciano in abbandono per badare a quelli che niente ànno a dividere con essi. Ma è il Legislatore della natura che veglia sulla loro crudeltà, e mentre si lusingano rinvenirlo propizio, avranno a sperimentare i rigori tutti della sua adirata giustizia.

616. Potrà sussistere però il caso, in cui non fossimo in tanta abbondanza di mezzi da poter soddisfare a tutti, in allora nata una collisione tra le persone sarà modo giustissimo di operare se quelle persone preferiamo, che del nostro amore sono più degne, o che più ci appartengono. Quindi nella collisione per la scarsezza de' mezzi è nostro dovere trasandare le altre persone, ed aver tutto il riguardo per quelle che vie più ci si stringono per sangue, per virtù, per amore. Laonde nella collisione dobbiamo preferire il consanguineo all' estraneo, l' amico all' inimico, l' uomo dabbene allo scellerato. Ecco come Pitagora distinse i gradi di amore nel suo aureo carme: « *Indi siegue l'onor del genitore; poi l'ordine del sangue: in appresso abbiti come massima virtù riguardare i rimanenti amici* 1 ». Quale ordine di preferenza è dimostrato secondo ragione da Gerocle 2, e non poteva essere altrimenti; giacchè la natura non inutilmente ci volle stretti con determinate persone, ma operando da giusta ma-

---

1   *Inde parentis honos sequitor; tum sanguinis ordo:*
     Post alii sunto, virtus ut maxima, amici.

                                              Vers. 4. seq.

2 Pag. 49. seq.

dre a bella posta ci strinse in modo singolare con esse, acciò volentieri fossimo da esse soccorse nelle svariate indigenze della vita. C' infuse perciò più tenero l'amore per esse, più tendenza per le stesse, più compassione a'loro mali, e per dire tutto in breve, volle che le cose loro fossero nostre, e viceversa. Tutto questo lo ponderò negli alti disegni della sua sapienza, e propostosi il fine diede i mezzi, i quali senza dubbio son da pratticarsi dagli uomini se pure vogliono addivenire saggi, ed esser giusti nelle loro azioni. Onde troppo bene diceva Leibnitz quando volle chiamare la giustizia l'amore dell'uomo saggio; perchè non si può esser saggio senza esser giusto, e chi è giusto non può non amare secondo ragione il suo proprio simile. Siamo adunque giusti nel prestare agli altri i doveri di umanità, e questa giustizia facendoci nutrire il vero amore che dobbiamo al nostro prossimo, ci farà pervenire a quella felicità, ch'è la meta degli uomini dabbene, onesti, e volentierosi del loro perfezionamento.

LEZIONE LIII.

DOVERI DI BENEFICENZA.

§ 617. *In che propriamente consiste l'amore di beneficenza —
si deve al simile l'amore di beneficenza — che importa la
voce largizione, la quale è sempre spontanea ne' doveri di
beneficenza — che importa beneficio — si deve gratitudine anche
che a quegli atti, che ammettono ricompensa — la mercede
in cert'impieghi non distrugge la natura del beneficio —
non benefica chi non intende beneficare — nel beneficio devesi
riguardare il fine di beneficare, che à avuto il benefattore
— la saggezza, e la prudenza debbono accompagnare il
disimpegno de' doveri di beneficenza — i quali debbonsi prestare a tutti — ma con quella preferenza voluta dalla natura — iniquità nel beneficare il ricco a preferenza del povero — tre casi, in cui cessa tale iniquità.*

617. Tutti i doveri imperfetti sociali furono da noi divisi
antecedentemente (594) in doveri di Umanità, e di Beneficenza ; perlocchè dopo aver parlato de' primi, è giuocoforza
che attendessimo ai secondi. E su le prime giova rammentare
(§ CCXXI.), che l'amore di Beneficenza è quello, che prestiamo al simile con qualche nostro discapito (161) : così
dando un'obolo al povero per elemosina, vengo a beneficarlo
con qualche mio discapito ; perchè vengo a smuncere la mia
borsa. Or senza dubbio l'è questo il più alto grado di amore
che possiamo prestare al simile, e pone il suo fondamento
nella gratuita largizione ; giacchè quando alcuno benefica il
suo simile lo fa con intenzione di non esserne compensato :
come quando si dà l'elemosina al povero, cel si dà per non
obbligare il povero a restituircela. Ond'è, che il vero amore
di beneficenza consiste nel dare gratuitamente qualche cosa al
simile, e senza sperarne cosa alcuna in ricompensa.

618. Pertanto egli l'uomo è tenuto a prestare al proprio simile i doveri di beneficenza ; dappoichè ei deve agli altri quello stesso , che vorrebbe per sè stesso (473) ; e siccome l'uomo può rattrovarsi in più casi, i quali reclamano un gratuito soccorso, e perciò vorrebbe che gli altri a lui donassero qualche cosa , onde uscire da quella infelicità , che pesantissima gli mostra la vita ; così anche dev'egli lo stesso volere per gli altri. Ma nel dare agli altri gratuitamente qualche cosa , e con proprio discapito, consiste l'amore di beneficenza (617); dunque l'uomo è tenuto a prestare al proprio simile i doveri di beneficenza , i quali , come dicemmo , nascono dall'amore di beneficenza (504). Oltreacchè l'uomo da Dio è stato creato tale , che senza l'altro uomo non può vivere, non può bene vivere, non può continuare a vivere ; dunque l'uomo è stato da Dio creato in beneficio dell'altro uomo. Or il beneficio porta con sè gratitudine, come in appresso sarà detto; dunque se gli altri beneficano noi gratuitamente, lo stesso siamo tenuti a lor fare. Ma nel gratuito beneficio son riposti i doveri di beneficenza. Chi oserà negare che l'uomo deve all'altro uomo si fatti benefiì ? È la natura adunque che gli uomini obbliga a prestare i doveri di beneficenza, o vogliam dire, *donare*, che importa far spontanee largizioni.

619. E qui fa al proposito, prima di andare innanzi con le nostre riflessioni, meglio calcare la voce *Largizione*; giacchè dal precisare la sua idea dipende il retto ordine de'doveri di beneficenza. Infatti quello che i Latini dicono *Elargiri*, noi Italiani diciamo *Regalare*, *Donare*, *Beneficare*, *Far largizione*; e vuolsi intendere, che colui il quale largisce o dona qualche cosa ad un'altro non intende mai di darla a prestito, o venderla quasi che fosse obbligato l'altro a restituire la cosa stessa a capo di tempo, oppure pagare l'equivalente in compensazione ; sibbene ce la largisce o dona senz'alcun peso a tal che l'altro addivenendone assoluto padrone immediatamente può farne quell'uso che più gli talenta. Imperocchè ove nella donazione tai cose avessero a supporsi, sia cioè compensare , sia comprare , sia restituire, allora un tal'atto non

più sarebbe una largizione, ovvero un beneficio; ma un'assoluto contratto, il quale nella largizione per niuna guisa vuol farsi esistere. Vero è che chi benefica vuolsi cattivare l'altrui amore, e tacitamente il benefattore con la largizione si stringe il beneficato; ma questo modo di operare è naturale al beneficio, e giammai può dirsi un contratto che distrugge la natura del dono. Dappoichè l'animo nostro è fatto di tal tempra che non può frenarsi a vista degli altrui favori per modo, che ricevuto il beneficio à da propendere pel benefattore, e l'atto di amore verso lui è doveroso dalla natura beneficata. Si distruggerebbe la natura della largizione se un tale atto si elevasse a ragion di contratto; perchè allora si addosserebbe all'altro un peso, il quale, quantunque gli fosse naturale, pure l'è ingiunto qual compenso di quello che gli si largisce. Adunque ne' doveri di beneficenza si ricerca sempre una spontanea largizione, la quale nè compenso, nè restituzione ammette. Ascoltate come bene la discorre Seneca in tal faccenda, da cui più volte dobbiamo ricever lumi nella presente trattazione: « *Passo affatto sotto silenzio coloro, il cui beneficio è mercenario, come quello che nel mentre si dà da taluno, non si bada a chi si dà, ma per quanto si dovrà ricevere: ond' è che lo rivolge tutto a suo profitto. Mi vende taluno del grano: io non posso vivere se non il compro: ma non perchè l'ò comprato debbo la vita a chi me l'à venduto. Nè valuto quanto sia stato necessario colui, senza del quale io non avrei potuto vivere: ma piuttosto quanto gratuito quello, che non avrei avuto, se non l'avessi comprato; nel che il mercatante non pensò al soccorso che mi avrebbe dato, ma qual fosse il suo guadagno. Non professo obbligazione ad alcuno per quello, che ò comprato* 1 ». Or come i

---

1 *Illos ex toto praeteribo, quorum mercenarium beneficium est, quod qui dat, non computat, cui, sed quanti daturus sit, quod undique in se conversum est. Vendit mihi aliquis frumentum, vivere non possum, nisi emero: sed non debeo vitam, quia emi. Nec quam necessarium fuerit, aestimo, sine quo victurus non fui sed quam gratuitum, quod non habuissem, nisi emissem, in quo mercator non cogitavit, quantum auxilii, adlaturus esset mihi, sed quantum lucrum sibi. Quod emi, non debeo. De Benef, 6. 14.*

doveri di beneficenza si fondano su la largizione (617), e questa indica beneficio, siamo ora nel caso di poter definire accuratamente le voce Beneficio.

620. Infatti è Beneficio (§ CCXXII.) ogni cosa, ogni azione, la quale mentre a chi è diretta giova, cel si dà gratuitamente senza speranza di restituzione, o di compenso. L'impegno poi, con cui vuolsi prestare il beneficio si appella Beneficenza. La voce adunque beneficenza indica un beneficio, che si fa gratuitamente senz' attenderne l' equivalente, oppur qualche retribuzione : e tale beneficenza è appunto quella, che da'Latini chiamasi *Largizione* (619). Imperciocchè se qualche cosa si dà per averne l' equivalente; oppure per esserne dappoi rimunerato, come allora à luogo un contratto sia tacito sia espresso, non si avrà propriamente la largizione, la beneficenza, e quindi il beneficio; ma piuttosto una officiosità, come volle chiamarla Sidonio Apollinare 1. Perlocchè la Officiosità presta al simile un favore, ma non un beneficio; perchè gli si presta una qualche cosa che gli giova, ma non gratuitamente. Così un venditore si compiace darmi la sua merce, la quale servemi per mangiare, egli mi fa un favore; ma siccome la sua merce me la dà mediante il prezzo che gli erogo; così il suo favore non può dirsi un beneficio, sibbene una officiosità. Epperò volendosi anche chiamare un beneficio in un senso larghissimo, desso è da dirsi un beneficio mercenario, giusta il prelodato Seneca (619), cui noi dopo aver soddisfatto a niente altro siamo tenuti: « *Il mercatante*, giova ripetere le parole di Seneca, *non pensò al soccorso che mi avrebbe dato, ma qual fosse il suo guadagno. Non professò obbligazione ad alcuno per quello, che è comprato* 2 ». Dove adunque v' è mercede per quello che si dà, ivi a stretto rigore non può stare la idea di beneficio.

621. Epperò quantunque non meritano il nome di beneficio tutti quegli atti, che ammettono ricompensa ; pure dove aversi gratitudine per tutti quelli che li prestano, e tanta

1 Carm. 23. v. 172.
2 *Mercator non cogitavit, quantum auxilii adlaturus esset mihi, sed quantum lucrum sibi. Quod emi, non debeo.*

maggiore debb' essere questa gratitudine, quanto maggiore è
stato 'l' impegno con cui si vogliono prestare. Non mi avrà
fatto certamente un beneficio il venditore, il quale mi à dato
la sua merce, perchè gli ò pagato quello ch' era suo; ma
avrà sempre vantaggiato le cose mie, per cui non merita del
disprezzo; ma piuttosto è mio dovere serbargli un' animo
grato, e tanto maggiore, quanta più grande è stata la sua
cura nel rinvenire queste merci, come se rare, se preziose,
se migliori, se fuori di stagione, o tutt' altro che possa occorrere in simili cose. La natura infatti à voluto imprimere
nell' uomo tale sentimento, che ove scorge maggiore impegno
nell' altro uomo di produrre i suoi vantaggi, si crede sempre
obbligato allo stesso, e vuol mirarlo con occhio cortese,
malgrado abbia ricompensato ed il vantaggio, e l' impegno di
proccurare un tal vantaggio. Or la natura non opera all' indarno; altrimenti si ammetterebbe capricciosa, e non fornita
di quella sapienza, di cui è proprio unire i mezzi al fine. Se
dunque di tal tempra la natura produsse l'uomo, volle l'uomo
obbligato alla gratitudine anche dopo abbia soddisfatto a' suoi
interessi. Per la qual cosa peccano contra la legge di natura
tutti quelli, che malmenano, disprezzano, ingiuriano il proprio simile dopo averne ricevuto de' favori protestandosi che
dopo aver pagato niente altro lor resta a prestare al proprio
simile. Son questi simiglianti al fuoco, il quale dopo di essersi nutrito delle legna, le riduce in cenere, facendole addivenire il trastullo de' venti. Vestiamo migliori visceri a prò
del simile, e non assopiamo quella voce di natura, che troppo
sensibile si mostra al nostro cuore.

622. Vi son però in mezzo agli uomini certi impieghi, i
quali vantaggiano a meraviglia la umanità, son reali benefici,
ed intanto ammettono qualche mercede, come far da medico,
da avvocato, da maestro, e così via discorrete. E quì è da
conoscersi che una tal mercede nè punto nè poco distrugge la
natura del beneficio che si presta realmente al proprio simile.
Conciosiachè quella mercede non è prezzo dell' opera intrinseca che si presta (ciocchè fa esistere il beneficio); sibbene è
compenso di quella fatica materiale che s' impiega nel pre-

starla. Certamente se darai piaciol somma ad un medico dopo che ti à cavato, direi, dal sepolcro, non gli avrai fatto gran cosa: ti à donata la salute, per la quale non vi sarebbe prezzo bastante per possederla. Gli avrai dato del danaro, ma questo non potendo giammai compensare quello che ti à dato, ài cercato di alleggerire il peso di quella fatica, che per te à impiegata col continuo assisterti. Lo aveva già detto Seneca innanzi noi: « *In questo modo* (son sue parole), *tu mi dirai che non sei obbligato di dare altro al medico che una picciola mercede: nè sei di altro debitore al maestro, per avergli dato qualche paga: ciò non pertanto presso di noi professasi verso costoro un grande affetto, ed una somma riverenza. Contro di ciò si risponde, che molte cose valgono più di quello che si comprano. Si compra infatti dal medico una cosa inapprezzabile, la vita cioè, e la buona salute. Dal maestro poi gli studi delle utili scienze, e la coltura dello spirito. Quindi a costoro non si paga il prezzo della cosa, ma dell'opera, cioè i servigi che ci prestano; perchè lasciando da parte i loro propri affari, attendono a noi. Essi dunque ricevono la mercede non del loro merito, ma delle loro occupazioni* [1] ». Ma l'istesso Seneca [2] vi aggiunge pure un'altra ragione per vie meglio confirmare il nostro assunto; giacchè, dice, quello si dà à tali persone è piuttosto in ragion di gratitudine, che di compenso dell'opera intrinseca. Si sono eglino mostrato a nostro favore i migliori amici col darci il meglio, che potevamo aspettarci dalla vita, e questi benefici ci spingono a riconoscerli volendo in tal guisa lor dare un'attestato del nostro sensibil cuore. « *Che perciò? son sue parole, Perchè al medico, ed al maestro conservo io sempre una certa*

1 *Isto modo, ne medico quidquam debere te, nisi mercedulam, dices; nec praeceptori, quia aliquid numeraveris. Atqui omnium horum apud nos magna caritas, magna reverentia est. Adversus hoc responsetur, quaedam pluris esse, quam emuntur. Emis a medico rem inaestimabilem, vitam ac valetudinem bonam: a bonarum artium praeceptore studia liberalia, et animi cultum. Itaque his non rei pretium, sed operas, solvitur, quod deserviunt, quod a rebus suis avocati nobis vacant. Mercedem non meriti, sed occupationis suae, ferunt.* De Benef. 18.

2 Cap. 16.

obbligazione, che non posso mai togliere con alcuna paga?
Perchè il medico, ed il maestro, mentre ci prestano i loro
uffici divengono nostri amici, e ci obbligano verso di loro non
già con l'arte, che vendono, ma con la buona ed affezionata
volontà, con cui ci trattano 1 ». La cosa è troppo chiara,
per cui non.à bisogno di ulteriori ripruove; piuttosto esaminiamo il fine, che deve avere colui, il quale benefica.

625. Chi benefica non altro fine deve proporsi fuorchè quello
di giovare il proprio simile (§ CCXXIII.); giacchè tal'è la
natura del beneficio, come sopra è stato osservato (619 e
segg.); perlocchè non adempie giammai i doveri di beneficenza colui, che non intende beneficare il proprio simile. Quindi
non benefica in primo luogo chi ignora il bene che può produrre, o col fatto produce al simile : così niun beneficio ar-
recherebbe colui, il quale consegnando ad un'altro una fau-
sta lettera, in pari tempo ignora il bene che in essa si conteneva. Questi tali possono assimigliarsi a quel servo, di cui
parla Terenzio 2, e di cui altrove abbiamo favellato (86),
il quale se fa del bene, lo fa perchè nol sapeva, o perchè
la sua imprudenza per ventura ce l'à fatto produrre, mentre forse se l'avesse prima conosciuto, o ponderato, non lo
avrebbe fatto. In secondo luogo non benefica chi per nuocere
agli altri presta a me un beneficio; oppure per nuocere a me
stesso mi fa del beneficio. Così nel primo caso per purgare
da' ladri un mio fondo è mestieri che si chiudesse una porta
per la quale un'altro à il passaggio per maggiore utilità nel
suo fondo, un terzo viene a chiudere questa porta sotto pretesto
di farmi un beneficio, ma realmente per isfogare sue inimicizie contro colui, che aveva il dritto di passaggio, e quindi
a nuocere questi benefica me: nel secondo caso potrebbe servire di esempio se dicessi, che a fine di dominar solo in casa raccomando un'altro ch'era con me presso qualche utile

1 *Quid ergo ? quare medico et praeceptori plus quiddam debeo, nec*
adversus illos mercede defungor? Quia ea medico et praeceptore in a-
micum transeunt, et nos non arte quam vendunt obligant, sed beni-
gna et familiari voluntate.

2 Hecyr: S. 4. v. 39.

persona , onde quest' altro fosse mandato altrove. In terzo luogo, finalmente non benefica chi per produrre a sè, un vantaggio si muove, a far bene ad un' altro ; qual beneficio ridonda più a suo bene, che a bene di altri e così avverrebbe se alcuno per deliziarsi nella propria villa possesse vari alberi, i quali facessero ombra all' abitazione del suo vicino, il quale se gode di tale ombra non vi aveva intenzione. E questo voleva indicare Fedro sotto la favola della donnola presa dall' uomo, la quale vedendo il pericolo, in cui si trovava, pregò l'uomo che la volesse risparmiare, perchè in sua casa dava caccia a' sorci, e così non più era molestato. Ma sgraziatamente le fu risposto:

Se l' opera tua a mio prò fosse diretta
Saria riconoscenza il pardonarti.
Ma se la tua premura è per gli avvanzi
Mangiar di mia dispensa, quindi i topi,
A che imputarmi ciò qual beneficio ? 1

E l'istesso Fedro comentando questa sua favola, dice: « *Sappiasi che ciò riguarda coloro, i quali, mentre attendono alla loro privata utilità, vogliono far intendere a' poco accorti di aver fatto un beneficio 2* ». Piacesse al Cielo che non vi fossero di questi benefattori della umanità ! ! quanto meglio la stessa umanità sarebbe servita da' spontanei, schietti, e disinteressati benefizi, di cui più volte reclama la necessità ?

624. Dalle premesse adunque c'è dato rilevare, che in ogni beneficio a meritarsi tal nome non devesi aver di mira l'effetto che segue, e quindi il vantaggio che ne viene al prossimo ; ma devesi riguardare la intenzione, ossia il fine, che il benefattore à avuto nel beneficare. Conciosiachè ogni

---

1. *Faveres si caussa mei:*
   Gratum esset, et dedissem veniam supplici.
   Nunc quia laboras, ut fruaris reliquiis,
   Quae sint rosuri, simul et ipsos devo res,
   Aali imputare vanum beneficium mihi. Phaedri 1. 22.

2 *Hoc enim in se dictum debent illi agnoscere, quorum privata servit utilitas sibi, et meritum inane jactant imprudentibus.*

altra mira che si fa entrare nel beneficio fuorchè quella di
unicamente gratificare il simile (620) rende il beneficio mercenario, e come tale non merita affatto il nome di beneficio,
il quale vuol'essere gratuito (619). Perciocchè non il verace
amore che devesi al simile si nutre nel proprio cuore; sibbene l'amor proprio interessato, il quale non può non essere
opposto alla legge di natura; perchè contra ragione, com'è
chiaro. Questi uomini cotali anzichè meritarsi il nome augusto di benefattori del proprio simile, a buon dritto sono da
appellarsi nemici dello stesso; avvegnacchè non il bene di lui,
ma il proprio bene e vantaggio ànno di mira. Dopo ciò non
fa meraviglia se scoverti anzichè esigere gratitudine, ricevono
amarezze, e crepacuori; giacchè abusarono del simile, e con
vergognosa ipocrisia cercarono innalzare il proprio edifizio.

625. Se non che nel prestare i doveri di beneficenza è
sommamente necessaria (§ CCXXIV.) quella saggezza e prudenza, di cui facemmo parola discorrendo de'doveri di umanità (615, e segg.); dappoichè sì fatti doveri dovendo scaturire
dall'amore, come da lor fonte (477), non possono ammettere cosa
alcuna di riprensibile nella loro distribuzione. Per la qual cosa
è proibita per legge di natura qualunque smodata liberalità,
e dir vogliamo, qualunque prodigalità (405, e segg.); conseguentemente peccano contro la legge di natura tutti quelli che profondono i loro averi anzichè soddisfare a'loro creditori avendo
debiti; giacchè l'amore porta che pria si soddisfi alla giustizia,
poscia alla carità, e questa disimpegnando non ci riducessi-
mo al verde mendicando il proprio pane.

Simiglievolmente peccano contro la legge di natura tutti
quelli, che per ambizione, o per vile jattanza profondono le
loro sostanze; giacchè ogni beneficio il quale non parte dal-
l'amore come virtù morale, è vizioso e mica merita il nome di beneficio. Questi presuntuosi al pari che i prodigi ove
avessero a riflettere su la rettitudine della legge di natura,
di ripente mirerebbero quale sproporzione passi tra le loro
capricciose profusioni ed il principio morale dell'amore, base
di ogni beneficio. In allora non più vi starebbero tante famiglie a deplorare le loro ruine, le quali ammiserete dal furore

de'loro maggiori non fanno che popolare il regno della povertà. Infelici che vogliono accattar lode dal vizio, mentre avrebbero a deplorare il lor mal talento sovvertitore dell'ordine, nocivo alla società, pregno d'infiniti mali, di cui la catastrofe a numerare non basterebbe il più esaltato calcolatore!

626. Or poichè nella distribuzione de' doveri di beneficenza deve serbarsi l'istessa regola, che a ragione modera i doveri di umanità (625), sarà chiaro che ai fatti doveri debbonsi ugualmente distribuire al dabbene uomo ed al malvagio, al ricco ed al povero, al consanguineo ed all'estraneo. E come la saggezza vuol'essere moderatrice degli stessi doveri, sarà sempre secondo ragione regalare più all'uomo probo che al malvagio, più al povero che al ricco, più al consanguineo che all'estraneo. Imperocchè l'amore tende maggiormente ove la virtù abbonda, ove il bisogno più richiede, ove infine il sangue più ci stringe, tal'essendo l'ordine che la natura impresse nel cuore umano a tal che, fare altrimenti sarebbe un'operare contro natura, e quindi contro la Volontà dell'eterno Legislatore. Anzi si aggiunga, che sussistendo collisione tra le persone mentovate, è nostro indispensabile dovere preferire l'uomo virtuoso al cattivo, il povero al ricco, il consanguineo all'estraneo. Dappoichè maggiore è 'l dritto dove più all'amore si avvicina l'oggetto del nostro dovere, e certamente a tal modo oprando ben si persuade l'umana ragione, la quale se dall'inganno si allontana non potrà non osservare la rettitudine della legge di natura. Ma soprattutto nelle necessità dobbiamo a preferenza di ogni altro aver di mira i nostri consanguinei come quelli, che la natura più di ogni altro ci raccomanda, avendoci innestato l'istesso sangue, datoci più caldo l'affetto, fattoci ordinariamente commune il delineamento, l'istinto, il pensiere.

627. Ma quel trasandare che facciamo del buono, del consanguineo, del povero, per beneficare il cattivo, l'estraneo, il ricco, è segno non equivoco che il nostro beneficare non è schietto; e quindi non parte dal puro amore fondamento del beneficio, ed in tal caso le nostre largizioni non meritano il nome di benefici, e tali non sono. Infatti se tu benefichi il

malvagio a prefcreuza del buono, l'altrui cattivezza ti compiacerà, oppur cerchi rendertela mallevadrice ne'maligni pensieri. E potrà sorreggere l'amore quella mano, che va a puntellare la iniquità? Beneficherai l'estraneo invece del consanguineo, e se odio non avrai pel tuo sangue, certo nutri della indifferenza por esso; e potrà stare che una tale indifferenza sia figlia di qualche speranza che avrai nutrito nel beneficare l'estraneo. Queste cose ove voglionsi considerare con occhio filosofico all'ombra della legge di natura se non ci producono certezze, non saranno almeno vuote affatto di quei sospetti, che voglionsi fondati per dire non disinteressato il nostro amore verso del simile. In tale ipotesi, che alfine non è pura ipotesi, il dare che facciamo all'altro potrà dirsi senza interesse? Si dirà dunque non essere beneficio quello che beneficamente immaginiamo dare. Sarà l'effetto delle passioni, sarà lo sfogo de' capricci, sarà infine il risultato di quell'assopimento che avrem dato alla voce della natura. E con questo che avremo operato, o qual'applauso ci attenderemo dalla giustizia dell'eterno-Legislatore? Come calpestammo le leggi di un giusto amore a prò del nostro simile; così la vergogna e la ignominia sarà tutto il retaggio che ci avremo acquistato con quel ben fare a modo nostro, e non già secondo i dettami della natura. Ma passiamo alla preferenza data ai ricchi.

628. Questa in verità ci presenta un pegno non equivoco, che qualche cosa da lui speriamo; perlocchè a dir proprio non può chiamarsi beneficio quel tanto, che spontaneamente gli offriamo: Ed a persuadercene basterà riflettere a due cose, la crudeltà che operiamo, il poco niun merito che ci acquistiamo. E per la prima il beneficio è per ragione della necessità; perchè vediamo il nostro simile bisognoso siam mossi al dovere di beneficarlo. Or far marcire il bisognoso nella indigenza togliendo a lui il pane per darlo a chi ne abbonda, non la dite voi questa una crudeltà? E qual giustizia accompagnerà la vostra azione? Si dovrà dire che poichè abbiamo adocchiate le altrui sostanze volentieri ci priviamo delle nostre per meglio diffamarci delle altrui. E dunque un dare ad usura contra la natura del beneficio (630). Pel secondo poi

apprezza la cosa chi della stessa ne sente il bisogno a tal che, maggiore è la stima qualora maggiore è 'l bisogno. Dite ora per vita vostra, un ricco saprà apprezzare il vostro beneficio se di esso non ne sente il bisogno? Anzi al vedersi da voi beneficato tosto si pone in sospetto tra sè pensando quel beneficio esser gravido di misteri. In tal caso, che pur riesce ordinario, qual stima nutrirà per voi? Così sappiamo da Seneca 1 che quei Corinti, i quali avevano in tanto pregio la loro cittadinanza, che a niuno volevano donarla fuorchè ad Ercole ed Alessandro, quando ne fecero dono al secondo, questi si pose a ridere non curando il loro beneficio. Se dunque tal'è'l fruttato, che al fine raccogliamo dal beneficare i ricchi, non dimentichiamo la verace instituzione de'benefici fatta dalla provvida natura a sollievo de'miserabili.

629. Sappiamo però che si danno de'casi, in cui siamo tenuti a beneficare i ricchi anche a preferenza de' poveri: ma è in tal circostanza una soddisfazione, e non già un mancamento de' propri doveri. Tali casi possono essere il dovere che abbiamo di beneficare i ricchi, la memoria de' benefici antecedentemente comandati da alcuno, infine le consuetudini che possono aver forza in qualche luogo. Così in Roma era statuito, che i clienti beneficassero i lor patroni, come abbiamo da Dionigi Alicarnasso 2, da Plutarco 3, e da Polibio 4. Simiglievolmente nella Persia, come dice Eliano Varrone, v'era la legge, che tutt'i sudditi dovevano regalare al loro re attesi i loro averi: « Che i Persiani (son sue parole) ciascuno secondo le sue forze, offrissero i loro donativi al Re 5 ». In tutti questi casi non è contro natura regalare i ricchi; dappoichè non potrà mai agire in opposizione alla ragione colui, che adempie i suoi propri doveri. Ma altre cose restano a dirsi sul rapporto del beneficare, e che noi ne formeremo oggezione del veguente ragionare.

1 De Benef. 13.
2 Lib. 2. pag. 84.
3 Romul. pag. 24.
4 Hist. 6. pag. 459.
5 *Ut omnes Persae Regi, singuli pro suis facultatibus, munera offerrent.* Hist. 1. 31. seq.

LEZIONE LIV.

SEGUONO I DOVERI DI BENEFICENZA, OVE SI DICE

DELLA GRATITUDINE.

§ 630. *Il beneficio suppone la indigenza relativa delle persone
— non è beneficio quello, che non arreca vantaggio — che
danneggia — che porta grave incommodo — principi su cui
poggia la gratitudine —ingiustizia e crudeltà di chi nega la
gratitudine al benefattore—al benefattore si deve gratitudine
—ingratitudine, e sue specie, e pena dovuta agl'ingrati —
come deve prestarsi la gratitudine — devesi rendere beneficio
per beneficio, ed in che senso — officiosità, e maniera di
prestarla — se n'esortui te vi fosse pericolo, o discapito delle
cose proprie.*

630. Il beneficio a meritarsi un tal nome, due cose vuole
abbracciare, la spontaneità, e la indigenza (620, e segg.): la
prima riguarda chi dà, la seconda chi riceve; ond'è che
giammai può dirsi benefico colui, il quale dando una qualche
cosa ad altri piuttosto il suo commodo, che l'altrui indigenza
à in mira: o quand'anche guardasse solamente la necessità
di altri, non apporta col suo dare quel sollievo, di che il simile faceva premura. Or poiché della spontaneità nel beneficare abbastanza abbiamo parlato; è giuocoforza soggiungere
altre poche cose sul modo, con cui il beneficio debba soccorrere l'altrui indigenza.

E per metterci sul cammino (§ CCXXV.) su le prime fa
mestieri rammentare la natura del beneficio, che per le lunghe antecedentemente (620, e segg.) sviluppammo. Ed infatti il
beneficio è sollievo dell'indigente a tal che tolta la necessità di
ricevere è distrutta la idea del beneficare: il beneficio adunque è instituito per giovare il proprio simile. Or quello arreca propriamente sollievo, che toglie la necessità; dunque

allora propriamente si à il beneficio quando chi benefica distrugge la necessità, che soffre il proprio simile. Sappiamo d'altronde per la esperienza, che la necessità non è la stessa in tutti, e quello ad uno può giovare, ad un'altro può essere superfluo, o mancante al suo bisogno; perciocchè nel beneficare la quantità non influisce su la natura del beneficio; sibbene quello ne costituisce la forza e la essenza, che basta al reale sovvenimento altrui. Per la qual cosa siccome il bisogno è relativo alle persone; così il beneficio debb'essere relativo alle stesse: onde sarà legge sanzionata dalla natura, che nel beneficare due cose riguardissimo, la necessità cioè del nostro simile, e la condizione di lui; dappoichè la mano del benefattore dev'essere guidata da una tale saggezza, che la pena sfugge di prodigo, e quella pure di spilorcio; vuolsi dire, non danneggiare sè stesso, reale giovamento arrecare al proprio simile.

651. Dalla statuita legge di natura (650) ci sarà dato rilevare in primo luogo, che non possiamo chiamar beneficio quello, che niun vantaggio reca al simile. Sarà per vero un nobile precipitato nella miseria, che tu gli dai un'obolo, qual prò gli avrai recato? È una gocciola di acqua versata su grande incendio! Il povero che momentaneamente à bisogno di pane non lo suffraghi col dargli una pietra preziosa, anzi gli porgerai un maggiore stimolo nel bisogno. Il sitibondo che à bisogno di acqua, che se ne farà della veste preziosa, che tu gli regali invece della bevanda? Il malato che va in cerca di salute niun vantaggio ritiene se tu gli apprestassi invece qualche cibo. Il beneficio vuol'essere proporzionato al bisogno altrui, ed è vero beneficio allorchè strugge un tal bisogno: in contrario anzichè compatire il simile con le nostre opere gli daremo la più crudele beffa. Ma il simile vuol'essere amato come noi stessi amiamo (482). Sarà un padre di famiglia, col dargli picciol moneta, con cui gli riesce impossibile sostentare l'ammiserita sua famiglia, non provvediamo affatto alla sua necessità, e par ci volessimo trastullare della sua necessità. Vero è che il più delle volte occorre, che l'indigente soddisfi a'suoi bisogni con molti piccioli provventi

che mendicando rinviene; e nel caso è tale la nostra posizione che il poco e non il molto possiamo largheggiare: in allora poiché il nostro poco nell'aggiunzione perviene al distrug-
gimento dell'altrui bisogno, e realmente giova al nostro simile, non può, nè deve negarsi il nome di beneficio a quel
poco, che volentieri gli largiamo. Quindi peccano contra la
legge di natura tutti quei che non fanno bene a' poveri sotto
finto pretesto che non possono soccorrerlo in tutto quello che
bisognano. Una briciola di pane certo non toglie la fame del
prossimo; nè un sol carbone spegne il freddo; ma molte
briciole di pane formano un gran pane, e molti carboni
un gran fuoco, e col primo la fame si estingue, col secondo
si ripelle il freddo.

632. Dalla stessa legge di natura (630) si rileverà in secondo luogo, che non è beneficio quello, che anziché giovare
il proprio simile lo danneggia. Imperocché il beneficio è giovamento, e non danno del simile bisognoso, e se fosse danno
la natura avrebbe dato mezzi di maggiormente angustiare l'infelice, e ciò sarebbe manifesta crudeltà, cui ripugna. Infatti
non potrai giammai cogliere il vanto di aver beneficato un'am-
malato, se per distruggergli le rimanenti forze gli fai regalo
di un'ottimo cibe. A tal modo Besso volle regalare Dario,
quando lo ligò con catene di oro, come disse Curzio [1]. Che
forse la preziosità della catena non rovinava ugualmente il
carcerato Dario, che se fosse stata di ferro, o di altro metallo? Quello che giovava Dario s'era la libertà, la quale
veniva imprigionata con tutte le catene di oro, le quali erano
di maggior tormento per lui; giacchè Besso con tal regalo
aveva modo di vie più sfogare la sua passione, ed accrescere il suo piacere. Ma

Opprimere gli oppressi
Questo è un barbaro piacer.

Ci guardi il Cielo di trattare in tal foggia il nostro prossimo,

[1] Lib. 5. cap. 12. per num. 34. 35.

e di bene ov'egli si strugge nell'amarezza , e nel pianto. Meglio per noi non riguardarlo affatto , che per riguardarlo maggiormente lo affliggiamo.

633. Finalmente, dalla stessa legge di natura (630) possiamo ricavare in terzo luogo, che affatto può dirsi beneficio quello, che arreca al simile un grande incommodo. Infatti il beneficio è diretto a rendere piacevole la vita di colui, al quale si fa (625) ; conseguentemente vuol togliere quelle noje che rincresciosa la rendono. Or se vi aggiunge delle altre , come sarebbe il fastidio ad usar del beneficio , qual piacevolezza avrai dato alla vita altrui? Così non poteva dirsi beneficato quel Romano , di cui menziona Seneca 1 , se avuto a regalo la vita, era serbato intanto per servire di scherno a chiunque veniva mostrato. È vero, che la vita è un beneficio, ed il massimo tra' i benefici (352); ma per quell'infelice qual pena non era vedersi in vita? Potrà dunque dirsi aver ricevuto regalo da colui, che ce la risparmiò al servo, per donarcela alla vergogna? Certamente no ; per cui soggiunse l'istesso Seneca: « *Nient'esser egli a lui obbligato per averlo salvato, mentre aveva ciò fatto per far pompa, ed averne un'oggetto di ostentazione 2* ».

Abbiamo però detto con grande incommodo; giacchè se una tale incommodo è lieve niente osta alla natura del beneficio. Conciosiachè è mestieri che ad usare del beneficio il beneficato mettesse in opra tutti quei mezzi, che son conducenti a far fruttare il beneficio medesimo. Per mangiare ài bisogno di masticare, per vestire ài bisogno d'indossarti gli abiti, e per scambiarsi una moneta è forza andarsi dal banchiere. Il prossimo che riceve una gemma invece del pane per soccorrere alla sua fame deve andare dal giojelliere per ricavarne del danaro, e con questo potersi comprare il pane. Malgrado queste fatiche non vorrassi dire beneficio il regalo della gemma a prò del simile? Avrebbesi in contrario a cangiare tutto

---

1 De Benef. 2. 11.

2 *Nihil se illi debere , si servaverit , ut haberet , quam ostenderet.* De Benef. 2. 11.

l'ordine delle cose , e niente più allora meriterebbe il nome
di beneficio : ciocchè dire sarebbe grande stravaganza.

634. Fin qui i doveri di beneficenza, i. quali congiunti con
quelli di umanità l'uomo è sempre tenuto a prestare all'altro uomo (618), abbenchè gli fosse inimico (609, e segg.); giacchè poggiano sul gran principio di natura, ch'è l'amore, dovendo sempre l'uomo amare l'altro uomo come sè stesso
(482) , agli altri facendo quello che per sè vorrebbe (473) ,
ed astenendosi da quello che per sè non vorrebbe. Or queste
cose fin qui a sufficienza dimostrate ci mancano ad una
teoria quanto necessaria a dedursi la prattica dagli uomini ,
tanto dagli stessi trascurata nella prattica stessa. Ella è la
dottrina della gratitudine verso i benefatteri. Facciamoci dapprima a fissarne gl'inconcussi principi per poi dedurne veri-
tiere le conseguenze, all'ombra di cui ci sarà dato scorgere
quella mostruosità di affetti, che fatti palesi in mezzo alla
umanità fanno agghiacciare il sangue nelle vene di ognuno ,
che appena fu iniziato alla scuola della reciproca corrispondenza di cuore. E per vero dire (§ CCXXVI.) la forza del nostro amore deve stendersi anche fin dove non trova corrispondenza , cioè fin verso i nostri nemici (618); perchè dobbiamo fare agli altri quello stesso vorremmo fatto a noi stessi.
Dunque maggiormente dobbiamo amare quelli che ci amano ;
perchè è un adagio in bocca di tutti , che Amore con amor
si paga. Per la qual cosa tanto più debbe crescere questo nostro amore, quanto l'altro più cercò di raffinare il suo verso
di noi. Certamente è più da stimarsi quegli che ci salvò la
vita , che quegli ci medicò una piaga ; e cresce la stima
verso colui, che l'opera sua volle prestarci senza retribuzione , che quegli ce la prestò con retribuzione; giacchè il primo a preferenza del secondo sviscerò a maraviglia il suo a-
more verso di noi. Or di grazia, l'amore di beneficenza non
è egli il distillato dell'amore ; cioè il massimo dell'amore ?
Si ; ebbene il benefattore ci diede quel tanto , che più non
potevamo sperarci dall'uomo. Ma all'amore si deve amore
proporzionato alla forza manifestata. Dunque come nel benefattore v'è la forza maggiore di amore ; così al benefattore

in corrispondenza si deve maggiore amore. Per la qual cosa se il benefattore ci ama, debbiamo riamarlo; se ci ama con squisito amore, dobbiamo riamarlo con la forza maggiore del nostro cuore; se infine ci ama senza interesse, dobbiamo amarlo con tenerezza, e con la possibile prestezza. Ecco son tutti questi principi, cui la natura umana consente senza la menoma opposizione.

635. Se dunque reclama tutta la giustizia l'amore dovuto a' benefattori (634), quali saranno le conseguenze per quelli che danno perfida ripulsa ad un tale amore? Prima conseguenza: Son uomini ingiustissimi; dappoichè sopprimono nel proprio cuore quei sentimenti, che larga la natura v'infuse, e ricevono benefici per non ricordarsi più del benefattore, a tal che se nol dicono inimico, peggiore dell'inimico passano a trattarlo. Seconda conseguenza: Son uomini ferocissimi, e delle bestie peggiori; dappoichè in luogo di concepire amore, concepiscono indifferenza per colui che li beneficò, mentre il beneficio è in sè tanta forza, che attirasi l'amore, e la benevolenza degli stessi esseri irragionevoli; onde diceva Seneca: « *Anche le belve sentono il peso de' benefici* [1] ». Una mica di pane pòrta ad un cane il renderà affezionatissimo al suo padrone, e di repente gli va appresso, lo lecca, gli dimena la coda, in somma gli offre tutti quei segni, pe' quali va bene argomentare, che colui gli fece bene è di già in possesso del suo affetto. E l'uomo che nega amore al suo benefattore non si porrà al di sotto della condizione delle stesse bestie? Tant'è la forza della ingratitudine!

636. Ad evitare intanto l'infame nota d'ingiusto, e di crudele (635), fa mestieri amare il proprio benefattore (634). Or l'amore che l'uomo deve al suo benefattore è quello che dicesi Animo Grato, che comunemente appellasi Gratitudine (§ CCXXVII.). È dimostrato che deve amore sincero al suo benefattore (634); dunque è di già dimostrato che gli deve gratitudine, la più bella epigrafe che porta in fronte scolpita l'umano cuore, ed è tale questo dovere per parte

---

[1] *Beneficia etiam ferae sentiunt.* De Benef.

del beneficato, che in niuna guisa può sfuggirlo. Quindi è, che allorquando diciamo il dovere di gratitudine essere un dovere imperfetto, ciò è soltanto interno per parte del benefattore; giacchè questi non può costringere l'altro uomo all'adempimento di un tal dovere, salvo se mai la legge civile al benefattore accordasse un dritto di pretendere la gratitudine dal beneficato, come vigeva presso i Persiani a testimonianza di Senofonte 1. In tal caso il dritto di costringimento verso la parte inosservante l'imperfetto dovere riduce in dovere perfetto, com'è chiaro. Ed allorquando la legge civile mette mano per frenare la indifferenza de' beneficati dà forte una mentita a quel vizio, che l'uomo dovrebbe abborrire senza l'altrui spinta. Guarentisce nella circostanza quella legge di natura, che vuol vendicat' i suoi torti a traverso della umana iniquità, e detestando la ferocia degli uomini vili l'offesa arrecata ai benefattori vuol purgata, la quale tanto maggiore riesce, quanto maggiore è l'obbligo, che devesi professare agli stessi benefattori; come se fossero parenti, maestri, superiori, cui sempre poco riesce quel tutto loro possiamo dare. Ma l'uomo onorato, e che sente in sè stesso la forza dell'amore, non à bisogno di essere spinto alla gratitudine; la sola legge di natura scolpita nel suo cuore l'è stimolo bastante a riconoscere le proprie obbligazioni, e sviscerarsi pe' suoi benefattori.

657. Al contrario l'uomo il quale non ama il suo benefattore avendo per lui della indifferenza vuolsi dire Ingrato, e l'azione sua appellasi Ingratitudine, la quale è Semplice o Pregnante. Si dice Semplice quando il beneficato non fa bene al suo benefattore: si dice poi Pregnante quando il beneficato fa male al suo benefattore. Dice Puffendorf 2 che la prima non può cadere sotto la forza delle leggi civili, la seconda poi può e deve cadere sotto una tal forza. Infatti la ingratitudine semplice essendo riposta nella privazione dell'amore dovuto al benefattore, si ripone tutta nell'atto interno solo sotto-

1 Cyropaed. 1. 2. 7. p. 9. Edit. Oxon.
2 De Jur. nat. et gent. 3. 3. 17.

posta alla legge di natura, come quella che guarda e regola il cuore dell'uomo. La ingratitudine poi pregnante essendo riposta nella ingiuria esterna fatta al benefattore si assoggetta: come alla legge di natura ; così pure alla legge civile, di cui è proprio arrestare i mali, punire i delinquenti, far risarcire le offese a mantenimento del bene comune dei cittadini , e per mantenersi l'interna pace congiunta con la pubblica floridezza. Per la qual cosa se non spetta alla legge civile punire i semplici ingrati, deve però punire gl'ingrati pregnanti, ed in tal caso, a dir vero, ella non mira propriamente la ingratitudine, ch'è atto del cuore , ma l'azione ingiuriosa che fa l'ingrato, come contraria all'ordine pubblico di maniera che, l'istessa persecuzione darebbe a quell'uomo il quale abbenché non ingrato ; pure avesse oltraggiato il suo simile. E poiché atteso il delitto tale deve irrogarsi la pena, non sarà difficile concludere dalle proposte nozioni , che ove, maggiore è la ingratitudine, ivi maggiore dev'essere la pena. Chi mai sarà sì scemo di mente che dirà uguale il peccato di colui che non ama il benefattore, e di colui che non solo non l'ama, benanche gli rende male per bene? Il secondo quindi merita una pena maggiore a preferenza del primo; ed il dritto civile, castigando appunto i secondi debbe aver di mira i gradi differenti della ingratitudine, i quali voglionsi desumere dai gradi stessi del beneficio. Imperciocché merita maggiore amore chi più fece bene, e minore chi meno beneficò ; e certamente beneficarono a preferenza di ogni altro i parenti , i maestri , i difensori. Applicando ora la pena agl'ingrati tai cose debbonsi premeditare; altrimenti la pena essendo la stessa per tutti , ognuno si studierebbe a rendere il male possibile maggiore al suo benefattore. Intanto siccome chi oltraggia merita una pena civile; così questa pena deve anche livellarsi dall'amore, con cui l'offensore doveva ligarsi con l'offeso : certamente dovendosi amare più il benefattore che l'estraneo , per l'offesa occasionata dabb'essere punito maggiormente chi offese il benefattore. Ma queste cose dette qui di passaggio saranno meglio riflettute dai Civilisti. Per noi ci basta aver mostrato la cattivezza della ingratitudine , e che merita una pena da Dio, e dell' uomo stesso, per cui ritornando con miglior frutto alla gratitudine ci facciamo a segnare la maniera, con cui debba prestarsi.

658. E per dire il vero la gratitudine (§ CCXXVIII.) porta amore al benefattore (655): l'amore si compiace della felicità dell'oggetto amato (161): dunque la gratitudine si può e deve prestare a quel modo stesso, che l'amore a tal segno, che gli effetti della gratitudine sono gli stessi dell'amore, di cui si parla nella Filosofia morale, e che qui volentieri supponiamo come non formanti oggetto del nostro dire. Per la qual cosa a voler essere ognuno grato verso il suo benefattore è necessario dapprima, che pigliasse compiacimento della perfezione insieme e felicità, che gode il benefattore; giacchè è istinto del cuore umano tendere al vero, ed al buono, per cui è fatto, onde amare il vero, ed il bene sia proprio, sia di altri. Dappoi bisogna presentire la benevolenza, che il benefattore s'è compiaciuto manifestare, e questa attività nel più bello aspetto innanzi agli altri, e dà per tutto trombettarla; giacchè come del male non può dirsi bene, così del bene non può dirsi male: or essendo il beneficio un bene come quello che viene a vantaggiare l'altrui felicità, dovrà sempre dirsi bene del benefattore. Quindi è, che da questi primi due modi di manifestare la gratitudine al benefattore possiamo rilevare il gran torto che ànno gl'ingrati allorquando concepiscono odio pe'loro benefattori, e si smascellano a dir male di essi. Qualunque si fosse il torto abbiano potuto ricevere dagli altri, coll'addivenire benefattori di già ànno preso dritto al nostro amore; conseguentemente si debbono aspettar lode, e mai vitupero per quello ànno operato a vantaggio del simile. Quel cuore che non resta ligato dalla forza del beneficio nega la sua natura, e vuol agire contra ragione disturbando l'ordine universale del bene, e questo vuoli dire tracotanza, ferocia, indegna della natura umana, condannata dalla legge di natura, la quale è legge di amore ammaestrando gli uomini a fratellevole carità. Ma passiamo innanzi nella manifestazione della gratitudine.

659. Colui che vuol' esser grato verso il suo benefattore è

tenuto a rendere beneficio per beneficio ; dappoichè l'amore
si rende con l'amore, essendo di sua natura un continuo far
del bene. Non è mestieri che si rendessero gli stessi benefici
al benefattore ; perchè l'amore essendo frutice in sè stesso
non è una sol maniera di far del bene ; basta però che si
faccia del bene al benefattore e in modo uguale, oppure maggiore ; cioè in quanto noi possiamo manifestare il nostro a-
more all'istesso benefattore , il quale squisitamente ci amò
col beneficarci (634). Quindi è tenuto il beneficato a dar segni di rispetto e di venerazione alla persona del benefattore ;
fargli de' benefici sempre che può; del continuo pensare come
corrispondere al gratuito amore ricevuto. Perlocchè meritano
tutta la riprensione della legge di natura quei beneficiati , i
quali a'loro benefattori rendono male per bene, disprezzo per
amore, quasichè i loro benefattori si fossero ler capitali nemici. Un cuore inciso in pietra avrebbe forse maggior sensibilità di questi sciagurati !

Allorquando poi non abbiamo la possa di retribuire ai nostri benefattori facendo corrispondere i nostri a'loro benefici,
ci sarà bastevole se per essi nutriamo una buona volontà di
essergli sempre grati ; avvegnacchè quella natura che l'uomo
obbligò alla gratitudine, è la stessa che l'uomo non obbligò
a rendere l'impossibile. In tal caso il volere sarà frutice di
una squisita lode ; giacchè è proprio degli uomini guardar
meno alla mano, che al cuore , e ben volentieri si mostrano
satisfatti alla buona altrui intenzione, che per defficienza non
si rende effettiva.

640. A tal modo esaurita l'intiera diceria riguardante i doveri tanto di umanità , quanto di beneficenza , non altro restaci che qualche cosa soggiungere in ordine a'doveri che riguardano la Officiosità (§ CCXXIX.). Dessa , fu segnato antecedentemente (620), si presta con qualche retribuzione, la
quale però non agguaglia il dovere per la cosa che si dà. Or
l'uomo è tenuto a prestare la officiosità ugualmente ch' è obbligato a prestare la umanità e la beneficenza; dappoichè ella
si poggia all'istesso modo sull'amore. Quello , che vuoi per
te, devi anche volerlo per gli altri ; certamente se ignorante

vorresti la scienza., se malato la guarigione, se · perseguitato la difesa, e tutte sì fatte cose le vorresti.anche col dare del tuo per gratificare l'altrui opera. Dunque lo stesso dovendo tu volere per gli altri, sei tenuto il tuo sapere agli altri communicare, la scienza di medicare versare a prò degl'infermi, la forza di difendere impiegare a tutela. dell'inerme, e dell'afflitto. Per tai cose ov'esigi un compenso ti è ben dovuto non per la cosa che presti, ma per l'incommodo e la fatica, cui soggiaci. Epperò sia il tuo animo disinteressato, e non venale, retta la intenzione, pronto il soccorso. Imperocchè la nobiltà dell'opera, che imprendi a trattare non vuol essere pregiudicata 'da un'sordido guadagno, e quell'amore che deve rifulgere a.vantaggio degl'infelici non vuol essere macchiato dalla nota di esattore quanto più rigido, tanto più abbominato dalla specie umana. Sii lesto a porgere la officiosità; giacchè la natura senza tua richiesta con te largheggiò; e largheggi con gli altri nell'istesso modo senz'addivenire innanzi al simile un'idolo, cui fa mestieri offrir sacrificî. Quell'amore, che stringer ti deve con l'uomo, sia questo infine l'unico, il più forte stimolo a farti operare, e giammai dopo l'evento avrai a pentirti di quanto facesti·a vantaggio del tuo prossimo.

641. Epperò ad esser giusti tutti quant'i doveri di officiosità l'uomo non è tenuto a prestarli sempre che incontrasse pericolo o discapito nelle cose sue. Imperocchè quello non vogliamo per noi, neppure agli altri dobbiamo volerlo (173): e come niuno vuole il suo proprio danno ; così neppure gli altri debbono volerlo. Laonde la officiosità posta in collisione col danno nostro non debbe giammai prevalere: in tal caso il simile nostro pretenderebbe l'ingiusto, ch'è contro natura, e vorrebb'essere amato più di noi, ch'è contro il bene universale di ordine (482). Infatti prego il mio amico, che voglia disimpegnare i miei affari in tutto quel tempo, che a motivo di salute mi trattengo in campagna, promettendogli in pari tempo un qualche compenso. Egl' il mio amico deve prestarmi questo dovere di officiosità (640): ma se per rendersi a me officioso ne venisse a sentir danno, per cui ricusa

di favorirmi ; chi sarà così mentecatto che voglia accagionar-
gli inurbanità , e quindi mancanza di dovere ? Siamo ragionevoli nel ponderare le altrui azioni , e non sempre quello
che sembra ingiusto si rinverrà tale nelle bilance della giustizia. L' uomo è fatto per l' altro uomo (482) , ma non a
distruggere sè stesso , e le cose sue per impiegarsi a vantaggio dell' altro uomo.

FINE DEL 2.° VOLUME.

INDICE

ESPOSIZIONE SISTEMATICA DE' DOVERI,
CHE ASSISTONO L'UOMO.

CAPITOLO IV.

DE' DOVERI DELL'UOMO VERSO DIO.

Lezione XXVII. — *Si proscrive l'Empietà e si fissa l'amore dovuto a Dio.*

Lezione XXVIII. — *Esistenza, e Necessità della Religione.*

filiale , e' non servile — in che si ripone la religione — l'uomo deve a Dio la religione — la vera religione — che cosa è la superstizione , e sue specie — deve fuggirsi — se differisce dall'Ateismo — torti che fa la superstizione — l'uomo deve la vera religione al solo vero Dio — e si deve da tutto l'uomo — si definisce il culto interno, ed esterno — si ribattono gl'Ippocriti — conseguenze del culto interno — l'avvilimento de' buoni , e la prosperità de' cattivi non deve sminuire nell'uomo la fiducia in Dio 40

CAPITOLO V.

DE' DOVERI DELL' UOMO VERSO SÈ STESSO.

errore di Socrate con altri filosofi —
falsa opinione di Einneccio, si confuta — si numerano i mancamenti nei
doveri all'ombra delle regole di collisione — dovere dell'uomo di perfezionarsi nella vita — dritti dell'uomo
in ordine alla vita — abusi da evitarsi
nella conservazione della vita — l'uomo dev'evitare la morte per quanto
gli è possibile — procurarsi la morte
è contra natura — dar la vita per la
felicità è secondo natura : si definisce
il suicida. 77

§ 357. Motivo, donde parte il favore
pel suicidio — il suicida è l'uomo ingiusto — il suicidio è proibito dalla
legge di natura, prima ragione — seconda ragione — terza ragione — quarta ragione — quinta ragione — sesta
ed ultima ragione — prima obbiezione
e sua risposta — seconda ebbiezione
e sua risposta — tre casi di morte
non sono suicidio — se 'l condannato
a morte possa uccidere sè stesso —
è suicida pur anche chi pone mezzi
onde si abbrevia la vita — questi non
apprezzano il gran beneficio della vita. 80

§ 371. Quali cose abbraccia lo stato interno dell'uomo — ch'è l'intelletto
dell'uomo, e dove riponsi la sua per-

Lezione XXXIV. — *Sieguono gli stessi doveri perfettivi lo stato interno dell' uomo.*

DE' DOVERI DI SOCIALITA'

PARTE PRIMA

CAPITOLO VI.

DE' DOVERI ASSOLUTI E PERFETTI VERSO GLI ALTRI, E
SPECIALMENTE DEL DOVERE DI NON OFFENDERE AL-
CUNO.

Lezione XLI. — *Partizione generale de' doveri di socialità.*

CAPITOLO VII.

DE' DOVERI IMPERFETTI VERSO GLI ALTRI.

Lezione LII. — *Dilezione degl'inimici.*

Lezione LIII. — *Doveri di beneficenza.*

§ 617· In che propriamente consiste l'amore di beneficenza — si deve al simile l'amore di beneficenza — che importa la voce largizione, la quale è sempre spontanea ne'doveri di beneficenza — che importa beneficio — si deve gratitudine anche a quegli atti, che ammettono ricompensa — la mercede in cert' impieghi non distrugge la natura del beneficio — non benefica chi non intende beneficare — nel beneficio devesi riguardare il fine di beneficare, che à avuto il benefattore — la saggezza, e la prudenza debbono accompagnare il disimpegno dei doveri di beneficenza — i quali debbonsi prestare a tutti — ma con quella preferenza voluta 'dalla natura — iniquità nel beneficare il ricco a preferenza del povero — tre casi, in cui cessa tale iniquità . . . . . . : 334

Lezione LIV. — *Seguono i doveri di beneficenza, ove si dice della Gratitudine.*

§ 630. Il beneficio suppone la indigenza relativa delle persone — non è beneficio quello, che non arreca vantaggio — che danneggia — che porta grave incommodo — principi su cui poggia la gratitudine — ingiustizia e crudeltà di chi nega la gratitudine al benefattore — al benefattore si deve gratitudine — ingratitudine, e sue specie,

CONSIGLIO GENERALE

DI

PUBBLICA ISTRUZIONE

Napoli 14. Gennajo 1853.

Vista la domanda del Tipografo Agostino Grimaldi con che ha chiesto di proseguire dal foglio 5 in poi l'opera intitolata — *Einneccio alla Cattedra, ossia Lezioni di Dritto di Natura e delle Genti* — del Signor Ventre.

Visto il parere del R. Revisore Sig. D. Giuseppe Canonico.

Si permette che la suddetta opera si continui a stampare; però non si pubblichi senza un secondo permesso, che non si darà se prima lo stesso R. Revisore non avrà attestato di aver riconosciuto nel confronto esser l'impressione uniforme all'originale approvato.

Il Presidente
FRANCESCO SAV. APUZZO
Il Segretario Int.
GIUSEPPE PIETROCOLE

EINNECCIO ALLA CATTEDRA

OSSIA

LEZIONI DI DRITTO DI NATURA, E DELLE GENTI

SULLE TRACCE

DI

GIOVANNI GOTTLIEB EINNECCIO

DEL SACERDOTE NAPOLITANO

PASQUALE VENTRE

PRIMA EDIZIONE NAPOLITANA

VOLUME III.

NAPOLI
STAMPERIA FLORIANA VICO DONNAROMITA N. 13.

1852

DE' DOVERI DI SOCIALITÀ

PARTE SECONDA

CAPITOLO VIII.

DE' DOVERI IPOTETICI VERSO GLI ALTRI , E PRIMIERA-
MENTE DI QUELLI, CHE RIGUARDANO L'ACQUISTO ORI-
GINARIO DEL DOMINIO.

LEZIONE LV.

NOZIONE , E SUE CONSEGUENZE CIRCA LA COMUNITÀ'.

§ 642. *Passaggio — stato dell' uomo naturale , ed avventizio
— l'uomo dallo stato naturale passa nell' avventizio — doppia communione primitiva , e positiva — se reale lo stato
di communione primitiva — definizione del dominio fondamento de' doveri ipotetici , e suo sviluppo — padrona, proprietà , usuario , usufruttuario , possesso , e dominio pieno
e semipieno — possessore di buona, e di cattiva fede — communione positiva uguale e disuguale , perfetta ed imperfetta
— communione negativa , e mista — la communione positiva
esiste — si prepara la quistione su la esistenza della communione negativa.*

642. L'Amore di giustizia (§ CCXXX.), secondo quello che
dicevamo (163) , due cose abbraccia; non offendere cioè

chicchessia , e dare a ciascuno quello che gli è proprio suo.
La prima riguarda non rendere per guisa alcuna infelice il
proprio simile : ciocchè importa escluderlo da qualunque torto, danno, offesa. La seconda riguarda non appropriarsi tutto
quello ch' è di pertinenza dell' istèsso simile , formando suo
dritto esclusivo : ciocchè importa escluderlo da qualunque
furto , usurpazione , rapina. Or di queste due cose la prima
è stata da noi diffusamente sviluppata nella prima parte dei
doveri sociali perfetti, che chiamammo assoluti (479, e segg.);
rimane ora a sviluppare la seconda, e propriamente del rendere a ciascuno il suo: ciocchè forma quella categoria de'doveri sociali perfetti, che noi dicemmo ipotetici. I quali come
possono provvenire dal dominio , oppure da' patti , a serbare
distinzione nelle cose qui propriamente ci daremo carico di
que' soli , che vogliono a base il dominio giustamente acqui-
statosi dal nostro simile per un fatto suo proprio. Prima però di entrare nella sublime discussione di tali doveri uopo è
premettere più cose , le quali fossero adatte per manodurci
alla loro cognizione.

643. Ed invero può l'uomo commodamente considerarsi in
un doppio stato , naturale l'uno , avventizio l'altro. Lo stato
Naturale (che piace anche chiamarlo Originario) è quello in
cui Dio costituì l'uomo con determinati dritti , e determinati
doveri; quali dritti e doveri nascendo fuora con la natura stessa
dell'uomo, pigliano il nome di Connati in quanto che non sono nè prima nè dopo l'uomo stesso. Lo stato poi Avventizio
(detto pure Derivativo) è quello che si costituisce dai dritti
e doveri , i quali dipendono dalla volontà dell'uomo ; quali
dritti e doveri essendo posteriori alla natura dell'uomo , e
pigliando vita dal puro atto della volontà umana, i dritti diconsi Acquistati , i doveri Contratti. Quindi emerge che lo
stato naturale à luogo senz' alcun fatto dell'uomo ; perchè ei
nascendo si mira circondato da esso; l'avventizio poi à luogo
per un fatto dell'uomo stesso , mercè cui ei nasce a nuove
obbligazioni , e nuovi diritti. Or nel primo stato gli uomini
riguardati è fuori dubbio, che tutti sono uguali; perchè l'uno
dall'altro non dipende in quello che gli occorre ; in quello

che possiede : ma nel secondo non possono essere tutti uguali ; stantechè non tutti vogliono lo stesso., e mutano nel voleri come mutano le cose stesse. Or come questo stato risulta da doveri contratti e dritti acquisit i , i quali emergono assolutamente dalla volontà dell' uomo , la quale sempre è variabile: così non tutti gli uomini possono avere gli stessi dritti, e le stesse obbligazioni : ciocchè necessariamente porta con sè una disuguaglianza. Ma vedasi al proposito quanto altrove menzionammo contra Rousseau (142, e segg.)., ove a bella posta facemmo vedere la insussistenza della pretesa uguaglianza tra gli uomini , come quella che individualizzando la umanità riesce una effimera nozione.

644. Proposti tali stati dell' uomo originario ed avventizio, del primo non occorre più muovere parola ; giacchè a sufficienza da noi fu esaminato allorchè facevamo parola del triplice ordine di doveri che circondavano l' uomo. Conciosiachè lo stato originario risulta da dritti e doveri connati (643) ; ora i doveri che l' uomo à verso Dio , verso sè stesso , e verso gli altri, son connati all'uomo stesso ; perchè sono gli stessi in tutti gli uomini senza eccettuarne un solo : e dovere connato dice dritto connato per la correlazione de'termini che à luogo tra essi (20). Adunque lo stato originario non è più oggetto delle nostre ricerche : ma quello piuttosto., che debbe richiamare la nostra attenzione, è lo stato avventizio. Or di esso muovendo parola non è difficile considerare , che l' uomo facilmente può venire dallo stato naturale all'avventizio , come in realtà viene fin dal primo sviluppo della sua ragione, ove per poco calcoliamo i fatti della umana ragione. Per certo sappiamo , che ognuno può disporre di quello ch'è suo : ma suo dell' uomo è la volontà, non che la libertà ; dunque l' uomo può disporre della sua volontà e libertà ; val quanto dire, può volere, accettare , dare qualche cosa , ovvero può fare qualche azione. In conseguenza egli l'uomo può acquistare quelle tutte obbligazioni, e quei tutti dritti, che più gli vanno a grado. Or nell'acquisto di tali dritti, e nella contrazione di tali obbligazioni è riposto lo stato avventizio dell'uomo (643). Ecco come l' uomo disponendo della sua vo--

'lontà, e della sua libertà, dallo stato naturale passa allo stato avventizio : quale passaggio non è distruzione del primo stato , ma soltanto un' accrescimento di dritti e doveri , com'è chiaro.

645. In questo stato avventizio poi l' uomo à il dritto di conservarsi, che porta dritto di sostentazione, per cui possa usare a suo bel genio di tutte quelle cose , che dalla natura sono state ordinate per mantenere intiera la vita. Ond'è, che i Naturalisti a garentire un tal dritto pongono in ordine all' uomo il seguente stato. Nel principio delle cose, essi dicono , creò Dio l' uomo, cui concesse il dritto su tutte quante le cose ; ed essendo nell' istesso principio gli uomini pochi nel numero, ed abbondanti di cose per la incredibile moltiplicità di esse , a piacere si servivano del creato senza che uno l' altro escludesse dall' uso di quelle cose , ch' erano necessarie per la conservazione della lor vita. Perlocchè uscito l' uomo nella campagna, e raccolto quanto gli era sufficiente, il rimanente lo lasciava raccorre agli altri. E tale stato vollero chiamarlo di communione primitiva. Soggiungono poi di vantaggio, ch' essendosi gli uomini moltiplicati, ed abbisognando la terra di molta industria pel comune alimento, non che nata l' avidità negli uomini pel raffreddamento di quella fraterna sociale armonia, per cui tra loro erano stretti , fu forza che tra loro si dividessero la industria della coltura della terra, ed i frutti li facessero propri escludendone gli altri. A tal modo si vennero a dividere tra loro la terra, e tosto surse il mio ed il tuo, e quindi il dominio e la proprietà, cessando quell' uso comune nelle cose, che pria felicemente possedevasi. E tale stato piacque loro nomarlo di communione positiva.

646. Ma è celebre tra gli stessi Naturalisti la quistione , se mai lo stato di communione primitiva sia reale, o pure immaginario. Fino a che non comparvero le mostruosità di Hobbes (136) fu comune loro pensare che tutto era di tutti ; e quindi la comunanza de' beni era per essi un fatto realmente sussistente ; ma dopo Hobbes vista da certi poco esatta la espressione di communione primitiva , e temendo le funeste con-

seguenze, ch'egli ne deduceva, si fecero a dubitare della reale esistenza di un tale stato. Epperò in un fatto sottoposto a tanta difficoltà, per la lontananza ancora in cui è da noi, non possiamo con certezza decidere mancandoci elementi per la stessa certezza. Ciò non ostante possiamo dire, che un tale stato da essi pensato non riesce inverisimile, come da qui a poco saremo per dimostrare, ove si rifletta che niuna contradizione in sè ravvolge; giacchè poteva stare che i primi abitatori della terra se l'avessero goduto, servendosi cioè delle cose senza mai farle proprie a quella guisa, che gli altri non erano esclusi dalle cose stesse necessarie pel proprio sostentamento. Se non che un solo equivoco debbesi eliminare nella proposta concessione, e che realmente potrebbe condurre a tristissime conseguenze, quali furono appunto quelle di Hobbes. L'equivoco si è di confondere la umanità per ciascun'uomo, l'astratto cioè pel concreto; ed il dritto a prendere i mezzi di conservazione per un'attuale dominio di ogni cosa. E pel primo se dite la umanità à dritto su tutto, venite a dire che niun'uomo à dritto alcuno su cosa alcuna; giacchè l'astratto è individuato per la forma del concreto, e non già questo per quello; e quindi se astrattamente tutti ànno il dritto su tutto, tutti debbono escludere gli altri: or la umanità, cioè tutti, avendo il dritto su tutto, non ci potranno essere tra gli uomini quelli che sono esclusi; ed in allora ognuno avendo tutto, tutti niente realmente possederanno; perchè nella communione primitiva ogni uomo niente à di propria pertinenza. Pel secondo poi il dritto non sempre può costituire dominio, come nella spesie; dappoichè il dritto dà la facoltà di usare della cosa, ed il dominio aggiunge di escludere gli altri dall'istesso uso. Conseguentemente se nella communione primitiva ponete il dritto pel dominio, dovete necessariamente porre esclusione per gli altri, ed ove questa esiste il dritto è distrutto. Perlocchè ne verrebbe lo stesso sconcio di sopra, cioè che mentre tutti avrebbero dritto su tutto, niuno realmente avrebbe dritto su cosa alcuna. Ma l'uomo deve conservare la sua vita (135); ne nascerebbe quindi la forza bruta, il disordine, la prepo-

tenza, in una parola l'ingiustissimo communismo tanto oggigiorno proclamato. Noi adunque stando a favore della communione primitiva l'ammettiamo nel senso, che tutti gli uomini
potevano usare di tutte le cose, senza però che uno l'altro
escludesse ; e perciò in tale stato l'uomo aveva dritto su' i
mezzi di conservazione, e non già dominio. Allorquando poi
gli piacque passare nella communione positiva, senza mai rinun-
ziare al dritto su' i mezzi di conservazione, diciamo contra
Montesquieu, venne a fissare il dominio, la proprietà, mercè
cui gli altri erano esclusi da quello che principiò a dirsi mio,
tuo, suo. Ed ecco nati i doveri Ipotetici, nobilissimo oggetto
delle nostre investigazioni, i quali a buon dritto si poggiano
su quella proposizione : « *Dà a ciascuno il suo dritto* **1** » :
ciocchè importa rispettare l'altrui dominio, e l'altrui proprietà, formando il dominio e la proprietà, cioè il *Suo*, inconcusso fondamento di sì fatti doveri.

647. Or poichè i doveri Ipotetici ànno per punto di partenza il dominio, la proprietà, cioè il *Suo*, è cosa naturalissima che muovessimo dalla schietta intelligenza di siffatte voci.
Infatti (§ CCXXXI.) si dice *Suo*, *Mio*, *Tuo*, il dritto che
l'uomo à di escludere ogni altro da quella cosa, su cui vanta
dominio. È poi il Dominio la facoltà, ossia il dritto di escludere ogni altro dall'uso della cosa nostra. Chi dunque à dominio à cosa sua ; perchè la idea del suo, mio, tuo, è inclusa in quella del dominio, senza cui non può intendersi ; perciocchè il dominio porta seco la esclusione di ogni altro a pretendere ed usare le stessa cosa. Quale esclusione formando la
essenza del dominio a bella posta è stata da noi soltanto menzionata nella surriferita definizione ; giacchè ogni altra nozione
vogliasi aggiungere è sempre un'accidente che si fa sussistere
nella sostanza, ch'è dominio. E per chiarirci del vero non sarà
superfluo cennare pochi esempi. Dire infatti il dominio essere
la facoltà di percepire tutto il vantaggio della cosa, è un darci
la idea dell'usufrutto incluso nel dominio: oppure dire essere

1 *Jus suum cuique tribus.*

la facoltà di liberamente disporre della cosa, è un togliere al pupillo il reale dominio delle cose sue, mentre egli per disposizione del dritto civile ed in grazia del bene comune non può a suo piacere disporre di quello ch'è certamente suo; ciocchè riflettendo Seneca ebbe a dire : « *Non è ragione il dire non esser tua una cosa perchè non potrai venderla, consumarla, mutarla in peggio ed in meglio. Infatti egli è cosa tua anche ciò, che ti appartiene sotto certe condizioni* 1 ». Dire infine il dominio essere la facoltà di vindicare la cosa dalle mani di un terzo, o perchè era depositata, o perchè era commodata, è un distruggere l'istessa idea del dominio ; giacchè quando la cosa è stata tolta al proprio padrone, questi non può usare della stessa, ed in conseguenza escluderne gli altri senza prima averla in possesso. In somma in qualunque modo vogliasi definire il dominio fuorchè nel modo indicato é lo stesso che o segnare effetti del dominio, o distruggere la idea genuina dello stesso. La sola facoltà dunque di escludere ogni altro dall'uso della cosa, poichè forma la essenza del dominio, costituisce la genuina definizione dello stesso, sapendoci dagli Scolastici, che i soli essenziali debbono entrare in qualunque siasi definizione : ciocchè pare abbia avuto presente Arriano quando nell'istessa nostra maniera volle definire il dominio col dire : « *Colui, che à in suo potere quelle cose, che gli altri stimano doversi bramare, e non toccare* 2 »: accenna quì il padrone.

648. Cosiffattamente stabilita la definizione del dominio si vede chiaro, che colui, il quale à il dominio di una qualche cosa si dice Padrone. Or il padrone è quegli, che le cose, su cui vanta dominio, le chiama sue, e la cosa dicesi propria. La Proprietà poi è il dritto di appropriarsi le cose coll'escluderne gli altri dalle stesse; ed un tal dritto nello stato naturale seco porta disporre della sostanza della cosa. Quindi

1 *Non est argumentum, ideo aliquid tuum non esse, quia vendere non potes, quia consumere, quia mutare in deterius, aut melius. Tuum enim est etiam, quod sub certa lege tuum est.* De Benef. 7. 12.

2 *Qui quae alii expetenda, fugiendaque censent, in potestate habent.* Diss. Epitect. 2. 2.

chi è padrone della sostanza della cosa , dicesi Proprietario , che importa lo stesso che padrone.

Inoltre dicesi Usuario colui, ch'è padrone dell'uso della cosa : dicesi Fruttuario chi vanta dritto sul frutto , che la cosa produce : dicesi infine Usufruttuario quegli che l'uso ed il frutto della cosa possiede.

Finalmente come il dominio dà possesso (847); così il possesso consiste nel ritenere una cosa presso di sè con esclusione degli altri : e colui che vanta possesso su di una qualche cosa dicesi Possessore.

Dalle sparse idee rileviamo , che il dominio seco porta i dritti di proprietà , di uso , di frutto , e di possesso, i quali tutti sono effetti necessari, che non possono non derivare dal dominio. Il padrone adunque che à la cosa in suo potere, cioè ne à dominio , debbe avere tutti e quattro questi menzionati effetti del dominio , ed allora il suo dominio si dirà Pieno. Che se poi uno di questi dritti manca non per effetto del dominio , ma perchè l'altrui volontà à avuto in piacere smembrarlo dal dominio, si dirà allora il dominio Menopieno, oppure Semipieno.

649. In ordine al possessore (648) egli è doppio, di buona cioè, e di cattiva fede. Il possessore di buona fede si à quante volte colui che possiede una cosa , la possiede in modo che crede esser sua , mentre un' altro à il dritto di possederla. Così Tizio à comprato il fondo da Sempronio, che credeva poterlo alienare senza conoscere, che per l'alienazione vi bisognava ancora il consenso di Mevio , per cui la compra-vendita è vacillante. Tizio intanto ignorando sì fatte cose pacificamente si gode il fondo, e crede esser suo, qualora in realtà suo non è ; perchè Mevio non comparso al contratto di compra-vendita à dritto di possedere il fondo. Tizio adunque è un possessore di buona fede. Al contrario si dice Possessore di mala fede colui , il quale possiede una cosa , che sa non esser sua. Tizio ladro ruba alcuni oggetti preziosi a Sempronio, e se li possiede ; egli certamente è un possessore di mala fede. Ma veniamo ora alla communione sopra indicata (645, e segg.).

650. Una qualche cosa può da noi possedersi in due modi, o la possediamo per tal maniera, che niun' altro fuorchè noi possa usare della medesima; oppure la possediamo in concorrenza di altre persone per modo, che il numero de'possessori di questa esclude le rimanenti persone dall'usare della cosa medesima. Nel primo caso si à l'assoluta idea di proprietà (648), di cui non occorre più menzionare: nel secondo caso poi si à la generale idea della communione, di cui qui occorre far parola. È dunque in generale la Communione il dritto, che molte persone ànno su la medesima cosa con escluderne le rimanenti. Tre negozianti, a mò di esempio, conferito insieme il capitale per la compra di oggetti, fatta società, tutti e tre avendo dritto su gl'indicati oggetti non vogliono che altri venissero a pigliarne dritto, essi sono costituiti nella communione. La quale può essere triplice; cioè Positiva, Negativa, e Mista, e di ciascuna occorre darne precisa nozione per la retta intelligenza delle dottrine, che avremo a sviluppare in appresso.

La Communione Positiva è il dominio, che molte persone ànno su la medesima cosa proibendo agli altri l'uso della stessa; come nel proposto esempio de' tre negozianti. Or questa communione, o Comunità positiva può essere Uguale e Disuguale, Perfetta ed Imperfetta. La comunità positiva è uguale, quando i compadroni, detti ancora Condomini, vantano su la cosa sa dritto uguale. È disuguale ancora quando i condomini vantano su la cosa posseduta in comune un dritto disuguale per modo, che uno ne à più, un'altro ne à meno. A render chiara la cosa per via di esempi senza discostarci dal proposto esempio de' tre negozianti, fingete dapprima ch'essi abbiano posto in società capitali uguali per modo che vengono a pigliare porzioni uguali di lucro, essi saranno nella comunità positiva uguale. Ma se differenti capitali ànno essi impegnati nella società per modo che nella divisione del lucro piglia maggior parte chi pose maggior capitale, e minor parte chi pose minor capitale, allora essi saranno nella communione positiva disuguale. La cosa è da sè stessa manifesta.

Al contrario la communione positiva si dice Perfetta, quan-

do i condomini vantano su la cosa un dritto perfetto. Così sarebbe la società de' tre mentovati negozianti, essi ànno il dritto
di costringere tutti gli altri a non usurpare quello che loro è
proprio, ed insiememente far loro pagare tutte quelle somme,
che loro son dovute: a motivo di un tal dritto essi sono costituiti nella communione positiva perfetta. Si dice poi Imperfetta, quando i condomini vantano su la cosa posta in commune un dritto imperfetto. Tal sarebbe il dritto che possono
vantare i soldati di qualche esercito a quella somma di danaro, che loro regalò il Principe in grazia del loro valore. Infatti posti essi in comune a battagliare, erano tenuti per lo
stipendio che ricevevano a prodigalizzare valore a favore del
Principe, e questi fuori della paga convenuta a nient' altro
era tenuto. Non avevano quindi i soldati niun' altro dritto a
ripetere dal Principe fuorchè la giornaliera paga. Se dunque
il Principe li regalò fu sua spontaneità, ed effetto della sua
liberalità, a cui fu mosso per i prodigi del valore, ch'essi
mostrarono nella guerra.

. 651. La Communione Negativa è il dritto, che molte persone ànno su l' uso della cosa posta in comune senza che alcuna
di esse vi vantasse dominio. Tal'è il dritto, che i figli di famiglia vantano su'i beni del padre essendo questo vivo; possono essi usare de' beni della famiglia appartenente al comun
loro genitore, ma non possono escludere gli altri dall' istesso
uso; perchè loro manca il dominio su gli stessi beni.

Finalmente la communione Mista è quella, che partecipa
della communione positiva, e della communione negativa. Tali
sarebbero i beni della Università, ed i beni de' Religiosi. Essi
infatti usufruiscono della cosa, senza però che alcuno di essi
in particolare possa vantar dominio per sè della cosa, su cui
cade l' uso; perciocchè sono nella communione negativa. In
quanto poi tutt' insieme posseggono la cosa per modo, che
escludono ogni altro dal possesso della cosa stessa, sono nella
communione positiva. Intanto è da riflettersi che se la communione negativa diametralmente si oppone al dominio, perchè
assolutamente lo vuole escluso; non è così della communione
mista, perchè ella sotto differente rapporto abbraccia il do-

minio, ch'è conseguenza della proprietà (848). Infatti nella communione mista non è l'individuo che possa vantar dominio su la cosa posta in comune; ma sono gl'individui tutti formando un corpo morale, il quale può vantare un tal dominio: nel qual caso la proprietà non è reclamata dall'individuo per sè stesso, sibbene è reclamata dalla specie che consta d'individui. Per la qual cosa a quel modo rispettasi la proprietà individuale, devesi ancora rispettare la proprietà della specie, o vogliam dire, di un corpo morale, di una congregazione di uomini; giacchè la specie non può sussistere se non mediante gl'individui, come fu detto in Metafisica. Ma di siffatte cose avremo forse occasione di lungamente discorrerne altrove; per ora è necessario esaminare la esistenza delle tre mentovate communioni.

652. Ed infatti che la communione positiva (650) abbia esistita, è un fatto di cui non lice punto dubitare; perchè dovunque rivolgiamo lo sguardo, c'è dato osservare condomini, i quali non possono esistere senza condominio, cioè senza communione positiva. La comunanza de' beni è un fatto provato dal reciproco sollievo che per tal mezzo gli uomini soglionsi arrecare, e se tu la togli, già di repente avrai distrutta ogni società, ogni liga tra gli uomini, e li renderai isolati nel mondo, pessimo stato che non tarda alla distruzione. Ch' esista pure la communione mista, anche è un fatto cui non può contradirsi; giacchè abbiamo esistenza di beni sì universitari, che religiosi, a talchè non possono mettersi in dubbio senz'addivenire in pari tempo uno più sfacciato scettico. Tutta la quistione si versa nel vedere se mai nel principio delle cose abbia esistita una communione negativa assoluta, ed una tal quistione noi, la Dio mercè la esauriremo nella vegnente lezione, avendo fin dal principio (646) promesso di satisfare ad una tale inchiesta.

653. Epperò a maggiore intelligenza della proposta quistione giova notare, che la communione negativa può considerarsi in un senso assoluto in quanto che tutti gli uomini usufruiscono di una qualche cosa senza vantar dominio su la stessa: ed in un senso relativo in quanto che certi uomini per pecu-

liari circostanze temporaneamente si rattrovano in tale communione; come sono i figli di famiglia da noi sopra rapportati (654): nel qual senso la communione negativa non solo esiste, ma pure esisterà; perchè il figlio è sempre tale in faccia al padre. La prelodata quistione adunque riguarda l'uomo primiero situato nella communione assoluta; e perciò non riguarda lo stato attuale delle cose, ma quello che da Dio Autore della natura fu posto nel creare l'uomo. Or in tale quistione non ipotetica, ma di fatto, non siamo alieni dal pensare, che avendo Dio concesso all'uomo il dritto di conservarsi la propria vita co'prodotti del suolo, Egli lo volle nella communanza primitiva, ch'è lo stesso della communione negativa. A giudicare intanto della giustizia di questo nostro pensiere comune a'Naturalisti, fa mestieri attendere alla forza delle ragioni, che saremo per esporre.

LEZIONE LVI.

ESISTENZA DELLA COMMUNIONE NEGATIVA, E COMINCIAMENTO DEL DOMINIO.

§ 654. *Si dimostra, che l'uomo fu creato da Dio nella communione negativa, prima ragione — seconda ragione — si conclude — Dio a conservazione della vita diede all'uomo il dritto su gli animali, e si espongono le varie opinioni — si ribattono i contrari — fu necessitato l'uomo ad uscire dalla communione negativa — ed allora s'introdusse il dominio — però molte cose restarono nella communione negativa — il dominio e la proprietà non recarono ingiuria a Dio nell'introdursi — diedero luogo alla communione positiva — in cui v'è dritto di esclusione — da essa l'uomo passò alla proprietà individuale — epilogo.*

654. Siamo nella circostanza di esaminare se mai gli uomini primitivi ebbero a conoscere tra loro dominio su le cose per la conservazione della lor vita; oppure tal'era il fomento dell'amore fratellevole che regnava nel lor cuore che l'uno l'altro non invidiando una sol famiglia comune costituivano di maniera, che ignoravano le freddissime voci di mio, tuo, suo. Noi portiamo opinione che in questo secondo modo sia andata la cosa ne'primordi del mondo, e per menare ciò alla evidenza ci piace formare il seguente teorema.

PROPOSIZIONE

L'UOMO FU DA DIO CREATO NELLA COMMUNIONE NEGATIVA.

Dim. È fuori dubbio (§ CCXXXII.) che Dio di sua propria Volontà creò l'uomo nel principio delle cose, e lo creò non per distruggerlo, ma che avesse continuata la sua esistenza;

perciocchè tra' i fini della creazione dell'uomo uno si fu la e-
sistenza. Or chi vuole il fine deve anche volere i mezzi conducenti allo stesso : se dunque Dio vollé l'uomo esistesse, gli
concesse per vero i mezzi , mercè cui l'uomo stesso potesse
continuare la sua esistenza. I mezzi per cui la esistenza vien
conservata sono i prodotti della terra ; giacchè la esistenza si
serba pel cibo , per la bevanda , pel vestito , pel tetto ; di
quali tutte cose abbondevolmente la terra provvede l'uomo.
Dunque Dio concesse all'uomo il dritto di usare de' prodotti
della terra per quelle cose , ch'erano necessarie a conservare
la propria esistenza. È poichè un tal dritto era uguale in tutti
gli uomini , l'uno l'altro non poteva escludere dall'uso delle
stesse cose , ch'erano necessarie per la propria conservazione : ed ecco una communione negativa giusta la nozione sopra (651) data.

655. Oltreacchè come l'uomo è'l capo lavoro delle mani di
Dio , attes' i doni pregiatissimi che si possiede ; così egli è
l'essere che a preferenza di ogni altro si à tirato l'amore divino. Ma l'amore porta compiacimento della perfezione dell'oggetto amato ; dunque Dio si compiace della perfezione e felicità dell'uomo. E qui di grazia dimandiamo, potrebb'egli
l'uomo esser felice , se non godesse l'uso de' frutti della terra? Certamente no ; anzi sarebbe l'essere il più infelice, mentre ad ogni momento si vedrebbe mancare la esistenza. Dunque Dio volendo la perfezione e felicità dell'uomo , à voluto
pure che l'uomo usasse di quelle cose, che gli fanno ottenere questa naturale felicità, e quindi perfezione ; nella quale
volontà ripone la communione negativa. Epperò tal dritto ,
che l'Autore della natura concesse all'uomo sul cibo , su le
bevande , su gli abiti , ed altre cose di simil fatta, che servivano per la conservazione della sua esistenza, cel concesse
non per abusarne , sibbene a farne retto uso ; altrimenti gli
avrebbe concesso l'illecito , ciocchè è falso. Il retto uso poi
con sè porta , che tanto ne usasse l'uomo, quanto comportava l'adempimento de' suoi doveri , ed il dippiù essendo abuso , era certamente contrario alla Volontà dell'eterno Legislatore.

656. Dalle cose cennate adunque possiamo rilevare (§ CCXXXIII.), che fu Volontà dell'Eterno quella, che l'uomo fosse nella communione negativa., ossia primitiva. Imperciocchè se volle che l'uomo esistesse (654), e felice fosse la sua vita (655), volle pure che si avesse goduto i frutti della terra per modo che non avesse escluso l'altro uomo dallo stesso uso. Quindi tutte le cose nel principio erano in un comune uso senza che alcuno vantasse dominio su di esse. Qual cosa non solo può ricavarsi dal Genesi 1, dove vien descritto il tenore della vita, che menavano i primi uomini; ma ancora possiamo ricavarla da' poeti, i quali a vista di una tal comunanza, in cui vivevano gli uomini, un tal secolo piacque loro chiamarlo di oro, cioè felice. Infatti ecco come cantava Virgilio:

. . . . *Nullo agricoltore*
Costringeva la terra a dar lor frutti ;
Né lecito era di partire i campi.
Viveasi in comune, ed essa terra
Senz' alcun seme produceva suoi poeti ;
E sempre pronta senz' altrui richiesta
Porgea con larga mano il vitto a tutti 2.

Per la qual cosa i primi abitatori della terra come avevano il dritto su tutte le cose create ; così avevano il dritto su le cose tanto fungibili che si consumano coll'uso, quanto su le cose non fungibili che coll'uso non si consumano. Intanto la terra tutta essendo aperta a tutti gli uomini, e non vi essendo limiti, che loro fossero d'impedimento a poter usare delle cose necessarie alla loro conservazione, ognuno si serviva delle stesse, e dopo un simultaneo uso senza pericolo di mancar le cose attesa la loro abbondanza, il rima-

1 28. 29.
2 ...... *Nulli subigebant arva coloni,*
Nec signare quidem, aut partiri limite campum
Fas erat : in medium quaerebant : ipsaque tellus
Omnia liberius, nullo poscente, ferebat. Georg. 1. v. 125.

sante si serbava sempre a' nuovi bisogni ch' erano per insorgere, niuno giammai essendo escluso.

657. Ma qui tra' i Naturalisti si muove la quistione (Nota
al § CCXXXII.) se mai avendo Dio concesso all'uomo il dritto
su le cose create a fine di conservare la propria vita (654, e
segg.), estese pure un tal dritto su gli animali ? Quindi da
costi si dimanda se mai sia permesso ammazzare gli animali,
e cibarsi delle loro carni per conservare la vita ? In tal quistione v'hanno di quelli che vorrebbero intangibili gli animali,
e di quelli che vogliono permesso il loro uso. Esaminiamo
dapprima le ragioni di quelli che favoriscono la parte negativa.

Essi infatti la discorrono così: Non è mai permesso dalla
legge di natura recare a chicchessia la menoma offesa: ora uccidere gli animali e cibarsi delle loro carni, è al certo recare
loro un' onta ; dunque è illecito ucciderli e mangiarli. Più
soggiungono: L' uomo può usare di quelle cose tutte, senza
le quali non può ottenere la sua conservazione : ma senza le
carni degli animali può vivere ; dunque non gli è permesso
cibarsene senz' abusare degli stessi. Infine dicono : L' uomo
per legge di natura deve procurare la sua perfezione : ma
le carni degli animali lo rendono imperfetto ; sì perchè rendesi feroce, sì perchè si assoggetta alle malattie. Dunque in
niun modo è permesso all'uomo uccidere gli animali, e cibarsi delle loro carni. Perlocchè la uccisione degli animali per
tali difensori riesce un' abuso stravagante opposto alla legge
di natura, la quale come protegge la vita dell' uomo, così
pare vuole protetta quella degli animali.

Una tal novità di cose a dir vero per la prima volta fu proposta da Pittagora, seguita poi da Porfirio ne' suoi libri intitolati Peri Psiches, come osserva Scheffer 1, e si mossero a
sostenere questa stravagante ipotesi appunto per l'altra della
metensicosi che loro saltò in testa. Infatti posta la trasmigra-
zione delle anime, che Pittagora chiamava : « Dritto comune
delle anime, ch' esse hanno con noi 2 », ciocchè da Empedocle
fu inteso nel seguente modo:

1 De Philos. Italica. cap. 14.
2 Communi, quod scilicet habeant, animas jure. Diog. Laert. 8. 13.

Fui fanciullo e fui donzella,
La memoria ancor mi resta;
Allor fui di una foresta
Ben fronzuto ed assai bel.
Mi sovvien pur quando in mare
Io guizzai qual pesce altero:
Quando a volo assai leggiero
Io spiegai miei vanni al ciel 1;

ne veniva in conseguenza, che a motivo di non uccidere qualche persona, non dovevano uccidersi gli animali. Gli altri Naturalisti poi che seguirono la stessa opinione abbenchè abborrivano le stravaganze di Pittagora ; pure per altri motivi sopra esposti vollero intagibili gli animali : quale intangibilità sia pel motivo di Pittagora e suoi seguaci, sia per qualunque altro motivo, abbastanza mostra la sua insussistenza all'ombra della legge di natura.

658. E dapprima tosto crolla il fondamento l'edificio intiero è da ruinare; e se la metempsicosi non regge, come falsissima fu dimostrata in Metafisica, abbastanza è dimostrata la insussistenza della opinione, che favorisce la vita degli animali. E poichè di tutta necessità si mostra convincere i contrari, noi aderendo a' Naturalisti di favorevole opinione veniamo a ribattere i loro argomenti (657), di cui la confutazione formerà una soda dimostrazione pel sentimento consentaneo alla morte degli animali. Ed infatti diciamo, ch'è verissimo non dover recare ingiuria di sort'alcuna agli altri, dove però c'è communione di dritto; perchè allora quello non vuoi per te, non devi volerlo per gli altri (173), e come a me dispiacerebbe di essere offeso, così lo stesso pure dispiacerebbe agli altri, per cui me ne debbo astenere per ogni conto. Or ci dicano in grazia i nostri avversari, quali dritti comuni abbiamo

---

1 *Nam, memini, fueram quondam puer, atque puella,*
Plantaque, et ignitus piscis, perniaque voluoris. Diog. Laert. 8. 77.
Iamblich. vit. Pythag. 24, n. 108. Porphyr. vit. Pythag. p. 152. seq.

cogli animali bruti ; e perciò qual reciprocanza di doveri con essi? Al certo niuno, come altrove abbiamo dimostrato (47). Ebbene non vi sarà dubbio , che di essi possiamo avvalerci ove il bisogno della nostra vita il richiedesse. Oltreacchè quantunque l' uomo possa vivere senza gli animali ; pure avendo ricevuto dall' Autore della Natura il dritto su tutto quanto il creato (654, e seg.), à ricevuto bensì il dritto su gli animali : e volendo l' istesso Autore della Natura , che l'uomo menasse una vita felice , à voluto conseguentemente che si servisse di tutte quelle cose , le quali lo conducono ad un tale conseguimento. Perlocchè l' uomo può benissimo servirsi degli animali quante volte la felicità della vita tanto richiedesse. Il perchè servirsi di essi non è un' abuso opposto alla divina Volontà; sibbene è un'uso giustissimo uniforme all'istessa divina Volontà. Finalmente la esperienza abbastanza contesta, che non il moderato uso, ma l' abuso degli animali è quello, che produce le malattie , e gli uomini rende feroci. Togliete gli abusi ed avrete buona salute mercè il cibo degli animali, ed allora neppure per voi, diciamo agli avversari, sarà proibito mangiare la lor carne. A tutto questo si arroge, che la uccisione degli animali è un fatto troppo necessario per l'uomo ; avvegnacchè se li lasciate smisuratamente crescere nelle lor tane, non tarderà che moltiplicatisi nel numero verrebbero ad infestare l' uomo. Ma queste cose bastando per la proposta quistione fa mestieri ritornare al nostro proposito.

659. Volle adunque Dio che l' uomo fosse nella communione negativa (656), ed il suo volere formando legge per gli esseri che regge (§ CCXXXIV.), non può avere opposizione per parte dell' uomo se non quando l' uomo è costituito in una estrema urgente necessità; dappoichè Ella la divina Sapienza sa così bene congiungere i mezzi al fine, che riesce impossibile all' uomo investigare le impercettibili sue vie. E se all' uomo fosse dato di suo bel genio cambiare quello , che da Dio è sanzionato, l'Essere di ogni eccellenza maggiore riuscirebbe un trastullo per l' uomo, e l' uomo stesso non saprebbe dove più posare per esser felice. Quello dunque Dio vuole non può mutarsi dall' uomo senza un' impellentissimo motivo,

il quale preveduto da Dio stesso non produce mutazione alcuna nella divina Volontà ; ma l' uomo cambiato nelle sue circostanze si assoggetta a novello volere anche eterno di questo Essere Eterno. Che se Dio volle nella communione negativa l'uomo, questi dalla stessa poteva uscire semprechè un nuovo motivo urgente gl'impediva menar felice la sua vita in essa, essendo una tal divina Volontà affermativa, e non già negativa. E per vero l'uomo gode il favore della necessità sotto la legge divina affermativa (454); val quanto dire, è dispensato dalla legge divina positiva semprechè vi esiste l' imminente pericolo della propria vita ; oppure tal pericolo che alla vita toglie la propria commodità, non che felicità. Non potendo quindi l' uomo dippiù menare soavemente la sua vita nella communione negativa, niente osta che dalla stessa partisse, e si costituisse un dominio di cose, mercè cui piacevole gli riuscisse la vita. Per la qual cosa l'estrema necessità, oppure quella necessità che impedisce la commodità della vita, poteva dare all'uomo il dritto di crearsi la proprietà esentandosi dalla legge divina, che lo aveva costituito fuori di essa.

660. Ma l' uomo astretto da una tal necessità gli fu forza di realmente uscire dalla communione negativa, e costituirsi un dominio di cose (§ CCXXXV.). Conciosiachè nata l'ingordigia in mezzo alla umanità, le famiglie cresciute a dismisura, e le cose riguardanti la conservazione della vita non più essendo sufficienti per tutti, gli uomini le cose a render felice la vita tra loro si divisero per maniera, che quello pria era in comune, dalla necessità fu posto nel dominio, é per la prima volta si vidde comparire il mio ed il tuo, vocaboli per lo innanzi ignoti alla umanità, ed ecco di già nato il dominio. Il quale fece sì, che la smisuratamente cresciuta famiglia dell' uomo per tutta la faccia della terra menasse una vita tal quale commoda, se del tutto felice non poteva ottenere. Imperocchè in allora ognuno badava alla propria possessione, e pel meglio che poteva s'industriava di ricevere dalla stessa quei prodotti, i quali potevangli esser bastanti per menare innanzi la vita con qualche commodità maggiore, non

più dovendo dividere con altri quei frutti , che per suoi soli
riconosceva., avendo acquistato il dritto di ripellere ogni altro dall'uso di quella cosa, ch'era propria sua esclusivamente
dagli altri.

661. Ciò non ostante molte cose rimasero nella communione
negativa come prima erano , le quali da' Giureconsulti Romani 1 son dette cose comuni per dritto di natura , e propriamente dice Nerazio esser quelle, che non sono: « *Come quel-*
le che sono pubbliche , le quali sono di proprietà di qual-
che popolo , ma come quelle che primieramente furono dalla
natura prodotte, e non ancora pervenute nel dominio di qual-
chedune 2 ». Tali sono appunto le cose di uso incessante, quelle che non riguardano la dolce e piacevole conservazione della
vita, quelle infine, che agli uomini riesce inutile la separazione, ed il dominio. Chi infatti à detto ancora le acque essere nel dominio di qualcuno ? oppure chi mai à voluto vantar dominio su le mosche , sorci, vermi , insetti volatili , ed
altre cose di simil fatta ? Malgrado la introduzione del dominio , è tanta e tale l'abbondanza delle cose naturali, che moltissime di esse rimasero nell'uso comune a tutti, senza che
alcuno su di esse vi vantasse proprietà; e pure molte di esse
sono le più pregiate , e le più belle che mai si abbia la natura. Ond' è che diceva Petronio : « *Qual cosa più bella fece*
la natura, che non è comune? Il Sole illumina tutti. La Luna
corteggiata da innumerevoli stelle, guida al pascolo le fiere an-
cora. Che cosa mai potrà dirsi più bella dell'acqua? Eppure essa
scorre nel pubblico 3 ».

662. Se dunque la necessità spinse i' uomo ad uscire dalla
communione negativa e passare alla positiva (660) introducendo

1 § 1. Inst. de rer. divis.

2 *Uti publica, quae in patrimonio sunt alicujus populi, sed ut ea, quae*
primum a natura prodita sunt, et in nullius adhuc dominium pervene-
runt. L. 14. pr. D. de adqu. rer. domin.

3 *Quid non commune est , quod natura optimum fecit ? Sol omni-*
bus lucet. Luna innumerabilibus comitata sideribus, etiam feras ducit
ad pabulum. Quid aquis dici formosius potest ? in publico tamen ma-
nent. Satyr. Cap. 100.

il dominio e la proprietà, sarà ben detto giusto un tal dominio come quello, che niun'onta venne a recare al Legislatore della natura (§ CCXXXVI.). E per dire il vero Egli l'Essere Supremo Autore della natura non vuole nè la distruzione, nè la imperfezione dell'uomo (380, 547); ma per voler la conservazione non che la perfezione dell'uomo stesso sotto l'impero della necessità gli accorda il favore della stessa nella legge (454); perciocchè l'uomo avvalendosi di un tal favore niun male morale viene ad operare contra la legge medesima. Per la qual cosa tacendo egli l'uomo dalla communione negativa, ed inalberando il dominio in terra, niun peccato commise a tal che l'inventato dominio affatto affatto può dirsi ingiusto. E potrà dirsi ingiusto colui che fu uso del proprio dritto? E non fu l'uomo, che nell'appropriarsi le cose le quali erano di nessuno, fece uso di quel dritto, che Iddio gli concesse sul creato intiero (684, e segg.)? E le cose infatti esistendo nella communione negativa a buon dritto debbono chiamarsi di nessuno; giacchè niuno aveva il dristo di escludere l'altro dall'uso delle stesse cose. Ma tostochè certe cose le addico agli usi della mia vita, allora queste cose stesse cessano di essere di nessuno, e cadono sotto il mio dritte di maniera che posso escludere gli altri dallo stesso uso in forza di quel dritto sul creato, che a me concesse l'Autore della natura. In tal caso come per la conservazione di una vita felice posso usare di quelle cose, che a ciò tendono, essendo tenuto a non rendermi imperfetto (547); così posso escludere tutti gli altri dall'uso della stessa cosa facendola mia. Perciocchè l'altro resta escluso vindicato per me il dominio; dappoichè trova la cosa di già occupata, nè può vindicarla per sè qualora la rinviene vindicata per gli usi della mia vita per modo, che ogni altro ne allontano giustamente dall'uso della stessa. E chiunque altro volesse tormela, senza dubbio verrebbemi a ledere; giacchè si studia a rendermi infelice procurandomi la imperfezione: ciocchè è vietato espressamente dalla legge di natura. Quali cose essendo secondo ragione, non si dirà pure essere secondo ragione la giustizia del dominio, che attesa la necessità l'uomo cercò di vindicare per sè ? Laonde del dominio, di cui qui è parola, possiamo dire lo stesso, che de' teatri (non ostante che rattrovansi nella communione positiva) diceva Arriano: « Via su, non è il teatro comune, a tutt' i cittadini ? Ed in esso quando i medesimi siensi assisi , caccia se ti piace qualchedono del suo luogo 1 ? » E Seneca al proposito pure diceva : Laonde io non mentirò se asserirò di aver il mio sedile tra Cavalieri. Ma quando io vado al teatro', e trovo tutt' i sedili occupati, quantunque io abbia per dritto quivi il mio posto, perchè quivi mi lice di sedere : pur nondimeno io non l' ò , perchè coloro l' hanno occupato, che hanno comune con me il dritto di sedere 2 ». Abbenchè dunque gli uomini potevano usare delle cose senz' altrui lesione quando le cose stesse erano in comune ; pure fissato il dominio delle cose, di queste quelli soli possono usarsi, che giustamente vi vantano dominio.

663. In tal guisa cessata la communione negativa , ed introdottosi il dominio, di repente surse la communione positiva, che fu il primo passo, che la umanità fece dopo quella fratellevole unione, che tra essi regnava (§ CCXXXVII.), e da questo stato venne in ultimo luogo a far sorgere la proprietà di maniera che , le cose che pria erano comuni a tutti, addivennero o di uso di molti soli, oppure di un solo, ciocchè indica la proprietà (648). E svolgendo dapprima la origine della communione positiva, dalla storia volentieri apprendiamo che gli uomini per le indicate cause (660) essendo usciti dalla communione negativa si vennero a pigliar possesso, e quindi occupare quelle cose, che com' erano di nessuno (662) ; così per altro erano necessarie per gli usi della propria vita. Onde avvenne che più uomini tra loro possedendo cose in comune, vantavano un' egual dritto su di esse per modo, che disperse per l'orbe le varie famiglie, ciascuna fece propria una regione

1 Age, commune nomen est theatrum omnium civium ? In eo vero, si consederint, e loco, si libet, aliquem eorum ejicito? Dissert. Epict. 2. 4.
2 Propterea non mentiar, si dicam, me habere in equestribus locum. Sed quum in theatrum veni, si plena sunt equestria, et jure habeo locum illic, quia sedere mihi licet : et non habeo , quia ab his , quibuscum jus mihi loci commune est, occupatus est. De Benef. 7. 12.

escludendo dall' uso della stessa un' altra famiglia , che altra
regione abitava. Così sappiamo degli Aborigeni , degli Sciti
e de' Geti [2], de' Germani [3], e degli abitatori infine delle isole
Lipari, di Panca, e Vaccei [4], i quali tutti sul principio del
lor nascimento indivisamente si godevano delle province in-
tiere senza che altre famiglie potessero entrare nell' uso delle
loro terre. Questa si fu la origine della communione positiva,
dalla quale le stesse famiglie uscirono di proprio moto, e per
via di divisione , o di cessione di quelle stesse terre che in
comune possedevano diedero luogo al principio della proprietà individuale, a cui in più casi si pervenne ancora per la
naturale occupazione di quelle cose, che pria erano nella communione negativa.

664. A qualunque modo intanto si voglia l'uomo uscito dalla
communione negativa non potrà giammai negarsi, che cessando una tal comunità tosto si vidde nato il dominio tra gli uomini. Imperciocchè la occupazione sia che facciasi comune a
più uomini , sia che facciasi propria di un solo uomo , porta
sempre con sè il dritto di esclusione degli altri uomini dal-
l' uso della cosa , che si è occupata. Or nel dritto di esclusione si ripone il dominio (647), in cui vanno sempre incluse
quelle cose , o che positivamente in comune si ritengono , o
che qualcuno le faccia sue proprie ; giacchè sempre concesse
agli uni , vengono negate agli altri. Dalla cessazione adunque
della communione negativa ebbe luogo il dominio, e per conseguenza fu allora che si viddero la communione positiva e
la proprietà, conseguenze immediate del dominio medesimo.

665. Se però gli uomini (§ CCXXXVIII.) fossero perseve-
rati nella communione positiva, troppo felici si avrebbero potuto addimandare. Imperocchè in tale stato la virtù, la giustizia, e la pietà, a vicenda fomentavansi, e gli uomini a serbare tant'armonia di gran virtù conveniva fregiassero i loro
cuori. Infatti quelli stessi scrittori , i quali ci vengono a mo-

1 Iust. 48. 1.
2 Horat. Carm. 3. 24.
3 Tac. Germ. cap. 20.
4 Diodor. Sic. Bibl. 5. 9. et 45.

strare gli uomini in tale stato, ce li dipingono come forniti
di grande virtù. De'primi Cristiani nella Chiesa di Gerusalemme si dice 1 ch'essi formavano una moltitudine, la quale
aveva un sol cuore, una sola volontà. I poeti descrittori del
secolo di oro ci pingono gli uomini come amantissimi della
virtù e della onestà, a tal che dice Ovidio:

> *Senza giudici, e senza legge alcuna*
> *Eran di cuore lor fedeli e giusti* 2.

Sciamo di Chio, che ci presenta gli Sciti della Numidia i
quali abitavano al di là della palude Meotide, e che vivevano
in comune, ce li presenta come un popolo piissimo. E Pitagora infine voleva per base della comunità delle cose la
giustizia, come ci assicura Giamblico 3. E come no, se quello
uno stato essendosi di somma amicizia, gli uomini avevano
tutto il destro di sviscerare quell'amore dalla natura precettato inverso l'altro uomo (482); giacchè ognuno desiderava
all'altro, e cel faceva, quello stesso che per sè desiderava,
e voleva gli fosse fatto. Ma l'indole dell'uomo essendo troppo
viziosa, che là stancasi, ove più riluce la virtù, non serban-
dosi fedeltà in un tale stato di unione, fu mestieri che le cose fossero disunite, onde non vi fosse più luogo a disturbo.
E fu questa la causa, per cui convenne dalla communione positiva passare alla proprietà individuale, essendo di molto peggiorata la umanità; perchè allora ognuno badando a sè solo,
escludendo tutti gli altri dall'uso della cosa che per sè possedeva, non v'era più motivo di litigio, e si riacquistava
quella pace, ch'era pur mestieri possedersi pel disimpegno
de'propri doveri.

666. Raccapitolando ora tutte le fin qui sparse idee diciamo che l'uomo nel principio delle cose si viveva nella comunità negativa (656), epoca di somma felicità. La necessità

---

1 Act. 4. 32.
2   *vindice nullo.*
  Sponte sua, sine lege, fidem rectumque colebant. Metam. 1. 90.
3 Vita Pythag. segm. 167.

dappoi avendolo costretto ad uscire da un tale stato (660),
passò alla comunità positiva (662), epoca pure di gioia e di
desiderio. Or poichè un tale stato, attesa la viziosità umana,
non poteva più convenirgli (665), e massimamente al tempo
presente, in cui pare rotto ogni argine alla sfrenatezza, ed
alla cattiva fede, gli fu forza entrare nel possesso individuale
delle cose, epoca in cui tuttora vive, e che al certo non gli
farà pentire del suo ritrovamento.

LEZIONE LVII.

MODI ORIGINARÎ DI ACQUISTARE IL DOMINIO, E DAPPRIMA DELLA OCCUPAZIONE.

§ 667. *I modi di acquistare il dominio sono originarî, e deri-*
vativi; a'primi si appartengono la occupazione e l'accessione,
a' secondi la divisione la cessione e la tradizione — ch'è la
occupazione, e quali cose si richieggono per essa — quali co-
se si dicono di nessuno, ed in quali casi si danno — le cose
di nessuno sono del primo occupante — quali cose non si
possono riputare di nessuno — requisiti del dominio nella oc-
cupazione — prima eccezione, poggia su la tacita convenzio-
ne degli uomini — seconda eccezione, poggia su i particola-
ri usi degli stessi — la occupazione si fa per la università,
o pe' fondi — per essa di chi è 'l dominio nel primo modo —
e nel secondo modo.

667. Avvegnacchè la umanità per vizio suo proprio declinò
da quella primiera instituzione, in cui piacevolmente l'aveva
collocata l'Autore della natura, e si venne costituendo la proprietà, fu propriamente che si mirò per la prima volta il dominio delle cose in mezzo agli uomini, come abbastanza abbiamo indicato nella precedente lezione. Or inventatasi la proprietà (§ CCXXXIX.) ci abbiamo, che in due modi può acquistarsi il dominio delle cose. Infatti le cose o sono di nessuno,

od appartengono a qualcheduno; stantechè si possono trovare o fuori il dominio, o sotto il dominio di alcuno. Quindi possiamo acquistare il dominio o di quelle cose che non ànno padrone; oppure di quelle cose che ànno padrone: perciocchè la duplice differenza delle cose ci porge il duplice modo di acquistare il dominio.

Allorquando le cose si trovano fuori dominio secondo che non ànno padrone, la maniera di acquistare il loro dominio, secondo Grozio, si dice Originaria; e dessa può aversi mercè la Occupazione, se acquistasi la cosa sostanzialmente: oppure mercè l'Accessione, se alla cosa che possedeasi qualche altra per qualunque motivo si aggiunge. Conseguentemente i modi originarî di acquistare il dominio sono due, la Occupazione cioè, e l'Accessione.

Allorquando poi le cose si trovano nel dominio di qualcuno (§ CCXL.) in quanto che ànno padrone, possiamo allora avere due casi, o la cosa è posseduta in comune da molti, oppure è posseduta da un solo. Nel primo caso la maniera di acquistare il dominio si à per la Divisione, oppure per la Cessione: nel secondo caso poi si à per mezzo della Tradizione. Or questa maniera di acquistare il dominio piace chiamarla Derivativa in quanto che dipende dalla maniera originaria di acquistare il dominio medesimo. Quindi i modi derivativi di acquistare il dominio sono tre; la Divisione cioè, la Cessione, e la Tradizione.

Di tutti e cinque questi segnati modi di acquistare il dominio partitamente avremo a trattare, e per serbare un'ordine tra essi diremo prima degli originarî, e poi de' derivativi: e cominciando da' modi originarî diciamo in primo luogo della occupazione.

668. Infatti (§ CCXLI.) Occupare una cosa importa ridurla sotto la potenza fisica mentre non à padrone, cioè è di nessuno. Quindi la Occupazione si può benissimo definire per l'atto, con cui si prende possesso delle cose di nessuno: ciocchè è lo stesso che dire con Ubero, la occupazione è 'l ridurre sotto la potenza fisica una cosa, la quale non avendo padrone è di nessuno, con animo però di farla sua. Imperocchè il drit-

to che Dio concesse all'uomo su le cose create (634) con sè
porta che quando l'uomo per la conservazione della sua vita
abbisogna di una qualche cosa, può questa afferrare, cioè ridurla sotto la potenza fisica. E poichè può servirsi delle cose
create quando il servirsene non porta lesione al simile (656);
così la potenza fisica può impiegarla quando le cose non si
trovano in possesso di un'altro; perchè allora è un volersi
perfezionare a danno altrui, ciocchè è contro ragione. Per
la qual cosa il possesso à luogo nella cosa, ch'e di nessuno, e questa rinvenutasi si acquista il cennato possesso col-
fare la cosa propria (648), cioè occuparla; peichè allora si
piglia talmente la cosa per sè stessa, che non vuolsi altro,
il quale con noi divida l'uso della medesima, altrimenti ella
non si ridurrebbe sotto la potenza fisica. Avvegnacchè allora
soltanto si occupa la cosa quando si vuole di uso esclusivo
proprio; e perciò si à l'animo, ossia la intenzione di averne
la esclusiva proprietà. In questo senso adunque, e non differentemente può, e devesi intendere la occupazione.

669. Si dicono poi Cose di Nessuno quelle che o mai ànno
avuto padrone; od il padrone di esse non è noto; od infine il
padrone medesimo à voluto spogliarsene, e si ànno in tal caso
come cose Derelitte, Abbandonate. Quando le cose non ànno
padrone, allora su di esse niuno vanta dominio, e quindi proprietà: conseguentemente non essendovi in alcuno l'animo di
escludere gli altri dall'uso di esse, ognuno a piacere può usarle,
e può anche farle sue escludendone gli altri. Quali cose a buon
dritto possono chiamarsi Cose di nessuno. Quando poi le cose
non ànno padrone certo e noto, niente impedisce che possonsi anche chiamare di nessuno; dappoichè se fossero costi-
tuite sotto l'altrui dominio, il padrone che à l'animo di escludere ogni altro dall'uso della cosa sua, non avrebbe mancato
di munire la cosa di tali segni che avrebbero fatto conoscere
esser sua, e non di nessuno. Perchè il padrone s'ignora, il
dominio non è certo, ed i nostri doveri non possono pigliar
forza da un'origine dubbia ed incerta, come stimiamo co' migliori pensatori morali, le cose in tal caso possonsi occupare.
Finalmente quando le cose sono abbandonate dal padrone, deb-

bono anche tenersi come cose di nessuno; giacchè in tal caso il padrone à lasciato il pensiere di escludere gli altri dalla cosa sua; anzi avendola esposta alla ventura, vuole che gli altri ne usassero: e quelle cose certamente possono ridursi ad uso proprio, che su di esse altri non vanta dominio, cioè sono di nessuno. Ecco i casi, ne' quali soltanto le cose si possono chiamare di nessuno.

670. Ma su le cose di nessuno non v'è attuale possesso di alcuno; perchè a tal riguardo son dette di nessuno in quanto che niuno vi vanta dominio, e perciò non anno padrone. Perocchè le cose di nessuno possono da tutti occuparsi, e come la occupazione porta esclusione degli altri dalla stessa cosa (668); così occupatasi la cosa da uno non può venirsi la stessa ad occupare da un'altro. Ond'è che le cose di nessuno appartengono, e cadono sotto il dominio di colui, il quale è stato il primo ad occuparle. Questo forma un gran canone di legge naturale, che va espressa sotto le note voci: « *Le cose di nessuno sono del primo, che le occupa* 1 », e trova tutta la sua ragionevolezza nella stessa naturale legge, cóm'è osservato, e forma il primo anello di quella gran catena di doveri, da cui è astretto ogni ragionevole, il quale deve rispettare l'altrui proprietà come la sua propria, come sarà dato osservare nel progresso di quest'opera. Leonde molto bene diceva Gripo presso Plauto quando voleva per suoi soli quei pesci, che per ministerio della sua arte aveva preso nel mare, essendo un pescatore; giacchè i pesci come cosa di nessuno cadevano sotto il dominio di colui, che avera avuto la sorte di pigliarli, cioè occuparli. Ecco come a buon dritto diceva:

E qual pesce del mar può dirsi mio?
Se però di pescarli ò tanta sorte,
Allor saranno miei: per miei li tengo;
Perchè a nessun appartenean, e d'essi

1 *Res nullius sunt primi occupantis.*

Alcuno non potrà chieder la parte ,
Onde pubblicamente poi li vendo 1.

671. Quantunque però le cose di nessuno possono occuparsi per dritto di natura (670); pure non sono da stimarsi cose di nessuno quelle che sono state perdute, rubate, tolte per forza, buttate in mare per imminente procella, o tolte dagli animali bruti. Imperocchè tutte siffatte cose ànno i loro rispettivi padroni, i quali come le ànno lasciate senz'animo di perderne il dominio ; così non possono da altri occuparsi , non essendo cose di nessuno. Malgrado la occupazione siamo tenuti a subito restituirle a' propri padroni mercè l' altro canone della stessa legge di natura; cioè « *La cosa grida al padrone* 2 ». Per la qual cosa la valigia perduta nel naufragio, e rinvenuta nel mare dal cennato Gripo , doveva restituirsi al proprio padrone, per cui malamente discorreva quanto disse :

No , in mano non ò quello che piglio :
Quando la rete mia nel mare immergo
Qualunque cosa vi si attacca , io tiro :
Quanto tira la rete e l' amo mio
Senza fallo a mio prò cederà tutto 3.

Ond'è, che con tutta ragione gli fu risposto da Tracalione :

Che dici faccia tosta ? ardisci ancora
Paragonar colla valigia i pesci ?
Ogni cosa così metti in un fascio 4.

1 *Æquum esse dicas maris piscem meum ?*
   Quos quum capio , siquidem cepi, mei sunt: habeo pro meis:
   Nec manu adferuntur, neque illic partem quisquam postulat.
   In foro palam omnes vendo pro meis venalibus.

                                          Rud. 4. 3. v. 32.

2 *Res clamat ad dominum.*

3 *In manu non est mea ,*
   Ubi demisi rete atque hamum , quidquid haesit , extraho.
   Meum , quod rete atque hami nacti sunt, meum potissimum est.

4 *Quid ais , impudens ,*
   Ausus etiam comparare vidulum cum piscibus ?
   Eadem tandem res videtur ? v. 42.

La santità della legge di natura a quel modo stesso che difende la giustizia del dominio, proscrive e condanna la ingiustizia di ogni usurpazione.

672. Dalle cose statuite in ordine alla occupazione possiamo benissimo rilevare i requisiti necessari per dirsi che una qualche cosa sia stata occupata (§ CCXLII.). La occupazione in fatti va detto il riducimento sotto la potenza fisica di una cosa, ch' è di nessuno, con animo di escludere gli altri dall' uso della medesima cosa (668). Dunque per aversi il dominio mercè la occupazione vi bisognano due azioni, l'una dell'anima, l' altra del corpo ; cioè bisogna avere la intenzione di escludere ogni altro dall' uso della cosa occupata, e bisogna ancora che la cosa realmente si prendesse. In maniera queste due cose son necessarie per la occupazione, che una di esse viene a mancare non si potrà avere il dominio su la cosa; perchè non si à la vera occupazione, che sola porta il dominio e la proprietà. E che sia così osservate per poco. In forza della occupazione voi che altro pretendete porre in effetto, se non entrare in possesso di quella cosa, che fino al momento della vostra occupazione era una cosa, che per non aver padrone si riputava di nessuno, cioè a nessuno appartenere ? Dunque in forza della occupazione volete voi afferrare quella cosa, cioè porre tra le vostre mani quella cosa, che da niun'altro era tenuta. Ma perchè la tenete tra le vostre mani, e non la lasciate alla ventura, come prima era? Appunto per far sì, che niun' altro venisse a dividere l'uso della cosa dà voi presa. Dunque col tenervi la cosa di nessuno volete gli altri escludere dall' uso della medesima ; simigliovolmente a quel fanciullo, che stretto si tiene tra le mani quel pane ricevuto per timore dell' altro fanciullo, il quale gli è dappresso non veglia strapparcelo, oppure mangiarlo secolui. Col pigliar dunque possesso della cosa di nessuno vogliamo esclude re tutti gli altri dall'uso della stessa cosa. Perlocchè è chiaro, che il dominio non si acquista per la occupazione quando uno prendasi la cosa di nessuno, e non à l' animo di escludere ogni altro dall' uso della stessa : come pure non si acquista il dominio da colui, il quale avendo la intenzione di esclu-

dere gli altri dall'uso della cosa, non poi prende realmente la cosa.

673. Sogliono però gli uomini alle volte dimostrare il possesso di una qualche cosa, e quindi per una tacita convenzione sogliono dimostrare il prendimento della cosa medesima con certi segni sensibili, i quali indicano l'animo di escludere ogni altro dall'uso della cosa, ch'essi vogliono possedere. Ed in ciò non possiamo produrre opposizione di sorta alcuna; giacchè quello è tra gli uomini convenuto non opposto alla legge di natura, non potrà giammai dirsi illecito, ed insussistente, come succede nel fatto in parola. Così avviene, che colui, il quale vuol pigliare possesso di un qualche fondo da altri non posseduto, non è mestieri che calpestasse palmo per palmo il medesimo fondo, ma gli basta secondo le leggi Romane [1], che alla presenza di altri vi ponesse il titolo, togliesse una foligine dalla porta, svellesse un cespuglio dal campo e troncasse un ramo da qualche albore. Così pure può pigliarsi possesso di una città abbandonata da' propri cittadini, col lanciarvi dentro un giavellotto. Son questi tutti segni che non dipendono dal capriccio, altrimenti vago, e pieno di liti sarebbe il dominio delle cose; ma sono segni che la natura stessa tacitamente ammaestrò l'uomo, per cui egli l'uomo stesso viene ad acquietarsi come quelli, che di per loro stessi son sufficienti ad assicurare l'altrui dominio. Perlocchè in forza di questi principi resta sciolta la quistione narrata da Plutarco [2], e che sopra la città di Acanto ebbero quei di Andria nella Frigia, e quei di Calcida; giacchè i primi vedendo che i legati de' secondi avanzavano nel cammino, ed erano più presti ad occuparla, lanciarono alla porta della città un dardo, per cui reclamavano il possesso; quale veniva negato da quei di Calcida adducendo per motivo che spingere un dardo dentro una città disoccupata non era occupare la città medesima, e quindi poterne dappoi vantar dominio. Ma quello è statuito su di un

1 L. 3. § 1. L. 48. D. L. 2. C. de adq. vel amitt. poss.
2 Quaest. Graec. 30.

tacito patto non può esser distrutto dalle altrui cavillazioni; imperciò abbastanza chiaro apparisce il torto, che regnava per la parte di quei di Calcida.

674. Ci abbiamo intanto, che taluni non potendo afferrare la cosa di nessuno cercano entrare in unione del possesso con quegli che prende la cennata cosa col dire, La parte. Or dimandasi s'egli è giusto un tal modo di occupazione? I sani principi della naturale legislazione non vogliono essere giammai torti dal capriccio del particolare individuo. Se per la occupazione ad avere il dominio non basta il solo animo di possedere, ma insieme vi bisogna la potenza fisica, val quanto dire l'attuale presura della cosa (668); chi non vedrà la insussistenza del possesso preteso da colui, che da lungi vuol' entrare in parte dell'altrui occupazione? È pretensione adunque capricciosa, che in niuna guisa può essere garentita dalla legge di natura. Se non che come la consuetudine è riconosciuta dall'istessa legge, e piglia forza di legge, come a suo luogo fu detto (231): così ove un tale uso sarà introdotto in qualche popolo, allora potrà aver luogo per la ragione poc'anzi addotta (673); cioè la tacita convenzione di occupare le cose di nessuno col chiederne la parte quando non si vengono siffatte cose fisicamente a prendere. Bisogna adunque in tai casi attendere alle particolari consuetudini de' popoli per decidere della giustizia, od ingiustizia del fatto in parola.

675. La occupazione adunque avendo luogo in quelle cose, su cui non vi esiste dominio (668), resta ora a vedersi in quante maniere può acquistarsi il dominio su le cose, che non appartengono ad alcuno (§ CCXLIII.). Or ci abbiamo che un tal dominio può acquistarsi, e quindi la occupazione può farsi in due modi secondo che dice Grozio [1]; cioè o per la Università, o pei Fondi. Si fa la occupazione per la Università, quando un popolo, od una moltitudine di persone viene ad occupare un territorio, che pria non era occupato da alcuno. Così avviene nella fondazione delle nuove città; oppure nel pigliar possesso

1 De jure belli et pac. 2. 2. 4.

di una terra deserta, come la storia ci fornisce di moltissimi esempi, specialmente ne' tempi a noi remoti, nei quali per la moltitudine di un popolo, che non poteva essere alimentato da' frutti del proprio suolo, o per altri motivi, si formavano delle colonie, le quali uscendo dal proprio suolo cercavano sotto altro Cielo provvedere a' loro bisogni. Sappiamo ancora dalla storia, che una Città distrutta il rimanente popolo costretto a fuggire formava il suo tetto in altra terra da nessuno occupata, ed in tal guisa venivasi a costituire padrone del nuovo territorio, ch' era lasciato a discrezione degli avventurieri. Si fa poi la occupazione pe'Fondi, quando un particolare si costituisce padrone di una cosa individuale, la quale gli è lasciata cadere sotto la sua potenza fisica. E di un tal modo di addivenir padrone frequentissimi sono gli esempi, che ci occorrono scorgere nella storia delle nazioni. Infatti tutte le occupazioni specialmente di cose immobili fatte da particolari sul suolo appartenente ad un qualche popolo, o nazione, non sono che tante occupazioni fatte per via di Fondi; per maniera che tale occupazione pare sia oggigiorno abbastanza riconosciuta dagli uomini. Or fuori di questi due modi di aquistare il dominio delle cose, non conosciamo altro modo, per cui si possa giungere allo stesso. Perlocchè ogni altra maniera di occupare che potesse darsi, od introdursi, commodamente può ridursi ad uno de' due mentovati modi di occupare. Sapientissima adunque si fu in tal circostanza la invenzione del Grozio, onorato nome nelle scienze morali naturali.

676. Premessi questi due modi di occupazione naturale (675), vediamo che cosa ànno di proprio secondo ragione a talchè vediamo il dominio della cosa meritamente a chi possa spettare. E per quello dapprima riguarda la occupazione fatta mercè la università non v' è dubbio, che il dominio del territorio intiero sia presso la università medesima; cioè presso il popolo che occupò il suolo: oppure avendo un tal popolo un reggitore Sovrano, il dominio è presso colui che governa il popolo, come quegli che rappresenta l' intiero popolo in tutt' i dritti, che gli competono. Conciosiachè è padrone della cosa colui che venne ad occupare la cosa medesima, e

la occupazione porta dominio, e quindi proprietà (672). Ora, il popolo intiero è quegli che a giusto titolo venne ad occupare un territorio, il quale in essendo di nessuno, poteva da ognuno possedersi. Il dominio adunque del suolo è presso il popolo intiero di maniera che, uno del popolo non può senza ingiuria l'altro dello stesso popolo escludere dal dritto di possedere in comune. Imperciocchè in tal caso l'intiero suolo, e ciascuna sua parte si reputa di proprietà di ciascheduno, ed ognuno potendo possedere, ognuno è padrone. Quindi il tutto essendo di ciascuno, ciascuno nè dal tutto, nè dalla parte può l'altro escludere dal godimento di quel tutto, o parte, che per l'istesso titolo gli appartiene (646). L'intiero territorio adunque appartiene nel dominio al popolo, ossia, vogliam dire, alla repubblica, essendo stato dall'intiero popolo occupato.

677. Ciò però non impedisce, che nel territorio del popolo vi siano de' particolari proprietari, e che dà luogo poi alla occupazione detta sopra (675) per via di Fondo, di cui il dominio a chi spettasse in secondo luogo doveva da noi esaminarsi. Imperocchè particolari porzioni di terre come proprie possonsi giustamente possedere da qualche privata persona senza offendere la universalità de' cittadini; o perchè nella universale occupazione furono da lei particolarmente occupate, ed a nome proprio; o perchè l'intiero popolo essendo padrone del territorio volontariamente gli cedette qualche particolare porzione; o perchè infine altri motivi vi siano esistiti pe' quali poteva appropriarsi sì fatte porzioni. Grozio a tal proposito raccoglie molte autorità degli antichi [1], e che a noi piace solo recitare quella di Dione Crisostimo il quale così si esprime: « *Il territorio è della città: ciò non pertanto ciascuno de' possidenti è padrone delle sue cose* [2] ». Quindi nella occupazione per via di fondi il dominio della cosa è sempre presso colui, che padrone si appella della cosa medesima. Questi è quegli che tiene la cosa presso di sè con animo di

_____

[1] De jure belli, et pac. 2. 3. 4.

[2] *Territorium est civitatis: at nihilominus tamen possidentium quisque rerum suarum dominus est.* In Rhodiaca 31.

escludere ogni altro dall'uso della cosa che dicesi sua, e questo importa dominio (647): il dominio fa il padrone (648): il padrone fa il possessore (648). Qual dubbio adunque può cadere, che il dominio della cosa occupata per mezzo de' fondi sia presso il padrone della cosa medesima? Il doppio modo adunque di acquistare mercè la occupazione il dominio delle cose che sono di nessuno, è giusto perchè secondo ragione. Il perchè ambidue i cennati modi voglionsi rispettare dal resto della umanità se non vuole la taccia d'ingiustizia, e di usurpazione; sendochè l'altrui dritto dev'essere rispettato a quel modo stesso che pretendesi rispettato il proprio; e se sacra per natura è la proprietà di ciascuno perchè garentita dalle leggi della natura, vuol' essere intangibile, e perciò scrupolosamente vindicata da ciascuno.

Queste cose fin qui cennate riguardavano la occupazione in generale considerata nel sacro tempio della natura; or poichè ella è distinta in vari rami secondo la Romana legislazione; è perciò mestieri che partitamente venissimo sponendola osservando che cosa di giusto vi sia nelle singole sue parti all'ombra della stessa natural legge. Nella quale disamina ci fa mestieri tracciare le antiveggenze della umana retta ragione, onde non ci si potesse rinfacciare che l'altrui autorità piuttosto, che i lumi della retta ragione ci fossimo posti a seguire. Il fatto proverà la verità del nostro assunto, e senza darci più tregua nella vegnente lezione ci accingeremo volentieri all' impresa.

LEZIONE LVIII.

VARIE SPECIE DELLA OCCUPAZIONE NATURALE.

§ 678. *Tre specie di occupazione — si distingue la caccia, la pesca, e la uccellazione: quali animali possonsi occupare — ed in quali luoghi — triplice specie di animali, e si decide per gli animali vaganti—si decide per gli animali mansueti, ed addimesticati — si decide per gli animali mansuefatti — si risolve la quistione se mai appartenga al cacciatore l'animale ferito nella caccia, ma fuggito — si risolve la quistione del pescatore, che nella rete piglia cose perdute nel lido — opinione de'Romani circa la militare occupazione, e nostra sentenza—che importa la finzione escogitata da'Romani nella militare occupazione.*

678. La Occupazione, primo modo originario di acquistare il dominio di quelle cose, che a niuno si appartengono (667), da' Giureconsulti Romani vien distinta in tre diverse specie; cioè nella caccia o pesca ovvero uccellazione, nella occupazione militare, infine nella invenzione. Per la prima specie si riducono sotto la potenza fisica le fiere, i pesci, gli uccelli, che non anno padrone. Per la seconda specie si riducono sotto la potenza fisica nella giusta guerra tanto le persone, quanto le cose de' nemici. Per la terza specie infine si riducono sotto la potenza fisica le cose ritrovate, le quali erano nascoste. Or di tutte queste distinte specie di occupazione dovendo far parola, è mestieri la lor giustizia bilanciare nel santuario della natura, onde osservare quali siano i dettami della retta ragione in ordine al bene universale; perciocchè ci facciamo dapprima a ragionare della prima mentovata specie.

679. La Caccia propriamente va distinta dalla Pesca, e dalla Uccellazione; giacchè per caccia s'intende ridurre sotto la po-

tenza fisica tutti que' animali che abitano in terra sia quadrupedi, sia bipedi, sia rettili: per pesca s' intende ridurre sotto la potenza fisica tutti que'animali, che abitano nelle acque: infine per uccellazione s'intende ridurre sotto la potenza fisica tutti que' animali, che vivono ed abitano nell'aria. Percioochè se la caccia è ben diversa dalla pesca, com' è chiaro, non è poi da confondersi con la uccellazione; abbenchè sotto nome di caccia ordinariamente vuolsi intendere tanto la fiera quanto l'uccello. Premessa questa distinzione di vocaboli in ordine alla caccia, alla pesca, ed alla uccellazione (§ CCXLIV.), si possono occupare ed uccidere tutti que' animali, che si trovano in terra, in mare, in cielo; purchè non sieno nel dominio di qualche persona. Imperocchè la occupazione ad esser giusta deve riguardare le cose di nessuno (668), ed allorquando tali sono le cose certamente appartengono a colui, che il primo si fa ad occuparle. Allorchè poi la cosa à padrone, poichè ella reclama sempre al suo vero padrone, da niun'altro può occuparsi se non dal solo padrone; perchè la proprietà una volta acquistata non può perdersi se non si abbandona l'animo di possederla, com'è chiaro. Quando dunque troviamo fiere, pesci, uccelli, i quali non sono sottoposti al dominio di alcuno, niente ci proibisce che possiamo occuparli; dappoichè allora come cose di nessuno a buon dritto appartengono a noi che i primi siamo a ridurli sotto la nostra potenza fisica.

680. Questo però à luogo, quando i luoghi dove succede la occupazione sono deserti; cioè non sottoposti al dominio di alcuno. Che se i luoghi riconoscono dominio altrui, allora si vogliono fare giustamente molte eccezioni, onde non urtare nella giustizia, che a' proprietari è dovuta per legge naturale. Prima eccezione: dove vi è gran moltitudine di fiere, pesci, uccelli, niente osta che si occupassero anche in quei luoghi, che sono soggetti al dominio altrui. L'è naturale che tanto dritto si esercitasse su le cose, quanto possa raggiungersi il fine, per cui è stato concesso: or sappiamo che Dio concesse all'uomo il dritto su le cose create per potersi conservare la vita non solo, ma per menare ancora questa vita medesima

commoda e felice (654, e segg.). Per la qual cosa esuberando a
questo fine la moltitudine degli animali ad un qualche popolo,
e voler proibire agli altri l'uso di essi, è un voler pretendere
al di là del fine imposto dal Legislatore della natura; ciocchè
senza dubbio riesce illecito, e quindi contra ragione ; dappoichè di già gli abitanti di quel territorio riescono a sufficienza
a satisfare i loro bisogni coll'usare parte di quegli animali,
siano fiere, siano pesci, siano uccelli. Seconda eccezione: non
possonsi occupare quegli animali, che in poco numero esistono in qualche luogo, e ch'essi servono per l'uso di quegli abitanti, i quali ne vogliono esclusivamente la proprietà. Conciosiachè chi è padrone può a buon dritto escludere ogni altro dall'uso della sua proprietà (648): e nella specie gli abitanti che ànno sotto il lor dominio pochi animali non possono
ad altri concedere l'uso di essi senza rinunciare al fine del
Creatore; cioè di rendere commoda e felice la loro vita. È poi
la sola espressa proibizione del padrone fatta agli altri di non
usare della cosa propria è motivo sufficiente di allontanare o-
gnuno dall'uso della stessa. A questo proposito Puffendorf [1] à raccolti molti motivi per insinuare quanto abbiamo
detto, ma essi poco quadrano: quello solo è di gran peso,
con cui dice, che se tutti promiscuamente potessero usare
delle fiere, pesci, uccelli, i quali in poco numero esistono
in qualche luogo sottoposto all'altrui dominio, allora niente
più facile, che colla occupazione micidiale di tali animali venisse a distruggersi ogni specie. In tal caso gli abitanti di quel
territorio come potrebbero di vantaggio ottenere la commodità,
non che la felicità della loro vita? E veramente così è. Terza eccezione: dicasi lo stesso di quegli animali, che il sommo imperante à fatto di suo uso esclusivo. Come ogni privato
può rendere la sua proprietà tutta sua propria: così anche il
Sovrano, il quale riguardato come un particolare possessore
di fondi, può arrogarsi un tal dritto su le proprietà, che sono
sue proprie. Quarta, ed ultima eccezione: possono occuparsi
ed uccidersi nella caccia tutti quei animali, i quali sono no-

1 De jure nat. et gent. 4. 6. 6.

civi alla umanità ; come sarebbero gli animali rapaci , feroci, velenosi, ed altri di simil fatta. Un tal dritto viene accordato a ciascuno da tutt'i popoli : che anzi popoli vi esistono , i quali premiano coloro , che li uccidono dopo averne presentato a' rispettivi magistrati le loro unghie, o teste, od altro segno che indica la loro morte. Così presso di noi l'uccisore del lupo consegue un premio, il quale gli si fa maggiore se uccidesse una lopa.

681. Fuori di quest' eccezioni segnate (680) è dritto di ognuno cacceggiare gli animali di qualunque specie essi siano, ed in conseguenza ognuno può di essi rendersi padrone. Se non che bisogna attendere a quella tanto famosa distinzione , che ragionevolmente i Giureconsulti Romani vollero mettere tra gli animali , e ch'è d'uopo qui seguire (§ CCXLV.). Infatti gli animali possono distinguersi in vaganti, mansueti, e mansuefatti , ossia addimesticati. Così un falcone, un lupo, una pernice , ed altri che camminano dovunque i campi della terra , o passeggiano le regioni dell'aria , e posseggono le acque del mare o de' fiumi , si dicono animali vaganti. Un'agnello , un cavallo , una vacca , ed altri , si dicono animali mansueti in quanto che son capaci di educazione, e possono utilmente impiegarsi al servizio dell' uomo. Finalmente una gallina , un cane , ed altri si dicono animali addimesticati in quanto che dall'industria dell' uomo si sono resi familiari all'uomo stesso. Or per quello riguarda gli animali vaganti, possonsi questi cacceggiare , pescare , uccellare dovunque all' uomo piace, escluse però sempre le eccezioni sopra dette (680). Per quello poi riguarda gli animali tanto mansueti, quanto mansuefatti, siccome questi per l'ordinario tengono padrone; così non possonsi a piacere occupare ; giacchè quello è di altri non posso farlo mio senza offendere l' altrui proprietà , la quale al pari della mia dev' essere rispettata.

682. Dal che ne conseguita, che gli animali mansueti ed addimesticati se fuggono dal dominio del proprio padrone , una tal fuga non è motivo bastante da potersi da altri impunamente occupare; specialmente se il padrone andasse in cerca di essi , oppure portano tali segni, pe' quali si argomenta

che il padrone non à avuto l'animo di abbandonarne il dominio. Imperciocchè l'animale mansueto è da supporsi sempre essere nel dominio di qualcuno, ed essendo cosa di altrui pertinenza non può nel medesimo tempo cadere sotto il
mio dominio senza offendere l'altrui proprietà (681). Fugge
un'agnello pel campo mio, niun dritto mi protegge a poterlo occupare, esso à un padrone, e la sua mansuetudine
me l'attesta, per cui come roba di altri reclama sempre al
suo padrone (671). Sarà una gallina, la quale presentasi in
casa mia, come animale addimesticato non posso rendermene
padrone, ma sono tenuto restituirla al proprio padrone. Il
quale se di essa va in cerca può a buon dritto entrare in casa mia, e pigliarsela; giacchè egli in tal caso non prende il
mio, ma propriamente quello, ch'è suo: nè gli si può dare
ripulsa di entrare in casa mia per frugare quello ch'è suo
senza manifesta lesione del suo dritto. Lo stesso dicasi del
padrone di uno sciame di api, che dal proprio fondo fugge
nel fondo altrui per ventura, o perchè da altri spinto a slog-
giare col suono del bronzo. Sempre che il padrone le ricerca,
allorchè da altri non siasi usata frode di sort'alcuna, son
sempre sue; perchè non avendo abbandonato l'animo di possederle, come attesta la ricerca che ne fa, non può se non
ingiustamente privarnelo del dominio. Questo non persuase ai
Giureconsulti Romani, 1, per cui a torto dicevano, che lo sciame delle api passando senza frode nell'altrui territorio ancorchè il proprio padrone le inseguiva, non poteva più riacquistarle. Ma qual giustizia sarebbe questa, voler spogliare il
legittimo padrone della sua proprietà senza che questi voglia-
sene privare? Meglio disse Platone, e la sua legge è propria
secondo ragione, quando sciolse un tal caso col seguente canone: « *Se alcuno inseguisse lo sciame altrui, ed allettando
con qualche suono le api procura di tirarle a sè; costui è
tenuto a risarcire il danno* 2 ». Perlocchè essendo un furto

1 § 14. Inst. de rer. division.
2 *Si aliena examina quis persequitur, atque aera pulsans apes de-
lectatione ad se trahit : damnum resarciat.* Lib. 9. de legibus.

tanto in caso di frode , come se col suono le allontanassero
dal proprio padrone ; quanto nel caso di ripulsa , come nella
specie ; quelli che lo commettono son tenuti a risarcire tutti
i danni , di cui viene accagionato il proprio padrone.

683. Lo stesso dicasi degli animali mansuefatti allorquando
smarriti portano con loro tali segni , per cui può discernersi
che ànno padrone. Questi a tal fine loro pose de' segni onde mostrare in ogni evento, ch' egli non à l' animo di abbandonarne il dominio , per cui le sue cose smarrite non si debbono avere come derelitte , e perciò appartenenti al primo
che le occupa (670). Così se un cervo mansuefatto si rende
fuggitivo , e con sè porta de' segni , non può al certo occuparsi mediante la caccia ; perchè i segni che lo distinguono
danno a vedere, ch' esso à padrone certo. Finalmente dicasi
lo stesso di tutti quegli animali, i quali sono rinchiusi ne' vi-
vai , nelle peschiere , negli alveari ; appunto perchè questi
ànno padrone , il quale per non renderli di uso altrui cercò
di rinchiuderli tra questi cancelli. Imperciò non essendo cose,
che possono dirsi di nessuno, a buon dritto non possonsi occupare , ed è proprio della naturale equità che si rispettasse
una tale altrui proprietà. In somma a dir tutto in breve possiamo noi occupare, tutti quei animali, i quali non ànno padrone , o che questi si trovano in terra , o nel mare , od in
cielo; cioè bestie selvagge, pesci, ed uccelli, ciocchè corrisponde a quel bel detto di Cajo, che tutta la esposta dottrina rinchiude : » *Si prendono nella terra, nel mare, e nell'aria* 1 ».
Ma semprechè tai animali si trovano sottoposti al dominio di
un'altro in niuna guisa c'è lecito farcene padroni.

684. A due quistioni bisogna quì in ultimo luogo soddisfare
per compire la presente materia che ci riguarda (§ CCXLVI.);
cioè

1 *Terra , mari , coelo capiuntur*, L. 1. § 1. D. de adq. rer. dom.

QUISTIONE I.

Se un'animale nella caccia è ferito, ed intanto fugge, si può questi da altri occupare, oppure si appartiene tuttora al cacciatore?

R. A risolvere la proposta quistione secondo la naturale equità, fa mestieri rammentare i due requisti voluti dalla legge di natura per rendersi giusta la occupazione, e quindi veramente addivenire padrone della cosa (672); cioè per la occupazione è necessaria la intenzione di escludere ogni altro dall'uso della cosa ritenendola soltanto per sè, ed il possesso attuale, cioè il fisico pigliamento della cosa. Nella specie, allorquando l'animale ferito sen fugge non concede al cacciatore il dritto di ridursi sotto la sua potenza fisica, e quindi gli nega l'attuale possesso di sè stesso; salvo se il cacciatore vivo lo prendesse nelle reti, oppure lo inseguisse facendolo raggiungere da' cani, o morire per mezzo di altri stromenti da caccia. Ma fuori di questi casi poichè il solo animo di escludere ogni altro dall'uso della cosa non fa addivenire padrone della cosa medesima, il cacciatore non può proibire che altri l'occupassero ed anche giustamente. Quindi proponiamo la seguente regola nel proposto caso: Se chi ferisce l'animale, non lo perde di vista, lo fa assalire da' cani, o cerca farlo suo per mezzo degli stromenti da caccia, può occuparlo, e di esso n'è padrone: ma se lo perde di vista, nè usa i cennati mezzi per modo, che non può più rattrovarlo, chi lo trova può occuparlo. La ragione si è perchè acquista il dominio della cosa chi riduce la stessa sotto la potenza sua fisica con animo di escludere ogni altro dall'uso della cosa (672) medesima; e d'altronde il cacciatore non tenendo più conto del ferito animale, pare che abbia abbandonato l'animo di possederlo.

E dalla legge naturale passando di volo alla legge civile troviamo diversamente definita la quistione. Infatti Puffendorf che à raccolto varie antiche leggi sul proposito.[1] ci rammenta la disparità de' pareri, che in tal caso nacque tra Trebazio e gli altri Giureconsulti Romani; disparità che trovasi a lungo notata, come può vedersi.[2] Ci rammenta ancora la legge Salica.[3], la quale voleva, che l'animale fosse di assoluta pertinenza del feritore, abbenchè non vi avesse spedito i cani per raggiungerlo. Ci rammenta dippiù la legge de' Longobardi.[4]; la quale dell' animale concedeva all' occupante la spalla con sette coste, ed il resto al feritore. E queste ed altre simiglianti leggi rammentandoci a chiare note ci mostra, che gli umani Legislatori non sono tra loro convenuti nel decidere la quistione in parola: ciocchè vuolci avvertiti, che in tal caso ognuno debba farsi regolare da quella legge che lo governa, essendo giusto che l'uomo ubbidisca alla legge del proprio Sovrano, come sarà detto a suo luogo ove diffusamente s'insinueranno i motivi, che c'inducono un tal dovere. Ma poichè qui è nostro scopo riflettere solo su la legge di natura, senza più intrattenerci su la proposta quistione facciamo passaggio alla seconda.

QUISTIONE II.

685. Se un pescatore gittando in mare le reti, assieme coi pesci tira al lido cose perdute, può egli queste cose appropriarsi?

R. I soli pesci può fare suoi; perchè egli in ordine ad essi è un primo occupatore, non avendo padrone. Ma le cose ritrovate, come perdute, non può farle sue; perchè ànno il proprio padrone, cui sempre grida la cosa. Di una tal quistione già altrove ne abbiamo dato sufficiente cenno (671.), per cui qui ci rimettiamo a quanto ivi dicemmo per non dilungarci in cose che troppo sentono in sè stesse della naturale equità, essendo regola sanissima di dritto di natura, che del

1 De jure nat. et gent. 4. 6. 10.
2 L. 5. D. de adq. rer. dom.
3 Tit. 35. § 4. seq.
4 Lib. 1. tit. 22. § 4. et 6.

perduto e ritrovato da altri se ne debba sempre ricercare il
padrone. Queste cose essendo bastanti per la prima specie di
occupazione, possiamo volentieri venire alla trattazione della
seconda; cioè alla occupazione militare.

686. E per quello le riguarda (§ CCXLVII.) i Giureconsulti
Romani [1] volevano, che per essa nella giusta guerra si occupassero, e quindi si riducessero sotto la potenza fisica tutte
le persone prese in guerra non solo, ma le cose ancora tutte
spettanti a' nemici, le quali si prendono universalmente pel
dritto, che le nazioni ànno di ciò fare. In appresso, e propriamente quando tratteremo del dritto delle genti, avremo occasione di lungamente discorrere su la giustizia di un tal modo di operare delle nazioni; per ora a dire il vero siamo costretti a confessare, che la militare occupazione non è, nè
può essere un modo originario di acquistare il dominio, nè
può considerarsi come una vera occupazione nel suo genuino
senso; ma piuttosto è un dritto che le nazioni a vicenda si
accordano nel tempo della guerra, che si pretende generalmente dover essere giusta. E che sia così non sarà difficile
il dimostrarlo. Infatti quando una nazione porta la giusta
guerra ad un' altra nazione, e le persone e le cose de' nemici
occupa, si finge che i nemici perdendo ànno l'animo di lasciare le cose loro; qual finzione espressamente è dichiarata
dagli stessi Giureconsulti Romani. Or nella occupazione non
può aver luogo la finzione; sibbene deve aver luogo tutta la
realtà, come chiaramente apparisce dalla sua definizione (668).
I nemici che si sottopongono al vincitore, o che fuggono lo
sguardo del vincitore medesimo, certamente non ànno l'animo
di deporre il dominio delle loro cose a tal che queste non
possono dirsi cose di nessuno, e perciò appartenenti al primo che le occupa. Imperciocchè la forza bruta non distrugge
la volontà; ma soltanto impedisce l'esercizio de' suoi liberi
atti (74): sotto la forza della guerra come può il nemico
perditore guarentire il dominio delle cose sue, se tutto è violenza, desolazione, morte? Cede alle cose sue non perchè

1 L. 1. § 1. D. de adq. vel amitt. poss.

vuol cedere ; ma perchè sotto l'impero della necessità contro
sua voglia deve cedere , e serba sempre l'animo di riacquistare lo smarrito esercizio delle sue facoltà. È questo indicato
chiaramente dalle lagrime , da'sospiri , da' crepacuori , infine
da quel lugubre di morte , che sostiene in mezzo allo splendore delle armi vincitrici, da cui per poco gli è dato libero
il respiro ripiglia con maggior vigore l'animo suo ostile , o
quand' anche nella pace vuol perdurare reclama tosto il possesso delle cose sue. Dunque il nemico realmente non abbandona l'animo di possedere il suo; e dove manca un tale abbandono è chiaro , che non può aver luogo per dritto di natura l'altrui occupazione.

E dalle cose passando alle persone maggiormente possiamo
argomentare , che la occupazione militare non è una occupazione originaria di dritto di natura. Conciosiachè l'uomo libero
non può giammai cadere sotto l'altrui dominio , e quindi occuparsi ; dappoichè egli è sempre esclusivamente di suo proprio dritto, a talchè l'istesso uomo non può rinunciare a questa proprietà di dritto senza rinunciare insiemamente alla sua
propria essenza , ciocchè riesce impossibile in natura. Or finchè il dritto è di altri non può occuparsi da chiunque vogliasi
immaginare ; e l'uomo nemico restando anche nella ostilità di
suo pieno dritto, a ragione non può addiventar preda del dominio del vincitore. Adunque sia in riguardo delle cose de'nemici , sia in riguardo delle persone nemiche , la occupazione
militare non può numerarsi tra le specie di occupazione naturale di maniera, ch'ella non è, nè può essere un modo originario di acquistare il dominio. Sebbene la occupazione militare seco porta un dominio effettivo per parte dèl vincitore,
ciocchè induce una maniera di acquistare il dominio propria
delle nazioni; dominio che nasce dal dritto stesso della guerra,
come in appresso sarà osservato.

687. Tant' era per dritto di natura. Che se anticipatamente
vuolsi sapere che cosa sia questa finzione escogitata da'Giureconsulti Romani nella militare occupazione , ascoltasi per poco
Puffendorf il quale a pieno soddisferà in tal materia. Ecco a-
dunque come dice : « *Nella guerra le cose de'nemici divengono*

*riguardo all' altro nimico come vuole di dominio , non perchè
i nemici per motivo della guerra cessano ipso jure di esser padroni delle loro cose ; ma perchè il loro dominio non può far
argine al nemico a non togliere tali cose ed appropriarsele 1 ».*
Qual inventata finzione conferma il sopradetto da noi (686), e
non punto il distrugge ; giacchè la mancanza della forza è
quella sola, che rende impotente il nemico debellato ad escludere gli altri dall'uso delle cose sue, cui sempre serba il dritto
di vendicare, e per cui à fatto tutti gli sforzi per non esserne privato, abbenchè da' vincitori siansi occupate , ma non
come quelle, che realmente non avessero padrone, e quindi co-
stituite fuori dominio altrui. La cosa adunque è di per sè stessa
troppo chiara , onde non è più uopo sopra indugiare. Intanto
poichè alle due mentovate occupazioni i Giureconsulti Romani
vi aggiungevano la terza, cioè la invenzione (678), è giuoco
forza esaminare nella vegnente lezione , che cosa di giusto in
ordine ad essa vi esista per dritto di natura.

---

1 *In bello res hostium in ordine ad alium hostem redduntur, veluti dominio vacuae: non quod hostes per bellum ipso jure rerum suarum domini esse desinant, sed quia illorum dominium non obstat hostis, quo-
minus eas res auferre, sibique habere possit. De jure nat. et gent. 4.
6. 14.*

LEZIONE LIX.

§ 688. *Quanto valga l' autorità di S. Tommaso in fatto di dritto di natura — Ei distingue tre specie d' invenzione , la quale si definisce — si ragiona della prima — si cenna un costume de'Greci, ed un dritto nazionale — si ragiona della seconda—si rende giustizia alle cose derelitte per naufragio, o per incendio — come pure a quelle che certamente sarebbero perite presso il padrone , se da un'altro non fossero state poste fuori pericolo — che cosa è 'l tesoro , e sue condizioni — a chi spetta il tesoro — continua — conseguenze spettanti il tesoro —, si ragiona della terza — l'inventore della cosa perduta è tenuto alla massima diligenza di rinvenire il padrone.*

688. Ci piace tutta la dottrina della invenzione, che forma secondo i Giureconsulti Romani la terza specie della occupazione naturale (678), ci piace ragionarla dietro la scorta dell'Angelico Dottore, il quale, giusta il suo solito, con molta chiarezza non che distinzione la va sponendo nella sua aurea somma teologica 1. Senza dubbio su le prime alcuno si prenderà meraviglia, che nelle trattazioni di dritto naturale ci avvalghiamo di scrittori di cose teologiche ; essendochè presso molti corre opinione, che il Grozio ed il Puffendorf sieno stati i creatori della scienza naturale in parola, come avverte il Romagnosi 2. Ma è mestieri sgannare gli errati, e questo qui lo diciamo per simili congiunture che avremo in appresso, come anche per quelle che fin qui abbiamo potuto avere ; per-

1 2. 2. q. 66. art. 5. ad 2. et 3.
2 Introd. §. 2. pag. 100.

locchè non neghiamo che quell'eterne opere, come le chiama il nostro ch. Eineccio nella sua prefazione al dritto di natura, sì di Grozio che di Puffendorf, immenso beneficio arrecarono alla umanità nell'isolare la scienza naturale da tutte le altre scienze; me non fia mai vero che tale scienza sia stata da essi creata, mentre il dritto naturale nasce con l'uomo (35). Infatti prima che il Grozio ed il Puffendorf siensi accinti a compilare in un sol corpo tutta la naturale legislazione, era proprio de' Teologi sviluppare le verità di dritto di natura quando la congiunzione che ànno con le verità cristiane loro dava la opportunità. Ed in tal caso il Teologo la faceva da filosofo morale, come altre divise pigliava in diverse occasioni finchè non si vennero ad isolare le scienze, e separarle dalla verità del Vangelo, che d'allora in poi formarono oggetto unico del solo Teologo. Se sia stato un bene od un male isolare le scienze, non è del nostro istituto, nè questa sarebbe la opportunità di dicifrare una tale quistione: ciò non ostante non possiamo negare che in essendo S. Tommaso un'esimio Teologo, in pari tempo non sia stato pure un esimio filosofo morale, come fu pure esimio politico, e cel dimostra la pregiatissima sua opera *De regimine principis*.

Considerando adunque il prelodato Dottore nella particolare qualità di filosofo, le sue dottrine assai meglio che quelle di Grozio e di Puffendorf potranno chiarirci le leggi naturali morali; perciocchè cesserà allora ogni stupore nel vedersi citare questo miracolo della scienza in fatto di dritto di natura.

689. Qual monizione per altro necessaria, e di passaggio segnata, ci abbiamo che l'Angelico distingue la invenzione delle cose in tre specie: o la invenzione riguarda quelle cose, che giammai ànno avuto padrone: o riguarda quelle ch'ebbero padrone, ma al presente non l'ànno; o riguarda infine quelle che ànno padrone, ma questi al presente s'ignora. Così un'isola che sorge nel mare, le gemme che si rinvengono ne'geli, ne'lidi, nella terra, sarebbero cose appartenenti alla prima specie d'invenzione: un tesoro nascosto in remota parte di un fondo forma la seconda specie d'invenzione: una borsa piena di danaro che si trova per la via è in ultimo luogo della

terza specie d'invenzione. Fissata questa triplice specie d'invenzione fa uopo esaminare che cosa di ognuna possa giudicarsi a norma della legge di natura, e prima di entrare nella loro discussione è necessario in generale statuire la genuina idea della invenzione. Infatti ella è una occupazione (688); perchè riduciamo sotto la nostra potenza fisica le cose corporali; dunque la invenzione è riposta nel prendere che facciamo le cose corporali con animo di farle nostre. Ma quello possiamo ridurre sotto la nostra potenza fisica, quello di cui non vi esiste padrone; cioè ch'è cosa di nessuno (669). Dunque la invenzione (§ CCXLVIII.) propriamente è riposta nell'appropriarsi le cose, che sono di nessuno. Con questa nozione Possiamo benissimo scendere allo sviluppo delle tre menzionate sue specie.

690. Ed in ordine alle cose che giammai ebbero padrone, e che formano la prima specie della invenzione (689), per dritto di natura esse a buon dritto debbono cedere al primo che le occupa; siccome altrove è stato osservato da noi (670). Per la qual cosa chi non vede la ingiustizia di quella legge, che vigeva presso alcuni popoli, come Stagiri, Bibbliesi, ed Ateniesi, con cui si diceva: « Non puoi prendere ciò, che non di posto [1] ». Imperciocchè se ciò fosse vero, in allora non potremmo giammai avere occupazione, la quale è stato osservata tanto consentanea al dritto di natura; e quo' stessi popoli che ciò inculcavano dovevano apparire tanti usurpatori degli stessi loro territori, i quali si possedevano, e che al certo giammai avevano posto nel principio come cosa propria; giacchè vennero ad occuparli come cosa di nessuno. Soltanto una tal legge potrebb'essere giusta nel caso, che si trattasse di cose perdute; poichè queste ànno un padrone, il quale non avendo deposto l'animo di possederle, non possono da altri occuparsi per la valida ragione, « Non prendere ciò, che non ài posto [2] ». Ma delle cose perdute sarà detto in appresso.

1 *Quas non posuisti, ne tolle.* Aelian. Varr. Hist. 3. 45. 4. 1. Diog. Laert. 1. 57.
2 *Quas non posuisti, ne tolle.*

691. Profferiscasi l'istessa ingiustizia per rapporto a coloro, i quali vorrebbero, che la cosa ritrovata cedesse in comune tanto all'inventore, quanto a chi l'à veduta togliere, com'era in costume presso i Greci, i quali l'esprimevano con quella formola « *In comunità 1* ». Ma qui per non ripetere le stesse cose supponghiamo quello, che sopra abbiamo detto intorno al quesito riguardante l'uso di alcuni popoli di chiedere la parte (674). E su la formola de'Greci poc'anzi espressa può vedersi quello che ne ànno discorso i dotti a tal proposito, come Erasmo 2, i Commentatori di Fedro propriamente alla favola quinta 3, e Plauto 4. Epperò in tal fatto, come osservammo, bisogna attendere alle leggi civili, a'costumi, ed alle consuetudini, da cui ciascun popolo vien retto.

Finalmente dicasi lo stesso per rapporto a quelle cose, che si rattrovano in un suolo occupato da una nazione per dritto di occupazione fatta per la università (675); poichè queste cedendo di dritto comune a tutto il popolo certamente ànno un padrone. Oppure son cose del Sovrano, cui il popolo ne fece grazioso regalo per suo mantenimento, e desse pure riconoscono padrone, ch'è il Sovrano. E qui intendansi ripetute tutte quelle cose, che nei loro rispettivi luoghi sono state da noi osservate coerentemente all'acquisto fatto per la università, ed alla cessione fatta a' sommi imperanti, onde non riuscissimo tediosi a calcare di nuovo quello, che sufficientemente è stato trattato.

692. Passando ora alla seconda specie d'invenzione, la quale riguarda quelle cose che un tempo ànno avuto padrone, ma al presente più non l'ànno (689), son queste propriamente cose derelitte, di cui i rispettivi padroni ànno abbandonato l'animo di possedere (§ CCXLIX.). Or di tali cose generalmente parlando sul principio diciamo, ch'esse per dritto di natura debbono cedere al primo che le occupa, come ancora

1 *In Commune.*
2 *In adagiis.*
3 5. 6. v. 3.
4 Rudent. 4. 3. v. 72. sq.

veniva riconosciuto dalle leggi Romane 1. E quanto ciò sia vero, attendasi per poco alla natura delle cose derelitte (669). Infatti son cose derelitte quelle, che il padrone da sè allontana con tale intenzione, che non più vuol numerarle tra le cose sue proprie. Così son cose derelitte i doni che spargono i Principi, le merci che gittansi nel mare, oppure che sono assorbite dalle onde, infine quelle che si perdono, e che il padrone conoscendo dove sieno, non cura di riacquistarle potendolo facilmente. Or tali cose abbandonate dal proprio padrone, di volontà dello stesso si sottraggono dal suo dominio; e perciò restano fuori proprietà di alcuno. L'è chiaro che le cose, le quali non sono sottoposte al dominio, e quindi son fuori proprietà di alcuno, son cose di nessuno (669). L'è chiaro ancora che le cose di nessuno possonsi a buon dritto occupare, e propriamente le occupa quegli, che pel primo ne piglia il possesso riducendole sotto il suo dominio (670). Or le cose derelitte tostochè vengono abbandonate dal padrone vestono la divisa di cose di nessuno. È dunque della naturale equità, che si potessero occupare da ognuno; e propriamente quello ne addiviene padrone, ch'è il primo ad occuparle. Scendendo poi al particolare di una tale invenzione fa forza satisfare a varie interrogazioni. E dapprima:

693. Si cerca sapere se possonsi chiamare cose derelitte quelle che a causa di naufragio per alleggerire la nave si gittano nel mare; oppure a motivo d'incendio per togliere pabolo al fuoco soglionsi gittare, di maniera che possonsi occupare da colui, che il primo le rinviene? E diciamo di no, per la ragione che le cose addivengono derelitte quando il padrone non vuole più possederle (669); giacchè allora uscendo dal dominio di uno per equità naturale possono volentieri passare sotto il dominio di un'altro. Or chi mai trovandosi in tali circostanze di naufragio, o d'incendio, disperdendo le cose sue voglia non più possederle? Se le gitta nel mare, od altrove, è appunto per meglio salvare la vita, la quale è sempre più preziosa delle robe; ma non le gitta mai perchè non vuole più possederle. Per la qual cosa come quello che à pa-

1 Inst. § 46. de adq. rer. domin.

drone , grida sempre allo stesso (671) ; così le connate cose
avendo padrone non possono giammai appropriarsi dagli altri.
Quindi allorquando vengono ritrovate non possono giammai
addivenire proprietà dell' inventore , ma questi è tenuto sempre consegnarle a colui , che a buon dritto n' era' padrone.
Ciò conobbe anche la saggezza del tribunato Romano 1; onde
vie maggiormente restiamo fermi nella nostra sentenza.

694. Inoltre vuolsi sapere se possonsi avere come derelitte
quelle cose , che certamente sarebbero perite presso il padrone , ed un' altro le à posto fuori pericolo ? Così il mio scrigno doveva ridursi in cenere per le fiamme attaccate alla mia
stanza , intanto il mio servo à avuto tanta destrezza da sot-
trarlo alla rapacità delle fiamme : or questo mio scrigno può
dirsi una cosa derelitta , e quindi di pertinenza di chi il primo l' occupa ? E diciamo pure di no ; perchè la cosa salvata
dal pericolo di chi era in realtà , se non del padrone ? dunque al padrone reclama , e non ad altri , per cui a lui sempre deve consegnarsi. Infatti la destrezza del mio servo non
à altro operato che conservarmi quello ch'era mio , e la conservazione della cosa non è titolo di occupare la cosa medesima , come apparisce; altrimenti potrebbero impunemente addivenire padroni tutti i depositari , i commodatari , ed altri
che presso di loro ànno la custodia delle cose altrui. Perciocchè aveva tutta la naturale equità quella sentenza de' Giureconsulti Romani , come ricavasi dalla legge 2 con cui volevano restituito al padrone quell' animale , il quale per forza e
coraggio altrui era stato strappato dalle fauci del lupo. S'in-
'gannano adunque a partito, e peccano quindi contra la legge
di natura, tutti quelli, che fanno proprie le cose d'altri tolte
dal certo pericolo della distruzione, attribuendo un tal dritto
alla industria, ch' essi ànno pratticata per mantenere la cosa
nell' attuale esistenza. Ma quello , che a preferenza richiama
tutta la nostra attenzione si è appunto la invenzione del tesoro, di cui cercasi a chi spetta nella varia opinione dei Naturalisti.

1 L. 9. § ult. D. de adq. rer. dom. et. L. 1. C. de naufragiis.
2 L. Pomponius D. de adq. rer. dom.

695. Dicesi Tesoro qualunque quantità di danaro, o di cose preziose, o di altro che equivale allo stesso, la quale è nascosta ed à avuto padrone, ma nel momento che si rattrova il padrone s'ignora. Così vien definito dalla Giurisprudenza Romana [1]. Quindi per aversi un tesoro si richiede, che la cosa sia nascosta; giacché quelle che sono poste a vista non può mai ignorarsi a chi appartengono: niente però influisce il luogo dove sieno nascoste. Richiedesi dippiù che la cosa nascosta non dia alcun'indizio sia certo, sia probabile, onde possa argomentarsi a chi mai possa appartenere; perchè in tal caso sarà sempre la cosa del padrone, il quale solo ne può vantare dominio. Richiedesi infine che la cosa sia trovata per ventura; altrimenti conoscendosi dov'è riposta, è noto pure chi ve l'abbia posta, ed allora sarà sempre di pertinenza di colui, che ve la ripose. Ove tali condizioni insieme si verificano su di una qualche cosa preziosa, ch'è stimabile di danaro, si avrà senza dubbio il tesoro. Il quale verificatosi dà luogo a decidersi a chi mai debba spettare; chi cioè possa pigliarne il dominio? Ed ecco una quistione, la quale diè il più alto interesse nella sua risoluzione in fatto di giustizia.

QUISTIONE

RINVENUTO UN TESORO A CHI DEBBE SPETTARE?

696. Cennando in breve le varie opinioni, che ànno avuto luogo su tal proposito, certi àn voluto, che ritrovato un tesoro, desso si appartenesse al Principe sommo imperante del popolo: certi altri ànno detto, che fosse di proprietà della Nazione, ossia del Fisco: altri dicono ch'è essa propria dell'inventore come primo occupante: altri finalmente vogliono spettasse al padrone del suolo, dov'è stato rinvenuto Noi adunque che diremo in tanta disparità di pareri? Sul bel principio diciamo, che la presente quistione facilmente resta risoluta ove vogliansi considerare le varie leggi che governano i

1 L. unic. C. de thesaur.

popoli. Imperciocchè il bene comune dice bene di ciascheduno, ed il sommo imperante avendo il sacro dovere di regolare il bene comune, ognuno coscienziosamente deve assoggettare
la sua volontà, e le cose sue alla volontà del Principe, che
forma legge. Or per la risoluzione di un tal caso vi esistono
varie leggi sì antiche che moderne, le quali tutte s'interessa-
no nell'assegnare a chi spetta la proprietà del ritrovato tesoro.
Grozio [1], Puffendorf [2], Everardo Ottone ed ivi anche Erzio
infine [3], si son molto impegnati nel tesserci un lungo catalogo di
leggi riguardanti un tale oggetto. Così sappiamo degli Ebrei [4]
ch'eglino attribuivano il tesoro al padrone del suolo, dove
si rinveniva, e ciò ricavasi pure da Seldeno [5]. Lo stesso fece-
vano i Siri, i Greci, e molti tra gli stessi Romani, come può
vedersi presso Filostrato [6] e Plauto [7]. Ma siccome qui parliamo
di legge di natura, così è mestieri la cosa esporre secondo la
naturale equità, per cui volentieri seguiamo la opinione di
Adriano Sparziano [8]; il quale dice, che per legge di natura
se il tesoro ritrovasi nel suolo, che a niuno appartiene, questo cede al primo occupante, come cosa di nessuno, e l'inventore può impunemente farlo suo. Se poi il tesoro rattrovasi nel fondo di qualcuno, allora metà si appartiene all'inventore, come frutto della sua opera, e metà al padrone
del fondo, il quale à dritto di percepire qualunque frutto dal
suolo del suo fondo.

697. E volendo osservare da vicino la ragionevolezza della
esposta soluzione per la prima parte non vi può cadere dubbio stantechè ella poggia su'principi incontrastabili del dritto
di natura: per la seconda parte poi giova riflettere, che una
parte di dritto spetta al padrone del suolo; dappoiché non
può negarsi che a chi spetta il tutto spetta pure la parte:

1 De jure bel. et pac. 2. 8. 7.
2 De jure nat. et gent. 4. 6. 13.
3 § 29. Inst. de rerum divis.
4 Matth. 13. 44.
5 De jure nat. et gent. sec. discipl. Habr. 4.
6 Vit. Apollon. tom. 2. 39. de vit. Sophist. 2. 2.
7 Trinum. L. 2. v. 141. L. 67 D. de rei vindic.
8 In Hadr. c. 18. §. 39. Inst. de rer. div.

il tesoro non è che una parte, la quale per ventura accede
al tutto, ed in conseguenza debbe cedere in beneficio di colui, cui il tutto spetta. Voler'escludere il padrone del suolo dalla
invenzione del tesoro, è un voler privare il padrone dal percepire i frutti, che vanno annessi al suolo medesimo, ed è
questa una manifesta ingiustizia. Che un'altra parte debba
spettare all'inventore del tesoro l'è anche giusto; avvegnacchè
l'altrui industria è degna di prezzo, e non è opera che volentieri debba sprezzarsi; quale prezzo debba crescere in ragione del frutto, che si percepisce dall'altrui industria. Se
l'inventore del tesoro non si fosse occupato a porre la sua
industria, il tesoro giammai sarebbesi rinvenuto; e come il
tesoro è cosa preziosa (695), così l'industria dell'inventore
debba riscuotere un prezzo, che sia anche prezioso. Nè potrà
far peso la opposizione in contrario, che l'opera dell'inventore fu posta a conduzione di maniera, che non può egli e-
sigere più dello stipolato. Così un muratore condotto a giornata, rinvenendo un tesoro, egli non può esigere più della
giornata. No diciamo; giacchè il muratore condusse l'opera
sua alla giornata per fabbricare, non già per ritrovare tesori,
qual sua fortuna debb'essere preziosamente riconosciuta, come
osserva V. A. Corn-van: Bynkershoek 1. Adunque poco importando se l'inventore abbia o no condotta l'opera sua, è mestieri che
una parte del tesoro cedesse a lui, ed un'altra al padrone
del suolo; che noi a torre ogni differenza questa parte la co-
stituiamo nella metà del tesoro; giacchè è giusto che nelle
differenze impossibili a determinarsi si seguisse sempre la via
di mezzo, la quale salverà sempre la giustizia necessaria a
serbarsi dagli uomini ne' reciproci interessi.

698. Dalle quali cennate cose conseguita in primo luogo,
che il tesoro essendo frutto del fondo, e quindi di esso una
metà spetti al padrone del fondo, non lede per niente la
giustizia colui che compra il fondo, in cui s'ignora starvi
il tesoro, per quello stesso prezzo, che se il tesoro non vi
fosse. Imperciocchè il tesoro finchè non si rinviene non cade

1 Obs. 2. 4.
Einneccio Vol. III.

sotto il dominio di alcuno; ma quello à dritto a possederla, quello che lo rinviene, come osserva S. Tommaso 1. Conseguita in secondo luogo che non può avere ragion di tesoro, e quindi di cosa derelitta, quello che per ignoranza dal padrone nell'alienare qualche cosa, in cui era nascosto, si aliena. Così in una veste standovi nascosta una moneta di oro, che dal padrone ignoravasi, il comprator della veste non può far sua la moneta. Imperciocchè il padrone intende trasferire il dominio di quello, su cui pattuisce, e non già di quello che ignora. Più, delle cose che ànno padrone non può mai stabilirsi tesoro; secondochè la roba d'altri grida sempre al dominio del proprio padrone. Perlocchè nell'esposto caso il compratore fa sua la veste; ma non può far sua la moneta di oro, la quale a buon dritto debbe dirsi cosa perduta, la quale veste altra natura differente dalla cosa derelitta. Ed eccoci introdotti alla terza specie della invenzione (688), di cui quì in ultimo luogo fa uopo parlare.

699. Le cose perdute possono essere di una doppia specie, o son tali che il loro padrone s'ignora, come una moneta che per ventura trovasi per la via: o son tali che il loro padrone si conosce, come se un fazzoletto cadesse da un mio amico nell'atto, che va in carrozza. Or di ambedue le specie è cosa certa per dritto di natura, che allorquando le cose perdute si rinvengono non possono giammai spettare all'inventore. Imperciocchè il padrone, il quale à perduta la cosa sua col perderla non à lasciato l'animo di possederla, e quindi è rimasto padrone del perduto. Or non possiamo giammai acquistar dominio su quelle cose, che ànno padrone; perchè nel tempo stesso la cosa di uno non può esser cosa di un'altro. Le cose perdute adunque debbonsi restituire al padrone. Nè per tale restituzione l'inventore à dritto di esigere cosa alcuna dal padrone; poichè egli per legge di natura era tenuto ad un tale atto di giustizia; salvo però che un compenso gli fosse stato promesso, oppure avesse speso della fatica per rinvenire la cosa perduta, infine avesse erogato spese per con-

1 2, 2, q. 66. art. 5. ad 2.

servare la stessa cosa perduta. Son queste cose che il padrone per giustizia debbe all'inventore, nè possono negarsi senza lesione della legge di natura.

700. Può darsi intanto, che non riesca subito all'inventore di trovare il padrone, ed allora è tenuto adoperare tutta quella diligenza ch'è in suo potere, onde alfine lo rinvenga. Dappoichè dobbiamo volere per gli altri quello stesso che per noi vogliamo (175); e certamente vorremmo, che perduta una qualche cosa, altri che la ritrovò s'impegnasse di andarci in cerca, e così restituircela. La legge di natura è legge di reciproco amore, quale distrutto, è distrutta pure la osservanza di lei, che gli uomini fa dabbene, ed i cittadini produce morigerati. Che se anche adoperata la diligenza possibile non riesca trovare il padrone, già dicemmo altrove (669) che cosa debba fare l'inventore in un tal caso, onde volentieri ci asteniamo dal provvedervi con nuova risposta.

Queste cose tutte riguardavano la invenzione posta sotto la tutela della legge di natura. Se ognuno nel rinvenire cose brama serbare la giustizia nel suo cuore, e non offendere il dritto del prossimo, scrupolosamente osservi quanto all'ombra di una tal legge fin qui abbiamo segnato, e cosiffattamente non avrà giammai a pentirsi de' suoi possedimenti.

LEZIONE LX.

TEORIE RIGUARDANTI L' ACCESSIONE.

§ 701. *L' accessione va distinta dalla occupazione, suo fonda-*
mento — è naturale, industriale, mista — due casi nell' ac-
cessione naturale, si ragiona il primo — si ragiona il se-
condo — a chi spetta il parto degli animali, o degli uomini
— e se il padre è ignoto a chi pure spetta — ingiusto trat-
tamento delle serve presso i Romani — due eccezioni nella qui-
stione di prole essendo noto il padre — a chi spetta la nuo-
va isola — due casi eccezionali — quando spetta al padrone
particolare.

701. Nel principio dicemmo (667) due essere i modi originari di acquistare il dominio delle cose, la occupazione cioè,
e l' accessione. Perciocchè esaurito il primo modo ; cioè la
occupazione riguardata tanto in sè stessa , quanto nelle sue
differenti specie, è necessario passassimo al secondo modo, cioè
all'accessione, di cui dapprima vuolsene investigare la natura.
Ed infatti l' Accessione (§ CCL.) è il dritto di far nostro tutto
quello che si aggiunge alla cosa , di cui abbiamo dominio.
Dunque sostrato dell' accessione è la proprietà che già trovasi
nel nostro potere : mezzi poi della stessa son tutti gli aumenti , di cui è capace la stessa nostra proprietà. Perlocchè può
far suoi gli aumenti , che provvengono alla cosa quegli, ch'è
padrone della cosa , cui succede l' accrescimento a tal modo,
che l' aumento accede al tutto , e cade sotto la proprietà di
colui , che possiede il tutto medesimo , con quelle distinzioni
però e modifiche che in appresso avvedutamente saranno segnate. Vede quindi ognuno, che l'accessione non veste la natura
della occupazione, come quella che si ripone nel far suo tutto
ciò che si aggiunge alla cosa , che già trovasi sotto l' egida
del dominio, siccome a meraviglia sarà chiaro in tutto questo intiero trattato, che saremo per sviluppare.

702. Or l'Accessione, secondo i più accurati Giureconsulti, va distinta in naturale, industriale, e mista. È Naturale quando quello che si aggiunge al nostro, vi si aggiunge per beneficio della natura : così il parto degli animali, l'alluvione; una nuova isola, il letto lasciato dal fiume, son tutte accessioni naturali; giacchè tali cose noi le abbiamo senza che per poco ci mettessimo alcuna nostra fatica, ma è la natura stessa che ce le concede per l'istinto, che à di beneficare. È Industriale quando quello che si aggiunge al nostro, vi si aggiunge mediante la nostra industria e fatiga : così tutto ciò che dà una nuova forma alla cosa nostra ; oppure che si aggiunge al nostro sia per impiombatura, sia per incastratura, intessitura, infusione, miscela, scrittura, pittura, son sempre queste tutte specie di accessione industriale. Finalmente è Mista quando quello che si aggiunge al nostro, vi si aggiunge tanto per beneficio della natura, quanto mediante la nostra industria: tal sarebbe, a mò di esempio, un'ubertoso ricolto, il quale è opera dell'azione del suolo e della buona stagione, ma anche della fatiga indefessa, che l'accorto agricoltore seppe spendere sul suolo medesimo.

Certi vi vorrebbero aggiungere una quarta specie, che lor piacerebbe nomarla Accessione Fortuita, la quale ripongono nella occupazione delle cose di nessuno. Ma siccome l'accessione non veste una tal natura, come sopra indicammo (701); così la menzionata accessione non può annoverarsi tra le specie di una vera accessione ; giacchè essa non è in realtà che una vera occupazione, di cui qui non è più parola. Essendo adunque l'accessione naturale, industriale, e mista, di queste tre specie occorre distintamente parlare.

703. E pigliando le mosse dall'accessione Naturale (§ CCLI.), in essa due casi possiamo incontrare, che quello cioè si aggiunge al nostro o à padrone certo e noto, oppure il padrone da noi s'ignora. Or quando il padrone è certo, l'incremento non può farsi nostro; stantechè la cosa grida sempre al padrone proprio (671), il quale per lo smarrimento della stessa non à abbandonato l'animo di possederla con volerne altri ammettere al possesso ed all'uso (671). Così se un vento

impetuoso à sbalzato nel mio fondo le biancherie di Tizio, il quale le aveva esposte al sole per farle asciugare, io che conosco le cennate biancherie essere di Tizio non posso appropriarmele come incremento fatto al fondo mio ; sibbene son tenuto restituirle al proprio padrone. Infatti non sarebbe una manifesta ingiustizia quella di spogliare un padrone della sua proprietà contro sua voglia ? Certo che sì : ebbene appropriarsi quello , che con certezza sappiamo ad altri apartenere non tiene in sè la stessa ingiustizia ? Una medesima cosa, ricordiamo più volte averlo ripetuto, non può avere nel medesimo tempo due esclusivi padroni senza ravvolgere la più grossolana contradizione. Il padrone , cui sappiamo appartenere la cosa che accede alla nostra , non à avuto giammai una volontà nè espressa, nè tacita di rimuovere da sè il dominio della cosa sua. Non espressa diciamo ;. perchè mai à pattuito con noi di un tale spoglio : non tacita soggiungiamo; perchè niun segno ci à appalesato, da cui potessimo raccorre , che più non voglia possederla. Se dunque non usa del suo è per sola disgrazia, od altro imprevisto motivo ; e certamente l' altrui afflizione non deve formare la nostra felicità; e perchè il simile la soffre non l'è questo un motivo di spogliarlo de' suoi dritti , e quindi della sua proprietà. Quando dunque è certo il padrone di quello , che accede al nostro, non à luogo l' accessione naturale ; e quindi giammai noi veniamo in possesso di tali cose.

704. Ma quando il padrone s'ignora tutt'altramente va la cosa ; l' incremento in tal caso si aggiunge al nostro , ed a buon dritto la cosa aggiunta al nostro addiviene cosa nostra. Imperciocchè si stimano cose di nessuno non solamente quelle , che non ànno padrone, ma quelle ancora di cui il padrone s'ignora (669). Or quando assolutamente il padrone s'ignora per modo che , la cosa è stimata non appartenere ad alcuno, può in tal caso ognuno appropriarsela senza recare ingiuria agli altri (669). Nella specie quello che si aggiunge al nostro allorquando non si sa a chi appartenga, essa addiviene cosa di nessuno, e come tale possiamo aggiudicarla al nostro possesso , stimandola assortita tra quelle medesime cose , su

cui vantiamo dominio. Una schiera, a mò di esempio, di selvaggi colombi venne a risedere nel mio colombajo senza che io mi sappia a chi appartenessero, nè in alcun modo posso venirne in cognizione, essa accede al mio colombajo, e me ne rendo padrone, perchè sono nel possesso del colombajo medesimo. L'equità naturale vuole che non recassimo lesione a'dritti del nostro prossimo ; e ciò à luogo quando una tale lesione vogliamo produrcela, oppure la nostra azione è tale, che potrebbe arrecargli sfavorevoli risultati. In sostanza del proposto caso il prossimo nostro noi non vogliamo lederlo ; perchè nol conosciamo: appropriandoci le cose nostre non possiamo lederlo; perchè abbiamo dal fatto l'abbandono del dominio. Quando dunque alla cosa nostra accede un'altra cosa, di cui ignoriamo il padrone, di repente ella cade sotto il nostro dominio, e per legge di natura la diciamo cosa nostra.

705. Premesse queste come generali, così certissime dottrine in ordine all'accessione naturale, c'è dato ora scendendo al particolare esaminare la giustizia di svariate ricerche, che nella circostanza potrebbero aver luogo. E dapprima ci si presenta il parto degli animali, e degli uomini (§ CCLII.), di cui naturalmente può dimandarsi a chi mai esso spettasse? È canone di legge naturale, come fondatamente può comprendersi, che l'accessorio debba seguire la natura del principale per tal guisa, che a chi spetta il principale debba pure spettare l'accessorio. Or nella efficienza di un parto sia di uomini, sia di animali, tutta la provvenienza è per parte del padre; giacchè è l'azione sua quella, che produce il parto, quale senza di esso in niuna guisa potrebbesi ottenere. Dunque il padre a buon dritto si reputa il principale del parto, il quale è suo accessorio. L'accessorio quindi dovendo sempre seguire il suo principale a talchè la proprietà dell'accessorio debbe sempre appartenere al principale, sarà naturale che il parto spettasse al padre. A tal modo se trattasi del parto di un'animale a chi spetta il padre spetta pure il figlio; e quindi il padrone dell'ariete, sarà pure padrone dell'agnello ; che da esso è provvenuto : se poi trattasi del parto di un'uomo,

il figlio senza dubbio dovrà cadere sotto la patria potestà del padre.

706. Ma ciò è regolare quando ambidue i genitori, padre e madre sono noti: come poi si farà allorquando il padre della prole è ignoto, come spesso succede nel parto degli animali, ed anche nel parto degli uomini, che nascono fuori legittimo matrimonio? I Giureconsulti Romani, uomini di molta saggezza, diedero fuori questa regola: « Il parto siegue il ventre 1 »; cioè il parto debbe sempre appartenere a colui, che possiede il ventre, cioè la madre. Così pure il padrone della pecora sarà pure padrone dell'agnello, di cui s'è sgravata; e la madre, trattandosi di parto di uomini, sarà dominatrice del figlio, che portò nel suo seno. Ulpiano dottissimo Giureconsulto Romano disse, che una tal regola apparteneva alla legge di natura 2; perciocchè essendo secondo ragione aveva tutta la naturale equità (705). E che sia così non è difficile il ravvisarlo; giacchè quantunque la naturale equità porterebbe, che l'accessorio seguisse il principale, il quale essendo il padre, questi dovrebbe seguire il ventre (705); pure come nel parto degli animali, e nelle proli umane fuori legittimo matrimonio il padre per l'ordinario non è conosciuto; così ignorasi il padrone del ventre. Or in tale stato considerato un parto, chi sarà tanto forsennato, che voglia negare, ch'esso sia cosa di nessuno? Potrà dunque giustamente occuparsi da quegli, che già con sè lo porta, e questa sarà la madre, la quale è sempre certa, abbenchè fosse donna comune. Il ventre adunque seguirà la madre; ond'è che a chi spetta la madre, debbe ancora spettare il parto: e se è parola di parto umano il figlio sarà della madre, la quale à potestà su lui.

707. Ma per quanta giustizia si abbia una tale risoluzione de' Giureconsulti Romani, altrettanta ingiustizia in sè raccoglie quell'altra riguardante le serve presso gli stessi. Imperciocchè essi le donne dedotte in ischiavitù e poste al servigio le consideravano come cose a quella foggia stessa, che un

---

1 *Partus sequitur ventrem.*
2 L. 24. D. de statu homin.

porro, una cipolla, od una pietra. Quindi stando al loro principio, che « *Il parto siegue il ventre* [1] » decidevano che il
figlio della schiava fosse di proprietà del padrone, cui apparteneva la schiava medesima, o che il padre era certo, o che
era incerto. Se non che quando il padre era certo, e la cop-
pia maritale apparteneva a differenti padroni, in allora i padroni una volta per ciascuno si dividevano l'infelice prole che
nasceva nella schiavità; cosicché il primo parto si addiceva
al padrone del ventre, il secondo al padrone del servo padre,
e così di mano in mano: quale uso vigeva pure presso i Vi-
sigoti, Alemanni; e Boj, come ricaviamo dalla legge Visi-
gota [2], da Goldasti [3], e da Aventino [4]. Or tutta questa loro
voluta naturale equità, che molto disonora la Romana Legislazione, crolla tostochè riesce futile il fondamento, su cui
poggia; cioè che i servi siano cose, e non già persone. Ma
come? la servitù forse toglie all'individuo l'intelletto e la ragione, ed uno spirito immortale che informa un corpo mortale per la servitù anch'esso addiviene di creta, ed il servo
non altro sia, che un'ammasso di carne? Tai cose immaginando non pigli tu stomaco su i deviamenti dell'umana ragione uscita dal suo sentiere, e dai suoi fini? Diciamo invero
che le sanzioni Romane intorno a' servi erano tirannidi, crudeltà, stravolgimenti di ogni naturale legge, la quale vuol
serbare intatt'i dritti de' servi come quelli de' padroni.

708. Se non che alla proposta naturale equità per conto
della prole, di cui è noto il padre (705), due eccezioni debbonsi proporre, relativamente agli animali. La prima si è
quando il padre è alimentato a spese comuni: la seconda
quando il padre è dato in fitto con qualche stipendio ad oggetto di montare la madre. E nel primo caso la naturale e-
quità vuole che il parto appartenesse a tutti quelli che concorrono nelle spese di alimento; perchè debbono usufruire

1 *Partus sequitur ventrem.*
2 10. 1. 17.
3 Rer. Alam. Tom. 2. charta 2.
4 Annal. Boic. Lib. 7. 14. 23. pag. 709.

della cosa quelli, che son causa della conservazione della cosa medesima , e tutti egual dritto avendo alla cosa , egualmente debbono spartire i frutti della stessa cosa. Nel secondo caso poi i mezzi dovendo essere conducenti al fine , chi prese in fitto il padre per ottenere la prole , deve costituirsi padrone della prole medesima; altrimenti frustraneo sarebbe il suo fitto. Epperò in ambidue i proposti casi bisogna attendere alle consuetudini locali , ed alle speciali convenzioni che possono intercedere tra gli uomini ; avvegnacchè chi è padrone a suo bell'agio come può far fruttare i suoi dritti.; così pure può cedere agli stessi senza restar leso dal terzo, il quale per allora usa di quelle facoltà , che dal padrone spontaneame nte gli furono concesse.

709. Oltreacchè in secondo luogo cercasi sapere a chi debba spettare una nuova Isola (§ CCLIII.) che sorge sia nel mare , sia in qualche fiume? E per essere equi è d'uopo sentenziare , che una tale isola debba stimarsi quale accessione del mare, o del fiume , dove sorge. La ragione di una tale opinione , che stimiamo consentanea alla legge di natura si è appunto, perchè l'isola formandosi da tante svariate particelle di terra , le quali appartengono a molteplici padroni , riesce impossibile nella confusione assegnare a chi mai dette particelle possono spettare ; per cui non puossi indicare il dominio della cennata isola nel possesso di quale padrone possa rattrovarsi. Or quando il padrone è ignoto l'accessorio debbe cedere al principale (704); cederà dunque al mare, od al fiume , ch'è il principale , la surta isola che forma l'accessorio. Un tal ragionare non venne in mente a parecchi Giureconsulti Romani a talchè essi contra ogni naturale equità statuirono 1 , che sorgendo un'isola in mezzo al mare od al fiume , questa debba spettare a' padroni de' vicini fondi , di maniera che se la nuova isola sorge giusta nel mezzo sarà di egual proprietà de' padroni di ambidue i fondi limitrofi; se poi è più vicina ad un limite che ad un'altro , sarà di pro-

1 § 22. Inst. de rer. divis. L. 7, § 3. L. 29. L. 30. § 1. D. de adq. rer. dom.

prietà del padrone di quel fondo, cui più si accosta. Ma con
buona pace di questi dotti Romani, qual'equità, come dicemmo, rattrovasi nel loro parere? Ci dicano dapprima come viensi a formare un'isola? Dovranno rispondere, che ogni
isola si forma da varie particelle, le quali per necessità debbono staccarsi da' fondi rustici. Or ci dicano dippiù da quali
fondi tali particelle vengono a staccarsi? e per essere equi
debbono confessare la loro ignoranza; dunque il dominio di
tali particelle è ignoto, e qui torna quello che poc'anzi dicevamo, cioè allora l'accessione si fa al mare, od al fiume,
ma giammai a' proprietari vicini. Diranno forse per ventura,
che tali particelle concorrenti a formare un' isola si staccano
da' fondi vicini; ma chi loro può assicurarlo, mentre sappiamo ch'è più probabile, che tali particelle dalle furie delle
acque piovane più facilmente staccansi da' fondi superiori,
che da' fondi inferiori. Dunque in tal caso l' isola dovrebbe
spettare non a' padroni de' fondi limitrofi, sibbene a quelli
che posseggono fondi superiori a questi: ciocchè è contrario
alla loro sentenza. La quale maggiormente appare ingiusta
considerata la seconda sua parte; giacchè Seneca 1 attesta,
che alle volte l' isola nel fiume nasce dal lambire che le sue
acque fanno dintorno a' limiti de' fondi, da cui staccando pár-
ti, e seco trasportandole, le ripongono in un sol luogo. Dunque allora poco dovrebbe importare se l' isola sorge giusta
nel mezzo del fiume, oppur no, per dire che sempre a' padroni limitrofi debba spettare; perchè essi soli ànno patito
danno: ma essi si oppongono non credendo secondo ragione
una tal partizione. Quello che fin qui abbiamo cennato intorno al nascimento di una isola nel mare, o nel fiume, fu appunto l' aspra quistione che i Cassiani, ed i Proculejani tra
loro si mossero, com' era loro costume di sempre dibattersi
nelle opinioni. Ma a dir vero il torto è per la parte di Cas-
sio Longino, e tutt' i suoi seguaci, che da lui furono detti
Cassiani, abbenchè unitamente si sforzassero a provare il contrario, come abbiamo da Aggen Urbic. 2: giusta quello che

1 Natur. quaest. 4. 9.
2 De limit. agr. p. 57.

abbiamo osservato, e per cui avevano ragione i Proculejani nati
da Labeone quando dicevano presso il Giureconsulto Paolo:
« *Tutto ciò, ch' è nato, o edificato in luogo pubblico, è pubblico: anche un' isola, ch' è nata in un fiume pubblico, de-
v' esser pubblica* 1.

710. Premesso adunque che l' isola nata nel fiume, o nel
mare, debba essere accessione dell'istesso fiume, o mare (709),
possiamo allora incontrare due casi; o che il mare, ed il fiume siano cose di nessuno ; o che ambidue siano sotto il dominio di qualche padrone : allora per la diversità del caso
diversa pure sarà la soluzione. Infatti nel caso, che su quelle
acque niuno vi vanta dominio, senza dubbio l' isola sarà del
primo occupante ; giacchè tal' è la natura delle cose di nessuno (670). Se poi nel caso, che su quelle acque vi vanta dominio il popolo, oppure il sommo imperante, la cennata isola
a buon dritto deve spettare al popolo, ovvero al sommo imperante ; giacchè di chi è il principale, è pure l' accessorio
(705). Su tali soluzioni non può muoversi quistione di sorta
alcuna volendo strettamente attenerci a' limpidi principî della
legge di natura, com'è osservato; e volerle mettere per poco
in dubbio è lo stesso che dubitare della intiera naturale legislazione; ciocchè sarebbe un'operar da matto: Quindi maggiormente apparisce il torto de' Cassiani poc' anzi cennati (709),
ed il lor computare a meraviglia riesce capriccioso all' ombra
della legge di natura, ch'è legge di equità, e di ragione.
Voler strappare il mio per dividerlo agli altri, chi fia che
possa mai consentirlo? E tale sarebbe la ragionevolezza de'Cassiani come appare ne' svariati incontri dell' orto di un' isola.
Il dritto mio non può esser dritto di un'altro nello stesso momento, ch'è mio dritto ; e quello che la natura per inviolabile sua sanzione a me concede, non può da altri ritoglier-
misi senz' apportarmi una grave lesione ne' miei dritti; lesione
che sente la più manifesta ingiustizia, la quale non può pur-

1 *Si id, quod in publico innatum aut aedificatum est, publicum est:
insula quoque, quae in flumine publico nata est, Publica esse debet.*
L. 65. § 4. D. de adq. rer. dom.

garsi senza restituirmi quello ch'è mio. Per la qual cosa a qualunque modo un'isola sorge nel mare o nel fiume, sarà sempre di pertinenza di colui che il primo l'occupa; oppure di colui che per sua speciale proprietà aveva quella porzione di mare, o possedeva quel fiume. Dicasi lo stesso se un'isola per spontanea emozione della natura venisse a sorgere in qualche solida terra, purchè tutt'altro non fosse preveduto dalla legge civile a bene comune de'cittadini. Nell'ambito della legge di natura spetterà sempre al padrone del suolo; o quando non avesse padrone, spetterà sempre a chi prima ne piglierà possesso. Imperciocchè la proprietà è quel sacro dritto primiero e singolare, che garentisce tutte le azioni del padrone, il quale viene ad esercitarle anche per la prima volta nel suo suolo.

711. Se non che qualche particolare padrone à potuto essere talmente danneggiato da qualche fiume, che avendo dissestrato il suo territorio tutto, od in parte, ce l'à poi cumulato tutto in un luogo riducendocelo a forma di un'isola. Ciò potrebbe addivenire tra gli altri modi, allorchè un fiume dalla parte superiore scorrendo per un territorio vada a congiungersi divergendo col suo letto inferiore, lasciando in mezzo a sè il territorio del noto padrone a forma di un'isola: oppure staccando dal cennato territorio per violenta forma una qualche porzione, e stravagantemente la situa in mezzo alle sue acque. Or in un tale accidente a chiunque appartenessero quelle acque, anche che non fossero sottoposte al dominio di alcuno, è della equità naturale, come sentirono gli stessi Giureconsulti Romani [1], che la cennata isola spettasse al padrone del danneggiato territorio. Conciosiachè ogni cosa, che à padrone, grida sempre al suo padrone medesimo (671), e nel supposto caso il padrone di quel terreno, dond'è nata l'isola, è egli troppo noto, per cui non lascia affatto luogo a dubitare della sua possidenza: e sappiamo che quando dell'aumento fatto alla cosa nostra il padrone è conosciuto, un tale aumento non può mettersi nel censo delle cose nostre proprie (703). A quella guisa, che il perduto non puoi farlo tuo, perchè à padrone

1 L. 7. § 4. L. 30. § 2. D. de adq. rer. dom.

(671); simiglievolmente non potrai far tua quella isola, che
a tal modo dalla natura vien formata: e come un furto com-
metteresti nel primo caso ; così pure un furto verresti a commettere nel secondo caso. Laonde l' infortunio altrui non potendo esser mezzo ad impinguare le proprie sostanze (404),
non vi sarà difficoltà che il padrone di quella terra, da cui
nel cennato modo s' è formata l' isola, continuasse nel pacifico possesso della stessa, sol dolendosi de'danni che per ventura è stato obbligato a sentire.

Ma altri modi di naturale accessione ci abbiamo, che non
potendo soddisfare nella presente lezione per non addivenire
troppo lunghi, volentieri li riserbiamo alla vegnante lezione,
quali sono appunto l' Alluvione, ed il Cambiamento di letto,
che possa fare un fiume. Che cosa di giusto e di ragionevole
vi sia in tali materie, sarà subito posto a calcolo non uscendo da' limiti di quella legge, che ci siam prefissi di esaminare.

LEZIONE LXI.

§ 712 *A chi spetta l'accessione fatta per alluvione nel caso, che insensibilmente succeda — e nel caso che repentinamente succeda — a chi spetta il letto abbandonato dal fiume — due casi d'inondazione di un fiume — si definisce l'accessione industriale, e si statuisce la giustizia circa essa avendo luogo il consenso delle parti — avendo luogo il dissenso delle parti — se la cosa è peggiorata — s'è migliorata potendosi le sostanze separare senza notabile dispendio — non potendosi le sostanze separare senza notabile dispendio — in tal caso a chi de' due padroni spetta la preferenza — eccezione nella regola, che l'accessorio siegue la natura del principale — dispensa di soddisfazione nell'accessione industriale.*

712. Continuando il discorso relativamente all'accessione naturale resta a ragionare sull'Alluvione, e sul Letto lasciato in secco da un qualche fiume, come antecedentemente segnammo. Ed in ordine all'Alluvione (§ CCLIV.) può darsi luogo a così domandare : Tutto ciò, che si aggiunge al mio fondo per mezzo dell'alluvione, a chi debbe spettare? Noi nell'alluvione possiamo avere due cose: o che particelle di aliena terra per la forza delle acque sian piovane, sian di un qualche fiume si aggiungono al mio fondo; oppure che per la forza delle acque di un qualche fiume che allagano l'altrui fondo ne staccano un pezzo di terra, e l'aggiungono al fondo mio. Or tanto nel primo, quanto nel secondo caso abbiamo differente ragione per calcolare il possesso per dritto di natura. Ed infatti nel primo caso, allorquando cioè l'alluvione a poco a poco aggiunge terra al mio fondo, siccome di queste varie, e reiterate parti che al fondo mio si aggiungono, non posso saperne con certezza chi sia il padrone; così

esse cedono al mio fondo ; giacchè allora dovendo cedere al
primo che le occupa per legge di natura (670) , cederanno
a me che primieramente le occupo appéna vengono ad incor-
porarsi al mio fondo. Così pure cederanno al fondo pubblico,
oppure alla via pubblica, se per poco vanno a formare parte
del fondo , o della via pubblica. Ed è questa legge di natura
quella che la base forma di quella distinzione usuale sì ai
Giureconsulti , che agli Agrimensori, ch' essi fanno tra fondi
Arcifinì , e fondi Limitati. I primi chiamano quelli , che non
riconoscono altri limiti , se non quelli , che loro assegnò a
natura stessa : i secondi poi chiamano quelli , che sono com-
mensurati dall'arte , ed ànno tanto determinato numero , e
non più , di pertiche , o di piedi , o di tese , o di moggia ,
o di qualunque altra misura , che viene usata presso le differenti nazioni. Una tale distinzione di fondi prese origine
dalla Legislazione Romana , come può vedersi 1: e come non
è del nostro instituto intrattenerti su di essa ; così ognuno
che bramerebbe a pieno esserne informato , potrebbe riscontrare S. Isidoro 2, gli Autori intorno a'limiti 3, e Giov. Franc.
Gronovio 4. Epperò di passaggio diciamo che di qualunque natura sia un fondo, semprechè à luogo la cennata alluvione,
deve sempre l'aumento accedere al privato , od al pubblico,
se il fondo cui àccede è di proprietà privata, oppure pubblica. Passiamo al secondo caso di alluvione.

713. Allorquando ella stacca un pezzo di terra, e l'aggiunge al fondo mio (712) per maniera che, il padrone di quella
terra è conosciuto , allora non posso appropriarmelo ; giacchè è roba altrui. Ma se il padrone tace su la perdita ricevuta per cause naturali , nè più si briga possederla, posso
allora commodamente occuparla ; imperciocchè in tal caso si
à come cosa derelitta , di cui ne acquista il dominio chi prima passa ad occuparla, ch'è il padrone del fondo cui si aggiunge (669). E se tal non fosse la naturale equità sarebbe

1 L. 16. D. de adq. rer. dom. L. 1. S. 6. D. de flum.
2 Orig. 11. 13.
3 Edit. Guil. Goesii pag. 293.
4 Ad Grot. de jure belli et pac. 2. 3. 16. num. 1.

aperto ben volentieri un semenzajo interminabile di amare discordie, le quali vogliono esser sempre placate dalla legge di natura. Questo si conferma ancora dal che in certe città 1 vien stabilito un determinato tempo, nel cui spazio è dato rivendicare la perduta terra, e fuori del quale non dandosi più luogo a tale rivindica, la terra perduta si à come cosa derelitta, ed imperciò si aggiudica al padrone di quel fondo, cui per ventura s'è aggiunta. È mestieri intanto osservare, che à della ingiustizia quante volte si pretenda esigere dritti, ed imposizioni, che gravitavano su la terra perduta da quel padrone, che la smarrì, nè più l'à riacquistata. Imperciocchè cessando la causa, a buon dritto deve ancora cessare ogni effetto; ed in conseguenza non più esistendo presso il padrone quello, per cui era tenuto a soddisfare a' pesi sieno pubblici, sieno privati, questi del pari debbono di ragione cessare. Tanto era a dirsi per l'alluvione.

714. Rimane ora a riflettersi in ultimo luogo su la Mutazione del fiume (§ CCLV.), di cui è lecito interrogare: Se un fiume lascia il suo letto, a chi debba spettare questo spazio di terra non più ingombrato dalle acque? Se il fiume non trovasi nel dominio di alcuno, l'abbandonato letto dovrà cedere a'proprietari vicini da distribuirsi loro in ragione de' fondi, che posseggono; giacchè in tal caso spontaneamente la natura à fatto una aggiunzione a'loro fondi, e tanta quanta era la capacità degli stessi fondi. Che se poi il fiume trovasi in possesso di qualcuno, di chi era il fiume, di quello ancora sarà il letto lasciato libero dalle acque per modo che, se il fiume era di proprietà del popolo, o del Sovrano, o di qualche particolare individuo tra 'l popolo, in vantaggio di questi dovrà cedere il menzionato letto. Imperocchè il letto lasciato dal fiume è parte del fiume medesimo, e come la parte siegue la natura del tutto, di quello sarà la parte, a cui si apparteneva il tutto. Ora il fiume che lascia il letto riconosce padrone nel supposto; dunque questo stesso letto apparterrà al padrone del fiume. Perlocchè s'ingannavano a partito i Giureconsulti Romani quan-

1 § 21. Inst. de rer. div. L. 7. § 2. D. de adq. rer. domin.

do [1] sanzionavano, che un tal letto doveva spartirsi tra i proprietari de' fondi vicini, per la ragione che un tal letto prima di essere disseccato non contenevasi nel dominio di alcuno. Falso falsissimo ; giacchè era nel dominio del padrone del fiume, come abbiamo osservato. È ciò è tanto vero secondo ragione, che se il fiume va a formarsi un secondo letto nell'altrui territorio, che poi spontaneamente lascia, questo secondo letto asciucatesi le acque rimarrà sempre nella proprietà di colui, cui prima apparteneva ; giacchè delle cose che hanno certo padrone non può giammai acquistarsi il dominio senza prima essere state cedute dall' istesso padrone (671).

715. Però nella inondazione, che fa un fiume possiamo avere due cose: o questa inondazione è temporanea, o perpetua. Se la inondazione riesce temporanea in quanto che il fiume ripiglia l' antico suo corso, allora si avvererà quello che sopra abbiamo detto intorno al suolo che occupa (716); e pei danni che à sentito il padrone del suolo occupato dal fiume à niente è tenuto il padrone del fiume ; sì perchè non è stato egli l'autore de' danni che non poteva impedire ; sì perchè egli à usufruite dalla cosa sua a quel modo che anche prima della nuova inondazione usufruiva. Se poi la inondazione riesce perpetua a tal che si dà luogo a quel detto, ch' è *mare dove prima era Troja*, allora il nuovo suolo occupato dal fiume sarà di proprietà del padrone del fiume. Ed eccone secondo ragione un primo motivo : Quello che non arreca alcun vantaggio agli uomini, nè giammai può arrecarne, dagli uomini stessi non si apprezza di maniera che, da essi si à come cose derelitte : or nella specie tal'è il suolo novello perpetuamente occupato dal fiume; e per legge di natura le cose derelitte cedono in proprietà di chi le occupa (669). Aggiungiamo un secondo motivo, che ci sembra più potente del primo, ed è: Quello che in niuna maniera ed in niun tempo può l' uomo vantaggiare, è come se non esistesse : or su le cose che non esistono niun dominio, niuna proprietà può vantarsi. E di tal natura è il suolo in parola rispettivamente al suo an-

1 L. 7. § 5. D. de adq. rer. dom.

tico padrone: a motivo delle acque, da cui è inondato è per
lui come se giammai l'avesse posseduto. Or dove non v'è do-.
minio, e quindi proprietà, non può giammai reclamarsi la
cosa; perchè non sua. È dunque della naturale equità che il
padrone del fiume entrasse in proprietà del suolo occupato perpetuamente dal fiume.

Se non che in ambidue gli espressi casi è da ripetersi quello
che dell'alluvione abbiamo detto (712) relativamente a'pesi sian
pubblici, sian privati, essendo una condizione durissima per
gl'infelici in parola quella di voler esigere dove più non ànno
nè proprietà, nè usufrutto, nè possesso, come l'istessa sag-
gissima Giurisprudenza Romana 1 nella sua profonda maniera
di filosofare volle avvisare.

716. Cosiffattamente esaurita l'accessione naturale, è d'uopo segnare le dottrine riguardanti l'accessione Industriale
(§ CCLVI.), la quale è riposta nell'aumento che facciamo
alla cosa mediante il nostro impegno (702). Ora in riguardo
ad una tale accessione bisogna attendere a varie regole, che
ad essa possonsi applicare attesa la moltiplicità delle cose, che
possono occorrere. Ed infatti l'accessione ad una qualche cosa
può farsi o col consenso di ambedue le parti, oppure col dissenso di ambedue le parti medesime. Se l'accessione alla cosa
è fatta col consenso di ambe le parti, niente più naturale vi
esiste, che tutte le sue parti vantassero su la cosa un dritto
comune attesa la rata, che ciascuna di esse pose per aggiungere; dappoichè in tal caso la cosa è considerata come nella
comunità positiva (645). Due condomini di un fondo rustico
ànno convenuto scambievolmente di porre nel loro fondo comune una piantagione di olivi, il frutto di una tale industria
è della naturale equità che da ambidue fosse percepito in comune. Ma secondo qual rata? Fingete che la detta piantagione per eseguirsi fosse stata bisognevole di cento ducati, e l'u-
no di essi vi contribuì ducati settantacinque, e l'altro venti-
cinque, è della stessa naturale equità ancora che il primo

1 L. 23. D. quibus mod. usufruct. amit. L. 3. § 17. L. 30. § 3. D.
de adq. possess. L. 1 § 9. D. de itin. actuque priv.

percepisse tre parti, ed il secondo una sola parte ; giacchè
i padroni debbono vantare su la cosa comune quel dritto, ch'è
in ragione della roba, che avranno posta : altrimenti l'uno
verrebbe a vantaggiare su l'altro con discapito di questi; ciocchè è proibito dalla legge di natura, la quale vuole che niuno si facesse ricco col discapito delle altrui sostanze. Ma di
una tale accessione non è mestieri quì intrattenerci ; giacchè
la giustizia di lei benissimo può raccorsi dalle teorie della communione positiva altrove sviluppate (662, e segg.).

717. Piuttosto ci lice attendere a quella, che à luogo standovi il dissenso di ambedue le parti (716). In un simiglievole
caso può il padrone allontanare dalla cosa sua qualunque accessione fatta contra sua voglia, proibendo espressamente che
niuno ardisca aggiungere a quello, ch'è di suo esclusivo dritto.
Imperocchè chi è padrone à il pieno dritto di escludere tutti
gli altri dall'uso della cosa, che dice sua (648) : or nella
specie come chi aggiunge passa ad esercitare un dritto, che
non à su la cosa, che sua non è : può in conseguenza a buon
dritto essere allontanato dal pretendere di aggiungere all'altrui.
Qual cosa se non fosse della naturale equità, allora il padrone di una cosa qualunque sarebbe padrone della cosa sua, e
nol sarebbe. Lo sarebbe in quanto che può escludere ogni altro dall'usare della sua cosa: e nol sarebbe in quanto che altri avrebbero il dritto di usare della stessa sua cosa. Ma ciò
è una mostruosa contradizione, la quale per niuna guisa può
essere garentita dalla legge di natura. Se non che nel caso
che altri senza il nostro conseuso aggiungesse alla cosa nostra,
bisognerebbe osservare se mai la eseguita accessione abbia peggiorata, oppur migliorata la stessa cosa nostra ; giacchè la
naturale equità nella differenza de' casi vuol seco portare differente giudizio.

718. Infatti allorquando colui, che aggiunse alla cosa nostra, colla sua aggiunzione venne a peggiorarcela, oppure a
rendercela all'ontutto inutile, non v'à dubbio ch'egli sia
tenuto pigliarsi la cosa corrotta, pagare il valore della stessa
nello stato, in cui era prima dell'aggiunzione, risarcire tutti
i danni accagionati al padrone, e quante volte una tale cor-

ruzione per dolo la indusse nella cosa , è tenuto pur anche
alla pena. In somma chiunque à fatto un'accessione nel modo
indicato è obbligato alla soddisfazione , la quale , giusta il
detto (587), porta con sè tutte le sommentovate cose da noi
indicate. E la giustizia di un tal processo la legge di natura
la fonda su quell'amore di giustizia , che non vuole l'altrui
lesione di maniera che per l'opera altrui avessimo a renderci
infelici senza nostra colpa (163). Or l'accessione in parola
priva il padrone della cosa sua sempre che ce la rende inutile , o quand'anche noi privasse lo discapita in modo , che la
cosa sua stessa non più serba quel valore, che certamente a-
vrebbe serbato se mai non avesse subita mutazione. Chi arreca danno al prossimo , deve risarcircelo ; perchè lo vorrebbe per sè stesso in forza della legge di amore (482). È giusto dunque che chi malamente aggiunse ritenga la cosa gua-
stata , e soddisfi al padrone.

719. Ma nel caso poi che chi aggiunse alla cosa nostra (§
CCLVII.) per la sua aggiunzione venne a renderla migliore ,
e più fruttuosa , allora possono aver luogo due casi ; cioè o
le cose possono separarsi senza notabile dispendio, oppure non
possono separarsi senza notabile dispendio. Attendiamo alla e-
quità naturale in ambidue i casi. E pel primo caso , in cui
suppongasi facile la separazione , di repente le cose debbonsi
separarsi dalla loro ingiusta congiunzione , ed ognuno debba
pigliare quella parte ch'era sua prima della unione. Imperciocchè ogni padrone à il dritto di escludere l'altro dall'uso
della cosa sua: e come nella congiunzione delle cose ambidue
i soggetti son padroni delle cose unite ; così dalla cosa sua
ogni padrone à il dritto di escluderne l'altro a poterne usare , ed ecco nata la separazione tra le cose che si uniscono.
Ma certamente il padrone può vantar dominio su quello, ch'è
suo di maniera che, l'altro non à dritto a ritorcela senza offendere la giustizia ; conseguentemente nella separazione ogni
padrone à il pieno dritto di pigliarsi quel tanto, che può dirsi
suo. Avrai tu un pomo di oro posto sulla mia spada, il quale
volentieri può togliersi senza molta spesa ? ebbene non aven-

^{do} io consentito a questa tua industria separeremo le cose,
e tu avrai la pazienza di pigliarti il pomo di òro, ch'è tuo
ed io mi ripiglierò la spada, che già era mia.

720. E pel secondo caso, in cui suppongasi difficile, oppure impossibile la separazione, allora tutta la cosa per intiera dovrà esser ceduta ad una delle parti, restando l'altra
obbligata a pagare chi niente prese, la porzione posta nel congiungimento, soddisfacendo del pari gl'interessi accagionati,
ed ove siavi intervenuta cattiva fede è tenuta ancora soggiacere alla pena, giusta le regole di soddisfazione (588). Conciosiachè tutto ciò, che può influire al vantaggio di qualcheduno non v'à dubbio, che questo serve a rendere commoda
e felice la vita di lui, la quale per certo sorge tale dall'uso
favorevole che può rinvenire nelle cose sue. Ora è fuori quistione pel dimostrato (587) che chiunque attenta la commodità, non che la felicità della vita del prossimo, gli viene ad
arrecare una offesa in quei dritti, che il prossimo medesimo
vanta su tal genere di vita in guisa che, prodotta la lesione,
ossia alterato un sì fatto dritto, è tenuto a reintegrarlo in tutto
quello che abbia potuto perdere: ciocchè con altri vocaboli
si dice soddisfazione (589). Dunque chiunque lede il prossimo nella soavità della vita deve soddisfarlo. La soddisfazione
fu detta (589) consistere nel dare al prossimo quello, che
gli si è tolto, ed ove questo non possa succedere, dargli l'altrettanto nella stima, o nel valore, che sarà calcolato dagli
uomini prudenti: in contrario ognuno che fa male verrebbe
a riportare utile dal suo delitto con danno del simile: ciocchè sarebbe la più manifesta ingiustizia. Or nella specie riuscendo difficile, oppure impossibile la separazione della proprietà, da cui soltanto potrebbe risultare la giustizia in favore de' padroni, non volete che quello fu danneggiato sia
rivaluto nei suoi danni? Ma in che modo non potendo avere
la cosa sua quale prima della congiunzione possedeva? Riceverà il suo avendone il valore, ed essendo rinfrancato ne'danni patiti. A tal modo si serberà la naturale equità, ed uno
non addiviene maggior possidente a danno dell'altro giusta

la regola, che nella piena giustizia, e sempre vera in tutti i casi, che cacciò fuora il tribunato di Roma, quando disse, « *Nuno ingiustamente debbe volere arricchirsi col danno altrui* 1 » : come appunto succederebbe affermativamente se la proposta soddisfazione avesse luogo nell' indicato caso.

721. Tutta però la quistione in questo secondo caso (720) si raggira nel vedere de' due possessori a chi debba darsi la preferenza ; cioè chi dei due possa e debba tutta la cosa ritenere soddisfacendo all' altro, che ne resta (§ CCLVIII.) privo. E per disbrigarci da un tal laberinto sarà utilissimo rammentare, che nella concorrenza de'dritti perfetti, quello dovrà prevalere, che più giusto motivo avrà di essere anteposto agli altri. Or nella specie occorrono due distinti padroni, i quali egualmente ànno un dritto perfetto ognuno per la cosa sua, ed ambidue non possono rendersi contenti, se l'uno all'altro non si preferisca. Come dunque avrà a farsi? Sarà una regola sicura e certa, se si procederà nel seguente modo. Diasi la preferenza a quello, di cui la materia è più pregevole, più rara, ed à più ragione di affezione. Ed ecco un giusto motivo per la preferenza ; imperocchè siccome la rarità, l' affezione, le opere, l' impegno, la cultura, ed altre cose simili, per la stima che ne fanno gli uomini ammettono un maggiore prezzo a preferenza delle altre cose venali; così esse formeranno un giusto motivo, per cui il loro padrone venga a preferirsi a colui, che nel dare la cosa sua, non prestò simiglievoli cose. Così l' artefice del mio oro ne à formata una statua di maniera, che il suo lavoro non oltrepassa il prezzo del mio oro : in tal caso io mi ritengo la statua, e pagherò all' artefice la sua manifattura. Ma se nella mia tela un' egregio pittore volle disegnarvi ottima figura, al certo la mia tela cederà al pittore, il quale dovrà darmene il costo. A tal modo nel primo caso l' arte accede alla cosa, e nel secondo la cosa accede all' arte.

722. Donde a chiare note rilevasi, che la regola data in

1 *Nemo debet cum alterius damno sine ratione locupletior fieri velle.*

tal proposito da' Giureconsulti Romani , e da noi spesse' fate
usurpata; cioè » *L'accessorio siegue il suo principale* [1] », ellr
non può dirsi talmente generale, che sempre vera apparisca.
Imperciocchè quantunque in moltissimi casi non può negarsi
la verità di lei, come in più luoghi è stato da noi osservato;
pure in molti altri casi abbastanza mostrerebbe la sua assurdità , se mai avesse luogo in essi; come succede appunto nel
proposto esempio della pittura (721): qual cosa già fu osservata dapprima da Cajo , e poi dell' Imperator Giustiniano [2].
L' accessorio adunque segue il suo principale sempre che la
naturale equità il consente, ed in que' casi , come ciascuno
può osservare , in cui la stessa naturale equità vien lesa , il
principale dovrà seguire il suo accessorio. E di quì nacque
che gli antichi Giureconsulti Romani per non essersi fermati
su questa stabile regola posta dalla natura fuor di via cam-
minarono in isvariati rincontri di accessione industriale, come
ingegnosamente volle osservare Barbeyrac [3]. Perlocchè il tanto
celebre Cristiano Tommasio scorgendo una si nera mostruosità
nella Romana Legislazione concepì il pensiere di dare in luce
quella sua celebre dissertazione, *De praetio adfectionis in re*
fungibiles non cadentis [4], in cui con molta destrezza, ed impegno, le Romane dottrine riguardanti l'accessione industriale
scrutinò co' principi della naturale equità.

723. Da ultimo gieva osservare in continuazione della proposte dottrine su l' accessione industriale, che allorquando la
cosa cui l' altra di maggior valore si aggiunge, non è tenuta
in tanto pregio dal proprio padrone, che pare volerne egli
fare un dono a colui che vi aggiunse, questi in un simiglievol caso non dovrà dannarsi al prezzo di valore della cosa ,
cui aggiunse la sua (720). Su di una rosicchiata tavola se
industre pittore vi dipinse egregia forma, a tal che il padro-

1 *Accessorium sequi suam principale.*

2 § 34. Inst. de rer. div. L. 9. § 2. D. de adq. rer. dom.

3 V. C. Ioann. Barbeyrac. ad Puffendorf. de offic. hom. et civ. l.
13. 7.

4 Hal. 1701. 4. Cap. 3. § 38. seq.

ne della tavola si gloria che sopra un suo rudero tanto prezzo si è saputo ammonticchiare, non pare ch'egli in tal circostanza volesse obbligare l'esperto pittore a pagargli l'inettissimo prezzo della tavola. Piuttosto si stima avercene fatto grazioso regalo.

Quest'erano le dottrine generali spettanti l'accessione industriale, all'ombra delle quali ognuno da sè stesso potrà farsi strada ne' speciali rincontri della vita, e talmente moderare le sue azioni, che giammai possa urtare in quella giustizia, che a tutti gli uomini vien precettata dalla legge di natura; rispettare cioè l'altrui proprietà.

LEZIONE LXII.

§ 724. *Giudizio da portarsi circa i Giureconsulti Romani in fatto di dritto di natura — prima quistione, riguarda la specificazione, sua definizione, ed a chi spetta la materia specificata — opinione contraria di Giustiniano — la materia non cede allo specificante quando essa è più nobile della forma — Ed in tal caso se debba essere soddisfatto lo specificante — seconda quistione, riguarda l'aggiunzione, sua definizione, e che debba dirsi circa l'incastratura — che circa la saldatura, l'impiombatura, e l'intessitura — si conferma circa l'intessitura nella preferenza de' padroni — che circa la fabbrica: due casi si propongono, ove si risolve il primo nelle sue diramazioni — si risolve il secondo nelle sue diramazioni — che circa la scrittura, e la pittura: primo caso — secondo caso.*

724. In ordine alla industriale accessione varie difficoltà possonsi produrre, le quali ben distintamente possono appianarsi mercè le generali dottrine da noi altrove proposte relativamente ad essa (716, e segg.), ed onde tali difficoltà maggiormente chiare apparissero, e soda risultasse la loro risoluzione, ci piace quì proporle in modo di quistioni; donde due vantaggi rileviamo a parer nostro, il primo la nitidezza del dubbio, il secondo la giustizia dell'operare, il quale giammai potrà esser retto se pria ben non si apprende quello, che a norma delle leggi di natura conviene intraprendere. E poichè in tali quistioni molte cose con molta sottigliezza parlarono i Giureconsulti Romani, non sarà da noi trascurato il loro retto sano pensare; non perchè a sviluppare la legge di natura vi fosse bisogno dell'altrui autorità, come altrove anche cennammo (32, 688);

ma perchè maggiormente sbrillasse la stessa legge, ove molti
e sensatissimi uomini si fanno a confessarla. Qual cosa la diciamo per giustificarci in tutte le volte, che del tribunato di
Roma antica ci siamo fin qui avvaluti, e per agire còn maggior franchezza nel progresso dell'opera in avvalendoci del suo
forte modo di ragionare secondo i propri naturali lumi. Perciocchè quantunque la legge civile non à che fare con la legge
di natura (44) essendo ben diversi i fonti, donde traggono
origine; pure l'antica legislazione Romana prescindendo dalla
positiva disposizione che conteneva, gran tesoro si aveva fatto
della Legislazione naturale, per cui fu di ammirazione al
mondo intero, ed il suo nascimento non fu dannato a perire
se non con la morte dell'intiero genere umano: tanto è l'uso,
che anche oggigiorno i popoli fanno di essa nelle loro svariate legislazioni, come può osservarsi.

Or, premesso un tal nostro pensiere che abbiamo stimato
necessario estrinsecare, tutte le quistioni riguardanti l'accessione industriale possono ridursi in termini generali alla specificazione, all'aggiunzione, alla confusione, ed alla commistione. Ed ecco quattro interessanti quistioni, che assorbiran-
no l'intiera dottrina dell'accessione industriale. Principiamo
dalla prima

QUISTIONE I.

SPECIFICAZIONE.

725. Per la Specificazione non altro vuolsi intendere (§
CCLIX.) che qualunque modificazione, la quale s'induce nel-
l'altrui materia. Così dal legno mio tu ne formi una nave,
oppure dal mio oro una coppa, avrai allora specificata la materia del legno, o dell'oro mio; vi avrai cioè indotta una
mutazione, per la quale la materia acquista una nuova forma
di essere. Ciò posto, quante volte nell'altrui materia à luogo
la specificazione, la cosa intiera che ne risulta spetterà allo
specificante, il quale intanto è tenuto rimborsare al padrone
della materia il prezzo della stessa, assoggettandosi pure

alla pena, ove siavi intravenuto il dolo malo, ossia di bel
genio, e maliziosamente siasi modificata l'altrui materia (589).
E che sia così il torto non essendo dalla parte nostra avver-
tasi ch'è sempre secondo ragione, richiedendolo la naturale
equità, che nella difficile, anzi impossibile separazione delle
cose unite appartenenti a due padroni, la cosa intiera debba
cedere a quel padrone, di cui la cosa è più preziosa (721).
Or di grazia nella congiunzione della materia con la forma, come separate voi l'una dall'altra senz'arrecare una distruzione? Intanto la materia spettando ad un padrone, e la forma ad un'altro, come riuscite a contentare ambidue senza
cedere all'uno l'intiera cosa, all'altro l'equivalente di quello
ch'è suo nel congiungimento?

Il più delle volte l'affezione cade più su la forma, che su la
materia; perchè gli uomini suppongono sempre il lavoro, l'industria, valere più prezzo della materia, su cui a dir vero
non cade affezione di sort'alcuna; perchè una materia senza
forma è di ragione riputata inutile. Dunque il padrone della
forma, ossia lo specificante a buon dritto debb' essere preferito al padrone della materia.

726. L'Imperator Giustiniano 1 tutto opposto al nostro sentire, voleva dirimere la quistione nel seguente modo. Egli
dapprima dimandava se la nuova forma indotta nella materia
poteva ridursi alla materia stessa, oppur no: qual cosa conosciuta Egli rispondeva, che allorquando la nuova forma
poteva ridursi alla materia su cui era caduta, il padrone
della materia doveva preferirsi allo specificante: allorquando
poi la nuova forma non poteva ridursi alla materia su cui
era caduta, lo specificante doveva preferirsi al padrone della
materia. Ma con buona sua pace la quistione con tale distinzione anzichè uscire d'imbroglio addiviene più complicata di
quello prima non era. A tal modo bisognerebbe prima clas-
sificare tutte le forme che possono ridursi alla materia, e poi
venire ad assegnare a ciascuno il proprio dritto secondo la
naturale equità. Egli ciò non fece, nè poteva farlo; dappoi-

1 § 25. Inst. de rer. divis.

chè non è del limitato pensiere umano raggiungere tutte le
possibili combinazioni che possono darsi nelle tante e svariate
materie, che ànno luogo in natura. Ed ancorchè in ciò fare
riuscito fosse felice, qual giustizia conterrebbe la sua decisione? Infatti riducendosi la forma alla materia, questa che
più ne faremo? Avremo allora una massa informe, che niun
giovamento arrecherà, e mentre la materia per la forma acquista il suo valore, stima, ed affezione, le si verrebbero
siffatte cose in un'attimo a negarcele tutte, come osserva
Puffendorf 1.

Ma dato anche che la materia senza una tal forma avesse
pure in sè del valore, neppure giusta potrebbe sembrare la
Giustinianea risoluzione. Imperciocchè la forma à in sè stessa
questo di particolare, che se la materia vale dieci centupli-
catamente alle volte ne accresce il valore per maniera, che
la materia unendo a sè la forma varrà cento, ducento, mille. Pigliano l'esempio dalla costruzione di una nave, la
quale per formarsi à bisogno del legname. Or quando l'arte-
tefice dà al legname quella forma, per cui ne risulta la nave, il legname abbenchè prima della nuova forma aveva un
prezzo, pure per la forma ricevuta acquista tanto prezzo,
ch'era impossibile rattrovarsi nel suo essere isolato. Intanto
la nave può scompaginarsi, ed il legname può ridursi com'e-
ra, cioè la forma può ridursi alla materia; ma chi è così
forsennato che voglia oprare tanta ruina a danno del simile
per salvare il menomo dell'opera, cui con tutto l'agio poteva intennizzarsi? Sarebbe in tal caso l'operare stesso del
ragno che per putrida mosca tutto si sbudella, invecchia, e
muore! Per la qual cosa fu più equo Giuliano Imperatore,
quando 2 seguì la nostra sentenza (725) in occasione del risarcimento di un'antica sdrucita nave, essendosi fatto uso
dell'altrui legname; e certamente come in tal caso, così
pure nel caso poc'anzi proposto di una nave fatta di pianta
col legname altrui; la forma poteva ridursi nella sua mate-

1 De jur. nat. et gent. 4. 7. 10.
2 L. 61. D. de rei vindic.

ria 1. Concludiamo adunque che stando a' sani principi della legge di natura la sentenza di Giustiniano per niente à naturale equità.

727. Adunque la materia dovendo cedere alla forma (723), di maniera che lo specificante deve preferirsi al padrone della materia, come riflettette Tommasio nella sua citata dissertazione (723) 2, sempre che la forma sia più nobile, e più preziosa della materia (721). Ma nel caso che la materia fosse più nobile dell' arte, ossia più rara, e più preziosa della forma, allora per gli stessi principi della naturale equità (721) la forma dovrà cedere alla materia per guisa che il padrone della materia dovrà preferirsi allo specificante. Così avrò io dell' ambra, oppure del bronzo di Corinto, ambedue cose preziose, se qualcuno à il genio dell' ambra formarne un vezzo, o del bronzo un vaso, queste manifatture certamente non potranno giammai agguagliare il valore delle preziose materie in parola; ed in conseguenza per giustizia dovranno cedere a me, ch' era il padrone delle cennate materie.

728. Ma dovrò io soddisfare lo specificante per l'opera sua, che aggiunse alla mia materia? La cosa vuol' esser distinta per non offendere la giustizia; giacchè possiamo avere che lo specificante abbia potuto così operare in buona, od in cattiva fede. Se lo specificante à operato in buona fede, allora dovrò io pagargli il prezzo dell' opera; perchè la materia abbenchè preziosa con la forma acquista sempre un nuovo prezzo, il quale è frutto dell' altrui industria, ch' è degna di prezzo. Se poi lo specificante à operato in cattiva fede, cioè maliziosamente, il nostro ch. Einneccio suppone che niente gli sia da me dovuto; ed abbenchè ei taccia, pure la sua reticenza abbastanza c' indica quel che voleva dirci. Ma a noi non pare seguire le orme della giustizia colui, che tal sentenza seguisse. Ed ecco come la ragioniamo. L' opera altrui o che esista nel delitto, o fuori questo, è sempre degna di prezzo, ed

1 L. 26. pr. D. de adq. rer. dom.
2 Cap. 3. § 43. seq.

ella quando va in vantaggio di chi la riceve non può stimarsi infruttuosa. Nella specie quando la nuova forma data all' altrui materia vantaggia il padrone della materia stessa, l'altrui opera è vantaggiosa, e non inutile. Or se niente si dovesse allo specificante di cattiva fede, in tal caso il padrone della materia verrebbesi a far più ricco col danno del simile, ciocchè è contro ragione (720). È vero che tale specificante merita una pena ; ma si vorrà per pena l' intiera perdita della sua industria? Pare non vi consentisse la naturale equità. Sarà dunque giusto che percepisca un compenso per la sua opera, ed in pena del delitto non percepisca quel tanto che avrebbe percepito se avesse agito in buona fede. Qual pena nella legge di natura fa mestieri venisse determinata dal giudizio degli uomini prudenti. Passiamo ora ad un' altra quistione

QUISTIONE II.

AGGIUNZIONE.

729. L' Aggiunzione si à quando la cosa altrui rimane tale qual'era, soltanto vi si aggiunge qualche cosa del nostro. Or tale aggiunzione può aversi in varï modi; cioè per l'incastratura, per la saldatura, per l' impiombatura, per l' intessitura, per la edificazione, infine per la scrittura, o per la pittura; de' quali tutti modi occorre fare singolare menzione.

Ed in primo luogo (§ CCLX.) per rapporto alla Incastratura, poichè le cose che in tal guisa si uniscono facilmente possonsi separare senza molto dispendio, sarà della naturale equità separare sì fatte cose, e ciascun padrone pigli quello che si spettava al suo possesso (719). Così al mio oro viene incastrata una gemma, per tale unione l' oro mio è restato tale qual' era prima della incastratura ; la gemma senza molta fatica o spesa può togliersi dall' oro ; dunque in tal caso a serbare la giustizia tra i padroni, la gemma si separerà dall'oro, e questo torna a me che n' era il padrone , e quella torna al padrone della gemma. Naturalissima sembra una tal soluzione; perciocchè non è uopo di vantaggio intrattenerci su di essa.

730. In secondo luogo per rapporto alla Saldatura, alla Impiombatura, ed alla Intessitura, due casi possonsi presentare: o le dette cose dalla materia preesistente facilmente possono separarsi, o pur no. Allorquando senza molto dispendio, ossia facilmente si possono separare, si risolverà la quistione come nella incastratura (729); perchè lo stesso è l' oggetto di separazione abbenchè sotto differenti circostanze : nè scorgiamo motivo alcuno, perchè in tal caso l' un padrone all'altro debba preferirsi, mentre e questo e quello possono ritornare in quello stato, in cui erano prima di aver luogo l' aggiunzione. Tutta la difficoltà è nel decidere la cosa posta nel secondo caso; allorquando cioè le cose non possono facilmente separarsi senza un notabile danno di uno de' due padroni, oppur di amendue. In tal circostanza pigli questa risoluzione. Ceda la cosa intiera a colui ché fece l' aggiunzione, quando la materia per sè stessa non sorpassa l' industria, pagando il congiungente al padrone della materia l'equivalente (720): che se poi la materia è più preziosa della industria si preferisca il padrone della materia al congiungente, il quale sarà rivaluto del suo (720, e segg.). E che questa sia la naturale equità, osservate. Se ad un riccone gli salta in testa di agreziare capricciosamente di fulgido oro una veste di un mendico, la quale è addivenuta anzi una porpora reale, volete voi che questo povero mendico si ritenesse la sua veste, e rivaluasse il riccone de' suoi interessi? Certo che no. Dapprima il ricamo non può separarsi dalla veste senza inutilizzare le proprietà di amendue i padroni ; giacchè nella separazione il povero avrebbe a pigliare la sua veste peggio di un crivello, ed il riccone un' ammasso di minute parti, che a niun' uso sarebbero più buone. Dappoi il mendico che più avrebbe a farne della sua veste se più non si addice al suo stato, ed alla sua fortuna? Ben' inutile le riesce. Con tutto questo vorreste voi preferire il povero padrone della veste al ricco padrone della congiunzione? È dunque della naturale equità che il ricco pigliasse la veste e soddisfacesse il povero ne' suoi danni.

731. Questo maggiormente deve correre allorquando l'altrui congiungimento à deteriorata la cosa mia; perchè in tal caso

la mia cosa o scema di prezzo e soffro positivi danni; oppure
si rende inutile da non più servire per me, o per gli altri.
Del mio castoro altri ne volle formare una veste da buffone;
che me ne farò io di una tale ridicola veste? È mestieri in
tal caso che il congiungente ripigliasse per sè interamente la
cosa adulterata, e mi soddisfacesse tutt'i danni, e gl'interessi che patisco, ed oltreachè soggiaccia pure alla pena, ove
maliziosamente abbia adulterata la cosa mia (587). Donde manifestamente apparrebbe la ingiustizia, se il padrone della materia si volesse preferire al padrone della industria; questi allora verrebbe a percepire frutto sul danno altrui, ciocchè è
contra ragione.

732. In terzo luogo per rapporto alla Fabbrica (§ CCLXI.)
bisogna attendere a vari casi. Chi edifica può edificare nel proprio suolo con materia aliena; oppure può edificare nel suolo
alieno con propria materia. Or riguardato il primo caso si apre
la via a due nuovi casi; cioè tutto l'edificio può essere di legno, oppure di pietra solida, ed ecco due soluzioni da darsi
al proposto caso. Principiamo dal primo.

Sempre che l'edificante con aliena materia servendosi del
proprio suolo costruisce un'edificio di legno; poichè il legname, e quindi le tavole, le travi, ed altro, è di tale natura,
che senza molto dispendio può togliersi dal luogo, ove fu riposto, e ritornare a chi si apparteneva; il detto edificio è mestieri si scompaginasse, ed il legname si restituisse al proprio padrone, come quegli, che sempre à il dritto di ripetere la cosa
sua. È vero, che i Decemviri proibirono di togliersi la trave,
che già era stata al muro fissata [1], per la ragione che in contrario le città sarebbero state bruttate dalle ruine; ma era questo un motivo tutto civile, che niente aveva che fare col motivo addotto dalla legge di natura, la quale in tal caso non riguarda la bellezza o deformità de' luoghi; sibbene il dritto che
può e debba spettare a ciascheduno tostochè senza molto dispendio dell'altro può salvarsi (719). Per la qual cosa rinve-

[1] L. 6. D. ad exhib. L. 7. § 10. D. de adq. rer. dom. L. 1. D. de
tign. juncto.

riumo presso molte nazioni, che avevano uso di edificare le
case mediante tavole, e travi, ch'era legge togliersi l'altrui
simiglievole materia e restituirsi al padrone; come può osservarsi presso la legge de' Longobardi [1], presso il Dritto Pro-
venzale di Sassonia [2], e presso il nostro stesso ch. Einneccio
ne' suoi Elementi del dritto Germanico [3].

Venendo poi al secondo, quando cioè l'edificio è di pietra
solida, è naturale equità che il padrone della materia si avesse la giusta stima della cosa sua, per la ragione che l'edificio
a diroccarsi importerebbe molto dispendio (720). Ciòcchè si
avvera pure in ordine alle tavole, o travi, che per tale edificio si sono usate, e che sarebbero state inutili al loro padrone, o quand'anche fossero state utili sarebbe troppa spesa
l'amuoverle. Epperò la stessa giustizia comporta che il padrone dell'edificio si assoggettasse ad una pena, ove siavi intravenuta frode nel suo operare (587); giacchè è giusto che il
delinquente paghi la pena del suo delitto, il quale non dev
andare impunito.

733. Riguardato poi il secondo caso, in cui qualcuno edifi-
casse nel suolo alieno con materia propria, allora se l'edificio
senza grave dispendio può togliersi, è giusto che fosse sgom-
brato dall'altrui suolo (719); oppure si aggiudicherà al padrone del suolo nel caso che l'edificio gli potess'essere di vantaggio, pagandone però il prezzo secondo il valore all'edificante; stantechè il suolo ammette un prezzo di affezione, il
quale è un motivo da far preferire il padrone del suolo al padrone dell'edificio (730). Ma se poi l'edificio è di niun'uso
al padrone del suolo, allora colui che à edificato deve ritener-
si l'edificio che non può scomporsi, e darà la valuta del suolo al rispettivo padrone, pagando del pari la pena, ove abbia
operato con dolo e mala fede (587). Queste cose non occorre
di vantaggio ragionare; dappoichè ricavansi immediatamente da
proposti principi (716, e segg.), e di lor natura son tali, che

1 1. 27. 1.
2 2. 63.
3 2. 3. 66.

non danno luogo a difficili quistioni; perciocchè volentieri passiamo alle ultime specie dell'aggiunzione.

734. In quarto luogo finalmente per rapporto alla Scrittura, ed alla Pittura (§ CCLXII.), due cose son degne ad osservarsi; se cioè in una carta, oppure in una tela, si sono scritte, o pittate cose di gran rilievo, ovvero cose di niun conto, per cui secondo la naturale equità dovendo essere diverse le aggiudicazioni a farsi, sarà giusto dividere la quistione in due distinti casi. E per quello riguarda il primo se sur una carta si son scritte, ovvero sur una tela si son pittate cose di gran rilievo, la carta e la tela debbono cedere allo scrittore, od al pittore, dovendo questi pagare al padrone il prezzo sì della carta, che della tela. E per ragionare su la equità del fatto giova rammentare, che quando nell' accessione industriale due cose concorrono, delle quali una ammette affezione, stima, od altro, e l'altra no, questa a quella per naturale equità deve cedere (721). Or nella specie che affezione potrà contenere un foglio di carta, oppure un palmo di tela in faccia al nobile inno, che l'immortale poeta scrisse su di essa; oppure alla non peritura effigie, che su di essa pinse il rinomato pittore? Niuna per certo ; giacchè distano quanto il cielo dalla terra. Ebbene vorreste allora che un vile foglio di carta si preferisse allo scrittore, od un vile palmo di tela al pittore? No; piuttosto lo scrittore ed il pittore pagheranno la carta e la tela, e se le riterranno per loro proprietà. Questo è pur troppo giusto ad intendersi. Ma non è così poi che sappiamo capire, perchè i Giureconsulti Romani, alcuni tra essi ci annuirono in fatto di pittura, ci contrastono poi in fatto di scrittura, quasi che non corresse la stessa ragione per l'una e per l'altra. E poi eglino stessi paragonano la scrittura alla edificazione 1; dunque deve stare per la scrittura quello stesso che sta per la edificazione; e per conseguenza dovrà succedere per la carta quello che succede pel suolo. Or perchè non ànno fatto l'istesso paragone per la pittura, mentre niente ostava a tale somiglianza? Perchè allora si sarebbero trovato malamente coi

1 §. 23. Inst. de rer. div. L. 9. D. de adq. rer. dom.

conti , e più manifesta sarebbe stata la loro contradizione. E
che à che fare la carta col suolo , mentre perdendo il suolo
perdiamo gran cosa , e perdendo la carta è un niente? Concludiamo adunque , che affatto ragionevole è il lor parere in
ordine alla scrittura che non merita ci dilungassimo di vantaggio.

735. Per quello poi riguarda il secondo caso , è secondo la
naturale equità, chè la carta se la ritenesse lo scrittore, la tela il pittore, pagandone però i rispettivi prezzi. Imperciocchè
quando cose da scherzo, o di uiun conto vanno a lordare l'altrui tela , come che non ammettono in sè alcun' affezione, pel
motivo addotto (734), debbono non danneggiare il padrone, il
quale certamente non avrebbe più che farsi delle robe sue. Che
se altrimenti fosse sanzionato dalla legge di natura, ognuno di-
lettando il suo capriccio a danno del simile, anzichè riportar-
ne pena, avvantaggerebbe le cose sue. E qual' ansa funesta
non si presenterebbe allora agli sciagurati e rubelli di maltrat-
tare i loro simili? La giustizia naturale queste cose non soffrendo induce il vantaggio del padrone della carta, o della tela, a danno di chi delle stesse volle abusare.

LEZIONE LXIII.

SIEGUONO LE INDICATE QUISTIONI, E SI DISCORRE
DELL' ACCESSIONE MISTA.

§ 736. *Terza, e quarta quistione, riguardano la confusione, e
la commistione; loro definizioni — a chi spettano le sostanze
confuse, o commiste per consenso de' padroni — e senza consenso di uno de' padroni — il quale pretendendo una parte
della materia mescolata, qual proporzione debba avere —
ch' è l' accessione mista, ed a chi spetta la piantagione fatta
nel territorio altrui non approfondite le radici degli alberi
— approfondite le radici degli alberi — a chi spetta la semina fatta nel territorio altrui — eccezione a favore del padrone del suolo — motivi che la inducano — varie opinioni circa l' albero posto nel confine di due territori spettanti a due
diversi padroni — nostra sentenza — se l' usucapione è modo
originario di acquistare il dominio.*

736. Tutte le quistioni riguardanti l' accessione industriale
petevano ridursi a quattro principali, come dicemmo (724);
cioè alla specificazione, all' aggiunzione, alla confusione, ed alla commistione, di cui le prime due essendo state di già trattate da noi nell' antecedente lezione, rimane a parlare delle ultime due, che formano la terza e quarta specie dell' accessione
industriale, le quali perchè ànno la medesima ragione nelle bilance della naturale equità; perciò crediamo riunirle presentan-
dole sotto una medesima quistione, che insieme le abbraccia.

QUISTIONE III. 'E IV..

CONFUSIONE, E COMMISTIONE.

In ordine ad una tale quistione (§ CCLXIII.), giusta il loro solito i Giureconsulti Romani 1 multe cose ànno detto con pari sublimità e distinzione, le quali ci serviranno di norma almeno sostanzialmente nella presente diceria senza però separar le cose com'essi fanno, ma unitamente trattandole, giusta il motivo poc'anzi addotto: in contrario fuori necessità avremmo a ripetere sempre lo stesso diversificando soltanto i vocaboli.

Mettendo intanto piede nella proposta quistione, fa mestieri venire dapprima alla cognizione delle voci di confusione, e di commistione, onde poi ordinatamente si proceda nel resto della trattazione, che le riguarda. Ed infatti la Confusione è'l rimescolamento delle sostanze liquide; e la Commistione è'l rimescolamento delle sostanze secche. Mescerai, o mò di esempio, vino ed aceto, oglio ed acquavite, o vino con vino, oglio con oglio, rosolio con rosolio, avrai fatto una confusione: ma se poi mescerai grano con orzo, senape con miglio, senza dubbio avrai prodotta una commistione.

737. Or sia che confondi, sia che commesci le sostanze, avrai potuto ciò fare o col consenso dell'altro padrone, oppure senza consenso, anzi di mala voglia dell'altro padrone. Che ti converrà fare in ambidue questi casi, che assorbiscono l'intiera quistione? Attendi:

Allorquando la miscela (ci serviamo di questo vocabolo generale per intendere tanto la confusione, quanto la commistione, onde non essere ritardati dal dire nella moltiplicità delle voci) è avvenuta per comune consenso di amendue i padroni, allora le sostanze essendo divenute una massa comune, bisognerà dividerle tra loro in proporzione della quantità, e della qualità delle stesse. Infatti quando la cosa è comune,

1 L. 23. § 5. D. de rei vind.

i padroni ànno un'ugual dritto a possederla; uno cioè non può escludere l'altro dall'uso della cosa comune, potendo però ambidue escludere tutti gli altri dall'uso della medesima cosa (650). Venendo quindi a dividersi la cosa comune è giusto, che ognuno pigliasse la sua propria; perchè tanto dritto à il padrone su la cosa comune, quanto comporta la cosa stessa posta nella comunità (650): ma se riuscisse impossibile pigliare la sua assolutamente, è giusto che la pigliasse in ragione del suo valore, della sua stima. Si sarà mescolato per esempio un'oglio buono con un'oglio cattivo, e fingete in eguali porzioni; poichè la separazione assoluta riesce impossibile, il padrone dell'oglio buono non potrà pigliare la mettà della miscela; perchè allora ci rifonderebbe vantaggiando l'altro padrone, il quale per tal motivo neppure potrà pigliare la mettà della stessa miscela. Allora si valuterà l'insieme e le singole parti, e dall'insieme il padrone del buono oglio piglierà tanta parte, quanta corrisponderà al valore del suo posto in comunità, avendo però sempre il depreziamento, che l'oglio buono à fatto in rimescendosi col cattivo. E questo che dicesi dell'oglio, applicatelo pure con la dovuta proporzione a tutte le altre sostanze, che col comune consenso dei rispettivi padroni vengono insieme a rimescolarsi riuscendo impossibile la separazione.

738. Ma se la miscela si è fatta senza consenso, ed a mala voglia dell'altro padrone, sarà giusto che le sostanze si separassero, ove la loro natura il consente, e ciascun padrone ripigliasse il suo. Che se non possono separarsi, il mescolatore dovrà dare l'equivalente nella qualità, e nella quantità all'altro padrone, ed essendovi intravenuta la colpa pagherà la pena a tenore del suo delitto (587). Imperciocchè per la capricciosa miscela la cosa mescolata è addivenuta di niun'uso per colui, che non la pretese; conseguentemente questi nei suoi interessi à sofferto un danno, mentre l'altro à ricevuto un vantaggio con l'accrescere la sua sostanza. Or non volete che chi è danneggiato sia rivaluto nelle cose, sue a tal che l'altro non facciasi più ricco col danno altrui? (720). Il rimescolatore adunque dovrà dare l'equivalente a colui, che

non consentì alla miscela. E qui tornano le stesse riflessioni
altrove (735) addotte ; che cioè in contrario gli scellerati a-
vrebbero un'ansa al mal fare, e di soverchiare i dabbene; che
i cavillosi , e capodici uomini troverebbero modo come eternare le liti ; che infine nium' altro potrebbe stare più sicuro
all'ombra del suo tetto, e così via discorrete del resto. Mentre la legge di natura non è mica direttrice della discordia ,
e della ingiustizia ; sibbene del retto operare , e vuol garentire a spada tratta le proprietà di ciascheduno , a ciò che o-
gnuno all'ombra del suo fico pacificamente ne cogliesse gli abbondanti frutti.

739. Possiamo però avere, che l'altra parte la quale dev'esser compensata del suo , anzichè riceversi il prezzo di giustizia, pretende una parte della materia mescolata, in tal caso
è giusto, che senza difficoltà in proporzione della sua quota
le si dia instituendo una regola di alligazione , come per lo
innanzi proponevamo (737). Imperciocchè l' approvazione nella
cosa à forza di consenso, e niente osta se prima o dopo il
fatto si apponga ; giacchè pel consenso si conviene in quello,
che o è da farsi, oppure già è stato eseguito. Avvenuta una
positiva communione di cose tra più padroni, tutti ànno dritto alla cosa di proprio consenso posta in comune ; e che se
prima non vi si consentiva , e poi si viene a prestare il consenso , niuno potrà negare il proprio dritto alla cosa appartenente a più padroni. Il bronzo di Corinto fu visto per la
prima volta dopo l'incendio della stessa città , per cui se me-
scolo i miei metalli con l'altrui oro a tal che ne fo risultare
questo prezioso metallo di Corinto, non avrò sempre io il
dritto di pretendere il mio non ostante che il padrone dell'oro
vi abbia ripugnato ? Ora nella specie che io pretenda il mio
secondo la sua specie, o che io lo pretenda in ragione del suo
valore, non avrò io preteso sempre il mio, e nient'altro di
più ? Pare adunque che la rispettiva quota non debba negarsi
a quel padrone, che abbenchè non abbia consentito nella miscela al principio, pure eseguita è venuto ad approvarla. Ma
queste cose potendo bastare per una teoria di accessione industriale, fa mestieri che in ultimo luogo ragionassimo della

terza specie di accessione, ch'è la mista, come cennammo (702).

740. Or l'Accessione Mista (§ CCLXIV.) à luogo quante volte concorrono insieme la natura, e l'arte ad aggiungere qualche cosa al nostro (702); per cui in ordine a sì fatta accessione si può domandare a chi debba spettare la Semina, o la Piantagione fatta nell'altrui territorio? A cui soddisfare basterebbero a sufficienza le svariate cose fin qui notate intorno all'accessione ; giacchè ognuno che à fior di senno da sè stesso con tali norme generali potrebbe raccorre quanto all'uopo fosse bisognevole. Intanto per non restar digiuni in questa materia delle altre antecedenti non meno interessante, ci facciamo a dimandare dapprima in ordine alla piantagione se mai gli alberi ànno gittato nella terra talmente le radici, che riesce dispendiosissimo svellerli, oppur no? Nel caso che gli albori non ancora ànno nella terra di molto approfondite le radici di maniera, che commodamente possonsi svellere senza notabile dispendio del padrone, non v'è dubbio che debbonsi togliere, e per la naturale equità cedersi al proprio padrone (749), il quale per un fatto suo imprudente non può giammai perdere il dritto di vendicare dalle mani altrui quello, che propriamente è suo. Conciosiachè il dritto di pretendere il mio non dipende dall'altrui volontà ; ma dalla natura stessa della cosa, la quale una volta fu ridotta sotto il mio potere, e quindi per un tal fatto addivenne mia. Se quindi avrò piantata una giovine vite nell'altrui territorio, avrò malamente agito ; perchè non poteva usare dell'altrui proprietà senza il consenso del padrone di un tal territorio : ma la vite sarà sempre mia in guisa che escluderò chiunque altro dal pigliarne possesso, perchè era mia proprietà. Dovrò intanto svellerla dal fondo altrui ; perchè ò abusato dell'altrui proprietà, e potendo ciò fare senza molto mio dispendio il padrone del fondo, in cui la piantai, non potrà impedirmi che la ripigliassi. Questo è giusto e naturale, per cui non occorre aggiungere di vantaggio.

741. Nel caso poi chè gli alberi anno sparse profonde le radici in terra a talchè non possonsi svellere senza grande di-

spendio , allora è della naturale equità che cedessero al padrone del fondo, il quale intanto è tenuto sborsare al padrone degli albori il prezzo degli stessi secondo la loro stima ed affezione , non che le spese occorse per la piantagione (587). Se tu recidi un' annoso albero piantato contra tua voglia nel tuo fondo due mali verrai ad operare , l'altrui pianta renderai inutile , e ti privi di quei vantaggi che da essa commodamente potevi raccorre. In tal caso avrai dato sfogo ad un capriccio, che non può restare impunito all'ombra della giustizia naturale. D'altronde aggregando un tal'albore al tuo fondo non potendolo il padrone seco avere , ne percepisci un guadagno a spese altrui , il quale sarà sempre ingiusto non rinfrancandone il padrone. Imperciocchè è naturale che soddisfacciamo a quello, che non essendo nostro, ci produce un reale e positivo guadagno, se pur non vogliamo avvantaggiare col danno degli altri (720). È dunque giusto che in tal caso il padrone del fondo, ritenga per sè gli albori piantati, e la valuta degli stessi la rinfrancasse al lor padrone. Ma osservate di vantaggio, che il padrone degli albori a fare una tal piantagione ebbe a comprare le tenere piante , chiamare i coltivatori per piantarle, farle assistere, provvedere alla loro crescenza : insomma ebbe a far delle spese , onde assicurare quel guadagno che attualmente si percepisce dagli stessi. Dunque è naturale ancora che dal padrone del fondo fosse rivaluto di tutte quelle spese , che fece per piantare sì fatti alberi. 'Ed ecco che ritroviamo secondo ragione la esposta risoluzione, cui niuno , per quanto ci sappiamo, produce opposizione di sorte alcuna.

742. E questo che nel presente caso (741) è detto con tutta equità degli alberi , con maggior ragione deve dirsi della semenza affidata alla terra altrui. Imperocchè la semenza tostochè s'è data in seno della terra perde ogni affezione, ed a niun'altro uso è buona , fuorchè a dare la messe. Con qual giustizia imporrai al padrone di lei , che la ritogliesse dal tuo fondo ? Vorrai allora senza dubbio arrecare un danno al tuo prossimo, ciocchè non ti è mai permesso (530). Nè potrai dire che la seguita occupazione ti venisse a danneggiare

per maniera, che il tuo bene l'ài da preferire al danno del prossimo tuo (782); giacchè la messe per sè stessa ti arreca un vantaggio, per cui la occupazione fatta nella proposta risoluzione (741) cede a tuo bene, e non già a tuo danno. Or cedendo a tuo bene è giusto che rinfranchi per l'equivalente il padrone del seme non solo pel prezzo della semenza, ma ancora per le spese occorse per semenzare. Fa che il tuo sia sempre tuo; ma quello degli altri fa pure che sia sempre degli altri; perchè ogni usurpazione di proprietà è sempre una frode, e quindi una ingiustizia, che per la legge di natura non può non correre l'obbligo strettissimo di una ragionevole restituzione.

743. Potrebbe però il padrone del suolo astenersi dal pagare sì il valore del seme, come pure le spese occorse per la seminazione, dando per giusto compenso la massa da raccogliersi a colui, che seminò nel suo campo. Imperciocchè il motivo, che la natura induce al padrone del fondo di restituire il prezzo e le spese al padrone del seme, si è appunto di non vantaggiare a spese degli altri. Or quando si cede al padrone della semenza tutto il frutto, che poteva sperare dalle sue fatiche qual danno gli si viene ad accagionare? In tal caso riceve quel tanto, che pretendeva dalla natura, cioè il ricolto; e quindi avrà ricevuto il giusto compenso dell'opera, e della cosa sua. Ma imperciò dovrà egli niente dare al padrone del suolo? Pare che la stessa naturale equità, che astringeva il padrone del suolo a non vantaggiare a spese altrui, astringesse pure il padrone della semenza a non vantaggiare a spese del padrone del suolo. Questi poteva a suo bell'agio far fruttare il suo suolo, il quale ammette una affezione, e maggiore ordinariamente della stessa semenza. Più, l'uso è degno di prezzo, come anche sarà notato in appresso, e l'usare del fondo altrui ammette una stima, un valore. Stando dunque tali cose è della naturale equità che il padrone della semenza dia al padrone del suolo quel prezzo, che la stima del suolo ricerca, salvo però che il padrone del suolo chiaramente intendesse donarcelo; giacchè allora a niente sarà obbligato il padrone del seme, mentre chi è pa-

drone della cosa , può cedere a suo talento ed il dritto della
cosa , e l' uso della cosa medesima , ch' è sua; come sarà in
appresso sviluppato.

744. Ma quali cause potranno indurre il padrone del suolo
a cedere il ricolto al padrone della semenza ? Principalissima
causa potrà essere la stessa sua volontà ; giacchè le nozioni
di dritto e di dovere essendo correlative (20), dove niun
dritto esiste in uno , niun dovere può esistere nell'altro. Il
padrone del seme, di grazia , qual dritto aveva di semenzare
nel fondo altrui ? Niuno. Dunque il padrone del suolo niun
dovere à di ritenere per sè la stessa semenza. Oltreacchè possono essere giuste e ragionevoli cause per parte del padrone
del suolo di così operare , quelle in forza di cui si avvede
che ritenendo il semenzato per sè verrebbe a patire de' danni ; giacchè a rinfrancare gli altrui interessi è tenuto a discapitare ne' suoi , mentre l' uomo è tenuto ad amare l' altro
uomo come sè stesso, ma non più di sè stesso (482). Quindi
tali cause potrebbero essere se il campo fosse stato malamente
coltivato , per cui la messe non può promettere abbondanza ;
se la semenza fosse stata di cattiva qualità ; se la stagione
si mostrasse ingrata agli stenti degli agricoltori ; se si fosse
usata frode nella cultura ; se si temessero de' danni per parte
del padrone del seme ; e queste ed altre simiglievoli cagioni
saranno per sè stesse capaci a ritrarre il padrone del suolo
dall' acquisto del semenzato.

745. Qui poi al proposito della piantagione si può proporre la quistione (§ CCLXV.) relativamente ad un albero posto nel confine di due territorî spettanti a due differenti padroni ; a chi mai cioè debba spettare un tale albore ? Or tal
quistione à avuto sempre differenti patroni ; nè è tale di sua
natura che porta facile soluzione. Noi intanto prima di esporre
il nostro sentimento crediamo giusto esporre le opinioni dei
contrarî. Infatt' i Giureconsulti Romani ponendo mente piuttosto a' succhi, che dalla terra riceve l'albore , e formano i
suoi alimenti , che ad ogni altro motivo, ci vennero a dire [1]

1 L. 26. § 2. D. de adq. rer. domin.

che in tal caso era mestieri badare allo sparto che naturalmente ànno le radici ne' differenti territorï di maniera , che s' egualmente si distendono in ambidue i fondi , egualmente piglieranno dell'albore i rispettivi padroni: ma ove in differente guisa si distendessero nelle terre le radïci , più piglierà quel padrone, dalla cui terra più alimento riceve l'albore in parola, e meno piglierà quello , dalla cui terra meno alimento riceve l' istesso albore.

Altri però volendo ragione piuttosto dell'ombra che produce un tale albore , che de' succhi ch' esso prende dalle differenti terre , vogliono decisa la quistione in ragione del nocumento che a' territori produce un tal' albore , come per l' appunto pretendono quelli della Germania siccome à notato il chi. Einneccio ne' supi elementi riguardanti il dritto di tal nazione 1. Quindi è , che secondo essi più spetta a quel padrone di fondo, su cui più ombreggia l'albore, e meno a quello che minori ombre sostiene sul suo territorio ; ugualmente poi divideranno se uguali sono le ombre.

Non facciamo quì menzione delle leggi civili , che oggigiorno regolano le nazioni come non del nostro istituto, spettando a'Civilisti osservarne la ragionevolezza. Stando però strettamente alle leggi della natura nè il primo nè il secondo menzionato sentimento pare fosse privo di quella naturale equità, che debba sorreggere le umane azioni. Imperciocchè tanto è vero, che l'albore in parola viene alimentato da due differenti fondi , di cui i padroni ricevono un danno, quanto è vero pure che l'istesso albore con le sue ombre nuoce agli stessi due padroni. Perlocchè nell'incommodo, e nel danno debbono essere rivaluti i padroni di terre differenti.

746. A noi però pare più consentaneo alla naturale equità, se la divisione , od il possesso di un' albore posto nel confine di due territori aventi differenti padroni procedesse nel seguente modo. Finchè l' albore à vita indivisamente spetta ad ambidue i padroni, e quindi egualmente si divideranno le foglia , ed i frutti : allorchè pai l' albore muore sia che disec-

1 El. jur. germ. 2. 3. 69.

chi, sia che dal vento è gittato a terra, o per altra circostanza si vuol finito , ambidue i padroni vantando su di esso un
egual dritto divisamente si spartiranno ugualmente le legna
tra loro. E che sia così brevemente osservate. Allorquando si
venne a piantare un'albore nel confine di due territori di diversi padroni , quel padrone che lo piantò volle che un tale
albore ombreggiasse non solo, ma che stendesse ancora le sue
radici nel fondo altrui : al contrario l'altro padrone che ciò
vidde fare conseguentemente venne a prestare il suo consenso
nell'azione altrui ; perchè se non avesse voluto , poteva con
tutto dritto impedire il fatto, potendo ogni padrone escludere
tutti dall'uso della cosa sua : ma ciò non fece. Dunque fu un
consenso comune e per chi piantò , e per chi concesse l'uso
della cosa sua di maniera , che l'avvenuta accessione in parola fu l'effetto del reciproco consenso. Or l'accessione fatta
di consenso comune de'padroni fa addivenire la cosa di uso
comune, non esclusa la proprietà (737). L'albore dunque in
parola dovrà essere di pertinenza comune de'due padroni. A
dir vero una tal sentenza mostrasi troppo secondo ragione ,
per cui non sembra di quelle , che ostano alla esecuzione ; la
prudenza intanto de'dotti deciderà del suo merito.

747. Eccoci alla fine de'modi originari di acquistare il dominio delle cose , che come dicemmo (667) erano la occupazione, e l'accessione ; nè fuori di essi, come potrà osservarsi
di leggieri , possiamo altri modi originari rinvenire senza ri-
calcare le medesime cose. Ond'è , che ci facciamo molta meraviglia di un moderno scrittore quanto dommatico, altrettanto .
stitico in ordine allo sviluppo delle leggi di natura , il Can.
Giacomo de Stefano, il quale pretende 1 numerare tra' i modi
originari anche l'Usucapione di cui in appresso avremo a parlare. Egli per vero vuol dire, che nella usucapione il vero padrone s'ignora , e le cose di cui il padrone s'ignora, possono
occuparsi; quindi a quel modo la occupazione è un modo originario di acquistare il dominio, lo sarà pure l'usucapione. Ma
doveva egli avvedersi , che a tal modo ragionando dell'usuca-

1 Dritt. di Nat. tom. 1.

pione la riduceva ad una vera occupazione, ed in conseguenza questa e non quella era un modo originario di acquistare il dominio. È poi l'usucapione ignorata dal dritto di natura, come sarà in appresso dimostrato, essendo un modo tutto proprio delle leggi civili; e perciò essa è della umana invenzione a beneficio degli uomini stessi, i quali finchè non la ebbero sanzionata da' loro Legislatori, non potettero goderla. Dunque non poteva essere un modo originario di acquistare il dominio. Ma son queste cose troppo sdolcinate, cui non è da andarci appresso, e volentieri restando fermi nell' esposte teorie mettiamo fine. sì alla occupazione, che all' accessione, ambidue soli, ed unici modi originari di acquistare il dominio delle cose.

CAPITOLO IX

DEGLI ACQUISTI DERIVATIVI DEL DOMINIO, CHE SI
FANNO VIVENTE IL PRIMIERO PADRONE.

———

LEZIONE LXIV.

ALIENAZIONE, E SUE SPECIE.

§ 748. *Dond' emergono i modi derivativi di acquistare il dominio, e motivo che l' indusse — ch'è il modo derivativo di
acquistare il dominio, e sue specie — e per la cessione si
osserva il doppio senso, in cui va intesa — requisiti in chi
vuol trasferire il dominio — il trasferimento di dominio è
alienazione, sua definizione — può essere necessaria — volontaria — due effetti dell' alienazione sì necessaria, che volontaria — può essere pura, e condizionata — modi con
cui può verificarsi l' alienazione volontaria — la quale può
essere presente, e futura — e la futura può farsi col consenso vero, o presunto — si cenna la quistione sul testamento, e su la successione intestata, se mai fondarsi nel
dritto di natura.*

748. Introducendoci nella trattazione degli acquisti derivativi è giuocoforza rammemorare sul bel principio (§ CCLXVI.)
quello che da noi antecedentemente fu segnato (667), che
cioè in due modi poteva acquistarsi il dominio di una qualche cosa, o quando la cosa era di nessuno, o quando la cosa
aveva padrone, di maniera che la cosa era di mestieri considerarla nella comunità negativa, oppure nella comunità positiva, e nella proprietà personale. Quindi nel primo caso il
modo di acquistarsi il dominio della cosa si disse originario,

e nel secondo derivativo (667). Il qual modo 'derivativo di acquistarsi il dominio di una qualche cosa ognuno ben vede, che sorge immediatamente dall' originario ; dappoichè ebbe luogo posciachè fu introdotto il dominio; imperciò è una conseguenza degli acquisti primitivi. Infatti nel principio le cose erano in comune di tal maniera, che il dominio e la proprietà eran cose del tutto ignote alla ingordigia dell'umano cuore (684) : passando poi ad assoggettarsi sì al dominio che alla proprietà, sursero i padroni, ed i proprietari (600), i quali avevano le cose o comuni a più, ovvero proprie di un solo (663), e tutto ciò si ottenne per la occupazione, o per l'accessione (667). Fin qui le cose si sarebbero poggiate su di un perno quanto inconcusso, altrettanto sicuro e conscienzioso, se mai tale non fosse stata la lor condizione, che a nuove modifiche non si avessero dovute assoggettire; come quando i proprietari volontariamente si avessero voluto spogliare del loro, o fosse stato mestiere la comune proprietà spartire a'singoli condomini, od altri motivi che avessero avuto forza di modificare gli acquisti primieri ed originari. Poichè dunque oltre agli acquisti primitivi in differenti guise possiamo ancora acquistare il dominio delle cose, tali modi non possono non sorgere che dagli originari ; in contrario avremmo un' effetto senza causa, ciocchè ripugna. Così a spartirsi una qualche eredità tra' i coeredi, i quali vengono a pigliar dominio, è mestieri supporre che una tale proprietà era sotto il dominio del defunto, e questi prima di acquistarla doveva trovarsi sotto il dominio di un'altro, in guisa che rimontando sempre al principio di essa la troveremo ch' era su le prime nel dominio di nessuno, e quindi principiò a possedersi in forza di occupazione oppur di accessione. Dunque la divisione di una eredità, in forza della quale nasce il dominio ne'coeredi, emerge dalla occupazione, oppure dall'accessione, che sono i modi originari di acquistare il dominio delle cose (667).

749. Premessa una tale interessante nozione non riesce difficile intendersi il modo derivativo di acquistarsi il dominio. Infatti esso si ottiene allorquando le cose, le quali erano pri-

ma nel dominio, e nella proprietà comune, passano nel dominio e nella proprietà di qualche particolare. Ora i modi Derivativi di acquistare il dominio, come per lo innanzi (667) cennammo, senza dubbio sono tre; la Divisione cioè, la Cessione, e la Tradizione. Si à la Divisione quando i condomini tra loro si dividono la cosa comune: così una società rappresentata da tre soci non velendo più in comune il capitale posto da essi, ogni socio per la parte sua pigliando quel tanto rifuse nella composizione del capitale, si darà luogo alla divisione. Si à la Cessione quando la cosa comune, la quale prima spettava a molti, questi la cedono ad un solo o più, i quali ne vanteranno un' esclusivo dominio: così tre germani che fratellevolmente si possedevano la eredità del defunto lor genitore, se a due di essi viene il pensiero di non più pigliarsi briga del possedimento, e di lor genio vogliono rifondere tutta la proprietà nel terzo, a talchè questo solo se la godesse, si darà in allora luogo alla cessione. Finalmente si à la Tradizione quando il dominio di una cosa da uno si trasferisce in un' altro: così fingete, che il terzo germano poc' anzi cennato volesse vendersi la sua proprietà a me che non ci aveva dritto, allora conchiudendosi tra noi il contratto di compra-vendita il suo dominio passerà in me, e si avrà la tradizione.

750. Epperò prima di progredire nello sviluppo de'tre cennati modi derivativi di acquistare il dominio in ordine alla cessione è da osservarsi, ch'essa può pigliarsi in un senso stretto, ed in un senso largo. Pigliata la cessione nello stretto suo senso propriamente significa quello, che poc' anzi dicevamo (749). Ma pigliata la stessa nel largo suo senso vuol significare qualunque passaggio sia di dritto, sia di azione, che da uno si fa in un' altro. Or in tal guisa intesa la cessione a dir vero ella non è che una specie di tradizione, come si osserva. Malgrado intanto questa nozione sempreché usasi la parola cessione negli acquisti derivativi si vuol sempre intendere non a quel modo, che porta l' effetto della cosa; sibbene a quel modo che suolsi usurpare restringendone sempre il significato, ancorchè fosse passaggio di dritto e di

azione. Quindi s'intenderà sempre un passaggio di dritto e di dominio, il quale essendo comune a molti, pel consenso medesimo di questi molti, si trasferisca in un solo, il quale pure aveva dritto alla cosa. In conseguenza semprechè usurpiamo la voce di cessione, è sempre da noi intesa nello stretto suo senso. L'esempio de'tre coeredi di sopra addotto (749) renderà persuaso ognuno del nostro modo di pensare.

751. Oltreacchè in generale è da osservarsi ancora, che per trasferirsi il dominio, come si avvera nel modo derivativo (749), bisogna che chi intende trasferirlo abbia dritto su la cosa, di cui vuol trasferire il dominio medesimo. In contrario nè il dominio si trasferisce, e quegli che crede acquistarlo per certo non l'acquisterà. Sarà un ladro quegli che vuol trasferire il dominio, su la cosa rubata egli non può vantare dominio di sorta alcuna, perchè la cosa avendo padrone grida sempre allo stesso (671); conseguentemente se la cosa rubata vende ad un'altro, nè il dominio gli trasferisce, perchè mai l'à avuto, e niente dà chi niente à; nè quegli che compra acquista dominio, perchè niente gli si è trasferito, fuorchè l'inganno e la frode, che per niente possono suffragario.

Al che si aggiunge, che per trasferirsi il dominio di una qualche cosa non basta aver dritto su la cosa medesima; ma è necessario ancora che si abbia l'esercizio di un tal dritto. Imperciocchè non dicesi padrone quello, che à la cosa soltanto, ma quegli che possa escludere ogni altro dall'uso della cosa, che à (648); quale esclusione importa ch'egli in ogni altrui attentato, volendo, abbia ragione a far valere il suo dritto. Or tale esercizio può essere impedito o dalla natura, o dalla legge civile, di cui qui non è parola; in conseguenza non possono trasferire dominio tutti quelli, che la natura o la legge impedì di esercitare i loro dritti su la proprietà ch'è loro. Tali sono i mentecatti, i furiosi, i fanciulli, i pupilli, i minori. E questi tutti non aventi l'esercizio di dritto, a buona ragione non possono in altri trasferire il dominio delle cose proprie. Il modo intanto di provvedere a questo difetto è abbastanza provveduto dalla saggezza degli umani legislatori.

752. Dalle premesse ci abbiamo (749) che in forza della divisione, cessione, e tradizione, quello che prima era nostro sia nella parte, sia nel tutto, cessa di esser nostro, ed il dominio da noi passa in un' altro (§ CCLXVII.). Or questa traslazione di dominio si chiama propriamente Alienazione, la quale a ragione può deffinirsi: Il passaggio di dominio della cosa, che da uno va in un' altro. Possedeva, a mò di esempio, la mia abitazione di campagna, ch'era di mia proprietà; piacemi intanto di venderla, ed in fatto la vendo ad un terzo, che acquista le divise di compratore. In tal, caso quel dominio, che io vantava su la mia casina prima della vendita, in forza del contratto di compra-vendita immediatamente passa nel compratore di maniera, che la cennata casa di campagna non è più mia; sibbene è del compratore, il quale acquista isso fatto il dritto di escludere ogni altro dall' uso della medesima. Essendomi adunque spogliato del dominio di detta casa, si dirà che l'avrò alienata. Quest' atto di alienazione è talmente proprio del solo padrone, che a niun altro può competere: imperocchè il solo padrone è quegli che vanta dominio su la cosa sua (648), e com' egli solo può escludere ogni altro dall' uso di essa; così egli solo può intromettere in questo stesso uso chiunque altro gli piacerà, e può anche privarne sè stesso e conferirlo ad un' altro. Quindi sarà vera la sanzione di dritto naturale, che chi è padrone di una qualche cosa, può a suo bell'agio alienare la stessa non solo, ma alienarla pure come vuole, ed in quel tempo che vuole; apponendoci cioè tutte quelle condizioni, che non oltrepassando il giusto più gli tornano in grado.

753. Siffatta alienazione poi abbraccia sotto di sè varie specie, a tal che può essere Necessaria, Volontaria, Pura, e Condizionata. Cominciamo dalla prima. L' alienazione è Necessaria, quando se quello, a favor di cui si trasferisce il dominio, antecedentemente vantava un dritto su la cosa. Così Tizio trasferisce il dominio del fondo a Sempronio, ch'era condomino assiem con lui; poichè Sempronio vantava un dritto sul fondo in parola, l'alienazione non poteva negarsi da Tizio; ed imperciò tale alienazione sarà necessaria. Facendoci anche

istruire in tal proposito dalla saggezza della Romana Legislazione, la quale in più luoghi muove parola di tal specie di
alienazione, e massime ne' qui sotto citati luoghi 1, ci abbiamo che l'alienazione appare necessaria nell'alienazione che si
fa della cosa comune. Infatti i soci che spingono alla divisione,
loro non può negarsi un tal dritto ; giacchè essendo tutti padroni, ognuno può pretendere il suo ; ed in conseguenza o-
gnuno deve alienare a favore dell'altro quello che prima possedevasi in comune. Sarà un fondo ipotecato atteso il prestito
fatto di considerevole somma di danaro al padrone del fondo,
ambidue questi cioè e quegli che diede il prestito ànno dritto
sul fondo : allorquando dunque il padrone del fondo si rende
impotente a pagare dovrà in proporzione del prestito alienare
il suo fondo al padrone del prestito medesimo; ed ecco allora
nata un'alienazione necessaria. La cosa è chiara, per cui
passiamo alla seconda specie di alienazione.

754. L'Alienazione è Volontaria, quando il dritto, ovvero
il dominio di una qualche cosa si trasferisce in altri, perchè
vuolsi trasferire. In tale alienazione non v'è spinta a farla ;
perchè non v'è comunità di dritto, la quale anche contro voglia de' soci l'induce a dividere le proprietà ; ma è la individuale spontaneità del padrone che lo muove a spogliarsi del
proprio dritto e trasferirlo in un'altro. Così un germano dona
ad un'altro suo germano quello che suo era, senza che il
secondo aveva dritto alcuno su quello, di cui gli vien fatto
dono ; per tal donazione poichè della cosa donata il primo
germano non à più dominio, sibbene l'acquista il secondo,
si avrà un'alienazione, la quale perchè è stata un puro effetto della libera volontà altrui, e non già effetto del dritto
altrui, che non esisteva, ella sarà volontaria. Dalla Romana
Legislazione poc'anzi memorata (753) abbiamo l'esempio di
un proprietario, il quale vende ad un'altro la propria casa
di abitazione pel solo ed unico motivo, ch'egli altrove va a
fissare la sua dimora. Chi spinse un tal proprietario a spogliarsi del dominio della cosa sua, e trasferirlo in un'altro ;

1 L. 1. D. de fund. dot. L. 2. § 1. D. de rebus eorum, qui sub.
tut. L. 13. L. 14. D. fam. erciscund.

cioè nel compratore ? Nessuno al certo. Dunque la sua alienazione fu volontaria.

755. Or tanto l'alienazione necessaria (753), quanto la volontaria (754), due cose indispensabilmente debbono produrre. La prima si è, che cessando uno di esser padrone, l'altro immediatamente addiviene tale, e quegli propriamente, in cui si trasferisce il dominio della cosa. Imperciocchè per essere alcuno padrone bisogna abbia la proprietà della cosa, la quale importa dominio (648): or per l'alienazione la proprietà ed il dominio di uno passa a proprietà e dominio di un'altro. Dunque quelle, in cui si trasferisce il dominio, per l'alienazione sottentra in luogo del padrone, ed in realtà addiviene padrone. La seconda cosa si è, che il nuovo padrone come acquista tutt'i dritti del primo padrone; così pure indossa tutte le obbligazioni dello stesso, relativamente sempre alla cosa di cui si trasferisce il dominio. Infatti trasferendosi il dominio di una qualche cosa non altro il padrone vuole operare, che quelle funzioni, le quali poteva esercitare su la cosa, venissero esercitate da un'altro, che ne acquista il dominio; giacchè egli non dà all'altro se non quella stessa cosa, ed in quello stesso modo, che trovavasi sotto il suo dominio. Or questo importa vantare su la cosa gli stessi dritti dell'antecedente padrone. Per rapporto poi alle obbligazioni, queste son figlie de'dritti (20), e l'antecedente padrone volendo alienare la cosa tale quale trovavasi al tempo del suo possesso, l'à intesa alienare con quelle stesse obbligazioni, che alla cosa trasferita in dominio erano annesse; altrimenti si verrebbe a produrre una mostruosità in fatto di proprietà, che l'uno cioè avrebbe il commodo, e l'altro l'incommodo. Epperò l'antecedente padrone su la cosa, di cui vuol trasferire dominio, può imporre delle riserve, condizioni, patti, da'quali dipenda l'atto di alienazione, ed allora avrà luogo l'alienazione sia pura, sia condizionata, di cui è d'uopo segnarne le nozioni.

756. L'Alienazione si dice Pura, ovvero Semplice, se in essa non vi esiste qualche circostanza, per cui si sospenda il trasferimento del dominio. Così Tizio vende a Sempronio

il suo fondo senz'apporvi alcuna circostanza, in forza di cui Sempronio non addivenisse immediatamente padrone ; ma appena verificatosi il contratto di compra-vendita Sempronio entra nel possesso del fondo vendutogli, e ne addiviene padrone. Finalmente l'alienazione si dice Condizionata, se ad essa si congiunge qualche circostanza, per cui si sospende il trasferimento del dominio. Così l'istesso Tizio che vende il suo fondo a Sempronio non subito gli trasferirà il dominio, se vuole che il contratto 'di compra-vendita allora sortisse il suo effetto quando egli partisse per l'Affrica. In tal caso il trasferimento del dominio è sospeso, e Sempronio non entra in proprietà del fondo se non quando si avvera la partenza del lodato Tizio a talchè questi finchè non parta vindica sempre per sè la sua proprietà. In somma la differenza, che passa tra l'alienazione pura e condizionata si è, che la prima subito trasferisce il dominio; la seconda poi lo trasferisce quando si verifica il condizionato; e perciò non subito come la prima.

757. Quest'erano le specie, che sotto di sè poteva abbracciare l'alienazione (753) : ritornando però all'alienazione volontaria (754) ci abbiamo, ch'essa in diversi modi può aver luogo nel trasferimento del dominio. E dapprima può ella farsi a titolo gratuito, ovvero oneroso; ond'è che nomasi Alienazione volontaria Gratuita, ed Onerosa. La prima si à quando gratuitamente si trasferisce in un'altro il dominio della cosa, che si possiede; cioè della cosa propria si costituisce un'altro padrone senza precepirne vantaggio alcuno. Consegno io, a mò di esempio, il mio libro ad un mio amico, e voglio, ch'egli ne sia il 'padrone senza darmi cosa alcuna in contracambio. In tal caso avrà luogo una vera donazione, di cui in appresso si parlerà, ed anticipatamente diciamo, che la gratuita alienazione è una vera donazione. La seconda poi si à quando onerosamente si trasferisce in un'altro il dominio della cosa propria; cioè si dà ad un'altro la cosa propria per riceverne l'equivalente, o qualche altro compenso. Vendo, a mò di esempio, il mio fondo ad un'altro, ma per averne la stima, ossia la valuta dello stesso, è un'alienazione onerosa. Come pure vendo

l' istesso fondo se non per averne l' istessa valuta, son contento di averne una ricompensa qualunque. In tal caso ànno luogo tutt' i contratti onerosi, di cui anche in appresso sarà fatta lunga discussione.

758. Oltreacchè l' alienazione volontaria (§ CCLXVIII.) può
dividersi in Alienazione Presente, ed in Alienazione Futura. Si
dice alienazione Presente, se colui che trasferisce il dominio,
e quegli che lo riceve, ambidue sono vivi. Così io vivo vendo
il fondo mio ad un' altro che pure vive. Nell' alienazione quindi presente richiedesi, che un consenso tra presenti si confe-
risca da tutte le parti, che ànno interesse alla cosa sì per ragione di trasferimento di dominio, sì per ragione di acquisto
dello stesso. Si dice poi alienazione Futura, se il dominio della cosa vuolsi trasferire dopo la morte. Così voglio dare il mio
fondo ad un mio amico, ma dopo la morte mia. Perlocchè nel-
l' alienazione futura richiedesi di necessità la morte di uno
de' contraenti, e propriamente di colui, che vuol trasferire il
dominio. Ed ecco la distinzione che passa tra l' una e l' altra
alienazione, di cui la prima à luogo nella vita de' contraenti,
la seconda dopo la morte di uno di essi.

759. Or l' alienazione futura può avvenire o col consenso vero di colui che trasferisce il dominio; oppure col consenso presunto dello stesso, qual consenso si raccoglie dal fine, e dalla
intenzione di quegli, di cui la cosa passa nel dominio altrui.
Allorquando l' alienazione futura si fa col consenso vero si dice Testamento: quando poi col consenso presunto si dice Successione Intestata. Poichè ambedue queste alienazioni ànno bisogno di moltissimo sviluppo; così stimiamo conducente assegnar loro una distinta trattazione, la quale le mettesse a rassegna, ne distinguesse il certo dall' incerto, e ne snodasse tutte le quistioni, che al proposito ànno potuto aver luogo. Per
la qual cosa cercheremo prima di sviluppare i cennati modi
derivativi di acquistare il dominio (749), e poi ci occuperemo
a trattare l' intiera teoria dell' alienazione futura sia per testamento, sia per Successione intestata.

760. Se non che innanzi tempo giova prevenire ognuno della celebratissima quistione mossa da ambe le parti col favo-

re d'insigni patroni , se mai una tal futura alienazione abbia
fondamento nella legge di natura; oppure sia una di quelle cose, che dalla stessa legge vengono ignorate, ossia non riconosciute. Il testamento, e quindi la successione testamentaria, come ancora la successione intestata, è piaciuto a Merillio [1], a
Tommasio [2], Gotofredo de Coccei [3], ed a molti altri, che da noi
saranno menzionati a suo luogo, da cui non dissente il nostro
ch. Einneccio [4], che non sieno affatto riconosciute dal dritto
di natura; sibbene sieno una vera finzione introdotta dalla Romana Legislazione. Imperciocchè, essi dicono, non può volersi
qualche cosa in quel tempo , in cui l'atto della volontà non
più può esercitarsi; cioè non può volersi qualche cosa dopo la
morte, come sarebbe l'alienazione futura; dunque, conchiudo-
no , siffatta alienazione non essere riconosciuta dalla legge di
natura, nè in forza di una tal legge gli eredi acquistano il dominio delle cose del defunto, il quale vivo non ce lo trasferì;
perchè lo voleva trasferire dopo la sua morte: morto neppure
ce lo trasferì; perchè non più aveva tal facoltà , mancandogli
l'atto della volontà nel tempo dopo morte. Adunque il testamento, e massimamente la successione intestata, non ànno fondamento nella legge di natura. Ma qual sia la giustizia di u-
na tale quistione sarà esaminato dopo che avremo trattato del-
l'alienazione presente , la quale abbraccia la divisione, la cessione, e la tradizione (758), ed allora osserveremo s'ella mai
sia una continuazione dello sviluppo delle leggi naturali, oppure servisse a mostrare la naturalezza secondo ragione de' principì delle leggi Romane. Qual cosa quì solo di volo cennata,
ritorniamo presto al punto donde siamo partiti ; cioè ai modi
derivativi di acquistare il dominio delle cose, i quali perchè
tre furono da noi cennàti (749.), è mestieri che di ognuno
favellassimo, e questo la Dio mercè eseguiamo in isvariate lezioni.

1 Obs. 6. 25.
2 Not. ad tit. Inst. de test. ord. p. 173.
3 Diss. de test. princ. Part. 1. § 22. seq.
4 Not. al § 269.

LEZIONE LXV.

DIVISIONE.

§ 761. *Idea della divisione — giustizia della divisione, prima ragione — seconda ragione — terza ragione — divisione riguardata la cosa comune divisibile — riguardata la cosa comune indivisibile — chi de' soci debb' esser preferito — e se il socio preferito non può soddisfare gli altri, come farsi — la divisione è da farsi in ragion del dritto — è da farsi in parti uguali nel dubbio di dritto — in parti disuguali se il socio pretendente à sufficienti motivi contra gli altri — si rincalza l' ingiustizia di Hobbes.*

761. Polchè i modi derivativi di acquistare il dominio sono tre, giusta il detto (667); la divisione cioè, la cessione, e la tradizione; muovendo dalla prima è mestieri principiare dalla sua definizione. Infatti la Divisione in quanto è modo derivativo di acquistare il dominio (§ CCLXIX.) consiste nell'assegnare a ciascun socio la porzione spettantegli dalla cosa, che prima era comune. Allorquando più persone ànno un dritto comune su di una qualche cosa, che rattrovasi nella comunità positiva, niente v'à di più naturale che il dritto comune possa tra loro spartirsi, ed ognuna di esse pigliasse quel tanto dalla cosa comune che secondo la naturale equità possa spettarle; purchè però una tal divisione non venga proibita dai patti, che ànno potuto aver luogo tra esse; oppure non le venga proibito dalla legge civile, la quale à di mira il bene comune degli amministrati. Intanto quell' atto, mercè cui la cosa comune resta spartita in tante porzioni per quanti sono i soci assegnando a ciascuno la sua propria, è quello che vuolsi nomare divisione; le persone poi a cui spettano queste porzioni si dicono condomini, oppure soci.

762. Tale idea fissata della divisione è ragionevolissimo, non

che consentaneo alla natura dell'uomo, che ogni qual volta u-
no de' soci pretenda la sua parte, ed intima agli altri la divisione, questa di repente debb'aver luogo. Conciosiachè ogn-
no de' condomini può con tutta ragione escludere gli altri,
fuorchè i soci, dall'uso della cosa comune (666): può dunque del
pari escludere gli stessi soci dall' uso di quella porzione della
cosa comune, che la naturale equità gli dice spettare. Or in
tale esclusione è sita la divisione (761): chi dunque la negherà a quel socio, che con ragione la chiede? In contrario po-
tendoglisi negare la divisione mentre gli si fa dritto ad usare
della cosa comune, gli si nega la proprietà; e ciò è mostruosa contradizione. Dappoichè la proprietà non può sussistere
senza un particolare assegno posto fuori di comunità (648);
avrebbe dunque il socio nella negativa una proprietà, perchè
può usare esclusivamente della cosa comune; non avrebbe la
stessa proprietà, perchè non potrebbe vindicarla per sè solo
in ordine a quella parte, che gli spetta. Per la qual cosa la
divisione è di ragione di ciascun socio, egli la può pretendere, la può effettuire non ostante che gli altri soci vi avessero
della ripugnanza. Che anzi i soci che cercano impedire la divisione manifestamente si mostrano ingiusti; perchè negano l'e-
sercizio di quel dritto, che può e debba spettare ad ogni socio isolamente riguardato.

763. E poi non vuolsi dire, che con tutta ragione un socio
chiegga la divisione della cosa comune, quantunque volte la
società di beni in sè stessa riguardata per la malizia degli uomini non sa produrre bene, o molto bene a' soci tra loro ag-
gruppati nelle provvisioni? Attendiamo un momento al fatto,
ed una esperienza troppo fatale ci convincerà della caparbietà
di coloro, che ardiscono ostacolare una divisione di beni. Infatti la comunanza di beni richiede gli uomini forniti di una
eccellente dose di buone qualità, le quali vogliono per base il
fratellevole sincero cordiale affetto del cuore (482); conseguentemente attesa la difficoltà di questa dose di virtù, e di carità,
difficile pure viene a rendersi la stessa comunità di beni. Or non è
egli vero, che il mondo invecchiando peggiora a talchè oggigiorno
sembrano e la giustizia e la carità quasi bandite virtù dal cuore

umano? Come dunque oggigiorno potrà a lungo durare questa comunità di beni senza produrre le più inique angarie, i
più crudeli torti, le più manifeste ingiustizie? Visitate un pò
l'umanità, e poi ci venite a dare ragione pel nostro opinare.
Siamo nel caso di francamente dommatizzare « La società è madre fecondissima di discordie, e di vizi » e per cui come tale
la comunanza de' beni deve a tutta possa abborrirsi da' soci,
e chiedere quanto prima la divisione degli stessi beni. Imperciocchè datemi una società di beni, e presto mi avrete dato,
che l' un socio porta invidia alle cose dell'altro socio: presto
mi date che la cosa comune è dilapidata come quella, cui a
conservarla non s'impiega tutta quella diligenza, che per la
cosa propria esclusiva viensi a proccurare: presto mi date difficoltà, opposizioni, impedimenti reciproci tra le azioni sociévo-
li: presto mi date che ciascun socio vuole arricchire a spese degli altri soci frodando volentieri porzione di quel lucro,
che dovrebb'essere comune: presto mi date infine mille scissu-
sure, mille discordie, mille dissapori tra que' soci, che quai
fratelli s'avrebbero amare. Ed a vista di tutti questi motivi
non per ventura immaginati, ma nascenti da fatti reali, non
si vorrà dire giusto, che ciascun socio pretenda alla divisione
della cosa comune? Esaminate meglio i fatti, possiam dire a
que' tutti che vorrebbonsi mostrare fuori proposito troppo Filantropici, e poi sarete meno restì ad accordare al socio quello stesso, che la natura a buon dritto gli concede.

764. Questi motivi avendo luogo fin da che gli uomini u-
scirono dalla comunità negativa (659, e segg.), e maggiormente
incalzando nelle attuali circostanze, in cui trovasi l'intiera umanità, ove per poco fossero stato posti a calcolo dal divino
Platone, non avrebb'egli tanto predicato la comunità di beni,
la quale a dir vero in sè stessa risguardata è la più bella cosa del mondo, ma per le circostanze che da essa sono inseparabili addiviene la cosa peggiore del mondo medesimo. Onde
aveva ragione Aristotile 1 di sforzarsi per abbattere questa Pla-
tonica comunità, come quella ch'ei mirava capace d'inimica-

1 Polit. 2. 2.

re gli uomini tra loro, ed invece loro accumulava le più indicibili miserie. Perlocchè troviamo sensatissima la sentenza
de'Giureconsulti Romani, con cui chiamavano la comunità, o
vuoi dire la società de' beni, una madre fecondissima di ogni
discordia, e per tal motivo sanzionarono 1 potere a suo bel-
l'agio ogni socio pretendere alla divisione della cosa comune.
Fugga adunque ognuno di accumunarsi nella proprietà con gli
altri, se il vincolo della pace vuol serbare nel proprio cuore.
Non impedisca alcuno di sciogliersi la società de'beni, se vuol
procurare bene a' suoi simili. Tutti godansi soli le ombre dei
propri tetti, e nel seno della propria famiglia vivansi contenti; giacchè meglio è possedersi il suo senza l'altrui pre-
tendenza, che pretendendo con gli altri mendicare i propri dritti.

765. Fissata adunque la idea della divisione (761), ed il
dritto che compete a ciascun socio (762, e segg.) di reclamare la stessa, ci abbiamo che la cosa, la quale è posta
nella comunità, può essere Divisibile ed Indivisibile, per cui
la possibilità, od impossibilità della divisione ci richiama a
vedere come in tali casi debba provvedersi a quel socio, che
di dritto pretende la divisione (§ CCLXX.). Ed infatti se la
cosa comune è Divisibile, non v'à dubbio che ognuno de'condomini pigli la sua parte. Ed in tal caso possiamo avere
che le cose poste nella comunità, serbano per anco al tempo
della divisione la loro individuale natura; ovvero son tra loro
unite, che ciascun de' soci non può pigliare quello che individualmente pose nella società. Nel primo caso è naturalissima
la divisione; perchè allora nello spartire la cosa comune, ogni
socio piglierà quello che pose in società. Così quattro soci
avendo formata una società di olio, ponendo per ciascuno
venti some dello stesso, al tempo della divisione fingete che
n'esistessero venti some, ognuno per sè ne piglierà cinque.
Nel secondo caso poi la divisione non si renderà difficile ove
si darà luogo al sorteggio. Infatti era una società di frumen-
to, di animali, di abiti, il tutto comprato con eguali rate,
ed a pronto contante da'soci; questi in tal caso non potranno

1 L. 77. § 2. D. de legat. 2.

ripigliarsi il danaro, che non esiste se non in genere, dovranno perciò pigliarsi il genere esistente. Or come potrebbe
nascere tra loro quistione su la scelta del diverso genere esistente, così la stessa scelta si affiderà alla sorte dopochè del
capitale esistente in genere se ne saranno fatte tante parti,
quanti erano i soci, i quali vi avevano dritto. Così sappiamo
aver fatto gli Ebrei nel dividersi la Palestina, la quale loro
spettò per promessa fattagli da Dio, e fatto il sorteggio in
ordine alle tribù, ciascuna prese la sua parte a preferenza
delle altre. E questo era per la divisione quando la cosa comune di sua natura fosse divisibile.

766. Ma tutta la difficoltà per la divisione si à quando la
cosa comune è indivisibile, onde per uscire d'impaccio con
chiarezza, giusta il nostro solito, la risolveremo nel seguente
modo. Dapprima una cosa comune può essere indivisibile per
più capi: può esser tale di sua natura, come un' animale, un
libro, una gioja: può esser tale per disposizione della legge,
come le cose pubbliche: e può esser tale infine per la consuetudine, come le suppellettili che servono all'immediato uso
della vita. Or qualunque sia la indivisibilità della cosa comune, la ragione c' insinua che in tal caso uno de' condomini si
prendesse la cosa comune indivisibile, e dia agli altri il valore secondo le loro quote. Tre soci, a mò di esempio, con
trenta ducati si avranno comprato un cavallo nella fiera di
Foggia, non essendo più tra loro di accordo vogliono venire
alla divisione. Un cavallo certamente non potrà dividersi in
tre parti; giacchè allora tanto sarebbe dividerlo, quanto barattare l' intiero prezzo, stantechè con la divisione si procure-
rebbe la morte all'istesso. Fingete di vantaggio che nel tempo
della discordia il cavallo in parola valga secondo la stima dei
periti ducati sessanta, allora uno de' tre soci piglierà per sè
il cavallo facendolo di assoluta sua proprietà, e gli altri due
soci riceveranno da lui per ciascuno la somma di venti ducati.

767. Ma chi de' soci in tal caso deve preferirsi? Ecco bella
e fatta una quistione, a dirimere la quale sarà secondo ragione se la cosa proceda così: Si preferisca sempre quello,

ch'è maggiore di età, appunto pel rispetto che devesi al maggiore : come ira ben costumati non poche volte ci vien dato osservare.

Ma se non vuolsi consentire da' soci? Ebbene , per evitare ogni discordia , ed ogni controversia , mettonsi in una urna i nomi di tutt' i condomini, e quello su cui il primo cadrà la sorte nella estrazione de' nomi sarà preferito agli altri. Così suole praticarsi da' coeredi nella quistione di un qualche fondo ereditario che riesce impossibile a dividersi senza pregiudicare i loro interessi. Epperò in ambidue i casi colui, ch'è preferito sia per ragion della età, sia per ragion della sorte, che su lui cade, dovrà sempre rivalere gli altri soci per rapporto a' loro interessi (766).

768. Ecco intanto nata una nuova quistione dal dritto di preferenza (767) ; giacche può stare, che il preferito non abbia come soddisfare agli altri condomini la ragione delle loro quote ; in tal caso come abbiasi a provvedere alla cosa comune ? Due risoluzioni la retta ragione può presentare in questo estremo caso , la prima più facile e fuori litigio , la seconda può accogliere delle discordie. Principiamo dalla prima, la quale vuole che la cosa comune si rendesse venale , ed il prezzo riscosso dalla vendita si distribuisse tra condomini secondo il loro dritto. La vendita però è d'uopo facciasi con le migliori possibili condizioni, acciò niuno de' condomini venghi pregiudicato ne' suoi dritti. Così nell' esposto esempio (767) del fondo ereditario niuno de' coeredi potendo pagare il prezzo del fondo indivisibile agli altri , il detto fondo lo vendono agli estranei , onde dal prezzo migliore che ne riscuotono possono rinfrancare i loro dritti. Ma il fondo neppure si trova a vendere, che dunque si farà ? Ecco la seconda risoluzione. Nella deficienza de' compratori la cosa comune si darà in fitto , e la pigione si dividerà tra'i condomini secondo il loro dritto. Non trovandosi neppure ad affittare la cosa comune , in questo estremo caso sarà giusto , che i condomini successivamente si possedessero la cosa comune con esclusione degli altri soci , come per esempio un' anno per

ciascuno. Così Diether 1, e Wehnero 2. Un'esempio memorabile
di questo uso successivo della cosa comune tra' soci rinviensi
nella Casa di Sassonia, come attesta Muller 3.

Notisi però che questi estremi casi di vendita, di fitto, e
di successivo uso, allora debbonsi pratticare quando siensi e-
sauriti tutt' i condomini, di maniera che si deviene ad essi,
quando niuno tra' soci abbia sì prospera fortuna, che dal suo
possa compensare le ragioni degli altri soci; giacchè in contrario a quello spetterà sempre la preferenza, che gli altri
possa soddisfare.

769. Intanto a qualunque modo avvenga la divisione, ella
sempre deve farsi in ragion del dritto, che i condomini vantano su la cosa comune (§ CCLXXI.) per modo, che il dritto
su la cosa comune potendo essere uguale, o disuguale tra'soci, la divisione per necessità dovrà sorgere Uguale, oppure
Disuguale. Infatti se tre condomini a comprare un fondo pa-
garono tre mille di ducato, mettendo ciascuno un mille per
sua rata, devenendosi alla divisione del suddetto fondo, esso
dovrà dividersi in tre parti uguali, e fingendosi il fondo suddetto costare di dodici tomoli, ogni socio prenderà per sua
rata il numero di quattro tomoli. Ma se poi i suddetti soci
diverse somme depositarono per l'acquisto del prelodato fondo, come per esempio, il primo vi pose mille e cinquecento
ducati, il secondo vi pose mille ducati, ed il terzo infine
cinquecento ducati; devenendo alla divisione non potranno
essi pigliare parti uguali, giacchè il dritto ch' essi vantano
sul fondo non è uguale in tutti; ma dovranno pigliare quelle
porzioni, che sono in corrispondenza delle loro rate. Or siccome il primo pose la mettà, così piglierà sei tomoli di terra;
il secondo come pose la terza parte, così piglierà quattro tomoli di terra; ed il terzo finalmente avendovi contribuito se
non la sesta parte, così non dovrà pigliare che due tomoli
della stessa terra posta in comune. Per la qual cosa ove il
dritto su la cosa comune è uguale, bensì la divisione deve

1 In Contin. Thesauri Besold. voce Mutschirung. pag. 417.
2. Obs. praet. ibid. p. 370.
3 In Saechss. Annal. p. 203.

farsi in parti uguali; ma se il dritto è disuguale, allora ineguale sarà la divisione delle parti. Imperocchè la naturale equità porta, che più roba pigliasse chi maggior dritto vantava su la cosa comune, e minore roba pigliasse chi minor dritto vantava su la cosa comune.

770. Epperò sul dritto, che i soci vantano su la cosa comune, può nascere quistione se mai esso sia uguale a tutti, oppure disuguale di maniera, che tra soci insorgono differenti pretensioni su di essa. In tal caso come debba istituirsi la divisione? Poichè l'è questo un punto interessante in dritto di natura, dalla soluzione del quale vengono a sciogliersi moltissime difficoltà, crediamo opportuno ridurlo in una chiara proposizione, la quale va concepita ne' seguenti termini:

PROPOSIZIONE

NEL DUBBIO DI DRITTO LA DIVISIONE TRA' SOCI DEVE FARSI IN PARTI UGUALI.

Dim. La natura chiama tutti gli uomini alla uguaglianza, per modo che l'uno non può vantare su l'altro un maggior dritto senza esservi una causa quanto chiara, altrettanto giusta (483). Or nel dubbio di dritto de' soci su la cosa comune manca la chiarezza e la giustizia di una tal causa. Dunque nella quistione l'un socio non può vantare maggior dritto su l'altro socio. Ma dove manca la preferenza, ivi debbe stare la uguaglianza naturale. La naturale equità adunque porta che in un simiglievol caso la divisione tra soci si facesse in parti uguali.

Oltreacchè un fatto dubbio non può produrre un dritto certo se non vogliasi far contenere più nell'effetto, che nella causa. L'è questo un principio oggigiorno che vuolsi fuori ogni controversia, ed è vallato dal sostegno de' più classici ingegni, di cui le autorità qui tacciamo per non troppo affastellar materie, che ben si addicono ad altra provincia del sapere. Or nella specie standovi un dubbio di dritto su la cosa comune, v'è un fatto incerto; se mai cioè nella comunità siasi contribuito più o meno da qualche socio : ponendo la divisione in parti disuguali il dritto che si acquista è certo; perchè si devolve una proprietà certa , di cui dubitasi se tanto potesse spettare a qualche socio. E qual giustizia è mai quella , che senz' aver chiare pruove dell'operato si pone a spartire quello, che grida a' rispettivi padroni ? Sarà questa una distribuzione di giustizia fatta a capriccio , cui rifugge la natura. Dunque piuttosto è della naturale equità nel dubbio di dritto instituire tra soci una divisione in parti uguali.

771. Se non che la dimostrata proposizione (770) ben intendiamo che debba aver luogo, ove l'assunto pretensore non abbia motivi a far credere il suo dritto maggiore; giacchè qui è causa di naturale equità , non già patrocinio d'infame ingiustizia proscritta dalla legge di natura. In contrario è da concedersi una divisione disuguale allorquando il socio pretendente à motivi sufficienti a dimostrare la giustizia della sua causa in faccia agli altri soci , che non possono convincerlo dell' opposto ; perchè in tal caso il pretendente con certezza morale viene a dimostrare maggiore il suo dritto, ed in conseguenza disuguale la divisione da farsi. E ciò corre ancora ancorchè gli altri soci contro il socio pretensore avessero un sufficiente appoggio a negargli la maggioranza; e l'istesso pretensore non avesse per la parte sua niun sufficiente appoggio, fuorchè una presunzione che nasce dall'istesso possesso; giacchè in tal caso la cennata presunzione gli dà un dritto talmente certo , che non può superarsi se non in forza di un altro dritto certo degli altri soci , i quali lo possono avere mercè di convincenti ragioni. Veggasi su tal proposito Liguori 1, da cui vien discussa diffusamente la quistione , e notati i patroni dell' uno , e dell' altro sentire.

772. Qui poi a chiare note scorgesi l' infamia di quel turbolento uomo di Hobbes 2, il quale con le sue dottrine à posto in rivoluzione tutta la umanità, quantevolte insinua che il socio pretensore di una maggior parte della cosa comune non

1 Th. Mor. Cap. 11. de cons. dub. § 22. et seq.
2 De Cive 3. 15. seq.

possa ottenere pacificamente il suo intento ; la forza , la prepotenza , l'urto fisico è una giusta causa di pretendere la divisione ; qual forza ingiustamente egli chiama sorte naturale.
No ; dal dimostrato appare (770 , 771) che non la forza o la
prepotenza ; sibbene la ragione, il giusto dritto è la potente
arma , che un socio debb'avere semprechè vuol chiedere una
parte maggiore su la cosa comune a preferenza degli altri soci. Secondo Hobbes si avvererebbe quella stravagante divisione
del lione a mò di trastullo raccontata da Fedro , e da lui voluta ridotta in prattica. Eccola genuinamente dal prelodato
Fedro:

> Prendo, poichè son Re, la prima: l'altra
> È mia, perchè son forte: anche la terza,
> Se vi avvanzo in valore, a me si debbe.
> Se alcun poi contrastarmi osi la quarta,
> Fia che sciagura incontri. In cotal guisa
> Lo sleal tutto il cervo a sè destina 1.

Questa divisione fatta dal lione non ebbe altra ragione che
la sua cattivezza ; e dunque fatta pure la divisione secondo
Hobbes, ella non riconosce altra fonte, che la malizia dell'uomo.
E chi sarà così stolto che voglia applaudire principi talmente
sovversivi di ogni giustizia sì divina, che umana? Piacesse però al Cielo che alla fine non allignassero ne' cuori umani, per
cui sovente volte c'è dato spargere le più calde lagrime su le
sventure della società !!

Intanto tutte le fin qui segnate regole in ordine alla divisione riguardavano quelle cose, le quali erano nella comunità positiva perfetta. Or poichè questa stessa comunità può anche
essere imperfetta ; imperciò è mestieri nella vegnente lezione
regolare la divisione , che in tal caso può aver luogo.

1   *Ego primam tollo nominor quia leo:*
> *Secundam, quia sum fortis, tribuetis mihi:*
> *Tum, quia plus valeo, me sequetur tertia:*
> *Malo adficietur, si quis quartam tetigerit.*
> *Sic totam praedam sola improbitas abstulit.*

Fab. 1. 5.

LEZIONE LXVI.

SIEGUE LA DIVISIONE, E SI DISCORRE DELLA CESSIONE.

§ 773. *La divisione si riguarda nella comunità positiva im-*
perfetta — à per base la giustizia distributiva — la quale
serba la proporzione geometrica quando non è congiunta
con la giustizia commutativa — ingiustizia di lagnanza con-
tra il benefattore nella divisione in parola — essa risulta da
due motivi — idea della cessione, e sua giustizia — effetti
della cessione — sensatezza de'Giureconsulti Romani — tanto
nella divisione, che nella cessione si vuol lontano il dolo,
per cui è nata la legge di evizione — ch' essa importa — è
della legge di natura, l'illustrarla è della legge civile — fon-
damento della evizione nel passaggio di dominio — à luogo
nel passaggio di dominio a titolo oneroso.

773. Sul rapporto della divisione, a completare tutto ciò
che le riguarda, non altro restaci, che a considerarla nella
comunità positiva imperfetta (§ CCLXXII.). E per vero giova
rammentare, che una tale communione si avvera allorchè i sori
vantano su la cosa comune un dritto imperfetto (650): or come la cosa, la quale in tal caso si fa agli altri comune, provviene dall' altrui beneficenza; così è nell' arbitrio del benefattore la divisione della stessa. Può quindi il benefattore a suo
talento dispensare la cosa o dividendola in parti uguali, oppure in parti disuguali secondo il merito di ciascuno. L'esempio di un Principe che rimunera i suoi soldati può servire
quì per chiarire la giustizia della cennata divisione. Imperocchè i soldati che ànno ben combattuto fuori del soldo non possono affacciare novelle pretensioni, e quel tanto di che il Principe gli dona è tutto effetto del suo grato animo. Chi dunque

dirà ingiusto il Principe se ordina che ugualmente, oppure disugualmente fossero premiati? Tant'è per la equità naturale.

774. E di quì à origine quella giustizia, che comunemente vuolsi appellare distributiva, la quale fondasi su l'altrui benevolenza, e che nella partizione vuol serbare una proporzione geometrica ; cioè non tale quale richiederebbe uno stretto rigore di operare. Imperciocchè ove nell' altro non esista un dritto perfetto a chiedere , non vi potrà essere in chi dà una stretta obbligazione di serbare gli altrui interessi. Quello che vuolsi riguardare in una tale giustizia si è l'altrui vantaggio ; quindi ove il simile resta avvantaggiato dal nostro dare, s' è soddisfatto alla stessa. Perlocchè la giustizia distributiva cammina con egual passo con tutte quelle altre virtù , le quali di lor natura sogliono far bene all'uomo, come la liberalità, la misericordia , il provvido governo, ed altre di simil fatta. Ond' è che la divisione riguardata nella comunità positiva imperfetta partendo dalla giustizia. distributiva non deve serbare quello stretto rigore , che negli aritmetici calcoli si serberebbe ; altrimenti per chi dà la cosa comune vi sarebbe un preciso dovere a dare , e non sarebbe mosso dal pensiere di gratitudine, e di vantaggio pel suo simile. Laonde a qualunque modo si esegua la divisione in simili circostanze non si viene giammai ad urtare nella giustizia , che dev' essere fedele compagna del cuore umano. Così Grozio 1.

775. Epperò l'istesso Grozio nel citato luogo al numero secondo osserva con tutto fondamento , che quantunque secondo la dottrina di Aristotile la giustizia distributiva debba seguire la proporzione geometrica (774); pure non sempre ciò riesce vero ; giacchè ov' ella va congiunta col dritto perfetto altrui, e quindi con la giustizia commutativa, come quando v'interviene un patto, una promessa , o tutt'altro simile , allora deve serbare una proporzione aritmetica ; cioè tanto devesi dare quanto è il giusto dritto altrui. Così fingete , che il Principe avesse promesso a' soldati (773) di premiarli se vincessero la battaglia , allora il premio è dovuto a' soldati , e tan-

1 De jure belli et pac. 1. 1. 8. 1.

to premio deve lor dare , quanto fu il loro valore. Quindi ben dice il prelodato Grozio, che la cennata proporzione geometrica si appartiene a quelle cose , che soventi volte ànno luogo , e non già a quelle che sempre ànno luogo ; cioè si avvera sempre che non vi esiste un dritto perfetto negli altri , il quale come non sempre à luogo , così succede , che la giustizia distributiva segue la natura del calcolo geometrico. Nè ciò si oppone a quel che dice Puffendorf [1] ; giacchè ivi l'immortale moralista intende parlare di un pregaio dovuto a' meritevoli per dritto perfetto , per cui ciò stante non si distrugge il ragionevolissimo sentire del Grozio. Imperciocchè come poc'anzi dicevamo in occasione di giustizia commutativa la divisione non può seguire il talento di chi concede, ma deve seguire l'indole del dritto di chi pretende, a talchè sarà vero quel che scriveva Arriano: « *È questa, la legge di natura che il migliore , in ciò ch' è migliore , sia in miglior condizione di colui ch' è peggiore [2].* »

776. Dalle premesse (773, e segg.) intanto emerge, che siccome son gratuite largizioni quelle cose che in comune si danno senza vantarci dritto anticipato ; così ogni querela , che spingesi contra il benefattore ove piacegli dividere la cosa egualmente tra l'uomo di molto merito e quello di minor merito, appare affatto ingiusta. Di grazia che cosa spinse il benefattore a vantaggiarci ? La sola sua benevolenza , che nutriva per noi. Dunque non vi fu nostro dritto. Or dove non v'è dritto a chiedere , non può affacciarsi pretensione nel ricevere. Perlocchè non contentarsi di quel che si riceve argomenta quanto siamo ingrati , che anche sotto la forza del beneficio ricalcitriamo al beneficio medesimo, e malmeniamo quella mano, che invece dovrebb' essere da noi benedetta; perchè cerca alleggerire i nostri travagli, sanare le nostre tribolazioni (634, e segg.). Ed una tale ingiustizia abbastanza venne rinfacciata dal Salvatore [3] a quelli, che mormoravano contro il padrone del

1 De jure nat. et gent. 1. 79.

2 *Ea naturae lex est, meliorem in eo, quo sit melior, meliore conditione esse illo , qui sit deterior.* Epitect. 3. 17.

3 Matth. 20. 12.

campo, sol perchè loro aveva°dato l'istesso soldo, che si
avevano ricevuti quegli operarï, i quali erano venuti a lavorare nell'ultima ora del giorno, mentre di già si ebbero quel
tanto che loro spettava. Chi è padrone può dare il suo non'
solo a chi piace, ma anche in quella misura che gli piace,
ed in ciò secondo ragione non fa torto a chicchessia (752).
Adunque meritano tutta la riprensione della natura quelli che
nell'essere beneficati con la proposta divisione (773) schiamaz-
zano contra il benefattore.

777. Oltreacchè la proposta ingiustizia (776) vuol risultare
da due motivi, che essendo pessimi di lor natura, vogliono
ognuno allontanare dal dir male del benefattore, il quale non
largisce a tutti egualmente i suoi doni. Il primo si è, che
quando alcuno muove lagnanza contra il benefattore impruden-
temente giudica del suo merito, e come tal giudizio è fatto
nella prevenzione di sè stesso; così maggiormente imprudente
risulta. E non è questa una bastante sfacciataggine, che chiarissimamente argomenta la superbia del beneficiato, il quale
va spacciando i suoi meriti? Basta entrare l'albagia nel nostro operare, che di già cessa ogni ragione di merito. Il secondo poi si è, che quando si muove lagnanza contra il benefattore, allora si crede che i benefici debbano andare in
esempio; cioè come s'è fatto ad uno, così debba farsi a
tutti gli altri. Ma allora il beneficiato avrebbe pretensione sul
benefattore; cioè questi dovrebbe donare a quello non per
mera sua spontaneità, sibbene per lo più stretto obbligo di
riconoscenza. E qual'ingiustizia non sarebbe quella di pretendere per forza l'altrui? Fu dunque una giusta pena di tanta
arroganza quella, che Adriano Imperatore comandò di darsi
agl'insolenti veterani; cioè di farli insieme strofinare nel bagno 1. Imperciocchè il cennato Imperadore giorni prima ad
uno di que' veterani, vedendo che nello stesso bagno si stro-
finava il corpo ne'marmi, gli aveva fatto dono e di servi e di
danaro. Eglino presero di quì occasione di pretendere lo stesso dall'Imperatore, che spontaneamente avea operato, e

1 Spart. Hadr. Cap. 17.

questi a loro mostrare che i benefici non sono mai esemplari, li condannò alla cennata pena.

Chi dunque piglierà le difese di que' insolenti, che ardiscono pigliarsela contro colui, che a loro vantaggio dispensa le cose sue proprie? È secondo ragione manifesta la loro ingiustizia, per cui son meritevoli di aspre pene. Tant'era in ordine alla Divisione, primo modo derivativo di acquistare il dominio delle cose (667); passiamo ora al secondo, cioè alla Cessione.

778. Ed infatti la Cessione (§ CCLXXIII.) si à quando la cosa comune a più condomini, tutta si attribuisce ad un sol condomino. I condomini, i quali cedono la cosa comune si chiamano Cedenti; ed il socio, a favor di cui la cosa comune si cede, chiamasi Cessionario. Così tre fratelli avendo dal padre comune ereditato tutto il patrimonio di famiglia sel godevano e per l' uso e per la proprietà tra loro insieme. Intanto a due di essi è piaciuto abbandonare ogni cosa, ed a favore del terzo versare l' intiera proprietà, il quale da padrone assoluto ne piglia il possesso. Ed ecco allora effettuita una cessione nella spontanea rinunzia de' beni paterni a favore di un solo erede, il quale in tal caso piglia il nome di cessionario, mentre gli altri due fratelli che rinunziano, pigliano il nome di Cedenti. Che una tal cessione sia secondo ragione è chiaro dal che ogni padrone può disporre della sua proprietà a quel miglior modo che gli talenta quando non lede il dritto di alcuno; può quindi disporre a favore ancora di chiunque gli piace. Or disporre del suo a favore di un' altro che aveva dritto su la cosa comune dicesi cessione; l'è chiaro dunque che la cessione è consentanea alla legge di natura.

779. Or per la cessione abbiamo, come apparisce dal detto di sopra (778), che l' uso e la proprietà di una cosa, la quale prima era comune, passa in uso ed in proprietà di un solo. Dunque per la cessione un solo succede nel luogo di molti. Per la qual cosa il cessionario di necessità deve succedere in tutt' i dritti, ed in tutte le obbligazioni che prima della cessione avevano i cedenti. Imperocchè la cosa in forza della ces-

sione non cangia natura; sibbene le circostanze mutano; cioè
quello che prima era sottoposto a molti addiviene di un solo;
ma sempre la cosa di molti è la stessa che si fa di un solo. Come dunque la cosa era prima della cessione, così pure
sarà dopo la cessione medesima. Un ceduto fondo aveva, a
mò di esempio, privilegï annessi, oppure servitù o pesi gra-
vitanti; e l'acquisto fatto da un solo serberà gli stessi privilegï, gli stessi pesi, le stesse servitù; giacchè, ripetiamo,
la cosa per la cessione non cangia di natura. Potrà stare che
i cedenti serbassero per sè alcuni dritti su la cosa ceduta; oppure negassero al cessionario di esercitare qualche suo dritto; ma è allora la forza de' patti che induce mutazione nella
cosa, e non già la cosa stessa che cedendosi muta di condizione. In contrario due cose avrebbero a succedere, o che il
cessionario discapiterebbe ne' suoi dritti, o che avvantaggerebbe col pregiudizio altrui; l'uno e l'altro contro la natura
della cessione (778). Non il primo; perchè la cessione di sua
natura porta un vantaggio al cessionario: non il secondo;
perchè la cessione stessa di sua natura non consente a ledere gli altri. Dunque nella cessione la cosa comune deve
provvenire al cessionario con gli stessi dritti, e con le stesse
obbligazioni, che riconosceva prima della cessione, salvi particolari patti, che possono aver luogo tra 'l cessionario ed i
cedenti.

780. Dall'istesso principio della immutabilità della cosa sotto
la cessione (779) appare l'aggiustatezza del pensare dei Giureconsulti Romani [1] quando conchiusero, che quelle stesse
eccezioni, le quali si potevano opporre a' cedenti, si possono
del pari opporre al cessionario. Ciò è secondo ragione; dappoichè se il cessionario succede in tutt'i diritti e doveri dei
cedenti, deve per necessità succedere in tutte le eccezioni,
che possono contrariare gli stessi. Son pure le eccezioni in
parola tanti doveri assunti da' cedenti, i quali non possono
rinunciare agli stessi senza una manifesta lesione della legge
di natura; perchè reclamano il dritto degli altri contro gli

[1] L. 8. C. de haered. vel act. vend.

questi a loro mostrare che i benefici,
li condannò alla cennata pena.

Chi dunque piglierà le difese
no pigliarsela contro colui, ch

stizia, per cui son merite
dine alla Divisione
minio delle cose (
Cessione.

778. Ed infatti la
cosa comune a più
condomino. I con
chiamano Ceder
mune si cede
dal padre c
sel godevar
Intanto a
a favor
padro
tuit
fav
dividendo la cosa comune tra te ed il tuo socio; oppure
cedendola per intiera al tuo socio medesimo? Cerchi di agire
da uomo di onore, e di far possedere al socio la proprietà della
cosa di maniera, ch'egli godendola esclusivamente per sè
sola possa a buon dritto gli altri escludere dall'uso della stessa
cosa; cioè lo vuoi rendere assoluto padrone. Ma poni per poco l'inganno in tal passaggio di proprietà, dov'è più l'assoluto dominio del tuo socio? L'avrai danneggiato, l'avrai spogliato dei suoi dritti, l'avrai insomma reso infelice. E dopo
questo dov'è più la tua riputazione, la tua irreprensibilità
in faccia alla natura? Togli la buona fede, e la società non
sarà che un'ammasso di miserie, di frodi, d'inganni. E pel
timore di sì fatte cose si vuol avvisare, ch'è dell'uomo dabbene fuggire il dolo nelle sue azioni. Ma chi il potrà conoscere, se il cuore dell'uomo è solo noto al Legislatore della

senz'
altrui
contra
ggio,
dritto
oppre
degli
sogno

re quanto an-
mestieri agir bene
annotare, che gli uomini
loro trastullare con l'inga-
ettezza e la verità debbono tra-
Ed è questa regola fondata su la
e in ogni genere di cose vuol sempre
quale non tende che a danneggiare il simile
possiamo rilevare (§ CCLXXIV.) che in ogni
di dominio sia che facciasi per la divisione, sia che
per la cessione, è mestieri che si vitasse il dolo. Che

_____

1 *Inter bonos viros bene agere oportet.*

` è anche dell' uomo dabbene sia nella di-
ne, garentire il socio del dominio, che
ista di queste cose dalla natura è
che poggiasi sul lodato principio
legge di tanta importanza ,
efficacia fin dalla sua ra-

-nisti il verbo *Evinco* non
opriamente è presa la meta-
di attività si riducono nel no-
: « *Tu vinta dalle mie lagrime* , tu
e, che la Evizione è l' azione di colui
suo posseduto da altri ; cioè è l' azione, in
ottiene il suo: ciocchè importa una vincita del
ato a traverso dell' ingiusto possessore ; oppure di
ue danneggiò nel trasferire il dominio con la divisione,
un la cessione, o con la tradizione, di cui in appresso sarà
fatto parola. Imperciocchè chi vince non fa altro , che abbattere il torto, ed acquistare il dritto ; e la evizione che si presta lo stesso produce. Chi pretende trasferire il dominio , a
veramente trasferirlo deve l'altro rendere sicuro della proprietà
in ogni tempo che questa potesse vacillare. Or come potrà esser sicuro della sua proprietà se non abbia il dritto di pigliarsela contro di chi ce la trasferì in ogni tempo che questa stessa proprietà per l' inganno introdotto nel principio venisse a mancargli? Questo pugnare contro il primiero possessore il padrone attuale l' ottiene in forza della evizione , la
quale non produce un dritto sterile, ma fecondo in sè stesso
capace di garentirlo in tutt' i lesi dritti ; cioè la evizione in
forza della parola è una vera reale vincita, la quale gli fa ridurre sotto la sua fisica potenza tutto ciò, che senza sua malizia aveva perduto.

783. Per le leggi Romane la evizione era definita: « *Il*
riacquisto della cosa nostra fatto mercè del giudice , che l' av-

---

1 *Tu lacrymis evicta meis, tu prima etc.* Aeneid. 5.

versario acquistò con giusto titolo 1 ». Ma si osserva, che la dottrina della evizione non è provvenuta dal dritto Civile; sibbene è della legge di natura; dappoichè il dritto Civile non altro à fatto che illustrarla con le molte aggiunte che vi à apposte; aggiunte che riguardano soltanto la forma, e gli effetti della stessa, non mai la natura, come può osservarsi dalla proposta definizione de' Romani Giureconsulti mettendola a livello con quello che sopra abbiamo osservato (781, 782). Infatti per arrecare qualche esempio la legge civile vuole, che per aver luogo la evizione chi trasferisce il dominio, lo debba trasferire a suo nome: che il possessore denunci a tempo la lite all'autore: che la cosa sia evitta per una causa che antecede il contratto, e che sia evitta per dritto, e non già per una forza maggiore. Or queste cose forse tolgono quel dritto, che la natura accorda a ciascun proprietario di pretendere la garentia della sua stessa proprietà? Certamente no; soltanto riguardano il bene comune, ch'è da preferirsi al particolare, e per far essere accort' i cittadini nell'acquistare il dominio di una qualche cosa, assegnando il modo come usare della evizione, e quando ne possano far uso. Ma ciò non ostante è la naturale equità quella che assegna a ciascun proprietario il dritto della evizione (781) contro il suo avversario in fatto di dominio; e tal dritto ce l'accorda non solo nella divisione e cessione, ma ancora in ogni tradizione, dond'emergono i contratti di buona fede, come a suo tempo sarà osservato; ed à luogo pure in tutt' i patti, e contratti sì gratuiti, che onerosi, come in appresso sarà pure osservato; perchè la stessa ragione (781) corre sempre pel proprietario di mantenersi illeso nei suoi dritti.

784. Poichè dunque la naturale legge di Evizione consiste nel garentire il cessionario (parlandosi di cessione, come qui succede) da ogni antecedente dritto, od azione, che i cedenti, oppure i loro antecessori potrebbero avere su' i dritti del cessionario, per cui potrebbero pretendere di appropriarsi la

---

1 *Evicti o est rei nostrae, quam adversarius justo titulo adquisivit, per judicem facta recuperatio.*

cosa ceduta ; imperciò ne conseguita legittimamente che i condomini debbono sempre prestare al socio, cui perviene la cosa
comune o tutta, od in parte, la evizione (781). In forza della
quale ne viene, che se la cosa ceduta era già stata ad altri
ragionevolmente evitta e senza colpa del possessore, i cedenti
sono obbligati a risarcire tutt' i danni accagionati maliziosamente al cessionario. Imperciocchè è della naturale equità che
niuno disturbasse il dritto altrui, dovendo ognuno rispettare
quello degli altri come il suo proprio (477); e siccome niuno per sè stesso vuol' essere danneggiato nelle proprie cose ;
così niuno deve ardire danneggiare le cose degli altri.

785. Ma questo risarcimento di danni accagionati al cessionario (784) à luogo sempre che i condomini ànno salve le loro
porzioni , e la cosa sia pervenuta al socio a titolo oneroso.
Conciosiachè pel primo è chiaro, che le porzioni debbano essere esistenti : altrimenti come si potrà rinfrancare il socio
danneggiato? Chi niente à , niente può dare , e contra colui
che niente à inutilmente si agisce. Pel secondo è chiaro ancora , che la cosa debbà essere a titolo oneroso ; giacchè se
il titolo è stato gratuito niente soffre il cessionario , il quale
nella mala fede in parola ritornerà a quel medesimo stato, in
cui era prima. Salvo però se soffrisse altri danni, come spese
inutilizzate , attrasso di negozio per ricevere la cessione , ed
altro ; perchè in tal caso dev'essere rivaluto il cessionario di
questi danni provvenienti dall' altrui malizia.

Ecco quanto riguardava la sublime dottrina della evizione
riguardata ne'stretti cancelli della natura ; molte e sottili cose
in ordine ad essa sono state insegnate da' Civilisti , che commodamente possono riscontrarsi, se bramasi di approfondire
in tal materia; giacchè non è del nostro scopo progredire più
oltre senza uscire da quella regione , in cui volontariamente
ci restringemmo. Ognuno adunque nel trasferimento del dominio eviti l' inganno , e le altrui cose guardi come le sue, se
la epigrafe di uomo di onore vuole incidere nella sua fronte;
epigrafe che rendendolo caro alla società, ben accolto lo rende presso il Legislatore della natura, il quale abbondevolmente
sarà per rimunerarlo.

LEZIONE LXVII.

TRADIZIONE.

§ 786. *Si definisce, e si distingue la tradizione dagli altri modi derivativi — essa è vera, o simbolica — si propone la questione se pel trasferimento del dominio fosse essenziale la tradizione: opinioni de' Giureconsulti Romani — opinione di Naturalisti — si conferma — modi con cui può trasferirsi il dominio — in quali casi la tradizione della cosa è nulla — riguardasi la tradizione nel possessore di buona fede — il vero padrone rende sempre stabile la tradizione — si sviluppano le ultime parole della definizione della tradizione — quando manca la giusta causa a trasferire il dominio — malgrado la causa sia abile a trasferire il dominio, quando è nulla — chi non può trasferire dominio — si dice del vero padrone quando inferma la sua tradizione.*

786. Il terzo modo derivativo, come dicemmo (667), di acquistare il dominio della cosa, è appunto la Tradizione, la quale (§ CCLXXV.) non è altro che un' alienazione, mercè cui il padrone, che à il dritto e la volontà di alienare, trasferisce il dominio in un' altro, che per giusta causa viene a farne acquisto. Così vendo la mia villa all' amico, il quale ne acquista il possesso in forza dell' effettuito contratto di compra-vendita, si avvererà la tradizione della cennata villa. Imperocchè di essa essendone io padrone voleva alienarla, come nel fatto l' ò alienata trasferendone il dominio al mio amico; questi in luogo mio è entrato a possederla; per cui mi sono spogliato volontariamente di quel dritto, che avea. Qui però notasi che la Tradizione differisce dagli altri modi derivativi di acquistare il dominio; perchè ella non cade su la cosa comune, siccome la divisione e la cessione; ma riguar-

da le cose di assoluto dominio, com'è chiaro dalla esposta definizione.

787. La Tradizione intanto può esser Vera, e Simbolica, atteso il modo con cui succede l'alienazione. Infatti è Vera quando la cosa corporale dalle mani di uno passa nelle mani di un'altro. Il mio libro che vendo, dopo aver patteggiato, lo consegno al compratore, il quale lo fa suo, la tradizione in tal caso è vera. Dicesi poi Simbolica quando sotto dati segni si fa l'alienazione della cosa propria. Così al compratore do un cespuglio della mia villa che voglio vendere; e poscia insieme di accordo aver perfezionato il contratto, si avvera la tradizione col solo porgere il menzionato cespuglio. In ambidue gli esposti casi si fa sempre una vera alienazione, e però sempre si effettuisce la tradizione in parola.

788. Tali cose premesse sul bel principio sorge la quistione, se mai per dritto di natura a trasferirsi il dominio della cosa essenzialmente vi bisognasse il trasferimento della cosa medesima; oppure fosse bastevole la sola volontà del padrone. Ecco una diversità di pareri tra' i Giureconsulti Romani, ed i Naturalisti. Principiamo da' primi. Eglino ne' primi tempi della loro legislazione vollero distinte le cose in mancipi e non mancipi; come pure il dominio lo distinsero in Quiritario, e Bonitario: distinzioni furon queste ch'ebbero luogo fino a che la somma dell'impero non pervenne nelle mani di Giustiniano, il quale [1] attendendo alla condizione de' tempi, ed allo stato de' suoi governati volle agguagliat' i dritti, distrutte le particolarità; imperciò non più volle si tenessero conto delle mentovate distinzioni dell'antica romana legislazione. Intanto, finchè Giustiniano non avesse redatta la novella legislazione era legge presso i Romani, che le cose mancipi a trasferirsi in dominio non abbisognavano del trasferimento corporale di loro stesse, ma tosto passavano al possedimento dell'altro *per aes et libram*; cioè fatto il nesso ed il mancipio di repente si redimevano da uno e passavano sotto il dominio dell'altro [2].

1 L. un. C. de nudo jure Quirit. toll. et. L. un. C. de usu. cap. transform.
2 Varro de ling. lat. 4.

Non così poi era per le cose non manicipi : per trasferirsi il dominio di esse era di assoluta necessità la tradizione delle stesse, ossia il trasferimento corporale ; come assicura Ulpiano 1, e Simplicio 2. Ma venuto Giustiniano si richiese per ogni trasferimento di dominio il trasferimento della cosa stessa, di maniera che non poteva acquistarsi dominio senza tradizione, come già s' è cennato. Perlocchè c' è dato raccorre, che il dritto civile romano non promiscuamente faceva necessaria la tradizione nel trasferimento di dominio, la quale poi addivenne necessaria e promiscua a' tempi di Giustiniano di maniera, chè nel tribunato di Roma la sola volontà del padrone si rese generalmente inefficace a trasferire il dominio da uno in un'altro. Ma veniamo alla forza della legge di natura.

~ 789. I Naturalisti di comune accordo dietro le osservazioni del Grozio 3, e del Puffendorf 4 sostengono, che a trasferirsi il dominio di una qualche cosa per niente è necessaria la tradizione della cosa; ma solo basta che il padrone di essa manifestasse la chiara sua volontà. Infatti il dominio regge per la costante volontà, che à il padrone di escludere ogni altro dall' uso della cosa sua di maniera che, finchè dura in lui questa volontà dura il possesso (648). Dunque cessata la volontà di possedere, ossia di escludere gli altri dall' uso della cosa, che dicesi propria, di necessità deve anche cessare il possesso, e quindi il dominio. Or nel caso che il padrone voglia alienare la sua proprietà a favore di un' altro, egli col fatto consentendo rinuncia a quell' atto di volontà, mercè cui si costituiva padrone; cioè cessa di esser padrone, e l' altro che raccoglie l' espresso atto della volontà altrui, viene a dichiararsi padrone della cosa; giacchè vuole gli altri esclusi dall'uso di quella cosa, che in lui s' è voluto trasferire. Per la qual cosa la legge di natura dice valida ogni alienazione, e tosto trasferisce senza dubbio il dominio,

1 Tit. 19. 7.
2 Inter rei agrar. script. p. 76.
3 De jure belli et pac. 2. 2. 6. Lib. 2. 3. 25.
4 De jur. nat. et gent. 4. 9. 2.

quante volte il padrone abbia manifestata la sua volontà, sola cagione efficiente del cennato trasferimento.

790. Oltreacchè se in ogni trasferimento di dominio fosse necessaria la tradizione della cosa, bisognerebbe dare per sempre un'addio alla validità delle promesse. Di grazia qual tradizione si avvera in esse ? Niuna : il solo atto della volontà è quello, che ferma gli animi, loro impone doveri, porge dritti, costituendo un dritto perfetto di giustizia. Dunque è la volontà sia espressa, sia manifestata per via di segni, quella che trasferisce il dominio, ed à forza di tradizione. Lo conobbero gli stessi Giureconsulti Romani abbenchè contrarie tracce seguivano (788), e propriamente diceva Cajo : « *Non v' è cosa, che possa essere tanto conforme alla naturale equità, quanto il tener per ferma la volontà del padrone, che vuole trasferire ad un' altro la cosa sua* 1 ». Donde a conclusione della presente quistione rileviamo, che per legge di natura la tradizione non è essenzialmente necessaria per aversi l'alienazione, checchè ne dicano le leggi romane (788): mà la sola volontà del padrone è bastevole a trasferire in altri il suo dominio.

791. A tal modo fissata la essenza di ogni trasferimento di dominio, volentieri c'è dato scorgere, ch'esso non in un solo modo può avverarsi, come succederebbe se fosse mestieri la tradizione della cosa ; ma tante son le maniere di effettuirlo, quanti sono i mezzi che la volontà possiede per estrinsecare i suoi voleri (§ CCLXXVI.). Il dominio infatti può trasferirsi in altri, se questi assenti, per via di lettere, di procuratore, o di qualche altro siasi mezzo: se poi son presenti, può trasferirsi o per la induzione su la cosa, o additando la cosa da lontano, e dicesi Tradizione fatta « *Per mano lunga* 2 »; o consegnando la cosa realmente, e da vicino, e dicesi Tradizione fatta « *Per mano breve* 3 »; od infine dandogli qual-

---

1 *Nihil tam conveniens sit naturali aequitati, quam voluntatem domini, volentis rem suam in alium transferre, ratam haberi.* § 40. Inst. de rer. div. L. 9. D. de adquir. rer. dom.

2 *Longa manu.*

3 *Brevi manu.*

Einneccio Vol. III.

che segna, e dicesi Tradizione Simbolica, come consegnare le chiavi della città, della casa, od altro, in segno di trasferire il dominio della città, o della casa; come pure a pigliar possesso di un fondo si suole staccare un ramo dall'albore, svellere qualche zolla dalla terra (673). Gli stessi Romani riconoscevano sì fatta simbolica tradizione, come appare dalla loro legislazione 1, per cui appare ancora il poco o nullo fondamento della loro esposta opinione (788). In somma essendo vero che la tradizione à fondamento nella volontà del padrone (789, 790), il dominio sempre si trasferisce o che realmente vi sia la tradizione, o che vi sia la quasi tradizione; cioè che il dominio non si trasferisca di mano in mano.

792. Or queste cose saranno valide per colui soltanto, ch'è padrone della cosa; giacchè questi e non altri à il dritto di alienare la cosa propria (751): ma per quegli che affatto vanta dominio su la cosa niun' effetto potranno produrre (§ CCLXXVII.); giacchè per trasferirsi il dominio v'è bisognevole in colui che lo trasferisce il dritto a potere alienare la cosa. All'istessa guisa nulla riesce la tradizione fatta da colui, il quale abbenchè padrone fosse della cosa; pure ad alienare veniva impedito dalla legge, o dalla convenzione, o da altra qualsiasi causa; giacchè allora la causa accidentale impedisce la efficacia della volontà per trasferire il dominio. Sarà infatti un minore, quegli cioè che non per anco à compito l'anno vigesimo primo dell'età sua secondo le leggi vigenti, il quale trasferisce il dominio della cosa sua; una tale tradizione non avrà alcun' effetto, ed in realtà non trasferisce dominio; non perchè il minore non sia padrone della cosa sua avendo su di essa tutto il dominio; ma perchè la legge vieta a' minori di alienare le cose soggette al loro dominio per tal guisa, che intendendo al bene comune dichiara nulla ogni alienazione fatta da essi (751). Dicasi lo stesso ove la convenzione, od altra causa impedisca l'effetto dell'alienazione; imperocchè i patti per legge di natura debbonsi serba-

1 L. 1. § pen. D. de adq. poss. L. 9. § 6. D de adq. rer. dom L. 74. D. de cont. emt.

re, come sarà dimostrato a suo luogo; e ciò che negativo esiste non può essere affermativo nel tempo stesso senza produrre una stravagante congiunzione.

793. Intanto all'ombra della legge di natura colui, che in buona fede accoglierà in sè il dominio della cosa da chi non poteva trasferirlo, sarà riguardato come un possessore di buona fede, contro cui niente di riprensibile rinfaccerà la stessa legge naturale; ma il vero padrone avrà sempre dritto a vindicare la stessa cosa sua. Imperciocchè può acquistare il dominio chi può addivenire padrone, ed il dominio può trasferirsi in un'altro quando si à il dritto di alienare la cosa propria (792). Or il possessore di buona fede non poteva mai addivenire padrone; perchè mai acquistò dominio; sendo che non poteva alienare chi in lui cercava trasferire il dominio, o perchè era impedito dalla legge, dalla convenzione, o da altra causa; o perchè non era padrone (792). Chi non è padrone ritiene l'altrui ingiustamente, e l'ingiusto possessore è tenuto a restituire al padrone proprio quello, che presso di sè riteneva. Il possessore adunque di buona fede abbenchè non peccasse contra la legge di natura ritenendo l'altrui, perchè non vi à in lui colposa volontà di oltraggiare i dritti del simile; pure ingiustamente l'altrui ritiene, perchè non suo; ed in conseguenza è tenuto il non suo a restituirlo al padrone semprechè viene in cognizione del cattivo acquisto fatto. Nè vale opporre la prescrizione; giacchè questa è della legge civile, come sarà detto a suo luogo; e perciò ignota alla legge di natura, la quale ordina al possessore di buona fede di restituire il non suo in qualunque tempo si presentasse il padrone a chiederla. Ma come debba egli restituire, e quali frutti della cosa restituire, non c'è lecito quì dirlo per non anticipare dottrine fuori tempo, abbenchè il Grozio 1, ed il Puffendorf 2, siensi ingegnati a produrci molti regolamenti su tal proposito, che noi a suo luogo ridurremo a due principalissimi; cioè primo il possessore di buona fede finchè igno-

1 De jure belli et pac. 2. 10.
2 De jure nat. et gent. 4. 13. 6. seq.

ra il vero padrone della cosa, ossia finchè dura nella sua buona fede, egli è in luogo del vero padrone, a talchè gode gli
stessi dritti , che goderebbe il vero padrone: secondo il possessore di buona fede comparendo il vero padrone è tenuto a
consegnargli la cosa com'esiste assieme con quei frutti che
presso di sè ritiene di maniera, che se la cosa più non esistesse , deve dargli quel tanto , che conosce avere dippiù dal
possesso della cosa altrui; ossia, come direbbero le leggi romane, quel tanto per cui è divenuto più ricco. Ma, ripetiamo, queste cose in appresso saranno maturamente discusse.

794. Per ora ci basta sapere esser nulla quella tradizione ,
che provviene da colui, che non poteva alienare la cosa, di cui
si trasferisce il dominio in un'altro. Non così poi per la tradizione fatta da colui , ch'era il vero padrone della cosa , e
niun' impedimento aveva di alienare la cosa sua; giacchè consegue essa tutto il suo effetto in qualunque modo al padrone
piaccia trasferire il dominio della sua cosa in altri. Infatti può
egli il vero padrone trasferirlo o per assoluto impero della
sua volontà, o per via di mandato, od infine approvando quello, che da altri in sua vece è stato operato. Ognuno di questi modi assicura il novello proprietario dell'acquistato dominio ; nè altri v'à che possa contrastarcelo, sia pure l'antecedente padrone. La legge di natura sempre consona a'suoi veri
principî come vuole intangibile l'altrui proprietà ; così pure
vuole rispettato il trasferimento di proprietà fatto per consenso
del vero padrone, il quale se liberamente si mosse a spogliarsi
del proprio dritto e trasferirlo in altri , non può dolersi del-
l'operato , non essendogli stata usata violenza di sort'alcuna ; e quindi niuna ingiustizia , niuna lesione del proprio
dritto.

795. Da ultimo nella esposta definizione della tradizione (786)
entrarono le voci » *che per giusta causa viene a farne acquisto* », le quali sviluppando ci danno materia di nuove dottrine. Infatti l'alienazione è fatta per una giusta causa, quando
la causa di lei è adatta a trasferire il dominio , come compra-vendita , donazione , promessa , e tutt'altro simile. Così
Tizio vende a me il suo cavallo per quaranta scudi , che io

puntualmente gli sborso ritenendomi il cavallo: questo passa
di repente al mio dominio, e cessa di essere proprietà di
Tizio. Fattasi adunque l'alienazione del cavallo in parola da
Tizio a me, la prelodata alienazione é fatta in forza di compra-vendita; e perciò in forza di una causa giusta, per cui
io giustamente vengo a fare acquisto del cavallo, di cui Tizio era il vero padrone. Dond'emerge (§ CCLXXVIII.) che
ov'esista la causa giusta a trasferire il dominio, questo immantinenti vien trasferito. La cosa, a mò di esempio, mi è
stata venduta, donata, promessa, od altro; subitamente ad-
divengo padrone della stessa, ed ò il dritto di vendicarla
dalle mani di qualunque altro possessore. Ma ove questa giusta causa mancasse, manca pure del tutto il dominio con
tutt' i suoi effetti; giacchè in allora non trasferendosi dominio, è naturale che non possa farsene acquisto. Esaminiamo
adunque la mancanza di questa giusta causa.

796. Manca la giusta causa nell'alienazione quando la causa
che ponsi può esser rivocata ad arbitrio del padrone della cosa.
Quindi non è causa giusta a trasferire il dominio, e nel fatto
non lo trasferisce, se la cosa è stata data a commodato, a
deposito, a fitto, a precario, o ad altro simiglievol titolo. Un
mio amico, a mò di esempio, mi dà in prestito un libro a
fine di leggerlo; questo prestito importa, che dopo aver letto
il libro debbo restituirlo all' amico ch' era il padrone di esso;
ma giammai porta con sè che io possa appropriarmelo sendo
che il commodato non porta un'alienazione della cosa; sibbene
un semplice uso della cosa medesima, che sempre resterà di
altri come prima era. Sempre che dunque il titolo per cui una
cosa si dà può sempre rivocarsi dall'arbitrio del padrone della
cosa, non sarà mai una giusta causa di alienazione. In somma
quegli che aliena bisogna che abbia l'animo di alienare di maniera, che ove manca questa intenzione non si suppone mai
che il padrone della cosa voglia alienare. Chi mai infatti à
supposto, che dandomisi in fitto la casa, il padrone di essa
mi abbia voluto devolvere il dominio, e non più l'à aggiudi-
cata a sè stesso? Se ciò riuscisse vero in pratica bisognce-
rebbe dare un'addio a' prestiti, a' fitti, a' depositi; giacchè

allora invece di rinvenire un favore presso dell'uomo ne'propri bisogni, si rinverrebbe la più inaudita ingiustizia; lo spoglio cioè de' propri dritti senza il menomo atto della propria volontà.

797. Si aggiunga a questo, che ancorché la causa sia abile a trasferire il dominio (795); pure quegli, a favor di cui si devolve la proprietà, se non soddisfa alle condizioni dell'alienazione, questa riuscirà del pari nulla. Un'alienazione condizionata pretende il suo effetto poscia verificata la condizione, la quale dovendosi soddisfare in forza di un patto, ch'è passato tra chi aliena, e colui che riceve in sè l'alienazione, sospende il consenso prestato nel contratto, com'è chiaro. Tizio infatti vendendo il suo fondo a Sempronio a patto che questi gli vendesse la sua villa; la prima alienazione non avrà effetto ove non si verifichi anche la seconda, di maniera che niun dominio si trasferirà nel presente caso. Ma la compravendita era una causa abile a trasferire il dominio (795); epperò tale trasferimento vuolsi dipendente da circostanze, le quali adempiute daranno effetto proprio all'alienazione. Fingete che si fosse eseguita la tradizione del fondo di Tizio e Sempronio in parola; ma questi non diede la sua villa, l'eseguita tradizione sarà nulla, niun dominio darà a Sempronio, il proprio padrone rivindicherà i suoi antichi dritti. Ragionevolmente imperciò i Giureconsulti Romani [1] volevano, che il compratore finchè non sborsasse il prezzo della cosa venduta, oppure non soddisfacesse in altro modo al venditore, non acquistasse mai dominio della cosa venduta, e consegnata; dappoichè consideravano il prezzo, o la soddisfazione come una condizione, la quale verificatasi, si verificava l'alienazione essenziale alla compra-vendita. Per la qual cosa diceva Varrone: « *Il gregge venduto non muta padrone se non siasi numerato il danaro* [2] ». E Quintiliano in simil guisa diceva: « *Con qual ragione credi*

---

1 § 41 Inst. de rer. div.
2 *Grex venditus dominum non mutat, nisi sit aes adnumeratum.* De re rust. 2, 2.

tu appropriarti quella cosa, di cui non ài pagato il prezzo 1 ». Tertulliano infine non era alieno da questa naturale equità quando soggiungeva: « *È cosa ridicola stendere la mano per pigliarti una cosa senza pagarne il prezzo* 2 ». Dunque finchè non soddisfacciasi il padrone che aliena , è ella sempre con. dizionata l'alienazione.

798. Per la tradizione adunque a fine di trasferire il domi. nio si ricerca, che vi sia l'animo, ossia la volontà di trasferire il dominio medesimo (786), a talchè mancando una tale disposizione nel padrone della cosa non s'intende mai trasferito il dominio. Or i fanciulli (§ CCLXXIX.), i furiosi, i mentecatti, e altre persone di simil tempra, poichè quando agiscono non si sanno quello che fanno, lor mancando il libero esercizio della volontà, non trasmetteranno giammai dominio delle lor cose in ogni qualunque siasi tradizione, che faranno. Imperocchè l'a. nimo di alienare fondamente si presume mancare in tali perso. ne, le quali non intendono il bene ed il male, il dritto ed il tor. to, che come agli altri, così a sè stessi possono fare. La legge di natura provvida madre nè bisogni dell'uomo rimirando la imbecillità di cotestoro viene ad annullare le loro alienazio. ni a favore di chiunque le facessero: nè la naturale equità pun. to ne risente in simiglievoli casi ; giacchè non debbe ciascuno. privarsi de' propri dritti , ove liberamente non consenta nello. spoglio degli stessi. Qual libertà dunque può apparire nella te. nera età , oppure in quelli che lo scompiglio delle fibre tolse il senno?. Se altramente fosse, il malevolo, l'uomo ingiusto a. vrebbe di leggieri ove posare gl'insanguinati artigli della sua rabbiosa fame, e per ventura farebbe macello di quegl'infeli. ci, che male accorti si mostrano nel loro operare. È giusto a. dunque che sieno nulle le tradizioni, ch'eglino venissero ad effettuire.

799. Dicasi lo stesso allorquando il padrone della cosa non.

---

1 *Quo jure vindicare potes eam rem , cujus pretium non dedisti?* Decl. 336.

2 *Ineptum est , pretium non exibere ad mercem manum emittere.* De Poenit. cap. 6.

intese di trasferire dominio; sibbene tull'altro, come di com-
modare, di depositare, di pignorare la cosa sua, od altro (796).
Ed ancorchè il padrone intese di trasferire il dominio della cosa, ritenendo su di essa qualche dritto per sè stesso, quel
tanto s' intenderà sempre trasferito in dominio, che gli è piaciuto trasferire; dappoichè può egli il padrone la cosa sua a-
lienare quando vuole, ed in quella maniera che vuole, senza
che alcuno possa contrastargli come la propria intenzione, così pure il proprio dritto (752), il quale non è mai trasmes-
so in altri finchè il padrone stesso liberamente non venga a
spogliarsene.

Queste cose fin quì segnate riguardavano la definizione (786),
e quindi la tradizione in generale; quali sieno poi gli effetti,
ch'essa può produrre, ciò sarà l'oggetto della ventura lezione.

LEZIONE LXVIII.

EFFETTI DELLA TRADIZIONE.

§ 800. *Principale effetto della tradizione è 'l dominio, il quale è pieno, o semipieno — si definiscono ambidue, e pel dominio semipieno si distingue il padrone in diretto, ed utile — origine del dominio semipieno — feudo, e sua origine — dritto di superficie — servitù, e sue specie — altre specie riconosciute dal solo dritto civile — pegno, — nel pegno fruttifero a chi spettano i frutti — ipoteca — differenza tra il pegno e l'ipoteca — soggetto della tradizione, in quanti modi può ricevere il dominio — e come può darlo chi lo trasferisce — anche sotto condizione di trasferirlo dopo la sua morte.*

800. È fuori dubbio, che chi è padrone della cosa, può di questa trasferirne il dominio come vuole, quando vuole, ed a chi vuole di suo genio (752): conseguentemente la tradizione della cosa per necessità deve produrre il dominio su la cosa a favor di colui la cosa stessa è veramente trasferita (786). Laonde principalissimo effetto della tradizione è 'l dominio, il quale come può subire varie modificazioni ; così la tradizione stessa può manifestare varie conseguenze. Il padrone infatti della cosa può trasferire di essa il dominio o tutto, od in parte, di maniera che può spogliarsi assolutamente di tutt'i suoi dritti, e versarli in un'altro ; oppure può riserbare per sè stesso una quantità di dritti, che non intende alienare alienando la cosa sua. Dond'emerge il dominio pieno, e semipieno, gravidi di molteplici riflessioni, che ad ogni tempo reclamano la naturale equità per rapporto a' rispettivi padroni. Sviluppando noi adunque la natura di questi ambi dominï, verremo in pari tempo ad esaurire gli effetti tutti della tradizione, di cui quì è parola.

801. E per vero allorquando il padrone trasferisce tutto il dominio della cosa sua senza riserbare per sè dritto di sorta alcuna; trasferendo cioè la proprietà, il possesso, l'uso, ed il frutto totale della cosa sua, in allora il dominio che trasferisce si dice Pieno. Al contrario poi quando il padrone trasferisce in parte il dominio della cosa sua, come il solo uso, la sola proprietà, od altro parziale, in allora il dominio che trasferisce si dice Meno pieno (§ CCLXXX.). E sotto la veste del dominio meno pieno ci abbiamo due padroni che posseggono la stessa cosa, ma per modo divisa tra loro, che gli effetti del loro dominio son ben differenti tra loro. Or di questi due padroni secondo i Giureconsulti del medio evo, l'uno dicesi Diretto, e l'altro Utile, abbenchè con termini barbari, pure ricevuti nella scuola del foro, per cui non è dicevole per poco alterarli. Con miglior vocabolo il padrone diretto potrebbesi anche chiamare padrone Superiore o Maggiore; come pure il padrone utile sarebbe bene dirlo padrone Inferiore o Minore, ad' esempio de' Romani secondo Plauto 1, i quali il padre di famiglia lo chiamavano Padrone Maggiore, ed i figli di famiglia li dicevano Padroni minori. Ma questa sarebbe una ricercatezza di voci non intesa dal foro, per cui è mestieri aderire alle voci del medio evo. Intanto il padrone Utile, meno principale, è quello, che nella translazione del dominio acquista l'uso, il frutto, ed il possesso della cosa per modo che, ogni altro esclude dall' uso della cosa medesima, essendo tutto suo il vantaggio, che può percepirsi dalla cosa. Il padrone poi Diretto, principale, è quello che à dominio su la proprietà, e quindi à la facoltà di concorrere circa la disposizione della cosa, di cui il dominio utile s'è trasferito; oppure esigere qualche prestazione in riconoscenza del dominio. Adunque il padrone utile non solo à l'usufrutto della cosa, ma anche il dritto di disporre della cosa stessa, abbenchè limitato a certe determinate leggi, che affrancano i dritti del padrone diretto: conseguentemente il dominio utile si concede con qual-

1 Capt. 3. 5. v. 50.—Trinum. 2. 2. 53. Asinar. 2. 2. 66.

che restrizione della proprietà per modo, che il dippiù resta, è di pertinenza del padrone diretto.

802. Da queste fissate nozioni non è difficile conoscersi la origine del dominio semipieno. Imperocchè essendo fondamento di un tal dominio, che il padrone possa alienare ciocchè è suo come vuole, e quindi con quelle riserve, e con quell'eccezioni di parte di dominio che gli aggradono (799), è dicevole che sia molto probabile il dominio semipieno trarre la sua origine dalla tradizione. La cosa pare molto sufficientemente chiara. Intanto molte specie di dominio semipieno ci abbiamo le quali appartenendosi più al Dritto Civile, che al Naturale, volentieri le passiamo sotto silenzio; sol riserbandoci di parlare di tre, che sembrano le più principali, cioè il Feudo, il Dritto Enfiteutico, ed il Dritto della Superficie. E principiando dal primo

803. Il Feudo si è quante volte il padrone diretto della cosa dà il dominio semipieno al padrone utile, facendosi da costui promettere fedeltà, e servizi, e che la cosa non si possa alienare senza il consenso di lei. Or la cosa in tal modo data si dice Feudale, ed il fondo Feudo, come chi riceve il feudo dicesi Feudatario (§ CCLXXXI.).

La origine de' feudi abbenchè di molto dibattuta da' dotti; pure essendo il feudo notissimo in Europa pare sia surta dalla spada, e dalla toga; dappoichè lo splendore delle armi, sia pure il rumore del foro rendendo insigni gli uomini pel valore addimostrato, s'è creduto da' Principi premiare la loro virtù con assegnar loro de' feudi. Donde poi nacquero gli onori, i titoli, le dinastie delle famiglie, le armi, in somma la nobiltà, che si eleva sul resto del popolo. Così cessato l'Esarcato nell'Occidente si prese il nome di Duca invece di Esarca, titolo pervenuto dagli Imperatori Orientali; venut' i Francesi nell'Italia introdussero dappoi i titoli di Marchese, e di Conte fin'allora sconosciuti. Veggasi il Macchiavelli nelle sue Storie Fiorentine. Pe' rilevanti servizi adunque prestati allo stato, i Principi in tal modo àn concesso possessioni per premiare la virtù degli uomini grandi; come pure per ricevere un'aiuto nelle varie occorrenze di guerrè da quelli, che possedevansi cotesti feudi.

V' erano però de' feudi, che da' Principi si accordavano senza l'obbligo di prestare l'ajuto in guerra, ed un tal feudo allora si diceva Feudo Franco. Veniamo ora alla enfiteusi.

804. Il Dritto Enfiteutico si à quante volte il padrone diretto pel dominio semipieno concesso esige dal padrone utile un' annuo canone in riconoscimento del dominio. Or la cosa in tal modo data si dice Enfiteusi, oppure cosa Enfiteutica, ed il padrone utile piglia il nome di Enfiteuta. Su la origine dell' enfiteusi niente di certo possiamo assegnare, se non che antichissima la sua instituzione, Imperocchè Giuseppe Ebreo 1 dice ritrovarsi vestigio di un tal dritto enfiteuticario nella Genesi 2, ove facendosi menzione di fondi che il Patriarca Giuseppe aveva acquistato per gli Ebrei la cosa rammenta la più remota antichità. Ma Erzio 3 in opposizione di Giuseppe Ebreo vuole che quei fondi Egiziani erano piuttosto di ragione censuale, ch' enfiteutica. Epperò comunque sia non potrà mai negarsi, che i Faraoni avevano parte ne' fondi acquistati da' Giudei sia ch' erano enfiteutici, sia ch' erano censuali; dappoichè la differenza che passa tra essi è sita in questo, che nella enfiteusi il possessore à il dominio utile, com' è chiaro; nel censo poi il possessore à il pieno dominio, come sarà dimostrato. Or avendoci parte i Faraoni, come può rilevarsi dalle parole dello stesso patriarca Giuseppe: « *Oggi ò comprato voi, ed i vostri campi per Faraone* 4 »; non sarà improbabile che si fosse stato il prelodato acquisto una certa specie di enfiteusi. Checchè ne sia di una tale quistione, lasciandola volentieri a' dotti, non può negarsi che antichissima fosse la instituzione della enfiteusi, abbenchè se ne ignorasse la origine.

805. Passando in ultimo luogo al Dritto della Superficie, questo si à quantevolte colui che concesse ad un' altro il suo

1 Antiq. Iud. 2. 7.
2 Cap. 47. v. 26. seq.
3 Ad Pufend. jur. nat.. et gent. 4. 8. 3.
4 *Vos hodie, agrosque vestros Pharaoni emi.* Gen. 47., 23.

fondo ,· si fa pagare una imposizione sul fondo medesimo per la superficie, che avea riserbata per sè, onde l'altro ne usasse. Così Tizio avendo venduto a Sempronio il suo fondo, nell'atto della vendita riserbò per sè il dritto· di entrare per un'angusta strada , che immette nel fondo. Sempronio a fine di avere il passaggio anche per quella stessa via perchè gli riesce di molto vantaggio paga una certa somma di danaro a Tizio per. ogni anno. L'è questo un dritto di superficie , di cui un memorabile esempio rinviensi presso Giustino [1].

Queste tre mentovate specie di dominio semipieno ; feudo cioè, enfiteusi , e dritto di superficie , son'oltremodo riconosciute dalle colte nazioni , e frequentissimi sono i casi che occorrono in esse; perlocchè con ragione possiamo dire , che esse formano un dritto comune, di cui ognuno ne usa a piacere sempre che la opportunità ne presta il commodo. Intanto un'altra conseguenza della tradizione essendo pure la servitù , è mestieri qualche cosa cennare relativamente alle teorie , che la riguardano.

806. La Servitù infatti (§ CCLXXXII.) nasce da che il padrone della cosa concede soltanto all'altro su la cosa sua un determinato uso. Per la qual cosa la servitù consiste in un dritto , che si fonda su la cosa altrui. Così, a mò di esempio , concederai al tuo vicino il passaggio pel tuo fondo , avrai costituita una servitù nel fondo tuo; ossia avrai concesso ad un'altro il dritto di usare della cosa tua; diritto che a te solo si spettava con esclusione di ogni altro.

Or la servitù può essere Affermativa e Negativa , e l'una e l'altra può essere Personale, e Reale. È affermativa quando si concede il dritto di fare qualche cosa , come concedere il passaggio per un fondo alieno : è negativa, se negasi di fare qualche cosa , come negare il passaggio pel fondo alieno. La Servitù poi è Personale se il dritto di usare si accorda alla persona , e s'intende concesso a vita della stessa ; come il passaggio pel fondo alieno si permette al solo vicino finchè vive : è reale , oppure Prediale , se il dritto si annette al

1 Hist. 16. 5.

fondo ; giacchè dicesi « *Predio* 1 » una cosa immobile, che dà qualche frutto ; ed in conseguenza possono usare di un tal dritto quei tutti, che usano del fondo, e s'intende largito al di là della vita dell'utente di maniera, che vengono pure contemplati i suoi successori.

807. Vi sono molte altre divisioni di servitù sottilmente trattate da'Giureconsulti, ma che noi volentieri tralasciamo, come quelle che si appartengono al dritto civile, il quale fa spaccio in questa parte delle più sublimi dottrine non ignote a'Civilisti: come sono che la servitù consista nel soffrire, oppure nel non fare qualche cosa, e non già nel farla ; che la servitù sia individuale ; che la causa di lei debb' essere perpetua ; che l'usufrutto non debba consistere nell' aja del fondo, poichè l'usare fruire della cosa s'intende sempre salva la sostanza della cosa medesima ; che vi sia differenza tra l'usufrutto, l'uso, l'abitazione, e le opere de' servi ; che infine certi di questi mentovati dritti si perdono non coll'uso, e col cambiamento di stato. Ma queste sottigliezze del dritto civile non son tali, che l'umana ragione non possa padroneggiare ; poichè niente osta che potessero diversamente accadere di maniera, che sotto l'impero della ragione non si veggono assolutamente necessarie, nè sotto l'impero della volontà rendonsi immutabili potendo gli uomini tra loro convenire a tenore de' patti, e delle convenzioni. Quello però che qui debbesi avvertire all'ombra della legge di natura è appunto, che per la servitù tanto dritto si acquista, quanto ne convengono le parti, ed il padrone à voluto trasferire. Imperocchè nell'alienazione di qualunque sorta la volontà del padrone è la sola ed unica misura del trasferimento dei dritti di maniera che, pretendere od usurpare più di quello il padrone à inteso concedere, è una manifesta ingiustizia, che reclama all'Autore della Natura.

808. Oltreacchè un' altro effetto della tradizione può essere il pegno, e l'ipoteca (§ CCLXXXIII.). E muovendo parola

1 *Praedium*.

dal primo noi abbiamo, che chi è padrone di una qualche
cosa, può assoggettare la stessa a tutte quelle obbligazioni
che vuole (755); e quindi a tali obbligazioni può assoggettare
tanto le cose mobili, quanto le immobili. Or quando il padrone dà e consegna al suo debitore una cosa mobile per sicurezza del suo credito, riserbando a sè il dominio della stessa,
ci abbiamo il Pegno, e viene allora a costituirsi il dritto di
pegno. Il quale porta con sè che non pagandosi il debito, il
creditore possa non solamente ritenere il pegno, ma ancora
alienarlo, e dal prezzo rivalersi del suo credito. Così diedi a
prestito ad un mio amico la somma di ducati mille, il quale
per garentire il mio danaro mi consegnò nelle proprie mie
mani tutt' i suoi oggetti preziosi: ecco un pegno. La tradizione de' mentovati oggetti dall' amico mi fu fatta, acciocchè
in caso d' impotenza a restituirmi la somma mi avessi potuto
rinfrancare il mio : ecco un dritto di pegno. Fingete che il
cennato amico giunto il maturo del pagamento sia impotente
a restituirmi la sopradetta somma, allora avrò io il dritto di
rifarmi del mio dal pegno consegnatomi; lo venderò, a mò di
esempio, oppure mi piglierò dal pegno tanti oggetti, quanti
equivalgono alla somma di un mille ducati : ecco l' effetto del
dritto di pegno.

809. Se non che può stare, che il pegno sia fruttuoso, ed
allora in forza di una convenzione i frutti cedono al creditore,
allora il pegno cangiando nome si dirà Anticresi, ed il dritto
sul pegno si dirà Dritto Anticretico, oppure Dritto a godere.
Sarà infatti una capra, un cavallo, una vacca quella che si
dà in pegno per assicurare un qualche credito; poichè la capra dà il latte, il feto, il pelo; il cavallo le sue fatiche; la
vacca altri frutti; il pegno in tal caso è fruttuoso, apporta
cioè de' vantaggi. I quali a stretto dritto son proprietà del padrone, cui spettano; epperò il creditore ed il debitore possono tra loro convenire, che invece delle usure, il creditore
si appropriasse i frutti del pegno; un tal fatto costituirà il
Dritto di Anticresi. Adunque il Dritto Anticretico si à quando
il pegno essendo fruttuoso per una convenzione il creditore ne
usa, e fa suoi tutt' i frutti finchè si restituisca il debito. Ma

se un tal dritto sia lecito , sarà esaminato quando parleremo delle usure.

810. Venendo ora all' ipoteca , questa si à quante volte si stabilisce un dritto su la cosa altrui immobile senza tradizione per sicurtà del credito. Un tal dritto vuolsi chiamare Dritto d' Ipoteca. L' ipoteca adunque porta con sè , che il debitore non soddisfacendo al suo creditore , questi à la facoltà di a-lienare la cosa immobile , oppure ritenerla per sè ad oggetto di rivalersi ne' suoi interessi. Fingete che fattosi un mutuo per garentia dello stesso si è mostrato un comprensorio di case , su cui vogliansi fondare le ragioni del mutuante in caso d' inadempimento, ecco costituita una ipoteca. Fingete di van-taggio che il mutuo non venga a pagarsi nel tempo stabilito, o perchè non può , o perchè non vogliasi pagare ; in allora il creditore à il dritto o di appropriarsi, oppure di alienare il cennato comprensorio di case ; giacchè deve salvare i suoi interessi , e ciò in forza del dritto d' Ipoteca.

811. Dalle cennate nozioni chiara apparisce la differenza, che passa tra il pegno e l'ipoteca ; dappoichè pel pegno si danno in garentia le cose mobili (808) , e facendosene la 'tradizione restano nella potestà del creditore fino a che si e-stingua il debito : per l' ipoteca poi si danno in garentia le cose immobili , e non essendovi tradizione desse restano nelle mani del debitore. La legge civile a meraviglia regola i pegni e le ipoteche, le quali cose non essendo del nostro scopo , volentieri le tuociamo. Se non che le fin quà dette cose; Fen-do cioè, Enfiteusi, Dritto di Superficie, Pegno, Ipoteca, le ab-biamo discusse per quanto riguardavano gli effetti della tra-dizione ; allorchè poi avremo a discorrere de' contratti di nuo-vo tutte ritorneranno , e quello che di giusto è a dirsi, sarà fedelmente segnato. Intanto nella ragione di pegno e d'ipoteca anticipatamente vuolsi notare, che il creditore tanto dritto può vantare su la cosa altrui , quanta è la ragione del suo credi-to ; ed il dippiù come cosa avente padrone reclama al mede-simo padrone. Quindi il creditore volendosi appropriare tutta la cosa altrui per soddisfazione del suo credito , verrebbe ad urtare nella giustizia ; poichè supponsi sempre che il pegno , o l' ipoteca valga dippiù del credito medesimo.

812. Frattanto a completare le teorie risguardanti la tradizione sol ci resta a contemplare il soggetto della stessa, il quale può essere chi riceve in sè l'alienazione della cosa; oppure colui che trasferisce il dominio della cosa medesima (§ CCLXXXIV.); dappoichè in forza della tradizione il dominio da uno passa in un'altro, e quindi uno lo trasferisce, e l'altro in sè lo riceve. Or relativamente a chi lo riceve possiamo avere che il dominio può riceversi o Veramente, o in forza di Presunzione, a talchè l'accettazione può esser vera, o presunta. Riceviamo veramente il dominio quando mostriamo con le parole, e co'fatti il nostro consenso; indicando cioè che vogliam fare nostra la cosa, che ci si consegna. Così Tizio volendo alienare il suo fondo a favore di Pomponio, questi può accettare la tradizione e rispondendo affermativamente, come se dicesse l'accetto; oppure senza rispondere cos' alcuna sborsa il prezzo della cosa, che gli si consegna. Nel primo caso accetta la tradizione per via di parole, e nel secondo per via di fatti. Si riceve poi la tradizione in forza di presunzione, quando dalla natura della cosa chiaramente si rileva, che l'altro non è per disprezzarla ove realmente la si voglia dare. Così Tizio lega a favor di Sempronio la sua rara biblioteca: Sempronio riceve il dominio della biblioteca anche senza sua saputa; giacchè si presume, che ove abbia cura di sè, non sarà per ributtarla, essendo una cosa troppo rara.

813. Relativamente poi a chi trasferisce il dominio, questi può darlo o mediante una volontà espressa; oppure mediante certi segni. Così nel primo caso sarebbe se l'uno volendo al' l'altro vendere una qualche proprietà, venissero a pattuire insieme, a fissare le condizioni del contratto, a stipularne i patti: nel secondo caso sarebbe se l'uno avendo l'altro richiesto del dominio di una qualche cosa, come della compra di una casa, il padrone senz'altro esprimere gli consegnasse le chiavi; in allora sarebbe questo un segno certo che il padrone della casa voglia trasferirgi' il dominio della stessa. I segni infatti sono la espressione del pensiero, e per essi si argomenta qual fosse il fine e la intenzione di colui che opera.

Occorrerà vedere un' uomo, il quale si stenta, si affatica per acquistare proprietà, è segno che cotestui à per fine di niente far mancare alla sua vita, pretende dunque il suo commodo. Ma avrà figli che dovrà lasciare dopo di sè ; dunque i suoi impegni, le sue cure, i suoi stenti infine sono un segno certissimo, ch'egli acquista per lasciar commodi ed agiat'i suoi figli. Perlocchè diceva Euripide :

> *Ma quei, che in casa loro ànno de' figli*
> *Son sempre dalle cure angustiati*
> *Pensando prima al modo di educarli*
> *E poscia a rimanerli bene agiati* [1].

Ed altrove soggiungeva : « *È comune, non che ardentissi-mo il pensiere di ogni padre di famiglia di affaticarsi pel van-taggio de' loro figli* [2].

Ed ancorchè un tal' uomo mancasse di figli; pure il deside-rio di acquistare in lui non è senza fine: acquisterà pe' suoi parenti, pe' suoi amici, come spesse volte potrassi osserva-re. È indubitato adunque che i segni argomentano la inten-zione, e quindi il fine dell' operante, e da essi può determi-narsi la tradizione della cosa.

814. Epperò chi è padrone della cosa può questa alienarla con quelle condizioni che vuole, ed a chi vuole (752); con-seguentemente può anche alienarla a tal patto che il dominio della cosa si acquistasse dopo la sua morte (§ CCLXXXV.), dando luogo all' alienazione futura, la quale doppiamente può argomentarsi, o dalla espressa volontà del padrone; oppure dal fine dell' acquirente, come poc'anzi dicevamo (813), senza

1 *Sed quibus in aedibus est liberorum*
   Dulce germen, eos video curis
   Confici omni tempore,
   Primum quidem, quo pacto bene ipsos educent,
   Et unde victum relinquant liberis.
                          In Medea v. 1098.

2 *Res est vehemens parere, et adfert ingens desiderium:*
   Communesque omnibus est, ut laborent pro liberis.
                          In Iphigen. in Aulide. v. 917.

che in ambidue i casi si ricercasse la vera ed espressa accettazione di colui che sarà per ricevere (812). Or quando il pa drone con una espressa volontà dispone delle cose sue per dopo la sua morte si avrà il Testamento , detto pure Ultima Volontà : quando poi una tal disposizione si argomenta dal fine dell' acquirente si avrà la Successione Intestata. E tanto il testamento , quanto la successione intestata formano l' alienazione futura (759). Perlocchè discussa finora l'alienazione presente, è mestieri parlare dell' alienazione futura , la quale ci presenta la celebre quistione per lo innanzi citata (760) , e dibattuta da' Naturalisti, se mai una tale alienazione sia riconosciuta dalla legge di natura.

CAPITOLO X

DEGLI ACQUISTI DERIVATIVI MERCÈ LA SUCCESSIONE IN FORZA DELLA DISPOSIZIONE DEL DEFONTO, ED INTESTATA.

———

LEZIONE LXIX.

QUISTIONE SUL TESTAMENTO.

§ 815. *Consenso, e dissenso — specie di consenso — qual consenso forma il testamento, e quale la successione intestata — si definisce il testamento — si espongono le opinioni circa la quistione, se mai il testamento appartenga al dritto di natura — Si sostiene l'affermativa; prima ragione — seconda ragione — terza ragione — si sostiene la stessa affermativa per conto della successione intestata; prima ragione — seconda ragione — terza ragione.*

815. In due modi, già cennammo (759), può farsi l'alienázione futura o col consenso vero, o col consenso presunto. Ora per ciò intendersi, e procedere insiememente con ordine nella quistione che ci riguarda, fa uopo premettere lo sviluppo di molteplici nozioni relativamente al consenso. E per vero la voce *Consenso* è un composto di parole nascente da *con* e *sentio*, che comportano sentire di accordo; giacchè il consenso consiste nel volere lo stesso da due o più persone. Esaminatelo nel fatto. Mi trovo in compagnia di un mio amico, a me piace passeggiare, questa mia volontà la fo palese all'amico, cui anche piacendo il passeggio si accorda con me,

ed ambidue ci mettiamo a passeggiare. Ove osservate , che quello stesso si voleva da me , vuolsi pure dal mio amico , onde avviene che di accordo vogliamo la stessa cosa. Dunque era vero , che il consenso si ripone nelle volontà consensienti ; cioè che vogliono lo stesso. Al contrario il Dissenso si à quando uno vuole , e l' altro non vuole la stessa cosa; e perciò si ripone nelle volontà dissensienti , ossia discrepanti. Così nel proposto esempio fingete che l' amico non volesse meco passeggiare , vi sarebbe allora su la stessa cosa una discrepanza di volontà, e quindi un dissenso.

816. Or il consenso può esser Vero, o Presunto. Il consenso Vero si à quando chiaramente si manifesta la volontà; quale manifestazione può farsi o con parole o con fatti , dond'emerge il consenso Espresso, o Tacito. De' quali il primo si à quando la chiara volontà si manifesta con parole ; il secondo quando la stessa volontà si manifesta co' fatti. Dico all'altro , ch' è in mia compagnia , a mò di esempio , vogliamo camminare? se quegli mi risponde di sì, avremo un consenso vero espresso : se poi senza rispondermi si mette a camminare con me , avremo un consenso vero tacito , il quale, com'è detto, si raccoglie da' fatti ; giacchè se non avesse voluto accompagnarsi con me nel cammino, certamente non mi avrebbe fatto compagnia. Dicasi lo stesso in ordine al Dissenso.

Il consenso poi Presunto è quello, che si argomenta dalla manifesta utilità, o dalla pressante necessità. Il mio amico si trova lontano dalla capitale, ove un suo fondo è dato in preda alle fiamme ; io spinto dalla carità pongo riparo al fuoco , distruggo l' incendio , risarcisco le ruine. In questo fatto mio si presume il consenso dell' amico ; giacchè s' egli fosse stato presente non mi avrebbe per certo negato il suo consenso nell' impresa, cui mi accinsi a suo favore. Or possiamo avere in ordine ad un tal consenso, che se mai dopo il fatto si viene a consentire veramente, allora un tal consenso si dirà Ratifica, la quale a simiglianza del consenso vero sarà o Espressa, o Tacita. Intanto per la ratifica è necessario , che si sappia il fatto ; dappoichè ove questo è ignorato , quella non avrà luogo.

817. Premesse queste nozioni per altro necessarie per la retta intelligenza delle successioni, di cui ci accingiamo a darlare, noi possiamo fare l'alienazione de'nostri beni ancor noi vivi, ma da devolversi a'nostri eredi dopo la nostra morte'; e tale alienazione facendola con un consenso vero in ordine alla volontà si dice Testamento, oppure Successione Testamentaria, o di Ultima Volontà. Quando poi l'alienazione futura si fa con un consenso presunto; cioè rilevandosi dal fine, e dalla intenzione del morto (759), ch'esso abbia voluto la eredità fosse trasferita in questi piuttosto, che in altri, allora l'alienazione in ordine al fine del morto dicesi Successione *ab intestato*, ossia intestata; cioè senza testamento fatta. Per la qual cosa il testamento è per fondamento il consenso vero; la successione poi intestata è per fondamento il consenso presunto. Avendo noi a parlare dell'una e dell'altra successione, principieremo dalla prima, e quindi diamo la definizione del testamento.

818. Il quale (§ CCLXXXVI.), secondo il pensiere de'Giureconsulti Romani, è una sollenne dichiarazione della volontà del testatore, il quale dispone di tutta la sua eredità, e di ogni suo dritto che possa avere nel momento della sua morte, da trasferirsi negli altri dopo la sua morte medesima. Dunque l'erede finchè vive il testatore non acquista alcun dritto su le cose testate (758); ma un tal dritto l'acquisterà subito morto il testatore. Più, l'erede non può concepire una speranza su tal futuro dritto; giacchè potrà il testatore innanzi la sua morte cangiare di volontà, ed escluderlo dalla eredità: donde aveva principio quell'assioma del dritto Romano, che la volontà dell'uomo era ambulatoria fino alla morte; cioè è sempre mutabile, e quella sola volontà non cangia mai di aspetto, che dalla morte vien suggellata. Perlocchè diceva Quintiliano: « *Aver vigore quel solo testamento, dopo del quale non vi sarà altro testamento* [1] ». Quindi è chiaro, che un testamento anteriore vien rivocato da quello, ch'è posteriore:

---

[1] *Illud tantum valere testamentum, post quod nullam testamentum sit.* Decl, 308,

ed ove vi esistessero più testamenti dello stesso testatore, quello avrà vigore , il quale sarà stato l'ultimo ; perchè il testatore finchè non giunga a morte potendo sempre rivocare la sua volontà come più gli aggrada , s'intende ch'egli vuol far valere l'ultimo da lui concepito. E qui mirava la legge Romana 1 quando proibiva al testatore pagano, cioè non militare, di,lasciare due testamenti; giacchè in tal caso si avrebbe dovuto far esistere la contradizione , ciocchè è impossibile. Il testatore adunque poteva a suo bell'agio cangiàre il testamento , formarne dei nuovi a segno tale che , malgrado le clausole derogatorie , e l'istesso giuramento apposto agli antecedenti testamenti niuna opposizione derogava questa illimitata facoltà 2; ma dovendo sempre valere l'ultima sua testazione , era d'uopo secondo ragione che si fosse stata consona a sè stessa ; ciocchè nella sola unità di testamento potev'aver luogo. Finalmente pel testamento come l'erede succede in tutt'i dritti del testatore ; così pure succede in tutte le obbligazioni dello stesso ; dappoichè dritto e dovere son cose correlative (20). E non sole l'erede succede nelle obbligazioni proprie del testatore ; ma in quelle ancora che dal testatore sono state apposte al testamento. Imperocchè la spontanea accettazione del testamento porta la soddisfazione de' pesi dello stesso ; altrimenti frustranea riuscirebbe l'ultima volontà del testatore medesimo , cosa che farebbe onta alla giustizia della successione testamentaria. Fin quì niuna difficoltà s'incontra dai Naturalisti per parte della legge di natura.

819. Epperò tra essi s'è resa celebre la quistione, se mai il Testamento appartenga al dritto di natura, ovvero al dritto civile. In tal controversia ci abbiamo , che Leibnitz, Grozio , Genovesi , Taparelli , ed altri molti son d'avviso che il testamento appartenga al dritto di natura, la modificazione poi al dritto civile. Il nostro ch. Eiunneccio con altri altro-

---

1 L. 4. D. de alim. leg. L. 32. § 2 D. de Donat. int. vir et uxor.
2 L. ult. D. de leg. 2. Grot. de jure bell. et pac. 2. 13. 19. Leyser Medit. ad Pand. spec. 42. n. 6. et 7.

ve citati (760), portano opinione, che il testamento sia dal
dritto civile. Anzi un recente anonimo scrittore rapportato
dal Taparelli [1] senz'alcuna timidità disse: « *Ebbero edunque
torto tutti coloro, che attribuirono le successioni al gius di
natura, e non è vero che la legge Voconia diretta a reprimere il lusso femminile, la quale proibiva tra' i Romani d'istituire erede anche la propria unica figlia oltre una data somma, non è vero, che fosse ingiusta ed empia, come parve a
S. Agostino: nè il debolissimo Giustiniano si fece onore quando nella novella 21 chiamò barbaro il gius antico, perchè nelle
successioni preferiva i maschi alle femmine* ». Or in tanta controversia sostenuta con ugual calore da uomini dottissimi qual
sarà il nostro sentimento? Su le prime a dir vero la quistione in parola è di tanto rilievo, che non riesce sì facile a de-
ciderla con certezza, e le ragioni addotte da' patroni di ambedue le sentenze son di tanto peso, che la bilancia quasi
mettono in equilibrio. Se non che riflettendo maturamente su
i motivi prodotti da coloro, che vogliono il testamento appartenere al dritto di natura, essi vie meglio sanno persuadere,
e pare che meritassero la preferenza; perlocchè noi volentieri
ci associamo al lor sentimento non per amore di partito, o
per peso di autorità; sibbene calcolando le intrinseche ragioni, le quali padroneggiano meglio la verità. Ci rincresce per
altro opporci al nostro ch. Einneccio, di cui dovremmo seguire fedelmente le tracce; ma non c'è uso tradire il proprio sentimento, a manifestazione del quale poniamo in mezzo
il seguente teorema:

PROPOSIZIONE

IL TESTAMENTO SI APPARTIENE AL DRITTO DI NATURA.

820. Dim. L'uomo è un composto di anima e di corpo,
argomentava così il Sig. Leibnitz; dunque cessando la vita

---

1 Sagg. Teoret. di dr. nat. app. sul fatto l'art. 3. cap. 3. art. 2. §
782.

non cessa totalmente la esistenza dell'uomo. Infatti nella separazione della duplice sostanza, che si à per la morte (354), la esistenza del corpo vien distrutta, perchè esso torna nella polve, donde fu estratto; ma lo spirito, che di sua natura è immortale, persevera nella esistenza; perciocchè l'uomo dopo la morte continua la vita in ordine alla sostanza più nobile, che lo investiva nella composizione. Se dunque l'anima sciolta dal corpo vive tuttora, chi le negherà la piena di que' dritti tutti, che si godeva quando era unita al corpo? Il dominio quindi delle cose, che prima a buon dritto le apparteneva, ritiene tuttavia malgrado sia sciolta dal proprio corpo. Or chi à dritti, può questi in qualità di padrone trasferirli in altri (752) senza che alcuno possa opporsi all'atto libero della sua volontà. È chiaro imperciò che il defonto per un dritto suo proprio accordatogli dalla natura, e non già da una disposizione positiva della legge civile, trasmette agli eredi il dominio delle cose sue. I contrari infatti ciò negano dal perchè nel momento della morte cessano tutt'i dritti, e gli atti della volontà a trasmetterli dipoi agli altri, per cui sostengono che non può dare chi non possiede, ed il defonto che chiuse le sue luci al giorno non à più forza di possedere, non più ritiene dominio; non può dunque trasmetterlo agli altri. Ma l'anima soppravvive al corpo, per cui pare cadesse tutto il loro edificio; e la fazione del testamento reclama alla legge di natura. Confessiamo per altro esser troppo metafisico un simigghevole argomento; ma chi potrà negare il fondamento, su cui poggia? Si dovrebbe addivenire materialista, oppure idealista, per non restar commosso dal pensiere Leibniziano.

821. Epperò Ugone Grozio, il primo che si studiasse darci un sistema di dritto di natura, e che molto aveva studiato i libri dei Rabbini, vuol discorrerla nella seguente maniera. Ognuno ch'è padrone di una cosa, può disporre della stessa come vuole, quando vuole, ed a favor di chi vuole. Or il testatore quando dispone delle cose sue, non è morto, ma vive; dunque il testamento si fa dal vivo, e non già dal morto. Di grazia chi proibisce al vivo di disporre della cosa sua come più gli talenta, se vien garentito dalla legge di natura,

la quale gli accorda volentieri un tal dritto di alienazione?
Dunque il testatore può disporre delle cose sue allorchè vive
da valere però la sua disposizione dopo la sua morte. Perlocchè le cose testate si addicono agli eredi dopo la morte del
testatore; perchè così gl'è piaciuto sanzionare del suo. Or la
sanzione fatta dal vivo piglia forza dalla legge di natura, e non
già dalla legge civile; il testamento adunque essendo una disposizione fatta dal vivo si apparterrà al dritto di natura. È vero
che la legge civile governa le fazioni testamentarie avendo di
mira il bene comune de' cittadini; ma un tal governo non è
che modificazione di quanto accorda la legge naturale. Ond'è,
che Grozio ingenuamente confessa il testamento appartenere alla
legge di natura; ma la sua modifica la riconosce dalla legge
civile.

822. Ma senz'andar troppo assottigliando le materie ci abbiamo un fatto, il quale come ci vien presentato dalla natura, così ad essa non ci sarà lecito negare quello, che di ragione le spetta. Per loro vita i contrarï ci confessano due cose; chi cioè è l'individuo proprietario in mezzo alla società,
ed a che serve la somma de'beni in ordine alla medesima società? Pel primo ci debbono rispondere, che l'individuo proprietario è quegli che a giusto titolo si possiede tutto quello
che fa suo, essendo naturalmente tale. Pel secondo ci debbono anche rispondere, che la somma de'beni è inserviente
a mantenere i stretti vincoli socievoli. Tali cose ammesse poniamo per poco il testamento non essere dritto accordato dalla legge di natura, allora due conseguenze quanto mostruose,
tanto inevitabili debbono emergere. La prima: dunque morto
l'individuo proprietario le sue cose apparterrebbero al primo
occupante. La seconda: dunque morto l'individuo proprietario la somma de'beni sarebbe incentivo a perturbare l'ordine
socievole. Ragioniamole ambedue. Allorchè il testatore non può
disporre delle cose sue, perchè in morte cessa ogni dritto di
dominio, i superstiti pigliando forza dalla natura avrebbero
tutto il dritto di occupare l'altrui; e qual giustizia sarebbe
che alcuno debba veder dilapidate le cose sue senza poter
provvedere alle stesse? Poscia i tanti stenti, cure, sudori,

che avrà diffuso un proprietario per accumulare, con la morte in gola dovrà osservarsi spoglio di ogni dritto. In allora se quelli, cui piacevagli rimanere il suo non sieno lesti ad occuparlo, questi senza dubbio si armeranno contra gli occupatori sia con le invidie, sia con gli odi, sia con le calunnie, sia con tutto quello che di peggio potrà immaginarsi. In tali circostanze dove più sarebbe l'ordine, essenza della società? So, che i contrari risponderebbero, che la legge civile a tutto provvede, e cerca alla meglio contentare le brame de' defonti; ma qui la quistione è supposta nel puro sacro tempio della natura, e spesse fiate le disposizioni testamentarie fanno abbastanza vedere, che il disposto in ordine alle successioni dalla legge civile in mancanza di testamento non soddisfaceva le volontà de'testatori. Or dunque ad evitare le proposte conseguenze è mestieri concludere, che la fazione testamentaria sia un prescritto della legge di natura.

823. Fin qui il testamento. Che diremo poi della successione intestata? Se il primo è contrastato da' nostri avversari, con maggior calore ci vorranno contrastare il secondo, e già per l'addietro lo cennammo (760). Noi intanto per essere consentanei a' nostri principî, ci crediamo nel dovere di piantare questo secondo teorema:

PROPOSIZIONE

LE SUCCESSIONI AB INTESTATO PUR SI VOGLIONO APPARTENERE AL DRITTO DI NATURA.

Dim. Le proprietà riguardano il bene della società; giacchè per esse la società può effettuire i fini, che riguardano il suo bene, come educazione, difesa, tranquillità, ed altro che appartiensi al ben'essere degl'individui socievoli. Dunque è un dritto della società di badare al regolamento delle proprietà, che restano senza padrone, sendo che trovansi lasciate prive di disposizione di dominio. Or tal dritto è naturale alla società. Imperocchè la società è dalla natura, ed in conseguenza il mantenimento di essa è dalla natura stessa precettato: una

società senza proprietà presto o tardi deve attendersi il suo
scioglimento; perchè sarebbe lo stesso far esistere un fine senza
mezzi, od un'effetto senza causa. Dunque le successioni intestate sono della legge di natura. Fingete infatti per poco che
tali non fossero, in allora cessando in morte ogni dritto di
dominio individuale, la roba naturalmente rimarrebbe esposta al primo occupante. Benissimo; e la famiglia, i parenti,
i figli del defonto qual prò percepirebbero da quelle tenerezze, che loro mostrò in vita il defonto medesimo? Niuno: sarebbe stato dunque un'amore sterile simiglievole ad un tronco.
Non è a dirsi che la natura sì barbaramente avesse genio di
allevare gli uomini. Se cessa l'individuo, non cessa però la
società di cui faceva parte, la quale entrando ne'fini del defonto, vuol garentirli, e badando al suo ben'essere naturalmente produce il dritto ereditario ab intestato.

824. Oltreacchè la famiglia stessa, cui l'individuo proprietario morto intestato apparteneva, è una certa specie di condominio protetto dalla natura ne'beni del defonto. Imperocchè
la società quantunque sia divisa in molte membra; pure pel
principio non grida che unità; perchè è la società una cospi-
razione di volontà al bene comune con uso di mezzi materiali
in comune. La famiglia è pure una società, come sarà detto
in appresso; perciocchè i membri di una famiglia costituiscono una società unica tendendo tutti al loro bene comune, per
la qual tendenza tutti possono e debbono in comune usare
mezzi materiali. Per la qual cosa i membri di una famiglia
ànno insieme un condominio su'i beni, che riguardansi posti
in comune. Or morto un condomino non entrano per natura
gli altri condomini nella divisione della cosa comune? Naturalmente adunque la famiglia del defonto debba succedere al
defonto che non lascia disposizione alcuna delle sue sostanze.
Non si dirà dunque con ragione, che le successioni intestate
ànno il loro principio dalla legge di natura? Con troppa sensatezza diceva il P. Taparelli 1: *La morte toglie ella sempre
e veramente ogni padrone? Se muore un'individuo isolato,*

1 Luog. cit. § 781.

ndipendente da qualsivoglia particolar società , sì : la
à troncato ogni stame di quella solitaria esistenza. Ma ₁
dividuo apparteneu ad una famiglia, che cosa era egli i
sta famiglia ? era membro di una società nella quale
un principio di unità costituito dalla natura. Formav
dunque con quest' individui un' essere solo, di cui 'dove
mezzi adoperarsi a comun bene , e i suoi 'domestici a
un dritto positivo a godere de' suoi beni (secondo certe
che qui non isviluppiamo , non essendo necessario allo s
com' egli a godere de' loro. Dunque avevano essi' già oc
in qualche modo quei beni col consenso del condomino
sociale 'autorità domestica già aveva una specie di' do
eminente su quei mezzi sociali , epperò la morte' del pa
non à lasciata la roba abbandonata : la 'famiglia è tut
stessa : la mutazione del padrone benchè sia un salto ne
dine individuale è una continuazione nell' ordine dom
Anzi essendo la unità domestica una specie di unità , c
sai più di ogni altra società , à dell' individuale , appen
dirsi che cangi in tal caso oniginemente la persona d
drone.

825. Del resto il naturale principio di perpetuarsi l'
sociale ; per cui emergono le successioni intestate , è
(sservarsi tra le stesse barbare nazioni , come può ril
commodamente dalle svariate storie de'viaggiatori. I b
una tribù, di una famiglia, non passano giammai in altra
od altra famiglia; ma mort'i loro padroni senza niente d
re delle loro robe, quelli s'impadroniscono di esse , ch
partengono alla stessa tribù, od alla stessa famiglia. Di g
chi insegnò a questi barbari di così operare nelle succe
intestate? Un codice non ànno , che venisse a regolarli;
chè non seguono che gl'impulsi feroci di una natura
freno. Fu dunque la natura , che loro insegnò il drit
sperimentare in simili congiunture. Ed ove la natura o
non è la voce dell'umano legislatore che dirige le uma
zioni. Adunque le successioni intestate par debbano ri
tutto il loro principio dalla legge di natura. Per la qual
l'unità socievole derivata dal dovere di socialità è base

gni successione intestata, la quale in buon senso non è che una continuazione di dominio. La legge civile intanto parte per evitare le frodi dannose al bene comune, parte per promuovere vie più questo bene stesso comune, viene a regolare la successione ab intestato, senza però indurre mai una cosa nuova in mezzo alla umanità. Essa impiega i suoi sforzi per tutelare i dritti di chi può essere derelitto, od oppresso: e per secondare ed assistere i dritti di chi muore, non potendoli dippiù far valere dopo la sua morte.

Queste nostre dimostrazioni fin quì prodotte non sono sì sicure che possono andare scevre da oppugnazione de' contrari; perlocchè dopo aver manifestata la propria opinione è mestieri ascoltare le ragioni in contrario prodotte da' nostri avversari, onde meglio l' esposto sentimento risaltasse mostrando in che elleno vanno difettose.

LEZIONE LXX.

OPPOSIZIONI CONTRARIE ALLA DILUCIDATA QUISTIONE SUL TESTAMENTO.

§ 826. *Prima oggezione, e sua risposta — seconda oggezione, e sua risposta — terza oggezione, e sua risposta — quarta oggezione, e sua risposta — quinta oggezione, e sua risposta — sesta oggezione, e sua risposta — falsità di un primo corollario — si conferma — continua — falsità di un secondo corollario — si conferma — epilogo.*

826. Dopo di aver dimostrato nell' antecedente lezione, che tanto il testamento, quanto la successione intestata, son cose proprie della legge di natura, ascoltiamo ora che ci dica in contrario il nostro ch. Einneccio, e nella sua persona tutti gli altri patroni della sentenza opposta. Egl' infatti argomenta così: (§ CCLXXXVII.) L' uomo può disporre di quello, ch' è

suo, e ad altri può trasferire il dominio di quello, su cui à
dritto : or il morto non è più in istato di disporre, nè più à
dritto su le cose sue. Dunque non può ad altri trasferire il
dominio per via di testamento ; perciocchè il testamento non
si può appartenere alla legge di natura. Ma col debito rispetto
ad un si gran moralista brevemente gli diciamo, che rifletta
meglio al tempo, in cui il defonto dispone delle cose sue.
Egl' il morto non dispone del suo, quando già è morto ; perchè allora veramente non à più dritto di disporre essendo cessata la radice di un tal dritto, ch'è la conservazione del corpo, e della vita ; ma dispone del suo in tempo utile, quando
cioè è ancor vivo, ed avente ancora la piena de' suoi dritti
nell' ampio suo potere. E poichè chi è padrone, ricordiamo il
motivo del Grozio (821), può disporre come vuole, e per
quel tempo che vuole : dove esiste la contradizione se il padrone vivo dispone del suo per dopo la sua morte? In contrario
tutte le disposizioni future sarebbero prive di fondamento, e
come tali tutte vacillanti. Imperocchè chi può l' uomo assicurare della sua vita ? ed intanto frequente è lo stipolare pel
tempo avvenire, e tali stipole si riconoscono originate dalla
natura. Se dunque l' alienazione nel tempo futuro senza prevedere il caso di morte non implica contradizione, ed è dalla
natura, non sappiamo dire perchè le stesse prevedendo il caso
di morte implicano contradizione, e non vogliansi dalla natura stessa riconoscere.

' 827. Ma a corroborare il suo proposto argomento il ch.
Einneccio fa ricorso a' Giureconsulti Romani, e per sostenere
la contradizione nella fazione testamentaria mette in campo le
tante finzioni architettate dagli stessi per eliminare la cennata
contradizione; ove se il testamento fosse stato di dritto di natura non vi erano bisogno tali finzioni per mostrarlo coerente
a sè stesso. Infatti (Not. al § CCLXXXVII.) i Giureconsulti
Romani persuasi che il testatore non poteva disporre delle sue
cose per dopo la sua morte; si perchè quando dispone non con-
tratta con l'erede; si perchè quando l'erede acquista non con-
tratta col testatore ; a far valere il testamento vennero a fingere, che il momento della morte sia lo stesso momento

della fazione testamentaria; come pure il momento della morte sia lo stesso del momento in cui si prende possesso della eredità; e con tali finzioni inducevano sempre una retroazione al momento della morte fingendo sempre di succeder prima quello che in realtà aveva luogo dopo la morte del testatore 1. Inoltre la eredità giacente non la consideravano come cosa di nessuno; ma fingevano rappresentare la persona del defonto; in forza della quale rappresentazione fingevano che il defonto veniva a contrattare con l' erede 2. Dalle quali tutte cose conchiude il ch. Einneccio, che il testamento non può essere di dritto di natura; dappoichè se tale fosse non potrebb' essere contradittorio, come si rappresenta senza introdurre le ingegnosissime finzioni del dritto romano.

828. Ammiriamo daddovero la sottigliezza de' togali romani; ma alla fin fine non troviamo ragion sufficiente d' inventare tante finzioni; nè la loro autorità in fatto di retto ragionare in questa parte la vediam tanta, che facciaci abbandonare il nostro assunto. E per vero se il testamento di sua natura fosse contradittorio all' ombra della legge di natura forse le congetture, oppur le finzioni in affare di tanto rilievo gli farebbero cangiar natura? Sarebbero tante illusioni all' umana ragione. Ma si dirà, è per far valere quello che per natura non potrebbe valere: benissimo rispondiamo noi; ma non v'è questa necessità. Imperocchè il testatore dispone quando del suo poteva disporre (826); conseguentemente la legge di natura non può non riconoscere il testamento. Le finzioni romane al più servirono per filosofare su la natura del testamento, come è sempre uso della legge romana; ma non diedero forza al valore del testamento. Del resto metteremo i Giureconsulti Romani nella schiera di coloro, che pensano il testamento pigliare la sua origine dalla legge civile; ed in tal caso i pru-

1 L. 1. C. de satros. eccl. L. 54. D. de adq. vel amit. haered. L. 193. D. de reg. jur.

2 S. 2. Inst. de haered. inst. L. 31. S. ult. D. eod. L. 34. D. de adq. rer. dom. Ant. Dandin Altaserra de fict. jur. tract. 4. c. 2, p. 145, Illust. Io. Gottofr. a Coccei de test. princ. p. 1, S. 24. seq.

denti ragionatori giudicheranno del merito della contesa esaminando i motivi di ambe le parti.

829. Soggiunge inoltre il nostro ch. Einneccio (§ CCLXXXVIII.), che ammesso per poco essere il testamento di dritto di natura non v'è affatto ragione, perchè l'erede debba tener per legge la volontà del testatore ; mentre di ogni cosa vi debba essere una ragione sufficiente. Ma chieggiamo perdono al ch. Einneccio, tutta la ragione sufficiente si osserva, perchè la disposizione del testatore sia una legge per l'erede. Imperocchè il testatore, come vivo, può alienare con quelle riserve, ed obbligazioni che vuole (755); perciocchè l'accettazione per parte dell'erede, quantunque nel principio fosse libera, pure accettata la eredità, l'erede tacitamente è venuto ad obbligarsi a tutte le disposizioni del testatore.

La fazione testamentaria in niente è disuguale da tutte le altre alienazioni se non in quanto riguarda il tempo futuro : or come le altre alienazioni fatte con riserve impongono un dovere all'accettante, che la legge naturale riconferma ; così pure l'alienazione futura per via di testamento. In tal caso non è l'individuo che fa legge, ciocchè sarebbe uno sconcio insopportabile ; ma è la legge stessa naturale che volendo inviolabil' i patti giusti ed onesti, quella ch'è adoperata dal testatore, ed imposta all'erede. Perlocchè la volontà del testatore non essendo che lo sviluppo della legge naturale, benissimo la sua volontà dice legge all'erede, il quale rinviene tutta la ragione sufficiente nel soddisfare le ragioni del defonto.

830. Vuol poi riconfermare il suo argomento (829) il ch. Einneccio col dire, che al defonto poco importa chi si goda i suoi beni, e lo prova con l'autorità di Seneca, che chiama autore gravissimo (Not. al § CCLXXXVIII.), il quale diceva: « Non v'è cosa, che sia da noi trattata con più diligenza , che quella che non ci appartiene [1] ». E nello stesso senso Quintiliano i giudizi fatti al di là della tomba li chiama « Volontà

1 *Non quidquam cura sanctiore componimus, quam quod ad nos non pertinet. De Benef. 4, 11.*

posteriore alla morte 1 ». Or se per le leggi romane abbiamo 2 che neppure uno vivo può stipolare per un'altro se non
vi sia presente la persona di costui, cui il dritto si appartenga : come poi gli stessi Giureconsulti Romani vogliono tener per rate le volontà de' morti, che davano i loro beni ad
un terzo, mentre a' morti non interessava chiunque se li a-
vesse goduto ? Non v'è affatto ragione sufficiente se si ammetta il testamento essere di legge naturale.

Piano, noi rispondiamo: al testatore poco importa chi possedesse i suoi beni ? S'egli il testatore avesse avuta questa
non curanza delle sue robe dopo la sua morte, certamente non
avrebbe disposte le cose sue quando era in vita, in cui avea
tutto il dritto di farlo, come abbiamo dimostrato (820, e seg.).
È vero poi, che Seneca sia un'autor gravissimo in tutto morale;
ma o egli in questo proposito è andato errato ; oppure, e
che più ci persuade, intenda parlare di quello che avvenga
dopo la nostra morte, e che noi non possiamo giudicare. Nel
qual senso è vero che a noi poco importa di quello voglia
succedere dopo la nostra morte ; perchè a qualunque modo
succedè non è più in nostro potere porre rimedio o soccorso.
Non è così del testamento; giacchè il testatore si piglia cura
delle sue cose, ne giudica, e perchè crede esser cosa di alto
suo interesse vi mette mano quando il tempo ancor gli è propizio, a ciò lasciate le sue disposizioni all'onore della società, questa in sua vece cercherà di farle adempire, più ei
non potendo adoperar forza di sort' alcuna. Per quello poi
riguarda i Giureconsulti Romani dovrebbero cessare le meraviglie del nostro Einneccio, ove piacessegli riflettere, che
quando il testatore stipolava i suoi beni a favore del terzo,
cioè dell'erede, egli era presente all'atto di stipola perchè
vivo, e la stipola stessa diceva suo interesse, perchè dispo-
neva delle sue robe, onde dopo la sua morte non fossero state
dilapidate, oppure non fossero pervenute nelle mani di chi
non gli andava a genio ; e quantunque la persona dell'erede

---

1 *Voluntatem ultra mortem.* Decl. 308.
2 § 4. Instit. de inutil. stip.

non fosse presente nell' atto della stipola ; pure quest
le costringe , rimanendo nel suo pieno arbitrio accettar
pur no , la eredità. Qual dunque sarebbe adesso la con
zione, che mirava il ch. Einneccio nel parallelo istituito
romane disposizioni ?

831. Ma vediamo ch' egli senta il peso dell' argomer
Leibnitz sopra addotto [1] (820) ; cioè che l'anima è in
tale, e come tale non perde il dominio delle cose che
allorquando il corpo le si univa : onde per isfuggire la
del prelodato argomento dice, ch' esso niente conchiude,
tre abbenchè l'anima sia immortale , pure il dominio
cose lo ritiene finchè è unita al corpo, e non già quan
corpo è separata , onde diceva Virgilio :

> *E che ! i morti curar credi tai cose ?* [2]

Perlocchè vuole , che i morti non prendendo più cura
loro cose malamente si appose il dott. Leibnitz a tene
rate le loro volontà.

È vero che non è del nostro scopo formar qui un'ap
a favore del celebre Leibnitz specialmente in questa fac
che lo abbiamo conosciuto favorevole al nostro sentimento
tuttavolta per rispondere al ch. Einneccio ci facciamo a
che poco importa vedere se l'anima sia unita , oppur
corpo per decidere se abbia oppur no dominio su le cos
diconsi propria. A deciferare la quistione il punto sta
trasferisce il dominio delle cose sue, lo trasferisce il
tempo voluto dalla legge di natura. Or questo tempo
appunto se non il tempo della vita? E l'anima umana
dal corpo vive tuttora ; dunque non perde quel domin
si aveva allorquando era unita al corpo. Non è forse ve
chi vive può ad altri trasferire il dominio delle cose s
me vuole? Che dunque osta al defonto di disporre de

---

[1] Nov. meth. jurisp. p. 56.

[2] *Id cinerem et manes credis curare sepultos ?*

Aeneid. 4. v. 92.

La volontà ch'è modificazione dell' anima umana · perchè separata dal corpo non debb' avere la sua validità ? I detti di
Virgilio ci presentano un'uomo poeta , ma non un moralista,
per cui la sua autorità poco ci muove in tal caso. E poi chiaramente Virgilio mostra qui il sentimento della scuola Epicurea , che credeva con la morte del corpo morire tutto l'uomo,
onde insegnava all' uomo di non darsi cura del tempo avvenire , in cui più non era. Potrà da un vero e coscienzioso moralista esser seguita una sì fallace opinione ? Potrà suffragare
per niente la quistione , che troppo ci agita ?

832. Finalmente il ch. Einneccio movendo dalla mancanza
di ragion sufficiente nel testamento, ove si faccia appartenere
alla legge di natura , conchiude che non solo poco importa
al defonto chi si godesse i suoi beni, ma ancora tante volte
essendo il testamento un parto dell'odio, e della invidia riesce
più vantaggioso al defonto il non dare esecuzione alle sue disposizioni, che osservarsi scrupolosamente da' vivi in tali circostanze. E con ciò che vuol pruovarsi ? La malizia sola del-
l' umana volontà , non già la mancanza della legge naturale
nella fazione testamentaria, della qual legge gli uomini sogliono abusare. Allorquando sono inique le disposizioni del testatore, come opposte al dritto di natura, ed imperciò dallo stesso non garentite , l' erede non è tenuto ad eseguirle. Nè ciò
defrauda la volontà del testatore; giacchè si suppone, che ove
avesse badato a' suoi naturali doveri, non avrebbe ardito di
segnare nel testamento disposizioni inique : e si suppone bensì che avendole segnate, non era nel retto uso di sua ragione. Adunque dal fin quì segnato rilevasi a chiare note la giustizia della causa che trattiamo; e perciò pare, che in conclusione debba dirsi il Testamento appartenere alla legge di natura.

833. Dall' emporio della esposta argomentazione il ch. Einneccio ne rileva due corallari. De' quali il primo si è (§
CCLXXXIX.), che siccome la fazione testamentaria descritta
dal dritto Romano, cioè come la descrive Ulpiano: « Essere u-
na giusta dichiarazione della mente nostra fatta sollennemente

perchè fosse valida dopo la nostra morte 1 », non viene
nosciuta dalla legge di natura ; così i testamenti di tu
altri popoli Greci, Barbari , e degli stessi Romani , son
nosciuti dall'stesso dritto di natura, e riconoscono la lor
gine, e pigliano la loro forza dalla legge civile , perchè
fatti a simiglianza di quello de' Romani (818). Onde v
lodare la sua nazione Germanica col conchiudere, che ni
tro popolo tanto segue la semplicità naturale , quanto
desco , il quale se muore non lascia testamento come
ra Tacito , il quale dice : « *Presso i quali ciascuno*
eredi e successori i proprî figli , senza fare testamento
no 2 ». Ciò però è inteso della Germania antica. Ques
mo corollario è molto consentaneo a' suoi principî, ed
ci muove sapendoci qual fosse la sentenza del ch. Ein
in ordine al testamento. La lode poi fatta al suo poi
riempie di emulazione per produrre le glorie del nostr
svariate occasioni , che ci si potrebbero presentare. M
principî non reggeranno , certamente niente proverà la
tane conseguenza. Imperciocchè se il tribunato di Roma
do il nostro pensare venne ad afforzare , non che mod
quello che già vi esisteva per legge di natura; lo stess
cesse per rapporto a'Greci , ed altre nazioni meno civil
Anzi la estensione della fazione testamentaria presso
popoli ci porge un'argomento , che poco piacendo al
ch. Einneccio , darà nuova forza al nostro sentimento
dunque il seguente.

834. Tutt'i popoli ànno riconosciuto il testamento.
l'istesso ch. Einneccio ci dice , che (Nota al § CCLXI
gli Ateniesi avevano in uso il testamento fin da' tempi
lone 3 , i Lacedemoni fin da' tempi di Epitadeo eforo 4
somma che tutt'i Greci avevano conoscenza del testamen

1 *Mentis nostrae justam contestationem, in id sollemniter fac*
post mortem nostram valeat. Tit. 20 1.

2 *Apud quos haeredes successoresque sui cuique liberi, et nul*
stamentum. De mor. Germ. c. 20.

3 Plutarch. in Solone pag. 90.

4 Id. in Aegid. et Cleom pag. 797.

facevano uso, lo regolavano con leggi, ci viene attestato da
Isocrate 1. E da'Greci passando agli Egiziani non riesce nuovo
per essi il testamento; così sappiamo di Ptolomeo presso Cesare 2, e presso Irzio 3, di Attala re de' Pergameni presso
Floro 4, di Gierone Siculo presso Livio 5. Gli stessi Ebrei infine
disponevano le loro cose in morte per via di testamento, come
assicura Seldeno 6. Infine gli stessi popoli barbari son usi di
disporre in morte, come può scorgersi da varî viaggi fatti da
uomini illustri affatto sospetti in questa materia. Ora il consenso di tutte le nazioni per Cicerone è legge di natura. Se
dunque tutte le nazioni ànno riconosciuto il testamento, questo non può non essere della legge di natura.

855. So che il ch. Einneccio ci risponderebbe, che tutte le
nazioni ànno riconosciuto il testamento in forza della legge
civile, come per lo appunto risponde in ordine agli Ebrei
(Nota al § CCLXXXIX.). Imperocchè, ei dice, gli Ebrei si
ebbero il testamento da' responsi de' loro Scribi, che rimasti
erano in Isdraello; vero tanto che neppure il vocabolo di testamento si avevano dalla natura, per cui a significarlo ebbero
ad adoperare la voce greca *diatekhen*, ch' esprimevano con lettere del loro alfabeto. Ma di grazia ci dica il ch. Einneccio,
donde può mai egli ricavare che prima di promulgarsi affatto
la legge civile, le nazioni tutte ignoravano la fazione testamentaria? certamente dovrà ricavarlo da mere congetture,
mentre la storia tace su tal proposito. Or noi al pari di lei
congetturando pare che meglio riuscissimo nella impresa. Imperocchè la fazione testamentaria è cosa quanto sacra in natura, tanto soggetta a frodi, che vogliono disturbare il bene
comune de' popoli. Quindi a porre un'argine alle malvessazioni, ed alle iniquità, pare che gli umani legislatori siansi mossi
con le loro leggi a frenare l'altrui audacia. E queste leggi pro-

1 In Aeginet. pag. 778.
2 De bello civ. 3. 20.
3 De bello Alex. Cap. 5.
4 Hist. 2. 10.
5 24. 4.
6 De success. ad leg. Haebr. caput. 23.

veranno mai ch' esse diedero origine al testamento? F
Ebrei specialmente la cosa pare abbastanza chiara ; dap
certamente il tempo de' Patriarchi non era un tempo
vile. legislazione; ma piuttosto quello della natura. Or s
mo che i vetusti Patriarchi nel tempo della natura pi
a morte venivano a testare le loro robe a quelli che
partenevano. Così sappiamo di Abramo, di Giacobbe, (
co , e per dirlo in brieve di tutt' i Patriarchi , i qu:
letto di morte si facevano venire innanzi i loro figli,
benedicevano con benedizioni varie , che esprimeveno i
menti della loro volontà. Veggasi a tal proposito tutt:
bro della Genesi. Per quello poi riguarda la mancanza
cabolo nella lingua Ebrea, chiediamo perdono all' erudi
Einneccio, se gli diciamo, che niente prova. Imperocc
è la prima volta che una lingua non abbraccia tutte l
per esprimere i concetti della mente; ciò specialmente a
nel nascimento di qualche lingua , e quando la lingua
stessa è scarsa di voci, come manifestamente si appre:
lingua Ebrea.

836. Il secondo corollario dedotto dall' Einneccio da
argomentazione s' è appunto (§ CCXC.) di dichiarare l
definizione, che Grozio à data del testamento, quando
finì: « *È un' alienazione dipendente dalla morte, revocab*
ma di essa , ritenendosi intanto il dritto di possedere
godere 1 ». Egli intanto la dice falsa, perchè per mo
tivi tale la dichiararono Zieglero 2 , Puffendorf 3, e G
Gottofredo 4. Or noi quì non essendo addetti a produrre l
delle altrui definizioni, poco curandoci di quanto pot
dire a favore, od in contrario della nozione del Grozio in
al testamento, la passiamo quì sotto silenzio. Quello :
ci riguarda, che ci presenta l' Einneccio, quando vuol (
la fazione testamentaria non essere del dritto di natura '

1 *Alienationem in mortis eventum, ante eam revocabilem,*
interim jure possidendi ac fruendi. De jure belli et pac. 2. 6
2 Ad Grot. 2. 6. fin.
3 De jure nat. et gent. 4. 10. 2.
4 De Coccei ibid. § 4. seq.

datasi la definizione del prelodato Grozio. E per vero se tutta
la nostra sentenza si poggiasse su le idee del Grozio potremmo facilmente concedere, che come la definizione abbraccia la
essenza della cosa secondo i Logici ; così dessa risultata falsa
si distrugge tutta la cosa medesima. Ma qui è appunto, che
noi ci siam serviti de' motivi addotti dal Grozio, ma non mai
abbiamo adottata la sua definizione, qualunque ella si fosse.
La origine della fazione testamentaria ci pare per niente appartenere alla legge civile, ed abbastanza sembra averlo dimostrato contra la opinione de' contrari, per cui non c'è
lecito qui riprodurre senza necessità le stesse cose.

837. Se non che in ultimo luogo ci sia lecito riflettere, che
il ch. Einneccio vuole non essere di dritto di natura il testamento in quanto si riguarda secondo la data definizione dei
Giureconsulti romani (818) ; cioè in quanto il testamento si
riguarda nella volontà unilaterale, cioè del solo testatore, da
valere poi dopo la morte dello stesso. Imperocchè ove la volontà si mostra bilaterale, cioè nella disposizione interviene
tanto la volontà del testatore, quanto quella dell' erede nel-
l' accettare, non incontra difficoltà di sort' alcuna nel dichiarare il testamento di dritto di natura, come abbastanza dimostra nello sviluppo che immediatamente soggiunge dei patti
successori, e che noi nel nostro senso fedelmente seguiamo.
Ora siccome nel secondo caso anche il testatore verrebbe a
disporre del suo per un tempo, in cui non à più dominio
delle cose sue; ed intanto la sua disposizione volentieri si dice riconosciuta dalla legge di natura: perchè poi non si vuole
mettere lo stesso anche nel primo caso? A vero dire noi non
intendiamo per niente la differenza, che qui vuol porsi da
certi Naturalisti, mentre osserviamo che il tempo, in cui si
effettuisce la volontà del testatore, è sempre lo stesso; cioè
quello, in cui il testatore non à dritto su le cose sue. Comunque però sia non essendo noi da tanto per combattere
con moralisti di sì gran vaglia, quali sono appunto i fin qui
mentovati, volentieri c'imponghiamo fine; i dotti, saggi esti-
matori delle cose, sapranno con fondamento far ragione a chi
si spetta. Per noi non altro abbiamo inteso fare finora, che

schiettamènte estrinsecare il proprio sentimento, rammentandoci della bella sensata sentenza di Orazio, cioè :

. . . . *Su la parola*
Non addotto a giurar di alcun maestro 1.

838. Da tutte le cose finora dimostrate possiamo conchiudere come in epilogo, che il testamento si appartiene alla legge di natura, come quello che fondasi su' i dritti individuali del testatore, su gl' interessi della società di cui il testatore è membro, sul consenso infine di tutte le nazioni. La legge civile quello, ch'era dalla natura, è venuto a modificarlo senza però opporsi alla stessa legge di natura ; e quindi à prodotto le distinzioni di testamento solenne, meno solenne, scritto, non scritto, ed altre cose di simil fatta; come pure oggigiorno divide il testamento in olografo, in forma mistica, e pubblica. Quali tutte forme di comporre un testamento si spetta a' Civilisti distintamente sviluppare. Perlocchè senza più entrare nella quistione del testamento, se mai debba riguardarsi per dritto di natura secondo il consenso de' Giureconsulti Romani, oppur no, ci facciamo a sviluppare in generale i patti successori, che sono una conseguenza immediata del testamento.

LEZIONE LXXI.

TEORIE RIGUARDANTI I PATTI SUCCESSORÎ IN ORDINE ALL' ALIENAZIONE FUTURA.

§ 839. *Idea del patto successorio — sua fondamento — sue condizioni — sua essenza — sue specie — le quali son riconosciute dalla legge di natura— ingiustizia de' Giureconsulti Romani a non voler riconoscere i patti successorî — quali dipendono dalla volontà del testatore — possono essere puri, condizionati, e può disporsi della eredità per un dato tempo, tutta, od in parte — errore di Pomponio — l'accettazione dell' erede è vera, o presunta : si dice della prima — si dice della seconda — ambedue sono state illustrate da Ludewig.*

839. Posto il testamento di pertinenza della legge di natura, o ch' esso consista nella volontà unilaterale, o ch' esso consista nella volontà bilaterale (837) ; la volontà è quella che forma legge in faccia all' erede, il quale in forza di una tal legge consegue la successione de' beni del defunto. Or questa volontà, che forma una legge, od a meglio dire un patto, è quella che dicesi patto successorio. Imperocchè egli il testatore allorquando dispone delle cose sue vuole obbligato l'erede a quanto dettò la sua volontà ; conseguentemente l'erede non può fare a meno di eseguire la volontà del testatore dopo aver accettata la eredità, essendosi con l'accettazione spontaneamente offerto a quanto gli viene imposto in forza del testamento. Quindi come la legge di natura garentisce il testamento; così pure coerentemente viene a garentire ogni patto successorio, che non eccede i limiti sia della giustizia, sia della onestà, fondamenti di tutta la naturale legislazione.

840. Intanto i patti successorî (§ CCXCL) ànno per fonda-

mento quel gran principio di natura , che ognuno , il
è padrone , può disporre della cosa sua come vuole , (
vuole , ed a chi vuole. Perlocchè il padrone può di
della cosa sua o pel tempo presente, essendo ancora e
vo; oppure pel tempo futuro, cioè dopo la sua morte
Così il padrone della cosa mentre vive può chiamare
tro, con questi contrattare a qualunque modo, ed in (
sa alienare tutto , o parte di quello che dicesi suo. l
ancora con l'istesso contrattare con la condizione, che al
gli entrasse nel possesso delle cose sue , quando sia st
la sua morte: ciocchè può farlo anche 'tacitamente senz
marlo a sè , disponendo a favor di questi il dominio
cose sue dopo la sua morte. A qualunque modo adur
padrone della cosa venga a disporre, la sua volontà (
pre la misura, ed il termine del patto successorio ; d
chè nell' altro il dritto viene originato da che la volo
padrone vuole originarlo; cioè spogliarsi de' propri (
ed investirne gli altri.

841. Dalle quali cose apparirà meglio la definizione (
successori,. se si dirà, ch'essi son patti, co' quali gli
padroni delle loro cose trasmettono in altri il dominic
stesse da valere dopo la loro morte. Quindi pel patto (
sorio è mestieri che il testatore sia padrone di quello (
spone ; che nel tempo che dispone sia vivo , onde p(
strinsecare l'atto della sua volontà; che la sua dispo
infine abbia vigore dopo la sua morte. Così sappiamo
Abramo non avendo ancora figli dispose le sue robe a
di Eleazaro suo proccuratore, mercè di un patto succe
facendogli cioè una donazione a motivo di morte. Ma
dogli morta Sara sua moglie, ed avendo figli da Ch
mentre ancor viveva una parte de'suoi beni la diede i
di dopazione tra' vivi, ed il resto lo dispose per Isac
figlio 2. In simil guisa il re Ciro prossimo a morire (
il regno a Cambise suo figlio primogenito , ch' era pr(

1 Gen. 15. 3.
2 Gen. 25. 5. 6.

ed all'altro suo figlio minore chiamato Tanaossato diede le
province de' Medi , degli Armeni, e de' Caldusi , come abbiamo da Senofonte [1]. Da' quali esempi si vede chiaro quanto
poc'anzi deducevamo dalla pretta nozione de' patti successori.
Che se altri esempi si bramassero di simili disposizioni , potrebbesi riscontrare il libro della Genesi [2], del Deuteronomio [3],
il primo de' Re [4], e Siriaco [5], dove si rinvengono divisioni
e donazioni , che i genitori àn fatto a' figli vedendosi vicini
a morire. Molti altri simili esempi ànno avuto luogo presso i
Franchi, e che raccoglie Marculfio , come può vedersi [6].

842. Intanto pel vigore del patto successorio secondo il
dritto di natura non è necessario , che l'erede sia presente,
ed in tal guisa accettasse la disposizione del testatore. Imperocchè la validità di un'atto per dritto di natura non dipende dalla presenza ; sibbene dalla volontà e di chi lo emana,
e di chi lo accetta, tanta è la essenza di un patto. Or il patto
successorio non esce dalla sfera degli altri patti , riguarda
esso il tempo futuro , e propriamente quello che à luogo dopo la morte. Esso quindi reggerà posto che il testatore manifesti la sua volontà , e l'erede conosciutala venghi ad accettarla; onde ne succede la translazione di dominio. So bene
che qui mira la quistione sopra cennata in ordine al testamento , nella quale i nostri contrari vorrebbero l'erede presente ed accettante la disposizione del defonto per dire il testamento di dritto di natura. Ma noi per le ragioni addotte,
e che qui non c'è lecito ripetere, volentieri l'abbiamo negato. Anzi memori del nostre proposito (820, e seg.) di non più
entrare in simile controversia , è che qui maggiormente c'in-
duciamo a non rompere il professato silenzio , essendo stato
spinti di volo ad entrare di nuovo in materia a motivo degli esposti esempi del nostro ch. Einneccio (841). Per la qual

1 Cyrop. 8. 7. 3.
2 48. 22.
3 21. 16. 17.
4 1. 35.
5 33. 24.
6 Form. 1, 12. 2. 7.

cosa riepilogando le materie fin quì segnate onde m
sul cammino delle teorie che ci riguardano , è forza
che i patti successorï riguardando il tempo futuro rich
no la espressa volontà del padrone della cosa , di cui
minio si vuol trasferire dopo la morte ; e richieggon
pari l'accettazione dell'erede in qualunque tempo ven
farla ; accettazione tanto necessaria nella specie , che
la validità del patto successorio.

843. Tali cose premesse per la retta intelligenza d
definizione di patto successorio ci abbiamo ch'essi p
essere Unilaterali , e Bilaterali (§ CCXCII.) : dippiù, A
tivi , Rinunziativi , infine Dispositivi. Il patto succe
dicesi Unilaterale quando uno promette , e l'altro solo
ta ; imperciocchè un tal patto produce obbligazione p
sola parte , cioè per colui che promette. Tizio , a mo'
sempio , promette a Sempronio di lasciargl'i suoi ben
la sua morte ; Sempronio vedendo la utilità della pre
volentieri l'accetta , ecco un patto successorio unilatera
cui il solo mentovato Tizio à indossata la obbligazione
re. È poi Bilaterale quando la promessa , e l'accettaz
reciproca, a talchè le parti vicendevolmente restono ob
te. Così fingete nell'esposto esempio , che da Semproi
volesse la estinzione de' pochi debiti , che gravitano
eredità cui consente nell'accettazione della stessa , il
successorio sarebbe allora bilaterale ; dappoichè ambi
contraenti indossano una obbligazione ; Tizio cioè a
la sua eredità , e Sempronio a pagare i debiti della
sa. È Acquisitivo se riguarda un'acquisto a farsi : C
vativo se vuolsi mantenere sempre lo stesso dritto : I
ziativo se abbraccia rinunzie : Dispositivo infine se co
disposizioni. Così un testatore dirà al suo figlio — pre
possesso di tutte le provvenienze che ti potranno spetta
tal certo fondo, ch'è sotto lite — è un patto successor
quisitivo: oppure dirà —voglio che non alienassi giamm
te il possesso della mia villa —è un patto successorio co
vativo : oppure dirà, rinunci alla lite mossa contra l
casa di campagna —è un patto successorio rinunziativo

pure dirà—mettà della mia erèdità ne formerai tanti legati a
favore de'poveri, delle nubili, delle Chiese — è un patto successorio dispositivo.

844. Or tutti questi cennati patti successori in qualunque
maniera voglionsi considerare son sempre validi per legge di
natura; giacchè è sempre vero il principio altrove fissato (752),
che ogni padrone può disporre della cosa sua come vuole, ed
a chi vuole tanto nel tempo presente , quanto nel tempo futuro. Conseguentemente le sue sostanze può onerarle di quelle
obbligazioni, che più gli aggradono, e può anche disporle
senz'alcun peso ; onde è che può imporre all'erede de'grava-
mi , che lo ligano in faccia alla legge, e può anche rima-
nerlo nella sua libertà senza pretendere cos' alcuna da lui.
Sibbene in ordine a'patti dispositivi questo ci abbiamo di particolare, che in forza di essi quelli soltanto restano obbligati,
i quali ànno pattuito, e non già mai il testatore. Infatti quegli che dispone della sua eredità con patti dispositivi non
viene mai a contrattare con quelli, a favor di cui è diretto
il mentovato patto, il quale per indurre obbligazione per
parte del testatore abbisognerebbe del consenso di colui, cui
è diretto , ciocchè manca. Più, in tal caso il testatore niente
di particolare in ordine alla sua eredità viene a patteggiare;
soltanto vuol' indurre una obbligazione per conto del suo erede, da cui dipende la esecuzione del lodato patto ; giacchè ove
l'erede non accetta la eredità , come cade la disposizione del
testatore , cade pure il patto dispositivo. Per la qual cosa risulta abbondevolmente chiara la natura, non che gli effetti del
patto dispositivo.

845. Se non che tale essendo l'indole de'patti successori,
e dalla legge di natura in niun modo ripudiata, ci fa abbastanza meraviglia come i Giureconsulti Romani non volevano
riconoscerli. Essi infatti asserivano [1] che simiglievoli patti con-
trariavano i buoni costumi, ed erano gravidi di pessimi effetti;
dappoichè erano un mezzo a macchinare l'altrui morte: qual
nefandezza per certo non può approvarsi, nè riconoscersi dal

1 L. ult. C. de pact.

dritto di natura. Ma non avvertivano essi la grossa contradizione, in cui cadevano; perciocchè per essi la legge di natura riconosceva le donazioni fatte a causa di morte: or i patti successori sono una conseguenza immediata di tali patti, dunque una delle due, o il testamento è riconosciuto dalla legge di natura, e quindi ancora i patti successori; o il testamento non è riconosciuto dalla legge di natura, e quindi ancora i patti successori. L'uno dall'altro naturalmente non può scompagnarsi senza produrre una mostruosa contradizione. Epperò il motivo che induceva i Romani a ripudiare i patti successori, non era un motivo che solo poteva cadere ne'cennati patti; niente ostava che cadesse anche nel testamento. Imperocchè saputasi l'altrui disposizione fatta a causa di morte, ed almeno presupposta, ad arricchire con l'altrui, non sarebbero mancati mille mezzi all'altrui improbità per presto aggravarsi del testatore. Or nel testamento niun'ostacolo faceva un sì giusto timore alla mente del tribunato di Roma; dunque neppure doveva sgomentarlo in ordine a'patti successori. Finalmente ove si volesse dar luogo a questo romano timore, poichè può entrare in tutte le faccende umane, bisognerebbe dare un'addio ad ogni disposizione di legge non solo naturale, ma anche civile: ciocchè al certo non poteva piacere ai Giureconsulti Romani. Imperocchè se per poco contemplasi l'umana malizia, e l'indole degli uomini malvagi, presto si conoscerà, che questa sa di repente avvelenare ogni scrupolosa sanzione; sa di repente la gratitudine pagare con la ingratitudine; insomma sa in un momento mischiare il cielo e la terra, come suol dirsi. Ma dal perchè tanto possono i malvagi, debbono i buoni gemere sotto i ceppi della infelicità? Si dovrà eliminare la sapienza di una provvida legislazione? Il torto adunque manifestandosi chiaro per parte de'Giureconsulti Romani, non sappiamo trovar modo di dire, che i patti successori non sieno della legge di natura, donde pigliando tutta la loro energia, nelle umane società è mestieri si godessero di tutt'i loro pieni effetti.

846. Quali patti reggendo all'ombra della natura, poichè sono assolutamente dipendenti dalla volontà di colui, che di-

spone delle sue robe; ci fann o abbastanza conoscere in quali modi possa il testatore disporre della sua eredità, de'suoi dritti (§ CCXCIII.). Infatti s'è ripetuto più volte, che chi è padrone della cosa può alienare la stessa in quel modo più gli aggrada, ed in conseguenza può ritenere su la cosa sua tutti quei dritti che più gli talentano, e trasmettere bensì agli altri quei dritti che vuole. Or da questi inconcussi principî, posto il patto successorio, più cose avremo a rilevare. E dapprima è nell'arbitrio del padrone trasmettere nell'erede il possesso della cosa sua; oppure il solo dritto di occupare la cosa dopo la sua morte; dond'emergerà il dritto irrevocabile, oppure rivocabile nell'erede in ordine al possesso. Sviluppiamolo brevemente. L'erede acquista un dritto irrevocabile su l'altrui proprietà, quando il padrone della cosa vuole che il patto sempre reggesse non dandosi più luogo a pentimento. Così il padrone della villa aliena la stessa ad un suo amico di maniera, che ancor vivo vuole ne pigliasse il possesso, senza più assoggettarlo a mutazione, e senza che l'amico attendesse la sua morte. A tal modo sappiamo, che il patriarca Abramo [1] avesse disposto a favore de'figli che si ebbe da Chetura; perlocchè essi acquistarono su i beni di Abramo un dritto irrevocabile. L'erede poi acquista un dritto rivocabile su l'altrui proprietà, quando il padrone della cosa non intende che il patto sempre reggesse, come quando disponesse a motivo di morte; giacchè fino al momento che muore può sempre cangiare di volontà. Tale fu appunto il dritto, che Telemaco trasferiva in Pirèo, come rileviamo da Omero quando dice:

. . . . O Pirèo
Ignoto è ancor di queste cose il fine,
Se i Proci me segretamente ancìso
Tutto divideransi il mio retaggio,
Prima ch'alcun di lor, io di quei doni

1 Gen. 25. 6.

Vo che tu goda. E ove in lor dia morte
A me lieto recar li potrai lieto 1.

847. Secondariamente può il padrone della cosa dare il dominio della stessa puramente, fin ad un dato giorno, tutto, od in parte. Puramente ; cioè senza condizione ; come se il testatore dicesse — lascio la mia eredità al mio diletto nipote — può lasciarla anche sotto condizione ; quando alla disposizione vi aggiunge tale circostanza, che questa avendo luogo avrà effetto la sua volontà; come se dicesse—lascio la mia eredità al mio diletto nipote, purchè abbraccia lo stato religioso—Fino ad un dato giorno; cioè a tempo determinato, elasso il quale esca dal dominio della cosa l' erede presignato ; come sarebbe se il testatore lasciasse la sua eredità ad un certo per tutto il tempo che vive. Tutta la eredità ; cioè senza eccettuarne parte alcuna; come avviene quando l' erede entra nel possesso di tutte le robe, e di tutt' i dritti del testatore. Finalmente in parte; cioè una porzione della eredità; così dice il testatore — lego la mia villa a Sempronio, il mio feudo a Cajo, ec.—son tutte queste parti di una intiera eredità, la quale per sè stessa è separabile. Or che il padrone possa in tutti questi modi, come meglio gli aggrada, disporre delle cose sue, è cosa molto nota da' fissati principi (846). Perlocchè la legge di natura garentendo la volontà del testatore, non v'è chi possa ostacolarla, mentre niuna contradizione appare, che chi è padrone della cosa, disponga della stessa come meglio creda.

848. Queste maniere moltiplici di disporre della cosa propria dipendenti assolutamente dalla volontà del padrone, e quindi del testatore, debbonsi credere in vigore in fatto di

1   *Pireas , incertus quoniam rerum exitus harum est ,*
     Si tacite incautum stolidi me forte necare ,
     Morte proci poterunt , et opes vexare paternas :
     Haec ego te malo, quam eorum quempiam , habere,
     Sin ego eos justa meritos adfecero clade :
     Tum mihi tu laeto reddes illa omnia laetus.
                              Odyss, P, v. 77,

testamento. Imperocchè la successione è riguardata dalla legge di natura come cosa sua propria (819, e segg.); e piglia origine dalla volontà del padrone, a talchè la successione testamentaria basa sul consenso vero sia espresso, sia tacito (759). Oltreacchè nel testamento à luogo una tradizione, di cui le disposizioni son causa; e le tradizioni debbono sempre seguire le orme della volontà del padrone, la quale è l'unico principio, dond'emerge l'alienazione. Per la qual cosa s'ingannava Pomponio **1** Romano Giureconsulto, quando ammetteva un naturale combattimento tra' il testamento e la successione intestata pel modo di procedere. Ove questa opposizione esistesse, e fosse originata dalla natura, i cennati fin qui principî non si godrebbero quella veracità, che è loro tutta propria; nè le successioni avrebbero quel saldo fondamento, che per natura le si vuol concedere di buona ragione.

849. Finalmente pe' patti successorï, onde fossero validi per dritto di natura, è necessaria l'accettazione dell'erede (842), di cui ora ragionando è mestieri distinguerla in Vera, e Presunta (§ CCXCIV.). Cominciamo dalla prima. L'accettazione Vera à luogo quando alcuno con le parole consentisce alla eredità, che gli si vuol devolvere. Così fingi per poco, che un padrone di villa chiama a sè il suo amico, e gli espone il desiderio ch'egli nutre di regalargli la sua villa, e che realmente soddisfa col regalarcela, mentre l'amico che riceve il dono affettuosamente lo ringrazia, in tal caso l'accettazione sarà verà. Or nella ipotesi di una vera accettazione sorge il dritto irrevocabile (846) per parte dell'erede, di maniera ch'egli acquista talmente il possesso della cosa, che l'antecedente padrone non potrà più rivendicarla per sè stesso. Imperciocchè l'atto assoluto della volontà non può far sì che il fatto sia non fatto; nè il patto per legge di natura, come sarà detto in appresso, soffre alterazione; perchè debbesi scrupolosamente serbare. Perlocchè il padrone della cosa, perduto una volta il dritto su la cosa sua, non può più riacqui-

1 L. 7. D. de reg. jur.

starlo ; perchè volontariamente da sè sen privò. Solta
ammettersi il dritto di rivoca per parte del · padrone
volte nel fare l'alienazione a sè riserbò il dritto di ric
l'alienazione ; ed allora questa non fu che condizione
l'erede restasse padrone del dato purchè l'antecedente
non cangiasse volontà. Veniamo ora alla seconda speci
lienazione.

850. L'accettazione Presunta à luogo , quando il d
erede non potendo consentire con parole· alla eredità,
si vuole trasferire , perchè assente , si suppone che n
per rinunciarla, qualora è cosa che gli porta del giov
A Tizio, per esempio, che si trova in viaggio vien fat
donazione per sola simpatia da certo ricco possidente ,
tr' egli per la sua assenza ignora all'intutto sì fat
ralità. Per certo consentirebbe ad averla , ove gli fos
nota ; ma perchè supponsi che quando lo saprà non è
sprezzarla, in tal caso l'accettazione si vuol nomare
ta. E quì è mestieri riflettere , che il padrone della c
chè l'erede designato non venga ad accettare l'alienazio
in suo favore, può a suo bell' agio riconfermare , op
vocare la disposizione della sua volontà. Perciocchè la
dell' alienazione in tal caso dipende dal consenso , che
appone all' atto primiero della volontà di colui , che
Ma tosto l'accettazione è seguita rimarrà il padrone
immantinenti di tutti quei dritti , e di tutte quelle c
gli son piaciute alienare ; tal' era appunto la sua volo
trà il padrone apporre all' atto di alienazione la riser
vocare l'alienazione sempre che gli piacerà , ed allora
rificherà quello, che si è detto nel caso antecedente
Epperò l'erede presunto à la piena libertà di accettar
pure ripudiare la fattagli a favore alienazione ; giacch
dritto potrà astringerlo a consentire in quello, che da
vuole , abbenchè ne risultasse il proprio vantaggio.

851. Ambidue gli esposti casi (849, 850) abbraccia
tiera dottrina relativa all' accettazione ne' patti succes
quale a meraviglia è stata illustrata da un certo Gio

da Ludewig con una apposita dissertazione 1, in cui dimostra il fondamento , che la legge di natura porge all'accettazione in parola : onde capricciose appajono le opposizioni , che in contrario a certi è saltato in testa di produrre a fine di oscurare la verità. A dir vero il Sig. di Ludewig non poteva meglio pensare in tal faccenda, e le ragioni sopra addotte (849, 850) a meraviglia cen persuadono di maniera , che non possiamo fare a meno di chiamare capricciosi tutti gli oppositori ad una dottrina, che ci si presenta più chiara della stessa luce del giorno.

Frattanto i patti successori essendo il modo di successione pel testamento, poichè essi mancano nella successione ab intestato , qual sarà il modo di succedere in tal'evento ? Ecco quanto sarà discusso nelle vegnenti lezioni. .

1 De differentiis juris Romani et Germanici in donationibus , et barbari adnexus, acceptatione. Hal. 1721.

LEZIONE LXXII.

§ 852. *Fondamento della successione intestata — si co*
—il dovere che stringe il padrone co' suoi parenti è
fetto — preferenza da ammettersi nella successione in
— stipite, e cognazione — grado, linea, e sue specie —
puto de' gradi nelle linee — la preferenza è maggiore
maggiore è la propinquità del grado, e della linea
scende al particolare — disposizione del dritto civile,
sime circa il dritto di primogenitura — se vien con
dal dritto di natura — si riguarda la successione de
pero — qual' è la sorte de' figli illegittimi — eccezione -
l' è la sorte de' figli postumi.

852. Malgrado il nostro ch. Einneccio altrove (Not
CCLXVIII.) forse inavvedutamente si abbia fatto uscir d
na, che la successione intestata sia opposta al dritto
tura pel motivo, che il padrone verrebbe a disporre d
in un tempo in cui non à più dominio su le cose sue
cui noi il contrario dimostrammo con un'apposita prop
ne (823, e segg.); pure quì ci viene inculcando la succe
intestata essere a seconda del dritto di natura (§ CCXCV
poichè nelle dottrine che ci va sponendo mano mano
di riprensibile troviamo, che possa offendere il nostro
mento; è per ciò che volentieri con ogni fedeltà seguia
sue pedate giusta il nostro proponimento. E per vero la
cessione ab intestato, come dicemmo altrove (817), si à
te volte le sostanze passano nelle mani altrui senza
lenne dichiarazione della volontà del padrone. Quindi
una tale successione avendo luogo dopo la morte del pa
il fondamento su cui debba poggiare altro non è, che i
senso presunto dello stesso, di cui le sostanze veng

possedersi. Conciosiachè a buon dritto si presume essere stata volontà del padrone, che le sue sostanze non fossero cedute al primo occupante, come se fossero cose derelitte; ma sibbene fossero cedute a quelli, ch'egli in vita amava, ed a preferenza era tenuto amare.

853. Dimandi infatti ad un'accumulatore di sostanze, qual sia il fine, per cui tanto si affatica, e non risparmia sudori per vie più accrescere le sue sostanze? che in risposta di repente ti presenterà i figli, cari pegni del suo cuore, i parenti, gli amici, il lustro della famiglia, e che so io. Di maniera, che teme ad ogni momento, che le sue sostanze non avessero a pervenire nelle altrui mani, ed a tal'uopo

> L' avido successor entrando in casa
> Gli avanzi tutti della morte conta
> Ed alla cenere ancor non la perdona **1**.

Perlocchè diceva verissimo Pindaro **2**, rapportato da Puffendorf: « Le ricchezze, che pervengono in mano di padrone estraneo, sono odiosissime a colui che muore **3** ». Se dunque tal'è 'l fine del padrone, fine giustamente supposto, sarà chiaro che la successione ab intestato debba pervenire a coloro pel cui amore il defonto, allorchè viveva, cercava di acquistar sostanze, e che custodiva con tanto impegno, e con tanta cura. Laonde come il proprio sangue è quegli, ch'effettivamente amasi più di ogni altro; così non v'à dubbio, che la successione ab intestato debba spettare di dritto al proprio sangue.

854. Ma tra quelli, che sono dello stesso sangue del padrone è uopo esaminare a chi spettasse la preferenza in simile successione; giacchè è certo che l'amore non può essere

---

1 Stet domo capta cupidus superstes,
   Imminens lethi spoliis, et ipsum computet ignem.
2 Olymp. 10.
3 Divitias, sortitas domini adscititium alienum, morienti sunt odiosissimas, De jur. nat. et gent. 4. 11. 1.

uguale in tutti. Or prima di discutère una tale cont(
è necessario osservare, che il dovere, il quale string(
drone a lasciare le sue sostanze al proprio sangue è
vero imperfetto in faccia a' parenti (§ CCXCVI.). Imp
chi è padrone di una qualche cosa non può essere (
a lasciare il dominio della stessa se non per una sp
volontà propria: altrimenti il padrone sarebbe tale,
lo sarebbe nel medesimo tempo; ciocchè costituisce u
tradizione. Or il proprio sangue, e quindi i parenti n
tano alcun dominio su le robe del padrone, cui son c
ti; dunque non possono forzare il medesimo padrone
lasciare le sue robe. Certamente dove non vi può ess(
zione, non vi sarà dritto perfetto (22); sibbene il dr
sendo imperfetto, il quale mentre argomenta dovere
tro (20), un simil dovere non può non essere che ii
to. Laonde se il padrone lascia le robe al proprio (
ciò succede per mera sua volontà. Per altro questa
lontà non dovendo essere capricciosa vien regolata dal
di natura, la quale promovendo da per tutto l'amor(
so il simile, chi più vicino potrà essere al padrone,
suo proprio sangue? I parenti adunque non potranno
gere il padrone a loro lasciare le sue sostanze; ma i
ne à il dovere imperfetto di umanità il quale in fa(
legge di natura è un dovere perfetto (478) di riguardar
sue proprie sostanze; giacchè, come dicemmo altrov(
il dovere di umanità con sè porta, che quelli semp
bansi preferire, i quali ci appartengono, e loro deb
la preferenza sopra gli estranei.

855. Ciò premesso non sarà difficile investigare la
preferenza in ordine alla successione intestata (854).
siachè è fuori dubbio, che come il padrone acqui(
riguardo di quelli che amava (853) per modo che, s(
testato, a questi e non ad altri avrebbe lasciato le
stanze: così è chiaro che nella successione intestata i
in primo luogo sono da preferirsi agli estranei. È m(
bile che il padrone voglia allontanare dalle sue sost(
fratello, una sorella, un nipote: in somma un cog(

alimentare poi'quelli, cui niun naturale affetto di preferenza
faceva mestieri addimostrare; oppure morendo senz'alcuna testazione si argomentasse, che questi e non quelli avea voglia di preferire? La natura non va mai con ordine retrogrado; ma larga nelle attrattive spinge sempre gli uomini a fomentare quella face, che seppe con tanta industria chiuderli
nel cuore. Epperò tra gli stessi cognati in secondo luogo son
da preferirsi i più prossimi al padrone pel sangue a' più remoti per lo stesso sangue; dappoichè si suppone' sempre, che
a' più prossimi il padrone mostrava più amore, e per essi
nutriva maggiori tenerezze. E siccome una tal preferenza non
può segnarsi con precisione se prima non premettansi alcune
teorie relativamente a' gradi, ed alle linee del sangue; così
e mestieri dapprima sviluppare tali nozioni, e poscia venire
alla decisione assoluta della indicata preferenza.

856. E per vero in fatto di cognazione si dice Ceppo, o
Stipite, quella persona, da cui le altre discendono mercè una
propagazione carnale. Così dal padre ne sorge il figlio, o più
figli in forza del vincolo maritale; il padre nella discendenza
sarà il ceppo, o lo stipite. Dicesi poi Cognazione quel ligame, che passa tra le persone, le quali discendono dallo stipite comune in forza di carnale propagazione. Così tra 'l padre ed il figlio v'è cognazione, appunto perchè il padre generando il figlio sorge tra ambidue un naturale ligame, per
cui il figlio appartiene al padre, e questi al figlio. Or la cognazione si distingue per linea, e per grado; giacchè le persone le quali discendono dallo stesso ceppo, non vi discendono nel medesimo tempo, ma l'una per necessità deve dare
luogo all'altra, per cui tra loro vengono a formare una serie d'individui, che nel principio riconoscono la stessa origine. Ma che cosa è questa linea, ch'è questo grado? ecco
quando occorre manifestare.

857. La Linea è la serie ordinata, ch'esiste tra le persone, le quali discendono dallo stesso stipite. Così padre, figlio, nipote, formano una linea; perchè tutti ordinatamente
vengono dal ceppo, ch'è l'avo. Il Grado poi è la distanza
dei cognati. Così il figlio dista dal padre, il nipote dal fi-

glio ; dunque tra il padre ed il figlio v' è una distanza , cioè un grado ; e lo stesso dicasi pel figlio ed il nipote.

Or la linea è duplice: dessa è Retta , oppure Trasversale, la quale dicesi Collaterale , ed Obliqua. La linea retta consiste nella unione di quelle persone tutte , delle quali una dipende dall'altra : come padre , figlio , nipote , pronipote ec. compongono una linea retta. La quale può essere o Discendente , o Ascendente. È discendente quando le persone discendono sempre dallo stipite comune, come nel proposto esempio di padre , figlio , nipote , pronipote ec. i quali tutti diconsi Posteri. È ascendente poi quando le persone salgono sempre dallo stipite comune : come figlio , padre , avo , bisavo ec. i quali tutti diconsi Antenati, oppur Maggiori.

Al contrario la linea trasversale consiste nella unione di tutte quelle persone, le quali discendono da uno stipite comune, ma l' una non discende dall'altra. Come sono i cugini, i zii, ed altri di simil fatta. E questa linea obliqua può essere Uguale, oppur Disuguale. Sarà uguale, se tra le persone v' è uguale distanza dallo stipite comune: come due fratelli in ordine all' istesso padre, due zii in ordine all' istesso avo. Sarà disuguale poi, se tra le persone v' è disuguale distanza dallo stipite comune : come il zio ed il nipote in ordine all' avo ; giacchè il primo dista per un sol grado, ed il secondo per due.

858. L' Angelico Dottor S. Tommaso [1] per computare i gradi nelle differenti linee or ora segnate (857), per naturale equità ci à lasciato queste tre regole, le quali generalmente da tutti son riconosciute ; cioè

Per la linea retta: Tanti sono i gradi, quante sono le persone, tolto lo stipite. Così il padre ed il figlio son due persone, ma tolto lo stipite ch' è 'l padre, rimane una sola persona, cioè il figlio. Ma tanti gradi quante sono le persone. Dunque tra 'l padre ed il figlio v' è un sol grado. Per la linea obbliqua uguale: I collaterali per tanti gradi distano tra loro, per quanti distano dallo stipite comune. Così due fratel-

[1] In suppl. q. 54. art. 1.

li germani distano tra loro per un sol grado ; perchè per un sol grado distano dallo stipite comune, ch' è il padre.

Infine per la linea obliqua disuguale: I collaterali per tanti gradi distano tra loro, per quanto la persona più remota dista dallo stipite comune. Così il nipote dista dal zio paterno per due gradi; perchè la persona più rimota, cioè il nipote, per due gradi dista dallo stipite comune; cioè l'avo. Con questi esempi alla mano potranno dicifrarsi tutte le distanze nelle cognazioni.

859. Ritornando ora alla successione ab intestato, siccome in essa si deve sempre preferire la persona più diletta dal padrone : così questa dilezione deve giudicarsi maggiore non solo dalla propinquità del grado, ma ancora dalla propinquità della linea, di maniera che, come osservò Aristotile [1], il maggiore amore cade nella linea retta discendente: ed ove questa mancasse, nella linea retta ascendente ; ed ove questa pure mancasse, cadrà allora in ultimo luogo nella linea transversale. Così, a mo' di esempio, il figlio si stima più vicino e maggiormente amato dal padre : in mancanza di figli, il nipote si stima più vicino all'avo, e da questi maggiormente amato: in mancanza anche di nipoti, il zio si stima più vicino al fratello, e da questi maggiormente amato: mentre il figlio è in primo grado, il nipote in secondo, il zio in primo (858); e la linea nel primo e secondo caso è retta, nel terzo è transversale. Nè osta che molti esistessero, i quali appartengono all'istessa linea, ed abbiano gli stessi gradi, come più fratelli e sorelle germane insieme uniti ; poichè in tal caso quell'amore che il padrone nutriva per l'uno nella intensità non è distinto dall'amore, che nutriva per l'altro. Conseguentemente essendo l'amore l'unica molla, per cui gli eredi son chiamati al possesso delle altrui sostanze, egualmente insieme si presume che il padrone avrebbe loro lasciato le sue robe.

860. Da tutte queste sparse nozioni ci sarà dato rilevare, che come un padre (§ CCXCVII.) non può avere nel mondo cose più care, che i figli; così nella successione ab intestato

[1] Ad Nicomach. 8. 12.

i figli debbono preferirsi a tutti gli altri cognati, ed estranei.
Per la qual cosa per dritto di natura i figli in primo luogo
sono chiamati a succedere alla eredità del padre morto senza
testamento , ed essi succedono tutti egualmente senza distinzione di sesso , e di età. Per vero gli elementi naturali , su
cui fondasi la successione intestata riconosciuta dal dritto di
natura, son due, la perpetuità della naturale associazione domestica , e l'amore che il padre nutre pe' figli (823, e segg.)
Or queste cose non ammettono distinzione tra maschio e femina, tra maggiore o minore di età. A quel modo il maschio
perpetua la famiglia, pur anche la femina la rende perpetua;
ed in essendo ugualmente figli dello stesso padre , questi non
poteva non amarli egualmente. La differenza quindi del sesso,
o della età non scema punto nè la perpetuità della famiglia ,
nè l'amore paterno. Ma dove non v'è distinzione di causa ,
non v'è distinziòne di effetti. qual sarà il motivo, che la natura possa indurre di far succedere disugualmente i figli alla
eredità di quel padre , che muore ab intestato? Niuno certamente. Se il padre avesse voluto porre questa differenza di
successione , non si sarebbe morto senza testamento : segno
certissimo, che voleva i suoi figli tutti egualmente far succedere alla sua eredità. Ed ancorchè la morte l'abbia prevenuto
negandogli il destro di far testamento; pure essendo tale l'a-
more che il padre-nutre pe'figli, che non ammette parzialità,
non possiamo argomentare quello , che dalla natura ci vien
negato argomentare. Il dritto adunque che i figli vantano alla
eredità del padre , è un dritto uguale in tutti.

861. Epperò il dritto civile, cui è proprio regolare le società , tra gli uguali mette una divisione disuguale; e perciò
in certi luoghi abbiamo, che i maschi prendono più delle fe-
mine , e tra gli stessi maschi i primogeniti prendono più degli altri figli. Ma ciò non importa al nostro proposito ; giacchè i Giuristi ànno presenti altri principî nel regolare le successioni, che a stretto rigore parlando non distruggono la
legge di natura, che pur vuolsi applicare nel miglior modo
al caso presente. Infatti essi danno la preferenza del figlio alla
figlia ; perchè dicono la perpetuità del padre durare più nel

figlio che nella figlia , abbenchè il titolo di unità sia uguale
in entrambi; conseguentemente è una preferenza di ordine sociale, che si rende anche di ordine politico, quando vogliono
i primogeniti preferiti agli altri figli , com'erano le tribù in
Isdraello , le famiglie patrizie , e , come dice Montesquieu [1] ,
tutte le famiglie in Roma, le senatorie in Venezia, ed in Genova,
le famiglie nobili nel reggimento feudale, e così via discorrete. Ed in tali casi la conservazione delle famiglie diviene conservazione della forma ed' organismo sociale. Infatti le donne
maritandosi portano in casa altrui le loro sostanze , e s'esse
ugualmente che i maschi succedessero, allora le famiglie verrebbero a debilitarsi , e non si potrebbero serbare dippiù in
quel lustro , che dice interesse di una nazione , ed appoggio
del trono ; dond'emerse il tanto famoso dritto di primogenitura introdotto dalla legge civile. Arrischiavate voi una tribù
in Isdraello, oppure una nobile famiglia, un dritto di primogenitura; ebbene era lo stesso che arrischiare l'intiera nazione , l'appoggio de' troni ? Mali sarebbero questi non di leggiera portatura, come potrà tosto conoscere chiunque si abbia
fior di senno. Ma volentieri lasciamo queste riflessioni a' Giuristi , ripetiamo; per noi ritornando al nostro scopo per dritto di natura non vediamo differenza tra' i figli nel succedere
alla eredità del defonto genitore (860).

862. Se non che l'istesso dritto di natura vuol riconoscere
il dritto di primogenitura nel solo caso, che la eredità fosse indivisibile. Avvegnacchè una cosa comune, fu detto (766, e segg.)
allorquando non può dividersi tra soci, che vi vantano un'e-
gual dritto, è mestieri che uno di essi sia preferito, e gli altri vengono rivaluti da lui. Nella specie tra' i figli uno debba
preferirsi, altrimenti riuscirebbe impossibile il dominio, e l'u-
sufrutto della cosa comune. Non spetterà alla donna una tale
preferenza, perchè la natura l'uomo costituì superiore alla femina : non spetterà ai minori di età , perchè la natura stessa
vantaggiando l'età à costituito una superiorità su gli altri che
sono di minore età. Dunque la preferenza spetterà al primogeni-

[1] Esprit des loix L. 27.

to, il quale assume in sè l'obbligo di satisfare gli altri sieno fratelli, sieno sorelle, od insieme uniti. Ed ecco un dritto di primogenitura riconosciuto dalla natura: che poi la sua estenzione volle garentire la legge civile scorgendo i moltiplici vantaggi, che da essa provvenivano alla società (861), bene, sostegno, anima di tutta la umanità, come in appresso saremo per dire.

863. Or siccome nella eredità indivisibile il dritto di natura accorda il dritto della primogenitura (862): così un' impero, un regno, una nazione, essendo una eredità nè Re indivisibile, il dritto di natura non può non riconoscere nella loro successione il dritto di primogenitura. Nel trono al padre Re succederà il figlio primogenito per legge di natura generalmente parlando; giacchè ove vi fossero particolari disposizioni la cosa potrebbe andare diversamente. Ed un esempio memorabile cel presenta il re Ciro presso Senofonte quanto disse: « *Mi resta ancora a dichiarare a chi debba lasciare il regno, perocché, lasciandolo alla incertezza, vi arrecherei del disturbo. Miei figliuoli, io abbraccio tutti voi con egual benevolenza: ma voglio, che provegga agli affari, ed eserciti la carica di capo, semprecché il tempo ed il bisogno lo richiede, colui ch' è il maggiore di età, come quello che naturalmente deve avere più lunga esperienza delle cose* [1] ». Dove si osserva, che Ciro nel lasciare il regno al suo figlio primogenito appella alla ragion naturale, quasi che dicesse non poter spezzare quel limite, che la natura aveva imposto a' re di superare il loro affetto paterno, e renderlo disuguale in un' affare di tanto rilievo. La successione quindi nè regni per rapporto a' primigeniti è originata dalla legge di natura, ed è tale questa preferenza, che Erodoto manifestamente dice: « *Ciò è stabilito come da una leg-*

[1] *Est autem mihi declarandum hoc quoque, cui regnum relinquam, ne id, relictum in ambiguo, negotia vobis facessat. Complector equidem, filii, pari utrumque vestrum benevolentia: verum et consilio providere, et ducis officio fungi, quacumque in re tempus et usus postulet, eum jubeo, qui natu major est, et usum rerum majorem de consentanea quadam ratione habet*, Cyrop. 8. 7. 3.

ge tra tutti gli uomini 1. » Laonde non male si apponevano quei scrittori, come Giustino 2, quando il contrario che avveniva lo dichiaravano opposto al dritto delle genti, cui i popoli ànno dritto di reclamare in ogni qualunque contrarietà gli si volesse usare.

· 864. Se dunque i figli a preferenza di ogni altro parente son chiamati dalla legge di natura a succedere alla eredità del genitore defonto senza testamento (860); si dovrà dire lo stesso pe' figli illegittimi, e pe' figli postumi? (§ CCXCVIII.). Soddisfiamo al primo quesito. Son figli illegittimi, detti pure naturali, tutti quelli che non nascono da un legittimo matrimonio. La legge di natura vuole, che i figli succedessero alla eredità del padre, dal perchè tanto si argomenta dalla volontà presunta dell' istesso padre. Or tal volontà è per un numero certo di figli; cioè per quei figli, che il padre sapendo di certo appartenerli, per essi nutriva un' amore di preferenza; conseguentemente la legge di natura chiama all' eredità del defonto genitore que' figli, chè certamente si appartenevano a lui. Ora il numero de' figli illegittimi non può essere sicuro in ordine al padre per l'infame commercio di molti, che la madre comporta contra ogni legge. Dunque si presume che il padre per essi non nutriva un' amore di preferenza.

Ma si potrà dire, e nel fatto non è difficile a succedere, che il padre è certo del suo figlio illegittimo. Ebbene soggiungiamo, che la legge di natura neppure li chiama alla successione ab intestato. Imperoechè un figlio illegittimo è frutto del delitto, il quale dalla santità della legge di natura in niuna guisa potrà essere garentito. Nella specie se la legge di natura chiamasse indistintamente alla successione i figli spuri, allora il delitto si aumenterebbe, e gl' infami genitori troverebbero modo di palliare i loro delitti a danno degl' innocenti figli legittimi, ed ove questi mancassero niuna pena si avrebbero quaggiù per l' operata scelleraggine. In' allora la società sotto gli stessi suoi occhi avrebbe a gemere le altrui iniquità, e l' altrui delitto sarebbe garentito col suo positivo danno. Per le quali tut-

1 *Tamquam lege inter omnes homines constitutum esse.* Lib. 7, p. 242.
2 Hist. 12. 2. 24. 3. e Livio 40. 9.

te cose francamente diciamo, che per dritto di natura al
defonto intestato ànno a succedere i soli figli legittimi i
nascono da un giusto matrimonio; ed i figli illegittimi i
na guisa debbono partecipare delle sostanze del defonto.

865. Se non che quest' illegittimi possono adire le so
del genitore nel solo caso, che il padre abbia disposto qu
cosa a loro favore. Nè la legge di natura ciò vieta a
sciagurati genitori, abbenchè le leggi civili alle volte in
cano simili disposizioni sotto altre vedute, che non sono d
stro scopo di esaminare. Imperocchè li considera come p
ni delle loro sostanze; perciocchè possono alienarle a fav
chi loro aggrada, e quindi anche a favore de' figli ille
mi. Ma senza una particolare disposizione non succed
nè possono succedere al padre morto intestato (864). E
alla madre sempre succedono in concorrenza anche de' fi
gittimi per la migliore ragione, che la madre ancorchè
corrotti costumi è sempre nota e certa in ordine al figlio
cui non si può muovere dubbio per rapporto alla origine
dunque riepilogando il fin qui detto in' ordine a' figli ille
mi, naturali, spuri, bastardi, chiamateli come volete, dessi
cedono alla madre, al padre non mai; e se qualche vol
padre succederanno lo è per qualche singolare disposizi
che il padre emette prima della sua morte, la quale se
riceveranno per dritto di natura solo quel tanto, che a lor
vore aveva disposto il padre per sua spontanea volontà.

866. Soddisfiamo al secondo quesito (864). Diconsi figli
stumi quelli, che concepiti prima della morte, nascono po
po la morte del padre; e perciò diconsi postumi, perchè
« *dopo la morte del padre 1* ». Or questi a pieno dritto
cedono al padre nella successione ab intestato per la stessa
gione poc' anzi addotta (864) per rapporto a' figli legit
Il loro padre è certo; essi appartengono al numero certo
figli; il padre per essi nutriva pure un' amore di prefere
dunque si presume certamente, che come per gli altri
legittimi; così pure per essi, che anche sono legittimi, il p
voleva che si avessero goduto le sue sostanze dopo la sua m

1 *Post mortem patris,*

LEZIONE LXXIII.

SIEGUE L' ISTESSO ARGOMENTO.

§ 867. *Circa la eredità dell' avo si dimanda se i nipoti morto il padre ân dritto a pretendere nella successione intestata — dritto di rappresentazione — quale non ammesso avrebbero luogo due inconvenienti — il dritto di rappresentazione è luogo anche nel caso che i soli nipoti fossero superstiti nella linea retta discendente — quando à luogo la linea ascendente nella successione intestata — preferenza da riconoscersi — insufficienza del dritto di natura — quando à luogo la linea collaterale nella successione ab intestato — se tra collaterali v' è dritto di rappresentazione — la duplicità del vincolo, o la origine de' beni non ammette preferenza — la successione intestata è propria del dritto permissivo di natura — se in essa il dritto di natura riconosca erede necessario — si risponde ad una pretensione di Einneccio — conseguenze, che derivano nell' erede, che accetta la eredità.*

867. La forza tutta dell'amore per rapporto ad un defonto possidente, che non lascia testamento, non può stendersi che alle tre mentovate linee; discendente cioè, ascendente, e collaterale (859). E sopratutte la linea discendente vuole la preferenza, come antecedentemente chiaro s' è fatto vedere (Lez. 72.); sendo che troppo noto è quel principio di Aristotile, che l'amore scende e non sale. Perlocchè regola fondamentale di naturale equità è per lo appunto, che la linea retta discendente sia preferita ad ogni altra linea nella successione ab intestato. I figli adunque del defonto genitore, e questi legittimi, sieno anche postumi, a pieno dritto vanno a possedere le sostanze del padre, il quale nutriva speciali tenerezze per essi. Or può avvenire, che il figlio pre-

venga la morte del padre (§ CCXCIX.), ed intanto lascia dopo di sè superstiti altri figli, è della naturale equità, che questi nipoti succedessero alla eredità dell' avo? Rispondiamo di sì; perchè sono essi in luogo del padre, e fondatamente si suppone, che se l'avo avesse testato, certamente non li avrebbe preteriti, ravvisando in essi la immagine del figlio suo, che troppo gli cruciò il cuore con la immatura morte.

868. Or un tal dritto di successione (867) è quello che propriamente chiamasi Dritto di rappresentazione, il quale à dato luogo a quel modo di succedere, che dicesi in *capita*, ed in *stirpes*; cioè le persone congiunte in primo grado col defunto succedono in *capita*, pigliando dalla eredità tante porzioni, quant'esse sono: e le persone congiunte in gradi ulteriori col defonto medesimo succedono in *stirpes*, pigliando in massa dalla eredità quella porzione, che propriamente sarebbe spettata a quella persona, ch'esse rappresentano. Eccone un chiaro esempio. Un padre aveva quattro figli, de' quali uno essendo morto innanzi lui lasciò da sè due figli. Venuto a morte il genitor comune, e non fatto testamento, rimase in eredità la somma di quattromila ducati. Posta tale eredità ab intestato i tre figli superstiti debbono succedere in *capita*, e quindi piglieranno dalla eredità mille ducati per ciascheduno: i due nipoti succederanno in *stirpes*, e quindi immantinenti mille ducati saranno divisi in due uguali porzioni, ciascheduno pigliando per sè la somma di cinquecento ducati; giacchè com'essi rappresentano il padre, così debbono pigliare quel tanto, che il medesimo avrebbe pigliato se per ventura fosse sopravissuto all'avo.

869. E che tanto esigesse la legge di natura osservate, che se nel dritto di rappresentanza uguale fosse la sorte per tutti; e quind'i rappresentanti in pari modo succedessero in *capita*, allora due sconci seguirebbero; il primo che mancherebbe la uguaglianza tra' i congiunti in primo grado; il secondo che la giustizia non sarebbe ponderata nelle severe bilance di Astrea. Mancherebbe infatti la eguaglianza; perchè mentre si suppone che il defonto con l'istesso amore abbracciava tutt'i figli, si vuol deferire pe'rampolli di quel figlio, che sgraziatamente invertì l'ordine della natura prevenendo nella morte il

suo genitore. Quindi avverrebbe che un tal figlio rinvenisse ne'
suoi rappresentanti miglior fortuna degli altri, e la morte pre-
giudicherebbe i dritti de' figli supersiti rivalendo pe' nipoti.
Così nel proposto esempio (868) se le parti fossero distribuite
egualmente, non più un mille ducati toccherebbe in sorte a
ciascun figlio, ma molto di meno, come può osservarsi; ed al
figlio defonto spetterebbero mille e seicento ducati; sproporzione l'è questa, cui non sa consentire la legge di natura. La
giustizia naturale d'altronde sarebbe vilipesa; dappoichè nella ipotesi la sorte de' nipoti riuscendo migliore degli altri, che
pur pretendono all'istessa eredità, la morte del padre sarebbe
per essi un motivo a vantaggiare ne' propri interessi a danno
degli altri; ciocchè riesce proibito dalla legge di natura (720).
L'esposto esempio (868) a meraviglia potrà dimostrarlo, ove
per poco mettasi a miglior calcolo. Adunque resterà fermo,
che la legge di natura a buon dritto pretende che i figli del
defonto succedessero in *capita*, ed i nipoti in *stirpes*, appunto
pel dritto di rappresentanza ch'essi godonsi nella successione
intestata.

870. Ciò riesce anche vero nel caso, che i soli nipoti fossero superstiti nella linea retta discendente (§ CCC.). Dappoichè la forza dell'amore propendendo più per quelli che seguono, che per quelli che antecedono (859), non deve aversi ragione soltanto alla prossimità del grado, ma a questa insieme e più alla forza della linea. Perlocchè i nipoti soli godono per legge di natura la preferenza in faccia a qualunque
altro parente nella successione ab intestato, nella quale per
gli addotti motivi (869) debbono essi succedere tutt'in *stir-
per*, e non mai in *capita*. Ponete infatti, che un padre a-
vesse avuto quattro figli, i quali sgraziatamente lo abbiano
prevenuti nella morte, ed intanto di essi il primo lasciò due
figli, il secondo tre, il terzo quarto, il quarto sei. Alfine
muore l'avo ab intestato lasciando per eredità ottomila ducati. Se tutti avessero a succedere in *capita*, allora ognuno
pigliando dalla eredità cinquecento trentatre ducati ed un terzo l'avrebbero di già esaurita, ed in conseguenza le stirpi
di maggior numero verrebbero a vantaggiare su quelle di

minor numero , possedendosi quel tanto , che certamente non
si avrebbero goduto se il lor ceppo fosse rimasto in vita. La
equità dunque naturale a buon dritto pretende , che come se
i figli del defonto in tempo della morte di lui fossero stati
vivi , gli sarebbero spettati per ciascuno un duemila ducati;
così altrettanti avranno le rispettive lor stirpi, dividendo poi-
tra loro ugualmente la rispettiva quota. Così i due figli del
primo si avranno mille ducati per ciascuno : i tre figli del
secondo seicento sessantasei e due terzi di ducato per ciascuno , e così via discorrete pe' rimanenti.

871. Tant' era a dirsi per rapporto alla linea retta discendente. Ma passiamo alla linea retta ascendente (§ CCCI.) ,
la quale di repente entra nella successione ab intestato in
mancanza della linea discendente (859), come quella che dalla
natura si reputa la più prossima al defonto. Gli ascendenti
adunque sono in dritto a prendere la luttuosa eredità del defonto; e si godono conseguentemente la preferenza in faccia
a qualunque altro parente del defonto medesimo. Infatti quantunque la legge divina scritta taccia un tal dritto tutto proprio degli ascendenti ; perchè 1 chiama alla successione prima i figli , in mancanza di questi le figlie, poi i fratelli, ed
indi gli zii ; pure Filone Ebreo 2 ci fa sapere che simiglievole
dritto è da supporsi per dritto di natura ; perchè chiaro lo
scorge la retta ragione. Ecco le sue parole : « *Imperciocchè
sarebbe ridicolo credere , che debbasi concedere al zio la eredità del figlio del fratello, come congiunto al padre, e negarsi
poi la medesima al padre stesso. Ma perchè la legge di natura comanda , che i figli debbano succedere a' genitori nella e-
redità , e non già i genitori a' figli, fu ciò omesso dalla legge
medesima, come cosa di malaugurio , e contraria a' pietosi
voti de' genitori , onde non sembrasse che il padre la madre
venissero a ritrarre guadagno dalla immatura morte de' figli
loro , e dall' inconsolabile lutto : indirettamente però chiamò i
medesimi al dritto, che accordò a' zii , affinchè loro si con-*

1 Num. 27. 8. seq.
2 De vita Mosis Lib. 3. p. 689.

servasse il decoro, ed i beni rimanessero in famiglia 1 ». Al-
l' istesso modo la discorrono i libri Talmudici, di cui Seldeno 2 raccoglie quanto si addice al nostro proposito. Per la
qual cosa lungi dall'esservi opposizione da parte del dritto divino positivo, pigliamo argomento dal suo silenzio a corro-
borarci nella esposta verità, e gli ascendenti vorranno succedere al defonto, che non lasciò testate le sue robe.

872. Epperò tra gli ascendenti il più prossimo al defonto
vuol'escluso dalla eredità il più remoto. Così in ordine al
figlio che muore senza testamento il padre esclude l'avo di lui.
Conciosiachè il fondamento di tutta la successione ab intestato
è l'amore di preferenza, che si suppone aver avuto il defonto
in ordine a'suoi (859). Certamente l'amore si diffonde per quelli
che vantano maggiori titoli di tenerezza, che per quelli che ne
vantano minori. Or più noi amiamo quelli che ci sono più
vicini, che quelli, i quali ci sono più lontani; ed in conseguenza più amiamo il proprio genitore, che l'avo, il qua' è
è una causa mediata di noi stessi. In tali circostanze di affetto se ci fosse venuto in mente di disporre delle nostre sostanze dopo la nostra morte, avremmo senz'alcun dubbio
chiamato al possesso di essi il nostro genitore a preferenza
del nostro avo. E la natura sempre costante ne' suoi principi non può sentenziare a disfavore di quell'affetto, che sì
benignamente infuse nell'uomo, allorchè vedesi nel bisogno
di spartire le sostanze di lui non essendo state disposte dallo
stesso o perchè inaspettato la morte lo prevenne, o perchè
non ebbe commodo a provvedervi. In tal linea poi quelli
dello stesso grado vengono ugualmente ammessi alla eredità:

---

1 *Stultum enim foret, credere, patruo concedi haereditatem fratris
filii, ut patris cognato; ipsi vero patri eam auferri. Verum, quia lex
naturae jubet, filios parentibus haeredes succedere, non parentes filiis:
hoc, ut ominosum, et piis votis contrarium, tacuit, ne pater mater-
que viderentur lucrari ex immaturis filiorum mortibus, et luctu incon-
solabili; oblique tamen ipsos vocavit ad jus, quod permittit patruis,
ut et decorum servaretur et bona manerent in familia.*

2 De success. in bona def. ad leg. Haeb. Cap. 12.

così in ordine al figlio il padre e la madre ugualmente succedono alla luttuosa eredità. Imperocchè la retta ragione non trova motivo sufficiente di ammettere uno a preferenza di un altro, essendo uguale la forza di amore nella uguaglianza e di linea e di gradi, oggetti propri nella disamina di vicinanza al defonto.

873. Qui poi il dritto di natura non ci somministra una congrua ragione; perchè tra più persone dello stesso grado la eredità debba distribuirsi secondo le linee, e non già tra gli stessi gradi. Così morto il figlio, la eredità di lui si devolve al padre ed alla madre; perchè ambidue in primo grado della linea retta ascendente; e non già pure ai fratelli e sorelle del defonto, che sono nello stesso primo grado, ma della linea collaterale. Trattasi qui di dritto permissivo naturale; perciocchè il dritto civile, cui è dato regolare le umane società, potrà a suo piacimento regolare come questa, così pure simiglianti altre cose. Le sue sanzioni in circostanze di tal natura avranno di mira il bene comune, l'ordine delle famiglie, il ben'essere de' cittadini: cose tutte che procacciano la floridezza interna di uno stato, come sarà sviluppato a suo luogo.

874. Da ultimo veniamo alla linea collaterale (§ CCCII.). Allorquando a succedere manca la linea retta tanto discendente, quanto ascendente, la eredità del defonto si devolve alla linea collaterale. Imperocchè si presume sempre che la eredità di colui, che muore ab intestato spetta al sangue di lui; sendo chè questo e non altro avevano di mira per la forza di amore le sue cure, i suoi stenti, le sue fatiche infine per acquistar sostanze. Or quelli che sono in linea collaterale col defonto, come cugini, zii, ed altri, son dell'istesso suo sangue abbenchè più remoti di quelli che esistono nella linea discendente, od ascendente (859). La legge dunque di natura alla eredità del defonto chiama i collaterali in mancanza di parenti più prossimi. Se non che la stessa legge vuole che tra le persone appartenenti ad una tal linea quelli sieno preferiti, che si trovano in un grado più prossimo col defonto. Così il fratello germano esclude il cugino, questi un zio, e così via.

discorrete. Avvegnacchè si suppone sempre maggior' essere la forza di amore pel più prossimo parente, che pel più remoto di maniera, che se il defonto avesse testato, le sue robe piuttosto ad un fratello germano le avrebbe rimasto, che ad un fratello cugino. Or nella successione ab intestato quello sempre si presume, che il defonto avrebbe fatto se gli si fosse intimato il testamento.

875. Ma godono i collaterali il dritto di rappresentanza (868)? Diciamo francamente di no ; dappoichè il dritto di natura in niuna guisa cel persuade. E per vero la sperienza ci fa conoscere tutto giorno che l'amore nella linea collaterale va mancando e si raffredda a misura che i gradi pigliano maggior distanza. Tu vedi che per un zio non si à quella tenerezza che si à per un fratello, e pe' figli di amendue minore è la tenerezza, che si stringe in cuore. Il dritto di rappresentanza, già fu detto (869), si poggia su la eguaglianza dell'amore, mercè cui i superstiti entrano nel luogo degli estinti ; e tale uguaglianza mancando nella linea in parola, manca il fondamento su cui dovrebbe basare il cennato dritto di rappresentanza. Un figlio adunque di un fratello defonto non sta presso il zio nel luogo stesso, che il fratello ; e perciò non può entrare a rappresentare il defonto genitore. Voler ammettere un simiglievole dritto nella linea collaterale sarebbe lo stesso che rovesciare l' intiera successione degli stessi collaterali. Infatti ponete per poco mente all' effetto che di repente seguirebbe da una tale ipotesi per poco ammessa : il più prossimo dovrà esser' escluso dalla eredità per dare luogo al più remoto. Sarà il figlio di un fratello defonto ed un zio, il primo in secondo grado, ed il secondo si ritrova in primo grado in faccia al defonto. Posto il dritto di rappresentanza il zio dev' essere escluso dalla eredità malgrado sia più prossimo al defonto. Or questo distrugge la successione de' collaterali giusta quello che sopra s' è detto (874). Il dritto adunque di rappresentazione di nuovo non si rende omogeneo alla legge di natura, per cui non pare assurdo negarlo nella linea collaterale.

876. Se dunque per legge di natura i collaterali più pross

simi a perferenza de' più remoti vengono a pigliar p
della eredità del defonto (874) ; non osta ad un tal dr
la duplicità del vincolo, nè la origine de' beni. Non è t
bastanza ripetuto, che nella successione de' collaterali s
solo aver di mira la forza dell'amore, che reggeva il
del defonto , donde pigliasi argomento a favore de' col
più prossimi (874). Quindi a quella stessa guisa, che
to di natura non ci persuade il dritto di rappresentanz
non ci persuaderà pure la duplicità del vincolo, o la
de' beni: anzi per queste ultime cose molto meno cel
de. Imperocchè la duplicità del vincolo non fa altro c
nestare nella stessa persona più principi di generazion
cui cresce la forza del parentado, ma non cresce la pr
tà del grado., com' è chiaro. E la origine de' beni i
principio, pel quale in una famiglia capitarono varie s
ma non già una maggiore consanguineità. Or non i
o le robe vogliono essere il motivo della successione s
stato ne' collaterali; sibbene la forza del grado, che sp
la sua maggiore vicinità al sangue, quella che dà un
pigliare possesso delle sostanze lasciate senza testament
fonto. Vero è, che se molti collaterali trovansi nello st
do , l'intiera eredità debbonsi tra loro ugualmente d
perchè regna per essi l'istesso principio di amor
è sempre vero che i più prossimi debbano escludere
remoti. Laonde nella successione ab intestato non deb
cercare quel congiunto, che sia stretto al defonto per
nerazioni, e che per mezzo suo le sostanze sieno r
nella persona del defonto; ma quel solo, o que' soli c
i quali ànno una maggiore vicinanza col defonto med
   877. A tal modo abbiamo esaurita l'intiera success
testata , che la retta ragione può scorgere nelle tre l
scendente, ascendente, e collaterale. (§ CCCIII.) Or
le cose fin qui segnate in ordine ad essa si rileva fa
ch'esse sono di pertinenza del dritto permissivo di
stantechè non vengono dallo stesso nè comandate, nè
e che noi argomentando stimiamo appartenere alla
naturale equità. Stando adunque la successione ab int

partenere al dritto permissivo di natura, non sarà vero, che un'ampia facoltà risiede negli umani legislatori di regolarla come meglio loro aggrada pel miglior esito di quel regime, che dalla divina Provvidenza loro venne affidato? Perlocchè molte cose coerentemente ad una tale successione son lasciate alla loro giustizia, e con certezza nello svariato de' casi stabilire con apposite leggi le quali, fondandosi su la prudenza vengono à formare la felicità di quei popoli, cui preseggono non per beneplacito degli stessi popoli soggetti, ma bensì per una immediazione di quella potestà, che piena pienissima risiede nell'Eterno Legislatore della Natura.

Ed è per questa podestà, che godonsi gli umani legislatori, che vogliono ammessa nella successione ab intestato il conjuge superstite da noi del tutto taciuto nella discussa trattazione; e che rende sì vario il dritto civile in fatto della stessa successione ab intestato di maniera che, le disposizioni di un legislatore per niente o per poco si accordano alle disposizioni di un'altro legislatore. Imperocchè ciascuno mira il diverso fine che si possa avere il bene comune del suo popolo, ed i diversi mezzi, che son meglio capaci a renderlo vie più felice; non che architetta il modo migliore di troncare le liti, le discordie, i mali umori, pessime cause di peggiori effetti.

878. Intanto a completare l'intiera trattazione della successione ab intestato solo resta a sapere, se mai in essa il dritto di natura riconosca erede necessario (§ CCCIV.). Or poiché tale vocabolo fu rinvenuto da Giureconsulti Romani 1, è d'uopo prima di rispondere al proposto quesito significare il loro parlare. Essi da vero distinguevano gli eredi in necessari, suoi e necessari, infine volontari. Dicevano necessario quell'erede, il quale era costretto ad accettare la eredità o che voleva, o che non voleva accettare la stessa, e tali erano i servi, oppure i figli istituiti eredi dal testatore. Dicevano poi suo e necessario quell'erede, che il testatore era tenuto a chiamare alla eredità, oppure a diseradare; ed intanto l'in-

1 §. 1. Inst, qui et ex quib. causs. manum. non pos, §. 2. Inst. h. t. et alibi.

stituito erede era tenuto ad esser tale; questi erano i figli, i quali nel tempo della morte erano sotto la potestà del testatore, e non potevano cadere sotto la potestà di un'altro. Dicevano finalmente volontario, oppure estraneo quell'erede, che spontaneamente chiamato dal testatore non era obbligato ad accettare la eredità, ma restava nella piena sua libertà di accettarla, oppure ricusarla; e tali erano tutti gli estranei al testatore medesimo. Ciò posto, il dritto di natura nella successione ab intestato non riconosce erede necessario; dappoichè base e fondamento di una tale successione è la volontà presunta del padrone (759), da cui nasce il dritto a succedere. Or nello stato avventizio l'uomo tanti dritti acquista, quanti ne vuole acquistare (646, e sagg.); dunque è nella libertà dell'erede se mai voglia acquistare, oppure ripudiare la successione. Oltreacchè l'erede è costituito tale in forza del consenso che manifesta sia con le parole, sia co' fatti in materia di eredità. (842). Or quel dritto che dipende dalla propria volontà non può riconoscere forza di sort' alcuna senza ledere la propria libertà. Non vediamo adunque modo per parte del dritto di natura, onde riconoscere necessità nell'erede di accettare la eredità.

879. Dal ch' emerge, ch' la cennata distinzione di eredi (878) era solo riconosciuta da' Giureconsulti Romani, i quali per certo non entrano nelle disposizioni del dritto di natura, il quale all' intutto la ignora. Ma la ignora, diciamo contra il ch. Einneccio (Nota al § CCCIV.), non perchè ignorasse la fazione testamentaria, come diffusamente s'è dimostrato (820, e segg.); e su cui poggiando i prelodati Giureconsulti venivano a considerare il testamento come una legge privata, ed il testatore come un legislatore privato, per cui potev'a buon dritto necessitare tutti quelli, ch' erano sottoposti al suo dominio, cioè servi e figli: ma la ignora pe' motivi poc' anzi addotti (878), i quali sono di tanta forza, che c' inducono a credere il contrario, rimanendo l'erede nella piena sua libertà. Perlocchè volentieri lasciando a' Civilisti la discussione di questa parte del dritto romano, per noi ci basta l'aver investigato i sensi della legge naturale, scopo de' nostri intrattenimenti.

880. Che se poi l'erede volontariamente accetta la eredità
del defonto (§ CCCV.), nell'atto dell'accettazione di repente
succede a tutt'i dritti, ed a tutte le obbligazioni dello stesso
defonto; giacchè tal'è la natura dell'alienazione per parte di
colui, che succede in luogo del padrone, come fu detto (718).
Epperò la naturale equità vuole, che le obbligazioni fossero
uguali a'dritti di maniera che se la eredità fosse gravata di
debiti, l'erede non è tenuto a soddisfarli più di quello comportano le forze della medesima eredità, che riceve. Così una
eredità di cento ducati se trovasi gravata di ducento ducati
di debito, quegli che la riceve non sarà tenuto a pagare ducento, sibbene cento; perchè tanto sostiene la devoluta eredità. Perlocchè l'erede non à alcuna solidità con la persona del
defonto, come pretendevano i Giureconsulti Romani per la fizione da essi inventata, che l'erede ed il defonto figuravano
una sola e stessa persona 1. Il dritto di natura come ignora
una tale romana fizione; così del pari ignora questa stra-
bocchevole sproporzione voluta dagli stessi romani. Cosiffattamente resta esaurita l'intiera trattazione di ogni successione
sia per via di testamento, sia per successione ab intestato,
a talchè sembra niente restare di vantaggio a desiderarsi la
cosa.

---

1 L. 22. D. de usucap. L. 14. C. de usuf. Novell. 48. praef. et Alf.
Dandin. Altaserra. De fict. jur. tract. 1. cap. 20. pag. 49.

CAPITOLO XI

DE' DRITTI, E DOVERI NASCENTI DAL DOMINIO.

———

LEZIONE LXXIV.

ESSENZIALI CONSECUTIVI DEL DOMINIO.

§ 881. *Quali sono gli essenziali consecutivi del dominio — si ragionano — essi formano gli effetti del dominio, riconosciuti pure da' Giureconsulti Romani — che importa la libera disposizione della cosa, e quindi specificare — conseguenze del dritto di specificare — il padrone può abusare della cosa, e che significhi abusare — quando lo può senza ledere i propri doveri — può alienarla, ed in che modo — quando gli viene proibito — al padrone spetta il possesso della cosa, e conseguenze del possesso — può esercitarlo in ogni tempo — dritto di rivindica, esso spetta al padrone — non è tenuto a pagare di nuovo il prezzo — a quali spese è soggetto.*

§ 881. Gli Scolastici in ogni essere distinguevano due sorte di essenziali, gli uni che dicevano Costitutivi, e gli altri che dicevano Consecutivi. I primi, da noi detti propriamente essenziali, son quelle proprietà senza cui l'essere non può concepirsi, nè quindi riguardarsi. I secondi poi sono quelle proprietà, ch' emergono dagli essenziali costitutivi, riconoscendoli come loro causa univoca. Or tale nozione commodamente possiamo adattarla alla filosofia del dominio, ed in esso considerare gli essenziali costitutivi, che sono la proprietà, l'uso,

il frutto, ed il dritto di possedere; dappoichè senza tali cose
è impossibile avere la idea di dominio, come abbastanza e-
merge dalle fin qui cennate cose. È nel dominio possiamo
considerare ancora gli essenziali consecutivi (§ CCCVI.), i quali
si compongono da quegli effetti tutti, che da esso immediatamente nascendo in pari tempo lo riconoscono come loro causa.
Questi sono la libera disposizione della cosa, il possesso, ed il
dritto di rivindica.

882. Infatti fu da noi (647) definito il dominio pel dritto,
che uno à di escludere tutti gli altri dall'uso di una qualche
cosa, ch'è sua. Quindi chi à dominio di una cosa, à insiemamente il dritto di possedere la stessa (881); altrimenti effimero sarebbe il dominio, che dice vantare su la cosa. Or
dal dritto di possedere ne nasce la libera disposizione; cioè
il dritto che il padrone della cosa vanta di usare, di abusare, infine di alienare la cosa medesima a suo piacimento.
Imperciocchè la cosa allorquando è propria è in potere del
padrone destinarla a quel fine, che più gli talenta (752) senza
che alcuno gli possa opporre il menomo ostacolo. Dipplù, il
dominio porta con sè la esclusione dall'uso della cosa per
rapporto a quelli che non ci ànno dominio (647): or da una
tale esclusione emerge il possesso; cioè il dritto che à il padrone di usare esclusivamente della cosa, ch'è sua. Per vero
il possesso è quello, che a preferenza di ogni altra cosa dinota la cosa appartenere a qualcheduno; giacchè ove gli altri non possono usare della cosa, non ànno dominio della
stessa, e quindi non ne sono padroni. Finalmente dal dritto
di possedere si raccoglie, che se alcuno possegga l'altrui cosa, il vero padrone può sempre ed in ogni tempo ripeterla
da lui: che anzi a buon dritto può anche usare della forza
per far sì, che il suo da altri posseduto ritornasse sotto il
suo dominio. Perlocchè dal dritto di possedere nasce immediatamente il dritto di rivindica contro qualunque ingiusto
possessore, il quale per certo lede l'altrui dominio.

883. Se dunque tre sono gli essenziali consecutivi nascenti
dal dominio, per usare del linguaggio de'moralisti, ed uscire
dalle sutichezze della scuola, volentieri li chiameremo effetti

del dominio ; dappoichè essi , come s' è osservato (8.
scono immediatamente dal dominio , come da loro ca
turale. Per la qual cosa effetti del dominio saranno i
gnati (881) ; cioè la Libera Disposizione della cosa p
il Possesso , ed il dritto della Rivindica (882) : qual
erano pure riconosciuti dal tribunato di Roma , il qu
di ogni altro fece sfoggio di ragion naturale nelle (
zione delle sue leggi. Infatti riconobbe il primo effe
dominio, la libera disposizione della cosa propria ; gi
giureconsulto Cajo avea così suggerito: « Sarebbe un
ingiusta, che gli uomini ingenui non avessero la libera
di alienare le cose loro. 1 ». Riconobbe poi il secondo eff
dominio , il possesso ; mentre abbiamo che il giure
Paolo dice: « Molti non possono possedere la medesim
in solidum, ed è contro la natura che mentre posseggo
cosa tu devi sembrare di possederla ancora; che così
tu puoi stare nel luogo medesimo dove sto io , o sede
io seggo ; così non altrimenti di ciò una possessione s
appartenere a due. 2 ». Finalmente riconobbe il dritto d
dica spettante ad ogni proprietario., ch'è il terzo eff
dominio , la è cosa tanto certa , che ogni pagina de
pare che voglia insinuarlo. Or siccome questi tre eff
dominio concludono in sè stessi tutt'i dritti , non ch
veri, che nascono dal dominio medesimo : così di questi
do a parlare , è mestieri di quelli tenere distinta par

884. E principiando dal primo (§ CCCVII.); poichè
ra disposizione della cosa propria importa, che il pa
suo piacimento possa usare , abusare , infine alienare
ch'è suo (882) ; emerge dapprima che chi è dominio
durre nella cosa sua tutte quelle specificazioni, che gl

---

1 *Iniquum esse , ingenuis hominibus non esse liberam rerum
alienationem.* L. 2. D. si a par. quis man.

2 *Plures eandem rem in solidum possidere non posse, et con
teram esse, ut, quum ego aliquid teneam , tu quoque id tener
ris: quin non magis eandem possessionem apud duos esse poss
et tu stare videaris in eo loco , in quo ego sto , vel in quo eg
tu sedere videaris.* L. 3. § 5. D. de adq. vel amitt. poss.

tano. Specificare significa modificare la cosa, ossia indurre
mutazione nella stessa. E tale modificazione si avvera sempre
o che il padrone usi, o che abusi, o che infine alieni la cosa
propria: Epperò segnando da vicino tutte siffatte modificazioni per quello che riguardano le provvenienti dall'usare, che
il padrone possa fare della cosa sua, ci abbiamo, ch'ei a buon
dritto può raccorre ogni qualsiasi vantaggio consentaneo alla
retta ragione non solo dalla sostanza delle cose sue, ma ancora da tutte le accessioni, ed incrementi, che vengono soprag-
giunti alla cosa medesima, salva sempre la giustizia. Conciosiachè l'usare importa vantaggiare dalla cosa su cui cade
l'uso; e se il padrone della cosa dalla stessa non potesse trarre vantaggio non potrebbe usare di essa. Or chi non può usare della cosa non può vantare dominio su di essa (648); cioè
non è padrone. Tanto dunque importa esser padrone, ed aver
la libera disposizione della cosa sua, quanto della medesima
cosa usare, ed in conseguenza tranne tutto quell'uso migliore
che sa e possa ricavarne. Per la qual cosa il padrone in forza
del dritto che à di liberamente disporre di quello ch'è suo,
può appropriarsi tutt' i frutti, che nascono dalla cosa, può
consumarli, può dividerli con altri, può infine trasferirli in chi
meglio gli aggrada, ed a qualunque titolo.

885. Se non che i frutti, che il padrone a buon dritto percepisce dalla cosa sua, possono talmente assoggettarsi all'in-
industre mano del padrone, che cambiano di aspetto, migliorano, si accrescano. Perlocchè il padrone potendo liberamente disporre del suo; cioè specificarlo a quel miglior modo,
che sa e può (884); n'emerge ch'è nel potere di lui far
cambiare di aspetto la cosa sua, rendendola più utile, percependone infine maggiori frutti senza mai disturbare l'altrui
dritto, se mai vi fosse. Infatti la cosa potrà essere data ad
usufrutto, ad uso, a commodato, a fitto, od a qualunque altra tal cosa; non potrà mai cambiare di aspetto se non vi
intervenga la facoltà del padrone. L'usufruttuario à il dritto
di pigliare il frutto della cosa, e niente altro dippiù; l'usuario l'uso, come pure il commodatario, od il fittajuolo: di
maniera che non possono uscire dalla periferia di quella fa-

coltà, ch' esclusivamente ad essi compete. Ma chi è padrone
esce volentieri dalla sfera di tai cose: egli vanta un dominio,
ed in conseguenza à insita la facoltà di portar la cosa sua
per tutti quegli usi, che crede più opportuni per vantaggiare
i suoi propri interessi. Imperocchè il padrone nel menare la
cosa sua per tutti questi usi non lede il dritto di alcuno;
perchè tutti sono esclusi dall' usare del suo (648): non lede
il dritto suo proprio; perchè nel vantaggiare sè stesso senza
altrui danno riceve un'impero dalla legge di natura di ciò fare ogni qualvolta gli si presenta la occasione. Adunque è stabile la conseguenza dedotta dal suo principio, che potendo il
padrone solo usare della cosa sua, i frutti della stessa può ac-
crescerli in quella maniera, che più comporta la natura della
stessa sua cosa.

886. Ma il padrone non solo può usare, può anche abusare
della cosa, ch' è sua (882). Per abusare s' intende (§ CCCVIII.)
consumare la cosa servendosene; oppure distruggere la cosa
ed il frutto 1. Così dall' albore mi mangio il fico, abuso
dello stesso consumando il frutto: oppure posso anche a-
busare dello stesso albore dandole al fuoco mentr' è carco
di frutta. Or chi è padrone in forza del dominio per la libera
disposizione della cosa sua può abusare di essa; e quindi anche corromperla, o distruggerla; purchè da tai cose non emer-
ga lesione del dritto altrui: ovvero tai cose non si facciano
con tale animo di recare nocumento agli altri. Imperciocchè
se il padrone non avesse una tale facoltà nel tempo stesso a-
vrebbe, e non avrebbe dominio: lo avrebbe in quanto che possa usare della cosa sua; non lo avrebbe in quanto non
possa abusare della stessa; perchè non potendone abusare non
potrebbe disporre liberamente del suo. Or tanto importa una
manifesta contradizione, da cui rifugge l'animo di un' uomo
da senno, che fa uso del retto ragionare. Per altro una tale
facoltà si limita ne' due esposti casi: primo quando si verrebbe a nuocere il dritto altrui, come se alcuno avvelenasse i fiori del suo orto per far morire le api del suo vicino 2: secondo

1 Donatus ad Terent. And. prolog. v. 5.
2 Quint. Declam. 13.

quando si facesse con animo di far male agli altri ; come se facesse' infracidire i frutti del mio giardino per non darli a' poveri. La ragione dell' uno e l'altro caso è chiarissimamente esposta dal dritto di natura. Conciosiachè il nostro simile deve amarsi a quel modo che amiamo noi stessi (482); quindi niun male non solo dobbiamo fargli, ma neppure desiderargli ; perchè queste cose fatte a noi certamente ci dispiacerebbero. Or fare in modo, che al nostro simile ridondi danno qualunque, è una manifesta lesione di quell' amore, cui la legge di natura ci obbliga.

887. Intanto abbenchè chi corrompe o distrugge la cosa sua faccia uso del suo dritto (886); pure allorquando non v'è una estrema necessità non può farlo senza lesione de' suoi doveri. Imperocchè fuori il caso di una estrema necessità entra un dritto imperfetto del nostro simile, e quindi dalla parte del proprietario, un dovere anche imperfetto, atteso l'amore di umanità che devesi al proprio prossimo (896). Qual barbarie non sarebbe quella di mirare l'indigente oppresso da' bisogni della vita, mentre l'opulente è nel bisogno di gittar via le cose sue perchè gli sono superflue ? Ma si dirà, è mio: verissimo diciamo; ma è tuo per dispensarlo agli altri, che ti sono dintorno, e le miche de' tuoi averi si attendono per rifocillare la' oppressione della loro vita. Se la natura ti fu larga nel donarti, volle in te la riconoscenza a' suoi doni, e la volle per diffonderla in seno di quelli, che da lei si ebbero la stessa immagine con minori doni. Conseguentemente l'uomo è obbligato a dare a' poveri quello, di cui abbonda; giacchè è scritto: « *Fate limosina di quello che supera* 1 »: e già mostrammo altrove (408, e seg.) il gran dovere della limosina, che l'uomo assiste, ove voglia corrispondere a'dettami della natura, e rinvestire quella felicità, cui ardentemente anela il suo cuore. Per la qual cosa nella circostanza di superfluità delle cose ogni proprietario non può corrompere o distruggere; in somma abusare delle sue cose senza ledere l'altrui imperfetto dritto. Ma di queste cose ricordiamo aver detto abbastanza

1 *Quod superest, date eleemosinam.* Luc. 11. 41.

allorquando favellavamo de' doveri di umanità , per cui qui non occorre dirne di vantaggio, piuttosto passiamo a riflettere sul terzo capo della libera disposizione della cosa propria, ch' è l' alienazione (882).

888. E per vero è molto consentaneo alla retta ragione, che chiunque è padrone di una qualche cosa (§ CCCIX.), di questa può liberamente disporre, finanche a trasferirne in altri il dominio : ciocchè importa alienarla da sè (751). Quindi può alienarla con atti gratuiti oppure onerosi (757) , e ciò tanto nel tempo presente, quanto nel tempo futuro (758). Può alienarla tutta, od in parte, e ciò puramente o condizionatamente (800, 756); riserbandone per sè qualche vantaggio, oppure tutto il vantaggio rifonderlo in colui, cui trasferisce il dominio. Finalmente può aggravare la cosa di tutti quei pesi , che più gli aggradono ; e quindi può darla a dominio utile, ad usufrutto (801), ad ipoteca (810), a pegno (808), ad enfiteusi (804), od a qualunque altro siasi contratto, di cui in appresso si farà ampia parola. Imperocchè il mio non dice altrui proprietà, e come tale è sottoposto alla mia volontà, da cui dipende ritenerla presso di me, oppure darla ad altri a qualunque modo. Spogliarmi de'propri dritti in ordine a quello, che si dice mio, è un far uso dell'istesso dritto, che la natura mi concesse ; cioè usare della mia proprietà. Se il proprietario non potesse da sè alienare il suo , che proprietario sarebbe ? La natura in tal caso non l'avrebbe costituito che infelice, mentre lo ligherebbe per sì fatta guisa alla sua proprietà, che non gli verrebbe modo da svincolarsene, ove giusti motivi a farlo gli si presentassero. Ma la natura è madre benigna, non già crudele matrigna; e le leggi che la governano son leggi di ragione, e quindi di sapienza, non già del capriccio, e della ferrea necessità.

889. Però il proprietario può alienare ciocchè è suo (888) finchè non gli osta la legge, un patto, oppure altra valevole disposizione. La legge infatti frena la libertà degli individui per modo, che il bene comune dovendo sempre prevalere al bene privato, non lascia sempre a' particolari tutto l'agio di fare quello che loro aggrada. Quindi abbenchè un proprieta-

rio potesse alienare il suo perchè suo; pure, in più di un caso gli osta la legge per tale alienazione: come sarebbe in caso
di minore età (754); in certi casi per le donne maritate, per
gli interdetti, e per altri, che sono piuttosto oggetto di discussione de' Civilisti. All'istesso modo un patto avuto dall'i-
stesso proprietario può ostare all'alienazione; giacchè i patti, come si dirà a suo luogo, per la stessa legge di natura
debbono avere tutto il loro vigore sempre che non si oppongono alla legge, od a' buoni costumi. Tra particolari i patti
sono in luogo di legge, e vogliono impedire le ulteriori disposizioni, che sul fatto stabilito potessero aver luogo. Finalmente una valida disposizione può anche impedire l'alienazione, come quella che opponendosi ad essa verrebbe a distruggere un patto sia espresso, sia tacito. Ti avrai ricevuto gli
altrui beni essendoti stato ordinato, che in niun' evento li
alienassi? è una disposizione che ti proibisce l'atto di alienazione, e ti necessita serbare intatta la tua proprietà. A-
dunque un proprietario vallato da sì fatte circostanze, abbenchè non lasciasse di esser proprietario; pure non potrà alienare la cosa sua. Ma veniamo all'altro effetto del dominio.

890. Il secondo effetto del dominio dicemmo essere il possesso (883). Or in ordine ad esso abbiamo (§ CCCX.), che
ognuno, il quale è padrone della cosa è l'uso della stessa,
da cui ne percepisce ogni frutto, ogni vantaggio (884),
senza che altri potesse frammischiarsi in un tal fatto senza
una libera ed espressa licenza dello stesso padrone. Or l'uso
della cosa riclama al padrone il possesso della stessa; giacchè il padrone non potrebbe usare della cosa sua se nel tempo stesso non la possedesse. Infatti, notammo altrove (648),
che il possesso non è altro, che la detenzione della cosa,
dall'uso della quale ognuno vuole escluso il padrone. Certamente il padrone non escluderebbe gli altri dall'usare della
cosa sua, se per poco volesse ammetterli al possesso di essa. Perciocchè tanto è dire alcuno padrone di una qualche cosa, quanto è dirlo possessore della stessa: tant'è inseparabile il possesso dal dominio della cosa. Risulterà quindi, che
il padrone trovandosi nel legittimo possesso della cosa sua

potrà sempre difenderla contro qualunque ardisse usurpargli il possesso medesimo : anzi la legge di natura a buon dritto accordandogli il dritto di difesa, viene in pari tempo a dargli la facoltà di respingere la forza con la forza contra l'iniquo usurpatore. Imperocchè la naturale equità volendo che l'altrui fosse rispettato, e la forza bruta, escogitata da Hobbes essendo riprovata dalla retta ragione (176); nient'è più consentaneo alla legge di natura, che il proprietario stia sempre su le mosse di non farsi rapire quello, ch'è suo, ed impegnasse ogni mezzo per mantenersi nel giusto equilibrio delle cose sue. Or a mantenere questo equilibrio contra la forza non è mestieri impugnare uguale forza? Il fare altrimenti sarebbe un'agire contro quella perfezione, che dalla stessa legge di natura vien precettata ad ogni individuo (347).

891. Un tal dritto emergente dal possesso (890) può egli il proprietario esercitarlo in ogni tempo, o che per sè stesso possegga la cosa sua, o che la posegga per mezzo di altri. Avvegnacchè se il dominio nasce dal possesso (847), e questo emerge dall' escludere tutti gli altri dall' uso della cosa, che si possiede, tanto durerà il possesso, quanto dura il dominio; ossia la cosa per tanto tempo apparterrà al suo padrone, per quanto tempo il padrone medesimo non abbandona l'animo, il pensiere di ritenerla presso di sè. Or quando il padrone è assente per modo, che la cosa posegga per mezzo di altri, abbandona egli forse il pensiere di ritenere la cosa presso di sè? No; giacchè vuole sempre che niun' altro usasse della cosa sua senza il suo consenso. Perciocchè l'assenza non è segno di abbandono della cosa di maniera, che possa occuparla chi prima à la ventura di occuparla; ma griderà sempre la cosa al suo esclusivo padrone. Quindi il proprietario può esercitare il dritto di difesa (890) per sè stesso, o per mezzo di altri, essendo assente; giacchè mai supponsi, che soffrisse altri violentare le cose sue, mentre con la sua assenza non à inteso abbandonare il possesso della sua proprietà.

892. Finalmente il terzo effetto del dominio fu detto (883) essere il dritto di Rivindica (§ GCCXI.), in ordine a cui ci

abbiamo, che il padrone può la cosa sua ripetere dalle mani
di qualunque possessore sia di buona, sia di cattiva fede; sia
che gli sia noto, sia che gli sia ignoto. Ed infatti il padrone finchè non abbandoni l'animo di possedere la cosa sua,
non perderà giammai le divise di un vero, e legittimo padrone: nè sarà giammai spogliato di quei dritti, che ben si
addicono ad ognuno, ch'è proprietario di una qualche cosa
(890). Dunque il padrone in ogni tempo à sempre il dritto
di pretendere quel, ch'è suo, ove trovasi · nelle mani degli
altri a qualunque titolo si ritrovasse. Ond'è, che il padrone
in una tale giusta pretensione di avere il suo posseduto da
altri, fa uso del suo dritto accordatogli dalla legge di natura, mentre trova la cosa sua da altri posseduta senza sua
alienazione. Or questo dritto di pretendere il suo è quello che
propriamente appellasi Rivindica, la quale importa restituzione della cosa al legittimo padrone.

893. Donde appare (892) che allorquando il padrone vindica la cosa sua, egli non viene a riscattarla di bel nuovo;
perchè stante l'altrui usurpazione giammai venne ad aliena-
la. Per la qual cosa non è egli tenuto, nel mentre che ripete il suo da altri posseduto, a restituire il prezzo che il
legittimo possessore avrà potuto pagare per possederla. Imperciocchè un tal prezzo sarebbe di giustizia quando si venisse ad entrare per la prima volta in possesso della cosa :
or il padrone in parola non à inteso giammai · di abbandonare il dominio della cosa sua, e quindi è rimasto sempre
nel possesso della stessa. In contrario il legittimo padrone
verrebbe a soffrire a torto un danno, e l'altro verrebbe a
vantaggiare col danno altrui: ambedue cose proibite dalla
legge di natura, com'è dimostrato (671, 720). Vindicherà a-
dunque il padrone la cosa sua senza punto incaricarsi del
prezzo, che si abbia potuto sborsare da altri per averla. Egli
pretende il suo, reclama il suo possesso, vuol garentit' i
suoi dritti : e con tutto questo qual' ingiustizia commette a
danno del suo simile ? Qual disordine produce nel bene di
ordine universale ? È troppo giusto, che ognuno provegga a
sè stesso in fatto de' suoi dritti, ove non vada a soccombere
il bene di tutti.

894. Se non che la stessa naturale equità con buon
mento c' insinua , che ove l' illegittimo possessore abbia
gate spese sì necessarie, che utili, per la manotenzione
cosa , tali spese si pagassero dal vero padrone. Impei
siccome a niuno è lecito farsi più ricco col danno altrui
così il vero padrone non potrà vantaggiare col danı
falso padrone ; perchè certamente senza tali spese la
non sarebbe esistita; nè avrebbe prodotto quei maggior
ti, che produce. L'istesso vero padrone sarebbe stato ı
bligo di erogarle se la cosa fosse stata nelle sue mani,
tevolte l'avesse voluta ridurla a quello stato , in cui
attualmente ; e se mai , com' era dovere, avesse voluto
vedere alle cose sue.

Come pure il vero padrone è tenuto erogare quelle
che sono occorse per redimere la cosa da mano degli ı
tori , quante volte si son fatte per ridurre la cosa ı
dominio dell' antico possessore; giacchè tali spese egli
le avrebbe fatte se gli si fosse presentata la medesimı
sione. Così Puffendorf [1]. E Famiano Strada [2] a tal prı
ci presenta un bell'esempio, rapportato anche da Eziı
un soldato Spagnuolo nella città di Malines avendo
cose preziosissime del valore di più di cento mila scud
negozianti di Anversa sei comprarono per ventimila
Ora i padroni a ricuperare il loro si contentarono res
a' cennati mercatanti la somma sborsata ; perchè si ai
che forse più avrebbero pagato, se mai avessero volut
rimontare il loro dritto contro gl' illegittimi possessoı
via di giudizio.

Ecco quanto riguardava gli effetti del dominio , nel
luppo de' quali entrati insensibilmente nella materia dı
sessore di buona , e di cattiva fede (892, e seg.) , è
cosa spaziare di vantaggio le nozioni riguardanti una
ria : ciocchè faremo nelle vegnenti lezioni.

1 De jur. nat. et gent. 4. 12. 13.
2 Decad. 1. de bell. Belg. Lib. 7. ad ann. 1572.

LEZIONE LXXV.

POSSESSORE DI BUONA, E DI CATTIVA FEDE.

§. 896. *È bene l'esser possidente, e l'altrui può pigliarsi in buona fede; od in cattiva fede — chi dicesi possessore di buona fede, e quali dritti gli competono — deve restituire la cosa comparendo il vero padrone — frutto della cosa, e sue specie — quali frutti deve restituire il possessore di buona fede — se i frutti civili — se le accessioni fatte alla cosa — sentimento di Grozio — a che è tenuto il padrone verso il possessore di buona fede — e quali spese — si riproduce la sentenza in ordine a' frutti civili — particolarità de' Giureconsulti Romani, e loro sbaglio — si conferma — spese, e loro specie, e quali cedono a vantaggio del padrone — epilogo.*

895. L'uomo per quanto gli è dato deve tendere per legge di natura a procacciarsi la conservazione di sè, e delle cose sue per quello gli riguardano (347); in conseguenza è tenuto a rendersi beato in terra per quanto può; cioè procacciarsi la naturale felicità, che riponsi nella minoranza de' mali, che riesce possibile incontrare (24). Or non v'è dubbio, che la proprietà di gran lunga affoga i mali della vita, ed in più circostanze porge il destro di alleviare le cure, e più soave rende la vita: onde a ragione i Giureconsulti Romani chiamavano beat' i possidenti. È vero che la proprietà dà mille affanni ad un possidente specialmente per la malizia cresciuta tra gli uomini; ma è verissimo ancora che meno contenta mena la vita chi ne va privo, che chi di essa abbonda. Perciocchè è un gran bene in natura l'essere possidente; e grande del pari è la ingiustizia di quelli che gli altri vogliono spogliare del proprio per appropriarsene essi stessi, a talchè vogliono edificare il proprio edificio su le altrui ruine, e for-

mano il loro rido dalle lagrime dell' oppresso , e dell' assassinato. Grande miseria invero l'è questa, la quale non reggendo
all' ombra dell' imparziale sacro tribunale della natura , viene
accordato a ciascun proprietario il fermo dritto di rivendicare
le cose sue dalle mani dell' ingiust' oppressore (892). Ma
non sempre succede che gli altri pigliansi l'altrui per estrema
corruttela di cuore ; avviene pure che sel ritengono perchè
credono poterselo ritenere. Epperò come la cosa grida sempre al proprio padrone (671); così la natura l' istesso dritto
di rivindica accorda a' proprietari anche in tal caso. Ond' è
che dalla diversa maniera di appropriarsi l' altrui è nata la
diversità de' possessori , che voglionsi distinti in buona, ed in
cattiva fede, i quali se in ogni evento son tenuti a restituire
al vero padrone tutto ciò, che a buon dritto gli spetta (649);
non però corre la stessa misura per ambidue in ordine a tutto
ciò che accidentale della proprietà vuolsi riguardare. Perlocchè disbrigati appena da' dritti, che possono competere al singolo proprietario. (Lez. 74.), è dicevol cosa c'intrattenessimo
alquanto su la naturale equità, che riguarda un possessore di
buona, oppure di cattiva fede.

896, Riguardando dapprima il possessore di buona fede
(§. CCCXII.), va bene definirlo per quegli che l' altrui ritiene
in buona coscienza e con giusto titolo. Così se alcuno com-
prasse il fondo altrui dalle mani di chi credeva esserne il vero
padrone , questi verrebbe a possedere un tal fondo in buona
fede, sì perchè crede comprarlo dal vero padrone, il quale
à tutto il dritto di accennare quello ch' è suo ; sì perchè
la compra-vendita è un giusto titolo a potersi appropriare
l' altrui. Dunque cotestui è un possessore di buona fede. Or
giova conoscere sul bel principio che un tal possessore la
cosa altrui possedendo con giusto titolo , ignorando assolutamente il vero padrone della stessa , egli à tutto il dritto di
escludere ogni altro dall' uso della cosa che possiede, e gode
in pari tempo di tutt' i dritti che godrebbe il vero padrone
se la cosa fosse nelle sue mani. Conciosiachè il possessore di
buona fede è in luogo del padrone, e ne assume tutte le veci
di lui, a talchè vien' egli considerato come un padrone vero

fintantochè non venga in conoscenza del padrone legittimo, che reale dominio abbia su la cosa. Or il padrone vero della cosa può escludere dall'uso della stessa ogni altro che su di essa non vanta dominio (648); ed in forza della proprietà vanta moltiplici dritti; come la libera disposizione, il possesso, 'a rivindica (881), ed altri che saranno in appresso notati. Dunque le stesse cose non sono a negarsi al possessore di buona fede. Finchè duri una tal fede egli viene garentito dalla legge di natura come ogni altro proprietario; nè lice a chicchesia disturbarlo dal pacifico possesso della proprietà, la quale abbenchè in realtà non sia sua; pure per tale apparisce, ed onde rimuoverlo da un tal possesso è necessario gli si mostrasse il vero padrone, cui solo compete il dritto di pretendere il suo.

897. Ma tosto che il vero padrone comparisce, il possessore di buona fede è tenuto a restituire la cosa, che non era sua. Imperocchè in tal tempo cessa la buona fede, e sottentra la cattiva fede, la quale, come sarà detto in appresso, non suffraga al possessore della cosa altrui: si apprende manifesta ingiustizia di ritenere quello, che non può spettare per alcun conto: infine si verrebbe ad arricchire col danno altrui. Or chi potrà dire lecite tai cose per non costringere alla restituzione il possessore di buona fede? Il dritto di natura, da qui a poco si dirà, processa altamente e fin dal primo momento il possessore di cattiva fede, il quale è un manifesto usurpatore dell'altrui. Vuole bandita la ingiustizia; perchè vuole garentit' i dritti altrui come i propri senz'ammettere la menoma eccezione (175). Finalmente proscrive la iniqua ricchezza, ch'emerge da un danno patito dal proprio simile (790); giacchè impone la legge di amore inverso tutti coloro, che portano la stessa nostra immagine (482). Se dunque il possessore di buona fede non vuole con manifesta ingiustizia farsi più ricco a spese degli altri, non può ritenere la cosa altrui presso di sè tostochè viene in cognizione del vero e legittimo padrone della cosa.

898. Epperò la cosa potrà essere fruttifera di maniera che, il possessore di buona fede ne avrà potuto percepire i frutti

nel tempo che ignorante ei viveu del vero padrone. Di tali frutti che debba fare coscienziosamente quando viene in cognizione del padrone ? Si chiama frutto della cosa tutto ciò, che previene dalla stessa; così il latte, il feto, la lana, provvenienti dalla pecora, sono frutti della pecora medesima; perchè ove questa non fosse esistita, quelle tutte cose non si potevano ottenere. Ed i frutti possono essere naturali, misti, civili. Sono frutti naturali della cosa quelli; che provvengono dalla natura senz'alcuna, o piccolissima industria dell'uomo; così il feto della pecora. Son frutti industriali quelli, che provvengono dalla industria dell'uomo; come lo scrivere, il dipingere, ed altro. Son frutti misti quelli che provvengono dalla natura insieme e dalla industria dell'uomo; come il frutto dell'albore, a produrre il quale vi bisogna la terra, e la industria del colono che lavora la terra medesima. Finalmente son frutti civili quelli che provvengono per occasione di una qualche cosa riconosciuta dalla legge; come la pigione di una casa, una pensione, e così via discorrete. Ora i frutti della cosa di qualunque specie si fossero possono essere esistenti, se si trovano in essere, e non ancora sono consumati: pendenti che equivalgono agli esistenti, se pendono dalla cosa; come il frutto dall'albore, la pigione non ancora sborsata, ed altro: consumati se più non esistono; come il frutto dell'albore mangiato, il grano venduto, e tutt'altro.

899. Tai cose premesse, volendo satisfare al proposto quesito (898) il possessore di buona fede non è tenuto a restituire i frutti consumati, i quali sono stati effetti della sua fatiga e della sua industria. La ragione è pur troppo chiara; giacchè a niuno è lecito farsi ricco col danno altrui: or tanto avverrebbe se il possessore di buona fede fosse obbligato alla restituzione in parola. In allora il vero padrone verrebbe a raccogliere dove non seminò, e con franca mano piglierebbe l'altrui, e non il suo: ciocchè sente della più manifesta ingiustizia. Oltreacchè i frutti provvenienti dalla sola industria del possessore di buona fede a buon dritto possonsi riguardare come una specie di accessione naturale (702); e giacchè al-

l'altrui egli aggiunse la sua industria, ch' anzi l' aggiunse in
quel momento di possesso che credea realmente la cosa esser sua. Or le cose di accessione naturale, nella ragione di
dominio, debbono cedere a colui, che il primo vi fa ad occuparle (704). Dunque i mentovati frutti, specialmente igno-
randosi il vero padrone, per dritto di natura debbono cedere
al possessore di buona fede, il quale avendoli consumati a
niuna restituzione è tenuto qualunque sia la sorte, che sigli
avvenuta nel consumo degli stessi; cioè o che abbia vantaggiato, oppur no, nella sua condizione dal detto consumo. Perlocchè comportava tutta la naturale equità il dritto Giustinia-
neo, quando diceva: « *Esser piaciuto per ragione naturale accordare al possessore di buona fede i frutti da lui percepiti,
in ricompensa della coltura, e della cura adoperatavi* [1] »:
intendendosi però sempre il cennato dritto per que' frutti che
sono opera della industria, come da noi s'è dimostrato.

900. E pe' frutti civili (898) consumati dall'istesso possessore
di buona fede che debba dirsi per legge di natura? Il nostro ch.
Einnecçio (Nota al § CCCXII.) vorrebbe considerarli all'istesso
modo, che consideransi i frutti industriali consumati (899); e
quindi non vorrebbe obbligare il possessore di buona fede alla
restituzione; perchè, seguendo le orme del dritto Romano [2], li
considera com' effetti della industria sua; imperciò debbonsi
rilasciare allo stesso come premio della fatiga, e della industria. Ma ciò sarebbe vero in generale parlando nella sola ipotesi, che il possessore di buona fede non si fosse avvantaggiato col consumo di tali frutti, non per la esposta ragione;
sibbene per l'altra che niuno può soggiacere ad una pena
senza propria colpa: e la restituzione senza dubbio è una
pena pel restituente, il quale deve rifare i danni. Perlocchè
questa pena debba supporre un fatto proprio colposo, qual' è
appunto l' azione rea tendente a distruggere il dritto di un

---

1 *Naturali ratione placuisse, fructus, quos percipit, bonae fidei pos-
sessoris esse pro cultura et cura.* § 35. Inst. de rer. divis.
2 L. 4. § 2. D. fin. regund. L. 48. pr. D. de adq. rerum dom.

altro; Or questa nea azione come manca nel possessore di buona fede; così manca in lui il fondamento che sorregge la ren-
stituzione in parola. Ma nella ipotesi che il possessore di buona fede si fosse avvantaggiato col consumare i frutti civili
provvenienti dalla cosa altrui , come reggerebbe la naturale
equità senza obbligarlo alla restituzione ? Conosciamo benissimo, che l'istesso ch. Einaccio da qui a poco , e propriamente al § CCCXIV, con tutta la possibile sedezza sviluppa
in tal fatto la forza della legge naturale ; ma questo ci à recato sempre meraviglia non ci sapendo noi stessi, conciliare
questa discrepanza di dire. Epperò rimettendoci all'istesso
luogo del ch. Einaccio di parlare de' frutti civili , non abbiamo voluto passare sotto silenzio la discrepanza che qui osservasi pel solo motivo , che sempre avremo presente ; cioè
di esporre la legge di natura nella piena sua veracità, e fuori
ogni inganno , ogni sofisma , ogni tergiversazione.

901. Il possessore intanto di buona fede allorquando comparisce il padrone vero della cosa è tenuto restituire allo
stesso non solo la cosa (§ CCCXIII.); ma ancora tutte le accessioni fatte alla medesima una co' frutti esistenti , non che
pendenti. Ed infatti che un tal possessore debba restituire la
cosa al vero padrone appare da che a niuno è lecito farsi
ricco col danno altrui ; e s'egli non fosse tenuto a restituire la cosa altrui , senza dubbio possederebbe più di
quello la giustizia gli concede. Più, il vero padrone à con
sè il dritto di rivendicare quello ch'è suo, (892) ; e gli altrui dritti debbonsi rispettare come i propri (173); perciocchè il vero padrone à sempre ed in ogni tempo il dritto di
ripetere dalle mani di lui la cosa , che per tutt' i lati è sua.
Che poi una tal cosa il possessore di buona fede debba restituirla al vero padrone unitamente alle accessioni fatte alla
stessa , apparisce da che l'accessorio debba seguire il suo principale (722); conseguentemente a chi spetterà la cosa, spetterà
pure l'accessione fatt' alla stessa. Oltreacchè le aggiunzioni
fatte in tal caso alla cosa altrui sono tali che giammai avrebbero
avuto luogo , ove l' altrui non fosse esistito, a talchè il vero

padrone non avendo giammai abbandonato il pensiere di ritenere quello ch'era suo ; à inteso sempre di ripigliare il
suo in quello stato che trovasi, ove gli fosse venuto il destro di ripigliarlo. Or chi per altri acquista , per sè stesso acquista. Dovrà quindi il possessore di buona fede consegnare al vero padrone la cosa insieme con le accessioni. E
poichè tra le accessioni vanno numerat' i frutti tanto esistenti , quanto pendenti (898) , l'istesso possessore in parola è
tenuto consegnarli al vero padrone.

902. Il Grozio 1 conviene con noi per quello riguarda soltanto i frutti naturali , di maniera che gl' industriali, misti,
o civili, vorrebbeli di proprietà del possessore di buona fede.
Ma egli urta nella naturale equità ; giacchè tali frutti ripe-
tono la loro origine dalla esistenza della cosa altrui di maniera che , se l' altrui non fosse esistito, il possessore in parola non avrebbe potuto esercitare la sua industria, e la sua
fatiga. Quindi non v' à dubbio che ritenendoli presso di sè
verrebbe a farsi più ricco di quello non poteva essere, se
l' altrui non gli avesse somministrato mezzo , e questo potentissimo a diventarlo. Dall' altra parte il vero padrone per
dare sfogo alla industria altrui, anche contra sua veglia, à
dovuto cedere a'suoi propri interessi; cessione che fuori dubbio ancora gli produce de'danni senza sua colpa. Or qual
giustizia è mai quella, che permetterà vantaggiare sè stesso
col discapito degli altri ? Ammessa quindi la opinione del
Grezio, infelice pur troppo sarebbe la condizione de'proprietari contro le mire della natura ; e quella de' possessori di
buona fede pur troppo propizia di maniera che, la farebbe
ad ognuno desiderare. A tal modo chi più prenderebbe in considerazione l' altrui torto, se a tal vile mercato venderebbesi
la naturale equità ?

903. Quantunque però a tal modo vada la faccenda pel possessore di buona fede (901); pure il padrone della cosa è
obbligato pagargli le spese erogate per la conservazione, ma-

1 De jure belli et pacis 2. 8. 23. et , 2. 10. 4.

notenzione, e fruttificazione della cosa. Imperocchè (
ne a vantaggiare a spese del possessore di buona fed(
tre viene a percepire que' frutti, che per niente si :
per avere. Or più volte l'abbiamo ripetuto, che niu(
farsi ricco a danno dell'altro suo simile. Come du(
legge di natura potrà disobbligare il padrone del(
da questo strettissimo dovere? In contrario a tutta
ne potrebbesi a lui applicare quel proverbio del R(
re [1], con cui vien detto duro ed austero quell'uomo, i
pretenda mietere dove non seminò, e raccorre dove n(
se, I sudori, gli stenti, le pene, in somma i dan(
sofferti dal possessore di buona fede è dicevole, che
drone della cosa cel compensasse; e l'istesso posses(
parola può senz'alcuna difficoltà ritenerselo, dalla co
momento stesso, che la cosa consegna al padrone ne
indicato (901). Dappoichè niun torto si fa al simile
si pretende il suo proprio; e nella ipotesi il posses(
buona fede non fa altro che redimere il suo a quel
medesimo, che il padrone redime la cosa propria.

904. Venendo ora in ultimo luogo a' frutti civili (
siamo nel caso di soddisfare al proposto quesito (9(
guardando le regole della naturale equità (§ CCCXI\
vero dire tali frutti possono essere esistenti, o con(
Nel primo caso va ben detto, di questi quello che in
rale poc'anzi dicevasi de'frutti esistenti e pendenti (90(
secondo caso poi il possessore di buona fede fa suoi
frutti, come per esempio la pigione di casa, di ter
altro; se mai con tali frutti non siasi arricchito; per(
lora avrebbe avvantaggiato col danno altrui. E nel
della restituzione tanto é obbligato al padrone della
per quanto s'è fatto più ricco. Imperocchè la resti(
debbe seguire la natura del danno provveniente o (
zione colposa, che manca nel possessore di buon(
(900); oppure dal vantaggio che ritraesi a spese al(
in questo secondo caso, che può benissimo stare ue

1 Matth. 25. 24. Luc. 19. 21.

sessore di buona fede per quanto vantaggio s' è ritratto dalla cosa altrui , per tanto debba lanciarsi l'obbligo della restituzione; giacchè allora uno trovasi possedere quel tanto, che certamente non possederebbe se non avesse avuto per puntello la cosa altrui. Così al certo il possessore di buona fede dell' altrui giumento , che lo pone in fitto, non potrebbe percepire le continue prestazioni del fitto se non nel possedesse. Per la qual cosa elasso un certo tempo nella sua borsa trova de' quattrini di supero a' suoi bisogni, che non li avrebbe se avesse dovuto spendere del suo danaro ; e però trovasi essere più ricco nella sua condizione. Ma in quello è divenuto più ricco , quello appunto dovrà consegnare al padrone della cosa. Si sarà, a mò di esempio, arricchito di cento ; certo e non più dovrà restituire al padrone della cosa, e di tutto il resto consumato se ne terrà quel conto; come se giammai fosse esistito.

905. 1 Giureconsulti Romani nella inchiesta della eredità t seguivano la proposta naturale equità (904); ma deviavano poi dalla stessa allorquando trattavasi di vindicare la cosa dalle mani di un terzo; giacchè in tal caso volevano spettare al possessore di buona fede tutt' i frutti percepiti della cosa altrui ; nè punto s' incaricavano se mai da una tal percezione il possessore di buona fede siasi fatto più ricco, oppur no 2. Epperò una tal distinzione la naturale equità di necessità la richiede ; appare dal dimostrato (904); e ciò debb' aver luogo tanto nella richiesta della eredità, quanto nella rivindica della cosa. Imperciocchè nell' uno , e nell' altro caso abbiamo sempre un danno patito dall'innocente; ed un vantaggio percepito dal danno dell' istesso innocente. Or qual giustizia comporta mai che l'altrui si distrugga per serbare il proprio? La buona fede giova soltanto in questo, che non rende il possessore responsabile in faccia al Legislatore della natura ; ma non può giammai coprire le utilità prese col danno del nostro prossimo. In tal maniera si potrebbe francamente soltanto se le

1 L. 25. § 11. et 15. L. 36. § 4. L. 40. § 1. D. de haer. petit.
2 L. 4. § 2. D. fin. regud. L. 48. pr. D. de adq. rer. dom.

ruine altrui, ed il percepimento del gaudio a traverso
male del simile non più riuscirebbe una iniquità mala
dalla legge di natura; sibbene una virtù protetta dalla
legge. Dove più allora la santità di una tal legge? do
rispettato il dritto altrui? dove più infine le proprietà
gibili? Se a queste cose avessero riflettuto i sapientissimi
reconsulti Romani, certamente avrebbero calcolata la c
distinzione.

906. Confessiamo che trattandosi dell'altrui la legge
tura non fa distinzione se mai sia per ragion di eredità
pure per ragione propria, di maniera che la petizione e
dità, e la rivindica della cosa è una distinzione tutta p
del dritto civile originate da' Romani. Imperocchè nell
zione della eredità come con giudizio universale dicesi
prezzo succeda in luogo della cosa; e perciò il possess
buona fede è tenuto a restituire quello, in cui è addi
più ricco. Ma, ne' giudizi particolari, come nella rivindic
cosa, non si pone l'obbligo di una tale restituzione pe
dell'istesso possessore; perchè non si dice che il prez
ceda in luogo della cosa. Verissimo tutto questo in rag
foro civile; non già del foro di natura, in cui l' una
gione facendo uso della sua rettitudine, tutta altramen
dica la cosa (905). Perlocchè essendo troppo giusto il ri
di ragione, apparisce manifesto lo sbaglio de'Romani,
inavvedutamente li menava ad un' aperta ingiustizia. I
o che il prezzo succedasi in luogo della cosa, oppur n
biamo sempre nel caso che uno soffre danno, e l'altr
taggia sul danno altrui. Quindi è, come ci assicura S
che il foro civile eggiziano avendo conosciuta la irrag
lezza del dettato Romano, si attiene perfettamente all
rale equità, seguendo il processo da noi sopra espo
ragione de' dritti civili (904).

907. Infine insistendo sempre sul principio tante volt
ripetuto, che niuno debba farsi più ricco col danno
ci abbiamo che ripigliando il suo il padrone della cos

1 Us. mod. Digest. 6. 1. 12.

mani del possessore di buona fede , egli è tenuto a pagare
allo stesso le spese tutte non solo necessarie , ed utili , ma
ancora voluttuose, quante volte queste ultime arrecassergli qualche vantaggio, ed il possessore in parola non possa ripigliar-
sele. Per spesa intanto s'intende tutto ciò che si consuma inverso la cosa , onde si conservasse , fruttificasse , o si abbellisse. Quindi sorge spontanea la distinzione in spese necessarie , utili , e voluttuose. Si dicono spese necessarie quelle ,
che si adoperano, onde la cosa restasse nella sua esistenza:
come per fortificare un muro , riparare le ruine imminenti di
un fondo , mettere la porta all'abitazione , e così via discorrete. Si dicono spese utili quelle che si adoperano , onde la
cosa rendesse maggior frutto: come accrescere la piantagione
di un fondo , rinnovare una casa , ed altro di simil fatta. Finalmente si dicono spese voluttuose quelle, che si adoperano,
onde la cosa si abbellisse: come far delle pitture a fresco in
una villa , indorare le volte di un'abitazione , ed altro dello
stesso genere. Or le prime e le seconde porgono un vantaggio al padrone della cosa , per cui deve sborsarle; perchè chi
à il commodo deve sentire l'incommodo : le terze poi non
sempre apportono un simile vantaggio , per cui non sempre
il padrone della cosa è tenuto a sborsarle.

908. Riepilogando ora il fin quì detto in ordine al possessore di buona fede , è cosa dicevole , che siccome a niuno è
lecito di farsi ricco col danno altrui : così un tal possessore è
obbligato a restituire la cosa al vero padrone, con tutte le accessioni, frutti pendenti ed esistenti, e pel consumato deve restituire quel tanto , in cui s'è fatto più ricco percependo i
frutti della cosa altrui. Il padrone della cosa al contrario è tenuto pagare al possessore di buona fede tutte le spese necessarie ed utili, ed anche voluttuose, nel caso l'avessero vantaggiato. L'è questa la naturale equità, la quale alterata reclama inappellabilmente al sacro tribunale della natura ; nelle
cui bilance l'altrui usurpazione grida vendetta a danno dell'u-
surpatore.

LEZIONE LXXVI.

§ 909. *Intorno al possessore di buona fede, problema primo e sua soluzione — problema secondo e sua soluzione — chi è possessore di cattiva fede, e che v'è di giusto intorno a lui — deve restituire la cosa al padrone con tutte le accessioni, e frutti — nel caso che i frutti fossero consumati — e se la cosa è perita chi sente il caso — quali spese gli son dovute — in quanti modi si possono restringere gli effetti del dominio, e si dice del primo modo — continua — si dice del secondo, e terzo modo — ogni nuovo possessore è tenuto eseguirli — tanti sono i doveri emergenti dal dominio quant' i dritti: si espone il primo — ch'è l' ingiuria — è materiale, o formale — ch'è 'l danno — al padrone non deve recarsi nè ingiuria, nè danno.*

909. Le teorie proposte (Lez. 75) in ordine al possessore di buona fede, poggiate sul gran principio di naturale equità, che a niuno è lecito farsi ricco col danno altrui (720), ci menano insensibilmente alla soluzione di due gran problemi facili ad occorrere, epperò necessari a sapersi, e che qui brevemente esponiamo. Infatti (§ CCCXV.)

PROBLEMA I.

Se la cosa per ventura perisse presso il possessore di buona fede, a danno di chi perisce, del padrone della cosa; oppure del cennato possessore?

R. Perisce a danno del padrone della cosa. Imperciocchè la cosa essendo sottoposta ad un danno involontario per parte di chi attualmente la possedeva, egualmente avrebbe sofferto

l' istesso danno , e quindi sarebbe perita presso di chiunque
si fosse rattrovata. È la natura che in tal circostanza agisce,
non già l'azione del possessore; e la natura non è risponsabile
in faccia a chicchessia uomo. Un fulmine, a mò di esempio,
uccide un cavallo , che rattrovavasi presso il possessore di
buona fede , qual'è la colpa di cotestui, per cui possa dirsi,
che la sua azione è stata causa produttiva della morte del
cavallo ? S' egli si fosse rattrovato presso il vero padrone,
colpito dal fulmine anche sarebbe morto. Per la qual cosa il
possessore di buona fede comparendo il vero padrone per niente è obbligato a pagargli il prezzo della cosa perita ; nè il
padrone à dritto alcuno di pretendere da lui un tal prezzo.
Ond' è, che sia nata quella conosciutissima regola adatta allo
scioglimento del presente problema ; cioè: « *Il padrone sente
il caso* 1 ». Ma veniamo al secondo

PROBLEMA II.

910. Se il possessore di buona fede à comprato la cosa a
mercato prezzo , e poi vendendola molto à lucrato, a chi
debba spettare un tal lucro?

R. In tal circostanza possono avvenire due cose ; la prima
che a tempo del lucro in parola il padrone della cosa non per
anco sia stato rivaluto del prezzo corrispondente alla cosa sua:
la seconda che a tempo del cennato lucro il padrone già abbia ricevuto la stima della stessa sua cosa. Or se l' enunciato
problema si riferisce al primo caso , la soluzione sarà , che
il lucro tutto per intero spetterà al padrone della cosa. Imperocchè a non divenire ricco col danno del padrone il possessore è tenuto a restituire la cosa con tutt' i frutti , che
dalla cosa provvengono : ora il carpire dalla cosa un prezzo maggiore di quello , che s' è pagato per la stessa , è
provveniente dalla cosa medesima come suo frutto. È tenuto
adunque il possessore di buona fede a restituire tutto quello,
che lo costituisce più ricco ; cioè il lucro maggiore percepito

1 *Casum sentit dominus.*

dalla cosa. Che se poi l'istesso problema riguardasi in ordine al secondo caso, la soluzione sarà, che il possessore di buona fede non è tenuto alla restituzione del maggior lucro percepito. I motivi sono naturalissimi, che inducono a così decidere. E dapprima il padrone della cosa col ricevere il giusto prezzo della sua cosa, cessa di vantar dominio su la stessa, e quindi più non è padrone. Ricevendo poi il maggior lucro percepito dal possessore in parola, lo verrebbe a ricevere senz'alcun titolo; e quindi verrebbe a vantaggiare dove gli altri discapitano. Ma questo è proibito dalla legge di natura (720). Oltreacchè il padrone della cosa nel ricercare il suo deve aver di mira di sfuggire ogni suo danno, non già di guadagnare. Or se gli spettasse il mentovato lucro, verrebbe senza dubbio a guadagnare, mentre coll'aver ricevuto la stima della sua cosa, già s'è posto al coverto di ogni suo danno. E non direte ingiusto quel guadagno che si fonda senza propria pena su gli altrui averi? Sarebbe in tal caso un bel giuocare, quello di guadagnare senz'arrischiare: ma risulta un furto manifesto percepire dall'altrui mancando ogni ragione di percezione. Tutto ciò riguardava il possessore di buona fede. Ma troppo dilungateci su lui, è mestieri rivolgerci alquanto al possessore di cattiva fede, ed ascoltare ciò, che la naturale equità sa dettarci per rapporto allo stesso.

911. Possessore infatti di cattiva fede dicesi quegli soltanto, che senza lealtà di coscienza si ritiene l'altrui; cioè sel possiede mentre sa non esser suo. Or in riguardo ad un tal possessore (§ CCCXVI.) ci abbiamo tutto il contrario di quello avverasi nel possessore di buona fede; dappoichè egli in niun modo addiviene padrone della cosa, nè può stare in luogo del vero padrone. Così mi compro le cose rubate di mano del ladro che ben conosco; poichè sono allora un possessore di cattiva fede, non posso addivenire padrone del rubato; perchè conosco che quegli il quale mi vende la cosa non era il vero padrone della stessa, e quindi non poteva trasferirmi il dominio di essa: nè posso stare in luogo del vero padrone; perchè comprare il rubato non era giusto titolo a farmi acquistare il dominio della cosa. Se dunque il possessore di

cattiva fede non può addivenire padrone della cosa ; nè può
stare in luogo del vero padrone ; sarà abbastanza chiaro ,
ch'egli non potrà godere per dritto di natura quelle guarentigie tutte , che di buon volere , ed a ragione concedansi al
possessore di buona fede : altrimenti il dritto di natura darebbe un' ansa a tutt' i malevoli di usurparsi impunemente
l' altrui ; specialmente oggigiorno si avrebbero i Comunisti
una egida a favore del torrente de' loro capricci , come sarà
sviluppato a suo tempo. Intanto è giuocoforza recitare minutamente tutto quello , che si disdice al possessore di cattiva fede.

912. Poichè egli in niun modo può essere padrone della
cosa ; nè può stare in luogo del vero padrone (911); dapprima è tenuto in ogni conto a restituire per intiero la cosa al
legittimo padrone ; una con le accessioni , e frutti di ogni
sorta provvenienti dalla cosa medesima salv' i frutti industriali (898). Imperocchè qui non trattasi di evitar lo scanso di
addivenir ricco col danno altrui , ma di voler nuocere gli altri ; nel che fare si cerca di avvantaggiare i propri ingiusti
interessi. Or chiunque è fior di senno tosto scorge la mal-
vessazione nella volontà , e nelle opere del possessore di cattiva fede, di maniera che non potrà non chiamarlo un' uomo
iniquo , del suo simile inimico , niente amante della umanità. Ella è la legge di natura , che vuole rispettat' i dritti
altrui come i propri (484 , e segg.) ; quindi proibisce altamente di recar danno al proprio simile , di non lederlo , di
non arricchire a spese di lui. Questo tutto calpesta il possessore di buona fede: ebbene , non volete che senta il peso della sua iniquità? Le altrui lagrime debbono asciugarsi col sacrificio della sua resipiscenza.

913. Se non che i frutti percepiti dalla cosa potranno essere consumati, oppure alienati da un tal possessore ; ed
allora è mestieri , ch' egli pagasse l' altrettanto nella loro
giusta stima. Imperocchè egli à consumato , oppure alienato
quello , che conosceva non esser suo : nè importa vedere se
con tali azioni sia addivenuto più ricco , oppur no ; poichè
nel principio non aveva alcun dritto di portare tali svantaggi

al legittimo padrone, della cosa. Se avesse avuto coscienza, giammai si sarebbe ingerito nelle possessioni altrui. L'à voluto, l'à operato; e la pena deve andar dappresso al suo autore. Pagherà dunque il valore sì del consumato, che dell'alienato. Anzi è tenuto a pagare tutti quei frutti, che non à percepito dalla cosa, ma che il padrone della stessa lecitamente avrebbe percepito se tal cosa fosse stata presso di lui. Conciosiachè la sua cattiva fede è stata la sola causa effettiva, per cui il vero padrone non li abbia potuto percepire. S'egli non avesse usurpata la cosa, ma lasciatala nella sua natia libertà di possesso, senza dubbio avrebbe fruttato quel tanto, che non à fruttato per la sua usurpazione.

914. Ma sarà perita la cosa presso di lui, chi dovrà sentire il caso? Senza dubbio egli stesso il possessore di cattiva fede. Imperciocchè quantunque sia una regola certa di dritto di natura, giusta il detto (291), che il caso non debbesi imputare ad alcuno; pure è certo ancora, che non à luogo una tal regola quando l'agente sia stato quegli, che l'à procurato. Or tal'è il caso nello stato del possessore di cattiva fede; poichè egli era tenuto a restituire la cosa al vero padrone, e non l'à fatto.: la cosa è perita, dunque è stato per lui che la cosa non fosse perita presso il padrone di essa. Qual dritto aveva egli di ritenérsi l'altrui, ed attendere anche involontariamente il deperimento della stessa? Niuno. La riteneva appunto per privarne il vero padrone, e ne lo avrebbe privato anche la cosa per ventura non fosse perita. Or se in tal caso non fosse assoggettato alla pena di restituzione, qual peso sentirebbe la sua iniquità? La legge di natura verrebbe a proteggerlo nel tempo stesso, che lo perseguita, e questo sarebbe una mostruosità indegna di una tal giustissima legge. Laonde con troppa rettitudine i Giureconsulti Romani, seguendo da vicino l'ordine della natura, condannavano sempre il predone ed il ladro a sentire il caso in loro stessi, e la ragione, da cui facevansi assistere, era per lo appunto, « *Perchè sono sempre in mora (a restituire il furto)* 1. Il solo indugio adunque a non restituire l'altrui

1 *Quia semper in mora sint.* L. 8. § 1. D. de condict. furt.

nel possessore di cattiva fede è bastevole per condannarlo alla integrità della cosa.

915., Da ultimo per quello riguarda le spese erogate dal possessore di cattiva fede, il padrone della cosa allorquando riceve il suo, è tenuto pagargli le spese tanto necessarie, che utili. E per rapporto alle prime l'istesso padrone avrebbe dovuto farle se la cosa fosse stata presso di lui: per rapporto poi alle seconde egli riceve un commodo dall'altrui, ed in conseguenza è mestieri che sentisse dalla parte sua un'incommodo. Nell'uno e nell'altro caso è certo, che il padrone della cosa viene a vantaggiare i suoi propri interessi; e laddove non erogasse tali spese al possessore di cattiva fede, verrebbesi a far più ricco col danno altrui. Or questo è altamente proibito dalla legge di natura, la quale vuole l'equilibrio negl'interessi de'privati, ed a vicenda vuol garentite le proprietà con la stessa giustizia, su cui fondasi. Per rapporto alle spese voluttuose la naturale equità porta con sè, che la cosa si rimettesse al giudizio degli uomini prudenti, e da esso rilevare se l'ornamento abbia soggiunto utilità alla cosa; giacchè ove il fosse, ed il padrone della cosa volesse ritenerlo per sè, è mestieri, che anche di queste spese si desse carico, se mai non voglia defraudare gli altrui dritti.

Esaurita a tal modo la teoria riguardante gli effetti del dominio, è dicevole ora passare a riflettere sul modo come similglievoli effetti senza lesione di giustizia possonsi restringere.

916. Per vero dire gli effetti del dominio, che sono appunto i dritti emergenti dal dominio medesimo (882), si possono restringere per due maniere, o per mezzo della legge civile, o per mezzo de'patti, e delle disposizioni degli antecedenti padroni. Or riguardato il primo modo (§ CCCXVII.) la restrizione del dominio in ordine a'suoi effetti si à quante volte ciò richiedesse la salute pubblica della società ch'è bene comune, la quale forma una legge superiore, giusta il bel sentimento de'Romani : « *Il benessere della repubblica è legge suprema* 1 ». Trattasi qui di legge permissiva di natura; per-

---

1 *Salus reipublicae suprema lex esto.*

chè son cose indifferenti, le quali possono disimpegnarsi, ed
in pari tempo tralasciarsi da' rispettivi padroni a loro bell' a-
gio, non essendovi nè un comando, nè una proibizione a sperimentare, oppur no, i loro dritti, per quelli che nomansi padroni:
Quindi importando ad uno stato, che niuno facesse cattivo u-
so della cosa sua 1, il sommo imperante mercè sue leggi può
venire a modificare, ed anche togliere a' proprietarî i loro dritti per rispetto agli effetti del dominio, sempre che occorrerà
loro di così operare. Per la qual cosa la legge civile può assegnare più stretti limiti, e concedere con molta parsimonia
simiglianti effetti ; non che può togliere del tutto a' proprietarî la libera disposizione, il possesso, od il dritto di vindicare la cosa propria. Epperò come tali restrizioni, od annullamenti si possono avere in forza della legge civile; così quei
soli possono emetterli, che ànno il potere di far la legge. Or
in appresso si dirà, che quei soli ànno il potere legislativo,
che sono posti al governo de' popoli: conseguentemente le restrizioni, o gli annullamenti in parola possono farsi da coloro
soltanto, i quali governano le città, o le repubbliche ; dappoichè essi soli ànno il dovere di attendere alla salute pubblica
delle nazioni.

917. E per addurre qualche esempio di quanto abbiamo cennato (916), giova riflettere dapprima; che le leggi civili tolgono la libera disposizione delle loro cose a' pupilli, a' furiosi ;
ai prodigi, a' minori: Dippiù tolgono il dritto di possesso al
legatario, abbenchè padrone, di maniera che se di bel genio
piglia possesso, all' erede concedono l'interdetto 2. Finalmente
tolgono il dritto di rivindica le leggi delle dodeci Tavole 3
a colui, di cui i travi sono stati immessi nell'altrui edificio,
abbenchè non perdesse il dominio della materia, ch'è sempre
sua. A tal modo si vede chiaro, che gli effetti del dominio
sono sottoposti alla legge civile, la quale osservando il miglior
essere de'suoi amministrati, attese le circostanze li viene a moderare. Or tanto non potrebbe fare s' essi appartenessero alla,

1 § 2. Inst. de his qui sui, vel alieni jur. sunt.
2 Quod Legatorum, tot. tit. D. quod. legat.
3 § 29. Inst. de rer. divis. L. 7. D. de adq. rer. dom;

legge di natura precettiva, o proibitiva; giacchè non è dato all'uomo per mano nei comandi del Legislatore della natura. Poichè dunque si appartengono al dritto permissivo di natura (916) può regolarli la legge civile, come infatti li regola, giusta l'osservato poc'anzi. E con tutto fondamento una tal legge procede in questo fatto; giacchè come al dritto permissivo di natura ognuno spontaneamente può rinunciarvi (40); così vi può anche rinunciare un' intiero popolo. Questi considerato nella moltitudine forma una città, come sarà osservato in appresso; dove pure si osserverà ch' elegendosi un capo a governare, spontaneamente volle asseggettare sè stesso alle leggi di lui sempre che il loro bene comune il richiedesse. Una città quindi può rinunciare al dritto permissivo di natura; ma le sue rinuncie vengono espressate per mezzo del sommo imperante, di cui nelle mani raccolsero i loro voleri nell' eleggerselo a capo. Ecco dunque come la legge civile entra a restringere gli effetti del dominio. Ma passiamo a' patti:

918. Per dritto di natura gli effetti del dominio possono anche restringersi per via di patto (916), e di disposizione degli antecedenti padroni (§ CCCXVIII.). Imperocchè colui che aliena, essendo padrone della cosa, può alienare o pel tempo presente, o pel tempo futuro (758): ed a tali alienazioni può aggiungere tutti que' patti, che più gli tornano a sangue (752), restringendo in tal maniera gli effetti del dominio. Così può concedere al terzo il solo dritto di percepire l'usufrutto della cosa; vi può mettere quelle servitù che gli piacciono; vi può costituire il dritto di anticresi; ed in questi modi circoscrive il dritto di percezione relativamente alla cosa propria di maniera che, quegli cui la cosa perviene, non viene a trarre da essa tutto quel vantaggio, che potrebbe carpirne. Similmente può il padrone della cosa distribuire il dominio della stessa in utile e diretto, e concedere al terzo il solo utile per modo, che ristringe la libertà di disporne, distruggere, alienare. Or queste ed altre simili maniere di trasferire in altri il dominio della cosa portano con sè un ristringimento degli effetti del

dominio. Imperocchè l'usufruttuario possiede l' uso del
ma non la sostanza della stessa , donde il dritto di p[
rimane ristretto ad un solo oggetto. Il padrone util[
che il padrone diretto non può nè possedere , nè vind[
cosa , donde tali dritti vengono ristretti · per · rapport[
drone diretto. Ed intanto sì fatte ristrizioni son causate d[
e disposizioni di colui , che vantava pieno dominio del[
ciocchè non potrebbe sussistere · ove · non · avesse il prim[
drone ampia facoltà di disporre talmente del suo. Ma[
drone della cosa possiede una · tal · facoltà , com' è · chiar[
cose antecedentemente dimostrate (752). L' è dunque[
che i patti e le disposizioni degli antecedenti padron[
forza 'per dritto di natura a restringere gli · effetti provv[
dal · dominio. · · · · · · · · · · · · · ·

949. Stante · dunque la efficacia di tali patti (918),
vello possessore è tenuto a puntualmente · eseguirli ; [
sarà in · appresso dimostrato , che i patti per · legge di
debbonsi serbare ove non vogliasi ledere la naturale [
Quindi ristretti spontaneamente gli effetti del dominio ·
dritto vanta su la cosa il possessore , quanto è piaciut[
cedergli al primiero padrone , · ed il dippiù è · usurpazio[
giustizia, mancanza di parola di un' uomo di onore. Il
possessore potrà oltrepassare gli assegnati limiti · solta[
tre casi. Primo quando spontaneamente rinuncia al suc[
quegli , per amor di cui fu fatta la restrizione; dappo[
lora il favorito spogliasi del suo dritto appunto per al[
il dritto dell'altro. · Secondo quando · il favorite sen [
dappoichè allora non à · più luogo la 'segnata restrizion[
cando 'quegli che aveva a goderla. Terzo finalmente [
l' istesso' favorito per giusta causa perde il suo dritto
poichè allora la perdita in uno dice · acquisto nell'altro[
questi tre espressi casi i patti restringenti · gli effetti [
minio sono scrupolosamente da · osservarsi[

920. Siffatte cose fin qui dette riguardavano · i dritti
genti dal dominio (§ CCCXIX.). Or come non si dà dri[
za dovere , essendo dritto e dovere termini correlativi[
così fa mestieri svolgere le nozioni relative à doveri em[

dal dominio. Questi doveri, che ad altri incumbano in forza
della esistenza di un dominio debbono esser tanti, quanti sono
i dritti; dappoichè il dovere è effetto del dritto. E poichè
tre dicemmo (882) essere i dritti emergenti dal dominio;
cioè la libera disposizione della cosa, il possesso, ed il dritto
di rivindica : tre pure saranno i doveri corrispondenti a questi dritti. Facciamoci allo sviluppo di essi.

Primieramente un primo dritto nascente dal dominio in riguardo al padrone era la libera disposizione delle cose sue
per modo ch'egli del suo ne poteva disporre a talento. Or
posto il dritto si pone il dovere negli altri di rispettare un
tal dritto; perciò è chiaro, che gli altri non debbono impedire al padrone l'uso di liberamente disporre del suo. Ma
un tal uso si può impedire e con la ingiuria, e col danno :
non devesi dunque al padrone della cosa recare nè ingiuria, nè
danno. Ecco un primo dovere, che immediatamente nasce dal
dominio; dovere, che come abbraccia le nozioni d'ingiuria e
di danno, a ben intendersi, vuole la conoscenza delle cennate
nozioni.

921. Infatti per ingiuria s'intende ogni lesione del dritto
altrui, o che una tal lesione si faccia con le parole, o co'pensieri, o co' fatti. Qui propriamente si vuol intendere quella lesione, che provviene dalle parole, o da' fatti di maniera che,
mercè di essi si venga ad impedire al padrone della cosa o di
disporre del suo; oppure di percepire i frutti della cosa sua.
Per la qual cosa i Giureconsulti Romani per ingiuria intendevano non solo la contumelia, che ad altri si recava con parole o con fatti; ma ancora intendevano quel fatto, con cui uno
proibiva all'altro di far uso o della cosa pubblica, oppure
della cosa sua; o si arrogava una certa libera disposizione sulla cosa altrui. Tutto ciò facilmente scorgesi dalla legge Cornelia, la quale voleva accagionato d'ingiuria colui, che per forza entrava nella casa altrui 1, colui che proibiva un'altro di
pescare nel mare, o tirare la rete, o di lavare nel pubblico,
o di sedere in pubblico teatro, oppure di agire, sedere, con-

1 L. 5. pr. D. de injur.

versare in pubblico luogo, od infine di usare della c
pria 1. In somma l'ingiuria si à sempre, chè si viola
to altrui ; violazione che può avvenire impedendo l' ε
dell'altrui dritto , od usurpandó tutto , od in parte
dritto medesimo. Così chi è padrone può disporre del
quindi il proprietario a man franca può cogliere i fr
suo orto sempre che gli piace; nè io qui posso produ
pedimento alla sua libera azione. Fingete che in un' al
sca il mal talento per guisa, che non vuole un tal pr
rio cogliesse i cennati frutti ; userà costui una ingiu
violenza inverso lui, e questa violenza per l' appunto
che costituisce una ingiuria.

922. L' è poi l' ingiuria materiale, e formale. Dice
riale, quando quegli che la produce al proprietario no
violare il dritto di lui; come avviene nel possessore d
fede, di cui a lungo discorremmo (896, e segg.). Im
egli nel fatto produce una ingiuria al proprietario ; pe
proibisce la libera disposizione della cosa sua; ma la sua
come non colposa è soltanto materiale, come apparisce
poi formale, quando quegli, che la produce al proprie
mala volontà ce la produce, cioè scientemente; come
nel possessore di cattiva fede (911). Egl' infatti cono
quello si possiede non è suo, e che volontariamente
vero padrone della cosa del suo legittimo dritto: in co
za lo ingiuria perchè vuole ingiuriarlo. Qui non inte
prima, sibbene la seconda ingiuria, come quella che
oppone alla legge di natura. Imperocchè ogni violazion
ge per essere imputata fa mestieri sia volontaria (64)
tamente l' ingiuria materiale non parte da malizia di
che sola forma il delitto, e quindi l' ingiuria opposta
ge di natura.

923. Al contrario il Danno è la violazione della cos
guardata nella sua sostanza, sia nè suoi prodotti, sia
accessioni. Quindi la differenza tra l' ingiuria ed il da
priamente si ripone nella differenza della persona e d

---

1 L. 13 §. 7. D. de injur.

giacchè l'ingiuria propriamente riguarda la persòna (921), ed il danno riguarda la cosa. Laonde producono danno tutti quelli, che inducono corruzione nella cosa, o ne' frutti della cosa medesima. Così se nel vino altrui v'infondo l'acqua, certamente con questa mia azione vengo ad alterare, e quindi a corrompere l'altrui cosa; ed ecco un danno che produco al padrone della cosa. Imperocchè coll'adacquare il vino altrui fo, che un tal vino perda la sua natìa robustezza, facilmente può perdersi, incontra più difficoltà a trovare avventori; perlocchè scema di prezzo, ed il padrone ne' suoi interessi si trova mancare quello che non mancherebbe se l'opera mia non fosse itagli direttamente a nuocere.

924. Quali cose sviluppate, siccome ogni padrone pacificamente debbasi godere i suoi dritti su la cosa, che gli appartiene : così essendo un primario suo dritto quello di liberamente disporre del suo, a niuno sarà lecito recargli ingiuria (921, 922); facendolo cioè percepire i frutti della cosa sua : nè recargli danno ; cioè non corrompergli le cose, che a lui si appartengono. Infatti è canone indistruttibile di natura, che a niuno è lecito ledere il proprio simile (484): ora è una lesione sì l'ingiuria (921), che il danno (923). È dunque chiaro, che ad ogni proprietario per legge di natura non può arrecarsi nè ingiuria, nè danno. Ed ove tali cose avvenissero per altrui mala volontà, l'agente è tenuto alla intennizzazione de' danni pel male accagionato ; come ancora alla pena a vista del suo delitto (589). Quali sieno poi gli altri doveri emergenti dal dominio formerà l'oggetto della ventura lezione.

LEZIONE LXXVII.

§ 925. *Si espone il secondo dovere emergente dal dou si toglie il possesso della cosa direttamente; col furti na, e forza manifesta — si definisce il furto — la — la forza manifesta — si toglie il possesso della co rettamente; con la frode la quale si definisce — non ledere l'altrui proprietà nè direttamente, nè indire te. — I defrodatori sono maggiormente tenuti alla res — cenno sul Comunismo — sua ingiustizia — si es terzo dovere emergente dal dominio — prima eccezion conda eccezione — se debba restituirsi, non essendo; le rinvenire il padrone.*

926. La correlazione de'termini di dritto e di dovere che dal dominio tanti doveri emergono, quanti sono ti, i quali essendo tre, i doveri al pari tre risultan locchè favellato del primo, che nasceva dal dritto, che un proprietario di liberamente disporre di tutto ciò suo; fa mestieri ragionare de'rimanenti due nascenti mo dal dritto di possesso, il secondo dal dritto di ri E principiando dal primo (§ CCCXX.) se ogni propr il dritto di godersi, ossia di possedere la cosa sua (8 gli altri incombe il dovere di non disturbarlo nel della cosa sua; come ancora di non togliere allo stes possesso contro sua voglia. Imperocchè ogni lesione fatta le per legge di natura vien proibita (484, e seg.); e dis o togliere il proprio dritto al padrone della cosa rela ta al possesso, è per certo una lesione; perchè si tog tro quello, che gli appartiene. In tal caso il ledente è tenuto alla restituzione della cosa; ma ancora ad xare il padrone di tutt'i danni accagionatigli; polch

azione è stata quella, mercè cui il padrone à dovuto smenovare nei suoi interessi. Infine lo stesso ledente è tenuto a subire la pena per la malvagità delle sue azioni; dappoichè nel tribunale della natura niun delitto può andare impunito; e disturbare, o togliere il possesso della cosa ad un legittimo proprietario è senza dubbio un delitto, che merita pena.

926. Ma riflettasi, che ad altri può togliersi il possesso della cosa, per cui ànno sempre luogo le cennate conseguenze (925), in due modi; direttamente cioè, ed indirettamente. E per quello riguarda il primo modo, si dice che ad altri togliesi il possesso della cosa direttamente per mezzo del furto, o della rapina, o della forza manifesta (§ CCCXXI.). Il Furto si à quando di nascosto si toglie l'altrui cosa: così il ladro che di soppiatto ruba il fazzoletto dalla tasca altrui. La Rapina si à quando apertamente e per forza si toglie ad un'altro la cosa mobile: così il ladro il quale violentemente toglie la valigia al passaggiero, che contro lui si difende. Finalmente la Forza, la Violenza, oppure Usurpazione, si à quando con forza manifesta, ossia con prepotenza, si toglie ad altri una cosa immobile: così colui che con mane armata scaccia il padrone dal proprio fondo, e ne piglia possesso. Or queste tre numerate specie di toglimento dell'altrui possesso come sempre succedono a motivo di accattar lucro, ingiusto a spese altrui, non potranno giammai essere scompagnate dalla lesione certa, che riceve il proprio simile; e siccome molto interessa la loro cognizione nella materia, che ci riguarda; così non crediamo fuori proposito alquanto dilungarci nel loro sviluppo.

927. Ed infatti esordiando dal furto, può esso dalle ricevute nozioni (926) commodamente definirsi: il clandestino toglimento della cosa aliena, a motivo di lucrare, essendo il padrone inscio, ed invito. Perlocchè ad aversi il furto quattro cose sono essenziali: primo che quello si piglia sia cosa altrui: secondo che l'altrui si piglia mentre il padrone niente ne sa: terzo che l'altrui si piglia nel caso, che il padrone giammai permetterebbe di pigliarlo, se per poco conoscesse il toglimento della cosa sua: quarto infine che l'altrui si piglia pel solo fine di lucrare. Or è da sapersi, che non tutto quello, che si

piglia dagli altri costituisce sempre un furto ; dappoichè per
stabilirsi la ragion di furto è mestieri , che colui che piglia
l'altrui sel pigliasse per tal modo, che debba servirgli per suo
uso, e quindi a fine di lucrare (926). Ma non sempre ciò succede ; avvegnacchè l' altrui può pigliarsi per fare un dispetto
al padrone ; oppure per corrompere la cosa altrui ; infine per
servire al proprio uso. Nel primo caso non è furto, ma ingiuria : come presso Omero troviamo che Minerva dice Criseida
ad Achille esser stata rapita, non per fargli un furto ; sibbene
per recargli un'onta, e perciò si dice: « Per fargli un' affron-
to 1 ». Nel secondo caso neppure è un furto, ma piuttosto un
danno : come sarebbe nel caso colui, di cui presso Orazio dicesi :

   Abbia infranto i teneri cavoli dell' altrui giardino 2.

  Nel terzo caso finalmente si avrebbe il vero furto giusta la
sua genuina nozione: come per lo appunto fu un furto quello
di Caco descritto da Virgilio 3:

     Çaco ladron feroce e furioso,
     D' ogni misfatto e d' ogni scelleranza
     Ardito e frodolent' esecutore
     Quattro tor' involonn' e quattro vacche
     Ch' eran fior d' armento , e perchè l' orme
     Indicio non ne dessero , a rovescio
     Per la coda gli trasse , e nella grotta
     Gli condusse e celogli 4

---

1. *Causa contumelias.* Ilid. A. v. 214.
2.   *Teneros caules alieni infregerit horti.*
                      Serm. Lib. 3. v. 116.
3 Aened. 8. v. 207. seg.
4   *Quatuor a stabulis praestanti corpore tauros*
   Avertit, totidem forma superante juvencas,
   Atque hos, ne qua forent pedibus vestigia rectis,
   Cauda in spelancam tractos , versisque viarum
   Indiciis, raptos sacro occultabat opaco.
                  Aened. 8. v. 207. seg.

Donde c'è dato rilevare a sufficienza la distinzione, che passa tra l'Ingiuria , il Danno , ed il Furto. Veniamo ora alla rapina.

928. Dessa va bene definita, pel toglimento violento della cosa altrui mobile , fatto a motivo di lucrare , e contro genio del padrone (926). E qui vedesi chiarissimamente, che il furto e la rapina abbenchè sieno un togliere l'altrui cosa a motivo di lucrare contro il genio del padrone ; pure la rapina non è il furto ; una è una cosa da più del furto, e viene a costituire una specie differente di furto. Infatti nella rapina voi ci avete la violenza nel togliere l'altrui ; e questa violenza , ossia forza, induce un oltraggio nella persona , cui si toglie la cosa : ciocchè manca nel furto. Più , nella rapina voi ci avete la conoscenza del padrone , il quale si vede togliere il suo , e deve sostenere l'altrui offesa , mentre nel furto il padrone della cosa ignora quello che si fa (927). Finalmente la rapina riguarda le cose mobili altrui ; qualora il furto riguarda tanto le mobili, quanto le immobili cose altrui. Infatti se un vicino possessore di notte tempo secretamente toglie i limiti al mio fondo , e li pianta più indietro per accrescere il suo possesso , costui commetterà un furto, non già una rapina ; perchè non mi à usato forza in ciò fare. Intanto la cosa che pigliasi è immobile , come vedesi : onde è che il furto à luogo pure nelle cose immobili. Gli antichi lo conobbero per modo che i Giureconsulti Romani [1], Gellio [2], Plinio [3], e Gronovio [4], lo posero per certo, che il furto poteva pure aver luogo nelle cose immobili. Noi però l'abbiamo taciuto nella definizione del furto (927); sì perchè poteva arrecare qualche confusione per quello che saremo per soggiungere intorno alla forza ; sì perchè ordinariamente non si accoglie una tale nozione. Del resto la rapina non è il furto , e per aversi è uopo il toglimento violento della cosa altrui mobile, il malgenio del padrone, ed il motivo di lucra-

1 L. 38. D. de usucap. et usurpat.
2 Noct. Att. 14. 68.
3 Hist. nat. 2. 68.
4 Observ. Lib. A. p. 42. seq.

re. Ove una di queste tre cose viene a mancare si av
giuria , od il danno , ma giammai la rapina.

929. Finalmente la Forza (926) può definirsi : il for
scacciamento di alcuno in ordine al possesso della cosa
bile. E qui giova osservare che il riguardo alla cosa
'bile fa distinguere la forza dalla rapina (928); giacchè
tunque la rapina consista nella forza; pure à per ogg
cosa mobile altrui. Va pure distinta dal furto ; poi
esso non si adopra forza (927), essendo il toglimento
trui eseguito col favore del silenzio, e senza strepito.
per aversi la forza, che vuolsi pure nomare Forzoso l
ciamento , è necessario dapprima che si vinca l'altru
stenza per modo , che resta esaurita ogni difesa per
dell' ingiuriato : in secondo luogo è necessario, che la
abbia per oggetto la cosa immobile altrui: in terzo lu
nalmente è necessario , che la forza abbia della oppri
altrui. Siffatte condizioni per poco vengono variate p
ranno differente effetto , come avviene nel furto (92
nella rapina (928). Epperò la forza è l'ultimo oltragg
possa farsi ad un proprietario ; giacchè lo malmeni
guisa , che di repente lo spoglia di ogni suo dritto po
rio , e ne indossa essa le divise senza che l'infelice p
tario sotto i suoi artigli possa far valere le sue ragion

930. Per quello poi riguarda il secondo modo (926
cesi che ad altri togliesi il possesso della cosa. Indirett
(§ CCCXXII.) per mezzo della frode. Or la Frode ,
Defrodazione, è un certo artifizio di parole, oppure di
che si adopera per ingannare un' altro ; ed in fatto d
sesso si à quante volte mercè le parole, od i fatti, il p
viene a perdere il possesso della cosa sua. E quest
tanto peggiore è degli antecedenti, quanto che toglie
padrone della cosa ogni cautela per conservare i suoi
dritti. Imperocchè si usurpa la cosa più sacra , che
tura possedesi l'uomo , cioè l'amicizia ; e sotto il fi
lore di essa si trae l'incauto possessore nella rete
ganno per fargli barattare quello, ch'è suo. Così u
pelle , che induce l'altro al giuoco in una tresca poer

mettendogli quasi nelle mani il lucro, cotestui, indirettamente spoglia il padrone del suo danaro. Questi se avesse conosciuto il netto della cosa non sarebbe stato così dabbene da avventurarsi in mezzo ad uomini di cattiva fede; se avesse conosciuto per versipelle l' insi tuatore non gli avrebbe dato retta; infine se per poco avesse saputo che il lucro facea parte anche dell' insinuatore certamente l' avrebbe scacciato da sè. Ecco una manifesta frode, la quale scoverta dà luogo a lagnanze, a gemiti, a crepacuori, infine alle più orribili inimicizie. Gravida com' ella è di mille inganni va dolcemente a succhiare il sangue dell' innocente, ed in breve tempo sa ridurlo al verde delle sue sostanze.

951. Poste queste tutte cose in ordine al dritto di possesso (925, e segg.), è legge irrefragabile di natura, che quello non devi agli altri, che per te stesso non vuoi (175): or come al certo ci sarebbe di sommo dolore perdere le proprie sostanze; così del pari dobbiamo stimare a vantaggio del simile. Laonde nè direttamente (926, e segg.): nè indirettamente (930) c'è lecito ledere nella sua proprietà; ma quella stima e cura, che serbasi pel nostro proprio, c' è mestieri usare per l'altrui. Quindi peccano contra la legge di natura tutt' i ladri, i rapitori, gli usurpatori, infine i defrodatori; e dessi tutti son tenuti alla restituzione. Conciosiachè essi tutti delitti hanno la stessa tendenza, e convengono tra loro pel fine, per la causa impulsiva, infine per l'effetto. Infatti convengono tra loro pel fine; giacchè non mirano che a spogliare il simile delle sue proprie sostanze, cui à tutto il dritto di possedere per legge di natura. Convengono per la causa impulsiva; giacchè il dolo malo è quello che li spinge ad insidiare l'altrui proprietà, come facilmente può scorgersi dal loro procedere. Finalmente convengono per l'effetto; giacchè il simile per ciascuno de' mentovati delitti perdendo il suo, addiventa certamente più povero di quello non era. Or se tal' è il processo delle cennate azioni, chi non dirà ch'essi producono una offesa al proprio simile? Ed ogni lesione per legge di natura non vuol' essere risarcita a proprie spese (585)? È mestieri adunque, che un' indennizzo, ossia restituzione proporzionata al

danno accagionato al proprio simile esibissero i ladri, i rapitori, gli usurpatori, infine i defrodatori.

952. Che anzi i defrodatori, che sono veri ladri a danno
del proprio simile, maggiormente saranno tenuti a questa restituzione (951), in quanto che il lor delitto riesce peggiore degli altri; mentre sotto il falso manto di agnelli non
sono in realtà che ferocissimi lupi; e riesce più difficile co-
noscerli che il ladro, il rapitore, l'usurpatore. Son' essi soliti a dirci parole di pace; ma non è che la più aspra guerra, che vogliono muoverci, ed i primi nemici della umanità
si addimostrano. Per la qual cosa peccando essi contro la
legge di natura (934), ne viene in conseguenza che specialmente peccano pure contro la stessa legge tutti quelli, che
insidiosamente passano indietro i confini delle altrui terre:
quelli che diminuiscono il patrimonio altrui con misure, e
pesi falsi: e tutti quelli insomma, che con altr' inganni di
simil natura cercano impoverire il loro prossimo. Ognuno è
tenuto a perfezionarsi nelle proprie sostanze (403), a talchè
la ricchezza negli esseri morali non è opposta alla legge di
natura (404); ma questa ricchezza deve risultare dalla propria
fatica, dalla propria industria, insomma deve accumularsi a
spese proprie per escire fruttuosa e giusta. L'attribuirsi ingiustamente l'altrui a qualunque modo si facesse, non è del-
l'uomo di onore, dell'uomo amante de' suoi doveri, del buon
cittadino. Ecco come diceva Euripide, che ben può proporsi
come un' ottimo moralista: « *Dio odia la forza, e comanda
à ciascuno di possedere l'acquistato con fatica, non già vivere
con ruberie. L'ingiusta, e vergognosa ricchezza è da ripu-
diarsi* [1] ». A queste voci, che sono le stesse della natura, che
avranno a rispondere tutti quelli, che assassinano o pretendono assassinare le altrui sostanze? I Comunisti in particolare, che non possono non essere sfacciati usurpatori, che potranno ripetere a questa tonante voce di natura? La proprietà
si spetta a ciascun proprietario rispettivamente. Ma per essi
rimontiamo alla loro origine.

[1] *Odit Deus vim, et parta labore quomlibet possidere jubet, non
rapto vivere. Repudianda injusta, et turpis opulentia.* In. Helena v. 909.

933. I Comunisti , Socialisti , Montagnardi , Repubblicani Rossi , Monopolisti Universitari (tutti vocaboli ricevuti nel secolo decimonono , e che significano lo stesso), non sono di recente invenzione; ma la fatale loro congiura a danno de'proprietarï tra le altre cose fin da remoto tempo apparve sciaguratamente in mezzo agli uomini a dispetto di quella naturale legge , che a ciascuno vuol garentita la sua proprietà. Fu egli il secolo decimosesto , che per la prima volta si appresentò , abbenchè sotto differenti colori , e differenti nomi, e se pur volete ammantati con veste religiosa. L'apostata di Wittemberg ne diede il segnale e la spinta ; divenuto poi nel nostro secolo dinanzi a Vincenzo Gioberti, benemerito apostolo delle rivoluzioni italiane , l'eroe del suo secolo 1, mentre dal Tridentino fu odiato , ed avvilito ; ed il suo nome non può non profferirsi , che con biasimo , ed orrore. Martino Lutero fu quegli , che scotendo il giogo religioso e civile de' popoli aprì la fucina del comunismo, ed in breve tempo le licenziose sue ree dottrine fecero assaltare mille monasteri equadoli al suolo, e distruggere sette città di maniera , che i loro beni, quasi come cose di nessuno, si viddero spartiti tra la vil plebaglia e l'alto popolo. Quindi la dotta Germania sotto gli stessi suoi occhi , e nel suo proprio seno generando il comunismo religioso, lo venne dappoi ad affidare alla sgraziata Inghilterra, ed infelice Francia. A tal modo saggiato il dolce nella religiosa usurpazione , l'occhio invidioso cercava addentare con civile usupazione il resto de'beni della società. Ed ecco i cervelli posti in moto, e lavorare per tre continui secoli , finchè giunti al tempo presente non più temettero di smascherarsi, e certo nella impresa sarebbero riusciti se mano invisibile non avesse disperso i loro disegni tutti.

934. Ma egl' il Comunismo è in aperta opposizione alla legge di natura; già può rilevarsi da tutto quello che finora abbiamo segnato in ordine al dritto di possesso (890, e seg.), ed al dovere di rispettarlo (925, e seg.). Perlocchè produrrebbe noja, se mai ne volessimo qui formare un'appostata dimostrazione a

1 Gesuit. mod. tom. 3. pag. 489.

fine di mostrarne la ingiustizia, e la irragionevolezza: tanto più che oggigiorno vanno per le mani di tutti le opere de' dotti, massime dell'inclito Thiers; ed i sapienti giornali, che a maraviglia si sono ingegnati per la difesa del vero, per la sicurezza delle proprietà, per lo scaccio di questa ribalda generazione di Comunisti. Se non che, come per saggio, facciam riflettere, che la comunanza voluta de' beni, sì pubblici, che privati, è un' ordinamento contrario a quello stabilito dalla natura. Imperocchè come la natura non diede a tutti gli uomini la stessa salute, forza, capacità, ingegno, virtù, saggezza, ed altro; così non à dato a tutti la stessa proprietà. Quindi a quel modo la uguaglianza tra gli uomini riesce una frottola della filosofia moderna; riesce pure la comunanza de' beni. Dippiù nell' ordine socievole è mestieri a serbarsi l'armonia, che una tal comunanza non vi fosse. Fingete tutti gli uomini agiati, e commodi, chi più vi sarebbe, che volentieri si prestasse pe' bisogni della umanità; specialmente certi uffizi vi sono, cui per ogni modo rilutta l' agiatezza, e la commodità? Saranno tutti proprietari: ebbene; dove più il lavorante, l' agricola, il marinajo, e cento e mille altri di simil fatta? Tutto sarà proprietà: benissimo; e gli uomini allora mangeranno proprietà, beveranno proprietà, vestiranno proprietà, e che so io? « *Rattenete la risa, o amici* [1] ». Inoltre poniamo per poco la comunanza de' beni, ecco in un baleno rientrata di nuovo la miseria, e quindi la necessità di statuire una nuova comunanza di beni. Infatti ripartita la proprietà ugualmente a tutti, la sua porzione chi è accorto la migliora; ma chi è infingardo la scialacqua. Similmente l'uomo robusto potrebbe con le sue fatiche mantenersela, ed avvantaggiarla: e l' uomo debole à da stare sempre con le mani alla borsa per provvedere il suo, onde non perire. Finalmente discorrendosi per tutto il resto della società in men che si dica l' equilibrio sarebbe disquilibrato, e la uguaglianza sparirebbe come fumo al vento. In tai circostanze bisognerebbe di nuovo tornar da capo; cioè rubare la proprietà a chi l' à, favorire

---

1 *Risum teneatis, amici.*

gli oziosi ed i dissipatori , ammorzare i sospiri de'disperati ,
dar mano forte a tutt' i falliti del mondo, e stordire il mondo
medesimo di mille orribili tuoni di voci. E che burrascate son
queste !! È un perdere ad ogni momento il cervello , la pace,
la coscienza !! Oltre dunque dell' ingiusto , à con sè pure del
ridicolo l'immaginata legge agraria universale ; ed il Comunismo a farla brieve non altro risulta , che una fole per l'intiera umanità.

935. Detto intanto abbastanza del dritto di possesso, in
ultimo luogo facciamoci a riflettere sul terzo dritto emergente
dal dominio , ch' è appunto il dritto di rivindica. Or se il
padrone à un tal dritto , come appare dal dimostrato (892) ;
gli altri senza dubbio ànno il dovere di restituire la cosa al
padrone (§ CCCXXIII.). Il fondamento di questo terzo dovere
poggia su quelle due inconcusse regole di natura: prima, perchè l'uomo non deve volere agli altri quello , che a sè stesso
non vuole (536) : seconda , perchè niuno deve farsi ricco col
danno altrui (720). Per le quali cose chiunque ritiene l'altrui,
è sempre obbligato restituirlo al padrone , perchè non suo. Nè
in tal caso per niuna guisa gli è lecito occultare la cosa non
sua ; avvegnacchè certamente verrebbe a produrre un danno
al padrone ; ma deve far di tutto, onde la cosa pervenga al
suo vero padrone. Essendo in pari tempo obbligato a far la
cosa di pubblica ragione , ove non gli riesca rinvenire il padrone , acciò più facilmente possa rinvenirlo , e dargli il suo
dietro i segni che mostrerà del suo dominio [1]. Che anzi devesi
subito la cosa restituire al padrone , quando e il medesimo
la ricerca ; oppure avvisa il pubblico della perdita della sua
cosa : ed incumbe al padrone di così fare , acciò un possessore di buona fede non faccia delle spese per rinvenirlo.

936. Ma all' esposto dovere (935) son necessarie produrre
due eccezioni , l' una provveniente dalla ragione , l'altra dalla
legge civile. In ordine alla prima , la cosa altrui non devesi
mai restituire al padrone nel caso si conoscesse, che il padrone
potesse abusarne ; giacchè allora la restituzione tornerebbe a

1 Deuter 22. 1, seq. L. 43. § 4, D de furt.

danno del simile, ciocchè a noi vieta la legge di natura (

Così la retta ragione ci persuade a non consegnare il c

al furioso; perchè con esso potrebbe offendere come sè s

così gli altri. Veggasi a tal proposito Seneca 1 , Cicero

ed Ambrosio 3, il quale arreca molti esempi nella circos

In ordine poi alla seconda , la legge civile póne in mez

sucapione , e la Prescrizione , su cui è mestieri più co

flettere. E primieramente oggigiorno promiscuamente usu

senza pervi alcuna differenza , mentre i Romani intro

di esse propriamente volevano che la Usucapione rigua

le cose corporali , ed era un modo proprio de' soli R

nell'appropriarsi l'altrui pel possesso di un determinato

pó. Inoltre la Usucapione, ossia Prescrizione, come osse

mo altrove (747), non è nota alla legge di natura ; s

è sola invenzione della legge civile. Imperciocchè il d

della cosa propria non può in altri trasferirsi, che per

dizione (785, e seg.); ed in conseguenza a ciò fare si ri

un fatto proprio del padrone, con cui viene a spogliarsi

tariamente del suo dominio (794). Or la prescrizione c

nel tempo, e questo si rende causa del trasferimento d

minio. Dunque il dritto di natura non si sapendo altro

di trasferire il dominio , che la tradizione, ignora ess

mente questa relazione di tempo, che costituisce la pr

zione; e perciò dessa non è a notizia del dritto di natur

loechè non fa meraviglia se in tutta l'intiera trattazio

dominio affatto affatto abbia mosso parola su la prescri

Da ultimo la prescrizione non è altro , che l'acquisto d

minio della cosa aliena pel continuato possesso, buona

e tempo stabilito dalla legge. Volentieri lasciamo lo sv

di una tale definizione a' Civilisti, non essendo la pres

ne materia del dritto di natura. Epperò in forza della

scrizione il vero padrone della cosa anche senza sua

perde il suo , ed il possessore di buona fede giustame

1 De Benef. 4. 10.

2 De Offic. 1. 10. 3. 25.

3 De Offic. 1. ult.

. acquista il possesso senza più avere il dovere di restituirla al padrone , anche che ricercasse il suo.

937. Ma la legge civile può disporre a tal modo dell'altrui ? Benissimo ; avvegnacchè il bene pubblico non deve cedere al bene particolare ; e la legge di prescrizione riguarda il bene pubblico ; sì perchè con essa si vuol mettere un termine alle cure , a' pericoli , alle liti , come diceva Cicerone [1]; sì perchè vuole i proprietari attenti alle cose loro , per cui dice migliore la condizione di quelli che vigilano , anzichè di quelli che dormono. Or chi non vede queste cose importare un bene pubblico , e quindi comune da preferirsi al bene particolare ? Certamente ignorando il dritto di natura la legge di prescrizione (936) con tutto fondamento il Dritto Civile venne a sanzionarla , facendola tutta sua propria. Dalle quali cose rileviamo quanto malamente si persuadeva Isocrate quando scrisse : « *Che tutti son persuasi, che le possessioni sieno pubbliche, sieno private , con la prescrizione di un tempo lontano vengono non solo e confermarsi , ma pure a divenire in luogo di patrimonio* [2] ». Dappoichè quello , che capacita uno, o più, non può certamente spacciarsi per legge di natura ; altrimenti una tal legge addiverrebbe arbitraria , ed ognuno la volgerebbe al suo proprio genio.

938. Finalmente il cennato obbligo di restituire (935) cessa all'intutto , ove fatte le possibili ricerche , il padrone della cosa non comparisce (§ CCCXXIV.). In allora si stimerà come cosa di nessuno , e con tutta ragione cederà al primo occupante (670) , il quale in tal caso è il possessore di buona fede. Infatti può escludere dall'uso della cosa chi solo è padrone (648): or il padrone non comparendo niun' altro può escludere dall'uso della cosa, ed in conseguenza il possessore di buona fede può ritenerla per sè. Epperò non sarà dispregevole il consiglio , se in tal caso ognuno consulti il pro-

---

1 Pro Caecin. Cap. 26.

2 *Possessiones, sive privatas, sive publicas, praescriptione longi temporis et confirmari , et patrimonii loco habendas esse , persuasum esse omnibus.* In Archidam. pag. 234.

prio direttore. Ciò non ostante ognuno potrà addirla al proprio uso, ritenendola per sè; perchè in tal caso fa uso del proprio dritto. Veggasi al proposito Niccola Burgund [1] : Se non che, come avverte Grozio [2], in certi luoghi v'è la consuetudine, che le cose di qualche valore, le quali son prive di dominio, sogliono cadere al popolo, od al principe; ed allora, com'è chiaro, il possessore di buona fede non può appropriarsele; sibbene deve consegnarle a' reggitori della città, e da essi poi attendersi un guiderdone.

FINE DEL 3.º VOLUME.

[1] Ad Consu. Flandr. Lib. 2. num. 1.
[2] De jure bel. et pac. 2; 10, 11,

DE' DOVERI DI SOCIALITA'.

PARTE SECONDA

—

CAPITOLO VIII.

DE' DOVERI IPOTETICI VERSO GLI ALTRI , E PRI
MENTE DI QUELLI CHE RIGUARDANO L' ACQUIST
GINARIO DEL DOMINIO.

Lezione LV. — *Nozione, e sue conseguenze ci
la comunità.*

§ 642. Passaggio — stato dell' t
mo naturale , ed avventizio
l'uomo dallo stato naturale pa
nell'avventizio — doppia comm
nione primitiva , e positiva
se reale lo stato di communi
primitiva — definizione del c
minio fondamento de' doveri
potetici , e suo sviluppo — p
drone , proprietà , usuario ,
sufruttuario , possesso , e c
minio pieno e semipieno — p
sessore di buona , e di catti
fede — communione positiva

§ 688. Quanto valga l'autorità di S. Tommaso in fatto di dritto di natura — Ei distingue tre specie d'invenzione, la quale si definisce — si ragiona della prima — si cenna un costume dei Greci, ed un dritto nazionale— si ragiona della seconda — si rende giustizia alle cose derelitte per naufragio , o per incendio — come pure a quelle che certamente sarebbero perite presso il padrone, se da un'altro non fossero state poste fuori pericolo — che cosa è 'l tesoro, e sue condizioni — a chi spetta

Lezione LXII. — *Sieguono le indicate quistioni , e
si discorre dell' Accessione Mi-
sta.*

§. 736. Terza , e quarta quistione , riguardano la confusione ,
e la commistione ; loro definizioni—a chi spettano le sostanze confuse , o commiste per
consenso de'|padroni — e senza
consenso di uno de' padroni —
il quale pretendendo una parte
della materia mescolata , qual
proporzione debb' avere — ch' è
l' accessione mista, ed a chi
spetta la piantagione fatta nel
territorio altrui non approfondite le radici degli alberi — approfondite le radici degli alberi
— a chi spetta la semina fatta
nel territorio altrui — eccezione
a favore del padrone del suolo—
motivi che la inducano — varie
opinioni circa l'albero posto nel
confine di due territori spettanti
a due diversi padroni — nostra

CAPITOLO IX.

DEGLI ACQUISTI DERIVATIVI DEL DOMINIO, CHE SI FANNO VIVENTE IL PRIMIERO PADRONE.

Lezione LXIV. — *Alienazione, e sue specie.*

Lezione LXV. — *Divisione.*

Lezione LXVI. — *Siegue la Divisione, e si discorre
della Cessione.*

Lezione LXVII. — *Tradizione.*

Lezione LXVIII. — *Effetti della Tradizione.*

§ 800. Principale effetto della tradizione è 'l dominio, il quale è pieno, o semipieno — si definiscono ambidue, e pel dominio semipieno si distingue il padrone in diretto, ed utile—origine del dominio semipieno — feudo, e sua origine— dritto di superficie — servitù, e sue specie— altre specie riconosciute dal solo dritto civile — pegno — nel pegno fruttifero a chi spettano i frutti — ipoteca — differenza tra il pegno e l'ipoteca — soggetto della tradizione, in quanti modi può ricevere il dominio — e come può darlo chi lo trasferisce — anche sotto condizione di trasferirlo dopo la sua morte . 148

CAPITOLO X.

DEGLI ACQUISTI DERIVATIVI MERCÈ LA SUCCESSIONE IN
FORZA DELLA DISPOSIZIONE DÉL DEFONTO , ED INTE-
STATA.

linea , e sue specie — computo
de' gradi nelle linee — la preferenza è maggiore, ove maggiore è la propinquità del grado ,
e della linea—si scende al particolare— disposizione del dritto
civile , massime circa il dritto
di primogenitura—se vien consentito dal dritto di natura —
si riguarda la successione del-
l' impero — qual' è la sorte dei
figli illegittimi — eccezione —
qual'è la sorte de'figli postumi. 189

Lezione LXXIII. — *Siegue l' istesso argomento.*

§ 867. Circa la eredità dell' avo
si dimanda se i nipoti morto
il padre àn dritto a pretendere
nella successione intestata —
dritto di rappresentazione —
quale non ammesso avrebbero
luogo due inconvenienti — il
dritto di rappresentazione à luogo anche nel caso che i soli
nipoti fossero superstiti nella
linea retta discendente—quando
à luogo la linea ascendente
nella successione intestata—preferenza da riconoscersi—insufficienza del dritto di natura —
quando à luogo la linea collaterale nella successione ab intestato — se tra collaterali v' è
dritto di rappresentazione — la
duplicità del vincolo, o la origine de'beni non ammette pre-

CAPITOLO XI.

DE' DRITTI, E DOVERI NASCENTI DAL DOMINIO.

Lezione LXXIV. — *Essenziali consecutivi del dominio.*

§ 881. Quali sono gli essenziali
consecutivi del dominio — si
ragionano — essi formano gli
effetti del dominio, riconosciuti
pure da' Giureconsulti Romani
— che importa la libera disposizione della cosa, e quindi
specificare — conseguenze del
dritto di specificare — il padrone può abusare della cosa, e
che significhi abusare — quando
lo può senza ledere i propri
doveri — può alienarla, ed in
che modo — quando gli viene
proibito — al padrone spetta il
possesso della cosa, e conseguenze del possesso — può esercitarlo in ogni tempo — dritto
di rivindica, esso spetta al pa-

condo e sua soluzione — chi è
possessore di cattiva fede , e
che v'è di giusto intorno a lui
— deve restituire la cosa al padrone con tutte le accessioni, e
frutti — nel caso che i frutti
fossero consumati—e se la cosa
è perita chi sente il caso —
quali spese gli son dovute—in
quanti modi si possono restringere gli effetti del dominio , e
si dice del primo modo— continua — si dice del secondo, e
terzo modo — ogni nuovo possessore è tenuto eseguirli —
tanti sono i doveri emergenti
dal dominio, quant' i dritti : si
espone il primo — ch'è l'ingiuria— è materiale, o formale
— ch' è il danno — al padrone
non deve recarsi nè ingiuria ,
nè danno 233

Lezione LXXVII. — *Si concludono i doveri emergenti dal dominio.*

§ 925. Si espone il secondo dovere emergente dal dominio —
si toglie il possesso della cosa
direttamente, col furto, rapina,
e forza manifesta— si definisce
il furto — la rapina — la forza
manifesta— si toglie il possesso
della cosa indirettamente , con
la frode la quale si definisce—
non si deve ledere l'altrui proprietà nè direttamente , nè in-

CONSIGLIO GENERALE

DI

PUBBLICA ISTRUZIONE

Napoli 14. Gennajo 1853.

Vista la domanda del Tipografo Agostino Grimaldi con che ha chiesto di proseguire dal foglio 5 in poi l'opera intitolata — *Einneccio alla Cattedra, ossia Lezioni di Dritto di Natura, e delle Genti,* — del Signor Ventre.

Visto il parere del R. Revisore Sig. D. Giuseppe Canonico.

Si permette che la suddetta opera si continui a stampare ; però non si pubblichi senza un secondo permesso, che non si darà se prima lo stesso R. Revisore non avrà attestato di aver riconosciuto nel confronto esser l'impressione uniforme all'originale approvato.

Il Presidente
FRANCESCO SAV. APUZZO
Il Segretario Int.
GIUSEPPE PIETROCOLE